宁波统计志

《宁波统计志》编纂委员会　编

方志出版社
Publishing House of Local Records

图书在版编目（CIP）数据

宁波统计志 / 《宁波统计志》编纂委员会编. — 北京 : 方志出版社, 2022.12
ISBN 978-7-5144-5631-8

Ⅰ. ①宁… Ⅱ. ①宁… Ⅲ. ①统计－工作概况－宁波 Ⅳ. ①C829.29

中国版本图书馆 CIP 数据核字(2022)第 256619 号

责任编辑：李晓晓
责任校对：刘玉霞
责任印制：梅中英
出 版 者：方志出版社
地　　址：北京市朝阳区潘家园东里 9 号（国家方志馆 4 层）
邮　　编：100021
网　　址：http://www.zgfzcb.cn
发　　行：方志出版社图书营销中心（010-67110500）
印　　刷：北京中科印刷有限公司
开　　本：889 毫米×1194 毫米　1/16
印　　张：39.25
字　　数：928 千字
版　　次：2022 年 12 月第 1 版
印　　次：2022 年 12 月第 1 次印刷
定　　价：360.00 元

《宁波统计志》编纂委员会

主　任：杨馥源

副主任：殷柏尧

编　委　王　数　王伟民　王行宇　王迪熙　王海斌　许海燕　许婷娅
杨永君　张建新　张浩田　陈斯恩　金小天　胡建华　姚珂军
徐卫民　蒋向东　滕剑波

《宁波统计志》编辑部

主　　编：蒋向东

副 主 编：陈斯恩

执行主编：吕彬章

成　　员　丁志海　牛红兵　王建国　车根玉　卢　君　叶　宏　刘为民
朱晓瑜　李志中　闫海岗　张秀明　杨耿业　陆海龙　张　莹
陈　琴　陈　科　陈江宁　沈小叶　沈伟江　金　巍　居江静
郑浩然　姜　波　姜洪天　周剑祥　徐维郎　郭黎祥　章建雷
崔志土　崔宝军　童坚勇　戴小平

《宁波统计志》编辑部办公室

主　任： 章建雷　陈　科

副主任： 张　莹　吴继跃

成　员： 陈茂松　曹存瑶　姜　波　翁　微　崔宝军

参编人员名单

丁　敏　丁志海　马婷婷　王　萍　王　聪　毛飞龙　王永平　王全丰　牛红兵

王丽红　王建国　仇科旭　车根玉　布　什　卢　君　刘　灯　刘为民　范玲玲

孙航东　闫海岗　朱晓瑜　孙晨春　张　平　李　丽　陈　科　沈　娜　张　莹

李　敏　李　群　邵　瑾　沈小叶　苏文明　陈江宁　李志中　沈伟江　张秀明

陆克巍　陈茂松　陈雨薇　汪海东　陆海龙　杨耿业　沈菊英　余盛盈　陈舒波

林　松　郑　昂　金　巍　居江静　周剑祥　周益红　郑浩然　罗海燕　金淑英

姜　波　姜　玮　姜洪天　赵　静　郭黎祥　胡鑫国　徐云利　夏杏兴　陶玲玲

聂春魁　徐维郎　都琛蕊　钱静文　梁　宏　盛　拓　曹存瑶　崔志土　崔宝军

童坚勇　童浩军　谭国威　戴小平

序　一

作为记录反映宁波统计历史的首部专门志书，《宁波统计志》历经四载编纂刊校，终于杀青付梓，殊为可贺。

宁波统计的历史源远流长，早在7000多年前的河姆渡文化中就有了统计的遗迹。此后历朝历代，统计都是宁波地方政府征集兵员、摊派徭役和征收贡赋的基础性工作，因此以人口、土地统计最为精细和发达。而宁波自唐代成为重要的对外开放港口以后，除人口、土地统计外，还较早诞生了对外贸易统计。特别是近代开埠后，宁波又较早引入西方统计制度标准，开展海关统计。这是宁波统计历史的特色，也是宁波对中国统计史发展的一项贡献。

宁波解放后，特别是党的十一届三中全会以来，在党的正确领导下，在历届宁波市委、市政府的关心重视下，经过几代宁波统计人的接续奋斗，全市逐步建立起统一管理、分级负责的统计管理体制，形成了较为科学完备的统计制度方法和业务组织体系，统计部门充分发挥信息、咨询、监督三大职能作用，为宁波改革开放和经济社会发展作出了积极贡献。

党的十八大以来，宁波统计工作坚持以习近平新时代中国特色社会主义思想为指导，全面贯彻落实统计法律法规和中央关于深化统计管理体制改革的决策部署，持续提升统计管理效能、数据质量和服务水平，在监督保障、参谋助推宁波经济社会高质量发展方面日益发挥了重要作用。

这部《宁波统计志》对宁波统计发展脉络的梳理较为系统深入，对诸多宁波统计史实史事的考校也较为严谨精当，为我们了解和研究宁波统计历史，探寻统计发展规律，更好谋划推动新时代宁波统计事业的改革创新发展提供了颇为珍贵的史料参考。盛世修志，功在当今，利在千秋。相信随着时间的推移，《宁波统计志》将越发显现其独特而丰富的历史价值。

“往不识，无以信今；今不识，何以喻后。”志书重要的现实作用在于资政、育人。希望全市广大统计工作者通过认真阅读这部志书，进一步了解感悟宁波统计“过往来时的路”，更好谋划走好宁波统计“奋进前行的路”，为宁波全面建设现代化滨海大都市作出新的更大贡献！

我长期在宁波工作并于 2021 年分管统计部门，有幸参与推动并见证了全市统计事业持续改革突破、不断创新发展的历程。借《宁波统计志》付梓之机，谨代表市委、市政府向全市辛勤耕耘、默默奉献的广大统计工作者致以诚挚慰问和衷心感谢！

是为序。

宁波市人民政府　常务副市长

2022 年 7 月 1 日

序　二

《宁波统计志》历经四载编修，业已告竣。这是宁波统计发展历程中的一件大事。统计是记录历史、见证历史的重要基础性工作。但一直以来，在宁波的史册方志中，关于统计自身历史的记录却寥寥无几，更遑论专书专志了。所以，编纂《宁波统计志》，首先具有“补史之缺”的重要历史意义。历史总是具有一股穿透时间、照进现实的神奇力量。通过修志，把散存于各部门和个人手中的资料深入挖掘、系统整理出来，勾勒串联起宁波统计的清晰历史脉络，升华凝练为宁波统计的专门历史文献，可以为我们和我们的后人不断发展完善统计组织管理体系、工作制度方法等提供准确的历史经纬和可靠的经验借鉴。从这个角度来说，编纂《宁波统计志》又具有了“鉴往昭来”的重要现实意义。

准确、客观、全面是方志编纂的基本原则。《宁波统计志》坚持以习近平新时代中国特色社会主义思想为指导，力求全面准确展现新中国成立以来至2017年近70年间宁波统计工作在党的领导下走过的辉煌历程，充分体现坚持党对统计工作的领导是统计事业持续健康发展的根本保证。在具体史材的取舍、史实的描述上，始终坚持正确的历史观，确保客观准确地介绍历史背景，说明事件来龙去脉。同时，采取详近略远的办法，把记录重点放在改革开放以来宁波统计工作的发展上，凸显新时期、新时代宁波统计工作开创的崭新局面。

统计是专业性较强的工作，具有自身的业务职能特点和运行管理特色。《宁波统计志》在遵循方志编纂通则的同时，根据统计职能特色，设置专门章节记录国民经济核算、普查、专业统计调查、统计服务、统计法治与基础建设、统计教育与科研等专业工作领域和内容，并对由其他市级部门牵头实施的文物普查、污染源普查、国土资源普查等重大市情市力普查了延伸辑录，以期更加全面地留存宁波统计的历史面影，也为今人和后人深入研究探寻统计科学规律提供尽可能丰富的专业史料参考。

作为首部反映宁波统计历史的专门志书，《宁波统计志》在着重反映新中国成立以来至2017年间宁波统计发展历程的同时，对从统计发端到解放前的宁波统计工作要事作了“史海钩沉”式的梳理，并对2017年至2020年间宁波统计工作重要事件作了摘要式辑录，以期更为完整地梳理宁波统计的历史脉络，并为续修志书提供尽可能丰富的史料借鉴。

《宁波统计志》编修工作前后历四载寒暑，经各方倾力支持、众手合力共襄，终成此美事。谢月娣、赵同录、张兴华同志在任局、队主要负责人期间，先后担任《宁波统计志》编委会主任、副主任，时间短则数月，长则一年，为统计志编修做了许多工作，付出了大量心血。在他们调离履新后，仍然继续关心、关注统计志编纂工作。在此，谨向他们致以诚挚谢意。“修史之难，无出于志”。90余万字的宁波统计史料得以集撷成稿、编印成书，离不开浙江省统计局、国家统计局浙江调查总队、宁波市史志办和相关老领导、老专家的关心指导，离不开宁波市档案馆、市自然资源和规划局、市生态环境局、市文物保护管理所等部门（单位）的大力支持，离不开各区（县、市）统计局和有关县级调查队的密切配合，更离不开局、队全体参编人员历时四年的广泛查访求证、深入爬梳整理和辛勤编写校对。借此机会，向所有给予《宁波统计志》编纂工作指导帮助的上级部门、兄弟单位，向积极配合编纂工作的各区（县、市）统计局和有关县级调查队，向关心支持编纂工作的老领导、老专家们，向参与志稿编纂的全体人员表示衷心的感谢！

近年来，宁波市统计局、国家统计局宁波调查队深入贯彻党中央、国务院关于全面深化统计管理体制改革的决策部署，以统计数字化改革为总抓手，加快推进统计现代化改革，在持续强化统计监督职能，不断深化统计监测创新，有效提升统计咨询参谋水平，全面建强市、县、乡镇三级统计调查机构队伍，靠前服务保障全市高质量发展方面取得积极成效。我们坚信，在党的正确领导下，未来宁波统计事业一定能够取得新的更大成绩，在服务保障宁波现代化滨海大都市建设的新征程上再创辉煌。

宁波市统计局 局长、党组书记 杨毅浑

2022年8月1日

序 三

统计志是有序的、系统的、重要的统计工作信息载体，是系统汇集一个地区政府统计工作信息的重要文献，具有“存史、资政、育人”的社会功能。《宁波统计志》是由宁波市统计局和国家统计局宁波调查队共同编纂，对宁波统计工作的历史及现状作全面、系统叙述的专业志。它对促进统计工作发展、传承宁波统计历史、弘扬宁波统计文化具有非常重要的意义。

《宁波统计志》的编纂起始于2018年，根据宁波市人民政府地方志办公室编纂工作有关要求，是年9月初，宁波市统计局和国家统计局宁波调查队联合启动统计志编纂工作。之后，局队进一步深化协作，严格把关、突出质量，共同推进各阶段统计志编纂、审核、评议等工作，前后历时三年有余，终成此书。志书的成功编纂，是局队勠力同心、奋楫笃行，携手推进宁波统计调查事业进一步发展的又一重要体现。

《宁波统计志》作为宁波地方志的重要组成部分，内容科学严谨，纵贯古今，不仅收录记载了大量具有存史价值的统计事件、资料，还深刻体现了宁波统计调查事业发展的时代特色、地方特色、专业特色，是一部科学、系统、高质量的精品志书。此书凝聚了大量统计调查人的智慧和汗水，可以说是有益当下、惠及未来，能参与此书的编纂并为之作序，我不胜荣幸，相信此书的编纂出版定能赢得业界同仁和社会的广泛关注，以期发挥出以史鉴今、资政育人的作用。

国家统计局宁波调查队队长 [signature]

2022年7月1日

凡 例

一、《宁波统计志》坚持以马克思列宁主义、毛泽东思想、邓小平理论、“三个代表”重要思想、科学发展观和习近平新时代中国特色社会主义思想为指导，坚持辩证唯物主义和历史唯物主义的立场、观点和方法。

二、本志是地方性的统计专业志，以继承历史、反映现实，服务当前、裨益后世为宗旨，力求客观、真实、系统、全面地记述宁波统计的历史，重点记述宁波解放以来，特别是党的十一届三中全会以来宁波统计工作的发展变迁。

三、取事时限上限不限，下限截至2017年12月。为记述事物的完全性，部分内容适当下延。大事记记载年限为1953年至2020年。重要人事变动、机构调整、主要经济社会发展统计指标、荣誉榜下延至2020年。

四、记述地域范围为宁波市现行政管辖区域。

五、志首置序、凡例、影像、概述、大事记，后列专记、附录、编后记。正文设章、节、目，章节下设小序，视需要设专记。

六、述、志、记、传、图、表诸体并用，以志为主，横排纵写。专志述而不论，大事记、荣誉榜以编年体为主，辅以纪事本末体，日期不详者列于月末，月期不详者列于年末。附录收录重要统计法律法规文件选录与重要文件目录，其中重要统计法律法规文件收录原文，其他重要文件辑存目录。专记撰写不囿于志体。

七、使用规范的现代语体文记述，除个别引用古籍原作沿用文言文，少数有特定含义用繁体字外，一律使用规范简化字。行文力求严谨、朴实、简洁、流畅。

八、不同时期的地名以及团体、机构、职务等名称均按历史称谓，必要时括注志书下限时名称。各种组织、机构、法律法规、文件、会议等专有名称首次出现时使用全称，视情况括注语意准确可通用的简称。1949年10月1日中华人民共和国成立后，简称新中国成立后。

九、1949 年 10 月 1 日中华人民共和国成立前，用历史纪年，括注公元纪年；1949 年 10 月 1 日后，用公元纪年。历史纪年用汉字表示，公元纪年用阿拉伯数字表示。

十、凡表示计量的数字用阿拉伯数字，习惯用语、成语、词汇、专门名称和叙述性语言数字用汉字。数字用法、标点符号用法分别采用国家标准《出版物上数字用法》（GB/T 15835—2011）、《标点符号用法》（GB/T 15834—2011），计量单位采用国家技术监督局 1993 年 12 月发布的《量和单位》系列国家标准。面积单位除涉及农业生产方面使用“亩”外，其余均用公顷、公里等公制单位。部分分项数据之和不等于总量数据，是由于数值修约误差所致，本书均未作机械调整。

十一、资料主要来源于宁波市档案馆、宁波市统计局、国家统计局宁波调查队档案室及局队各处、室、队、中心的档案资料，经考证后入志，统计数据以统计部门公布为准，其他数据采用经核实后的业务资料。

宁波统计志

影像

Images

宁波全景

（市委宣传部　提供）

宁波天一阁——书藏古今。宁波天一阁建于明嘉靖四十年至四十五年（1561—1566 年），为全国重点文物保护单位

宁波舟山港——港通天下。2020 年宁波舟山港货物吞吐量达 11.7 亿吨，位居世界第一。集装箱吞吐量 2872.2 万标箱，位居世界第三

宁波杭州湾跨海大桥。2008 年 5 月 1 日建成通车，全长 36 千米，桥面为双向六车道高速公路，设计时速 100 公里

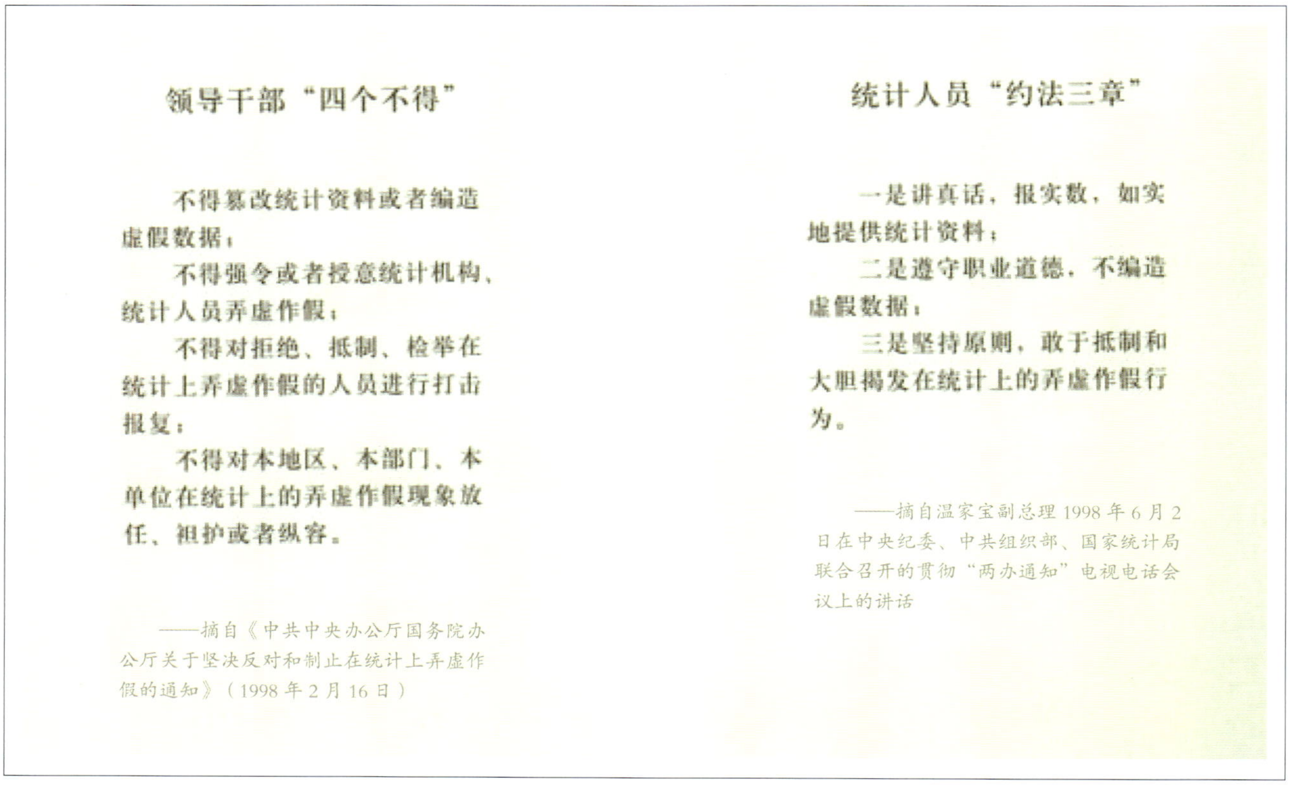

领导干部"四个不得"

不得篡改统计资料或者编造虚假数据；

不得强令或者授意统计机构、统计人员弄虚作假；

不得对拒绝、抵制、检举在统计上弄虚作假的人员进行打击报复；

不得对本地区、本部门、本单位在统计上的弄虚作假现象放任、袒护或者纵容。

——摘自《中共中央办公厅国务院办公厅关于坚决反对和制止在统计上弄虚作假的通知》（1998 年 2 月 16 日）

统计人员"约法三章"

一是讲真话，报实数，如实地提供统计资料；

二是遵守职业道德，不编造虚假数据；

三是坚持原则，敢于抵制和大胆揭发在统计上的弄虚作假行为。

——摘自温家宝副总理 1998 年 6 月 2 日在中央纪委、中共组织部、国家统计局联合召开的贯彻"两办通知"电视电话会议上的讲话

统计领导干部"四个不得"，统计人员"约法三章"

1986 年 3 月 14 日，国家统计局局长张塞（左三）到宁波看望郭兆定并应邀做统计学术报告时的合影

2000 年 8 月 24 日，国家统计局局长、党组书记朱之鑫（左二）在宁波调研指导

2015 年 4 月 14 日，浙江省委常委、宁波市委书记刘奇到市统计局调研指导

2008 年 7 月 9 日，浙江省委常委、宁波市委书记巴音朝鲁（左一）到市统计局调研

2010 年 3 月 16 日，国家统计局局长、党组书记马建堂（前排左七）在宁波调研指导统计工作时合影

2019年7月24日，浙江省委副书记、宁波市委书记郑栅洁在市委常委会（扩大）会议暨经济形势分析会上就加强乡镇（街道）统计队伍建设专门作出指示

2022年3月4日，浙江省委常委、宁波市委书记彭佳学在市委常委会会议上就贯彻落实习近平总书记关于统计监督的重要讲话精神作部署

2020年11月3日，宁波市委副书记、市长裘东耀（右一）参加第七次全国人口普查登记

2022年4月22日，市委副书记、市长汤飞帆在市政府全体（扩大）会议上强调研究问题一定要用“统计局的眼光”来分析

2000年，宁波市委常委、常务副市长邵占维（右一）与普查员一起进行第五次全国人口普查入户登记

2020年10月10日，宁波市委常委、常务副市长陈仲朝（左一）在第七次全国人口普查宣传月启动仪式上签名

2001 年 4 月 12 日，宁波市统计局局长、党组书记吕彬章（左二）在第五次全国人口普查主要数据新闻发布会上讲话

2003 年 5 月 28 日，宁波市统计局局长、党组书记任彭微（左二）在纪念《中华人民共和国统计法》颁布实施 20 周年座谈会上讲话

2010 年 2 月 2 日，宁波市统计局局长、党组书记罗吕榕在全市统计工作会议上讲话

2016 年 1 月 2 日，宁波市统计局党组书记谢月娣在全市统计工作会议上讲话

2016 年 1 月 2 日，宁波市统计局局长汤柏生在全市统计工作会议上讲话

2011 年 4 月 26 日，国家统计局宁波调查队队长陈燕芬（左一）在全市统计工作会议上讲话

2014 年 11 月 10 日，国家统计局宁波调查队队长、党组书记董礼华（左二）到江北区白沙菜市场调研指导

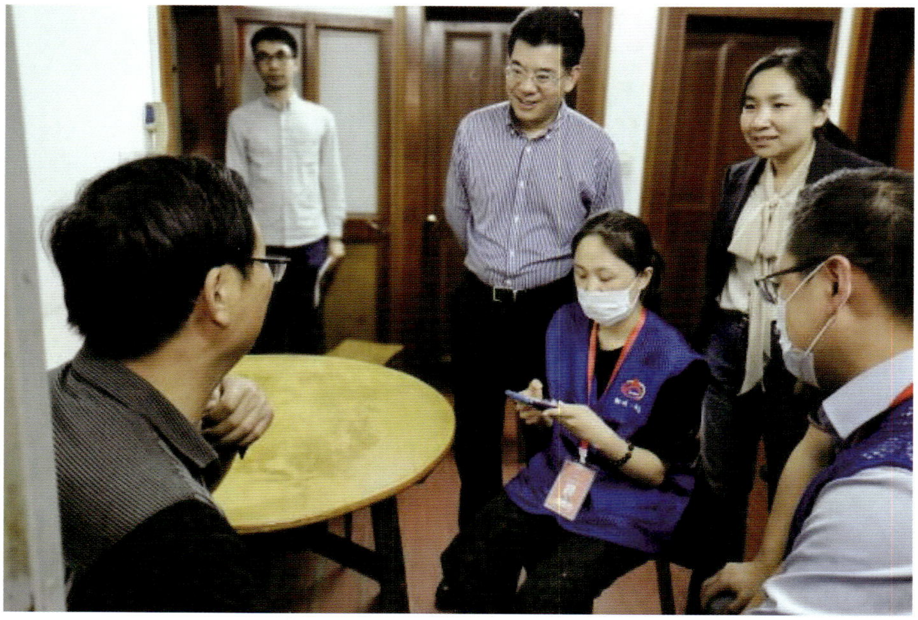

2020 年 11 月 19 日，宁波市统计局局长、党组书记杨馥源（左三）到鄞州区邱隘镇方庄社区调研指导人口普查工作

2018年5月15日，国家统计局宁波调查队队长、党组书记赵同录（右二）到江北白沙市场调研

2019年6月28日，国家统计局宁波调查队队长、党组书记张兴华（前排中）走访结对村——余姚市陆埠镇干溪村

2008 年，宁波市群众性统计普法宣传现场

2021 年 8 月 19 日，国家统计局宁波调查队队长、党组书记殷柏尧（中）在鄞州区南林村指导无人机遥感测量工作

2018 年 11 月 15 日，全市统计系统纪念改革开放 40 周年暨“学统计见真功、强能力勇争攀”统计业务知识竞赛活动现场

1978 年，宁波统计“双学”会议期间，宁波市计委统计科人员与有关领导合影

1988 年 8 月，中国统计干部电视函授学院宁波分院首届大专毕业班合影

1991 年 5 月，沿海开放城市、经济特区及计划单列市统计信息工作交流会在宁波召开

1998 年，中国统计学会城市统计研究会科学讨论会在宁波召开

2001 年，宁波市委常委、常务副市长邵占维（前排左六）与宁波市政府统计系统先进集体代表和先进工作者合影

1999 年 5 月 29 日，宁波市政府计委、市统计局部分老同志座谈会合影

2004 年 8 月 13 日，宁波市城调队成立二十周年纪念合影

2009 年 11 月，长三角 16 城市统计调查信息年会在宁波召开

2011 年 5 月，第五届全国十九城市调查队工作交流会议在宁波召开

2017 年 5 月，全市统计系统领导骨干统计业务培训班在鄞州区委党校召开

2019 年 8 月 14 日，宁波市“2133”统计人员培训提升工程暨全市镇乡（街道）统计机构负责人培训班启动开班，市统计局党组书记、局长杨馥源（左一）作动员讲话

2021年11月10日，市统计局下属副局级参公事业单位——宁波市社会经济调查队正式成立并召开队长任命宣布大会，市统计局局长、党组书记杨馥源（左二）到会讲话

2021年12月29日，宁波市统计数字化改革成果——“甬数通”统计多场景应用体系上线，宁波市委常委华伟（左三），宁波市政府副市长兼市发改委主任、党组书记张文杰（左四），浙江省统计局总统计师、党组成员王美福（左二）等领导出席上线仪式

市统计局历年编印的统计年鉴等资料

市统计局历年编印的统计概览等资料

国家统计局宁波调查队历年编印的统计调查资料

宁波市统计局历任主要领导

李振敏
1927 年 2 月出生
中共党员
宁波市计划委员会副主任兼统计局局长
宁波解放后首任统计局长（1963.12—1967.3）

陈少敖
1934 年 7 月出生
中共党员
宁波市计划委员会副主任兼统计局局长、党组书记（1980.3—1983.7）

吕彬章
1946 年 10 月出生
中共党员　大专
宁波市统计局局长、党组书记（1983.8—2001.12 ）

任彭微
1950 年 5 月出生
中共党员　本科
宁波市统计局局长、党组书记（2001.12—2004.1）

罗吕榕

1956 年 10 月出生

中共党员　本科

宁波市统计局局长、党组书记（2004.8—2007.9）

宁波市统计局局长、宁波市统计局国家统计局宁波调查队党组书记（2007.9—2012.5）

宁波市统计局国家统计局宁波调查队党组书记（2012.5—2013.3）

宁波市统计局党组书记（2013.3—2014.10）

汤柏生

1963 年 8 月出生

无党派　本科　理学学士

高级统计师

宁波市统计局局长（2012.5—2017.4）

谢月娣

1964 年 12 月出生

中共党员　本科

经济学学士　经济师

宁波市统计局党组书记（2014.10—2017.4）

宁波市统计局局长、党组书记（2017.4—2019.1）

杨馥源

1968 年 5 月出生

中共党员　研究生　法学博士

宁波市统计局局长、党组书记（2019.01—　）

国家统计局宁波调查队历任主要领导

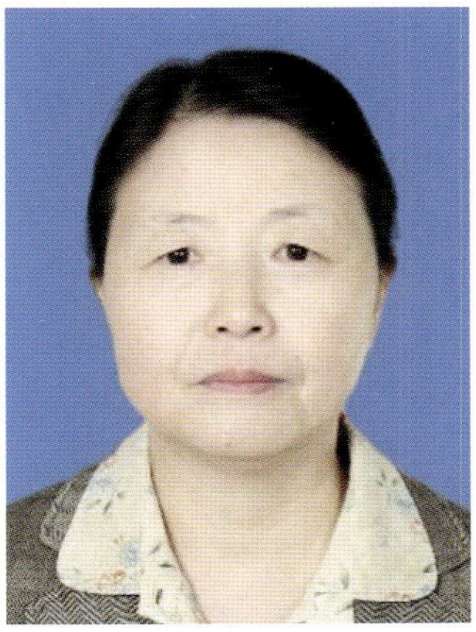

陈燕芬
1953 年 2 月出生
中共党员　本科　高级统计师
国家统计局宁波调查队队长（2007.7—2013.3）
宁波市统计局国家统计局宁波调查队党组副书记（2007.9—2013.3）

董礼华
1964 年 1 月出生
中共党员　硕士　高级统计师
国家统计局宁波调查队队长、党组书记（2013.3—2016.8）

赵同录
1965 年 11 月出生
中共党员　本科
国家统计局宁波调查队队长、党组书记（2016.8—2018.7）

张兴华
1964 年 10 月出生
中共党员　本科
国家统计局宁波调查队队长、党组书记（2018.7—2019.9）

殷柏尧
1965 年 6 月出生
中共党员　研究生
高级统计师
国家统计局宁波调查队队长、党组书记（2019.11—　）

数字宁波

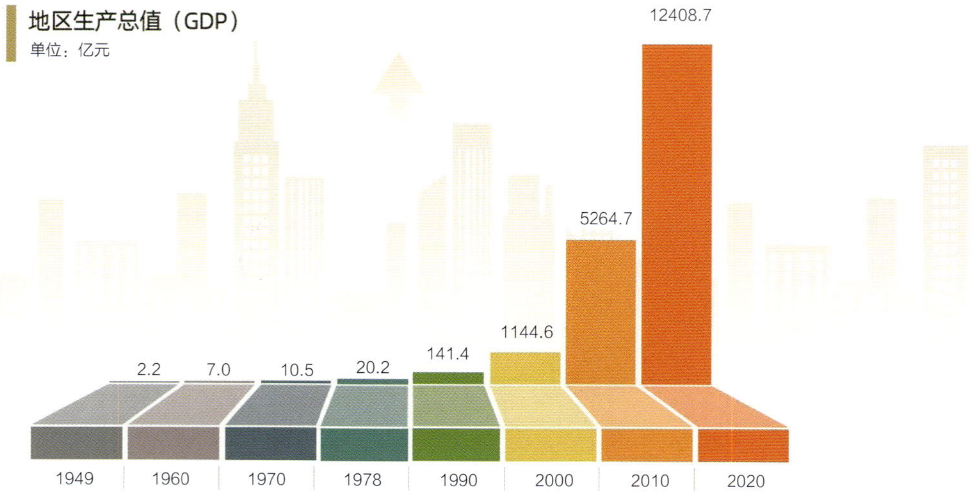

图 1　1949—2020 年宁波市地区生产总值示意图

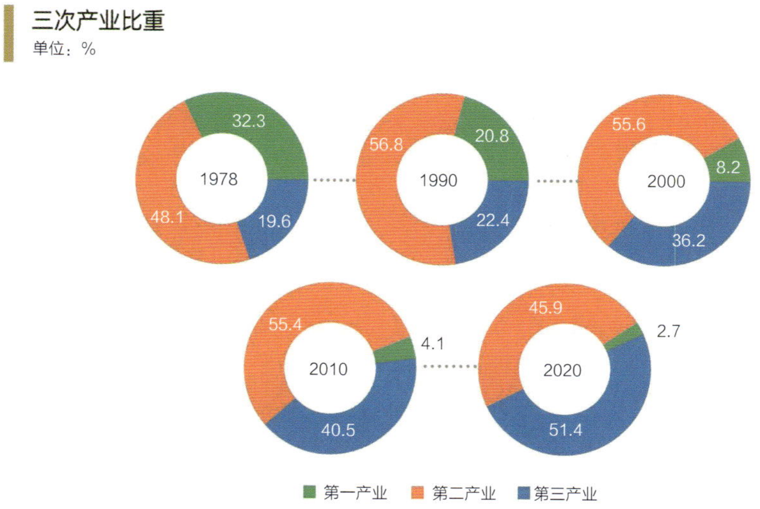

图 2　1978—2020 年宁波市三次产业比重示意图

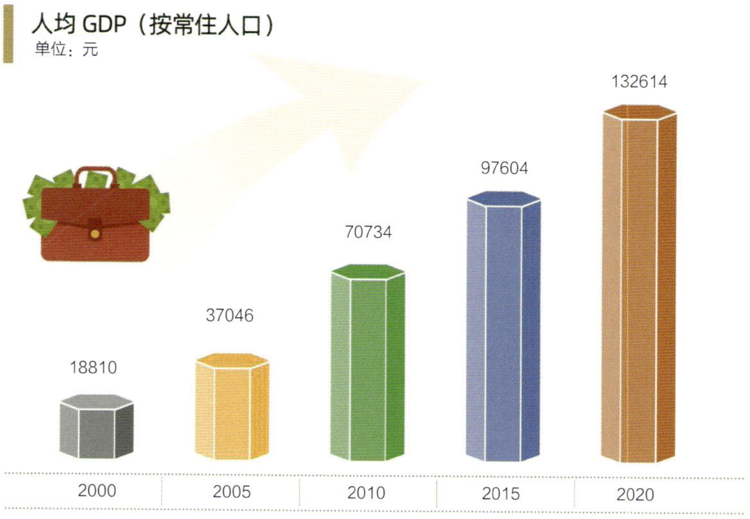

图 3　2000—2020 年宁波市人均 GDP（按常住人口）示意图

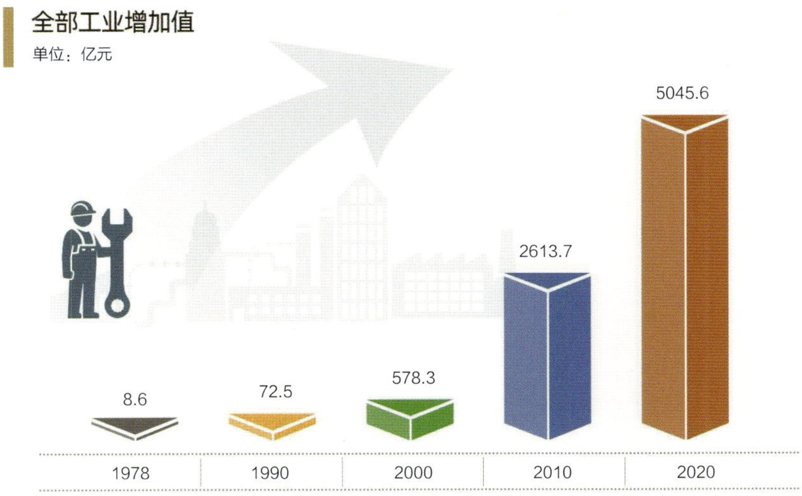

图 4　1978—2020 年宁波市全部工业增加值示意图

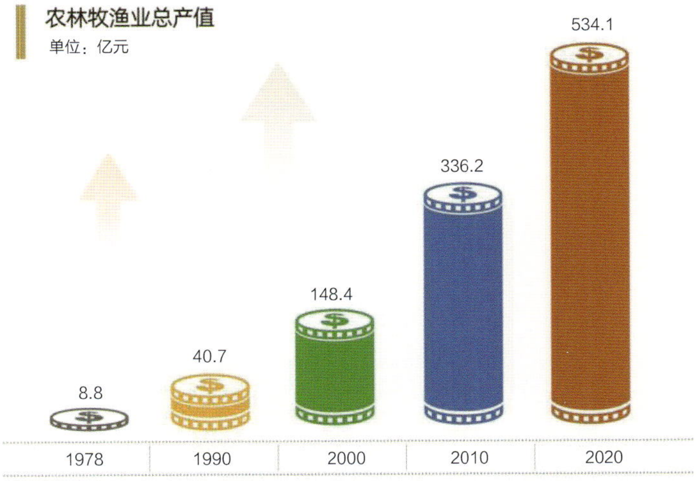

图 5　1978—2020 年宁波市农林牧渔业总产值示意图

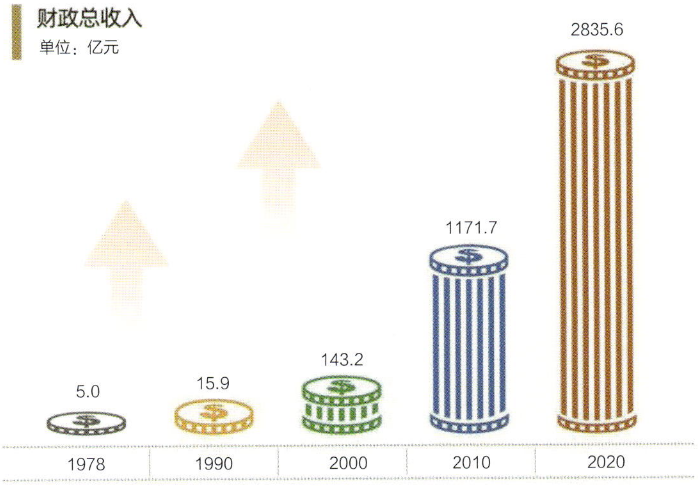

图 6　1978—2020 年宁波市财政总收入示意图

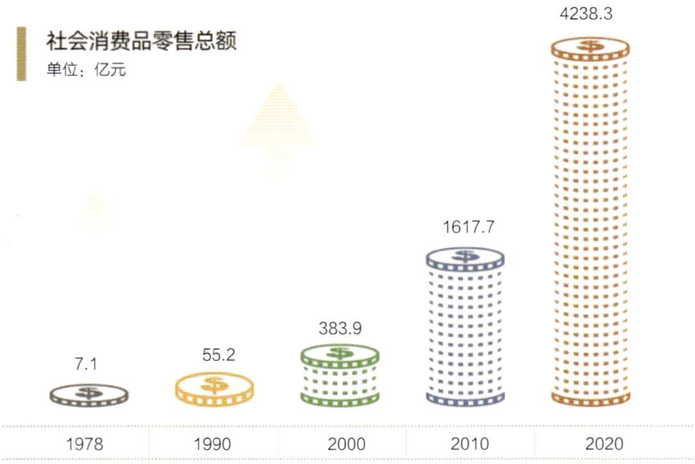

图 7　1978—2020 年宁波市社会消费品零售总额示意图

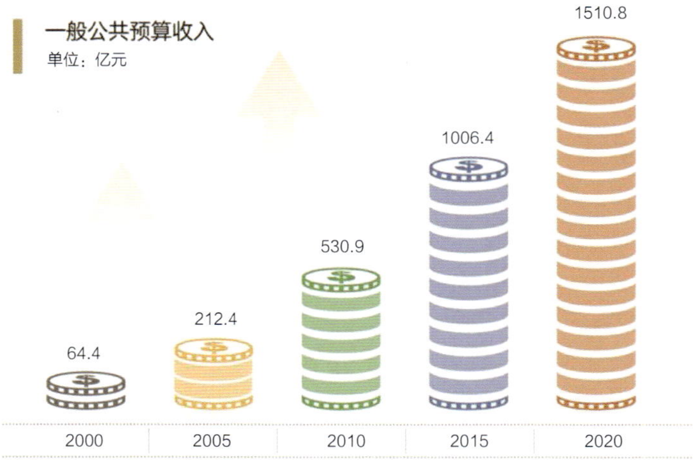

图 8　2000—2020 年宁波市一般公共预算收入示意图

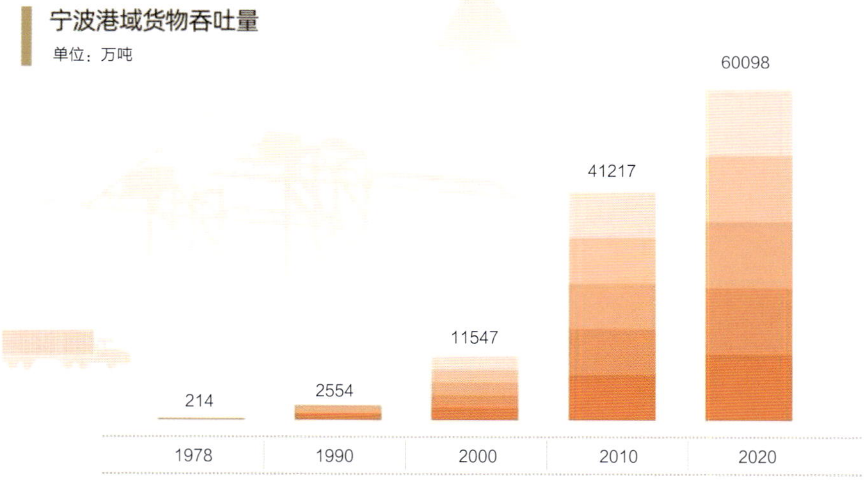

图 9　1978—2020 年宁波港域货物吞吐量示意图

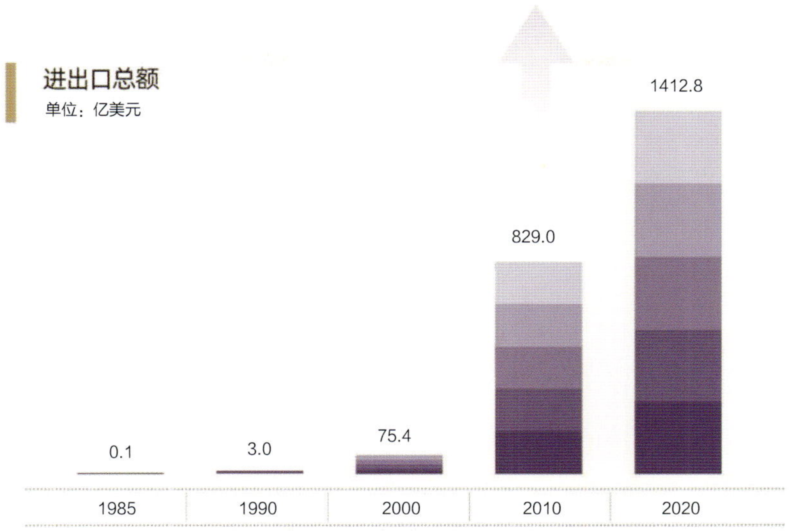

图 10　1985—2020 年宁波市进出口总额示意图

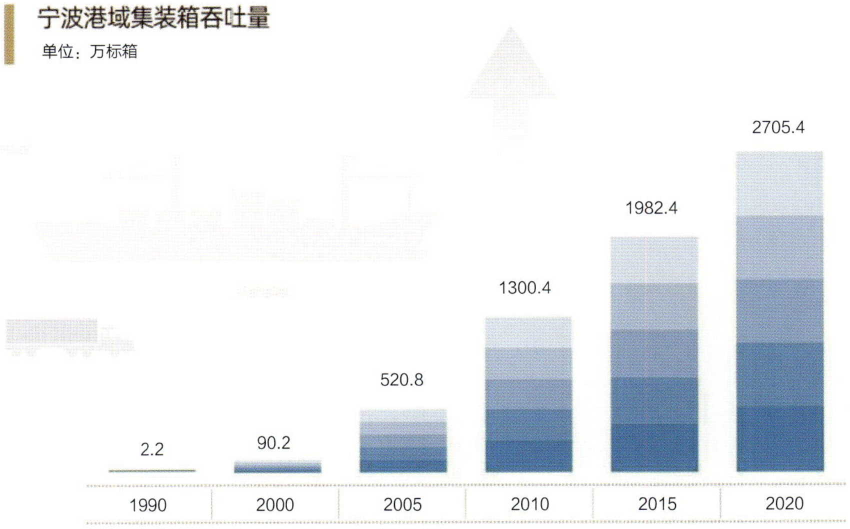

图 11　1990—2020 年宁波港域集装箱吞吐量示意图

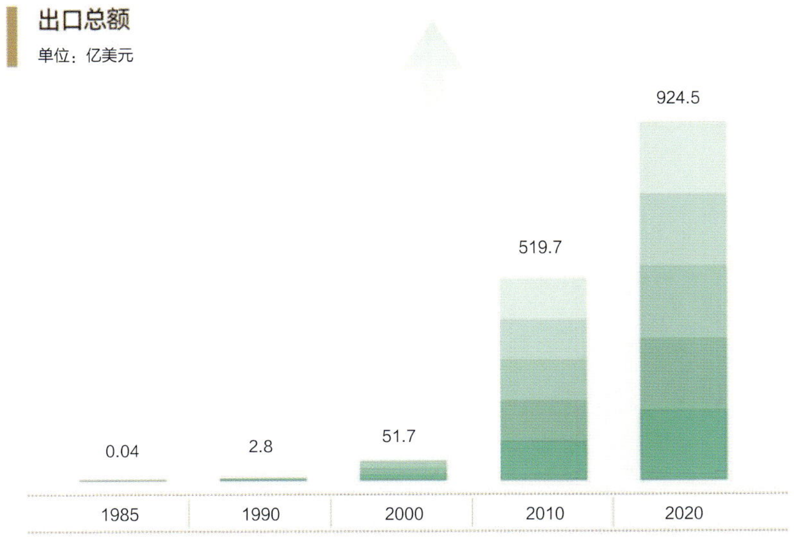

图 12　1985—2020 年宁波市出口总额示意图

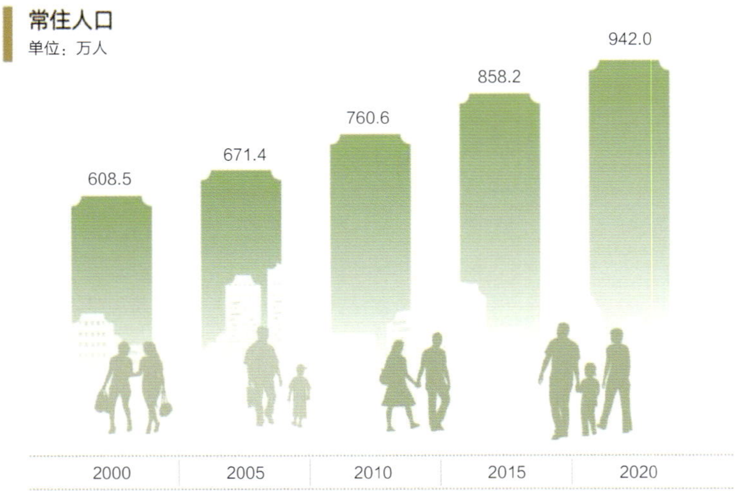

图 13 2000—2020 年宁波市常住人口示意图

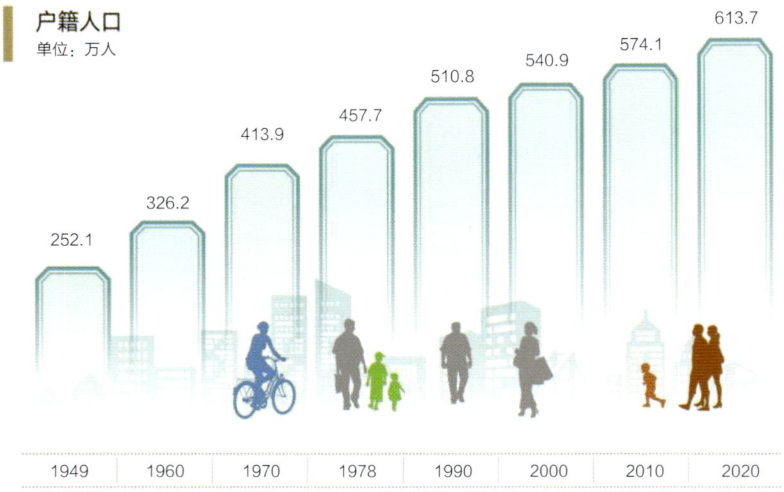

图 14 1949—2020 年宁波市户籍人口示意图

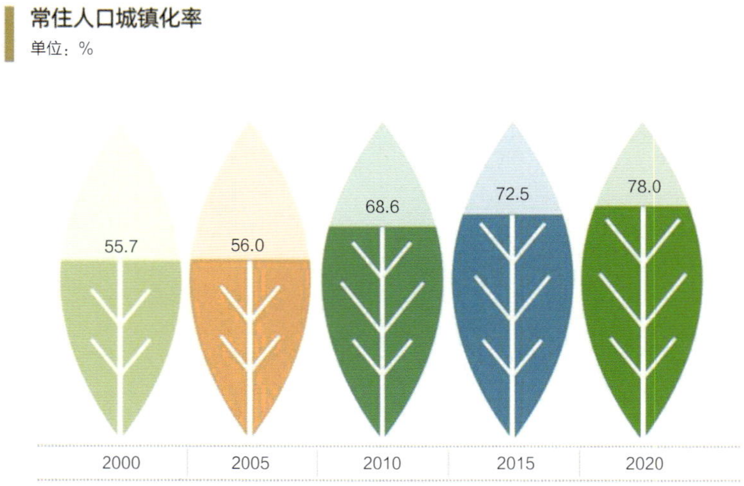

图 15 2000—2020 年宁波市常住人口城镇化率示意图

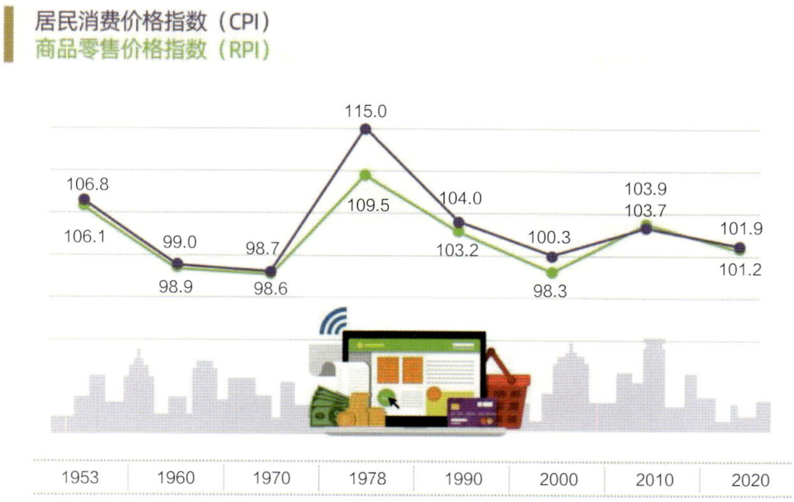

图 16　1953—2020 年宁波市居民消费价格指数、商品零售价格指数折线图

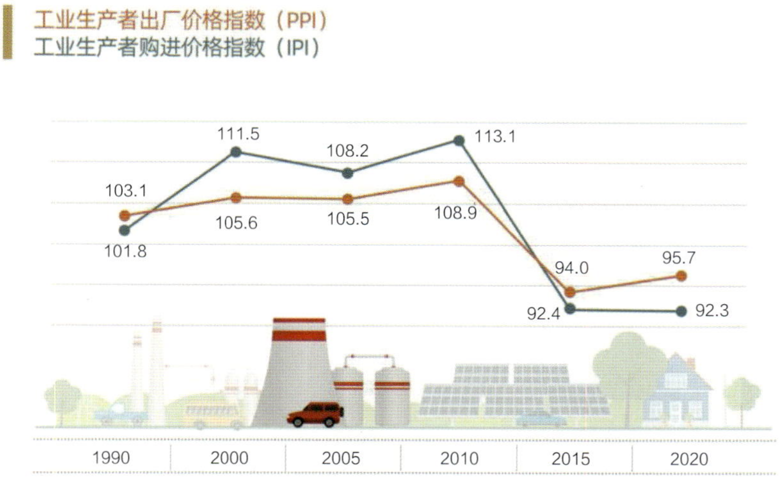

图 17　1990—2020 年宁波市工业生产者出厂价格指数、工业生产者购进价格指数折线图

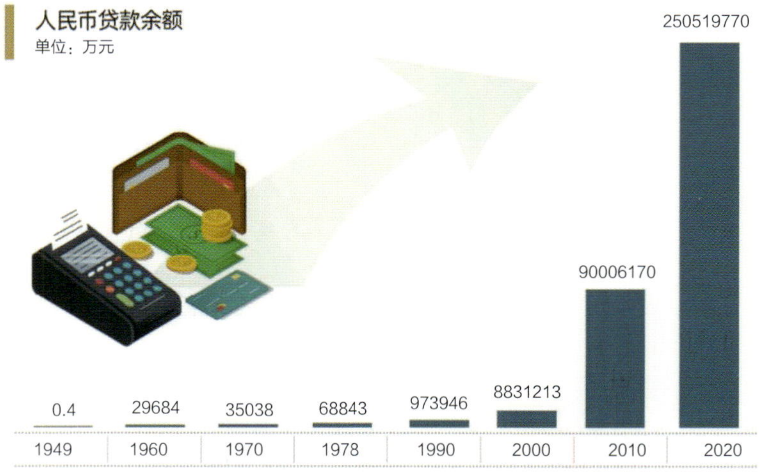

图 18　1949—2020 年宁波市人民币贷款余额柱状图

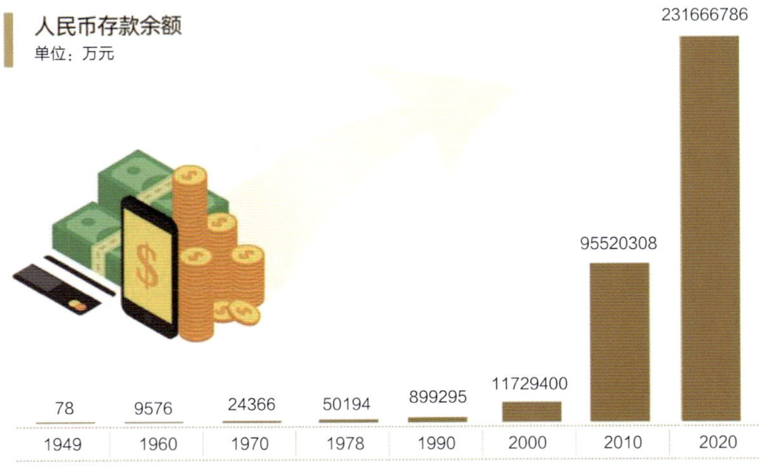

图 19 1949—2020 年宁波市人民币存款余额柱状图

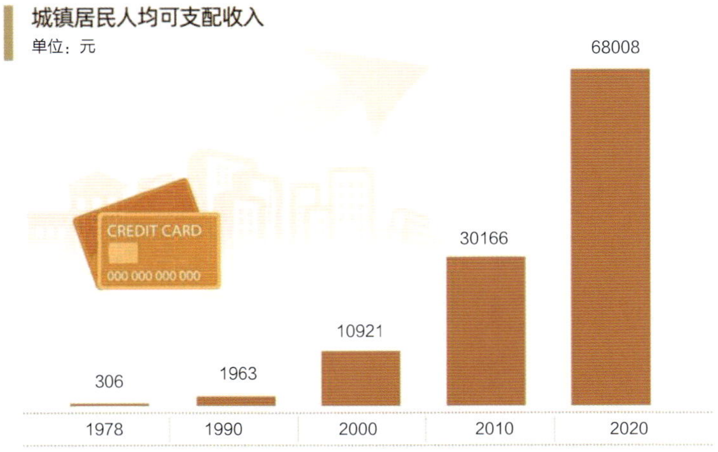

注：2014 年（含）之后为城乡住户一体化新口径，2013 年（含）之前城镇均为市区口径。

图 20 1978—2020 年宁波市城镇居民人均可支配收入柱状图

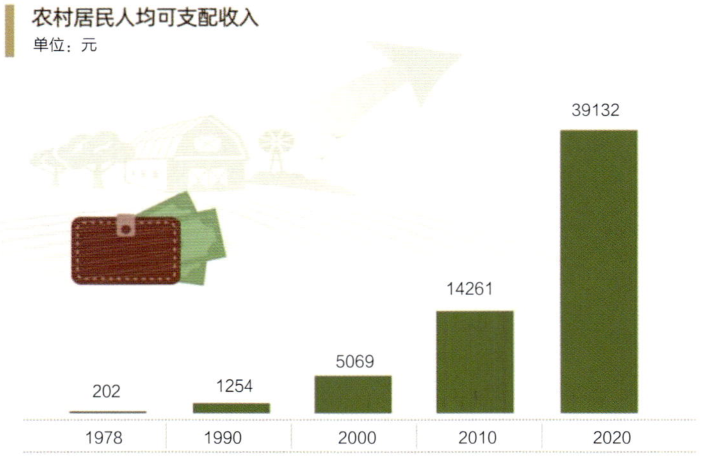

注：2013 年（含）之前农村居民可支配收入指人均纯收入口径。

图 21 1980—2020 年宁波市农村居民人均可支配收入柱状图

目　录

概　述

Summary

一

统计是记录人类活动的产物，早期的统计可追溯到原始社会末期的结绳记事及书契记数。《周易·系辞下》："上古结绳而治，后世圣人，易之以书契"，孔颖达引郑玄注："事大，大结其绳；事小，小结其绳。"

宁波历史悠久。距今六七千年到四五千年的新石器时代，宁波大地上人类活动已经相当广泛，开始出现结绳记事、记物的计数活动。到黄帝、尧、舜时代（约公元前 2491—前 2042 年），先民创制出一到十的数码，开始向书契记数时代迈进。

夏代，中国进入奴隶社会，奴隶主阶级为维护对奴隶的统治，实现国家对外、对内职能，需要征集兵员、徭役和赋税，从而开展对人口和土地的统计调查。《尚书·禹贡》记录九州（当时宁波属扬州）地域、土质、田地、贡赋、植物、运输以及物产的数字，即属于这类统计记录。

商代，随着奴隶社会的发展，国家机构的健全，以及甲骨文的应用，开始建立附属于官僚机构的统计组织，主要对军事、祭祀、田猎等活动进行统计，职能分散于"六大五官六府六工"之中，形成政府统计的萌芽。商代，"浙江境域已有登人（人口统计）、军事、祭祀和田猎统计。但只是一事一统计，统计处于萌芽状态"（摘自《浙江省统计志》，中国统计出版社，2007 版，第 29 页）。

周代，经济状况日渐发达，赋税管理也日趋复杂，作为管理工具的统计方法手段日益精细。据《周礼》记载，周代六卿对国家行政事务各负专责，并办理各部门统计工作，为王朝治理提供统计数据。《周礼·地官》记载，周代地方设有遂、县、鄙、酂、里、邻之行政组织，并每隔三年由酂长受命督查和汇总各邻、里上报的人口、粮食、牲畜、车辇之数。《周礼·夏官·司马职方氏》列九州国势调查资料，对宁波的地域、山镇（如会稽）、泽薮、川浸（江湖）、产物、人口（分男女）、畜牧、粮食作物等都做了记述。

秦代，改分封制为郡县制，厉行中央集权，设三公九卿统管朝政，并分别按行政组织与业务主管系统进行综合统计与业务统计。秦代的统计核算与会计核算、业务核算结合在一起，还没有成为独立的社会分工。宁波在秦代设鄞、鄮、句章、余姚四县，属会稽郡。当时郡的办事机构府曹中，设有少内一类的官员，专门主管财物收支并兼管统计工作。县下设县丞，主管文书、仓库、经济、司法等事务兼管统计工作。县以下的乡，设三老，掌管教化、诉讼和赋税。乡下设里，里设里正，掌一里百家，兼管统计工作。

汉代继承和发展秦代的统计体制，从中央到地方开始形成综合统计和业务统计两大体系。秦汉时期的上计制度（地方守、相向朝廷申报一岁治状），被誉为古代世界上最先进的调查统计制度。

三国两晋南北朝时期，由三省制下的三省（中书省、门下省和尚书省）代替秦汉三公九卿兼管统计工作。这一体制到隋唐时期逐渐完善。当时，三省中的尚书省设吏、户、礼、兵、刑、工六部，承担秦汉时期九卿的职责，并兼管各部门的业务统计。

宁波在唐代始设州治，称明州，并开始设置独立的统计系统和机构。唐代，明州设刺史一人，别驾、长史为其佐官，下设财计组织，主管为仓曹、司仓和户曹、司户。《旧唐书·职官志》：“仓曹、司仓掌公廨、度量、庖厨、仓库、租赋、征收、田园、市肆之事。”就职能分工而言，户曹、司户掌户籍、计账、道路、逆旅、杂徭、婚田之事。州以下设县，长官称令，佐官为丞，属官有主簿、尉、录事、司户、司法、仓督等，统计工作主要由司户、仓督兼管，县以下基层组织是乡、里、保、邻，其负责人兼管基层统计工作。

唐代留下了有关宁波人口户籍统计的珍贵文献。据《新唐书》卷四一《地理志五》记载：唐天宝元年，宁波五县，共有户数42207户，人口数207032人，县均户数8441.4户，户均人口数4.9人。当时，宁波还十分重视海外贸易统计。天宝十一年（752），日本孝谦王朝，遣唐使舶四艘220人在明州登岸，是有记载的最早入境的外国商船。（参见《浙江省统计志》）

五代十国时期（907—960），宁波进一步重视发展海外贸易，在宁波设立“博易务”，负责商品调度和计数。

宋代的统计组织，沿袭唐制。最高财计管理机构为盐铁司、度支司和户部司三司，主管天下贡赋和钱粮出纳，兼管全国综合统计与业务统计。北宋元丰元年（1078），推行新官制，三司并于户部。《宋史·职官志补正》：“元丰五年改官制，三司事并归户部。”从此，户部总管全国的综合统计。宋代地方行政机构为路、州（府、军）、县三级制。元丰改制后，仍改为州、县二级制，其统计组织基本上与中央统计组织相适应。

宋代的统计工作主要有人口统计、土地统计、漕运统计、物价统计等。宋代王安石改革田赋，土地统计推行方田均税法丈量土地，规定税额，开始编造鱼鳞图册，进一步发展了土地统计制度。宋代宁波称庆元府，土地统计随方田均税法的推行更加精细。宋代，宁波区域基本形成水陆运输网，漕运统计也随之发展起来。

南宋宝庆年间庆元府（今宁波）部分县夏秋两税统计表

表1

县别	夏税		秋税	
	绢（匹）	绸（匹）	绵（两）	苗米（石）
鄞　县	20442	6286	49811	43121
慈溪县	10716	2683	20672	24568
定海县	9531	3329	18661	21615
余姚县	13392		56243	31672

资料来源：宝庆《四明志》

宁波属沿海地区，商贸因海路交通而发达，海外商贸统计是政府统计的重要组成部分。据《宝庆四明志》卷第六记载："汉扬州、交州之域，东南际海，海外杂国，时候风潮，贾舶交至，唐有市舶使总其征，皇朝因之置务于浙于闽于广，浙务初置杭州，淳化元年徙明州。"自宋代明州设市舶机构后，外国商船到明州，先按税率抽解，然后商品由官府收买，称博买或和买，以实物核征。因征税需要，即产生较为精细的海外商贸统计。

元代统计组织"遵用汉法"，大体上沿袭宋制。元代登记户口的簿册称为《鼠尾文簿》，是征收赋役的依据。至元二十七年（1290），根据《鼠尾文簿》，庆元路（宁波）有241457户，511113人。元延祐元年（1314），朝廷在宁波推行"经理法"，对田亩面积进行统计调查，经过核定清去隐匿的官田和私田，尽革虚数，首次统计出宁波区域的官田和私田的总数。

元代宁波地区官田、民（私）田田赋统计表

表2

县别	官田		民田	
	数量（亩）	秋税粮（石）	数量（亩）	秋税粮（石）
鄞县	52661	35139	384720	30345
奉化州	63017	1255	431814	12260
昌国州	31308	1492	118810	3183
慈溪县	19644	7014	441985	18076
宁海县	41462	1888	342439	15538
象山县	61896	1285	127156	3067
小计	269988	48073	1846924	82469

明代，主要由六部兼管全国统计工作。明代的财计权集中于户部，兼管人口、财政统计。地方政权分为府、县二级，县一级分设吏、户、礼、兵、刑、工六科（亦称六房），兼管有关统计工作。在人口统计方面，明代的户贴是明代官府登记户口的籍册。在田赋统计方面，编制鱼鳞册（地籍），因图上所绘田亩，挨次排列如鱼鳞，故名鱼鳞图册，简称鱼鳞册。根据嘉靖《宁波府志》记载，嘉靖三十九年（1560），宁波府夏税征麦16966石，钞947锭5138贯，秋粮征米174655石，钞1531锭6653贯。

二

清代，鸦片战争前，统计组织基本上沿用明制，主要实施田赋及人口统计。据《宁波市志》载，康熙二十二年（1683），宁波府田赋实征米31616.57石，银168352.58两，人丁376940口。

鸦片战争后，中国社会经济和政治急剧变化，近代西方统计理论开始输入中国。清光绪三十一年（1905），清政府成立考察政治馆，派遣政府代表团赴东西洋考察，了解到"维统计之学"，尤为国家所必需，得出“至统计一页，所以验国计盈绌，国势强弱，参互比较以定施政之方”的结论。光绪三十二年（1906），清政府将考察政治馆改为宪政编查馆，在宪政编查馆下设立了统计局，负责全国综合统计。光绪三十四年（1908），清政府又在民政、度支、陆军、邮传、农工商等部及大理院，先后设立统计处，主管各部门的业务统计。同年，各省次第成立调查局，各司道及府厅州县，均规定设统计处，形成全国性的统计系统。

清末民国初，袁世凯以盐税作抵押，向英法德日俄银行团善后大借款，宁波各盐场所收税款归外国人控制。

清宣统元年（1909）宁波各盐场灶课征银统计表

表3　　单位：两

场别	银额	场别	银额
大嵩	1148872	石堰	6564442
清泉	2036356	龙头	1219635
鸣鹤	3194380	玉泉	538922
穿长	1675642		

清代是中国近代史的开端，近代统计方法开始应用。在宁波，最值得一提的是宁波海关对近代统计方法的运用。宁波海关在宋元明代称市舶司或市舶务。清康熙年间开关后称浙海关。道光二十四年（1844）宁波正式开埠后，仍称浙海关，咸丰八年（1858）曾编制一年浙海关的贸易统计。咸丰十一年（1861）设立税务司，称浙海新关，旧海关改称浙海常关。

清朝以前市舶司时期，海关统计极简单，到清初浙海关时，仅有商填簿、循环簿册整理而成的税收统计簿册，海关统计最初是为了满足税收统计的需要。自北宋端拱二年（989）设置两浙路市舶司至明宣德四年（1429）设北新关，以及明代和清顺治二年（1645）复设南新关，都仅有极为简单的税收统计。清乾隆十五年（1750），命各关关税按年度奏报，内容包括当年课税总额、各项收支数额及关税起解日期，与税银同时进京。清嘉庆四年（1799），清政府为监督税收尽收尽解，保证税课收入，编造三种关口征税时用的簿册，即商填册、循环册和稽考册。咸丰八年（1858），根据《中英天津条约》规定统一各地海关制度，聘用洋人帮办税务，开始逐渐建立近代海关统计制度。咸丰九年（1859）起至同治二年（1863），各地海关开始编制进出口贸易统计制度——《中国贸易统计》。同治四年（1865），订立更精确的统计制度，开始编制《海关年报》。同治七年（1868）以后，编印《海关贸易册》，内容有实际进出口货物的数量和金额，并按贸易港口和贸易国别进行统计。

宁波海关完整的海关统计制度是在咸丰十一年（1861）近代浙海新关成立后开始的。其海关统计的主要内容有历年船只进出口数量及吨数、各种货物进出口数量及价值、金银进出口价值、进出口税收数额以及人口数等。海关册的内容比较完整、可靠，对于研究清末对外贸易、关税政策以及经济状况有着重要意义。关于海关统计报告，初始有日报、月报、季报、年报、十年报等，后陆续编制的有月报、年报与十年报3种。由此直至抗日战争胜利后由政府派员接收浙海关止，宁波海关统计资料齐全，统计方法相对先进，统计史料比较完善。

民国时期的宁波统计可分为“北洋政府”和“南京国民政府”统计。北洋政府时期，民国元年至17年（1912—1928），宁波的统计工作基本上承袭清代遗规。户口调查统计照常进行，但在实际统计中，不少地方官员各行其是，敷衍了事，数字虚假现象十分严重。农业统计方面，民国元年（1912）开始建立农林年报制度，要汇总上报的报表有49种。交通统计方面，统计报表有20多种。商业统计分内贸、外贸两条线，内贸统计按照农商部制定的表式，分发到各县知事转交商会，由商会下发给各公司、商店，然后依式填表上报。外贸统计由海关办理，统计范围分“土货出口和洋货入口”两个方面。教育统计，每年一次少有间断，统计项目有学校数、学生数、教职员数、经费数等。南京国民政府时期，民国16年至38年（1927—1949），宁波市政府将统计列为主计中的“三计”之一，指导统计、会计和岁计与政府行政上施行的设计、执行和考核“三联制”挂钩。

民国30年（1941）4月宁波沦陷，各级政府统计组织大多名存实亡。当年浙江省政府按照国民政府主计处建立超然主计系统的要求，制定《浙江省各机关设置统计机构暂行办法》，规定各专员公署，各县政府一律暂设主办统计员，各区署均要设置统计室（浙江档案馆藏42-1-45卷）。但这些规定均未被执行，统计业务近于瘫痪。

民国34年（1945）抗战胜利，浙江省政府委员会制定《浙江省各厅处机关统计室组织及办事通则》，要求在民国35年（1946）前，各厅局处都设立统计室。至民国38年（1949）5月，浙江省有19个厅局处、47个县政府和一批较大企事业单位设置了统计室，并按照统计人员“超然”管理的规定，从省统计处统计长到县政府各部门的统计人员均由中央主计处直接任命（《中国第二历史档案馆》六-1570、2316、4396、4399案卷）。

其间，宁波统计业务上留有较多史料的有三项工作：民国34年（1945），调查公布“八年抗战，遭受损失”统计调查资料。民国35年（1946），施行“浙江省政府公务统计方案”和“浙江省市县政府公务统计方案”试点。民国37年（1948），编就《浙江省民国三十六年度统计总报告》。民国38年（1949）5月，随着宁波的解放，旧中国宁波统计也随之结束。

中华人民共和国成立前，中共浙江地方党组织和革命根据地开展的统计工作始于民国11年（1922），在土地革命战争、抗日战争和解放战争时期，都发挥了不可低估的作用。民国17年（1928）6月，宁绍特委的《余姚报告大纲》中规定，对当地政治环境、经济工作、农村工作、士兵工作以及童子团工作，必须每月统计一次填表上报。民国32年（1943）11月，浙东抗日根据地四明山特区办事处下发《调查研究大纲》，对统计工作十分重视。当时，在浙东抗日根据地，四明山地区专员公署对所属地方建立一年一次的社情调查统计制度，必报报表有20张，计有河流山路大路公路状统计表，主要特产、产量及土特产产量运销情况统计表，人口统计表，“二五”减租情况统计表，学校情况统计表，医院情况统计表，根据地乡镇机构设置、部队成员构成、民兵工作情况统计表以及敌伪区的反动组织、反动军事力量等统计表。民国 33 年（1944）12 月，中共浙东区党委谭启龙、何克希向党中央发出的《浙东 1944 年战绩、人口、面积、政权等项统计报告》，全部录用统计数据。民国 34 年（1945）1 月，何克希所作《三年来浙东军事工作报告》，除记述抗战爆发到宁绍沦陷的浙江局势用文字表达外，其余内容以 6 张统计表、72 个统计项目、394 个综合数据表达。

民国 33 年（1944）4 月，浙东敌后临时行政委员会发布《三十三公粮田赋合并征收办法》表明，委员会征收的公粮田赋，除田赋悉数拨充军事费用外，公粮包括军事公粮、行政公粮、乡镇公粮 3 项。征收标准及征额按土地性质分 4 种。民国 34 年（1945）7 月，浙东行政公署发布《三十四公粮田赋合并征收办法》，征收标准见表 4。

民国 32—34 年（1943—1945）浙东抗日根据地公粮田赋征额标准一览表

表 4

年份	土地等级	亩征（市斤）	其中细目	亩征（市斤）
民国 32 年（1943）	田	13		
	地	6		
	山田	8		
民国 33 年（1944）	甲田	27	军粮	16
			公粮	7
			田赋	4
	乙田	17	军粮	10
			公粮	4
			田赋	3
	甲地	13	军粮	8
			公粮	3
			田赋	2
	乙地	7	军粮	4
			公粮	2
			田赋	1
民国 34 年（1945）	甲田	32	军政公粮	27
			田赋	5
	乙田	20	军政公粮	17
			田赋	3

续表 4

年份	土地等级	亩征（市斤）	其中细目	亩征（市斤）
民国 34 年（1945）	甲地	20	军政公粮	18
			田赋	2
	乙地	13	军政公粮	12
			田赋	1

三

民国 38 年（1949）5 月，伴随着宁波解放，宁波统计史翻开了新的一页。中华人民共和国成立，为统计事业开拓和发展创造了广阔前景，社会主义的统计事业开始建立。总体来看，解放以来的宁波统计工作，是对中国特色社会主义统计道路的探索与实践。在中共十一届三中全会以前，宁波统计事业经历了曲折艰难的探索。改革开放以后，宁波统计事业走上了健康发展的轨道。宁波统计工作，正是在这样的环境下，在历届市委、市政府的关心和重视下，不断发展壮大。

民国 38 年（1949）5 月 25 日宁波解放。5 月 28 日，中国人民解放军华东军区宁波市军事管制委员会成立。5 月 29 日，中国共产党浙江省第二地方委员会成立。7 月，中国共产党宁波市委员会成立。10 月，第二地方委员会改称为中国共产党宁波地方委员会（简称中共宁波地委）。军管会和地、市委成立后，开始全面接管工作，并着手进行各项民主改革和恢复国民经济等各项工作。宁波统计正是伴随着解放以后的各项改革和恢复国民经济的需要得以建立与发展的。这一阶段的统计工作特点，由于统计机构还不健全，统计制度还未建立，因而，各地区、各部门各自调查统计，缺乏统一的集中领导，工作中尚存比较严重的重复混乱现象。

解放初期，宁波尚未建立统一的政府统计机构，但为安定社会秩序，恢复和发展国民经济，各业务主管部门开展了一些调查统计工作。如工商行政税务部门对资本主义工商业、个体手工业和个体商业进行普遍调查登记；劳动部门结合失业人员登记，对失业人员进行调查统计，以解决失业人员的生活和安置就业问题等。1950 年开始进行的第一次工业普查，是宁波首次承担全国性统一调查任务。1952 年，公私营企业建立定期统计报表制度，为制订第一个五年计划和对手工业、资本主义工商业改造提供统计资料，积累大量基础性数据。

1952 年 8 月 7 日，在中财委统计总处的基础上成立国家统计局。12 月，国家统计局召开第二届全国统计工作会议（第一届全国统计工作会议是中财委当年 7 月组织召开的），讨论如何配合大规模经济建设需要建立科学的统计体系。因此，建立健全统计工作已成为重要任务，为了适应经济建设的需要，各部门、各地区必须抽调干部充实统计队伍，加强统计工作。

1949—1952 年，宁波统计工作，正是在这样的大环境下，从无到有，全力服务于改造旧社会和发展社会主义计划经济的需要。

1953—1957 年（第一个五年计划时期）统计工作走上正轨。1953 年 1 月 8 日，中央人民政府政务院发出《关于充实统计机构加强统计工作的决定》，要求各级人民政府必须迅速建立并加强统计机构，配备必要数量的统计干部。这一《决定》对宁波统计工作的组织建设和业务建设产生深远影响。

1953 年 4 月，宁波市人民政府成立统计科；1954 年 8 月，宁波地区专员公署建立计划统计科，全市各县人民政府也先后设立统计机构，同时要求区（为县级党委、政府派出机构）乡人民政府和各业务主管部门及基层单位都要设置统计机构，充实统计力量。1953 年，根据政务院的统一安排，宁波市组织开展第一次全国人口普查。

1954 年，政府统计机构会同有关部门，先后组织完成各项定期报表任务和对私营小型工业（十人以上）、个体手工业的调查。

1955 年 12 月，根据国家统一部署，废止 1955 年前原有全部统计报表，从 1956 年开始执行新的报表制度。从 1953 年统计科成立起，宁波进行了规模较大的统计报表清理工作，废除了不切实际的报表，还制定了关于统计资料的索取和供应办法，基本统一全市统计制度和统计方法，解决了前几年各部门各搞一套、统计数字互不一致的问题。

1958—1965 年，统计工作在探索中前进。宁波统计工作伴随着对社会主义建设的探索进行了大胆尝试，统计工作和统计制度从局部到全面，从分散到集中，从不健全到逐步健全，其间，主要经历了 1958—1960 年（“大跃进”时期）和 1961—1965 年（国民经济调整时期）两个时期。1957 年，商业统计报表推行会统合并，使统计数字完全一致。1958 年，工业、农业、钢铁、基本建设以及商品流转等进度统计实行日报制，并运用统计资料图表化进行生产评比，激发生产积极性。但是，由于受到整风、反右派斗争以及“大跃进”运动影响，统计职能有所减弱。“大跃进”后期还出现了严重的数据虚假浮夸等现象，统计工作的科学性受到歪曲，统计信誉受到损害。

1960 年起，党中央、国务院开始纠正“左”的错误，号召大兴调查研究之风，作出《关于加强统计工作的决定》。宁波统计工作重新得到重视并开始纠偏，统计数据质量随之提高。1963 年，政府统计部门还组织 2 次全市性的统计数据质量检查。

1966—1976 年，统计工作受到冲击。1966 年 5 月，“文化大革命”开始在全国各地兴起。宁波统计工作受到波及，统计事业受到严重挫折，统计工作陷入瘫痪，不少统计资料、档案被破坏、散失，直到 1973 年才开始逐步恢复主要专业统计报表制度。1974 年 3 月，开始执行基本建设统计月报，6 月建立物资消耗定额执行情况报表制度。

“文化大革命”对统计事业破坏所造成的后果是严重的，一是重要统计数字不实，情况反映不明；二是统计机构削弱，统计人员大量减少；三是大量统计资料被毁，特别是基层单位的统计资料被销毁，一些重要的统计历史文件遗失。“文化大革命”后期，国家计委下发《关于建立统计报表制度的通知》，统计工作才逐步得到恢复。工业、农业、基本建设、职工人数和工资总额、社会商品零售额以及工业财务成本和物资定期统计报表制度得以延续。

四

1976年10月，“文化大革命”宣告结束。1977年2月以后，宁波逐步调整和加强地委、市委及各级领导班子。1978年，中共十一届三中全会作出把党和国家工作重心转移到社会主义现代化建设上来的重大决策，宁波统计事业也迎来了新的发展时期。

统计管理体系全面构建。1979年，国务院发布《关于加强统计工作充实统计机构的决定》，要求健全统计机构，恢复到1965年的实有人数。1980年1月，浙江省人民政府命令市（地）县各级政府、各业务部门尽快恢复统计机构，充实人员力量，省委机构编制委员会、省计委、省人事局和省统计局联合印发《关于各地区市县统计机构编制和干部配备的通知》，全市各级统计机构力量迅速增强。

1983年5月，宁波地、市合并，撤销宁波地区建制，实行市管县体制，并进行机构改革。根据中央关于党政机关机构改革和干部“四化”（革命化、知识化、年轻化、专业化）的方针，重新调整和配备了统计机构领导班子，推动了宁波统计事业进一步发展。1984年，全市所有县都建立了统计局，还着手进行宁波市城市抽样调查队的组建工作。

1984年，根据国家统计局部署，分别建立宁波市城市抽样调查队、鄞县农村抽样调查队、宁海县农村抽样调查队。1988年分别更名为宁波市城市社会经济调查队、鄞县农村社会经济调查队和宁海县农村社会经济调查队。1998年和2002年，经国家统计局同意，先后成立宁波市企业调查队和宁波市农村社会经济调查队。国家统计局宁波调查队成立前，三支调查队在管理上由国家统计局委托省统计局代为管理，日常管理工作由市统计局代为负责。

1984年，国务院批准宁波为沿海对外开放城市，在小港建立宁波经济技术开发区，一批国家重点工程加速建设，全市国民经济建设出现前所未有的新气象。1986年宁波被列为国家历史文化名城，1987年宁波被定为国家计划单列城市。为适应社会主义现代化建设和改革开放的需要，开始探索建设符合中国国情并与国际接轨的现代统计。1987年起，全市各级统计调查机构、普查机构、信息化管理机构、统计执法队伍和统计学会等力量稳步发展，大部分乡镇和部分街道建立统计站或统计办公室。2007年，根据国家统计局关于管理体制改革的要求，撤销宁波市农村、城市、企业调查队及鄞州、宁海农调队，成立国家统计局宁波调查队及国家统计局鄞州调查队、国家统计局宁海调查队，采用独立建队，与地方统计局共建党组模式。2013年，国家统计局批准建立国家统计局宁波调查队党组。2014年，批准建立鄞州调查队和宁海调查队党组，调查队与地方统计局实行党组分设，独立运行。2017年，国家统计局批准成立国家统计局余姚调查队。

统计服务工作整体推进。改革开放以后，统计服务由封闭转向开放，全市统计系统围绕地方党委、政府的中心工作，依法行使统计信息、咨询、监督职能，积极服务地方党政领导、企事业单位和社会公众，努力发挥智囊参谋作用。

20世纪80年代起，各级统计部门在做好为党委、政府和各业务主管部门服务基础上，着力加大信息公开力度，积极服务社会各界。市统计局及时向市委、市政府领导和各有关部门定期报送和提供统计资料，对社会公开发布，定期编印全市国民社会经济综合、专项性统计资料，出版各类统计年鉴等统计资料书籍。

1980年，增加了职工生活费指数和商品零售价格指数的计算，恢复了职工家庭生活调查工作。1981年，根据国家计划委员会、财政部和国家统计局《关于向统计部门抄送年度会计报表的通知》，在报送年度会计报表的同时，抄送所在地统计部门。1984年起，中断20多年的全市年度国民经济统计公报恢复发布，各类普查、R&D清查等大型调查统计公报和事关民众的各种统计信息产品逐渐进入公众视野。

各级统计机构恢复后，充分挖掘自身潜力，积极发挥咨询智库和智囊参谋作用，为科学决策服务。为进一步加强全市经济形势分析和专题研究，不断健全相应制度机制，相继建立全市经济形势分析会制度，提高统计调查分析的广度、深度、频率与质量。1992年，市统计局还成立了统计信息咨询服务部。

1992年起，结合经济周期波动规律特征建立“经济运行监测预警系统”，进行动态研判，提供宏观调控依据。围绕市委提出的“两个转变”（经济体制由计划经济向市场经济转变、经济增长方式由粗放型向集约型转变），为制定“九五”计划和2010年发展规划等提供决策依据。参与市委、市政府对各市县考核工作，会同有关部门组织省级百强乡镇评选。其间，针对80年代和90年代宁波经济快速发展中出现的两次经济过热、通货膨胀现象，1998年亚洲金融危机，2009年国际金融危机，以及在加入WTO前夕和“非典”局部流行早期，对全市经济特点走势和影响挑战等进行专题研究分析，为宏观调控和应对重大突发事件及时提供科学决策依据。多次参与市委、市政府重要文件、报告和汇报材料等起草、研究工作。

监督职能持续加强。十一届三中全会以后，各级统计调查部门逐渐加大监督力度，建立健全各类监测评价和计划规划评估制度，积极开展各种社情民意调查，为全市经济社会发展服务。

20世纪80年代末，为更好把握全市经济运行态势，及时为决策部门制定政策提供统计依据，市统计局会同市直相关部门建立全市工业经济效益综合评价考核制度，建立全市科技进步、粮食生产、全面建设小康社会进程、特色小镇统计监测等监测评价制度，围绕统筹城乡发展、和谐社会建设及民生领域，开展全市经济社会发展、农村小康社会建设等综合评价。

从1998年起，根据全省统一部署，宁波市开展科技进步统计监测评价工作，监测内容包括科技进步基础、科技进步投入、科技进步产出、科技促进经济发展、科技促进社会进步5个方面。

2004年，党的十六大提出全面建设小康社会目标后，宁波市开始建立全面小康监测指标体系。全面小康监测指标体系由经济发展、社会事业、人民生活、社会和谐和生态环境等5大方面24个指标构成。

2006年12月，国家统计局浙江调查总队、浙江省发展和改革委员会印发了《关于开展全省开发区（园区）统计监测调查的通知》，决定开展全省开发区（园区）统计监测调查工作。调查对象是经国家发改委设立审核并予公告的开发区（园区）及旅游度假区，调查主要内容涉及开发区（园区）基本情况、开发建设情况、主要经济指标、综合能耗、环境保护生态化建设等综合管理情况等指标。2014年，开发区（园区）统计监测职能由国家统计局宁波调查队移交给市统计局负责。

2009年9月，市人民政府办公厅印发《关于组织开展粮食生产统计监测调查的通知》，决定分季开展粮食播种面积和产量抽样调查工作。

根据《浙江省特色小镇规划建设统计监测制度》，从2015年开始组织全市省级特色小镇规划建设统计监测工作。监测内容主要包括特色小镇基本情况、开发建设情况和主要经济社会指标三部分，分年报和季报，由特色小镇通过互联网在全省统一的特色小镇数据平台（浙江省统计联网直报平台）上报，市县两级统计部门负责做好上报数据的审核评估工作。

统计制度方法与时俱进。20世纪80年代末90年代初，为适应社会主义市场经济体制要求，国民经济核算接轨国际，制度方法改革全面深化。1987年国家统计局在《国民收入年报表》中增设国民生产总值指标，1990年起，中国国民经济核算体系逐步从物质产品平衡表体系（英文简称MPS，主要为计划经济体制服务，核心指标是国民收入）向联合国国民经济账户体系（简称SNA，核心指标为GDP）过渡。1992年开始,《中国国民经济核算体系（试行方案）》正式试行，取消国民生产总值指标，明确国内生产总值核心地位，重塑指标体系，添加行业细分组。新增生产法、支出法核算统计报表，按季测算GDP工作，试行两年后于1994年年报开始正式实施。根据国家统计局要求，宁波作为计划单列市，还担任年度资金流量表的编制工作，在逢尾数为2、7年份，随国家统计局同步开展投入产出调查并独立编制投入产出表。到2017年底，市统计局分别在1992年、1997年、2002年、2007年和2012年开展投入产出调查，完成投入产出表的编制工作，实现接轨国际，为深度分析产业、行业之间的相互联系，精准编制长远规划和部门供求计划提供更翔实的数据支撑。

专业统计变革和相关制度配套同步进行。相继创建超级汇总、联网直报等新方式，企业统计数据由层层汇总上报改革为企业通过联网直报平台直接填报统计数据，各级统计部门按权限分级同步汇总；统计单位登记与年检制度依法建立，工业统计由按隶属关系改为按企业规模统计，规模以上企业联网直报，规模以下企业开展抽样调查，并进行工业生产指数试编试算。改革劳动工资统计制度，引入国际通用指标“从业人员”，修改行业分类并重新分组，扩大统计范围，精简统计指标，探索劳动就业统计调查；重新修订批发零售贸易业、餐饮业统计制度，全面变革指标体系、统计方式与调查方法，将商业、物资流转合并为大流通指标体系，实行分类调查，大中型企业进行全面调查，小型企业和个体经营户分步实行抽样调查，贸易统计以“条”为主向以“块”为主转轨，能源统计、农业与农村统计、城乡住户调查、价格统计、投资与房地产建筑业统计等方法制度均作相应修改，首次实施企业景气调查、科技进步统计监测评价制度。

20世纪90年代，随着改革开放深入推进，服务业地位作用日益突出，新国民经济核算体系的建立也需要扎实的服务业统计数据作为基础。服务业统计体系开始建立，宁波市从设置金融业、运输业增加值基层报表作为先导，继而采集全市服务业基层财务统计报表。直到2001年起，市统计局对服务业统计制度进行重点探索。2006年5月，市政府办公厅转发《市统计局关于建立宁波市服务业统计调查制度实施意见的通知》，建立以县级为总体，涵盖服务业全部行业的服务业统计调查制度。全市各县市区相继配备专职服务业统计人员、落实必要的工作经费，实施第三产业发展水平统计监测评价制度并定期通报。随后又建立电子商务、物流配送等新型重点商贸企业统计制度，加大规模以下贸易业抽样调查力度，至2010年底，已全面建立实施一套较为完备、具有宁波特色的服务业统计体系。

与此同时，全市统计调查系统不断加大现代技术研究应用力度。市统计局、宁波调查队相继开发不少应用软件，积极推广联网直报、超级汇总应用范围，将国家选中企业分别纳入企业联网直报系统，避免多头重复上报。

至2010年，全市国民经济核算和各专业统计调查体系已较为完整成熟，初步形成以周期性普查为基础，经常性抽样调查为主体，综合运用全面调查、重点调查等方法新格局，基本与国际接轨。

统计法治环境不断优化。法治是现代文明的重要标志之一。20世纪80年代，《中华人民共和国统计法》和《中华人民共和国统计法实施细则》相继颁布，90年代初，《浙江省统计工作监督管理条例》施行，全市统计工作快步走向法治化。

1983年12月8日，《中华人民共和国统计法》颁布。1987年2月，《中华人民共和国统计法实施细则》施行后，统计普法宣传和执法问责力度加大，地方统计立法工作起步。1990年5月，省人大常委会颁布《浙江统计监督管理条例》，在加强统计工作的监督管理、保障统计法律法规的有效实施、打击弄虚作假、规范工作秩序、稳固机构队伍、发挥职能作用等方面起到无可替代的积极作用。全市统计系统以此为契机，秉承依法治“统”以法促“统”理念，加快统计法治进程，为统计改革与发展保驾护航。

健全地方立法，完善配套制度。《浙江统计工作监督管理条例》先后3次修订。2002年3月，《浙江省统计违法行为行政处分规定》发布实施。2004年7月，《宁波市统计管理办法》由宁波市人民政府第20次常务会议审议通过，宁波市人民政府令第123号发布，自2004年9月15日起施行。随后，市统计局出台《宁波市统计局执法程序》，并陆续制定了统计持证上岗、违法案件查处与审理工作、行政执法责任制实施、稽查巡查工作、行政处罚裁量标准等一系列规范性文件。同时，结合实施情况进行了修订完善，采取了一系列措施。

深化普法宣传，强化执法监督。全市政府统计系统普遍加强统计执法队伍建设，通过多种形式，利用有利时机，加强部门联合，做到普法宣传与执法监督相结合，定期开展全市统计执法大检查活动，惩治数字腐败，净化统计环境，曝光典型案例，保持高压态势。从2003年至2017年，全市稽查统计调查单位多达11163家。

加强统计诚信文化建设，健全统计信用制度。全市政府统计系统不断深化统计管理体制改革，深化统计诚信文化建设，健全统计信用制度。2004年3月，市统计局印发《加强信用建设实施意见》，首次提出开展统计部门信用建设的指导思想和目标，明确了主要措施和责任分工。2015 年 12 月，市统计局印发《宁波市统计诚信单位创建实施意见》，宁波市统计信用建设进入全面实施阶段。

改革开放以来，宁波统计管理体制不断健全，统计服务工作不断深化，统计监督职能不断强化，统计方法制度不断创新，统计法治建设不断加强，宁波统计逐步走上规范化、科学化、法治化轨道，统计事业取得长足进步。全市统计系统紧密合作，机构力量、组织管理、服务创新、法治与信息化建设等各方面都取得瞩目成效，成为党和政府科学决策、科学管理的智囊和参谋。展望未来，宁波统计任重道远，各级统计调查部门将继续以服务现代化建设为使命，勠力同心、锐意进取，开拓创新、攻坚克难，继往开来、不负使命，为宁波高水平推进社会主义现代化建设，为实现中华民族的伟大复兴，满足人民日益增长的美好生活需要作出应有贡献。

宁波统计志

大事记

Major Events

1953 年

4 月 宁波市人民政府在财政经济委员会内设统计科，下设工业组、商业组、财政金融组、交通运输组、文化组、综合组等 6 个组。

6 月 30 日 宁波开展第一次全国人口普查登记。

是年 宁波进行规模较大的统计报表清理工作，1957 年再次组织报表清理，以减轻基层负担。

是年 宁波市制定《关于统计资料的索取和供应办法》，对统计报表进行统一管理。

1954 年

6 月 宁波开展私营十人以上工业企业调查。

7 月 宁波市人民政府计划统计科并入市计划委员会，改为计划统计处，作为市计划委员会的办事机构。

8 月 宁波地区专署建立计划统计科。

10 月 为配合国家过渡时期手工业改造，宁波对个体手工业和私营十人以下工业开展调查。

是年 宁波市计划统计处按季度、按月份提供国民经济计划执行情况报告，在基层单位逐步建立文字说明。

是年 宁波市开展市场与私商基本情况调查。

是年 宁波地区专署、宁波市政府及所辖县政府均按省政府要求设置统计机构。

是年 宁波市基本统一全市统计制度和统计方法，纠正各部门各搞一套、统计数字互不一致的现象。

1955 年

是年 宁波市实施十人以下私营工业及个体手工业调查、农作物产量面积调查、私营工业和个体手工业重点行业调查、私营商业和饮食业普查、职工调查、物资库存普查、知识分子调查、私营工业资方从业人员调查、牲畜调查、农作物收成量调查、冬种面积调查、历年变化情况调查，以及私营交通运输、服务业、建筑业、金融业、农业基本情况调查。

是年 为适应编制年度与长期计划需要，整理宁波历年来工业、商业、农业、交通运输、文教卫生等统计资料，反映国民经济恢复发展情况、各经济类型间比例变化。

是年 国家统计局、省统计局检查工作组对宁波统计工作进行检查。

是年 系统组织统计业务学习。先后于 1954 年 11 月至 1955 年 5 月、7 月会同市工商局举办国营商业统计制度、工业统计业务学习。9 月举办全市性统计理论讲座。

1956 年

4 月 宁波市计划委员会计划统计处撤销，成立市人民政府统计处，李振敏任处长。

6 月 中共宁波市委同意成立中共宁波市计划委员会、市统计处支部委员会，市统计处处长李振敏任书记。

10 月底 宁波市召开第一次先进统计工作者代表会议，评选 10 个县级统计工作先进单位和 65 名先进统计工作者。

是年 宁波部门初步开展统计文字分析工作。

是年 宁波市执行的商业统计报表增加公私合营及私营、合作商店饮食业、服务社报表制度，以及国营、合作社营贸易纯购、纯销综合报表；新建立物资统计、家计调查、劳动工资统计等报表。

是年 宁波市人民政府统计处整理1949年至1956年主要指标的历史资料，编制“私营经济基本情况”、“职工工资资料”、历年购买力调查等资料。

1957年

是年 检查第一个五年计划预计执行情况。

是年 宁波商业系统推行会统合并，使会统数字取得完全一致。

是年 宁波工业、商业、交通运输等单位普遍设统计组织，文教、卫生等单位配兼职统计人员，全市专职和兼职统计干部达334人。

1958年

是年 宁波市人民政府决定将市统计处并入市计划委员会，对外保留市统计处牌子，与市计划委员会合署办公。

是年 宁波开始执行工业、农业、钢铁、基本建设以及商品流转等的进度统计日报。

是年 宁波全市开展统计资料图表化运动，各系统、单位运用统计资料进行生产评比。

是年 宁波市统计部门落实“大跃进”“干工双参”要求，统计任务增加，但人员大幅精减。

1959年

是年 宁波市成立农产量调查验收委员会，组织专业调查人员34人、各阶层民主人士80余人进行春花产量验收，组织近万人参加早稻产量验收。

是年 宁波市进行公社安排工业生产中的产值计算、农村劳动力、农作物密植问题、蚕桑生产、多种经营开展情况及丰产经验等调查。

1960年

1—3月 宁波市制定技术革命统计方法制度，建立劳动机械化程度、自动化设备等三日报制度，在大搞机床自动化半自动化高潮中做到两小时反映一次进度，农业统计配合春耕春插、夏收夏种等中心运动开展调查统计。

2月中旬 宁波采用层层负责的短期集训和长会短训相结合的办法，集训公社、大队、生产队统计干部。

4月底 宁波全市845个生产队全部配备专职和兼职统计员，5000多个包产小队全部配备统计记账员。

4—5月 宁波市配合城市公社化运动，建立公社化进度日报。

6—7月 在中央提出优先发展采掘工业与夺铁保铜运动中，宁波市先后建立50种主要产品质量定额赶先五日报、采掘工业生产五日报与煤铁专业设备五日报等统计制度。

上半年 宁波市开展以原始记录为中心的农村统计业务建设。

是年 根据中央和省委关于反官僚主义的指示精神，宁波市对发往农村和基层厂矿企业的调查统计报表进行清理，取消指标2204个，减少49.35%，特别是日报指标精简69.21%。进一步加强报表审批，对于进度报表，要求市委常委批准方可执行。

是年 宁波市农业统计采取统一布置、集中汇编方法，农、林、牧、副、渔统计报表全部由基层生产队填报，改变主观估计情况。

1962年

9月 根据国务院关于清理和精简调查统计报表的指示精神，宁波市属工业部门报表从50张精简到14张，商业部门从27张精简到7张，并对省颁88张定期统计报表提出取消、简化等意见。

9—12月 宁波市根据城市手工业厂、社改组后情况，建立健全市区90多个手工业合作社、组组成的统计互助网。

9—12月 宁波市汇编“二五”期间统计资料及解放后14年统计资料。

12月 宁波市统计处与市计划委员会分开，恢复宁波市统计处，隶属市人民政府。

1963年

4月和10月 宁波市两次组织开展全市性统计数字质量检查。

6月10日 宁波市统计处改为宁波市统计局，下设综合科、工业交通科、财贸科等3个科，人员编制16名，市计划委员会副主任李振敏兼任局长，副局长袁锐刚主持工作。

三季度起 宁波市开展“五好统计员单位”和“五好统计员”竞赛。

是年 宁波市建立统计报表管理、统计数字管理和统计数字审核更正3项制度。

是年 宁波全市结合“五反”运动，进行两次全面报表清理，废除报表150张，精简50张，简化20张。

是年 宁波市统计局编制全部配齐，全市三分之二以上的工厂配专职统计人员，商业系统各公司、经理部配专职统计干部，农村公社统计人员明确由文书兼任。

是年 宁波市统计局整理汇编1949—1962年全市国民经济历史统计资料。

是年 宁波全市各系统、部门建立定期统计业务学习制度。

1964年

6月30日 宁波市开展第二次全国人口普查登记，全市人口363496人，其中市区236013人，郊区127483人。

1965年

是年 宁波市统计局三个科被撤销，合并成一个科，抽调一半以上人员特别是负责人员组成一个农业财贸蹲点小组、一个工业蹲点小组，分批轮流蹲点调查，调研统计革命所需解决的问题。

1966年

是年 受“文化大革命”影响，全市统计机构被撤销，政府统计工作基本处于停顿状态。

1970年

1月 宁波市革命委员会（以下简称市革委会）根据关于“统计机构不能取消，统计机构还要有”的指示，在市革委会生产指挥组计划办公室设统计组。

1973年

8月 宁波市革委会撤销生产指挥组计划办公室，恢复市计划委员会，下设统计组。

1974年

6月20日 根据中央和浙江省革委会关于精简统计报表的要求，宁波实施统计报表精简。

1977年

5月 宁波市计划委员会撤销统计组，设统计科。

7月 宁波市开展工业企业八项指标考核。

1978年

5月15日 宁波市开展各系统间统计工作革命比赛。

6月24日 宁波市建立物资消耗定额执行情况报表制度。

8月 宁波市开展统计工作互学互查。

是年 劳动工资季报改为月报。

是年 宁波市开展统计数字质量大检查。

1979年

1月起 宁波市各全民所有制及集体所有制民用工业企业和物资部门、供应机构向当地有信贷关系的人民银行报送统计报表。

2月9日 统计科系统搜集、整理中华人民共和国成立后30年的统计资料。

6月起 宁波市各建设单位向建设银行报送统计报表。

10月20日 国务院发布关于加强统计工作充实统计机构的决定。

12月1日 宁波市实施自然科学技术人员年报统计制度。

1980年

3月 宁波市委决定撤销市计划委员会统计科，恢复宁波市统计局，单独建制，下设综合科、工业基建科、财贸科等3个科，实有干部13名，市计划委员会副主任陈少敖兼任局长，副局长袁锐刚主持工作。

5月21日 宁波市统计局在当年统计年报中增报以上年12月为基期的零售物价指数和职工生活费指数，二季度起上报议价商品零售价格指数计算表。

7月21日 宁波市恢复职工家庭生活调查（简称家计调查）。

9月底 宁波市统计局整理汇编《宁波市三十年国民经济统计资料》。

1981年

11月9日 宁波市各级业务主管部门和省直属单位执行国家计划委员会、财政部和国家统计局通知要求，向统计部门抄送年度会计报表。

1982年

1月 宁波市委同意建立中共宁波市统计局党

组，市计划委员会副主任陈少敖兼任党组书记，有党组成员3名。

4月 经宁波市计划委员会党组同意，成立中共宁波市统计局支部委员会，支部委员会设委员3名，其中书记1名，副局长徐孝伦任书记。

7月1日 宁波市开展第三次人口普查登记，全市共956676人。

7月 宁波地区公署成立统计局。

1983年

7月 宁波地、市统计局合并成立宁波市统计局，统一管理原宁波地、市所辖区域统计工作。

8月19日 中共宁波市委宣布市统计局机构改革后的领导班子，吕彬章任局长、党组书记，詹永乐任副局长、党组成员，施平任副局长，徐孝伦任党组成员，袁锐刚任巡视员。

9月22日 宁波市统计局、市体委、市教育局、市总工会联合开展全市体育场地普查。

10月9日 市计委党组宣布市统计局机构改革后各科正副科长名单：张思豪任综合统计科科长、陈燕芬任副科长；詹永乐任工业基建统计科科长（兼）；赵永娣任财贸统计科科长、曹伟庭任副科长；唐伟昌任农业统计科副科长。

11月21日 宁波市统计局制定《宁波市统计局工作范围和职责》。

12月2日 宁波市统计局制发《要求加强统计机构和力量的报告》，要求加强各级统计机构队伍建设和人员配备，并对加强基层统计干部调动管理提出要求。

1984年

8月13日 国家统计局在宁波市组建城市抽样调查队。

11月 宁波市统计局获批增设人事秘书科。

下半年 宁波市郊继各县之后在粮食产量统计中推行抽户登记调查法。

是年 宁波市统计局整理、起草全市1983年国民经济和社会发展计划执行情况公报，这是“文化大革命”以来宁波市第一次公开发表比较全面系统的全市经济和社会统计数字。

是年 宁波市统计局作为上海经济区统计局长联席会议执行主席，组织上海经济区1983年统计年鉴的会审汇编。

是年 国家统计局在鄞县、宁海县组建农村抽样调查队（后更名为农村社会经济调查队）。

1985年

4月8—10日 国家统计局副局长岳巍到宁波检查工作。

10月11—13日 宁波市统计学会召开成立大会，通过学会章程，选举产生以吕彬章为会长，施平、毛培民为副会长，章杰良为秘书长的学会常设机构，选举产生常务理事11人、理事26人。

1986年

3月13—15日 国家统计局局长张塞到宁波调研。

5月19日 张吉成任宁波市统计局党组成员、副局长。

6月30日 国家统计局、中共浙江省委联合召开大会，追授奉化县统计局原巡视员邬兆定浙江省优秀共产党员、全国模范统计干部荣誉称号。邬兆定于是年4月20日逝世，生前为奉化县统计局巡视员，在统计工作岗位上坚持原则、兢兢业业、忘我奉献，提出“做统计工作，应做到数字不准确‘死不休’”，死后遗体捐献医学事业，国家统计局、中共宁波市委、宁波市统计局先后发出通知，号召向他学习。

1987年

4月 宁波市编委同意市统计局机关内设各“科”改为“处”，下设办公室、综合统计处、工业基建统计处、农业统计处、财贸统计处等5个处室。

3月22日 国家统计局副局长郑家亨到宁波检查工作。

6月24日 全国对外经济贸易、国际旅游经济情况座谈会在奉化溪口召开。

1988年

2月 宁波市统计局获批增设法规处、人事教育处。

8月20日 宁波市统计局、人事局联合召开各县（市）区统计、人事局长会议，部署加快建立乡镇统计机构，配备专职统计人员。

9月 宁波市统计局获批增设外经统计处。

9月 宁波市统计局党组撤销。

是年 宁波市统计系统开展统计信息自动化建设，配备专职计算机操作人员14人。

是年 宁波市统计局编写《改革十春秋，甬城展新姿》，反映党的十一届三中全会以来宁波经济社会发展成果。

1989年

4月起 宁波市统计局建立八项重要经济指标公布制度。

二季度 宁波市开展统计法规执行情况大检查，查处违反统计法案件21起。

是年 除鄞县和3个老市区外，宁波市各县（市）均组织开展城镇住户和物价调查。

是年 宁波市统计局建立工业产品出厂价格、主要原材料、燃料、动力购进价格编报制度及建筑业价格指数编报制度，并会同市外经贸委在省内率先开展外贸收购物价指数编制。

是年 宁波市县两级统计部门整理、编辑、出版《奋进的四十年》，反映中华人民共和国成立40年特别是党的十一届三中全会以来宁波改革、建设成就。

1990年

1月 宁波市委决定恢复市统计局党组，党组书记吕彬章，有党组成员6名。

7月1日 宁波市开展第四次全国人口普查登记，全市总人口为5090897人。

8月 宁波市统计局获批成立计算中心，人员编制从局机关内调剂解决。

9月初至年底 根据中央统一部署，宁波市统计局组织党员重新登记。

是年 在余姚市组织新的国民经济核算体系

试点。

是年 宁波市各县（市）统计局普遍设立股、室等内设机构，海曙、江东、江北三区统计局专职局长配备到位，市、县级统计局均实行目标管理责任制。

1991年

上半年 宁波在全市统计人员中组织开展学习纪念“模范统计干部”邬兆定同志逝世五周年活动。

6月 市编委同意在市城调队增挂“宁波市统计信息咨询服务部”牌子。

10月 宁波市人民政府印发《关于加强农村统计工作问题的通知》，对农村统计机构组建、人员来源作具体要求。

10月 宁波市统计局获批成立机关妇委会。

12月20日 宁波市统计学会召开第二次会员代表大会暨第三次科学讨论会，选举产生新一届理事会，选举张吉成为会长，施平为秘书长，聘任国家统计局副局长郑家亨、市计划委员会副主任李振敏为名誉会长。

是年 宁波市建立工业经济效益综合评价考核制度、投资项目统计上岗证制度、劳动工资统计数据联审制度。

是年 宁波市统计局编纂《沿海开放城市、计划单列市及经济特区主要统计指标汇编》《宁波“七五”时期成就》《宁波1949—1990年国民收入、国民生产总值统计资料汇编》。

1992年

2月29日 宁波市统计局成立机关业余党校。

2月 宁波市统计局成立统计信息咨讯服务部，为城调队下属事业单位。

3月 宁波市统计局机关工会工作委员会获批成立。

6月22日 宁波市统计局、市计委联合部署启动全市农村集体固定资产投资普查。

10月 宁波市统计局撤销综合处、法规处、工业基建处、外经统计处、财贸统计处，新设综合法规处、平衡社会统计处、工交能源统计处、固定资产投资统计处、贸易外经统计处，农业统计处更名为农村统计处。调整后，共设综合法规处、平衡社会处、工业能源处、固定资产投资处、农村处、贸易外经处、计算中心、人教处和办公室9个处室。

12月17日 全国城市社会经济评估中心召开中国城市综合经济实力50强和投资硬环境40优新闻发布会，宁波市列城市社会经济综合实力第38位，投资环境40优之一。

1993年

3月22日 宁波市政府召开协调会议，明确由北仑区统计局负责北仑区、开发区、保税区统计工作。

4月 经国家统计局同意，建立中国信息报驻宁波记者站（未独立设置机构），为处级事业单位。

5月 宁波市政府印发《关于进一步完善全市对外经济统计网络的通知》。

7月 唐伟昌任宁波市统计局副局长，不再担任市城调队副队长；詹永乐任市城调队专职队长，不再担任市统计局副局长。

8月9日 宁波市统计局、市计委、经委、外经贸委、财办、外资局、乡镇局和《宁波经济》杂志社等单位联合召开宁波市经营规模最大、经济收益最佳工商企业新闻发布会，发布270余家工业、商贸、物资等行业入选企业情况。

9月13日 宁波市统计局获批在宁波市统计信息咨询服务部基础上成立宁波市统计信息产业中心，为局属处级自收自支全民事业单位，撤销市城调队增挂的“宁波市统计信息咨询服务部”牌子。

1994年

2月 宁波市统计局升格为副厅级单位。

10月27日 宁波市统计学会召开第三届会员代表会议暨第五次统计科学讨论会，审议通过修改章程草案，并选举产生第三届理事会及常务理事会，张吉成任会长，秘书长章杰良，郑家亨、李振敏为名誉会长。

1995年

1月6日 宁波市召开第三产业普查主要数据新闻发布会，发布普查主要数据。

7月 宁波市统计局印发《宁波市专业统计人员持证上岗制度实施方案》，在全市实施统计人员持证上岗制度。

1996年

1月 宁波市开展第三次工业普查。

3月14日 陈燕芬任宁波市统计局局长助理。

3月 国家统计局在宁波市组建企业调查队。

4月4日 宁波市统计局获批组建培训中心，为自收自支全民事业单位。

5月8日 宁波市统计局召开纪念“优秀共产党员、模范统计干部郧兆定同志逝世十周年”报告会。

5月 宁波市级机关实施新一轮机构改革，市统计局内设机构核定为：办公室、法规与社会统计处、农村统计处、工业交通统计处、固定资产投资统计处、贸易与外经统计处、国民经济核算处、综合统计处、人事教育处等9个处室，行政编制51名。

7月 宁波市统计局计算中心改为局属事业单位。

10月19日 全国统计系统办公室工作暨外事工作会议在宁波召开。

是年 宁波大学应用数学专业始开统计类课程。

1997年

6月24日 中国统计学会城市统计研究会会长扩大会议在宁波召开。

6—8月 宁波全市开展统计执法大检查。

1998年

4月21日 全国大中城市城郊统计信息交流会在宁波召开。

4月23—26日 1998年度全国统计职称改革工作会议在宁波召开。

4月24日 宁波市人民政府转发市统计局《关于加强农村统计工作意见的报告》。

9月 宁波市统计学会召开第四届会员代表会议，选举吕彬章为会长，张吉成为秘书长。

1999年

2月27日 全国城镇私营、个体经济及个人固定资产投资试点调查会议在宁波召开。

3月20日 宁波市统计局编纂的《宁波市改革开放20年》一书入选市读书活动百部推荐书目。

9月24日 由宁波市统计局编纂的《宁波五十年》一书举行首发式。

2000年

8月23—25日 国家统计局党组书记、局长朱之鑫到宁波调研。

11月1日 宁波市全面开展第五次全国人口普查登记工作，全市常住人口5963362人，户籍人口5406680人。

2001年

6—8月 宁波市全面开展《中华人民共和国统计法》和“两办通知”执行情况大检查。

12月22日 任彭微任中共宁波市统计局党组书记、局长；吕彬章不再担任中共宁波市统计局党组书记、局长，改任宁波市统计局巡视员。

12月31日 蒋根芳不再担任中共宁波市统计局党组成员、副局长；詹永乐不再担任中共宁波市统计局党组成员。

2002年

1月 宁波市人民政府印发《宁波市统计局职能配置、内设机构和人员编制规定》，市统计局内设机构核定为：办公室、法规与教育处、农村统计处、工业交通投资统计处、贸易与外经统计处、社会与科技统计处、国民经济核算处、综合统计处等8个处室，行政编制38名。

1月 宁波市统计局普查中心获批成立，为正处级全民事业单位。

3—4月 宁波市统计局集中开展局机关和局属事业单位、中央属事业单位“三定”工作，将各类混岗人员理顺归队，实现岗编统一。

4月 中共宁波市统计局直属机关总支部委员会获批成立。

6月 宁波市统计学会召开第五届会员代表会议，任彭微当选为会长，吕彬章为秘书长。

7月 国家统计局在宁波市组建农村社会经济调查队。

9月 “宁波市人口地理信息系统”通过专家组验收，该系统以人口数据与地理数据有机结合方式管理、利用第五次人口普查数据。

10月1日 宁波市统计局OA网（办公自动化系统）试运行。

是年 宁波市统计局在《宁波日报》开辟《数字宁波》专栏，在《宁波广播电视周报》开设《从数字看宁波》专栏，不定期发布解读全市统计数据。

是年 宁波市、县两级全面实现规模以下工业统计以抽样调查数据替代全面统计数据。

是年 宁波市统计局采用价格指数紧缩法替代不变价法计算全社会工业发展速度，采用综合价格指数和调整后的增加值率测算全社会工业增加值发展速度。

是年 中韩农业统计合作项目——农作物播种面积抽样调查在鄞州区的试点工作完成。

是年 宁波市组建民情民意调查网络，着手开展民情民意调查。

2003年

6月 宁波市人民政府印发《关于进一步加强统计工作的意见》，提出加强统计力量、规范部门统计、夯实统计基础、严格统计执法、深化统计改革、加强队伍建设等方面意见。

7月1日 “宁波统计信息网”开通。

是年 市统计局建立限额以上餐饮业、连锁企业、亿元以上商品交易市场销售情况月报制度。

是年 海曙区、江东区、江北区实行在地统计。

是年 宁波市全面完成统计系统广域网建设。

是年 《宁波统计年鉴》首次采用中英文对照并版。

是年 中韩农业统计合作项目——农作物播种面积抽样调查试点扩大到慈溪市、奉化县和江北区，其余县（市）区各选择一个乡镇进行小规模试点。

2004年

3月12日 浙江省委常委、宁波市委书记巴音朝鲁，宁波市委副书记、常务副市长邵占维听取市统计局党组工作汇报，指示要认真搞好经济普查工作。

3月30日 宁波市政府印发《关于开展第一次经济普查的通知》，启动第一次经济普查。

4月21—24日 15个副省级城市第二届农业信息交流会议在宁波召开。

4月22—23日 韩国农林部行政事务官林申泽到宁波市验收中韩农作物播种面积抽样调查合作项目。

6月初 宁波市在全国率先完成人口、单位地理信息系统建设。

7月21日 宁波市代市长毛光烈签署第123号市政府令，正式发布《宁波市统计管理办法》。

8月3日 宁波市统计局召开全体干部大会，市委副书记、常务副市长邵占维代表市委、市政府宣布罗吕榕任市统计局党组书记、局长。

是年 除统计单位登记、统计调查项目审核备案外，统计调查项目及统计调查表的审批、统计单位登记、统计专业技术资格认定不再列入宁波市统计局行政许可项目。

是年 统计信息网上直报系统在余姚开发区、北仑区和慈溪市部分企业试运行。

2005年

1月25日 宁波市统计信息网上直报系统项目通过验收。

7月7日 市统计局贸易外经处、工业交通投资处获批更名为服务业统计处、工业与投资统计处。

7月28日 市编办发文同意单独设置宁波市海曙、江东、江北、镇海、北仑、鄞州六区统计局。

10月17日 汤柏生任宁波市统计局总统计师。

11月3日 宁波市政府印发《关于开展第二次全市农业普查的通知》，启动第二次农业普查。

2006年

3月8—9日 全国统计人员从业资格工作会议在宁波召开。

3 月 31 日 《宁波日报》报道宁波首起统计违法强制执行案件——慈溪市皇冠电子元件厂因拒报统计资料被强制执行。

5 月 10 日 宁波市政府办公厅转发市统计局《关于建立宁波市服务业统计调查制度的实施意见》，在全国率先建立服务业统计调查制度。

5 月 12 日 全国劳动工资统计制度改革试点工作会议在宁波召开。

7 月 26 日 宁波市委副书记、市长毛光烈在市委常委、常务副市长王勇等陪同下到市统计局调研。

8 月 宁波市统计局获批增设工业与能源统计处、投资统计处，撤销工业投资统计处。

9 月 9—11 日 国家统计局在宁波市召开劳动工资统计制度改革研讨会，宁波海曙区、余姚市统计局作为全国试点单位发言。

9 月 26 日 宁波市统计系统首起行政诉讼案件——宁波市华迅化工有限公司不服宁波市统计局行政处罚案在海曙区人民法院公开审理，一审判决驳回原告诉讼请求。

11 月 6 日 宁波市政府印发《关于进一步加强统计工作的意见》，提出创新县域统计工作组织模式，首次提出分片区组织实施统计调查工作。

12 月 26 日 宁波市统计学会第六次会员代表大会召开，选举产生新一届理事会，罗吕榕当选为会长，陈燕芬兼秘书长，聘请吕彬章为名誉会长。

2007 年

1 月 12 日 上午，宁波市委常委、常务副市长王勇到市统计局调研。

3 月 市编委同意宁波市统计局普查中心增挂“宁波市社会经济调查中心”牌子，设综合科、普查科、工业与能源统计调查科、服务业统计调查科、社情民意统计调查科。

7 月 国家统计局下发《关于设立国家统计局宁波调查队的通知》，建立国家统计局宁波调查队，按照“独立建队、共建党组、资源共享、管理统一”的运作模式，宁波调查队与市统计局合署办公。国家统计局宁波调查队核定内设机构为：办公室（人事教育处、财务管理处、纪检监察室）、综合处（执法检查处）、农村调查处、城镇住户处、工业调查处、投资与服务业调查处、生产投资价格调查处、消费价格调查处、统计监测处、专项调查处等 10 个处室（建队之初，投资与服务业调查处、专项调查处等暂未设立）。

8 月 28 日 国家统计局宁波调查队成立大会召开，宣布撤销宁波市农村社会经济调查队、宁波市城市社会经济调查队、宁波市企业调查队，陈燕芬任国家统计局宁波调查队队长，蒋向东、张仁林、陈斯恩任副队长。

9 月 19—20 日 以国家统计局副局长张为民为组长的企业职工工资调查联合调研组到宁波调研。

9 月 宁波市委印发《关于建立中国共产党宁波市统计局国家统计局宁波调查队党组及罗吕榕等同志职务任免的通知》，设立中共宁波市统计局国家统计局宁波调查队党组，党组书记罗吕榕，有党组成员 7 名。

10 月 24—27 日 第二十届直辖市、副省级城市国民经济核算年会在宁波召开。

11 月 20—21 日 杭州、宁波、苏州、无锡四市统计局长联席会议在宁波召开。

12 月 25 日 宁波市政府办公厅转发市统计局

《关于进一步加强能源统计工作的意见》。

2008 年

1 月 10 日 宁波市委常委、常务副市长王勇到市统计局和宁波调查队调研党风廉政建设情况。

4 月 中共宁波市统计局国家统计局宁波调查队直属机关委员会获批成立。

5 月 16—17 日 以韩国统计厅经济统计局局长李泰成为团长的统计代表团到宁波访问。

6 月 11 日 姚珂军任中共宁波市统计局、国家统计局宁波调查队党组成员，宁波市统计局副局长。

6 月 26 日 全国部分省和重点市上半年就业形势分析座谈会在宁波举行。

7 月 9 日 浙江省委常委、宁波市委书记巴音朝鲁到市统计局、国家统计局宁波调查队调研。

8 月 宁波市房地产价格调查网上直报首次成功试报。

10 月 14 日 宁波市统计局建立全市社会民生综合统计制度。

同日 宁波市投资专业网上直报系统试运行。

11 月 18 日 宁波市经济普查（规模以上工业、能源）普查表首次实施网上填报。

12 月 3 日 宁波市统计局办公室获批增挂行政审批处牌子，原法规教育处更名为法规处。

是年 宁波万里学院开始招收统计学专业本科生。

2009 年

1 月 4 日 宁波市委副书记、市长毛光烈签署第 161 号政府令，发布新修订的《宁波市统计管理办法》。

4 月 5 日 国家统计局副局长谢鸿光到慈溪调研。

4 月 30 日 国家统计局宁波调查队正式启动全市固定资产投资价格指数编制。

5 月 6 日 国家统计局宁波调查队新增月度景气调查。

5 月 12 日 宁波市建立全市贸易企业统计监测制度。

5 月 15 日 上午，宁波市政府召开全市统计工作会议，市委常委、常务副市长王勇出席会议并讲话。

5 月 26 日 宁波市首家统计事务服务公司——海曙求信统计事务服务公司正式注册成立。

6 月中旬 宁波市首次通过网络直报系统开展大学生就业状况调查。

8 月 24 日 宁波市统计局普查中心（市社会经济调查中心）获批增挂宁波市统计局执法支队牌子。

9 月 16 日 宁波市启动第二次全国 R&D 资源清查。

11 月 2 日 宁波市统计局、国家统计局宁波调查队编印庆祝中华人民共和国成立 60 周年资料本——《宁波辉煌六十年》。

2010 年

2 月 25 日 市统计局下发通知，全面建立市、县、乡、村四级农村统计人员信息库。

3 月 3 日 宁波市编印《宁波市第二次经济普查概览》。

3 月 16 日 国家统计局局长马建堂到宁波调

研统计工作和统计网上直报系统建设情况。

4 月 1 日　上午，宁波市召开第六次人口普查领导小组第一次（扩大）会议，动员部署开展第六次全国人口普查工作。

5 月 28 日　宁波市统计局、国家统计局宁波调查队会同市监察局、市司法局、市政府法制办联合开展为期 4 个月的全市统计法和统计违法违纪处分规定贯彻执行情况大检查。

9 月 1 日　王迪熙任中共宁波市统计局、国家统计局宁波调查队党组成员。

9 月 7 日　宁波市统计局启动企业数据证明网上申报办理系统。

10 月 30 日　宁波市委常委、常务副市长王勇就开展全市第六次人口普查登记工作发表电视讲话。

11 月 26 日　宁波市、县两级普查（地方经济调查）机构在当年 4 月获批参照《中华人民共和国公务员法》管理后，所属 119 名工作人员获批转为参照公务员法管理单位工作人员。

12 月 13 日　中共宁波市统计局、国家统计局宁波调查队直属机关纪律检查委员会获批成立。

12 月 28 日　宁波市统计学会召开第七次会员代表大会，选举产生新一届学会理事会，罗吕榕当选为会长，陈燕芬为秘书长。

2011 年

1 月 5 日　国家统计局宁波调查队启动 2011 年全球国际比较项目（ICP）消费价格调查。

1 月 20 日　新的宁波市工业生产者价格网上采集系统正式上线运行。

4 月 26 日　宁波市将国民经济核算、农业统计、服务业统计、人口统计调查、城镇住户调查及规下工业调查延伸至各卫星城市试点镇。

5 月 4 日　张建新任宁波市统计局、国家统计局宁波调查队党组成员，宁波市统计局副局长。

5 月 18—19 日　第五届十九城市调查队工作交流会议在浙江宁波召开。

6 月 14 日　宁波市首次采用常住人口替代户籍人口计算人均地区生产总值。

6 月 23 日　上午，宁波市委副书记、市长刘奇在市委常委、常务副市长王勇，副市长、市政府秘书长王仁洲等人的陪同下，到市统计局、国家统计局宁波调查队调研。

7 月 14 日　宁波市统计局与宁波工程学院签订建立战略合作关系的框架协议，在人才培养、科技攻关、科技应用、技术服务、决策咨询等方面开展全面合作。

8 月 1 日　宁波市统计局建立全市战略性新兴产业（简称“4+4+4”）统计监测制度。

8 月　宁波市政府办公厅印发《宁波市统计局主要职责内设机构和人员编制规定》，市统计局内设机构调整为：办公室（行政审批处）、法规处、综合统计处、国民经济核算处、社会与科技统计处、工业与能源统计处、服务业统计处、农村统计处、投资统计处 9 个处室，行政编制 43 名，后勤服务人员编制 6 名。

10 月 13 日　宁波市委组织部首次将《中华人民共和国统计法》及相关的统计法律、法规列入全市市管干部任前考试内容。

10 月 14 日　《宁波经济普查年鉴（2008）》编印完成。

11 月 23 日　下午，浙江省委常委、宁波市委书记王辉忠到市统计局、国家统计局宁波调查队调研。

12 月 19 日 宁波市统计局、国家统计局宁波调查队在新浪网正式开通“宁波统计”政务微博。

是年 宁波工程学院理学院开设统计学专业。

2012 年

4 月 28 日 宁波市统计局编辑完成《砥砺奋进 谱写新篇——宁波“十一五”经济社会发展回顾》资料本。

5 月 14 日 宁波市统计局计算中心更名为数据管理中心。

5 月 24 日 上午，市委宣布罗吕榕继续担任市统计局、宁波调查队党组书记，免去其市统计局局长职务；汤柏生任市统计局局长，免去其市统计局总统计师职务；王伟民继续担任市统计局、宁波调查队党组副书记，市统计局副局长，明确巡视员职级。

6 月 27 日 国家统计局副局长谢鸿光到宁波调研。

8 月 13 日 宁波市统计局首次测算并公布工业总产值和对国家（包括地方）税收贡献等规模以上工业用地“亩产”数据。

9 月 4 日 宁波市政府发文部署全市城乡住户调查一体化改革工作。

12 月 3 日 下午，浙江省委常委、宁波市委书记王辉忠听取全市统计工作专题汇报。

2013 年

1 月 14—15 日 浙江省政府督查组到宁波督查《浙江省人民政府关于加强和改进统计工作的意见》贯彻落实情况。

3 月 宁波市统计局和国家统计局宁波调查队机构及党组分开设置，独立运作。同时，恢复中共宁波市统计局党组，党组书记为罗吕榕，有党组成员 7 名。

4 月 18 日 上午，宁波市统计局、国家统计局宁波调查队召开机关干部职工大会。市委组织部、国家统计局人事司及浙江调查总队领导宣布分别建立中共宁波市统计局党组和中共国家统计局宁波调查队党组，罗吕榕任中共宁波市统计局党组书记，董礼华兼任中共国家统计局宁波调查队党组书记、宁波调查队队长。

4 月 28 日 宁波市政府印发《关于在全市开展第三次经济普查的通知》，正式启动全市第三次经济普查。

5 月 6 日 宁波市政府印发《关于进一步加强和改进统计工作的意见》，提出全面落实县域片区化管理运作体制机制，要求各地调整统计部门领导班子成员时应事先征求上级统计部门的意见，县级统计局可配备总统计师。

7 月 2—3 日 国家统计局党组成员、副局长许宪春到宁波调研。

7 月 19 日 宁波市社情民意电话调查中心建成，“12340”社情民意调查热线启用。

9 月 13 日 宁波市统计局首次核算、公布各重点开发区域地区生产总值、全社会固定资产投资额、规模以上工业综合能源消费量等主要统计数据。

2014 年

2 月 17—19 日 国家统计局党组成员、副局长李强到宁波出席全国服务业统计工作会议并调研。

4 月 1 日 根据国家统计局浙江调查总队、浙江省统计局《关于国家统计局市县调查队与同级统计局业务分工调整的意见》，国家统计局宁波调查队独立运作。

4 月 中共宁波市统计局直属机关委员会和中共宁波市统计局直属机关纪律检查委员会获批成立。

5 月 16 日 国家统计局宁波调查队设立办公室。

5 月 宁波市统计局获批增设能源统计处，原工业与能源统计处更名为工业统计处。

5 月 宁波市统计信息产业中心、宁波市统计局培训中心成建制并入数管中心。

5 月 经市直机关工会工作委员会同意，成立国家统计局宁波调查队机关工会工作委员会（以下简称队机关工会），首任队机关工会主席蒋向东。

5 月 经市直机关妇女工作委员会同意，成立国家统计局宁波调查队机关妇女工作委员会（以下简称队机关妇委会），队机关妇委会首任主任童为群。

7 月 经市直机关工委同意，成立中共国家统计局宁波调查队机关总支部委员会。宁波调查队机关总支部委员会设委员 5 名，其中书记、副书记各 1 名，首任书记蒋向东。

9 月 28 日 国家统计局宁波调查队设立投资与服务业调查处，产业调查处名称恢复为工业调查处。

10 月 24 日 下午，宁波市统计局召开干部职工大会，宣布市委决定：罗吕榕同志不再担任市统计局党组书记，谢月娣同志任市统计局党组书记。

12 月 8 日 “宁波调查”微信公众号正式上线运行。

12 月 10 日 国家统计局宁波调查队撤销城镇住户调查处，设住户专项调查处。

2015 年

1 月 20 日 宁波市统计局与市智慧城市建设办公室（市智慧办）共同打造的宁波市统计云中心正式建成投运，提供基础的云计算、云存储等云应用资源。

2 月 6 日 宁波市统计局、国家统计局宁波调查队从海曙区解放北路 91 号（原市政府北大院）搬迁至鄞州区和济街 118 号发展大厦 A 座。

3 月 6 日 宁波市统计局与浙江海泰律师事务所签订《常年法律顾问合同书》，正式建立政府法律顾问制度。

4 月 14 日 上午，浙江省委常委、宁波市委书记刘奇在市委常委、市委秘书长王剑波陪同下到市统计局和国家统计局宁波调查队调研。

5 月 5 日 宁波市统计局党组成员、副局长谢志初调任市国资委党工委委员、副主任。

7 月中旬 宁波市实现政府法律顾问制度在市、县两级统计局全覆盖。

9 月 20 日 宁波市统计局建成用于开展社情民意调查的计算机辅助电话调查系统二期项目。

10 月 16 日 宁波市统计局获批增设组织人事处。

10 月 23 日 国家统计局副局长许宪春到宁波调研指导“双创”（大众创业、万众创新）工作。

11 月 13 日 宁波市人民政府印发《关于进一步加强统计调查工作的实施意见》。

11 月 20 日 宁波市委第四巡视组进驻市统计

局开展巡视。

12 月 10 日 《宁波市人民政府关于开展第三次农业普查的通知》印发，全市第三次农业普查全面启动。

2016 年

2 月 23 日 宁波市统计局编辑完成《适应新常态谱写新篇章——“十二五”宁波经济社会发展回顾》统计资料专刊。

3 月 9 日 根据统一部署，宁波市开展为期一个月的“数据造假、以数谋私”专项治理。

3 月 11 日 金小天任宁波调查队党组成员、纪检组组长。

3 月 25 日 宁波市固定资产投资报表在国家联网直报平台首次正式填报。

5 月 4 日 市统计局成立“统计青年论坛”，以 40 周岁以下的青年干部为主组织交流活动。

5 月 9 日 宁波市统计局召开会议，部署开展“两学一做”学习教育。

5 月 31 日 宁波市江北区甬江街道、北仑区小港街道、象山县丹东街道被评为第三批全省乡镇（街道）统计工作示范点。

7 月 22 日 国家统计局宁波调查队召开队领导班子暨处室负责人会议。浙江调查总队党组书记、总队长洪玉在会上宣布了国家统计局党组、浙江调查总队党组决定，董礼华不再担任宁波调查队党组书记、队长，副队长蒋向东主持宁波调查队工作。

7 月 29 日 宁波市启动对文化、信息经济、环保、健康、旅游、时尚、金融、高端装备、新材料、绿色石化、贸易物流、海洋、体育等 13 个产业的常态化监测。

8 月 24 日 宁波市委农办和市统计局联合部署启动全市低收入农户增收致富统计监测工作。

9 月 19 日 国家统计局宁波调查队召开全体人员大会，国家统计局人事司司长毛有丰到会宣布国家统计局有关决定：赵同录任宁波调查队党组书记、队长。浙江调查总队党组书记、总队长洪玉主持会议并讲话。

12 月 5 日 宁波市委宣传部和市统计局联合发布宁波首个“本土版”文化发展指数。

12 月 7 日 国家统计局副局长许宪春到宁波调研“三新”经济和统计工作情况。

12 月 23 日 宁波市统计局评选公布 116 家企业为全市首批统计诚信单位。

2017 年

3 月 23—24 日 由国际能源署（IEA）能源数据中心主任邓肯·米勒德（Duncan Millard）、非成员国处处长席琳·罗盖特（Ms. Celine Anne Madeleine Rouquette）、非成员国处数据管理专家亦曼奴·克里斯丁纳克斯（Mr. Emmanouil Christinakis）组成的代表团到宁波考察能源统计工作。

4 月 27 日 上午，宁波市统计局召开干部职工大会，宣布谢月娣任宁波市统计局局长；汤柏生任宁波市市属国有企业监事会主席（正局长级），不再担任市统计局局长职务。市委常委、常务副市长宋越舜出席会议并讲话。

6 月 2 日 宁波市鄞州区东吴镇、宁海县跃龙街道和奉化区莼湖镇被评为全省第四批乡镇（街道）统计工作示范点建设单位。

6月19日 宁波市统计局印发通知，在全市统计系统实行统计普法责任清单制度。

7月8日 下午，宁波市委副书记、市长裘东耀，市委常委、常务副市长宋越舜等到市统计局、国家统计局宁波调查队调研。

7月25日 滕剑波任宁波市统计局总统计师。

8月14日 宁波市政府协调市统计局、市场监督管理局、市国税局、市地税局、市商务委等围绕统计工作需要建立部门行政管理资料共享机制。

9月27日 蒋向东任宁波市统计局党组成员、副局长，不再担任国家统计局宁波调查队党组成员、副队长；王迪熙任国家统计局宁波调查队党组成员、副队长，不再担任宁波市统计局党组成员、副局长。

11月23日 宁波市统计局工业数据分析系统完成验收，该系统可实现对工业统计数据的自动化、个性化汇总分析，并向企业提供信息反馈服务。

11月28日 上午，宁波市委常委、常务副市长宋越舜主持召开全市深化统计管理体制改革提高统计数据质量工作会议，研究落实贯彻深化统计管理体制改革部署。

12月2日 张浩田任宁波市统计局巡视员、党组成员。

2018年

6月1日 下午，宁波市统计学会召开第八次会员代表大会，审议通过《宁波市统计学会章程（修改草案）》，选举产生第八届理事会82位理事和19位常务理事，谢月娣任八届理事会会长，赵同录、张浩田、张晓敏、华秀萍、许家清为副会长，张浩田为秘书长（兼）。

8月15日 宁波调查队召开全体干部职工大会，浙江总队党组书记、总队长仲柯宣布免去赵同录宁波调查队党组书记、队长职务，另有任用；由陈斯恩临时负责宁波调查队全面工作。

9月 国家统计局印发《宁波调查队职能配置内设机构和人员编制规定的通知》，宁波调查队内设11个职能处（室），并单独设立党总支，其办事机构为党建办公室。新设执法监督处（纪检监察室）、劳动力调查处和人事教育处。取消工业调查处和投资与服务业调查处。调整部分处室职能，办公室更名为办公室（财务管理处），农村调查处更名为农业农村调查处，住户专项调查处更名为住户调查处，生产投资价格调查处更名为生产价格调查处，统计监测处更名为企业调查处。

9月12日 宁波调查队召开全体干部职工大会，宣布张兴华任宁波调查队党组书记、队长。浙江调查总队党组书记、总队长张斌出席会议。

10月24日 王海斌任国家统计局宁波调查队党组成员、副队长。

12月29日 宁波市委办公厅、市政府办公厅转发《市统计局〈开展防范和惩治统计造假弄虚作假专项行动工作方案〉》，提出镇乡（街道）设统计工作站，配备享受镇乡（街道）中层领导待遇的统计负责人，按规模类别分别配备3～5名专职统计人员。

2019年

1月7日 宁波市统计局召开机关全体干部大会，宣布市委关于局主要领导的任免决定，杨馥源任宁波市统计局党组书记、局长；谢月娣不再担任市统计局党组书记、局长，调任市服务业发展局党组书记、局长。宁波市委常委、常务副市长陈仲朝到会讲话。

3 月 18 日 根据《宁波市统计局职能配置、内设机构和人员编制规定》，市统计局设办公室、组织人事处、统计执法监督局、综合统计处、国民经济核算处、工业统计处、能源和环境统计处、固定资产投资统计处、服务业统计处、社会和科技统计处、农村统计处、新经济统计监测处 12 个内设机构，并设机关党委，行政编制 46 名。

6 月 19 日 宁波市委第六巡察组进驻市统计局开展巡察。

10 月 16 日 中共宁波市委办公厅、宁波市政府办公厅印发《关于深化统计管理体制改革加强和改进统计工作的实施意见》，贯彻党中央、国务院和省委、省政府关于深化统计管理体制改革的部署，就进一步加强改进全市统计工作提出具体措施。

11 月 14 日 张兴华不再担任宁波队党组书记、队长，陈斯恩临时负责宁波队全面工作。

12 月 27 日 国家统计局宁波调查队召开干部任免工作会议，宣布主要领导任免决定：殷柏尧任国家统计局宁波调查队党组书记、队长。

2020 年

1 月 9 日 宁波市统计局党组成员、副局长姚珂军调任宁波市经济和信息化局党组成员、副局长。

5 月 22 日 宁波市社会经济调查队获批在宁波市统计局普查中心（宁波市社会经济调查中心）基础上组建，属公益一类事业单位，机构规格为副局级。

6 月 9 日 许海燕任宁波市统计局党组成员、副局长。

8 月 13 日 王数任宁波市统计局副局长。

注：自唐朝以来直至中华民国，历史资料中记载宁波地域统计活动（包括统计机构、统计对象和统计范围）的内容甚少。经请示宁波市地方志办公室同意，《宁波统计志》大事记从 1953 年 4 月宁波市人民政府成立统计科开始记叙。

第一章　机构职能与人员

Chapter I　Institutional Functions and Personnels

宁波在唐朝之前因尚未形成政治经济中心，有关统计活动不是十分活跃。但自唐代建城以来，宁波逐渐发展成一个以州城为中心的亚经济区域，从明州、余姚郡、庆元府、宁波府到民国前的宁波市，历朝历代均未设置独立的统计机构，而是由政府相关部门代行统计职能。清道光二十年（1840）鸦片战争爆发，道光二十二年（1842）中英签订《南京条约》，宁波、广州、福州、厦门、上海五地被迫开放通商口岸。道光二十四年（1844）宁波开埠以后，外资的迅速进入，使宁波逐渐成为中国对外贸易的主要港口，曾和广州、泉州并称中国三大对外贸易港。为适应迅猛增长的外贸经济，咸丰十一年（1861），清政府在宁波设税务司，称“浙海新关”，并设置统计课，近代统计方法、制度在浙海新关得到了较好的应用和发展。浙海新关统计课的设立，使宁波第一次有了真正意义上的专职统计机构。

北洋政府时期（1912—1928），宁波的统计工作基本沿袭清代遗规，州（府）县乡均无独立的统计机构，而是由政府相关部门代行统计职能。南京国民政府时期（1927—1949），宁波的统计工作分别由市政府社会科、市政厅编制股、县政府总务科来掌理，市县所属各局、科均设有统计股或统计员。其间，民国30年（1941）后，由于日军攻入，宁波沦陷，政府统计名存实亡，统计业务近于瘫痪。民国34年（1945）至民国38年（1949），宁波市及各县按照省政府要求设置统计室。民国38年（1949）5月，宁波解放，旧中国的宁波统计也随之结束。

民国38年（1949）5月，宁波解放后，宁波统计史翻开了新的一页。随着国民经济的快速恢复和第一个“五年计划”的执行，宁波市人民委员会（后称宁波市人民政府，以下简称市人民政府）于1953年4月建立统计科。是年9月，市人民政府财政经济委员会综合计划科并入，改称计划统计科。1954年7月，宁波市计划委员会（以下简称市计划委员会）成立后又改称计划统计处，作为市计划委员会的办事机构，直到1983年宁波地区行政专署统计局和宁波市统计局合并成立新的宁波市统计局（以下简称市统计局）。三十年间，统计部门与计划委员会分分合合，统计机构四次单设，单设的时间总共只有十年。

“文化大革命”时期，统计工作及统计法制受到了严重冲击，统计机构被撤并，统计人员被调离，统计工作基本处于停顿状态。直到1980年3月，市统计局才得以恢复。其间，市、地都没有独立的统计机构，统计工作划归市、地革命委员会生产指挥组计划办公室或计划委员会。

1978年12月，中国共产党召开第十一届中央委员会第三次全体会议（以下简称十一届三中全会），标志着改革开放的序幕正式拉开。特别是《中华人民共和国统计法》（以下简称《统计法》）实施后，统计机构的设置、统计的“信息、咨询、监督”有了法律依据，全市各级人民政府统计机构得到较快的恢复和发展，统计“信息、咨询、监督”三大职能更加明确，“集中统一、分级负责”的统计管理体制更加清晰，统计法制建设更加健全，人员力量不断加强，统计作用更加显现。其间，全市各级统计调查机构、地方普查机构、信息化管理机构与部门统计、统计中介以及其他企事业单位统计机构和队伍建设均得到了较快发展。

第一节 组织机构

在中华人民共和国成立之前的漫长历史中，宁波市有过或简或详的统计实务，但从未设立过独立的统计部门。中华人民共和国成立后，1953年中央人民政府政务院（后称国务院，以下简称国务院）发布《关于充实统计机构加强统计工作的决定》，中央人民政府政务院财政经济委员会印发《关于充实中央财经各部统计机构的通知》。这两个决定和通知，在当时的历史条件下发挥了统计组织法作用，指导和促进了全国统计体系基本框架的形成和统计工作的开展。1983年12月，第一部《中华人民共和国统计法》诞生，此后，按照“集中统一、分级负责”的统计管理体制，宁波市统计机构设置由政府综合统计机构、政府部门统计机构和其他统计机构三部分组成。政府综合统计机构是各级统计工作主管部门，负责组织管理和协调所在行政区域内的统计工作。部门统计机构是指市级机关各业务主管部门根据国家和部门统计任务需要设置的统计职能机构，不设统计机构的则明确统计职能部门并配置相应人员。其他统计机构是指除上述两部分以外的统计机构，包括基层企事业单位统计机构、群众团体统计机构和社会中介统计机构等，是政府统计和部门统计的有益补充。

一、政府综合统计机构

政府综合统计机构是指隶属于市（地）、区（县、市）、乡镇（街道）人民政府（或政府派出机构）的统计部门和下属单位以及国家统计局、浙江省统计局（以下简称省统计局）直属市县统计调查队及其他相关统计机构。

（一）宁波市人民政府统计机构

宁波市统计局的前身是宁波市人民政府统计科。1953年4月，根据中央人民政府政务院《关于充实统计机构加强统计工作的决定》精神，市人民政府设立统计科，下设工业组、商业组、财政金融组、交通运输组、文化组、综合组等6个组。是年6月，上述各组合并调整为财经组、行政组、综合组3个组，人员编制16名，实有12名，科长李振敏。是年9月，市人民政府财政经济委员会综合计划科并入，对外称市人民政府计划统计科，增设社会组，科长李振敏。

1954年7月，宁波市人民政府设立宁波市计划委员会，市人民政府计划统计科并入市计划委员会，改称为“计划统计处”，下设综合科、工业科、财贸科、社会文教科4个科，作为市计划委员会的办事机构，处长李振敏。

1956年4月，市人民政府决定，撤销市计划委员会计划统计处，成立市人民政府统计处（以下简称市政府统计处），下设综合科、工业科、财贸科、社会科4个科，人员编制19名，处长李振敏。1958年，根据浙江省人民政府（以下简称省人民政府）统一部署，市人民政府决定将市政府统计处并入市计划委员会，对外保留市政府统计处牌子，与市计划委员会合署办公。

1962年12月，市政府统计处不再与市计划委员会合署办公，恢复宁波市政府统计处。

中国共产党在宁波市统计机构建立党的基层组织最早是在1956年。1956年6月，经中共宁波市委员会（以下简称市委）同意成立中共宁波市计划委员会、市政府统计处支部委员会，支部委员会设委员5名，其中书记1名，市政府统计处处长李振敏任书记。

1963年6月，根据中共浙江省委员会（以下简称省委）《关于专署、市、县统计机构设置问题的通知》（统字〔1963〕561号）和市委《关于宁波市统计处改为宁波市统计局的通知》（发文〔1963〕182号）要求，“宁波市统计处”改为“宁波市统计局”，下设综合科、工业交通科、财贸科3个科，人员编制16名，市计划委员会副主任李振敏兼任局长，副局长袁锐刚主持工作。

1966年以后，政府工作受到严重干扰和破坏，统计机构被撤销，统计职能被削弱，政府统计工作基本处于停顿状态。直至1970年1月，宁波市革命委员会（以下简称市革委会）根据指示，在市革委会生产指挥组计划办公室设立统计组。1973年8月，市革委会撤销生产指挥组计划办公室，恢复市计划委员会，下设统计组。1976年以后，统计工作才逐步走上正轨。翌年5月，市计划委员会撤销统计组，设立统计科。

1978年12月，中共十一届三中全会召开以后，统计工作逐渐得以恢复与发展。1979年10月，国务院印发《关于加强统计工作充实统计机构的决定》，要求建立一个强有力的统计系统，实行“统一领导、分级管理”的统计管理体制。1980年3月，市委决定撤销市计划委员会统计科，恢复宁波市统计局（以下简称市统计局），单独建制，下设综合科、工业基建科、财贸科3个科，实有干部13名，市计划委员会副主任陈少敖兼任局长，副局长袁锐刚主持工作。

中共宁波市统计局党组（以下简称市统计局党组）最早建立于1982年。从市人民政府统计机构的设立到“文化大革命”结束的二十多年里，地、市统计机构几度变更，但统计部门均未建立过党组。直至1982年1月，经市委同意建立中共宁波市统计局党组，市计划委员会副主任陈少敖兼任党组书记，有党组成员3名。是年4月，经市计划委员会党组同意，成立中共宁波市统计局支部委员会，支部委员会设委员3名，其中书记1名，副局长徐孝伦任书记。

1983年5月，为适应经济体制改革和进一步对外开放的需要，省委决定地、市合并，撤销宁波地区行政专署建制，实行市管县体制。是年7月，地、市统计局合并建立新的宁波市统计局，隶属市人民政府，下设综合科、工业基建科、农业科、财贸科4个科，局长吕彬章。8月，市委决定重新建立中共宁波市统计局党组，党组书记吕彬章，有党组成员3名。翌年11月，根据宁波市编制委员会（以下简称市编委）《关于市统计局设立人事秘书科的批复》（宁编字〔1984〕72号）意见，市统计局增设人事秘书科，干部增至28名。

1984年5月，经国务院批准，宁波市被列为全国进一步对外开放14个沿海港口城市之一。

1986年8月，为认真贯彻《统计法》，加强统计力量，提高服务能力，市编委决定市统计局行政编制增至33名，事业编制4名。

1987年2月，为了加快对外开放和经济建设步伐，充分发挥沿海开放港口城市作用，国务院印发《关于宁波市实行计划单列的批复》（国函〔1987〕

37号），决定将宁波市在国家计划中实行单列，赋予相当省一级的经济管理权限。是年4月，市编委同意市统计局机关内设各“科”改为“处”，核定行政编制34名，事业编制17名。下设办公室、综合统计处、工业基建统计处、农业统计处、财贸统计处5个处室。1988年2月，根据市编委《关于同意市统计局增设法规处和人事教育处的批复》（宁编字〔1988〕32号），市统计局增设法规处、人事教育处，9月再增设外经统计处，行政编制增至42名，事业编制8名。

1988年8月，市委下发《关于逐步撤销市政府工作部门党组及有关问题的通知》，市统计局党组被撤销。1990年1月，市委决定恢复市统计局党组，党组书记吕彬章，有党组成员6名。

1990年8月，根据国家统计信息化建设规划总体要求和市编委《关于同意市统计局设立计算中心的批复》（甬编字〔1990〕64号）意见，成立市统计局计算中心，作为局内设机构，人员编制从局机关内部调剂解决。1996年7月机构改革后，市统计局计算中心从机关划出，改建为宁波市统计局计算中心，为局属事业单位。

1992年9月，为适应改革开放的不断深入和经济社会发展需要，宁波市编制委员会办公室（以下简称市编委办）印发《关于同意市统计局调整部分处室的批复》（甬编办字〔1992〕54号），同意对市统计局内设机构进行整合，撤销综合处、法规处、工业基建处、外经统计处、财贸统计处。设立综合法规处、平衡社会统计处、工交能源统计处、固定资产投资统计处、贸易外经统计处。同时，将“农业统计处”更名为“农村统计处”。调整后，市统计局内设机构有：办公室、人事教育处、综合法规处、平衡社会统计处、工交能源统计处、固定资产投资统计处、农村统计处、贸易外经统计处8个处室。

1994年2月，经中共中央、国务院批准，中央机构编制委员会印发《关于重庆、广州、武汉、哈尔滨、沈阳、成都、南京、西安、长春、济南、杭州、大连、青岛、深圳、厦门、宁波共16市行政级别定为副省级的通知》（中编〔1994〕1号），确定宁波市等16个城市的行政级别为副省级，市统计局升格为副厅级单位。

1996年5月，根据省委、省人民政府《关于宁波市党政机构改革方案的通知》（省委发〔1995〕52号）和市人民政府办公厅《关于印发宁波市统计局职能配置、内设机构和人员编制方案的通知》（甬政办发〔1996〕69号）文件精神，市级机关实施新一轮机构改革。市统计局内设机构核定为：办公室、法规与社会统计处、农村统计处、工业交通统计处、固定资产投资统计处、贸易与外经统计处、国民经济核算处、综合统计处、人事教育处9个处室。行政编制51名（含后勤服务人员），领导职数19名（其中，局长1名、副局长2名，正副处长16名）。1997年11月，根据《国家公务员暂行条例》和宁波市公务员制度实施方案，市统计局具有国家干部身份的在编在职工作人员均过渡为国家公务员。

2002年1月，根据省委、省人民政府《关于宁波市机构改革方案的通知》（浙委发〔2001〕54号）和市人民政府《关于印发宁波市统计局职能配置、内设机构和人员编制规定的通知》（甬政办发〔2002〕13号）精神，市统计局内设机构核定为：办公室、法规与教育处、农村统计处、工业交通投资统计处、贸易与外经统计处、社会与科技统计处、国民经济核算处、综合统计处8个处室。行政编制38名，后勤服务人员6名。领导职数18名（其中，局长1名，副局长3名，总统计师1名，正副处长13名）。

2002年4月，根据《中国共产党党和国家机关基层组织工作条例》，经中共宁波市直属机关工作委员会（以下简称市直机关工委）《关于同意设立中共宁波市统计局直属机关总支部委员会及候选人的批复》（市机党组〔2002〕15号）意见，成立中共宁波市统计局直属机关总支部委员会。市统计局直属机关总支部委员会设委员7名，其中书记1名，副巡视员宋海贵任书记。

2005年7月，为适应改革开放和社会主义市场经济发展的需要，经市编委办同意，市统计局“贸易与外经统计处”更名为“服务业统计处”，“工业交通投资统计处”更名为“工业投资统计处”。2006年8月，根据市编委《关于调整市统计局内设机构和人员编制的批复》（甬编〔2006〕29号）意见，市统计局增设工业与能源统计处、投资统计处，撤销工业投资统计处，同时核增行政编制3名，处级领导职数1名。是年9月，根据市编委办《关于核增市统计局机关党委专职副书记领导职数的批复》（甬编办行〔2006〕14号）意见，又核增处级领导职数1名，用于配备机关党委专职副书记。翌年6月，再核增行政编制2名。调整后，市统计局行政编制43名，后勤服务人员编制6名，领导职数15名。

2007年7月，根据国家统计局《关于设立国家统计局宁波调查队的通知》（国统字〔2007〕96号）要求，建立国家统计局宁波调查队（以下简称宁波调查队），队长陈燕芬。同时，按照“独立建队、共建党组、资源共享、管理统一”的运作模式，宁波调查队与市统计局合署办公。是年9月，根据中共中央组织部《关于国家统计局各级调查队党组织设置和干部管理有关问题的通知》精神，市委下达《关于建立中国共产党宁波市统计局国家统计局宁波调查队党组及罗吕榕等同志职务任免的通知》（甬干任〔2007〕49号），设立中共宁波市统计局国家统计局宁波调查队（以下简称局、队）党组。局、队党组书记罗吕榕，副书记陈燕芬、王伟民，有党组成员7名。

2008年4月，为进一步加强机关和直属单位党建工作，根据《中国共产党党和国家机关基层组织工作条例》和市直机关工委《关于同意成立中共宁波市统计局国家统计局宁波调查队直属机关委员会及召开党员大会的批复》（市机党组〔2008〕20号）意见，成立中共宁波市统计局国家统计局宁波调查队直属机关委员会（以下简称局队机关党委）。局队机关党委设委员9名，其中书记1名、专职副书记1名，副局长王伟民任书记，陈茂松任专职副书记。

2008年12月，为进一步深化行政审批制度改革，推进行政机关内设机构审批职能的整合，市编委办同意市统计局办公室增挂“行政审批处”牌子，同时将“法规与教育处”更名为“法规处”。2010年12月，根据市委《关于进一步加强机关纪委建设的通知》（甬党发〔2010〕117号）要求，经市直机关工委同意，成立中共宁波市统计局国家统计局宁波调查队直属机关纪律检查委员会（以下简称局队机关纪委）。局队机关纪委设委员3名，其中书记1名，由机关党委专职副书记兼任。

2011年8月，根据省委办公厅、省人民政府办公厅《关于印发宁波市人民政府机构改革方案的通知》（浙委办〔2011〕8号）精神，市人民政府办公厅印发《宁波市统计局主要职责内设机构和人员编制规定的通知》（甬政办发〔2011〕261号），对市统计局主要职责，内设机构和人员编制进行调整。调整后市统计局内设机构为：办公室（行政审批处）、法规处、综合统计处、国民经济核算处、社会与科技统计处、工业与能源统计处、服务业统计处、农村统计处、投资统计处9个处室。行政编制43名，后勤服务人员编制6名，领导职数21名（其中，局长1名，副局长3名，总统计师1名，处级领导职数16名）。

2013年3月，根据省委组织部《关于浙江地区国家统计局市县调查队独立设立党组的意见》（浙组〔2013〕5号）和市委《关于建立中共宁波市统计局党组等党组织及罗吕榕等同志职务任免的通知》（甬党干〔2013〕46号）精神，市统计局和宁波调查队分设党组，独立运作。中共宁波市统计局党组书记罗吕榕，有党组成员7名。

翌年4月，经市直机关工委同意，建立中共宁波市统计局直属机关委员会和中共宁波市统计局直属机关纪律检查委员会。

2014年5月，随着经济社会的快速发展，统计需求的不断变化，市编委印发《关于调整市统计局内设机构设置的批复》（甬编〔2014〕26号），同意市统计局增设能源统计处，原“工业与能源统计处”更名为“工业统计处”，同时增加处级领导职数1名。2015年5月，又核增行政编制1名。10月，市编委印发《关于同意增加市统计局内设机构和人员编制的批复》（甬编〔2015〕59号），同意市统计局增设组织人事处，再核增行政编制2名，处级领导职数1名。调整后，市统计局行政编制46名，后勤服务人员编制6名，领导职数23名（其中，局长1名，副局长3名，总统计师1名，处级领导职数18名）。

2019年3月，根据《中共中央关于深化党和国家机构改革的决定》《中共浙江省委关于市县机构改革的总体意见》和省委、省政府批准的《宁波市机构改革方案》，市委办公厅、市人民政府办公厅印发《宁波市统计局职能配置、内设机构和人员编制规定》（厅发〔2019〕29号），对市统计局主要职责、内设机构和人员编制进行调整。调整后，市统计局是市政府工作部门，市统计局内设机构为：办公室、组织人事处、统计执法监督局、综合统计处、国民经济核算处、工业统计处、能源和环境统计处、固定资产投资统计处、服务业统计处、社会和科技统计处、农村统计处、新经济统计监测处12个处室。行政编制46名，后勤服务人员编制5名，设局长1名，副局长4名，总统计师1名，处级领导职数19名，其中，正处长级13名（含机关党委专职副书记1名）、副处长级6名。2020年12月，根据市委编办《关于核增市统计局处级领导职数的函》（甬编办函〔2020〕185号）意见，同意核增副处级领导职数1名，核增后，处级领导职数20名，其中正处长级13名（含机关党委专职副书记1名）、副处长级7名。

1. 局属事业单位

1985年5月，为加强宁波市统计干部职工的学历教育和业务学习，根据国家统计局关于各地、市、县设立统计干部电视函授工作站的要求，市统计局建立中国统计干部电视函授学院宁波工作站（未独立设置机构），首任站长由局办公室许仕雄兼任。1990年5月，根据《中国统计干部电视函授学院关于同意成立中国统计干部电视函授学院宁波分院的批复》（统院字〔1990〕4号）文件要求，成立中国统计干部电视函授学院宁波分院（未独立设置机构），首任院长由市统计局副局长王文渊兼任。1999年，教育部出台《面向21世纪教育振兴行动计划》，全面实施扩大普通高校本专科院校招生规模的教育改革，此后全国统计干部电视函授教育逐渐淡出教育体系。

1990年8月，根据国家统计信息化建设规划总体要求和市编委《关于同意市统计局设立计算中心的批复》（甬编字〔1990〕64号）意见，成立市统计局计算中心。1996年7月，市编委印发《关于同意改建宁波市统计局计算中心为全民事业单位的批复》（甬编字〔1996〕13号），市统计局计算中心从机关划出，改建为宁波市统计局计算中心（以下简称计算中心），为处级全民事业单位，核定人员编制10名，经费全额预算拨款。改制后计算中心首任副主任（主持工作）为钱惠平。2002年4月，根据市编委办《关于宁波市统计局计算中心机构级别的批复》（甬编办事〔2002〕11号）文件意见，核定计算中心机构级别为相当于行政正处级。2006年9月，根据市编委办《关于核定市统计局计算中心单位领导职数的批复》（甬编办事〔2006〕38号）文件意见，核定市统计局计算中心单位领导职数2名（1正1副）。2009年9月，根据市编委办《关于宁波市统计局所属事业单位清理规范和分类方案的批复》（甬编办事〔2009〕38号）意见，保留宁波市统计局计算中心，为市统计局所属纯公益类事业单位，机构规格相当于行政正处级，人员编制、领导职数和经费预算形式维持不变。2012年5月，根据市编委办《关于宁波市统计局计算中心更名的函》（甬编办函〔2012〕68号）文件意见，计算中心更名为宁波市统计局数据管理中心（以下简称数管中心），更名后数管中心机构规格、人员编制、领导职数和经费预算形式等维持不变。2014年5月，机关事业单位改革，宁波市统计信息产业中心（1993年成立的全民事业单位）、宁波市统计局培训中心（1996年成立的全民事业单位）成建制并入数管中心。并入后，数管中心人员编制由10名增加到12名，内设运行管理科、数据应用科2个科，中层领导职数2名，单位机构性质、级别规格、人员编制、经费预算形式等不变。2015年10月，根据市编委《关于国家增加市统计局内设机构和人员编制的批复》（甬编〔2015〕59号）文件意见，核增事业编制3名、中层领导职数1名，增加后数管中心人员编制15名、中层领导职数3名。2020年4月，根据党中央和省委、市委关于深化事业单位改革的有关精神，市委编办印发《宁波市统计局数据管理中心职能配置、内设机构和人员编制规定》（甬编办函〔2020〕84号），数管中心为宁波市统计局所属公益一类事业单位，机构规格为正处级，所需经费由财政全额补助。设运行管理科、数据应用科2个内设机构。事业编制14名。设主任1名，副主任1名，科级领导职数3名，其中，科长2名，副科长1名。

1991年6月，为适应统计服务经济、服务民生的需要，根据市编委《关于同意市城市社会经济调查队增挂宁波市统计信息咨询服务部牌子的批复》（甬编办字〔1991〕35号）文件意见，同意在市城调队增挂“宁波市统计信息咨询服务部”牌子，服务部首任主任由市统计局综合处调研员曹伟庭兼任。1993年9月，市编委办印发《关于同意建立宁波市统计信息产业中心的批复》（甬编办字〔1993〕57号），同意在宁波市统计信息咨询服务部基础上，成立宁波市统计信息产业中心（以下简称统计信息产业中心）。同时，撤销市城调队增挂的“宁波市统计信息咨询服务部”牌子。统计信息产业中心为全民事业单位，人员编制5名，经费自收自支，归市统计局领导。2009年9月，根据市编委办《关于宁波市统计局所属事业单位清理规范和分类方案的批复》(甬编办事〔2009〕38号)意见，保留统计信息产业中心，为市统计局所属生产经营类事业单位，机构规格相当于行政副处级，人员编制减至3名，领导职数1名，经费预算形式不变。2014年5月，统计信息产业中心并入数管中心。

1993年4月，为加强统计宣传，提高统计服务经济社会发展水平，根据国家统计局《关于同意建立中国信息报驻宁波记者站的通知》(国统字〔1993〕107号)精神，建立中国信息报驻宁波记者站(未独立设置机构)，为处级事业单位，记者站首任站长由局办公室副主任孙长健兼任。

1996年4月，为适应统计干部队伍教育培训工作的需要，根据市编委办《关于同意建立宁波市统计局培训中心的批复》(甬编办字〔1996〕18号)意见，建立宁波市统计局培训中心，为全民事业单位，经费自收自支，核定人员编制6名，归市统计局领导。培训中心首任主任由局人事教育处处长孔德平兼任。2009年9月，根据市编委办《关于宁波市统计局所属事业单位清理规范和分类方案的批复》(甬编办事〔2009〕38号)意见，保留宁波市统计局培训中心，为市统计局所属准公益类事业单位，机构规格相当于行政副处级，核定单位领导职数1名，人员编制和经费预算形式维持不变。2014年5月，宁波市统计局培训中心并入数管中心。

2002年1月，为增强宁波市普查工作力量，提高应对大型普查、调查组织协调能力，根据市编委《关于建立宁波市统计局普查中心的批复》(甬编字〔2002〕3号)意见，建立宁波市统计局普查中心(以下简称市普查中心)，为正处级全民事业单位，核定人员编制10名，领导职数2名，经费全额预算拨款，归市统计局领导。市普查中心首任副主任(主持工作)刘为民。2007年3月，市编委同意市普查中心增挂“宁波市社会经济调查中心”牌子，核定内设机构为综合科、普查科、工业与能源统计调查科、服务业统计调查科、社情民意统计调查科5个科，人员编制20名，中层领导职数6名。2009年8月，为充实统计执法力量，市编委办同意市普查中心(宁波市社会经济调查中心)增挂“宁波市统计执法支队”牌子，单位机构性质、级别规格、人员编制、经费预算形式等不变。是年9月，根据市编委办《关于宁波市统计局所属事业单位清理规范和分类方案的批复》(甬编办事〔2009〕38号)意见，保留宁波市统计局普查中心(市社会经济调查中心、市统计执法支队)，为市统计局所属事业单位，分类类别暂缓确定，机构规格相当于行政正处级，内设机构、人员编制、领导职数和经费预算形式维持不变。是年10月，根据市编委办《关于印发宁波市统计局普查中心机构编制方案的通知》(甬编办事〔2009〕44号)意见，宁波市统计局普查中心为宁波市统计局所属监督管理类事业单位，挂市社会经济调查中心、市统计执法支队牌子，机构规格相当于行政正处级。设5个内设机构，即综合科、普查科、基本单位统计科、社情民意调查科、社会经济调查科。核定事业编制20名，单位行政领导职数1正2副，中层领导职数6名。经费预算形式为财政全额补助。2010年4月，根据市人事局《关于宁波市城市管理行政执法支队直属大队等65家单位参照公务员法管理的通知》(甬人公〔2010〕7号)意见，同意宁波市统计局普查中心(市社会经济调查中心、市统计局统计执法支队)参照公务员法管理。是年11月，经宁波市人事局批准，市统计局普查中心（宁波市社会经济调查中心、宁波市统计执法支队）具有国家干部身份的在编在职工作人员均过渡为参照公务员法管理单位工作人员。2019 年 3 月，经市深化机构改革协调小组办公室批复同意，市统计局普查中心（市社会经济调查中心、市统计执法支队）的行政职能划转给市统计局机关，不再保留市统计执法支队牌子，分类类别调整为公益一类，其他机构编制事项维持不变。2020 年 5 月，根据市编委关于印发《宁波市社会经济调查队职能配置、内设机构和人员编制规定》（甬编〔2020〕24 号）的通知精神，同意在市统计局普查中心（宁波市社会经济调查中心、宁波市统计执法支队）基础上组建“宁波市社会经济调查队”。宁波市社会经济调查队机构规格为副局级，是市统计局所属公益一类事业单位，经费由财政全额补助。核定内设机构为综合处、统计单位管理处（产业统计调查处）、普查处、社情民意调查处（专项统计调查处）4 个处，编制 20 名。其中，单位领导职数 3 名（队长 1 名、副队长 2 名），中层领导职数 6 名（副处长级 4 名、正科长级 2 名）。

2. 群团组织

宁波市统计学会 1985 年 10 月，为繁荣统计科学，加强统计学术研究与交流，凝聚广大统计工作者，根据市委宣传部《关于同意成立宁波市统计学会及第一届理事会组成人员的批复》（市宣复〔1985〕31 号）意见，成立宁波市统计学会（以下简称市统计学会），为非法人社会团体。同年 10 月 11 日，宁波市统计学会成立并召开第一次会员代表大会，通过了宁波市统计学会章程，选举产生了第一届理事会，选出理事 26 人、常务理事 11 人。吕彬章当选会长，施平、毛培民当选副会长，章杰良当选秘书长。学会下设综合、农业、工交、财贸统计研究大组。

1991 年 12 月 21 日，召开第二次会员代表大会，选举产生第二届理事会、选出理事 37 人，常务理事 13 人。张吉成当选会长，施平、陈信仁当选副会长，施平兼秘书长。聘任国家统计局副局长郑家亨、市计划委员会副主任李振敏为名誉会长。

1994 年 10 月 29 日，召开第三次会员代表大会，选举产生第三届理事会，选出理事 41 人、常务理事 13 人。张吉成继任会长，施平、章良杰、钱方仁、阮沛华、黄天元当选为副会长，章良杰兼秘书长，郑家亨、李振敏为名誉会长。

1998 年 9 月 18 日，召开第四次会员代表大会，选举产生第四届理事会，选出理事 50 人、常务理事 15 人。吕彬章当选为会长，张吉成、阮沛华、黄天元当选为副会长，张吉成兼秘书长。

2002 年 6 月 27 日，召开第五次会员代表大会，选举产生第五届理事会，选出理事 60 人、常务理事 20 人。任彭微当选为会长，唐伟昌、陈燕芬、潘奇峰、吕彬章、宋海贵、方建新、黄天元当选为副会长，吕彬章兼秘书长。

2006 年 12 月 16 日，召开第六次会员代表大会，罗吕榕当选为会长，陈燕芬、汤柏生、唐伟昌、方新建、沈其君、詹荣胜当选为副会长，陈燕芬兼秘书长。

2010 年 12 月 28 日，召开第七次会员代表大会，罗吕榕当选为会长，陈燕芬、汤柏生、王光旭、方新建、苏少敏、周国红当选为副会长，陈燕芬兼秘书长。

2018 年 6 月 1 日，召开第八次会员代表大会，选举产生第八届理事会，选出理事 82 人、常务理事 19 人。谢月娣当选为会长，赵同录、张浩田、张晓敏、华秀萍、许家清当选为副会长，张浩田兼秘书长。

根据宁波市民政局规定，宁波市统计学会于1997年整顿并重新登记，2000年由非法人团体变更为法人团体。

宁波市统计局机关工会工作委员会 1991年3月，为维护机关干部职工的合法权益，充分调动干部职工的积极性，根据宁波市总工会《关于宁波市统计局机关首届工会委员会的批复》（甬总干〔1991〕15号）意见，成立宁波市统计局机关工会工作委员会（以下简称局机关工会），局机关工会首任主席由局办公室副主任金宝珠兼任。2002年5月，第二届局机关工会进行换届选举，宋海贵当选为主席。2008年4月，第三届局队机关工会进行换届选举，宋海贵连任主席，副主席周剑祥。2011年4月，第四届局队机关工会进行换届选举，张仁林当选为主席，副主席陈茂松。2012年11月，根据宁波市直属机关工会工作委员会关于转发《关于进一步加强市级机关工会建设的暂行办法》（市机工〔2012〕10号）的通知精神，宁波市直属机关工会工作委员会同意增设局队机关工会专职副主席（享受中层正职待遇，2019年以后这项待遇被取消），张秀明补选为首任专职副主席。2014年5月，第五届局机关工会进行换届选举，王伟民当选为主席，专职副主席陈茂松。2017年9月，第六届局机关工会进行换届选举，王伟民连任主席，专职副主席周剑祥。2018年1月，经局机关工会委员会补选，报市直机关工会工作委员会批准，张浩田任局机关工会主席。

宁波市统计局机关妇女工作委员会 1991年10月，根据中共中央《关于加强和改善党对工会、共青团、妇联工作领导的通知》文件精神和市委要求，市统计局成立机关妇女工作委员会（以下简称局机关妇委会），局机关妇委会首任主任由局综合处副处长陈燕芬兼任。1997年8月，第二届局机关妇委会进行换届选举，徐兰珍当选为主任。2002年7月，第三届局机关妇委会进行换届选举，许瑾瑾当选为主任。2003年7月，因人员调动，局机关妇委会进行补充选举，居江静补选为主任。2008年7月，第四届局、队机关妇委会进行换届选举，张莹当选为副主任（主持工作）。2011年7月，第五届局、队机关妇委会进行换届选举，车根玉当选为主任。2012年11月，因人员调整，局、队机关妇委会进行补充选举，曲英补选为专职副主任（主持工作）。根据《中共宁波市委关于进一步加强和改善妇女工作的意见》（甬党〔2000〕25号）精神，局机关妇委会专职主任、副主任在任职期间享受部门同级中层正职或副职待遇（2019年以后这项待遇被取消）。2016年5月，第六届局机关妇委会进行换届选举，沈娜当选为专职副主任（主持工作）。

宁波市统计局（科、处）历任主要领导名录

表5

序号	职务	姓名	任职时间
1	科长	李振敏	1953年6月至1954年7月
2	处长	李振敏	1954年7月至1958年12月
3	处长	李振敏	1962年12月至1963年6月

续表 5

序号	职务	姓名	任职时间
4	计委副主任兼局长	李振敏	1963 年 12 月至 1967 年 3 月
5	计委副主任兼局长	陈少敖	1980 年 3 月至 1983 年 7 月
6	局长	吕彬章	1983 年 8 月至 2001 年 12 月
7	局长	任彭微	2001 年 12 月至 2004 年 1 月
8	局长	罗吕榕	2004 年 8 月至 2012 年 5 月
9	局长	汤柏生	2012 年 5 月至 2017 年 4 月
10	局长	谢月娣	2017 年 4 月至 2019 年 1 月
11	局长	杨馥源	2019 年 1 月—

中共宁波市统计局党组历任书记、副书记名录

表 6

序号	职务	姓名	任职时间
1	计委副主任兼党组书记	陈少敖	1982 年 1 月至 1983 年 8 月
2	党组书记	吕彬章	1983 年 8 月至 1988 年 8 月
3	党组书记	吕彬章	1990 年 1 月至 2001 年 12 月
4	党组书记	任彭微	2001 年 12 月至 2004 年 1 月
5	党组书记	罗吕榕	2004 年 8 月至 2007 年 9 月
6	局、队党组书记	罗吕榕	2007 年 9 月至 2013 年 3 月
7	党组书记	罗吕榕	2013 年 3 月至 2014 年 10 月
8	党组书记	谢月娣	2014 年 10 月至 2019 年 1 月
9	党组书记	杨馥源	2019 年 1 月—
10	党组副书记	徐孝伦	1982 年 1 月至 1983 年 8 月
11	局、队党组副书记	陈燕芬	2007 年 9 月至 2013 年 3 月
12	局、队党组副书记	王伟民	2007 年 9 月至 2013 年 3 月
13	党组副书记	王伟民	2013 年 3 月至 2017 年 7 月

宁波市统计局历任副局长、总统计师名录

表 7

序号	职务	姓名	任职时间
1	副局长（主持工作）	袁锐刚	1963 年 12 月至 1967 年 3 月
2	副局长	袁锐刚	1980 年 3 月至 1983 年 8 月
3	副局长	徐孝伦	1982 年 1 月至 1983 年 8 月
4	副局长	施　平	1983 年 8 月至 1985 年 12 月

续表 7

序号	职务	姓名	任职时间
5	副局长	詹永乐	1983 年 8 月至 1993 年 8 月
6	副局长	张吉成	1986 年 5 月至 1998 年 2 月
7	副局长	王文渊	1991 年 8 月至 1994 年 5 月
8	副局长	唐伟昌	1993 年 7 月至 2007 年 3 月
9	副局长	陈燕芬	1997 年 6 月至 2007 年 8 月
10	副局长	蒋根芳	1997 年 9 月至 2001 年 12 月
11	副局长	潘奇峰	2002 年 4 月至 2002 年 11 月
12	副局长	史跃萍	2002 年 11 月至 2007 年 7 月
13	副局长	王伟民	2007 年 8 月至 2017 年 7 月
14	副局长	谢志初	2007 年 8 月至 2015 年 4 月
15	副局长	姚珂军	2008 年 5 月至 2020 年 1 月
16	副局长	张建新	2011 年 4 月至 2017 年 7 月
17	副局长	王迪熙	2015 年 6 月至 2017 年 9 月
18	副局长	许婷娅	2017 年 7 月—
19	副局长	蒋向东	2017 年 9 月—
20	副局长	许海燕	2020 年 6 月—
21	副局长	王　数	2020 年 8 月—
22	总统计师	汤柏生	2005 年 10 月至 2012 年 5 月
23	总统计师	许婷娅	2012 年 8 月至 2017 年 7 月
24	总统计师	滕剑波	2017 年 7 月—

中共宁波市统计局党组历任成员名录

表 8

序号	职务	姓名	任职时间
1	党组成员	张思豪	1982 年 1 月至 1983 年 8 月
2	党组成员	徐孝伦	1983 年 8 月至 1985 年 2 月
3	党组成员	詹永乐	1983 年 8 月至 2001 年 12 月
4	党组成员	张吉成	1986 年 5 月至 1998 年 2 月
5	党组成员	孔德平	1986 年 5 月至 2002 年 12 月
6	党组成员	唐伟昌	1990 年 1 月至 2004 年 7 月
7	党组成员	王文渊	1990 年 1 月至 1994 年 5 月
8	党组成员	蒋根芳	1997 年 9 月至 2001 年 12 月
9	党组成员	陈燕芬	1996 年 2 月至 2007 年 9 月
10	党组成员	潘奇峰	2002 年 4 月至 2002 年 11 月
11	党组成员	蒋向东	2002 年 5 月至 2007 年 9 月

续表 8

序号	职务	姓名	任职时间
12	局、队党组成员	蒋向东	2007 年 9 月至 2013 年 3 月
13	党组成员	蒋向东	2017 年 9 月—
14	党组成员	史跃萍	2002 年 11 月至 2007 年 7 月
15	局、队党组成员	谢志初	2007 年 9 月至 2013 年 3 月
16	党组成员	谢志初	2013 年 3 月至 2015 年 4 月
17	局、队党组成员	张仁林	2007 年 9 月至 2013 年 3 月
18	局、队党组成员	陈斯恩	2007 年 9 月至 2013 年 3 月
19	局、队党组成员	姚珂军	2008 年 5 月至 2013 年 3 月
20	党组成员	姚珂军	2013 年 3 月至 2020 年 1 月
21	局、队党组成员	王迪熙	2010 年 7 月至 2013 年 3 月
22	党组成员	王迪熙	2013 年 3 月至 2017 年 9 月
23	局、队党组成员	张建新	2011 年 5 月至 2013 年 3 月
24	党组成员	张建新	2013 年 3 月至 2017 年 12 月
25	局、队党组成员	许婷娅	2012 年 8 月至 2013 年 3 月
26	党组成员	许婷娅	2013 年 3 月—
27	党组成员	滕剑波	2015 年 8 月—
28	党组成员	张浩田	2017 年 11 月—
29	党组成员	许海燕	2020 年 5 月—

宁波市统计局历任巡视员名录

表 9

序号	职务	姓名	任职时间
1	巡视员	袁锐刚	1983 年 8 月至 1985 年 12 月
2	巡视员	吕彬章	2001 年 12 月至 2006 年 11 月
3	巡视员	宋海贵	2008 年 1 月至 2010 年 6 月
4	巡视员	唐伟昌	2007 年 3 月至 2007 年 6 月
5	巡视员	王伟民	2017 年 7 月至 2019 年 6 月
6	二级巡视员	王伟民	2019 年 6 月至 2019 年 12 月
7	巡视员	张建新	2017 年 7 月至 2019 年 6 月
8	二级巡视员	张建新	2019 年 6 月至 2020 年 4 月
9	巡视员	张浩田	2017 年 12 月至 2019 年 6 月
10	二级巡视员	张浩田	2019 年 6 月—
11	副巡视员	宋海贵	2000 年 11 月至 2008 年 1 月
12	副巡视员	王丽波	2013 年 12 月至 2015 年 12 月
13	副巡视员	张仁林	2017 年 6 月至 2017 年 11 月
14	副巡视员	王行宇	2019 年 5 月至 2019 年 6 月
15	一级调研员	王行宇	2019 年 6 月至 2020 年 12 月
16	副巡视员	徐卫民	2019 年 5 月至 2019 年 6 月
17	一级调研员	徐卫民	2019 年 6 月至 2020 年 12 月

宁波市统计局（处）历任中层领导干部名录

表 10

年份	科（室）	职务	姓名
1953 年	统计科	科长	李振敏
1955 年	综合科	副科长	石　英
	工业科	科长	袁锐刚
		副科长	胡振贵
	财贸科	副科长	陆嵩毅
		副科长	俞森木
	社会文教科	副科长	董祖恩
1980 年	综合科	科长	张思豪
	工业基建科	副科长	詹永乐
		副科长	吕彬章
	财贸科	副科长	赵永娣
1983 年	综合科	科长	张思豪
		副科长	陈燕芬
	工业基建科	科长（兼）	詹永乐
	农业科	副科长	唐伟昌
	财贸科	科长	赵永娣
		副科长	曹伟庭
1985 年	人事秘书科	副科长	孔德平
1987 年	办公室	主任	孔德平
	综合统计处	处长	张思豪
		副处长	章杰良
		副处长	陈燕芬
	工业基建统计处	处长	张朝翰
		副处长	王叶茹
	农业统计处	副处长	陈柏年
		副处长	陈伟文
	财贸统计处	处长	唐伟昌
		副处长	陈明来
1988 年	人事教育处	处长（兼）	孔德平
		副处长	许仕雄
	外经统计处	副处长	曹智云
	综合统计处	处长	章杰良
		副处长	陆　平
	财贸统计处	处长	陈明来

续表 10

年份	科（室）	职务	姓名
1988 年	办公室	副主任	孙长健
		副主任	金宝珠
	工业基建统计处	副处长	王丽波
	农业统计处	副处长	陈伟文
1990 年	计算中心	副主任	李静涛
	财贸统计处	副处长	鲍爱华
1992 年	办公室	主任	孔德平
		副主任	孙长健
		副主任	金宝珠
		副主任	吕永华
	人事教育处	处长（兼）	孔德平
		副处长	张仁林
	综合法规处	处长	章杰良
		副处长	潘奇峰
		副处长	陆　平
	平衡社会统计处	处长	陈燕芬
		副处长	林三忠
	工业能源统计处	副处长	王叶茹
		副处长	鲍爱华
	固定资产投资统计处	副处长	王丽波
	农业统计处	副处长	陶　强
	贸易与外经统计处	处长	陈明来
		副处长	王谷平
		副处长	陈惠娟
1995 年	平衡社会统计处	副处长	汤柏生
	工交能源统计处	处长	王谷平
		副处长	王明珠
	贸易与外经统计处	处长	陈惠娟
1996 年	办公室	主任	张仁林
	综合统计处	处长	潘奇峰
	固定资产投资统计处	处长	王明珠
	农村统计处	处长	孙长健
	贸易与外经统计处	处长	王丽波

续表 10

年份	科（室）	职务	姓名
1996 年	法规与社会统计处	处长	陈惠娟
		副处长	陆　平
	国民经济核算处	副处长	汤柏生
	工业交通统计处	处长	王谷平
	人事教育处	处长	孔德平
1997 年	综合统计处	副处长	徐卫民
1998 年	办公室	副主任	徐兰珍
1999 年	法规与社会统计处	副处长	潘　迅
	国民经济核算处	处长	汤柏生
2000 年	人事教育处	处长	蒋向东
		副处长	王行宇
2002 年	办公室	主任	蒋向东
		副主任	滕剑波
		副主任	朱世祥
	国民经济核算处	处长	汤柏生
	法规与教育处	处长	王行宇
	综合统计处	副处长	徐卫民
	社会与科技统计处	副处长	潘　迅
	工业交通投资统计处	处长	王明珠
		副处长	许瑾瑾
	农村统计处	处长	孙长健
	贸易与外经统计处	处长	王丽波
2003 年	综合统计处	处长	徐卫民
		副处长	居江静
	办公室	副主任	陈茂松
2004 年	贸易与外经统计处	副处长	邢献平
2005 年	办公室	主任	蒋向东
		副主任	陈茂松
		副主任	邢献平
	法规与教育处	处长	潘　迅
		副处长	徐云利
	综合统计处	处长	王明珠
	社会与科技统计处	处长	徐卫民

续表 10

年份	科（室）	职务	姓名
2005 年	工业与投资统计处	处长	滕剑波
		副处长	杨耿业
	农村统计处	处长	王行宇
	服务业统计处	处长	王丽波
		副处长	居江静
	国民经济核算处	处长	汤柏生
2006 年	综合统计处	副处长	许婷娅
		副处长	章建雷
		副处长	张秀明
	国民经济核算处	副处长	成维庆
	投资统计处	处长	王明珠
	工业与能源统计处	处长	滕剑波
		副处长	杨耿业
2007 年	综合统计处	处长	许婷娅
2008 年	办公室	主任	王迪熙
		副主任	周剑祥
	服务业统计处	副处长	章建雷
		副处长	徐云利
	投资统计处	处长	居江静
	机关党委	专职副书记	陈茂松
2009 年	办公室	主任	王迪熙
		副主任	周剑祥
	法规处	处长	潘　迅
	农村统计处	处长	王行宇
		副处长	郭梅山
	工业与能源统计处	处长	杨耿业
	投资统计处	处长	居江静
	服务业统计处	处长	许婷娅
		副处长	徐云利
	社会与科技统计处	处长	徐卫民
	国民经济核算处	处长	滕剑波
		副处长	车根玉
	综合统计处	处长	章建雷
		副处长	张秀明
	机关党委	专职副书记	陈茂松

续表 10

年份	科（室）	职务	姓名
2012 年	办公室	主任	王迪熙
		副主任	徐云利
		副主任	郭梅山
	法规处	处长	邢献平
	农村统计处	处长	王行宇
		副处长	周剑祥
	综合统计处	处长	杨耿业
	投资统计处	副处长	车根玉
		副处长	戴小平
	服务业统计处	处长	章建雷
		副处长	朱晓瑜
	社会与科技统计处	处长	徐卫民
		副处长	陈　科
	国民经济核算处	处长	滕剑波
	工业与能源统计处	处长	居江静
	机关党委	专职副书记	陈茂松
2014 年	工业统计处	处长	居江静
		副处长	许海燕
	能源统计处	处长	杨耿业
		副处长	余　军
	投资统计处	处长	车根玉
	机关党委	专职副书记	张秀明
2015 年	办公室	主任	滕剑波
		副主任	徐云利
		副主任	张秀明（兼）
	法规处	处长	刘为民
	农村统计处	处长	王行宇
		副处长	周剑祥
	综合统计处	处长	陈　科
	投资统计处	处长	居江静
		副处长	戴小平
	服务业统计处	处长	章建雷
		副处长	朱晓瑜
	社会与科技统计处	处长	徐卫民
		副处长	王　聪

续表 10

年份	科（室）	职务	姓名
2015 年	国民经济核算处	处长	车根玉
	工业统计处	处长	许海燕
		副处长	余　军
	能源统计处	处长	杨耿业
	机关党委	专职副书记	张秀明
2016 年	办公室	主任	滕剑波
		副主任	李志中
	组织人事处	处长	张秀明
		副处长	曲　英
	机关党委	专职副书记	郭梅山
2017 年	办公室	主任	章建雷
	综合统计处	副处长	陆海龙
	国民经济核算处	副处长	郑浩然
	服务业统计处	处长	朱晓瑜
2019 年	办公室	主任	章建雷
	组织人事处	处长	张秀明
	综合统计处	处长	陈　科
		副处长	陆海龙
	国民经济核算处	处长	车根玉
	社会和科技统计处	副处长（主持工作）	戴小平
	统计执法监督局	局长（正处级）	周剑祥
	工业统计处	处长	许海燕
	能源和环境统计处	处长	杨耿业
	服务统计业	处长	朱晓瑜
	农村统计处	处长	刘为民
	新经济统计监测处	处长	徐维郎
	固定资产投资统计处	处长	居江静
2020 年	办公室	主任	章建雷
		副主任	俞军辉
		副主任	吕建森
	组织人事处	处长	金　巍
		副处长	李　群
	统计执法监督局	局长	周剑祥
	综合统计处	处长	陈　科
	国民经济核算处	处长	车根玉
	工业统计处	处长	居江静

续表 10

年份	科（室）	职务	姓名
2020 年	能源和环境统计处	处长	杨耿业
		副处长	谭国威
	固定资产投资统计处	处长	陆海龙
	服务业统计处	处长	朱晓瑜
		副处长	余盛盈
	社会和科技统计处	处长	戴小平
		副处长	陈雨薇
	农村统计处	处长	刘为民
	新经济统计监测处	处长	徐维郎
		副处长	魏文志
	机关党委	专职副书记	郭梅山

资料来源：根据市统计局历年人事资料整理编制，均为当年新任命人员

宁波市统计局计算中心（数据管理中心）历任主任、副主任名录

表 11

序号	职务	姓名	任职时间
1	主任	李静涛	1990 年至 1996 年
2	副主任	钱惠平	1996 年至 2002 年
3	主任	陈斯恩	2002 年 4 月至 2007 年 8 月
4	副主任	徐维郎	2006 年 12 月至 2009 年 12 月
5	主任	徐维郎	2009 年 12 月至 2019 年 12 月
6	副主任	丁志海	2009 年 12 月—

宁波市统计局普查中心（市社会经济调查中心、市统计执法支队）历任领导名录

表 12

序号	职务	姓名	任职时间
1	普查中心副主任	刘为民	2002 年 4 月至 2005 年 3 月
2	主任	刘为民	2005 年 7 月至 2015 年 8 月
3	主任	牛红兵	2015 年 9 月至 2020 年 8 月
4	副主任	牛红兵	2006 年 12 月至 2015 年 9 月
5	副主任	陈　科	2008 年 4 月至 2012 年 11 月
6	副主任	王洪新	2010 年 12 月至 2015 年 11 月
7	副主任	陆海龙	2014 年 5 月至 2017 年 9 月
8	副主任	郑浩然	2015 年 9 月至 2017 年 9 月
9	副主任	钱静文	2017 年 11 月至 2020 年 8 月
10	副主任	陈雨薇	2017 年 11 月至 2020 年 6 月

资料来源：根据市统计局历年人事资料整理编制，均为当年新任命人员

（二）地区行政公署统计机构

宁波地区行政公署最早建立于解放战争时期。民国36年（1947）6月，浙东革命根据地成立了浙东行政公署临时总办事处，翌年10月，成立宁海办事处。民国38年（1949）4月，浙东行政公署正式成立，下辖鄞慈、慈镇、余上、姚虞、嵊新奉5个县级办事处。民国38年（1949）5月宁波解放，市和专区并设，划出鄞县城区和近郊地设立浙江省辖宁波市，并设浙江省第六行政专署驻市区。是年6月，原浙江省第六行政专署改称为“浙江省第二专区”，所辖鄞县、余姚、慈溪、镇海、奉化、定海、象山七县。是年10月，浙江省第二专区改称“宁波专区”。是年11月，设海曙、镇明、江东、江北四区为宁波市域。宁波专区成立前后，专署机关均未专设统计机构，只是在财委设有1人负责社会和经济统计，所辖各县也无独立的统计机构，统计职能由相关部门代行。

1954年8月，宁波专署设立计划统计科，有工作人员4名，首任科长虞剑虹。1957年1月，成立宁波专署计划委员会，下设统计科，科长虞剑虹。1958年2月，宁波专署计划委员会撤销，统计工作划入专署办公室。是年7月，由于“大跃进”运动大办钢铁的需要，重新成立宁波专署计划委员会，同时恢复宁波专署计划委员会统计科，李新村任科长。1962年8月，宁波专署计划委员会被撤销，统计工作再次划入专署办公室。1965年2月，统计工作又被划入专署工交办公室。

“文化大革命”时期，地区统计工作受到严重影响。1967年3月，宁波专区改为“宁波地区”后，1969年4月成立宁波地区革命委员会生产指挥组工交办公室，统计工作只是工交办公室的一部分。1970年初，成立宁波地区革命委员会生产指挥组计划办公室，统计工作是计划办公室的一部分。1973年初，地区重建计划委员会，统计工作是计划委员会的一部分。1974年计划委员会又改为计划办公室，统计工作又是计划办公室的一部分。至1977年3月，宁波地区计划委员会再次建立，其间，都没有单独设置统计机构。

1981年1月，宁波地区计划委员会设立统计科，副科长施平主持工作，是年9月又增补薛敬杰为副科长。1982年7月，建立宁波地区统计局，有工作人员6人，副局长施平主持工作，但未建立党组。1983年5月，省委决定撤销宁波地区行政公署建制，实行市管县体制。是年7月，地、市统计局合并成立新的宁波市统计局。

宁波地区统计局（科）历任主要领导名录

表13

序号	职务	姓名	任职时间
1	科长	虞剑虹	1954年8月至1957年1月
2	科长	李新村	1958年7月至1962年8月
3	副科长	施　平	1981年1月至1982年7月
4	副科长	薛敬杰	1981年9月至1982年7月
5	副局长	施　平	1982年7月至1983年7月

（三）国家统计局直属调查队

改革开放以后，我国经济快速发展，新经济业态不断涌现，统计调查对象更加多元化，但发展不平衡现象依然存在。为积极应对复杂多变的统计调查新局面，强化统计监督，减少各种干扰，提高统计数据真实反映发展、反映经济社会运行情况的能力，国家统计局先后就统计管理体制进行了多次改革，包括组建各级城市、农村和企业抽样调查队。

1. 宁波市城市社会经济调查队

1984年8月，根据国家计划委员会、劳动人事部、财政部、国家统计局联合印发的《关于农村和城市两支抽样调查队组建工作的通知》（统办字〔1984〕18号）和市人民政府《关于建立宁波市城市抽样调查队的通知》（市政干〔1984〕5号）精神，建立宁波市城市抽样调查队。宁波市城市抽样调查队人员编制13名，为正科级事业单位，管理体制上由国家统计局委托省统计局代管，日常工作由市统计局负责，首任队长由市统计局局长吕彬章兼任。1987年5月，宁波市城市抽样调查队增设家计调查科、物价调查科2个内设机构。1988年，根据国家统计局统一部署，宁波市城市抽样调查队更名为“宁波市城市社会经济调查队”。1989年3月，宁波市城市社会经济调查队（以下简称市城调队）内设机构“家计调查科”更名为住户调查科，同时增设综合科，其他不变。1990年4月，经市编办同意，市城调队级别升格为正处级。1992年9月，根据国家统计局《关于宁波市城调队“科”改称“处”的批复》（国统字〔1992〕300号）意见，市城调队内设机构变更为：综合处、住户调查处、价格调查处3个处，级别相当于同级统计局副局级。1997年11月，根据人事部《关于同意国家统计局所属三个调查队依照国家公务员制度进行管理的批复》意见，市城调队具有国家干部身份在编在职工作人员参照国家公务员制度管理。是年12月，根据国家统计局《关于印发浙江省及杭州市、宁波市城市、农村、企业调查队职能设置、内设机构和人员编制方案的通知》要求，市城调队内设机构核定为：综合处、城镇住户调查处、消费价格调查处、生产价格调查处4个处，人员编制23名，领导职数9名（其中，队长1名，副队长2名，正副处长6名）。2005年11月，中央编委办下发《关于国家统计局各级调查队机构设置和人员编制的批复》，正式明确市城调队为行政副局级单位，人员编制23名，实有14人。2007年7月，市城调队被撤销。

2. 宁波市企业调查队

随着企业经济的不断发展，市场主体更加多元化，为适应企业调查工作的需要，1998年2月，根据省统计局《关于宁波市企业调查队内设机构的批复》（浙统人〔1998〕29号）要求，成立宁波市企业调查队（以下简称市企调队）。核定内设机构为：综合处、产业调查处、企业监测处、专项调查处4个处（建队之初，专项调查处暂未设立），核定人员编制30名，领导职数10名（其中，队长1名，副队长2名，正副处长7名），为参照国家公务员制度管理的事业单位，级别相当于同级统计局副局级，在管理体制上由国家统计局委托省统计局代管，日常工作由市统计局负责，首任队长由市统计局局长吕彬章兼任。2003年，市企调队人员编制增至38名，实有10名。2007年7月，市企调队被撤销。

3. 宁波市农村社会经济调查队

随着农村经济的发展，农业结构调整，市场化程度提高，传统的统计方法已经难以适应农村经济发展的需要。为此，市人民政府致函省统计局，要求建立宁波市农村社会经济调查队。2002年7月，经国家统计局同意，省统计局印发《关于建立宁波市农村社会经济调查队和调整鄞州区、宁海县农调队编制的通知》，同意建立宁波市农村社会经济调查队（以下简称市农调队）。核定内设机构为：综合处、农产品产量调查处、农村住户调查处3个处，人员编制10名，领导职数5名（其中，正、副队长各1名，中层领导职数3名），为参照国家公务员制度管理的事业单位，级别相当于同级统计局副局级，在管理体制上由国家统计局委托省统计局代管，日常工作由市统计局负责。市农调队成立后与市统计局农村处合署办公，人员实际到位3名，未设置内设机构，首任队长由市统计局副局长唐伟昌兼任，孙长健主持工作。2007年7月，市农调队被撤销。

4. 国家统计局宁波调查队

根据国务院办公厅《关于印发国家统计局直属调查队管理体制改革方案的通知》（国办发〔2005〕14号）精神，2007年7月，国家统计局印发《关于设立国家统计局宁波调查队的通知》（国统字〔2007〕96号），决定撤销宁波市城市社会经济调查队、宁波市企业调查队、宁波市农村社会经济调查队，建立国家统计局宁波调查队（以下简称宁波调查队）。核定内设机构为：办公室（人事教育处、财务管理处、纪检监察室）、综合处（执法检查处）、农村调查处、城镇住户处、工业调查处、投资与服务业调查处、生产投资价格调查处、消费价格调查处、统计监测处、专项调查处10个处室（建队之初，投资与服务业调查处、专项调查处等暂未设立），人员编制53名，领导职数27名（其中，队长1名，副队长3名，纪检组长1名，正副处长22名）。为国家统计局派出机构，参照国家公务员制度管理，级别为副省级城市正局级，归国家统计局浙江调查总队（以下简称浙江调查总队）领导。首任队长陈燕芬。根据中央组织部《关于国家统计局各级调查队党组织设置和干部管理有关问题的通知》和市委《关于建立中国共产党宁波市统计局、国家统计局宁波调查队党组及罗吕榕等同志职务任免的通知》（甬干任〔2007〕49号）精神，宁波调查队与市统计局合署办公，共同建立中共宁波市统计局国家统计局宁波调查队党组（以下简称局队党组）。局队党组书记罗吕榕，有党组成员7名。

2013年3月，为贯彻落实国务院关于调查队管理体制改革精神，理顺各级调查队与统计局的关系，根据省委《关于浙江地区国家统计局市县调查队独立设立党组的意见》精神，市统计局和宁波调查队机构与党组分设，独立运作。同时，经国家统计局同意建立中共国家统计局宁波调查队党组，党组书记董礼华，有党组成员4名。

2014年9月，根据工作需要，宁波调查队设立投资与服务业调查处，内设机构增至9个。是年12月，根据国家统计局关于实施城乡一体化调查制度改革的要求，调整农村调查处和城镇住户处部分职能，原“城镇住户处”更名为“住户专项调查处”。

2017年7月，经市直机关工委同意，成立中共国家统计局宁波调查队机关总支部委员会。宁波调查队机关总支部委员会设委员5名，其中书记、副书记各1名，首任书记蒋向东。

2018年9月，下发《国家统计局关于印发宁波调查队职能配置内设机构和人员编制规定的通知》，宁波调查队内设11个职能处（室），并单独设立党建办公室作为党总支部的办事机构。新设立的部门还有执法监督处（纪检监察室）、劳动力调查处和人事教育处。取消工业调查处和投资与服务业调查处。调整部分处室职能，办公室更名为办公室（财务管理处），农村调查处更名为农业农村调查处，住户专项调查处更名为住户调查处，生产投资价格调查处更名为生产价格调查处，统计监测处更名为企业调查处。宁波调查队参照公务员法管理，事业编制为52名。队领导职数共5名，其中，队长1名，副队长3名，纪检组长1名。根据国家统计局部署，国家统计局调查队与地方统计局相关专业调整情况，全国月度劳动力调查由统计局调整至调查队，“四下”企业（规模以下工业、建筑业小微企业、规模以下服务业、以全国为总体的限额以下批发零售住宿餐饮业）抽样调查，小微企业固定资产投资情况，规模以下企业创新调查，规模以下工业企业成本费用调查（五年开展一次）从调查队调整至统计局。2020年1月1日起，粮食、畜牧业统计调查工作由统计局调整至调查队。

群团组织

2014年5月，经市直机关工会工作委员会同意，成立国家统计局宁波调查队机关工会工作委员会（以下简称队机关工会），首任队机关工会主席蒋向东。2018年5月，队机关工会换届选举，王迪熙当选为主席。

2014年5月，经市直机关妇女工作委员会同意，成立国家统计局宁波调查队机关妇女工作委员会（以下简称队机关妇委会），队机关妇委会首任主任童为群。2018年5月，队机关妇委会进行换届选举，叶宏当选为主任。

国家统计局宁波市城调队历任正副队长名录

表14

序号	职务	姓名	任职时间
1	队长（兼）	吕彬章	1984年8月至1993年8月
2	队长	詹永乐	1993年8月至2001年12月
3	队长（兼）	任彭微	2002年4月至2004年6月
4	队长（兼）	史跃萍	2004年11月至2007年7月
5	副队长	曹伟庭	1984年9月至1988年11月
6	副队长	赵云娣	1987年2月至1988年8月
7	副队长	唐伟昌	1988年11月至1993年8月
8	副队长	谢志初	1998年1月至2007年7月

国家统计局宁波市企调队历任正副队长名录

表15

序号	职务	姓名	任职时间
1	队长（兼）	吕彬章	1998年2月至2001年12月
2	副队长	詹永乐	1998年2月至2001年12月
3	副队长	张仁林	2002年4月至2007年7月

国家统计局宁波市农调队历任正副队长名录

表16

序号	职务	姓名	任职时间
1	队长（兼）	唐伟昌	2003年3月至2007年7月

国家统计局宁波调查队历任正副队长名录

表 17

序号	职务	姓名	任职时间
1	队长	陈燕芬	2007 年 7 月至 2013 年 3 月
2	队长	董礼华	2013 年 3 月至 2016 年 8 月
3	队长	赵同录	2016 年 8 月至 2018 年 7 月
4	队长	张兴华	2018 年 7 月至 2019 年 9 月
5	队长	殷柏尧	2019 年 11 月—
6	副队长	蒋向东	2007 年 8 月至 2017 年 9 月
7	副队长	张仁林	2007 年 8 月至 2017 年 5 月
8	副队长	陈斯恩	2007 年 8 月至 2020 年 12 月
9	纪检组长	金小天	2015 年 11 月—
10	副队长	王迪熙	2017 年 9 月—
11	副队长	王海斌	2018 年 7 月—

中共国家统计局宁波调查队党组历任书记、成员名录

表 18

序号	职务	姓名	任职时间
1	局队党组书记	罗吕榕	2007 年 9 月至 2013 年 3 月
2	党组书记	董礼华	2013 年 3 月至 2016 年 8 月
3	党组书记	赵同录	2016 年 8 月至 2018 年 7 月
4	党组书记	张兴华	2018 年 7 月至 2019 年 9 月
5	党组书记	殷柏尧	2019 年 11 月—
6	局队党组副书记	陈燕芬	2007 年 9 月至 2013 年 3 月
7	局队党组副书记	王伟民	2007 年 9 月至 2013 年 3 月
8	局队党组成员	蒋向东	2007 年 9 月至 2013 年 3 月
9	党组成员	蒋向东	2013 年 3 月至 2017 年 9 月
10	局队党组成员	张仁林	2007 年 9 月至 2013 年 3 月
11	党组成员	张仁林	2013 年 3 月至 2017 年 5 月
12	局队党组成员	陈斯恩	2007 年 9 月至 2013 年 3 月
13	党组成员	陈斯恩	2013 年 3 月至 2020 年 12 月
14	局队党组成员	谢志初	2008 年 5 月至 2013 年 3 月

续表 18

序号	职务	姓名	任职时间
15	局队党组成员	姚珂军	2008 年 5 月至 2013 年 3 月
16	局队党组成员	王迪熙	2010 年 7 月至 2013 年 3 月
17	党组成员	王迪熙	2017 年 9 月—
18	局队党组成员	张建新	2011 年 5 月至 2013 年 3 月
19	局队党组成员	许婷娅	2012 年 8 月至 2013 年 3 月
20	党组成员	金小天	2015 年 11 月—
21	党组成员	王海斌	2018 年 7 月—

国家统计局宁波市城调队历任中层领导干部名录

表 19

年份	科（室）	职务	姓名
1987 年	家计调查科	副科长	周嘉娣
	物价调查科	副科长	王珠香
1989 年	住户调查科	科长	周嘉娣
		副科长	谢志初
	物价调查科	副科长	赵庆韦
	综合科	副科长	金民强
1992 年	综合处	副处长	金民强
	住户调查处	处长	周嘉娣
		副处长	谢志初
	价格调查处	副处长	王珠香
		副处长	赵庆韦
1994 年	综合处	副处长	谢志初
1995 年	综合处	处长	谢志初
	价格调查处	副处长	陈斯恩
1998 年	价格调查处	处长	陈斯恩
		副处长	童为群
2001 年	综合处	副处长	金小天
	城镇住户调查处	副处长	胡建华
2002 年	生产价格调查处	处长	周嘉娣
	消费价格调查处	副处长	童为群
	城镇住户调查处	副处长	胡建华
2003 年	消费价格调查处	处长	童为群

国家统计局宁波市企调队历任中层领导干部名录

表 20

年份	处（室）	职务	姓名
1998 年	综合处	处长	王叶茹
	产业调查处	处长（兼）	王谷平
		副处长	吴继跃
1998 年	企业监测处	处长（兼）	王丽波
		副处长	崔宝军

国家统计局宁波调查队历任中层领导干部名录

表 21

年份	处（室）	职务	姓名
2007 年	综合处	处长	金小天
	农村调查处	副处长	陈　琴
	城镇住户处	处长	胡建华
	产业调查处	副处长	童坚勇
	生产投资价格调查处	副处长	崔宝军
	消费价格调查处	处长	童为群
		副处长	沈伟江
	统计监测处	副处长	姜洪天
2008 年	产业调查处	处长	童坚勇
	生产投资价格调查处	处长	崔宝军
	统计监测处	处长	姜洪天
2009 年	综合处	处长	金小天
		副处长	张　莹
	农村调查处	处长	陈　琴
	城镇住户处	处长	胡建华
	产业调查处	处长	童坚勇
	生产投资价格调查处	处长	崔宝军
	消费价格调查处	处长	童为群
		副处长	沈伟江
	统计监测处	处长	姜洪天
2012 年	综合处	处长	姜洪天
		副处长	张　莹
	农村调查处	副处长	沈伟江
	城镇住户处	处长	陈　琴
		副处长	卢　君
	产业调查处	处长	金小天
		副处长	王建国

续表 21

年份	处（室）	职务	姓名
2012 年	生产投资价格调查处	处长	崔宝军
		副处长	叶　宏
	消费价格调查处	处长	童坚勇
	统计监测处	处长	胡建华
2014 年	办公室	主任	姜洪天
		副主任	郭黎祥
	综合处	副处长	张　莹
	农村调查处	处长	沈伟江
	住户专项调查处	处长	崔宝军
		副处长	卢　君
	工业调查处	处长	金小天
		副处长	王建国
	投资与服务业调查处	副处长	叶　宏
	生产投资价格调查处	处长	陈　琴
		副处长	崔志土
	消费价格调查处	处长	童坚勇
	统计监测处	处长	胡建华
2015 年	综合处	处长	张　莹
	投资与服务业调查处	处长	叶　宏
2016 年	消费价格调查处	副处长	杨　壮
2018 年	办公室（财务管理处）	主任（处长）	卢　君
		副主任（副处长）	姜　波
	执法监督处（纪检监察室）	副处长（副主任）	郭黎祥
	农业农村调查处	处长	沈伟江
	住户调查处	副处长	陈江宁
	劳动力调查处	处长	王建国
	生产价格调查处	处长	陈　琴
		副处长	崔志土
	企业调查处 / 专项调查处	处长（兼）	童坚勇
	人事教育处	处长	姜洪天
2019 年	执法监督处（纪检监察室）	处长（主任）	郭黎祥
	综合处	处长	崔宝军
	生产价格调查处	处长	张　莹
	住户调查处	副处长	崔志土
	消费价格调查处	副处长	崔志土

续表 21

年份	处（室）	职务	姓名
2020 年	企业调查处	副处长	姜 波
	办公室（财务管理处）	副主任（副处长）	姜 波
2020 年	生产价格调查处	副处长	沈小叶
	消费价格调查处	处长	崔志土
	住户调查处	处长	王建国
	企业调查处	处长	卢 君
	劳动力调查处	副处长	陈江宁
	专项调查处	处长	童坚勇
	人事教育处	处长	张 莹
	党建办公室	副处长	闫海岗

5. 县级调查队

1983 年，为加强统计监督，国务院同意国家统计局组建各级农村、城市抽样调查队。1984 年 11 月，根据国家计划委员会、劳动人事部、财政部、国家统计局《关于农村和城市两支抽样调查队组建工作的通知》（统办字〔1984〕18 号）精神和国家统计局、省统计局的统一部署，宁波市先后完成国家统计局鄞县农村抽样调查队、宁海县农村抽样调查队、余姚县农村抽样调查队、慈溪县农村抽样调查队、象山县农村抽样调查队 5 支调查队的组建工作。其中，鄞县、宁海县农村抽样调查队为国家定点农村抽样调查队，慈溪、余姚、象山县农村抽样调查队为省定点农村抽样调查队，均为国家全额拨款事业单位，在浙江调查总队成立前，接受省统计局和所在县统计局双重领导。同时，根据省计划委员会、省编制委员会、省劳动人事厅、省财政厅、省统计局关于转发《国家计委等四个部门〈关于农村和城市两支抽样调查队组建工作的通知〉的通知》（浙计经文〔1984〕486 号）规定，国家统计局鄞县、宁海县农村抽样调查队人员编制各 6 名，余姚县、慈溪县、象山县农村抽样调查队人员编制各 4 名。

1989 年 4 月，根据国家统计局关于各级城市、农村抽样调查队改为城市、农村“社会经济调查队”的要求，宁波市国家统计局鄞县、宁海县、余姚县、慈溪县、象山县农村抽样调查队均改名为“农村社会经济调查队”。是年 5 月，慈溪市编委印发《关于同意设立市城市社会经济调查队》（慈编委〔1989〕35 号），成立慈溪市城市社会经济调查队，为地方全额拨款事业单位，人员编制 3 名，归慈溪市统计局领导。1993 年 10 月，余姚市编委下发《关于建立余姚市城市社会经济调查队的批复》（余编发〔1993〕22 号），成立余姚市城市社会经济调查队，为地方全额拨款事业单位，人员编制 3 名，归余姚市统计局领导。

1998 年 9 月，省统计局印发《浙江省国家抽中点和省定点城市、农村、企业调查队职能配置、内设机构和人员编制方案》（浙统人〔1998〕126 号），明确各县农村社会经济调查队机构规格可与当地统计局级别相同，设置领导职数 3 名（队长 1 名、中层领导 2 名），内设机构 2 个。

1999 年 4 月，中共鄞县统计局党组决定，国家统计局鄞县农村社会经济调查队与县统计局合署办公，实行对内一个机构、对外两块牌子的管理体制。是年5月，宁海县人民政府办公室印发《宁海县农村经济社会调查队职能配置内设机构和人员编制方案》（宁政办〔1999〕23号），国家统计局宁海县农村社会经济调查队人员编制增至8名，领导职数4名（其中，正、副队长各1名，中层领导2名）。是年12月，根据人事部《关于同意国家统计局所属三个调查队依照国家公务员制度进行管理的批复》的意见，鄞县、宁海、余姚、慈溪、象山等县农村社会经济调查队在编在职工作人员全部参照国家公务员制度管理。

2005年3月，慈溪市编委办印发《关于做好深化完善政府机构改革中有关部门内设机构和人员编制等调整工作的通知》（慈编委〔2005〕1号），慈溪市城市社会经济调查队、慈溪市统计调查中心（普查中心）、慈溪市农村社会经济调查队等成建制划归慈溪市统计局（对外仍保留慈溪市农村社会经济调查队牌子）。同时，余姚市编委也下发《关于明确深化完善政府机构改革中有关问题的通知》（余编发〔2005〕2号），余姚市城市社会经济调查队、余姚市普查办公室、余姚市农村社会经济调查队等成建制划归余姚市统计局（对外仍保留余姚市农村社会经济调查队牌子）。

2007年5月，根据省统计局、浙江调查总队《关于设立国家统计局宁海调查队的通知》（浙调字〔2007〕36号）和《关于设立国家统计局鄞州调查队的通知》（浙调字〔2007〕37号）要求，设立国家统计局宁海调查队、国家统计局鄞州调查队，同时撤销国家统计局宁海县农村社会经济调查队、鄞州区农村社会经济调查队。是年12月，浙江调查总队又先后印发《关于国家统计局鄞州调查队职能配置内设机构和人员编制规定的通知》（浙调字〔2007〕88号）和《关于国家统计局宁海调查队职能配置内设机构和人员编制规定的通知》（浙调字〔2007〕111号），明确国家统计局鄞州、宁海调查队为国家统计局派出机构，级别相当于同级统计局正局级，核定人员编制各8名，领导职数各5名（其中，正、副队长各1名，中层领导职数3名），为参照国家公务员制度管理事业单位。同时，根据中共浙江省委组织部《关于国家统计局市、县（市）、区调查队党组织设置和干部管理有关问题的批复》（浙组批〔2007〕163号）的意见，国家统计局宁海调查队与宁海县统计局，国家统计局鄞州调查队与鄞州区统计局，实行合署办公、共建党组。

2013年3月，中共浙江调查总队党组印发《关于市县调查队独立设立党组的指导意见》（浙调党组字〔2013〕5号），要求市、县调查队单独建立党组。2014年1月，根据中共宁海县委《关于建立中共国家统计局宁海调查队党组的通知》（宁党干〔2014〕4号）精神，成立中共国家统计局宁海调查队党组。是年7月，根据中共鄞州区委《关于建立国家统计局鄞州调查队党组的通知》（甬鄞党干〔2014〕48号）精神，成立中共国家统计局鄞州调查队党组。

2017年11月，根据国家统计局《关于同意浙江地区设立余姚、苍南调查队的批复》（国统人事函〔2017〕267号）精神，设立国家统计局余姚调查队。国家统计局余姚调查队为国家统计局派出机构，级别相当于同级统计局正局级。核定编制8名，领导职数5名（其中，正、副队长各1名，中层领导3名），为参照国家公务员制度管理事业单位。同时，经中共浙江调查总队党组同意，成立中共国家统计局余姚调查队党组。

2018年3月，根据省统计局、省机构编制委员会办公室、省财政厅、省人力资源和社会保障厅《关于印发浙江省统计局直属市县调查队管理体制改革方案的通知》（浙统〔2018〕16号）精神，省统计局直属市、县（市、区）农村社会经济调查队、城市社会经济调查队、企业调查队管理体制实施改革，对机构布局进行调整、合并，并统一机构名称为社会经济调查队。撤销省统计局原设在宁波市余姚、慈溪、象山的3个直属县级农村社会经济调查队，在此基础上，重组设立余姚、慈溪、象山3个县（市）社会经济调查队，为当地副局级机构，隶属于同级统计局。

鄞县农村抽样调查队（国家统计局鄞州调查队）历任主要领导名录

表22

序号	职务	姓名	任职时间
1	队长	孙胜利	1984年10月至1989年5月
2	队长	阮沛华	1989年5月至2002年2月
3	副队长	乌志明	1996年4月至2007年10月
4	队长	夏素贞	2005年9月至2006年12月
5	队长	冯惠锋	2006年12月至2007年6月
6	队长	任　川	2007年6月至2014年7月
7	队长、党组书记	任　川	2014年7月—

宁海县农村抽样调查队（国家统计局宁海调查队）历任主要领导名录

表23

序号	职务	姓名	任职时间
1	副队长（主持工作）	傅尔忠	1984年7月至1988年4月
2	队长	潘作飞	1988年4月至1992年7月
3	队长	丁秉懋	1992年7月至2004年9月
4	队长	王式跃	2007年10月至2009年7月
5	队长（兼）	鲍园存	2009年7月至2010年5月
6	副队长（主持工作）	顾中康	2010年5月至2014年1月
7	队长、党组书记	薛　波	2014年1月至2016年8月
8	队长、党组书记	崔绍章	2016年8月至2020年7月
9	队长、党组书记	徐敏乐	2020年7月—

国家统计局余姚调查队历任主要领导名录

表24

序号	职务	姓名	任职时间
1	队长、党组书记	王欢亮	2018年8月—

余姚县农村抽样调查队（余姚市社会经济调查队）历任主要领导名录

表 25

序号	职务	姓名	任职时间
1	队长	吴锦堂	1984 年 9 月至 1993 年 5 月
2	队长	夏铭锦	1993 年 5 月至 2002 年 6 月
3	副队长（主持工作）	黄征集	2002 年 6 月至 2010 年 1 月
4	副队长（主持工作）	郑　杰	2010 年 1 月至 2011 年 1 月
5	副队长（主持工作）	陈映青	2011 年 1 月至 2014 年 1 月
6	副队长（主持工作）	熊建明	2014 年 1 月至 2019 年 1 月
7	队长	熊建明	2019 年 1 月—

慈溪县农村抽样调查队（慈溪市社会经济调查队）历任主要领导名录

表 26

序号	职务	姓名	任职时间
1	队长	裘长顺	1984 年 10 月至 1988 年 8 月
2	副队长（主持工作）	王炳耀	1988 年 8 月至 1991 年 8 月
3	副队长（主持工作）	孙国灿	1991 年 8 月至 1995 年 4 月
4	队长	蔡幼飞	1995 年 4 月至 1997 年 6 月
5	副队长（主持工作）	胡达龙	1997 年 6 月至 1999 年 6 月
6	队长	胡达龙	1999 年 6 月至 2006 年 6 月
7	副队长（主持工作）	胡迪波	2006 年 6 月至 2007 年 8 月
8	副队长（主持工作）	陈国维	2007 年 8 月至 2008 年 5 月
9	队长	景　辉	2008 年 5 月—

象山县农村抽样调查队（象山县社会经济调查队）历任主要领导名录

表 27

序号	职务	姓名	任职时间
1	队长	屠振根	1984 年 8 月至 1987 年 12 月
2	队长	朱志川	1989 年 7 月至 1991 年 5 月
3	队长	张家富	1993 年 10 月至 2002 年 10 月
4	队长	吴根土	2002 年 10 月至 2015 年 1 月
5	队长	祝帮全	2015 年 1 月至 2018 年 1 月
6	队长	吴根土	2018 年 1 月至 2019 年 1 月
7	队长	陈巧云	2019 年 1 月—

（四）县（市）、区人民政府统计机构及县域统计管理片区工作站

民国 38 年（1949）5 月，宁波解放后，浙江省第二专区改称宁波专区，实行区管县体制，辖鄞县、慈溪、镇海、奉化、象山、定海、余姚七县。1952 年宁海县从台州专区划入，次年定海县划归舟山专区。在此之前，宁波专区各专署机关均未独立设置统计机构，有关职能由相关部门代行。1953年底，根据浙江省编制委员会（以下简称省编委）要求，宁波专区所属各县人民政府先后设立统计科。至1964年1月，宁波专区除象山县仍设统计科外，其他各县统计机构均改“科”为“局”。1978年9月，随着镇海县划归宁波市，市属四区升格为县级区建制，此后，海曙、江东、江北、镇海、北仑五区人民政府先后设立统计局。

2005年之前，县（市）、区统计局先后几次与计划委员会（发展计划局、计划经济委员会等）合署办公，且形式不一。主要有：机构人员合并，统计工作由内设机构负责；合署办公，对外保留统计机构牌子；合署办公，对外保留统计机构牌子，同时在行政、财务和业务上保持相对独立3种形式。直至2005年12月，全市县级人民政府统计机构全部独立设置。至2017年底，宁波市各县（市）、区统计机构共有行政编制103名，实有96名；有事业编制257名（含国家统计局直属慈溪、余姚、鄞州、宁海、象山调查队的中央事业编制人员），实有274名（含聘用人员38名）。

1. 县（市）、区人民政府统计机构

中华人民共和国成立初期，宁波专区所辖各县人民政府虽未建立统计机构，但都配有2名以上专职统计干部。1952年7月，省人民政府财政经济委员会下发《关于市县人民政府、专区行政公署财政经济委员会机构设置和干部编制方案》，要求各县财政经济委员会设立统计科或统计组，编制3～5人，配备1名科级干部担任科长或组长，并将原来配备的统计干部划入统计科或统计组。1953年2月，省编委贯彻执行《关于充实统计机构加强统计工作决定》文件精神，要求各县人民政府成立统计科，编制4～6人，工商业发达的县编制7人。至1954年1月，根据省编委意见，宁波专区所属余姚、慈溪、镇海、奉化、宁海、象山等县人民政府均独立设置统计科，鄞县设立计划统计科。是年底，根据中央人民政府政务院下发的《关于建立与充实各级行政机构的通知》要求，宁波专区所属各县人民政府统计机构均改为“计划统计科”。

1957年，省委作出“浙江省统计局并入省计委，作为省计委的一个直属局；市、县、专署设立计划统计科”的决定。1959年，根据省委决定，宁波专区所属各县人民政府计划统计科并入计划委员会。其中，宁海县在计划委员会设立统计组，象山县、慈溪县仅在计划委员会配置数名统计干部，其他县的计划统计科则与计划委员会合署办公，对外保留计划统计科牌子。

1962年，中共中央、国务院印发《关于加强统计工作的决定》，翌年，国务院又下发《统计工作试行条例》，要求各级人民政府单独设置统计机构，建立一个强有力的集中统一的统计体系。为此，省委下发《关于专署、市、县统计机构设置问题的通知》，要求各市、县人民委员会和专署单独设立统计局，省编委也同时下达干部编制人数。1964年1月，根据省委意见，宁波专区除象山县人民政府仍设置统计科外，其余各县均独立设置统计局。

“文化大革命”期间，宁波地区所属各县人民政府统计机构全部被撤销，统计干部除1～2名留守外，其余均被调离统计岗位，统计工作基本处于瘫痪状态。1970年8月，按照指示要求，省革命委员会通知各市县、地区革命委员会加强统计工作，充实统计力量。此后，各县有部分统计干部归队，在县革命委员会生产指挥组或计划委员会工作，统计工作略有转机。

1979 年，中共十一届三中全会以后，国务院印发《关于加强统计工作充实统计机构的决定》。省革命委员会、省人民政府在贯彻执行中，先后三次发文要求各级政府迅速恢复和健全统计机构，充实统计力量。省编委、省计划委员会、省人事局、省统计局也联合下发《关于各地区、市、县统计机构和干部配备的通知》（浙编〔1981〕78 号），明确要求没有设统计局的，要尽快恢复和建立起来；编制过少的，应根据任务需要适当增加并速予配备；已增配的不要减少。为此，1982 年 1 月，市革委会批转市统计局《关于加强统计工作报告的通知》（市革〔1982〕2 号），对进一步健全宁波市统计机构、充实统计力量提出具体要求。以上两个《通知》对恢复和发展各县人民政府统计机构发挥了重要作用。1980 年，余姚、慈溪、宁海等县先后建立统计科；鄞县恢复统计局建制，归县计划委员会领导。翌年，象山县、奉化县建立统计科，镇海县则恢复统计局建制，与县计划委员会合署办公。至 1984 年 2 月，宁波市各县人民政府全部恢复独立设置统计局，慈溪、余姚、镇海、鄞县等县统计局还分别建立了党组。

宁波市所属各区人民政府统计机构的设置起步较晚。此前，海曙区、江东区、江北区在很长时间内都无独立的统计机构。从 1951 年 5 月成立江东区、江北区人民政府，到 1956 年 2 月撤销两区建制；从 1978 年 10 月江东区、江北区复置市辖区一级政权建制，到 1984 年 1 月郊区和江北区合并组建新江北区，镇明和海曙两区合并建立新海曙区。其间，统计职能都是由区政府相关部门承担。1978 年 9 月，随着镇海县划归宁波市，市属四区升格为县级区建制，区人民政府统计机构设置问题才被逐步提上日程。1984 年 3 月，成立滨海区（后称北仑区）计划经济委员会统计科。翌年 10 月，滨海区统计科改称“滨海区统计局”，同时镇海县统计局更名为“镇海区统计局”。1987 年 7 月，滨海区更名为北仑区，滨海区统计局随之更名为“北仑区统计局”。是年 8 月，海曙、江东、江北三区人民政府相继设立统计局，归区计划经济委员会领导，对外保留统计局牌子。1990 年 8 月以后，海曙区、江东区、江北区统计局才先后与区计划经济委员会分开单设。

1984 年 12 月，全市县级人民政府统计机构有人员编制 116 名（其中行政编制 76 名，事业编制 40 名），实有 71 名（其中行政编制 58 名，事业编制 13 名）。

1985 年 7 月，余姚撤县设市（县级），余姚县统计局更名为“余姚市统计局”。

1987 年，为加快对外开放和经济建设步伐，充分发挥沿海开放港口城市作用，国务院同意宁波市在国家计划中实行单列。为此，国家统计局和省委对宁波市统计工作在人员编制上给予了极大支持。1987 年 12 月，在省编委增加宁波市县及县以上统计机构行政编制 33 名、事业编制 4 名的基础上，国家统计局又增加宁波市机动编制 10 名，1990 年 9 月再增加行政编制 11 名，1993 年 4 月又增加 3 名，这些编制基本上都配置在县级人民政府统计机构。

1988 年 10 月，慈溪、奉化撤县设市（县级），慈溪县统计局更名为“慈溪市统计局”，奉化县统计局更名为“奉化市统计局”。

1992 年，全省县（市）政府机构改革。在试点过程中，有部分县提出统计局与计划委员会合并组建计划统计局的设想。省统计局经过慎重考虑，认为计划与统计合并的设想弊多利少，与《统计法》规定不符，并及时向省机构改革领导小组提出建议。为此，在这次机构改革中，省政府明确要求各县（市）政府要把统计局列为必设机构之一。通过这一次的机构改革，宁波市各县（市）政府统计机构得到进一步巩固和发展，人员力量得到加强。1992年6月，余姚、慈溪两市统计局机关办事机构改“股”为“科”。1993年4月，江东区统计局与计划经济委员会分开单设。1994年6月，象山县统计局机关办事机构改“股”为“科”。1996年9月，宁海县统计局及江北区统计局与计划经济委员会分开单设。其间，奉化市、宁海县、象山县和北仑区统计局还相继建立了党组。

2001年3月，省委、省政府印发《浙江省市县乡机构改革实施意见》。是年10月，根据市委、市政府关于县（市）、区机构改革的指导意见和要求，各县人民政府机构改革全面启动。翌年4月，经国务院批复同意，以鄞县区域设立的鄞州区正式挂牌成立。2002年6月，宁波市各县（市）、区统计局先后完成“三定”（机构、编制、人员）方案。在这次机构改革中，全市11个县（市）、区统计局全部与发展计划局合署办公，且合署形式不一。其中，鄞州、江北两区发展计划局局长、副局长分别兼任统计局局长、副局长，实行一个机构、两块牌子；余姚市、北仑区、江东区等发展计划局局长兼任统计局局长，统计局日常工作由一名发展计划局副局长分管，但未明确其为统计局副局长；海曙区发展计划局则明确一名副局长兼任统计局副局长，发展计划局局长不兼任统计局局长；奉化市、宁海县、镇海区等发展计划局局长兼任统计局局长，但统计局副局长不兼任发展计划局副局长；慈溪市由发展计划局党委委员、副局长兼任统计局局长；象山县统计局局长兼任发展计划局党委副书记，统计局行政、财务和业务工作相对独立。

2002年7月，为全面了解宁波市县级人民政府统计机构与发展计划局合署办公后的实际情况，市统计局组织专题调研，有关情况及时向市政府做了专题报告。调研反映：统计机构与发展计划局合署后统计分析力量得到了加强，综合协调能力有所提高，数出多门的矛盾得到缓解。但存在的问题非常突出：统计机构名存实亡，统计对计划执行结果的监督作用弱化，统计地位明显下降，部分地方统计局实际上只是发展计划局的一个内设科；统计领导力量弱化，有的地方只有一个分管领导，工作顾此失彼；统计工作人员减少，力量与任务的矛盾十分突出；办事环节增多，工作效率下降。实践证明，这次机构改革对宁波市统计工作造成了重大影响。

2003年，全省市县乡机构改革基本完成。浙江省90个县中有53个县的统计局与其他部门合署办公，其中宁波市辖11个县（市）、区均未独立设置统计机构。对此，省统计局党组十分重视，及时调研全省乃至全国县级政府统计机构设置情况。2003年5月，先后两次向省委、省政府专题报告。同时，结合《浙江省统计工作监督管理条例》贯彻情况专项检查结果，向浙江省人民代表大会常务委员会提出坚决纠正不依法独立设置政府统计机构行为的报告。但由于这轮机构改革刚刚结束，一时调整难度较大，此问题在全省都未能得到实质性解决。

2004年6月，全国人民代表大会常务委员会（以下简称全国人大常委会）副委员长蒋正华率队对浙江省统计工作进行专项巡视检查。省统计局就县级政府统计机构设置不到位等问题向巡查组作了专题汇报。巡查结束后，巡查组反馈意见明确指出：浙江省 90 个县，独立设置政府统计机构的只有 41%，这个问题在全国最为突出，不符合统计法律要求，不利于统计数据准确客观，数据质量将受到干扰。是年 9 月，省统计局召开全省各市统计局长会议，对贯彻落实全国人大常委会巡视整改意见进行专题部署。

2004 年 10 月，为认真贯彻落实全省各市统计局长会议精神，市统计局针对县级政府统计机构与发展计划局合署办公运作两年来的实际情况，向市编委专题报送《关于要求在深化完善政府机构改革中独立设置县（市）区统计局的报告》（甬统办〔2004〕67 号）。2005 年 1 月，在国家、省、市统计局的共同努力下，宁波市统计机构与发展计划局合署问题终于迎来重大转机。根据省委、省政府关于《浙江省深化完善市县政府机构改革实施意见》（浙委办〔2004〕53 号），市委、市政府两办下发《关于深化完善县（市）区政府机构改革方案》（甬党办〔2005〕3 号）。是年 7 月，市编委下达《关于单独设置县（市）区统计局的批复》（甬编〔2005〕28 号），要求各县（市）、区独立设置统计机构。2005 年 10 月，全市 11 个县（市）、区人民政府相继独立设置统计局，共配备行政编制 101 名、事业编制 88 名。

与此同时，为积极应对机构合署和人员精减给统计工作带来的影响，市、县统计局努力争取当地政府的支持，筹建地方调查机构，以弥补统计力量的不足。其间，各县（市）、区人民政府先后建立统计计算中心（北仑区除外）和普查中心，增加地方事业编制 80 名。此后，各地又通过整合普查中心等机构力量，先后组建社会经济调查队（调查中心、调查局），共配备编制人员 115 名，较好地缓解了统计人员与任务的矛盾。

2011 年 8 月，宁波市开启新一轮政府机构改革，是年底，县级政府机构改革基本完成。通过这次机构改革，机关办事机构得到调整，行政编制增加到 109 名，县（市）、区统计机构得到了进一步的巩固和发展。同时，各县（市）、区在社会经济调查队（调查中心、调查局）基础上，普遍增挂了“统计执法大队”牌子。

2016 年 9 月，根据国务院《关于同意浙江省调整宁波市部分行政区划的批复》（国函〔2016〕158 号）精神，撤销宁波市江东区，将原江东区的行政区域划归鄞州区管辖，原江东区统计局被撤销，人员并入鄞州区统计局。是年 11 月，奉化撤市设区，奉化市统计局更名为“奉化区统计局”。2017 年 5 月，合并后的鄞州区正式挂牌，根据鄞州区人民政府办公室《关于宁波市鄞州区统计局主要职责内设机构和人员编制规定的通知》（鄞政办发〔2017〕69 号），成立新的鄞州区统计局，核定行政编制 12 名，实有 14 名。

2018 年 3 月，根据省统计局、浙江省机构编制委员会办公室、省财政厅、省人力资源和社会保障厅《关于印发浙江省统计局直属市县调查队管理体制改革方案的通知》（浙统〔2018〕16 号）精神。省统计局直属市、县（市、区）农村社会经济调查队、城市社会经济调查队、企业调查队管理体制实施改革，对机构布局进行调整、合并，并统一机构名称为社会经济调查队。撤销省统计局原设在余姚、慈溪、象山的 3 个直属县级农调队、城调队，在此基础上，重组设立余姚、慈溪、象山等 3 个县（市）社会经济调查队，为当地副局级机构，隶属于同级统计局。新组建的县（市）社会经济调查队的机构、编制、人员、经费等管理权限下放到同级党委、政府管理。即行政上归地方党委、政府领导，业务上由上一级统计局指导，人事、党务、纪检、财务、资产、业务等则由同级统计局管理。

2019年，根据《中共中央关于深化党和国家机构改革的决定》和《中共浙江省关于市县机构改革的总体意见》，宁波市制定印发市、县两级行政机构“三定”方案。从2020年起，对县（市）、区统计局机关和所属事业单位职能配置、内设机构和人员编制分别进行了调整改革。到2020年底，宁波市各县（市）、区统计机构共有行政编制105名，实有98名；有事业编制219名（含县级统计局直属社会经济调查队的事业编制人员），实有203名。

2. 县域统计管理片区工作站

县域统计管理片区化，是指县域统计工作以片区为基础的组织管理模式。具体来说，就是每个县（市）、区划分为若干片区，每个片区由3～5个乡镇（街道）组成，每个片区建立一个统计工作站，具体负责本片区的统计工作。2006年以来，为加强统计基层基础，市统计局在全市范围内组织开展县域统计工作组织模式的改革与实践，共建立统计管理片区工作站37个。

县域统计管理片区工作站，作为县级人民政府统计局派出机构，其机构、人员编制归属于当地统计局并接受当地统计局的领导。各县（市、区）根据经济社会发展特点，结合区域经济总量、结构、规模以及工作强度、难度等实际情况，科学合理地设置片区，并配置相应的统计力量。县域统计管理片区工作站统计力量主要以地方社会经济调查机构为依托，统筹调配所属乡镇（街道）在编统计人员和统招人员等。经费来源主要由当地政府统筹解决，市统计局根据实际情况适当补贴。

县域统计管理片区化运作，是宁波市探索统计管理的创新，没有现成的模式。因此，统计管理片区工作站组织架构、运作方式也不尽相同。一般每个工作站配备专职站长（由当地统计局派出）1名，享受中层正职待遇，象山、海曙等地还配置专（兼）职副站长。人员配置主要以县乡在职“老统计”为骨干，按照“在编人员为主、聘用人员为辅”的原则，一般由3～10人组成，工作模式主要以调研、辅导、走访为主。同时，片区内乡镇（街道）各确定1名联络员，负责与片区工作站的沟通协调。片区工作站与乡镇（街道）统计工作相辅相成，互有侧重。片区工作站主要职责是：维护更新规模以上工业、限额以上服务业、资质以上建筑业和房地产企业（单位）和限额（规模）以下样本户动态信息；负责基本单位名录库及各行业字典库动态维护；组织基层统计数据的催报和业务指导；组织开展统计法制宣传、社情民意调查；调查发现统计违法案源并协助开展统计执法稽查；组织落实县（市）、区统计局布置的其他工作任务等。

2006年11月，市人民政府印发《关于进一步加强统计工作的意见》（甬政发〔2006〕96号），要求改革和构建适应市场经济发展趋势和统计事业发展规律的、符合宁波经济社会发展和统计工作实际的县域统计工作组织模式，建立县域统计管理片区工作站。

2007年5月，为认真贯彻落实市人民政府关于进一步加强统计工作的意见，市统计局印发《关于实施宁波市县域统计工作组织模式改革的指导意见》（甬统发〔2007〕32号），要求各县（市）、区统计局加强县域统计队伍建设，整合县、乡两级统计力量，分片区组织实施统计调查、统计执法等各项工作。

2010年6月，根据各县（市）、区县域统计管理组织模式改革的推进情况，市统计局再次印发《关于加快推进县域统计管理片区化运作的指导意见》（甬统发〔2010〕018号），要求各地结合实际，按照“以县级为重点，以行政为主体，以事业为支撑，以社会中介为补充”的总体要求，以社会经济调查机构为平台，充实人员力量，加快推进县域统计管理片区化运作。

2013年11月，宁波市11个县（市）、区先后完成县域统计管理片区化运作模式改革。全市共成立37个统计管理片区工作站，配备统计人员156名（其中，在编人员85名，聘用人员71名）。

2018年，在贯彻落实中共中央、国务院和省委、省政府关于开展防范和惩治统计造假弄虚作假专项行动中，市委、市政府要求加强乡镇（街道）统计机构和队伍建设，建立乡镇（街道）统计工作站，基层统计工作重心逐步由县域统计管理片区工作站转移到乡镇（街道）统计工作站，县域统计管理片区化运作机制逐渐淡化。

海曙区统计局（科、组）历任主要领导名录

表28

序号	职务	姓名	任职时间
1	组长	王兰瑜	1986年1月至1987年8月
2	科长	宋英前	1987年9月至1989年3月
3	局长	王志根	1988年5月至1994年3月
4	局长	宋英前	1994年4月至2000年10月
5	副局长（主持工作）	姚珂军	2000年10月至2002年4月
6	党组书记、局长	居　鉴	2002年4月至2005年12月
7	局长	郭　波	2006年1月至2009年7月
8	党组书记、局长	郭　波	2009年7月至2011年10月
9	党组书记、局长	庄　宏	2011年11月至2014年10月
10	党组书记	庄　宏	2014年10月至2015年8月
11	局长	王　数	2015年8月至2020年8月
12	党组书记	陈肇俊	2015年8月至2017年10月
13	党组书记	张春波	2017年10月至2020年1月
14	党组书记	陈　亮	2020年1月—

江东区统计局历任主要领导名录

表29

序号	职务	姓名	任职时间
1	副局长（主持工作）	忻尚法	1987年8月至1989年5月
2	副局长（主持工作）	虞优鸿	1989年5月至1993年4月
3	局长	虞优鸿	1993年4月至1997年9月

续表 29

序号	职务	姓名	任职时间
4	局长	楼爱萍	1997 年 9 月至 2002 年 3 月
5	局长	苏晓光	2002 年 3 月至 2004 年 12 月
6	局长	陈家连	2004 年 12 月至 2005 年 8 月
7	党组书记、局长	顾灿林	2005 年 8 月至 2007 年 11 月
8	党组书记	张春波	2007 年 11 月至 2016 年 9 月
9	局长	吴锡辉	2007 年 11 月至 2016 年 12 月

江北区统计局历任主要领导名录

表 30

序号	职务	姓名	任职时间
1	局长	寿永年	1988 年 11 月至 1990 年 5 月
2	局长	赵雅琴	1990 年 5 月至 1992 年 8 月
3	局长	许光明	1993 年 4 月至 1995 年 5 月
4	局长	冯沛福	1995 年 5 月至 1996 年 4 月
5	局长	张国忠	1996 年 4 月至 2000 年 11 月
6	副局长（主持工作）	徐宝明	2000 年 11 月至 2002 年 2 月
7	局长	苏　鸣	2002 年 2 月至 2005 年 7 月
8	局长	邹宇明	2005 年 7 月至 2005 年 10 月
9	党组书记、局长	林钦根	2005 年 11 月至 2010 年 6 月
10	党组书记、局长	吴　巍	2010 年 6 月至 2013 年 12 月
11	党组书记	程　璐	2013 年 12 月至 2015 年 6 月
12	局长	罗世均	2013 年 12 月至 2017 年 3 月
13	党组书记	沈　莉	2015 年 6 月至 2017 年 3 月
14	党组书记	刘红伟	2017 年 3 月—
15	局长	张桂萍	2017 年 3 月—

鄞州区（县）统计局（科、组）历任主要领导名录

表 31

序号	职务	姓名	任职时间
1	科长	姚克章	1953 年 3 月至 1956 年 6 月
2	科长	王维高	1956 年 6 月至 1957 年 3 月
3	科长	陈　真	1957 年 3 月至 1964 年 1 月
4	副局长（主持工作）	李元驾	1964 年 1 月至 1970 年 10 月
5	科长	彭增金	1970 年 10 月至 1978 年 2 月
6	组长	孙胜利	1978 年 2 月至 1980 年 4 月

续表 31

序号	职务	姓名	任职时间
7	副局长（主持工作）	孙胜利	1980 年 4 月至 1984 年 10 月
8	党组书记、局长	阮沛华	1984 年 10 月至 2002 年 2 月
9	党组书记、局长	虞忠芳	2002 年 2 月至 2004 年 10 月
10	党组书记、局长	吴海平	2004 年 10 月至 2005 年 9 月
11	局长	夏素贞	2005 年 9 月至 2006 年 12 月
12	党组书记	冯惠锋	2005 年 9 月至 2006 年 12 月
13	党组书记、局长	冯惠锋	2006 年 12 月至 2015 年 4 月
14	党组书记、局长	李永伟	2015 年 4 月至 2016 年 12 月
15	党组书记	王升涛	2016 年 12 月至 2018 年 12 月
16	局长	吴锡辉	2016 年 12 月至 2018 年 12 月
17	党组书记、局长	徐　明	2018 年 12 月—

镇海区（县）统计局（科）历任主要领导名录

表 32

序号	职务	姓名	任职时间
1	副科长（主持工作）	俞绍备	1953 年 4 月至 1954 年 10 月
2	科长	俞绍备	1954 年 10 月至 1956 年 9 月
3	副科长（主持工作）	朱增基	1956 年 9 月至 1957 年 4 月
4	副科长（主持工作）	贺荣恒	1957 年 4 月至 1963 年 7 月
5	副局长（主持工作）	吴鸿章	1963 年 7 月至 1966 年 5 月
6	副局长（主持工作）	吴鸿章	1981 年 11 月至 1984 年 2 月
7	党组书记、局长	包惠弟	1984 年 2 月至 1997 年 9 月
8	党组书记、局长	顾国芳	1997 年 9 月至 1998 年 9 月
9	党组书记、局长	范炳坤	1998 年 9 月至 2002 年 1 月
10	党组书记、局长	黄胜涛	2002 年 1 月至 2005 年 8 月
11	党组书记、局长	罗孟军	2005 年 8 月至 2008 年 7 月
12	党组书记、局长	邵秀波	2008 年 7 月至 2018 年 3 月
13	党组书记、局长	孙　灵	2018 年 3 月至 2020 年 7 月
14	党组书记、局长	邵坚宏	2020 年 7 月—

北仑（滨海）区统计局历任主要领导名录

表 33

序号	职务	姓名	任职时间
1	副局长（主持工作）	叶永甫	1985 年 11 月至 1990 年 5 月
2	党组书记、局长	叶永甫	1990 年 5 月至 1993 年 5 月

续表 33

序号	职务	姓名	任职时间
3	党组书记、局长	蒋素春	1995 年 1 月至 1996 年 9 月
4	党组书记、局长	章忠贤	1996 年 9 月至 2002 年 1 月
5	党组书记、局长	颜　力	2002 年 1 月至 2005 年 9 月
6	局长	刘文科	2005 年 9 月至 2006 年 12 月
7	党组书记、局长	章忠贤	2006 年 12 月至 2009 年 3 月
8	党组书记、局长	成维庆	2009 年 3 月—

奉化区（县）统计局（科、组）历任主要领导名录

表 34

序号	职务	姓名	任职时间
1	副科长（主持工作）	冯　侃	1953 年 3 月至 1958 年
2	副科长（主持工作）	邬烈明	1959 年至 1962 年
3	副局长（主持工作）	竺振放	1963 年 9 月至 1964 年
4	组长	孙成效	1968 年至 1971 年
5	副科长（主持工作）	邬兆定	1981 年 5 月至 1983 年 7 月
6	副科长（主持工作）	陈志铮	1983 年 7 月至 1984 年 2 月
7	副局长（主持工作）	张义国	1984 年 2 月至 1984 年 11 月
8	局长（兼）	陈志铮	1984 年 9 月至 1989 年 2 月
9	党组书记、局长	余海大	1990 年 6 月至 1991 年 1 月
10	党组书记、局长	周德良	1992 年 6 月至 1994 年 12 月
11	党组书记、局长	毛伟芳	1994 年 12 月至 2001 年 12 月
12	党组书记、局长	张小平	2002 年 1 月至 2005 年 3 月
13	党组书记、局长	吴晶辉	2005 年 3 月至 2009 年 3 月
14	党组书记、局长	李海涌	2009 年 6 月至 2017 年 7 月
15	局长	邬锋伦	2017 年 7 月—
16	党组书记	邬锋伦	2017 年 8 月—

慈溪市（县）统计局（科）历任主要领导名录

表 35

序号	职务	姓名	任职时间
1	副科长（主持工作）	卢　荻	1953 年 5 月至 1954 年 6 月
2	副科长（主持工作）	徐信杰	1954 年 7 月至 1956 年 12 月
3	科长	徐信杰	1957 年 1 月至 1958 年 12 月
4	局长	郑天锡	1963 年 6 月至 1966 年 6 月
5	党组书记、局长	郑　飞	1982 年 1 月至 1992 年 12 月

续表 35

序号	职务	姓名	任职时间
6	党组书记、局长	胡连迪	1992 年 12 月至 1994 年 12 月
7	党组书记、局长	施森章	1994 年 12 月至 1997 年 12 月
8	党组书记、局长	沈乾苗	1997 年 11 月至 2003 年 12 月
9	局长	岑剑国	2003 年 12 月至 2005 年 4 月
10	党组书记、局长	王迪熙	2005 年 4 月至 2008 年 11 月
11	党组书记、局长	王炳耀	2008 年 11 月至 2015 年 3 月
12	党组书记	王炳耀	2015 年 3 月至 2020 年 9 月
13	局长	楼雪聪	2015 年 3 月至 2017 年 2 月
14	局长	王炳耀	2017 年 2 月至 2020 年 9 月
15	党组书记、局长	魏徐林	2020 年 9 月—

余姚市（县）统计局（科、组）历任主要领导名录

表 36

序号	职务	姓名	任职时间
1	副科长（主持工作）	严　斌	1953 年 3 月至 1954 年 11 月
2	副科长（主持工作）	贾凤和	1954 年 11 月至 1955 年 10 月
3	科长	贾凤和	1955 年 10 月至 1958 年 9 月
4	副局长（主持工作）	符炳浩	1963 年 8 月至 1969 年 9 月
5	副科长（主持工作）	吴锦堂	1980 年 3 月至 1981 年 10 月
6	副局长（主持工作）	吴锦堂	1981 年 10 月至 1984 年 8 月
7	党组书记、局长	吴锦堂	1984 年 8 月至 1993 年 4 月
8	党组书记、局长	夏铭锦	1993 年 4 月 2001 年 1 月
9	党组书记、局长	郑根方	2001 年 1 月至 2002 年 1 月
10	党组书记、局长	郑根方	2005 年 3 月至 2013 年 5 月
11	党组书记、局长	陈亚南	2013 年 5 月至 2017 年 1 月
12	局长	陈亚南	2017 年 1 月至 2017 年 3 月
13	党组书记	沈继忠	2017 年 1 月至 2019 年 1 月
14	局长	阮岳军	2017 年 3 月—
15	党组书记	陈立山	2019 年 1 月—

宁海县统计局（科、组）历任主要领导名录

表 37

序号	职务	姓名	任职时间
1	科长	李鸿明	1954 年 8 月至 1958 年 11 月
2	组长（兼）	严　岚	1959 年 4 月至 1961 年 9 月

续表 37

序号	职务	姓名	任职时间
3	副局长	严　岚	1963 年 6 月至 1965 年 3 月
4	科长	王威中	1980 年 7 月至 1981 年 6 月
5	科长	洪汉卿	1981 年 8 月至 1984 年 2 月
6	副局长（主持工作）	洪汉卿	1984 年 3 月至 1987 年 8 月
7	局长	洪汉卿	1987 年 8 月至 1990 年 7 月
8	党组书记、局长	洪汉卿	1990 年 7 月至 1993 年 5 月
9	局长	洪汉卿	1993 年 5 月至 1996 年 6 月
10	局长	杨朝坤	1996 年 6 月至 1997 年 12 月
11	党组书记、局长	戎梅富	1997 年 12 月至 2002 年 1 月
12	党组书记、局长	王式跃	2005 年 4 月至 2009 年 6 月
13	党组书记、局长	鲍园存	2009 年 6 月至 2017 年 9 月
14	党组书记	鲍园存	2017 年 9 月至 2019 年 1 月
15	局长	龚　慧	2017 年 9 月—
16	党组书记	陈昌凯	2019 年 2 月—

象山县统计局（科）历任主要领导名录

表 38

序号	职务	姓名	任职时间
1	科长	李　彬	1954 年 1 月至 1956 年 8 月
2	科长	郑建树	1956 年 12 月至 1958 年 6 月
3	科长（兼）	沈功显	1981 年 9 月至 1984 年 1 月
4	局长	屠振根	1987 年 5 月至 1987 年 12 月
5	局长	丁向兵	1988 年 11 月至 1991 年 3 月
6	党组书记、局长	丁向兵	1991 年 3 月至 1993 年 5 月
7	党组书记、局长	王增发	1994 年 3 月至 1996 年 9 月
8	党组书记、局长	黄敏求	1996 年 9 月至 2005 年 10 月
9	局长	王安静	2006 年 1 月至 2006 年 12 月
10	党组书记	顾产安	2006 年 5 月至 2007 年 6 月
11	局长	莫俶茜	2007 年 3 月至 2017 年 2 月
12	党组书记	干贵国	2008 年 6 月至 2014 年 12 月
13	党组书记	倪旭光	2014 年 12 月至 2017 年 4 月
14	局长	杨盛昂	2017 年 4 月—
15	党组书记	顾善存	2017 年 4 月—

（五）园区管委会统计机构

宁波作为中国对外开放的国家一类口岸，是中国最早对外开放的十四个沿海港口城市之一。改革开放以后，为充分发挥宁波港口优势，从 1992 年开始，宁波市先后建立宁波保税区、国家高新技术产业开发区、杭州湾新区、大榭开发区、梅山国际物流产业集聚区 5 大开发园区。宁波开发园区具有对外开放程度高、运作机制灵活、基础设施良好、功能配套完善、产业联动发展、投资环境优越等特点。建成的开发园区，既有产业集聚区又有创新示范区还有自由贸易区，对宁波市经济发展发挥了重要的引领示范作用。1995 年 10 月，北仑区统计局首先增挂"宁波经济技术开发区（宁波保税区）统计局"牌子，1997 年 6 月，宁波保税区管理委员会（以下简称管委会）统计机构正式成立。此后，随着园区管委会的建立，统计机构也相应配置到位，统计工作对园区发展的作用越来越重要。

1. 宁波保税区

宁波保税区始建于 1992 年 11 月。经国务院批准，宁波保税区享有"免证、免税、保税"政策，由海关实行特殊监管，是中国对外开放程度最高、政策最优惠的经济区域之一，为国家进出口贸易促进创新示范区。宁波保税区具有进出口加工、国际贸易、仓储物流三大主体功能。1993 年 2 月，首期开发区域正式投入运营。1994 年 10 月，成立宁波保税区管委会。2002 年 6 月，国家设立宁波出口加工区。此后，两区管委会实行一个机构、两块牌子。宁波保税区统计工作早期由北仑区统计局负责，后来管委会成立经济发展局（统计局）并独立设置计划统计科、普查中心等，负责全区统计工作。

1995 年 10 月，北仑区统计局正式增挂"宁波经济技术开发区（宁波保税区）统计局"牌子。在此之前，宁波保税区统计工作一直由北仑区统计局负责。

1997 年 6 月，根据市人民政府办公厅《关于印发宁波保税区管理委员会职能配置、内设机构和人员编制方案的通知》（甬政办发〔1997〕100 号），成立宁波保税区经济贸易局（统计局），下设综合计划科，在编统计人员 2 名，有关统计业务与北仑区统计局协调开展。1999 年 5 月，经宁波保税区管委会批准，宁波保税区经济贸易局（统计局）综合计划科独立开展统计业务，并负责全区统计工作。

2000 年 8 月，经保税区管委会同意，宁波保税区经济贸易局（统计局）综合计划科增挂"宁波保税区统计事务办公室"牌子，负责全区统计工作。

2002 年 12 月，宁波出口加工区成立后，宁波保税区经济贸易局（统计局）更名为"宁波保税区（出口加工区）经济发展局（统计局）"，下设计划统计科，负责全区统计工作。

2006 年 1 月，宁波保税区（出口加工区）经济发展局（统计局）计划统计科更名为"规划统计科"，负责全区统计工作。

2008 年 3 月，宁波保税区（出口加工区）经济发展局（统计局）规划统计科更名为"综合科（计划统计科）"，负责全区统计工作。

2009 年 6 月，宁波保税区（出口加工区）经济发展局（统计局）综合科（计划统计科）在编统计人员增加到 3 人。

2010 年 12 月，经保税区管委会批准，成立宁波保税区（出口加工区）经济普查中心，为财政全额拨款事业单位，隶属宁波保税区（出口加工区）

经济发展局（统计局）。

2011年4月，宁波保税区（出口加工区）经济发展局（统计局）综合科（计划统计科）在编统计人员增加到4人。

2012年1月，经保税区管委会批准，由宁波保税区（出口加工区）经济发展局（统计局）经济普查中心负责全区统计工作，在编统计人员增加到5人。

2013年5月，宁波保税区（出口加工区）经济发展局（统计局）经济普查中心更名为“普查中心”。此后，全区统计工作都是由宁波保税区（出口加工区）经济发展局（统计局）普查中心负责，在编统计人员保持5人。

2020年4月，为深化事业单位改革，根据宁波保税区《关于印发宁波保税区管理委员会所属事业单位职能配置、内设机构和人员编制规定的通知》（甬保税工〔2020〕13号），宁波保税区（出口加工区）普查中心、宁波保税区（出口加工区）经贸服务中心整合组建宁波保税区普查中心，为宁波保税区管理委员会所属公益一类事业单位，机构规格为正科级，挂宁波保税区经贸服务中心牌子，负责全区统计工作，在编统计人员4人。

2. 宁波杭州湾新区

宁波杭州湾新区的前身是浙江慈溪经济开发区，2001年11月启动开发。宁波杭州湾新区是国家级经济技术开发区、国家级出口加工区、省级海洋经济集聚区、高新技术产业园区，拥有汽车、航空、智能电视和智能终端、新材料、生命健康、高端装备制造等六大先进制造业以及旅游休闲、体育、专业服务、新型金融等四大现代服务业。2005年6月，国务院批准在慈溪经济开发区设立浙江慈溪出口加工区。2010年2月，在整合原慈溪出口加工区管委会和经济开发区管委会基础上，挂牌成立宁波杭州湾新区开发建设管理委员会，管委会经济发展局挂统计局牌子，并独立设置统计科，负责全区统计工作。

2008年2月，根据慈溪出口加工区管委会《关于印发浙江慈溪出口加工区（经济开发区）管委会经济发展局（统计局、安全生产监督管理局）职能配置、内设机构和人员编制规定的通知》（甬慈加管〔2008〕6号），浙江慈溪出口加工区（经济开发区）管委会经济发展局（统计局、安全生产监督管理局）成立综合统计科，负责全区统计工作。

2010年2月，根据市人民政府办公厅《关于印发宁波杭州湾新区开发建设管理委员会主要职责内设机构和人员编制规定的通知》（甬政办发〔2010〕196号），成立宁波杭州湾新区经济发展和行政审批局（统计局、环境保护局），下设统计科，负责全区统计工作。

2014年5月，经杭州湾新区管委会同意，宁波杭州湾新区经济发展和行政审批局（统计局、环境保护局）改名为“宁波杭州湾新区经济发展局（统计局、环境保护局）”，下设投资统计科。此后，经杭州湾新区管委会同意，投资统计科又更名为“统计科”，配备事业编制5名，实有12名（其中聘用人员7人），负责全区统计工作。

2020年6月，根据《关于同意调整宁波杭州湾新区管委会相关内设机构及职责的函》（甬编办函〔2020〕110号），宁波杭州湾新区成立发展和改革局（统计局、政务服务办公室、公共资源交易管理办公室、沪甬合作办公室）。根据《关于印发宁波杭州湾新区开发建设管理委员会内设机构“三定”规定的通知》（甬新党发〔2020〕15号）意见，宁波杭州湾新区发展和改革局（统计局、政务服务办公室、公共资源交易管理办公室、沪甬合作办公室）下设统计科，配备事业编制5名，实有12名（其中聘用人员7名），负责全区统计工作。

3. 宁波国家高新技术产业开发区

宁波国家高新技术产业开发区（以下简称宁波高新区）的前身是宁波市科技园区，始建于1999年7月。宁波高新区主要集聚高科技研发机构和创新产业。2007年1月，经国务院批准，升级为国家高新技术产业开发区。2018年2月，国务院同意宁波高新区建设国家自主创新示范区。宁波国家高新区管委会经济发展局挂统计局牌子，并独立设置统计科，负责全区统计工作。

2004年3月，根据市编办《关于市科技园区经济发展局增挂统计局牌子的批复》（甬编办行〔2004〕4号），宁波市科技园区经济发展局增挂统计局牌子。全区统计工作由市科技园区经济发展局（统计局）综合科负责，核定事业编制统计人员2名。

2008年4月，经高新区管委会同意，宁波国家高新技术产业开发区经济发展局（统计局）下设统计科，配备事业编制人员3人，负责全区统计工作。此后，统计科事业编制又增加到4名，实有9名（其中聘用人员5名）。

2018年2月，国务院同意宁波高新区建设国家自主创新示范区。宁波国家高新区管委会经济发展局挂统计局牌子，并独立设置统计科，负责全区统计工作。

4. 宁波大榭开发区

1993年3月，经国务院批准设立宁波大榭开发区，享受国家级经济技术开发区政策，是宁波三大石化产业基地之一。开发区基础设施完备，现代化港区和临港能源石化基地框架基本形成。宁波大榭开发区的统计工作由管委会经济发展局统计处负责。

1994年7月，根据宁波大榭开发区管委会《关于调整机构设置的通知》（甬榭管〔1994〕36号）要求，宁波大榭开发区管委会经济发展局更名为“经济贸易局（物价局、环境保护局）”，下设综合计划处（统计处），负责全区统计工作。

2002年1月，根据宁波大榭开发区管委会《关于明确机构设置及沈惠吉等同志聘任的通知》（甬榭管干〔2002〕2号）要求，宁波大榭开发区管委会经济贸易局（物价局、环境保护局）综合计划处（统计处）更名为“宁波大榭开发区经济发展局计划（统计）处”，负责全区统计工作。

2005年5月，根据宁波大榭开发区管委会《关于印发宁波大榭开发区经济发展局安全生产监督管理局职能配置内设机构和人员编制规定的通知》（甬榭管〔2005〕28号）要求，宁波大榭开发区经济发展局计划（统计）处更名为“宁波大榭开发区经济发展局（安全生产监督管理局）计划统计处”，负责全区统计工作。

2013年2月，根据宁波大榭开发区管委会办公室《关于宁波大榭开发区经济发展局主要职责内设机构和人员编制的通知》（甬榭管办〔2013〕15号）要求，宁波大榭开发区经济发展局下设计划统计处（物价处），负责全区统计工作。

2019年10月，根据宁波大榭开发区党工委办公室、管委会办公室《关于印发经济发展局职能配置内设机构和人员编制规定的通知》（甬榭工委办〔2019〕47号）要求，宁波大榭开发区经济发展局计划统计处（物价处）又更名为“宁波大榭开发区经济发展局统计处”，配备事业编制人员3人、聘用人员3人，负责全区统计工作。

5. 宁波梅山国际物流产业集聚区

宁波梅山国际物流产业集聚区的前身是宁波梅山保税港区。从2006年开始，宁波就成立梅山岛开发建设管委会，负责梅山保税港区的前期开发建设工作。2008年2月，国务院正式批准设立宁波梅山保税港区。宁波梅山国际物流产业集聚区主要以国际中转、国际采购、国际配送、国际转口贸易、保税加工和保税物流等保税港区功能为主导，具备生产要素聚散、重要物资中转等现代功能的国家重要区域性配置中心。2012年，国务院同意宁波梅山保税港区成为汽车整车进口口岸。全区统计工作由宁波梅山国际物流产业集聚区管委会经济发展局（统计局）负责。

2007年9月，根据市人民政府办公厅《关于印发宁波市梅山岛开发建设管理委员会职能配置内设机构和人员编制规定的通知》（甬政办发〔2007〕175号），成立梅山岛开发建设管委会经济发展局（统计局），负责全区统计工作。

2008年3月，市编委批复设立宁波梅山保税港区管委会，与宁波市梅山岛开发建设管委会实行一个机构、两块牌子，同时建立宁波梅山保税港区经济发展局（统计局），负责全区统计工作。

2011年12月，根据市编委《关于宁波梅山国际物流产业集聚区管理体制等有关问题的批复》（甬编〔2011〕21号）意见，宁波梅山保税港区经济发展局（统计局）更名为“宁波梅山物流产业集聚区（梅山保税港区）经济发展局（统计局）”，负责全区统计工作。

2015年9月，宁波国际海洋生态科技城管委会正式挂牌成立，与宁波梅山物流产业集聚区管委会、宁波梅山保税港区管委会实行一个机构、三块牌子。根据市编委《关于同意调整宁波梅山保税港区管理委员会有关机构编制事宜的批复》（甬编〔2015〕60号），宁波梅山物流产业集聚区（梅山保税港区）经济发展局（统计局）更名为“宁波国际海洋生态科技城（梅山产业集聚区、梅山保税港区）经济发展局（统计局）”，负责全区统计工作。

2016年2月，根据宁波国际海洋生态科技城管委会办公室《关于印发宁波国际海洋生态科技城（梅山物流产业集聚区、梅山保税港区）经济发展局（统计局）主要职责、内设机构和人员控制数规定的通知》（甬海科政办〔2016〕3号）要求，宁波国际海洋生态科技城（梅山物流产业集聚区、梅山保税港区）经济发展局（统计局）下设计划统计科，负责全区统计工作，人员编制2名。此后，经宁波国际海洋生态科技城管委会同意，计划统计科又增加了3名聘用人员。

宁波保税区统计局（科）历任主要领导名录

表39

序号	职务	姓名	任职时间
1	局长	徐　红	1997年6月至2005年2月
2	副局长（主持工作）	苏建宇	2005年2月至2006年1月
3	局长	苏建宇	2006年1月至2007年12月
4	局长	丁小梅	2007年12月至2012年1月
5	局长	朱光煦	2012年1月至2017年11月

续表 39

序号	职务	姓名	任职时间
6	局长	姜良根	2017 年 11 月—
7	科长	熊观淮	2002 年 12 月至 2008 年 3 月
8	科长	陈　敏	2008 年 3 月至 2012 年 1 月
9	主任	刘凯明	2012 年 1 月至 2018 年 5 月
10	副主任（主持工作）	叶　伟	2018 年 5 月至 2019 年 7 月
11	主任	叶　伟	2019 年 7 月—

宁波杭州湾新区统计局（科）历任主要领导名录

表 40

序号	职务	姓名	任职时间
1	局长	叶文涛	2008 年 2 月至 2015 年 1 月
2	局长	陈　斌	2015 年 1 月至 2016 年 4 月
3	局长	陆益富	2016 年 4 月至 2016 年 12 月
4	局长	谢建明	2016 年 12 月至 2020 年 8 月
5	局长	胡建东	2020 年 8 月—
6	科长	虞悦挺	2008 年 2 月至 2012 年 8 月
7	副科长（主持工作）	徐达立	2012 年 8 月至 2014 年 8 月
8	科长	徐达立	2014 年 8 月—

宁波国家高新技术产业开发区统计局（科）历任主要领导名录

表 41

序号	职务	姓名	任职时间
1	局长	金信定	2004 年 5 月至 2004 年 9 月
2	副局长（主持工作）	朱伟东	2004 年 9 月至 2006 年 12 月
3	局长	钱国华	2007 年 1 月至 2009 年 10 月
4	局长	俞承豪	2009 年 10 月至 2012 年 11 月
5	局长	邱志峰	2012 年 11 月至 2016 年 4 月
6	局长	朱伟东	2016 年 4 月至 2017 年 12 月
7	局长	林贻泉	2017 年 12 月至 2019 年 3 月
8	局长	陈　健	2019 年 3 月—
9	科长	陈　健	2008 年 4 月至 2010 年 1 月
10	副科长（主持工作）	黄建军	2010 年 1 月至 2013 年 11 月
11	科长	黄建军	2013 年 11 月—

宁波大榭开发区统计处历任主要领导名录

表 42

序号	职务	姓名	任职时间
1	处长	冒怀康	1994 年 6 月至 1997 年 5 月
2	副处长（主持工作）	王志荣	1997 年 5 月至 1999 年 5 月
3	副处长（主持工作）	张郁艳	2000 年 7 月至 2001 年 4 月
4	处长	张郁艳	2001 年 4 月至 2002 年 1 月
5	处长	吕赟朝	2002 年 1 月至 2003 年 3 月
6	副处长（主持工作）	吴建斌	2006 年 1 月至 2013 年 5 月
7	副处长（主持工作）	蒋凯努	2013 年 5 月至 2020 年 5 月
8	副处长（主持工作）	史德波	2020 年 6 月—

宁波梅山保税港区统计局（科）历任主要领导名录

表 43

序号	职务	姓名	任职时间
1	局长	苏建宇	2007 年 9 月至 2011 年 12 月
2	局长	黄荣程	2011 年 12 月至 2017 年 2 月
3	局长	金李东	2017 年 4 月至 2019 年 12 月
4	局长	黄秦波	2019 年 12 月—
5	科长	肖　磊	2016 年 2 月至 2018 年 8 月
6	科长	徐毅华	2018 年 8 月—

（六）乡镇（街道）统计机构

乡镇（街道）统计工作是政府统计的重要组成部分，是数据采集、质量管控的关键环节。宁波解放后，随着各乡镇人民政府的成立，乡镇统计机构也逐步得到完善和发展。解放初期，各乡镇都以兼职统计人员居多，统计机构不够完备。20 世纪 60 年代初，人民公社取代乡镇人民政府，统计工作基本上由公社文书负责，而且这种形式持续时间较长。直到 90 代初期，全市各乡镇才逐步配备专（兼）职统计人员，但统计机构仍未明确。此后，乡镇（街道）统计机构的发展依然比较缓慢，直至 2006 年前后，全市大多数乡镇（街道）才成立统计机构。

1952 年，浙江省财政经济委员会（以下简称省财委）要求在全省各乡镇建立统计工作小组，翌年 3 月，省政府决定各乡镇人民政府设立统计调查委员会。1957 年 8 月，为加强乡镇统计工作力量，省委要求有条件的乡镇配备专职统计员。其间，根据省委、省政府要求，宁波市各乡镇基本都建有由相关部门人员组成的统计工作小组，但未配备专职统计人员。1962 年，人民公社取代乡镇人民政府，省委决定人民公社统计工作由公社文书担任，这种形式在宁波市一直延续到 80 年代末。

中共十一届三中全会以后，人民公社恢复为乡镇人民政府，农村实施土地联产承包责任制改革。通过改革，农村单一农业经济迅速向“农林牧副渔、工商建运服”全面发展。1986年1月，根据农村统计工作需要，省统计局、省编委、省劳动人事厅、省财政厅联合发出《关于配备乡镇统计人员的通知》，要求加强农村统计工作，乡镇党政机关人员编制中要将统计包括在内，总人口在万人以上的乡镇要配备专职统计员。1987年2月，省委、省政府两办又联合下发通知，要求加强乡镇统计站（室）建设，万人以上的乡镇可以配备专职统计人员，其编制列入乡镇党政机关序列。是年5月，市统计局下发《关于转发国家统计局〈抓紧落实县以下政府机构统计人员编制的函〉的通知》（市统〔1987〕33号）。至1990年底，全市各乡镇虽然都未建立统计机构，但大多数乡镇都配有专（兼）职统计人员2～5人。

1991年11月，北仑区率先在各乡镇建立综合统计站，全区11个较大的乡镇全部配备了专职统计人员，其余乡镇则配有兼职统计人员。1992年，宁波市开展撤区、扩镇、并乡改革，全市42个县属区被撤销，99个镇248个乡扩并为113个镇37个乡。改革中，省编委印发《关于撤区扩镇并乡后，乡镇党政群机构编制有关问题的意见》，要求各地把乡镇统计站（室）和专职统计人员分别列为乡镇政府必设办事机构之一和行政编制序列。其间，北仑区保留的10个乡镇综合统计站，全部配有专职统计人员。此后，鄞县各乡镇统计站相继建立，并配备专（兼）职统计人员。1993年，江北区9个乡镇先后建立统计工作站，共配备统计人员37人（其中专职10人）。除北仑区、鄞县、江北区以外，其他县（市）、区的乡镇统计机构发展比较缓慢。

1997年11月，余姚市人民政府办公室印发《关于进一步加强乡镇统计站建设的通知》（余政办发〔1997〕175号），要求各乡镇（街道）建立统计站，配备正、副站长（站长可由乡镇党政办主任或副主任担任）。同时要求余姚、泗门两镇配备专职统计人员2人，其他乡镇各1人。

2003年7月，慈溪市人民政府办公室下发《关于转发宁波市人民政府〈关于进一步加强统计工作意见〉的通知》（慈政办发〔2003〕83号），要求各乡镇（街道）配备专（兼）职统计人员，建立统计工作站。

全市城区街道办事处统计机构的设置起步较晚。1990年以前，全市辖区有街道办事处20个，这些办事处虽有一定统计任务，但都未设置统计机构，亦无专职统计人员，统计职能由相关部门承担。1990年8月，海曙区、江东区、江北区统计局相继与区计划经济委员会分开单设，街道办事处建立统计机构、配备统计人员才逐步提上日程。至2006年底，全市除宁海、象山、镇海所属街道办事处没有设置统计机构外，其他县（市）、区所属街道办事处均设有统计机构，并配备专（兼）职统计人员2～3人。

2006年11月，市人民政府印发《关于进一步加强统计工作的意见》（甬政发〔2006〕96号），要求改革县域统计管理工作组织模式，建立县域统计管理片区工作站。此后，基层统计工作的重心开始从乡镇（街道）统计机构逐步转移到片区工作站，乡镇（街道）统计力量事实上被削弱。

2010年6月，宁海县针对乡镇统计基层基础薄弱的问题，县委、县政府印发《关于进一步加强统计基层基础工作的意见》（宁党发〔2010〕28号），要求各乡镇（街道）建立综合统计站，由乡镇（街道）党政办副主任兼任站长，享受中层正职待遇。是年12月，全县18个乡镇（街道）均成立综合统计站，有9个乡镇（街道）配备专职统计人员4～6名，其他乡镇（街道）则配备2～3名专职统计人员。

2014年5月，镇海区人民政府印发《关于进一步加强和改进统计工作的意见》（镇政发〔2014〕14号），明确由各乡镇（街道）经济发展中心承担统计职能，增挂统计工作站牌子，配备统计人员不少于3人，其中专职人员不少于50%。站长由经济发展中心主任兼任。

2017年11月，象山县人民政府印发《关于进一步加强统计基层基础的意见》（象政办发〔2017〕221号），要求在乡镇（街道）建立统计机构，配备专职统计人员。当月，全县18个乡镇（街道）在发展服务办公室增挂了“综合统计办公室”牌子。

此后，在贯彻落实国务院和省委、省政府关于开展防范和惩治统计造假弄虚作假专项行动中，市统计局在市委、市政府的重视和关心下，积极推动宁波市基层统计机构和统计力量建设。2018年12月，根据市委办公厅、市人民政府办公厅《关于转发市统计局〈开展防范和惩治统计造假弄虚作假专项行动工作方案〉的通知》（厅发〔2018〕30号）精神，要求加强镇乡（街道）统计机构队伍建设，镇乡（街道）应设统计工作站，配备享受镇乡（街道）中层领导待遇的统计负责人，特大镇乡（街道）及卫星城市、中心镇［根据宁波市镇乡（街道）分类标准］配备专职统计人员应不少于5名，较大镇乡（街道）配备专职统计人员不少于4名，其他镇乡（街道）配备专职统计人员不少于3名。加强重点开发园区统计力量，配备与工作任务相适应的统计人员。至2019年底，全市156个乡镇（街道）均建立统计工作站（统计办公室），配备副科级专职站长，共有专职统计人员655人，兼职296人。

二、部门和基层统计组织

部门统计是政府综合统计的重要组成部分，部门统计机构，也是政府统计体系的重要一环，而基层企事业单位统计组织则是政府统计工作的重要基础，也是统计数据的源头。

（一）部门统计组织

中华人民共和国成立后，宁波市各级人民政府许多职能部门就设有统计机构或配备专（兼）职统计人员，承担部门统计工作任务。

1953年1月，中央人民政府政务院作出《关于充实统计机构加强统计工作的决定》，要求“各业务部门应即加强现有统计机构，配备必要数量的统计干部”。浙江省人民委员会在贯彻时要求各级政府的业务部门，除在专业处（科）设立专业统计组织或统计干部完成其业务统计外，还必须设立综合性的统计科（组、股）或综合统计员，以统一领导各个部门的全面统计工作，掌握全面资料。此后，市人民政府各业务主管部门虽几经变动，但基本都配备了专职或兼职的统计人员负责其主管业务统计工作，部分主管部门还成立了综合统计机构，如宁波海关、宁波市财政经济委员会等。

“文化大革命”时期，政府统计机构受到严重冲击，部门统计工作也无法正常开展。

中共十一届三中全会以后，省人民政府先后三次发文强调充实加强业务部门的统计工作，各级人民政府业务主管部门统计机构由此开始得到较快恢复和发展，科技教育、文化卫生、民政政法等社会部门统计职能也得以恢复和加强。

1992年，随着改革开放的深入推进，经济管理体制逐渐向中国特色社会主义市场经济转变，各经济主管部门统计工作也逐步由生产型统计向生产经营管理型统计转变，由专业统计向综合统计转变，由部门统计向行业统计转变。

1995年2月，省人民政府印发《关于进一步加强统计工作的决定》（浙政〔1995〕3号），明确由政府综合统计与部门统计共同组成一个全面反映国民经济和社会发展的统计工作网络，实现信息共享。计划、财税、金融、工商、外贸、海关等部门和行业主管部门有责任及时提供有关统计资料，支持配合政府综合统计机构工作。

1999年，宁波市经委所属的市机械局、市电子局、市轻工业局、市二轻局、市化工局、市医药局、市冶金局、市建材局、市纺织局等转制撤销，陆续组建各企业集团公司，各集团公司仍承担部分统计职能。

2003年，为使统计工作更好地为当地经济和社会发展服务，及时反映区域经济的发展状况，宁波市开始对海曙区、江东区、江北区实施“在地”统计原则。同时，随着“网上直报”在不同专业的逐步推广，部分主管部门，尤其是各经济主管部门与政府综合统计的统计联系逐渐减少。

2003年6月，市人民政府印发《关于进一步加强统计工作的意见》（甬政发〔2003〕60号），提出规范部门统计，构建“分工合理、管理规范、信息共享”的政府统计体系。明确凡是已纳入政府统计范围的统计调查项目，各部门不得重复布置。各级人民政府所属部门和金融、铁路、民航、电力、电信、海关等单位，在向上级主管部门报送专业统计资料时，同时抄送当地人民政府综合统计机构。各级工商、税务、民政、质监、编制等部门要按照数据共享的要求，及时主动向政府综合统计部门提供有关资料和数据，支持、配合政府综合统计部门搞准、搞实基本单位总量，提高数据质量。

2009年5月，为进一步推进全市服务业统计工作，市人民政府制定了《宁波市服务业统计工作实施方案》。要求市级有关部门要按照职责分工，开展本部门业务统计调查，配合市统计局组织实施所管理行业限额以上单位财务调查和限额以下单位及个体经营户的抽样调查、数据评估分析等工作，及时向市统计局报送业务统计报表。同时，方案还明确了市统计局、市发改委、市教育局、市民政局、市交通局、市文广新闻出版局、市卫生局、市邮政局、市信息产业局、市财政局、市人事局、市公安局、宁波海关、市工商局、市司法局、市科技局、市劳动保障局、市建委、市国土资源局、市外经贸局、市贸易局、市环保局、市体育局、市旅游局、市质监局、市海洋渔业局、市粮食局、市会展办、市金融办、人行中心支行、宁波银监局、宁波证监局、宁波保监局、国家统计局宁波调查队等34个市级部门服务业统计职责。

2010年4月，宁波市服务业发展领导小组办公室印发《关于完善宁波服务业统计制度的补充意见》（甬服务办〔2010〕7号），对完善服务业统计制度提出了补充意见，进一步明确了市交通局、市贸易局、市外经贸局、市信息产业局、人行市中心支行、市旅游局、市建委、市科技局、市教育局、市卫生局、市文广新闻出版局、市民政局、市会展办等13个部门的财务统计行业范围。同时，宁波市服务业发展领导小组办公室、宁波市目标管理考核领导小组办公室还联合印发了《宁波市服务业统计工作考核办法》，明确把服务业统计工作列入有关部门年度工作目标管理考核内容。

2013年5月，市人民政府印发《关于进一步加强和改进统计工作的意见》（甬政发〔2013〕53号），要求加强部门（行业）统计工作规范化建设，建立和完善“资源互补、信息共享”的统计工作机制。

市级有关部门要高度重视统计工作，明确分管领导和统计负责人，配置统计机构和专职统计人员，加强对县（市、区）对口部门统计工作的指导和管理，健全落实全行业统计制度。市、县两级人民政府综合统计部门要依法加强对部门（行业）统计工作的管理、服务、指导和协调，整合统计资源，完善工作机制，不断提高统计工作效率和服务水平。

2015 年 11 月，为进一步做好新形势下的统计调查工作，市人民政府印发《关于进一步加强统计调查工作的实施意见》（甬政发〔2015〕128 号）。该《意见》从充分认识统计调查工作的重要性，依法统计调查、规范组织实施，加强基层基础建设、充实统计调查力量，加强组织保障、不断提高数据质量和服务水平等四个方面提出具体要求。

（二）基层统计组织

基层单位的统计，是统计工作的源头。1962 年 4 月，《中共中央、国务院关于加强统计工作的决定》指出“在‘精兵简政’的原则下，健全各级统计组织和基层统计工作”“为着便利业务上的垂直领导，各级统计部门应单独设置。人民公社应设专职的或兼职的统计人员。各级业务部门及基层企业也应当设统计机构（或计划机构），或设专职统计人员，担负统计工作”。《中华人民共和国统计法实施细则》（以下简称《实施细则》）明确，村的统计工作，由村民委员会指定专人负责，其在统计业务上受乡、镇统计员的领导。

在实际工作中，村统计工作历来由村会计或村文书兼任，不设统计机构。

基层企业，除极少数央企或大型企业外，基本上都未设独立的统计机构，有关统计工作均在相应的职能科（课）室，由专职或兼职统计人员完成。如工业统计一般由生产科（课）或计划科（课）的专职或兼职统计员担任；商贸服务业统计多由会计兼任；劳资统计一般由人事或劳资干部兼任或会计兼任；建筑业统计一般由会计或出纳担任，部分建筑企业则由工程部、成本部或办公室文员担任；房地产统计大部分由企业财会人员担任，个别大的房地产企业设专职统计员，部分总部在外地的房地产企业则由工程部或前期部人员承担统计工作；固定资产投资项目统计大部分由项目单位（甲方）的会计担任，代建项目统计一般由代建单位的会计担任，大部分政府投资项目会指定专职统计人员进行统计。

三、统计中介机构

统计中介机构，是指除政府综合统计机构、部门和基层统计组织以外的，专业从事统计调查服务的法人组织。统计中介，是政府统计的有益补充，也是宁波市政府统计服务外包、社会统计市场化运作的探索与实践。2006 年 11 月，为加强统计基层基础，市人民政府印发《关于进一步加强统计工作的意见》（甬政发〔2006〕96 号），专门就培植社会统计力量提出意见，要求通过行政推动、市场化运作方式，加快培育和发展统计事务所等相应的统计中介机构。2007 年 10 月、2009 年 1 月，省、市人民政府先后印发《关于加快中介机构改革发展的若干意见》（浙政发〔2007〕60 号）和《宁波市统计管理办法》，这两个文件为全市统计中介服务发展提供了政策指导和法规依据。其间，先后建立宁波市远东零点市场调研咨询有限公司、慈溪市中房统计师事务所、象山县正信统计信息咨询有限公司、宁波市鄞州正明统计事务所、宁波市金穗统计服务有限公司、余姚市统计调查咨询服务中心、宁波市北仑正哲统计师事务所等统计中介服务机构。

2010年3月，浙江省统计信息调查服务行业协会正式成立，省统计中介机构建设进入规范化发展阶段。同时，省统计局把“培育、巩固、发展和规范本地区统计中介机构”纳入各市年度统计重点工作评价范围。2010年8月，浙江省统计信息调查服务行业协会在义乌召开“如何加快促进全省统计信息调查服务行业中介机构发展”专题研讨会。会议就如何正确把握统计中介机构的发展方向、如何尽快提高统计中介机构适应市场发展需求的能力、如何完善统计中介机构的发展政策和机制等问题进行了交流探讨。

宁波市远东零点市场调研咨询有限公司 成立于1999年4月，是浙江地区最早成立的一家独立第三方市场调研咨询机构。法人代表裘迎军。

慈溪市中房统计师事务所 成立于2006年9月，主营业务：统计业务代理、统计人员教育培训、政府委托专项调查及协助大型国情国力普查、面向社会提供市场调查服务等。法人代表李军。

象山县正信统计信息咨询有限公司 成立于2007年11月，主营业务：统计信息咨询服务、统计报表代理服务、财务信息咨询服务等。法人代表朱秀花。

宁波市鄞州正明统计事务所 成立于2008年3月，主营业务：政府及行业部门统计调查、统计咨询、统计培训及统计代理业务，同时面向社会提供市场调查、市场研究、数据分析和数据平台搭建等，是宁波市鄞州区第一家市场化运作的统计代理事务所，是浙江省统计信息调查服务行业协会的发起单位。法人代表任科迪。

宁波市金穗统计服务有限公司 成立于2009年8月，隶属于中汇（宁波）税务师事务所有限公司，主营业务：开展各类统计调查，面向政府相关部门委托统计调查、咨询代理业务，为企事业单位提供会计服务咨询和统计代理服务等，是浙江省统计信息调查服务行业协会会员单位。法人代表潘秀珍。

余姚市统计调查咨询服务中心 成立于2013年4月，主营业务：统计咨询与调查、统计教育与培训，为企事业单位和社团组织提供统计分析、咨询、市场调查等相关业务。法人代表叶硕。

宁波市北仑正哲统计师事务所 成立于2018年11月，主营业务：各类统计调查、统计咨询及统计代理业务，承接政府委托的各类社会调查、民意测评、专题调查研究、数据分析、数据平台搭建和统计管理等服务，同时面向社会提供市场调查、市场研究等。法人代表史萍芬。

第二节 职能体制

为了科学、高效地组织统计工作，根据国务院《关于充实统计机构加强统计工作的决定》和《统计法》有关规定，各级人民政府要建立统计机构，配备相应统计人员，明确统计职能任务，依法组织、管理政府统计工作。随着中国经济社会的发展，政府统计职能体制也在实践中不断调整完善。

一、职能任务

（一）政府统计机构职能

1949年，市县人民政府统计机构的职能主要是搜集、整理各种基本统计资料。具体任务是：按照国家统计局、省统计局下达的统计任务组织统计调查，按时上报统计资料；及时检查计划执行情况；组织实施地方性的调查统计任务，向同级政府的计划部门提供编制地方国民经济计划所需资料；汇编各种统计报表；检查、揭发和抵制各种未经批准的统计报表。乡（镇）人民政府统计机构的职能是：以农业生产统计为主，同时兼顾文卫、社会方面的统计。具体任务是：系统地进行人口、土地、劳力、牲畜、农具、生产量及互助合作组织等基本状况统计，分户、分类统计农业生产情况；开展文化、教育、疫病、卫生情况统计；按时填报上级布置的各种定期报表；参与上级在本地的各种统计调查。各级业务主管部门综合统计机构的职能任务是：贯彻落实国家统计制度、方法，指导管理机构及企事业单位的统计工作；按期向同级政府综合统计机构、上级主管机关及本部门提供综合统计资料；按期完成同级政府统计机构及上级主管机关布置的各项补充调查、专项调查以及典型调查任务。

“大跃进”运动时期，全国性统计数据严重失实的问题引起了党中央和国务院的高度重视。1962年4月、1963年3月，国务院先后下发《关于加强统计工作的决定》和《统计工作试行条例》，要求“各部门、各地方、各单位必须严格按照国家规定的统计任务、统计制度和方法进行统计。严肃对待统计数字，有多少报多少，决不允许作假报告”。同时明确统计工作基本职能是“根据党的方针政策和国家计划管理的需要，按照国家规定的统计制度方法，进行国民经济核算，全面地、系统地、及时地搜集、整理和分析研究国民经济统计资料，如实反映情况，为制订经济政策、编制计划和监督检查政策、计划的执行情况提供准确可靠的依据”。各级人民政府统计机构的主要职能：按照国家制定的方法制度，统一组织和指导本地区统计工作；完成国家和省统计局以及当地党政领导机关交付的统计任务；及时向有关领导机关报告本地区国民经济和社会发展统计资料，全面检查本地区的计划执行情况；管理本地区统计报表和基本统计数据，并对统计数据的准确性负责。各级人民政府部门统计机构的主要职能是：组织和监督本部门及所属企事业单位执行国家统计方法制度；向党政领导机关、同级统计机关、上级主管业务部门报送本部门的统计资料；管理本部门专业统计报表和统计数据；指导所属单位建立健全统计原始记录和统计工作制度。

改革开放以后，特别是《中华人民共和国统计法》的颁布施行，统计工作的职能任务在法律上得以明确。统计的基本任务是对国民经济和社会发展情况进行统计调查、统计分析，提供统计资料和统计咨询意见，实行统计监督。同时规定了各级统计机构或统计负责人的主要职责。此后，随着社会主义市场经济的确立，统计改革的深化，统计工作现代化的推进等，统计职能的内涵也在不断丰富。这一时期，市县人民政府统计机构的职能有：定期制订和组织实施统计工作计划，部署、检查、协调本地区、本部门的统计业务工作；贯彻执行国家统计方法制度，及时完成国家统计调查任务；组织地方统计调查，为地方党委、政府提供国民经济和社会、科技发展情况统计资料；检查监督本地区国民经济和社会、科技发展计划及有关政策的执行情况，预测经济和社会、科技发展趋势；组织参与全国性的重大国情、国力调查及专项调查、重点调查和其他形式的调查；管理统计调查报表和基本统计数字，协调统计标准；管理、实施统计调查项目；管理和公布本地区统计资料，发布统计公报，召开统计新闻发布会，出版统计年鉴和其他统计资料；组织和领导城市和农村抽样调查队工作；贯彻落实《中华人民共和国统计法》以及《中华人民共和国统计法实施细则》，制定地方性统计法规和行政规章，依法行使统计调查、统计报告、统计监督职权；建设统计网络，推进统计信息传输技术现代化，建立健全统计数据库；加强统计部门自身建设和统计基层基础建设；做好统计干部技术职称的评定或晋升工作，组织统计资格考试，实行专业统计人员持证上岗制度；加强干部队伍的管理和思想政治工作；组织开展统计科学研究等。

20世纪90年代，随着改革开放的不断深入，统计工作在实践中不断发展，统计职能也在不断完善。这一时期，调整的部分统计职能主要有：统计工作从过去主要为产品经济、直接管理服务转到为市场经济、宏观调控服务，从偏重反映物质生产活动转变为全面反映包括一、二、三产业在内的全社会的生产经营活动；加强基层基础建设和国民经济核算工作；建立以周期性普查为基础，常规性抽样调查为主体，重点调查为补充的统计调查体系；加强定量和定性分析研究工作，充分发挥统计信息、咨询和监督的整体功能；加强统计法制建设，强化统计监督检查，依法保障统计机构和统计人员行使统计调查、统计报告和统计监督的职权，确保统计数据准确；加快统计信息化系统建设，建立健全全市统计数据库；培育和发展统计信息咨询服务工作。

2000年以后，随着政府机构改革的不断深入，按照精简、效能的原则，统计职能进一步规范。根据市人民政府办公厅《关于印发宁波市统计局职能配置、内设机构和人员编制规定的通知》（甬政办发〔2002〕13号）规定，市统计局的主要职能是：依照国家和省有关法律、法规、政策和计划，制订全市性的统计改革方案、统计工作规章、统计现代化建设规划、统计调查计划，组织领导和综合协调各县（市、区）和市级各部门的统计和国民经济核算工作；组织、管理并监督全市统计法律、法规的实施工作；根据宏观管理和科学决策的需要，建立健全全市国民经济核算体系和统计指标体系，制订本市统一的基本统计报表制度；会同有关部门组织重大的国情国力普查和市情市力普查；组织协调各县（市、区）和市级各部门的社会经济调查，审查各县（市、区）和市级机关各部门的统计调查计划、调查方案，组织全市统计报表的管理工作；搜集、整理、提供全市性的基本统计资料和市外基本统计资料，并对国民经济、社会发展和科技进步情况进行统计分析、统计预测和统计监督，向市委、市政府及有关部门提供统计信息、咨询、服务和建议；统一核定、管理、公布、出版全市性的基本统计资料，建立和完善统计信息发布制度；规划、管理和协调全市统计信息咨询服务行业，培育和发展信息咨询服务市场，组织社会经济发展评价；建立健全和管理全市统计信息自动化系统和统计数据库体系，组织指导和协调各县（市、区）和市级各部门统计信息计算机网络建设和数据库建设；协助县（市、区）管理统计部门负责人；协助国家、省统计局管理市城市社会经济调查队、市企业调查队和市农村社会经济调查队；组织指导统计基层基础建设和实施统计单位登记制度；统一管理本级及县（市、区）政府统计部门的中央下拨统计事业费；组织指导全市统计教育、统计干部培训；协助有关部门做好统计专业资格考试和职务评聘工作，实行统计专业人员持证上岗制度；组织指导全市统计科学研究，开展统计工作和统计科学的交流与合作，承办市委、市政府交办的其他事项等。

2010年以后，根据形势任务的需要，市统计局统计职能在2002年基础上，增加了组织实施粮食、能源、服务业、海洋经济和产业集聚区统计监测工作；依法审批或备案各地、各部门的统计调查项目；负责统计执法监督等。取消了协助国家、省统计局管理市城市社会经济调查队、市企业调查队和市农村社会经济调查队职责。2011年8月，根据市人民政府办公厅《关于印发宁波市统计局主要职责内设机构和人员编制规定的通知》（甬政办发〔2011〕261号），对市统计局主要职责内设机构和人员编制进行调整。调整后，市统计局是主管全市统计工作的市政府工作部门，增加的职责有：增加能源统计、服务业统计、社会发展统计以及海洋经济和产业集聚区统计监测方面的职责；增加组织指导和综合协调卫星城市试点镇、省级中心镇相关统计工作的职责。取消的职责有：取消已由国务院、省政府和市政府公布取消的行政审批事项和扩权强县改革中省政府、市政府规定应当交由县（市）区政府主管部门具体实施的事项；取消协管国家统计局直属调查队的职责。加强的职责有：加强对各地、各部门统计工作的组织指导和综合协调职责，以及对统计调查项目、统计标准和统计数据发布管理方面的职责；加强农村统计方面的职责；加强培育和发展统计中介机构的职责；加强对党政领导班子和领导干部绩效考评中的实绩数据分析职责。

2016年10月，中央办公厅、国务院办公厅《关于深化统计管理体制改革提高统计数据真实性的意见》下发后，各级在深化统计管理体制改革、强化监督问责、确保统计资料真实准确等方面有了重大举措，建立和完善防范统计造假、弄虚作假工作体系。自上而下组建了统计执法监督机构。2019年3月，根据《中共中央关于深化党和国家机构改革的决定》和《中共浙江省委关于市县机构改革的总体意见》，市委办公厅、市人民政府办公厅印发《宁波市统计局职能配置、内设机构和人员编制规定》（厅发〔2019〕29号），对市统计局主要职责、内设机构和人员编制进行调整。调整后，市统计局内设机构中把原法规处更改为统计执法监督局，局直属单位普查中心（市社会经济调查中心、市统计执法支队）承担的行政职能回归局机关，“市统计执法支队”牌子撤销。另外，为适应经济社会发展加快转型、新的产业模式与组织形态不断涌现的新形势，切实加强对新动能新产业新业态成长发展情况的统计监测，更好地发挥统计部门的监测服务功能，因地制宜设置了“新经济统计监测处”。重新明确了市统计局贯彻落实中央、省委和市委关于统计工作的方针政策和决策部署，在履行职责过程中坚持和加强党对统计工作的集中统一领导。其主要职责有：承担组织领导、协调和指导全市统计工作，确保统计数据真实、准确、完整、及时。贯彻执行国家统计法律法规和规划以及浙江省统计法规、规章，组织起草统计地方性法规、规章草案，经批准后组织实施；建立健全国民经济核算体系。组织实施全市国民经济核算制度和投入产出调查，核算全市及各区县（市）生产总值，监督管理各区县（市）国民经济核算工作；组织开展普查。牵头组织人口、经济和农业等重大国情国力、省情省力、市情市力普查和大型调查。汇总、整理和提供有关市情市力方面的统计数据；组织实施统计调查制度。组织实施全市第一、二、三产业以及能源、环境、投资、科技、社会、人口、劳动和就业、消费等统计调查。会同有关部门制定人才统计指标体系和统计办法，做好全市人才资源统计工作；执行国家统计标准。依法审批统计调查项目。指导专业统计基础工作、统计基层业务基础建设；统一搜集、整理、核定、管理、公布全市性基本统计资料，定期发布全市国民经济和社会发展情况的统计信息，组织建立统计信息共享制度和发布制度；负责统计分析、统计预测和统计监督。对国民经济、社会发展、科技进步和资源环境等情况进行统计分析、统计预测和统计监督，向市委、市政府及有关部门提供统计信息和咨询建议。开展社会经济发展综合评价和社情民意调查工作；建立健全全市统计信息自动化系统和统计数据库体系，指导和协调区县（市）、市级各部门的统计信息计算机网络建设和数据库建设；负责统计执法监督。建立和完善防范统计造假、弄虚作假工作体系。建立健全统计数据质量审核、监控和评估制度，开展对重要统计数据的审核、监控和评估。组织管理全市统计工作的监督检查，查处统计违法行为；协助区县（市）党委管理区县（市）统计局正副局长、总统计师。组织指导全市统计科学研究、统计教育培训。开展统计工作和统计科学的市外交流与合作。配合做好统计专业资格考试和职称评审工作。统一管理区县（市）政府统计部门的中央级和省级、市级统计事业经费；完成市委、市政府交办的其他任务。

与此同时，随着国家统计管理体制的改革和市人民政府统计机构职能的调整变化，县（市、区）统计机构的职能任务也进行了相应的调整。特别是2000年以来，县（市、区）统计机构新增的职责主要有：组织实施能源统计、服务业统计、社会发展统计以及海洋经济和产业集聚区统计监测工作；组织指导和综合协调卫星城市试点镇、省级中心镇相关统计工作。取消的职责主要是不再承担已由国务院、省、市政府取消的本部门行政审批事项。此外，还加强了县级统计部门对本地部门统计工作的指导和协调，组织开展社会经济发展评价和民生民意调查等。

（二）各级调查机构职能

1984年8月，根据国家计划委员会、劳动人事部、财政部、国家统计局联合印发的《关于农村和城市两支抽样调查队组建工作的通知》等精神，宁波市先后组建市城市社会经济调查队、市企业调查队和市农村社会经济调查队。同时，在鄞县、宁海县分别组建国家定点农村抽样调查队，在慈溪县、余姚县、象山县分别组建省定点农村抽样调查队。这些调查队均归属于国家统计局，在浙江调查总队成立前由当地统计局代行管理职能。城市社会经济调查队的职能任务是：职工家计调查（城市住户调查），职工生活费用价格指数调查。企业调查队的职能任务是：企业景气调查、各类企业的专项统计调查、规模以下工业企业调查、工业产品价格统计以及服务价格统计。农村社会经济调查队的职能任务是：农产量抽样调查、农民家计调查（农村住户调查）、农村社会经济调查。

2002年7月，根据工作需要，农村社会经济调查队的职能任务增加了农业生产抽样调查，搜集渔业、林业等统计信息，组织实施农村住户调查等。

2007年7月，国家统计局撤销市城市社会经济调查队、市企业调查队、市农村社会经济调查队，组建国家统计局宁波调查队。国家统计局宁波调查队归浙江调查总队领导，依法行使统计调查、统计监督职权，独立向国家统计局和浙江调查总队上报调查结果，并对上报调查资料的真实性负责。同时，承担地方政府委托的各项统计调查任务。其职能任务包括：完成国家统计局布置的各项统计调查任务，接受地方政府交办的有关调查任务，完成上级调查队交办的各项调查任务，协助地方统计局完成重大国情国力普查任务，组织指导所在行政区域内调查队的业务工作，组织查处调查队组织实施的统计调查中发生的统计违法行为，负责调查队机关党的建设、纪检监察和干部管理工作，完成国家统计局和浙江调查总队交办的其他事项等。同时，国家统计局宁波调查队承担的专业调查任务有：农业生产抽样调查，农村住户调查，城镇住户调查，规模以下采矿业、制造业以及电力、燃气及水的生产和供应生产经营情况的调查，规模以下固定资产投资和资质以外建筑业调查，服务业调查，固定资产投资和房地产价格调查，工业、农业产品与服务产品生产者价格调查，以及原材料、能源、动力等中间产品的购买者价格调查，居民消费品和服务项目的价格调查，企业集团和企业景气调查，采购经理人调查等。

国家统计局县级调查队依法独立向国家统计局和上级调查队上报统计调查数据，并对上报数据负责。同时，承担地方政府委托的各项统计调查任务。具体职能任务包括：完成国家统计局布置的各项统计调查任务，完成上级调查队交办的地方调查任务，接受地方政府交办的有关调查任务，协助地方统计局完成重大国情国力的普查任务，组织指导地方调查队伍的有关业务工作，负责查处本调查队组织实施的统计调查中发生的统计违法行为，完成国家统计局和上级调查队交办的其他事项等。

（三）基层单位统计职能

基层单位统计机构的主要任务是：组织和监督本单位的统计人员执行国家统计方法制度和各项统计调查任务，及时报送统计资料；管理本单位统计报表和基本统计数据；建立健全原始记录或统计底（台）账。

基层单位多数没有独立的统计机构，均在相关的职能部门设置专职或兼职统计人员承担统计任务。

二、统计体制

宁波自唐代建城以来，直至抗日战争胜利前，均由政府相关部门代行统计职能，没有独立的统计管理体制。民国 34 年（1945）至民国 38 年（1949）5 月，按照浙江省政府委员会要求，宁波各县政府陆续设置统计室，并逐步形成相对独立的统计管理体制。

宁波解放初期，各级人民政府均未建立统计机构，没有形成集中统一的统计管理体制，统计管理较为分散。

1952 年 8 月，成立国家统计局，开始统一下达统计调查任务，统一规定统计表式、计算方法、统计口径及换算价格等制度方法。为贯彻执行国家统一布置的统计任务与制度方法，省人民政府要求各级政府在 1953 年成立统计机构，实行集中统一、分级负责的统计管理制度。1953 年 4 月，成立市人民委员会统计科。1954 年 8 月，宁波地区专署建立计划统计科。至 1954 年底，宁波地区专署、市人民政府及所辖县人民政府均按照省人民政府要求设置统计机构，实行集中统一、分级负责的统计管理体制。在集中统一、分级负责的统计管理体制下，各级政府统计机构作为本级政府的组成部门，行政上受本级政府直接领导，业务上受本级政府和上一级统计机构双重领导。实行集中统一、分级负责的统计管理体制，基本适应了“一五”时期宁波计划管理需要，有效推动了宁波统计事业的发展。

“大跃进”时期，集中统一、分级负责的统计管理体制受到批判，全市既有统计体制遭到冲击，出现随意制发统计报表、任意修改统计范围和口径，直至篡改虚报统计数据等不正常现象。

1962年4月，党中央和国务院作出《关于加强统计工作的决定》。1963年3月，国务院批准颁布《统计工作试行条例》。该《决定》和《条例》针对统计工作在“大跃进”时期出现的问题，提出国家统计系统在业务上实行垂直领导，在编制、干部、经费上实行统一管理的方针。宁波地区和宁波市在贯彻落实过程中，组织开展统计报表清理规范、数字质量检查、业务辅导、先进统计单位和个人评选等工作，恢复统计报表审批布置、统计工作请示报告、业务培训等制度。

“文化大革命”时期，宁波地区各级政府统计机构撤销，统计职能划归相应工作组（办），集中统一、分级负责的统计管理体制被彻底否定，统计工作处于无政府状态。

1979年10月，国务院发布《关于加强统计工作 充实统计机构的决定》，明确“建立一个强有力的统计系统，实行统一领导，分级负责的统计工作管理体制”。市统计局于1980年3月恢复设立，宁波地区专署于1982年7月成立统计局。1983年5月，浙江省委决定撤销宁波地区行政专署建制，实行市管县体制。同年7月，宁波地、市统计局合并成立宁波市统计局，统一管理原宁波地、市所辖区域范围统计工作。

1983年12月，《统计法》明确“国家建立集中统一的统计系统，实行统一领导、分级负责的统计管理体制”。1984年1月，国务院发出《关于加强统计工作的决定》，提出“健全集中统一的、强有力的统计系统。建立统一领导、分级负责的统计管理体制；统一管理各级统计局的编制和经费，应逐步做到县和县以上各级统计局的人员编制由国务院统一规定，所需统计事业费由中央财政拨付，基建费由国家计委安排”。是年，全市各县（区）都按照《统计法》规定建立统计局。

1984年8月，根据国家计委等部门联合印发的《关于农村和城市两支抽样调查队组建工作的通知》，国家统计局在宁波组建城市抽样调查队（后更名为宁波市城市社会经济调查队）。是年，在鄞县、宁海县组建农村抽样调查队（后更名为农村社会经济调查队）。1996年3月，根据国家统计局、中央编委办等部门联合印发的《关于企业调查队组建工作的通知》，宁波市组建企业调查队。2002年7月，国家统计局又在宁波市组建农村社会经济调查队。上述调查队在管理体制上由国家统计局委托省统计局代为管理，日常工作由当地统计局代为负责。

2005年开始，国家统计局会同中央编委办对国家统计局直属的农村、城市和企业三支调查队进行管理体制改革。2007年7月，国家统计局印发《关于设立国家统计局宁波调查队的通知》，在原宁波市城市社会经济调查队、企业调查队和农村社会经济调查队基础上组建国家统计局宁波调查队，为国家统计局派出机构，由国家统计局实行垂直管理。国家统计局宁波调查队成立后，与市统计局合署办公。同年，国家统计局在原直属县级农村社会经济调查队基础上组建国家统计局鄞州调查队、宁海调查队，分别与鄞州区、宁海县统计局采取“共建党组、合署办公”的方式运作。

2013年，根据国家统计局部署，浙江省对国家统计局直属调查队系统进行管理体制改革。根据中共宁波市委《关于建立中共宁波市统计局党组等党组织及罗吕榕等职务任免的通知》（甬党干〔2013〕46号），2013年2月，分别设置独立的中共宁波市统计局党组、中共国家统计局宁波调查队党组，但在实际运作中仍遵循合署办公模式，直到2014年4月宁波调查队才独立运作。同时，国家统计局鄞州调查队、宁海调查队先后与当地统计局实施党组分设，并独立运作。

1984年，根据省计委、省编委、省统计局等五部门联合转发国家计委等四部门《关于农村和城市两支抽样调查队组建工作的通知》，余姚县、慈溪县、象山县相继组建省点农村抽样调查队。按照统一管理、分级负责的管理体制要求，3支农村抽样调查队由省统计局主管，当地统计局协助。

至2020年底，宁波市各级统计和调查机构均执行集中统一、分级负责的统计管理体制。在集中统一方面，统计制度方法全国统一，统计业务上主要受上级统计部门领导；宁波市、县两级设立的国家调查队，业务、编制、经费、人员由国家统计局统一管理，其中业务经费不足部分由当地政府适当补助。在分级负责方面，全市市、县两级政府统计机构是同级政府工作部门，受同级党委、政府领导，并向其负责；行政经费、基建经费及统计事业费等主要由同级财政保障，不足部分由上级统计部门适当补助。

三、统计管理

（一）调查管理

调查管理，即统计调查项目管理，是指调查单位搜集国民经济、社会和科技发展等情况，用于政府管理目的的各类统计调查，包括普查、经常性调查、一次性调查、抽样调查等。为了使统计调查项目适应社会主义现代化建设的需要，而又不致过多地加重基层单位的负担，防止滥发统计报表，历年来，国家统计局和地方政府统计机构先后制定多项规定，出台多项举措，逐步完善统计调查项目管理工作。

宁波解放初期，各级党委、政府和部门为掌握本地区、本部门社会、经济基本情况，大都自行制发过各种统计报表。

1951年2月，为使统计报表集中统一，省人民政府财政经济委员会（以下简称省财经委）向省级各厅、局、行和各地财经委发布命令："要求下级机关或所属企业报送统计资料，凡有全省统一统计报表制度的，依规定制度办理；没有建立统一报表制度的，其统计表格必须报本委批准。"当时全省统一的报表制度甚少，各地各部门自行设计表格很多，都要上报省里批准一时难办到，乱发统计报表情况仍然存在。

1953年1月，政务院下达《关于充实统计机构加强统计工作的决定》(以下简称《决定》)。《决定》指出"由于我们的统计机构还不健全，统计制度还未建立，因而各地区、各部门各自调查统计，缺乏统一的集中领导，工作中尚存在着比较严重的重复混乱现象。凡国家统计局所颁布的一切制度、统计方法、统计表式等，所有各级地方政府、中央和各地方各业务部门及各公私企业必须遵照执行。如有不经批准乱发统计表格，不按规定填送报表者，得视为违反纪律行为，应予纠正"。

1953年11月，省人民政府统计局下发《关于县、市清理与审批报表工作的意见》，对各市、县如何做好报表管理工作提出意见：一要理清管理报表的目的；二要明确管理报表的范围；三要掌握审批报表的原则；四要明确管理报表的具体做法，建立登记制度，制作县级各单位颁发调查表送审批登记簿、批准统计调查表及调查方案目录，对经审批的法定报表内容作出规范。

1955年12月，根据国家统一部署，对全省统计报表“建新废旧”。废止1955年原有全部统计报表，建立由国家统计局和中央各主管部门下达及浙江省经批准补充、从1956年开始执行的新报表制度。为使“建新废旧”工作顺利进行，省人委发出《关于加强报表审批工作，克服乱发报表的通知》，规定“各地各部门制发补充报表时一定要执行《细则》的规定，特别是发往农村的统计报表，都须经过市、县首长审查批准，或由市、县政府统计部门代替市、县人委审查批准。可以通过典型或重点调查取得资料的，就不必进行全面调查；可以用一次调查解决的，就不应建立定期报表；月、季报表可以满足的，就不应搞旬或日报”。为便于各地执行，省统计局制定《关于划分颁发统计表的系统内外的规定》。

1959年6月，省统计局颁布《浙江省调查统计报表的管理办法》（以下简称《办法》），规定“有关整个国民经济、社会情况的重要调查统计和中心工作进度统计的报表，由省统计局和有关部门共同研究制发。省级各业务部门制发的一次性或定期性调查统计表，凡是下达到县以上有关业务部门的，由各主管部门负责同志批准；凡是下达到人民公社或本业务系统以外单位的，则须经过省统计局同意；省、专署和市人民政府所属处、科、室，一律不能自行向本业务系统以内或外单位制发调查统计报表；省委各部委需要颁发定期统计报表，也要事先告知省统计局，由省统计局提出统一安排意见以免重复。县级统计部门接到当地党委和上级统计部门调查统计任务以后，可以根据本地情况，主动与有关部门商量，尽可能把各部门的需要包括在内，由统计部门制发统一的报表下达人民公社和有关基层单位一并执行。县（市）各业务部门的调查统计报表，凡是下达到人民公社或本业务系统以外单位的，必须经过同级统计部门审查同意；县以上业务部门，可以制发报表发向本系统在人民公社里的基层单位，但只能要求单位自行填报，不允许把填报任务转嫁给公社和大、小生产队。人民公社向所属单位布置上级制订的调查统计报表时，可以根据需要与可能增加一些统计指标，但必须经过公社负责同志批准”。《办法》还规定每年年终，在制订下年度统计报表制度时，要对现行报表进行一次全面清理。

1963年3月，国务院发布《统计工作试行条例》（以下简称《条例》），强调“有关国民经济的统计报表，不论是党政机关、群众团体或科学研究机关制订的，也不论是定期性的（包括进度统计）或者一次性的，都必须由各级统计机关统一管理，严格控制”。同年9月，中共中央在《关于农村社会主义教育运动中一些具体政策的规定（草案）》（以下简称《规定》）中指出“统计报表，只能由县的统计部门根据上级规定，统一制发，其他单位一律不得自行制定”。省人委在贯彻执行《条例》和《规定》中，批转省统计局《关于制止乱发统计报表和以搜集统计数字为主的汇报提纲的报告》。

1965年11月，国家统计局发出《关于精简和审批省、区、市统计报表的通知》。该《通知》要求：省、区、市统计局对国家统计局制订的基本统计报表制度，一般不再增加补充；党政领导如有特殊需要，必须对中央直属企业、事业单位制发定期统计报表，对国家统计局基本统计报表制度允许范围以外作补充，都应报国家统计局批准；省、区、市统计局制发一次性调查，报省、区、市人委批准，报国家统计局备案；对地方企业、事业单位执行的基本统计报表制度，在满足全国统一要求的原则下，省、区、市统计局所作的填报目录、报送日期、报告次数等的具体规定，可报国家统计局备案；对没有经过调查研究和试填报的统计报表，省、区、市统计局可不受理。

“文化大革命”时期，统计报表管理工作处于瘫痪状态。

中共十一届三中全会之后，各项工作开始拨乱反正，随着统计机构逐步恢复和统计职能逐渐强化，统计调查和报表管理工作重新步入正轨。

1980年11月，国务院在批转国家统计局《关于加强统计报表管理报告》和《关于统计报表管理的暂行规定》中重申：“统计报表要由各级统计部门统一管理，严禁滥发报表。”要求“各地统计部门和各级业务主管部门的统计机构要把本地区、本部门统计报表切实管起来”。1981年5月，省统计局印发《浙江省统计局统计报表管理的具体试行意见》。同年7月，根据国务院批转的国家统计局《关于加强统计报表管理的报告和暂行规定》和省统计局《关于做好统计报表清理工作的通知》（浙统〔1981〕34号）要求，宁波市结合实际情况，对全市统计报表进行了一次全面清理。

1982年1月，省统计局印发《关于统计报表管理实施细则》，内容包括统计报表管理范围、制发统计报表原则、统计报表制发数限和审批程序等十个方面。明确规定：凡属反映社会经济情况的统计报表，不论是定期（包括进度统计）或一次性的（包括类似统计报表的调查提纲），都必须由各级统计部门统一管理，分级负责，严格控制；经过审批或备案的统计报表，均应在报表右上角标明制表机关、批准（备案）机关、审批编号等字样，否则填报单位可以拒绝填报，并向上级报告，予以检查处理；经批准下达的年度报表和定期报表，原则上只在当年有效，如果要跨年度执行，必须重新履行审批手续，否则作为自动停止执行处理。

1984年1月，《统计法》规定：统计调查必须按照经过批准的计划进行。统计调查计划按照统计调查项目编制。国家统计调查项目，由国家统计局拟订，或者由国家统计局和国务院有关部门共同拟订，报国务院批准。部门统计调查，调查对象属于本部门管理系统的，由该部门拟订，报国家统计局或者同级人民政府统计部门备案；调查对象超出本部门管理系统的，由该部门拟订，报国家统计局或者同级人民政府统计机构审批，其中重要的，报国务院或者地方人民政府审批。地方统计调查项目，由县级以上人民政府统计机构拟订，或者由县级以上人民政府统计机构和有关部门共同拟订，报同级地方人民政府审批。违反《统计法》规定，未经批准，自行编制发布统计调查表，情节较重的，可以对有关领导人员或者责任人员给予行政处分。此后，统计调查与报表管理有法可依，统计制度方法更加科学、统一、规范，滥发统计报表现象得到遏止，统计调查管理进入相对集中、统一规范、稳定发展、持续向好阶段。

1990年7月，《浙江省统计工作监督管理条例》（以下简称《监管条例》）实施，将填报统计资料是否准确、及时、全面，制发统计报表是否经法定程序审查、批准或备案，统计资料是否依法统一管理等，列为县以上地方各级人民政府统计机构和各业务主管部门的监督管理范围，对非法统计报表等违法行为处罚作出具体规定。

1993年，省统计局设立法规制度处，统一管理与协调全省统计报表制度，统一修订年度和定期统计报表，统一审批（备案）省级部门统计调查报表工作。1994年12月，首次修订的《监管条例》

施行，对非法统计报表等违法行为加大了处罚力度。1995年，省统计局将依法管理统计报表职能划归新设立的“统计设计与信息管理处”。宁波市各级统计部门也相继设立机构或专职人员，依法管理统计报表。

1998年10月，为严肃统计法律法规，强化统计报表管理，减轻基层负担，避免人、物、财浪费和数出多门，省统计局组织开展全省统计报表清查，范围包括1997年年报开始以来，中央各部委和省、市、县各政府部门（含统计部门），以及其他单位制发的各类年度、定期或一次性统计报表（含类似统计报表的调查提纲等），不包括组织、纪检（监察）、人事、人武、政法等部门业务报表和纯财务核算报表及有关账户账页。通过清理，纠正了一些地区制发统计报表的无序性，加强了各级统计局对本级部门或单位制发统计报表的审批、备案工作。

1999年12月，省统计局印发《浙江省统计局统计调查项目审批管理暂行办法》，对省统计局层面统计调查项目的管理范围、审查机构、审批原则、审批程序、监督管理，以及统计调查管理与查询网络系统建立等作出明确规定，凡由省统计局和以省统计局为主组建的各普查办公室及省城市、农村、企业调查队等组织实施，或与省级单位共同组织实施的统计调查项目，均按此执行。

2001年5月，为规范部门统计调查行为，提高统计调查整体效率，减轻被调查者负担，保障统计资料准确性，根据《统计法》和国家统计局关于《部门统计调查项目管理暂行办法》（以下简称《暂行办法》），省统计局制定《浙江省部门统计调查项目管理实施办法》（浙统设〔2001〕64号），对全省部门统计调查项目的审批与备案程序、报表法定标识和有效期审批与备案程序、监督与处罚等作出具体规定，强化对部门统计调查项目与报表制度的监管。

2005年10月，为规范统计调查制度设计工作，实现统计调查制度系统化、规范化、标准化，满足统计政务公开和国家统计局对地方统计调查项目管理要求，省统计局出台《统计报表制度格式规定》（浙统办〔2005〕19号），对统计报表制度封面目录、调查表式等作出相应规定。

2009年6月，《统计法》修订实施，对统计调查项目管理作了较大修改，主要有：统计调查项目包括国家统计调查项目、部门统计调查项目和地方统计调查项目。国家统计调查项目是指全国性基本情况的统计调查项目。部门统计调查项目是指国务院有关部门的专业性统计调查项目。地方统计调查项目是指县级以上地方人民政府及其部门的地方性统计调查项目。三者应明确分工，互相衔接，不得重复。国家统计调查项目由国家统计局制定，或者由国家统计局和国务院有关部门共同制定，报国务院备案；重大国家统计调查项目报国务院审批。部门统计调查项目由国务院有关部门制定。统计调查对象属于本部门管辖系统的，报国家统计局备案；统计调查对象超出本部门管辖系统的，报国家统计局审批。地方统计调查项目由县级以上地方人民政府统计机构和有关部门分别制定或者共同制定。其中，由省级人民政府统计机构单独制定或者和有关部门共同制定的，报国家统计局审批；由省级以下人民政府统计机构单独制定或者和有关部门共同制定的，报省级人民政府统计机构审批；由县级以上地方人民政府有关部门制定的，报本级人民政府统计机构审批。统计调查项目审批机关应当对调查项目必要性、可行性、科学性进行审查，根据法定条件，作出是否予以批准的书面决定。制定统计调查项目，应当同时制定该项目的统计调查制度，并依照本法规定一并报经审批或者备案。统计调查制度应当对调查目的、调查内容、调查方法、调查对象、调查组织方式、调查表式、统计资料的报送和公布等作出规定。统计调查应当按照统计调查制度组织实施。变更统计调查制度内容，应报经原审批机关批准或者原备案机关备案。统计调查表应当标明表号、制定机关、批准或者备案文号、有效期限等标志。对未标明前款规定标志或者超过有效期限的统计调查表，统计调查对象有权拒绝填报；县级以上人民政府统计机构应当依法责令停止有关统计调查活动。未经批准，擅自组织实施统计调查、擅自变更统计调查制度内容的行为，除作出责令改正、予以通报外，对直接负责的主管人员和其他直接责任人员，由任免机关或者监察机关依法给予处分。

2010年1月，为贯彻新修订的《统计法》，进一步加强地方统计调查项目管理，掌握全省统计报表制度、指标体系变动情况，消除重复交叉，减轻基层负担，提高统计调查工作效率，省统计局印发《关于加强地方统计调查项目申报审批工作的通知》（浙统〔2009〕99号），明确对全省统计系统在国家和省级统计制度基础上进行调整后形成的调查项目和各地新增调查项目一律实行审批制度。

2010年5月，为严格地方统计调查项目管理，省统计局印发《地方统计调查项目审批管理暂行办法》（浙统〔2010〕41号），对地方统计调查项目管理范围、管辖机构、审批原则、审批程序、监督管理等事项作出规定。

（二）数据管理

统计数字是国家实行科学决策和科学管理的基础，收集、整理和提供统计数字是各级统计机构所担负的任务。中华人民共和国成立初期，各地各部门都急于收集和提供各种统计数字，因此“数出多门”和统计数字不一致的混乱现象较为普遍。为了加强数据管理，1953年6月，省政府下达《关于索取供应统计资料的指示》。翌年，省统计局印发《关于本省省级机关、企业、团体相互索取及供应统计资料的几项规定》，对统计数据的搜集、提供作出了明确规定，较好地保证数据的统一、准确，防止失密和泄密。但“大跃进”运动时期，统计数字严重失实，损害了统计数字的真实性和权威性。

1963年4月，浙江省人民委员会转发国务院颁布的《统计工作试行条例》，要求“基本统计数字由各地统计机关、各业务部门统计机构、各企业、事业单位和人民公社统计机构或统计负责人统一管理，各部门、各地方、各单位检查国家计划执行情况的统计数字，必须以统计部门的统计数字为准，凡是对外公开发表的地区性的基本统计数字，必须事先经过当地统计机关核对一致，由发表单位报请当地人民委员会审批，并注意保守国家机密”。为贯彻《条例》要求，市统计局建立了《统计报表管理》、《统计数字管理》和《统计数字审核、更正》三项制度，统计数字管理逐步得到加强。“文化大革命”期间统计工作中断，统计资料失散，统计数字管理处于无政府状态。

“文化大革命”结束以后，统计机构得以恢复和加强，统计数字管理逐步走向规范。1980年5月，省人民政府《关于公布粮食统计数字和加强统计工作的通知》强调“各级政府公布工农业生产和其他各项统计数字，都应以统计部门基层上报的数字为准，不得修改”。1982年1月，省人民政府办公厅转发省统计局《关于对外提供和公开发表社会经济统计数字管理办法》，除重申1980年10月执行国务院批转国家统计局《报告》时提出的规定外，又明确"对社会经济统计资料的对外提供和公开发表，实行分级管理"。1983年4月，省人民政府办公厅在转发省统计局《关于严格管理对外发表统计数字的意见》时，又再次强调"对外提供和公开发表的统计数字，实行分级管理，并应以同级统计部门的数字为准"。

1984年1月，随着《统计法》及其《实施细则》的实施，数字管理有法可依。宁波市在贯彻执行《统计法》及其《实施细则》中，明确各级领导机关决策评价所需要的统计资料，要以各级统计机构或者统计负责人签署或盖章的统计数字为准；对统计资料依法进行分级管理，依法定期公布；对属于国家机密的统计资料必须保密，属于私人和家庭的单项调查资料，非经本人同意，不得泄露。

1985年，为提高统计数字质量，使各项统计数字更准确地反映客观实际，市统计局组织开展统计数字质量检查，先后对商业、劳动工资、早稻实产数字、物资统计等进行检查。同年5月，建立了全市及分县（市）国民经济主要指标数字反馈制度。

1987年，市统计局下发《关于迅速掀起学习宣传和贯彻实施〈统计法实施细则〉的通知》，同时印制《实施细则》单行本2万余册，在全市进行广泛宣传，营造统计法治氛围，对进一步加强统计数据管理，提升统计数据质量起到良好作用。

1990年7月，《浙江省统计工作监督管理条例》发布施行。1994年12月，在新修订《条例》中，将依法管理统计资料，列入县级以上地方各级人民政府统计机构和各业务主管部门监督管理统计工作的范围，使统计资料的管理工作更加规范。

2003年1月，市统计局印发《宁波市统计局对县（市）区国内生产总值数据质量实行评估的试行办法》（甬统办〔2003〕10号）。评估内容包括各县（市）、区的年度、季度国内生产总值总量和速度，分行业增加值和速度。评估基本要求包括规范国内生产总值核算的计算方法和资料来源，加强国内生产总值核算与其他主要专业统计数据之间的衔接，建立国内生产总值数据质量责任制，建立国内生产总值数据质量评估制度四方面。

2003年6月，市人民政府印发《关于进一步加强统计工作的意见》（甬政发〔2003〕60号）。该《意见》要求，规范部门统计，构建"分工合理、管理规范、信息共享"的政府统计体系。各部门、各单位要坚决执行国家统一的统计标准、统计方法，不得随意制发统计报表，开展统计调查，以减轻基层统计负担。各级工商、税务、民政、质监、编制等部门要按照实现部门间数据资料共享的要求，主动向政府统计部门提供有关资料和数据。要认真研究市场经济对统计的需求，加强统计数据库建设，深入开发统计资源，不断满足政府和社会各界对统计信息的需要，为全社会提供优质的统计服务。各级统计部门要进一步健全统计数据质量审核评估制度，落实数据质量管理责任制，构建有效的数据质量控制系统。

2004年9月，《宁波市统计管理办法》发布施行。该《办法》明确统计机构和统计人员应当依照法律、法规和统计制度的规定，提供客观、真实的统计资料，准确、及时完成统计工作，保守国家秘密、商业秘密以及私人家庭的单项调查资料秘密。《办法》要求基本统计单位应当依法接受政府统计机构以普查、抽样调查、重点调查、典型调查等不同调查方法进行的统计调查，按时领取、报送统计报表，如实提供统计资料，不得虚报、瞒报、伪造、篡改、拒报、迟报统计资料。《办法》规定政府统计机构应当定期向社会公布综合性统计数据，及时向同级政府部门和行业管理部门提供所需的综合性统计数据。并明确了企业事业组织、个体工商户、政府统计机构以及统计执法人员违反规定的相应处罚办法。

2005 年，宁波市统计局根据《浙江省人民政府关于进一步加强统计工作的意见》（浙政发〔2005〕11 号），在地区生产总值核算方法、审核方法、发布方法、统计数据质量管理、统计能力建设等方面做了进一步规范。

2007 年，根据《浙江省统计局保密工作规定》（浙统〔2007〕108 号）要求，市统计局进一步明确要加强统计数据的保密工作，规范统计数据和资料的发布流程，强化对信息发布的审核把关工作。

2008 年 2 月，市统计局印发《行政执法责任制实施方案》，明确市统计局行政执法职权包括依法组织统计调查、收集全市基本统计资料、依法公布统计资料。

2009 年 2 月，新修订的《宁波市统计管理办法》施行，进一步明确市、县统计部门加强对统计工作的管理和监督，保障统计资料的准确性、及时性和服务的有效性，发挥统计在服务发展、服务民生中的重要作用。

2013 年 5 月，市人民政府印发《关于进一步加强和改进统计工作的意见》（甬政发〔2013〕53 号），要求各级统计部门认真履行统计职能，积极推进统计调查方式方法创新，加强基本单位名录库管理；加强组织机构建设，不断完善统计机构，着力加强部门（行业）统计工作，全面落实县域统计片区化管理运作体制机制，切实加强基层统计网络建设；坚持依法统计，加大统计执法力度，加强统计工作监督管理，加强统计调查数据发布管理，由政府综合统计部门统一对外发布重要的国民经济与社会发展统计数据，有关部门确需对外发布重要数据的要及时依法报送同级政府综合统计部门备案。

2016 年 12 月，中共中央办公厅、国务院办公厅印发《关于深化统计管理体制改革提高统计数据真实性的意见》。2017 年 9 月，中共浙江省委办公厅、省政府办公厅印发《关于深化统计管理体制改革加强统计工作的实施意见》。宁波市认真落实党中央国务院和省委、省政府关于深化统计管理体制改革提高统计数据真实性的决策部署，2019 年 10 月，市委、市政府出台《关于深化统计管理体制改革加强和改进统计工作的实施意见》。

（三）**档案管理**

统计档案，主要指统计资料档案，其他还包括文书和会计等档案。古代虽无统计档案之说，但在不少史书上都详细记有统计资料；近代，特别是清代末年浙江省建立统计机构之后，正式有了统计资料档案。

中华人民共和国成立以后，由于宁波市统计机构历经撤销、兼并、恢复等分分合合过程，统计资料分散存放在局仓库，没有清理归档。1985 年 6 月，国家统计局和国家档案局联合下发《关于加强统计部门档案工作的几点意见》，是年 10 月，省统计局和浙江省档案局联合发文，要求全省各级、各部门、各单位要不失时机地开展积存统计资料的全面清理、阅卷和建档工作。1986 年 10 月，省统计局先后组织召开全省统计档案工作经验交流会议和省级机关统计资料清理建档工作会议，对省、市、县统计资料清理工作进行部署。是年 11 月，宁波市统计局和宁波市档案局联合召开全市统计档案清理工作会议，对宁波市统计档案清理工作进行部署。会议明确各县（市）、区统计局要指定一名领导负责，成立工作小组，制订工作计划，全面开展统计档案清理工作。1987 年 5 月，在下发统计档案清理工作通知的基础上，宁波市统计局和宁波市档案局联合召开了由海曙区、江东区、江北区和市属各主管部门、直报单位领导参加的动员会议，部署清理建档工作。到 1987 年 11 月底，市县两级政府统计系统、市级业务主管部门以及部分企事业单位、各乡镇（街道）等全面完成统计资料清理建档工作。全市共建立统计档案 96640 卷（1949—1986），其中，永久档案 37959 卷，长期档案 23322 卷，短期档案 35359 卷。新增档案室 3090 平方米，添置档案柜（箱）1632 个（只），基本实现了全市统计资料的有序管理。

2000 年 9 月，国家统计局、国家档案局印发《普查工作档案管理规定》（国统字〔2000〕70 号），对普查文件、资料表册、音像实物和普查工作的其他重要相关材料的归档作出明确规定和要求。为此，宁波市每次普查工作结束后，都会指定专人负责普查工作档案的收集、整理、归档工作，并及时移交市档案馆。

2002 年 4 月，为了提高统计档案管理水平，宁波市统计局部署安排在全市统计系统开展档案工作目标管理省级认定活动。省级认定等级共分三级，省一级为最高标准，省三级为最低标准。认定坚持分级管理逐级认定的原则。认定标准按《浙江省统计系统档案工作目标管理省级认定标准》执行。申报省级认定单位的前提条件是档案工作目标管理达标或被当地档案局评为先进综合档案室。首次申报省级认定一般从省三级开始，对个别具有越级申报条件的单位，经省统计局和省档案局批准，可以直接申报省二级。各单位达到省三级或省二级后，须经过一年以上的巩固提高，才能申报上一等级认定。2002 年 12 月，经过浙江省档案局、浙江省统计局和宁波市档案局联合组成的档案管理认定小组验收，市统计局档案管理通过了省二级认定，翌年 12 月又通过省一级认定。至 2008 年底，全市 11 个县（市）、区统计局档案管理先后通过省一级认定。

2002 年 6 月，根据《中华人民共和国档案法》、《中华人民共和国统计法》和《宁波市档案工作条例》的有关规定，市统计局印发《宁波市统计局档案管理制度》（甬统办秘〔2002〕1 号）和《宁波市统计局档案分类、归档范围和保管期限的规定》。明确统计档案工作实行“统一领导、分部门整理归档、集中管理”的原则，并对档案人员的配备和职能部门的职责，档案的立卷、分类、整理和保管，档案的移交、鉴定和销毁，档案的查阅和利用，档案的保密和责任等作了明确规定。

2002 年 10 月，市统计局收发文件开始利用“双杨 OA”办公软件进行计算机归档。2003 年起，局发文件和电子收文在局域网上可以全文检索，办公自动化与档案管理数字化协调发展。

2008 年 8 月，市统计局与宁波调查队联合印发《宁波市统计局国家统计局宁波调查队文件材料归档制度》（甬统队发〔2008〕038 号），对局队合署办公体制下的材料归档范围、档案分类、归档要求、保管期限等予以规范。

2014 年 4 月，国家统计局宁波调查队独立办公后，单独设立档案室，建立了《国家统计局宁波调查队文件材料归档范围和文书档案保管期限归档》等管理制度。

至2017年底，1950—2000年的统计档案是以卷为单位归档，共搜集、整理、立卷归档2664卷，分三批移交市档案馆管理。全宗编号为72号，第一批为1950—1985年档案资料，共929卷，1—36目录汇总；第二批为1986—1995年档案资料，共1199卷，37—47目录汇总；第三批为1996—2000年档案资料，共536卷，48—52目录汇总。此外，1954—1980年，市统计局与市计划委员会分分合合，先后三次并入市计划委员会（1954年7月至1956年4月，1958年12月至1963年6月，1967年3月至1980年3月），这三个时段的统计档案资料均保存在市计划委员会档案资料中（因合并保存，相关统计档案未分离，故数量不详）。2001—2017年的统计文书、统计业务档案是以件为单位归档，共有10669件，其中永久（长期）5032件，定期（30年）2366件， 定 期（10年）3271件。2001—2017年的统计会计档案共161卷，均保存在市统计局档案室。2014—2017年宁波调查队搜集、整理、立卷归档211卷。其中，永久149卷、定期（30年）49卷、定期（10年）13卷。

第三节　统计队伍

随着经济社会发展对统计需求的增加，统计干部队伍建设持续加强。特别是中共十一届三中全会以后，各级人民政府统计机构迅速恢复，统计调查机构、普查机构、信息化管理机构等相继建立，统计力量明显加强，管理机制不断完善。通过专业培训、学历教育、持证上岗、职称考试、干部交流等，全市统计从业人员素质明显提升。

一、持证上岗（从业资格认定）

1994年12月，《浙江省统计工作监督管理条例》明确要求实行专业统计人员持证上岗制度。1995年2月，省人民政府印发《关于进一步加强统计工作的决定》，进一步明确：要在全体统计人员中实行专业统计人员持证上岗制度，凡进入统计工作岗位的专业统计人员，都应经过统计上岗培训或资格认定，取得“统计证”。此后，省统计局又先后印发《浙江省专业统计人员持证上岗制度》《关于持证上岗制度实施方案和上岗培训工作安排的通知》。1995年7月，宁波市统计局印发《宁波市专业统计人员持证上岗制度实施方案》，并专门成立“统计单位登记和统计人员持证上岗办公室”，各县（市、区）统计局也相继成立类似机构，形成自上而下工作网络，统计人员持证上岗在全市正式启动。至1995年底，宁波市有17800人考试合格并领取“统计证”。此后，按照省统计局要求，每年组织一次持证上岗考试工作。

1998年2月，中共中央办公厅、国务院办公厅下发《关于坚决反对和制止在统计上弄虚作假的通知》，要求对统计人员实行“持证上岗”制度。是年10月，国家统计局发布《统计人员持证上岗暂行规定》，明确统计人员持证上岗，统计上岗证必须通过考试获得。统计上岗证考试工作由国家统计局统一组织，原则上每年举行一次。统计上岗证年检每两年一次，凡脱离统计岗位时间连续超过四年的，所持统计上岗证自动失效，未经发证机关注册登记人员不得填报统计报表。

2005 年 7 月，国家统计局《统计从业资格认定办法》正式实施，《统计人员持证上岗暂行规定》同时废止。持证上岗制度改为统计从业资格认定。从业资格认定工作由国家统计局统一组织实施，实行统计从业资格考试制度，考试时间为每年 9 月第 3 个星期日，考试科目为“统计基础知识与统计实务”“统计法基础知识”。是年 8 月，根据《统计从业资格认定办法》和省统计局有关通知精神，宁波市统计局印发《关于做好统计从业资格认定工作的实施意见》，对宁波市从业资格认定工作提出具体要求。至 2015 年，全市年均参加统计从业资格考试人数超过 3000 人，累计发放“统计从业资格证书”26037 本。

2016 年，国务院取消包括统计从业资格认定在内 152 项行政审批事项，国家统计局宣布《统计从业资格认定办法》及其相关文件废止，统计从业资格认定工作随即停止。

二、职称考评

1980 年 5 月，国务院批转国家统计局关于《统计干部技术职称暂行规定》的报告，要求各省、市、自治区人民政府（革命委员会），国务院各部委、各直属机构遵照执行。当年，宁波统计干部技术职称评定工作开始启动，几年后进入经常性评聘阶段。20 世纪 90 年代，初、中级职称开始以考代评。21 世纪初，高级职称开始考评结合。统计职称的考评，对稳定队伍、提高人员素质、推进统计改革发挥了重要作用。

1980 年 12 月，浙江省人事局、省统计局联合下发《关于我省开展统计干部技术职称评定工作的意见》。翌年 12 月，浙江省人事局、省统计局又印发《关于评定统计干部技术职称的具体考核条件（试行）的通知》，明确统计技术职称分统计员、助理统计师、统计师、高级统计师四个档次，以工作能力、业务水平和贡献作为晋升职称主要依据，适当考虑学历资历。1982 年，省、市针对统计技术职称评定工作中评审程序、学力测试、对象范围等具体问题又陆续下发补充通知。截至 1983 年 8 月底，全市参评统计职称人数 1009 人，获得职称 540 人。其中，统计师 14 人、助理统计师 152 人、统计员 374 人。

1983 年 9 月，根据中央书记处和国务院关于暂停职称评定工作的指示精神，省统计局决定暂停统计技术职称评定工作。

1986 年 1 月，国务院转发《关于改革职称评定、实行专业技术职务聘任制度的报告》。是年 4 月，中央职称改革领导小组转发国家统计局《统计专业职务试行条例》及《实施细则》。翌年 8 月，根据省统计局《浙江省关于执行〈统计专业职务试行条例〉的实施细则》要求，宁波市职称改革领导小组办公室、市统计局联合印发了《宁波市统计专业职务评审聘任工作的补充意见》，并成立宁波市统计专业初、中级评审委员会。各县（市、区）也先后成立统计专业初级评审委员会，统计人员较多的经济主管部门（公司）也成立了统计或含统计在内的初级评审委员会，统计人员较少的单位则出具委托书代评。至 1989 年 5 月，全市共评审推荐高级统计师 3 名，评审通过统计师 126 名、助理统计师 781 名、统计员 1265 名。

1990 年，为进一步完善专业技术职务聘任制度，国家逐步推行“以考代评”公开竞争制度，并以统计专业作为改革试点。是年3月，浙江省职称改革领导小组、浙江省劳动人事厅、省统计局联合发出《关于做好统计员资格考试准备工作的通知》，要求除统计专业大、中专毕业生外，凡新进统计岗位人员，都应参加统计员资格全国统一考试，合格后才能从事统计工作。已在岗未评定资格人员，也应参加全国统一考试并取得统计员资格。1991年1月，根据相关规定，浙江省把全国统一考试扩展到助理统计师，1995年又扩至统计师，并将统计员和助理统计师资格考试合并为初级资格考试。从1996年起，宁波市统计中级职称及以下全部实行以考代评。

2003年8月，浙江省人事厅、省统计局联合印发《浙江省高级统计师资格评价条件（试行）》和《浙江省2003年度高级统计师资格考评试点工作方案》，正式启动全省高级统计师考评工作。2004年3月，宁波市高级统计师首次参加全省统一组织的综合考试与评审。2008年，人事部、国家统计局将浙江省纳入国家高级统计师资格考评结合试点省份，凡申报高级统计师资格评价人员，必须参加全国统一考试合格后，方可按评价条件参加全省资格评审。此后，浙江省每年组织一次高级统计师考试评审。至2017年底，全市累计有3703人通过初级（统计员、助理统计员）资格考试，1036人通过中级（统计师）资格考试，103人取得高级统计师资格。

附：

2017年底宁波市高级统计师名册

表44

序号	姓名	性别	单位	资格认定时间
1	吕仲颐	男	中国农业银行余姚市支行	1988.4.6
2	董可芬	女	宁波市二轻工业局	1988.12.23
3	倪维衷	男	鄞县供销社	1988.12.23
4	史秋华	男	余姚市农村抽样调查队	1989.12.14
5	方增奇	男	宁波港务局	1996.12.27
6	郑启远	男	宁波和丰纺织集团公司	1996.12.27
7	许家清	男	中国房地产开发宁波公司	1998.12.18
8	葛帼英	女	宁波华联集团股份有限公司	1999.12.28
9	于亚非	女	宁波市康宁医院	1999.12.28
10	刘为民	女	宁波市统计局培训中心	2000.12.29
11	张启华	男	宁波市医疗中心李惠利医院	2001.12.30
12	成维庆	男	慈溪市统计局城调队	2001.12.30
13	林良鸣	男	宁波市住宅建设总公司	2002.12.27
14	黄伟清	女	余姚市第二人民医院	2003.12.31
15	史跃萍	女	宁波市统计局	2004.10.30
16	任　川	男	宁波市鄞州区统计局	2004.10.30
17	谢志初	男	宁波市城市社会经济调查队	2004.10.30
18	杨耿业	男	宁波市统计局	2004.10.30

续表 44

序号	姓名	性别	单位	资格认定时间
19	唐伟昌	男	宁波市统计局	2004.10.30
20	陈　琴	女	宁波市统计局	2004.10.30
21	汤柏生	男	宁波市统计局	2004.10.30
22	居江静	女	宁波市统计局	2004.10.30
23	陈燕芬	女	宁波市统计局	2004.10.30
24	陆　平	女	宁波市统计局	2004.10.30
25	王明珠	女	宁波市统计局	2004.10.30
26	王丽波	女	宁波市统计局	2004.10.30
27	潘　迅	男	宁波市统计局	2004.10.30
28	滕剑波	男	宁波市统计局	2005.12.2
29	陈斯恩	男	宁波市统计局计算中心	2005.12.2
30	张　莹	女	宁波市企业调查队	2005.12.2
31	尹小平	男	宁波市养老保险管理中心	2005.12.2
32	葛海波	男	宁波市第一医院	2005.12.2
33	朱亚飞	女	宁波市妇女儿童医院	2005.12.2
34	张国能	男	余姚市城调队	2005.12.2
35	许雪松	女	慈溪市发展和改革局	2005.12.2
36	郑　琦	女	宁波长丰热电有限公司	2006.12.15
37	费　萍	女	宁波市公路运输管理处	2006.12.15
38	邬忠跃	男	奉化市统计局	2006.12.15
39	杨克文	女	慈溪市统计局	2006.12.15
40	王迪熙	男	慈溪市统计局	2006.12.15
41	葛军义	男	奉化市统计局	2006.12.15
42	邢　春	女	宁波市公路运输管理处	2006.12.15
43	毛飞龙	男	宁波市统计局	2006.12.15
44	邱彩娅	女	宁波市江北区统计局	2006.12.15
45	许婷娅	女	宁波市江北区统计局	2006.12.15
46	冯惠锋	男	宁波市鄞州区统计局	2006.12.15
47	许瑾瑾	女	海曙区统计局	2006.12.15
48	严敏华	女	宁波市卫生局	2006.12.15
49	孙云钊	男	慈溪市统计局	2007.12.19
50	李伟根	男	余姚市统计局	2007.12.19
51	金光飞	女	慈溪市统计局	2007.12.19
52	刘国锋	男	余姚市统计局	2007.12.19
53	左瑞琼	女	宁波市白溪水库建设发展有限公司	2007.12.19

续表 44

序号	姓名	性别	单位	资格认定时间
54	汪　鹰	男	宁波市北仑区统计局	2007.12.19
55	王钜钧	男	宁波市粮食局	2007.12.19
56	陈　敏	女	宁波市江东区统计局	2007.12.19
57	贺党伟	男	宁波市北仑区统计局	2007.12.19
58	施惠华	女	宁波市港航管理局	2007.12.19
59	牛红兵	男	宁波市统计局普查中心	2007.12.19
60	王艳丽	女	宁波市北仑区宗瑞医院	2007.12.19
61	汪育红	女	杉杉集团有限公司	2008.11.30
62	邵秀波	女	宁波市镇海区统计局	2008.11.30
63	季一萍	女	浙江省宁波市第一医院	2008.11.30
64	周学军	男	国家统计局鄞州调查队	2008.11.30
65	卢育平	男	余姚市统计局	2008.11.30
66	孟超英	女	宁波市海洋与渔业研究院	2008.11.30
67	岑云杰	男	慈溪市统计局	2009.11.29
68	章红鸯	女	慈溪市统计局	2009.11.29
69	虞悦挺	男	浙江慈溪出口加工区经济发展局	2010.12.4
70	管旭青	女	余姚市统计局	2011.11.24
71	张崇明	男	慈溪市统计局	2011.11.24
72	应云华	男	宁波市镇海区统计局	2011.11.24
73	陈　科	男	宁波市统计局	2011.11.24
74	陈　黎	女	余姚市统计局	2011.11.24
75	吕建森	男	宁波市统计局普查中心	2012.12.10
76	徐美珍	女	慈溪市龙山镇人民政府	2012.12.10
77	张　颖	女	宁波永和建设开发股份有限公司	2012.12.10
78	王明红	女	宁波市第二医院	2012.12.10
79	喻迎园	女	余姚市人口和计划生育局	2012.12.10
80	吴春益	男	宁波市江北区统计局	2013.11.30
81	倪　飙	男	雅戈尔置业控股有限公司	2013.11.30
82	方　丽	女	浙江国华浙能发电有限公司	2013.11.30
83	吴雪琴	女	中河街道办事处	2014.11.30
84	周玉琴	女	宁波市第六医院	2014.11.30
85	胡月波	女	余姚市统计局	2014.11.30
86	贺艳萍	女	宁波市北仑区统计局	2014.11.30
87	楼蓉蓉	女	宁波市江东区统计局	2014.11.30
88	周生利	男	宁波市发展和改革委员会	2014.11.30

续表 44

序号	姓名	性别	单位	资格认定时间
89	李　丽	女	宁波市统计局普查中心	2014.11.30
90	陈雨薇	女	宁波市统计局	2014.11.30
91	许海燕	女	宁波市统计局	2014.11.30
92	郑浩然	男	宁波市统计局	2014.11.30
93	陆海龙	男	宁波市统计局	2015.11.30
94	谭国威	男	宁波市统计局	2015.11.30
95	王　聪	女	宁波市统计局	2015.11.30
96	陈江宁	男	国家统计局宁波调查队	2015.11.30
97	孙飞波	男	宁波市江北区统计局	2015.11.30
98	王　健	女	余姚市统计局	2015.11.30
99	姚伟杰	男	中共宁波市委办公厅	2015.11.30
100	钱静文	女	宁波市统计局普查中心	2016.12.18
101	乐水芬	女	宁波市种子管理站	2016.12.18
102	汪海亚	女	象山县丹西街道办事处	2016.12.18
103	陈巧云	女	象山县统计局数管中心	2017.12.10

三、专业队伍建设

统计专业队伍主要包括统计执法队伍、普查队伍、信息化队伍和科研队伍。

（一）执法队伍

1988 年 11 月，国家统计局印发《统计法规检查暂行规定》，明确国家和各省统计局设置统计检查机构；省辖市、行署和县级统计局设置统计检查机构或统计检查员；县级以上人民政府经济主管部门根据工作需要，设置统计检查机构或专（兼）职统计检查员。同时，根据工作需要可以聘任一定数量现职统计干部为兼职统计检查员。专、兼职检查员凭“统计检查证”持证上岗。是年 12 月，经市编委批准，市统计局成立法规处，配备专职统计执法人员。至 1996 年，市、县两级统计局和市级有关部门共选聘统计检查员 82 名，统计执法网络基本形成。

1997 年 1 月，根据省统计局《关于大力推进统计法制建设的意见》精神，宁波市县两级相继建立统计执法机构（或增挂统计执法机构牌子）。至 2001 年，全市共选聘统计检查员 395 名。

2002 年 12 月，省统计局印发《浙江省统计执法检查证件管理办法》，原“统计检查证”改为“统计执法检查证”，有效期 5 年。至 2005 年，全市共有 174 人取得统计执法检查证。

2006 年 7 月，国家统计局颁布修订后的《统计执法检查规定》，明确规定省及地（市）级统计执法检查机关应当设置专门执法机构，配备专职统计执法检查员；县级统计执法检查机关可以根据工作需要，设置专门执法检查机构，未设机构的，应当配备必要统计执法检查员。是年 12 月，省统计局印发《关于颁发新的统计执法检查证的通知》，从2007年7月1日起换发新证。新版“统计执法检查证”由省统计局核发，与浙江省行政执法证（由省法制办核发）具同等效力。至2017年底，全市取得统计执法检查证人员478人。

（二）普查队伍

普查是重大的国情国力调查，为国家制定长期规划、发展目标、重大决策提供全面、系统、详细的信息和资料，涉及每一个人、每一个企业以及社会的各个方面。21世纪以前，宁波市尚未设置常态化的普查机构队伍。每逢国家开展大型普查，按照全市统一领导、部门分工协作、地方分级负责、各方共同参与的原则，组建临时性的普查队伍。市级层面，成立由市政府领导任组长，普查各相关部门负责人共同参与的市级普查领导小组，负责普查组织实施中重大问题的研究和决策。同时，下设普查领导小组办公室，负责普查的具体组织实施和协调工作。办公室设在市统计局，各有关单位按照各自职能，各负其责、通力协作、密切配合、信息共享，积极支持普查工作开展。各区（县、市）、乡镇（街道）、村（社）也分级建立临时性的普查机构开展普查工作。

随着社会经济的不断发展，普查工作越来越重要，在普查开始之前成立临时性的普查机构已经无法满足工作需要。为进一步提高应对大型普查、调查组织协调能力，增强普查队伍力量，2002年1月，根据宁波市编委下发的《关于建立宁波市统计局普查中心的批复》（甬编字〔2002〕3号）意见精神，成立宁波市统计局普查中心，为正处级全民事业单位，核定人员编制10名，领导职数2名，经费全额预算拨款，归市统计局领导。随后，宁波市各区（县、市）政府也高度重视，统计部门纷纷积极争取设立各地普查中心，截至2004年4月，各区（县、市）普查中心全部成立，单位性质均为全额拨款全民事业单位，核定编制3～8名不等。普查中心承担全市全国性普查和地方调查工作，各地普查中心的成立代表着全市普查常设机构的建立，为统筹协调开展全市普查工作，确保普查工作质量提供前提和保证。

（三）信息化队伍

1984年，宁波市统计局开始装备计算机，并设立计算机房，由综合科专人负责管理，宁波统计信息化建设自此起步。此后，各县（市、区）统计局也陆续配置计算机，至1989年底，全市统计系统拥有专职计算机操作人员14人。1990年8月，根据国家统计信息化建设总体规划和省统计局要求，经市编委批复同意，市统计局建立计算中心，宁波统计信息化建设自此有了专门的机构和专业的队伍。

20世纪90年代中期，根据国家、省统计信息工程“九五”规划安排，各县（市、区）统计局计算中心（站）陆续建立，配备专兼职人员26名，全市统计系统数据处理、软件与数据库开发、通信网络建设等业务加速拓展，统计信息化网络基本形成。1996年7月，经市编委同意，市统计局计算中心从机关划出，改建宁波市统计局计算中心为全民事业单位，人员编制10名。

进入21世纪后，随着信息技术在统计领域的广泛应用，全市统计系统信息化队伍不断发展壮大，并日趋专业化。2012年5月，市编办同意宁波市统计局计算中心更名为“宁波市统计局数据管理中心”。2014年5月，机关事业单位改革，宁波市统计信息产业中心、宁波市统计局培训中心成建制并入数管中心。并入后，数管中心人员编制由10名增加到12名。2015年10月，市编委又核增人员编制3名、中层领导职数1名，增加后数据管理中心人员编制15名，中层领导职数3名。至2017年底，全市统计信息化专业队伍共有人员27名。

（四）科研队伍

20世纪80年代以前，宁波统计科研机构尚未建立，亦无专职统计科研人员。1985年10月，随着宁波市统计学会的正式成立，带动全市统计科研学术活动的开展，统计科研队伍逐步发展壮大。至2017年，宁波市高校开设统计课程的大专院校超过10所，其中，以宁波大学统计学科排名居前。全市基本形成一支以宁波市统计学会为平台，以会员骨干和院校教师为主体，统计理论和实践相结合，专业科研与在职研究并存，社会力量广泛参与的统计科研队伍。

四、评比活动

从新中国成立到20世纪90年代初，宁波市对统计工作的评比表彰活动都还没有形成制度性安排。1988年，随着全国、全省统计系统评比表彰工作步入经常性轨道，宁波市统计工作评比表彰活动也稳步推进。

1956年10月，根据浙江省工会联合会和省统计局关于开展先进统计工作者运动的指示，宁波市工会联合会和市统计处联合组织召开了宁波市第一次先进统计工作者代表会议。会上，市人民委员会授予的全市各系统10个“先进统计工作单位”、65名“先进统计工作者”受到表彰。

1978年9月，根据浙江省计划委员会要求，由市计划委员会发文，在全市评选推荐出席全省“统计学大庆学大寨”先进单位、先进集体代表和先进个人代表。宁波市共评选推荐先进单位代表3名、先进集体代表6名、先进个人4名出席全省“统计学大庆学大寨”表彰大会。另外，推荐宁波市粮食局统计员徐义广作为浙江省革委会表彰对象。

1985年12月，根据国家统计局《关于开展向郧兆定同志学习活动的通知》精神，宁波市广大统计工作者以“远学奉化郧兆定，近找身边闪光点”为主题，组织开展了一系列比学先进活动。其间，从基层单位到市级机关，一批先进统计集体和先进统计工作者受到表彰。1987年9月，市统计局又发文表彰市级统计先进工作者9名、先进集体6个。

1991年7月，根据各县（市、区）统计局、乡镇政府和市属各业务主管部门及局各专业统计的推荐，宁波市统计局下发《关于表彰宁波市统计先进工作者的通报》（市统〔1991〕67号），通报表彰72人为宁波市统计先进工作者，其中，区（县、市）统计局10人、乡镇政府统计34人、市属各业务主管部门28人。

1992年4月，宁波市统计局下发《关于表彰宁波市先进统计工作者的通报》（甬统〔1992〕57号），评定宁波市先进统计工作者17名，予以通报表彰。

1993年10月，宁波市统计局下发《各县（市、区）统计局1992年度专业统计评比情况通报》（甬统〔1993〕83号），通报1992年度各县（市、区）统计业务评比结果：1992年度年报质量优胜单位，余姚市、镇海区、海曙区；同时，对综合统计、平衡统计、工业统计、农村统计、商业统计、物资统计、外经统计、劳动工资统计8个专业统计的前三名进行通报表彰。

1999年11月，宁波市统计局下发《关于表彰

1998年统计年报和年度综合性统计工作先进集体的通报》(甬统人〔1999〕120号),通报表彰宁波市各县(市、区)政府统计系统1998年统计年报和年度综合性统计工作先进集体。统计工作先进集体:慈溪市、镇海区、鄞县;年报总分一等奖:鄞县;二等奖:慈溪市、镇海区。同时,对农业、工业、原材料能源、固定资产投资、批发零售贸易和餐饮业、服务业、劳动工资、国民经济核算、计算机数据处理、综合统计10个专业统计的前三名进行通报表彰。

2001年2月,召开全市统计系统先进表彰大会,一批在统计工作中做出突出成绩的先进集体和个人受到表彰。受表彰的有:宁波市统计局、鄞县统计局、江东区东郊乡人民政府统计协调办公室3个全省先进集体;宁波市统计局调研员孔德平等6名全省先进工作者;慈溪市统计局等4个全市统计系统先进集体和北仑区统计局章忠贤等12名全市统计系统先进工作者。

2002年,根据省统计局《关于印发〈浙江省统计局对各市统计局综合考核评比办法〉的通知》(浙统办〔2002〕35号)和省统计局办公室《关于公布统计政务信息和统计档案工作等十三个业务工作考核办法的通知》(浙统办秘〔2002〕25号)精神,市统计局下发《关于印发〈宁波市统计局对各县(市)区统计局综合考核评比办法〉的通知》(甬统办〔2002〕100号)。决定自2002年起,对全市各县(市)、区统计局进行综合考核评比。

2003年1月,根据综合考核评比结果,市统计局印发《关于2002年度各县(市)区统计局考核评比结果的通报》(甬统办〔2003〕006号),慈溪市统计局、奉化市统计局、鄞州区统计局被评为先进单位;江东区统计局、海曙区统计局、镇海区统计局、宁海县统计局被评为优秀单位。同时,对统计政务信息工作、综合统计工作、工交能源统计工作、国民经济核算工作、统计单位登记和名录库建设工作、农村统计工作、投资建筑业统计工作、商贸统计工作、统计法制工作、人口和社会科技统计工作、统计教育工作、统计信息工程建设12个单项工作获得前三名的县(市)、区统计局进行了通报。

2004年1月,根据综合考核评比结果,市统计局印发《关于2003年度各县(市)区统计局综合考核评比结果的通报》(甬统办〔2004〕003号),慈溪市统计局、余姚市统计局、鄞州区统计局被评为先进单位;奉化市统计局、江东区统计局、江北区统计局、镇海区统计局被评为优秀单位。同时,对统计政务信息12个单项工作获得前三名的县(市)、区统计局进行了通报。

2005年1月,根据综合考核评比结果,市统计局下发《关于2004年度各县(市)区统计局综合考核评比结果的通报》(甬统办〔2005〕002号),鄞州区统计局、慈溪市统计局、余姚市统计局被评为先进单位;江东区统计局、镇海区统计局、江北区统计局、奉化市统计局被评为优秀单位。同时,对政务信息与档案管理等12个单项工作获得前三名的县(市)、区统计局进行了通报。同月,宁波市人事局、市统计局联合发文表彰全市统计系统先进工作者6名、先进集体6个。

2006年1月,根据综合考核评比结果,市统计局下发《关于2005年度各县(市)区统计局综合考核评比结果的通报》(甬统发〔2006〕009号),慈溪市统计局、鄞州区统计局、江北区统计局被评为先进单位;余姚市统计局、镇海区统计局、江东区统计局、宁海县统计局被评为优秀单位。同时,对政务信息与档案管理等12个单项工作获得前三名的县（市）、区统计局进行了通报。同时，根据省统计局重新出台的关于《浙江省统计局对各市统计局综合考核评比办法》，市统计局印发《关于印发〈县（市）区统计局年度工作综合考评实施办法〉的通知》（甬统发〔2006〕7号）。决定自2006年起按照新的考评办法实施。

2007年2月，根据新的考核办法评比结果，市统计局印发《关于2006年度各县（市）区统计局综合考核评比结果的通报》（甬统发〔2007〕008号），慈溪市统计局、鄞州区统计局、宁海县统计局被评为先进单位；江北区统计局、余姚市统计局、海曙区统计局、北仑区统计局被评为优秀单位。同时，对政务信息与档案管理工作、综合统计工作、工交能源统计工作、国民经济核算工作、统计单位登记和名录库建设工作、农村统计工作、投资建筑业统计工作、服务业统计工作、统计法制工作、社会与科技统计工作、统计从业资格及专业技术资格考试和统计教育工作、统计信息工程建设、财务工作、规模以下工业抽样调查14个单项工作获得前三名的县（市）、区统计局进行了通报。

2007年3月，市统计局再次修订下发《关于印发〈县（市）区统计局年度工作综合考评实施办法〉的通知》（甬统发〔2007〕20号），新办法规定，在全市各县（市）、区统计局中，评出年度统计工作先进单位3家、优秀单位4家、达标单位若干家予以表彰奖励。同时，对单项工作获得前三名的单位进行通报表彰。新的考核办法自2007年起实施。

2008年3月，根据综合考核评比结果，市统计局、宁波调查队联合印发《关于2007年度各县（市）区统计局综合考核评比结果的通报》（甬统队发〔2008〕011号），慈溪市统计局、海曙区统计局、江北区统计局、余姚市统计局、鄞州区统计局被评为优秀单位；宁海县统计局、镇海区统计局、北仑区统计局 、象山县统计局、奉化市统计局、江东区统计局被评为良好单位。

2008年5月，市统计局、宁波调查队出台《关于印发〈县（市）区统计局年度工作综合考评实施办法〉的通知》（甬统队发〔2008〕29号）。规定各县（市）、区统计局综合考核评比设优秀、良好、合格、不合格4个等次，根据综合考评结果，通报表彰综合考核评比优秀单位，并颁发荣誉证书。考核办法自2008年开始实施。

2009年2月，根据综合考核评比结果，市统计局、宁波调查队下发《关于2008年度各县（市）区统计局综合考核评比结果的通报》（甬统队发〔2009〕008号），余姚市统计局、鄞州区统计局、慈溪市统计局、江北区统计局、海曙区统计局、北仑区统计局被评为优秀单位；镇海区统计局、江东区统计局、象山县统计局、宁海县统计局、奉化市统计局被评为良好单位。

2009年3月，根据中央和浙江省有关清理规范评比达标表彰工作的要求，省统计局下发《省统计局关于暂停对各市统计局综合考核评比的通知》（浙统〔2009〕32号）。是年4月，市统计局印发《关于暂停对各县（市）区统计局综合考核评比的通知》（甬统党〔2009〕012号），决定从2009年起，暂停对各县（市）、区统计局综合考核评比工作。同时，明确对经济运行监测、统计政务信息、能源统计、服务业统计、粮食安全统计监测、农村住户抽样调查和统计稽查7项工作落实情况进行评价通报。

2009年7月，为有效提高统计调查的工作质量，规范执行统计调查方法制度，确保统计源头数据的真实和统计报表的及时、完整，根据国家统计局浙江调查总队有关工作要求，宁波调查队规范出台了关于《国家统计局宁波调查队各专业考核办法》（甬队发〔2009〕1号）。决定从2009年起，对全市工业生产者价格调查工作、固定资产价格调查工作、采购经理调查工作、住户调查工作、房地产价格调查工作等进行年度评比表彰。

2010年1月，市统计局、宁波调查队联合印发《关于表彰2009年度全市房地产价格统计工作先进单位的通知》（甬统队发〔2010〕1号），对宁波雅戈尔置业有限公司等32家房地产价格统计工作先进单位、宁波卷烟厂等51家工业生产者价格统计调查工作先进单位、宁波市建设集团股份有限公司等8家固定资产投资价格调查工作优胜单位、宁波波导股份有限公司等8家采购经理调查工作先进单位、慈溪市龙山镇海甸戎村胡剑聪等9名农村住户调查工作优秀辅助调查员予以通报表彰。2013年3月，为理顺各级调查队与统计局的关系，根据省委《关于浙江地区国家统计局市县调查队独立设立党组的意见》精神，市统计局和宁波调查队机构分设，上述考评工作由宁波调查队单独组织实施。

2017年1月，根据宁波市评比达标表彰工作协调小组办公室印发的《关于进一步明确评比达标表彰工作要求的通知》，明确县（市）、区和市直各部门自行设置的评比达标项目一律予以取消。同时，要求除中央和省里有明确规定外，各部门不得自行配套开展评比达标表彰活动。

第二章　统计标准与国民经济核算

Chapter 2　Statistical Standards and National Economic Accounting

统计标准既是建立国民经济核算体系的前提条件，又是建立国民经济核算体系的重要内容，是社会经济实践经验和科技发展的共同结晶。标准的产生与修订体现了社会经济实践新经验取代老经验、科学技术新成果取代旧成果的过程。国民经济核算体系的建立与发展，是国民经济核算实践经验和科学研究的综合成果。

中华人民共和国成立以来，经过不断摸索和实践，国民经济核算基本完成了由物质产品平衡表体系（MPS）向新国民经济核算体系即国民经济账户体系（SNA）的转换，确立了适合社会主义市场经济发展状况的新国民经济核算体系。

《中国国民经济核算体系（试行方案）》1992年正式在全国试行。这一核算体系由社会再生产核算表和经济循环账户两部分组成。

《中国国民经济核算体系（2002）》于2002年开始实施。这一核算体系的基本框架由五套基本核算表、一套国民经济账户和两张附属表三部分构成。其中，基本核算表和国民经济账户是核心部分，附属表是对核心部分的补充。

截至2017年，所实施的国民经济核算体系是《中国国民经济核算体系（2016）》。这一核算体系的基本框架由基本核算和扩展核算组成。基本核算是本体系的核心内容，包括国内生产总值核算、投入产出核算、资金流量核算、资产负债核算、国际收支核算；扩展核算是对核心内容的补充和扩展，重点对国民经济中的某些特殊领域的活动进行描述。《中国国民经济核算体系（2016）》立足我国经济社会发展实际，充分吸收借鉴国际经验，主要从基本框架、基本概念和范围、基本分类、基本核算指标和计算方法等五个方面进行了修订，还引入了“经济所有权”“知识产权产品”“雇员股票期权”等概念。

第一节 统计标准

统计标准是统计活动中对重复性事物和概念所作的统一规定，它以社会经济、科学技术和实践经验的综合成果为基础，经有关方面协商一致，由主管部门批准，以特定形式发布，作为共同遵守的准则和依据。对统计调查数据资料进行统一分类和编码，是统计工作重要部分。民国时期，有一些简单统计分类，但标准不够统一、规范，使用范围有限。中华人民共和国成立后，国家相继制定、颁布全国统一统计分类标准。特别是改革开放以后，为适应中国社会主义市场经济深化发展和接轨国际需要，国家统计局和国务院有关部门对原有统计标准进行修订、拓展，制定不少新统计标准。

一、统计单位划分

1996年第一次全国基本单位普查时，对统计单位作出划分。后经几次普查和专业统计的实践，对统计单位的划分作了进一步的修订。2011年10月，为了科学有效地开展统计调查，统一和规范统计单位，避免统计单位的重复和遗漏，提高统计数据质量，根据《中华人民共和国统计法》等相关国家法律、法规和部门规章，国家统计局制定《统计单位划分及具体处理办法》（国统字〔2011〕96号）。参考联合国有关统计单位的标准和规定。适用于各项普查、常规统计调查和专项统计调查。

2017年7月，为科学有效地开展统计调查，统一和规范各项普查、常规统计调查和专项统计调查中的统计单位，根据国家统计局要求，浙江省统计局印发《统计单位划分办法（征求意见稿）》（浙统办函〔2017〕29号），组织全省认真研究提出修改意见。

统计单位类型。统计单位分为三类，包括法人单位、产业活动单位、个体经营户。

法人单位是指有权拥有资产、承担负债，并独立从事社会经济活动（或与其他单位进行交易）的组织。法人单位应同时具备以下条件：

（一）依法成立，有自己的名称、组织机构和场所，能够独立承担民事责任；

（二）独立拥有（或授权使用）资产或者经费，承担负债，有权与其他单位签订合同；

（三）具有包括资产负债表在内的账户，或者能够根据需要编制账户。

法人单位包括五种类型：企业法人、事业单位法人、机关法人、社会团体和其他成员组织法人、其他法人。

（一）企业法人是指依据《中华人民共和国公司登记管理条例》《中华人民共和国企业法人登记管理条例》等国家法律和法规，经各级工商行政管理机关登记注册，领取《企业法人营业执照》的企业。包括：

1. 公司制企业法人；

2. 非公司制企业法人；

3. 依据《中华人民共和国个人独资企业法》《中华人民共和国合伙企业法》，经各级工商行政管理机关登记注册，领取《营业执照》的个人独资企业、合伙企业。

（二）事业单位法人是指经国务院或地方县级以上机构编制管理部门批准，经国家或地方县级以上事业单位登记管理部门登记或备案，领取《事业单位法人证书》，取得法人资格的事业单位。包括：

1. 各级党委、政府直属事业单位；

2. 中共中央、国务院直属事业单位举办的事业单位；

3. 各级人大、政协机关，人民法院、人民检察院和各民主党派机关举办的事业单位；

4. 各级党委部门和政府部门举办的事业单位；

5. 使用财政性经费的群众团体举办的事业单位；

6. 国有企业及其他组织利用国有资产举办的事业单位；

7. 依照法律或有关规定，应当由各级登记管理机关登记的其他事业单位。

（三）机关法人是指各级政党机关和国家机关。包括：

1. 县级以上各级中国共产党委员会及其所属各工作部门；

2. 县级以上各级人民代表大会机关；

3. 县级以上各级人民政府及其所属各工作部门，以及地区行政行署；

4. 县级以上各级政治协商会议机关；

5. 县级以上各级人民法院、检察院机关；

6. 县级以上各民主党派机关；

7. 乡、镇中国共产党委员会和人民政府。

（四）社会团体和其他成员组织法人是指依据《社会团体登记管理条例》，经国家或县级以上民政部门登记注册或备案、领取《社会团体法人登记证书》的各类社会团体，以及由机构编制管理部门管理其编制的群众团体。包括：

1. 社会团体法人；

2. 群众团体法人；

3. 其他成员组织法人。

（五）其他法人是指除上述类型以外的法人，

是依据《中华人民共和国居民委员会组织法》《中华人民共和国村民委员会组织法》《基金会管理条例》《农民专业合作社登记管理条例》及其他法律、法规，依法成立，具备法人条件的单位。包括：

1. 居民委员会和村民委员会；

2. 基金会；

3. 领取《民办非企业单位（法人）登记证书》的民办非企业单位；

4. 宗教组织和活动场所；

5. 农民专业合作社；

6. 其他未列明法人单位。

产业活动单位是指位于一个地点，从事一种或主要从事一种社会经济活动的组织或组织的一部分。产业活动单位应同时具备以下条件：

（一）在一个场所从事一种或主要从事一种社会经济活动；

（二）相对独立地组织生产活动或经营活动；

（三）能提供收入、支出等相关资料。

产业活动单位是法人单位的组成部分。仅包含一个产业活动单位的法人单位，称为单产业法人单位，该法人单位同时也是一个产业活动单位；由两个及以上产业活动单位组成的法人单位，称为多产业法人单位，这些产业活动单位接受法人单位的管理和控制。

个体经营户是指生产资料归劳动者个人所有，以个体劳动为基础，劳动成果归劳动者个人占有和支配的一种经营组织。个体经营户包括：

（一）按照《中华人民共和国民法通则》和《城乡个体工商户管理暂行条例》规定，经各级工商行政管理机关登记注册、领取《营业执照》的个体工商户；

（二）依据《民办非企业单位登记管理暂行条例》，经国务院民政部门和县级以上地方各级人民政府民政部门核准登记，并领取《民办非企业单位（合伙）登记证书》或《民办非企业单位（个人）登记证书》的民办非企业单位。

统计单位的派出机构按照以下方法确定统计单位类型：

（一）企业法人和事业单位法人派驻各地的派出机构（办事处、联络处、办公室、销售部、售后服务部等），按照以下情况处理：

1. 对外从事经营活动的派出机构（如销售部、售后服务部等），在工商部门登记注册并具有法人资格的，作为法人单位，否则作为产业活动单位；

2. 不直接从事经营活动的派出机构（如办事处、联络处、办公室等），不单独作为统计单位。

（二）机关法人的派出机构，按照以下情况处理：

1. 机关法人驻外地的办事处和在乡（镇）设立的派出机构（如法庭、检察分院、公安派出所、财税所、工商所、国土所等），作为产业活动单位；

2. 城镇街道办事处视同法人单位；

3. 机关法人驻外地的办事处开办的经营性机构（宾馆、招待所、培训中心等），在工商部门登记注册并具有法人资格的，作为法人单位，否则作为产业活动单位。

（三）外国企业和港澳台企业在中国境内常驻的从事与该企业业务有关的非营利性活动的办事处、代表处等机构，不具有法人资格的，作为产业活动单位。

统计单位的内设机构按照以下方法确定统计单位类型：

（一）住宿业单位（宾馆、饭店）的内设机构，如从事餐饮、娱乐、健身、洗浴、商务服务等活动，符合产业活动单位条件的，作为产业活动单位；否则不单独作为统计单位。住宿业单位（宾馆、饭店）将内设机构承包给外单位（含个人），从事餐饮、娱乐、健身、洗浴、商务服务等活动，作为承包方的产业活动单位处理。

（二）企事业单位、机关下属不具备法人单位条件，以为本单位提供住宿、餐饮、卫生、洗浴、托儿所、运输、建筑、农业（农场、牧场）等服务为主的机构，符合产业活动单位条件的，作为产业活动单位；否则不单独作为统计单位。

（三）购物中心（百货商场、超市、仓储会员店等）内经营单位的划分，按照以下情况处理：

1. 购物中心自营的商品销售或餐饮经营活动，符合产业活动单位条件的，作为产业活动单位，否则不单独作为统计单位。

2. 购物中心对外出租的店面或柜台，如果由购物中心统一核算收支，不单独作为统计单位；如果不由购物中心统一核算收支的，分三种情况处理：承租单位在工商部门登记注册且具有法人资格的，作为法人单位；承租单位符合本办法第七条规定的，作为个体经营户；否则不单独作为统计单位。

百货商场、超市、仓储会员店以及其他商品零售门店或场所对外出租店面或柜台，参照上述情况处理。

（四）商品交易市场（集贸市场）内的经营单位，经工商部门登记注册且具有法人资格的，作为法人单位；符合本办法第七条规定的，作为个体经营户；不符合上述规定，但有固定摊位，实际从事经营活动三个月以上的商户，视为个体经营户。

2004 年末，宁波市共有从事第二、三产业的法人单位 71182 个。其中，企业法人单位 59974 个，机关、事业法人单位 3762 个，社会团体法人单位 1350 个，其他法人单位 6096 个。产业活动单位 81684 个，其中，第二产业 40080 个，第三产业 41604 个。个体经营户 351958 户，其中，第二产业 68804 户，第三产业 283154 户。

2014 年末宁波市统计单位列表

表 45

	单位数（个）	比重（%）
一、法人单位	71182	100.0
企业法人	59974	84.2
机关、事业法人	3762	5.3
社会团体法人	1350	1.9
其他法人	6096	8.6
二、产业活动单位	81684	100.0
第二产业	40080	49.1
第三产业	41604	50.9
三、个体经营户	351958	100.0
第二产业	68804	19.5
第三产业	283154	80.5

2008 年末，宁波市共有从事第二、三产业的法人单位 102924 个，增加 31742 个，增长 44.6%。产业活动单位中，第二产业 56292 个，第三产业 59850 个。个体经营户 384747 户，增加 32789 户，增长 9.3%，其中有证照个体经营户为 241179 户。个体经营户中从事第二产业的有 74875 户，从事第三产业的有 309872 户。

2018 年末宁波市统计单位列表

表 46

	单位数（个）	比重（%）
一、法人单位	102924	100.0
企业法人	89318	86.8
机关、事业法人	4403	4.3
社会团体法人	1928	1.9
其他法人	7275	7.0
二、产业活动单位	116142	100.0
第二产业	56292	48.5
第三产业	59850	51.5
三、个体经营户	384747	100.0
第二产业	74875	19.5
第三产业	309872	80.5

2013年末，宁波市共有从事第二产业和第三产业活动的法人单位166749个，比2008年末增加63825个，增长62.0%；产业活动单位187045个，增加70903个，增长61.0%；有证照个体经营户266005个，比2008年末增加24826个，增长10.3%。

2013年末宁波市统计单位列表

表47

	单位数（个）	比重（%）
一、法人单位	166749	100.0
企业法人	150025	90.0
机关、事业法人	4725	2.8
社会团体法人	11999	7.2
二、产业活动单位	187045	100.0
第二产业	79149	42.3
第三产业	107896	57.7
三、个体经营户	266005	100.0
第二产业	55634	20.9
第三产业	210371	79.1

二、城乡划分

1955年11月国务院颁布《关于城乡划分标准的规定》（国秘字第203号）规定城乡划分标准如下。（一）凡符合下列标准之一的地区都是城镇：甲、设置市人民委员会的地区和县（旗）以上人民委员会所在地（游牧区流动的行政领导机关除外）；乙、常住人口在2000人以上，居民50%以上是非农业人口的居民区。（二）工矿企业、铁路站、工商中心、交通要口、中等以上学校、科学研究机关的所在地和职工住宅区等，常住人口虽然不足2000人，但是在1000人以上，而且非农业人口超过75%的地区，列为城镇型居民区；具有疗养条件，而且每年疗养或休息的人数超过当地常住人口50%的疗养区也可列为城镇型居民区。（三）除上列城镇和城镇型居民区以外的地区为乡村。

1963年12月，中共中央、国务院《关于调整市镇建制、缩小城市郊区的指示》，重新规定了镇建制的条件。（一）工商业和手工业相当集中，聚居人口在3000人以上，其中非农业人口占70%以上，或者聚居人口在2500以上不足3000人，其中非农业人口占85%以上，确有必要由县级国家机关领导的地方，可以设置镇的建制。民族地区的工商业和手工业集中地，聚居人口虽然不足3000人，或者非农业人口不足70%，但是确有必要由县级国家机关领导的，也可以设置镇的建制。现有的镇建制，凡是不符合上述条件的，或者虽然符合上述人口条件，但是仍改归乡村人民公社领导为有利的，都应该撤销；即使是县级或者县级以上地方国家机关所在地，也应该撤销。（二）现在由农村人民公社领导的集镇，凡是以保持原有领导关系为有利的，即使符合设镇的人口条件，也不要设置镇的建制。在撤销了镇建制的地方，原镇属居民一律列为乡村人口。

1984年12月，国务院批转民政部《关于调整建镇标准报告》（国发〔1984〕165号）的通知，对建镇标准作了适当放宽，调整为：（一）凡县级地方国家机关所在地，均应设置镇的建制；（二）总人口在2万人以下的乡，乡政府驻地非农业人口超过2000人的，可以建镇；总人口在2万人以上的乡，乡政府驻地非农业人口占全乡人口10%以上的，也可以建镇；（三）少数民族地区、人口稀少的边远地区、山区和小型工矿区、小港口、风景旅游、边境口岸等地，非农业人口虽不足2000人，如确有必要，也可设置镇的建制。

1996年10月，为更加规范地做好统计上城乡划分工作，浙江省统计局制定并印发了《浙江省县以下行政区划代码编码办法》，要求各地按照统一的编码方法做好编码工作。统一规范县以下行政区划代码，并在将来各项普查和统计调查工作中统一使用这一代码，实现统计信息自动化，建立统一的数据库和信息网络，实现资源共享的前提。

1999 年 11 月，浙江省统计局将国家统计局制定下发的《中华人民共和国行政区划代码》（GB/T 2260—1999）中的浙江省部分，即《浙江省县以上行政区划代码》印发各市、县统计局。要求从1999 年年报开始，各专业上报数据凡涉及行政区划代码的，都必须以这次印发的《浙江省县以上行政区划代码》中的代码为准。1999 年 12 月，为配合第五次全国人口普查需要，国家统计局制定并印发了《关于统计上划分城乡的规定（试行）》（国统字〔1999〕114 号）。

2000 年 8 月，根据《中华人民共和国行政区划代码》[中华人民共和国国家标准（GB 2260—1999）] 和当年 6 月底前浙江省行政区域的变动情况，省统计局对县以上行政区划代码重新作了修订，并做好新旧行政区划代码的转换工作。

2001 年 2 月，为了科学、真实反映中国现阶段城乡的人口、社会和经济发展情况，统一各部门、各专业的城乡划分标准，国家统计局制定《关于统计上划分城乡的规定（试行）》，省统计局按照国家统计局《关于统计上划分城乡的规定（试行）》和《关于统计上划分城乡中判断城区建设向外延伸的补充通知》的具体要求，组织开展城乡划分试点工作。宁波奉化参与此次试点。

2006 年 6 月，为准确反映现阶段城乡人口、社会和经济发展情况，科学评价城镇化水平，统一各专业统计城乡划分口径，满足农业普查需要，国家统计局对 1999 年印发的《关于统计上划分城乡的暂行规定（试行）》进行了修订，并印发了《关于统计上划分城乡的暂行规定》和《国家统计局统计上划分城乡工作管理办法》（国统字〔2006〕60 号）。

2006 年 9 月，国务院办公厅印发《关于暂停县级以下行政区划调整审批工作的通知》（国办函〔2006〕74 号），暂停县级以下（不含县级）行政区划调整审批工作，暂停期间为 2006 年 10 月 1 日至 2007 年 1 月 31 日。

2008 年 7 月，国务院批复国家统计局与民政部、城乡住房建设部、公安部、财政部、农业部、国土资源部联合报送的《关于报请国务院批换统计上划分城乡规定的请示》，原则上同意《统计上划分城乡的规定》，至此，历经十年数易其稿的城乡划分标准，最终经国务院同意出台。与《统计上划分城乡的暂行规定》对比，《统计上划分城乡的规定》主要有三大变动。一是第一次明确了以实际建设作为城乡划分的依据，在此之前，无论是试行规定或是暂行规定，虽已体现按照实际建设划分城乡的思想，但仍保留按照区划切块来划分城乡的方法。二是对城镇范围作细微调整。2006 年的暂行规定中，城镇范围包括街道、镇所辖居民委员会地域，而《统计上划分城乡的规定》以实际建设作为划分依据，明确无论是村委会还是居委会，都以实际建设的连接状况来划分城乡，取消了原街道、镇所辖居民委员会地域作为城镇的规定。三是明确农场、林场的场部为镇区。

2009 年 1 月，根据《国家统计局关于在统计上贯彻城乡划分规定的若干事项的通知》（国统字〔2008〕177 号）和《国家统计局关于开展全国城乡划分清查工作的通知》（国统字〔2009〕96 号）的精神，省统计局于 2009 年第四季度开展全省城乡划分清查工作。清查范围包括全省乡、镇、街道及类似的乡级单位，居民委员会、村民委员会及类似的村级单位。

2010 年 9 月，为贯彻落实《国务院关于统计上划分城乡规定的批复》（国函〔2008〕60 号）精神，进一步推动全国城乡划分工作，国家统计局对市、县两级统计机构在2009年全国城乡划分清查工作中的先进集体进行表彰。根据《国家统计局关于开展全国城乡划分清查先进集体评选表彰工作的通知》(国统字〔2010〕80号)，在全国范围内，对组织得力、培训认真、工作扎实、报送及时、质量过硬、成绩突出的97个市级单位和198个县级单位予以表彰，其中，宁波市统计局获得“2009年全国城乡划分清查工作先进集体”荣誉称号。

三、国民经济行业分类

1952年国家统计局第一次制定《工业部门分类》，共分28个门类、85个细分类。

1954年又颁发了《私营企业统计分类办法》，分别对工业、商业、其他行业进行分类，并附有《工业部门分类目录》《商业部门标准分类目录》。

1955年，为满足全国职工普查需要，国家开始对国民经济行业进行分类。为综合汇总调查资料，国家统计局制发了《部门分类目录》，目录分多个部门，主要有工业、农业、林业、水利事业、基本建设、地质勘探机构、铁路运输、公路运输、民用航空运输、邮电、公用事业、商业、公共饮食业、银行及保险机构、科学研究机构，以及气象、文化艺术、广播通信、教育、卫生、体育事业、国家机关及社会团体、社会救济事业等。

1957年，国家统计局对《工业部门分类》又重新作出修订。修订后工业部门分239个细类，将28个门类归并为20个，即电力工业、燃料工业、黑色金属工业、有色金属工业、金属加工工业、化学工业、橡胶工业、非金属矿工业、建筑材料工业、玻璃工业、陶瓷工业、木材工业、纺织工业、造纸工业、缝纫工业、皮革工业、油脂及肥皂香料化妆品工业、食品工业、文教艺术用品工业及其他工业。

1959年，国家计委、劳动部、国家统计局对国民经济分类作了进一步完善，规定国民经济部门划分为10个门类、47个大类、56个中类、149个小类。10个门（大）类是：工业部门，基本建设部门，农林水气部门，运输与邮电部门，商业、饮食业与服务业，城市公用事业，科学与文教卫生部门，金融保险事业，国家机关和人民团体及其他。

1982年，为适应第三次全国人口普查的需要，国家统计局、国家标准局等部门制定了《国民经济行业分类和代码》。划分原则主要按企业、事业单位、机关团体和个体从业人员所从事的生产或其他社会经济活动性质的同一性分类，适当兼顾行政主管部门业务管理范围的需要，新标准分类在科学性上有明显提高。

1984年，对《国民经济行业分类和代码》作了修改与补充，新颁发的《国民经济行业分类和代码》将国民经济行业分为13个门类、75个大类、310个中类、667个小类。13个门类为：农、林、牧、渔、水利业，工业，地质普查和勘探业，建筑业，交通运输、邮电通信业，商业、公共餐饮业，物资供销和仓储业，房地产管理、公用事业、居民服务和咨询服务业，卫生、体育和社会福利事业，教育、文化艺术和广播电视事业，科学研究和综合技术服务业，金融、保险业，国家机关、党政机关和社会团体，其他行业。

2002年，国家统计局对1984年《国民经济行业分类和代码》作了修订，并发布了《国民经济行业分类》(GB/T 4754—2002)，于2002年10月经国家质量监督检验检疫总局批准正式实施。新修订的《国民经济行业分类》共分20个门类、95个行业大类、396个行业中类、913个行业小类，基本反映了我国当时行业结构状况。此次修订行业分类广泛应用于统计、计划、工商、财政和税收等各个领域，为在统计上反映我国经济结构和产业构成以及国家宏观调控和部门管理提供了统一、规范的经济活动分类。

2008年，国家统计局根据近年来我国经济发展变化和第二次全国经济普查的需要，对2002年的《国民经济行业分类注释》进行了修订。新版《注释》以国家统计局出版的《统计用产品分类目录》为主要参考依据，对全部913个小类行业中的753个行业注释进行了重新编写。其中，农、林、牧、渔业有58个行业注释重新编写；采矿业、制造业、电力、燃气及水的生产和供应业有438个行业注释重新编写；建筑业和服务业有257个行业注释重新编写。

联合国于2007年颁布了新版《国际标准产业分类》修订第四版（简称ISIC Rev.4），在实施计划中，建议各国的行业分类于2010年与ISIC Rev.4相衔接，并进行数据比对。根据我国实际情况和联合国的实施计划，国家统计局于2008年提出修订《国民经济行业分类》的计划，经国家质检总局同意，从2009年起开展《国民经济行业分类》（GB/T 4754—2002）修订工作。

2011年，经过两年多修订，报经国家质检总局、国家标准化委员会批准，于2011年4月发布了修订后的《国民经济行业分类》（GB/T 4754—2011）。《国民经济行业分类》标准中，行业门类的数目保持不变，仍然为20个，但部分门类的名称和顺序作了调整，行业大类由95个调至96个，行业中类由396个调至432个，行业小类由913个调至1094个。为便于统计工作和社会各界使用《分类》，同年，国家统计局重新编写了《国民经济行业分类注释》。新版《注释》除保留原版注释的结构框架，采用《统计用产品分类目录》进行解释外，还增加了国民经济行业分类旧新类目对照、联合国《国际标准行业分类》与新行业分类对照、新行业分类与产品分类代码对照、按行业名称检索表，以及行业分类有关问题的说明等内容。

2015年，为适应经济发展新常态、服务新常态，更及时、准确反映新兴产业、新兴业态、新兴商业模式的发展状况，并为实施派生产业分类提供可操作的行业分类标准，国家统计局对2011年版分类标准做出修订。该次修订主要体现为“三新”活动分类、战略性新兴产业和其他相关产业等分类要求而增加的内容，对部分行业中类、小类进行调整改动。

2017年，《国民经济行业分类》（GB/T 4754—2017）已由国家质检总局、国家标准委发布，10月1日起正式实施。新行业分类共有20个门类、97个大类、473个中类、1380个小类。与2011年版比较，门类没有变化，大类增加了1个，中类增加了41个，小类增加了286个。

四、三次产业划分

1985年，国务院批准国家统计局《关于建立第三产业统计的报告》中，规定了三次产业的划分标准。第一产业：农业，包括农业、林业、牧业、渔业等；第二产业：工业和建筑业，工业包括采掘业、制造业、自来水、电力、蒸气、热水、煤气等；第三产业：除上述第一、第二产业以外的其他各业。

1988年4月，国务院批转国家统计局《关于建立第三产业统计报告》，进一步明确了第三产业具体分为两大部分、四个层次。两大部分：一是流通部门；二是服务部门。四个层次：第一层次为流通部门；第二层次为生产和生活服务部门；第三层次为提高科学文化水平和居民素质的服务部门；第四层次为社会公共需要的服务部门。

1993年8月，在《全国第三产业普查实施方案》中，对第三产业包括的经济部门规定为：1. 为生产为生活服务的部门，包括地质勘探业、水利业、农林牧渔服务业、交通运输业、仓储业、邮电通信业、批发和零售贸易、餐饮业、房地产业、社会服务业、综合技术服务业、金融业、保险业；2. 为提高科学文化水平和居民素质服务的部门，包括卫生事业、体育事业、社会福利事业、教育事业、文化艺术事业、广播电影电视事业、科学研究事业；3. 为管理国家、管理社会服务的部门，包括国家机关（包括军队和武装警察部队）、政党机关、社会团体、基层群众自治组织。

2003年5月，根据《国民经济行业分类》（GB/T 4754—2002），国家统计局印发了《三次产业划分规定》（国统字〔2003〕14号），对1985年规定的三次产业重新进行划分：第一产业是指农、林、牧、渔业；第二产业是指采矿业，制造业，电力、燃气及水的生产和供应业，建筑业；第三产业是指除第一、二产业以外的其他行业。第三产业包括交通运输、仓储和邮政业，信息传输、计算机服务和软件业，批发和零售业，住宿和餐饮业，金融业，房地产业，租赁和商务服务业，科学研究、技术服务和地质勘查业，水利、环境和公共设施管理业，居民服务和其他服务业，教育，卫生、社会保障和社会福利业，文化、体育和娱乐业，公共管理和社会组织，国际组织。该《规定》在国民经济核算、各项统计调查及国家宏观管理中得到广泛应用。

2012年，根据国家质检总局和国家标准委颁布的《国民经济行业分类》（GB/T 4754—2011），国家统计局对2003年《三次产业划分规定》（国统字〔2003〕14号）进行了修订。《三次产业划分规定》（国统字〔2012〕108号）作了以下调整。一是调整3个大类，规范三次产业、服务业的口径、范围，推动我国服务业发展，将A门类“农、林、牧、渔业”中的“05农、林、牧、渔服务业”，B门类“采矿业”中的“11开采辅助活动”，C门类“制造业”中的“43金属制品、机械和设备修理业”等3个大类一并调入第三产业。调整后，第一产业为4个大类；第二产业为2个门类和36个大类；第三产业为15个门类和3个大类。二是明确第三产业即为服务业，鉴于当时服务业的口径、范围不统一，既不利于服务业统计和服务业核算，也不利于贯彻执行国务院《关于加快发展服务业的若干意见》（国发〔2007〕7号）以及国务院办公厅转发国家统计局《关于加强和完善服务业统计工作的意见》（国办发〔2011〕42号），因此，此次修订三次产业划分规定时，明确第三产业即为服务业。

五、产品分类

1952年国务院制发全国通用的《工业产品目录》，分电力、煤炭、石油、黑色金属、冶金、焦炭、有色金属、电子、建材、化工、橡胶、机械制造、伐木、玻璃、陶瓷、纺织、缝纫、皮革等20个大类、5000种左右产品，采用统一名称、统一编号和统一计量单位。

1954年国家统计局制定《国内贸易统一商品目录》，采用编、类、组、项四级分类方法，将国内贸易商品分为食品，非食用消费品，生产用农产原料，生产用原料（农产原料除外）及其制品，生产用机械设备、工具及仪器等5编、83类、13829种商品。

1957年国家统计局制定《货物运输统计品名分类目录》，共分18大类。

1987年4月，国家标准局从建立统一的科学的国民经济核算制度和实现国家经济信息的自动化管理需要，发布了《全国工农业产品（商品、物资）分类与代码》，采取将产品（商品、物资）分为四个层次，依次隶属，每层次用三位代码表示，共设87个大类、1143个中类、7612个小类、近30000个细类。

2010年2月9日，国家统计局发布《统计用产品分类目录》（国家统计局令第13号）。《统计用产品分类目录》统一、规范了我国产品统计分类标准，解决了各专业、各部门使用的产品目录不衔接、不统一、数据不可比的问题，为统计工作和部门管理提供了基础的产品分类框架。

此外，为消除工农业总产值的历史对比中受价格变动的影响，国家统计局先后颁布了1957年、1970年、1980年、1990年各年《工业产品不变价格》和《农产品不变价格》目录。对未列入目录的一些地方产品的不变价格，由省统计局会同有关业务厅局作统一补充。此项不变价计算工农业总产值到90年代中后期终止使用，代之以工业品价格指数和农产品价格指数分别计算。

六、企业登记注册类型划分

1998年10月，浙江省统计局、浙江省工商行政管理局联合转发了国家统计局、国家工商行政管理局《划分企业登记注册类型的规定》（国统字〔1998〕200号），根据《规定》，企业登记注册类型分为内资企业、港澳台商投资企业、外商投资企业、个体经营。内资企业分为国有企业、集体企业、股份合作企业、联营企业、有限责任公司、私营企业、其他企业。港澳台投资企业分为合资经营企业（港、澳、台资），合作经营企业（港、澳、台资），港、澳、台商独资经营企业，港、澳、台商投资股份有限公司。外商投资企业分为中外合资经营企业、中外合作经营企业、外资企业、外商投资股份有限公司。

2005年，国家统计局对1998年制定的《关于统计上划分经济成分的规定》（国统字〔1998〕204号）中的有关控股情况的分类进行了修订，并印发了《关于统计上对公有和非公有控股经济的分类办法》（国统字〔2005〕79号），2005年9月浙江省统计局予以转发。《办法》以法人企业作为分类对象，根据企业实收资本中某种经济成分的出资人实际出资情况进行分类，并按出资人对企业的控股程度，分为绝对控股和相对控股。绝对控股是指在企业的全部实收资本中，某种经济成分的出资人拥有的实收资本（股本）所占企业的全部实收资本（股本）的比例大于50%。投资双方各占50%，且未明确由谁绝对控股的企业，若其中一方为国有或集体的，一律按公有绝对控股经济处理；若投资双方分别为国有、集体的，则按国有绝对控股处理。相对控股是指在企业的全部实收资本中，某经济成分的出资人拥有的实收资本（股本）所占的比例虽未大于50%，但根据协议规定拥有企业的实际控制权（协议控股）；或者相对大于其他任何一种经济成分的出资人所占比例（相对控股）。该《办法》还对控股经济进行重新分类，并赋予代码。

国家统计局要求从2005年统计年报开始，各地各专业在相关综合统计数据中，增加公有和非公有控股经济分组。

至2010年，国家统计局未再对《关于统计上划分经济成分的规定》（国统字〔1998〕204号）作出修改。

2011年9月国家统计局、国家工商行政管理总局对《划分企业登记注册类型的规定》(国统字〔2011〕86号)作了修订。以工商行政管理部门对企业登记注册的类型为依据，将企业登记注册类型分为以下种类。

2011年宁波市企业类型划分统计表

表48

代码	企业登记注册类型
100	**内资企业**
110	国有企业
120	集体企业
130	股份合作企业
140	联营企业
141	国有联营企业
142	集体联营企业
143	国有与集体联营企业
149	其他联营企业
150	有限责任公司
151	国有独资公司
159	其他有限责任公司
160	股份有限公司
170	私营企业
171	私营独资企业
172	私营合伙企业
173	私营有限责任公司
174	私营股份有限公司
190	其他企业
200	**港、澳、台商投资企业**
210	合资经营企业(港或澳、台资)
220	合作经营企业(港或澳、台资)
230	港、澳、台商独资经营企业
240	港、澳、台商投资股份有限公司
290	其他港、澳、台商投资企业
300	**外商投资企业**
310	中外合资经营企业
320	中外合作经营企业
330	外资企业
340	外商投资股份有限公司
390	其他外商投资企业

七、企业规模划分

企业规模划分，即是区分企业大、中、小规模。20世纪50年代，全国对基本建设和工业企业作过一些规定，其划分标准主要以生产能力(或效益)为依据，也有按固定资产原值或职工人数来划分大、中、小型。

1970年国家统计局统一制定了《大中小型企业划分标准》。

1978年国家计委、国家经委、财政部制定了《基本建设项目大、中、小型划分标准》，分别对工业建设项目的大、中型和非工业建设项目大、中型作了规定。

1988年对标准作了修订，但暂缓执行。

1992年10月，国家计委、国家经委、国家统计局、财政部、劳动部联合制发了新的《大、中、小型工业企业划分标准》(国经贸企〔1992〕176号)。该《标准》依据企业生产能力和劳动力、劳动手段、劳动对象和产品在企业的集中程度，规定工业企业分为特大型、大型(分大型一档、大型二档)、中型(分中型一档、中型二档)和小型四类。

2003年，国家统计局根据国家经贸委、国家计委、财政部、国家统计局《关于印发中小企业标准暂行规定的通知》(国经贸中小企〔2003〕143号)，结合统计工作的实际情况，印发《统计上大中小型企业划分办法(暂行)》(国统字〔2003〕17号)。该《办法》适用于统计上对工业(采矿业，制造业，电力、燃气及水的生产和供应业)、建筑业、交通运输、仓储和邮政业、批发和零售业、住宿和餐饮业的企业划分规模，以法人企业或单位作为对企业规模的划分对象，以从业人员数、销售额和资产总额三项指标为划分依据。

2011 年 9 月，为贯彻落实工业和信息化部、国家统计局、国家发展改革委、财政部《关于印发中小企业划型标准规定的通知》（工信部联企业〔2011〕300 号），国家统计局制定《统计上大中小微型企业划分办法》（国统字〔2011〕75 号）。

2017 年 12 月，根据《国民经济行业分类》（GB/T 4754—2017），对 2011 年制定的《统计上大中小微型企业划分办法》进行修订，对部分行业进行相应调整，形成《统计上大中小微型企业划分办法（2017）》（国统字〔2017〕213 号）。详细分类如下表。

统计上大中小微型企业划分标准一览表

表 49

行业名称	指标名称	计量单位	大型	中型	小型	微型
农、林、牧、渔业	营业收入（Y）	万元	Y ≥ 20000	500 ≤ Y ＜ 20000	50 ≤ Y ＜ 500	Y ＜ 50
工业 *	从业人员（X）	人	X ≥ 1000	300 ≤ X ＜ 1000	20 ≤ X ＜ 300	X ＜ 20
	营业收入（Y）	万元	Y ≥ 40000	2000 ≤ Y ＜ 40000	300 ≤ Y ＜ 2000	Y ＜ 300
建筑业	营业收入（Y）	万元	Y ≥ 80000	6000 ≤ Y ＜ 80000	300 ≤ Y ＜ 6000	Y ＜ 300
	资产总额（Z）	万元	Z ≥ 80000	5000 ≤ Z ＜ 80000	300 ≤ Z ＜ 5000	Z ＜ 300
批发业	从业人员（X）	人	X ≥ 200	20 ≤ X ＜ 200	5 ≤ X ＜ 20	X ＜ 5
	营业收入（Y）	万元	Y ≥ 40000	5000 ≤ Y ＜ 40000	1000 ≤ Y ＜ 5000	Y ＜ 1000
零售业	从业人员（X）	人	X ≥ 300	50 ≤ X ＜ 300	10 ≤ X ＜ 50	X ＜ 10
	营业收入（Y）	万元	Y ≥ 20000	500 ≤ Y ＜ 20000	100 ≤ Y ＜ 500	Y ＜ 100
交通运输业 *	从业人员（X）	人	X ≥ 1000	300 ≤ X ＜ 1000	20 ≤ X ＜ 300	X ＜ 20
	营业收入（Y）	万元	Y ≥ 30000	3000 ≤ Y ＜ 30000	200 ≤ Y ＜ 3000	Y ＜ 200
仓储业 *	从业人员（X）	人	X ≥ 200	100 ≤ X ＜ 200	20 ≤ X ＜ 100	X ＜ 20
	营业收入（Y）	万元	Y ≥ 30000	1000 ≤ Y ＜ 30000	100 ≤ Y ＜ 1000	Y ＜ 100
邮政业	从业人员（X）	人	X ≥ 1000	300 ≤ X ＜ 1000	20 ≤ X ＜ 300	X ＜ 20
	营业收入（Y）	万元	Y ≥ 30000	2000 ≤ Y ＜ 30000	100 ≤ Y ＜ 2000	Y ＜ 100
住宿业	从业人员（X）	人	X ≥ 300	100 ≤ X ＜ 300	10 ≤ X ＜ 100	X ＜ 10
	营业收入（Y）	万元	Y ≥ 10000	2000 ≤ Y ＜ 10000	100 ≤ Y ＜ 2000	Y ＜ 100
餐饮业	从业人员（X）	人	X ≥ 300	100 ≤ X ＜ 300	10 ≤ X ＜ 100	X ＜ 10
	营业收入（Y）	万元	Y ≥ 10000	2000 ≤ Y ＜ 10000	100 ≤ Y ＜ 2000	Y ＜ 100
信息传输业 *	从业人员（X）	人	X ≥ 2000	100 ≤ X ＜ 2000	10 ≤ X ＜ 100	X ＜ 10
	营业收入（Y）	万元	Y ≥ 100000	1000 ≤ Y ＜ 100000	100 ≤ Y ＜ 1000	Y ＜ 100
软件和信息技术服务业	从业人员（X）	人	X ≥ 300	100 ≤ X ＜ 300	10 ≤ X ＜ 100	X ＜ 10
	营业收入（Y）	万元	Y ≥ 10000	1000 ≤ Y ＜ 10000	50 ≤ Y ＜ 1000	Y ＜ 50
房地产开发经营	营业收入（Y）	万元	Y ≥ 200000	1000 ≤ Y ＜ 200000	100 ≤ Y ＜ 1000	Y ＜ 100
	资产总额（Z）	万元	Z ≥ 10000	5000 ≤ Z ＜ 10000	2000 ≤ Z ＜ 5000	Z ＜ 2000
物业管理	从业人员（X）	人	X ≥ 1000	300 ≤ X ＜ 1000	100 ≤ X ＜ 300	X ＜ 100
	营业收入（Y）	万元	Y ≥ 5000	1000 ≤ Y ＜ 5000	500 ≤ Y ＜ 1000	Y ＜ 500

续表 49

行业名称	指标名称	计量单位	大型	中型	小型	微型
租赁和商务服务业	从业人员（X）	人	X ≥ 300	100 ≤ X ＜ 300	10 ≤ X ＜ 100	X ＜ 10
	资产总额（Z）	万元	Z ≥ 120000	8000 ≤ Z ＜ 120000	100 ≤ Z ＜ 8000	Z ＜ 100
其他未列明行业 *	从业人员（X）	人	X ≥ 300	100 ≤ X ＜ 300	10 ≤ X ＜ 100	X ＜ 10

注：1. 大型、中型和小型企业须同时满足所列指标的下限，否则下划一档；微型企业只须满足所列指标中的一项即可；

2. 附表中各行业的范围以《国民经济行业分类》（GB/T 4754—2017）为准。带 * 的项为行业组合类别，其中，工业包括采矿业，制造业，电力、热力、燃气及水生产和供应业；交通运输业包括道路运输业，水上运输业，航空运输业，管道运输业，多式联运和运输代理业、装卸搬运，不包括铁路运输业；仓储业包括通用仓储，低温仓储，危险品仓储，谷物、棉花等农产品仓储，中药材仓储和其他仓储业；信息传输业包括电信、广播电视和卫星传输服务，互联网和相关服务；其他未列明行业包括科学研究和技术服务业，水利、环境和公共设施管理业，居民服务、修理和其他服务业，社会工作，文化、体育和娱乐业，以及房地产中介服务，其他房地产业等，不包括自有房地产经营活动；

3. 企业划分指标以现行统计制度为准。（1）从业人员，是指期末从业人员数，没有期末从业人员数的，采用全年平均人员数代替。（2）营业收入，工业、建筑业、限额以上批发和零售业、限额以上住宿和餐饮业以及其他设置主营业务收入指标的行业，采用主营业务收入；限额以下批发与零售业企业采用商品销售额代替；限额以下住宿与餐饮业企业采用营业额代替；农、林、牧、渔业企业采用营业总收入代替；其他未设置主营业务收入的行业，采用营业收入指标。（3）资产总额，采用资产总计代替

八、经济类型划分

“一五”（1953 年至 1957 年）时期，经济类型主要分国营经济、合作社经济、公私合营经济、私营经济、个体经济等。此后 20 多年，全国实行计划经济体制，经济类型相对稳定，统计上关于经济类型划分也无实质性变化。

1980 年 12 月，国家统计局、国家工商行政管理局颁布《关于统计上划分经济类型的暂行规定》，经济类型分为：全民所有制、集体所有制、全民与集体合营、全民与私人合营、集体与私人合营、中外合营、华侨或港澳工商业者经营、个体经营和其他。

1992 年 10 月，国家统计局、国家工商行政管理局等部门又针对国民经济结构发生新变化所出现的一些新的经济类型，重新作了修订，印发了《关于经济类型划分的暂行规定》（国统字〔1992〕344 号），把经济类型划分为 9 种：国有经济，集体经济，私营经济，个体经济，联营经济，股份制经济，外商投资经济，港澳台投资经济和其他。

1998 年国家统计局制定了《关于统计上划分经济成分的规定》（国统字〔1998〕204 号），对公有经济和非公有经济进行重新划分，并赋予相关代码。经济成分分类与代码如表 50 所示。

经济成分分类与代码一览表

表 50

代码	分类及构成
1	公有经济
11	国有经济
12	集体经济
2	非公有经济
21	私有经济
22	港澳台经济
23	外商经济

公有经济是指资产归国家或公民集体所有的经济成分，包括国有经济和集体经济；国有经济是指资产归国家所有的经济成分；集体经济是指资产

归公民集体所有的经济成分。非公有经济是指资产归我国内地公民私人所有或归外商、港澳台商所有的经济成分，包括私有经济、港澳台经济和外商经济；私有经济是指资产归我国内地公民私人所有的经济成分；港澳台经济是指资产归港澳台商所有的经济成分；外商经济是指资产归外商所有的经济成分。

2005年，国家统计局对《关于统计上划分经济成分的规定》中有关控股情况分类进行修订，并印发《关于统计上对公有和非公有控股经济的分类办法》(以下简称《分类办法》)，要求从2005年统计年报开始，各地各专业在相关综合统计数据中，增加公有和非公有控股经济分组。《分类办法》以法人企业作为分类对象，根据企业实收资本中某种经济成分出资人实际出资情况进行分类，按出资人对企业控股程度，分为绝对控股和相对控股。绝对控股是指在企业全部实收资本中，某种经济成分出资人拥有实收资本（股本）所占企业全部实收资本（股本）比例大于50%。投资双方各占50%，且未明确由谁绝对控股企业，若其中一方为国有或集体，一律按公有绝对控股经济处理；若投资双方分别为国有、集体，则按国有绝对控股处理。相对控股是指在企业全部实收资本中，某经济成分出资人拥有实收资本（股本）所占比例虽未大于50%，但根据协议规定拥有企业实际控制权（协议控股）；或者相对大于其他任何一种经济成分出资人所占比例（相对控股）。《分类办法》对控股经济进行重新分类，并赋予代码，具体如表51所示。

经济类型划分一览表

表51

代码	名称	代码	名称
100	公有控股经济	200	非公有控股经济
110	国有控股	210	私人控股
111	国有绝对控股	211	私人绝对控股
112	国有相对控股	212	私人相对控股
120	集体控股	220	港澳台商控股
121	集体绝对控股	221	港澳台商绝对控股
122	集体相对控股	222	港澳台商相对控股
		230	外商控股
		231	外商绝对控股
		232	外商相对控股

第二节 国民经济核算

国民经济核算是以国民经济为对象的全面核算。即从国民经济全局出发，充分利用核算资料，编制国民经济各种核算表，全面核算社会再生产的活动和过程及成果，核算国民经济各个部门（工业、农业、建筑业、运输邮电业、商业等物质生产部门，以及生活服务、文化教育、卫生科研、机关团体等非物质生产部门）、各个环节（生产、流通、分配、消费等）、各个要素（人、财、物、产、供销等）的情况，从中研究国民经济的规模、水平、发展速度、结构、比例、平衡、效益等关系。宁波市国民经济核算的一些工作开展得较早，1981年国民收入核算正式列入浙江省统计年报制度。1992年开始尝试编制市级投入产出表，是浙江省唯一首编该表的城市。2015年和2017年分别作为国家试点城市，还开展了地方资产负债表和广义政府部门资产负债表的编制试点工作。

一、两大国民经济核算体系

国民经济核算，经过了不断摸索和实践，基本完成了由物质产品平衡表体系（MPS）向新国民经济核算体系即国民经济账户体系（SNA）的转换，确立了适合社会主义市场经济发展状况的新国民经济核算体系。国民经济核算体系的建立与发展，不仅与经济形势的发展变化密切相关，而且与政治形势的发展变化密切相关，它是随着我国经济体制由计划经济体制、有计划的商品经济体制向社会主义市场经济体制转变而变化的。宁波市国民经济核算体系的建立和发展，严格执行国家的制度和方法，与国家的国民经济核算体系一脉相承。迄今为止，经历了三个阶段。第一阶段为1952年至1984年，这一阶段采用的是物质产品平衡表体系，即MPS体系。第二阶段为1985年至1992年，这一阶段是MPS和SNA两种核算体系共存阶段。第三阶段为1993年至今，这一阶段是取消MPS体系，采用SNA基本核算框架、核算原则与方法，并结合中国实际建立新国民经济核算体系的时期，也可称为与国际接轨时期。

（一）第一阶段：MPS体系的建立和发展阶段

1952年到1984年，这一阶段为适应高度集中的计划经济管理的需要，主要采用物质产品平衡表体系，建立、健全国民经济综合平衡统计。这个体系核算范围为农业、工业、建筑业、运输邮电业和商业五大物质生产部门。其核心指标为国民收入。主要核算内容有：社会总产品（值）与净产品（值）、国民收入及其使用、积累基金与消费基金、物质产品与非物质产品、物质产品平衡表的编制和物质产品投入产出表编制等。

社会总产值（也称社会总产品），是指报告期内（通常为一年）工业、农业、建筑业、运输邮电业和商业五个物质生产部门总产值之和，包括生产过程中消耗掉的生产资料转移价值和新创造的价值，即劳动报酬、利润、税金等。该指标主要用以反映整个社会再生产的总规模和总水平，以及计算国民经济发展速度、各物质生产部门之间的结构、比例关系等。各物质生产部门总产值的计算方法，由于生产特点不同而有所不同，如工业总产值按“工厂法”计算，农业总产值按“产品法”计算。同时为了对经济活动进行对比，社会总产值既按现行价格计算，又按可比价格计算。社会总产值核算主要建立在五大物质生产部门总产值核算的基础上。一般采取先由有关工业、农业等专业统计提供该专业的核算资料，再由综合平衡统计按社会总产值的核算要求进行整理、汇总。

国民收入，是指物质生产部门劳动者在报告期内新创造的价值或物质财富，即从社会总产值中扣除生产过程中所消耗的生产资料价值后的那部分剩余的价值，用以反映社会的生产、分配、交换和消费。国民收入核算包括国民收入生产额、国民收入使用额等部分。

国民收入生产额，指工业、农业、建筑业、运输邮电业和商业五个物质生产部门的净产值之和。净产值按两种方法计算。一是生产法，从总产值中减去生产资料转移价值，即物质消耗而得；二是分配法，即净产值的构成要素之和，包括工资、职工福利基金、利润、税金、利息及其他不属于物质消耗的货币支出等相加而得。在核算中，除农业采用生产法计算外，工业、建筑业、运输邮电业和商业一般采用分配法。

国民收入使用额，指当年创造的国民收入最

终使用于消费、积累、净出口三个方面，而在地方核算时，由于难以计算地区间流进流出及进出口数据，则只是将消费额和积累额相加，即为国民收入使用额。消费额是指用于城乡居民个人生活消费和社会公共消费的物质产品之和；积累额则是指用于扩大再生产，进行非生产部门建设和增加物资储备的那一部分国民收入。国民收入消费额具体核算内容为社会消费、居民消费、按人口平均居民消费水平、农民消费水平、非农业居民消费水平（职工消费水平）及其职工与农民消费水平之比。国民收入积累额核算内容有固定资产积累与流动资产积累、生产性积累与非生产性积累等。

1957 年，根据全国统计工作纲要规定，在浙江省统计局开展的从 1949 年到 1953 年国民经济各部门的历史资料整理工作基础上，依据省统计局统一部署，开展了社会总产值核算。继社会总产值核算后，宁波又根据《浙江省国民收入计算方法（草案）》，试算了宁波 1956 年国民收入资料，并对 1952 年社会总产值和国民收入进行估算。此阶段的国民收入匡算有工业、手工业、农业、建筑业、运输业、邮电业、商业、公共饮食业 8 个部门，并以工业、农业、建筑业和商业为重点。计算分成国民生产和初次分配、国民收入再分配、国民收入最终使用三个阶段，形成消费基金和积累基金两部分资料。

1958 年，将以往年份的国民收入资料，经过进一步的加工整理，并于 1958 年 4 月汇编入《1953—1957 年宁波市国民经济统计资料》，并作文字分析，提供给宁波市委、市政府及有关经济部门领导使用。此后，至 1965 年不断进行了此项工作。从“文化大革命”开始，国民收入统计工作中断。

1978 年中共十一届三中全会后，浙江省统计局开始恢复国民收入的计算工作。1981 年，在浙江省统计局组织下，宁波市和宁波地区及所辖县开始试算各地的 1980 年国民收入，包含国民收入计算表九种和计算附表一张。此后，国民收入统计工作全方位制度化正常开展。

1983 年 3 月，浙江省统计局局向各市地县发出了《关于做好国民收入统计年报和补报以前年度国民收入的通知》，要求各地补报 1978—1980 年国民收入统计资料。宁波按照要求对 1978—1980 年国民收入统计资料进行了补报。

1983 年，国务院批准了国家计委等四个单位的《关于加强国民收入计划统计工作的报告》，从 1984 年开始，把“国民收入”指标作为衡量我国经济发展的综合指标之一。

1986 年，浙江省统计局《国民收入统计报表制度》包括 6 张表：《社会总产值和国民收入生产、消费与积累平衡表》《社会总产值和国民收入表》《国民收入消费表》《居民消费水平表》《国民收入积累表》《国民收入消费积累表》。宁波市统计局上报《社会总产值和国民收入表》以及《农业总产值和净产值》、《工业总产值和净产值》、《建筑业总产值和净产值》、《货运业总产值和净产值》、《邮电业总产值和净产值》、《商业饮食业总产值和净产值》、《物资供销总产值和净产值》6 张计算表和其他 6 张附表。1988 年起，作为计划单列市按照《国民收入统计报表制度》（包括《社会总产值和国民收入生产、消费与积累平衡表》《社会总产值和国民收入表》《国民收入消费表》《居民消费水平表》《国民收入积累表》《国民收入消费积累表》）上报资料至国家统计局平衡统计司。

国民收入核算每年进行，直到 1993 年终止计算。

（二）第二阶段：MPS 和 SNA 两种核算体系共存阶段

1985 年至 1992 年，这一阶段处于经济体制改革起步期，即从高度集中的计划经济向社会主义市场经济体制转变，与之相适应的国民经济综合平衡统计，既要核算物质产品，又要核算非物质产品。宁波市国民经济核算工作跟全国一样，属于结合中国实际的非 MPS，也非 SNA 的共存型体系，称为“中国国民经济核算体系（试行）”。

1985 年，根据国家统计局制发的《中国国民经济核算方案（试行）》的要求，核算范围扩大到全部国民经济部门，包括物质生产部门与非物质生产部门。该核算的挂帅总量指标为国民收入和国民（内）生产总值。主要核算内容有：除物质产品核算的指标外，增加了国民（内）生产总值及三次产业增加值、投入产出表、资金流量核算和国际收支核算等。这一时期既是 MPS 体系及其中心指标国民收入的终结，也是 SNA 体系及其中心指标国内生产总值的滥觞；是新旧体系的共存期。

国内（地区）生产总值（Gross Domestic Product，简称 GDP）是一个国家或地区的所有常住单位在一定时期内生产的全部最终产品的价值总和，是反映经济总体状况最重要的指标。国内（地区）生产总值反映的是最终的生产成果，是最终的货物和服务，它有三种不同的表现形态：价值形态、收入形态和产品形态。三种表现形态在国民经济核算中分别对应三种核算方法，即生产法、收入法和支出法。生产法是从生产的角度衡量常住单位在核算期内新创造价值的一种方法，即从国民经济各个部门在核算期内生产的总产出价值中，扣除生产过程中投入的中间产品价值，得到增加值。收入法是从生产过程创造收入的角度，根据生产要素在生产过程中应得的收入份额反映最终成果的一种核算方法。按照这种核算方法，增加值由劳动者报酬、生产税净额、固定资产折旧和营业盈余四部分相加得出。支出法是从最终使用的角度衡量核算期内货物和服务的最终去向，包括最终消费支出、资本形成总额和货物与服务净出口三个部分。

国民生产总值是在国内生产总值核算基础上加上国外净要素收入（即本国在国外的投资和劳务收入，与外国在本国的投资和劳务收入的差额）即得。

（三）第三阶段：在 SNA 下的发展阶段

1992 年，国务院发出了《关于实施国民经济核算体系方案的通知》，并要求在全国分两步实施新国民经济核算体系。第一步，1994 年前建立起国家和省两级新核算体系的基本框架。第二步，1996 年实施向新国民经济核算体系的全面过渡。根据国务院的要求，1995 年宁波市第一阶段的工作任务基本完成，编制了国内生产总值及其使用表、投入产出表，其中国内生产总值的年度核算制度各县都已成立，季度国内生产总值核算也已开展。部分地区还建立了乡镇级国内生产总值核算制度。

（四）核算机构

随着国民经济核算与综合平衡统计的建立与发展，宁波市统计局负责综合平衡统计工作的内设机构不断加强。1963 年 5 月设立综合科，1983 年 11 月改成综合统计科。1987 年 4 月改科为处。1992 年 10 月增设“平衡社会统计处”，与“投入产出办公室”合署办公。1996 年 5 月更名为“国民经济核算处”。

二、地区生产总值核算

（一）地区（国内）（国民）生产总值统计制度

1985年，我国开始采用国民生产总值作为制定国民经济发展战略目标的主要指标。同年8月，浙江省统计局根据国务院办公厅转发国家统计局《关于建立第三产业统计的报告》。10月，浙江省统计局与浙江省计经委联合下发了《关于做好国民生产总值和第三产业产值统计准备工作的通知》，该《通知》要求，1985年省一级要进行国民生产总值和第三产业产值的统计。与此同时，还下发了浙江省人民政府办公厅抄告单《关于统计工作汇报》。此项工作要求各市、地根据实际情况进行试算。

1986年3月，浙江省统计局召开全省综合平衡统计工作会议，总结交流前一段测算国民生产总值的情况，研究建立国民生产总值统计制度。1987年12月，根据国家统计局要求，结合浙江实际情况，决定从1987年起建立国民生产总值年报制度。宁波市统计局按照此项制度要求，开始编制1986年和1987年国民生产总值年报，并于1989年开始作为计划单列市，同时上报国家统计局。

1987年国家的《国民生产总值统计综合报表制度》共有三种表式:《国民生产总值表》(按当年价格计算)、《国民生产总值表》(按1980年价格计算)、《国内生产总值构成项目表》(按当年价格计算)。

1988年,《国民生产总值报表制度》在国家制度的基础上增加了《物质产品及劳务总值表》(按当年价格计算)。为了满足各级领导宏观决策和反映中共十一届三中全会以来十年国民经济发展成就的需要，浙江省统计局发出了《关于补报1978年—1985年历年国内生产总值的通知》，该《通知》要求各市（地）县（市）统计局要按照国家统计局1987年国民生产总值年报制度和省局统一表式进行填报。宁波按照要求完成了1978—1985年历年国内生产总值的测算和补报工作。

1989年，浙江省统计局以浙统函（89）12号文件发出《要求认真复核历史年份国民收入、国内生产总值匡算资料的函》，要求各地（市）县统计局对匡算的国民收入、国内生产总值历史资料进行一次认真的复核，对有问题的数据务必进行修正，完成了40年历史资料整理工作。

1990年，宁波市统计局开展了支出法国民生产总值核算，增加了《国民生产总值表（按支出法计算）》的上报。

1992年，国家统计局按照《新国民经济核算体系方案》，对《国民生产总值统计年报制度》进行了修订。修订后的制度主要有三方面变化：考虑到国外净要素收入资料取得困难，国民生产总值指标不再纳入制度，表名相应改为“国内生产总值表”；对国内生产总值的构成项目按新国民经济核算体系的指标设置，由原来的“劳动者收入”“福利基金”“利润”“税金”“其他”“固定资产折旧”等项分类改为“劳动者报酬”“固定资产折旧”“生产税净额”“其中：补贴”“营业盈余”等项；增加了行业细分组。《国内生产总值表》由原来简单分第一产业、第二产业、第三产业，第三产业下分四个层次，改为第二产业、第三产业下面均有细分组，与国民经济行业匹配。

1993年,《国内生产总值年报制度》生产法核算中增加了《总产出》表，同时为更好地做好支出法核算，增加了《总投资》、《总消费》和《居民总消费水平》。同时，为更好地进行生产法核算，增加了《工业总产出和增加值》《建筑业总产出和增加值》《运输业总产出和增加值》《批发和零售贸易、餐饮业总产出和增加值》4张计算表，4张计算表到1998年终止报送。《总产出》核算从1994年年报开始实施，核算1993年和1994年资料。

1995年，浙江省人民政府办公厅发文《转发省统计局关于建立向政府统计部门报送年度、季度会计报表制度意见的通知》，从此建立了部门每年度、每季度向统计局报送会计报表的机制。同年，浙江省统计局下发《提供GDP核算有关资料及开展GDP数据质量评估制度》通知，进一步健全完善了GDP核算工作，使之更加规范化、制度化，有利于提高GDP数据质量。同时，根据第三产业普查数据，对以前年份的GDP进行了调整和修订。

1996年，为进一步做好支出法核算，国家统计局将《总投资》表分为《按经济类型划分的总投资》和《按行业划分的总投资》2张表，并增加了《居民生活消费支出（试算表）》《农村居民生活消费支出（试算表）》《城镇居民生活消费支出（试算表）》3张消费表。

1998年，根据形势发展要求，国家又取消了《按经济类型划分的总投资》，只保留《按行业划分的资本形成总额》年报。此后几年，国内生产总值核算制度中表的类别和指标名称及分类略有调整，总体变化不大。

2000年，国家统计局下发《规模以下工业数据由全面统计向抽样调查过渡的调整方法》的通知，指出：1999年，国家统计局企业调查总队对规模以下工业进行了抽样调查，取得了比较接近实际的数据。大多数地区的规模以下工业原有全面统计数据需要加以纠正。这既为工业统计制度改革提供了新方法，也对提高GDP统计数据质量提供了坚实基础。

2004年，根据国家统计局《关于印发〈我国GDP核算和数据发布制度改革〉的通知》和《关于改进和规范地区GDP核算的通知》精神，结合浙江实际情况，浙江省统计局向国家统计局报送了《关于改进和规范浙江省GDP核算的报告》。报告内容主要包括：根据国家统计局关于地区GDP及相关的中文译名调整的精神，浙江省GDP的中文名称改为“浙江省生产总值”，简称为“浙江省GDP”；从2000年度开始，按常住人口计算人均GDP；拟定了省级GDP核算和数据发布程序。宁波市同期进行了改进和规范，宁波市GDP的中文名称改为“宁波市生产总值”，简称为“宁波市GDP”，从2000年度开始，同时测算“按户籍人口计算的人均GDP”和“按常住人口计算的人均GDP”。

2005年，《地区生产总值报表制度》执行新国民经济行业分类标准。同时取消了居民生活消费表、农村居民生活消费表和城镇居民生活消费表。

2005年11月2日，浙江省统计局下发了《浙江省GDP核算下管一级方案》（浙统〔2005〕88号）。文件规定2006年1月起实施GDP统一核算和统一发布制度。11月9日，省统计局又下发了《浙江省经济普查年度各市GDP统一核算工作方案》（浙统〔2005〕89号）。为做好经济普查年度各市GDP核算工作，解决过去GDP核算中存在的突出问题，达到各市汇总的GDP与全省GDP数据的基本衔接，为实施地区生产总值核算下管一级方案奠定基础。11月23日至26日，浙江省统计局与浙江省经济普查领导小组办公室联合在杭州召开了经济普查年度各市GDP统一核算会议。完成对各市经济普查年度的GDP核算工作，达到省与各市汇总数据的基本衔接。12月20日，《宁波市统计局关于成立地区生产总值核算工作领导小组及其办公室的通知》(甬统核〔2005〕67号)，成立了宁波市统计局GDP核算工作领导小组及其办公室，负责组织经济普查年度各县（市）区GDP统一核算，完成宁波市与各区县（市）GDP的总量和速度基本衔接，为地区生产总值核算下管一级打下基础。

2013年3月25日，根据《中共宁波市委常委会纪要》(〔2013〕 8号)“反映全貌、口径统一、制度规范、职责明确”的原则，宁波市统计局制定了《北仑区域统计工作实施方案》(甬统发〔2013〕8号)，建立北仑区域统一规范的统计体系，对北仑区行政区域内的调查对象进行统计调查，实行区域统计管理。北仑地区生产总值从2012年报开始调整，包含大榭开发区和保税区，涵盖北仑区行政区域范围。

2016年，由于考核需要，大榭开发区、保税区、高新区和杭州湾新区纳入市级地区生产总值核算，与11个县市区执行相同方案和核算下管一级模式。4月18日，对4个区域2016年一季度地区GDP数据实施了统一核算。

2016年，根据市政府《关于加快宁波新材料科技城建设的专题会议纪要》(〔2015〕12号)精神，镇海街道由镇海区委、区政府委托高新区（新材料科技城）党工委、管委会全面管理，2016年度起贵驷街道的统计工作由高新区（新材料科技城）负责组织实施。高新区2015年年报及各专业的定报基数包含贵驷街道。2016年一季度高新区地区生产总值的总量包含贵驷街道数据。

2016年7月，国家统计局实施了研发支出核算方法改革，将能为所有者带来经济利益的研发支出，由过去作为中间消耗处理，修订作为固定资本形成处理，以便更好地反映科技创新对地区经济发展的驱动作用，并据此修订了GDP历史数据。宁波市从2016年年报和2017年第三季度季报开始，将研发支出计入地区生产总值（GDP），并对2004年以来GDP历史数据进行修订。

2016年9月，宁波市部分行政区划调整。从2016年年报和2017年一季度开始核算新行政区划地区生产总值。

截至2017年，《地区生产总值统计制度》共有8张表，分别为《总产出》《按当年价格计算的地区生产总值》《按当年价格计算的地区生产总值构成项目》《按不变价格计算的地区生产总值》《支出法地区生产总值》《最终消费支出》《资本形成总额》《居民消费水平》。宁波市统计局核算全部8张表，上报省统计局前4张表。

（二）地区（国内）生产总值季度核算

季度国内生产总值与年度国内生产总值在基本概念、口径范围上是一致的。与年度国内生产总值相比，季度国内生产总值时效性较强，能够及时反映季度国民经济发展变化情况，为短期经济分析，加强宏观调控提供依据。

1992年6月，浙江省统计局召开全省市（地）季度国内生产总值试算会议，研究制定《市（地）季度国内生产总值试算方案》，部署试算工作。该《方案》对季度试算的组织分工和上报时间、计算原则和一般方法、核算范围、资料来源作了详细规定。考虑到地区流入流出核算的难度，季度国内生产总值核算建立在收入法和生产法基础上，暂不考虑支出法。宁波市统计局从1992年第二季度开始进行季度国内生产总值核算。经过1992年和1993年两年的试算，于1994年正式纳入《国内生产总值统计报表制度》。此后，经过逐年完善和规范，季度国内生产总值核算工作延续至今。

2006年1月，省统计局组织省、市核算及相关专业人员对各市2005年度GDP进行了统一核算，省对市的地区生产总值核算下管一级正式实施。2006年7月，市对县进行了2006年上半年GDP统一核算，宁波市地区生产总值核算下管一级实施。

2017年，全市及各区县（市）季度除核算地区生产总值外，分列第一产业、第二产业、第三产业三个产业，农业（下列农、林、牧、渔服务业）、工业（下列开采辅助活动，金属制品、机械和设备修理业）、建筑业、批发和零售业（下列批发业、零售业）、交通运输、仓储和邮政业、住宿和餐饮业（下列住宿业、餐饮业）、金融业、房地产业（下列K门类房地产业、自有房地产经营活动）及其他服务业（下列营利性服务业、非营利性服务业）增加值，并按当年价格和可比价格两种价格计算。

三、投入产出核算

投入产出核算是国民经济核算体系的一个重要组成部分。它主要利用投入产出表来反映部门间生产中的技术联系和重要比例关系。投入产出表产生于20世纪30年代的美国。它是由美国经济学家、哈佛大学教授瓦西里·列昂惕夫首先提出并加以研究的。列昂惕夫从民国20年（1931）开始研究投入产出技术，编制投入产出表。民国25年（1936）发表了《美国经济制度中投入产出数量关系》一文，它标志着投入产出技术的诞生，并创立了投入产出技术这一科学理论。

20世纪50年代末、60年代初，中国开始引进投入产出技术，研究重点是投入产出技术的分析应用。1974年8月，为研究宏观经济问题、编制国民经济计划，在国家统计局和国家计委的组织下，国家统计局、国家计委、中国科学院、中国人民大学和北京经济学院等单位联合，编制了第一张全国投入产出表，即1973年实物型投入产出表。1982年，国家统计局和国家计委组织有关部委编制了1981年价值型投入产出表和实物型投入产出表。

1987年3月，为适应经济体制管理和改革开放的需要，切实做好我国国民经济综合平衡，加强对社会经济发展的科学管理工作，国务院办公厅印发了《关于进行全国投入产出调查的通知》，决定在全国范围内进行第一次投入产出专项调查，编制1987年全国投入产出表，以后每五年进行一次。在国家统计局组织实施下，完成了1987年全国投入产出表编制工作，并正式出版发行《1987年中国投入产出表》。该表的编制成功和在宏观经济调控等方面的成功应用，标志着投入产出技术在我国发展到一个新的阶段。

80年代初，浙江省统计局按照国家统计局要求，开始投入产出表编制的酝酿、筹备工作。1982年10月至1983年4月，经中共浙江省委、省政府同意，组成了由省统计局、省委党校、杭州电子工业学院、杭州钢铁厂、省计委计算站等单位参加的“杭州钢铁厂投入产出法试点工作组”，在杭州钢铁厂进行了浙江省历史上首次投入产出表编制和应用的试点工作。浙江省统计局有组织、有步骤、有创新、有特色地开展了1984年投入产出调查工作，并于1987年编制浙江省第一张投入产出表，即

《浙江省国民经济投入产出模型（1984年）》。1987年开始，投入产出表编制工作开始规范化，确定逢2、逢7年份编制基本表，逢0、逢5年份编制延长表。

宁波市投入产出调查工作最早开始于1984年，由市统计局和市计委共同完成省统计局布置的重点单位投入产出调查任务。1987年，根据全国和全省的投入产出调查工作部署，联合市计委、市经委、市财税局、人民银行市分行、市乡镇企业局等部门联合成立市投入产出办公室，组织开展重点单位投入产出调查表的填报工作，为省编制投入产出表提供了可靠依据。宁波市单独开展投入产出核算开始于1992年，根据国家统计局要求，宁波作为计划单列市，市统计局要在尾数逢2、逢7年份除完成国家、省布置的投入产出调查任务外，应与国家统计局同步单独并独立编制投入产出表。到2017年底止，宁波市统计局已编制了1992年、1997年、2002年、2007年和2012年5张投入产出表。随着经济规模逐渐扩大，投入产出表也在不断调整和细化，这5张投入产出表的部门分类数分别为119、124、122、144、139个。

投入产出表就是对一定时期内生产、收入、分配和使用全过程进行记录的一览表。投入产出表中的投入，是指国民经济各部门、各产品在进行生产时投入的各种原材料、燃料、动力、各种服务以及所投入的劳动力、上缴利润和税金等，即中间投入和增加值两部分。投入产出表中的产出，是指国民经济各部门所生产的货物或服务的分配使用去向，即用于货物和服务生产的中间使用，以及消费、资本形成和出口的最终使用。

投入产出表

表52

投入 / 产出		中间使用					最终使用	总产出
		1	2	…	n	合计		
中间投入	1	x_{11}	x_{12}	…	x_{1n}	W_1	Y_1	X_1
	2	x_{21}	x_{22}	…	x_{2n}	W_2	Y_2	X_2
	…	…	…	(Ⅰ)…	…	…	(Ⅱ)…	…
	N	x_{n1}	x_{n2}	…	x_{nn}	W_n	Y_n	X_n
	合计	C_1	C_2	…	C_n	W	Y	X
增加值		N_1	N_2	(Ⅲ)…	N_n	N		
总投入		X_1	X_2	…	X_n	X		

从上表可以看出，投入产出表由三部分组成：左上角、右上角和左下角，分别称为第Ⅰ象限、第Ⅱ象限、第Ⅲ象限。

第Ⅰ象限核算中间产品，它从中间投入和中间使用两个角度，反映国民经济各部门之间相互依存、相互制约、互为条件的经济技术联系，是投入产出表的核心内容。从横行看，反映各部门货物或服务分配给各生产部门使用的数量，即“中间使用”部分；从纵列看，反映各部门生产活动过程中所消耗的货物或服务的数量，即“中间投入”部分。

第Ⅱ象限核算最终使用，是第Ⅰ象限在水平方向上的延伸。这一部分反映各部门货物或服务的最终使用情况，即反映不再参加本期生产过程而为满足最终需求所提供的、包括各部门各种货物或服务的使用。第Ⅰ象限和第Ⅱ象限连结在一起，反映了国民经济各部门货物或服务的分配使用去向。

第Ⅲ象限核算最初投入即增加值，是第Ⅰ象限在垂直方向上的延伸，反映各部门生产活动过程中形成的增加值及其构成情况。第Ⅰ象限和第Ⅲ象限连接在一起，反映了国民经济各部门在生产经营活动中的投入情况，体现了国民经济各部门生产货物或服务的价值形成过程。

（一）1987年投入产出核算

1987年8月，省人民政府根据全国要求，发出开展全省投入产出调查的通知，部署1987年浙江投入产出调查工作。

1988年市计委、市经委、市财税局、市人民银行、市乡镇企业局和市统计局联合发文《关于组织填报一九八七年投入产出重点调查表的通知》，成立投入产出调查办公室，召开全市投入产出重点调查工作会议，布置学习重点调查的工作任务，组织重点调查报表的填报工作。特别是针对乡镇企业发展较快，产值已占全市及各县（市）总产值相当比重，户多面广工作量大的情况，要求重点户数较多的区乡（镇）组织一定力量，成立专门工作班子，认真做好这项调查填表工作。历时4个月，完成全市分布各行业的338个重点调查单位的调查和数据处理。

（二）1992年投入产出核算

1992年11月，根据市人民政府办公厅通知，开展宁波市1992年投入产出表编制工作，并建立由市计委、市经委、市财税局、市人民银行、市乡镇企业局和市统计局相关人员组成的市投入产出调查协调小组及其办公室。

宁波市1992年投入产出调查与编表从1992年准备、组织实施到模型研制与开发应用，先后用一年多时间完成了任务。编制了119×119、33×33、6×6个产品部门按SNA核算口径的价值型投入产出表及其各种主要系数和152×152种产品的实物型投入产出表，其中119个部门包括农业6个部门、工业84个部门、货运邮电业6个部门、建筑业1个部门、商业饮食业5个部门、非物质生产部门17个部门。

（三）1997年投入产出核算

1997年10月，市统计局、市计委、市经委和市财政局转发了国家统计局等单位通知，开展宁波市1997年投入产出表的调查和编制工作。本次投入产出在前几次经验基础上，充分考虑企业管理水平和会计制度发生变化的情况，调查表有较大的变化。

宁波市1997年投入产出调查与编表，从1997年底开始，健全组织、前期准备、试点调查、宣传动员、分级培训、审核录入、汇总上报、模型编制，先后用两年多时间完成。编制了124×124、40×40个产品部门《宁波市1997年投入产出价值表》及其各种主要系数。其中124个部门包括农业5个部门、工业84个部门、建筑业1个部门、运输业10个部门、仓储业1个部门、邮电业2个部门、商业饮食业2个部门、其他服务部门19个部门。

（四）2002年投入产出核算

2002年8月，省统计局、省计委、省经委、省财政厅联合通知开展2002年全省投入产出调查工作，要求加强领导，搞好协调；明确任务，落实责任；精心组织，抓好培训；加强督促，按时上报。9月，市统计局、市计委、市经委、市财政局联合发布《关于开展2002年宁波市投入产出调查工作的通知》（甬统办〔2002〕115号），正式开展宁波市2002年投入产出表的调查和编制工作。

宁波市2002年投入产出调查与编表，从2002年底开始，准备、组织实施到模型编制，先后用近两年时间完成。编制了122×122、42×42个产品部门的《宁波市2002年投入产出表》及其各种主要系数。评选出10个全国投入产出先进集体和30名全国投入产出先进个人，10个省级投入产出先进集体和30名省级投入产出先进个人。

（五）2007年投入产出核算

2007年11月，根据市统计局、市发展和改革委员会、市财政局的联合通知，要求加强领导，搞好协调；精心组织，合理安排；严格把关，保证质量；统筹规划，分步实施。开展宁波市2007年投入产出表的调查和编制工作。

宁波市2007年投入产出调查与编表，从2007年9月开始，准备、组织实施到模型编制与开发应用，先后用近两年时间完成。组建了宁波市投入产出调查工作小组及其办公室，制定《宁波市2007年投入产出工作计划》，完成了对817家重点调查单位的业务培训、填报指导、数据审核等工作任务，编制了144×144、42×42个产品部门的《宁波市2007年投入产出表》及其各种主要系数。评选出16个全国投入产出先进集体和40名全国投入产出先进个人，12个省级投入产出先进集体和30名省级投入产出先进个人。

（六）2012年投入产出核算

2012年6月，根据市统计局、市发展和改革委员会、市财政局的联合通知，要求加强领导，专人负责；密切配合，组织协调；广泛宣传，营造氛围；依法推进，保质保量；统筹规划，分步实施。开展宁波市2012年投入产出表的调查和编制工作。

宁波市2012年投入产出调查与编表，从2012年6月开始，准备、组织实施到模型编制与开发应用，先后用近两年时间完成。完成了对955家重点调查单位的业务培训、填报指导、数据审核等工作任务，编制了139×139、42×42个产品部门的《宁波市2012年投入产出表》及其各种主要系数，并在第Ⅱ象限中的流入与流出两列，单列出进口和出口数据。

四、宁波市国民经济核算特色

（一）改进国民收入和国民生产总值统计

1983年，余姚市统计局在余姚市政府、财政部门的支持下，采用会统结合办法，开展国民收入和国民生产总值统计，取得了良好的效果，不仅保证了国民收入和国民生产总值统计的准确性和时效性，而且还为今后进行年度考核提供了客观可能性。此项工作，国务院国民经济统一核算标准领导小组办公室相当重视，曾特邀余姚市统计局史秋华介绍经验。余姚市的措施办法是：一是要求会计在既包含物耗，又包含非物耗，或是既包括中间消耗又包含增加值的科、子目下面分设账户，为计算国民收入和国民生产总值积累资料；二是要求财会部门增报一张能反映总产值、净产值和增加值（或第三产业产值的）报表。有的称为《经营情况表附表》，或称《利润表附表》或称《商品成本表附表》等。作为会计报表的附表，随同会计定期报表一起上报，此种报表在基层单位由会计填报，在主管部门由财会人员审核汇总直报市综合统计部门。对于工业企业，主要是充实两种体系（SNA和MPS）同时核算需要的内容，使之与会计产品成本核算具有同样的性质，使它与现行价工业总产值在空间上完全一致。用会统结合的办法来改革社会总产值，对国民收入和国民生产总值的统计方法产生了积极的影响，达到了事半功倍的效果。

（二）开展GDP下管一级和统一核算

2004年11月7日，《国务院办公厅转发国家统计局关于改进地区GDP核算工作意见的通知》（国办发〔2004〕82号）。就改进地区GDP核算工作提出：在条件成熟时国家对省（区、市）的GDP核算全面实行下算一级，由国家统计局直接计算各省（区、市）的GDP，并提出各省（区、市）要逐步建立地区GDP核算下算一级的制度，有条件的省（区、市）可以先实行。鉴于GDP核算的复杂性和县一级统计工作的实际状况，地市一级也要逐步建立GDP核算下算一级的制度。2005年9月16日，《浙江省人民政府办公厅转发省统计局关于改进地区GDP核算工作意见的通知》（浙政办发〔2005〕75号）明确提出：规范地区GDP核算方法；统一核算核准核实经济普查年度省、市、县（市、区）GDP数据；尝试建立地区GDP统一核算下管一级制度；规范全省和各市、县（市、区）GDP数据发布时间和发布方式；加强部门间的协作配合。

2005年10月19日，根据《浙江省统计局关于成立地区生产总值核算工作领导小组及其办公室的通知》（浙统〔2005〕85号），成立了GDP核算领导小组及其办公室，并明确领导小组和领导小组办公室组成人员及职责。11月2日，浙江省统计局下发了《浙江省GDP核算下管一级方案》（浙统〔2005〕88号）。主要内容为：总体原则是“核算牵头、专业联动、各负其责、统一核算”；下管一级专业的主要指标、时效和质量要求；各市季度GDP统一核算的组织形式及质量要求；数据统一发布时间和发布方式，省市季后21日，县市季后22日，发布方式为浙江统计信息网。2006年1月起实施GDP统一核算和统一发布制度，对各市地区生产总值核算提出组织保障要求。11月9日省统计局又下发了《浙江省经济普查年度各市GDP统一核算工作方案》（浙统〔2005〕89号）。为做好经济普查年度各市GDP核算工作，解决过去GDP核算中存在的突出问题，达到各市汇总的GDP与全省GDP数据的基本衔接，为实施地区生产总值核算下管一级方案奠定基础。11月23日至26日，浙江省统计局与浙江省经济普查领导小组办公室联合在杭州召开了经济普查年度各市GDP统一核算会议。完成对各市经济普查年度的GDP核算工作，达到省与各市汇总数据的基本衔接。至此，浙江省与各市GDP的总量和速度基本衔接。12月20日，根据《宁波市统计局关于成立地区生产总值核算工作领导小组及其办公室的通知》（甬统核〔2005〕67号），宁波市统计局成立GDP核算领导小组及其办公室，推进宁波市GDP核算制度改革。具体负责宁波市GDP核算制度改革中重大事项的决策，组织经济普查年度各县（市）区GDP统一核算，完成宁波市与各区县（市）GDP的总量和速度基本衔接，为地区生产总值核算下管一级打下基础。

（三）建立卫星城市试点镇统计制度和重点开发区域统计监测

2009年，宁波市委、市政府提出“走中国特色、宁波特点的新型城镇化道路，将有条件的中心镇发展成为宁波都市圈的卫星城市”。7月，宁波市委、宁波市人民政府《关于深化中心镇改革加快卫星城市发展的若干意见》（甬党〔2009〕12号），要求“建立科学的评价考核指标体系和工作信息交流、统计公布制度，对试点镇的改革发展情况进行评价、排名，对试点镇实行竞争和淘汰机制”。2010年7月6日，宁波市委、市政府出台《关于进一步推进卫星城市创新发展的实施意见》（甬党办〔2010〕24号）。10月9日，宁波市统计局制定了《关于建立健全宁波市卫星城市试点镇统计工作体系的指导意见（试行）》（甬统队发〔2010〕43号），在慈城、泗门、西店、石浦、集士港、溪口和观海卫7个中心镇（2011年增加周巷镇）健全试点镇统计工作体系，有效开展地区生产总值核算和国民经济行业及社会发展专业统计，科学研判和客观评价试点镇经济社会发展质量及民生改善水平。随后建立了试点镇政府综合统计机构并配备人员，建立健全统计台账制度，开展了国民经济核算、农业、服务业、人口、城镇住户及规下工业6个专业统计调查。2011年4月，市统计局组织实施了2011年一季度卫星城市试点镇地区生产总值核算工作，卫星城市试点镇GDP季度核算工作正式启动。

2012年，宁波市委、市政府出台《关于进一步强化工作机制合力推进重点开发区域建设的若干意见》（甬党发〔2012〕151号），对全市重点开发区域实行统筹管理，正式启动实施三年行动计划，努力建设成为产业转型升级示范区、新型城市化样板区、科技人才集聚区、国际合作先行区、改革创新探索区。2013年，市外经贸局和市统计局联合开发重点开发区域网上直报系统，建立重点开发区域统计制度。7月，根据《宁波市重点开发区域季（年）度GDP核算方案》，初步核算了2013年1—6月各重点开发区域规模以上工业主要经济指标、限额以上服务业主要经济指标，以及各重点开发区域GDP总量、速度等综合指标。

2015年，规范了卫星城市试点镇和重点开发区域GDP核算方法，兼顾与全市GDP核算方法的衔接，对卫星城市试点镇和重点开发区域的季度GDP核算方法进行统一。

（四）尝试产业和所有制统计核算研究

1. 开展文化产业增加值核算研究

2004年3月，为贯彻落实党的十六大关于文化建设和文化体制改革的要求，改进和完善文化产业统计工作。国家统计局制定了《文化及相关产业分类》（国统字〔2004〕24号），规范文化及相关产业的口径、范围。

为全面反映宁波市文化产业发展规模、水平和结构情况，为市委、市政府制定政策和管理提供依据。2007年6月，宁波市统计局开始对文化产业增加值核算进行研究，并完成了2006年度全市文化产业增加值核算的探索工作。

2015年7月，宁波市统计局联合市委宣传部制定了《宁波市文化创意产业统计目录》，开展了宁波市文化产业统计体系的研究探索，力求更加真实全面地反映宁波市文化产业的发展状况、总量规模、发展水平。

2016年4月，浙江省统计局发布了《关于做好文化及相关产业增加值核算工作的通知》（浙统办函〔2016〕13号），由省统计局核算处负责指导各市文化及相关产业增加值核算工作。宁波市统计局依据国家统计局制定的《文化及相关产业增加值核算方法》，开展了2013—2015年度文化及相关产业增加值核算工作，并一直延续至今。

2. 开展海洋经济增加值核算研究

海洋经济是国民经济的重要组成部分，也是党政领导关注的重要问题。为了全面及时掌握海洋经济总量和海洋经济运行情况，2004年，国家海洋局制定了《海洋统计报表制度》（国统函〔2004〕40号），界定了海洋经济范围，设置了海洋经济统计指标体系，明确了海洋经济数据采集与核算方法，在沿海省份和计划单列市开展海洋经济统计和海洋生产总值测算。此后，宁波市海洋与渔业局、宁波市统计局联合开展海洋经济增加值核算工作，一直延续至今。2016 年起核算频率从年度核算改成季度核算。2017 年，宁波市海洋经济增加值为 1434 亿元，占 GDP 比重为 14.6%。2007 年，宁波市被评为全国海洋经济核算先进单位。

2007 年，为做好浙江省沿海地区社会经济基本情况调查，更好地反映沿海社会经济发展水平，浙江省按照国家海洋局在我国近海海域开展综合调查和评价（简“908”专项）统一部署，开展了沿海社会经济基本情况一次性调查。调查制度分为《沿海地区社会经济基本情况一次性调查制度》（海洋系统）和《沿海地区社会经济基本情况一次性调查制度》（统计系统）两类。调查的范围按海洋经济概念和区域范围划分，涉及 7 个市、36 个县（市、区）。该次调查为海洋经济核算提供了更为充实的依据。

2015 年，为全面摸清我国涉海单位基本信息，掌握我国海洋经济现状，更好地分析海洋经济发展水平、结构和分布，国家海洋局在沿海省份开展第一次全国海洋经济调查。在第三次全国经济普查基本单位名录的基础上，补充 2014—2015 年新增统计基本单位，对各类单位是否从事海洋经济活动进行逐一清查，标识认定，建立涉海单位名录。并对海洋渔业、海洋水产品加工业等重点海洋经济行业的单位开展全面调查。此次调查全面、系统掌握海洋经济基本情况，完善海洋经济基础信息，为宁波市海洋经济核算提供更及时、更翔实的资料。

3. 开展所有制经济结构核算

改革开放以来，宁波所有制结构发生了巨大的变化，已经形成了以国有经济为龙头、公有制经济为主体，各种经济成分特别是个私经济、外商及港澳台投资经济等共同发展的新格局。分析研究宁波经济所有制结构，尤其是民营经济发展状况成了迫切需要解决的难题。2017 年，宁波市统计局根据国家统计局对民间投资的登记注册类型和控股情况两个指标的界定范围，对 2015 年和 2016 年宁波经济的所有制增加值进行了测算，分民营经济、国有经济、港澳台经济和外商经济四种类型。2016 年，上述四种经济类型占 GDP 比重分别为 67.8%、10.4%、14.5%、7.3%。

第三章　普查

Chapter 3　General Survey

普查是指一个国家或地区为详细了解某项重要的国情、国力而专门组织的一次性、大规模的全面调查，其主要用来收集某些不能够或不适宜用定期的全面调查报表收集的信息资料，以搞清重要的国情、国力，从而为国家制定长期规划、发展目标、重大决策提供全面、系统、详细的信息和资料，同时也为搞好经常性调查和开展抽样调查奠定基础。

1994年，根据《中华人民共和国统计法》的规定和国务院关于建立国家普查制度、改革统计调查体系的要求，国家统计局正式建立周期性的普查制度。普查项目包括人口普查、农业普查、工业普查、第三产业普查和基本单位普查5项。其中人口普查、第三产业普查、工业普查、农业普查每10年进行一次，分别在尾数逢0、3、5、7的年份实施；基本单位普查每5年进行一次，在尾数逢1、6的年份实施。

2003年8月11日，国家统计局、国家发展和改革委员会、财政部联合下发《关于调整国家普查项目和周期安排的通知》，将原定于2003年在全国进行的第三产业普查推迟，并与计划在2005年及2006年分别进行的工业普查、基本单位普查合并，同时将建筑业纳入普查内容，统称为经济普查，定于2004年在全国进行第一次经济普查。同时明确，经济普查以后每5年进行一次，以企业事业组织、机关团体和个体工商户为对象，主要普查第二、三产业的发展变化情况，分别在尾数逢3、8的年份实施；农业普查以从事第一产业活动的单位和农户为对象，主要普查农、林、牧、渔业的发展变化情况，该项普查每10年进行一次，由尾数逢7改为尾数逢6的年份实施；人口普查以自然人为对象，主要普查全国人口和住房以及与之相关的重要事项，该项普查每10年进行一次，仍在尾数逢0的年份实施。中华人民共和国成立以后进行过的普查有以下几种。

人口普查6次。1953年、1964年、1982年和1990年的标准时点为普查年度的7月1日零时，2000年、2010年的标准时点为普查年度的11月1日零时。人口普查的对象是指普查标准时点在中华人民共和国境内的自然人以及在中华人民共和国境外但未定居的中国公民，不包括在中华人民共和国境内短期停留的境外人员。

基本单位普查2次。基本单位是对除农户和个体户以外的所有从事社会经济活动的法人单位和产业活动单位的普查。分别于1996年、2001年进行。

农业普查3次。普查标准时点为普查年度的12月31日24时，分别于1997年、2006年和2016年开展。农业普查的对象为中华人民共和国境内的农村住户，包括农村农业生产经营户和其他住户、城镇农业生产经营户、农业生产经营单位、村民委员会和乡镇人民政府。

工业普查3次。工业普查是对全国所有工业生产经营单位进行的一次性全面调查登记。先后于1950年、1985年和1995年进行。

第三产业普查1次。第三产业普查是对全国所有第三产业生产经营单位进行的一次性全面调查。全国第三产业普查于1993年进行。

经济普查3次。标准时点为普查年份的12月31日。普查对象是在中华人民共和国境内从事第二产业、第三产业活动的全部法人单位、产业活动单位和个体经营户。分别于2004年、2008年和2013年开展。

除政府统计部门为主承担的普查任务以外，还有部分以其他业务部门为主承担的普查任务。根据宁波城市的特点和社会关注程度等因素，本志征集的有：以宁波市文物保护管理所为主承担的“文物普查”、以宁波市生态环境局为主承担的“污染源普查”、以宁波市自然资源和规划局为主承担的“国土资源普查”。

第一节 人口普查

开展人口普查是为了全面掌握全国人口的基本情况，为研究制定人口政策和经济社会发展规划提供可靠依据，并为社会公众提供人口统计信息服务，是一项十分重要的国情、国力调查。在中华人民共和国成立前，全国或浙江省曾有过几次人口清查或调查，但现代意义的人口普查，是从中华人民共和国成立后才开始的。

浙江省是全国开展人口普查较早的省份之一，早在民国元年（1912），北洋政府内务部举行全国人口清查，浙江是进行清查的19个省份之一。以后的年份，浙江省又自行组织开展过几次人口普查（或称为人口清查、人口登记、人口调查等）。中华人民共和国成立以后至2010年，根据国家的统一部署，宁波一共开展过6次人口普查。

一、中华人民共和国成立前的人口统计

民国元年（1912），北洋政府内务部举行全国人口清查，浙江是进行清查的19个省份之一。清查采取逐户调查方法。调查项目有姓名、性别、年龄、婚姻状况、职业、出生人数和死亡人数。之后几年，浙江采用上述方法自行进行人口清查。

民国17年（1928），浙江省政府颁布《第一期调查户口办法》，规定户口调查分定期调查和临时调查。定期调查每十年进行一次，临时调查由各地自定。

据《民国重修浙江通志稿》载：1929年宁波境户口2893437人，其中男1587970人，女1305467人。

国民政府内政部户口统计，民国24年（1935）宁波境户口：681924户，2827149人，其中男1542184人、女1284965人。

民国36年（1947），浙江省政府对全省乡镇保甲中现住人口以及人口的年龄、职业、文化程度、婚姻状况等6项指标进行调查。

《宁波时事公报》载：1946年，545409户，2259562人，其中男1201297人，女1058265人。

《浙江经济年鉴》载：1947年，554633户，2512544人，其中男1288097人，女1224447人。

《浙江民政手册》载：1948年，595735户，2519961人，其中男1291079人，女1228882人。

据查阅史料，民国时期未曾进行过正式命名为“普查”的人口调查。国民政府在民国30年（1941）颁布过《户口普查条例》，民国33年（1944）公布《户口普查法》，次年又公布《全国户口普查计划》，但均未付诸实施。

二、中华人民共和国成立后的人口普查

中华人民共和国成立后，1953年至2010年先后进行了6次全国人口普查。

（一）第一次全国人口普查

1953年4月3日，遵照政务院发出的《为准备普选进行全国人口调查登记的指示》（中央人民政府委员会第二十次会议决议），浙江开展了第一次人口普查（即人口登记）。

1. 普查机构

此次人口普查，由浙江省民政厅会同有关部门成立了省级人口调查登记办公室，全省的人口调查登记工作由省人民政府副主席霍士廉总负责。宁波市及所辖地区也相应建立机构。

2. 普查范围

凡中华人民共和国公民，均应进行登记。人口普查以户为单位，凡家庭成员在一起住宿者，作为一户；独身居住者，作为一户；凡居住在机关、团体、学校、工厂、矿山、农场、合作社、公司、工地、作坊、商店、医院、托儿所、收容所、寺院、教堂、船舶等单位内之人口，各以其单位为一户。但上述单位内居住的家庭，均分别立户。

3. 普查时间

1953年6月30日24时为人口调查登记的标准时点。第一次人口普查从1953年6月开始进行，并于次年5月结束。

4. 普查表及内容

人口调查登记表分甲式、乙式两种。甲式供一般住户填写。乙式供机关、部队、团体、学校等户填写，但上述单位内居住的家庭户应填甲式表。甲式表的项目有姓名、与户主关系、性别、年龄、民族等；乙式表减少了与户主关系一项。

5. 普查成果

普查结果显示：1953年全市人口2740993人，其中老市区（含海曙、江东、江北区的城区）207491人。全市性别比104.85（以女性为100），其中老市区性别比101.22。

（二）第二次全国人口普查

1964年2月11日，中共中央、国务院发出《关于进行第二次全国人口普查工作的指示》。

1. 普查机构

全市各级建立人口普查机构，负责组织实施人口普查工作。

2. 普查范围

与第一次人口普查相同。

3. 普查标准时点

为1964年6月30日24时。

4. 普查内容

这次人口普查全国规定的项目有7项，即姓名、性别、年龄、本人成分、民族、文化程度、职业。其中本人成分和职业两项只登记不统计。浙江还自行增加了“籍贯”和“何时从何地迁入”两个项目。

5. 普查的组织和实施

此次普查经过建立普查机构、组织训练队伍、开展宣传教育、进行全面登记、复查验收、汇总统计等步骤。

6. 普查成果

普查结果显示：1964年6月底，全市总人口3579892人，其中老市区（含海曙、江东、江北区的城区）363496人。全市性别比105.51（以女性为100），其中老市区性别比99.18。

（三）第三次全国人口普查

1. 普查机构

1980年6月，国务院决定进行第三次全国人口普查。1982年2月19日，国务院发布《第三次全国人口普查办法》（国发〔1982〕32号）。

1981年6月，全市各级建立人口普查机构，负责开展第三次人口普查工作。

2. 普查的范围、对象、内容和指标

普查范围：具有中华人民共和国国籍，并在中华人民共和国境内居住的人，都属于普查对象。这次普查采用按常住人口登记的原则，每个人都必须在常住地进行登记。具体的普查对象有五种人：常住本县、市，并已在本县、市登记了常住户口的人（包括外出不满一年的人）；已在本县、市常住一年以上，常住户口在外地的人；在本县、市居住不满一年，但已离开常住户口登记地一年以上的人；普查时住在本县、市，由于各种原因，户口待定（没有登记常住户口）的人；原住在本县、市，普查时在国外工作或学习，暂时无常住户口的人。

普查内容和指标：按人登记的项目有姓名、与户主的关系、性别、年龄、民族、常住人口的户口登记状况、文化程度、行业、职业、不在业人口状况、婚姻状况、生育子女总数和存活子女总数、1981 年生育状况，共计 13 项。按户登记的项目有户别、本户住址编号、本户人数、本户 1981 年出生人数、本户 1981 年死亡人数、有常住户口已外出一年以上的人数 6 项。

3. 普查标准时点

这次普查以 1982 年 7 月 1 日零时为标准时点。

4. 普查的组织和实施

这次人口普查，从 1981 年 6 月起建立普查机构，全面开展户口整顿；制定人口普查规划和工作进度流程表；选调和培训普查人员；做好试点；编制地址代码本和行业代码本；开展广泛深入的宣传工作，以及印刷、分发文件报表资料和普查区摸底等工作，至 1982 年 7 月上旬基本上完成了普查登记任务。

普查登记和复查、验收工作结束后，各地自下而上地进行了数据汇总。之后，进行人口普查编码。在质量验收的基础上，做好机器录入前的全面预审和资料交接送省。

1982 年 11 月开始进行人口普查数据计算机处理，完成了全部资料的录入任务，先后完成了手工汇总和机器汇总资料的编印工作。

5. 普查成果

普查结果显示：1982 年 7 月 1 日零时，全市人口 4741620 人，其中老市区（含海曙、江东、江北区的城区）468232 人。全市性别比 104.36（以女性为 100），其中老市区性别比 102.10。

（四）第四次全国人口普查

国务院于 1989 年 5 月 9 日发出了《关于进行第四次全国人口普查的通知》（国发〔1989〕37 号）文件，同年，宁波市人民政府下发了《关于切实搞好第四次人口普查的通知》（甬政发〔1989〕45 号）文件，成立由宁波市副市长张启楣任组长，市统计局局长吕彬章等任副组长，市公安局、市计生委等相关负责人员任成员，市统计局副局长张吉成任办公室主任的宁波市第四次全国人口普查领导小组及其办公室，根据国务院通知精神对 1990 年的第四次全国人口普查进行全市动员和部署。

1. 普查范围、时点和内容

普查对象与第三次人口普查相同。标准时点为 1990 年 7 月 1 日零时。国家规定普查内容：按人登记项目有姓名、与户主关系、性别、年龄、民族、户口状况和性质（农业户口与非农业户口）、1985 年 7 月 1 日常住地状况、迁来本地原因（由迁移人填报）、文化程度、在业人口行业、在业人口职业、不在业人口状况、婚姻状况、妇女生育子女数和存活子女数、1989 年 1 月 1 日至 1990 年 6 月 30 日妇女生育状况共 15 项；按户登记项目有本户编号、户别、本户人数、本户出生人数（1989年1月1日至1990年6月30日）、本户死亡人数（1989年1月1日至1990年6月30日）、本户户籍人口中离开本县、市一年以上人数共6项。另外，根据浙江省外出人口多特点，增加一张《外出人口登记表》，包括调查小区代码与本户编号、姓名、性别、年龄、文化程度、外出地点、外出原因、外出从事经济社会活动人口的主要行业8项内容。

2. 组织实施

根据国务院发布的《第四次全国人口普查办法》和工作规划，结合宁波市的实际，宁波市第四次人口普查主要分五个阶段进行。

（1）准备工作阶段（1989年8月—1990年6月）

在准备工作阶段，宁波市坚持从早做起、深入细致、突出重点、层层落实、讲究实效的原则，采取包括文艺演出、横幅标语、报纸电视、知识竞赛等群众喜闻乐见的形式开展各种宣传活动，人口普查宣传工作在6月份达到高潮，收到预期效果；抓紧组织机构的建立和人员抽调培训，建立了市、县（市、区）、乡、村各级人口普查领导机构；从党政机关、企事业单位抽调了18400余名政治素质好，业务能力强的工作人员到各级人普机构工作，制定了详细的第四次人口普查规划和工作流程；筹措了人口普查所需的经费700多万元，其中市级80万元；购置了8辆运输车辆和一批必需的办公用品，及时印刷运送了近50吨普查资料、表格等物资；编制了分县（市、区）地址码本和行业码本；1989年12月市级户口整顿试点在镇海进行，1990年3月上旬全面铺开，至5月底通过市、县两级质量验收，常住人口差错率为零，通过这次户口整顿清查宁波市常住户口人数505.8万人，外出人口11.58万人，外来暂住人口15.07万人，县市内人户分离30.36万人，户口待定3.15万人，出国人口537人；选调了2万多名普查员和普查指导员，并普遍进行了培训和试点；进行了普查登记前的调查摸底和普查对象的定位工作等。

（2）普查登记和手工汇总阶段（1990年7月1日—8月20日）

普查登记和手工汇总是获得人口普查数据的主要环节。这阶段工作包括为期十天的普查员上门逐户逐人登记；登记质量的全面复查和逐级质量检查验收；进行了普查人口和出生、死亡人口的查漏补缺工作；对普查的主要数据逐级进行手工汇总；查清了常住人口的地区分布、年龄结构、文化素质、民族种类，在业人口的行业、职业类别，妇女生育状况等。根据《人口普查各阶段质量控制和验收工作细则》的规定，经国家、省和市人普办对各县（市、区）的登记和手工汇总质量进行事后质量检查和验收，差错率均低于国家规定的质量标准。

（3）编码阶段（1990年7月20日—12月底）

1989年10月至1990年7月为编码准备阶段，主要是对地址码、行业码、职业码的资料收集、整理、核对、印刷和对专项编码员的培训。1990年7月下旬进入正式编码阶段，编码工作分非专项编码和专项编码，非专项编码由普查员负责完成，专项编码由编码队在县（市、区）一级集中编码，宁波市的专项编码，历时两个多月圆满完成，编码工作结束后省、市普查办组织检查验收，11个县（市、区）差错率均低于国家标准，编码质量全部合格。

（4）数据处理阶段（1990年9月—1991年6月）

首次实现全面通过计算机对数据进行录入处理。数据准备工作从1989年底开始，主要抓好机房的落实与装修、机器设备的安装与调试工作；抽调12名技术管理人员和53名录入员，组织业务培训；于10月20日结束对10%提前抽样资料的录入工作，而后转入其余90%的普查数据录入工作。整个数据处理工作进度快、质量高，受到国家、省有关部门的好评。

（5）总结评比和资料汇编分析阶段（1990年10—12月）

宁波市各级对人口普查工作进行认真的总结，市人普办于10月底专门召开了总结交流会议。在总结交流的基础上，宁波市评出了国家级先进单位4个，先进工作者86名；省级先进单位22个，先进工作者260名；市级先进单位203个，先进工作者249名。在11月中旬专门召开手工汇总资料会审汇编会议，对全市手工汇总资料编印的质量进行统一把关。

3. 普查结果

全市普查登记的总人口为5090897人，其中男性2598409人，女性2492488人，性别比为104.25（以女性为100），户籍人口5075765人；共有家庭户1577278户，家庭户人口为4963534人，平均每个家庭户的人口为3.15人；汉族人口为5087007人，各少数民族人口为3890人；市、镇的总人口为1962297人，占全市总人口的38.55%；1990年全市外出人口（指户口在本市，外出市外一年以上）为52960人；1989年全市出生率为14.39‰，死亡率为6.01‰，自然增长率为8.38‰；总人口中具有大学（包括各种研究生、大学本科、大学专科）文化程度的58561人，中专文化程度的66080人，高中文化程度的333977人，初中文化程度的1303534人，小学文化程度的2134246人。

全市五个区、三个县级市和三个县的普查登记人口如下：海曙区244629人、江东区158376人、江北区215745人、北仑区314055人、镇海区209627人、余姚市794347人、慈溪市948539人、奉化市465663人、象山县501633人、宁海县541809人、鄞县696474人。

（五）第五次全国人口普查

1998年6月17日，国务院下发了《国务院关于进行第五次全国人口普查的通知》（国发〔1998〕19号）文件。1999年6月28日，宁波市人民政府下发了《关于进行第五次全国人口普查有关问题的通知》（甬政发〔1999〕103号）文件，成立由市政府常务副市长邵占维任组长，市政府副秘书长寿永年、市统计局局长吕彬章等5人任副组长，市计委、市财政局等15个部门负责人任成员，市统计局副局长陈燕芬任办公室主任的宁波市第五次全国人口普查领导小组及其办公室，并抽调市统计局、市公安局、市民政局等有关部门工作人员参加办公室工作，根据国务院通知精神对2000年的第五次全国人口普查进行全市动员和部署。

1. 普查对象、时间与内容

普查对象为具有中华人民共和国国籍并在中华人民共和国境内常住的人。包括：居住在本乡镇街道，并已在本乡镇街道办理常住户口登记的人；已在本乡镇街道居住半年以上，常住户口在本乡镇街道以外的人；在本乡镇街道居住不满半年，但已离开常住户口登记地半年以上的人；普查时居住在本乡镇街道，常住户口待定的人；原住本乡镇街道，普查时在国外工作或者学习，暂无常住户口的人。常住户口在本乡镇街道，但已离开本乡镇街道半年以上的人，在户口所在地只登记人数，不计入户口所在地常住人口数内。普查标准时点是2000年11月1日零时。普查表分为：《第五次全国人口普查短表》、《第五次全国人口普查长表》、《第五次全国人口普查死亡人口调查表》、《第五次全国人口普查暂住人口调查表》以及《浙江省第五次全国人口普查外出人口调查表》，由国务院人口普查领导小组办公室和浙江省人口普查领导小组办公室设定。长表根据国家规定办法，抽10%户填报；短表由其余户填报。短表户内容包括户编号、户别、本户普查登记人数、本户户籍人口中外出不满半年人数、本户户籍人口中外出半年以上人数、暂住本乡镇街道离开户口登记地不满半年人数、本户1999.11.1—2000.10.31出生人数、死亡人数、本户住房间数、本户住房建筑面积共10项；短表人记录包括姓名、与户主关系、性别、年龄、民族、户口登记状况、户口性质、是否识字、受教育程度共9项。长表户内容共23项，包括短表户全部10项外，增加住房用途、本住房中是否有其他合住户、住房建成时间、建筑层数、住宅外墙墙体材料、住房内有无厨房、主要炊事燃料、是否饮用自来水、住房内有无洗澡设施、住房内有无厕所、住房来源、购建住房费用、月租房费用13项；长表人记录共26项，包括短表人记录9项外，另增加出生地、何时来本乡镇街道居住、从何地来本乡镇街道居住、迁出地类型、迁移原因、五年前常住地、学业完成情况、是否有工作、工作时间、行业、职业、未工作者状况、未工作者主要生活来源、婚姻状况、初婚年月、生育子女数、1999.11.1—2000.10.31生育状况17项。与第四次人口普查比较，标准时点由7月1日零点改为11月1日零点，人口信息主要增加住房方面指标；数据处理采用光电录入。

2. 组织实施

（1）准备工作阶段（1996年6月—2000年10月31日）

宁波市坚持从实际出发、突出重点、以点带面、讲究实效，实行稳步推进、逐步升温的总部署，抓住各种有利时机开展普查宣传，市、县两级人普办通过编印人普简报、组织文艺演出、发放一封信、张贴宣传画、投放广播电视广告、出动宣传车、设立宣传站等形式开展宣传发动活动，营造良好的普查氛围；组建了市、县、乡、村（居）各级人普机构，形成了普查网络；筹措了普查所需的经费，其中市级4年270万元，各县（市）、区1116万元，平均每个县（市）、区101万元；市、县两级财政下拨乡级人普经费299.39万元；印刷和运送了155万张普查用表［不包括工厂直接下发到县（市）、区的110万张宣传资料、2.7万只包装箱］；编制了各县（市）、区地址码本和行业码本；进行了全市的户口整顿；划定了167个乡级人口普查区域，5523个普查区，19596个调查小区，绘制地图75800余张；建立了村级以上出生、死亡人口逐月上报和台账制度；选调了近3万名普查员和普查指导员，并普遍进行了培训和试点；进行了普查登记前的调查摸底和普查对象的定位以及大清查等工作；为测试人普方案的可行性，提前发现问题，便于提前提出解决问题的办法以完善人普方案，市人普办于8月份在慈溪市宗汉镇组织了宁波市人口普查全过程试点。

（2）入户登记和快速汇总阶段（2000年11月1日—2000年12月底）

入户登记和快速汇总是获得人口普查数据的重要环节，这阶段工作包括为期十天的普查员上门逐户逐人登记；登记质量的全面复查和逐级质量检查验收；进行了总人口和出生、死亡人口的查漏补缺工作；对普查的主要数据进行快速汇总。通过入户登记，取得了阶段性成果。据快速汇总，全市常住人口为5962602人，五区常住人口为1567349人，其中，老三区常住人口为913451人。

（3）编码和数据处理阶段（2000年12月底—2001年9月）

一是选调编码人员和数据处理人员，并进行培训和实际操作。编码和数据处理工作主要集中在县级进行，在编码前首先对普查表进行全面审查，之后按循序渐进的工作方法，对普查表进行精心编码，努力提高编码质量，降低拒识率。二是首次实现县级光电录入处理，购置光电录入设备，并且进行安装调试，制定数据处理工作的规章、方案，认真落实岗位责任制，严格质量检查，补充审核条件36条，确保数据处理工作按时、高质量地完成。

（4）总结评比和资料汇编分析阶段（2001年4月—2002年6月）

市人普办于2001年12月专门召开总结评比会议，全市评出国家级先进单位11个，先进工作者69名；省级先进单位32个，先进工作者820名；市级先进单位43个，先进工作者844名。发布《宁波市第五次人口普查统计公报》，拟定课题向社会招标对普查资料进行开发利用。及时编印《快速汇总资料本》和《世纪普查撷英》，撰写了20多篇分析文章、19篇技术业务论文，完成《宁波市人口发展报告》，编印完成《宁波市2000年第五次人口普查数据》机器汇总资料本，在省内率先建立人口地理信息系统。

3. 普查结果

全市常住总人口5962602人，比1990年普查总人口增加871705人，增长17.12%，其中男性为3032946人，女性为2929656人，性别比为103.5（以女性为100），户籍人口5416988人；全市共有家庭户2017045户，家庭户人口为5520085人，平均每个家庭户的人口为2.74人；全市总人口中，0～14岁的人口为964664人，占16.18%；15～64岁的人口为4481119人，占75.15%；65岁及以上的人口为516819人，占8.67%；共有少数民族41个，少数民族人口为33931人；全市出生率为8.58‰，死亡率为5.68‰，自然增长率2.90‰；全市总人口中，接受大学（指大专及以上）教育的205200人，占3.44%，接受高中（含中专）教育的703237人，占11.79%，接受初中教育的2054862人，占34.46%，接受小学教育的2190039人，占36.73%；城镇人口为3324151人，占总人口比重的55.75%；全市常住人口人均拥有住房建筑面积为32.42平方米，城镇人口人均拥有住房建筑面积为13.57平方米。

全市五个区、三个县级市和三个县的普查登记的人口如下：海曙区349727人、江东区292552人、江北区271206人、北仑区382245人、镇海区271653人、余姚市852683人、慈溪市1214542人、奉化市471392人、象山县483809人、宁海县518196人、鄞县854597人。

（六）第六次全国人口普查

2009年5月4日，国务院下发了《国务院关于开展第六次全国人口普查的通知》（国发〔2009〕23号）文件。2009年10月30日，宁波市人民政府下发了《关于在全市开展第六次人口普查的通知》（甬政发〔2009〕86号）文件，成立由市委常委、常务副市长王勇任组长，市政府副秘书长叶双猛、市统计局局长罗吕榕等4人任副组长，市委宣传部、市发改委等24个部门负责人为成员，市统计局副局长谢志初任办公室主任的宁波市第六次人口普查领导小组及其办公室，根据国务院通知精神对2010年的第六次全国人口普查进行全市动员和部署。

1. 普查对象、时间和内容

普查对象是指普查标准时点在中华人民共和国境内的自然人以及在中华人民共和国境外但未定居的中国公民，不包括在中华人民共和国境内短期停留的境外人员。标准时点是2010年11月1日零时。普查内容包括性别、年龄、民族、受教育程度、行业、职业、迁移流动、社会保障、婚姻、生育、死亡、住房情况等。与第五次全国人口普查比较，增加有关住房、社会保障和港澳台及外籍人员来华居住等内容。普查表共分为《第六次全国人口普查短表》、《第六次全国人口普查长表》、《第六次全国人口普查短表（供港澳台和外籍人员使用）》以及《第六次全国人口普查死亡人口调查表》。

2. 组织实施

（1）准备阶段（2009年5月—2010年10月31日）

自上而下建立、健全各级普查机构，落实普查经费和办公用房、人员，选调、培训普查指导员和普查员，县级平均配备20名左右工作人员，乡级平均配备10余名工作人员，全市共落实普查人员近5万名；开展调研，制定工作规划和流程，制定《宁波市人口普查领导小组办公室工作规则》《宁波市人口普查考核办法》等，并将人口普查列入2010年对县（市）区统计局五大重点工作考核之一，各级政府把做好人口普查工作写进2010年政府工作报告或列入2010年度重点工作目标考核范围；筹备普查物资，开展普查宣传动员，制定下发《人口普查宣传规划》及《成员单位宣传职责及媒体宣传任务安排》，明确各阶段宣传重点，在宁波电视台等黄金时段播出普查宣传广告，通过《宁波日报》和《宁波晚报》等刊登公告、普查知识专栏，组织媒体记者进行现场跟踪报道，开展人口普查宣传月活动，制作宣传横幅、标语、折页、纸杯、笔记本、环保袋、资料袋、雨伞等实物宣传载体，投放户外广告牌、公交车内广告、宣传车等；在江北区、北仑区和鄞州区分别开展人户分离调查试点、户口整顿试点和综合试点；按照“下延一级”的要求，市人普办分四期组织培训600余名县、乡两级业务骨干（师资）；会同公安部门进行户口整顿，并于9月10日起全面启动清查摸底入户，结合公安户口整顿、民政、计生等部门提供的数据资料，采取实地核对、电话核对、单位核对、户籍核对、亲戚核对等多种方式，进一步做好人户不一致核对工作，特别是乡镇内和县内的户籍人口流动工作，确保摸底工作到位；编制审核地址码本，通过专题部署、实地勘察等绘制普查地图；进行长表的样本抽取，准备普查数据处理用机房和设备，安装调试程序，培训技术人员等。

2010年4月，创造性提出“三个两合一”的全新工作思路，即户口整顿工作的责任区与普查区“两区”合一，户口整顿调查员与普查工作普查员“两员”合一，户口整顿与普查工作经费预算、补贴标准“两费”合一。既节约成本又提高效率，保证准备阶段的工作质量。

（2）普查登记和复查阶段（2010年11月1日—2010年11月30日）

普查员入户登记，做到“区不漏房、房不漏户、户不漏人、人不错项”，建立每日登记进度报告制度、24小时值班制度、入户登记质量控制岗位责任制等确保规范操作；进行复查和事后质量抽查，市人普办组成11个核查组，组织开展两次实地核查工作，第一次是在登记初期，核查面约占全市乡（镇、街道）的36%，重点核查是否入户登记及填表操作是否规范等，目的是防微杜渐，第二次是在登记后期，对情况复杂、外来人口较多的部分地区进行重点核查，各地也都采取自查、互查、抽查等措施，组织乡（镇、街道）人普办认真组织复查验收。其中，10月31日晚上，全市各级普查机构同步开展零点行动，对居无定所人员进行全面清查登记；11月1日至10日完成全面登记；11月11日至30日完成全面复查、验收和上报。

（3）编码和数据处理阶段（2010年11月—2011年12月）

此阶段包括进行快速汇总；制定行职业码查询程序，开展普查表编码；采用分乡镇街道的片区化运行方式，进行普查表光电录入；在省人普办审核程序的基础上，增加漏码性审核、必要性审核、确认性审核条件100余条，加强数据审核；多次组织对常住人口、户籍人口等大数进行分析，流入流出人口平衡性分析等，加强对普查主要数据进行评估并完成上报；在省公报发布后，及时组织力量对公报有关数据进行多次比对核实，确保准确，并在第一时间发布市级普查公报；开展数据编辑、转换、汇总、制表等。其中，2010年11月16日至12月25日完成快速汇总并上报国家；2011年3月底前完成普查表短表的录入和主要数据的汇总；2011年6月底前完成对普查主要数据的评估，并发布主要数据公报；2011年12月底前完成普查数据的汇总、转换制表、存储等处理。

（4）资料开发和总结阶段（2011年12月—2012年底）

建立人口数据库、人口地理信息系统；编印和开发利用普查资料，先后发布、编印、出版了《宁波市人口普查公报》、《人普简明资料本》、《人普技术业务文集》、《宁波市人口发展报告》和《宁波市2010年人口普查资料》，积极开展数据解读和主要指标短平快分析，先后撰写了30余篇人普资料信息和分析，面向全市公开招标并最终立项48项人普资料深度开发课题；总结普查工作，宁波市第六次人口普查整体工作得到上级人普办的高度肯定，并荣获省级先进集体称号（根据国普办规定，副省级及以上城市不在全国先进集体评选范围）；宁波市鄞州区人口普查办公室获得“第六次全国人口普查先进集体”荣誉称号，牛红兵、王数、张崇明获得“第六次全国人口普查先进个人”荣誉称号；海曙区人口普查办公室等44个单位获得“浙江省第六次全国人口普查先进集体”荣誉称号，王勇等100名个人获得“浙江省第六次全国人口普查先进个人”荣誉称号；北仑区人口普查办公室等67个单位获得“宁波市第六次全国人口普查先进集体”荣誉称号，徐湏等1306名个人获得“宁波市第六次全国人口普查先进个人”荣誉称号。其中，2012年5月底前完成机器汇总数据的编辑、印刷、出版；2012年12月底前全面完成普查工作总结、业务技术总结、数据处理总结、报告书，并进行总结表彰。

3. 普查结果

全市常住人口为7605689人，同第五次全国人口普查2000年11月1日零时的5962602人相比，十年共增加了1643087人，增长27.56%，年平均增加164309人，增长2.46%，其中男性为3883564人，女性为3722125人，性别比为104.34（以女性为100）。全市常住人口中市外流入人口为228.85万人，占全部常住人口的30.09%，市外流入人口大幅增加是常住人口快速增长的主要原因；全市常住人口中共有家庭户2855142户，家庭户人口为7044406人，平均每个家庭户的人口为2.47人；全市总人口中，0～14岁的人口为888859人，占11.69%，15～64岁的人口为6062080人，占79.70%，65岁及以上人口为654750人，占8.61%；全市常住人口中，具有大学（指大专及以上）程度的人口为785897人，具有高中（含中专）程度的人口为1042276人，具有初中程度的人口为2878687人，具有小学程度的人口为2211466人；全市常住人口中，居住在城镇的人口为5195162人，占68.31%，居住在乡村的人口为2410527人，占31.69%。

全市六个区、两个县和三个县级市普查登记的人口如下：海曙区373742人、江东区366648人、江北区361242人、北仑区612267人、镇海区418500人、鄞州区1359198人、象山县503279人、宁海县646074人、余姚市1010659人、慈溪市1462383人、奉化市491697人。

第二节　基本单位普查

基本单位普查是一项重大的国情国力调查。其目的在于：查清中国各行业的单位底数，为掌握基本国情提供资料；全面反映各类单位的基本情况，为制定各项社会经济政策提供基本的统计信息；建立完整的全社会基本单位名录库，为各种调查提供科学的抽样框、为城市规划建设及建立地理信息系统提供基本的依据；统一规范工业、农业、第三产业等各种普查和各种年报、定期报表的调查单位，为建立符合国际规范的现代统计制度创造条件。根据国家的统一部署，宁波市分别于1996年和2001年进行了两次基本单位普查。

一、第一次全国基本单位普查

1996年1月29日，国务院下发《国务院关于开展第一次全国基本单位普查的通知》（国发〔1996〕5号），决定在1996年进行第一次全国基本单位普查。宁波市人民政府办公厅于1996年7月下发了《关于开展第一次全市基本单位普查的通知》（甬政办发〔1996〕110号）文件，对全市基本单位普查工作进行部署、组织实施。

（一）普查目的

第一次全市基本单位普查其目的主要是查清全市各行业的单位底数，为观察和分析宁波市基本单位的地区、行业、经济类型分布与发展变化情况提供基本的统计信息，为制订产业政策、调整生产力布局和规划城市建设服务。

（二）普查对象和内容

1. 基本单位普查对象为1996年1月1日至12月31日期间，宁波市所有的法人单位及法人单位所附属的产业活动单位，包括各类企业法人、事业单位法人、机关法人、社团法人和其他法人，以及这些法人所附属的农业、工业、建筑业、交通运输业、批发零售贸易业、餐饮业、服务业、行政事业单位和社会团体等产业活动单位。

2. 普查内容包括单位的经济类型、所属行业、从业人员、企业规模、营业状态等各类单位的基本标识、主要属性、基本状态和主要总量指标。

（三）普查的标准时点

普查的标准时点为1996年12月31日。

（四）普查的经费保障

按照国家统计局、财政部《关于统计部门周期性普查和大型调查经费开支问题的暂行规定》（国统字〔1995〕133号）的精神，普查经费由市和各县（市、区）分别负担。市、县（市、区）、乡镇街道三级普查办共落实经费150多万元。

（五）普查组织与实施

1. 组织领导，建立普查机构

宁波市人民政府于1996年7月成立了宁波市第一次基本单位普查协调小组，负责全市基本单位普查的组织领导、协调工作。组长为副市长谢建邦，副组长有市政府副秘书长戴瑞祥、统计局局长吕彬章、市计委副主任敬明光、市经委副主任徐国宝、市财政局副局长李亚珍。成员单位有市委宣传部、市人事局、市民政局、市工商局、市乡镇企业局、市国税局、市技术监督局，市统计局为承办单位。协调小组下设办公室（设在统计局），负责全市基本单位普查实施方案的制定和普查的具体组织实施等工作，市统计局局长助理陈燕芬兼任办公室主任。各县（市、区）成立相应的普查领导机构和实施机构，在同级政府的统一领导下有关部门加强协作、密切配合，做好辖区内基本单位普查的组织实施工作。

2. 制定普查实施意见和实施方案

本次基本单位普查原则上采用条块结合、分工协作、以块补全的方法进行。市、县（市、区）普查机构首先组织各业务主管部门和街道、乡、镇对法人单位进行清查摸底，在此基础上，采用条块结合的方式，全面组织法人单位及其所属的产业活动单位登记填表。无主管部门单位的普查工作，由市、县（市、区）普查办公室或由单位所在街道、乡、镇的普查机构组织进行。

3. 业务培训和宣传动员

1996年，市普查办对各县（市、区）普查办人员及乡镇业务骨干、各县（市、区）对乡镇、街道的普查员均进行了业务培训，并下发了《基本单位普查工作手册》《基本单位普查问题解答》《基本单位普查清查摸底工作意见》《宁波市县以下行政区划代码编码规则》等资料。

1996年9月24日至30日，全市开展了形式多样、声势较大的普查宣传周活动。运用广播、电视、报纸等传播媒介，采取各种形式，向社会宣传普查的目的、意义、内容和要求，市基普办还下发了《基本单位普查宣传材料》和《基本单位普查标语口号》。在宣传周期间，《宁波日报》连续刊登《关于开展第一次全市基本单位普查的公告》；统计局局长吕彬章接受市电视台记者专访；市广播电台还连续播出了普查宣传系列材料。各县（市、区）根据实际情况，开展了形式多样的宣传活动，普遍做到了“电视有形象、电台有声音、报刊有专栏、街上有横幅、墙上有标语”的要求，为顺利实施基本单位普查登记工作打下了良好的舆论基础。

4. 调查摸底和试点

从1996年8月中旬到9月下旬在全市开展了基本单位普查单位调查摸底工作，主要做法：一是利用统计登记库、101表字典库、工业普查、三产普查资料，进行摸底整理；二是收集工商、编委、民政等部门资料；三是向各部门、街道、乡镇布置摸底表收集整理任务。

为总结基本单位普查各个环节的实施经验，组织进行了包括宣传发动、清查摸底、组织培训、填表登记等工作在内的试点；基本单位普查数据处理程序编制完成后，还组织了数据处理程序使用的试点；12月，进行了普查数据质量抽查验收的试点工作。

5. 普查登记审核和数据处理

10 月上旬开始，普查登记、基层表上报、审核和数据录入处理等四项工作不间断地开展，到 11 月下旬各县（市、区）都已完成数据录入工作。普查登记大体采取三种形式：一是先培训，后填表；二是边培训，边填表；三是上门培训和填表。为保证填表质量，采取了先填草表，经初审合格后再填正表的方法。对基层表的审核，普遍采取了“四审”制度，即一审（基层单位自查）、二审（部门、街道、乡镇一级审核）、三审（基普办和统计局专业人员审核）以及四审（基普办业务主管审核）。数据录入处理与基层表审核连贯进行，审好一册录入一册。各地基普办与统计局集中力量，实行“三班倒”工作制，对全市 4.4 万多张普查表进行初录和 100% 的复录。

6. 质量抽查和审核纠错

确保数据质量，市基普办先后制定了《基本单位普查数据质量抽查验收实施办法》和《市级质量抽查验收实施意见》。从 1997 年 1 月底至 2 月中旬，县（市、区）分别对所属乡镇（部门、街道）进行质量抽查验收。在县（市、区）质量抽查验收的基础上，市基普办对 11 个县（市、区）进行了市级质量抽查，主要抽查普查范围的单位遗漏情况，核实单位填表质量情况以及单位的数据录入质量情况。5 月 14 日至 6 月 3 日，市基普办又组织力量对国家抽中的居委会和村委会进行了质量抽查。

1997 年 5 月中旬，对全市所有单位的行业类别、数据畸大畸小值、市内市外产业活动单位以及铁路系统单位进行了全面、深入的审核纠错。

（六）普查成果

普查结束后，通过数据审核汇总工作，并经国务院基普办、浙江省基普办数据质量检查审核，及时向社会公众公布了基本单位普查所获得的数据和普查成果。

1. 基本单位的总体情况

宁波市除农户、个体户外，共有法人单位 44776 个，其中企业法人 34930 个，事业法人 2988 个，机关（国家机关和党政机关）法人 920 个，社会团体法人 280 个，其他法人 5658 个。在全部法人单位中，单产业法人单位 42750 个，多产业法人单位 2026 个。

宁波市法人单位主要分布于制造业，制造业法人单位数为 21345 个，占全部法人单位数的 47.7%。在全部企业法人单位中，集体企业法人单位占主要地位，其数量为 19576 个，占 56.0%；私营企业法人单位 10429 个，占 29.9%。全市企业法人单位实收资本为 617.03 亿元，其中，国家资本占 28.8%，集体资本占 27.4%，法人资本占 14.8%，个人资本占 13.3%，外商资本占 15.6%。

2. 基本单位从业人员情况

宁波市法人单位共吸纳了 167.68 万名从业人员，其中企业法人单位吸纳了 148.87 万人，事业法人单位吸纳了 11.17 万人，机关法人单位吸纳了 4.51 万人，社会团体单位吸纳了 0.14 万人，其他基层群众自治组织单位吸纳了 2.99 万人。

（七）表彰先进

宁波市基本单位普查办公室、余姚市基本单位普查办公室、奉化市基本单位普查办公室等 15 个普查机构获评国家级先进集体，苏利冕、王必恒、董立明 3 人获评国家级优秀组织领导者，陈燕芬等 50 人获评国家级先进个人；慈溪市基本单位普查办公室、宁海县基本单位普查办公室、镇海区基本单位普查办公室等29个普查机构获评省级先进集体，施孝国获评省级优秀组织领导者，刘静等79人获评省级先进个人；江东区基本单位普查办公室、象山县基本单位普查办公室、北仑区基本单位普查办公室等58个普查机构获评市级先进集体，谢庆莉等101人获评市级先进个人。宁波市基本单位普查办公室及时对普查工作进行全面总结，并对普查工作中作出突出贡献的集体和个人给予表彰。

（八）普查资料开发

市基普办于1997年初制定了《宁波市基本单位普查资料开发应用规划》。通过资料开发，形成了三项成果，一是普查公报，二是普查简明资料，三是普查资料汇总汇编本。1998年5月，宁波市基本单位普查协调小组办公室发布《关于第一次全市基本单位普查结果的公报》。此外市基普办还编辑了《宁波市基本单位普查技术业务研讨优秀论文集》。

二、第二次全国基本单位普查

2001年6月6日，国家统计局、中央机构编制委员会办公室、民政部、财政部、国家税务总局、国家工商行政管理总局、国家质量监督检验检疫总局七部门联合下发《关于开展第二次基本单位普查的通知》(国统字〔2001〕37号)，决定开展第二次全国基本单位普查。宁波市统计局、编制委员会办公室、民政局等七部门于2001年8月中旬下发了《关于开展宁波市第二次全国基本单位普查的通知》(甬统办〔2001〕73号)，对全市第二次基本单位普查工作进行部署组织实施。

（一）普查目的

第二次全市基本单位普查的主要目的是摸清全市各类单位的底数，反映第一次全国基本单位普查以来全市各类单位的发展变化情况，重点掌握基本单位的地区分布、行业分布、登记注册类型、规模结构以及生产要素的配置情况，进而建立和完善有关部门互为补充、相互衔接的基本单位名录库，为调整经济结构、优化产业政策、规划城乡建设等提供基础信息，同时为今后开展各项普查和抽样调查工作奠定基础。

（二）普查对象和内容

1. 普查对象为2001年1月1日至12月31日，宁波市所有的法人单位及法人单位所附属的产业活动单位，包括各类企业法人、事业单位法人、机关法人、社团法人和其他法人，以及这些法人所附属的农业、工业、建筑业、交通运输业、批发零售贸易业、餐饮业、服务业、行政事业单位和社会团体等产业活动单位。

2. 普查内容包括单位的经济类型、所属行业、从业人员、企业规模、营业状态等各类单位的基本标识、主要属性、基本状态和主要总量指标。

（三）普查的标准时点

普查的标准时点为2001年12月31日。

（四）普查的经费保障

按照国家统计局、财政部《关于统计部门周期性普查和大型调查经费开支问题的暂行规定》的精神，普查经费由市和各县（市、区）分别负担。市、县（市、区）、乡镇街道三级普查办共落实经费230多万元。

（五）普查组织与实施

1. 组织领导，建立普查机构

宁波市政府于2001年8月下旬成立了宁波市

第二次基本单位普查领导小组，组长：市政府常务副市长邵占维，副组长：市政府副秘书长陈炳水、统计局局长吕彬章，成员有：陈燕芬、张辉、赵荣焘、胡望真、陈东胜、吴宗达、高建华。领导小组下设办公室（设在统计局内），市统计局副局长陈燕芬任主任。具体负责普查的各项组织和实施工作。各县（市、区）区也组建相应的普查领导小组及工作机构。

2. 制定普查实施意见和实施方案

2001 年 9 月，制定并下发《宁波市第二次基本单位普查实施方案》。该实施方案具有两个特点，第一，调查时间上提前组织实施；第二，实施方式上采用统一时间进度、统一业务标准、统一数据处理规范和因地制宜组织实施的方法。各县（市、区）也都结合本地实际制订了各自的普查实施方案。

3. 业务培训和宣传动员

2001 年，市普查办组织了业务培训，主要内容为第二次全国基本单位普查办法、实施方案、法人单位及产业活动单位划分规定、数据处理方案、工作细则和法人单位基本情况表的审核要求等。市基普办根据国家及省普查方案和宁波的实际及时编印了《基本单位普查工作手册》和《统计分类标准汇编》等，下发了 2 期《基本单位普查问题解答》。各县（市、区）也均按计划部署了普查工作，层层开展了业务培训。

2001 年 9 月 24 日至 30 日，宁波市根据全省要求，开展了多种形式的第二次基本单位普查宣传周活动。市基普办在《宁波日报》刊登了《关于开展宁波市第二次基本单位普查的公告》，9 月下旬和 10 月上旬在宁波人民广播电台早、晚黄金时间播出有关宁波市第二次基本单位普查的消息；下发《致被调查单位的一封信》。全市各县（市、区）基本单位普查办也开展了形式多样的宣传活动。全市各级通过电视台和广播电台播发普查公告、普查新闻和普查标语，室外广场、路口等悬挂宣传横幅。

4. 调查摸底

开展提前普查登记。从 2001 年 10 月开始基层填表，相当于第一次基本单位普查的调查摸底工作。为提高基层普查表的填表质量，组织登记填表大体有两种形式：一是先培训，后填表；二是上门指导填表。在填表过程中，各地普遍采取了先填草表，经初审合格后再填正表的方法。

5. 普查登记审核和质量抽查

2001 年 12 月 31 日后，全市所有普查人员陆续进行上门登记填表。主要方法：一是对提前登记的表格进行核对，更新有关经济指标等；二是对提前登记中没查到的单位进行全面登记。登记工作 2 月底基本结束。5 月初，全市从各县（市、区）抽调近 20 名业务骨干对全市 6.1 万多张普查表进行全面审核。

开展普查数据质量抽查。5 月初，宁波市先后组织质量抽查小组，对 11 个县（市、区）进行了市级质量抽查，5 月 13 日至 25 日，省基普办数据质量抽查组对宁波市抽中的样本进行数据质量抽查；6 月，接受国家数据质量抽查组的复查。从国家和省基普办对宁波市的质量抽查结果来看，单位遗漏率、漏填错填率、数据处理的差错率均低于国家制订的质量控制标准。7 月底，向省基普办上报《宁波市第二次基本单位普查数据质量评估报告》。

（六）普查成果

2002 年 10 月宁波市统计局发布了《宁波市第二次基本单位普查结果公报》（甬统普〔2002〕127 号）。普查所获得的数据和普查成果如下。

1. 基本单位的总体情况

全市除农户、个体户外，共有各类法人单位61307个，其中企业法人50005个，事业法人3334个，机关（国家机关和党政机关）法人826个，社会团体法人1143个，其他法人5999个。在全部法人单位中，共有59343个法人单位是单产业法人，另有1964个法人单位是多产业法人。

宁波市的法人单位主要集中于制造业、批发零售贸易餐饮业和国家机关团体，这3个行业集中了全市76.8%的法人单位。全市企业法人单位实收资本为1261.58亿元，其中，占比前三位的是法人资本（占25.2%）、个人资本（占24.1%）和国家资本（占22.3%）。

2. 基本单位从业人员情况

全市法人单位共吸纳了198.02万人从业，其中企业法人单位吸纳177万人，事业法人单位吸纳12.17万人，机关法人单位吸纳4.28万人，社会团体单位吸纳0.96万人，其他法人单位吸纳3.61万人。

（七）表彰先进

2003年，宁波市第二次基本单位普查办公室、海曙区第二次基本单位普查办公室、江东区第二次基本单位普查办公室等13个普查机构荣获国家级先进集体称号，陈燕芬等76人荣获国家级先进个人称号；宁波市贸易局、中国工商银行宁波市分行、海曙区灵塔街道办事处等24个普查机构荣获省级先进集体称号，刘为民等118人荣获省级先进个人称号；宁波市教育局、海曙区商业集团公司、江东区明楼街道办事处等25个普查机构荣获市级先进集体称号，戴基钢等122人荣获市级先进个人称号。宁波市第二次基本单位普查办公室及时对普查工作进行全面总结，并对普查工作中作出突出贡献的集体和个人给予表彰。

（八）普查资料开发

2002年初，市基普办下发《关于做好宁波市第二次基本单位普查资料开发工作的意见》。同年10月23日，发布宁波市第二次基本单位普查公报。12月出版《宁波市第二次基本单位普查资料汇编》，较全面地描述了宁波市基本单位的最新情况及经济发展状况。2003年上半年形成《宁波市产业发展报告》，分析了全市单位的基本状况，特别是企业的规模、结构及其发展变化情况，反映了全市的基本单位构成和产业特点。

第三节 农业普查

全国农业普查是对所有农村土地、劳动力、农业生产性固定资产等情况的全面调查，是全面了解“三农”（农业、农村、农民）发展变化情况的重大国情国力调查。开展全市农业普查，查清全市“三农”基本情况，掌握农村土地流转、农业生产、新型农业经营主体、农业规模化和产业化等情况，反映农村发展面貌和农民生活变化，对科学制定“三农”政策、促进全市实现农业现代化、全面建成小康社会，具有现实意义。根据国家和省统一部署，宁波市分别于1996年、2006年和2016年开展三次农业普查。

一、第一次农业普查

根据《国务院关于开展第一次全国农业普查的通知》(国发〔1994〕60号)文件精神，国务院决定在1996年进行第一次全国农业普查，1996年7月1日公布《第一次全国农业普查办法》。宁波市政府于1996年3月下发《宁波市人民政府关于开展第一次农业普查的通知》，对第一次全国农业普查进行全市动员和部署。

(一) 普查对象、内容和时间

全市第一次农业普查对象为宁波市境内所有农村住户、非农村住户类农业生产经营单位、非农业乡镇企业、行政村和乡镇。普查内容主要包括农村住户情况、非农村住户类农业生产经营单位情况、行政村情况、乡镇情况、非农业乡镇企业情况、农业用地情况。涉及农业生产要素数量、规模、结构及农村与农民基本情况，共6种调查表，即4张调查表和2张卡片（以下简称四表二卡），38个调查项目，687个指标。普查时点为1996年12月31日，普查时期为1996年1月1日至12月31日。

(二) 普查组织与实施

1996年3月，市政府下发《宁波市人民政府关于开展第一次全市农业普查的通知》，成立宁波市第一次农业普查领导小组，副市长徐杏先任组长，下设办公室（设在市统计局，以下简称市农普办），市统计局副局长唐伟昌兼主任。各县、乡（含镇，不含街道，下同）、村普查机构相继成立。

该次普查的进度安排：1996年为普查准备阶段，包括机构、人员和办公条件的落实，方案的准备及试点培训；1997年上半年实施调查，其中现场调查登记工作从1月1日开始，到1月31日结束；1997年下半年提供手工汇总的主要数据；1998年下半年提供全部调查单位10%的提前抽样汇总数据；1999年底完成全部数据处理工作并对普查资料进行全面分析和开发研究。

(三) 普查结果

普查显示：1996年末，全市农村总住户136.0万户，农村人口数416.8万人，其中生产经营户115.7万户，占85.1%，生产经营户人口数383.1万人，占91.9%。全市农业企业单位2854个，其中国有85个，集体1535个，两者占总量56.8%；私营、个体单位998个，占35.0%；外商、港澳台商单位12个；联营单位224个，占7.8%。全市农村从业人员152.2万人，其中，男性84.8万人，占55.7%，农业人口96.4万人，占63.3%。全市农村拥有5种农业机械（大中型拖拉机、小型拖拉机、联合收割机、机动脱粒机、农用运输车）总量17.1万台（辆）。全市建制镇109个，每个镇镇区平均占地面积为2.2平方公里，平均总人口5791人，其中非农业人口3127人。全市共有行政村（居委会）5178个，其中通电行政村（居委会）占100%，通邮占99.7%，通公路的占90.9%，通电话84.0%，能接收电视节目占99.2%。

二、第二次农业普查

根据《国务院关于开展第二次全国农业普查的通知》(国发〔2005〕13号)和《浙江省人民政府关于开展第二次农业普查的通知》(浙政发〔2005〕49号)文件要求，宁波市政府于2005年11月下发《宁波市人民政府关于开展第二次农业普查的通知》(甬政发〔2005〕109号)，对第二次全国农业普查进行全市动员和部署。

（一）普查对象内容和标准时点

第二次全国农业普查对象是中华人民共和国境内农业经营户、农业经营单位、居住在农村有确权（承包）土地住户；登记填报对象是列入农业普查范围村（居）委员会、乡镇（街道）；观测和实地调查对象是农作物种植地块。行业范围包括农作物种植业、林业、畜牧业、渔业和农林牧渔服务业。主要内容：一是从事农业活动单位和农户生产经营情况；二是乡（镇）、村委会及社区环境情况；三是农业土地利用情况；四是农业和农村固定资产投资情况；五是农村劳动力就业及流动情况；六是农民生活质量情况等方面基本信息。与1996年第一届农业普查比，增加农村居民迁移和劳动力流动、农村居民生活质量、重点农户农业生产经营状况、农业服务业、农村投资等调查内容，取消乡镇企业调查。为完成上述内容的调查，国务院第二次农业普查办公室（以下简称国普办）初步设计6类普查表，分别是住户类普查表、非住户类农业生产经营单位普查表、农业服务业经营单位普查表、行政村普查表、乡镇普查表和农业土地利用普查表。

普查时点为2006年12月31日24时，普查时期为2006年1月1日至12月31日。

（二）组织与实施

1. 组建各级机构，落实人员经费

2005年11月，市政府印发《关于开展第二次全市农业普查的通知》（甬政发〔2005〕109号），成立第二次全市农业普查领导小组，副市长陈炳水任组长，市委宣传部、市统计局、市农办等14个部门领导为成员。下设办公室，负责普查各项日常工作，市统计局副局长唐伟昌兼主任。之后，各县、乡、村普查机构相继建立。全市所有涉农的乡、镇、街道也都在2006年5月底前成立了普查机构，并配备了3～8名工作人员，共计796人。全市2791个行政村、涉农社区和1个具有村级管理职能的农场全部建立村级农业普查工作小组，落实了5239名村级普查工作人员。全市共选调“两员”25092名。各级共落实普查经费5076.2万元，其中市级落实400万元，县级落实2071万元，乡级落实2605.2万元。

2. 宣传发动

市农普办于2006年9月初召开了宣传工作会议，市委宣传部副部长马春骐就做好市农普宣传工作进行了专题部署。在此基础上成立了市级农业普查宣传工作协调组，并召开座谈会，具体落实各家媒体的宣传报道任务。市县两级成立专职农普宣传队伍，制定宣传方案，对农业普查宣传工作进行整体安排和部署。全市累计开展农业普查广场咨询22次；电台累计播发农普新闻76条，公益广告203次，专题节目23期；电视台新闻报道73条，播发公益广告718次，制作专题节目20期，开展其他各类宣传200多次；各报纸共计播发农普相关报道118篇。其他宣传活动包括领导电视讲话30人次、电影下乡100次、文艺演出21场、知识竞赛49场，悬挂横幅标语63654条，发布户外广告56个，出动宣传车186次，建立宣传窗1677个，制作有关农业普查的广告车辆130辆，发送手机短信7061条，通过“农民信箱”发送42637条，此外，还张贴农普条例2000张、《农普公告》6000张，发放农业普查公开信200万封、宣传年画200万张。市县两级先后开通了农业普查网。

3. 普查试点和业务培训

2006年，根据宁波市第二次农业普查领导小组办公室《关于开展农业普查综合试点的通知》要求，市农普办结合省级试点在余姚市进行第二次农业普查市级综合试点。2006年5月18—25日，市农普办组织各县农普办参加，在余姚市开展市级综合试点。按半山区、纯农区、城乡接合部等类型，选择1个镇共2个村为试点区域，本着“取得经验，发现问题，锻炼队伍，完善方案”总的试点目的，熟悉农普方案，培训业务骨干，规范业务标准，积累实战经验。按照市农普办要求，同年8—9月，县级试点全面铺开，其中多数乡镇组织了小型的农普试点（填）工作，全市试点覆盖面约为50%。

全市培训实行“向下延伸一级”模式，市培训至乡镇，县培训到普查指导员，乡镇培训到每个普查员。市农普办组织了5次市级业务学习和培训。2006年10月10—21日，宁波市分3期对农业普查方案进行培训。培训人员为涉农乡镇（街道）的业务骨干共计350多人。

4. 划区编码和清查绘图

市级编码，由省农普办根据既有资料编制2006年全市乡（镇）、街道、行政村名单和地址码，经各县调查核对后上报，再由市级人员进行集中审核反馈，经各县确认无误后，上报省办，由省农普办统一印发全市各乡（镇）、街道及以上地址码本。各县按照全面覆盖、不重不漏原则统一划分普查区和普查小区，并仿照市级做法进行地址编码。

清查摸底主要做法是通过查阅行政村户籍登记记录、土地承包合同记录、宅基地登记记录、外来人口登记记录、工厂宿舍区入住人口登记记录等资料和向知情者访问等方式编制《农村普查区住户摸底表》，通过各普查区基本单位名录和工商、税务、民政、动物防疫登记等资料编制《单位摸底表》，同时绘制普查小区示意图。之后逐级进行质量抽查与验收审核。

5. 现场登记和检查验收

2007年1月初，全市各地按统一部署要求开展现场登记，2.5万名“两员”上门入户进行地毯式调查，1月15日完成全部住户普查表登记，1月底完成所有单位普查表、行政村普查表和行政村普查补充表登记，同年2月底全面完成乡镇普查表登记。全市共调查乡级行政单位131个，村级组织2791个，家庭户125.3万个。

市、县两级农普办采取入户调查与质量审核相结合的方式，自下而上开展质量检查与验收。各乡农普办在组织开展所有村自查、互查、验查和个别排查补课基础上，进行全面复查后，采取集中会审方式对普查区登记质量进行逐一验收。2007年1月29日起，全市登记质量进行抽查和验收。全市共抽取11个乡镇（街道）、62个村（居）委会，57家农业生产经营单位，840户登记住户，其中，入户登记率为100%，各项差错率指标均低于5‰的国家标准。3—4月，省农普办对象山、奉化进行了登记阶段数据质量和事后质量抽查，均顺利达标。

6. 数据处理和资料开发

数据处理以普查基层表数据为直接对象，按统一规定时间、数据格式和要求上报，县、市分级组织实施。于2007年3月制定并下发《宁波市第二次农业普查数据处理实施细则》，同年3月完成全市快速汇总；6月完成全部农业普查基层表数据录入，至7月底，先后完成农普数据和图像，县报市、市报省和市级数据审核及评估。

全市共完成15586个普查小区，光电录入普查表190余万张，在全省农普数据处理事后质量抽查中，检测结果字符率差异率为0，表头信息匹配率100%，数据抽查准确率100%。

2006年6月起，市农普办先后编印《宁波市第二次农业普查快速汇总简明资料》；采取定向招标方式组织开展课题研究，进行深度开发和专题分析，并组织专家评审，编辑出版全市农普优秀课题报告集。

7. 总结表彰与成果发布

2007 年 7 月，对全市县及县以下先进开展评比表彰，共评出县及县以下国家级先进集体 23 个、先进个人 90 名，省级先进集体 32 个、先进个人 112 名，市级先进集体 21 个、先进个人 115 名。2008 年 8 月，国普办授予宁波市、江北区等 24 个单位和 95 名个人第二次全国农业普查国家级先进集体和先进个人荣誉称号；省农普办授予慈溪市、宁海县农普办等 32 个单位和 118 名个人第二次全国农业普查省级先进集体和先进个人荣誉称号。

2008 年 3 月，市农普办和市统计局联合发布《宁波市第二次农业普查主要数据公报》，主要包括四个方面。（1）农业基本状况和生产条件。2006 年末，全市共有农业生产经营户 58.4 万户；农业从业人员 42.0 万人，其中男性占 61.5%；村级组织和农业生产经营单位中共有农业技术人员 1.4 万人。（2）农村基础设施建设和基本社会服务。2006 年末，100% 乡镇已完成农村电网改造，100% 乡镇有邮电所；100% 村和自然村通电，100% 村和 99.6% 自然村通电话；37.8% 村有幼儿园、托儿所，80.0% 村 3 公里范围内有小学，77.2% 村 5 公里范围内有中学，99.6% 村和 98.8% 自然村安装有线电视，87.6% 村能用 ADSL、LAN 等宽带方式上网。（3）农村居民生活条件。2006 年末，农村居民平均每户拥有住宅 148 平方米；使用管道水住户 119.7 万户，占 96.8%；使用煤气或天然气农户 108.0 万户，占 87.3%；使用水冲式厕所 94.9 万户，占 87.7%。（4）农村劳动力资源与就业。2006 年末，农村劳动力总量为 360.4 万人，其中，男劳力 191.9 万人，占 53.2%；农村从业劳动力 322.7 万人，占总量 89.5%，在第一、二、三产业中就业占比分别为 12.1%、67.4% 和 20.5%；农村外出从业劳动力 25.9 万人。

三、第三次农业普查

根据《国务院关于开展第三次全国农业普查的通知》（国发〔2015〕34 号）和《浙江省人民政府关于开展第三次农业普查的通知》（浙政发〔2015〕29 号）要求，宁波市政府于 2015 年 12 月下发《宁波市人民政府关于开展第三次农业普查的通知》（甬政发〔2015〕137 号），对第三次全国农业普查进行全市动员和部署。

（一）普查对象内容和标准时点

第三次全国农业普查的登记对象是中华人民共和国境内的农业经营户、农业经营单位、居住在农村且有确权（承包）土地的住户；填报对象是列入农业普查范围的村（居）民委员会、乡镇（街道）；遥感测量对象以农作物种植地块为主，并包括其他与之相关的土地覆盖要素。行业范围包括农作物种植业、林业、畜牧业、渔业和农林牧渔服务业。主要内容包括农业从业者情况、土地利用和流转情况、农业新型经营主体情况、农业现代化进展情况、农业生产能力和结构情况、粮食生产安全情况、农产品销售与农村市场建设情况、村级集体经济与资产状况、乡村治理情况、乡镇社会经济发展状况、农民生活状况、建档立卡贫困村与贫困户情况及主要农作物种植等空间分布情况。为完成上述内容的调查，国务院第三次农业普查办公室（以下简称国普办）共设 6 张普查登记表，包括农户普查表、规模农业经营户普查表、农业经营单位普查表、行政村普查表、乡镇普查表和农作物面积遥感测量实地调查表。

普查时点为2016年12月31日24时，普查时期为2016年1月1日至12月31日。

（二）组织与实施

1. 组建各级机构

2015年12月10日，宁波市政府下发《宁波市人民政府关于开展第三次农业普查的通知》（甬政发〔2015〕137号），成立第三次全市农业普查领导小组，副市长林静国任组长，市委宣传部、市农办、市发改委等14个部门领导为成员。下设办公室，负责普查各项日常工作，市统计局总统计师许婷娅兼主任，同时抽调成员单位农业局、林业局、海洋渔业局的3名业务骨干在市办集中办公。2016年2月底，市、县、乡镇（街道）三级普查机构均组建完毕。

2. 宣传发动

2016年10月，市农普办召开宣传工作会议，并与市委宣传部联合下发《关于做好宁波市第三次农业普查宣传工作的通知》。线下层面，市县两级充分发挥中心城区的辐射作用，在交通要道设立大型广告牌，在地铁站设立灯箱广告牌，在中心广场开展农普咨询活动等；镇村两级则发挥基层经验优势，组织开展成效明显、紧接地气的普查宣传，如利用村广播、镇电视台、农民信箱宣传以及普查员上门宣传等。线上层面，市级主流媒体宁波电视台播放农普宣传片；宁波电台整点播放农普口号；《宁波晚报》发布《关于开展宁波市第三次农业普查的公告》；通过气象短信和气象预报宣传农业普查。此外，委托专业机构制作三农普沙画宣传片；制作农普专用笔、农普年历画等；举办农普知识竞赛。同时，市农普办充分利用微信、QQ、微博等新媒体，广泛开展农普宣传。

3. 普查试点和业务培训

2016年6月，市农普办下发《关于在慈溪市开展宁波市第三次农业普查市级综合试点的通知》。2016年7月24—29日，市农普办在慈溪市附海镇南圆村和桥头镇五姓村开展市级综合试点，整个试点围绕取得经验、发现问题、锻炼队伍、完善方案的目的，高效完成宣传动员、清查摸底、业务培训、普查表填报、业务交流等系列工作。2016年10月底，县级试点全面完成。

按照下延一级、逐级培训要求，市农普办分三个层面开展业务培训，并细分为业务和数据处理（PDA）两批。第一层由市农普办组织实施，培训对象为各县级普查办人员和乡镇（街道）农业普查业务骨干，先后在宁海、余姚组织业务培训2期，数据处理培训1期，参加培训人员近600人。第二层培训则由各县级普查办组织实施，培训对象为乡镇（街道）农业普查业务骨干和基层普查指导员。第三层培训由乡镇（街道）普查办组织实施，县级普查办负责师资力量，培训对象为广大的基层普查员。

4. 遥感影像、划区绘图和清查摸底

遥感影像是通过农产量对地抽样调查技术与遥感测量技术应用相结合，准确及时获取主要农作物面积，建立起省级和重点县面向未来的现代农业统计对地抽样调查体系，由国家统计局宁波市调查队具体组织实施。调查对象以农作物种植地块为主，并包括其他与之相关的普查区土地覆盖要素。2016年3月，农作物面积遥感测量普查区摸底；6—9月，各季主要粮食品种遥感测量及全市所有普查区图斑勾画；11月底前，各季农作物面积审核处理及推算上报。

根据省农普办工作安排，市农普办直接应用村级电子边界作为普查区边界和划分普查小区的基础，并按照省办下发的《普查区划分、编码与地图绘制工作细则》，以县为单位对地图的规格、内容、大小、建筑物编号等进行统一，确保地图的规范。2016年10—11月，划分普查区和普查小区，绘制普查区地图，编写乡镇地址码，县（市、区）编写村委会和普查小区地址码。

2016年10月下旬，市农普办召开单位清查摸底工作布置会，对全市工作进行动员和部署。同时制定《宁波市第三次农业普查农业经营单位清查摸底与登记细则》，在单位清查摸底底册中增加了"经营主体形式""经营农业的行业""农、林、牧、渔业及农林牧渔业服务业经营收入""是否主营农业"等指标，在农户摸底表中增加了"农业经营收入"指标；针对渔业生产情况，会同市海洋渔业局设计《渔船清查摸底底册》，共12个指标。2016年11—12月对所有普查小区内的住户和单位进行摸底调查，并分别于11月、12月召开两次清查数据会审会议，12月底前完成清查摸底结果汇总及上报。

5. 现场登记和检查验收

2017年1月初，全市各地按统一部署要求开展现场登记，1.5万名"两员"上门入户进行地毯式调查，1月底完成全部普查表登记，2月底完成所有普查表登记质量的复查验收，同年4月底全面完成乡镇普查表登记。全市共调查乡级行政单位136个、普查区2667个、普查小区11566个；共登记普通农户94.98万户，其中农业生产经营户64.71万户、规模户1.86万户；农业经营单位1.08万家。

6. 数据处理和资料开发

2016年10月，市农普办制定并下发《宁波市第三次农业普查数据处理实施细则》，2017年3月完成全市数据PDA录入和上报；4月完成乡镇、村级普查数据联网直报；8月底前完成全部农业普查数据审核、处理；10月底前完成普查资料汇总及审核。

2016年6月起，市农普办先后编印《宁波市第三次农业普查快速汇总简明资料》；采取定向招标方式组织开展课题研究，进行深度开发和专题分析，并组织专家评审，编辑出版全市农普优秀课题报告集。各县陆续编印农普简要本，撰写各种农普信息与分析。

7. 总结表彰与成果发布

2018年1月，市农普办荣获第三次全国农业普查国家级先进集体称号。2018年2月，省农普办授予江北区、北仑区农普办等15个单位和49名个人第三次全国农业普查省级先进集体和先进个人荣誉称号。2018年4月，市农普办授予海曙区、镇海区农普办等50个单位和200名个人第三次全国农业普查市级先进集体和先进个人荣誉称号。

2018年3月，市农普办和市统计局联合发布《宁波市第三次农业普查主要数据公报》，主要包括七个方面。（1）农业经营主体。2016年，全市共有1.1万个农业经营单位，64.7万户农业经营户，其中有1.9万户规模农业经营户。在工商部门注册的农民合作社总数5258个。（2）农业机械和设施。2016年末，全市共有拖拉机1.1万台、耕整机0.4万台、旋耕机0.3万台、播种机0.1万台、水稻插秧机0.2万台、排灌动力机械2.4万台、联合收割机0.2万台、机动脱粒机0.1万台。2016年末，全市调查村中能够正常使用的机电井数量0.1万眼，排灌站数量0.6万个，能够使用的灌溉用水塘和水库数量0.6万个。全市有喷灌、滴灌、渗灌设施种植面积7.4千公顷；灌溉用水主要水源中，使用地表水的户和农业生产单位占 99.4%。2016 年末，全市温室占地面积 0.2 千公顷，大棚占地面积 8.1 千公顷，渔业养殖用房面积 0.1 千公顷。（3）土地利用。2016 年末，耕地面积 217.4 千公顷，实际经营的林地面积（不含未纳入生态公益林补偿面积的生态林防护林）265.1 千公顷。（耕地面积使用国土资源部门数据）（4）农村基础设施和交通。2016 年末，在乡镇地域范围内，有火车站的乡镇占 2.4%，有码头的占 25.9%，有高速公路出入口的占 30.6%；100% 的村通公路；99.7% 的村内主要道路有路灯。全市 100% 的村通电，13.3% 的村通天然气，100% 的村通电话，100% 的村安装了有线电视，99.7% 的村通宽带互联网，42.2% 的村有电子商务配送站点。100% 的乡镇集中或部分集中供水，100% 的乡镇生活垃圾集中处理或部分集中处理。99.8% 的村生活垃圾集中处理或部分集中处理，99.2% 的村完成或部分完成改厕。（5）农村基本公共服务。2016 年年末，100% 的乡镇有幼儿园、托儿所，100% 的乡镇有小学，100% 的乡镇有图书馆、文化站，48.2% 的乡镇有剧场、影剧院，50.6% 的乡镇有体育场馆，100% 的乡镇有公园及休闲健身广场。28.6% 的村有幼儿园、托儿所，98.3% 的村有体育健身场所，74.3% 的村有农民业余文化组织。100% 的乡镇有医疗卫生机构，95.3% 的乡镇有社会福利收养性单位，91.8% 的乡镇有本级政府创办的敬老院。64.0% 的村有卫生室等医疗机构。100% 的乡镇有商品交易市场。57.1% 的村有 50 平方米以上的综合商店或超市，9.6% 的村开展旅游接待服务，46.2% 的村有具有营业执照的餐馆。（6）农民生活条件。2016 年末，99.6% 的农户拥有自己的住房。其中，拥有 1 处住房的 80.0 万户，占 82.6%；全部农户中拥有商品房的 12.5 万户，占 12.9%。住房为砖混结构的 67.6 万户，占 69.9%。94.1 万户的饮用水为经过净化处理的自来水，占 97.2%。使用水冲式卫生厕所的 93.0 万户，占 96.0%。平均每百户拥有小汽车 39.5 辆、空调 146.2 台、电脑 56.9 台、手机 224.6 部。农民生活用的能源中，主要为使用煤气、天然气、液化石油气和用电，其中使用煤气、天然气、液化石油气的 95.8 万户，占 99.0%；使用电的 83.5 万户，占 86.2%。（7）农业生产经营人员情况。2016 年，全市农业生产经营人员 49.7 万人，其中女性 16.6 万人。在农业生产经营人员中，年龄 35 岁及以下的 2.3 万人。规模农业经营户农业生产经营人员（包括本户生产经营人员及雇佣人员）6.2 万人，其中女性 1.9 万人。农业经营单位农业生产经营人员 5.7 万人，其中女性 1.9 万人。

第四节 工业普查

工业普查是对全国所有工业生产经营单位进行的一次性全面调查登记。目的是查清全国工业底数，特别是国有企业、集体企业、乡镇企业和外商投资企业资产状况，掌握全国工业经济所有制、主要产品和行业结构状况，主要工业产品生产能力及其利用状况，主要生产设备数量及其技术状况，促进企业加强经济核算，提高统计数据质量。根据国务院统一部署，1950 年至 1995 年，宁波先后进行了三次工业普查，之后纳入经济普查。

一、第一次全国工业普查

1950年3月，中央人民政府政务院财政经济委员会发布《关于全国公营、公私合营及工业生产合作社的工矿企业进行统一的全国普查的训令》，布置第一次全国工业普查。

这次工业普查任务是了解中华人民共和国成立初期全国工矿企业基本情况，作为恢复和发展工业生产依据。普查对象是一切公营、公私合营及工业生产合作社的工矿企业，包括少数政府代管企业，不包括私营企业。普查表式由华东财政经济委员会工业部统一制发，调查表按企业大小分甲、乙两类。甲类表共8个部分：企业概况，动力、生产及运输设备，主要原料、材料及燃料，厂房建筑物及工场间，矿产情况，职工人数、工作时间及工资，生产品，修建工程。乙类表在甲类表基础上简化，除概况外，主要调查产品和职工人数等少量指标。综合表共12张：企业目录、水力发电厂堰堤工程、水力发电厂设备利用、输变电及配电设备、矿产开采概况、矿区矿产储量、动力设备及耗电量、生产机械设备、产品产量、职工人数、修建工程一览表等。

时期指标是1949年全年情况，时点指标是1949年底情况，少数指标要求增列1949年前历史资料。

同年11月，宁波市开展首次工业普查，基本摸清中华人民共和国成立初期全市工业情况，达到普查目的，促使全市工业企业普遍建立经济核算制度，加强企业经营管理。

二、第二次全国工业普查

1983年11月，国务院发出《关于认真做好第二次全国工业普查准备工作的通知》(国发〔1983〕185号)。1985年4月，国务院工业普查办公室召开会议部署全国工业普查，同年6月，浙江省人民政府办公厅发出文件，进行贯彻。1984年10月宁波市人民政府发出《关于建立宁波市工业普查办公室的通知》(市政办〔1984〕149号)，宁波市第二次工业普查正式全面开展。经过四年多时间的精心组织实施，到1988年底全市工业普查任务按要求如期完成。

(一)普查对象时间与内容

这次全国工业普查对象为全部工业企业，其中乡及乡以上独立核算工业企业进行全面调查，其他工业企业进行简易调查。

普查时间为1985年，时期指标是1985年全年情况，时点指标是1985年底情况，少数指标增列1984年和1980年数据，全部工业固定资产投资和实现利税需调查中华人民共和国成立以来情况等。

这次普查采用新行业分类，共有41个大类、204个中类、549个小类。普查内容包括1985年工业产、供、销和人、财、物基本情况，工业装备技术状况、经济效益、工业内部结构和职工素质等。具体有工业再生产过程主要活动，包括工业总产值、净产值、工业产品产量、销售、固定资产、利税总额等；工业结构状况，包括投资、行业、所有制结构和地区分布等；工业技术状况，包括生产设备拥有量、产品生产能力，设备自动化、半自动化水平，新产品、主要产品质量和企业综合能耗等；劳动工资和职工素质，包括职工人数、年龄、文化、工龄结构、工资、福利等；经济效益状况；专业化和协作，以及矿山资源开发利用等。

按工业企业不同性质、规模、所有制，普查表分甲、乙、丙和外资与华侨港澳投资经营工业企业4套共360多个指标。甲类表共有12个部分、34张表、360多个指标，由全民所有制工业企业和各种经济类型大中型工业企业填报；乙类表共8个部分、18张表、内容比甲类表略简，由集体所有制独立核算工业企业填报（不包括城镇街道、乡办集体和厂办集体工业）；丙类表共8个部分、14张表，由城镇街道、厂办集体和乡办工业填报；外商、华侨、港澳商投资经营的工业企业表共9种，填报范围是中外合资（或合作）经营、外资经营、全民（或集体）与华侨、港澳工商业者合资（或合作）经营的工业企业。

村及村以下办工业企业，按普查要求，所需工业总产值等少数价值量指标，由县、市工业普查办公室根据年报等有关资料填报，不发普查表。

（二）普查组织实施

1. 组建普查机构，开展清查

1984年10月，市人民政府决定，由副市长陈哲良负责全市工业普查工作，并决定成立宁波市工业普查办公室，由市经委副主任李兆鸿任办公室主任，市统计局副局长詹永乐、市经委曹成章、市计委王玉恒、市财政局沈德兴、市府办陆玛杰等任办公室副主任（1985年3月增补市统计局副局长袁锐刚任办公室副主任）。全市11个县（市）、区，局（公司）及中央属企业成立了相应工业普查领导小组及其办公室。全市共建立工业普查机构6255个，参加工业普查人员达到29222人，具体领导、组织实施工业普查工作，从而为搞好全市工业普查奠定了组织基础和人员保障。

全市从1985年1月起，按照省工业普查办公室的统一部署，首先进行了企业单位清查工作，共清查出乡及乡以上工业企业6713户（含非独立核算）、村办工业企业6291户、城镇居委会办工业企业8846户、农村合作经营工业企业16511户、城乡个体工业14984户。基本上摸清了工业企业的数量，保质保量完成了清查工作。按照普查规定，以后又多次反复核实企业单位数，正式填报普查表的工业企业6263户，在全省清查企业个数与填报企业个数相差比较大的情况下，而宁波市清查与填报企业数基本相符。

2. 培训业务人员，试点和整顿企业基础

1985年5月，全省工业普查业务培训班在宁波市鄞县举办，所辖县（市）、区各主管局和市区16个试点企业骨干共180人参加了业务培训班，在此基础上，全市各级普查机构对参与普查工作的人员进行了多次业务培训，全市培训人数达38506人次。通过培训，使大多数普查人员熟练地掌握普查业务，为全面正式实施工业普查打下扎实的业务基础。

为夯实普查基础，市工普办组织开展工业企业基础整顿工作，对不同规模和所有制企业提出具体整顿要求，整顿重点是计量和检测手段、定额管理制度、原始记录和台账。1985年4月下旬开始，用了半年时间在全市范围内进行企业核算管理基础整顿工作，市工业普查办公室主抓16个试点单位，先走一步，并提出“以点带面，点面结合，步步深入，逐步扩大战果”的方针。采取点上走一步，面上跟一步，交叉滚动方法。全市共进行试点企业320户，占全市企业总数的5.11%。全市经过搞好管理基础整顿工作企业共4874户，占全市企业总数的77.82%，验收合格率为99.5%。通过整顿，不仅为普查表的填报打下了基础，同时促进企业经营管理水平的提高。

3. 数据处理与质量控制

普查数据处理，采取手工汇总和计算机汇总相结合的方法。手工汇总共8张非固定表、4张专业表、17项主要指标，以及时向各级领导和经济管理部门提供主要数据。计算机主要是进行工业企业名册和工业普查固定表、非固定表的全部数据处理和制表工作。运用计算机处理庞大的工业普查数据，在宁波尚属首次。为保证工业普查的质量，宁波市提出了以普查资料质量为中心的工作方针，制定了《宁波市工业普查质量验收实施细则》，在全市范围内填写草表，规定各工业企业的草表要在企业进行“三查三核对”基础上，经过各县（市）、区工业普查办公室审查验收合格后才能填写正表，并发给填写许可证，经过四级全面质量控制，全市汇总普查表平均误差率为1.27‰，低于全省平均误差率1.39‰，大大低于全国允许的20‰的要求。

4. 先进评比和资料开发

在这次工业普查中，各级普查机构和普查人员作出了显著成绩。到1987年5月底，全市各级工普办的总结评比工作全部结束，全市各级共评出先进单位485个，先进工作者1091名，其中，市级工业普查先进单位140个、先进工作者291名，省级工业普查先进单位45个、先进工作者97名，市工业普查办公室等12个单位被授予全国工业普查先进单位的荣誉、37名普查人员被授予全国工业普查先进工作者。与此同时，21个单位、36名个人被省级业务主管部门评为工业普查先进单位、先进工作者。

为反映普查成果，各级普查机构对普查资料进行了汇编开发应用。市工业普查办公室相继编印出版了（包括内部发行）《宁波市第二次工业普查资料汇编（第一分册：工业企业目录）》《宁波市第二次工业普查资料汇编（第二分册：工业设备）》《宁波市第二次工业普查资料汇编（第三分册：原材料、燃料、动力消费、库存）》《宁波市第二次工业普查资料汇编（第四分册：综合资料）》《宁波市第二次工业普查资料汇编（第5分册：分析资料汇编）》等资料。同时，各县（市）、区及市级业务主管部门也编印了相关汇编资料。全市工业企业全面开展工业普查资料分析研究工作，全市有千余个单位共撰写出分析文章1378篇，提出了2354条建议，其中406条被采纳和实施，为企业增加经济效益2925万元。

（三）普查成果

通过全市第二次工业普查，摸清了宁波市工业企业的家底。普查结果表明，1985年末，全市共有工业生产单位4.77万个，工业劳动者119.92万人，全年工业总产值113.23亿元。在全部工业中，乡办（城镇街道办）以上独立核算工业企业0.63万家，职工人数64.72万人，固定资产原值37.23亿元，全年工业总产值84.86亿元，利税总额9.13亿元。1985年末，全市全民所有制工业企业397家，其企业数仅占乡办（城镇街道办）以上独立核算工业企业的6.3%，但其工业总产值、职工人数和资产则分别占37.46%、21.57%和62.16%。

三、第三次全国工业普查

1995年1月，国务院发出《关于进行第三次全国工业普查的通知》（国发〔1995〕2号）。同年3月，浙江省人民政府办公厅发出通知，进行贯彻部署；3月末，宁波市人民政府发出《关于进行第三次全市工业普查和建立普查领导小组的通知》（甬政发〔1995〕62号），标志着宁波市第三次工业普查正式全面起动。该次工业普查，宁波历经近两年时间，圆满完成了普查任务。

（一）**普查对象内容与时间**

本次工业普查（以下简称工普）对象为宁波市境内全部工业企业和附营工业生产活动单位，包括乡及乡以上独立核算工业企业和附营工业生产单位、村办工业、私营工业、合作经营工业和个体工业。目的是通过普查摸清全市工业企业，特别是国有工业企业、乡镇工业和“三资”工业企业家底；查清主要产品产量、生产能力及其利用状况、资源配置、市场容量和供需平衡状况，主要生产设备数量、工艺装备及其技术状况，主要工业产品成本、价格及盈利状况等。

普查主要内容有：工业企业基本情况，财务状况，劳动情况，工业产品生产、销售、库存总值，主要工业产品产、销、存实物量，附营工业单位生产、销售情况，工业企业原材料、能源消费与库存，大中型工业企业科技活动情况，主要工业技术经济指标，主要工业产品生产能力，主要工业生产设备技术状况（已安装设备），主要工业产品质量，主要工业产品销售收支情况，“三资”工业企业基本经营指标，大型联合企业（公司）主营业务活动情况，高新技术产业、产品的研制开发和生产情况，村及村以下工业企业主要经济指标，共 17 项。

这次普查直接调查范围扩大至村及村以下所有工业企业，调查对象是第二次工业普查的 20 多倍，调查指标更细。普查表式、指标目录、分类标准、数据处理程序统一由国家和省制订。基层表按工业企业规模等不同分 6 类 36 种。

报表调查年度，除财务状况表调查 1994 年和 1995 年两年外，其余均为 1995 年。时期指标为 1995 年全年情况，时点指标为 1995 年底情况。

（二）**普查组织实施**

1. 组建各级机构，启动前期工作

1995 年 3 月 30 日，市人民政府决定，成立宁波市人民政府第三次工业普查领导小组，由副市长吕国荣任组长，市政府副秘书长戴瑞祥、市政府副秘书长林勇、市统计局局长吕彬章、市计委副主任寿永年、市经委副主任徐国宝、市统计局副局长唐伟昌任副组长，市财政局局长助理陈宝根、市乡镇局副局长李炳君、市工商局副局长徐荷英、市标准计量局副局长郑禹源、市冶金局副局长韩志雄、市化工局副局长李志强、市机械局副局长杨继群、市医药局副处调吕杭生、市轻工业局副局长王经纬、市电子局副局长陆军、市纺织局副局长陈胜平、市二轻总公司副总经理陈晓明、市建材局副局长刘冰、市机关事务管理局副局长刘祖华为成员。下设第三次工业普查办公室（以下简称市工普办），负责全市工业普查的具体组织实施，办公室主任由市统计局副局长唐伟昌兼任。各县（市）、区人民政府、全部乡和各级业务主管部门及工业企业相继建立工业普查机构，所有行政村与社区居委会都组建普查员队伍。开始逐级落实人员、经费、设备、办公用房等，全市共选调工普人员 5 万余名。

2. 制定方案规则，开展宣传动员

1995 年 8 月起，市工普办相继制发《宁波市第三次工业普查实施意见》《各级工业普查机构、工业企业普查人员工作细则》《普查工作操作方案和进度表》《企业管理基础工作整顿内容和考核标准》《单位清查工作实施办法》《普查表（甲、乙、丙表）收集、整理、填报、审核和质量控制工作细则》《普查数据处理工作实施方案》《普查表质量抽查验收实施方案》等。各地因地制宜陆续细化落实具体实施办法，明确每项工作、每个环节目标与责任。

1995年9月，全市开展第一个宣传周活动，对普查重要性和必要性等进行广泛宣传。市工业普查领导小组副组长兼工普办主任两次接受市电视台、电台采访。各地通过广播、电视、墙报等多种形式开展宣传活动。同年12月普查填表前，全市展开第二个宣传周活动，市、县电视台、电台、报纸等新闻媒体，详尽报道各级领导活动、普查动态与信息；各级工普办采取多种方式组织开展集中宣传，做到电视有影、广播有声、报刊有文，大街有条幅、企业有墙报、村巷有标语，宣传效果明显。慈溪市组织了工普知识电视竞赛，社会反响热烈。

3. 组织试点培训与清查整顿

1995年9月，全市组织了50家工业企业作为普查试点单位，市工普办抓好市属企业及各县（市）、区确定的试点单位的试点工作。各市属工业主管局、各县（市）、区的试点工作都具有代表性，包括甲表单位、乙表单位、丙表单位、丁表单位，选择的均为正常生产的企业。试点工作得到省普查检查组的肯定，为下一步普查登记工作起到重要的指导作用。

业务培训采取分级负责办法。10月市工普办组织安排6期业务培训班，全市的大中型企业的生产统计、财会人员、设备管理人员等普查业务骨干900余人参加培训。各县（市）、区工普办根据不同情况确定培训范围，大部分培训到乡镇、主管局一级工普办，北仑区、镇海区工普办还直接培训到所有企业。直接参加市、县两级工普办培训的人员近4000人。

单位清查是摸清普查对象，企业统计基础整顿主要是提高普查对象填表能力。针对全市农村工业企业快速增加，无证工业户及无主管部门企业大量存在等情况，市工普办制定了《关于进行清查村及村以下工业统计调查单位的清查方案》，组织各地规范开展全市单位清查摸底工作。各县（市）、区，乡和部门采取多方查找资料，登门查询核实，与工商、税务、主管部门、乡登记资料反复、交叉核对等方式，摸清查定工业企业单位数。结合全市单位清查开展企业统计基础整顿，各县（市）、区根据各类普查表填报需要，统一印发统计台账，促使企业建立完善统计台账和各种管理卡片。

4. 做好普查登记，进行抽查验收

1996年1月至4月为现场登记阶段，现场登记事关普查成败，各级工普办层层建立登记质量责任制和验收制，各地普遍选配责任心强、熟悉情况人员担任普查员，事前做足准备，了解企业规模、从业人员、生产设备、台班生产能力、日均产量、开工天数、耗电量、月报酬、上缴税金等情况，经分析推算得到填表所需信息，采取业主自报、普查员测算核实、业主签字确认方法，统一持证上门逐户进行全面调查登记。登记结束后，各地组织对每个指标逐一进行全面复核，消除疑问、纠正差错。在此基础上，各级工普办进行数据质量检查会审与评估验收。

1996年5月，开始进入普查资料的质量评估阶段。此次工业普查指标多、代码多、计量单位复杂，为防止原发性错误发生，市工普办要求分级负责，落实到人，层层建立岗位责任制，专门制订下发便于操作的“审核要点”，进行“三查、三核对”，以确保普查表的客观性、准确性。市工普办两次组织力量到县（市）、区检查，直接到企业抽查基层表的登记填报情况，对综合表逐表核对，发现问题和疑点，及时查询，分析原因，弄清情况，从而提高了县级数据质量。经省工普办对宁波市的多次抽查，验收结果名列全省前茅。全市两批工普报表，均按期上报省工普办一次验收通过。

5. 先进表彰和资料开发

全市共评出国家级先进集体 13 个、先进个人 52 名；省级先进集体 66 个、先进个人 194 名；市级先进集体 40 个、先进个人 100 名。

第三次工业普查全部采用计算机超级汇总，市工普办于 1996 年 5 月上旬下发《关于认真做好工业普查资料开发利用工作的通知》，还专门组织了 4 期共 400 余人参加的怎样利用工普资料写好分析文章的培训班。至 1996 年 11 月，市工普办收到各县（市）、区推荐上报工普分析文章 300 多篇，从中精选了 45 篇汇编成《宁波市第三次工业普查优秀分析论文集》出版。1997 年 1 月，市工普办编印出版了《宁波市第三次工业普查资料（1995）》，本书由综合篇、地区篇两部分组成，其中，综合篇反映宁波市工业总量，结构及其生产、消费、交换、分配的全过程基本情况，以及工业生产诸要素投入、产出情况；地区篇反映宁波市所辖各行政区域的工业总量，结构及其主要生产要素投入、产出情况。

（三）**发布公报**

1997 年 1 月 15 日，《宁波市第三次工业普查公报》发布。公报表明：宁波工业经济总量规模显著扩大，发展水平明显提高。工业在整个国民经济中仍居主导地位，近十年，是中华人民共和国成立以来工业经济增长最快的时期。1995 年末，全市工业企业和生产单位共有 7.8 万个；从业人员 146.1 万人；资产总额 1011.4 亿元；实收资本 278.2 亿元。1995 年，产品销售收入 1230 亿元；实缴税金 64.3 亿元；工业增加值为 328.5 亿元，占国内生产总值的 51.5%。

第五节　第三产业普查

第三产业，是指除第一产业（农业）和第二产业（工业与建筑业）外其他各业。第三产业普查是对全国所有第三产业单位进行一次性全面调查。1993 年 6 月 27 日，国务院印发《关于开展全国第三产业普查工作的通知》（国发〔1993〕47 号），决定从 1993 年开始，对全国第三产业进行一次普查。同年 7 月 30 日宁波市人民政府印发《关于开展全市第三产业普查工作的通知》（甬政发〔1993〕130 号），全市首次第三产业普查启动，历时近两年完成，第一次取得了全市第三产业的完整资料。之后，因 2003 年 8 月国家统计局调整周期性普查制度，第三产业普查内容并入经济普查中。

一、普查基本要求

（一）**普查范围**

宁波市境内各种经济类型所有第三产业企业、事业、行政单位、社会团体及城乡个体户，涉及经济活动部门有：为生产和生活服务部门，包括地质勘查业、水利业、农林牧渔服务业、交通运输业、仓储业、邮电通信业、批发和零售贸易业、餐饮业、房地产业、社会服务业、综合技术服务业、金融业、保险业；为提高科学文化水平和居民素质服务部门，包括卫生事业、体育事业、社会福利事业、教育事业、文化艺术事业、广播电影电视事业、科学研究事业；为管理国家与社会服务部门，包括国家机关（含军队和武装警察部队，下同）、政党机关、社会团体、基层群众自治组织。

（二）**普查对象**

为全面准确地反映第三产业发展状况和便于同新国民经济核算体系相衔接，这次普查将从事第三产业活动的单位划分为两种基本单位，即独立核算单位和单独核算单位。独立核算单位是指具备以下条件的单位：依法成立，有自己的单位名称、组织机构和场所，能够承担民事责任；独立拥有和使用资产，承担负债，有权与其他单位签订合同；独立核算盈亏，并能够编制资产负债表。单独核算单位（也称产业活动单位）须具备以下条件：具有一个生产经营场所，从事一种或主要从事一种生产经营活动；单独组织生产、经营或业务活动；掌握收入和支出会计核算资料。

（三）**普查内容**

一是第三产业机构和人员情况，指标有从事第三产业独立核算单位、单独核算单位的数量和从业人数；二是第三产业生产经营活动情况，包括企业营业收入、营业成本费用、销售（营业）税金、经营利润、附营业务收支净额，事业单位、国家机关、政党机关、社会团体、基层群众自治组织经费收支、业务（事业）收支、预算外收支和专项资金收支等；三是第三产业实物资产及重点行业业务活动情况，包括固定资产原值和净值、库存总值及社会商品零售总额等。

第三产业普查所列部门大类有50个、中类有150个。基层普查表采用甲、乙、丙三种表式。甲表由执行企业会计制度的企业及企业化管理事业单位填报，内容分两部分：一是企业特征属性指标，包括企业名称和法人、地址、经济类型、行业类别、开业年份、隶属关系等9项；二是企业生产经营活动数量指标，包括营业收入、工资、税金、营业利润、固定资产原值、净值、职工人数等20项。乙表由非企业化管理事业单位、行政单位和社会团体填报，属性指标共10个，除甲表全部9项外，增加预算管理方法；数量指标共28个，包括拨款收入、业务（事业）收入、拨入专项资金收入、预算外收入及经费支出、业务（事业）支出、预算外支出、专项资金支出、基本建设支出等收支指标。丙表由城乡个体户填报，有属性指标6个，数量指标8个。

（四）**普查方法**

企业、事业、行政单位、社会团体采取全面调查，填报甲表或乙表。城乡个体户采取以县为单位，分城乡、分行业等距随机抽样，以5%左右样本（实际抽样为5.3%）推算全体，填报丙表。

全国首次第三产业普查采取条块结合形式，中国人民解放军、武装警察部队和铁道部系统按条条普查，其他第三产业行业按块块普查，分省、市、县三级进行。

（五）**普查年度**

全国规定为1991年和1992年，浙江增加调查1993年上半年有关数据，宁波市同时调查1993年上半年的机构和人员指标。

二、普查组织与实施

（一）准备阶段：1993年7—10月

1. 建立强有力的普查网络

1993年7月，宁波市人民政府成立了以副市长章猛进为组长，市计划经济委员会主任邵占维、市统计局局长吕彬章为副组长，由17个市级部门负责人为成员的宁波市人民政府第三产业普查协调小组（以下简称市三普协调小组）及其办公室（以下简称市三普办），办公室设在市统计局，由领导小组成员、市统计局副局长王文渊任主任（1994 年 5 月，由统计局副局长唐伟昌任主任）。各县（市）、区都相应建立了普查机构。与此同时，全市 175 个乡、镇政府及街道办事处和 790 个县以上主管业务部门也成立了普查机构，配备工作人员 3222 人，乡村村民委员会和城镇居民委员会共有普查工作人员 5871 人。在普查填表阶段，全市包括 11493 名基层填报人员、567 名调查员和 169 名调查指导员等在内，共动员 21322 人直接参与普查工作。

2. 进行宣传动员和业务培训

1993 年 9 月，市三普办与中共宁波市委宣传部联合发出通知，部署普查宣传工作。全市针对不同对象、不同阶段的普查要求，在开展调查摸底和普查登记前后，掀起了两次宣传高潮。据统计，各地共发表电视讲话 46 次，广播电视播出 251 次，报刊刊登 47 期次，悬挂横幅 459 幅，举办宣传窗专栏 368 期，张贴公告 12222 张，张贴标语 7780 张，刊出黑板报 1316 期，编印宣传资料 21565 册，以及开展知识竞赛、宣传咨询活动等，为这次普查取得成功创造了条件。

这次普查培训采取市，县（市）、区，乡镇（街道）三级培训的方式进行，全市参与培训的人员达到 56840 人次。

（二）普查登记与汇总验收阶段：1993 年 11—12 月

主要包括普查登记、全面复查、抽查验收和手工汇总等工作。现场入户登记关乎普查成功与否，为确保登记质量，市三普办先后制定实施《宁波市第三产业普查实施办法》等多个文件，各县（市）、区三普办相继制订执行普查登记、质量控制和检查验收等一系列规则制度。各级坚持把普查质量放在首位，全面落实责任制，严把五道质量关（即摸底调查关、普查登记关、查漏补缺关、手工汇总关、审核验收关）。经 2 万余名普查人员共同努力，全市普查登记保质保量如期完成。经省、市、县三级验收的单位、个体户，结果表明普查单位遗漏率为 0，其他各项指标差错率均在国家规定允许范围内。手工汇总数据实行“两次过录汇总”和普查资料 100% 计算机复录校验（国家要求 50%）。手工快速汇总数据按要求时点上报国家。

（三）编码和数据处理阶段：1994 年 1—4 月

主要是按照国家和省相关规定要求组织开展编码、贯彻执行《宁波市第三产业普查数据处理实施办法》、数据录入与数据处理、审核评估计算机数据处理资料等工作，经各级三普办辛勤劳作，顺利完成各项任务。

（四）资料利用与总结表彰阶段：1994 年 5 月至 1995 年上半年

根据《宁波市第三产业普查资料开发利用规划》，全市各级三普办相继组织开展普查资料分析研究和开发利用。在普查取得大量统计资料的基础上，经过加工整理和开发利用，形成了为决策制定、计划编制、生产经营管理、科学研究以及为社会公众服务的一批成果。1994 年 4 月由宁波市三普办发起召开了全国沿海、沿江城市第三产业普查资料开发协作会议，大连市、青岛市、重庆市、武汉市、南京市、苏州市、无锡市、南通市、厦门市、深圳市、杭州市、温州市、绍兴市、舟山市和宁波市 15 个城市的三普办负责人参加会议，建立资料交换网络等，为全面开展分析研究工作打下良好基础。9 月，编印《宁波市直接行业类别汇总表》。12 月编印《宁波市首次第三产业普查资料》。1995 年 3 月编印出版《宁波市第三产业普查资料分析应用优秀论文集》，收录评选出优秀分析文章30篇。各县（市）、区普查机构普遍发表普查公报，编印出版第三产业普查资料汇编本，撰写编印普查资料分析专著和分析报告汇编本。

1995年1月，市三普办发表《关于首次第三产业普查主要数据的公报》，公报显示：1992年底，全市第三产业企业、事业、行政单位、社会团体和个体户共191172个，其中独立核算单位20351个，单独核算单位16408个，从事第三产业的城乡个体户154413个。全市从事第三产业企业、事业、行政单位、社会团体和个体户从业人员数共642391人，其中独立核算单位348363人，单独核算单位87088人，个体户206940人。全年第三产业增加值为69.54亿元，其中独立核算单位45.68亿元，单独核算单位5.92亿元，个体户17.94亿元。全市第三产业形成了以公有制为主体，多种经济成分并存发展的基本格局。1992年，国有单位和集体经济单位提供的增加值占66.7%，个体和私营经济、港澳台投资经济的增加值占33.3%。第三产业行业结构内部形成了以传统行业为支柱，新兴行业全面兴起，门类较全的新行业结构。

普查结束前，各级三普办对普查工作和主要技术业务工作进行全面总结，并开展先进评比表彰。市三普办被评为全国首次第三产业普查国家级先进单位；全市4家单位、19名个人荣获国家级先进集体与先进个人称号；57家单位、82名个人荣获省级先进集体和先进个人称号；51家单位、84名个人荣获市级先进单位和先进个人称号。

第六节　经济普查

经济普查是一项集工业、建筑业、第三产业和基本单位普查于一体的综合性国情国力调查。2003年12月2日，国务院下发《关于开展第一次全国经济普查的通知》，明确为适应经济和社会发展需要，并与编制五年计划更好衔接，推进国民经济核算与统计调查体系的综合配套改革，国务院决定，将原定于2003年进行的第二次全国第三产业普查推迟，与计划在2005年开展的第四次全国工业普查和2006年开展的第三次全国基本单位普查合并，同时将建筑业纳入普查范围，在2004年开展第一次全国经济普查。今后全国经济普查每10年进行2次，分别在尾数逢3、逢8的年份实施。根据国务院和浙江省的统一部署，宁波市分别于2004年、2008年和2013年进行3次经济普查。

一、第一次经济普查

根据《国务院关于开展第一次全国经济普查的通知》（国发〔2003〕29号）和《浙江省人民政府关于在全省开展第一次经济普查的通知》（浙政发〔2004〕5号）要求，宁波市于2004年开展第一次经济普查。普查标准时点为2004年12月31日，时期资料为2004年度。

（一）普查的范围与内容

经济普查范围包括采矿业，制造业，电力、燃气及水的生产和供应业，建筑业，交通运输、仓储和邮政业，信息传输、计算机服务和软件业，批发和零售业，住宿和餐饮业，金融业，房地产业，租赁和商务服务业，科学研究、技术服务和地质勘查业，水利、环境和公共设施管理业，居民服务和其他服务业，教育、卫生、社会保障和社会福利业，文化、体育和娱乐业，公共管理和社会组织行业等（涉及20个门类、95个大类、396个中类、913个小类）全部法人单位、产业活动单位和个体工商户。普查内容包括单位属性标志、从业人员、财务收支、资产状况、企业主要生产经营活动和生产能力、主要原材料与能源消耗及科技开发投入状况等。

（二）普查的组织实施

1. 组建机构

根据国务院和浙江省的统一部署，宁波市人民政府于2004年3月30日印发《宁波市人民政府关于开展第一次经济普查的通知》（甬政发〔2004〕27号），成立以副市长邵占维为组长，市政府副秘书长邱士金、市计委副主任薛维海、市统计局副局长唐伟昌为副组长，市委宣传部、市发展计划委员会、市经委等17个部门组成的宁波市第一次经济普查领导小组（以下简称宁波市一经普领导小组），与浙江省第一次经济普查领导小组相比，成员单位增加市交通局、文化局、体育局、卫生局、教育局5个部门。宁波市一经普领导小组下设办公室，负责普查日常工作，市统计局副局长陈燕芬兼任办公室主任。2004年4月底，各县（市）、区经济普查机构全部成立。

2. 健全制度

在普查机构成立后，各级普查办先后制定《第一次经济普查工作计划》、《经济普查领导小组及办公室职责分工》、《经济普查办公室工作规则》、《第一次经济普查宣传计划》、《经济普查年度考核办法》、《普查办岗位职责》、《经济普查数据处理工作方案》、《经济普查数据处理实施细则》、《经济普查数据质量控制工作细则》以及《第一次经济普查实施方案》等一系列规章制度和工作计划，并适时成立数据质量控制小组及经济普查执法检查组，以确保普查各阶段工作保质保量有效落实。

3. 宣传发动

全市各级围绕普查目的任务与内容要求等，在宁波电视台、宁波人民广播电台、《宁波日报》、《宁波晚报》、《现代金报》、《东南商报》等媒体上进行专题宣传；通过张贴宣传画、宣传标语，悬挂横幅，电子屏滚动播放宣传口号，散发宣传资料，开设宣传橱窗、墙报、大型公益广告牌，开展现场咨询、有奖问答、有奖签名，统一举办宣传月活动等方式开展宣传，做到“电视有图像、电台有声音、报刊有文章、网络有信息、街头有标语、墙报有专栏”。

4. 综合试点

2004年7—8月，市经普办在江北区文教街道进行市级经济普查全过程综合试点。其间，经过试点方案的制定出台、普查区域划分、普查员和普查指导员的选调培训、现场清查摸底和查漏补缺、普查业务培训、普查表布置、回收和审核、录入、数据处理、总结等普查各个阶段工作，达到试点目的。在市级普查试点开始后，江东、余姚、慈溪、宁海、奉化、鄞州、海曙等地也相继开展县级普查试点。

5. 划区绘图及“两员”（普查员和普查指导员）选调

2004年7月、8月，全市开展大规模的普查区域划分、普查区域示意图绘制和“两员”选调工作。根据普查区域示意图绘制要求和“两员”选调标准，全市累计绘制县、乡、村级普查区示意图3714张，选调普查“两员”近13000人。

6. 单位清查

2004年9月下旬到10月底，全市各级普查办按照在地原则，以普查小区为单位，根据普查区域图，采用地毯式扫描的方式开展大规模单位和个体经营户的入户清查工作。在10月底入户清查基本结束后，转入审核、编码和查漏补缺工作，通过将清查资料与部门资料核对；与各专业日常掌握的资料比对；向社会公布单位补充登记公开电话，接受单位和个体户主动进行清查登记；对单位工作点和流动个体户进行严格界定等一系列措施，确保清查单位不重不漏。全市累计清查法人单位75997家，产业活动单位20383家，个体经营户35万余家。

7. 业务培训

2004年11月25—27日，宁波市贸易业、服务业普查业务培训同步进行，拉开全市普查业务培训序幕。根据安排，全市经济普查业务培训分别按照工业、批发零售业、服务业、交通运输业、科技、个体户6个专业分批、分层进行。第一层由市经普办组织实施，培训对象为各县级普查办人员和乡镇、街道经济普查业务骨干，共组织培训9期，参加培训人数近1000人。第二层培训由各县级普查办组织实施，培训对象为规模以上工业企业、资质等级以上建筑业、房地产业、限额以上批发零售业和限额以上住宿餐饮企业的填报人员和基层普查指导员、普查员。第三层培训由乡镇（街道）普查办组织实施，县级普查办负责师资力量，培训对象为规模以下工业企业、限额以下批发零售企业和限额以下住宿餐饮企业及服务业单位的填报人员。第二、三层次培训人员近10万人。在培训方式上，各级普查办均采用了培训与填表相结合、培训与现场指导相结合、培训与普法宣传相结合、培训讲授与讨论测试相结合的方式。

8. 普查登记

2005年1月1日，普查登记工作全面开始，全市各级普查机构有关人员和近13000名普查“两员”全部上阵，逐门逐户开展普查登记和普查报表的收集工作。至3月底，全市7万余家法人单位普查表填表登记和近3.5万家样本个体经营户入户调查工作全面完成。其间，市经普办对全市11个县（市）、区及大榭开发区、保税区和科技园区共14个县级经普办及部分乡镇、街道普查登记质量进行巡查，对巡查中发现的主要问题提出了整改意见，并针对重点难点问题编发问题解答。

9. 数据处理

宁波市第一次经济普查数据处理工作采用市、县（市、区）二级处理，共同遵循“统一组织、分专业处理”的工作模式。市经普办先后于2004年10月11日和2004年12月28日印发《宁波市第一次经济普查数据处理工作方案》和《宁波市第一次经济普查数据处理实施细则》，明确数据处理的环境要求、工作任务、岗位设置、工作流程、组织实施、质量控制等内容，并于2005年1月20—21日组织召开宁波市第一次经济普查数据处理培训会议。全市各级经普办自下而上采取初审、复审、集中会审等方式对普查数据进行多方位审核。市办在本级数据处理权限内增加部分审核条件，对各地上报的原始数据进行分行业、分地区审核分析，对疑问、差错数据逐一进行核实、纠错。共审核处理8.2万家单位和3.4万家抽中个体户的普查数据。

10. 质量评估

2005年4月7日，宁波市经普办出台《关于开展经济普查数据质量抽查工作的实施意见》，对质量抽查的组织实施、内容、方法及抽查数据的处理等作出明确规定。2005 年 5 月 23—31 日，市统计局、市经普办将质量抽查工作与统计稽查工作相结合，抽调 40 余名业务骨干组成 4 个数据质量抽查（统计稽查）组，由市统计局局长、副局长带队，对全市经济普查数据质量进行抽查，全市共抽查 23 个村、居委会普查区。2005 年 6 月 15—18 日，省经济普查数据质量检查组对江北区白沙街道包家村委会和海曙区段塘街道洞桥社区进行质量检查，其中洞桥社区为明查区域，检查内容为对前一阶段市质量抽查数据进行核实，包家村委会为暗查区域，省检查组对该普查区内所有 77 家法人单位和 6 家产业活动单位普查数据录入质量进行表机核对和实地核查，结果符合省办要求。

11. 资料开发

2005 年 6 月，宁波市经济普查办公室印发《宁波市第一次经济普查资料开发应用规划》，详细介绍经济普查资料开发工作的组织领导、经费保障、主要形式和工作安排，并确定 7 个方面的主要选题方向，拟定 40 个综合分析研究和 20 个专题分析研究参考题目。市经普办成立资料开发专家小组，负责资料开发选题的确定、项目研究和咨询、课题成果的检查验收和最终审定。主要成果有：2005 年 12 月，宁波市第一次经济普查领导小组办公室和宁波市统计局联合发布《宁波市第一次经济普查主要数据公报》（第一号）、（第二号）、（第三号）；2006 年 2 月编辑出版《宁波市第一次经济普查资料简要本》；2006 年 3 月编印《宁波市经济普查单位通览》，由中国统计出版社出版；2006 年 8 月，编撰《宁波市经济普查年鉴（2004）》，由中国统计出版社出版，全书共三卷六册；2007 年 2 月，专家小组完成 46 项研究课题的评审，确定通过 39 项，其中，一等奖 2 项，二等奖 4 项，三等奖 6 项；同年 4 月，《宁波市第一次经济普查课题汇编》出版。

12. 评比表彰

2005 年 11 月，宁波市第一次全国经济普查领导小组下发《关于表彰宁波市第一次经济普查先进集体和先进个人的决定》，对评选出的 16 个国家级先进集体、75 名国家级先进个人，21 个省级先进集体、121 名省级先进个人，50 个市级先进集体、164 名市级先进个人给予表彰。

（三）普查成果

普查结果显示，2004 年末，全市共有从事第二、三产业的法人单位 71182 个，列杭州之后居全省第二位。其中，企业法人单位 59974 个，机关、事业法人单位 3762 个，社会团体法人单位 1350 个，其他法人单位 6096 个。产业活动单位 81684 个，其中，第二产业 40080 个，第三产业 41604 个。个体经营户 351958 户，列温州、杭州之后居全省第三位。其中，第二产业 68804 户，第三产业 283154 户。

2004 年末，全市第二、三产业的就业人员数为 3843580 人，列杭州之后居全省第二位。其中，第二产业的就业人员为 2722679 人，占 70.8%；第三产业的就业人员为 1120901 人，占 29.2%。在合计中，单位就业人员 2942007 人，占 76.5%；个体经营人员 901573 人，占 23.5%。在单位就业人员中，女性 1253643 人，占 42.6%。

2004 年末，全市第二、三产业 59974 个企业法人单位实收资本总额为 1993 亿元，其中，国家投入资本 502 亿元，占 25.2%；集体投入资本 120 亿元，占 6.0%；个人投入资本 792 亿元，占 39.7%；港澳台投入资本 302 亿元，占 15.2%；外商投入资本 277 亿元，占 13.9%。

二、第二次经济普查

根据国务院《关于开展第二次全国经济普查的通知（国发〔2007〕35号）》和浙江省人民政府《关于在全省开展第二次经济普查的通知》（浙政发〔2008〕14号）要求，宁波市于2008年开展第二次经济普查。普查标准时点为2008年12月31日，时期资料为2008年度。

（一）目的和对象

第二次全国经济普查（以下简称二经普）主要目的是全面调查第二、三产业发展规模及布局；了解产业组织、产业结构、产业技术现状以及各生产要素构成；摸清各类企业和单位能源消耗基本情况；建立健全覆盖国民经济各行业基本单位名录库、基础信息数据库和统计电子地理信息系统。通过普查，进一步夯实统计基础，完善国民经济核算制度，为科学制定中长期发展规划，提供科学准确统计信息支持，为各级政府宏观管理和科学决策提供服务。普查对象包括在宁波市境内从事第二产业和第三产业全部法人单位、产业活动单位和个体经营户。

（二）内容和范围

第二次经济普查主要内容包括单位基本属性、从业人员、财务状况、生产经营情况、生产能力、能源消耗、科技活动情况等。普查范围包括采矿业，制造业，电力、燃气及水的生产和供应业，建筑业，交通运输、仓储和邮政业，信息传输、计算机服务和软件业，批发和零售业，住宿和餐饮业，金融业，房地产业，租赁和商务服务业，科学研究、技术服务和地质勘查业，水利、环境和公共设施管理业，居民服务和其他服务业，教育、卫生、社会保障和社会福利业，文化、体育和娱乐业，以及公共管理和社会组织行业等。

（三）组织和实施

1. 机构组建

2008年3月，宁波市人民政府下发《关于在全市开展第二次经济普查的通知》（甬政发〔2008〕32号），并成立宁波市第二次经济普查领导小组，市委常委、常务副市长王勇任组长，市政府副秘书长和市统计局、市发改委领导任副组长，市委宣传部、市经委、市监察局、市统计局、国家统计局宁波调查队等14个部门有关领导为成员。下设办公室，由市统计局副局长谢志初兼主任（以下简称市经普办），负责普查日常工作。

全市11个县（市）区及大榭开发区、保税区、高新区、东钱湖旅游度假区均成立由当地分管领导为组长的经济普查领导小组，并设立办公室。所有乡镇、街道、村、社区均成立相应普查机构。全市落实市县两级普查工作人员300余人，选调普查指导员和普查员13000余人。全市落实各级普查经费2900余万元，落实办公场地4000余平方米。

2. 宣传发动

为最大范围地宣传经济普查工作，最大限度地争取普查对象的配合与支持，宁波市各地均组织召开经普动员大会，由政府分管领导进行动员讲话。市经普领导小组和市委宣传部以联合发文的形式对全市的普查宣传工作进行总体部署，明确全市各级经普办、各级党委宣传部门以及各主要新闻媒体的宣传职责。全市市、县、乡、村四级联动，分别通过电视台播放宣传片，电台制作专题节目，网站进行在线交流，报刊刊登公告，举办答记者问、知识竞赛等，在市场、社区、人流密集区设置广告牌、悬挂横幅、张贴宣传画，开展广场活动，在电子屏滚动播放经普口号，群发手机短信等多种方式开展宣传活动，营造普查氛围。

3. 普查试点和业务培训

2008年8月6日，市经普办召开宁波市第二次经济普查试点动员会议，启动第二次经济普查综合试点工作。动员大会由宁波市第二次经济普查领导小组副组长、市统计局局长罗吕榕主持，市政府副秘书长叶双猛作总动员，浙江省第二次经济普查领导小组办公室主任、省统计局副局长王杰到会并讲话。综合试点在江北区中马街道进行，在近一个月时间内，参加试点的市、区、街道三级普查人员围绕取得经验、发现问题、锻炼队伍、完善方案的目的，完成了从机构组建、宣传动员、清查摸底、业务培训、普查表填报、普查表审核到数据处理的一系列工作，完成试点任务，为经济普查全面开展积累经验。继市级试点之后，11个县（市）区及高新区相继开展县级试点。

根据省办下延一级要求，市办自2008年11月11日至12月2日，对全市1000余名普查业务骨干分专业开展10余期普查业务培训。市办各专业组结合宁波实际，对省培训内容进行充实，增加宁波经济普查典型案例，编印专业培训教材，并在讲授中将实例与理论结合，将“授课、讨论、试填、测试、疑难解答”五种教学方式融为一体，确保学员在短期内更快更好掌握培训内容。在每个专业的业务培训中，数据处理人员都提前介入，学习了解各专业知识，为下一步普查数据处理打下基础。在市办培训之后，各县级普查办按照市办要求，结合各地实际，制订相应培训计划，于12月初相继组织开展分专业业务培训。

4. 划区绘图和清查摸底

在国家、省要求的基础上，市办进一步细化普查区域图绘制标准，经过各级普查办共同努力，全市累计绘制县、乡、村级普查区示意图3000余张。

宁波市各级普查办在做好清查各项准备工作的基础上，按照在地原则，以普查小区为单位，根据普查区域图，采用“地毯式”扫描的方式开展大规模的单位和个体经营户的入户清查工作。一是制定清查方案，编印清查手册。市办在省清查方案基础上，结合宁波实际和各专业要求，增加清查指标，制定宁波市清查方案，明确清查工作具体要求。二是制定《宁波市经济普查数据质量控制工作细则》，把控数据质量。通过把好入户关、审核关、编码关和查漏补缺关，将质量控制贯穿到清查工作的各方面、各环节。三是制定《宁波市第二次经济普查单位清查数据处理实施细则》（以下简称《细则》），抓好数据处理。该《细则》分别对数据处理质量控制责任、数据分析工作责任、数据录入岗位责任、数据处理模式、数据审核条件及数据审核重点作出明确，要求各级普查办层层落实，做好清查摸底数据处理工作。四是开展质量抽查，抓好质量验收。2008年12月12日至24日，市经普办对全市15个县级普查区域的清查摸底质量进行抽查。采取不分组的方式，统一抽查标准。对抽中的普查小区逐户上门核实，内容包括单位界定是否准确，单位有否遗漏、重报，行业界定有无错误，以及清查表内主要指标是否属实等。抽查结果显示，单位清查质量总体良好，符合国家、省质量验收标准。

5. 普查登记和质量控制

2009年1月1日起，全市普查登记围绕“单位搞全、行业搞清、总量搞准”总目标全面展开，全市近1.3万名“两员”，逐门逐户开展地毯式普查登记和普查报表收集工作，至3月底，全市10万余家法人单位普查表登记全部完成。

2008年11月13日，宁波市经普办制定《宁波市第二次经济普查数据质量控制工作细则》(以下简称《细则》),将数据质量控制贯穿于普查准备、普查表登记、数据录入和审核、数据处理、数据上报等普查工作的各个阶段,以确保数据准确真实。该《细则》全面建立数据质量控制机制和岗位责任制,明确各级经普领导小组和各级普查机构的数据质量控制领导责任;规定各级普查机构的质量控制工作内容;细分普查全过程各个阶段的质量控制重点;制定普查数据质量抽查及验收标准、办法;规定各级普查机构要对本级普查数据进行质量评估,并写出数据质量评估报告。

6. 数据处理

2009年1月15—16日,宁波市召开全市第二次经济普查数据处理程序培训会议,布置全市第二次经济普查数据处理工作,培训数据处理程序及元数据库程序。同年2月16日,市经普办制定《宁波市第二次经济普查数据处理实施细则》,就整体工作要求、数据处理任务、工作流程、职责及岗位设置、质量控制与数据安全保障及工作安排作出明确。2009年4月2日,全市完成普查登记及数据录入工作,之后,市经普办多次召开各专业数据会审会议,并通过细化审核条件、编制审核简表、市县逐级审核等方式对数据进行全面审核。

7. 资料开发

2009年8月,宁波市经济普查办公室印发《宁波市第二次经济普查资料开发应用计划》,明确经济普查资料开发工作的目标原则、组织实施、主要内容、成果形式和工作安排,并确定4个方面的主要选题方向,拟定55个参考研究题目。市经普办聘请有关专家、学者组成资料开发专家小组,承担资料开发选题的确定、课题的立项评审、课题成果的结题评审和等次评定等工作。第二次经济普查资料开发取得的成果主要有:2009年10月,编写《宁波市第二次经济普查简明资料》;2010年1月,编写《宁波市第二次经济普查行业盘点》;2010年2月,市经普办和市统计局联合发布《宁波市第二次经济普查主要数据公报》(第一号)、(第二号)、(第三号);2011年3月,编撰出版《宁波市经济普查年鉴(2008)》,全书共三卷七册;2012年5月,专家小组完成60项立项课题的评审,评选出一等奖2项,二等奖5项,三等奖8项,通过29项。

8. 评比表彰

针对第二次经济普查中涌现出的大批优秀普查集体和个人,宁波市第二次全国经济普查领导小组先后于2009年12月和2010年2月印发《关于表彰宁波市第二次经济普查第一批先进集体和先进个人的决定》(甬经普组〔2009〕1号)和《关于表彰宁波市第二次经济普查第二批先进集体和先进个人的决定》(甬经普组〔2010〕1号),对评选出的16个国家级先进集体、106名国家级先进个人,25个省级先进集体、161名省级先进个人,63个市级先进集体、180名市级先进个人给予表彰。

(四)普查结果

普查结果显示,与2004年第一次经济普查相比,2008年末,全市共有从事第二、三产业的法人单位102924个,增加31742个,增长44.6%。法人单位数列杭州之后居全省第二位。产业活动单位116156个(包括第一产业法人单位下属的14家二、三产业活动单位),增加34472个,增长42.2%,其中,第二产业56292个,第三产业59850个。个体经营户384747户,增加32789户,增长9.3%,其中,有证照个体经营户为241179户。个体经营户中从事第二产业的有74875户,从事第三产业的有309872户。

2008年末，全市第二、三产业的就业人员数为4727449人（包括私营第二、三产业活动的农、林、牧、渔业法人单位从业人员459人），与2004年第一次经济普查相比，增加883869人，增长23.0%。其中，第二产业的就业人员为3245325人，占68.7%；第三产业的就业人员为1481665人，占31.3%。在合计中，单位就业人员3742185人，占79.2%；个体经营人员985264人，占20.8%。在单位就业人员中，女性1547119人，占41.3%。

2008年末，全市第二、三产业89318个企业法人单位的实收资本总额为3918.38亿元，与2004年第一次经济普查相比，增加1925.38亿元，增长96.6%。在全部企业法人单位的实收资本总额中，由国家投入资本731.51亿元，占18.7%；集体投入资本163.07亿元，占4.2%；个人投入资本1651.33亿元，占42.1%；港澳台投入资本634.97亿元，占16.2%；外商投入资本737.50亿元，占18.8%。

三、第三次经济普查

根据国务院《关于开展第三次全国经济普查的通知》（国发〔2013〕54号）和浙江省人民政府《关于在全省开展第三次经济普查的通知》（浙政发〔2013〕3号）要求，宁波市于2013年开展第三次经济普查。普查标准时点为2013年12月31日，时期资料为2013年度。

（一）目的和对象

第三次全国经济普查（以下简称三经普）主要目的是全面调查了解第二、三产业的发展规模及布局，了解产业组织、产业结构、产业技术现状以及各生产要素构成，进一步查实服务业、战略性新兴产业、小微企业和个体经营户的发展状况，摸清各类单位的基本情况，全面更新覆盖国民经济各行业的基本单位名录库、基础信息数据库和统计电子地理信息系统。通过普查，进一步夯实统计基础，健全统计工作的部门协调机制和信息共享机制，为加强和改善宏观调控，加快经济结构战略性调整，科学制订中长期发展规划，提供科学准确的统计信息支持。普查对象是在宁波市境内从事第二产业和第三产业的全部法人单位、产业活动单位和个体经营户。

（二）内容和范围

三经普主要内容包括单位基本属性、从业人员、财务状况、生产经营情况、生产能力、原材料和能源及主要资源消耗、科技活动情况等。普查范围包括采矿业，制造业，电力、热力、燃气及水生产和供应业，建筑业，批发和零售业，交通运输、仓储和邮政业，住宿和餐饮业，信息传输、软件和信息技术服务业，金融业，房地产业，租赁和商务服务业，科学研究和技术服务业，水利、环境和公共设施管理业，居民服务、修理和其他服务业，教育，卫生和社会工作，文化、体育和娱乐业，以及公共管理、社会保障和社会组织行业等。

（三）组织和实施

1. 机构组建

2013年4月28日，宁波市人民政府印发《关于在全市开展第三次经济普查的通知》（甬政发〔2013〕54号），启动全市第三次经济普查工作，同步组建宁波市第三次经济普查领导小组，市委常委、常务副市长寿永年任组长，市政府副秘书长王洪平、市统计局局长汤柏生任副组长，成员单位包括市委宣传部、市委编办、市发改委、市经信委等23个部门。根据上级部门要求及第三次经济普查工作需要，分别于2013年7月3日和7月18日，增补市邮政局、市通信管理局和市邮政管理局为第三次经济普查领导小组成员。宁波市第三次经济普查领导小组下设办公室（办公室设在市统计局，市统计局副局长谢志初任办公室主任），办公室内设综合组、单位调查组、调查一组（工业能源）、调查二组（建筑、房地产投资业）、调查三组（服务业）、调查四组（社会科技）、法制保障组、数据处理组、数据评估组9个工作组。

2. 制度建立

宁波市第三次经济普查领导小组及办公室组建后，先后制定《宁波市第三次经济普查主要工作计划》《宁波市第三次经济普查领导小组办公室工作规则》《宁波市第三次经济普查领导小组及办公室职责分工》《宁波市第三次经济普查宣传工作方案》《宁波市第三次经济普查数据处理实施细则》《宁波市第三次经济普查工作考核办法》《宁波市第三次经济普查资料开发应用计划》《宁波市第三次经济普查事后质量抽查工作方案》等一系列规章制度和工作计划，通过建立健全制度规范普查各阶段工作，以确保普查工作保质保量有效落实。

3. 宣传动员

2013年8月27日，宁波市第三次经济普查领导小组办公室（以下简称市经普办）印发《宁波市第三次经济普查宣传工作方案》，对全市宣传工作作出部署。各级普查机构通过开通普查专题网站、主流纸媒刊登普查公告、电台电视台播放宣传广告、悬挂横幅、张贴宣传画、主要路段设置网格架广告牌、商务楼宇播放视频广告、开展普查知识竞赛、组织广场活动等多种形式开展普查宣传，并通过规范单位基础信息工作宣传周活动和“经济普查宣传月”活动集中营造普查氛围。

4. 划区绘图

2013年7月5日，市经普办召开全市普查区电子地图边界核实标绘工作会议，全面部署划区绘图工作。2013年8月，宁波市顺利完成全市157个乡镇街道共计3000多个村级普查区电子地图的边界核实测绘工作。

5. 规范单位基础信息

2013年9月12日，市经普办召开第三次经济普查规范单位基础信息工作业务布置会议，并开展规范单位基础信息业务培训。2013年10月8日起，全市规范单位基础信息工作正式启动。为确保全市规范单位基础信息工作数据质量，市经普办实地了解各县（市）、区入户进度和录入进度，并对工作提出把握时间节点，做好查遗补漏、数据审核与评估及下阶段培训工作等要求。2013年11月28—29日，省统计局服务业处副处长、省经普办业务组副组长边红霞带队，对宁波市规范单位基础信息工作进行质量验收，检查组一行分别听取市经普办、鄞州区经普办和象山县经普办的工作汇报，并抽取鄞州区中河街道剑桥社区和象山县丹西街道瀛西社区的部分路段进行“地毯式”实地踏查。

6. 业务培训

2013年11月20日，市经普办召开全市第三次经济普查综合方案布置会议，介绍第三次全国经济普查方案，讲解查漏补缺注意事项、普查登记细则、普查表式及填报说明。2013年12月13日，市经普办召开全市第三次经济普查PDA（手持电子数据采集设备）使用与数据处理软件培训会议，对PDA硬件使用与操作、移动终端管理平台软件、PDA采集软件和数据处理平台软件进行培训。

7. 普查登记及数据处理

2014年1月1日，根据普查方案要求，全市

13000余名普查员和普查指导员全面开始手持PDA进行入户登记工作。为及时掌握全市普查登记进展情况，市经普办建立进度情况报告制度和值班制度，要求原则上实行每日一报，由县（市）区经普办汇集本级和所辖乡镇（街道）情况，在当日下午五点前报市经普办，报告事项包括工作进展情况、工作中遇到的新问题新情况、数据审核中需要及时向市经普办报告的重大事项、对全市具有共性或参考意义的重大事项等。普查登记期间，市经普办向市口岸打私办、市出入境检验检疫局、市直各单位发送《关于配合做好第三次经济普查登记工作的函》，共同做好部门及市直单位的普查登记工作。

2014年4月11日，市经普办召开第三次经济普查数据会审会议，各县（市）区、高新区经普办业务骨干参加会议，就第三次经济普查登记数据进行集中会审。

8. 质量检查

2014年5月9日，市经普办印发《宁波市第三次经济普查事后质量抽查工作方案》（甬经普办〔2014〕11号），对事后质量抽查工作的目的、对象、方法、内容、组织实施、时间安排等作出明确。2014年5月27日至30日，市经普办从各县（市）区、高新区抽调人员，采取分组交叉检查的方式对全市各地普查登记数据质量进行抽查，抽查内容包括普查单位（个体户）真实性情况、普查数据填报准确性情况等，并在质量抽查结束后要求各地对事后质量抽查发现的问题及时进行整改。2014年6月9日至11日，省经普数据质量抽查组就宁波市经济普查数据质量进行抽查，抽查组一行实地走访慈溪市胜山镇胜山头村和白沙路街道上周塘村、镇海区骆驼街道骆兴村和贵驷社区4个抽中普查小区，并将走访调查数据与告知书和授权书进行核实比对。2014年6月19日至23日，国家经济普查数据质量抽查组在宁波市江东区开展数据质量抽查工作，抽查组分3组同时对抽中的福明街道七里垫社区、福明街道史魏家社区和东柳街道月季社区开展抽查工作，抽查组在每个社区核查50家单位、10家个体户，回访20家单位。

9. 资料开发

2014年5月5日，市经普办印发《宁波市第三次经济普查资料开发应用计划》（甬经普办〔2014〕10号），明确第三次经济普查资料开发的原则和目标、组织实施、成果形式、工作任务和工作安排，并确定8个方面的主要选题方向，拟定53个参考研究题目，对全市第三次经济普查资料开发工作作出全面部署。第三次经济普查资料开发取得的成果主要有：2015年5月7日，市经普办和市统计局联合发布《宁波市第三次经济普查主要数据公报》（第一号）（第二号）（第三号）；编印完成《宁波市第三次经济普查主要数据》；编撰出版《宁波市经济普查年鉴（2013）》，全书共三卷七册；2015年11月，宁波市统计学会印发《关于公布投入产出调查和第三次经济普查资料开发应用研究立项课题评审结果的通知》（甬统会〔2015〕4号），完成的12项立项课题全部获准通过，其中3项被评为优秀课题。

10. 评比表彰

2015年4月16日，宁波市第三次全国经济普查领导小组下发《关于通报表扬宁波市第三次经济普查先进集体和先进个人的决定》（甬经普组〔2015〕1号），对评选出的20个国家级先进集体、12名国家级先进个人，22个省级先进集体、108名省级先进个人，56个市级先进集体、186名市级先进个人给予表彰。

（四）普查成果

普查结果显示，与2008年第二次经济普查相比，2013年末，全市共有从事第二产业和第三产业活动的法人单位166749个，增加63825个，增长62.0%；产业活动单位187045个，增加70889个，增长61.0%；有证照个体经营户266005个，增加24826个，增长10.3%。

2013年末，全市第二产业和第三产业法人单位从业人员5144559人，比2008年末增加1402374人，增长37.5%。有证照个体经营户从业人员764768人。

2013年末，全市第二产业和第三产业企业资产总计57435.7亿元。其中，第二产业企业资产总计占全部企业资产总计的30.8%，第三产业企业资产总计占69.2%。

2013年末，全市共有第二产业和第三产业的小微企业法人单位146186个，占全部企业法人单位97.4%。小微企业从业人员2611850人，占全部企业法人单位从业人员50.8%。

2013年末，在全市第二产业和第三产业法人单位中，企业法人单位占90.0%，比2008年末提高了3.2个百分点；机关、事业法人单位占2.8%，下降了1.5个百分点；社会团体和其他法人占7.2%，下降了1.7个百分点。企业法人单位从业人员占全部法人单位从业人员的92.3%，下降了0.3个百分点；机关、事业法人单位从业人员占5.4%，下降了0.4个百分点；社会团体和其他法人从业人员占2.3%，提高了0.7个百分点。在法人单位中，第二产业占46.2%，比2008年末下降了7.1个百分点；第三产业占53.8%，提高了7.1个百分点。第二产业法人单位从业人员占全部法人单位从业人员的70.3%，比2008年末下降了5.3个百分点；第三产业法人单位从业人员占29.7%，提高了5.3个百分点。在有证照个体经营户中，第二产业占20.9%，比2008年末提高了2.6个百分点；第三产业占79.1%，下降了2.6个百分点。有证照个体经营户从业人员中，第二产业占36.7%，比2008年末下降了5.9个百分点；第三产业占63.3%，提高了5.9个百分点。

第七节 其他部门承担的主要普查

除政府统计部门为主承担的普查任务以外，还有部分以其他业务主管部门为主承担的普查任务。根据宁波城市的特点和社会关注程度等因素，本志收编的有：宁波市文物保护管理所为主承担的“文物普查”、宁波市生态环境局为主承担的“污染源普查”、宁波市自然资源和规划局为主承担的“国土资源普查”。

一、文物普查

文物普查是文物保护工作的前提和基础，是掌握文物家底、绘制中华文化遗产“地图”、构建文化遗产大资源观的唯一途径。自新中国成立以来，宁波已开展文物普查5次，其中4次由国务院统一部署，分别为第一次全国文物普查（1956—1959年），第二次全国文物普查（1981—1985年），第三次全国文物普查（2007—2011 年），第一次全国可移动文物普查（2012—2016 年）；一次由宁波市文化文物部门发起并组织实施的以“寻找文明”计划命名的第三次文物普查（1999—2001 年）。

（一）第一次全国文物普查

1956 年 4 月 2 日，国务院颁布《关于在农业生产建设中保护文物的通知》（国二文习字第六号 1956 年 4 月 2 日），明确提出“必须在全国范围内对历史和革命文物遗迹进行普查调查工作。各省、自治区、直辖市文化局应该首先就已知的重要古文化遗址、古墓葬地区和重要革命遗迹、纪念建筑物、古建筑、碑碣等，在本通知到达后两个月内提出保护单位名单，报省（市）人民委员会批准先行公布，并且通知县、乡，做出标志，加以保护”的要求。1956—1959 年，第一次全国性的文物普查工作以灵活的方式在各地逐步展开。

1956 年 7 月，宁波市人民委员会向各乡（镇）转发通知，要求各乡（镇）根据国务院通知及当地实际，通过各种会议向干部和群众作广泛宣传，开展群众性的文物保护工作。市文物管理机构根据通知要求，依托群众基础成立文物普查小组，将文物普查作为基础和日常工作来抓，其间，主要对辖区内的文物古迹进行了重点调查和勘查，并全力推进文物古建筑抢救保护工作和文物保护单位的确定工作。1957 年 3 月，宁波市人民委员会将延庆寺、天封塔、观宗寺、海曙鼓楼、七塔寺等 20 处文物古迹公布为第一批文物保护单位，责成文物所在地政府加以保护，并要求全市人民重视文物保护，避免文物损毁与损失。同时推荐申报了第一批全国重点文物保护单位和省级文物保护单位。1961 年国务院下发《关于公布第一批全国重点文物保护单位名单的通知》（1961 年 3 月 14 日 国文习字 40 号），保国寺被公布为第一批全国重点文物保护单位；中国共产党浙东区党委旧址（今名“中共浙东区委旧址”）、天一阁、黄宗羲墓 3 处被公布为第一批省级文物保护单位。

（二）第二次全国文物普查

1981 年 1 月 15 日，国务院印发《批转国家文物事业管理局关于加强文物工作的请示报告的通知》（国发〔1981〕9 号），要求“各省、市、自治区要分别情况进行一次文物普查或文物复查工作”。1981 年至 1985 年，第二次全国性的文物普查和文物复查工作逐步在各地展开。宁波市文物管理部门将文物普查列入工作计划，联合社会力量启动第二次文物普查准备工作，积极做好普查知识宣传、普查线索征集和文物保护单位推荐公布工作。1982 年 3 月根据《国务院关于公布第二批全国重点文物保护单位的通知》（1982 年 2 月 23 日 国发〔1982〕34 号），河姆渡遗址、天一阁被公布为第二批全国重点文物保护单位。

1983 年初，鄞县、象山等地文物普查工作取得初步成就。4 月，为进一步普及文物普查基础知识，提升专业技能水平，市政府、郊区办事处和市文物管理部门联合举办文物普查工作人员训练班，29 名考核合格的受训人员作为首批业务骨干深入基层做好文物调查与鉴定确认工作。同年 5 月，市政府印发《关于开展全市文物普查工作的通知》，要求县、区政府以及有关部门从当月起全力配合做好文物普查工作。各县、区、镇、公社根据该《通知》要求，相继成立文物普查小组，在市文物管理部门普查工作队指导下有序推进辖区内文物普查、复查工作的开展。《通知》要求普查内容涵盖可移动文物和不可移动文物，具体包括：古建筑（古庙宇建筑、古住宅建筑、牌坊、古塔、古桥梁、古水利交通工程设施、古代军用建筑等）、石窟寺、壁画、碑刻、雕塑、造像、古文化遗址、古墓葬、古窑址、革命活动纪念旧址、近代和现代文物遗迹等。

1984年7月，省文化厅下发《关于转发文化部〈进一步做好文物普查工作〉的通知》，要求全省各地继续科学规范地做好复查鉴定、经验交流、评审验收、资料建档、文物保护单位推荐与公布等工作。市文物部门根据该《通知》要求，进一步指导各县、区做好文物点复查、登记表填报、原始资料整理、成果转化、重要情况报告等工作。截至1985年2月，全市投入普查经费42811元，其中县拨经费37811元；张贴文物普查宣传品18640余张，举办成果展览4次；召开相关会议1628次，其中，组织调查座谈会、经验交流会等1596次，举办普查规范、拓碑、古建筑测绘等文物普查基本知识和专业技能培训班（会议）10次。查阅文献书籍1767册，摘录资料4499条，调查访问群众8120余人，获得普查线索2275条。先后组织354名专业技术人员、文化干部到乡镇、村（大队）开展实地调查，434名业余文保员以普查向导的身份参与其中，合计普查乡镇345个，普查行程约1.88万公里；勘查文物点4081处，其中，新发现不可移动文物3088处；发现认定艺术品、工艺美术品167件，征集流散文物896件。制作拓片1099张，采集标本22644件；编制文物一览表12张，文物公布图15份。筛选登记不可移动文物1230处，其中，海曙区43处、江东区12处、江北区93处、镇海（包括滨海）区117处、鄞县182处、余姚市141处、慈溪县283处、奉化县122处、宁海县139处、象山县98处，类型包括古文化遗址（47处）、古墓葬（84处）、古窑址（222处）、古建筑（323处）、摩崖石刻与石雕碑碣（313处）、海防历史遗址（79处）、革命纪念旧址（53处）、纪念建筑（60处）和其他（49处）。普查成果中，具有重要意义的新发现文物包括：江东“大明孤臣”钱肃乐故居，江北慈城镇明代古建筑群，奉化明初王钫故居、南渡广济桥，宁海清康熙年间的镇宁神祠，慈溪东安周代土墩遗存，余姚鳝山、下庄遗址等。普查期间，市县（区）文物部门抢修文物史迹23处；公布钱肃乐故居、宁波大庙等12处文物史迹为第一批文物保护对象，提出明确的保护、管理、规划和使用意见；公布高丽使馆旧址、董孝子庙、鼠疫场遗址、江北巡捕房、二湾摩崖石刻等65处文物史迹为县、区级文物保护单位。

（三）“寻找文明”计划（宁波市第三次文物普查）

20世纪90年代开始，宁波新一轮城市化进程加快，为做好文化遗产抢救与保护工作，1998年1月，于第二次全国文物普查期间壮大起来的宁波市业余文保员队伍发出了《为建立全社会参与共同保护文物的新体制而奋斗》的倡议书；同年，在全市开展第三次文物普查列入市文化文物部门议事日程。1999年4月，在宁波市文物和历史文化名城保护委员会扩大会议上，宁波市副市长的盛昌黎代表市政府作了全面开展第三次文物普查的动员。此次普查由市文化文物部门组织实施，是一次跨世纪的保护文化遗产特别行动，被命名为“寻找文明”计划，旨在保护好20世纪50年代和80年代两次文物普查中已发现文物的同时，发现更多地上、地下、水域内的可移动文物和不可移动文物，核心内容包括近现代优秀建筑、地面石刻石雕文物、宁波传统家具、地下水下文物遗存、历代革命文物和改革开放以来具有历史、科学、艺术价值的文物。宁波市文化局先后印发《宁波市第三次文物普查工作计划》《关于开展第三次文物普查的实施意见》，明确普查的目的意义、组织机构、任务对象、方法步骤、评估手段、成果展示、表彰方式、宣传活动等。同年5月，宁波市文化局成立宁波市第三次文物普查工作领导小组，举行新闻发布会，召开由业余文保员参加的普查动员大会，建立起市、县（市）区和乡镇（街道）三级联动工作机制和乡镇业余文保员小组每月工作汇报制度，稳步推进第三次文物普查即“寻找文明”计划在全市展开。实地普查具体实施时间为1999年6月至2001年12月，分三个阶段进行：1999年6月至2000年4月，以近现代优秀建筑、石雕石刻文物和重点考古区域等文物史迹为主要调查对象；2000年4月至2001年4月，转入以调查、评估、保护古镇古村和传统街区为主要内容；2001年4月至2001年12月，以开展“千年文物征集”活动、调查口述和非物质文化遗产等为主。截至2001年底，全市共有1200余名业余文保员参与了实地调查，协助专业普查队调查登记不可移动文物1425处，包含古遗址114处、古墓葬458处、古建筑418处、石窟寺及石刻177处、近现代重要史迹及代表性建筑222处、其他文物36处，其中，新发现以鄞县宋元时期石牌坊为代表的不可移动文物100余处；调查以市区的秀水街、白水巷、郁家巷，鄞县走马塘村、韩岭村，奉化葛竹村以及宁海前童镇等为代表的具有典型文化价值的古村、古镇和传统街区25处；调查划定第二批7类57处重点考古区域；调查、征集、入藏以越窑青瓷、明清竹刻等为代表的可移动文物1000余件；初步完成舟山海域水下遗存调查，登记黄泽洋海域沉船遗址12处（艘）。普查期间，评定龙山虞氏旧宅建筑群、江北天主教堂等10处不可移动文物为“宁波市十佳近现代优秀建筑”，公布银台第、督学行署、徐时栋故居等58处不可移动文物为第二批市级文物保护点。

（四）第三次全国文物普查

2005年12月22日，国务院发布了《关于加强文化遗产保护的通知》（国发〔2005〕42号），明确要求加强文物资源调查研究。2006年5月，国务委员陈至立在国家文化遗产保护领导小组第一次会议上明确指出要组织开展第三次全国文物普查，随后又批示同意了《文化部关于拟开展第三次全国文物普查工作情况的报告》。经报请国务院批准，国家文物局在浙江宁波与河南郑州、内蒙古赤峰等地启动第三次全国文物普查试点工作。试点期间，宁波市文物管理部门组建3支普查队对象山儒雅洋村、奉化岩头村、江北半浦村等古村落中的古民居进行了调查，同时对鄞州区的7个乡镇进行普查，调查登记不可移动文物409处。

2007年4月4日，国务院印发《关于开展第三次全国文物普查的通知》（国发〔2007〕9号），第三次全国性的文物普查工作正式启动，普查时限为2007年4月至2011年12月。根据国家、省文物局的安排并结合实际情况，宁波市分三个阶段四年时间（即2007年5月至2010年12月）完成普查数据调查、登记、录入和上报工作。其中，2007年5月至12月为普查准备阶段。市政府严格贯彻落实国务院通知精神，于6月8日下发《关于在全市开展第三次全国文物普查的通知》（甬政发〔2007〕49号），成立宁波市第三次全国文物普查领导小组及普查领导小组办公室，召开普查动员大会，落实普查经费。市普查领导小组办公室根据国家、省文物局的工作安排，制定《宁波市第三次全国文物普查工作实施方案》及符合宁波实际的相关标准规范，建立普查管理机制，组建普查工作队伍，全面开展普查培训，因地制宜地组织普查试点，广泛开展普查宣传动员工作。在试点基础上，确定普查内容以调查、登录新发现的不可移动文物为重点，对辖区内地上、地下、水下的不可移动文物的位置、数量、规模、价值等基本情况进行全面调查，切实掌握不可移动文物和历史街区、古镇、古村本体及环境的基本情况，查清各类不可移动文物的所有权属和使用管理情况，建立完整的文物普查与登记档案。同时做好具有宁波地域特色的大运河（宁波段）文化遗产、海上丝绸之路·宁波史迹、明清海防遗址、越窑青瓷遗址、宁波商帮建筑、近现代工商业文化遗存等专项调查和研究工作。2008 年 1 月至 2009 年 12 月为调查登记阶段。市普查领导小组办公室全程做好各县（市）区实地文物普查的技术指导与监督工作，协调做好专项调查和课题研究工作，并直接派员参加东钱湖旅游度假区、大榭开发区、宁波高新园区的数据采集工作。11 个县（市）区普查队（组）作为实地普查的主力，科学设计本区域的工作进度表，以镇乡（街道）为单元，以行政村（社区）为单位，深入每一个自然村，进行现场踏勘。根据《第三次全国文物普查不可移动文物登记表》的内容，做好测量、绘图、拍照、标本采集等信息收集与数据登记工作。2009 年，11 个县（市）区普查队（组）陆续完成实地普查工作，实现自然村普查覆盖率 100% 的工作计划，并根据省市级普查验收专家组的初验意见，开展查漏补缺工作。2009 年 6 月至 2010 年 12 月为数据处理阶段。各县（市）区以《第三次全国文物普查不可移动文物登记表》为处理对象，以国家统一下发的普查数据处理软件为平台，以参与实地调查登记的普查人员为核心力量，做好数据录入、审核、编辑、汇总与上报工作。

经省市专家组多次论证后，宁波市第三次全国文物普查最终调查登录（即录入国家数据库）不可移动文物 8043 处，其中，新发现 6578 处，占登记总数 81.79%。此外，一般登记不可移动文物信息点 5688 处；调查历史文化保护区（古镇、古村落）53 处；确认消失文物保护单位（点）117 处。

调查登记的 8043 处不可移动文物，从类别来看，古建筑 4954 处，占总数的 61.59%；古遗址 573 处，占总数的 7.12%；古墓葬 269 处，占总数的 3.34%；石窟寺及石刻 104 处，占总数的 1.29%；近现代重要史迹及代表性建筑 2137 处，占总数的 26.57%；其他文物 6 处，占总数的 0.07%。从年代来看，新石器时代 40 处，占总数的 0.50%；夏商周（含春秋）时期 49 处，占总数的 0.61%；战国秦汉时期 47 处，占总数的 0.58%；三国两晋南北朝时期 77 处，占总数的 0.96%；隋唐五代时期 170 处，占总数的 2.11%；宋辽金元时期 226 处，占总数的 2.81%；明代 400 处，占总数的 4.97%；清代 4796 处，占总数的 59.63%；近现代 2137 处，占总数的 26.57%；年代不详的 101 处，占总数的 1.26%。从地域分布来看，海曙区 487 处，占总数的 6.05%；江东区 47 处，占总数的 0.58%；江北区 299 处，占总数的 3.72%；镇海区 457 处，占总数的 5.68%；北仑区 345 处，占总数的 4.29%；鄞州区 2189 处，占总数的 27.22%；慈溪市 621 处，占总数的 7.72%；余姚市 1032 处，占总数的 12.83%；奉化市 1045 处，占总数的 12.99%；宁海县 628 处，占总数的 7.81%；象山县 893 处，占总数的 11.10%。从所有权情况来看，国家所有的共计 1637 处，占总数的 20.35%；集体所有的共计 2780 处，占总数的 34.56%；私人所有的共计 3520

处，占总数的 43.76%；其他的 106 处，占总数的 1.32%。

此次普查成果丰富，保护措施有力，市县两级文物部门全力做好推荐与公布工作。截至 2011 年底，全市共有 22 处不可移动文物申报进入第七批全国重点文物保护单位候选项目；36 处不可移动文物被公布为第六批省级文物保护单位。11 个县（市）区新公布文物保护单位 200 处、文物保护点 481 处，公布数量位居全省之首。宁海县许家山村被公布为第五批中国历史文化名村。

国务院第三次全国文物普查领导小组和浙江省第三次全国文物普查领导小组对宁波市文物普查工作所取得的成绩给予了充分肯定。2010 年，1 人获得“第三次全国文物普查实地文物调查阶段突出贡献个人奖”，由 4 名宁波普查工作者参与的浙江省支援青海工作队获得“第三次全国文物普查实地文物调查阶段突出贡献集体奖”；宁波市文物普查队、海曙区文物普查队、余姚市文物普查队、鄞州区文物普查队 4 支普查队获得“浙江省第三次全国文物普查实地调查阶段先进集体”称号；38 位普查工作者获得“浙江省第三次全国文物普查实地调查阶段先进个人”称号。2012 年，余姚市获得“浙江省第三次全国文物普查先进县”称号；宁波市文物保护管理所、宁波市鄞州区文物管理委员会办公室、宁波市财政局 3 家单位获得“浙江省第三次全国文物普查先进集体”称号，20 位普查工作者获得“浙江省第三次全国文物普查先进个人”称号。

宁波市不可移动文物普查总量一览表

表 53

辖区	调查登录（录入国家数据库）	一般登记	登记总数	消失文物	调查总数
海曙区	487	125	612	9	621
江东区	47	50	97	31	128
江北区	299	50	349	29	378
镇海区	457	120	577	0	577
北仑区	345	62	407	10	417
鄞州区	2189	1931	4120	1	4121
慈溪市	621	541	1162	18	1180
余姚市	1032	934	1966	9	1975
奉化市	1045	543	1588	3	1591
宁海县	628	11	639	5	644
象山县	893	1321	2214	2	2216
合计	8043	5688	13731	117	13848

注：登记总数 = 调查登录 + 一般登记；调查总数 = 登记总数 + 消失文物

宁波市调查登录的不可移动文物类别情况一览表

表 54

辖区	古建筑	古遗址	古墓葬	石窟寺及石刻	近现代重要史迹及代表性建筑	其他文物	小计
海曙区	278	5	2	4	198	0	487
江东区	25	0	0	0	22	0	47
江北区	174	15	4	1	104	1	299
镇海区	297	7	12	9	131	1	457
北仑区	263	6	5	2	69	0	345
鄞州区	1191	90	77	49	780	2	2189
慈溪市	264	197	32	9	119	0	621
余姚市	634	59	81	12	246	0	1032
奉化市	708	37	13	5	282	0	1045
宁海县	452	71	23	2	80	0	628
象山县	668	86	20	11	106	2	893
合计	4954	573	269	104	2137	6	8043

宁波市调查登录的不可移动文物年代分布情况一览表

表 55

类别 / 年代	古建筑	古遗址	古墓葬	石窟寺及石刻	近现代重要史迹及代表性建筑	其他	小计
旧石器时代	0	0	0	0	—	0	0
新石器时代	0	40	0	0	—	0	40
夏商周（含春秋）	0	25	24	0	—	0	49
战国秦汉	0	17	30	0	—	0	47
三国两晋南北朝	2	17	58	0	—	0	77
隋唐五代	5	161	4	0	—	0	170
宋辽金元	65	85	41	35	—	0	226
明代	216	115	51	18	—	0	400
清代	4611	99	50	34	—	2	4796
近现代	0	0	0	0	2137	0	2137
不详	55	14	11	17	—	4	101
合计	4954	573	269	104	2137	6	8043

宁波市调查登录的不可移动文物年代与区域分布情况一览表

表 56

辖区 / 年代	海曙区	江东区	江北区	镇海区	北仑区	鄞州区	慈溪市	余姚市	奉化市	宁海县	象山县
新石器时代	0	0	5	0	2	4	6	17	1	0	5
夏商周（含春秋）	0	0	3	1	1	1	29	12	1	0	1

续表 56

年代＼辖区	海曙区	江东区	江北区	镇海区	北仑区	鄞州区	慈溪市	余姚市	奉化市	宁海县	象山县
战国秦汉	1	0	3	0	2	9	11	19	2	0	0
三国两晋南北朝	0	0	2	1	1	11	9	52	1	0	0
隋唐五代	1	0	1	2	0	16	127	5	11	6	1
宋辽金元	7	0	5	4	0	93	45	25	16	20	11
明代	20	1	22	15	5	135	17	41	11	66	67
清代	260	24	150	300	265	1106	250	601	698	451	691
近现代	198	22	104	131	69	780	119	246	282	80	106
不详	0	0	4	3	0	34	8	14	22	5	11
合计	487	47	299	457	345	2189	621	1032	1045	628	893

宁波市调查登录的不可移动文物所有权情况一览表

表 57

数据＼年代	国家所有	集体所有	私人所有	其他			
				国家与集体共有	国家与个人共有	集体与个人共有	所有权不明晰
数量	1637	2780	3520	23	8	9	66
百分比（%）	20.35	34.56	43.76	0.29	0.10	0.11	0.82

宁波市各级文物保护单位（点）分布情况表

表 58

单位＼类别	文物保护单位				文物保护点	
	国家	省级	市级	县市区级	市级	县市区级
海曙区	8	17	5	100	84	111
江北区	4	8	4	24	34	115
镇海区	2	5		18		44
鄞州区	5	10	1	64	4	142
北仑区	1	5		9		68
余姚市	7	12		98		94
慈溪市	4	9		55		71
奉化市	3	10		37		83
宁海县	1	8		19		62
象山县	3	10		41		116
东钱湖旅游度假区	3			4	21	8
高新区				1	2	8
大榭开发区					2	
杭州湾新区						2

续表 58

单位 \ 类别	文物保护单位				文物保护点	
	国家	省级	市级	县市区级	市级	县市区级
总　计	经统计，各级文物保护单位总计 600 处，其中全国重点文物保护单位 33 处，省级文物保护单位 87 处，市级文物保护单位 10 处，县（市）区级文物保护单位 470 处；文物保护点总计 1071 处，其中由宁波市公布 147 处，各县市区公布 924 处					
备　注	1. 国保单位和省保单位存在跨区分布情况。其中，国保单位浙东学派史迹分布于海曙、奉化及余姚，大运河分布于海曙、江北、鄞州及余姚，镇海口海防遗址分布于镇海和北仑，浙东抗日根据地旧址分布于余姚和慈溪，浙东沿海灯塔分布于镇海和象山，庙沟后、横省石牌坊分布于鄞州和东钱湖旅游度假区；省保单位灵桥分布于海曙、鄞州，宁波水利航运遗址碑分布于海曙、鄞州及镇海，姚江水利航运设施及相关遗产群分布在余姚和江北，浙东运河河道分布在江北、鄞州、镇海、北仑、余姚、海曙 2. 各级文保单位统计以处为单位，每处文保单位存在有几个点组成一处的情况，因此文保单位的实际点数会比处多些，例如：全市国保单位共 33 处，由 41 个点组成；全市省保单位共 87 处，由 94 个点组成					

（五）第一次全国可移动文物普查

2012 年 10 月 1 日，国务院发布了《国务院关于开展第一次全国可移动文物普查的通知》（国发〔2012〕54 号），第一次全国可移动文物普查工作正式启动，普查时限为 2012 年 10 月至 2016 年 12 月。宁波市人民政府认真贯彻落实国务院通知精神，于 2013 年 5 月印发了《关于在全市开展第一次全国可移动文物普查的通知》（甬政发〔2013〕62 号），成立了宁波市第一次全国可移动文物普查领导小组，与此同时，全市 11 个县（市）区也按照要求成立了相应的工作机构，以加强对普查工作的组织领导。市普查领导小组办公室根据国家、省文物局的工作安排，研究制定并印发了《宁波市第一次全国可移动文物普查实施方案》及符合宁波实际的相关标准规范，有序开展普查工作。

根据国务院的总体部署和国家文物局、浙江省文物局的统一要求，宁波市第一次全国可移动文物普查从 2013 年 4 月正式全面铺开，到 2016 年 10 月结束，分三个阶段进行。2013 年 4 月至 2013 年 10 月为普查第一阶段，全市 11 个县（市）区按照要求成立相应的工作机构，完成普查实施方案编制并落实年度经费预算、组建普查队伍、组织开展普查培训、初步确定辖区内文物收藏单位，顺利完成了全市国有单位文物收藏情况调查。2013 年 10 月至 2015 年 12 月为普查第二阶段，全市以县域为单元，开展文物调查认定，重点做好文物测量、拍摄、信息数据采集、登记及平台数据录入工作，完成各级专家审核。2016 年 1 月至 2016 年 12 月为普查第三阶段，各级普查机构完成普查数据、资料的整理、汇总，接受上级部门验收并公布普查成果，完成普查工作报告。普查期间，全市累计安排专项普查预算经费 1697.48 万元，选调工作人员 77 名，分多次从社会上选聘临时普查人员 173 人次，累计培训普查人员 350 人次，举办普查相关成果展览 31 次，参观人数超过 140 万人次。

该次普查调查国有单位共计 5938 家，其中反馈有文物的单位 116 家。经市普查办实地确认，最终认定宁波市国有可移动文物收藏单位 104 家。经统计，宁波市共有国有文物收藏单位数量位列浙江省第一位、全国第七位。登录全国可移动文物信息平台文物藏品（含自然类标本与资料藏品，截至标准时点 2013 年 12 月 31 日）总计 206920 件（套），数量位列浙江省第三位、全国第二十一位。其中，中央属国有单位收藏可移动文物1160件（套），省属国有单位收藏可移动文物446件（套），宁波市及各县（市）区属国有单位收藏可移动文物205314件（套）[包含标本、化石1079件（套），资料藏品16202件（套）]。如按行政区划统计，可移动文物数量最多的4个县（市）区分别是鄞州区90985件（套）[区划调整后91921件（套）]，海曙区54298件（套）[区划调整后54534件（套）]，镇海区16568件（套），奉化市12484件（套）；其次是余姚市8628件（套），北仑区5530件（套），宁海县5171件（套），江北区4384件（套），象山县4310件（套），慈溪市3390件（套）；最少是江东区1172件（套）（区划调整后0）；如按单位隶属关系统计，地市属收藏单位收藏可移动文物数量最多，为127849件（套）。其他依次是区县属收藏单位收藏可移动文物76832件（套），中央属收藏单位收藏可移动文物1160件（套），乡镇街道属收藏单位收藏可移动文物616件（套），省属收藏单位收藏可移动文物446件（套），其他单位收藏可移动文物17件（套）。如按收藏单位性质统计，事业单位收藏可移动文物数量最多，为203463件（套）。其他依次是其他单位收藏可移动文物1422件（套），国家机关收藏可移动文物1313件（套），国有企业、国有控股企业收藏可移动文物722件（套）。如按文物类别统计，在陶器、瓷器、珐琅器、家具、书法绘画等35个类别中，数量最多的四类文物分别是：钱币94540件（套），数量占比45.69%；古籍图书31251件（套），数量占比15.10%；瓷器20382件（套），数量占比9.85%。如按文物年代统计，在显生宙、新石器时代、商、周等25个年代选项中，清代藏品数量最多，计66735件（套）；其次是中华民国藏品，63224件（套），宋代藏品，17546件（套）。如按文物级别统计，未定级文物藏品113131件（套）[含其他标本化石34件（套）]，数量占比54.67%；一般文物85141件（套）[含一般标本化石1040件（套）]，数量占比41.15%；珍贵文物8648件（套）[含珍贵标本化石5件（套）]，数量占比4.18%。文物古籍类藏品中珍贵文物8643件（套），其中一级文物164件（套），二级文物860件（套），三级文物7619件（套），数量分别占比0.08%、0.42%和3.70%；一般文物84101件（套），数量占比40.64%；未定级文物113097件（套），数量占比54.66%。经认定为资料的藏品16202件（套）。

此次可移动文物普查工作，是宁波市自新中国成立60余年以来首次开展的全市可移动文物普查，也是继第三次全国文物普查之后在文化遗产领域组织的又一重大国情国力调查，普查成果丰硕，意义重大。通过普查，全面摸清了宁波市国有可移动文物的家底，总体掌握了全市可移动文物资源的数量、分布和收藏保管情况，为进一步健全全市文物资源调查管理机制，建立可移动文物资源数据库和文物身份证制度，实现国有可移动文物标准化和动态化管理，构建科学有效的文物保护体系提供了科学依据；为全面建立面向社会开放的、以国有可移动文物信息为基础的公共服务平台创造了良好基础条件。与此同时，普查也有力促进了全市文物资源的整合利用，丰富了公共文化的服务内容，更加有效地发挥了文物在国民经济和社会发展总体布局中的积极作用；也为进一步增强宁波文化软实力和竞争力，为促进社会主义文化大发展大繁荣、加快宁波文化强市建设展现更加良好的功能。

二、污染源普查

全国污染源普查是重大的国情调查，是环境保护的基础性工作，是生态文明建设的重要一环。根据《全国污染源普查条例》规定，全国污染源普查每10年开展一次。至今已开展全国污染源普查2次，第一次全国污染源普查（2007年12月31日至2010年2月6日），第二次全国污染源普查（2017年12月31日至2020年4月29日）。污染源普查主要目的是掌握区域内各类污染源的数量、行业和地区分布情况，了解主要污染物的产生、排放和处理情况，建立健全重点污染源档案、污染源信息数据库和环境统计平台，为制定经济社会发展和环境保护政策、规划提供依据。

第一次全国污染源普查

2006年10月12日《国务院关于开展第一次全国污染源普查的通知》(国发〔2006〕36号)，决定2007—2009年开展第一次全国污染源普查。2007年，省政府下发《浙江省人民政府关于开展第一次全省污染源普查的通知》(浙政发〔2007〕30号)。2007年11月26日下发《宁波市人民政府办公厅关于印发宁波市第一次污染源普查工作方案的通知》(甬政办发〔2007〕254号)，正式启动宁波市第一次全国污染源普查工作。

（一）第一次全国污染源普查概况

第一次全国污染源普查的标准时点为2007年12月31日，时期资料为2007年度。污染源普查对象为宁波市行政区域内所有排放污染物的工业源、农业源、生活源和集中式污染治理设施。

普查范围包括：

1. 工业源——《国民经济行业分类》第二产业中除建筑业（含4个行业）外39个行业中的所有产业活动单位。

2. 农业源——第一产业中的农业、畜牧业和渔业。

3. 生活源——第三产业中有污染物排放的单位和城镇居民生活污染。

4. 集中式污染治理设施——城镇污水处理厂、垃圾处理厂（场）和危险废物处置厂等。

普查内容包括普查对象的基本信息、主要污染物的产生和排放数量、污染治理情况等。

按照现场监测与物料衡算及排污系数计算相结合，技术手段与统计手段相结合，国家指导、地方调查和企业自报相结合的原则确定普查的技术路线。

1. 对工业源中占各省（区、市）污染物排放量65%的污染源、集中污染治理设施，同时采用现场监测和物料衡算与排污系数等方法，并按照规定程序核定污染源排放量。对其他工业源，采用分类抽样监测的方式，核对物料衡算与排污系数测算的污染物排放量。对污染物排放量小、排放形式简单的，也可以用排污系数法直接计算排污量。

2. 对农业源，采取面上调查和分类抽样实地监测相结合的方式，结合全国农业普查结果和有关农业统计资料，测算全国的农业源污染情况。

3. 对生活源，第三产业中的调查单位采取面上对基本情况进行调查，结合分类抽样监测与排污系数测算的方法核定污染物排放量。居民生活污染调查根据统计人口、生活用水量、能源结构和消耗量，通过排污系数测算污染物的排放量。

（二）第一次全国污染源普查组织机构及工作保障

1. 宁波市第一次全国污染源普查领导小组

副市长苏利冕为组长，市政府办公厅副秘书长储银良、市环保局局长徐畅成、市统计局局长罗吕榕、市农业局局长鲍尧品为副组长，市委宣传部、市发改委、市经委、市公安局、市财政局、市建委、市城管局、市农业局、市林业局、市海洋渔业局、市工商局、市卫生局、市环保局、市统计局、宁波军分区15个部门的分管领导为成员。

2. 市普查领导小组办公室

市环保局局长徐畅成兼办公室主任，市环保局副局长朱岗、市统计局总统计师汤柏生兼办公室副主任，领导小组成员单位责任处室负责人为成员。办公室下设综合协调组、监测技术与现场调查组、数据处理组、农业组。

3. 工作保障

全市落实普查经费3234.9万元，其中市本级530万元。选聘普查员4438名、普查指导员708名、数据录入员362名。市、县、区各级普查机构培训人员7437人次。全市印发普查工作简报105期，其中市级简报21期。分发宣传手册5000份，悬挂宣传标语15700条，张贴海报15718幅、宣传画47650幅，开展普查知识巡回展览及知识竞赛各1次。

（三）第一次全国污染源普查工作过程

按照《宁波市第一次污染源普查工作方案》，宁波市第一次污染源普查分三个阶段进行。

1. 组织准备阶段（2007年2—12月）

成立机构，落实经费，开展宣传，进行组织动员；制订普查方案和各类技术规范，确定清查企业名单，开展普查培训，对列入市级重点源的普查对象进行现场监测。

2. 全面普查阶段（2008年1—12月）

对排污企业和单位进行清查，组织填报普查表，完成审核录入工作，建立污染源档案，市级进行审核验收并报请省普查办审核验收等。2008年6月底前，市普查领导小组办公室负责将本地区污染源普查数据汇总，报省污染源普查领导小组办公室。

3. 总结发布阶段（2009年1—7月）

建立全市污染源数据库，上报和发布普查数据，开发利用普查成果，总结验收普查工作。

第一次污染源普查工作自2007年全面启动，通过市县两级普查办和5000名普查员的共同努力，2009年1月完成市县两级普查技术报告和工作报告编制工作，同年4月各县市区普查工作通过市普查办组织的普查验收，同年5月宁波市普查工作通过省普查办验收，圆满完成普查任务。

（四）第一次全国污染源普查工作成果

1. 普查对象数量

宁波市第一次全国污染源普查对象包括工业污染源、生活污染源、农业污染源和集中式污染治理设施，普查对象总数89987家，其中工业源61041家、生活源11226家、农业源17677家、集中式污染治理设施43家。

2. 污染物排放总量

（1）*废水及污染物排放量*

全市第一次污染源普查废水排放量6.34亿立方米，水污染物中化学需氧量排放量18.91万吨，氨氮排放量1.87万吨，总氮排放量3.34万吨，总磷排放量0.22万吨，五日生化需氧量排放量5.26万吨，动植物油排放量0.66万吨，石油类排放量0.74万吨，挥发酚排放量1.61吨，氰化物排放量5.39吨，重金属（汞、镉、铅、铬、类金属砷）排放量23.13吨。

（注：氰化物、重金属排放量已扣除污水处理

厂削减量）

（2）废气及污染物排放量

全市废气排放量5510.23亿立方米，二氧化硫排放量17.19万吨，氮氧化物排放量18.32万吨，烟尘排放量4.88万吨，粉尘排放量1.97万吨，氟化物排放量296.97千克。

3. 工业源普查结果

（1）工业源普查对象

工业源普查对象共61041家，其中重点源10094家、一般源50947家。

（2）废水及污染物排放量

全市工业源废水排放量2.18亿立方米，化学需氧量排放量53508吨，生化需氧量排放量11869吨，氨氮排放量1560吨，石油类排放量1035吨，挥发酚排放量0.72吨，氰化物排放量35.06吨，重金属（汞、镉、铅、铬、类金属砷）排放量78.91吨。

（注：氰化物、重金属为厂界污染物排放量）

（3）废气及污染物排放量

全市工业源大气污染物中二氧化硫排放量16.17万吨，氮氧化物排放量17.86万吨，烟尘排放量4.54万吨，粉尘排放量1.97万吨，氟化物排放量296.97千克。

（4）固体废物产生及处置情况

全市工业源一般固体废物产生量876.54万吨，其中利用量732.60万吨，处置量39.69万吨，储存量103.99万吨，倾倒丢弃量0.26万吨。一般工业固体废物综合利用率、处置率、储存率分别为83.58%、4.53%和11.86%，倾倒丢弃率0.03%。

全市危险废物产生量12.2万吨，其中利用量8.15万吨，处置量3.81万吨，储存量0.24万吨，倾倒丢弃量46.28吨。危险废物综合利用率、处置率、储存率分别为66.78%、31.22%和1.97%，倾倒丢弃率0.04%。

（注：一般固体废物、危险废物利用量和处置量均包含部分往年储存量）

4. 农业源普查结果

（1）农业源普查对象

农业源普查对象包括种植业、畜禽养殖业和水产养殖业。全市种植业耕地面积225万亩，畜禽养殖业普查对象3863个（其中养殖场306个、养殖小区6个、养殖专业户2511个），水产养殖总面积35.88万亩（其中海水养殖23.72万亩，淡水养殖12.16万亩）。

（2）废水及污染物排放量

全市农业源化学需氧量排放量24200吨，总氮排放量8100吨，总磷排放量900吨。

5. 生活源普查结果

（1）生活源普查对象

生活源普查对象11226家（其中住宿业1172家、餐饮业4404家、医院139家、居民服务业5478家、额定出力1蒸吨以上独立燃烧设施单位33家），生活源锅炉992台，机动车登记总数117.65万辆。

（2）废水及污染物排放量

全市生活污水排放量41535.85万立方米，化学需氧量排放量162092.17吨，五日生化需氧量排放量57494.42吨，氨氮排放量20153.05吨，总氮排放量26320.71吨，总磷排放量2241.25吨，动植物油排放量6583.15吨。

（3）废气及污染物排放量

全市生活源二氧化硫排放量9938.23吨，氮氧化物排放量26175.9吨，颗粒物排放量26175.90吨，一氧化碳排放量162525.86吨，碳氢化合物

19697.97 吨。

（注：生活源废气污染物排放量包括机动车，烟尘和颗粒物合计为颗粒物排放量）

6. 集中式污染治理设施普查结果

（1）集中式污染治理设施普查对象

全市集中式污染治理设施普查对象 43 家，其中集中式污水处理厂 30 家、生活垃圾处理厂（场）9 家、危险废物处置厂 3 家、医疗废物处置厂 1 家。

（2）废水及污染物排放量

全市集中式污染治理设施化学需氧量排放量 3667.21 吨，氨氮排放量 292.27 吨，总磷排放量 5.063 吨，石油类排放量 5.51 吨。

（3）废气及污染物排放量

全市集中式污染治理设施二氧化硫排放量 263.15 吨，氮氧化物排放量 614.67 吨，颗粒物排放量 149.45 吨。

（4）固体废物产生及处置情况

全市集中式污染治理设施污泥产生量 12.54 万吨，处置量 12.54 万吨；焚烧残渣产生量 52.8 万吨，处置量 52.8 万吨。

第二次全国污染源普查

2016 年 10 月 26 日国务院发布《关于开展第二次全国污染源普查的通知》（国发〔2016〕59 号），决定于 2017 年开展第二次全国污染源普查。2017 年 3 月 31 日，浙江省人民政府印发《关于开展第二次全省污染源普查的通知》（浙政发〔2017〕10 号）。2017 年 8 月 22 日，宁波市人民政府印发了《关于开展第二次全市污染源普查的通知》，全面启动宁波市第二次全国污染源普查工作。

（一）第二次全国污染源普查概况

第二次全国污染源普查标准时点为 2017 年 12 月 31 日，时期资料为 2017 年度资料。

普查对象为宁波市行政区域内有污染源的单位和个体经营户。

普查范围包括：工业污染源，农业污染源、生活污染源，集中式污染治理设施，移动源及其他产生、排放污染物的设施。

普查内容包括普查对象的基本信息、污染物种类和来源、污染物产生和排放情况、污染治理设施建设和运行情况等。

工业污染源——全面入户调查单位基本信息、活动水平信息、污染治理设施和排放口信息；基于实测和综合分析，分行业分类制定污染物排放核算方法，核算污染物产生量和排放量。

农业污染源——以已有统计数据为基础，确定抽样调查对象，开展抽样调查，获取普查年度农业生产活动基础数据，根据产排污系数核算污染物产生量和排放量。

生活污染源——登记调查生活源锅炉基本情况和能源消耗情况、污染治理情况等，根据产排污系数核算污染物产生量和排放量。抽样调查城乡居民能源使用情况，结合产排污系数核算废气污染物产生量和排放量。利用已有统计数据及抽样调查获取农村居民生活用水排水基本信息，根据产排污系数核算农村生活污水及污染物产生量和排放量。

集中式污染治理设施——根据调查对象基本信息、废物处理处置情况、污染物排放监测数据和产排污系数，核算污染物产生量和排放量。

移动源——利用相关部门提供的数据信息，结合典型地区抽样调查，获取移动源保有量、燃油消耗及活动水平信息，结合分区分类排污系数核算移动源污染物排放量。

（二）第二次全国污染源普查工作保障

1. 普查经费

按照《第二次全国污染源普查项目预算编制指南》要求，市县两级普查机构开展污染源普查项目经费预算编制并向同级财政部门申请污染源普查专项资金。市财政局下达污染源普查专项资金 476.25 万元，15 个区县（市）和开发区财政部门累计下达普查工作经费 2015 万元，保障污染源普查工作顺利开展。

2. 人员保障

污染源普查根据普查工作性质将基层普查人员分为普查指导员和普查员，市普查办统一负责全市普查“两员”考试和发证。市普查办在市环科院组建普查“两员”培训考试中心，开展集中“两员”培训 2 期，培训人员 554 人，各地普查机构组织“两员”培训 16 期。培训人员经市普查办组织上机考试合格后予以发放普查“两员”证书，全市累计颁发普查员证 2452 份、普查指导员证 320 份，保障了普查“两员”的业务能力能够充分胜任污染源普查入户调查工作。普查期间，市污普办制定《全市污染源普查技术培训方案》，针对区县（市）污普办工作人员、技术人员、县级普查培训师资及普查指导员、普查员开展多次技术培训，市污普办组织普查技术培训 5 期，培训人员 860 人；县级普查办组织普查指导员、普查员、基层环保人员、乡镇网格员（协管员）等各类普查人员技术培训 12 期 68 批次，6540 人次，建立业务熟练、技术过硬的基层普查队伍。

3. 宣传动员

市污普办联合市委宣传部印发《宁波市第二次全国污染源普查宣传方案》，组织协调主要新闻媒体单位和区县（市）污普办集中开展普查宣传工作。市环保局外网设立全国第二次污染源普查专栏，发布工作动态、普查简报、各类文件和技术规范等。市普查办组织编发普查工作简报 4 期，报道工作进展和试点经验 30 余条。2018 年 3 月，市普查办联合宁波电视台、宁波移动电视制作普查宣传视频，4 月起在宁波电台、宁波电视台、宁波移动电视 3 家媒体每天规定时段播放普查宣传视频节目。2018 年 3 月 16 日，《宁波日报》、宁波电视台报道浙江省第二次全国污染源普查动员和宁波市普查工作动员视频会议，营造全民参与污染源普查的良好氛围。各区县（市）因地制宜通过公益广告、宣传片、横幅、标语、LED 电子显示屏、微信公众号、短信推送、告企业书、宣传画、宣传册等多种渠道开展形式多样的普查宣传活动，全市累计悬挂横幅标语 3750 条，短信推送 10 万多条，张贴、分发告企业书 8 万多份。

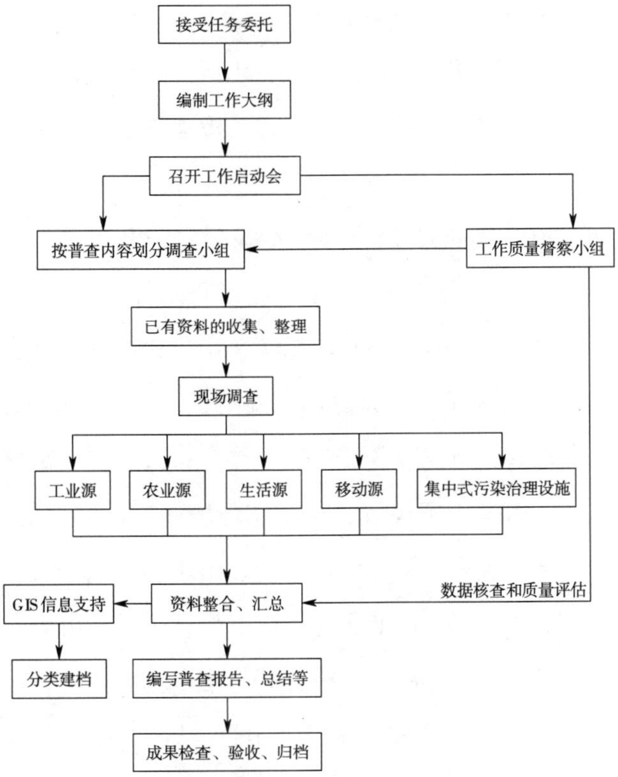

第二次全国污染源普查技术路线图

（三）第二次全国污染源普查工作过程

宁波市第二次全国污染源普查自2017年8月22日起，至2020年4月29日通过普查工作验收，历时2年半，分前期准备、清查建库、全面普查、总结发布4个阶段。2017年开展普查前期准备工作，相继完成普查机构组建、经费保障落实、普查工作动员、人员选聘培训、普查宣传动员。2018年1—7月年开展普查对象清查。2018年8月至2019年4月开展全面普查，相继完成现场入户调查、普查报表录入、填报数据并网、普查数据审核、产排污量核算、普查名录比对等工作。2019年底，普查工作基本结束。2020年3月31日，全市15个区县（市）和开发区第二次全国污染源普查通过验收，4月29日，宁波市第二次全国污染源普查通过省普查办验收。

前期准备阶段包括：

1. 成立普查组织机构

污染源普查按市县两级分别成立组织机构。

（1）宁波市第二次全国污染源普查领导小组及其办公室

2017年8月22日，市本级成立宁波市第二次全国污染源普查领导小组，副市长陈仲朝为组长，市政府办公厅副秘书长胡望荣、市环保局局长郑进达、市统计局局长谢月娣为副组长，市委宣传部、市委农办、市发改委、市经信委、市公安局、市财政局、市国土资源局、市生态环境局、市住建委、市综合行政执法局、市交通委、市水利局、市农业局、市林业局、市商务委、市卫生计生委、市海洋渔业局、市旅游局、市统计局、市市场监管局、市质监局、市安监局、宁波军分区、宁波海事局24个部门的分管领导为成员。领导小组下设办公室，市环保局副局长虞建飞兼任办公室主任，市农业局副局长凌永建、市海洋渔业局副局长王继锋、市统计局副局长姚珂军兼任办公室副主任。

（2）各区县（市）第二次全国污染源普查领导小组及其办公室

2017年底前，海曙区、江北区、鄞州区、镇海区、北仑区、奉化区、余姚市、慈溪市、宁海县、象山县、大榭开发区、宁波国家高新区、东钱湖旅游度假区、宁波保税区、杭州湾新区15个区县（市）和开发区分别成立所辖区域第二次全国污染源普查领导小组及其办公室，共配备专职工作人员190人，领导和协调区域内的污染源普查工作，同时积极发动乡（镇）政府、街道办事处、村（居）民委员会参与并做好普查工作。

（3）市环境保护局第二次污染源普查工作领导小组和专业工作组

2017年12月14日，市环保局组织成立第二次污染源普查工作领导小组和专业工作组，协调环保系统内设处室和局属单位参与污染源普查工作。领导小组由市环保局局长郑进达任组长，市环保局副局长虞建飞任副组长，办公室主任朱建荣、生态处处长翁劲草、总量处处长华益苗、污防处处长费良汉、污防处调研员林斌、辐射处处长徐天啸、审批处处长袁旭强、市环境监测中心主任杜宇峰、市固管中心主任王晨、市机排中心主任周宏华、市环境监察支队副支队长方宏锋、市环境宣教信息中心主任谢小诚、市环科院副院长包薇红为成员。领导小组下设综合组、技术组2个专业工作组。综合组由总量处副处长吴梁任组长、市环科院潘培丰任副组长，总量处陈峰、市环科院孙帅杰、市环境宣教信息中心陈晓众为组员。技术组由市环科院罗艳任组长、市环境监测中心徐国津任副组长，市环科院王析镭、市机排中心袁磊、市环境科学学会葛振平为组员。

2. 选聘第三方服务机构

市县两级普查机构根据《浙江省第二次全国污染源普查第三方机构选聘及管理指导意见》规定的第三方机构参与普查的基本条件、选聘要求和内容范围，通过公开招标方式遴选参与普查的第三方服务机构。全市通过遴选和招标，共有15家第三方机构和高校参与普查工作。市普查办对第三方服务机构在合同、资金、过程监督、绩效、安全管理等方面严格按照国家和省普查办的相关要求进行全程管理。

清查建库阶段包括：

浙江省污普办下发宁波市普查基本名录库中工业企业21.102万家，经筛选增补，全市清查底库包括工业源23.543万家、集中式污染治理设施1488家、规模化畜禽养殖场901家、入河（海）排污口196个、生活源锅炉270台。清查底库下发各区县（市），由普查指导员和普查员进行入户清查并填写清查表。2018年8月17日，经国家污普办对浙江省的清查数据进行集中审核，确定宁波市普查入户调查单位9.90万家，其中工业源96914家，农业源266家，集中式污染治理设施1398家，生活源锅炉410家。

全面普查阶段包括：

1. 入户调查

2018年8月21日至9月2日开展入户调查集中培训，随后组织全市普查“两员”对已确定的9.90万家调查对象开展全面入户调查，调查方式为先填报纸质报表再录入普查数据库系统。2018年11月30日，普查报表录入污染源普查信息管理系统，2018年12月10日，经普查员初审、普查指导员复审后，普查数据全部提交污染源普查专网报上级普查机构审核。

2. 数据核算

2018年12月至2019年4月，按照国家普查办下发的第二次污染源普查产排污系数手册，对照产品名称、生产工艺、原辅材料、运行参数“四同”原则，规范、完整核算普查对象污染物产生量和排放量，如实反映企业实际生产运行和污染治理情况。各地普查办针对重点排污单位实行逐家现场复核，逐一核对企业核算参数和台账资料，高质量完成污染物普查数据核算工作。

3. 质量控制

污染源普查采取全过程质量控制管理，建立第三方机构、区县普查办和市普查办三级联审制度，采用软件审核、区县交叉审核、组织业务处室及聘请行业专家集中会审等多种方式开展数据审核。县级普查机构按30%的比例对普查对象进行现场复核，对普查报表进行网上抽审（50家/日），2019年4月30日，经浙江省普查办抽查确认宁波市普查数据错误率3.02%，达到省普查办规定要求。

总结发布阶段包括：

1. 普查验收

2020年3月31日，市普查办组织市统计局、市农业农村局成立验收组完成全市15个区县（市）和开发区第二次全国污染源普查工作验收。4月23日，省普查办会同省统计局、省农业农村厅对宁波市第二次全国污染源普查工作开展验收，4月29日，宁波市第二次全国污染源普查通过省普查办验收。

2. 发布公报

2020年6月8日，生态环境部、国家统计局、农业农村部联合发布《第二次全国污染源普查公报》。2020年6月15日，宁波市普查办完成《宁波市第二次全国污染源普查公报》初稿。

3. 普查档案

2020 年 8 月 10 日起，市普查办组织市档案局开展全市 15 个区县（市）和开发区第二次全国污染源普查档案验收工作。

（四）第二次全国污染源普查主要成果

1. 普查对象数量

第二次全国污染源普查对象包括工业污染源、农业污染源、生活污染源，集中式污染治理设施、移动污染源 5 类污染源。扣除普查期间关闭的调查对象和工业源非生产型企业，全市纳入普查范围的调查对象总数为 82386 个，包括入户调查对象 82327 个，以行政区为单位的普查对象 59 个。

入户调查对象包括工业源普查对象 77526 家，农业源普查对象 264 家，集中式污染治理设施普查对象 1393 家，生活源普查对象 3144 个（根据《第二次全国污染源普查数据统计汇总问题的解释》，对外营业的储油库、加油站数量纳入生活源，移动源不统计普查对象数量，只统计污染物产排情况）。

以行政区为单位的普查对象包括农业源面源报表 50 个（规模以下畜禽养殖、种植业、水产养殖）、生活源面源报表 5 个［设区市级 1 张表、区县（市）4 张表］、移动源综合报表 4 个（机动车、农业机械和机动渔船）。

入户调查对象中工业源普查数量占比 94.17%，农业源普查数量占比 0.32%，集中式污染治理设施普查数量占比 1.69%，生活源普查数量占比 3.82%。

普查对象区域分布差异较大，慈溪市和余姚市的普查数量较多，分别为 20255 个和 19425 个，占全市普查对象总数的比例为 24.60% 和 23.6%；江北区和象山县的普查数量较少，分别为 2462 个和 3272 个，占全市普查对象总数的比例为 2.99% 和 3.97%。

第二次全国污染源普查全市对象数量汇总表（入户调查）

表 59　　单位：个

行政区	合计	工业污染源	生活污染源				农业污染源	集中式污染治理设施			
			合计	行政村	生活污染源锅炉	对外营业的储油库和加油站		合计	集中式污水处理厂	生活垃圾集中处置厂	危险废物处置场
全市	82327	77526	3144	2475	247	422	264	1392	1366	10	16
海曙区	8064	7637	259	167	56	36	11	157	155	2	0
江北区	2462	2237	109	73	12	24	2	114	114	0	0
北仑区	4749	4450	245	192	18	35	7	46	43	1	2
镇海区	3609	3477	94	50	12	32	8	30	22	1	7
鄞州区	8094	7677	320	224	43	53	6	91	90	0	1
奉化区	5152	4530	404	352	5	47	30	188	186	1	1
象山县	3272	2157	544	490	24	30	38	533	531	1	1
宁海县	7245	6646	426	366	28	32	54	119	116	1	2
余姚市	19425	18979	342	265	18	59	58	46	43	2	1
慈溪市	20255	19736	401	296	31	74	50	68	66	1	1

2. 污染物排放总量

（1）*废水及污染物排放量*

全市第二次污染源普查废水排放量 6.11 亿立方米，水污染物中化学需氧量排放量 7.07 万吨，氨氮排放量 0.66 万吨，总氮排放量 1.69 万吨，总磷排放量 0.13 万吨，五日生化需氧量排放量

1.52万吨，动植物油排放量1075.83吨，石油类排放量84.41吨，挥发酚排放量171.52千克，氰化物排放量666.26千克，重金属排放量4146.62千克。

（2）废气及污染物排放量

全市废气排放量12995.79亿立方米，二氧化硫排放量2.06万吨，氮氧化物排放量10.08万吨，颗粒物排放量5.47万吨，挥发性有机物排放量13.57万吨。

第二次全国污染源普查各区县（市）废水污染物排放量汇总表

表60

污染物名称	单位	全市	海曙区	江北区	北仑区	镇海区	鄞州区	奉化区	象山县	宁海县	余姚市	慈溪市
化学需氧量	吨	70658.19	9581.04	3576.94	9273.21	4794.38	13083.48	5257.22	4811.52	6698.72	5181.68	8400.00
氨氮	吨	6592.20	972.93	371.06	755.43	420.14	1324.12	490.87	292.65	563.47	944.53	457.00
总氮	吨	16900.89	1937.59	736.55	1828.3	1025.50	2557.35	1354.80	1371.55	1909.35	1828.82	2351.04
总磷	吨	1266.52	112.60	44.62	98.59	48.79	152.66	122.43	137.70	192.94	151.76	204.40
五日生化需氧量	吨	15175.07	1776.94	778.8	1351.44	716.22	2764.32	1790.44	1203.74	2417.637	702.1563	1673.38
动植物油	吨	1075.83	134.93	57.89	100.01	53.84	208.78	132.97	83.04	137.95	74.15	92.27
石油类	吨	84.41	1.60	0.06	18.16	16.50	12.93	1.98	1.25	3.37	4.08	24.48
挥发酚	千克	171.54	0.008	0	102.75	65.76	2.76	0.03	0.07	0.09	0	0.07
氰化物	千克	666.26	0	2.5	131.72	119.87	54.46	78.00	0.148	39.44	58.24	181.88
重金属	千克	4146.62	38.40	61.66	574.83	353.10	337.85	808.70	262.75	201.37	1153.44	354.52

注：重金属包括汞、镉、铅、铬、类金属砷

第二次全国污染源普查各区县表（市）废气污染物排放量汇总表

表61

污染物名称	单位	全市	海曙区	江北区	北仑区	镇海区	鄞州区	奉化区	象山县	宁海县	余姚市	慈溪市
二氧化硫	吨	20620.00	344.88	118.20	7602.32	4997.77	368.07	332.92	937.29	1740.60	1257.73	1773.76
氮氧化物	吨	100820.00	735.16	244.64	16368.55	9546.73	817.25	462.64	1591.05	4760.45	2192.26	1651.56
颗粒物	吨	54710.00	2926.78	3754.02	13179.37	4534.54	4972.95	4672.35	2737.13	2629.56	5128.09	5267.13
挥发性有机物	吨	135671.16	1794.42	2489.68	28859.38	28069.23	9349.15	2872.55	908.33	1342.44	4886.27	14384.76

注：废气污染物全市包括生活污染源和移动污染源，区县（市）区不含生活污染源和移动污染源排放量

3. 工业污染源普查结果

（1）工业污染源普查对象

工业污染源普查对象共77526家（1个普查对象会存在多种污染源），其中废水产生单位6807家、废气排放单位38538家、一般工业固体废物产生单位59464家、危险废物产生单位7754家。

（2）废水及污染物排放量

全市工业污染源废水排放量1.51亿立方米，化学需氧量排放量7781吨，氨氮排放量354吨，总氮排放量1590吨，总磷排放量56吨，石油类排

放量84吨，挥发酚排放量171.52千克，氰化物排放量666.25千克，重金属排放量4124千克。

（3）废气及污染物排放量

全市工业污染源大气污染物中二氧化硫排放量1.94万吨，氮氧化物排放量3.83万吨，颗粒物排放量4.98万吨，挥发性有机物排放量9.46万吨。

（4）固体废物产生及处置情况

全市工业企业共产生一般工业固体废物1354.74万吨，其中综合利用量1248.95万吨（其中综利往年储存量5.73万吨），处置量66.35万吨（其中处置往年储存0.65万吨），当年储存量45.82万吨，无倾倒丢弃量。一般工业固体废物综合利用率、处置率、储存率分别为91.77%、4.85%和3.38%。

全市危险废物产生量126.01万吨，接收外来量0.15万吨；送持证单位处置量39.47万吨，自行处置量47.24万吨，自行综合利用量37.35万吨，当年储存量4.68万吨，无倾倒丢弃量。

4. 农业污染源普查结果

（1）农业污染源普查对象

农业污染源普查对象包括种植业、畜禽养殖业和水产养殖业（不含藻类）。全市种植业耕地面积329.80万亩，菜地面积53.62万亩，园地面积65.37万亩，规模种植主体数量4912个，规模种植总面积109.44万亩，主要作物产量67.21万吨。畜禽养殖业中，畜禽规模养殖场264家，规模以下养殖户（不含散户）704家，全市生猪出栏96.93万头，奶牛存栏0.678万头，肉牛出栏0.533万头，蛋鸡存栏193.075万羽，肉鸡出栏263.19万羽。水产养殖业（不含藻类）中，规模养殖场2020家，养殖户25298家，水产品产量271702.66吨。

（2）废水及污染物排放量

全市农业污染源化学需氧量排放量5146.3吨，氨氮排放量584.7吨，总氮排放量4464.8吨，总磷排放量705.4吨。

5. 生活污染源普查结果

（1）生活污染源普查对象

生活污染源普查对象共3144个，其中，“非工业企业单位锅炉”247台、行政村为单位的农村生活源2475个，对外营业的储油库和加油站422座。

（2）废水及污染物排放量

全市生活污水排放量45832.71万立方米，化学需氧量排放量57671.12吨，五日生化需氧量排放量15166.41吨，氨氮排放量5647.91吨，总氮排放量10823.41吨，总磷排放量504.38吨，动植物油排放量1075.98吨。

（3）废气及污染物排放量

全市生活污染源二氧化硫排放量1154.93吨，氮氧化物排放量981.86吨，颗粒物排放量3441.51吨，挥发性有机物排放量23096.06吨。

6. 集中式污染治理设施普查结果

（1）集中式污染治理设施普查对象

全市集中式污染治理设施普查对象1393家，其中，集中式污水处理单位1366家、生活垃圾集中处理处置单位10家、危险废物集中利用处置（处理）单位17家。

（2）废水及污染物排放量

集中式污染治理设施化学需氧量排放量60.06吨，氨氮排放量5.47吨，总氮排放量22.54吨，总磷排放量0.88吨，重金属（汞、镉、铅、铬、类金属砷）排放量23.40千克。

（3）废气及污染物排放量

集中式污染治理设施大气污染物中二氧化硫排放量38.55吨，氮氧化物排放量33.27吨，颗粒物排放量25.53吨。

7. 移动污染源普查结果

（1）移动污染源普查对象

移动污染源普查对象包括机动车保有量、农业机械使用量和国家层面统一核算的工程机械、民航飞机。其中，全市机动车保有量236.11万辆，农业机械总动力269.10万千瓦，民航飞机起降架次合计73257次。

（2）废气及污染物排放量

移动污染源氮氧化物排放量61467.81吨，颗粒物排放量1463.36吨，挥发性有机物排放量17562.68吨。

三、国土资源普查

土地，是自然之基、生态之源、生存之本。土地调查是全面查实查清土地资源的重要手段，是一项重大的国情国力调查。新中国成立以来，宁波先后开展了三次国土调查，从薄膜成图到计算机制图，从普通航拍到卫星遥感……普查工作在技术手段、普查数据等多个方面取得了长足发展，全面摸清了宁波市土地资源家底。

第一次全国土地利用现状调查
（1984年5月—1997年12月）

（一）普查依据

1.《国务院批转农牧渔业部、国家计委等部门关于进一步开展土地资源调查工作的报告的通知》（国发〔1984〕70号）。

2.《关于加强土地资源调查工作的通知》（宁波市人民政府办公厅，1989年制发）。

（二）普查时点或时期

全国土地利用现状调查（简称土地详查，下同）始于1984年5月，由于当时经济条件、技术条件等方面的限制，土地详查一直持续了13年，比预期计划推迟了7年，可见这项工作的复杂与艰巨。宁波的土地调查工作是走在前列的，开始于1989年初，历时4年，1993年底完成这项工作。

（三）普查组织实施方式

土地详查时调查技术手段较为简陋，全手工作业，全野外实地调查，主要通过基础图件和人工操作完成。

1. 基础图件

土地详查采用的基础图件，是由各县土地部门到测绘部门收集，往往要跑几个单位才能收齐，主要是不同比例尺的普通航摄照片和部分正射影像图（一般是经济条件较好的县采用），而且很多是1980—1987年拍摄的。大多数的外业调查是在20世纪90年代初进行的，中间间隔了五六年，大大增加了外业调绘的难度和新增地物补测的工作量，影响了调查进度和质量。

2. 人工操作

土地详查时由于计算机应用刚刚起步，大部分内业工作是人工操作，如航片转绘、编图绘图、图件缩编等。仅面积量算采用了当时较先进的计算机扫描计算技术，但仍有少数单位采用求积仪人工计算。工作量大耗时长，这是第一次调查用了十几年才完成的另一原因。由于计算机运用程序各地不一，图件一般是薄膜成图，使后续的市级、省级数据汇总、图件缩编困难重重、进度缓慢。

土地详查工作第一次摸清了土地家底，基本查清了城乡土地利用、权属、面积和分布情况。此后，每年进行土地变更调查，动态了解掌握土地利用变化情况，为国家宏观调控和土地管理提供依据。

宁波市土地详查工作在市农业区划委员会领导

下，由市土管局牵头，成立“宁波市土地资源调查办公室”，具体组织各县（市）区开展土地资源调查工作。

（四）普查工作过程

1989年初，宁波市开展第一次全国土地利用现状调查，1993年底完成这项工作。查清了全市土地资源的数量与分布状况，土地利用类型和土地权属境界，在市级资料数据汇总的基础上编写形成了《宁波市土地资源数据集》。

（五）普查结果

1999年，全国土地利用现状调查成果经国务院同意后，由国土资源部、国家统计局、全国农业普查办公室联合向社会公布。宁波市第一次全国土地利用现状调查结果显示，宁波市行政区总面积为969550.53公顷，其中，耕地面积287370.89公顷，园地54792.82公顷，林地面积330155.72公顷，草地136.81公顷，城镇村及工矿用地63660.23公顷，交通运输用地10788.93公顷，水域及水利设施用地155645.73公顷，其他土地66999.40公顷。

第二次全国土地调查（2007年7月—2010年12月）

（一）普查依据

1.《国务院关于开展第二次全国土地调查的通知》（国发〔2006〕38号）。

2.《浙江省人民政府关于开展第二次全省土地调查的通知》（浙政发〔2007〕15号）。

3.《宁波市人民政府关于开展第二次全市土地调查的通知》（甬政发〔2007〕57号）。

（二）普查时点或时期

根据国务院通知，自2007年7月1日起，开展第二次全国土地调查（简称二次调查，下同），并以2009年12月31日为调查的标准时点汇总二次调查数据。

宁波于2007年7月起开展了第二次土地调查工作，至2010年5月全面完成。

（三）普查组织实施方式

二次调查按照“国家整体控制、地方细化调查、各级优势互补、分级负责实施”的形式组织实施。国家统一购置航空、航天遥感资料，统一制作调查基础图件，地方政府负责组织专业队伍在国家提供的基础图件上，由内业人员判读制作加工成外业底图，由外业人员到实地进行细化调查，测量上图。国家对各地调查成果开展全面的内业检查和重点地区、重点地类的外业核查。

相比土地详查，二次调查在调查技术与方法上有了很大进步。二次调查运用航天航空遥感、地理信息系统、全球卫星定位和数据库及网络通信等技术，采用内外业相结合的调查方法，形成集信息获取、处理、存储、传输、分析和应用服务为一体的土地调查技术流程，获取全国每一块土地的类型、面积、权属和分布信息，建立连通的“国家—省—市—县”四级土地调查数据库，实现了调查成果的数据化，为数据的应用提供了良好的基础。

二次调查首次采用统一的土地利用分类国家标准，首次采用政府统一组织、地方实地调查、国家掌控质量的组织模式，首次采用覆盖全国遥感影像的调查底图，实现了图、数、实地一致。全面查清了全国土地利用状况，掌握了各类土地资源家底。为保持调查成果现实性，继续进行每年一次的土地变更调查工作，组织各地对土地利用变化情况进行全面调查。

宁波市于2007年7月部署全市开展第二次农村土地调查工作，成立了二次土地调查领导小组，负责调查工作的组织和领导，协调解决重大问题。领导小组办公室设在市国土资源局，具体负责土地调查的日常组织、指导。市二调办成立了第二次土地调查技术组，专门负责调查中的技术问题。建立重点督导和实地会商制度，对工作进度缓慢的县（市）区，进行重点督导和检查，对于在土地调查中遇到的难题，市二调办组织力量进行实地会商，有针对性地解决各地在调查工作中遇到的各项关键技术和政策问题。

此次农村土地调查范围覆盖全市陆域9714平方公里，涉及11个县（市）区，57个街道、80个镇、11个乡，1∶1万图幅1365幅。农村土地调查主要查清城镇村及工矿用地以外每块土地的地类、位置、范围、面积分布和权属等情况；基本农田调查将基本农田保护地块（区块）落实到土地利用现状图上，并登记、造册；建立土地利用数据库和信息系统，实现调查信息的互联共享。

（四）普查工作过程

2007年7月，宁波市政府印发了《关于开展第二次全市土地调查的通知》（甬政发〔2007〕57号），部署开展第二次全国土地调查工作，成立宁波市第二次土地调查领导小组。2010年5月，汇总土地调查数据，编制宁波市各比例尺土地利用现状图图件等，汇总了全市土地利用现状和权属状况，实现了图形数据、属性数据、实地状况三者一致的目标，建立土地调查数据库和土地调查数据库管理系统，并初步实现用管理系统动态数据库和土地调查数据库管理系统。

（五）普查结果

第二次全国土地调查结果，宁波市行政区总面积为971465.09公顷，其中耕地面积222780.13公顷，园地46367.43公顷，林地面积371960.74公顷，草地8423.42公顷，城镇村及工矿用地136198.14公顷，交通运输用地27625.07公顷，水域及水利设施用地147386.78公顷，其他土地10723.38公顷。

第三次全国国土调查（2017年10月—2020年12月）

（一）普查依据

1.《国务院关于开展第三次全国土地调查的通知》（国发〔2017〕48号）。

2.《浙江省人民政府关于开展第三次全省土地调查的通知》（浙政发〔2018〕4号）。

3.《宁波市人民政府关于开展第三次全市土地调查的通知》（甬政发〔2018〕27号）。

（二）普查时点或时期

2017年10月16日，根据《中华人民共和国土地管理法》《土地调查条例》有关规定，国务院决定自2017年起开展第三次全国土地调查，并以2019年12月31日为标准时点，预计于2020年12月全面完成。2018年8月20日，根据机构设置、人员变动情况和工作需要，国务院决定，第三次全国土地调查调整为第三次全国国土调查（简称“三调”，下同）。

（三）普查组织实施方式

三调按照“国家整体控制、统一制作底图、内业判断地类、地方细化调查、地类在线举证、国家核查确认”的方式组织实施。全国三调办统一制定技术标准，采购航天航空遥感影像，利用影像内业比对提取土地利用图斑。地方调查单位采用“3S”一体化技术手段和移动互联技术，开展外业实地调查核实和一体化数据建库工作。对地类初判结果不一致的和重点地类变化图斑，利用全国三调办统一下发的“互联网+”举证软件，拍摄包含实地卫星定位坐标、拍摄方位角、拍摄时间、实地照片及举证说明等综合信息的加密举证数据包，上传至统一举证平台。

三调实施县市级自查、省级检查、国家级核查三级检查制度，采用成果分阶段和分级检查制度，每一阶段成果检查合格后方可转入下一阶段，国家采用计算机自动比对与人机交互检查相结合，全面检查和抽样检查相结合，内业核查、“互联网+”在线核查和外业实地核查相结合的技术方案核查县级调查成果。经县、地、省、国家四级逐级完成质量检查合格后，统一建立国家级土地调查数据库及各类专项数据库。在此基础上，开展调查成果汇总与分析、标准时点统一变更以及调查成果事后质量抽查、评估等工作。

相比土地详查、二次调查，三调精度更高，内容更广，技术更优，分类体系更完善，成果体系更全面。三调除国家提供的优于1米分辨率的航天遥感正射影像数据外，浙江省统一收集了优于0.2米分辨率航空正摄影像开展调查，最小上图面积从二调的400平方米提高到100平方米。采用的工作分类以2017年原国土资源部组织修订的《土地利用现状分类》（GB/T 21010—2017）为基础，对部分地类进行归并和细化，新的分类标准综合考虑了当前生态文明建设的需要，兼顾农、林、水、交通、环保等有关部门对涉土管理工作的需求。首次打开城市、建制镇、村庄进行土地利用现状调查，开展耕地细化调查、批准未建设的建设用地调查、永久基本农田、耕地质量等级调查评价和耕地分等定级调查评价等专项用地调查评价。充分利用新时代的科学技术手段，采用平板电脑进行外业调查，利用网络技术现场举证，提高了工作效率。

宁波市自然资源和规划局积极采取有效措施，抽调精兵强将，组建三调专班，实行集中办公，制定“百日攻坚作战图”，按倒计时要求进行挂图作战，列清单、定时间、排进度、明责任、抓落实。实行试点制度，各区县（市）在全面开展工作之前，选取一个乡（镇），按照国家、省、市要求实施试点，由市局组织专家对试点乡镇调查质量进行核查，各地通过后方可全面展开调查工作。建立市县两级质量控制体系，落实质量监理机制，通过高分辨率、高时相、多源遥感影像和“互联网+”实地举证照片，建立市级100%内业核查制度，外业采用无人机航拍、国土调查云等先进的技术手段和设备辅助开展核查工作。市三调办分阶段多次组织人员到各区县（市）进行现场督导检查，重点对工作开展和保密生产等进行督导，并根据典型案例开展技术交流，及时发现问题并落实整改到位，督促各地按时保质完成三调工作。

三调完成了全市155个乡镇（街道）、3220个行政村覆盖山、水、林、田、湖、草等13个一级地类、55个二级地类的初始调查工作，初步摸清了宁波市土地资源家底，为生态文明建设、国土空间规划编制、供给侧结构性改革和自然资源统一确权登记提供了耕地、林地、建设用地等各地类之基础数据。

（四）普查工作过程

2018年4月，宁波市政府印发了《关于开展第三次土地调查的通知》（甬政发〔2018〕27号），正式启动宁波市三调工作。2018年6月，成立了宁波市第三次土地调查领导小组，召开全市电视电话会议，全面部署三调工作。2018年10月，宁波市政府办公厅印发《关于调整成立宁波市第三次全国国土调查领导小组的通知》，将“宁波市第三次全市土地调查工作领导小组”调整为“宁波市第三次全国国土调查领导小组”。2019年3月，市三调办成立工作专班，按照“保证调查进度，保证成果质量”的总体要求，启动宁波市第三次国土调查百日攻坚工作。2019 年 7 月，宁波市 10 个区县（市）三调初始调查成果全部通过省级检查，上报国家三调办。2020 年 4 月，宁波市 10 个区县（市）的初始调查成果全部通过国家三调办的检查。

2019 年 8 月 1 日，宁波市三调工作被省三调办通报表扬。鄞州区作为省试点，在前期的国家土地调查新技术和生产成本定额试点工作中，积极探索、勇于创新，为《全国第三次国土调查技术规程》《县级国土调查生产成本定额》等行业标准提供了宁波智慧和宁波实践。

全市三调工作总体进展顺利，宁波市下属 10 个区县（市）均成立了三调办公室，全市集在土地调查、地理国情普查、水资源调查、森林资源调查等方面有丰富工作经验的 4 家局属事业单位、6 家技术合作伙伴、4 家监理公司的技术骨干，组建超过 700 余位技术与管理人员团队，参与全市的三调工作。

（五）普查结果

根据国务院第三次全国国土调查领导小组办公室《关于在第三次全国国土调查工作中加强保密管理的通知》（国土调查办发〔2019〕16 号）要求“三调所有基础资料、原始数据、成果资料在未经国家审定同意正式发布前，一律按照相应密级涉密信息资料管理”。第三次全国国土调查结果暂不能对外公布。

第四章　专业统计调查

Chapter 4　Professional Statistical Survey

本章记叙的专业统计调查基本上涵盖了宁波市统计局、国家统计局宁波调查队各专业所建立的各项统计调查制度。除年报、定期报表制度外，此期间还有国家统计局、国家调查总队、省统计局、浙江调查总队及市局、队自身布置的各种统计调查，有重点调查、典型调查、各种不同内容的抽样调查，等等。

新中国成立以后，较早建立专业统计调查制度的有农业统计、工业统计、商业贸易统计、基本建设统计、职工家计调查、劳动工资统计、农副产品价格统计、消费品价格统计等。

各专业统计调查制度的建立时间有早有晚，顺序有先有后，大致可以分以下四种情况。

第一种：传统的专业统计调查，但其调查的内容不断扩大，调查的领域不断拓展，最为典型的如农业统计调查，从最初的统计调查主要农作物产量、禽畜饲养量到农、林、牧、渔业及农副业（总称五业统计）再拓展到涵盖农村经济、社会发展的“三农”（农业、农村、农民）统计。

第二种：原属同一项专业统计调查，根据发展和需要逐步分离形成几项专业统计调查制度。较为典型的如固定资产投资统计调查，其最早为基本建设和挖潜、革新、改造（简称基本建设和挖、革、改）。随着经济社会的发展需要，建筑业、房地产业先后从固定资产投资中分离出来，建立单独的建筑业、房地产业统计调查制度。

第三种：在某项专业统计调查的基础上，由于口径的“扩容”形成新的专业统计调查制度，最为典型的是原商贸、住宿、餐饮和旅游业统计，随着国民经济核算体系由MPS向SNA的转换，大力发展第三产业，原商贸、住宿、餐饮和旅游业统计已不足以反映第三产业发展，随着服务业统计调查制度逐步形成、完善，并对商贸、住宿、餐饮和旅游统计进行完善，共同构成内容更为丰富的服务业统计调查。

第四种：相对建立较晚的专业统计调查制度。如能源统计调查制度、科技统计调查制度、国家统计局宁波调查队多数的专业统计调查制度、城镇低收入居民基本生活费用价格统计调查制度、一体化住户统计调查制度等。

各专业统计调查变化、发展的过程，是紧紧跟随着经济、社会、科技不断地发展而与之相适应并提供其有力的监督与监测、有效服务的过程。这里记叙的各专业统计调查制度其调查对象、调查内容、调查范围、指标体系、调查方法和调查手段的变化、发展正印证着这一历史轨迹。

第一节　基本单位统计调查

基本单位是指在中国境内从事经济和社会活动的所有法人单位、产业活动单位（即分支机构），是统计的基本调查单位。基本单位统计调查包括统计单位登记和名录库建立与更新维护。宁波市统计单位登记工作始于1994年，之后逐步巩固、完善。宁波市名录库管理系统统一由省统计局下发软件完成，第一版于1997年下发，继后始终保持与统计单位登记紧密结合，名录库质量不断提高。

一、统计单位登记

1994年12月19日，省八届人大常委会第十五次会议修改通过《浙江省统计工作监督管理条例》（以下简称《条例》）。该《条例》要求进行统计单位登记工作。1995 年 1 月 10 日，省统计局在局统计法制协调小组内设立统计单位登记工作办公室。根据省统计局统一部署，宁波市统计局于 1995 年 4 月成立统计单位登记和持证上岗工作办公室，分别由孔德平、陆平担任正副主任。同年 5 月，宁波市统计局发出《关于认真做好统计单位登记工作的意见》（甬统〔1995〕33 号）（以下简称《意见》）。该《意见》共 5 条，对统计单位登记主管机关、办理机构，登记范围、对象与内容，办理变更、注销登记条件与手续，年检要求及违规处罚等作出了具体明确规定，之后进行统一部署，组织开展全市统计单位登记工作。同年 7 月，全省统计单位登记工作开始进入全面登记阶段，至第四季度，已基本建立起“统计单位登记资料库”（即“名录库”）。

1996 年 4 月，为完善登记制度，尽快实现统计单位登记制度化、规范化，发挥其对统计业务工作的保障和支持作用，宁波市统计局根据《浙江省变更统计登记工作细则》和《浙江省注销统计登记工作细则》相继建立“变更”和“注销”登记簿，定期向内部各专业和有关部门提供统计单位增减变动信息。同年 6 月，宁波市统计局开始使用新版名录库登记软件（第二版），新版软件对统计单位登记库数据处理程序作出了改进，增强了录入、修改功能，增加了审核、打印、统计、查询等新功能，更便于操作使用。同时在分专业审核中，利用新程序按年报报表分专业名录进行核对，将遗漏单位及时反馈登记办，由登记办录入后进行补登、补库和登记库审核等工作，确保了当年登记库能满足年报工作需要和上报登记库全面准确。

1998 年，根据省统计局统一部署，宁波市统计局开始建立、实施统计单位登记年检制度。以第一次全国基本单位普查的单位名录为基础完善名录库，开展动态年检。至此宁波市初步建立市县两级基本单位名录库。

2003 年 8 月，为认真贯彻市政府《关于进一步加强统计工作的意见》的精神，宁波市统计局发出《关于做好统计单位登记和维护工作的通知》（以下简称《通知》）。《通知》主要有三方面内容。1. 按季下发统计单位基本信息资料。根据市统计局和质量技术监督局《关于建立宁波市组织机构代码基本信息数据交换制度的通知》精神，今后每季度由质量技术监督局提供全市统计单位基本信息，然后由统计局负责整理下发给各单位。2. 抓好基本单位统计登记工作。各单位要按照所提供的资料，负责告知企业（电话或信函）办理基本单位统计登记工作，对于拒报的企业要按有关规定进行处理。3. 做好统计名录库更新维护工作。各单位要利用统计单位基本信息，及时清理统计名录库，如果法人单位已有法人代码，就不得再使用临时代码，并要切实做好统计名录库的动态维护。

同时，宁波市统计局根据国家统计局《关于加强统计登记管理工作的意见》，要求加强日常登记和年检工作管理。此后至 2010 年，全市统计登记工作进入常态化，并与名录库更新维护工作有机结合、协调发展。在此期间，为规范全市登记工作，宁波市统计局统一制发统计单位登记证。

二、名录库建立与更新维护

我国的基本单位名录库是一个单一数据库，由法人单位和产业活动单位两部分组成。基本单位名录库建设、维护更新、使用与管理按照“统一单位标准、统一单位管理、统一工作流程、统一软件平台”的原则进行。基本单位名录库建设维护与使用管理的范围包括辖区内所有法人单位、产业活动单位。所有法人单位、产业活动单位原则上按其经营地进行统计，其中建筑业企业在法人单位注册地进行统计，且多产业建筑业法人企业所属的产业活动单位不论其经营地是否与法人单位相同，均由法人单位进行统计。

宁波市名录库工作伴随着宁波统计事业的发展不断发展和完善。

1980 年，宁波市在恢复市统计局机构，充实相关统计专业人员后，随即开始了名录库相关的资料收集、整理和汇集工作。随后的一年多时间，在完成各类定期统计报表和专项调查任务的基础上整理、汇编了《宁波市国民经济统计历史资料》。自此，宁波市有了第一代的名录库资料。但是，由于百废待兴，机构、人员编制还不健全，很大部分的专业统计人员是粮食专管员、会计辅导员兼职，很多名录库资料还是空白。为此，宁波市统计局一方面积极向市政府申请争取在编制和人员数量上补充力量，同时也加强对现有专业统计人员进行培训。1981 年二季度，宁波对镇海县和市区、各区、局、公司、基层工业企业的 1000 多名专职统计人员开展了一次业务培训，在一定程度上提高了统计人员名录库资料的收集和整理能力。

1995 年，浙江省统计局发布了《浙江省统计单位登记办法》(以下简称《办法》)，宁波市统计局根据《办法》结合全省开展统计单位登记，成立了“宁波市统计单位登记和统计人员持证上岗办公室”，负责宁波市首次统计单位登记工作。自此，宁波市统计局对名录库管理有了正式的部门。1995 年首次开展全市第一次统计单位登记，1996 年宁波市开展第一次全国基本单位普查，共有法人单位数为 44776 家，包含单产业法人单位 42750 家，多产业法人单位 2026 家。其中，企业法人单位 34930 家、事业法人单位 2988 家、机关法人单位 920 家。

随着计算机的应用和逐步普及，宁波的名录库管理也逐步从纸质走向了电子化应用 。

1997 年，宁波市统计局根据省下发的名录库软件，以宁波第一次基本单位普查资料为基础，采用单机逐级上报管理模式，首次建立宁波市基本单位名录库管理系统（以下简称宁波市名录库系统）。

1998 年，在完成宁波市名录库系统的建立后，首次实施统计单位年检，年检率近 100%。

1999 年，通过开展全市个体工业清查工作，首次建立市、县两级分村（社区）个体工业基本情况名录库。此后，宁波市统计局按照要求，根据日常受理统计单位申报登记（含新增、注销、变更等)、统计年检和全面清查等信息，及时更新维护名录库，不断提高名录库质量，真实反映宁波各类基本单位总体情况，为各专业统计实施经常性统计报表和开展抽样调查提供单位字典库和抽样框。

在 2001 年全国第二次基本单位普查后，丰富的普查资料再次完善了基本单位名录库。名录库的使用也逐步形成制度化。以名录库作为基础字典库，“有库才有数，先入库再有数”的理念和规章已经悄然形成。同时，随着统计调查数据和渠道的多样化，名录库数据的采集、归纳、整理也日益高效。在原有专业调查、定期清查核对基础上，部门间的数据资料交换，特别是与工商、质检、税务、公安等之间的数据资料交换，办证大厅的集中受理在统计单位的登记、注销、变更上发挥了积极高效的作用。这些创新的工作，减轻了名录库维护的工作量，扩大了登记的覆盖面，更重要的是保证了数据的准确性。接着，省统计局下发了新名录库维护系统，该版本使用较前一版本在性能上有了较大的提升。

2002年，省统计局印发《关于2002年基本单位名录库更新维护工作的意见》，宁波市统计局根据该《意见》精神，依托办证大厅，进一步完善了与工商、税务、质监、公安等部门间定期交换单位增减变动信息制度。截至2002年，法人单位登记数达到了61307家，其中企业单位法人50055家。

2003年9月，宁波市统计局局长任彭微就基本单位名录库更新维护工作向市政府汇报，市长金德水听取汇报后作出批示。市统计局根据市政府主要领导的批示要求，主动协调有关部门，制订具体工作计划，切实开展2003年名录库更新维护工作。

2004年1月，宁波市统计局首次召开了基本单位名录库数据会审会议，会议会审了2003年度名录库数据，并就名录库维护和统计登记工作做了汇报交流。之后，统计局名录库工作每年都会召开会审会议。

2005年，根据机构职能划分，宁波市基本单位名录库工作正式移交到宁波市统计局普查中心，由普查中心负责名录库的更新和维护。

同年，省统计局、省编办、省民政厅、省国税局、省地税局、省工商局下发《关于转发〈国家统计局、中央机构编制委员会办公室、民政部、国家税务总局、国家工商行政管理总局关于建立全国基本单位名录库更新制度的通知〉的通知》（浙统〔2005〕80号）。根据文件精神，宁波市积极研究基本单位统计报表制度中部门数据资料提供方式、时间及部门数据库接口与市统计局名录库接口程序的操作衔接问题。

同年，根据《国家统计局、中央机构编制委员会办公室、民政部、国家税务总局和国家工商行政管理总局关于建立全国基本单位名录库更新制度的通知》（国统字〔2005〕91号）、《浙江省统计局办公室关于认真做好县以下行政区划代码管理与更新、上报工作的通知》（浙统办〔2005〕21号）等文件精神，宁波市统计局再次召开由市编委、民政、国税、地税、工商局等相关部门负责人参加的名录库工作会议，及时传达文件精神，并对下一阶段的名录库工作作了部署。

随着计算机技术的发展，新的名录库管理系统依托新的网络架构，新的开发技术也应运而生。宁波市名录库开始使用省统计局下发第三版名录库管理系统，新版的名录库管理系统有以下四个特点：一是新的管理系统把分布式处理和集中管理有机结合，界面直观，易于操作，简单实用；二是实现了全省一库、减少中间环节、提高工作效率、减轻基层负担，并与专业互动、提供专业字典库导出接口，向专业开放报表单位维护权限；三是数据操作留有记录，定期备份确保安全；四是单机版辅助网络版，有效解决办证大厅统计单位维护问题。

在各部门支持与配合下，2005年宁波市共新增法人5018家，注销937家，变更2655家；截至2006年2月，全市共登记法人单位80478家，产业活动单位14670家。

2006年8月，宁波市统计局普查中心开始对全市统计系统名录库工作开展调研，调研结果显示，各县市区均落实了1～2名责任心强、计算机水平高的人员负责名录库维护工作。其次，通过在办证大厅与各职能部门的数据共享以及对410表登记信息的扩展，很大程度上提高了名录库入库资料的数量和质量。

2006年9月，根据省统计局等六部门联合下发《关于建立基本单位名录库更新制度的通知》，宁波市统计局首次开展了名录库半年度报表的报送。

2006年11月，宁波市统计局对名录库工作开展年度核查，核查范围为2006年1—12月底前在全市范围内的所有具有法人资格的机关、企业、事业、社会团体、基层群众自治组织，以及这些单位下属的产业活动单位。重点是规模以上单位和可能归入规模以上的单位，确保能够为专业年报字典库提供准确的数据。

2007年3月，省统计局开展了省名录库系统更新维护节点延伸至乡（含镇、街道）级的试点工作取得基本成功，之后在全省开始组织实施。宁波市统计局以此为契机，成功实现了全市名录库的联网和在线更新，为次年开展第二次全国经济普查（以下简称二经普）发挥了重要作用。

2007年10月，为了服务于二经普，宁波市统计局开始对名录库登记实施联动机制，通过联动机制对准规模单位以及规模以下单位进行全面核实，为准确提供专业字典库作好充分准备。

2009年，省统计下发了第四版的名录库管理软件，宁波市统计局成功导入二经普数据库、清查库及原名录库系统中相关信息，实现了新系统下全市一库。同年10月，宁波市召开全市基本单位名录库年报会议。会议讲解对基本单位统计报表制度的修订内容及核查表的有关变动情况，并介绍演示了10月9日新启用的名录库系统。

2010年10月27日，宁波市组织召开2010年基本单位名录库年报会议。会议传达学习了全省基本单位名录库年报会议精神及《全国统计系统基本单位名录库建设维护与使用管理暂行办法》（以下简称《暂行办法》）。会上，市统计局副局长谢志初就进一步做好新形势下的基本单位名录库工作提出“四个确保”的要求。一是要认清形势、提高认识，确保名录库工作责任的有效落实。随着各级对名录库工作的关注度不断提高，国家、省、市先后成立名录库领导小组及其办公室，《暂行办法》对名录库建设、更新维护和管理等提出更高更新的要求，特别是全国一库制的分布管理模式使名录库工作面临空前的压力和责任，各地要认清形势，加强领导，抓紧成立名录库领导小组及其办公室，确保责任的落实。从当年起，名录库工作被列为统计巡查的重要内容。二是要加强协调、密切配合，确保名录库工作的基础性地位。名录库工作涉及各部门、各单位、各专业，需要相关人员密切配合，协同作战；按照市局布置的任务，各地要根据自身实际情况，强化专业协调，加大对乡镇名录库工作的指导力度，认真思考落实办法，积极主动及时地完成各项工作。三是要加强管理、多措并举，确保省局82号文件的贯彻落实。认真抓好行政服务中心的窗口登记，充分利用部门和现有各项统计调查资料更新维护名录库。四是要增强服务意识、深入挖掘，确保数据使用频率和安全性。随着名录库数据质量的不断提高，以及程序汇总功能的不断完善，各地要做好相关的统计分析和数据服务工作；提高数据安全保密意识，对局内部提供名录库数据资料须由处室负责人签字同意，对外部门提供须由分管局领导签字同意。

2011年1月，根据省统计局统一部署，宁波市统计局决定建立基本单位名录库更新维护每季通报制度，并于当年8月完成第一次二季度名录库维护数据通报。同年，宁波市统计局积极探索在新的统计管理体制下的名录库工作。首先，利用统计片区化工作站下延工作，结合全面落实县域统计片区化运作体制机制，将基本单位名录库维护与统计业务督查指导一并列为各统计片区工作站的主要职能。将名录库工作节点下延，充分发挥了片区工作站直接对接基层统计基本单位的优势，及时核实辖区内新增、变更、关闭单位信息，提高名录库维护工作效率和质量。其次，依托法人数据库平台比对核实单位信息。充分利用部门共建共享的宁波市法人数据库平台，在当前交换部门增量数据的基础上，认真比对基本单位名录库数据与法人库存量数据，进一步分析其间差异，并对信息准确性进行评估，同时下发至县（市、区），要求利用单位清查、各项统计调查等契机，对差异单位进行核实入库。

2011 年 10 月，国家统计局发布《全国统计系统基本单位名录库建设维护与使用管理暂行办法实施细则》(以下简称《细则》)。接着，浙江省统计局发布《贯彻〈全国统计系统基本单位名录库建设维护与使用管理暂行办法实施细则〉方案》(以下简称《方案》) 的通知。宁波市统计局和国家统计局宁波调查队组织了专题会议，认真学习文件精神，并就如何缩短审批周期、如何调整审批上报时间、如何结合统计工作现状有效开展规模以上单位审批流程等进行广泛讨论。通过讨论，明确了今后名录库工作的三个方向：一是要提高认识、吃透精神，进一步搞好基本单位名录库工作；二是要创新思路、务求实效，从宁波实际出发，结合片区工作站职责，开展“四上”单位审核；三是要形成合力、密切协作，建立县级实施方案，加强专业工作与名录库工作之间的协调配合。

2011 年 11 月，宁波市统计局副局长谢志初带队，就贯彻国家和省局文件精神等内容，开展名录库工作专项督查，以达到三个确保的目的：一是确保“应统尽统”；二是确保年度审核顺利进行；三是确保年度申报材料的收集上报工作。

2012 年 3 月，宁波市统计局制定了《宁波市基本单位名录库建设维护与使用管理实施规范》（以下简称《规范》)。该《规范》进一步明确全市基本单位名录库工作的实施原则、实施范围以及职责分工等事项，重点突出统计片区工作站在名录库工作中所起到的作用以及应承担的责任。另外，该《规范》结合上级文件精神和宁波实际对名录库日常更新维护工作流程进行梳理，强调各县（市）区要按照加强领导，强配力量；片区发力，依靠乡镇；强化培训，提升能力；结合实际，狠抓落实等四方面要求，全面提高名录库数据质量。

2012 年 7 月，多部门共建共享的宁波市法人信息库平台上线运行，宁波市局根据统一部署，积极发挥全市法人信息库平台作用，分层、分步部署实施名录库在库单位核查，将省局下发单位核查清单中的单位信息与市法人信息库在库信息进行比对，对两方比对后信息可以确认的在库单位，市局根据确认后信息统一更新统计名录库，并不再将此部分单位的核查任务下发县级统计部门，这一创新措施不仅减轻基层工作负担，还提高了名录库工作的效率。

2015 年 7 月，为全面提升基本单位名录库内行业代码编写准确性，宁波市统计局开始利用新增的行业代码审核插件从三方面着手对已入库单位进行全面的核实。一是整理差错清单，将年报后可能存在行业代码编写不正确情况的单位清单发回县级进行逐一核实，确保主要业务活动与行业代码之间的匹配性；二是审核节点修改，除下发清单外，还要求各地做好名录库系统内相关审核节点下差错的核实修改工作；三是反馈异常审核条件，如确为审核条件有问题，将保留差错，并将情况及时反馈到省局，共同完善行业代码自动审核条件。整个行业代码审核工作于9月底前完成，该项工作为当时的“七大产业”统计打下了扎实的工作基础。

随着名录库数量的增加，县级之间在名录库审核工作的差异性日益显现。2016年5月，宁波市统计局召开2015年基本单位统计年报会审会议布置部门资料差异比对、行业代码规范核实等相关名录工作，同时也集中解决了跨地区间名录库审核差错，为高质量完成基本单位名录库年报工作打下基础。

2017年8月，宁波市统计局以开展好四经普准备工作为契机，提出新时期下的名录库工作的工作重点。一是统一思想，重新认识名录库与字典库的重要性，抓住名录库更新维护环境变化的新契机，做好调查单位申报工作，严把审核质量关。二是明确目标，建立信息真实、更新及时、不重不漏的名录库，努力做到增量单位入库及时、存量单位上报数据真实准确，夯实应统尽统的统计基础。

宁波市针对部门间登记信息差异大、部门交换信息欠全面、名录维护力量有限等统计名录库维护现状，积极谋求相关部门配合，通过探索创新工作方式，促使部门信息共享达到新高度。2017年8月，市政府组织召开由常务副市长牵头召集的部门信息共享协调会，市市场监管局、市国税局、市地税局在内的7个部门负责人参加会议。会后各部门达成一致意见，对于各部门掌握的企业经营信息首次全库交换，年检、年报数据每年交换一次；对于企业税务数据、进出口额等经济指标达到统计规模标准的单位（包括工业、批零、住餐和服务业）则提高交换频率，实行月度交换。目前已经实现国税、商务委达规单位每月交换，地税达规单位每季度交换，并配备专人进行数据交接，确保数据安全。

随着包括市级部门资料交换、“五证合一”在内的部门数据交换频率和质量的提高，以及样本单位、电商企业等第三方信息的引入，名录库更新维护的信息来源不断拓展。宁波市及时明确工作目标、多方比对排除错误信息干扰，提高维护工作效率，顺利完成多项常规性和临时性的名录库更新工作。2017年名录库新增单位53887家，变更单位92410家，剔除单位16634家。

第二节 人口与劳动统计调查

浙江人口统计始于商代的“登人”制度，西汉平帝元始二年（2），浙江境内人口约为76.68万人。唐朝以前明州未立，今宁波户口数字没有明确记载，自唐至元，600多年中，宁波人口从20.7万人增至51.1万人，增加30.4万人。到清嘉庆二十五年（1820）宁波人口为235.5万人。至1949年宁波人口252.04万人。浙江劳动工资统计萌芽于清朝末年，已历经百余年。清光绪三十三年（1907），清政府调查局统计处下达的农政、工政和商政统计调查表就设有《河工表》《绣工表》《商务随员表》等劳动报表。民国时期劳动工资统计制度初步建立。到民国37年（1948），由浙江省政府统计处编印的《浙江省三十六年度统计总报告》中，列有劳动工资统计表72张。

中华人民共和国成立后，人口与劳动统计调查制度逐步建立和健全。

1950年开始实施人口统计调查制度（户口登记制度），由公安和民政部门主管。1951年，根据公安部公布的《城市户口管理暂行条例》，开始在城市逐步建立起人口统计报表制度。从1953年开始，全国逐步建立了人口普查、1%人口抽样调查和1‰人口抽样调查制度。

1951年，劳动工资统计作为工业、建筑业等专业统计的一部分开始建立。1959年，宁波市按照国家统计局、浙江省统计局要求将劳动工资统计从各专业统计报表中分离出来，成为单独的一项统计报表制度。改革开放以来劳动工资统计范围逐步扩大到港澳台及外资企业和私营企业。1996年，国家统计局开始在全国实施城镇劳动力调查制度。这项调查按照国际通行的统计标准并结合我国的实际情况，采用新的就业、失业的统计口径和新的调查方法，是中国就业、失业统计工作的一项改革。2009年起，为及时反映我国就业形势的变化，为政府准确判断就业形势，国家统计局建立大城市月度劳动力调查制度。宁波于2013年4月参加全国65个大城市月度劳动力调查。

一、人口统计调查

（一）人口经常性统计

1. 人口统计历史

据记载，唐朝以前明州未立，今宁波户口数字没有明确记载，自唐至元，600余年中，宁波人口从20.7万人增至51.1万人，增加30.4万人，年均增加近500人。自元末到嘉庆二十五年（1820）宁波人口由51.1万人增至235.5万人。民国后，据《东方杂志》载会稽道属，今宁波境户口，民国9年（1920）为271.2万人，据国民政府内政部户口统计，民国24年（1935）宁波境户口为289.3万人，至民国37年（1948）宁波人口252万人。1949年，宁波人口252.04万人，其中老市区（含海曙、江东、江北区的城区）28.71万人。

中华人民共和国成立，开创了人口调查统计工作新纪元。浙江省各级人民政府根据社会主义建设事业的需要，逐步建立和健全户口登记制度。1950年开始实施人口统计调查制度，由公安和民政部门主管，采用划类选点进行典型调查，分类推出历年人口数。具体方法是将全省划分为城市、平原、山区、沿海4种类型，确定以杭州、温州、金华代表7个城市，临海、文成、常山、浦江代表40个山区县，嘉兴、萧山、上虞代表16个平原县，镇海、宁海、永嘉代表22个沿海县，又从各个典型县市中选一个代表性的乡村、街道进行典型调查，以推算人口数据。1951年，根据公安部公布的《城市户口管理暂行条例》，开始在城市逐步建立起人口统计报表制度。 宁波市的镇海、宁海作为沿海县的代表参加。

1953年，为了配合普选工作，根据全国统一部署进行了第一次人口普查（当时称人口调查登记）。1954年12月，浙江省公安厅、民政厅、统计局发出《关于共同配合建立户口登记制度及人口资料汇总统计工作意见的联合通知》，规定县辖农村地区和未设派出所城市郊区人口数由县人民政府上报；设有公安派出所的城市市区和县辖城关区、集镇等人口数字由公安派出所统计上报。并规定了公安、民政和统计部门的分工职责。1956年2月，浙江省人民委员会发出通知，将人口统计工作移交公安部门管理。同年，公安部召开了全国第一次户口工作会议，进一步明确了全国户口登记管理办法，统一了户口簿册证件，健全了户口登记管理制度。1958年，国家颁布了《中华人民共和国户口登记条例》，以法律形式来保障户口登记制度，进一步确定以户口登记为基础的经常性人口统计报表制度。宁波市各阶段都是按照全省的规定进行了人口统计调查。

进入20世纪60年代，全国进行了第二次人口普查，进一步整顿和健全了城乡户口制度，改进了经常性人口统计报表制度。1965年，根据国民经济“调整、巩固、充实、提高”的方针和统计工作要加强调查研究、精简报表的精神，人口统计综合年报做了精简。1966年开始，人口统计报表制度中断。

1975年以后，人口统计制度逐步得到恢复。中共十一届三中全会以后，人口统计工作步入正常发展轨道。1982年，为摸清人口底数，进行了第三次全国人口普查，之后，宁波市根据国家统计局统一部署，按浙江省统计局的要求以宁波市统计局为主，公安、计划生育部门配合组织进行了每年一次的人口变动情况抽样调查，用以推断每年全市人口的出生率、死亡率和自然增长率，并发布统计公报。1985年省统计局与省公安厅联合召开人口统计历史资料整理工作会议，由统计局为主，公安厅配合整理全省自1949年以来历年人口统计数据。宁波市按照省局统一要求，完成宁波市人口统计历史资料的整理。同时，以公安部门为主，统计部门配合进行了每年一次人口统计年报。1987年，宁波市人口抽样调查临时领导小组及其办公室根据浙江省人口抽样调查临时领导小组的要求，还进行了1%人口抽样调查工作。

20世纪90年代初，宁波市根据全国的统一部署，完成了第四次全国人口普查工作。从1990年起继续进行人口变动情况抽样调查。1995年进行了第二次1%人口抽样调查工作。截至2015年，全市共完成了六次全国人口普查工作和四次1%人口抽样调查工作。经常性人口统计年报工作仍主要由公安部门组织完成，并逐步实现了户口管理计算机化。

2. 人口统计报表制度

1953年，在第一次全国人口普查的基础上，宁波根据浙江省统一部署建立了以户口登记为基础的经常性人口统计，并按照国家和省的布置进行了全市人口变动情况年度统计，主要指标有户数、人口数、性别、出生、死亡、迁入、迁出、婴儿死亡、城乡人口数等。

1958年，人口统计综合年报共有10种表式，报表名称和主要指标有：《人口变动情况统计表》，包括期初期末户数、人口数、男女人口数以及报告期内出生、死亡、迁入、迁出等变动指标；《市城镇人口统计表》，包括市城镇人口、市区人口和集镇人口数；《县城镇人口统计表》，包括县城镇人口、男女人口数；《人口迁移流动状况统计表》，包括迁入、迁出指标，下分省辖以上城市、集镇农村、港澳台和国外等；《人口年龄统计表》，从不满1岁到100岁人口数，男女人口数；《死亡人口年龄统计表》，从不满1岁到100岁人口数，男女人口数；《人口死亡原因统计表》，分疾病死亡、年老死亡、依法处决、事故致死、不满一岁婴儿死亡、其他原因不明死亡等，事故致死又分灾害致死、交通肇事、工伤事故、意外事故等；《人口文化程度统计表》，包括已受教育程度和现在正在接受的教育，分大学、高中、高小、初小等；《民族人口统计表》，按民族排列统计；《人口职业统计表》，包括国营、公私合营、私营企业（事业）及机关团体工作人员、合作社营企业（事业）工作人员、个体从业人员、靠财产生活的不劳动者、宗教职业者、依靠国家扶养者、随军家属、失业者等。

1961 年起，宁波市的人口综合统计报表根据浙江省公安厅、浙江统计局联合布置，报表由 10 种调整为 9 种，取消了《人口文化程度统计表》、《民族人口统计表》和《人口职业统计表》；新增了《城镇人口增减变动情况统计表》和《人口简要统计快报》，同时保留《市镇人口统计表》《人口迁移状况统计表》《人口年龄统计表》等。这些报表除新增《人口简要统计快报》由统计部门负责综合上报外，其余报表由公安部门负责上报。

1964 年起，宁波人口统计年报明确由公安部门负责，统计局协助，需要报《人口变动情况统计表》和《市人口统计表》；各县填报《镇人口统计表》。

1978 年中共十一届三中全会后，人口统计综合年报又有较多的增加。1980 年开始，人口统计综合年报共有 11 种，其报表名称及主要指标有：《各市地县户数及人口数》，包括户数、人口数、男女数、农业人口、非农业人口数；《市人口数》，包括市人口数、市区人口数、郊区人口数；《镇人口数》，包括集镇数、镇人口数、农业人口、非农业人口数；《非农业人口增减情况》，包括非农业人口增加数，其中含出生、迁入、招工、招生、职工家属投靠、随军家属、落实政策返回、复员转业等，非农业人口减少数，其中分死亡、迁出、退休、知青上山下乡、服兵役等；《人口年龄分组》《市人口年龄分组》《县人口年龄分组》（以上为非全面报表），均包括各年龄的人口数、男女数；《死亡人口年龄分组》《市死亡人口年龄分组》《县死亡人口年龄分组》（以上为非全面报表），均包括各年龄死亡的人口数、男女数；《人口自然变动情况》，包括人口迁入、迁出、出生、死亡及自然增长数。

1990 年，第四次全国人口普查以后，人口年报逐步精简。到 1995 年人口综合统计年报主要有户数和总人口、非农业和农业人口、人口自然变动、人口机械变动、市人口、镇人口以及未落实常住户口人员状况等表种。

（二）人口年度变动情况抽样调查

为了准确、及时地掌握人口变动以及人口计划执行情况，为制订国民经济和社会发展计划、掌握人口增长情况提供可靠的人口数据，为改进宏观调控提供依据，根据国家统计局的统一部署，在浙江省委、省政府的领导下，1982 年至 2019 年，除 1982 年、1990 年、2000 年、2010 年开展人口普查和 1987 年、1995 年、2005 年、2015 年开展 1% 人口抽样调查以外，宁波市统计局根据浙江省统计局统一部署，每年都开展人口变动情况抽样调查。

1. 调查对象和登记原则

2004 年之前，人口变动抽样调查对象是常住在被抽中地区具有中华人民共和国国籍的人。调查采用按常住人口登记的原则，以户为单位填报，既调查家庭户，也调查集体户。应在本调查小区登记的人：住本调查小区，户口在本乡、镇、街道；住本调查小区半年以上，户口在外乡、镇、街道；住本调查小区不满半年，离开户口登记地半年以上；住本调查小区，户口待定。

2006 年开始到 2009 年，国家统计局将人口变动抽样调查对象调整为抽中调查小区内具有中华人民共和国国籍的人。调查以户为单位进行，既调查家庭户，也调查集体户。应在抽中调查小区内各户登记的人包括：当年 10 月 31 日晚居住在本户的人；户口在本户，当年10月31日晚未居住在本户的人。抽中调查小区内的上年11月1日至当年10月31日死亡的人口要登记《死亡人口调查表》。

2. 调查范围和抽样方法

2004年之前，浙江省人口变动抽样调查样本均为国家样本，由国家统计局统一抽取，调查设计样本量为4万人左右，即抽取大约1‰人口调查。

2006年开始到2009年，为了增强人口变动调查代表性（即除了能够反映全省人口变动的情况外，还要对11个设区市的主要人口数据有代表性），根据浙江省委、省政府的要求，全省在严格执行国家调查方案的前提下，将1‰人口变动抽样调查范围扩大到5‰。在国家统计局统一抽取调查样本的基础上，在全省90个县（市、区）中抽取580多个乡（镇、街道）、2270多个村（居）委会，近2500个调查小区，每个调查小区调查30户（常住人口100人左右），调查设计样本量为常住人口25万人左右。样本抽样按照分层、整群、概率比例的方法进行抽样设计，以全省为总体，各设区市为子总体，以调查小区为最终样本单位。

3. 调查标准时间

每年调查标准时间均为当年11月1日0时。

4. 调查组织实施

人口变动抽样调查在当地政府领导下，以统计部门为主组织实施，并在基层组织协助下，选聘调查员到抽中调查小区，进行入户登记。

为提高调查数据质量，省、市、县（市、区）统计部门加强组织领导，积极争取有关部门支持和配合。多途径选聘调查指导员、调查员，多方式开展宣传工作，严把样本框整理核对、“两员”培训、划区绘图、清查摸底、入户登记、复查、编码、数据处理等调查各个重要环节，并抽取部分调查小区开展事后质量抽查，从源头抓好调查数据质量。

5. 调查数据发布

2006年开始，宁波市的常住人口、出生率、死亡率和城镇人口比重等主要数据，由浙江省发布《浙江省人口变动抽样调查主要数据公报》公布。

（三）1%人口抽样调查

1. 1987年1%人口抽样调查

1987年2月，国家统计局发出《关于下达全国1%人口抽样调查方案的通知》。经省人民政府批准，成立由叶长法（省统计局）任组长，柴莹（省政府办公厅）、蔡扬蒙（省公安厅）、徐爱光（省计划生育委员会）任副组长的浙江省人口抽样调查临时领导小组及其办公室，开展1%人口抽样调查工作。各抽中市、县也加强对此项工作的领导，选调培训好调查人员，高质量地按时完成调查任务。

1987年，1%人口抽样调查采取分层、三阶段、整群抽样方法。全省77个县、市分成城市、平原、丘陵、山区、海岛5层，对县级单位个数较多的平原和山区，又按人口规模大小分别分成3层和4层。第一阶段按分层后共抽取24个县（市、区），即杭州市辖区、萧山县、临安县、象山县、宁海县、鄞县、温州市辖区、瑞安县、平湖县、桐乡县、湖州市辖区、安吉县、上虞县、诸暨县、兰溪县、金华县、武义县、东阳县、常山县、江山县、定海县、丽水市、庆元县、仙居县；第二阶段在每个抽中县（市、区）共抽取112个乡（镇、街道）；第三阶段在每个抽中的乡（镇、街道）中，再抽取若干个村（居）民委员会，共抽中502个村（居）民委员会，即是此次抽样调查的最终样本单位，调查样本量为41万人。

抽样调查标准时间为1987年7月1日零时。调查对象按常住人口登记的原则，调查时以户为单位进行登记，既调查家庭户，也调查集体户。具体包括以下 3 种人：常住在本市、镇、县，并已在本市、镇、县登记常住户口的人（包括外出不满半年的人）；已在本市、镇、县居住半年以上，常住户口在外市、镇、县的人口；调查时住在本市、镇、县，由于各种原因，户口待定的人。

此次调查设置了《1987 年全国人口抽样调查表》和《死亡人口登记表》两种表格。调查表包括 26 个调查项目，其中按人填报的项目有姓名、与户主的关系、性别、年龄、民族、户口登记状况、在本地居住时间、最近一次从何地迁来、迁移原因、文化程度、生育和存活子女总数、育龄妇女 1986 年 1 月 1 日至 1987 年 6 月 30 日生育状况等共 17 项；按户填报的项目为 9 项。死亡人口登记表填报的项目有本户编号、姓名、民族、出生时间、死亡时间、文化程度、死亡时的婚姻状况和死者生前从事的主要职业等。

按照调查方案要求，1987 年 4 月 2 日至 3 日，在杭州召开了全省人口抽样调查工作会议，全面部署抽样调查工作，5 月 6 日至 12 日召开了全省人口抽样调查业务培训会议，对各抽中县（市、区）的人口抽样调查业务骨干进行调查登记、手工汇总和编码等各项业务知识培训。

此次调查，全省实际登记户数为 110214 户，其中家庭户 110124 户。总人口 410560 人，家庭户平均每户 3.72 人。总人口中，男性为 208414 人，占 50.76%；女性 202146 人，占 49.24%，性别比为 103.10。在调查登记的总人口中，0 ~ 14 岁少年儿童 96543 人，占 23.51%；15 ~ 64 岁人口 286109 人，占 69.69%；65 岁及以上老年人口 27908 人，占 6.80%。总人口中，具有小学以上文化程度人口为 284729 人，占 69.35%；15 岁及以上文盲、半文盲人口为 82951 人，占 20.20%。15 岁及以上人口 314017 人，其中文盲、半文盲人口占 26.42%。调查工作后期，省统计局组织力量开发资料，撰写人口分析报告，汇编了《八十年代中期的浙江人口》一书，出版了《中国 1987 年 1% 人口抽样调查资料》（浙江分册）。宁波市的象山县、宁海县、鄞县被抽中参加此项调查。

2. 1995 年 1% 人口抽样调查

1994 年 3 月 30 日，国务院办公厅发出《关于进行 1995 年全国 1% 人口抽样调查的通知》，决定 1995 年末进行全国 1% 人口抽样调查。1995 年 2 月 8 日，浙江省政府办公厅发出通知，决定成立以副省长刘锡荣为组长，省政府副秘书长朱荣培、省统计局局长叶长法（后期为陈大信）以及省公安厅副厅长黄子均、省计生委副主任盛昌黎为副组长，省计经委、省财政厅、省教委、省民政厅、省人事厅、省劳动厅、省城建厅、省广电厅、省卫生厅、省委宣传部、省军区后勤部等 11 个部门有关负责人为成员的浙江省人民政府 1995 年 1% 人口抽样调查协调小组，负责这次调查的组织领导和协调工作，协调小组下设办公室，浙江省统计局副局长刘关根为办公室主任，具体负责组织实施工作。11 个市（地）及被抽中的 43 个县（市、区）、328 个乡（镇、街道）也都建立了相应机构。

根据《1995 年全国 1% 人口抽样调查方案》的规定，此次调查采取分层、多阶段、概率比例的抽样方法抽取样本。第一阶段，全省分 7 层共抽取 43 个县（市、区），即杭州市下城区和拱墅区、萧山市、建德市、桐庐县、临安县、宁波市江东区和镇海区、慈溪市、奉化市、象山县、鄞县、温州市瓯海区、乐清市、永嘉县、苍南县、文成县、嘉兴市城区和郊区、平湖市、嘉善县、湖州市辖区、长兴县、诸暨市、绍兴县、嵊县、金华市辖区、义乌市、金华县、武义县、江山市、常山县、龙游县、舟山市定海区、岱山县、临海市、温岭市、天台县、三门县、丽水市、庆元县、缙云县、松阳县。第二阶段，在每个抽中县（市、区）中，按街道、镇、乡分层随机等距抽取5～12个乡（镇、街道），共抽取328个乡（镇、街道）。第三阶段，在每个抽中的乡（镇、街道）抽取4个调查小区。此次调查总人口为45万人，占全省总人口的1.05%。

这次1%人口抽样调查，以1995年10月1日零时为调查标准时间。调查对象为常住在被抽中地区具有中华人民共和国国籍的人。调查采取按常住人口登记原则，并以户为单位进行登记，既调查家庭户，也调查集体户。应在本户进行登记的人包括：居住在本乡、镇、街道，并在本乡、镇、街道登记了常住户口的人；在本乡、镇、街道居住半年以上，常住户口登记在外乡、镇、街道的人；在本乡、镇、街道居住不满半年离开常住户口登记地半年以上的人；调查时居住在本乡、镇、街道，在任何地方都没有登记常住户口，或手持户口迁移证、出生证、退伍证、劳改释放证等，尚未办理常住户口登记的人；原住本乡、镇、街道，现在国外工作或学习，暂无户口的人。

此次调查表与1987年相同，即分为《1995年全国1%人口抽样调查表》和《死亡人口调查表》两种。人口抽样调查表调查项目增至36个，其中按人填报的项目有：姓名、与户主的关系、性别、出生年月、民族、调查对象状况、户口登记地、何时来本县（市、区）居住、从何地来本县（市、区）居住、1990年10月1日常住地、是否识字、受教育程度、学业完成情况、工作时间、行业、职业、不在业状况、婚姻状况、初婚年月、生育子女数、1994年10月1日以来的生育状况共21项；按户填报的项目有14项。死亡人口调查表项目有户编号、姓名、性别、民族、出生时间、死亡时间、主要职业等。

按照浙江省人口抽样调查协调小组安排，1995年5月26日召开了全省1%人口抽样调查电话会议，全面部署全省1%人口抽样调查工作。同时采取分级负责、分层次组织的形式，先后对各级普查协调机构的工作人员以及调查员、调查指导员进行业务技术培训，人数达到2400多人。

从1995年10月1日开始，浙江省各地进入调查登记阶段，至11月底，全省完成了调查登记、复查、快速汇总、调查表编码等工作。全省1%人口抽样调查的数据录入和编辑工作，分别集中在市（地）和省里进行，至1996年1月完成。经层层复查，严格把关，调查资料的质量达到国家规定的标准。按评比条件，全省获评国家级先进单位22个、省级先进单位41个、省级先进个人251名。宁波市江东区和镇海区、慈溪市、奉化市、象山县、鄞县、抽中参加此项调查。

3. 2005年1%人口抽样调查

2005年，宁波市成立1%人口抽样调查工作领导小组及其办公室，全面组织实施全市的1%人口抽样调查。

（1）成立2005年宁波市1%人口抽样调查工作领导小组

2005年5月11日，宁波市人民政府办公厅发文《关于成立宁波市1%人口抽样调查工作领导小组的通知》甬政办发〔2005〕89号。邵占维任组长，邱士金（市政府）、罗吕榕（市统计局）、李谦（市公安局）、吴云飞（市计生委）任副组长。成员有：马春骥（市委宣传部）、敬明光（市计委）、宋济青（市财政局）、胡高峰（市民政局）、吴宗达（市工商局）、魏陆民（市劳动保障局）、李德芬（市教育局）、陈燕芬（市统计局）。

（2）发布开展2005年1%人口抽样调查的通知

2005年6月23日，根据《国务院办公厅关于开展2005年全国1%人口抽样调查的通知》（国办发〔2004〕77号）和《浙江省1%人口抽样调查工作领导小组关于开展2005年全省1%人口抽样调查工作的通知》（浙人调领字〔2005〕3号）精神，宁波市1%人口抽样调查工作领导小组发布《关于开展2005年全市1%人口抽样调查工作的通知》（甬人调组〔2005〕1号）。

根据国家、省1%人口抽样调查方案的规定，在全市每个县（市）、区中，均抽取一定数量的调查小区，调查对象为抽中调查小区的全部人口，包括户籍人口和暂住人口。调查的内容主要包括住户的基本情况和个人的年龄、性别、受教育程度、职业、迁移流动、生育、社会保障、住房情况等指标。调查时点为2005年11月1日零时。此次调查工作从2004年底开始，到2007年上半年完成，共分三阶段：2004年12月至2005年10月为调查准备阶段；2005年11月1日至11月15日为调查登记阶段；2005年11月16日至2007年6月为数据处理、发布和分析研究阶段。

1%人口抽样调查是一项重要的大规模人口调查，需要强有力的领导、广泛的社会动员、有关部门的密切配合和广大人民群众的积极支持。为了加强对调查工作的领导，市政府成立了宁波市1%人口抽样调查工作领导小组，负责此次调查的领导和组织协调。领导小组办公室设在市统计局，具体负责调查工作的组织实施。各县（市）、区人民政府也陆续组建了1%人口抽样调查工作领导小组及办公室。抽中的乡（镇、街道）（详见附件）均在7月底前建立了1%人口抽样调查办公室，切实加强对调查工作的组织领导和具体实施。有关部门各负其责，加强配合，确保调查任务顺利完成。

这次人口抽样调查工作涉及面广、任务繁重，调查员需要从机关、企事业单位和村、居委会、社区人员中选调，有的还要从社会上临时招聘。各级人民政府高度重视，动员各有关方面积极参加，确保选调和招聘人员素质，并加强对调查员的业务培训。开展调查所需经费，按照分级负担的原则，由中央和地方财政共同负担，并列入相应年度的财政预算，按时拨付使用。

对于机构、人员和经费不到位以及工作开展迟缓的地区，市1%人口抽样调查工作领导小组将组织力量进行督查。

按国家、省1%人口抽样调查方案抽中的乡镇街道一览表

表62

乡镇街道	所属县市区	乡镇街道	所属县市区	乡镇街道	所属县市区
南门街道	海曙区	石浦镇	象山县	泗门镇	余姚市
西门街道	海曙区	西周镇	象山县	丈亭镇	余姚市
段塘街道	海曙区	贤庠镇	象山县	陆埠镇	余姚市
明楼街道	江东区	定塘镇	象山县	浒山街道	慈溪市
福明街道	江东区	大徐镇	象山县	坎墩街道	慈溪市
文教街道	江北区	晓塘乡	象山县	掌起镇	慈溪市
庄桥街道	江北区	跃龙街道	宁海县	观海卫镇	慈溪市

续表 62

乡镇街道	所属县市区	乡镇街道	所属县市区	乡镇街道	所属县市区
新碶街道	北仑区	桃源街道	宁海县	附海镇	慈溪市
小港街道	北仑区	桥头胡街道	宁海县	胜山镇	慈溪市
春晓镇	北仑区	长街镇	宁海县	横河镇	慈溪市
骆驼街道	镇海区	岔路镇	宁海县	周巷镇	慈溪市
庄市街道	镇海区	桑洲镇	宁海县	锦屏街道	奉化市
钟公庙街道	鄞州区	强蛟镇	宁海县	江口街道	奉化市
瞻岐镇	鄞州区	茶院乡	宁海县	萧王庙街道	奉化市
东钱湖镇	鄞州区	东南街道	余姚市	溪口镇	奉化市
云龙镇	鄞州区	西南街道	余姚市	尚田镇	奉化市
姜山镇	鄞州区	西北街道	余姚市	莼湖镇	奉化市
古林镇	鄞州区	低塘街道	余姚市	松岙镇	奉化市
丹东街道	象山县	临山镇	余姚市		
共计	56 个				

（3）成立 2005 年 1% 人口抽样调查领导小组办公室组织机构和成员单位

2005 年 7 月 18 日宁波市 1% 人口抽样调查领导小组发布《关于印发市 1% 人口抽样调查工作领导小组及办公室工作方式、领导小组办公室组织机构和成员单位职责的通知》（甬人调组〔2005〕3 号），明确了组织机构和成员单位的职责。市统计局副局长陈燕芬任领导小组办公室主任，刘为民、徐卫民、蔡利丰、姜建斌、陈斯恩、汤柏生任副主任。办公室设在市统计局，内设调查业务组、数据处理组、宣传秘书组、行政保障组，各司其职共同做好宁波市 1% 人口抽样调查。成员单位有：市公安局、市计生委、市委宣传部、市计委、市财政局、市民政局、市工商局、市劳动保障局、市教育局、市统计局。

（4）开展 2005 年 1% 人口抽样调查试点

为贯彻落实浙江省 1% 人口抽样调查领导小组《关于开展 2005 年全国 1% 人口抽样调查工作的通知》（浙人调〔2005〕3 号）精神，宁波市 1% 人口抽样调查领导小组决定，在 2005 年 9 月下旬，开展宁波市 2005 年 1% 人口抽样调查试点工作。

调查试点工作结束后，由市 1% 人口抽样调查办公室负责组织全体参加试点工作人员对这次试点调查工作进行全面总结。

（5）2005 年 1% 人口抽样调查摸底、正式登记

调查试点结束后，10 月 15 日至 10 月 30 日全面进行入户摸底调查；11 月 1 日至 11 月 15 日，调查员入户正式进行登记信息。

12 月中旬，参加省 1% 人口抽样调查协调小组办公室举办的数据评估培训班，撰写数据评估报告。

（6）总结评比表彰

2006 年 12 月 27 日宁波市 1% 人口抽样调查工作领导小组办公室发布《关于表彰宁波市 1% 人口抽样调查先进集体和先进个人的决定》（甬人调组〔2006〕2 号），并公布 1% 人口抽样调查国家级、

省级和宁波市级先进集体和先进个人名单。

全市共获评国家级先进集体 4 个，国家级先进个人 22 人；省级先进集体 8 个，省级先进个人 33 人；市级先进集体 17 个，市级先进个人 34 人。

4. 2015 年 1% 人口抽样调查

（1）前期准备工作

在人口抽样调查协调小组办公室成立之前，由市统计局社会和科技统计处负责抽样调查的前期准备工作。

4 月 21—22 日，市统计局牵头组织各区县业务骨干，于杭州香园饭店参加了省局举办的全省 1% 人口抽样调查样本框整理业务培训班。

5 月，市局组织各区（县、市）对街道和调查员进行调查样本整理的业务培训。之后，2015 年 1% 人口抽样调查的调查小区按每个调查小区 80 户，常住人口 250 人的规模进行重新划定。重新画纸质的社区边界图、调查小区划分图，全市共有 294 个调查小区被抽中参加 2015 年 1% 人口抽样调查。

（2）成立 2015 年 1% 人口抽样调查协调小组

2015 年 6 月 1 日，宁波市人民政府办公厅发布《宁波市人民政府办公厅关于开展 2015 年 1% 人口抽样调查的通知》（甬政办发〔2015〕92 号）。由市统计局会同市级有关部门成立 2015 年 1% 人口抽样调查工作协调小组（以下简称协调小组）。市统计局局长汤柏生任协调小组组长，罗利达（市公安局）、干爱玲（市卫计委）、潘奇峰（市发改委）任副组长。

（3）组建宁波市 2015 年 1% 人口抽样调查协调小组办公室

2015 年 7 月 22 日，根据国家、省统一部署，市统计局与有关部门共同组建宁波市 2015 年 1% 人口抽样调查协调小组办公室。宁波市统计局副局长姚珂军任协调小组办公室主任，宁波市统计局社会和科技处处长徐卫民、普查中心主任刘为民、法规处处长邢献平、数管中心主任徐维郎、宁波市统计局办公室副主任徐云利任协调小组办公室副主任。宁波市 2015 年 1% 人口抽样调查协调小组办公室内设四个工作小组，分别为综合宣传组，组长：刘为民，成员：王聪、李敏；调查业务组，组长：徐卫民，成员：裘海波（市公安局）、李辉（市卫计委）、朱伟君（市民政局）、李志伟（市人社局）卢跃（市教育局）、金淑英、徐霞欢、王永平；数据处理组，组长：丁志海，成员：柴宵 、王永平 、李敏；执法检查组，组长；邢献平，成员：沈娜、王丽红、沈菊英。

各区（县、市）在 8 月完成各自 1% 人口抽样调查协调小组办公室的组建。

（4）2015 年 1% 人口抽样调查的方案

2015 年 1% 人口抽样调查的方案由国家统一制订，方案规定了调查是了解 2010 年以来中国人口在数量、素质、结构、分布以及居住等方面的变化情况，为制定国民经济和社会发展规划提供科学准确的统计信息支持。调查工作按照“统一领导、分工协作、分级负责、共同参与”的原则组织实施。

国家和县以上地方各级人民政府成立 2015 年全国 1% 人口抽样调查工作领导机构及其办公室，被抽中的乡、镇和街道办事处成立 1% 人口抽样调查办公室，领导和组织实施全国和本地区的 1% 人口抽样调查工作。

2015 年全国 1% 人口抽样调查领导机构各成员单位按照各自职能分工，认真做好相关工作。所需经费，按照分级负担原则，由中央和地方各级人民政府共同负担，并列入相应年度的财政预算，按时拨付、确保到位。

各级1%人口抽样调查领导机构对本行政区域的调查数据质量负责，确保调查数据真实、准确、完整、及时。

调查采用调查员手持电子终端设备（PDA）入户登记与互联网自主填报相结合的方式。住户可以选择由调查员手持电子终端设备（PDA）入户登记的方式，也可以选择在互联网上填写调查表直接上报的方式。

2015年全国1%人口抽样调查小区规模划分原则为80个住房单元，常住人口大约250人。在划分调查小区的同时，绘制抽中村级单位内调查小区分布图、并给调查小区升序编码，绘制抽中调查小区内所有建筑物的分布图。

全国1%人口抽样调查办公室负责对省级1%人口抽样调查办公室的业务骨干进行培训；省级1%人口抽样调查办公室负责对市、县级1%人口抽样调查办公室的业务骨干进行培训；市、县级1%人口抽样调查办公室共同负责培训调查指导员和调查员。

培训工作应于2015年10月15日前完成。

登记工作完成后进行事后质量抽查。全国1%人口抽样调查办公室负责事后质量抽查样本的抽取，省级1%人口抽样调查办公室负责事后质量抽查工作的组织实施。

（5）调查的组织实施情况

此次调查是利用“三经普”所用的PDA手持终端进行，调查数据直接上报京云万峰平台；调查数据的最终结果由省局统一发布。

9月中旬，所有被抽中的调查小区图和建筑物图上报省局，9月下旬，在宁波大酒店组织各区（县、市）业务人员及街道的调查指导员进行了调查业务的培训，全市共167人参加了培训会议。

10月15日—31日进行摸底、编制户主姓名底册；11月1日—15日进行入户登记。11月20日—11月25日，在余姚市杏山村迎接省级事后质量抽查。

2016年1月12日至13日，参加省办举办的2015年1%人口抽样调查数据评估业务培训班，并撰写2015年1%人口抽样调查数据评估报告。

本次调查结束后，市局及各区县都撰写了调查技术业务文章上报省局，有4篇文章被收录于《2015浙江省1%人口抽样调查技术业务工作文集》中。分别是市统计局王永平撰写的《浅谈人口抽样调查面临的困难与应对建议》、北仑区统计局贺珏撰写的《PDA应用大环境下对于数据质量把控的几点思考》、镇海区统计局李刚撰写的《浅谈PDA在1%人口抽样调查中的应用与管理》、江东区统计局陈敏撰写的《关注细节抓根本，巧用“六法”保质量》。

根据省人口抽样调查办公室的统一部署，宁波市2015年1%人口抽样调查协调小组办公室编制了《2015年宁波市1%人口抽样调查资料》于2016年11出版。

2015年1%人口抽样调查工作没有进行评比表彰。

（四）1‰人口抽样调查

1990—2017年，除去尾数为0的普查年份与尾数为5的百分之一人口变动调查年份外，每年还进行一次1‰人口抽样调查。调查方法、指标、对象等与1%人口抽样调查的要求基本一致。2006年以来宁波按照浙江省统计局的统一组织进行扩样后的5‰人口抽样调查。2014年起调查登记由过去的纸质表，改为利用PDA手持终端进行录入上报。数据的推算由省局完成，数据在翌年1月由省统计局通过统计公报的形式发布，包括常住人口、出生率、死亡率和自然增长率等数据。

二、劳动统计调查

（一）劳动工资统计调查

宁波劳动工资统计萌芽于清光绪末年，民国时期初步建立，新中国成立后得到发展，改革开放以来逐步完善，已历经百余年。

中华人民共和国成立前，清光绪三十三年（1907），清政府调查局统计处下达的农政、工政和商政统计调查表就设有《河工表》《绣工表》《商务随员表》等劳动报表。民国时期，劳动统计内容主要有职工人数、薪金、工作时间以及劳资纠纷、罢工停工和失业等。其资料来源：一是临时组织调查；二是业务登记资料，如劳资纠纷、罢工停工等案件的统计；三是从工业等一些专业统计中取得相关职工人数、职工工薪等资料。从民国22年（1933）开始，浙江省政府执行全国划一的统计报表制度，包括劳动工资统计报表，内容为各行业工人工资与工时、劳资纠纷、罢工停业案件原因分析等表，宁波都有上报。

中华人民共和国成立后，劳动工资统计逐步得到加强。1953年4月成立市人民委员会统计科，自1953年4月设立统计机构至1980年，此期间统计机构几次并入宁波市计划委员会，1980年3月恢复宁波市统计局，1983年7月地市合并为新的宁波市统计局，至今一直为独立的统计机构。劳动工资统计作为工业、建筑业等专业统计的一部分开始建立。1955年开展全省职工普查，同年建立了综合劳动工资统计制度。20世纪80年代以来，劳动工资统计改革不断深入，工资体系日益完善，市统计局先后在综合处、社会统计处、社会科技处设立专职人员负责劳动工资统计，各县（市、区）也相应配备劳动工资统计专兼职人员，并通过各种方式，提高劳动工资统计人员的业务素质。在基层，建立健全以劳动工资原始记录、统计台账为主要形式的劳动工资统计基础建设。1988年全市实现了劳动统计年报的计算机汇总。

1991年起，政府统计部门与劳动、人事、计划、财政、银行等6个部门成立联合办公机构，每年对劳动工资统计年报进行联合审核，有效地提高了数据质量。1998年起，在改进和完善统计标准、精简统计报表的基础上，全市着力提高劳动工资统计规范化水平，积极稳妥地推进调查方法改革。1998年起工资统计范围扩大，全市开始通过抽样调查将私营单位逐步纳入劳动工资年报统计，并发布1998年宁波市全社会单位在岗职工平均工资。2001年全市实现劳动工资统计字典库与基本单位名录库的统一，劳动工资统计基础进一步加强，基层劳动统计台账制度逐步建立健全，省统计局专门编写《劳动统计指标解释与劳动统计台账》供基层使用。2003年劳动工资统计信息化工作取得突破，宁波市开始实行城镇集体以上基层单位联网直报。2004年劳动工资统计扩面工作取得进展，全市开始将规模以上私营单位纳入劳动工资年报统计。2006年，全市工资统计年报、定报实行基层数据超级汇总。2007年，进行岗位工资统计试点，并推行工资统计电子台账。试行私营规模以下单位抽样调查制度。2008年，全社会单位工资统计制度正式确立，非私营单位、规模以上私营单位实行全面报表制度，规模以下私营单位实行抽样调查制度。2008年宁波市在鄞州区率先实施城镇集体以上基层单位和规上私营单位劳动工资网上直报。2009—2011年，全市城镇集体以上基层单位和规上私营单位在市级平台实行联网直报。2012年所有规模以上单位在国家京云万峰平台实行联网直报。2013—2017年，除规模以下私营单位以外，所有单位在国家京云万峰平台实行联网直报。2013年年报，岗位工资调查、非公单位人才资源状况调查不再单独进行。岗位工资、非公单位人才2013年只出主要大数，不再出细项数据，数据从劳资年报中汇总推算得到。

1. 统计报表制度

劳动工资统计报表。1959年前分别纳入各专业统计报表制度之中，统计内容主要有职工人数和工资总额，有的统计专业，如工业还增加了工时利用和劳动生产率等统计内容。1955年为统一工资核算，国务院颁发了《关于工资总额组成的暂行规定》，将工资总额分为24项，规定所有计划、统计、会计部门有关工资总额的计算均以此为依据。同年，国家统计局布置了综合劳动工资统计报表制度和工资总额综合半年报实施办法，主要指标有职工人数、工资总额、平均工资和劳动生产率四项，要求在各专业统计劳动工资报表基础上（未建立报表的部门适当采取估算办法），按工业、基本建设和建筑安装企业、勘探设计机构、国营农场、运输、邮电、国内商业、对外贸易企业、公用事业、银行及保险机关、文化艺术事业等36个部门分类综合。从此，浙江省开始建立了劳动统计专业，宁波劳动统计由人民委员会统计科负责。

确保劳动工资统计在计算方法、统计范围、统计口径等方面的统一、规范。1959年，省统计局按照国家统计局的要求，将劳动工资统计从各专业统计报表中分离出来，并根据全国统一的劳动工资统计报表制度，结合浙江实际，由省统计局统一制发，层层布置到基层。同年又贯彻执行了国家计委、劳动部、国家统计局联合制发的《关于劳动计划、统计中若干范围、分类和计算方法的暂行规定》，较好地解决了以往各专业在劳动工资统计上不尽一致的地方，从而进一步推进了宁波综合劳动工资统计工作。到1959年综合劳动工资统计报表制度已分别建立起月报2种、季报3种、半年报4种和年报19种。19种综合劳动工资年报为：①《国民经济各部门职工人数与工资总额统计年报》，指标为年末职工人数、平均人数、工资总额、人均工资，按国民经济9大部门分组；②《国民经济各部门职工人数增减情况综合统计年报》，指标为1958年、1959年末人数、增减人数，并按增减人数原因分类，按9大部门分组；③《国民经济各部门实发劳保福利与奖励费用综合统计年报》，指标为劳保福利费用总额、一次性奖金、劳动保险费、医疗卫生补助金、福利补助金、职工困难补助金等；④《劳动力分配统计年报》，指标为分男女人口总数、劳动力总人数、社会劳动者等，社会劳动者按9大部门分组；⑤其他综合劳动工资年报有15种，《企业服务人员与其他人员年末数综合统计年报》《全民所有制独立核算工业企业职工人数与工资综合统计年报》《全民所有制非独立核算工业企业职工人数与工资综合统计年报》《市、县属手工业社、组与合作工厂人数与工资综合统计年报》《人民公社工业、街道民办工业人数综合统计年报》《全民所有制工业企业分月总产值、职工人数与工资总额综合统计年报》《全民所有制工业企业按规模等级及职工人数分布情况综合统计年报》《主要产品实物劳动生产率综合统计年报》《基本建设职工劳动生产率综合统计年报》《建筑安装企业及限额以上自营建设单位分月自行完成工作量、职工人数与工资综合统计年报》《按工种及技术等级分的建筑安装工人实有数》《个体、私营、合作化组织及城市街道民办企业、事业劳动者人数》《重点市、县属工业职工劳动生产率综合统计年报》《重点市、县属职工工资总额构成综合统计年报》《重点市、县属工人工时利用情况统计年报》。

1960年月（季）报表。①月报5种：《国民经济各部门职工人数与工资总额统计月快报》《工业、基建部门职工人数、工资及劳动生产率综合统计月快报》《全民所有制工业企业职工人数综合统计月报》《市县属合作工厂及手工业社、组人数综合统计月报》《人民公社工业及街道民办工业人数综合统计月报》。②季报8种：《国民经济各部门职工人数及工资综合统计季报》《新参加工作的职工人数与工资综合统计季报》《全民所有制独立核算工业企业职工人数与工资综合统计季报》《市县属手工业社、组及合作工厂人数、工资综合统计季报》《各部门附属的全民所有制非独立核算工业企业职工人数与工资综合统计季报》《全民所有制独立核算工业企业职工劳动生产率综合统计季报》《基本建设部门职工劳动生产率综合统计季报》《职工人数增减情况综合统计季报》。③半年报5种：《国民经济各部门实支劳保福利与奖励费用综合统计半年报》《以个体、私营、合作化组织及城市街道民办企业、事业劳动者人数综合统计半年报》《劳动力分配统计半年报》《工人培养情况综合统计半年报》《管理人员、服务人员及其他人员综合统计半年报》。④重点市县报3种：《重点市县工人工时利用情况综合统计月报》《重点市县企业实际劳保福利与奖励费用综合统计季报》《重点市县职工工资总额构成等综合统计季报》，宁波作为重点市。

1964年，根据中央精简报表、克服官僚主义作风，实行统计工作革命化的指示精神，统计报表均有较大精简，到1965年劳动工资综合统计年报减少4种，即《国民经济各部门的职工人数与工资》《职工数增减变动情况》《城乡劳动力资源》《集体所有制劳动者（不含农村公社劳动者）及个体劳动者按部门分的年末人数》。

1966年开始，劳动工资统计一度处于停顿状态，到1970年后才逐步得到恢复。

1978年，劳动工资统计年报增加到包括《农村人民公社劳动力分配表》等11种。1979年定期报表5种。以后几年报表总的趋势增的多减的少，主要增加的报表有《全部职工工资总额中各种奖金构成》、《劳动力资源与分配平衡表》，以及反映合营、外资经营企业、联合经营企业职工人数与工资，企业离休、退休、退职人员情况等统计报表。

根据劳动人事部、国家统计局1985年7月印发的《关于劳动人事部与国家统计局分工管理劳动工资统计工作的通知》规定，从1986年年报开始，有关国情国力的基本统计，如职工人数、工资总额、劳动生产率统计等由政府统计部门负责调查；属于业务性或专业性较强的统计，由劳动人事部门负责调查的精神，劳动工资统计报表制度分为统计系统填报的和劳动人事系统填报的两部分，分别由各级统计部门和各级劳动人事部门负责填报。1986年劳动工资统计年报，由统计系统负责填报的有19种：《全民所有制单位全部职工人数和工资》及其《补充材料》、《全民所有制工业全部职工人数和工资》、《全民所有制工业、建筑业全部职工分类情况》、《全民所有制单位固定职工增减变动情况》、《全民所有制单位全部职工工资总额构成情况》、《其他各种所有制单位全部职工人数和工资》、《其他各种所有制工业职工人数》、《城镇集体所有制单位全部职工人数、工资与个体劳动者》及其《补充材料》、《城镇集体所有制单位职工增减变动情况》、《城镇集体所有制工业、建筑业全部职工分类情况》、《城镇集体所有制单位工业、建筑业全部职工人数和工资》、《全民所有制单位按职工工资水平分组的职工人数》、《工业、建筑业各类人员工资总额情况》、《城乡劳动力资源与分配平衡表》、《全民所有制单位合同制职工人数》、《农村乡办企、事业单位职工人数与工资》等。由劳动人事系统填报的年报为5种，即《截至本年末离休、退休、退职职工人数》《国务院各部（局）、省级各部、委、办、厅、局直属单位一览表》《国营企业奖励基金提取和使用情况》《在职职工保险福利费用构成情况》《非在职职工保险福利费用构成情况》。1987年月（季）报表也按此精神作了分工，统计系统月（季）报表共5种。

为适应社会主义市场经济体制和劳动工资管理的新形势，1990年1月1日，国家统计局经国务院批准，重新颁发了《关于工资总额组成的规定》，确定工资总额组成由原来26项改为6个部分。同年，国家统计局、人事部、劳动部、国家计划委员会联合颁发了《关于在劳动计划和统计中划分企业、事业、机关单位的暂行规定》，明确规定企业、事业、机关按独立核算基层单位的职能划分，改变了过去以行业定性的做法。1993年国家统计局又对现行劳动工资统计制度作了重大改革，主要是：①新制度中引入“从业人员”概念，以全面反映基层单位用工状况，同时也便于与国际通用指标接轨；②使用了新的用工分组，新制度将全部职工划分为长期职工和临时职工两类，改变了过去按固定职工、合同制职工、临时职工、计划外用工的四项用工分组；③调整了职工增减变动统计范围，即由原统计全民所有制单位固定职工、合同制职工和城镇集体所有制单位职工扩大到各种经济类型单位的全部职工；④修订了国民经济行业分类，即由原来的13个大类行业改为16个大类行业，即农、林、牧、渔业，采掘业，制造业，电力、煤气及水的生产和供应业，建筑业，地质勘查业，水利管理业，交通运输、仓储及邮电通信业，批发和零售贸易，餐饮业，金融、保险业，房地产业，社会服务业，卫生、体育和社会福利业，教育、文化艺术及广播电影电视业，科学研究和综合技术服务业，国家机关、政党机关和社会团体，其他行业。部分行业细分类也作了调整或增加；⑤简化工资总额构成指标，如将工资总额构成六大部分在实际填报中只要求填报其中计时和计件标准工资、奖金和计件超额工资、津贴和补贴几项；⑥执行1992年国家统计局和国家工商行政管理局《关于经济类型划分的暂行规定》中的九种经济类型划分。除上述变动外，在统计指标设置上精简和修改了为计划经济服务和过时的一些指标，合并了一些不需要单独观察和取材困难的指标。到1995年政府统计系统制定的劳动统计报表主要有：综合年报表6种，《从业人员和劳动报酬情况》《工业、建筑业企业职工人数和工资》《职工人数变动》《城乡劳动力资源配置情况》《职工个人收入情况》《乡办企业、事业单位职工人数与工资》；综合月（季）报表2种，《国有经济单位劳动情况》《城镇集体经济、其他各种经济类型单位劳动情况》；基层年报表2种，即《企业（单位）基本情况》《劳动情况》；基层月（季）报表1种，即《劳动情况季报》。由人事劳动主管部门负责的劳动报表及指标内容主要为：职工劳动保险福利费用，离休、退休、退职人员，城镇失业人员及失业率等。

1998年，为减轻基层统计部门负担，大力精简统计报表和指标。劳动工资报表由原有的5种报表，精简到3种报表，取消了《工业、建筑业企业职工人数和工资表》《乡办企业、事业单位职工人数与工资表》，保留《劳动力资源配置表》《单位从业人员和劳动报酬情况》《单位从业人员变动情况》。精简了单位数、从业人员年末人数中的女性及使用的农村劳动力等指标，以及合同制职工、正式职工、下岗职工、工资总额的分组指标。新增在岗职工、离开本单位仍保留劳动关系的职工、离开本单位仍保留劳动关系职工的生活费、内部退养职工等指标。同时，将企业、事业、机关的划分按《法人单位调查表（101-1表）》中“执行会计制度类别”和“法人批准机关或登记注册机关”进行确定。此后几年报表制度变化较小。

2001年劳动工资统计报表没有增减，指标上基层年报（I102-1表）与综合年报（I301表）取消了“聘用外单位下岗工”；基层年报（I102-1表）与综合年报（I303表）增加了在岗职工受教育程度以及专业技术人员按职称分组的内容；基层定报（I202-1表）与综合定报（I401表）取消了“聘用外单位下岗工”指标，并在“在岗职工”与“在岗职工工资总额”下分别增加了“其中：女性”。加强了字典库管理，一律从基本单位普查库转入。

2002年宁波市社平工资统计范围从非私营扩大到私营企业，随着经济的发展，现有的统计方法不能满足当前的需要，宁波市根据实际情况对市辖私营单位进行劳动统计抽样试点。由基普提供市辖私营单位的名录库，计1032家。在1032家单位中，根据从业人员的人数进行等距抽样，抽取人数占总体人数的24%，最后，抽中230家私营单位。

2003年11月，全市劳动工资“在地统计”正式开始。[“在地统计”，即单位、企业按其所在地原则，向所在地县（市、区）统计局上报统计资料]

2003年，劳动工资报表增加了反映从业人员素质的指标，增加了《职工素质情况表》。

2004年，劳动统计年报由城镇以上单位统计范围扩大到规模以上私营企业。规模以上私营企业是指年产品销售收入在500万元及以上的私营工业企业、具有专业资质等级的私营建筑业、房地产开发企业、年主营业务收入在2000万元及以上的私营批发业企业、年主营业务收入在500万元及以上的私营零售业企业、年营业额在200万元及以上的私营餐饮业企业、具有住宿业星级等级的私营住宿业企业。

为全面提升劳动工资统计信息化水平，提高工作效率，确保统计数据真实性，2007年6月，宁波市劳动工资统计网上直报系统在鄞州区试报，同年9月鄞州区网上直报试点进入正式上报阶段，经过两年试点，在2009年第三季度宁波市全面推行劳动工资网上直报。

2007年，根据《国家统计局关于下发〈城镇私营单位工资统计制度方案〉（试行）的通知》（国统字〔2007〕151号）精神，试行《浙江省规模以下私营单位工资统计制度方案》，年报增加了《规模以下私营单位工资情况》表。

2008年，《浙江省规模以下私营单位工资统计制度方案》正式确立，通过非私营单位、规模以上私营单位实行全面报表制度（表号102-1，102-1），规模以下私营单位实行抽样调查（表号102-3），实现劳动工资统计单位全覆盖。规模以上私营企业是指年产品销售收入在500万元及以上的私营工业企业、具有专业资质等级的私营建筑业、房地产开发企业、年主营业务收入在2000万元及以上的私营批发业企业、年主营业务收入在500万元及以上的私营零售业企业、年营业额在200万元及以上的私营餐饮业企业、具有住宿业星级等级的私营住宿业企业，或者从业人员大于等于100人的私营企业。报表数量没有变化，《职工素质情况表》更名为《职工素质和人才资源情况表》，指标上“法人（单位）代码”更名为“组织机构代码”。

2009年劳动统计年报统计指标变化情况。综合年报表新增加指标：在《单位从业人员和劳动报酬情况》（I301、I302、ZI303表）的甲栏分组中的按企业、事业、机关分组中增加“民间非营利组织”和“其他”。2010年劳动统计定期报表统计指标变化情况。综合定期报表新增加指标：在《单位从业人员和劳动报酬情况》（I401表）的甲栏分组中的按企业、事业、机关分组中增加“民间非营利组织”和“其他”。

2012年年报表号变动：年报将原先劳动报表制度融合到一套表制度中，年报表号统一采用102-1；表名变动：由“单位从业人员和劳动报酬情况”修订为“从业人员和工资总额”；计量单位变动：102-1表中工资总额指标的计量单位由“元”修订为“千元”；定期报表表号变动：定报将原先劳动报表制度融合到一套表制度中，表号统一采用202-1；表名变动：由“单位从业人员和劳动报酬情况”修订为“从业人员和工资总额”；计量单位变动：202-1表中工资总额指标的计量单位由“元”修订为“千元”。

2013年一套表单位“从业人员及工资总额”年报表表号由原来的102-1变为602-1。非一套表为102-1。季报表号没有变化，仍然为202-1。平均工资指标全部去掉，由程序自动生成，城镇单位年报按国有、集体、其他、企业分成了301-1、301-2、301-3、301-4四张综合表汇总，将规模以上或100人及以上私营企业法人单位汇总为301-6表。城镇单位季报按国有、集体、其他、分成了401-1、401-2、401-3三张综合表汇总。2013年年报，岗位工资调查、非公单位人才资源状况调查不再单独进行。岗位工资、非公单位人才2013年只出主要大数，不再出细项数据，数据从劳资年报中汇总推算得到。

2014年年报：一套表单位“从业人员及工资总额”年报表表号由602-1变为102-1。非一套表由102-1变为浙102-1，汇总方式仍然和上年一样，采用一套表单位102-1和非一套表浙102-1单位合并报表的方式，填报统一的表式。季报：表号没有变化，仍然为202-1、202-1表，统计范围调整为一套表单位。综合表I401-1、I401-2、I401-3表全部取消。

2015—2017年年报：表号没有变化，和上年一样为102-1和浙102-1。采用一套表单位和非一套表单位合并报表的方式，填报统一的表式。季报：表号没有变化，为202-1表，统计范围仍然为一套表单位。增加企业用工情况调查“浙VI501”表，统计范围为全市抽中的企业。到2017年，劳动工资统计报表主要有4种。①综合年报表4种：《单位从业人员及工资总额》（I301表），统计内容有从业人员年末人数、平均人数、从业人员劳动报酬及构成等，并按经济类型、隶属关系和行业分组为国有I301-1、集体I301-2、其他I301-3、全部非私营I301-4、规上私营浙I301-6；《规模以下私营单位从业人员及工资总额》（浙Ⅰ302表），统计内容有从业人员年末人数、平均人数、从业人员工资总额，并按行业分组；《职工素质及人才资源情况表》（浙I303表），统计内容有年末从业人员学历情况、专业技术情况、职业技能情况，并按经济类型、隶属关系和行业分组；《城乡劳动力资源配置情况》（浙I304表），统计内容有年末劳动力资源总数、经济活动人口、非经济活动人口，以及按单位类型、经济类型、行业等分组的就业人员。②综合定报表1种：《单位从业人员及工资总额》（I401表）。③基层年报表2种：《单位从业人员及工资总额》（102-1表，浙102-1）、《规模以下私营单位单位从业人员及工资总额》（浙102-3表）。④基层定报表2种：《单位从业人员及工资总额》（202-1表）、《企业用工情况》（浙VI501）。

2. 专项调查

民国时期，浙江曾进行过数次劳动工资调查。民国12年（1923）省实业厅开展各县劳动工资调查，调查对象和内容为农作、缫丝、渔业、弹棉、染坊、成衣、酿酒、酱园、制茶、烟草、碾米、造币、印刷等行业的工人工资状况。

民国17年（1928）省政府进行《工事调查》，内容包括工会状况、每月工资最高额及最低额、每日工作时间、有无童工及其保护方法如何，有无失业及其救济方法如何等。

民国18年（1929）省政府又对产业工人和职业工人的工资情形进行调查，包括工人（工作）类别、工资计算标准、每日平均工资、工资支付方法、工资货币标准等。

中华人民共和国成立后，1952年9月，宁波首次进行了劳动就业调查，内容为城镇就业、待业和失业者人数。之后，宁波在劳动工资和劳保福利方面的调查主要有以下几种。

（1）职工调查

①职工普查

1955年9月，根据国家统计局部署，浙江在全省范围开展了职工普查。普查对象为全部国营、地方国营、公私合营及合作社营企业、事业单位和国家行政机关人员，包括固定的、季节的和临时人员。调查内容主要为各类人员基本情况——年龄、性别、从事专业、职务、工种、文化程度、工资水平和政治情况等。调查表分基层表和综合表。基层表按工业、农业等国民经济部门设置，有23种表；综合表按部门、专业、职务、年龄、文化程度等设置，有22种表。调查时间以1955年9月30日为标准时间。宁波如期完成该普查工作。

②职工基本情况快速调查

1957年1月，为了分析和了解我国工人阶级的基本组成情况，国家统计局布置了1957年职工基本情况快速调查。调查以1956年2月28日为标准时间，以工业、基本建设、交通运输与邮电等部门职工本人的性别、年龄、民族构成及1950年以后新参加工作职工本人的原来成分等为调查内容。国家统计局规定省、市、自治区于3月25日前报送，宁波如期完成了调查任务。1959年，以5月20日为调查时点，浙江又进行了同样内容的职工基本情况一次性快速调查，宁波如期完成了调查任务。

③重点企业劳动工资典型调查

1959年8月，根据国家计划委员会、劳动部、国家统计局的联合布置，浙江开展了重点企业劳动工资典型调查。调查内容有7个方面，即调查厂矿、建筑企业的基本情况，几年来劳动生产率的变化及其影响劳动生产率提高的各种因素，几年来职工的增加情况，技术力量的培养、职工收入、工资制度的改革，以及增加一个新职工需要增加多少开支等。

④职工基本情况调查

1965 年，浙江结合当年统计年报，对工业、基本建设、交通运输与邮电、商业饮食业服务业、城市公用事业等 5 个部门再次进行了职工基本情况调查。重点调查内容为各类人员年龄、工龄、文化程度、政治情况、工资水平，以及按工种和技术等级分的工人人数等，宁波如期完成该项调查。

⑤实际用工人数普查

1977 年 7 月，为制订劳动计划，整顿劳动纪律，减少非生产人员，充实生产第一线的力量提供可靠依据，对全民所有制和集体所有制单位实际用工人数进行了普查。普查标准时间为 7 月 30 日，宁波如期完成该普查工作。

（2）工资及劳保福利调查

①全国工资调查

1956 年 8 月，按照国家统计局、劳动部、国务院人事局、全国总工会部署，浙江开展了工资调查，调查范围为国家机关、党派团体、国民经济各部门企事业单位，调查时间为 1956 年 9 月。此次调查表式有甲、乙两类及总表。甲表分《职工人数及工资总额组成》《按实际应得工资总额分组的领取全月工资的人员数》《按工资标准、工资等级分的生产工人数》《按职务工资标准分的生产管理人员数》《企业工资附加费及奖励基金的使用情况》《职工福利费收入及支出情况》等表，由工业、基本建设、地质勘探、交通邮电、公用事业等部门填报。乙表有《职工人数及工资总额组成》《按实际应得工资额分组的领取全月工资的人员数》《按工资标准种类及职务划分各级人员数》《职工福利费收入支出情况》《企业工资附加费及奖励基金使用情况》等表，由农业、林业、水利、商业、公用饮食业、科学、卫生、文化、国家机关等部门填报。总表为《按部门分职工人数及工资总额》，宁波如期完成该项调查。

②新增人员工资及劳保福利调查

1958 年1 月，国家统计局决定，对全国国家机关、人民团体及国民经济各部门企业、事业单位进行劳动工资与劳保福利调查。浙江省成立了由省劳动局、省工会联合会、省统计局等组成的领导小组，统计局负责具体业务工作，开展调查。本次调查时间与内容，主要是第一个五年计划期间新增职工人数、1957 年新老职工平均工资与部分人员工资及劳保福利。调查表有《原有与新增固定职工人数与工资》、《部分职工人数与工资》、《1957 年企业劳保福利收支情况》以及《新增固定职工的家庭出身、文化程度及政治状况》4 种，宁波如期完成该项调查。

③工资水平调查

1993 年 12 月，国家统计局向浙江等 13 个省、市、自治区布置了《1993 年工资水平调查试点》，宁波市按要求完成了任务。

④劳动力就业和社会保障状况调查

2004 年 11 月，省统计局、省劳动和社会保障厅联合在全省 33 个县（市、区）进行全社会劳动力就业和社会保障状况抽样调查，了解掌握了全省劳动力就业、失业和社会保障基本底数，宁波市按要求完成了任务。

⑤公务员与企业相当人员工资收入水平比较调查

2005 年 11 月，省统计局、浙江省人事厅、省劳动和社会保障厅在宁波开展了市直机关正厅级、正处级、正科级的公务员（机关工作人员）和市辖区国有及国有控股企业中相当职务的管理人员 2004 年工资收入水平比较调查，调查按要求完成。

⑥岗位工资调查试点

2006 年 5 月，国家统计局在宁波市海曙区和余姚市开展单位工资统计报表制度试点，探索按人员岗位统计工资，试点按要求完成。2007 年、2008 年、2009 年、2010 年，省统计局在宁波市全面开展岗位工资统计试点，调查均按要求完成。

⑦非公人才调查

根据《关于做好全省人才资源统计调查工作的通知》(浙组〔2008〕49 号）文件精神，2008 年在全市范围进行非公企业人才调查。2009 年、2010 年、2011 年、2012 年、2014 年、2015 年、2017 年都有该项调查。

⑧个体人才调查

根据《关于做好全省人才资源统计调查工作的通知》(浙组〔2008〕49 号）文件精神，2008 年在全市范围进行个体工商户人才调查。2014 年、2017 年都有该项工作。

（二）劳动就业统计调查

1. 1996—2001 年实施全国城镇劳动力调查

为了全面准确地反映我国城镇劳动力就业、失业的情况，国家统计局在与有关部门共同研究的基础上，从 1996 年开始在全国实施城镇劳动力调查。这项调查按照国际通行的统计标准并结合我国实际情况，采用了新的就业、失业统计口径和新的调查方法，是全国就业、失业统计工作的一项改革。1997 年起，由国家统计局和劳动部合作进行城镇劳动力调查工作。

1996 年至 2001 年的劳动力调查与年度人口变动情况抽样调查结合进行，在人口变动情况调查样本点上同时进行劳动力调查，使用统一的人口变动和劳动力调查表收集有关劳动力的就业与失业情况，不单独组织调查。这样的调查更具有探索意义，由于数据缺乏代表性，故一直没有公开使用。

2. 2002—2004 年试行季度城镇劳动力调查

（1）调查制度

2002—2004 年，国家统计局为了准确掌握和全面了解全国城镇劳动力就业、失业情况，研究制定劳动力就业政策，加强宏观调控提供决策依据，根据《国家统计局关于认真做好四季度城镇劳动力调查工作的通知》(国统字〔2001〕78 号）精神和《城镇劳动力调查制度》，规定 2001 年第四季度与 2002 年第二季度城镇劳动力调查分别于 2001 年 11 月、2002 年 5 月进行。

《国家统计局关于布置 2002 年统计年报和 2003 年定期统计报表制度的通知》(国统字〔2002〕035 号）文件规定：城镇劳动力调查频率改为每年两次，即 2002 年四季度进行一次，次年二季度进行一次。城镇劳动力调查范围为全国城镇人口。城镇是按国统字〔1999〕114 号《关于统计上划分城乡的规定（试行)》中划定的城市和镇。

2002 年起，按照浙江省统计局的安排，宁波多次参加全省城镇劳动力调查暨业务培训会议，布置全国城镇劳动力调查工作，接受业务培训。还在每年年底参加全省人口、劳动及“平安浙江”调查工作座谈会，对劳动力调查进行分析和评估。

（2）调查范围

城镇劳动力调查，采用按常住人口登记的原则对调查范围内被抽中的住户中 15 岁及 15 岁以上人口进行调查，调查以户为单位进行，既调查家庭户，也调查集体户。应在本调查小区登记的人是：住本调查小区，户口在本乡镇街道的人口；住本调查小区半年以上，户口在外乡镇街道的人口；住本调查小区不满半年，离开户口登记地半年以上的人口；住本调查小区，户口待定的人口。在调查时点前死亡的人口，不调查。

（3）调查项目

调查项目分为按户填报的项目和按人填报的项目。

按户填报的项目有本户住址编码、户别、本户总人口、本户 15 岁及 15 岁以上人口、本户 15 岁以下人口 5 个项目。

按人填报的项目有姓名、与户主的关系、性别、出生年月、户口登记状况、户口性质、受教育程度、是否为取得收入而劳动、未工作的原因、目前的主要生活费来源、当前有无就业可能、寻找工作的方式、不能应聘或未找工作的原因、月劳动收入、就业者身份、行业、职业、参加社会保险情况 18 个项目。

（4）调查时点

劳动力调查所要了解的是被调查者在调查时点前一周即调查周的就业与失业情况。四季度的调查时点为 11 月 1 日零时，二季度的调查时点为 5 月 15 日零时。

3. 2005—2010 年规范季度劳动力调查

（1）调查制度

2005 年起，为准确、及时、全面地反映全国的劳动力资源和就业情况，建立健全城乡就业和失业调查统计体系，更好地为国家宏观调控和制定就业政策服务，国家统计局根据《国务院办公厅关于建立劳动力调查制度的通知》（国办发〔2004〕72 号）的要求，决定建立劳动力调查制度。劳动力调查采用抽样调查方式，组织调查员入户对 16 岁以上人口的就业状况进行调查。首次调查于 2005 年 11 月进行。为积累经验，稳步推进建立劳动力调查制度，从 2006 年开始调查增加到两次，分别于 5 月和 11 月进行。

2006 年宁波市统计局按照国家统计局和浙江省统计局的要求，采用新的劳动力调查制度，并在 4 月专门召开会议传达国家会议精神及省局会议精神，布置劳动力调查工作。从加强对调查工作的组织领导；落实责任制，确保调查数据质量；统一工作计划，确保整个调查工作规范、有序进行；明确落实劳动力调查经费等 4 个方面做了重要部署。同月，根据省统计局安排，宁波承办了全省劳动力调查数据处理工作会议。

（2）调查范围

劳动力调查范围为全国大陆地区城镇和乡村 16 岁及以上人口。城镇是按国统字〔2006〕60 号《关于统计上划分城乡的暂行规定》中划定的城市和镇，其余地域为乡村。劳动力调查对象为被抽中调查小区内的全部 16 岁及以上的常住人口。调查以户为单位进行，既调查家庭户，也调查集体户。应在被抽中户中登记的人是：住本户，户口在本乡、镇、街道（含户口在本户，外出不满半年的人）；住本户半年以上，户口在外乡、镇、街道；住本户不满半年，户口在外乡、镇、街道，离开户口登记地半年以上；住本户，户口待定。 在调查时点前死亡的人口，不调查。

（3）调查项目

调查项目分为按户填报的项目和按人填报的项目。

①按户填报的项目有户编号、户别、本户常住人口数、本户常住人口中 16 岁及以上人口数、本户常住人口中 16 岁以下人口数 5 个项目。

② 按人填报的项目有姓名、与户主关系、性别、出生年月、户口登记状况、户口登记地情况、户口性质、受教育程度、婚姻状况、是否为取得收入而劳动、工作单位或经营活动类型、就业身份、是否签订劳动合同、未工作原因、是否寻找工作、

当前能否工作、不能工作或未找工作的原因、行业、职业、参加社会保险情况、目前的主要生活费来源 21 个项目。

（4）调查时点

劳动力调查所要了解的是被调查者在调查时点前一周即调查周的就业与失业情况。四季度的调查时点为 11 月 1 日零时，二季度的调查时点为 5 月 15 日零时。四季度的劳动力调查与年度人口变动情况抽样调查结合进行，在人口变动情况调查样本点上同时进行劳动力调查，使用统一的人口变动和劳动力调查表收集有关劳动力的就业与失业情况，不再单独组织调查。二季度劳动力调查单独组织，并使用单独的劳动力调查表，调查项目与四季度调查相同。

（5）抽样框整理

①加强对抽样框核查。结合前一阶段收集的相关信息，在下发样本框的基础上统一进行更新维护。

②抽中调查小区的核查。核实所有抽中调查小区的名称、地址码和城乡标识码等情况；对于需要变更的调查小区，则在“变更说明”栏说明情况，并按照要求上报资料；对于拆迁引起的变动，需注明该村所有受影响的调查小区；如村居区域混杂而无法区分等原因导致整个村的调查小区变动的，需重新绘制村级地图并上报省局。

③村级样本框的核查。浙江省统计局对前期上报的样本框进行整理，宁波市局重点审核“核查要求”栏注明的村级单位情况，以及所有村级单位的名称和地址码等情况。

2008 年 9 月，宁波参加在台州召开的全省按季开展劳动力调查现场经验交流工作会议。季度劳动力调查表的调查项目有所调整，主要包括：按户填报的项目有户编号、户别、本户常住人口数、本户常住人口中 16 岁及以上人口数、本户常住人口中 16 岁以下人口数 5 个项目；按人填报的项目有姓名、与户主关系、性别、出生年月、户口登记状况、户口登记地情况、户口性质、受教育程度、婚姻状况、是否为取得收入而劳动、工作单位或经营活动类型、就业身份、是否签订劳动合同、未工作原因、是否寻找工作、当前能否工作、不能工作或未找工作的原因、行业、职业 19 个项目。

4. 2010 年起实行大城市月度劳动力调查制度

浙江省杭州市参加大城市月度劳动调查，宁波市与其他地市不再组织季度劳动力调查。

5. 2013—2015 年宁波参加全国 65 个大城市月度劳动力调查

2013 年 4 月，国家对大城市月度劳动力调查进行了扩样，由原来 31 个城市扩大到 65 个大城市，浙江省新增 3 个城市参加大城市月度劳动力调查，分别是宁波、温州、台州。由浙江省统计局负责样本抽取、业务培训；各市统计局协助省统计局做好对所辖县（市、区）调查的协调、指导工作；县（市、区）统计局具体组织实施、入户调查、数据处理等工作。

根据浙江省统计局于 2013 年 2 月 4 日转发国家统计局《国家统计局关于布置 2012 年统计年报和 2013 年定期统计报表制度的补充通知》（国统字〔2013〕4 号）的通知，从 2013 年 4 月开始入户调查。宁波市的调查数据从 2013 年 4 月起与现有 31 个城市的数据一起参与汇总。调查问卷、调查内容、抽样方法、组织实施方式、调查时点、调查方式、数据处理上报方式等维持不变。

2013年宁波市月度劳动力新增样本一览表

表63

地市	区县	乡级	村级	地址码
宁波市	海曙区	鼓楼街道	文昌社区	330203005004
宁波市	海曙区	西门街道	永丰社区	330203003007
宁波市	江东区	东胜街道	泰和社区	330204002007
宁波市	江东区	白鹤街道	白鹤社区	330204004004
宁波市	江北区	庄桥街道	广庭社区	330205006004
宁波市	江北区	洪塘街道	洪塘社区	330205007001
宁波市	北仑区	新碶街道	芝兰社区	330206002006
宁波市	北仑区	白峰镇	司沿村委会	330206105256
宁波市	镇海区	蛟川街道	炼化社区	330211002010
宁波市	镇海区	蛟川街道	陈家村社区服务中心	330211002213
宁波市	鄞州区	潘火街道	潘火桥村委会	330212007203
宁波市	鄞州区	中河街道	剑桥社区	330212005010
宁波市	鄞州区	石碶街道	雅渡村委会	330212003202
宁波市	鄞州区	高桥镇	新庄村委会	330212113225
宁波市	鄞州区	高桥镇	望江村委会	330212113241
宁波市	宁海县	跃龙街道	松竹社区	330226001008
宁波市	宁海县	跃龙街道	兴圃社区	330226001016
宁波市	宁海县	大佳何镇	大佳何村委会	330226109225
宁波市	余姚市	凤山街道	凤山社区	330281002012
宁波市	余姚市	阳明街道	梁堰村委会	330281004206
宁波市	余姚市	朗霞街道	天华村委会	330281006204
宁波市	余姚市	泗门镇	西大街社区	330281103001
宁波市	余姚市	临山镇	临南村委会	330281100203
宁波市	慈溪市	宗汉街道	怡园村委会	330282002209
宁波市	慈溪市	宗汉街道	联兴村委会	330282002213
宁波市	慈溪市	古塘街道	团圈社区	330282006004
宁波市	慈溪市	胜山镇	三灶村委会	330282113203
宁波市	慈溪市	横河镇	彭南村委会	330282114222
宁波市	奉化市	尚田镇	尚一村委会	330283103217
宁波市	奉化市	岳林街道	桃源社区	330283002004

（1）调查方案

①调查目的。为及时反映全国就业形势的变化，为政府准确判断就业形势，制定和调整宏观经济政策，改善就业服务提供依据，根据《国务院办公厅关于建立劳动力调查制度的通知》（国办发〔2004〕72号）的精神，进行大城市月度劳动力调查。

②调查范围。月度劳动力调查的实施范围为各直辖市（重庆市为主城区）和各省、自治区的省会城市以及扩样后新增的34个大城市，共65个城市的城镇和乡村。

③调查对象。调查对象为宁波市被抽中住户中的全部16岁及以上的常住人口。调查以户为单位进行，既调查家庭户，也调查集体户。应在被抽中户中登记的人是：住本户，户口在本乡、镇、街道（含户口在本户，外出不满半年的人）；住本户半年以上，户口在外乡、镇、街道；住本户不满半年，户口在外乡、镇、街道，离开户口登记地半年以上；住本户，户口待定。在调查时点前死亡的人口，不调查。

④调查时点。调查从2013年4月开始，调查时点分别为每月10日零时。

⑤调查项目。分为按户填报的项目、按人填报的项目和抽中社区居委会（村委会）所在社区的失业登记情况。

A. 按户填报的项目有户编号、户别、本户常住人口数、本户常住人口中16岁及以上人口数、本户常住人口中16岁以下人口数5个项目。

B. 按人填报的项目有姓名、与户主关系、性别、出生年月、户口登记状况、户口登记地、户口性质、受教育程度、是否为取得收入而劳动、未工作原因、是否想工作、是否寻找工作、当前能否工作、不能工作或未找工作的原因14个项目。

C. 抽中社区居委会（村委会）所在社区的失业登记情况。包括本社区（居委会、村委会）总户数、总人口数、登记失业人数。

⑥抽样方法和样本量。按照多阶段、分层、概率比例抽样的办法抽取调查样本。每季度样本约1800户分配在3个月内调查，每月调查约600户。大城市季度间样本按照更换20%的比例进行轮换，直辖市的样本由国家统计局会同市统计局依据本方案的相关工作规则研究确定。

⑦大城市样本的抽取由国家统计局组织省市统计局抽取街道、镇、乡样本，省统计局组织市区县统计局抽取社区居委会（村委会）样本。社区居委会（村委会）样本确定之后，区县统计局组织社区居委会（村委会）进行社区居委会（村委会）范围内住户（居住单元）清单的整理，市统计局组织区县统计局依据住户清单抽取住户样本。每季度调查前要将本季度内每个月的住户样本报国家统计局人口和就业统计司。

（2）建立机构

为了及时反映就业形势的变化，积极探索按月开展劳动力调查的办法和措施，国家统计局要求在65个大城市开展2013年大城市月度劳动力调查工作。按照国家统计局《2013年大城市月度劳动力调查方案》要求，由浙江省统计局负责牵头抓总，并根据国家调查方案，结合浙江实际，制定调查实施意见、督查方案，承担调查样本设计、调查业务培训指导，印刷调查问卷、调查员手册、致调查户的一封信、调查员证等，准备入户调查小礼品，组织开展调查数据检查、调查数据评估、分析工作。宁波市统计局负责调查组织协调，培训区、县和街道调查指导人员，负责调查各阶段督查工作，负责区、县（市）选聘调查员的质量抽查与验收等。县（市、区）统计局负责辖区内调查组织协调，协助省、市统计局完成调查样本整理，指定专职人员负责对调查员进行调查业务指导，协助市统计局开展对辖区内调查工作的各阶段督查工作，做好市调查员选聘，完成调查数据接收、审核、录入及上报工作等。抽中的乡、镇（街道）、村（社区）协助调查员做好抽中村（社区）房屋地图绘制工作、房屋清册编制、住户表的编制、入户调查工作，做好抽中村（社区）失业人员相关指标的填报工作。调查员负责完成调查抽中村（社区）房屋地图绘制、房屋清册编制、住户表的编制、入户调查工作，并做好调查表的数据审核。

（3）入户调查的方式

劳动力调查使用手持电子终端（PDA）进行样本管理、任务分配和数据采集，并由调查员利用PDA通过联网直报平台（简称平台）将调查数据直接报送到国家统计局。上述各项工作在平台上的时间节点安排如下：

- 每月3日17点前，国家统计局数管中心通过MDM推送至每一台PDA上。
- 每月8—9日17点前，调查员完成核实、更换调查住户。
- 每月10—14日，调查员持PDA入户调查登记。
- 每月15—19日，在平台上进行调查数据的补录、行职业编码和审核，由市级统计局或区县统计局、市级调查队、县级调查队完成。区县、市级、省级自下而上进行逐级调查数据验收。
- 每月20—25日，国家统计局人口就业司在平台上进行调查数据验收、审核。
- 每月26—30日，国家统计局人口就业司进行数据评估和加权汇总。

6. 2015年开始，实行新的大城市月度劳动力调查制度

2015年7月起，65个大城市实行了新的大城市月度劳动力调查制度，新的制度扩大了每个城市的调查样本，其中宁波市的调查样本，由原来的每月调查30个样本村（社区）600户调查户，扩成每月调查40个样本村（社区）800户调查户。

2015年宁波市月度劳动力样本一览表

表64

地址码	省	地市	区县	街道、乡镇	社区（村）	城乡分类代码
330203004001	浙江省	宁波市	海曙区	月湖街道	太阳社区	111
330203007009	浙江省	宁波市	海曙区	段塘街道	南苑社区	111
330203007011	浙江省	宁波市	海曙区	段塘街道	新典社区	111
330204003010	浙江省	宁波市	江东区	明楼街道	常青藤社区	111
330204005003	浙江省	宁波市	江东区	东柳街道	东柳坊社区	111
330204005005	浙江省	宁波市	江东区	东柳街道	太古城社区	111
330205001007	浙江省	宁波市	江北区	中马街道	浮石社区	111
330205005202	浙江省	宁波市	江北区	甬江街道	外漕村委会	112
330205006003	浙江省	宁波市	江北区	庄桥街道	广厦社区	111
330206002002	浙江省	宁波市	北仑区	新碶街道	杜鹃社区	111
330206002211	浙江省	宁波市	北仑区	新碶街道	沿海村委会	111
330206006001	浙江省	宁波市	北仑区	柴桥街道	芦北社区	111
330206006214	浙江省	宁波市	北仑区	柴桥街道	后所村委会	220
330211001003	浙江省	宁波市	镇海区	招宝山街道	总浦桥社区	111
330211003212	浙江省	宁波市	镇海区	骆驼街道	骆兴村委会	112

续表 64

地址码	省	地市	区县	街道、乡镇	社区（村）	城乡分类代码
330211004204	浙江省	宁波市	镇海区	庄市街道	永旺村委会	220
330212002019	浙江省	宁波市	鄞州区	钟公庙街道	凌江社区居委会	111
330212005009	浙江省	宁波市	鄞州区	中河街道	兴裕社区	111
330212005012	浙江省	宁波市	鄞州区	中河街道	金馨社区	111
330212106203	浙江省	宁波市	鄞州区	邱隘镇	横泾村委会	112
330212116201	浙江省	宁波市	鄞州区	古林镇	葑里村委会	112
330212116220	浙江省	宁波市	鄞州区	古林镇	薛家村委会	112
330225001007	浙江省	宁波市	象山县	丹东街道	塔山社区	121
330225002005	浙江省	宁波市	象山县	丹西街道	瑶琳社区	121
330226001001	浙江省	宁波市	宁海县	跃龙街道	怡惠社区	121
330226111254	浙江省	宁波市	宁海县	西店镇	香石村委会	220
330281001210	浙江省	宁波市	余姚市	梨洲街道	苏家园村委会	112
330281002209	浙江省	宁波市	余姚市	凤山街道	永丰村委会	112
330281003205	浙江省	宁波市	余姚市	兰江街道	丰杨河村委会	112
330281004024	浙江省	宁波市	余姚市	阳明街道	龙泉社区	111
330281113212	浙江省	宁波市	余姚市	陆埠镇	杜徐岙村委会	220
330282003207	浙江省	宁波市	慈溪市	坎墩街道	坎东村委会	112
330282004024	浙江省	宁波市	慈溪市	浒山街道	虞波社区	111
330282006009	浙江省	宁波市	慈溪市	古塘街道	城北社区	111
330282107218	浙江省	宁波市	慈溪市	观海卫镇	新泽村委会	122
330282107231	浙江省	宁波市	慈溪市	观海卫镇	塘下村委会	220
330283001007	浙江省	宁波市	奉化市	锦屏街道	庄山社区	111
330283001008	浙江省	宁波市	奉化市	锦屏街道	春晖社区	111
330283002004	浙江省	宁波市	奉化市	岳林街道	桃源社区	111
330283104263	浙江省	宁波市	奉化市	岳林街道	新民社区	112

2016年12月16日，国家下发《关于印发2016年统计年报和2017年定期统计报表制度主要修订内容的补充通知》(国统字〔2016〕187号)，对全国月度劳动力调查制度修订作了补充。关于制度修订的主要内容主要有：为准确反映高校毕业生就业情况，在全国月度劳动力调查的调查表F7项“受教育程度”中增加每年毕业人数，调查对象为调查户中年龄在16～30岁且受教育程度为高等职业教育、大学专科、大学本科或研究生的人；对调查表的填写说明作了部分改动：1. F12项中关于判断农民是否有工作，将“承包土地的农民”修改为“承包土地且没有流转土地的农民”，增加了“土地流转”的考虑因素；2. F26项中关于“连续未工作时间”的定义，将“学校毕业生、在校生、离退休人员和料理家务的人，从有工作愿望时开始计算起；以前工作过的人，从最后一次失去工作后，开始有工作愿望时算起”修改为“学校毕业生从毕业后初次找工作时算起；离退休人员从离退休后初次找工作时算起；料理家务的人和在校生从有工作愿望后初次找工作时算起；以前工作过的人，从最后一次失去工作后，开始找工作时算起”。强调了以“找工作”为起点。

第三节 能源与环境相关统计调查

1983年以前，没有单设能源统计报表（制度），相关指标被包含在物资统计报表中。1984年起建立能源统计报表制度，从国家层面编制能源平衡表。1998年，能源生产与消费统计内容纳入工业统计报表制度；能源流转统计纳入贸易统计报表制度。2003年，能源统计报表开始单设。2006年，宁波市历史上首次系统化测算宁波市全社会能源消费与单位GDP综合能耗等相关指标。2014年，宁波市统计局成立能源统计处，专门负责全市能源、园区统计、资源与环境及应对气候变化等统计及相关工作，开展绿色发展评价等。

一、能源统计

1954年，国家统计局布置的涉及能源统计的报表有：物资供应月（季）统计报表有“主要产品收拨与结存”“主要产品供应计划执行情况”“生产用主要原材料、燃料收拨与结存”“燃料、电力消耗定额执行情况”等。年报有3种：“产品收拨与结存”，按主要产品分类，指标有年初库存量、年末库存量、年内收入量、年内拨出量、盈亏等；“生产用主要原材料、燃料收拨与结存”，按黑色金属、燃料等6大类原、燃料分，指标有年初库存量、年内收入、年内消费（分列生产消费、经营维修、大修理消费）、年内拨出、盈亏、年底库存；“基本建设用材料收拨与结存”，按黑色金属、木材、建材等主要原材料分，指标有年初库存量、年内收入量、年内拨出量、盈亏、年底库存量。年报统计范围为地方国营、公私合营企业。基层表由市级主管部门布置到企业，并按系统汇总。

1956年，涉及能源的物资统计年报增加“主要原材料、燃料消费定额执行情况”和“申请分配物资供货执行情况”两张表。

1958年增加了“市场需用原材料、燃料收拨与结存”“非申请单位原材料、燃料收拨与结存”两张季报。煤炭等消费与库存量编制简速月报；1959年建立重点企业主要物资的消费量、库存量、供货量进度统计。

1961年，物资报表加强了主要物资平衡统计，增加了“主要物资地区调拨表”“煤炭、木材地区平衡表”，对柴油、汽油等7种主要物资建立了电讯月报。此后报表相对减少，到1965年只保留了“主要物资消费与库存”、“全民所有制单位物资消费与库存”和“集体所有制企业、事业单位及农村人民公社物资消费与库存”等3种表。“文化大革命”中，物资统计一度中断，1973年后逐步恢复，并渐趋正常。

1980年物资统计年报表共有8种。当年新增价值表两种：“产品销售与库存总值”，按主要工业部门分组，指标有本年总产值（现价）、年初库存总值、本年销售总值和年末库存总值；“物资消费库存总值”，按工业部门分列，指标有年初库存总值、本年消费总值和年末库存总值。其他年报6种，即“全民所有制单位物资消费与库存”“生产用主要物资使用方向”“集体所有制单位物资消费与库存”“物资消费定额执行情况”“生产用主要物资按国民经济部门分组消费量”等。月（季）报表3种，即“全民所有制单位物资消费与库存电讯月报”“集体所有制单位物资消费与库存”（半年报）“物资消耗定额执行情况月报”。

1982年，根据经济体制改革和机构调整的新形势以及加强国民经济综合平衡的需要，原由物资部门负责的年报等及其以后的定期统计报表任务改由统计部门承担。

1983年，根据国家统计局《关于认真做好一九八三年统计年报和一九八四年定期统计报表的通知》[（83）统制字218号]等文件精神，对物资等报表进行调整。能源统计逐步得到规范，除了做好能源实物量统计外，还增加了价值量统计，并与原材料消耗价值量统计资料配套。次年起开始建立能源统计报表制度，从国家层面编制能源平衡表。

1985年，为了反映能源优化的供应和使用效益情况，适应国家和地区制定能源方针政策，加强能源管理及进行能源预测的需要，建立了“工业企业能源加工转换综合年报表”，由县及县以上的独立核算生产企业填报。“工业企业能源加工转换综合年报表”按18种能源品种，并按发电量、供热、洗煤、炼油等6种能源加工转换类别填列能源加工转换投入量、产出量、能源加工转换效率。

20世纪90年代前期，能源统计报表少数有增减，总体比较稳定。后期，浙江省统计局根据国家统计局的“国家统计制度改革总体方案”和新修订的国家统计报表制度，不断改进和完善统计标准，能源统计口径、汇总方式也相应产生较大变化。

1990年，年报增加“工业企业能源加工转换企业基本情况表”，除按企业分列火力发电、供热、洗煤、炼油、制气外，还按经济类型、行业分类名称、轻重工业、投入量合计、产出量合计、加工转换损失量、加工转换效率分列。

1991年，为适应能源宏观管理的需要，决定开展主要工业产品单位产量综合能源消费量的统计。能源统计制度中增加“主要工业产品单位产量综合能耗季报”，布置年购入能源消费量1万吨以上工业企业填报。

1992年，根据能源生产和消费形势，对现有的统计方法、指标设置、统计范围做了改进和完善。“地区工业部门能源节约量”由季报改为月报，填报范围扩大到乡及乡以上工业企业，按煤炭、电力等7种主要能源品种填列“重点工业企业工业产值综合能耗表”，填报单位为年产值1000万元及以上的城镇及以上各种经济类型独立核算工业企业。取消“重点交通运输企业能源消费”“工业企业能源加工转换情况”年报。

1987—1992年，能源统计工作由宁波市统计局财贸处承担。

1995年，能源统计制度规定的报表共有11种，其中年报6种，定期报表5种，年报有“主要能源消费与库存”“主要能源按行业分组消费量”“能源消费与库存总值”“工业企业能源加工转换情况”“地区能源平衡表（实物量）”“地区能源平衡表（标准量）”；定期报表有“重点工业企业工业产值综合能耗”“重点工业企业能源消费与库存”“主要工业产品单位产量能耗及综合能耗”“工业部门能源节约量”“工业部门能源节约量附表”。

1992—1996年，能源统计工作由宁波市统计局工业能源处承担。

1997年，对统计范围进行了调整。年报超级汇总范围在原乡及乡以上企业的基础上增加村及村以下年产品销售收入500万元及以上企业。同时，这年也是原材料、能源统计报表制度作为制度单独存在的最后一年。

1996—1998年，能源统计工作由宁波市统计局贸易外经处承担。

1998年，工业统计制度实行了重大改革，统计范围从按隶属关系改为按规模统计，并要求全面实行超级汇总。从年报起国家取消“原材料、能源统计报表制度”，能源统计内容纳入工业统计报表制度，能源统计作为单独报表制度取消。能源消费与库存统计范围由县及县以上企业扩大为与工业统计范围一致。“工业企业能源购进、消费及库存”年报和“重点耗能工业企业能源购进、消费及库存”季报、“主要工业产品单位产量能耗及综合能耗”季报、“工业部门能源节约量”月报均纳入工业统计报表制度。年报统计范围扩大为全部国有企业和年产品销售收入500万元以上的非国有企业。

2003年，随着全社会对能源需求及消耗的加大，能源统计在并入工业统计报表制度后的第六年，报表制度又开始单设，将能源统计报表从工业和运输邮电业统计制度中分离出来，单独设置制度。重新单设的能源统计年报有5张：“工业企业能源购进、消费及库存”、“主要能源按工业行业分组消费量”、“主要工业产品单位产量能耗及综合能耗”、“铁路、航空、邮电企业主要能源消费与库存”及“公路、水上运输企业主要能源消费与库存”。年报表统计范围：“工业企业能源购进、消费及库存”“主要能源按工业行业分组消费量”为全部国有及年产品销售收入500万元及以上的非国有工业企业；“主要工业产品单位产量能耗及综合能耗”为年耗1万吨标准煤及以上和有能源加工转换活动的工业企业；“铁路、航空、邮电企业主要能源消费与库存”为铁路、航空、邮电企业，“公路、水上运输企业主要能源消费与库存”为公路、水上运输企业，均不包括各部门所管理的工业、建筑业等企业及行政、事业单位。

2004年，国家开展了第一次经济普查。能源统计制度也统一纳入经济普查制度中。统计年报与定期统计制度的修订与经济普查保持衔接，不再设置统计年报表，以经济普查的表式代替。

1998—2005年，能源统计工作由宁波市统计局工业交通投资处承担。

2006年，宁波市增加“单位GDP综合能耗、单位工业增加值综合能耗”（季报、年报）。当年在宁波历史上首次系统化测算2005年、2006年宁波市全社会能源消费与单位GDP综合能耗相关指标：能源消费总量（等价值）、第一产业能源消费量、第二产业能源消费量、工业能源消费量（其中规模以上工业能源消费量、规模以下工业能源消费量）、建筑业能源消费量、第三产业能源消费量（其中交通运输、仓储能源消费量等）、城乡居民生活用能量，以及单位GDP综合能耗（等价值，2005年可比价）等指标。测算的2005年单位GDP综合能耗的强度指标，作为宁波历史上首个自上而下强约束考核指标（单位GDP综合能耗下降率）的起始值持续延用至今。

2006年，新增能源季度报表“工业企业能源购进、消费与库存”，填报内容与年报相同，统计填报单位为所有规模以上工业企业均需填写完整报表。新增基层年报表“重点耗能企业主要能源收、支、存情况”、“煤炭和成品油购进与销售情况”、“燃气及天然气购进与销售情况”、“远洋运输企业国内、外加油情况”和综合年报表“全社会用电量分析”及“全社会运输工具拥有量与客货运输量”。

根据国务院对节能工作的要求，制度中增加“重点能耗工业企业单位产品能源消耗情况”季报，由规模以上且年综合能源消费量在1万吨标准煤及以上工业企业填报。经国家统计局批准，宁波市按照浙江省统计局统计制度，将能源统计的调查范围扩大到规模以下工业企业、资质建筑企业和限额以上住宿餐饮企业。从2007年定期统计开始，规模以上工业企业中不再包括年主营业务收入未达到500万元的国有工业企业。规模以上工业的统计范围，2006年报是指全部国有及年主营业务收入（产品销售收入）500万元及以上的非国有法人工业企业；从2007年定期报表开始，调整为年主营业务收入（产品销售收入）500万元及以上的法人工业企业。

2005—2006年，能源统计工作由宁波市统计局工业与投资处承担。

2007年，根据节能工作的要求，为更好地开展重点用能企业的能耗统计、监测工作，宁波市重点用能企业的“工业企业能源购进、消费及库存”和“工业企业能源购进、消费及库存附表”由季报改为月报。并对制度作了一些修改，调整了综合定期报表“地区单位GDP综合能耗、规上工业单位增加值综合能耗”填报目录，把“地区单位GDP能耗降低率（等价值）”指标纳入制度化统计报表；基层定期报表“工业企业能源购进、消费与库存”“工业企业能源购进、消费与库存”附表，加报规模以上且年综合能源消费量在1000吨标准煤及以上工业企业的月度报表，其他规模以上企业仍执行季报；“主要耗能工业企业单位产品能源消耗情况”由季报改为月报，统计范围仍为规模以上且年综合能源消费量在1万吨标准煤及以上工业企业；调整“主要耗能工业企业单位产品能源消耗情况”填报目录，增加“行业工艺类”指标。

2008年，宁波市开展了第二次经济普查。各项年报表式以“第二次全国经济普查方案”为准。取消“单位GDP、工业增加值能耗”季报（年报），增加“地区能源消费与单位GDP综合能耗”季报。

2009年，月报“工业企业能源购进、消费及库存”和附表、“工业企业用水情况”的统计范围，按照规模以上工业企业新标准执行，原则上与工业统计一致。“工业企业能源购进、消费及库存”“工业企业能源购进、消费及库存附表”月报的统计范围仍然是年综合能耗千吨标准煤及以上的工业企业。综合表增加月报“全社会用电量情况”，统计范围为辖区内的电力消费单位，由市统计局向市电力部门收集相关数据。

2011年，规模以上工业法人单位由年主营业务收入500万元及以上变更为2000万元及以上，宁波市当年新旧两种口径均在统计。其中，“工业企业能源购进、消费与库存表（P201表）”改为“能源购进、消费与库存表（205-1表）”；“工业企业能源购进、消费与库存附表（P201-1表）”改为“能源购进、消费与库存附表（205-2表）”。月报统计范围“辖区内年主营业务收入500万元及以上的工业法人企业”统一改为“辖区内规模以上工业法人单位”。主要耗能工业企业单位产品能源消耗表“P207表”改为“205-3表”。

2012年，调整“规模以上工业产品产量目录”，剔除32种能源产品，保留440种产品；调整“主要工业产品销售、库存、订货目录”，剔除9种能源产品，保留135种产品。取消“规模以下工业主要能源产品产量”季报（B405表）。新增规模以上工业“能源生产、销售与库存”月报（205-6表）。新增规模以上工业“煤炭销售去向”月报（205-7表）。新增规模以上工业“能源产品订货”

季报（205-8表）。

2013年，“能源购进、消费与库存（205-1表）”取消工业总产值（本期、同期）指标，新增同期原煤消费量合计指标。“主要耗能工业企业单位产品能源消耗表（205-3表）”月报改为季报。“工业企业用水情况（205-4表）”有较大变化，季报改为半年报，新制度主表填报地表淡水、地下淡水、自来水、海水、陆地苦咸水、矿井水、雨水、再生水（中水）、海水淡化水、其他水等指标，新制度补充资料填报外排水量、重复用水量、直流冷却水量（河湖水）、直流冷却水量（海水）、污水处理企业污水处理量、企业用水量（自动计算）等指标。能源品种统计目录扩大，更加细化。“能源生产、销售与库存（205-6表）”统计目录扩大，发电量品种增加：太阳能发电量、潮汐能发电量、沼气发电量、地热能发电量、垃圾发电量、竹木生物质燃料发电量、其他发电量。新增“规模以下工业主要能源产品产量（P306表）”，为综合年报表，涉及原煤、天然气、焦炭、机焦、发电量、火力发电量、水力发电量、风力发电量等品种填报。

2014年，“能源购进、消费与库存（205-1表）”，取消“1-本月购进量”中“金额”，增加“购自省外”。“能源生产、销售与库存（205-6表）”，“销售量”下增加“销往省外”，增加补充资料“购进量”“购自省外”；“年初库存量”改为“年初产成品库存量”，“期末库存量”改为“期末产成品库存量”。取消“煤炭销售去向（205-7表）”和“能源产品订货（205-8表）”。新增“经销企业能源购进、销售与库存（205-7表）”。“非工业重点耗能单位能源消费情况（205-5表）”，能源品种中“管道煤气”改为“煤气”。

2006—2014年，能源统计工作由宁波市统计局工业与能源处承担。

2014年，宁波市统计局成立能源统计处负责能源等统计工作。工作职责为组织全市能源、资源与环境及应对气候变化统计，进行统计分析，开展绿色发展评价；开展主要耗能行业及重点企业能耗统计监测；配合相关部门开展节能降耗目标考核；建立数据质量全流程管控体系，组织开展数据质量核查，配合做好统计执法检查；组织指导本专业统计基础工作。

2015年，在统计报表中统一增加“统一社会信用代码”。“调查单位基本情况（101-1表、201-1表）”，增加“109统一社会信用代码”。205-2表名由“能源购进、消费与库存附表”改为“能源加工转换与回收利用”，“加工煤制品”改为“煤制品加工”，205-1表“购自省外”改为“其中：购自省外”。能源生产、销售与库存（205-6表）取消补充资料，修订指标名称多处，增加“其他洗煤”、“煤制品”、“页岩油”、“煤制天然气”、“石蜡”、“炼厂干气”、“其他石油制品”、“生物乙醇”以及“生物柴油”等品种。

至2017年，能源报表主要由综合年报表、综合定期报表、基层定期报表构成，反映了能源的生产、库存、购进、消费和能源单耗等情况。报表一共有17张，其中，综合年报表6张：“能源平衡表（实物量）（P303-1表）”（仅限国家统计局及省级统计局编制）、“分行业能源消费量（实物量）（P303-2表）”、“分行业能源终端消费量（实物量）（P303-3表）”、“能源平衡表（标准量）（P303-4表）”（仅限国家统计局及省级统计局编制）、“分行业能源终端消费量（标准量）（P303-5表）”和“公路、水上运输企业主要能源消费与库存（JT320表）”；综合定期报表2张：“地区能源消费与单位GDP综合能耗（P406表）”“全社会用电量情况（P407表）”；基层定期报表9张：“能源购进、消费与库存（205-1表）”、“能源加工转换与回收利用（205-2表）”、“主要耗能工业企业单位产品能源消耗情况（205-3表）”、“工业企业用水情况（205-4表）”、“非工业重点耗能单位能源消费情况（205-5表）”、“能源生产购进、消费与库存（205-6表）”、“重点能源商品经销情况（205-7表）”、“原油及石油制品资源与去向（浙P202表）”和“规模以下工业主要能源产品产量（P106表）”。至此，现代能源统计框架体系基本定型。

截至2017年，能源统计涉及的一次能源品种有：原煤、原油、天然气、水电、核电、风电、地热电。二次能源品种有：洗精煤、其他洗煤、煤制品、焦炭、其他焦化产品、焦炉煤气、高炉（转炉）煤气、其他煤气、液化天然气、汽油、煤油、柴油、燃料油、液化石油气、炼厂干气、其他石油制品、火电、热力。

二、环境保护统计

1980年，国务院环保办与国家统计局联合建立环境保护统计制度，要求在全国范围内开展大、中型工业企业环境保护基本情况调查。环境保护基本情况调查、企事业污染治理投资、安排治理项目个数，当年竣工项目个数及新增“三废”处理能力等均由环境部门承担，并执行全国统一的环境保护统计报表制度，负责布置、汇总、整理、编印环境保护统计资料，发布环境保护统计公报等。

2009年，国家统计局为了全面反映我国环境的整体状况，搜集环境领域的综合统计资料，满足我国实施可持续发展战略、全面建设小康社会和制定环境宏观调控政策的需要，正式发布环境综合统计报表制度，要求统计部门开展环境统计相关工作。

宁波市统计系统环境统计工作主要是填报“环境基本情况统计表”（k380表），报表的内容包括水环境、大气环境、固体废物、生态环境、自然灾害、环境污染治理投资、城市环境、农村环境等方面；涉及水利、城市建设、国土资源、农业、卫生、民政、环境保护、林业、海洋、气象、地震等相关业务主管部门。

2010年，“环境基本情况统计表”（k380表）增加指标：山体滑坡和泥石流、排污费收入总额、本年完成营林投资额。

2011年，“环境基本情况统计表”（k380表）增加工业重复用水率、耗水量、地表水水质达标率、饮用水水源地水质达标率、城市环境空气质量达到优良天数的比率、氮氧化物排放量、国有土地面积、土地集约利用指数、森林保有量、能源消耗量、能源消费量、农村可再生资源利用指数、工业废气脱硫治理项目、工业废气脱硝治理项目、其他废气治理项目、工业固体废物治理项目、噪声治理项目、电磁辐射治理项目、放射性治理项目、污染搬迁治理项目、污染物自动在线仪器安装项目等指标；删除治理废气、治理固体废物、治理噪声、治理其他等指标。

2012年，“环境基本情况统计表”（k380表）增加城镇生活污水排放量、城镇生活污水中化学需氧量排放量、集中式治理设施化学需氧量排放量、集中式治理设施二氧化硫排放量、工业氮氧化物排放量、城镇生活氮氧化物排放量、机动车氮氧化物排放量、集中式治理设施氮氧化物排放量、农村可再生资源利用指数、生态建设与保护、林业支撑与保障、林业产业发展、其他等指标；删除旱灾、洪涝灾、风雹灾、台风灾、低温冷冻和雪灾、山体滑坡和泥石流等指标。

2013年，“环境基本情况统计表”（k380表）增加林业民生工程指标；删除突发环境事件直接经济损失、森林保有量、湿地面积、能源消耗量等指标。

2014年，“环境基本情况统计表”（k380表）增加工业固体废物综合利用率指标。

2015年，“环境基本情况统计表”（k380表）删除农村可再生资源利用指数、城市声环境质量综合评分、能源消费量等指标。

2016年，“环境基本情况统计表”（k380表）增加新封山育林、退化林修复、人工更新、森林覆盖率等指标。

截至2017年，“环境基本情况统计表”（k380表），报表的内容包括水环境、大气环境、固体废物、生态环境、自然灾害、环境污染治理投资、城市环境、农村环境等八大方面共142个指标。

三、开发区（园区）统计

2006年12月，国家统计局浙江调查总队、浙江省发展和改革委员会印发了《关于开展全省开发区（园区）统计监测调查的通知》（浙调字〔2006〕50号），决定开展全省开发区（园区）统计监测调查工作。调查对象是经国家发改委设立审核并予公告的开发区（园区）及旅游度假区，调查主要内容涉及开发区（园区）基本情况、开发建设情况、主要经济指标、综合能耗、环境保护生态化建设、综合管理情况等指标。统计监测调查表分为：浙江省开发区（园区）统计监测调查表年报和半年报。统计监测调查主要内容为：开发区（园区）基本情况、开发区（园区）开发建设情况、开发区（园区）入园企业情况、开发区（园区）主要经济指标、开发区（园区）综合管理情况等。

宁波涉及19个省级及以上开发区（园区）和度假区：宁波经济技术开发区、浙江宁波出口加工区、宁波大榭开发区、宁波保税区、宁波保税物流园区、浙江慈溪出口加工区、浙江余姚工业园区、浙江奉化经济开发区、浙江象山经济开发区、浙江余姚经济开发区、浙江望春工业园区、宁波高新技术产业园区、浙江镇海经济开发区、浙江慈溪经济开发区、浙江宁海经济开发区、宁波镇海化学工业园区、宁波鄞州工业园区、宁波东钱湖旅游度假区、宁波松兰山旅游度假区，其中，宁波经济技术开发区、宁波大榭开发区、宁波保税区、宁波高新技术产业园区为国家级开发区（园区）。

开发区（园区）统计报表相关工作由国家统计局宁波调查队综合处承担。

2007年年报开始，开发区（园区）报表调整为综合年报表、基层定期报表，其中，综合年报表2张：“开发区（园区）统计监测年报（浙YQ101表）”由省级及以上开发区（园区）填报，“旅游度假区统计监测年报（浙YQ102表）”由省级及以上旅游度假区填报。基层定期报表2张：“开发区（园区）统计监测半年报（浙YQ201表）”由省级及以上开发区（园区）填报，“旅游度假区统计监测半年报（浙YQ202表）”由省级及以上旅游度假区填报。

开发区（园区）统计监测年报统计监测调查主要内容为：基本情况、开发建设指标、主要经济指标、调查问卷。旅游度假区统计年报统计监测调查主要内容为：基本情况、主要指标。开发区（园区）统计监测半年报统计监测调查主要内容为：基本情况、开发建设指标、主要经济指标。旅游度假区统计半年报统计监测调查主要内容为：基本情况、主要指标。

2006年至2013年由国家统计局宁波调查队组织实施开发区（园区）调查统计工作。

2014年起，开发区（园区）统计报表相关工作由国家统计局宁波调查队综合处移交到市统计局能源统计处。

2015年，开发区（园区）统计实施机构发生重大调整。原来由市统计局工业统计处负责的循环经济相关报表指标并入开发区（园区）统计报表，开发区（园区）统计报表增加开发区（园区）工业企业统计年报，同时取消循环经济相关报表。新的开发区（园区）统计报表相关工作由市统计局能源统计处承担。开发区（园区）报表主要由综合年报表、综合定期报表、基层年报报表构成，报表一共有5张，其中，综合年报表2张："开发区（园区）统计年报（浙Y101表）"由省级及以上开发区（园区）填报，"旅游度假区统计年报（浙Y102表）"由省级及以上旅游度假区填报。综合定期报表2张："开发区（园区）统计半年报（浙Y201表）"由省级及以上开发区（园区）填报，"旅游度假区统计半年报（浙Y202表）"由省级及以上旅游度假区填报。基层年报报表1张："开发区（园区）统计年报（浙Y101表）"由省级及以上开发区（园区）填报，"园区工业企业统计年报（浙Y101-1表）"由园区内规模以上工业企业填报。

开发区（园区）统计年报统计监测调查主要内容为：基本情况、开发建设指标、主要经济指标、（四）科技创新指标、循环经济指标、服务业指标、调查问卷。旅游度假区统计年报统计监测调查主要内容为：基本情况、主要指标。开发区（园区）统计半年报统计监测调查主要内容为：开发建设指标、主要经济指标、循环经济指标。旅游度假区统计半年报统计监测调查主要内容为：基本情况、主要指标。开发区（园区）工业企业统计年报统计监测调查主要内容为：基本情况、主要经济指标、主要资源消耗指标、废物产生及再利用情况、工业废气收集利用量细化。

2016年、2017年，开发区（园区）报表相关工作与2015年保持不变并沿用至今。

四、生态文明年度评价

2016年12月，中共中央办公厅、国务院办公厅印发了《生态文明建设目标评价考核办法》（厅字〔2016〕45号），2016年12月，国家发展改革委、国家统计局、环境保护部、中央组织部印发了《生态文明建设考核目标体系》和《绿色发展指标体系》（发改环资〔2016〕2635号），形成了"一个办法、两个体系"，从国家层面建立了生态文明建设目标评价考核的制度规范。生态文明建设目标评价考核在资源环境生态领域有关专项考核的基础上综合开展，采取评价和考核相结合的方式，实行年度评价、五年考核。年度评价按照绿色发展指标体系实施，主要评估各地区资源利用、环境治理、环境质量、生态保护、增长质量、绿色生活、公众满意程度等方面的变化趋势和动态进展，生成各地区绿色发展指数。绿色发展指标体系由国家统计局、国家发展改革委、环境保护部会同有关部门制定，可以根据国民经济和社会发展规划纲要以及生态文明建设进展情况作相应调整。

2017年7月，浙江省委、省政府印发了《浙江省生态文明建设目标评价考核办法》（浙委办发〔2017〕64 号），对各设区市党委和政府生态文明建设目标进行评价考核，以及对各县（市、区）党委和政府进行生态文明建设目标的评价。2017 年 8 月，浙江省发展改革委、浙江省统计局、浙江省环保厅、浙江省委组织部印发了《浙江省绿色发展指标体系》和《绿色发展指标体系》（浙发改环资〔2017〕697 号），从而形成了“一个办法、两个体系”，从浙江省层面建立了生态文明建设目标评价考核的制度规范。浙江省生态文明建设年度评价按照《浙江省生态文明建设考核目标体系》实施，从资源利用、环境治理、环境质量、生态保护、增长质量、绿色生活、公众满意程度等 7 个方面评估各地区上一年度生态文明建设进展总体情况。年度评价工作包括两部分：一是计算绿色发展指数，即采用《绿色发展指标体系》前 6 个方面 55 项评价指标计算各地区绿色发展指数，全面客观地反映各地区绿色发展成果；二是开展公众生态环境满意度调查，通过组织抽样调查来了解公众对生态环境的主观满意程度，突出反映公众在生态文明建设方面的“获得感”。浙江省生态文明建设年度评价只计算绿色发展指数，只公布由 55 项评价指标计算的各地区绿色发展指数。绿色发展指标体系采用综合指数法进行测算，由 55 个二级指标个体指数加权平均计算而成。

宁波市绿色发展评价相关工作均由市统计局能源统计处承担。

2016 年度宁波市绿色发展指数结果情况：宁波市总指数得分为 78.96 分，其中 6 个一级指标情况：资源利用（得分 80.13）、环境治理（得分 75.52）、环境质量（得分 85.91）、生态保护（得分 74.2）、增长质量（得分 73.94）和绿色生活（得分 79.84），全省排位第 10。

2017 年度宁波市绿色发展指数结果情况：宁波市总指数得分 79.01，其中 6 个一级指标情况：资源利用（得分 80.16）、环境治理（得分 77.01）、环境质量（得分 85.15）、生态保护（得分 74.21）、增长质量（得分 73.32）和绿色生活（得分 79.27），全省排位第 8。

第四节　农业与农村统计调查

在原始社会，人们为了掌握农产品的储藏、分配和兴修水利的情况，开始采用刻痕、算筹、结绳等方法计算，有了农业统计的萌芽。进入奴隶社会以后，随着文字和算学的发展，逐渐有了人口、土地、财产的简单统计和农业产量的调查。封建社会开始以后对土地、粮食、六畜等开始统计，明清有田亩“鱼鳞册”土地调查制度，清代末年开始设置《农政报表》。民国 22 年（1933），执行全国划一农业统计报表，内容有农业、林业、渔业、畜牧业和水利五个方面。

中华人民共和国成立后，农业统计包括农、林、牧、渔业统计及农副业统计，总称农业五业统计。20 世纪 50 年代初农业统计建立时，主要着眼于农业生产活动统计，包括农作物产量、农机具拥有量等内容，农业统计发展为农业生产统计。1956 年农业合作化完成后，增加收益分配等统计项目，农业生产统计向农业经济统计转变，统计制度方法基本稳定。1966 年开始，农业统计历经曲折，前几年基本中断，1969年后逐步恢复，至1975年基本恢复原貌并保持稳定。

1978年中共十一届三中全会以来，农业生产管理体制有了较大变革，特别是农村实行各种形式生产责任制后，人民公社解体，政社分开，农村经济全面发展，面貌发生巨大变化。与此相适应，农业统计通过逐步改革，报表制度加大反映农村经济方面内容和统计指标，开始向农村经济统计方向转变。随着20世纪90年代初农村统计基础规范化建设推进，全市范围内基本形成统计基础比较扎实、组织机构比较健全的农村统计信息网络，统计范围与内容逐渐覆盖农村社会经济主要活动，农村经济统计发展为农村社会经济统计。

进入21世纪后，全市农村社会经济统计在巩固既有成果基础上，继续完善提高。2003年，根据农村形势发展的需要，宁波市建立宁波市农村社会经济调查队，进一步加强农业统计调查工作。2007年，全国调查队体制改革，成立国家统计局宁波调查队（以下简称宁波调查队）后，农村社会经济统计由此拓展为农业与农村统计调查，涵盖全市“三农”（农业、农村、农民）和几乎除城市外所有区域，从宁波解放至2010年底，经过近60年发展，全市农业与农村统计调查组织体系、机构人员、制度方法、报表内容和指标体系等趋向成熟稳定。

一、农业与农村统计

农业与农村统计以全面报表统计调查为主，范围包括农村社会经济主要现象和活动情况。中华人民共和国成立后，在省统计局组织指导与协调下，宁波政府统计与同级部门统计一直遵循“集中统一、分工合作、各负其责”原则，宁波政府统计部门主要承担农业（指种植业，俗称小农业）统计、畜牧业统计和农林牧渔综合统计任务，各业务主管部门主要负责本系统包括林业、渔业、水利等各项业务统计工作，均以全面统计报表为主。

（一）农林牧渔业综合统计

20世纪50年代初，政务院财政经济委员会向各省（市、区）制发《1951农业生产年度总结基本报表》，主要包括“人口及互助组织、耕地面积、粮食作物生产、秋冬播面积、牲畜数量”等8种统计报表，全市农业统计基本制度方法开始建立。1953年5月，宁波市人民政府根据全省首次召开农林统计工作会议精神，全市自上而下首次建立农业生产定期统计报表制度，包括“农作物种植面积、农作物收获量、人口耕地、农业生产组织、家畜家禽数量、茶叶生产量、蚕茧生产量、果类生产量”共8种统计报表。1955年，全市农业生产互助合作组织定期统计报告表，市计划统计处布置实施办法。1956年6月1日，市农林处、统计处联合下发《关于布置1956浙江省农村统计报告表和实施办法》，增加反映农业、农民收益分配和经营状况内容统计报表。1957年，根据浙江省人民委员会（以下简称省人委）印发《关于认真做好1957年农业统计年报》通知精神，市统计处布置各地上报10种年报及5种附表。1958年，在农业生产高级合作社基础上，全市建立政社合一农村人民公社组织，增加实施《农村人民公社基本情况统计表》制度。同时，为适应工农业生产“大跃进”形势，专门加强农业生产进度统计，新建一日报、隔日报、五日报、旬报等统计制度。针对“大跃进”运动以及多重自然灾害造成的国民经济困难局面，1961年1月，中共八届九中全会决定按照

“调查、巩固、充实、提高”的八字方针，对国民经济展开全面调整，全市统计部门精简进度报表，采取措施大力提高数字质量，纠正、核实某些严重不实农产量数据，之后，农业统计工作逐渐改善提高。

1961年11月29日，市计划委员会下发《关于布置1961年农村统计年报的通知》，主要包括“全年农作物面积产量、茶、蚕、果类面积产量、耕地面积、畜牧业生产、农村人民公社基本情况”等基层表23种、综合表21种及各国营农林牧渔场报表1套。1963年8月1日，市统计局下发《关于布置国营和地方国营农林牧渔场基本情况调查的通知》，明确调查范围和方法。“文化大革命”时期，全市农业统计基本中断，1969年起逐步恢复，1975年农业统计年报基本上恢复到之前状况，并保持基本稳定。

1978年改革开放以后，全省农业生产管理体制进行较大改革，人民公社解体，政社分开，全面实行各种形式农田生产承包责任制，农村经济开始快速发展，农业统计随之改革，统计报表制度不断增加反映农村经济方面内容和指标，逐渐向农村经济统计方向转变。

20世纪80年代农业与农村统计主要变化。一是建立乡、村办企业统计报表，以反映乡、村各类企业现状和发展情况。二是建立、完善农业与农村经济综合价值量指标核算与统计。1982年恢复建立“农业总产值”统计制度；1984年年报增设上报“农村社会总产值（按现行价格计算）”核算指标，并首次将村办工业总产值从农业总产值中划出，列入工业统计；1985年增加上报“农业总产值预计”定期报表。至此，总体反映了当时农村经济发展规模与水平。三是为适应农村体制改革，1983年将原“农村人民公社组织情况表”改为“农村政社组织情况表”，1984年又改为《区（指区公所）乡基本情况表》。四是建立健全反映农村经济经营分配状况的报表和指标。1984年年报增设上报“农村经济收入分配和效益表”，按乡村办企业、集体统一经营、新经济联合体、农民家庭经营四种类型分组统计。五是1986年将农村统计报表制度分设为“农业统计报表制度和农村经济综合报表制度”两套，前者主要内容为农村基本情况、农业生产条件、农作物生产情况等，后者包括农业总产值、净产值、非农行业总产值、农村收益分配等价值量统计报表。六是从1987年年报起，市级统计局逐步实行计算机汇总分县资料和报送数据文件新方式；同时，对粮食等数据实行分季定案制度。七是新建实施农村新经济组织统计报表制度。1984年，针对各地农村涌现的专业户和新经济联合体，统计年报增设“农村专业户基本情况表和农村新经济联合体基本情况表”。

进入20世纪90年代，统计改革继续深化，原来分设的两套统计报表制度经调整重新合并，定名为“农村经济统计报表制度”，包括年报和月（季）报统计报表。1991年初，为规范农村统计工作，减轻基层负担，解决报表多头布置，防止数出多门，市统计局根据省统计局要求，联合市农业、林业、水利、水产等部门共同布置实施“农村统计一套表制度（试行）”。1992年又把市乡镇企业管理局统计报表纳入“一套表”。

1993年，国家统计局从全国农村统计工作状况和形势发展要求出发，根据新国民经济行业分类和建立新国民经济核算体系需要，制定实施全国统一新版“农林牧渔综合统计报表制度”，共有25种年报和5种月（季）报表，并停用原报表制度。新版报表制度作了以下主要改革与变动。一是根据新《国民经济行业分类和代码》，将原统计中“农业”统一改称为“农、林、牧、渔业”，取消中华人民共和国成立以来一直沿用的“副业”概念，并进行重新归并，将采集野生植物和农民家庭兼营商品性工业并入小农业统计中“其他”项，捕猎野兽野禽列入畜牧业统计。二是对农作物分类进行调整，首次按国际通用统计标准引入“谷物”概念。三是取消农业净产值统计，建立农林牧渔业增加值统计。四是对实行多年的粮食、油菜籽分季定案制度进行统一规范。

之后5年一直保持基本稳定，仅作一些局部调整与完善。

1999年，按照国家统计局要求，对农村统计报表制度作四方面修改：一是实行非农户畜牧业生产情况省级超级汇总制度；二是恢复农林牧渔业商品产值统计；三是建立农林牧渔业总产值季报制度；四是改进牲畜、家禽产值、物耗计算方法。次年仅作个别指标修订。

2001年，为适应社会主义市场经济发展和加入世界贸易组织需要，按照浙江省统计局要求，全市实施农产品生产价格和主要农产品中间消耗调查制度，并布置实施新的《农林牧渔业统计报表制度》和《农业产值综合统计年报表制度》。新制度主要修改内容：一是将畜牧业规模饲养户生产情况列入统计制度，同时取消非农户畜牧业生产统计；二是增设“蔬菜及特种作物生产情况”附表，分类统计蔬菜生产情况；三是增设“省定点挂钩扶贫乡（镇）补充调查表”，以跟踪检验扶贫成效；四是根据国家最新农产品分类目录，对有关指标进行调整。新制度已基本显现现代农业与农村统计体系特点。

2002年，结合实施情况继续进行调整完善。主要修改内容：一是取消“蔬菜及特种作物生产情况、桑园面积和蚕茧产量、茶叶和水果生产情况”3张年报报表，并根据农村住户调查等资料推算相关数据上报国家，桑园面积和蚕茧产量、茶叶和水果生产情况仍实行季报定案制度；二是删减“麻类、甘蔗”等分品种指标；三是增加“村以上竹木采运产值”等部分指标。至此，全市农村社会经济统计调查内容和指标体系趋于成熟，这是一个纵横交错、双向展开、相互联系的多层次结构，纵向包括生产、流通、分配、消费、积累以及文教卫生、乡村建设等内容，横向包括农业、农村工业、农村建筑业、农村运输业、农村批零贸易业和农村其他服务行业等方面，总计22张年报和6张定期报表、1张基层调查表、5张附表（统一由计算机汇总），能综合反映全市农村社会经济发展全貌。

2003年，主要修改内容有以下几方面。一是报表变动，将原季报中的A403表《桑园面积和蚕茧产量》、A404表《茶叶和水果生产情况》归入年报中，分别为A308表《桑园面积和蚕茧产量》和A309表《茶叶和水果生产情况》；取消A310表《畜牧规模饲养户生产情况综合表》。二是指标变动，A301表《农村基本情况》指标增加3个，增加指标为：通有线电视的村，按户籍口径统计的农村住户数、农村人口数；A303表《耕地面积》附报指标增加5个，分别为：现有标准农田面积、其中本年新增和改造标准农田面积、现有标准农田中已有征用意向的标准农田面积、本年减少的标准农田面积、计划整理和改造的标准农田面积；A313表《农林牧渔业总产值》中林业产值增加村以上竹木采运产值统计；增加农林牧渔服务业产值的统计。

2004年，个别指标有所变化：A307表《农作物播种面积和产量》在“稻谷”下增加一个“糯稻”指标；A313表《农林牧渔业总产值》中产值取消，按1990年不变价计算，A314表中作相应改动；A316表《农林牧渔业中间消耗计算表》中增加农林牧渔服务业的2个分类指标，中间物质消耗和对非物质生产部门的劳务支出；A101表《畜牧规模饲养户生产情况调查表》增加2个附报指标，养猪占地和养禽占地。

2005年，新增个别指标：A301表《农村基本情况》新增农村社区居委会个数、农村社区居委会住户数、农村社区居委会住户人口数3个指标；A303表《耕地面积》表新增当年土地整理总面积指标。此后保持基本稳定，沿用到2008年。

2009年，根据《中共中央关于推进农村改革发展若干重大问题的决定》精神，农村统计报表制度进行调整修订。一是将原《农林牧渔业统计报表制度》拆分为《农林牧渔业统计报表制度》统一表号字头为“A”和《农林牧渔业产值统计制度》统一表号字头为“M”。二是“农林牧渔业总产值计算表”增加小麦秆、稻草、大豆秆、玉米秆、其他谷物秆、番薯藤、棉秆、麻秆、桑枝、烟秆等125个指标。三是“农林牧渔业中间消耗计算表”增列具体主要品种。四是增加“其他农业生产情况表、林业生产情况附表、畜牧业生产情况附表、海水产品生产情况附表、淡水产品生产情况附表”。修订后，《农林牧渔业统计报表制度》(以下简称A制度)，共12张综合年报和8张综合定期报表。主要内容包括农村基本情况、农业生产条件、农林牧渔业生产情况。统计范围包括各市、县辖区内各种经济类型、各个系统全部农林牧渔业生产以及各非农行业附属的农林牧渔业生产活动，包括军委系统农业生产（除军马外），不包括农业科学试验机构进行的农业生产。资料搜集上报路径：“农村基本情况、农业生产条件、种植业生产情况、畜牧业生产情况”等报表，由县级统计局、农业局统一布置到乡镇，由乡镇综合统计人员会同农业业务人员共同调查、收集数据，由乡镇综合统计人员汇总后，上报县统计局，部分报表由省级有关业务部门搜集填报。《农林牧渔业产值统计制度》(以下简称M制度)，共8张综合年报和2张综合定期报表。主要内容包括农林牧渔业总产值与增加值。统计范围包括：辖区内各种经济组织类型、各个系统的全部农林牧渔业生产单位和非农行业单位附属的农林牧渔业生产活动单位。军委系统的农林牧渔业生产（除军马外）也应包括在内，但不包括农业科学试验机构进行的农业生产。 核算方法是总产值采用“产品法”计算，增加值采用“生产法”和“分配法”（也称收入法）两种方法计算。

2010年，主要变动内容：一是A制度2010年年报增加《设施农业生产情况》表，由农业部门负责统计；二是A制度2011年季报，增加《农业生产经营单位农作物播种面积情况》表，取消稻谷按品种分的三个指标，分别是籼稻、粳稻、糯稻,《畜牧业生产情况》增加两个指标，“其他禽蛋产量”和“其他奶类产量”；三是M制度，“山核桃、栗子、白果、香榧”等坚果的产值要从林业中调整到种植业中，采集野生植物从种植业中调整到林业中。2010年“农林牧渔业总产值”及计算表（M301表、M304表），2011年季度农林牧渔业总产值及计算表”（M401表、M404表），均作相应调整。

2011年，主要变动内容如下。一是A制度2011年报：（1）《农村基本情况》（A301表），增加了农村常住人口的分性别的情况；（2）《农村劳动力资源与从业人员》（A302 表），删除了部分按行业分的农村人员从业情况、增加了劳动力资源分性别的情况；（3）《渔业生产情况》（A313 表），附报指标中增加内陆及近海渔用机动船、远洋渔用机动船数指标；（4）《设施农业生产情况》（A310 表），将宾栏中的“占地面积”改为“种植面积”，在蔬菜类增加生姜、辣椒、芹菜、油菜、菠菜、黄瓜、西红柿等主要品种，瓜果类增加草莓，食用菌类增加蘑菇（鲜品）；（5）《林业生产情况》（A311 表），“乔木林面积”改为“灌木林面积”；在“主要林产品产量”中根据宁波市情况增加了香榧、银杏等品种，删除了紫胶等宁波市没有生产的品种；增加了“特种作物”类及其项下的花卉种植面积、鲜切花、盆栽观赏植物（包括盆景）、木本药材。二是M 制度：（1）M304、M404 表，“鹌鹑”改为“鹌鹑等其他家禽”，分类从“其他动物饲养”中类改为“家禽的饲养”中类；（2）M304 表附表三，“鹌鹑”改为“鹌鹑等其他家禽”。2012 年保持不变。

2013 年，主要变动内容如下。一是 A 制度 2013 年报：（1）农村基本情况（A301 表），增加“污水集中处理的村数”；（2）农作物播种面积和产量（A307 表），“麻类”改为“生麻”、“烟叶”改为“烟叶（未加工烟叶）”、“药材类”改为“中草药材”、“食用菌”改为“食用菌（干鲜混合）”、“甜瓜”改为“香瓜（甜瓜）”、“饲料草”改为“饲料草（青饲料）”；（3）蔬菜及食用菌生产情况（A307F 表），“卷心菜”改为“卷心菜（结球甘蓝）”、“茄果菜类”改为“茄果类”、“食用菌（干鲜混合）”分组改为“干品”及“其中：香菇”、“黑木耳”，“鲜品”及“其中：蘑菇”；（4）茶叶和水果生产情况（A309 表），所有的“桔”字改为“橘”；（5）设施农业生产情况（A310 表），“食用菌”改为“食用菌（干鲜混合）”、“食用菌（干鲜混合）”分组改为“干品”、“鲜品”及“其中：蘑菇”，补充资料增加“设施实际使用面积”；（6）林业生产情况（A311 表），“幼林抚育作业面积”改为“未成林抚育作业面积”、“幼林抚育实际面积”改为“未成林抚育实际面积”、“生漆”改为“天然生漆”、“乌桕籽”改为“乌桕子”、“五倍籽”改为“五倍子”、“松脂”改为“天然松脂”、“竹笋片”改为“竹笋干”；（7）畜牧业生产情况（A312 表），“家禽”改为“活家禽”、“鸡”改为“活鸡”、“鸭”改为“活鸭”、“鹅”改为“活鹅”、“蜂蜜产量”改为“天然蜂蜜产量”、“牛奶产量”改为“生牛奶产量”；（8）渔业生产情况（A313 表），“海洋捕捞”改为“海水捕捞”、“甲壳类”改为“虾蟹类”、“淡水水域捕捞”改为“淡水捕捞”、“淡水水域养殖”改为“淡水养殖”。二是 A 制度 2014 年季报：（1）春季农作物播种面积（A401-1 表），“药材”改为“中草药材”、“甜瓜”改为“香瓜（甜瓜）”、“饲料草”改为“饲料草（青饲料）”；（2）主要夏播农作物播种面积（A401-2 表），“黄红麻”改为“生黄红麻”；（3）夏季农作物播种面积（A401-3 表），“麻类合计”改为“生麻合计”、“烟草”改为“烟草（未加工烟草）、“药材”改为“中草药材”、“甜瓜”改为“香瓜（甜瓜）”；（4）秋季农作物播种面积（A401-4 表），增加“补充资料：棉花预计产量”；（5）全年农作物播种面积和产量预计（A402-3 表），“麻类”改为“生麻”、“烟草”改为“烟草（未加工烟草）、“药材”改为“中草药材”、“甜瓜”改为“香瓜（甜瓜）”、“饲料草”改为“饲料草（青饲料）”；（6）农业生产经营单位农作物播种面积（A403 表），增加冬季农作物播种面积表；（7）畜牧业生产季节报（A405表）“家禽”改为“活禽”、“牛奶产量”改为“生牛奶产量”。三是M制度：指标名称跟A制度一致做相应更改。

2014年，主要变动内容如下。一是A制度2014年报：（1）农村基本情况（A301表）、“农村劳动力资源与从业人员”（A302表），合并为农村基本情况（A301表），取消36个指标；（2）蔬菜及食用菌生产情况（A307F表），表名修改为“蔬菜、食用菌及果用瓜生产情况”、“瓜菜类”中增加“冬瓜”分类、增加“瓜果类”及“其中：西瓜”、“香瓜（甜瓜）”、“草莓”指标；（3）茶叶和水果生产情况（A309表），在果园面积、水果总产量统计分类中分别增加“李子”指标；（4）林业生产情况（A311表），取消“成林抚育面积”、“抚育改造出材量”、“年末实有母树林面积”、“年末实有种子园面积”指标；（5）渔业生产情况（A313表），修改“海水捕捞”指标为“国内海洋捕捞”，并增加下属“头足类”指标；增加“远洋渔业”及下属“鱼类”、“头足类”、“其他类”指标。二是A制度2015年季报：增加《蔬菜分品种生产季节报》（A404表）、《茶叶生产季节报》（A406表）、《水果生产季节报》（A407表）、《食用菌生产季节报》（A408表）、《中药材生产季节报》（A409表），由农业部门收集填报。三是M制度：2015年季报起，国家统计局实施分季核算，农业发展速度的计算方法有所变化：农业发展速度（本季）= 报告期可比价农林牧渔业产值 / 基期现价农林牧渔业产值 ×100%、农业发展速度（累计）= Σ各季发展速度 × 各季产值占累计产值比重。

2015年，主要变动内容如下。一是A制度2015年报：农作物播种面积和产量（A307表），“油料合计”中，增加分项“其他”。二是A制度2016季报：（1）农作物播种面积和产量（A307表）、夏季农作物播种面积（A401-3表），“油料合计”中，增加分项“其他”；（2）畜牧业生产季节报表（A405表），说明修改为“存栏数为季末月15日的时点数、对于出栏数和产品产量数，应上报当季数”。三是M制度：（1）农林牧渔业总产值计算表（M304表、M404表）“油料作物”的主产品、副产品中各增加指标“其他”、“中草药材”中增加指标“铁皮石斛”、“水果”中增加指标“李子”、“未成林抚育”“成林抚育”两个指标合并为“森林抚育”；（2）其他农业生产情况（M304附表一）“中草药材”中增加指标“铁皮石斛”；（3）林业生产情况附表（M304附表二）“未成林抚育面积”“成林抚育面积”两个指标合并为“森林抚育面积”。

2016年，产值和增加值的累计发展速度的计算方法有变化。农业发展速度（累计）= Σ各季发展速度 × 各季产值（增加值）占累计产值（增加值）比重，其中，各季产值（增加值）占累计产值（增加值）比重按照现价计算。2017年无变化。

（二）县域社会经济基本情况统计

县域社会经济基本情况统计主要为准确反映全国县域和农村社区社会经济发展情况和规律，为各级政府制定县域社会经济发展政策和区域发展规划提供依据，为社会各界了解和参与县域社会经济发展提供全面、系统的县域和农村社区社会经济信息，包括县级农村社会经济情况卡片、乡镇社会经济基本情况卡片和村社会经济基本情况卡片（以下分别简称县卡、乡卡和村卡）等，上报方式上要求按基层单位提供，无需汇总。

1. 县卡

始建于1963年，由农业部和国家统计局布置各县（旗）上报。卡片内容分 4 个部分，共 264 个指标。填报范围是辖区范围内除城区以外全部县级单位（包括县、县级市、旗、县级农区），凡在辖区内所有企事业单位、机关团体，不论其行政隶属于哪一级均应包括在内。上报方式是各县级统计局按所在地原则，根据同级各部门、各系统现有资料整理填报本行政区资料，每年由各省统计局收集审核后上报国家统计局。“文化大革命”后，县（市）卡资料由省统计局负责收集整理，上报国家统计局。1983 年，县卡所列内容增加，改由县（市）统计局填报，经省统计局审查后上报国家统计局。1995 年，县卡内容分基本情况、农业生产、非农产业产值、乡镇企业、文教卫生、县级经济 6 个部分，共 122 个指标。1996 年县卡基本不变。

1997 年，国家统计局将“县级农村社会经济情况卡片”改名为“县（市）社会经济基本情况表”（以下仍简称县卡），内容调整为社区基本情况、人口劳动力情况、自然资源、综合经济、教育科技文化和卫生、财政金融、人民生活 7 个方面，共 164 个指标。主要增加市场化进程中农村面貌和人民生活变化方面指标，如通公路通电话通自来水村数、国内生产总值、小学毕业升学率等。同时取消旱涝保收面积、受灾面积、乡镇企业等指标。此后两年保持不变。

2000 年，国家统计局农村社会经济调查总队下发通知，对县卡进行改革修订，建立主、副卡相结合报表制度，以综合体现县域社会经济情况指标为主卡，以进行区域性重点研究所需指标为副卡。主卡反映县（市）一级基本社会经济运行状况，约 100 个综合指标，指标相对稳定，适用全国各地填报。调整内容：一是减少社区基本情况、人口和劳动力情况、自然资源三部分指标，由 35 个减至 13 个；二是将农业部分从综合经济中提出单列，指标由 35 个减至 25 个，新增蔬菜种植面积和产量等指标；三是工业、交通运输及邮电业、贸易外经和固定资产投资等部分，增加旅游、电信方面指标，调整固定资产统计口径，减少部分在基层难以取得可靠数据指标，数量由 34 个减至 31 个；四是教育、卫生方面指标由 21 个减至 9 个；五是增加保险、社会治安等方面指标。副卡根据国家对东部发达地区农业现代化研究需要，设立农业现代化建设基本情况表，在东部地区县级市、地级以上城市郊区实施。

2001 年，调整互联网用户数、参加养老保险职工数和参加医疗保险职工数统计口径，明确数据来源。增加人口调查中有关人口、受教育程度和住房方面附记指标。

2002 年，将县卡中“年末实有耕地面积”改为“常用耕地面积”、“旱地”改为“其中水浇地”、“农村居民人均可支配收入”改为“农村居民人均纯收入”，取消有关人口补充指标，增加“县卡补充资料”。2003 年沿用不变。

2004 年，县卡进行修订完善，增加教育、文化、卫生、社会保障和可持续发展等方面内容，从乡村基本情况、人口与就业、综合经济、农业、工业及建筑业、交通运输邮电通信能源、贸易外经旅游、固定资产投资、教育科技文化卫生、人民生活、社会保障、社会治安和资源环境 13 个方面共 195 个指标来反映县（市）社会经济基本情况。增加的指标主要是反映全面建设更高水平小康社会进程中，县（市）社会经济发展情况，如建制镇个数、地区生产总值、科技三项费用等指标。之后一直沿用到 2010 年。

2011 年，对县卡指标进行精减，从乡村基本情况、人口与就业、综合经济等13个方面共195个指标精减到182个指标，主要精减了交通运输、邮电通信、贸易、外经、人民生活、社会治安等方面内容。2012年沿用不变。

2013年，对县卡报表制度进行修改，人民生活改为居民收入，取消社会治安方面内容，由原来13个方面变为12个，指标由原来182个指标精减到143个。之后一直沿用到2017年。

2. 乡卡

其统计范围是乡镇所辖行政区域内社会、经济、科技等基本情况。由乡镇综合统计人员填报，经各市、县（市、区）统计局统一处理报省统计局审核后上报国家统计局。据可查资料，建立乡卡制度起始时间及相继发展变化情况不详。1995年，乡卡包括基本情况、农林牧渔业生产条件等7个部分内容，共计61个指标。之后两年保持不变。

1998年，对乡卡报表制度作了修改：增加“镇区人口”等指标，取消乡镇企业“固定资产原值”等指标，并调整部分指标口径范围。

1999年，乡卡增加反映社区环境、金融方面统计指标，补充完善反映镇区建设和农业科技方面指标，精减农村经济收益分配方面个别分项指标。

2000年，根据国家统计局《关于2000年统计年报和2001年定期统计报表制度》规定，各地乡卡免报。

2001年，乡卡增设“县政府驻地”选项，将“老区、边区”选项分开，增加“国内生产总值、农民人均纯收入、水果产量、蔬菜产量”指标，取消“年末大牲畜存栏头数、林地面积”指标，乡镇企业部分指标增设“其中工业企业”，镇区情况部分指标调整，增加自来水普及率、燃气普及率、有线电视入户率、道路铺装面积、人均住房面积等指标。

2002年，乡卡取消“乡镇国内生产总值”分行业指标，增加“外出劳动力、粮食作物产值（分现价和1990年不变价）、义务教育普及率”等其中指标，并沿用至2003年。

2004年，乡卡进行修改完善，对财政指标进行新分类，并增加部分指标。之后两年没有变化。

2007年，乡卡新增“农业投资完成额、年末资产总额、农技推广服务机构、农技推广服务从业人员、农民专业合作经济组织个数、农民专业合作经济组织成员、影剧院、刑事案件立案数”指标。2008年保持不变。

2009年，省统计局将乡卡报表名称改为“乡、建制镇基本情况”（以下仍简称乡卡）。增加年末耕地面积、水田、旱地指标。将中小学学校总数、中小学在校学生总数、中小学专任教师总数指标按中学、小学分类分别单列设置。取消地区生产总值、乡镇企业总产值、义务教育普及率等指标。

2010年，乡卡包括乡镇基本情况、人口与就业、乡镇经济情况、企业情况、乡镇机构、财政与金融、乡镇社区环境、科技文教与卫生、生活社会福利、建制镇镇区情况10个部分内容及村民委员会个数、农作物总播种面积两方面补充资料，共97个指标。新增社区居委会个数、储蓄所等指标，将乡镇总户数、乡镇总人口调整为乡镇户籍住户数、乡镇户籍人口数、乡镇常住住户数、乡镇常住人口数，取消旱涝保收面积、乡镇政府可支配收入、银行信用社等指标。2011年保持不变。

2012年，乡卡取消“出售产品收入”“年末居民储蓄存款余额”“刑事案件立案数”3个指标，“年末常用耕地面积”“年末有效灌溉面积”“固定资产投资完成额”等13个指标名称变动，指标涵义基本不变。

2013年，对乡卡进行了重新修改完善，变动较大。乡卡包括6个属性指标、“基本情况、人口与就业、财政收支、农业、工业及建筑业、通信及能源、贸易及餐饮、教育文化与卫生、居民收入及社会保障、公用事业及环境、城镇基本情况”11部分内容共83个指标，取消了村民委员会个数、农作物总播种面积两方面补充资料。新增“与县级政府驻地连片的区域、通公共交通的村个数、污水集中处理的村个数”等22个指标；取消“农业机械总动力、乡镇用电量、乡镇户籍住户数”等39个指标；从原指标中分离单设“县级政府驻地、老区、边区”3个指标；有9个指标的指标名称或指标解释有变动；有12个指标的指标名称变更但解释未变。

2014年，乡卡包括6个属性指标、“基本情况、人口与就业、财政收支、农业、工业及建筑业、贸易及餐饮、教育文化与卫生、社会保障、公用事业、城镇基本情况”10部分内容共77个指标，取消通信及能源和居民收入方面内容共6个指标。2015年保持不变，2016年因农普年免报。

2017年，乡卡新增“户籍户数、资产总额、家庭农场数、商品交易市场交易额及城镇经济社会情况方面”等37个指标。

3. 村卡

统计范围包括行政村所辖行政区域内社会、经济、科技等基本情况。由乡镇统计人员会同行政村统计人员填报，各市、县（市、区）统计局统一处理报省统计局审核后上报国家统计局。报送频率为三年一次。2004年，根据国家统计局《关于布置2004年统计年报和2005年定期统计报表的通知》要求，省统计局在农业统计制度中增加《行政村基本情况表》。报表内容包括“基本情况、耕地与农业用地情况、村集体资产情况、社会保障情况”4个部分共31个指标。2005—2007年沿用不变。

2008年，为全面反映农村概况，村卡改名为“行政村（居委会）基本情况表”，报表内容包括“基本情况、人口与就业、社会事业、人民生活及社会保障、村务情况”5个部分共42个指标。增设属性、灌溉主要水源、村内主要道路等选项，取消少数民族村、贫困村、是否通电通电话等选项，增加垃圾集中处理自然村、卫生室、图书室文化站等指标，取消村民小组个数、总户数、园地面积等指标。2009—2011年沿用不变。

2012年，对村卡进行了重新修改完善。报表内容包括“基本情况、人口及社会保障、村级经济”3个部分内容共29个指标。

2013年，村卡又进行重新调整。报表内容由12个属性指标和15个常规指标共27个指标组成。2014—2017年沿用不变。

（三）统计监测和专项调查

1. 粮食生产统计监测调查

长期以来，粮食播种面积和产量的统计调查方法实行全面统计报表与抽样调查并行的调查体制。其中，以省为总体的省级抽样调查的样本仅对省有代表性，市、县两级使用“村级起报，逐级汇总”的全面统计数据。致使市、县两级粮食播种面积和产量等统计数据与全省数据出现一定偏差，影响了各级政府粮食生产计划和有关决策的制定。为满足分市及分县粮食播种面积和产量统计数据的需求，需要建立以市级、县级为总体的各品种粮食播种面积和产量的抽样调查制度。

2009年5月，经浙江省人民政府同意，决定分季开展粮食播种面积和产量抽样调查工作，并于

2009年5月8日下发《浙江省人民政府办公厅关于建立粮食生产统计监测调查制度的通知》(浙政办发〔2009〕58号)。

2009年6月8日，浙江省统计局下发《浙江省分市粮食生产统计监测调查方案》(浙统〔2009〕82号)，在《浙江省粮食生产统计监测调查工作方案(试行)》(浙统〔2009〕55号)中，对2009年粮食生产统计监测抽样调查工作做了细化和部署。明确基层调查表式由两部分，共9张表组成。一部分是样本区调查基层表，由《样本区农户拥有耕地变动情况调查表》(浙A粮调1表)、《分区块农作物播种面积调查表》(浙A粮调2表)、《样本区粮食作物及油菜籽亩产调查表》(浙A粮调3表)3张表组成；另一部分是非农户农业生产单位调查基层表，由《春季农作物播种面积》(浙A401-1表)、《夏季农作物播种面积》(浙A401-3表)、《秋季农作物播种面积》(浙A401-4表)、《春季农作物估(实)产》(浙A402-1表)、《夏季作物实产》(浙A402-2表)、《全年农作物播种面积和产量预计》(浙A402-3表)6张表组成。

2009年9月，经宁波市人民政府同意，决定分季开展粮食播种面积和产量抽样调查工作，并于2009年9月28日下发《宁波市人民政府办公厅关于组织开展粮食生产统计监测调查制度的通知》(甬政办发〔2009〕236号)。

同年9月29日，宁波市统计局、宁波市国土资源局、宁波市农业局、宁波市粮食局共同研究制定了《宁波市粮食生产统计监测调查工作方案》(甬统发〔2009〕25号)，明确了调查目的、调查范围和方法、样本的抽取和维护、调查内容和登记原则、调查频率、调查方式、组织和实施、数据上报和质量控制等8个方面内容。明确宁波市粮食生产统计监测调查工作分两步走，2009年宁波市实施以市级为总体的粮食生产统计监测调查工作，取得经验。2010年起全面实施以县级为总体的粮食生产统计监测调查工作。

2010年3月30日，宁波市统计局、国家统计局宁波调查队联合下发了《关于开展以县级为总体的粮食生产统计监测调查工作的通知》(甬统队发〔2010〕17号)，宁波市在浙江省以市为总体的648个样本小区监测调查基础上，抽取了654个小区(其中与以市为总体样本区重合334个，新扩充320个)作为宁波市以县为总体的粮食生产统计监测调查样本小区，共组成新老样本区968个，涉及农户75360户，调查地块5922块，农业生产单位118家。至此宁波市全面建立了以市、县二级为总体的粮食生产统计监测调查制度，分季开展粮食播种面积和产量抽样调查工作。

2010年5月，根据《国家统计局关于浙江省分市粮食生产统计监测调查方案的批复》(国统制〔2010〕44号)的文件精神和要求，浙江省统计局于2010年5月18日确定并下发了2010年《浙江省分市粮食生产统计监测调查方案》(浙统〔2010〕46号)，对2010年浙江省粮食生产统计监测调查工作进行部署。方案作了5个方面的调整：一是新增《样本区所在行政村(居、社区)农业用地调查表》(浙A粮调1表)，《新扩样本区调查土地分户登记表》(浙A粮调K1-2表)；二是从2010年开始，样本区调查土地的核实调查，每年初进行一次；三是对在2009年度内调查土地有变动的农户，要求采用入户核对与现场踏勘相结合的方法，三季均采用实地勘察填报；四是对农业生产单位拥有耕地使用情况的调查，春、夏、秋三季粮油作物种植情况分三张报表填报；五是样本区粮油作物单产在各季节上报农作物种植情况基础上，挑选部分种植粮食作物较多的样本区，开展粮油实际单产调查。

2012年，按照浙江省统计局对粮食生产统计监测调查电子地图绘制的要求，结合宁波市的实际情况，样本区调查地块电子地图绘制方法总体思路是利用Google Earth电子地图查找出样本点地块所在区域，以样本点为单位对地图进行PPT规范编辑，将编辑好的PPT进行彩色打印，辅助调查员在图纸上绘制自然田块所在区域，地图验收，对最终图纸进行扫描存档。宁波市统计局于5月29—30日组织各县（市）、区统计局以现场会形式培训粮食生产统计监测调查电子地图绘制工作骨干，并出台《宁波市绘制粮食生产统计监测调查电子地图办法》，进一步加强粮食监测地图绘制工作的规范性，全面推进宁波市粮食监测电子地图绘制工作。至2013年底，各县（市）、区全部完成电子地图绘制工作。

2014年，按照浙江省统计局要求，新增《样本区调查地块冬季使用及种植情况调查表》（浙A粮调3-4表）、《农业生产单位冬季农作物种植面积调查表》（浙A粮调6-4表）。

2016年，《浙江省分市粮食生产统计监测调查方案》正式更名为《浙江省粮食生产统计监测样本区报表制度》和《浙江省粮食生产统计监测农业生产单位报表制度》，样本区与农业生产单位报表制度分开编制。调查表式、调查范围、调查方法、调查时间和频率都做了相应的变化。

2018年，按照浙江省统计局要求，2019年起粮食统计调查分市县数据统一由各市调查队负责管理。至此，宁波市统计局圆满完成2018年粮食生产统计监测调查最后一年工作。

2. 欠发达乡镇奔小康工程统计监测

2003年3月，浙江省委办公厅、省府办公厅联合下发《关于实施欠发达乡镇奔小康工程的通知》（以下简称《两办通知》）：将原来“百乡扶贫攻坚计划”对象乡镇和2001年农民人均纯收入低于全国平均水平（2366元）乡镇统一列入欠发达乡镇（浙江省共361个乡镇，主要分布在淳安等25个欠发达县），实施浙江省“欠发达乡镇奔小康工程”。力争实现三个目标。一是欠发达乡镇农民人均纯收入年增长幅度高于浙江省平均水平。至2007年，80%以上欠发达乡镇农民人均纯收入超过当年全国平均水平，年纯收入1000元以下人口占所在乡镇人口比率低于3%。二是下山脱贫工作取得新进展。三是生产生活条件和生态环境明显改善。实行严格考核制度。

2007年3月，按照浙江省统计局要求，根据《关于扩大开展欠发达乡镇农村居民收入抽样调查范围的通知》（浙调字〔2007〕9号）精神，宁波市统计局开展了欠发达乡镇农村居民收入抽样调查工作。

（1）对象内容与方法要求

统计监测对象：一是余姚市鹿亭乡、大岚镇及所属18个村的400个样本农户；二是奉化市大堰镇及所属18个村的400个样本农户。统计监测内容：一是乡镇社会经济发展情况，包括乡镇基本情况、生产条件、经济发展水平等方面；二是欠发达乡镇基本状况、人均收入水平、扶贫资金落实与投向及扶贫成果等内容。统计方法和上报要求：欠发达乡镇奔小康工程统计监测采取全面统计方法，实行半年报（7月15日上报）、全年预计（12月15日上报）和年报（次年4月5日上报）统计制度，分别由各乡镇、街道和样本农户填报。

（2）组织与实施

由宁波市统计局等三部门联合发文布置、共同负责和组织实施。宁波市统计局负责具体统计监测。统计监测工作经费，由宁波市财政局给予一定专项补助。各县由县扶贫办牵头，财政部门保障经费，统计部门承担统计监测报表任务。

2007年3月7日，宁波市统计局相关人员参加在杭州市召开的浙江省2006年新增欠发达乡镇农村居民收入抽样调查工作会议。同年3月中旬，宁波市统计局举办欠发达乡镇奔小康工程统计监测工作培训班，对乡镇及以上统计监测对象和相关县（市）统计局统计人员进行系统培训，讲解《监测方案》，并对统计监测工作进行具体部署。各相关县（市）统计局相继按宁波市统计局部署要求和《监测方案》及浙江省统一数据处理程序，组织开展业务培训和统计监测调查等工作，对统计监测报表数据进行录入、审核、上报与开发利用。各级统计部门根据监测结果，对实施成效进行分析与评价，形成统计监测专题报告，为各级党委、政府提供决策参考。

至2008年底，宁波市各级统计部门完成浙江省欠发达乡镇奔小康工程统计监测全部工作任务。之后，新一轮扶贫计划实施，浙江省提出低收入人群收入倍增计划，继续由宁波市统计局负责监测。

3. 农林牧渔业生产经营单位能源消费重点调查

农林牧渔业生产经营单位能源消费调查是整个能源消费统计调查的组成部分。根据国家统计局《关于布置2007年统计年报和2008年定期统计报表制度的通知》（国统字〔2007〕118号）精神，从2007年年报起正式建立《农林牧渔业生产经营单位能源消费调查制度》，对农林牧渔业生产经营单位能源消费开展重点调查。2008年2月，浙江省统计局决定开展农林牧渔业生产经营单位能源消费重点调查工作，并于2008年2月25日下发了《浙江省统计局关于开展农林牧渔业生产经营单位能源消费重点调查的通知》文件。明确了调查范围和对象、调查内容、调查方法和要求、数据录入、上报时间及方式等六个方面内容。

同年3月，宁波市统计局根据浙江省统计局有关要求，对抽中的宁波市14家农林牧渔业生产经营单位进行能源消费情况的重点调查。

（1）调查范围和对象

依据第二次农业普查《单位普查表》的数据资料编制样本框进行抽选，抽中宁波市14家农林牧渔业生产经营单位开展能源消费重点调查。14家农林牧渔业生产经营单位分布于宁波市7个区县（市）。

（2）调查内容

农林牧渔业生产经营单位基本财务情况及能源消耗支出，生产经营活动中煤炭、汽油、柴油、天然气、煤气、电的消费情况。

（3）调查方法和要求

每年3月上旬，区县（市）统计局农业和农村统计人员要深入被抽中的各个农林牧渔业生产经营单位，会同单位财务与统计人员搜集上年度单位生产经营情况有关数据，填写《农林牧渔业生产经营单位能源消费重点调查表》，调查表数据经审核无误后盖上单位公章，由区县（市）统计局农业和农村统计人员带回。

（4）数据录入、上报时间及方式

各区县（市）统计局农业和农村统计人员收齐《农林牧渔业生产经营单位能源消费重点调查表》后，将调查表数据录入浙江省统计局下发的EXCEL过录表格中，于3月13日前以电子文档形式上报宁波市统计局，书面调查表由各区县（市）统计局装订存档；宁波市统计局对县（市、区）统计局上报的数据进行审核后于3月15日前以电子文档形式上报浙江省统计局。

2011年初，由于原抽中的部分调查单位经营状况和经营行业发生变化，浙江省统计局对开展2010年能源消费重点调查的农业生产经营单位进行了调整、补充。并于2011年2月21日下发了《浙江省统计局关于开展2010年农林牧渔业生产经营单位能源消费重点调查有关事项的通知》（浙统函〔2011〕18号）文件。宁波市由原来14家农林牧渔业生产经营单位调整、补充为17家，调查内容、调查方法和要求、数据录入、上报时间及方式不变。

2013年，根据浙江省统计局通知，农林牧渔业生产经营单位能源消费重点调查结束。

二、农业与农村抽样调查

（一）主要畜禽抽样调查

畜牧业统计是农业统计中的一项重要内容，直接关系到农林牧渔业生产统计的整体数据质量，我国长期以来采用全面统计逐级上报畜牧业生产情况的统计方法，随着农村体制改革和农村经济的发展及新情况的不断出现，增加了统计数据失真的可能性，提高统计数据质量的难度也越来越大。

为进一步搞准畜牧业统计数据，提高统计调查效率，国家统计局着手改革畜牧业统计调查方法。1999年，国家统计局下发《关于布置1999年统计年报和2000年定期统计报表制度的通知》（国统字〔1999〕80号），修订了1999年统计年报和2000年定期统计报表制度。修订内容之一是正式实施畜牧业生产情况抽样调查，对农户和小规模养殖单位进行抽样调查，对规模以上畜牧业生产单位进行全数调查。同年，国家统计局办公室下发《关于认真做好1999年农村统计年报工作的通知》（国统办字〔1999〕120号），对畜牧业抽样调查方法制度作了明确和说明：1999年正式实施，调查主题为猪、牛、羊和家禽，其中牛、羊调查在主产区进行。调查方法为对小规模农户散养部分在抽中村选部分农户开展调查，对农户规模养殖部分在抽中村进行全数调查，对社会养殖部分进行全面统计。主要畜产品以外的品种仍然沿用层层上报的方式取得数据。

根据国家统计局《畜牧业抽样调查方案》，浙江省统计局及时制定《浙江省畜牧业抽样调查实施细则》，利用1996年全省35个农产量调查县（市）全部24000多个行政村的农普有关资料按抽样原则直接抽选了300个调查村作为全省畜牧抽样调查村，当时各县（市）调查村的分布是很不均匀的。这套方案自1999年年报开始运行至2000年年报。宁波地区抽中鄞县、余姚和宁海三地参与调查。

由于浙江畜牧业规模化生产发展迅速，因此，全面、准确地掌握畜牧业规模户生产的基本情况，既是各级领导和有关部门指导畜牧业生产发展的迫切需求，也是准确掌握全省畜牧业生产数据的重要前提。畜牧业抽样调查方案中将规模农户放在调查村中全数调查，这一方法并不适应浙江规模农户饲养迅速发展的变化，导致推算数据不理想。浙江省农村社会经济调查队根据浙江实际，从2001年开始对原方案作了适当调整。调整的主要思路是，对生猪、家禽规模户与散养户分别调查，规模户采用全数调查，散养户采用抽样调查；牛、羊生产由于总量较小且分布较为偏态，采用全面统计方式取得数据。为此，浙江省统计局和浙江省农业厅联合下发《关于建立“畜牧规模饲养户生产情况”季度统计制度的通知》(浙统农〔2001〕25号)。规模户并不以经济类型来区分，而按生产规模来划分，是指达到一定牲畜饲养数量的生产单位（企业、场或农户）。规模饲养的划分标准为：生猪年出栏50头以上；仔猪年出售100头以上；奶牛存栏10头以上；羊存栏或出栏30只以上；蛋禽存栏500羽以上；肉禽年出栏3000羽以上；兔存栏100只以上；蜂50箱以上。所有达到规模标准的生产单位均按季度上报生产情况。按此方案开展调查，较为真实地反映了生产变化趋势。

由于达到规模标准的生产单位过多，为进一步提高统计效率，从2002年起，规模户季节报采用抽样调查、年报采用全面调查，并把年报数据作为下一年度季报抽样调查的抽样框。抽样时利用上一年度规模户全数调查资料，生猪、家禽分别以市为总体直接抽选规模生产单位，根据各市猪、牛、羊、禽规模户数量和饲养情况，按抽样精度要求（一般要求抽样误差在3%以内）分别确定样本数量。实践证明，该套方案是可行的，较准确地反映了生产变化趋势和变化规律，真实地反映了实际情况。

2004年，为提高农村抽样调查网点的代表性，保证国家调查数据质量，更好地满足各级政府对农村调查数据的需要，国家统计局决定2004年在全国开展农村抽样调查县以下样本轮换工作，浙江按要求对散养户的样本作了轮换。宁波的鄞州、宁海和慈溪作为23个试点县（市、区）参与调查；余姚和象山作为13个非试点地区参与调查。

2007年，全国出现生猪生产下降和价格大幅上涨的情况，国务院要求“国家统计局要组织各地调查总队开展以生猪为主的主要畜禽生产抽样调查，直接上报汇总，分季定产，减少统计误差；在城市、农村住户调查中要增加相应的畜禽品种，提供更全面的住户消费量和消费价格信息”。为贯彻国务院《关于促进生猪生产发展，稳定市场供应的意见》（国发〔2007〕22号）文件精神，2008年3月，国家统计局下发《关于开展主要畜禽监测调查的通知》（国统字〔2008〕28号），决定从2008年起开展主要畜禽监测调查工作。主要畜禽监测调查是国家调查任务，包括了以省为总体的猪牛羊禽抽样调查和以县为总体的生猪调出大县生猪生产调查两个方面的内容。监测调查实行国家统计局统一领导、国家统计局各调查总队负责组织实施、各级统计局密切配合的工作机制，共同完成监测调查任务。国家对主要畜禽监测调查实行直接调查、直接上报、超级汇总、下管一级的数据管理制度，要求各地严格执行有关规定。主要畜禽监测调查以第二次全国农业普查各省区市畜禽存栏普查结果为样本框，以获得的规模饲养农户和农业生产经营单位为基本名录，抽样调查与全数调查相结合，并统一用农业普查结果为基础推算总体，对省一级具有代表性。

2008年4月，国家统计局浙江调查总队、浙江省统计局下发《关于开展主要畜禽监测调查的通知》(浙调字〔2008〕17号)，全面布置浙江省主要畜禽监测调查实施方案。监测方案明确：生猪、家禽规模户实行年度全数调查，季度抽样调查，散养户则在抽中调查区（县、市）中开展抽样调查，生猪散养户调查在萧山区等22个区（县、市）中开展，宁波抽中余姚市和宁海县参与调查；家禽散养户调查在桐庐县等20个县（市、区）中开展，宁波抽中余姚市和宁海县参与调查；牛、羊实行全面统计；杭州市萧山区、嘉兴市南湖区、嘉善县、衢州市衢江区等4个县（区）开展生猪调出大县监测调查，宁波地区未被抽中。

2011年，为客观反映我国畜牧业生产形势，确保畜禽监测调查数据质量，依照国家统计局农村抽样调查定期进行样本轮换工作的要求和全国农村抽样调查样本轮换工作方案的规定，在全国开展主要畜禽监测调查样本轮换工作。利用第二次农业普查住户调查表的分户资料，整理加工出每个普查小区的小区代码、小区名称和小区所在的行政村名称、小区农户户数、小区猪牛羊禽农普时点的年末存栏等主要指标，编制以普查小区为单位的抽样框。宁波地区在余姚和宁海的基础上新增慈溪市参与生猪和家禽散养户调查。

2015年，根据行业发展特点，在无完整抽样框资料的前提下，针对监测调查存在的问题，以“大稳定、小调整、优结构”为基本原则，对现有调查网点和调查方式进行部分调整，实现抽样调查的科学性和实际工作的可操作性有效结合的目标。调整原则为：大型养殖场户地位重要，发展稳定，继续全数调查；中小型养殖场户户数多，养殖量大，工作量大，调整为抽样调查；原有散养户中具备发展潜力的纳入中小型养殖场户，调整为抽样调查；调查小区调查纯家庭养殖户，相应减少工作量，增加调查县以外的牛羊禽传统养殖样本，有效提高代表性。以当前监测调查所有规模户（单位）所在的乡、村为中小型养殖场户抽样框。

生猪、家禽规模户年季报监测调查和牛、羊监测调查由宁波调查队组织实施。国家统计局宁海调查队承担畜牧业生猪散养户抽样调查，慈溪市统计局承担家禽散养户抽样调查。

2015年到2017年，方法制度基本保持不变。

猪牛羊禽三个类型标准及调查方法

表65

品种	大型养殖场户：全数调查	中小型养殖场户：分品种先抽乡镇、再抽村，抽中村整群调查	散养户：调查原有小区的一半，整群调查猪牛羊禽
生猪	年饲养量5000头以上	年饲养量100～5000头	年饲养量100头以下
肉牛	年饲养量1000头以上	年饲养量10～1000头	年饲养量10头以下
奶牛	年饲养量1000头以上	年饲养量10～1000头	年饲养量10头以下
肉羊	年饲养量1000只以上	年饲养量50～1000只	年饲养量50只以下
肉禽	年饲养量10万只以上	年饲养量200～10万只	年饲养量200只以下
蛋禽	年饲养量10万只以上	年饲养量200～10万只	年饲养量200只以下

（二）主粮亩产抽样调查和主粮播种面积抽样调查

主粮亩产调查和主粮播种面积抽样调查是通过省抽县区（市）的方式，在不同时期开展的抽样调查工作，主要用于推算全省的主粮产量和面积。

1. 主粮亩产抽样调查

（1）粮食产量抽样调查历程

中华人民共和国成立后，农产量调查作为农业（村）调查的一项重要内容，在做好粮食等主要农产品全面统计的同时，抽样方法开始得到运用。

1956年农业合作化前，根据当时小农经济的特点和农业统计初建阶段的实际，以粮食为主的农产量调查主要采取典型调查的方法。随着农业合作化的发展，除典型调查外，也采用实割实称的调查方法来推算粮食等产量的数据。

1962年，国家统计局制定了粮食产量抽样调查方案，并在1963年实际开展了粮食产量抽样调查工作，这也是我国首次在农业统计工作中使用抽样调查方法。当时采用分阶段等距抽样调查方法：省抽县、县抽大队、大队抽地块、地块抽样本等四个阶段。1963年全国调查了150个县，1500个生产队，40000个地块，50万个实测样本，但当时调查数据并未作为定案数使用。

1963年4月，全国农产量调查总队浙江分队成立。当年浙江在农产量调查中采用分阶段等距抽样、四阶段的方法。宁波市鄞县被浙江分队选中，开展以双季稻为主的抽样调查试点。

1964年起，实行五阶段抽样，即省抽县（市）、县（市）抽公社、公社抽生产队、生产队抽田块、田块抽小样本，采取按前三年粮食作物综合平均单产为排队标识，利用三年平均播种面积作辅助资料，半距起点，等距抽选各级样本单位。在鄞县进行抽样调查试点的基础上，余姚、奉化、镇海分别进行早、晚两季粮食产量的抽样调查。

1965年又分别在象山、鄞县进行此项调查工作。

1966年，农产量抽样调查中断。

1978年，为搞清粮食产量数据，鄞县、慈溪被浙江省计划委员会统计处抽选，开展农产量调查。调查根据自然条件、作物状况、粮食生产水平等各选择有代表性的3个大队作为省农产量的固定调查点。

1982年3月，浙江省政府办公厅转发了省统计局《关于开展农村抽样调查搞准农业统计数字的报告》。当年浙江确立了全省农产量抽样调查第一套方案。全省以近三年全年粮食作物综合平均单产作为排队标识，用划类、等距抽样的方法，分四片，即杭嘉湖、宁绍舟、金衢丽和温台地区，余姚被选中进行早、晚稻抽样调查的试点。

1982年的农产量抽样调查，主要是按农事季节对粮食（指水稻，下同）产量进行抽样调查。具体分抽样估产和实割实测。抽样估产：一般在作物成熟前一星期左右，由村干部、老农和农技人员参加的估产小组对抽中村民小组的所种植该季粮食作物田块进行踏畈，逐块估产，并登记在估产表上。实测调查：在核实面积与踏田估产的基础上，以亩产高低顺序排队，面积累计，用等距抽样、半距起点方法抽选实测调查地块，丈量面积，抽取小面积样本，利用测框（10平方市尺）单收小样本等资料推算地块标准亩产等。对于水稻以外的非实测作物的粮食，一般采用估产、典型调查等方法来确定其产量。最后根据实测和非实测取得的数据推算本季全社会粮食产量。

1983年，春粮、早稻、秋粮三季全面开展抽样调查。余姚被抽中作为实测作物调查县，分别对大、小麦（混合）、早稻、晚稻进行实测调查。

1984年6月14日，由省计划委员会、省编制委员会、省劳动人事厅、省财政局、省统计局转发国家计委、劳动人事部、财政部、国家统计局《关于农村和城市两支抽样调查队组建工作的通知》。宁海、鄞县为经国家统计局批准的国家调查县。余姚、慈溪、象山为经省政府批准的省调查县（市）。当年仍延续1983年的调查制度。

1985年，宁海、鄞县进行大、小麦（混合）实测作物调查。宁海、鄞县、余姚、慈溪、象山进行早稻、晚稻实测作物调查。

1986年至1988年调查方法与1985年相同。

1989年，对基层网点进行了第一次轮换，并实行分季分品种抽样调查。

1990 年，新基层网点开展农产量调查工作。该年开始取消乡（镇）级推算汇总，县（市）级产量直接由村民小组超级推算。

1993 年，大、小麦不再开展实测调查，但仍开展估产调查，春粮不再搞抽样调查。早稻、单季晚稻和双季晚稻等三个主要粮食品种开展抽样调查。

1994 年，进行了产量调查基层网点的第二次轮换，并从 1995 年开始正式启用新调查网点。

1995 年，进一步对全省农产量调查方案作了调整，鄞县、宁海为早稻、晚稻实测调查县，余姚为早稻实测调查县。

1999 年，对农产量抽样调查进行样本轮换，并从当年早稻调查起启用新网点。鄞县、宁海作为国家调查县参与早稻、单季晚稻、双季晚稻实测调查；余姚作为省调查县参与早稻实测调查；象山作为省调查县参与双季晚稻实测调查。

2002 年，省队对县级农产量抽样调查样本作了重新调整。鄞州（2002 年 2 月，撤销鄞县，设立宁波市鄞州区）参与早稻、双季晚稻实测调查；象山参与单季晚稻实测调查；余姚参与双季晚稻实测调查。

2007—2016 年，鄞州、宁海、慈溪参与粮食产量实测调查。鄞州参与早稻、双季晚稻产量调查，宁海、慈溪参与单季晚稻产量调查。

2017 年，承担农产量调查县开始新一轮调整。鄞州、宁海和余姚参与早稻、单季晚稻、双季晚稻产量调查。

（2）粮食产量抽样调查制度

①调查网点的抽选及维护

网点的抽选。从开展农产量抽样调查以来，调查网点根据各个时期的不同实际情况进行了多次的调整。2017 年农产量抽样调查网点的抽选情况如下。

抽选原则：一是按省抽县、县抽村级（农业普查小区、面积单位区）单位、村级单位抽田块、田块抽小样本进行各阶段的样本抽选；二是每个样本县各阶段的样本容量一致；三是在满足代表性前提下，粮食产量调查网点尽可能与农作物播种面积抽样调查网点拟合；四是仍采用等距或对称等距方法抽取各阶段调查样本。

样本容量：每个县 15 个农业普查小区（村民小组）或面积调查单位区，每个农业普查小区（村民小组）或面积调查单位区抽 3 块实测田块，每块田抽 3 个小样本。

网点的维护：各调查县（市）在实测作物播种后，及时摸清网点种植情况，当总队提出要求对方案进行调整变更、发现某地网点的代表性有较大问题、村级辅助调查人员发现网点出现异常变动（实测作物不再种植或种植面积很少等）等情况时要按抽样原则及时补点换点同时作代表性检查，并报总队审核报国家批准后方可执行。

②基层调查业务流程

农产量抽样调查工作一般分四个步骤，即抽样估产、实割实测、推算产量和抽样数据的评估。

抽样估产：抽样估产是粮食产量抽样调查的重要环节和基础。一是要成立估产小组。二是核实面积，主要是结合踏田估产逐块登记。三是踏田估产，要对整个村民小组或播种面积单位区内所有种植该实测作物的田块进行一次逐块估产。四是抽选调查地块，以预估亩产高低顺序排队，面积累计，用等距抽样、半距起点的方法抽选调查地块，即累计总面积除以样本地块数目（目前统一规定样本地块为 3 块）。五是抽中地块面积的丈量，丈量系数 = 抽中地块的丈量面积之和 ÷ 抽中地块的核实面积之和 ×100%。

实割实测：实割实测目前是指在调查村已抽中的 3 块调查地块上，按等距抽样的方法，分别放 3 个小面积样本，利用测框或测杆，实际收割称量，用来推算地块的平均每亩产量的一种方法。

整个实割实测工作，包括放样，取样，脱粒扬晒，过秤，水分化验，测定割、拉、打损失等环节。一是放样，一般采用等距抽样法来抽选样本。先根据地块面积和已确定的样本数目，计算出每样本的间隔距离，再按一定的距离抽选样本。通常采用的放样方法中有开方法、目测均匀放样法等。二是取样，最好在田块收割前一二天进行。调查人员备好如测绳或皮尺、测框、镰刀、秤、袋等实测工具。严格按要求收割样本，轻收轻放，随割随捆，严格保护样本。三是脱粒扬晒，每个地块小样本均需单独脱粒，分别扬晒。四是过秤，对每一实测地块的样本分别认真过秤，以测定每一地块的样本毛重。五是水分化验，计算样本净重。六是测定大田割、拉、打损失。测定后按统一标准分地块扣除。七是非实测作物的产量调查，可采用全面估产、座谈访问和了解实产相结合的方法（有条件的可以选择典型地块抽样实测或单收单打），并参考实测作物产量进行分析研究，确定产量。

推算产量：取样实测结束后，从调查地块开始，自下而上［村、县（市）］依次推算亩产。

A. 根据调查地块内的样本量，求出每一调查地块的实测标准亩产。采用开方法取样的调查地块实测标准亩产：调查地块实测标准亩产 = 样本实收净重之和 ÷ 样本数 ×600（采用 10 平方市尺测框，1 亩 =6000 平方市尺）

B. 推算出调查村民小组或播种面积单位区实测标准亩产（简单平均）。调查村民小组或播种面积单位区实测标准亩产 = 调查地块实测标准亩产之和 ÷ 调查地块数

C. 换算调查村民小组或播种面积单位区按上报面积计算的亩产。按上报面积计算的亩产 = 实测标准亩产 × 核实系数 × 丈量系数

D. 推算县（市）排队部分的平均亩产（简单平均）。全县（市）排队部分平均亩产 = 调查村民小组或播种面积单位区按上报面积计算的亩产之和 ÷ 调查网点个数

E. 推算全县（市）全社会总产量及亩产。

全县（市）全社会总产量 = 全县（市）排队部分面积 × 排队部分推算亩产 + 全县（市）未排队部分面积 × 未排队部分亩产

全县（市）平均亩产 = 全县（市）全社会总产量 ÷ 全县（市）总播种面积

抽样数据的评估：对抽样数据进行评估，是检验抽样调查数据是否可靠、权威的重要依据。抽样评估具体可从以下几个方面进行。一是趋势性评估。着重评估今年推算的实测单产跟上年同（口径）比的增、减趋势是否反映实际情况；二是调查工作质量评估，工作质量评估是通过基础工作检查和事后质量抽查，以便对调查数据的可信度作出判断；三是对原始数据中偶然因素、特殊因素、不可比因素的评估，并提出解决办法；四是外部因素变动影响的评估，主要对政府的政策措施、部门数据、自然气候条件、价格变动等进行分析评估。

2. 主粮播种面积抽样调查

主粮播种面积，是农作物播种面积的一部分。农作物播种面积统计是农业统计中的一项重要内

容，直接关系到农作物生产统计的整体数据质量，我国长期以来采用全面统计逐级上报的统计方法。随着农村体制改革和农村经济的发展及新情况的不断出现，采用全面统计逐级上报的统计方法已无法适应新形势。国际上许多发达国家都采用抽样调查方法进行农作物播种面积调查，不但证明是有效的，而且积累了许多先进经验。韩国的农业生产有许多方面与中国相似，包括农作物品种、生长季节等。2001 年，鄞县承担了国家统计局委托的中韩农业统计关于农作物播种面积抽样调查的合作项目，当年开展试点并取得成功（韩国开展的农作物播种面积抽样调查当时已有 20 多年的历史，采用的抽样方法也是当时国际上通行的一些做法）。国家统计局于 2001 年 7 月，向各省、自治区、直辖市统计局、农调队发文，决定在小麦、玉米、稻谷、棉花等主要农作物播种面积抽样调查的基础上，开展农作物总播种面积抽样调查工作。浙江于当月就向各县（市）农调队下发了《关于开展农作物总播种面积抽样调查工作的通知》，在各农产品调查县（市）面积抽样调查网点（原则上在夏播面积调查的 10 个调查村 100 户调查户）进行调查。

鄞县试点取得成功后，浙江省统计局和浙江省农调队领导及时向省委、省政府领导作了汇报，时任省委副书记周国富作出批示“省统计局农业调查根据变化了的情况，积极探索统计调查组织方式和方法的改革，十分必要，应予肯定和支持”。根据省委领导的批示精神，在国家统计局的关心和指导下，于 2002—2004 年，在鄞州区（2002 年 2 月，撤销鄞县，设立宁波市鄞州区）、宁海县、慈溪市进行了农作物播种面积抽样调查扩大试点工作。

2005 年起，农作物播种面积调查采用：一是以调查区（县、市）为单位，按主要农作物分层，直接抽取耕地面积样本单位区；二是调查对象由以往的农户统一调整为耕地面积样本单位区，即调查人员直接到地登记、调查，不再入户调查；三是从主要农作物复种情况尤其是蔬菜的复种情况考虑，调查频率调整为一年 4 次，即春播、夏播、秋播调查及 10 月中下旬的蔬菜播种面积调查；四是推算方法调整为调查区（县、市）分层超级推算，各层播种面积相加得到调查区（县、市）播种面积总量，省级数据以各调查区（县、市）播种面积推算取得。

从 2005 年开始至 2010 年，鄞州区、宁海县、慈溪市参与播种面积抽样调查工作。2010 年，根据国家统计局的统一部署，开展了农村抽样调查样本轮换工作，其中包括农作物播种面积抽样调查。至 12 月 1 日，正式启用了新的农村抽样调查网点，新的网点是鄞州区、宁海县。

2011—2016 年，鄞州区、宁海县作为新的网点参与播种面积调查。

2017 年，主粮播种面积调查采用遥感测量技术抽样调查制度，鄞州区、宁海县和余姚市承担其中实地调查任务。

第五节　工业统计调查

宁波工业历史悠久，早在唐宋年代，以造船、砖瓦木器、金银首饰和工艺品生产为主的宁波手工业开始形成，但工业统计方面的资料稀少，直到明朝中叶才有宁波卫山矿冶统计的相关记载。随着资本主义生产萌芽的出现，工业统计在清代被细分为7个大类183个行业计数。光绪二十二年（1896），通久源纱厂就有厂内11000多枚纱锭、230台布机、每月产纱2500担等详细的工业统计数据记载。民国元年（1912），宁波为配合浙江省都督府公署颁布的《调查实业令》，对辖区内的实业兴办状况进行调查并建立《公产物调查簿》和《工业调查票》等早期统计报表。民国19年（1930），宁波对本地的工人生活及工业生产情况进行调查，调查项目主要有建厂年月、厂负责人履历、厂工会现状、资产、工人数、工资数目、工厂原料及设备状况等。民国21年（1932），宁波采用实地派员调查的方式对制席业进行调查，调查内容有工厂数、资本数、工人数、原料产地、制造手续、出品种类及商标、销售方法及销售地域等，收集资料后将其汇编至《浙江省实业志》。民国22年（1933），宁波将辖区内的机械工业（非手工业）工厂细分为25类，调查并设立了《宁波工业统计概括总表》，其分表包括：资本与工人、产品总值与销售地区、主要产品产量、各种产品的主要原料数量、主要作业机械。民国36年（1947），宁波按民国政府经济部要求对辖区内的工厂派发了如下两种工业调查表：一般性调查表，包括工厂概况、职工人数、动力设备；分行业调查表，包括登记机器设备、主要产品、主要原料及各行业特别事项。

新中国成立以来，宁波逐步建立和完善了月度、季度和年度工业统计制度。工业统计一路见证了宁波工业从“三支半烟囱”［和丰纱厂、永耀电厂、太丰面粉厂和时开时停的通利源榨油厂（半支烟囱）］到现代化工业产业体系的华丽转身，记录了宁波从工业小市跨越成为工业大市、工业强市的强势崛起。

一、宁波工业统计制度变迁（1950年至2017年）

1998年以前，中国工业统计报表按企业隶属关系统计；1998年以后，中国将工业统计调查单位划分为规模以上工业（即年主营业务收入500万元及以上的工业法人企业，2011年提高到2000万元及以上）和规模以下工业。

（一）按工业企业隶属关系的统计阶段（1950年至1998年）

1950年，为适应工业生产恢复和发展的需要，根据中央财政经济委员会统一布置，建立公营及公私合营工业企业定期报表制度和年度报表制度。定期报表制度包括生产、劳动、成本、物资等4部分，分月报和季报两类。年度报表制度包括8种综合报表，即《企业概况》《生产总值》《主要产品的生产、销售和库存》《职工人数与工资》《主要原材料、燃料耗用与结存》《动力设备》《生产设备》《工作母机》，工业统计体系逐步完善。

1952年，根据国家统计局制定的《一九五二年工业生产年度总结基本报表制度》，对辖区内的部分经济类型工业企业（国营企业、地方国营企业、中苏合营企业、公私合营企业）进行编制上报，包括2种基本报表。一是普通表式。由中央各工业部及大区工业部所属国营企业及公私合营企业填报，包含10种综合表：《企业概况》《生产》《主要生产品收发与结存》《劳动》《主要原材料及燃料收发与结存》《最主要原材料燃料及电力消费情况》《电力收支》《动力设备》《金属切削机床》《企业职工住宅及文教福利设施情况》。二是简要报告。由未列入1953年国民经济计划的小型企业与铁道部所属附属工业生产单位填报，简要报告表式只需填报生产情况简要报告。

1952年，为反映私营工业的生产经营情况及在社会经济中所占比重的变化，建立私营工业统计报表制度。年度报表制度包括6种综合报表，即《私营工业生产部门概况》《主要产品的生产与销售》《主要原材料、燃料的收拨》《职工人数与工资》《主要生产设备》《产品生产能力》。

1952年，国家第一次制定工业部门（行业）分类目录，分为28个大类、212个细分类，划分了生产资料生产（甲部类）和消费资料生产（乙部类）。

1953年，在国营、地方国营（原称公营）和公私合营工业企业统计报表增加大型企业和小型企业分组，企业类型划分有以下原则。（1）具有机械动力，职工人数在十六人或十六人以上者为大型，十五人或十五人以下为小型；没有机械动力，职工人数在三十一人或三十一人以上者为大型，三十或三十人以下者为小型。（2）中央五个工业部所属的一切工业企业，不论人数多少、有无机械动力，都属大型工业企业。（3）具有五对磨辊的磨粉机，或三台以上回磨机的独立磨坊，不论职工人数多少，都属大型工业企业。（4）一切独立发电厂其容量在十五千瓦或十五千瓦以上者，不论人数多少，都属大型工业企业。

根据该原则，定期报表分为大型工业企业、小型工业企业和私营工业企业三类。

1. 大型工业企业执行《国营、地方国营及公私合营大型工业企业定期统计报表实施办法》，包括15张报表：《总产值及商品价值（月报）》《总产值及商品价值（季报）》《生产品产量（月报）》《新产品产量（季报）》《大修理价值（季报）》《职工平均人数及工资总额（月报）》《生产工人工资组成（每年6月，12月各报一次）》《生产工人劳动生产率（月报）》《生产工人动态及劳动时间使用情况（月报）》《非工业人员平均人数及工资总额（季报）》《生产费用（季报）》《成本计算（产品分类）（季报）》《成本计算（项目分类）（季报）》《主要产品单位成本分析（季报）》《自备电厂生产情况（月报）》。

2. 小型工业企业执行《国营、地方国营及公私合营小型工业企业统计季报实施办法》，包括7张报表：《企业名称》《企业主管名称》《企业地址》《经济类型》《本季职工人数及工资》《本季企业耗电量》《生产品实物产量及生产价值》。

3. 私营工业企业执行《私营工业企业定期统计报表》，包括7张报表：《总产值》《主要产品产销情况》《本年与去年同期最主要产品产销情况》《职工人数及工资》《主要原材料燃料消费情况》《独立电厂专业表（生产部分）》《独立电厂专业表（劳动材料部分）》。

根据企业分类的不同，《国营、地方国营及公私合营大型工业企业统计年报表》[国家统计局（53）统工字第410号文]将某划分为甲、乙两类表式。一是甲类表式，包括13张报表：《企业概况》《总产值及商品产值》《主要产品产量》《职工人数及工资》《新工人培养及工人技术提高情况》《主要物资的生产收发与结存》《主要原材料及燃料收发与结存》《最主要原材料燃料及电力消费情况》《电力收支》《动力设备》《金属切削机床及锻压设备》《企业专用铁路及主要运输工具》《企业职工住宅及文教福利设施情况》。二是乙类表式，选择甲类表式中的8种报表，分别为：《企业概况》《总产值及商品产值》《主要产品产量》《职工人数及工资》《主要原材料及燃料收发与结存》《电力收支》

《动力设备》《金属切削机床及锻压设备》。

1953年，执行国家统计局制定的《工业企业物资分配定期统计报表》，包括4张报表：《主要生产品收发与结存》《国家订货计划完成情况》《原材料及燃料收发与结存》《原材料燃料及电力消费情况》。

为满足各级政府和企业计算工业发展速度的需要，国家统计局分别于1952年、1957年、1970年、1980年和1990年组织编制了5次工业产品不变价格。1953年，国家统计局首次公布工业产品不变价格。从1953年开始，计算不变价格工业总产值采用1952年的不变价格，以1952年第三季度全国统一的工业企业出厂价格作为不变价格。

1954年，物资统计报表从工业统计制度中分离，国家统计局制定物资统计报表制度，包括7张表，其中销售系统2张，供应系统5张。

1954年，根据《国营、地方国营及公私合营大型工业企业定期统计报表实施办法》（国家统计局〔1953〕统工字第839号）文件精神，增加部分基层表的分月附表，包括10张报表：《总产值（月报）》《总产值及商品产值（季报）》《产品产量（月报）》《新种类的产品产量（季报）》《大修理价值（季报）》《职工人数及工资（月报）》《职工人数及工资（季报）》《工人工资组成（每年3月及9月各报一次）》《工人劳动生产率（月报）》《工人动态及劳动时间使用状况（月报）》。私营小型工业填报《浙江省私营小型工业生产主要情况季报》，独立私营小型电厂（火力发电）则另填《电业专业表》。

《浙江省一九五四年私营工业年报基本表》包括7张表：《企业概况》《总产值》《主要产品总销量》《从业人员人数及薪资总数》《主要原材料燃料消费情况》《主要设备》《年底资产情况》。

1955年，根据计划工作的要求和企业统计工作水平的不同，将国营、地方国营、公私合营及合作社营大型工业企业细分为三种。

1. 甲类企业：中央各工业部所属基本企业，中国茶叶公司浙江省公司所属茶厂及一九五五年列为本市重点的地方国营及公私合营企业。

2. 乙类企业：粮食部、林业部、铁道部、省联社直属或所属企业及工业厅、粮食厅直属或所属专属、市级以上全部企业与商业厅、农业厅中个别经指定的企业。

3. 丙类企业：县营企业（包括县级的劳改企业），中央非工业部所属的一些统计水平较差的附属企业，公安、民政、农林、卫生、建筑工程等系统所属企业以及专署、市、县联合社营加工工厂以及人民团体企业。

根据《国营、地方国营及公私合营大型工业企业定期统计报表实施方法》（国家统计局〔1954〕统工字第492号），甲类企业需填报18张报表：《总产值（月报）》《总产值及商品产值（季报）》《产品产量（月报）》《新种类的产品产量（季报）》《大修理价值（季报）》《职工人数及工资（月报）》《职工人数及工资（季报）》《工人工资组成（每年3月及9月各报一次）》《工人劳动生产率（月报）》《工人动态及劳动时间使用状况（月报）》《发明、技术改进及合理化建议情况（季报）》《生产费用（季报）》《成本计算（产品分类）（季报）》《成本计算（项目分类）（季报）》《主要产品单位成本分析（季报）》《企业管理费及车间经费明细表（季报）》《技术措施（月报）》《设备事故（月/季报）》。乙类企业无需填报甲类表式中的：《大修理价值（季报）》《职工人数及工资（季报）》《工人工资组成（每年3月及9月各报一次）》《发明、技术改进及合理化建议情况

（季报）》《技术措施（月报）》。丙类企业与小型工业企业只需填报甲类表式中的：《总产值及商品产值（季报）》《职工人数及工资（季报）》《产品产量（月报）》《职工人数及工资（月报）》《工人劳动生产率（月报）》。被规定为重点工业企业的需加填《主要产品质量及主要技术经济定额完成情况摘要表》。

同年，为系统地了解手工业生产合作社的生产基本情况和发展趋势，宁波贯彻并执行《一九五五年手工业生产合作社定期统计报表实施方法》，包括 6 张报表：《手工业生产合作社生产情况月报表》《手工业供销生产社生产情况月报表》《手工业生产合作社基本情况综合月报表》《手工业生产合作社产销综合月报表》《手工业供销生产社基本情况综合月报表》《手工业供销生产社产销综合季报表》。

根据《一九五五年国营、合作社营以及公私合营工业年报实施办法》，劳动工资年报从工业中分离，纳入综合劳动工资报表制度。大型工业企业年报甲类报表新增附表：《工人培养人数》《企业职工住宅情况》。乙类报表新增附表：《提高在业工人干部熟练程度》《企业自办文教福利设施情况》。小型工业企业年报则只需要填报：《企业概况》《总产值及商品产值》《主要产品产量》《职工人数及工资》《新工人培养及工人技术提高情况》。为满足政策制定及计划编制的需要，补充国营、合作社营以及公私合营工业年报，包括 7 张报表：《主要指标分月计算表（生产部分）》《主要指标分月计算表（劳动部分）》《主要产品质量及主要技术经济指标》《主要生产设备》《新产品试制情况》《采用代用品及开发新原料资源情况》《技术组织措施完成情况》。同时为推进辖区内私营资本主义工业的社会主义改造，宁波在 1954 年私营工业企业年报的基础上，新增《主要产品质量及主要产品单位原材料耗用量表》。

《一九五五年手工业生产合作社基本情况报表》包括 16 张表：《手工业生产合作社名称》《本社主管机关名称》《本社是大型社还是小型社》《现代工业或现代手工业》《社会主义性质还是半社会主义性质》《本社年底自有资金数》《本社利润总额》《固定资产》《职工总计》《本社年底全部职工》《全年平均在册人数》《工资总额》《从个体手工业组织起来的社员数》《总产值》《产品产量》《生产金额》。手工业供销生产社执行《一九五五年手工业供销生产社基本报表》，包括 10 张表：《供销生产社名称》《本社成立日期》《本社主管机构名称》《本社年底自有资金数》《本社利润总额》《本社年底在册人数》《其中社员人数》《全年工资总额》《从个体手工业组织起来的社员数》《产品数量》。

1956 年，基本保持国营、合作社营以及公私合营工业年报表式不变，将私营工业并入形成一套统一的统计报表制度。报表主要包括生产和劳动两大部分，并补充 4 张报表：《主要产品质量及技术经济定额》《主要生产设备》《主要产品生产能力利用》《新产品及新品种的试制与生产》。同年，整理并汇总了宁波辖区内的 33 家大型工业企业（永耀电厂、宁波铁工厂、万信纱厂等）1949 年至 1956 年的统计年报。

1957 年，随着国民经济第一个五年计划的完成，工业生产迅速发展，计划管理日益加强，工业统计报表指标体系更加充实和完善。根据《浙江省一九五七年国营、合作社营、公私合营及私营工业年报实施办法》，合并大小型工业企业年报，根据其税务类型将其重新划分为独立经济核算和非独立经济核算两类。一是独立经济核算工业企业年报，其分表包括：《企业概况》《总产值及商品价值》《主要产品产量》《职工人数及工资》《职工工资构成》《职工动态》《动力设备》《金属切削机床及锻压设备》《主要专业设备》《发电设备及电力收支》《固定资产》《企业职工住宅及文教福利设施情况》《工业生产主要技术经济指标》《主要产品生产能力利用》。二是非独立经济核算工业生产单位年报，其分表包括:《企业概况》《工业生产人员及工资》《总产值及商品产值》《设备及动力收支》。该实施办法根据企业类型不同，增加《轻工业生产能力利用表》《棉、针织工业生产设备利用情况表》《丝织工业生产设备使用情况表》《榨油工业生产设备利用表》等分表。

从1957年开始，计算不变价格工业总产值改用1957年的不变价格，以1957年1月1日的工业企业出厂价格作为不变价格。

1958年至1960年，由于大抓进度统计，报表报送次数不断增多，从月（季）报增加到半月报、旬报、五日报、日报，同时由于“浮夸风”的影响，一些工业统计数字严重失实。

1958年，宁波开展1949年至1958年十年来的工业企业调查，调查指标包括：工业、手工业企业单位数，职工年底人数，职工平均人数，全市工业历年动力设备增长情况等。汇总的工业类型包括：电力工业、燃料工业、黑色金属工业、有色金属工业、金属加工工业、橡胶工业、非金属矿开采、建筑材料工业、陶瓷工业、木材工业、玻璃工业、火柴工业、造纸工业、纺织工业、缝纫工业、油脂及化妆品工业、皮革工业、食品工业、化学工业、文教艺术用品工业。同年新增了《建国十年来工业生产建设成就调查表》，其分表包括:《工厂简史》《总产值》《主要产品产量》《社会主义改造工业总产值公私比重》《年末职工人数及工资总额》《平均人数及工资》《主要动力及生产设备》《质量及技术经济指标》《现有各部门职工人数文化程度》《劳动就业》《各部门技术员工》《财务成本调查表》《固定资产》《基本建设投资》《先进生产（工作）者》《创造发明及技术革新》《重要的创造发明及技术革新情况》《职业工伤事故情况》。

1958年后，宁波的工业统计年报制度进入一个较长的稳定期。综合年报表包括10张表:《工业总产值》《主要产品产量》《劳动生产率》《主要财务成本指标》《生产设备》《动力设备》《金属切削机床及锻压设备》《主要技术经济指标》《主要工业产品生产能力》《主要工业产品单位成本》。公社工业企业年报包括三个部分：概况部分、生产部分、劳动部分。工业企业月（季）报表分表则包括:《总产值》《产品产量》《劳动生产率》《新产品试制》。

1958年，为掌握工业交通系统整风运动情况与各地大办地方工业动态，宁波执行由浙江省委工交部和省统计局联合布置的关于政治运动情况与大办工业情况统计报告制度，布置《市、县大办工业进度快报》《企业鸣放整改情况表》等9种统计报表。

1960年底，根据国家统计局关于统一管理和精简报表的指示精神，对“大跃进”运动期间的统计报表进行了清理。经过清理，工业年报综合表中工业部门分组、产品目录精简，报表数量和工作量都相比50年代精简了一半有余。同年10月，国家计委下发《关于工业企业划分大中小型的暂行规定》，明确以企业的全部固定资产原值来划分企业类型。

1961年至1965年，国民经济实行“调整、巩固、充实、提高”八字方针，并贯彻“工业七十条”，调整农轻重经济比例，加强轻工业和手工业生产，整顿企业管理，调整产品方向和生产规模，恢复和发展国民经济。这期间，统计报表制度作了较大的精简和改革，停止执行工业统计5日报，旬报的产品仅限于钢、铁、铜、铝等重要产品，总产值分组指标大幅精简，加强手工业统计、改进轻工业统计、精简重工业统计，改进主要工业产品质量及技术经济指标的报送制度。

1961年，执行《工业生产综合年报表》，包括11张表：《企业一览表》《工业总产值》《工业净产值》《工业新产品》《质量、技术指标》《主要产品生产能力》《动力设备》《机床及锻压设备》《生产设备》《资产、税金、利润》《机械化程度》。

1963年，为了使统计工作更好地适应国家计划管理的需要，宁波建立工业产品归口统计制度，对210种工业产品产量进行归口统计，其中，重工业局归口65种，轻工业局归口80种，手工业局归口50种，粮食局归口9种，建设局归口6种。

1963年，执行《一九六三年工业定期统计报表制度》，包括6张表：《主要工业产品产量（旬报）》《工业总产值（月电报）》《主要产品产量（月电报）》《工业总产值及商品产值（半年报）》《主要产品质量及技术经济指标（月报）》《主要商品产品单位成本》。宁波在国家的基础上增加《工业企业财务成本主要指标（月报）》。同年，《全民所有制工业企业财务成本主要指标表》中的38个指标简化为10个指标：流动资金、全部流动资金平均金额、定额流动资金平均金额、全部商品产品实际成本、可比产品按上年实际平均单位成本计算的总成本、可比产品实际总成本、工业总产值、商品价值、企业单位数、国家基金。

1964年，执行《一九六四年工业企业基层年报制度》，该制度按工业管理系统的性质，将全民所有制工业企业划分为：电力工业系统、煤炭工业系统、石油工业系统、冶金工业系统、化学工业系统、建工系统、林业系统、第一机械工业系统、农业机械工业系统、纺织工业系统、轻工业系统、手工业系统、其他工业系统、交通邮电系统、粮食系统、商业系统、其他非工业系统。全民所有制工业企业需填报8张表：《企业概况》《主要产品产量》《新产品试制情况》《主要技术经济指标》《主要产品生产能力》《主要专业生产设备》《动力设备》《金属切削机床及锻压设备》。集体所有制工业企业需填报4张表：《企业概况》《总产值及商品产值》《主要产品产量》《主要财务指标》。

1965年，宁波开展1949年至1965年以来的工业统计调查，包括20张表：《工业总产值按构成分》《工业总产值按原资料来源分》《工业总产值按服务对象分》《工业总产值按所有制分》《工业总产值按工业部门分》《全民所有制工业固定资产分年份》《全民所有制工业固定资产分部门》《主要工业产品生产能力》《全民所有制工业动力设备》《全民所有制工业企业规模》《工业企业单位数按所有制分》《手工业系统》《工业企业单位数按部门分》《全民所有制工业单位按部门分》《工业企业年末人数按所有制分》《工业企业年末人数按部门分》《全民所有制工业劳动生产率》《工业新产品发展情况》《全民所有制工业企业单位数》《工业企业单位数按部门分》。

1966年至1977年，工业统计工作受到严重冲击。1970年5月，国家计委发出《关于建立统计报表制度的通知》，工业统计逐步恢复，12月，国家计委又发出《关于认真做好国民经济基本统计年报工作的通知》，制定《国民经济基本统计报表制度》，年度报表包括4种综合报表，即《工业总产值》《主要产品产量》《劳动生产率》《金属切削机床》。从1971年开始，计算工业总产值改用1970年的不变价格，以1970年第四季度的工业企业出厂价格作为不变价格。自1972年起，重工业中又分为采掘工业、原材料工业和加工工业3类，轻工业又分为以农产品为原料的和以非农产品为原料的2类。1975年，为了反映“第四个五年计划”期间工业的发展情况，满足编制“第五个五年计划”的需要，工业统计年报综合表增至8种，即《工业总产值》《主要产品产量》《金属切削机床》《新产品试制》《技术经济指标》《生产能力》《全民所有制工业企业财务成本主要指标》《集体所有制工业企业财务指标》。1977年，中共中央1977〔12〕号文批准国家计委《关于一九七七年国民经济几个问题的汇报提纲》和《工业企业八项经济技术指标统计考核办法》，提出工业方面要把产量、品种、质量、原材料燃料动力消耗、劳动生产率、成本、利润、流动资金占用量等8项经济技术指标全面抓起来。随着全党工作重点的转移，工业统计在抓统计报表的同时，开始注重工业经济的分析研究。

1978年，中共十一届三中全会以来，工业生产统计工作逐步得到恢复和加强，并不断完善。同年，《大中型工业企业划分标准》发布，按产品生产能力和固定资产原值来划分大中型企业类型。同时布置大中型企业卡片，作为年报制度的一部分，每年编制上报，主要内容包括企业名称、经济类型、主管机关、最早开工年份、总产值、净产值、投资额、定额流动资金、销售收入、利润等。卡片纸质上报方式延续至1990年，1991年起卡片资料全部录入磁盘报送。

1980年至1984年，工业统计年报制度基本稳定。综合表保持《工业总产值》《主要工业产品产量》《主要财务成本指标》等表种，指标体系相对稳定，分组、目录则略有调整。

1980年起，工业企业经济类型划分为全民所有制工业、集体所有制工业、全民与集体合营工业、全民与私人合营工业、集体与私人合营工业、中外合营工业、华侨港澳工商业所经营的工业、外资经营工业、个体经营工业、其他工业10种经济类型。

1981年，国家统计局要求恢复从“文化大革命”开始中断的工业净产值统计制度。从1981年开始，计算不变价格工业总产值改用1980年的不变价格，即1980年1月1日的工业产品出厂价格为不变价格。

1982年，根据省统计局制定的《定期公布主要经济效果指标的实施办法》，按月编报16项经济效益考核指标。

1984年12月1日，《国民经济行业分类和代码》国家标准发布，这是新中国成立以来统计分类的第一个国家标准，从1985年1月1日起实行。其中包括《工业行业分类和代码》，将工业按行业划分为40个大类、212个中类、538个小类。新制定的行业分类标准将村（队）办工业从农业改划到工业之中，以正确反映工、农业两大物质生产部门发展的真实情况。与之相应的，在1984年12月27日，国务院批转《国家统计局关于计算农村社会总产值和把村（队）办工业从农业划归工业的请示报告的通知》（国发〔1984〕189号），工业统计范围扩展到村（队）办工业，工业统计报表中增加村（队）办工业企业主要指标。

1985年起，工业统计制度和计算方法有较大变动。1985年，结合当时正在进行的第二次工业普查工作，统一工业统计年报基层表与工业普查基层表表式、内容，增加《工业产品销售表》。1988

年，为适应计划商品经济的发展，加强行业管理，建立工业行业统计，规定工业行业划分以工业企业为基本单位，不再以产品作为划分行业基准，行业划分标准执行国家标准《国民经济行业分类和代码》有关规定。同年，根据省统计局改进的工业发展速度计算方法，按可比价计算工业总产值，用以计算工业发展速度，再按各环比速度连乘求得定基发展速度。

1988 年，国家经委、国家计委等五部委（局）联合发布《大中小型工业企业划分标准》（经企〔1988〕240 号）发布，按产品生产能力和固定资产原值来划分大中小型企业类型。一般以独立核算的基层生产单位为对象，紧密联合公司以及各种企业集团，仍以组成联合公司或企业集团的原有基层企业为单位来划分。

1992 年，为纠正片面追求产值而忽视效益现象，加强和改善宏观经济管理，把经济工作的重点转移到调整结构、提高效益的轨道上来。根据《国务院批转国家计委、国务院生产办、国家统计局关于改进工业生产评价考核指标报告的通知》（国发〔1992〕10 号）文件精神，建立工业经济效益综合评分评价考核制度，按月按季对全市各县的十项重要经济指标进行考核，并向社会公布。这标志着工业统计工作由“生产统计为主”的格局向以“生产统计和效益统计并重”的格局转变。同年，对 1988 年公布的《大中小型工业企业划分标准》进行修订，从 1992 年年报开始执行新的《大中小型工业企业划分标准》（国经贸企〔1992〕176 号）。

1993 年，为客观反映工业增长方式转变情况，与新实施的财务会计制度相衔接，对现行的十项经济效益评价指标的部分内容进行修改、调整，实行新十项经济效益指标评价考核制度。之后，这些考核指标少有变化。同年，调整工业企业经济划分类型，划分为国有经济、集体经济、私营经济、个体经济、联营经济、股份制经济、外商投资经济（包括中外合资经营企业、中外合作经营企业、外资企业）、港澳台投资经济（分为港澳台与大陆合资企业、港澳台与大陆合作企业、港澳台独资企业）、其他经济 9 种经济类型。

1995 年，工业月（季）报表基层表有《工业生产、销售总量和主要产品产量月报》《工业企业主要经济指标月报》《主要工业产品销售与库存季报》3 种，综合表除汇总以上 3 种基层表指标外，另增《分行业工业总产值和工业销售产值》综合半年报。工业统计年报以 1995 年第三次工业普查表代替，普查表包括《工业企业（单位）基本情况》《财务情况》《工业产品生产、销售、库存总值》《主要工业技术经济指标》《主要工业生产能力》《主要工业生产设备》等。

1997 年，工业统计数据采集方式改革。将以往县级统计局和专业主管部门层层叠加汇总上报方式改为由县级统计局直接向上级统计部门、专业主管部门直接向上级和同级统计部门上报基层企业数据。各级统计部门按照统计制度的要求，直接将基层企业统计数据进行超级汇总，自动产生各种综合表。超级汇总范围为国有及年销售收入 500 万元以上非国有工业企业。为实现这一统计改革，由省统计局工业处牵头开发了工业企业主要经济指标月报超级汇总数据处理系统。

（二）按工业企业规模的统计阶段（1998 年至 2017 年）

为了适应市场经济体制改革的需要，从 1998 年开始，实行按工业企业规模统计，并引入抽样调查方法。工业统计调查单位划分为规模以上工业（全部国有及年销售收入500万元及以上非国有工业企业）和规模以下工业（年销售收入500万元以下工业企业和个体工业户）。对规模以上工业实行全面调查，在不影响调查趋势的前提下，大大减轻了基层调查负担；对规模以下工业则实施抽样调查，以提高大量小企业和个体工业单位的统计数据质量，满足国民经济核算的需要。

1. 规模以上工业统计

1998年起，规模以上工业企业定期报送《工业企业产销总值及主要产品产量》、《工业企业主要经济指标》、《大中型工业企业总产值调查表》月报和《主要工业产品销售量与库存量》季报，报送方式采用超级汇总上报。同年，调整企业划型标准，将企业类型的划分简化为大型、中型和小型三类，原则确定工业企业划分类型的两项指标为销售收入和总资产。

1999年，工业统计制度发生两项改革。一是建立国有及国有控股工业企业主要经济指标月报分企业报送制度，并逐步推行非国有工业企业主要经济指标月报分企业报送制度。二是国家统计局建立5000家工业企业信息联网直报制度，被选中企业通过联网向国家统计局定期直接报送企业生产经营过程中的各种信息，并通过网络对企业进行信息服务和反馈。同年，为改进工业发展速度计算方法，与国民经济核算更好衔接，组织开展工业价格指数缩减法首次试点，研究在取消工业品不变价格情况下，采用价格指数缩减法，利用工业品出厂价格指数和原材料、燃料、动力购进价格指数，消除现价工业总产值及增加值中价格变动因素影响，计算可比价格工业发展速度。

2000年底，根据国家统计局部署，开展工业价格指数缩减法第二次试点。2001年初，完成试算工作总结和结果验证，证明基本具备实施条件。2002年起，省级正式采用“价格指数缩减法”取代不变价格统计工业总产值和增加值，进而计算工业发展速度。2003年，根据国家统计局发布的《工业发展速度计算方法试行方案》（国统字〔2002〕3号），制定浙江工业发展速度计算方法试行方案和工业品价格调查方案，召开全省工业发展速度计算方法改革工作会议，部署改革试行工作，在全省各地全面采用价格指数缩减法计算工业发展速度。

2003年，国家统计局发布《统计上大中小型企业划分办法（暂行）》（国统字〔2003〕17号），其中，工业企业以从业人员数、销售额和资产总额3项指标为依据划分大中小型。企业规模由政府综合统计部门根据上年统计年报每年划分1次。

2004年，工业统计报表制度修订，以第一次经济普查表式代替工业统计年报。2005年，工业定期报表制度按第一次经济普查表式制定原则进行修订，免报当年工业定期综合表，取消5000家联网直报企业报表中的《工业企业现金流量主要指标》。年报中增加《法人单位基本情况表》《产业活动单位基本情况表》，由各级普查中心按各专业要求及时提供相关专业企业资料，满足专业年报布置需要。《生产、销售及财务状况》和《工业产销总值及主要产品产量》中“国家、省级新产品产值”指标改为“新产品产值”，即报告期企业生产新产品价值，包括经政府有关部门认定并在有效期内的新产品，也包括企业自行研制开发、未经政府有关部门认定，从投产之日起一年内的新产品。将科技统计报表制度中的《大中型工业企业科技项目一览表》《大中型工业企业科技活动情况》列入工业统计报表制度，填报范围为大中型工业企业。同时增加《信息化情况主要指标》年报表，统计范围为全部联网直报企业，内容包括年末在用计算机数、年末拥有网站数、全年电子商务采购金额、全年电子商务销售金额。当年工业统计年报基层表有《法人单位基本情况》《产业活动单位基本情况》《工业企业生产、销售总值》《工业企业财务状况》《大中型工业企业科技项目一览表》《大中型工业企业科技活动情况》《信息化情况主要指标》7种。

2006年，工业统计月（季）报基层表有《工业产销总值及主要产品产量》、《工业企业主要经济指标》、《工业生产与经营预计完成情况》（由原5000家联网直报企业填报）月报和《主要工业产品销售量与库存量》季报4种。从2006年年报起，规模以上工业统计口径调整为年主营业务收入500万元及以上的工业法人企业。工业统计年报基层表有《法人单位基本情况》《产业活动单位基本情况》《工业企业生产、销售总值》《工业企业财务状况》《规模以上工业主要产品生产能力》《大中型工业企业科技项目一览表》《大中型工业企业科技活动情况》《信息化情况主要指标》8种。

2007年，根据新会计准则变化，对《工业企业财务状况》中部分指标作调整。执行2006年会计准则的企业，“长期负债合计”用“非流动负债合计”代替，“主营业务收入”“主营业务成本”“主营业务税金及附加”分别用“营业收入”“营业成本”“营业税金及附加”代替，“营业费用”用“销售费用”代替。同年，对全部大中型工业企业和部分小型工业企业进行工业企业成本费用调查，改变以往由被调查企业直接填报“工业中间投入”做法，直接采集计算工业中间投入和增加值所涉及基础数据，进而计算生产法和收入法工业增加值及其工业增加值率。当年工业统计月（季）报基层表有《工业产销总值及主要产品产量》、《工业企业主要经济指标》、《工业生产与经营预计完成情况》（由原5000家联网直报企业填报）月报和《主要工业产品销售、库存、订货》季报4种；工业统计年报基层表有《法人单位基本情况》《产业活动单位基本情况》《工业企业生产、销售总值》《工业企业财务状况》《规模以上工业主要产品生产能力》《大中型工业企业科技项目一览表》《大中型工业企业科技活动情况》《信息化情况主要指标》8种。

2008年，工业统计月（季）报基层表有《工业产销总值及主要产品产量》、《工业企业主要经济指标》、《工业生产与经营预计完成情况》（由原5000家联网直报企业填报）月报和《主要工业产品销售、库存、订货》季报4种。工业统计年报基层表以第二次全国经济普查表式代替，不再单独设置统计年报。在第二次全国经济普查调查表式中，调整了《规模以上工业主要产品产量目录》和《主要工业产品销售、库存、订货目录》，包括《法人单位基本情况》《产业活动单位基本情况》《工业企业主要经济指标》《工业企业产品生产、销售、库存情况》《规模以上工业主要产品生产能力》《科技项目一览表》《科技活动情况》《信息化情况主要指标》8种。

2009年，年报取消《工业企业产品生产、销售、库存情况》《科技项目一览表》《科技活动情况》3张报表，生产、销售总值指标并入《工业企业财务状况及产销总值》。将成本费用调查正式纳入工业统计报表制度，分为《工业企业财务状况及产销总值（限成本费用调查企业填报）》和《工业企业财务状况及产销总值（限非成本费用调查企业填报）》，成本费用调查对象为全部大中型工业企业和部分小型工业企业，小型企业按行业中类进行选取，即对中类行业小型企业按其主营业务收入（产品销售收入）由高到低排序，选取规模大的企业，使选取调查企业主营业务收入（产品销售收入）占该行业全部小型工业企业主营业务收入（产品销售收入）的50%左右。当年工业统计月（季）报基层表有《工业产销总值及主要产品产量》、《工业企业主要经济指标》、《工业生产与经营预计完成情况》（由原5000家联网直报企业填报）月报和《主要工业产品销售、库存、订货》季报4种。工业统计年报基层表有《法人单位基本情况》《产业活动单位基本情况》《工业企业财务状况及产销总值》《规模以上工业主要产品生产能力》《信息化情况主要指标》5种。

2010年，工业统计制度发生两项改革。一是按照国家统计局《“企业一套表”试点方案》原则要求，以调查对象为核心，在不改变现有组织机构设置和专业分工情况下，整合报表，规范指标，对数据采集过程进行统一组织，围绕逐步实现“统一设计、统一标准、统一管理调查单位、统一数据采集流程、统一数据处理平台”目标，组织实施“企业一套表”试点，推进全省规模以上工业“企业一套表”工作。二是统一规范调查单位管理和统计标准。为贯彻落实《全国统计系统基本单位名录库建设维护与使用管理暂行办法》，2010年年报起，规定各级统计机构对专业年报、定期报调查单位逐步实行统一管理。首先，做好规模以上工业等专业当年年报、定期报调查单位与单位名录库比对、核实、确认工作，按确认单位名录提供给各专业年、定报使用；其次，各级统计机构有关专业将自身专业年、定报调查获得的新增、变更、注销等单位变动信息、单位基本情况变更资料，以及主要数据资料反馈同级名录库主管部门，以更新名录库。根据国家统计局2010年第13号令《统计用产品分类目录》，从当年年报和次年定期报起，各专业统一执行《统计用产品分类目录》。工业统计月（季）报基层表取消《工业生产与经营预计完成情况》（由原5000家联网直报企业填报），包括《工业产销总值及主要产品产量》、《工业企业财务状况》月报和《主要工业产品销售、库存、订货》季报3种。工业统计年报基层表恢复《大中型工业企业科技项目情况》和《大中型工业企业科技活动及相关情况》，包括《法人单位基本情况》、《产业活动单位基本情况》、《工业企业成本费用》（非成本费用调查工业企业填报《工业企业财务状况》）、《主要工业产品生产能力》、《大中型工业企业科技项目情况》、《大中型工业企业科技活动及相关情况》、《信息化情况主要指标》7种。

2011年，规模以上工业统计口径调整为年主营业务收入2000万元及以上的工业法人单位。当年工业统计月（季）报基层表有《工业产销总值及主要产品产量》、《工业企业主要经济指标》月报和《主要工业产品销售、库存、订货》季报3种。工业统计年报基层表取消《大中型工业企业科技项目情况》和《大中型工业企业科技活动及相关情况》，包括《法人单位基本情况》、《产业活动单位基本情况》、《工业企业成本费用》（非成本费用调查工业企业填报《财务状况》）、《主要工业产品生产能力》、《信息化情况》5种。

2012年，按照“先进库，再有数”的原则，在月度新增《法人单位基本情况》报表，统一确定纳入企业一套表范围的调查单位。工业统计月（季）报基层表有《法人单位基本情况》、《财务状况》、《工业产销总值及主要产品产量》月报和《主要工业产品销售、库存、订货》季报4种。工业统计年报基层表有《法人单位基本情况》《产业活动单位基本情况》《工业企业成本费用》《主要工业产品生产能力》《信息化情况》5种。

2013年，为了及时了解工业企业生产经营景气状况，把握工业未来发展趋势，为制定宏观经济政策提供依据，新增季报。当年工业统计月（季）报基层表有《法人单位基本情况》、《财务状况》、《工业产销总值及主要产品产量》月报和《主要工业产品销售、库存、订货》、《工业企业生产经营及景气状况调查》季报5种。工业统计年报基层表以第三次全国经济普查表式代替，不再单独设置统计年报。工业统计年报基层表有《调查单位基本情况》《规模以上工业法人单位成本费用》《规模以上工业法人单位产品生产、销售、库存情况》《规模以上工业法人单位主要工业产品生产能力》《信息化情况》5种。

2014年，新增两张工业统计年报。一是新增《工业企业战略性新兴产业总产值》年报，主要监测节能环保、新一代信息技术、生物、高端装备制造、新能源、新材料和新能源汽车等七大产业及其分行业工业总产值和对应的产品产量，较为完整地反映了规模以上工业战略性新兴产业全年生产的最终产品及提供工业劳务活动的总价值量。二是新增《企业电子商务交易情况》年报，随着互联网的迅速发展，网上交易日益频繁，通过开展电子商务交易情况调查，深入了解和掌握工业企业电子商务交易现状和问题。当年工业统计月（季）报基层表基本延续上年的表式，包括《法人单位基本情况》、《财务状况》、《工业产销总值及主要产品产量》月报和《主要工业产品销售、库存、订货》、《工业企业生产经营及景气状况调查》季报5种。工业统计年报基层表有《调查单位基本情况》《工业企业成本费用》《主要工业产品生产能力》《工业企业战略性新兴产业总产值》《信息化情况》《企业电子商务交易情况》6种。

2015年，工业统计月（季）报基本延续上年的表式；年报将《信息化情况》和《企业电子商务交易情况》整合为《信息化和电子商务应用情况》，新增《电子商务交易平台情况》。工业统计月（季）报基层表有《调查单位基本情况》、《财务状况》、《工业产销总值及主要产品产量》月报和《主要工业产品销售、库存、订货》、《工业企业生产经营及景气状况调查》季报5种。工业统计年报基层表有《调查单位基本情况》《工业企业成本费用》《主要工业产品生产能力》《工业企业战略性新兴产业总产值》《信息化和电子商务应用情况》《电子商务交易平台情况》6种。

2016年，工业统计月（季）报新增《电子商务交易平台情况》，取消《工业企业生产经营及景气状况调查》；年报取消《电子商务交易平台情况》。工业统计月（季）报基层表有《调查单位基本情况》、《财务状况》、《工业产销总值及主要产品产量》月报和《主要工业产品销售与库存》、《电子商务交易平台情况》季报5种。工业统计年报基层表有《调查单位基本情况》《工业企业成本费用》《主要工业产品生产能力》《工业企业战略性新兴产业总产值》《信息化和电子商务应用情况》5种。

2017年，工业月（季）报新增《非金融资产投资情况》，恢复《生产经营景气状况》。工业统计月（季）报基层表有《调查单位基本情况》、《财务状况》、《工业产销总值及主要产品产量》月报、《主要工业产品销售与库存》、《电子商务交易平台情况》、《生产经营景气状况》季报和《非金融资产投资情况》半年报7种。工业统计年报基层表基本延续上年的表式，包括《调查单位基本情况》《工业企业成本费用》《主要工业产品生产能力》《工业企业战略性新兴产业总产值》《信息化和电子商务应用情况》5 种。

2. 规模以下工业统计

（1）规模以下工业抽样调查主要历程

规模以下工业抽样调查从 1996 年开始实施。由国家统计局在全国第三次工业普查后期，实施把工业小企业和个体户由全面统计改为抽样调查，成立国家统计局企业调查总队，各省及中心城市成立企业调查队，具体承担工业小企业和个体工业经营单位抽样调查工作。

1996 年至 1998 年是规模以下工业抽样调查试行阶段。①成立调查机构。按照国家统计局浙江省企业调查队在 1998 年提出的规模以下工业抽样调查工作“下管一级”调查模式，宁波市成立了国家统计局编制的调查机构——国家统计局宁波市企业调查队，负责宁波市规模以下工业抽样调查工作，主要是服务于省级样本调查需求。②确定调查范围。规模以下工业包括当时年产品销售收入在 500 万元以下非国有工业企业和工业个体户。③确定抽样调查基本方法。企业子总体采取目录抽样，个体户子总体采取二阶段目录抽样，即整群抽样，并实施了按季度进行调查。

1999 年至 2002 年是规模以下工业抽样调查探索阶段。为反映全省各级规模以下工业总体运行情况，根据国家统计局浙江省企业调查队推出以省、市为总体的抽样调查总体部署，按照《浙江省规模以下工业抽样调查制度》和《浙江省规模以下工业抽样调查数据质量控制方法》制度要求，1999 年，全省在宁波开展“三级一套”样本抽样试点，落实以区（县、市）为总体的抽样试点；省、市、县三级落实了相关财政支持，举办各种类型的抽样调查理论与方法培训和开展按季调查工作。2000 年起，宁波市规模以下工业统计开始有年度数据。主要成果如下。①抽样调查方法不断改进。到 2002 年年报，宁波市以省、市、县为总体的“三级一套”规模以下工业企业样本实行一阶段目录抽样，个体工业实行一阶段整群抽样。②调查数据质量客观反映发展实际。以省为总体数据质量相对稳定，以市为总体的数据质量不断提高，以县为总体数据质量基本巩固。③抽样调查网络建设不断加强。“三级一套”抽样调查分别形成了省、市、县三级样本企业和个体整群样本村，经过科学整合，组建了市级包含大部分省级样本，县级包含全部省、市级样本的抽样调查网络，并实施省管市、市管县的逐级分管的调查工作机制，为开展全市规模以下工业抽样调查创造有利条件。④抽样调查队伍进一步壮大。宁波市企业调查队产业调查处负责全市抽样调查工作，并有 3 位专职人员；每个县有 1 ～ 2 名兼职人员；省、市、县“三级一套”抽中个体整群样本村都聘请了 1 名辅助调查员，为做好按季调查夯实了基础。

2003 年至 2010 年是规模以下工业抽样调查稳定阶段。其间，国家统计局与亚行合作项目《中国工商小企业抽样调查方法研究》获得成功，并在全国推广应用，使全国规模以下工业抽样调查理论与方法取得突破。主要体现在以下几个方面：①抽样方法进一步完善，2003 年年报全国各省、市、自治区规模以下工业抽样调查方法实现统一，抽样方法中企业子总体采用双重抽样框，引入非目录企业样本，调查结果从理论上讲能反映报告期实际。②从 2003 年报起，以省为总体的规模以下工业抽样推算结果利用国际通用的统计软件包（STATA），抽样推算结果可以在国际间交流。③ 2004 年全国第一次经济普查为规模以下工业提供高质量抽样框，基本解决了抽样框问题。④ 2005 年 GDP 核算下算一级，使规模以下工业抽样调查结果得到进一步关注，从国家统计局到省、市、县的 GDP 核算中开始不同程度的应用。⑤ 2006 年省、市、县抽样方法基本统一，各地对这一工作重视程度进一步提高，数据质量不断改善，以省和以市、以县为总体的抽样调查主要结果实现基本衔接，并为核算 GDP 全面应用。⑥ 2007 年国家统计局对调查队进行改革，国家统计局宁波调查队产业调查处承担规模以下工业抽样调查工作，统计力量得到进一步加强，队伍素质不断提高，能较好地完成国家统计局和浙江调查总队布置的调查任务。⑦ 2009 年，以 2008 年全国第二次经济普查为基础，省、市、县级规模以下工业抽样调查抽样框再次抽样并进行调查，调查除了相关经济指标外，并设置问卷调查作补充，进一步了解规模以下企业和个体户生产经营情况。实现了以周期性普查为基础，以经常性抽样调查为主体，以必要的问卷调查等为补充，收集整理基本统计资料。同时，全市“三级一套”规模以下工业抽样调查实行全市联网直报，由样本企业和整群样本村辅助调查员直接填报，取消逐级上报，提高了填报时效。⑧调查样本抽样中，宁波市级目录企业样本由浙江调查总队分规模、分行业进行抽样，个体工业户整群抽样由宁波调查队负责抽样，非目录企业（除目录企业抽样框外的企业）在个体工业户整群样本村中产生，以弥补企业在调查中关停并转情况，确保总量总体稳定。各县级调查样本由宁波调查队分规模进行抽样，样本包含省、市两级抽中样本。

2011 年至 2017 年是规模以下工业抽样调查成熟阶段。其间，全国进一步完善调查方法制度，相关指标得到优化，调查基础进一步得到加强，省、市、县三级一套样本调查结果进一步反映国民经济情况，主要体现在：① 2011 年，鉴于工业企业规模划分调整，规模以下工业企业调查范围由年主营业务收入 500 万元以下提高到 2000 万元以下，个体工业户整群抽样调查由季报改为年报；② 2014 年 9 月，国家统计局宁波调查队将产业调查处更名为工业调查处，承担规模以下工业抽样调查工作，进一步强化工业抽样调查工作力量；③从 2014 年年报起，国家统计局根据经济形势发展需要，进一步优化调查指标，减少实物量化和部分经济指标，保留主营业务收入、主营业务成本、税金总额、利润总额、资产总计、负债总计、期末从业人员数及应付职工薪酬等主要经济指标外，增加及时反映生产经营情况问卷内容，进一步完善调查制度并走向成熟；④ 2014 年，以 2013 年全国第三次经济普查为基础，省、市、县级规模以下工业抽样调查抽样框得以再次调整，并以新的抽样框抽取样本单位进行调查；⑤ 2015 年，全市“三级一套”规模以下工业抽样调查样本全部纳入国家统计局联网直报平台，由样本企业和个体工业样本村辅助调查员直接填报，增强了调查工作实效，实现调查科学化、工作网络化和管理现代化；⑥ 2017 年，根据“下算一级”核算和评估要求，结合多年工作经验基础和省级对市级数据核算的要求，研究并完善了《宁波市规模以下工业数据核算与评估办法》，为进一步提高调查数据和工作质量，科学稳妥做好“下算一级”，深化落实数据管理打下基础。

（2）规模以下工业抽样调查方法制度

规模以下工业抽样调查的主要目的是反映规

模以下工业的基本情况和基本总量，为国民经济核算提供基础数据。调查范围（总体）包括年产品销售收入500万元以下的工业企业（2011年调整为2000万元以下，下同）和全部个体经营工业单位。具体包括调查年份年初在册的年产品销售收入500万元以下的工业企业、全部个体经营工业单位以及当年新建的年产品销售收入500万元以下的工业企业和新增的全部个体经营工业单位。调查内容及表式包括500万元以下的工业企业的基本情况，如企业详细名称、地址、企业法人代码、登记注册类型、人员及企业资产与生产经营状况等；个体经营工业单位的基本情况、人员及生产经营状况等。调查分为年报和季报，调查表分为基层表和综合表。并根据国民经济核算要求，将规模以下工业总体划分成两个子总体，即产品年销售收入500万元以下的工业企业和全部个体经营工业单位。对调查总体中有企业名录库的部分采用目录抽样，没有企业名录库的部分采用整群抽样。对个体经营工业单位主要采用整群抽样。以省、市、县为总体控制抽样精度，在95%的概率保证程度下，工业总产值和企业单位数的最大相对误差分别控制在10%和15%以内；在年报中，企业子总体各行业大类指标以全国为总体控制抽样精度，具体要求是：在95%的概率保证程度下，工业总产值的最大相对误差控制在15%以内。调查样本每五年轮换一次，利用经济普查资料，即在逢4、逢9的年份开展规模以下工业抽样调查样本轮换工作，省级目录企业样本由国家统计局统一进行轮换，市级目录企业样本由国家统计局浙江调查总队统一进行轮换，县级目录企业样本由国家统计局宁波调查队统一组织进行轮换，各级个体户样本由国家统计局宁波调查队按要求分别进行轮换。

二、其他工业调查

（一）个私工业和公私合营工业调查

1. 私营工业企业和重点个体手工业调查

1954年4月，为编制过渡时期国家对私营工业企业进行社会主义改造的具体方案，根据国家统计局、省统计局的统一部署，组织对全市私营工业企业和个体手工业进行一次性调查，调查时点为当年4月底。

这次调查范围分两批，第一批是所有10人及以上私营工业企业。其调查表分两类，一类由大型企业填报，共有基层表8种，其中7种由大型私营工业企业（指有机械动力设备并有人员16人以上和无机械动力设备有人员30人以上私营工业企业）填报，内容包括企业概况、总产值、产品产销、从业人员及工资、资产、原材料燃料购入与耗用、设备等，还有一种企业基本情况补充表采取内部调查方法填报；另一类由小型企业填报，即在上述大型企业所填8种表中，去掉原材料燃料表和企业基本情况补充表2种表，其他调查表内容略作简化。第二批包括城市和县属镇个体手工业和10人以下私营工业企业（不包括非县属镇和农村）。个体手工业是指独立小商品生产者和专为他人加工手工业者。调查范围是雇用工人（学徒）不超过3人的手工业户。调查内容包括个体手工业基本情况（按城乡统计的户数、从业人数及总产值）、主要产品产量和城市个体手工业历年发展情况。采用典型摸底、估计推算的调查方法。以户数、人数为基本指标，通过对少数典型户调查，求出定额，推算产值。10人以下私营工业企业调查范围是全部职工不足10人的私营工业企业，调查内容为企业基本情况和产品销量，包括单位数、职工人数、在职资本家及代理人、产品销售量和总产值。调查方法为户数、人数等内容由企业填报，产值、产量根据营业额作适当调整、加工后计算。

1955年6月至11月，为编制1956年工业生产计划，对工业企业按行业归口提供依据。根据国家统计局布置要求，开展私营工业、个体手工业重点行业调查。调查时期为1954年全年和1955年上半年。调查的重点行业包括私营工业22个、手工业14个。私营工业调查内容包括生产、设备、生产能力、从业人数、产销量、生产最低维持量、原材料消耗、节约潜力、工资组成等17张表；手工业调查内容包括基本情况、解放以来发展情况、主要产品产量等3张表。

2. 公私合营工业调查

1954年5月，根据国家统计局和国家工商行政管理局联合布置要求，开展公私合营工业调查。调查范围为全部公私合营工业企业，调查内容包括基本情况、从业人员及工资、资产、历年盈余分配、总产值、产销情况共6张表。指标填报时期为1953年。

1956年3月，为各级政府对资方人员制定定息方案和执行赎买政策提供基本资料。根据国家统计局布置要求，开展公私合营工业和私营工业资产利润及投资情况一次性调查。调查内容包括历年资产及盈余分配情况、私营工业典型户资产盈余情况、资产投资金额及全年收入情况、投资在5万元以上在职资方人员一览表等。指标填报时期为1955年。

1956年8月，根据国家统计局布置要求，组织开展公私合营工业企业清产发息情况快速调查。调查内容包括公私合营工业定息情况、清产核资的企业净值（附原公私合营企业资产情况）、合营工业资方投资金额及收入情况、投资在10万元以上资方人员情况共4张表。

（二）主要工业行业调查

1. 钢铁工业调查

1959年5月，为研究钢铁工业企业大、中、小结合及平炉、电炉、转炉发展方向，根据国家统计局布置要求，开展钢铁工业调查。调查内容包括：煤铁资源、运输及物资供应详情；企业各类职工人数；实有高炉（或转炉）座数、总容积、年产能力、开工状况、当年各月产量、合格率、利用系数；1958年以来新建平炉座数、能力、目前开工状况；当前生产上主要问题；大、中、小炉子与平、电、转炉子优缺点比较等。

1959年7月，为研究大办钢铁后，钢铁工业及其相关工业部门基本情况，国家统计局、国家计划委员会和冶金工业部开展联合调查。调查范围包括独立钢铁工业企业、铁矿、锰矿、白云石矿、耐火黏土矿、矽石矿开采企业、独立的炼焦厂、耐火材料厂、铁合金厂及附属于其他工业部门的炼焦与耐火材料车间，还包括公社工业中上述企业。调查内容包括企业概况、资源及运输条件、设备、产量及质量、职工人数、原材料燃料消耗、财务成本及人民公社情况等。调查时点为1959年6月底，上报时间为同年8月底。

2. 水泥工业调查

1959年6月，根据国家统计局与建筑工程部联合布置，开展水泥工业基本情况调查，凡生产水泥企业或附属车间均列入调查范围。调查内容为水泥企业（车间）基本情况，包括企业名称、地址、最早开工年月、全部人员、年产量、年产能力、生产设备等。

3. 电力工业调查

1959年10月，为了解全民办电情况，对各县公用电厂、自备电厂或车间、人民公社所属电厂、站进行全面调查。调查内容包括电厂规模、发电设备装机容量、发电量等。

4. 手工业重点行业和传统产品恢复情况调查

1961年，为保持和发扬传统名牌产品特色，迅速恢复传统产品合理的供销关系和经营方式，根据国家统计局和全国手工业合作总社联合部署，对小农具、匠作工具、小五金、木制品、炊事用具、竹藤棕草纺织、土陶土瓷等7个重点手工业行业进行调查。调查对象为市区或市郊手工业，不包括县属手工业。调查内容包括上述7大行业生产恢复基本情况，传统手工产品产销及自销量，传统手工产品品种和质量，传统产品原料、材料、燃料消费量及传统产品市场恢复情况等。指标填报时期为1961年1月至7月，上报时间为同年8月底。

5. 新兴工业发展情况调查

1961年7月，根据国家统计局布置要求，为了解"大跃进"运动中新兴工业生产发展情况，对合成橡胶、合成纤维、人造纤维、合成洗涤剂、合成脂肪酸、聚氯乙烯树脂等新发展起来的工业进行调查。调查内容包括企业概况、产品产量及生产能力、职工人数及主要指标、原材料供应情况和正在建设尚未投产项目。指标填报时期为1961年上半年。

（三）重点工业企业调查

1. 重点工业企业增产节约情况调查

1957年7月，国家统计局布置重点工业企业增产节约运动及其成果调查。调查范围为煤炭、钢铁冶炼、机器制造、纺织、造纸、油脂等工业部门重点企业。指标填报时期为1957年上半年。

1963年5月，根据国家统计局布置要求，进行工业企业增产节约情况调查，主要调查增产节约运动开展进度、节约原材料和劳动力资源等情况。

2. 重点工业企业技术革新调查

1959年12月，根据国家统计局布置要求，为了解企业技术革新开展情况，对主要工业企业和建筑施工单位布置技术革新调查。调查内容包括企业职工提出技术革新人数、建议采纳数与实施情况、实施后经济效果、重大技术革新项目及推广外单位先进技术等情况。

3. 重点工业企业历年情况调查

1959年，为浙东纺织厂、大昌布厂、宁波硫酸厂、宁波塑料厂等50家重点工业企业编制《重点工业企业历年情况调查表》，分表包括:《概况》《产值产量》《基建投资与生产能力》《主要生产设备及动力机械总能力》《新产品及新技术》《主要产品质量及主要技术经济指标》《重要原料、材料、燃料消费量及库存量》《职工状况》《固定资产流动资金与利润》《成本与价格》《交通运输》《文教福利设施》。

4. 重点工业企业基本情况调查

1960年5月，根据国家统计局布置要求，对大、中型工业企业基本情况进行调查。1962年初，再次对大、中型工业企业基本情况进行调查。调查内容包括企业概况、车间（分厂、矿井）构成、生产（产值、产量）、主要生产设备、主要产品质量及技术经济指标、基本建设投资与主要产品生产能力、主要原材料及燃料消费量和库存量、资源的综合利用情况、1961年技术革新及技术革命情况、职工状况、财务与成本、交通运输、1961年底文教福利设施情况等。

（四）人民公社和街道办工业调查

1960年4月，国家统计局、轻工业部、中央工商行政管理局等三部门联合布置城市街道民办工业情况调查。调查内容包括从业人数、产值、生产类型（加工性、生产性、修配性）、现有资产、工资、盈余分配等。指标填报时期为1960年一季度，规定上报时间为1960年4月底。

1960年10月，国家统计局布置人民公社工业贯彻“调整、充实、巩固、提高”八字方针调查。调查内容包括公社工业基本情况（公社工业经营方向、“四为服务”及其比重、支援农业生产、弥补大工业不足、增加公社积累、提高社员收入、壮大社有经济等）、公社工业生产中存在的问题、公社工业整顿建议等。规定上报时间为1961年2月18日。

（五）工业企业变动与改革等专项调查

1962年9月，国家统计局布置工业企业在贯彻八字方针调整布局中企业单位数和职工人数变动情况调查。指标填报时期为1962年1月至9月，规定上报时间为1962年10月6日。

1988年4月和8月，根据国家统计局布置要求，先后两次对国营工业企业体制改革及其成效进行调查，调查内容包括生产发展和经济效益等状况。

2011年6月，根据国家统计局浙江调查总队统一部署，省、市合作开展中小企业转型升级问卷调查，宁波共调查300家中小企业，并结合转型升级成功和不成功的个案分析开展课题研究。

（六）宁波自行组织的专项调查

1. 规模以下工业企业拉闸限电影响专项调查

2003年8月，为了解企业拉电、限电的具体情况以及对企业生产经营的影响程度，更好地为各级党政部门决策提供参考，对80家规模以下工业企业开展拉闸限电影响快速问卷调查。调查内容涉及企业拉电限电情况、对企业造成的经济影响、企业的补救措施以及企业对政府和电力部门的建议等14个问题。

2. 规模以下工业企业用工情况调查

2010年3月，结合一季度定报情况，通过电话询问，对80家规模以下工业企业（省级特邀经济信息员所在企业）开展了一季度用工情况调查。

2013年3月，依靠规模以下工业“省市共享型”特邀信息员网络，对12家规模以下工业企业开展了一季度招工情况调查。

2015年4月，开展规模以下工业企业出口状况及2015年用工意向调查。

2017年2月，依靠规模以下工业“省市共享型”特邀信息员网络，开展规模以下工业企业开工及用工情况调查。9月，对46家小微工业企业用工情况进行调查。

3. 小微工业企业生产经营状况调查

2012年，先后在5月、7月和10月对全市小微工业企业开展了企业用工情况、生产形势、企业发展面临何种困难等小型调查。同时，于7月组织对全市9个区（县、市）的600家小微工业企业主要负责人进行了一次发展情况问卷调查，调查内容包括企业生产经营、融资、用工、成本以及政府针对性帮扶政策措施落实等五方面情况。

2013年6月，对30家小微工业企业开展了二季度生产经营状况问卷调查。

4. 工业企业其他专项调查

2013年9月，对25家规模以下工业企业开展了暂免征收“两税”情况快速调查。

2014年6月，根据浙江小微工业企业民间融资问题研究的课题调研任务安排，完成宁波涉及的100家小微工业企业专项调查。

2015年5月，开展小微工业企业库存情况调查。6 月，开展“三证合一”登记制度执行情况调查。7 月，开展互联网在制造领域应用情况调查。8 月，对 451 家小微工业企业开展享受税费减免和发展情况专项调查。

2016 年 6 月，开展装备制造业企业生产经营及出口情况专项调查，对 5 家规模以下工业企业进行了调查。7 月，开展新设立小微工业企业生存及发展状况调查，完成 15 家创业成功企业和 5 家创业失败企业情况的调查。9 月，开展规模以下工业出口企业订单及用工情况调查。

（七）其他调查

1. 工业企业横向经济联合组织状况调查

1988 年 10 月，根据省统计局布置要求，对工业企业横向经济联合组织状况进行调查。调查范围为以县及县以上工业企业为主联合组成的新型企业联合组织，包括经过授权部门批准并在工商行政管理部门登记注册的兼并企业、承包企业和有企业参股的股份制企业。调查内容为按组织形式或经济类型划分的各种经济联合组织的情况。指标填报时期为 1988 年 1 月至 10 月，规定上报时间为 1988 年 12 月 12 日。

2. 重点工业企业出口退税机制改革影响情况专项调查

国务院于 2003 年 10 月 13 日作出了《关于改革现行出口退税机制的决定》（国发〔2003〕24 号）。为及时了解企业对现行出口退税机制改革的反映和对企业生产经营的影响，2003 年，根据国家统计局布置要求，对全市出口规模较大的重点工业企业进行了问卷调查和实地走访。调查内容包括：《国务院关于改革现行出口退税机制的决定》的执行情况、企业对现行出口退税机制改革的反映、现行出口退税机制改革对企业生产经营的影响、现行出口退税机制改革对外贸进出口的影响等。

3. 长三角地区工业企业关联度调查

2004 年，国家统计局企业调查总队组织苏、浙、沪三省（市）同期联合开展一次长三角地区工业企业关联度调查。通过了解长三角地区工业企业在生产经营、人才交流、信息沟通等方面的关联情况，为促进长三角地区经济一体化和区域经济的共同繁荣提供决策依据。此次调查对象为年销售收入在 3000 万元以上的工业企业，适当兼顾不同的行业大类和登记注册类型，宁波的调查样本为 100 家工业企业。

4. 工业企业生产情况入户抽样调查

2005 年 3 月，为满足宏观经济分析和提高统计数据质量的需要，根据国家统计局《关于开展工业生产情况抽样调查的通知》（国统字〔2005〕24 号）精神，对国家确定的全部国有及规模以上非国有工业企业生产情况进行上门调查。调查时点为 2005 年 3 月 22 日，调查方式为工作人员上门调查。

5. 工业企业创新调查

2007 年 4 月至 6 月，根据国家统计局《关于印发全国工业企业创新调查方案的通知》（国统字〔2007〕35 号）和省统计局《浙江省工业企业创新调查工作实施方案》，开展工业企业创新调查。调查对象为规模以上具有法人资格的工业企业，其中对大中型工业企业实施全数调查，对规模以上小型工业企业进行抽样调查。调查时点为 2006 年 12 月 31 日，定量指标的时期为 2006 年度，定性指标的时期为 2004—2006 年。

第六节 投资、房地产与建筑业统计调查

投资、房地产与建筑业统计调查一般统称为建设领域统计调查。包括经常性统计报表制度和一次性专项调查。

中华人民共和国成立后，建设领域全面统计制度在宁波统计历史上首次建立，并不断发展完善。20世纪50年代初到70年代末，固定资产投资统计内容包含在基本建设投资统计中，范围主要以国有单位投资统计为主。其间，没有房地产业统计，建筑业统计内容列入基本建设投资统计报表制度。

改革开放后，全省建设领域统计制度得到快速发展。固定资产投资统计内容延伸至更新改造、房地产开发及其他投资统计，从统计投资进度和外延扩大再生产为主，逐步转到以投资效果为中心和内涵扩大再生产统计；统计范围从国有单位投资统计，扩大到城乡集体经济单位投资和城乡个人投资，以及联营经济、股份制经济、外商投资单位、港澳台投资单位与其他各种经济类型单位，即全社会固定资产投资统计。建筑业统计逐渐分离出来，于1988年独立形成建筑业统计制度，并不断加强。随着房地产行业蓬勃发展，房地产业统计内容不断充实，于2005年从固定资产投资制度中独立出来，单独建立了房地产开发统计报表制度。

经多年不断完善发展，至2017年，建设领域统计涉及固定资产投资、房地产业和建筑业三大专业报表制度，形成较为完整的指标体系。

一、固定资产投资统计调查

固定资产投资是以货币表现的建造和购置固定资产活动工作量，通过统计调查用以反映、研究固定资产投资规模、速度、结构、比例关系和使用方向。

（一）统计报表制度

1950年，国家建立工业统计报表制度，内含基本建设统计。翌年7月，国家统计局建立实施全国统一基本建设统计报表制度，主要内容有投资完成额、新增固定资产、新增生产能力等。浙江在首次全国工业普查取得全省国营、地方国营工矿企业基本建设情况基础上，按国家规定，建立基本建设统计制度。宁波市同步布置了《宁波市基本建设完成情况分单位统计》基层年报表以及《宁波市历年基本建设完成情况》综合年报表。

1953年，省统计局设立基本建设统计科，根据华东统计局规定要求，对省级各主管厅局及杭州、宁波、温州三市统计部门布置《一九五三年度基本建设完成情况》《投资计划完成情况》《主要工程项目投资计划完成情况》《开始利用的新增固定资产及能力计划完成情况》《房屋建筑面积竣工情况》《资金收支情况》《一九五三年度零星基本建设完成情况综合表》等7种综合年报。宁波市制定了按照工业、财贸、文教、卫生、交通、建筑和其他等7个系统的基本建设完成情况汇总表以及《宁波市一九五三年基本建设简要年报综合统计文字说

明》。基层表和汇总表沿用至1954年。

1955年，宁波基本建设统计制度包括《宁波市基本建设投资计划完成情况统计表》《基本建设计划完成情况一览表》《国家投资计划完成情况》《投资及开始利用的新增固定资产计划完成情况》《新增能力计划完成情况》《房屋建筑面积竣工情况》《国家投资计划规定外的基本建设完成情况》等7张报表。

1956年，宁波市根据省统计局下发的新制度统一要求，增加《按工程项目分列的国家投资计划完成情况》和《按用途分列的国家投资计划和动用固定资产计划完成情况》表，删除《宁波市基本建设投资计划完成情况统计表》和《投资及开始利用的新增固定资产计划完成情况》表。

1957年，国家统计局印发《1957年基本建设投资定期统计报表》制度，包含《建设规模完成情况表》《基本建设单位一览表》《基本建设投资完成情况表》等基层定报表，主要统计指标有“年底到达能力”、“施工项目全部能力”、“新增能力”以及“本年投资”等。投资额分“全部投资”和“本年投资”，并按结构分“计划”、“实际完成”、“建筑”、“安装”、“设备”和“其他”等类别，投资统计制度逐步完善。

1958年，宁波市增加《1958年城市建设系统基本建设投资完成情况》表，对城市公用事业投资进行统计，翌年2月制作《一九五八年宁波市基本建设年度会计报表汇总》综合表。

1959年至1962年，宁波市执行国家统计局制定浙江省统计局补充后的基本建设投资统计制度，制度包含《建设项目（单位）一览表》、《施工规模和新增能力（或效益）》、《按建设性质、事业种类分的投资完成情况》、《按构成、用途分列的投资完成情况》及《实际完成的建设项目和投资及新增固定资产》等5种基本固定的基层年报表。此期间统计范围、填报频次、计算方法等仅作局部调整变化，总体稳定。

1963年，省计委、省统计局建立《重点建设项目简报制度》，由各重点建设项目按月报送，反映工作量、实物量完成情况及重点工程形象进度、存在主要问题等。

1964—1965年，整合优化基本建设投资统计制度，综合年报表共6种，分别是《按管理系统分列的投资和固定资产完成情况一览表》、《按事业种类分列的建设项目个数、投资和新增固定资产完成情况》、《按用途和建设性质分列的投资和新增固定资产完成情况》、《本年新增能力（或效益）》、《施工和投入生产的建设项目个数》及《施工和竣工的房屋建筑面积和作价》。

1966年开始，国家统计局制定的基本建设综合年报减少到《按管理系统分列的投资额和固定资产完成情况一览表》和《新增生产能力（或效益）》2种。浙江省统计局仅在1966年增加1期《供销社系统和集体所有制的基本建设完成情况》表。所有基建投资报表以12月份定期报表累计数代替年报数据。

1971年，当年增加《本年施工的大中型建设项目一览表》。直至1974年，基本建设综合年报仅包含《基本建设投资额和新增固定资产》和《本年新增生产能力（或效益）》2张报表。

1975年，为检查第4个五年计划完成情况和编制第5个五年计划及十年规划提供依据，对《基本建设投资额和新增固定资产》进行了拆分，恢复《按管理系统分的基本建设投资额和新增固定资产》和《按行业分的基本建设投资和新增固定资产情况》表，要求按国民经济 9 大部门和按农业、轻工业、重工业分组，与《本年施工规模和新增生产能力（或效益）》一起逐步形成了以此 3 种报表为核心的较为稳定的基本建设投资统计制度，并执行至 1979 年。从 1978 年开始，宁波基本建设投资的统计范围扩大为宁波市区及镇海县。

1980 年，固定资产投资统计年报制度分为基本建设投资和挖潜、革新、改造投资两套表，并按照国家经委、国家统计局联合通知要求，建立挖潜、革新、改造措施统计报表制度，范围是 5 万元以上全民所有制单位经县以上各级经委（工业办公室）批准的计划工程。翌年，跟随计划管理制度改革，国家统计局将上述两套表重新合并为固定资产投资统计，同时新增内容、扩大范围。调整合并后综合年报包括全民所有制基本建设统计综合年报表、全民所有制企事业单位计划总投资在 5 万元以上措施项目统计综合年报表、总投资在 5 万元以上城镇集体所有制建设单位固定资产投资综合年报表等四部分。

1982 年，省统计局建立《农村集体固定资产投资情况》等统计报表制度，并随农业统计报表制度一并布置。至此，浙江全社会固定资产投资统计报表制度初步建立。翌年，全民所有制基本建设统计综合年报已达 10 种，更新改造措施统计综合年报有 7 种，其他固定资产投资统计年报有 8 种。随着地市合并为新的宁波市统计局，全市统计范围扩大到宁波市区及全部县。

1984 年，全国基本建设统计年报实行电子计算机超级汇总，为了防止报表多乱，减轻基层单位重复填报的负担，国家统计局制定了统一的基本建设统计基层表和更新改造措施统计基层表的标准表式，并在制度附件中对各项统计指标进行了详细解释说明。省统计局和宁波市统计局也对年报进行了微机超级汇总。翌年，超级汇总范围扩大至全民所有制的基本建设统计、更新改造措施统计、其他固定资产投资统计（不含零星固定资产投资），以及城镇集体所有制固定资产投资统计。从 1986 年开始，宁波市固定资产投资综合表全部由微机汇总并打印，逐步取消手写的统计资料。

1987 年，根据国家统计局等四部门布置，建立固定资产财政拨款统计等 3 种报表制度。翌年，省统计局制发《固定资产投资利用外资情况》统计报表，同时精简原有一些统计报表和指标。

20 世纪 90 年代，固定资产投资统计制度进一步加强完善。1991 年起，根据国家统计局等部门部署，宁波市统计局同步建立完善《固定资产投资项目新开工统计和竣工统计报告制度》。1993 年，统计范围扩大到外商及港澳台独资企业固定资产投资。1996 年 10 月，为加强固定资产投资活动宏观管理，省统计局转发国家统计局等四部门《关于修订固定资产投资新开工和竣工项目统计报告制度的通知》，要求严格开工、竣工统计登记范围，规定 1997 年 1 月 1 日起开工或进行竣工验收，计划总投资在 50 万元以上基本建设项目、更新改造项目及其他投资建设项目，不论其为何种经济类型，均实行开工、竣工统计登记，并明确登记内容、时间、地点、部门和登记手续与相关要求。

1997 年，为适应经济发展需要，减轻基层工作负担，根据国家统计局等三部门《关于提高固定资产投资统计起点的通知》规定，从 1997 年固定资产投资统计年报和 1998 年定期报表开始，全省固定资产投资统计起点由 5 万元提高到 50 万元。翌年，为提高统计数据质量，省统计局先后印发《建设领域统计数据质量控制办法》和《投资统计定期报表数据质量考核评比办法》，采取投资额和增长速度双重控制，严格按要求对各市（地）进行考核，按季公布进度报表考核情况。宁波市统计局转发了省局文件并相应制定、完善对县考核制度，投资数据质量意识得到明显增强。

1998 年，为了及时掌握宁波市及各区（县、市）全社会固定资产投资完成情况及重点项目进展情况，更好地服务于地方经济建设，市统计局根据国家固定资产投资制度，结合宁波实际需要，于当年 5 月下发《关于印发〈农村集体、农村私人固定资产投资及重点项目进行月度统计的实施意见〉的通知》（甬统投〔1998〕57 号），补充制定了农村集体、农村私人固定资产投资及重点项目统计月报制度。

1999 年，为全面反映全社会固定资产投资情况，国家从当年年报开始，将城镇个体、私营固定资产投资纳入统计制度，同时取消“农村集体固定资产投资统计”和“农村私人投资情况”2 张年报。宁波市农村投资数据开始由农调队收集资料、统计汇总并上报，指标口径、范围、计算方法等与国家统计制度保持一致。

2001 年，浙江省对“固定资产投资完成情况表”月报实行全省超级汇总，范围包括总投资 500 万元以上所有项目（单位），使数据及时性、准确性、抗干扰性大大提高。是年，为及时反映全省全社会技术改造投资总量、结构与存在问题，省统计局与省经济贸易委员会联合印发全社会技术改造投资统计实施方案，对经贸部门实施的技术改造统计进行规范，明确制度方案和政府统计部门与经贸部门分工职责。由此建立经常性全社会技术改造投资统计制度，补充国家投资统计指标体系不足，满足国民经济管理需要。是年 8 月，宁波市统计局按照省统计局的统一部署，对投资统计实行基层表“年报月报同表”，综合表“以定期报代替年报”改革方案，在当年年报布置实施。

2002 年，为规范各地全社会投资统计方法，提高基层数据质量，掌握全省限额以上（即投资额 500 万元及以上，下同）投资总量基本情况，省统计局在全国率先改革固定资产投资统计报表制度。规范投资统计口径上长期存在的地域、经济类型等不一致问题，统一采用限额以上投资口径；取消国有等单位投资口径和基建、更新改造与其他等分组；增加反映基础设施投资、民间投资、非国有投资、农村投资等分组；增加全部限额以上投资、限额以上工业投资等出表功能；扩大全面统计范围，首次把限额以上农村非农户投资纳入年报，宁波亦同步实施。翌年 3 月，根据国家统计局部署，建立全省建设领域统计数据评（联）审制度，加大对地区固定资产投资和建筑业统计数据评审力度。4 月，按照国务院办公厅通知精神，省委、省政府决定开展全省固定资产投资项目清理工作。根据分工，省统计局提供项目清理工作所需资料及固定资产投资项目清理库与投资项目统计库核对情况文字材料，对两库口径、范围主要区别作分析说明，并按国家统计局要求，上报《投资项目清理情况汇总表》和《浙江省固定资产投资项目清理工作报告》。6 月，根据国家统计局部署，组织开展全省投资统计数据质量检查与评估。结果显示，全省固定资产投资统计数据质量基本可靠，虽存在一些问题，但无碍反映发展趋势。

2004 年，为更好适应社会主义市场经济发展和宏观调控需要，从当年年报和 2005 年定期报表起，对农村限额以下非农户投资项目实行过录表简表汇总。考虑浙江省限额以下非农户投资项目个数占城镇和农村非农户投资个数的40%，而相应投资额只占6.6%，如按国家要求，县级统计局工作量将成倍增加，且数据质量难以保证。为此，对农村限额以下非农户投资项目采用简表，即只选取“本年累计完成投资”“其中住宅投资”“其中设备工器具购置”“本年施工房屋面积”“本年竣工房屋面积”“本年资金来源小计”6个指标，由乡按项目（单位）进行过录，县级进行过录表超级汇总，其余指标只报年报，月报由省统计局根据年报资料推算上报国家。

2005年，国家统计局调整部分专业划分。将非农户农村固定资产投资情况正式列入《固定资产投资统计报表制度》，而将房地产开发统计从中分离出来，专门建立统计制度。翌年，对固定资产投资年报新增生产能力（或工程效益）目录进行简化和调整，取消城镇和工矿区私人建房情况综合年报表。

2008年，按照省政府领导要求，省统计局组织开展全省工业企业技术改造投资统计工作，明确口径范围，并从当年一季度起定期公布数据。按照国家统计局要求，开展亿元以上新开工项目报告工作，对亿元以上新开工项目现场确认、拍照留底，确保项目真实可靠。同时，建立经常性部门信息交换机制和新开工项目统计入库确认、检查制度，做好浙江省新开工项目情况库建设并提出具体量化要求。对3000万元以上项目逐个上门进行确认，定期检查；500万～3000万元项目电话确认，并抽取5%上门检查。根据国家统计局和省统计局部署，宁波市组织开展全市当年投资统计数据质量自查与核查。10月，宁波市投资专业网上直报系统试运行结束，并开始正式投入运行。该程序将500万元新开工项目库、亿元以上新开工项目库及月报字典库三库合一，有效避免了单位名称、项目名称及项目代码不统一情况的发生，减轻了基层统计人员的审核工作量。

2009年，省统计局制定实施《浙江省建设领域统计数据质量及协调性评估办法（试行）》，加强数据质量及协调性分析评估。是年，根据国家统计局等三部门联合部署，省统计局会同省发改委、省经信委、省建设厅共同建立实施全省固定资产投资项目管理信息抄送制度，并于翌年纳入投资统计报表制度。

2011年起，固定资产投资定报统计起点提升到500万元，统计范围为：城镇和农村各种登记注册类型的企业、事业、行政单位及个体户进行的计划总投资500万元及500万元以上的建设项目。基层定期报表精简至“固定资产投资完成情况（H201表）”和“亿元以上新开工项目报告（H202表）”2种。翌年，H202表更名为“新入库项目申请表”，且填报范围调整为计划总投资5亿元及以上新开工建设项目。至2013年，浙江省固定资产投资统计报表制度基本保持稳定。

2014年6月，根据《国家统计局关于开展2014年固定资产投资统计制度方法改革试点工作的通知》（国统字〔2014〕30号）要求，省统计局下发《浙江省统计局关于开展固定资产投资统计制度方法改革试点工作的通知》（浙统〔2014〕59号），指定宁波市北仑区和温州市洞头县承担投资统计制度的综合试点任务。新增一张《非金融资产投资情况表》，统计范围为辖区内所有企事业单位，试点工作从6月开始，到11月底结束，上报上半年和前三季度数据。

2015年，国家统计局决定在全国范围内开展固定资产投资统计制度方法改革试点工作。试点数据上报从2015年3月报送1—2月数据开始，到2016年1月底结束。其中，“一套表”法人单位和其他有500万元及以上在建项目的法人单位按月度填报《联网直报法人单位非金融资产投资情况表》和《亿元以上建设项目情况表》；小微企业填报《小微企业非金融资产投资情况表》，上报频率为按年度上报。按照省局要求，宁波市成立固定资产投资统计制度方法改革领导小组，认真组织和实施本地区的试点工作。根据国家统计局统一部署，当年投资统计专业新旧制度采用“双轨制”同时运行。12月，国家统计局发文规定非金融资产投资统计正式纳入2016年固定资产投资统计制度。宁波市执行省统计局修订后的投资统计制度，基层定报只有两种，一是“固定资产投资项目情况（浙206-1表）”月报，二是“非金融资产投资情况（206-2表）”半年报。

2017年，浙江省统计局决定从2月月报开始，全省计划总投资500万元及以上固定资产投资项目统计全面实行联网直报。是年10月，省统计局部署投资统计方法制度改革，决定从第四季度开始试点500万～5000万元投资项目采用财务支出法填报。翌年，固定资产投资制度删除非金融资产投资情况表，增加采用财务支出法填报的“500万～5000万元固定资产投资项目情况（206-2表）”月报表。至此，投资统计形成较为完整的指标体系和报表制度，能基本体现宁波投资领域发展状况。

（二）重要一次性专项调查

1954年5月，为摸清家底，观察全省国民经济各部门固定资产投资动态情况，省统计局开展固定资产投资调查，范围是省财经、文教卫生系统13个主管部门所属852个社会主义性质企业（或事业单位）。主要调查固定资产价值、生产能力和房屋建筑面积3个指标。

1955年7月，根据国家统计局部署，在全省基本建设部门及国营建设单位中，布置1955年基本建设贯彻节约情况调查，主要调查年初至6月底投资计划核减和房屋建筑面积降低造价情况，9月底完成调查并撰写调查报告。

1957年12月，针对基本建设战线过长，计划外投资项目大量增加状况，国家统计局布置国家投资计划外的基本建设项目调查，省统计局结合实际在杭州、宁波、温州3个省辖市进行调查。宁波的调查结果为：1957年全市计划外投资实际完成107.37万元，其中建安工程投资94.25万元；当年新增固定资产价值136.22万元。

1959年7月，按照国家统计局要求，对1959年1月至7月期间施工或在浙江中央各部和省、市、县属限额（5万元）以下全部建设施工项目进行快速调查，内容包括施工项目个数、“停缓建”项目个数、建成投产项目个数、正在施工项目个数等。是年底，向各地和有关部门布置“基本建设自筹资金一次性调查”，调查时间和内容为1959年全年计划外资金筹措和使用去向等，次年初完成调查。

1960年5月，开展基本建设项目基本情况调查，范围是施工和投入生产全部限额以上项目及限额以下工矿项目中全部中型项目和部分小型项目；内容为建设项目概况、基本建设投资额和新增固定资产、重要工程项目建设和投产及房屋建设情况等；调查时期为1949—1959年。

1962年7月，为有计划、有步骤合理利用停建项目，省计委、省财政厅、省统计局联合发出《关于建立停建项目档案的通知》，规定凡大中型停建项目，由所属单位或派出工作组至现场进行调查，并编报《停建项目基本建设情况调查卡片》。内容包括停建的大中型项目名称、已完成投资额、主要工程的形象进度、已到货的建筑材料和设备及其库存情况等。此项调查及档案登记工作于10月份完成，并分项目装订成册，形成文字报告。

1964年6月，宁波市统计局布置《基本建设移民费使用情况调查》，调查时间为1964年上半年，调查范围为有移民费的地区，调查内容为移民费在基本建设中的使用情况。

1964年7月，省统计局布置《楼馆堂所和计划外基本建设情况调查》。调查规定，楼馆堂所的建设不论是否列入计划，是否经过批准或以大修理名义进行拆除翻新的全民所有制的县及县以上全部楼馆堂所的建设项目均应填报。楼馆堂所调查内容为建设投资、建筑面积、建筑结构、每平方米造价和建筑层次等。调查时间为1962年至1964年7月。计划外基本建设项目调查范围为全民所有制的县及县以上全部计划外建设项目，调查时间为1964年1月至7月，调查内容为开工日期、建设日期、自年初至7月底完成的投资额等。

1981年4月，根据全国部署，省统计局会同省基本建设委员会、省清理基本建设在建项目办公室对1981年上半年停建、缓建和总投资在10万元以上在建的基本建设项目作了一次快速调查。调查内容包括停缓建建设项目数、压缩的建设规模及这些项目的工程、设备、材料等善后处理和利用情况、人员安置等。全省共有371个建设项目按规定填写了《停建、缓建项目和实际停工项目基本情况调查卡片》。

1987年，根据国务院办公厅《关于进行全国投入产出调查的通知》，为满足编制全国投入产出表的需要，国家统计局布置了《一九八七年基本建设、更新改造投资构成调查表》，要求结合当年投资年报贯彻执行。调查范围为全民所有制基本建设项目和全民所有制更新改造企事业单位，调查时间为1987年全年，调查内容为“建筑安装工程及商品房购置”、“设备、工具、器具购置”和“其他费用”等三个大类指标的本年实际完成投资额。宁波市调查结果为：全市1987年共完成投资10.8亿元，其中基本建设投资完成6.9亿元，更新改造投资完成3.9亿元。

1991年2月，根据国家统计局等四部门《关于布置基本建设项目和更新改造项目资金落实情况快速调查的通知》要求，对1991年浙江省在建部分基本建设项目和更新改造项目进行调查。调查范围为在建基本建设大中型项目和限额（5万元）以上更新改造项目，以及未达到大中型标准，但总投资在3000万元以上基本建设项目与总投资在3000万元以上更新改造企事业单位。调查时间与内容为1990年和1991年上半年在建项目财务资金拨入和使用情况、应付未付资金情况及形成原因，1991年下半年尚需投资和从1992年至项目全部竣工尚需要资金等。调查指标有总投资规模、拨入资金、支出资金、年度计划投资、年度计划资金、1991年上半年应付未付资金、本年尚需投资、全年未落实投资、自开始建设至1991年6月末应付未付资金、建设条件和工程进度等。

1994年5月，根据国家统计局等三部门联合通知要求，在全省开展500万元及以上在建项目快速调查。调查范围是1994年6月30日在建总投资500万元及以上基本建设项目、更新改造项目、其他固定资产投资和房地产开发单位。调查内容包括项目规模、建设性质、用途、建设阶段、年限、资金来源及到位情况、新增生产能力及建设过程中存在主要问题等。调查工作从当年5月开始，8月结束。调查表明：截至当年6月底，宁波市在建计划总投资500万元以上投资项目计划总投资为320.5亿元，已累计完成133.1亿元，如全部建成需要总投资358.9亿元。

1996年6月，根据国家计委、国家经贸委、国家统计局联合通知要求，省计经委等组织开展全省500万元以上在建项目快速调查。调查工作从6月上旬开始，为期一个半月。调查结果表明：宁波市有在建计划总投资500万元以上投资项目的调查对象共505个，计划总投资为633.1亿元，已累计完成投资230.6亿元，自年初累计完成58.3亿元，如全部建成需要总投资668.9亿元。

二、房地产业统计调查

中华人民共和国成立后近30年中，城市住房由国家划拨土地建造，实行配给制，无房地产市场，相应没有房地产开发统计制度，房屋建设等相关少量统计指标一直包含在基本建设报表中。改革开放后，房地产业快速发展，成为经济发展新增长点，对推进城镇化建设和改善居民生活条件发挥了重要作用，同时促使房地产统计从无到有、从简单到全面快速发展。

（一）定期统计报表制度

1953年，宁波市人民委员会统计科根据华东统计局、省统计局规定要求布置8种综合年报，其中有《房屋建筑面积竣工情况》。1977年，基本建设统计6种综合年报中，包括《施工和竣工的房屋建筑面积及竣工房屋造价》。

1981年，国家统计局在固定资产投资统计综合年报中，设置城镇私人建房统计报表。在贯彻执行中，省统计局组织杭州、宁波、温州等7个市县进行试点。翌年，增设《农村私人建房情况》统计报表，随农业统计报表制度一并布置。

1987年，为加强商品房屋宏观管理，根据国家统计局等四部门布置，浙江首次建立商品房屋投资统计与商品房屋生产进度统计报表制度。

1990年12月，根据国家统计局、国家计委和建设部决定，建立商品房屋建设投资统计报表制度，作为固定资产投资统计报表制度组成部分。鉴于商品房建设计划已在国家固定资产投资计划中单列，按全民所有制固定资产投资进行计划管理，相应将商品房屋统计方法由原来按购买房屋者实际支出计算投资完成额，改为由房屋开发公司按建设进度统计投资完成额，同步报送商品房屋投资额与施工、竣工、销售建筑面积及销售额指标。

1993年，国家把房地产开发单位的土地开发工程纳入其统计范围，更名为房地产开发投资统计。《房地产开发统计基层标准表》内容，除资质等级、开发经营状况外，其他指标与固定资产投资标准表大体相同。

1995年，根据国家统计局与建设部统一规定，省统计局和省建设厅首次共同组织、分级实施全省房地产企业统计制度，按统计部门为主、建设部门配合原则，统一处理数据、逐级分别上报年报基层表，有效减轻基层负担。房地产开发统计年报统一采用《房地产开发统计标准表》，凡有开发工作量或经营活动的各类房地产开发企业（单位）都应纳入统计范围，各项指标解释按国家统计局《固定资产投资统计报表制度》规定执行。翌年10月，省统计局转发国家统计局等四部门通知，要求严格开工、竣工统计登记范围，规定1997年1月1日起开工或进行竣工验收的房地产建设项目，不论其为何种经济类型，均实行开工、竣工统计登记，并明确登记内容、时间、地点、部门和登记手续与相关要求。

1999年，国家统计局等三部门联合印发《关于建立全国重点房地产开发企业联网上报制度的通知》(国统字〔1999〕84号)，省统计局与省建设厅、省计经委联合进行部署，全省房地产开发企业联网直报工作正式起步。企业联网直报是一项全新统计报表报送方式，是传统报送方式的重大改革和统计制度改革重要内容。按照方案分工，由省、市计委系统组织实施联网上报制度，各地给予必要经费支持；省、市建设部门审定辖区内上报企业名单，组织、督促企业做好上报工作；省、市统计部门负责提出辖区内一、二级房地产企业名单，协助做好对辖区内上网企业布置贯彻等工作。全国约3000家房地产开发企业实行联网直报，浙江省首批参加联网直报企业207家，位居全国前列，其中宁波市26家。

2000年，根据省政府加强第三产业统计工作要求，省统计局制定房地产物业管理与中介机构统计制度及具体实施方案，并联合省建设厅进行贯彻布置，明确各级统计部门与建设部门职责分工。省统计局承担数据处理程序编制任务。是年，房地产开发统计增加反映物业管理、房地产交易、房地产评估3张基层表年报与对应综合年报，其中，物业管理统计由各级建设（房管）部门负责实施，统计部门配合；房地产交易及评估企业统计由各级统计部门负责实施，建设（房管）部门协助贯彻布置。翌年，总投资500万元以上房地产开发项目月报实行全省超级汇总，使数据及时性、准确性大大提高。

2001年6月全国3000家房地产企业直报系统正式开通。

2003年5月，省统计局、省建设厅、省计委联合转发建设部等三部门《关于加强房地产开发统计工作的通知》，提出具体贯彻意见，为加强全省房地产开发统计创造条件。11月，为加强房地产开发监测，改进商品房空置面积和空置率计算方法，国家统计局决定从2003年年报开始，按空置时间对空置商品房统计指标进行分组。翌年，国家统计局增加3000家联网直报房地产开发企业基本情况年报和《商品房销售及空置情况》月报，并改变原有联网直报上报方式，起用新的企业直报平台。宁波市上报率达100%。

2004年，房地产开发业列入第一次全国经济普查范围，为与经济普查保持衔接，修订当年统计年报与定期统计制度。房地产开发业普查对象是辖区内从事房地产开发业企业、物业、中介和其他房地产业企业。主要内容包括单位基本属性、从业人员、财务状况、生产经营情况、生产能力、原材料和能源消耗、科技活动情况等。普查基层表包括房地产开发企业经营情况和企业财务状况及物业管理、中介服务与其他房地产业生产经营状况共3张。综合表有房地产开发企业主要指标、企业财务状况、房地产物业管理企业主要指标、中介服务企业主要指标、其他房地产企业财务状况共5张。调查表时点指标按2004年12月31日所处实际状况填报，时期指标填报2004年全年累计数据。经济普查取得全省房地产业全行业翔实资料，为开展历史数据调整、行业增加值核算等工作奠定坚实基础，并依此建立健全省房地产业基本单位名录库。

2005年，国家统计局调整部分专业划分。将房地产开发投资统计从《固定资产投资统计报表制度》中分离，新建独立并行的《房地产开发统计报表制度》。为反映非公有经济控制力情况，单位基本情况表“控股情况”指标增加“集体绝对控股”“集体相对控股”2个其中项；房地产业联网直报企业报表增加信息化程度相关指标。8月，为准确反映各项房地产宏观调控措施落实情况和市场变动情况，国家统计局启动统计系统快速应急机制。省统计局据此从7月份月报开始，增加报送《商品房销售情况补充表》，并补报前5个月数据。由此加强全省商品房屋销售情况统计监测，比较准确反映房地产价格变动趋势。是年，全省房地产开发统计实现分阶段全面超级汇总，数据质量、时效和使用价值得到进一步提升。

2006年，为统一各专业统计分类标准，准确界定各类年报和定期报表实施范围，省统计局继续沿用“统一布置、提前组织实施、各专业参与配合”方式，组织开展全省基本单位名录库更新维护工作。房地产统计年报与定期报表所需的单位字典库与抽样框均由基本单位名录库生成，各地上报的房地产业基层数据中的单位字典库信息必须与基本单位名录库相匹配。各地基本单位名录库中房地产业基本单位的主要经济指标和资产情况必须以专业年报的实际数替换名录库中的全年预测数。

2007年，为掌握全省各地廉租房、经济适用房等住房保障制度实施情况，为省政府及有关部门研究制订住房保障政策提供依据，建立全省城市住房保障定期统计报表制度。省统计局协助省建设厅开展相关工作，在表式设计、指标解释、审核关系等方面给予技术支持。

2008年，国务院决定开展第二次全国经济普查，为与普查相统一，修订当年房地产开发统计年报制度。房地产业普查表分普查通用表和专业普查表两类，前者有单位基本情况普查表（包括法人和产业活动单位表）、企业普查表、非企业单位普查表；后者包括房地产开发企业（单位）投资与资金及土地情况、施工与销售及空置情况、财务状况等。经全省建设领域和统计系统共同努力，顺利完成业务培训、数据采集与审核处理上报、简要本数据提供等专业普查工作。

2009年，国家统计局在房地产报表制度中增设“廉租房”统计指标，并于年底开始试行《建设领域统计数据质量及协调性评估方案》。浙江结合实际制定实施《浙江省建设领域统计数据质量及协调性评估办法（试行）》，加强房地产相关统计指标连续性、协调性和内部结构，以及主要指标与外部数据协调性评估分析，有效提高统计数据质量。至2010年底，已形成较为完善的全省房地产业统计制度。

2013年，国务院决定开展第三次全国经济普查，为与普查相统一，修订当年房地产开发统计年报制度，房地产业普查表分普查通用表和专业普查表两类，前者有单位基本情况普查表（包括法人和产业活动单位表）、企业普查表、非企业单位普查表；后者包括房地产开发企业（单位）投资与资金及土地情况、施工与销售及空置情况、财务状况等。经全省建设领域和统计系统共同努力，顺利完成业务培训、数据采集与审核处理上报、简要本数据提供等专业普查工作。调查表时点指标按2013年12月31日所处实际状况填报，普查时期指标填报2013年1月1日至2013年12月31日的累计数据。2013年年报取消了房地产开发项目经营情况（X104-1表）、房地产开发企业资金和土地情况（X104-2表）。

2015年，国家统计局在房地产报表制度中增加了基层年报电子商务交易平台情况（110 表）。

2016 年，国家统计局在房地产报表制度中增加了基层定报电子商务交易平台情况（209 表）（季报）。

2017 年，国家统计局在房地产报表制度中取消了基层年报电子商务交易平台情况（110 表）。

（二）主要专项调查

中华人民共和国成立后，根据国家统一部署和全省经济社会发展需要，浙江不定期组织开展多次房屋建设领域一次性专项调查。择要记述如下。

1955 年 10 月，为全面了解重点城市年度内国家投资计划单位外房屋建筑面积竣工情况，根据国家统计局要求，对杭州、宁波、温州、金华、嘉兴、绍兴、湖州七市（地）进行房屋建筑面积竣工情况调查。主要内容是当年各类房屋（住宅、办公室、学校、医疗机构、厂房、仓库等）竣工建筑面积及各类房屋结构情况（分钢筋混凝土结构、混合结构、砖木结构、其他结构），翌年 3 月底完成调查。

1956 年 8 月，省统计局会同有关部门联合开展重点城镇职工住宅快速调查，对全省 7 个市（地）和 13 个县城镇职工住宅情况开展调查。内容包括职工人数、现有职工住宅居住面积、急需解决住宅职工人数及居住面积、当年能解决住宅居住面积、预计 1957 年增加职工人数、城镇现有总人口及其现有住宅总居住面积等。

1985 年 1 月，根据国家统计局、城乡建设部要求，省城乡建设厅与省统计局联合组织开展全省城镇房屋普查。普查标准时间为 1985 年 12 月 31 日。共组织 15000 多名普查人员，历时一年半于 1986 年 6 月完成，对 11 个城市、223 个县城（建制镇）和 107 个独立工矿区内全部房屋逐幢逐户进行调查登记，经验收，平均误差率为 1.99‰。汇总结果表明：全省城镇共有房屋建筑面积 20023 万平方米，其中房管部门直管房 2432 万平方米，全民单位自管房 9540 万平方米，集体单位自管房 2743 万平方米，私有房 5266 万平方米，中外合资及其他自管房 41 万平方米。基本查清全省城镇房屋质量、使用情况和住房居住状况与缺房情况，为改革住房制度、编制城镇建设规划提供可靠依据。其中宁波市城镇共有房屋建筑面积 3339.93 万平方米，其中房管部门直管房 493.53 万平方米，单位自管房 1588.27 万平方米，私有房 1258.13 万平方米。

1995 年 7 月，根据国家统计局等部门《关于进行房地产开发投资及经营管理情况快速调查的通知》精神，省统计局、省计经委、省建设厅和省工商局联合组织开展快速调查。调查对象为当年 6 月 30 日在册各种经济类型房地产开发企业和单位；内容包括房地产开发企业基本概况、投资规模、资金来源、土地占用与开发经营状况、各类房屋施工、竣工面积与竣工价值，以及商品房屋销售与出租情况等。至当年 8 月底结束调查。结果显示：1995 年 6 月底，浙江有各类房地产开发企业 1929 家，职工人数 3.51 万人；全省房地产开发企业累计竣工房屋面积 4088.50 万平方米，实际销售商品房屋面积 2853.20 万平方米。1994 年，全省用于房地产投资资金共计 302.40 亿元，房地产企业共完成投资 195.44 亿元，1995 年上半年则分别为 277.00 亿元和 116.27 亿元，开发投资规模已占全省全社会投资六分之一。宁波市有各类房地产开发企业 313 家，职工人数 0.69 万人。宁波市房地产开发企业累计竣工房屋面积 1110.51 万平方米，实际销售商品房屋面积 748.95 万平方米。1994 年，全市用于房地产投资资金共计 86.87 亿元，房地产企业共完成投资55.90亿元，1995年上半年则分别为76.49亿元和33.75亿元。

1999年，按照国家统计局等五部门联合部署，省统计局联合5家相关单位共同组织开展全省房屋及其占用土地情况抽样调查。

2004年5月，按照国家统计局要求，省统计局组织开展问卷调查，收集社会公众对国家出台调控房地产价格上涨一系列措施的评价与意见。

2007年10月，为了解房地产开发企业利用外资以及外资购房的基本情况，国家统计局组织开展了房地产专项问卷调查。调查内容包括：房地产开发企业利用外资情况、房地产开发企业外资控股情况、外资购房情况、外资租房情况、房地产开发企业对房价及房地产形势的判断情况等。宁波市共有114家全国重点房地产开发联网直报企业列入本次调查范围。

2007年11月，宁波市统计局组织相关人员对房地产开发企业的存量土地进行了一次摸底调查。本次调查主要包括房地产企业购置地块名称、土地面积、购置时间、土地款交付情况及预计开工年月等内容，以摸清房地产企业存量土地面积，为预测2009年房地产投资形势提供可靠依据。

2010年，根据《国家统计局关于进行楼市调控政策对房地产企业影响情况问卷调查的通知》（国统字〔2010〕46号）和相关会议精神，宁波市积极开展该项调查工作。此次调查的范围是列入全国重点房地产开发企业联网直报名录库中的全部房地产开发企业。调查的具体内容包括：一是楼市调控政策出台以来，重点房地产开发企业对政策的基本看法；二是调控政策对房地产开发企业投资、供给、销售、房价、资金等方面的影响；三是对上半年、三季度以及全年商品房开发投资、供给情况，商品房销售情况以及企业资金情况的预测；四是企业对宏观调控政策的建议。由调查范围内的房地产开发企业负责人、企业销售负责人或项目开发前期负责人等调查对象来填写问卷。调查方式是由直报企业通过重点房地产开发企业直报网填报调查问卷。填报问卷时间为2010年6月13日前。

2011年，国家统计局关于进行重点房地产开发企业经营情况问卷调查，国家统计局投资司决定在实施联网直报的重点房地产开发企业范围内开展一次企业经营情况调查，调查报表截止时间为2011年12月24日。

三、建筑业统计调查

建筑业统计是运用统计理论与方法，收集、整理、分析建筑业生产经营现状、过程的工作。统计内容：建筑业企业基本情况、建筑业企业所属产业活动单位基本情况、从业人员及工资总额情况、财务状况、生产经营情况、信息化和电子商务交易情况等。其报送单位为具有总承包或专业承包建筑资质等级的建筑业企业。

民国时期，建筑业寥寥无几，政府部门未做过系统统计，也未建立过相应的统计报表制度。从20世纪50年代始，建筑业统计内容列入基本建设投资统计报表制度之中，作为基本建设投资统计的一部分，之后逐步分离出来，到1988年成为独立的建筑业统计专业，并不断发展完善。21世纪初期，建筑业作为国民经济的重要行业列入2004年第一次经济普查范围。2008年、2013年建筑业继续列入第二次、第三次经济普查，到2017年建筑业统计已经形成反映企业生产经营活动比较完整的指标体系。

（一）统计报表制度

1988 年，建筑业（施工部分）统计年报综合表有 12 种，即《建筑业生产完成情况》《工程质量及工期情况》《主要施工机械设备实有完好情况》《建筑业技术装备情况》《建筑安装企业承包责任制推行情况》《建筑业净产值》《财务成本完成情况》《建筑业经济体制改革效益情况》《城镇集体所有制建筑安装企业生产情况》《城镇集体所有制建筑安装企业净产值》《城镇集体所有制建筑安装企业财务成本完成情况》《1000 人以上城镇集体所有制企业一览表》等。

1989 年，编制建筑业产值价格指数第一年，有 11 个建筑业企业 30 个建筑工程参与产值价格指数测算。综合表增加《建筑业产值价格指数》、《建筑业产值中主要材料费用价格指数（附表）》和《大中型建筑施工企业一览表》，同时对建筑业年报数据实现超级汇总。

进入 20 世纪 90 年代，为适应新的国民经济核算体系的要求，增加、调整了部分国民经济核算需要的报表和指标，1991 年、1992 年增加了企业总产值、流动资金平均占有额、五项专用资金提取额、工程结算利润、企业总收入等指标，将《建筑业净产值》表改为《建筑业净产值和增加值》表，调整了建筑业总产值的统计范围，由原包括施工产值、建筑安装附属生产产值、建筑安装运输产值和其他产值 4 个部分修改为施工产值、建筑附属外销构件产值和建筑安装附属勘察设计产值。与此同时，1992 年开始将建筑装饰企业纳入建筑业统计范围。

1993 年实行新的国家统计报表制度，建筑业基层年报纳入“一套表”，由原来填报的《建筑业（施工部分）统计基层表标准表式》改为填报《建筑业企业基本情况表》《建筑业企业生产情况》《建筑业企业财务情况》《附营建筑业企业单位生产情况》等。每张表前列出企业法人代码、企业详细名称或附营单位代码、附营单位详细名称。

1994 年，根据新国家统计报表制度实施情况对基层年报作了调整，增加了《建筑业企业房屋建筑工程生产情况表》。

1996 年，遵照“进一步巩固统计制度方法改革成果，适应‘两个转变’的需要和保持国家统计报表制度框架基本稳定”的原则。当年进行了基本单位普查，建筑业年报所需字典库从基本单位普查数据库中取得。调整了建筑业统计的范围，由城镇以上企业扩大到具有资质四级及四级以上各种经济类型的建筑业企业。为了满足国民经济核算的需要，细化分行业增加值核算，在《建筑业财务状况表》中增加了部分指标。1998 年增加《建筑业企业主要建筑材料消耗情况》年报，取消《建筑业活动单位生产情况》年报。为反映建筑企业资本构成，在《建筑业企业财务状况》年报基层表中增加了“实收资本”、“国家资本”、“集体资本”、“法人资本”、“个人资本”、“港澳台资本”和“外商资本”等 7 项指标。

进入 21 世纪，随着建筑业资质管理体系的变革和市场经济的变化，建筑业统计报表制度从实施范围、报送方式、指标体系等方面都随之变更。2000 年为反映建筑业企业省外施工等情况，在《建筑业企业生产情况表》中“自行完成施工产值”项下增加“其中：在外省完成的产值”和“其中：装修装饰”两个并列其中数指标；在“期末从业人员数”项下增加“其中：工程技术人员”指标。

2001 年，建筑业企业管理发生深刻变化。根据《建筑业企业资质管理规定》，建筑业企业资质分为施工总承包、专业承包和劳务分包三个序列，施工总承包资质、专业承包资质、劳务分包资质序列按照工程性质和技术特点分别划分为若干资质类别，各资质类别按照规定的条件划分为若干等级。2001年7月1日开始，建筑业企业陆续开始按新资质标准申请就位，到2002年7月1日止，一律使用新的资质证书，旧证同时停止使用。建筑业企业新资质等级编码由四位组成，第一位为序列码，第二位为级别码，第三、四位为专业码。序列代码由一位字符组成，代表企业主项资质的资质序列：A. 施工总承包；B. 专业承包；C. 劳务分包。级别代码由一位数字组成，代表企业主项资质的级别：0. 特级；1. 一级；2. 二级；3. 三级。专业代码由两位数字组成，代表企业主项资质的类别。因此，2001年年报统计范围由原资质等级四级及以上的独立核算的建筑企业改为具有建筑业资质等级的所有独立核算的建筑企业。定报为具有建筑业资质等级的独立核算的总承包和专业承包企业（不含劳务分包企业）。

根据市场经济的需要，2002年重新设计了《建筑业企业生产情况》，取消了“优良单位工程个数”和“其中：房屋建筑优良工程竣工面积”指标，增加了“建筑业合同情况”和“承包工程完成情况”两项分组指标；建筑业总产值按构成分组由原来的“建筑工程”“安装工程”“房屋构筑物修理”“非标准设备制造”4项，改为“建筑工程”“安装工程”“其他产值”3项。按照新的《建筑业企业资质管理规定》和建筑业统计改革总体目标，增加了《劳务分包建筑企业生产经营情况》年报。为全面反映浙江建筑业企业劳动力素质与竞争实力，新增《建筑业企业补充资料》表，指标包括：有职称工程技术人员、管理人员；项目经理；出省、出国人员；本省、外省获得奖杯等指标。取消《建筑业企业建筑材料消耗情况》表。同时建筑业从原有资质四级及四级以上改为建筑业企业资质分为施工总承包、专业承包和劳务分包三个序列。每个序列按照工程性质和技术特点分别划分为若干专业资质类别，各专业资质类别按照规定的条件划分为若干等级。

2003年继续调整建筑业统计报表的实施范围、报送频率，充实统计内容，报表由8张调整为13张。为了统一年度和季度资料的统计口径，年报和季报统计范围统一为具有建筑业资质的所有独立核算的建筑业企业，包括施工总承包、专业承包和劳务分包建筑业企业。调整上报频率，所有定期报表由半年报改为季报。增加基层年报《建筑业企业房屋建筑完成情况》；增加基层定期报表《建筑业企业房屋建筑完成情况》和《劳务分包建筑业企业生产经营情况》。

2004年开展全国第一次经济普查，建筑业列入经济普查范围，年报制度修订与经济普查表式制订一并进行，以经济普查的表式代替。建筑业普查的对象是辖区内从事建筑生产经营活动的全部建筑业法人企业、产业活动单位和个体经营户。建筑业普查按国民经济行业分为4个大类，7个中类，11个小类。4个大类是：房屋和土木工程建筑业、建筑安装业、建筑装饰业、其他建筑业。建筑业企业及所属产业活动单位采用全面调查的方法。建筑业企业按法人单位注册地进行普查登记，并负责组织其下属产业活动单位的普查工作。建筑业普查基层表共7张：《建筑业法人单位基本情况》《产业活动单位基本情况表》《产业活动单位基本情况附表》《总承包和专业承包建筑业企业生产情况表》《总承包和专业承包建筑业企业生产情况表补充资料》

《总承包和专业承包建筑业企业财务状况》《劳务分包及资质以外建筑业企业生产经营状况表》。建筑业普查表中所有价值量指标均以人民币“千元”为计量单位。

经济普查结束以后，国家统计局对建筑业增加值的核算方法进行改革，由原来的按投资统计数据改为按建筑业统计资料计算全国和分地区的建筑业增加值，这是建筑业统计的一项重要变革。

2005 年按照有关专业的统计口径、统计内容、计算方法及指标解释与经济普查保持一致的要求，国家统计局在建筑业统计制度中列入了《法人单位基本情况》和《产业活动单位基本情况》表，并根据经济普查指标体系对建筑业指标进行调整，《建筑业企业生产情况》中增加“在外省完成的产值”按地区分组；所有价值量指标的计量单位均由“万元”调整为“千元”。同时根据 GDP 核算的需要，增加了部分建筑业 GDP 核算的基础指标（主要为财务指标）。

2008 年开展全国第二次经济普查。建筑业普查的对象是中华人民共和国境内从事建筑生产经营活动的全部建筑业企业、产业活动单位和个体经营户。建筑业企业按法人单位注册地进行普查登记，并负责组织其下属产业活动单位的普查工作；建筑业个体经营户以清查代普查。资质以上建筑业企业普查套表共有 10 张，具体包括：《法人单位基本情况》《产业活动单位基本情况》《产业活动单位基本情况附表》《总承包和专业承包建筑业企业生产情况》《总承包和专业承包建筑业企业补充指标》《总承包和专业承包建筑业企业财务状况》《总承包和专业承包建筑业企业房屋建筑完成情况》《劳务分包企业生产经营情况》《水及能源消耗情况》《信息化情况主要指标》。资质外建筑业企业普查套表共有 5 张，具体包括：《法人单位基本情况》《产业活动单位基本情况》《产业活动单位基本情况附表》《企业普查表》《水及能源消费重点调查表》。形成一整套比较完整的建筑业指标体系。

为有效提高统计数据质量，国家统计局投资司开展了统计数据质量及协调性评估的研究工作，于 2009 年底开始试行《建设领域统计数据质量及协调性评估方案》，浙江省统计局也制定了《浙江省建设领域统计数据质量及协调性评估办法（试行）》，宁波市结合实际情况认真开展了此项工作。根据《全国统计系统基本单位名录库建设维护与使用管理暂行办法》，从 2010 年年报开始，各级统计机构对专业年定报调查单位逐步实行统一管理。实行年定报调查单位与单位名录库的比对、核实和确认工作，确认后的单位名录提供各专业年、定报使用。

2012 年，为进一步完善建筑业统计报表制度，对基层年报和基层定报进行了调整，基层年报调整如下：建筑业企业生产情况（C102 表）和建筑业企业房屋建筑完成情况调整为建筑业企业生产经营情况（C104-1 表）和房屋竣工面积及价值（C104-2 表）；劳务分包建筑业企业生产经营情况（C105 表）调整为劳务分包建筑业企业生产经营情况（C104-3 表）；信息化情况主要指标（C106 表）调整为信息化情况（C109 表）。基层定报调整如下：建筑业企业生产情况（C202 表）和建筑业企业房屋建筑完成情况（C204 表）调整为建筑业企业生产经营情况（C204-1 表）和房屋竣工面积及价值（C204-2 表）；劳务分包建筑业企业生产经营情况（C205 表）调整为劳务分包建筑业企业生产经营情况（C204-3 表），报表中各个经济指标也作了相应调整和布置。

2013年，开展第三次全国经济普查，年报制度修订与经济普查表式制订一并进行，以相关经济普查表代替当年建筑业统计年报表。建筑业普查对象是中华人民共和国境内从事建筑生产经营活动全部建筑业企业、产业活动单位和个体经营户。资质以上建筑业企业普查表共6张，非联网1张，个体户1张。

2015年，取消了基层年报C104-1表建筑业企业生产经营情况和C104-2表房屋竣工面积及价值，以四季度生产经营情况和房屋竣工面积及价值季度代表年报。

2016年，根据国家《2015年统计年报和2016年定期统计报表制度布置会议的通知》（统会通〔2015〕28号）精神，“财务状况”，宾栏增加“计量单位”，C103表“324其中：补贴收入”改为“其中：政府补助”；C203表“二、资产负债”改为“二、期末资产负债”。“建筑业企业生产经营情况”（C204-1表），“七、从事建筑业活动的从业人员”改为“七、从业人员”，“平均人数”改为“从事建筑业活动的平均人数”，“期末人数”改为“建筑业企业期末人数”。

2017年，根据国家统计局《关于印发2016年统计年报和2017年定期统计报表制度主要修订内容的通知》（国统字〔2016〕125号）精神，建筑业“财务状况”（C103表），“四、人工成本”改为“四、人工成本及增值税”，并在该项下增加“402应交增值税”。建筑业“财务状况”（C203表），增加“四、应交增值税”，指标代码402。“劳务分包建筑业企业生产经营情况”（C104-3表），“四、人工成本”改为“四、人工成本及增值税”，并在该项下增加“402应交增值税”；“建筑业企业生产经营情况”（C204-1表），取消“17其中：实行投标承包面积”“27其中：一级建造师”“29其中：持证上岗人员”。

（二）**主要指标**

1. 企业（单位）基本情况

包括组织机构代码、单位详细名称、法定代表人、行业类别、企业主要业务活动、登记注册类型、企业控股情况、隶属关系、营业状态、执行会计制度类别、产业活动单位数、年末从业人员数、全年营业收入、资产总计以及企业资质等级等。

2. 签订合同额

指建筑业企业在报告期直接同建设单位签订合同的总价款和以前年度同建设单位签订合同的未完工程跨入本年度继续施工工程合同的总价款余额。

3. 建筑业总产值

指以货币表现的建筑业企业在一定时期内生产的建筑业产品和服务的总和。建筑业总产值包括建筑工程产值、安装工程产值和其他产值三部分内容。

4. 房屋施工面积

指报告期内施工的全部房屋建筑面积。包括本期新开工的房屋建筑面积、上期跨入本期继续施工的房屋建筑面积、上期停缓建在本期恢复施工的房屋建筑面积、本期竣工的房屋建筑面积以及本期施工后又停缓建的房屋建筑面积。多层建筑应填各层建筑面积之和。

5. 建筑业企业期末人数

指报告期末最后一日24时在本单位工作并取得劳动报酬或收入的期末实有人员数。期末从业人员包括在各单位工作的外方人员和港澳台方人员、兼职人员、再就业的离退休人员、借用的外单位人员和第二职业者，企业下属产业活动单位期末人员，还包括分包给一些非独立核算的零散的建筑业包工队（组）等。但不包括离开本单位仍保留劳动关系的职工，如下岗、内退、停薪留职等人员；建筑业整建制使用的人员。

6. 从事建筑业活动的平均人数

指建筑业企业（或单位）报告期实际拥有的、与建筑施工活动有关的人员的平均人数，包括参加本企业（或单位）建筑施工活动的非本企业（或单位）人员，但不包括企业内部社会服务性机构的人员以及由本企业支付工资但所从事的工作与本企业生产基本无关的人员。

7. 应付职工薪酬（本年贷方累计发生额）

指企业为获得职工提供的服务或解除劳动关系而给予的各种形式的报酬或补偿。包括职工工资、奖金、津贴和补贴，职工福利费，医疗保险费、养老保险费、失业保险费、工伤保险费和生育保险费等社会保险费，住房公积金，工会经费和职工教育经费，带薪缺勤，利润分享计划，非货币性福利，辞退福利和其他为获得职工提供的服务而给予的报酬或补偿。如果企业财务报告附注中包含“应付职工薪酬”项目，则根据其“应付职工薪酬列示”部分的合计项的本期增加额填报。或者，执行《企业会计准则》或《小企业会计准则》的企业，根据会计“应付职工薪酬”科目的本年贷方累计发生额填报；执行其他企业会计制度的企业，应将本年上述职工薪酬包含的项目归并填报。

8. 建筑业增加值

是指建筑业企业在报告期内以货币表现的建筑业生产经营活动的最终成果。具体构成项目有固定资产折旧、劳动者报酬、生产税净额、营业盈余等。

第七节 服务业统计调查

服务业统计按统计对象行业属性分，具体包括批发零售业、住宿餐饮业以及其他服务业统计三部分内容。其中批发零售业和住宿餐饮业统计又常合称“贸易统计”。

贸易统计主要内容和成果涉及两部分，一是社会消费品零售额统计，二是批发、零售业的销售额和住宿、餐饮业的营业额统计。

其他服务业统计经过多年的发展，统计范围逐步扩大到 12 个行业。具体包括交通运输、仓储和邮政业，信息传输、计算机服务和软件业，金融业，其他房地产业，租赁和商务服务业，科学研究、技术服务和地质勘查业，水利、环境和公共设施管理业，居民服务和其他服务业，教育，卫生、社会保障和社会福利业，文化、体育和娱乐业，公共管理与社会组织业。

此节中，详细梳理批发零售业、住宿餐饮业以及其他服务业政府统计从无到有、从有到优的发展脉络，并对服务业统计的主要成果及其应用情况作简要阐述。

一、批发零售业统计调查

批发零售业统计调查主要涉及两大块内容，一是社会消费品零售额统计，二是批发、零售业的销售额的行业统计。主要是商业统计起步，后汇入物资统计的生产资料购销部分并不断完善，形成现在完整的批发零售业统计。

民国3年（1914）起，浙江进行多次商业状况统计调查，主要内容有商会数、会员数、商号营业状况等。民国17年（1928），执行工商部颁布的《全国工商统计暂行规定》，统计内容扩展到商业人数及商业团体、公司商号及商标注册、交易场所、商业资本、工商业开业歇业、各地每年贸易状况等。民国22年（1933）起，执行民国政府主计处统计局颁发的全国统一商业统计报表，主要内容有公司设立、注册、倒闭、资本增减、商品供需、价格、运销等。

中华人民共和国成立后，浙江商业统计大体经历以下5个阶段。

（一）建立阶段（1949—1957年）

这段时期，浙江省贸易统计工作基本情况如下。

1953年4月，省统计局设立贸易统计科，县、市统计机构先后配备专职或兼职的贸易统计干部队伍。从新中国成立后到1953年，贸易统计主要工作是建立统计机构，贯彻执行国营及合作商业统计报表制度。至1953年底，国营、合作商业统计报表逐步走上正轨。

为掌握私营商业基本情况，全省于1952年至1954年，每年进行私营商业年报统计。为适应商业全面进行社会主义改造的需要，1955年进行私营商业和饮食业普查。国家统计局开始建立了主要商品社会零售量，国营、合作商业主要农副产品采购量以及商业网点劳动工资的统计。1956年，全省进行了私营商业、饮食业和服务业的盈余分配调查，并在重点地区（含宁波）布置了经营情况的调查统计，同时还进行了主要商品的产销平衡调查，工农业商品比价调查以及社会购买力调查统计等工作。

20世纪50年代初期，基于商业企业多部门管理体制，国营、合作商业统计报表由各部门自行制定并贯彻实施。

1950年下半年，政务院财政经济委员会（以下简称国家财经委）统计处同中央贸易部研究后，拟定《国营贸易企业定期统计报表制度》，由国家财经委正式颁发，从1951年1月份起执行。这是全国正式制定的第一个国营商业统计报表制度，对实施范围、报告单位、统计报表种类、报告程序、报告时间及方法以及各级贸易机构统计部门职责，均分别作出比较系统的规定。统计报表种类有商品流转、商业网、商品流转费、运输、人事（包括劳动工资）五类。同年，中央合作事业局同政务院财经委统计处研究，制定《全国合作社统计报表暂行办法》，自1950年8月份起在全国执行。

1951年，全国供销合作总社正式制定《全国供销、消费合作社统计报表制度》，经国家财经委批准颁发，1951年7月份起执行，统计内容为组织机构、商品流转（供应商品和农副产品购进、销售、库存）、资金、商品流转费等。

1952年下半年，国家统计局成立，制发简易《私营商业、饮食业、服务业基本情况》统计年报，经过私营商业、饮食业、服务业的社会主义改造，又制发《公私合营、合作化及私营商业、饮食业、服务业基本情况》统计年报，统计的主要内容有私营商业户数、从业人员数、职工人数、资本金、销售额、批发额、零售额等。

1953年国家统计局会同粮食部制定《国家粮食机构统计报表制度》，基本报表有粮食流转、劳动工资、商业网点、商品流转费四类。国家统计局会同对外贸易部制定《国家对外贸易机构统计报表制度》，基本报表有进口、出口、国内购进、销售、劳动工资及机构网点等。为测算社会商品零售额，国家统计局制定《全社会商品流转公私比重计算方案（草案）》，浙江省布置杭州、宁波、温州三市试编。

1953年，浙江省统计局成立，设立财经贸易统计科，省统计局在各部门建立商业统计工作基础上，逐步建立商品流转统计和商贸综合平衡统计工作。

是年5月21日，浙江省人民政府统计局转发《1953年〈国家对外贸易机构统计制度〉》〔（53）浙统贸字第473号〕，宣布：按中央人民政府国家统计局（53）号统贸字第153号通知，《1953年〈国家对外贸易机构统计制度〉》业已制定，特先将商品流转部分之基本报表及劳动工资组织网部分之报表随文颁发，并自本年7月1日起开始试行。该文发至宁波市、杭州市、温州市、绍兴市、金华市、湖州市等地统计科，以及海宁县、兰溪县、义乌县、黄岩县、衢县、江山县、龙游县、诸暨县、萧山县、瑞安县等县统计科。同时，随着这个制度的出台，中央人民政府对外贸易部1952年所颁发的《国家对外贸易统计暂行办法》及其他各项有关统计报表废止。文件同时要求，各填报单位应在当年第三季度内，将上半年各月资料按新表式加以整理。

是年6月30日，浙江省人民委员会统计局发文《关于全省第一届私营商业统计会议中对执行私营统计报表制度的几项规定》〔（53）浙统贸字第1494号〕，记述如下。

1. 宁波市以及余姚县、慈溪县同省内其他市县共22个地区执行私商一表和私商综一表；同时执行私商二表和私商综二表。

2. 除杭、宁、温、绍四个省辖市按照中央规定编制外，其他地区暂不执行私商综三表。

是年，宁波市人民委员会统计科关于1953年度商贸统计的主要工作如下。

1. 推行了国家统计局各项报表制度，商业方面中商系统、对外贸易系统、粮食系统，五三年新制度都先后贯彻执行，为提高数字的准确性，建立和健全原始记录制度。

2. 按国家统计局“关于计算社会商品流转额公私比重的计算办法”，计算了宁波市社会商品流转额的公私比重，更实际地反映出宁波市场公私经济的动态，便于领导掌握市场。

1954年，商业部与国家统计局共同制定《1954年度国营商业主要商品产供销的调查研究工作方案》，工作以商业部门为主，政府统计部门协助。调查商品74种。同年开始，由计划部门为主，统计部门、商业部门参与共同测算社会商品购买力。国家统计局会同商业部、工商管理总局、税务总局正式制定《社会商品销售公私比重计算方案》，浙江省布置54个市县正式编报。成立“浙江省购买力计算工作组”，调查估算1954年购买力资料，搜集整理1951年至1953年数据；制发《浙江省地方国营商业统计年报编制办法》，增加《地方国营商业基本情况年报》和《地方国营商业商品购销年报》。

是年8月，宁波市贸易统计工作开展已逾一年，这期间主要工作如下。

1. 整理收集现有资料。每月有系统地整理八种表，包括国民经济各部门计划完成情况中的商业部分、全社会商品流转公私比重及纯商业附表、国营贸易系统外购销计划完成情况（数量与金额）、合作社购销计划情况等。

2. 推动统计制度执行。通过与工商、合作社、税务等部门的合作，推进制度的执行。

3. 开展分析研究。从初始的将公司说明综合起来，到结合基础数据分析数字变动情况，到各个时期的规律变化因素，再到部门合作与重点企业了解。

1955 年，国务院决定进行私营商业及饮食业普查。浙江省于年底前完成普查工作，编印《浙江省私营商业与饮食业普查资料》，为制定政策，安排市场和对私营工商业进行社会主义改造提供了依据。

此次普查，宁波市人民政府计划统计处于当年 11 月 10 日发布相应普查结果报告。

1. 本次普查于当年 10 月底结束，普查表经省统计局审定并上报中央，普查结果达到预定目的。

2. 全市共有私营商业 7640 户；从业人员 11394 人，其中职工 2125 人；资本额 476 万元；1954 年全年销售额 3800 万元；1955 年上半年销售额 1864 万元。

3. 全市私营商业企业主要以食品、日用百货及燃料为主，三部分共有 5968 户，占比 78.12%。

1956 年初，根据国家统计局要求，对私营商业、饮食业和服务业历年盈余分配情况进行调查。是年，制发《公私合营商业、饮食业、服务业定期统计报表》，开展公私合营商店、合作商店、小组及私营商业、饮食业、服务业基本情况统计，内容主要有户数、从业人员、在职私方人员、销售额、批发额和零售额等。国家统计局试编《商品生产消费平衡表》，试编商品 71 种，包括一些消费品和农业生产资料。同年，改革并编制《社会商品零售额统计》报表，同时保留《社会商品零售总额公私比重统计》与《纯商业机构商品零售总额公私比重统计》报表。

是年 10 月，宁波市第一次先进统计工作者名单公布，商业系统杨宰康、陈德寿、鲁德荣等 19 人获此殊荣。

1956 年宁波贸易统计完成的主要工作如下。

1. 贯彻执行国家、省和地方规定的各项定期统计报表制度。一是深入基层，加强检查辅导工作；二是采用了先进的工作方法，全市各公司（除个别无法采用外）都采用了以表代账的方法；三是组织全市贸易统计干部的制度和统计理论学习。

2. 进行了多项统计调查。其中有较大的私营商业、饮食业的普查，服务业普查，居民购买力调查，主要商品产销调查，私营商业营业情况调查等。

3. 加强计划检查工作。按月按季进行计划检查，每月编写市场分析报告。

1957 年起，开展社会商品零售量统计，制发《主要商品社会零售量季报》，开展社会农副产品收购统计。国家统计局与国家经委共同制定《商品生产消费平衡表计算方案》，要求各省编报商品共 30 种，浙江省增加 40 种。在省计委主持下，组织商业、粮食、供销社及下属有关公司共同编算，除编报 1957 年商品产销平衡表，还收集整理“恢复时期”和“一五”时期各年资料。同年，根据国家经委和国家统计局“社会商品购买力与居民货币收支平衡表计算方案”，省统计局与省计委制发《市、县社会商品购买力与居民货币收支平衡表计算方案》，包括《社会商品购买力总表》等 6 种报表；同时对省级有关部门，制发《职工工资收入》《社会集团零售商品购买力》等调查表，作为省统计局计算购买力基础资料。是年，为计算全省国民收入，布置省级商业部门收集商业企业财务状况报表，整理 1952—1956 年财务资料，主要内容有资本金和损益及分配等。

当年，为核实社会零售额和主要商品社会零售量，宁波市计划统计处开展多项工作。一是于当年4月召开公私合营商业统计会议，贯彻1956年公私合营商业统计制度；二是根据1955年8月私营普查（工商兼营户）资料，以及工业、手工业划入商业改造的行业资料，对重点行业进行估算；三是会同商业局、税务局厘清工商业混淆困难，基本上解决了工业和商业重复计算问题。

（二）改进阶段（1958—1966年上半年）

1958年以前，国营商业及供销合作社商业统计报表分部门制定，商品购进和销售指标是以一个商业部门（或专业公司）作为统计总体来设置，基本指标是“自本部门（或公司）系统外购进”和“对本部门（或公司）系统外销售”。1958年，经国家统计局等报国务院批准，改为以国营商业和合作社商业作为一个总体来设置，即以商品“国内纯购进”和“国内纯销售”概念，设置国营及合作社商业商品流转统计报表指标体系，由国家统计局会同各商业主管部门统一制定、联合颁发《国营及合作社商业统计报表制度》，各商业部门共同执行。

1958年，为加强财务状况和机构统计，国家统计局布置《国（合）营商业、饮食业与服务业财务费用基本情况年报》，要求分别编报商业、饮食业和服务业资金总额、平均流动资金、商品流通费、进销差价、利润等指标。同年，对社会商品购买力计算表作简化调整，合并为《社会商品购买力总表》《居民货币收支平衡表》《农村人民公社社员的净货币收入表》3张基本表。此后几年，对社会商品购买力总表进行几次修订和完善；对商品生产消费平衡统计进行改革，只编制《主要消费品生产消费平衡表》，编报商品目录略有调整，还规定粮食、食用植物油和棉花3种商品分别按生产年度和日历年度编报《商品产销平衡表》。

1959年起，为取得全面社会商业机构统计数据，国家统计局制发《商业、饮食业、服务业机构情况》年报，内容包括年末机构数、市的机构数、县的机构数、年末从业人数，并逐步完善按行业（商业、饮食业、服务业）、按经济类型及机构性质分组。在《社会商品零售额统计年报》中增加按商品类别分组，分为食品、衣着、日用品、文教用品、书报杂志、医药、燃料、农业生产资料8类。

同年，浙江省宁波专员公署计划委员会发文，就1959年社会商品销售额等报表制度进行了补充。增加社商1号附表，以公社为单位计算社会商品销售额；社商3号表在每季末增加工资总额指标。

同年6月，为摸清全国商业组织基本情况，商务部和国家统计局联合开展商业网普查。普查时点为1959年7月31日，调查指标包括：各类商业机构、经济成分、人员、行业划分等。本次普查还包括工作人员按性质划分典型调查表（商调附表），浙江省的杭州、宁波以及国内北京、上海等共计35个城市需填报此表。

同年11月，浙江省统计局制定《1960年度商业定期统计报表制度》，调查表式包括：社会商品零售总额月报，商业部门主要商品购销调存月报，物资分配部门直接售予农村人民公社生产用，主要商品社会零售量季报，主要农村产品社会采购量季报，社会商业、饮食业及服务业基本情况季报等共8张表。

1961年，国家统计局颁发《综合财政统计制度》，在国民经济各部门企业财务成本主要指标表中，要求编报商业、饮食业和服务业的资本金和损益及分配等主要指标。省统计局补充布置《公私合营，合作商店商业、饮食业财务费用调查年报》，内容包括营业额、毛利额、费用支出、税金、利润等指标。

1962 年，为反映当时三种商品流通渠道（国营商业、供销合作社商业、合作化商业和农村集市贸易）的活动情况，浙江省统计局制定了《1962 年商业定期统计报表制度》[（62）浙统贸字第 14 号]。调查表式包括：社会商品零售总额月季报，国、合营商业农村产品购进总值月报，主要农副产品社会采购量季报，全社会农村产品生产年度采购量，主要商品社会零售量季报，合作商店（小组）及个体商贩购销存总值月报，合作商店主要农村产品购销存季报，合作商店工业品库存季报，各种经济成分交易所（服务部、代理行）信托业务季报，国营、合作商业主要商品采购零售典型点混合平均价格季报，各类经济类型饮食业服务业经营业月报等共 11 张表。

1963 年，为反映零售市场上不同价格零售额和所占比重，增设“平价商品零售额”“高价商品零售额”“议价商品零售额”“市价商品零售额”指标，执行到 1965 年止。1965 年起，停止编报《主要消费品生产消费平衡表》。

省统计局结合浙江实际，除执行国家统计局制度，按要求编报相关报表外，根据省政府需要，布置业务主管部门编报《国合商业商品购销存》旬报表和粮食、油料、棉花、络麻、蚕茧、茶叶、柑橘等农产品收购日报。

（三）中断和恢复阶段（1966 下半年—1978 年）

“文化大革命”前期，商业统计工作中断。浙江省各级政府统计机构全部撤销，留少数几人做整个经济与社会统计工作，商业统计只保留《社会商品零售额报表》，仅有“社会商品零售额”、“消费品零售额”和“农业生产资料零售额”3 个指标。

1970 年上半年，国家计划委员会（以下简称国家计委）制发国民经济基本统计报表制度，要求各商业部门恢复商品流转统计报表。同年，商业统计首先恢复《社会商品零售额》统计报表，增加按销售地区，即按“市”和“县”分组。

1971 年，国家计委制发国民经济各部门统计年报，政府统计部门恢复商品流转统计报表，主要指标有“国内纯购进”“省外调入”“国内纯销售”“调出省外”“期末库存”，包括全部商品总值和 58 种商品数量。对社会商品零售额按行业分组，即商业零售额、饮食业零售额、工业零售额、其他行业零售分组，省计委在各行业分组中增加按经济类型分组指标，即国营经济、集体经济、合作化商业和个体经济。

1973 年，恢复社会商品购买力统计报表，之后逐步完善分组。是年，国家计委制发国民经济各部门统计年报，浙江恢复《消费品生产消费平衡表》，编报商品目录减为粮食、食用植物油、肥猪、棉布 4 种，粮食、食用植物油只编报生产年度平衡表，不编报日历年度平衡表；恢复《商品购销存总值电讯月报》和《商品购销存数量电讯月报》，报送商品为 29 种；恢复农村集市贸易统计，之后逐步修订完善统计制度，补充统计内容，增加填报商品目录，至 1975 年主要商品购销存数量表中填报商品为 65 种。

1975 年，社会商品零售额统计基本恢复编报全部指标，并将按销售地区分组改为“市”、“县”和“县以下”3 组，并在消费品零售额中，单独编报“对社会集团的消费品零售额”。

1977 年在“国内纯销售总值”的“对居民和社会集团的消费品零售额”中，增加按“市的零售额”、“县的零售额”和“县以下零售额”分组。同年，恢复社会农副产品收购统计年报表。

1978年起，《商品购销存月报》增列“对社会集团的消费品零售额”指标，并规定从基层企业起报；恢复《商业、饮食业、服务业机构人员统计年报》和《物资统计年报》。当年2月，浙江省计委下发《关于布置商业企业主要经济指标月报的通知》(浙计〔1978〕54号)，由省内杭州、宁波、温州计委在本地市区选择独立核算的百货商店和副食品店各一个，按月填报经济指标，包括：商品纯销售额、商品销售毛利、商品流通费用、商品销售税金、商品经营利润、经营品种、全部职工平均人数等指标。

至此，“文化大革命”期间中断的各种商业统计报表制度，除财务统计外，基本恢复。

（四）改革和发展阶段（1979—1995年）

党的十一届三中全会提出计划经济为主、市场调节为辅，对内搞活经济、对外实行开放政策后，中国流通体制不断深化改革，出现多种经济成分、多条流通渠道、多种经营方式、多种交易价格等新情况，集体商业和个体商业有较大发展，工业自销业务不断扩大。为全面准确掌握各种经济成分、各条流通渠道商品流转情况，国家统计局实施商业统计改革。

1980年，国家统计局会同国家经委制发《工业部门商品零售额和主要商品零售量》统计月报，反映工业部门自销商品情况。农村集市贸易统计修改为城乡集市贸易统计，统计主要内容包括集市商品成交总金额、各类商品成交额和主要商品成交数量、主要商品集市贸易价格。将社会商品零售统计划分为两个口径，即将不包括农民对非农业居民零售额称为社会商品零售额，将包括农民对非农业居民零售额称为社会商品零售总额。同年国家统计局制定《商业企业主要经济指标季度报表》，由重点百货商店和副食品商店编报，主要指标有商品纯销售额、流通费用、销售税金、经营利润、经营品种、职工人数、财产损失等。同年，省统计局恢复并设立贸易物价统计处，负责商贸流通统计工作；宁波市统计局恢复并设立财贸统计科。1980年起，粮食和食用植物油产销平衡表均改为按日历年度计算；调整《消费品生产消费平衡表》编报目录，由4种增为12种，1983年增为15种，1984年增为20种，1987年又减为10种。

1980年，为方便基层单位填报，浙江省将商业、饮食业、服务业机构人员统计年报3张表组合为《全民所有制和合作社商业，饮食业，服务业机构、人员年报》和《集体所有制和合营商业，饮食业，服务业机构、人员年报》2张表，表外附注个体商贩、饮食摊贩、服务业摊贩等资料。

1981年，商业部门建立《城镇集体所有制商业购销存统计报表制度》和《商业、饮食业、居民服务业经营情况》报表制度。同年，根据计算国民收入需要，省统计局制定《全民所有制商业经济效益主要指标年报》《商业、饮食业总产值和净产值年报》，总产值和净产值表编报先按行业分组，再按经济类型分组。

1983年，国家统计局建立《国营及合作社商业经济效益主要指标月报》，1984年改为季报。在社会商品零售统计中，增加按商品类值分组，在消费品零售额类值分组中增加“房屋和建筑材料类”。同年由工商行政管理部门建立个体经营户统计。同年11月，宁波市统计局对财贸统计科的具体工作职责进行了明确，包括：内外贸易统计、物价调查统计、人民生活调查统计、物资统计等。

1984年，全国商品流通体制进一步改革，将原有按行政区划、行政层次统一收购和供应商品的流通体制，改为开放式、多渠道、少环节流通体制。国家统计局召开全国商业统计工作会议，提出一系列完善商品流通统计措施。

1985年起，将原来只由城镇集体所有制商业填报商品购销存统计报表扩大为城镇和农村集体所有制商业都填报。同年，国家统计局和国家工商行政管理局联合制定《城乡个体工商户基本情况电讯月报》。制定工业部门对集体商业和个体商业销售及零售统计报表。同年，国家统计局制发《商业、饮食业、居民服务业经营情况年报》，按行业分组再按经济类型分组编报销售总额、毛利额、费用（分细项目）、税金、经营利润等。省统计局把《商业、饮食业、居民服务业经营情况年报》与《商业、饮食业总产值和净产值年报》合并，调整补充指标，满足国家和地方计算国民收入和国内生产总值核算需要。同年三季度，宁波市统计局对全市社会商业企业进行了一次调查，主要内容包括企业名称、网点、从业人员、营业额、经营品类、企业性质等。

1986年9月，国家统计局在昆明市召开全国商业统计工作会议，决定1987年起，先在政府统计部门建立社会商业商品流转统计。在各商业部门商业统计报表指标基础上，增加一些满足计算社会商业商品购销存统计指标。同时农村集体所有制商业增加商品购销存数量月报，对其他国营商业、合营商业、个体商业也相应建立商品购销存金额和主要商品购销存数量统计（个体商业暂不报主要商品购销存数量）。增加《社会商品零售总额电讯月报》。

同年，宁波市统计局开始对社会商品零售额进行比较全面的预测，调整补充了全市25个单位组成的商贸信息点以丰富商业统计分析素材，新建由18个单位组成的物资统计信息点。

1987年，国家统计局建立社会商业商品流转统计制度，设置社会商业纯购销（即商业外购销）指标体系，由国（合）企业为总体纯购销统计指标体系改为社会商业纯购销统计指标体系。同年11月，省政府办公厅批转省统计局《关于建立社会商业商品流转统计意见的通知》，批准对集体商业、个体商业采取抽样调查。

当年11月24日，国家统计局在《关于1987年统计年报和1988年定期统计报表制度改革的主要情况的通知》（统制字〔1987〕500号）中指出：按照需要与可能和“精简、统一、效能”的原则，对现行报表进行必要的修订。其中在商业统计中，增加社会商业商品购销存总额和数量年报，取消全民所有制商业和供销合作社商品购销存总额和数量年报；对商业经济效益的有关指标作个别调整。

同年4月21日，宁波市统计局财贸统计科变更为财贸统计处。同年7—8月，在奉化大桥镇对100家个体商业的商品流转进行了统计试点，为下一年社会商业商品流转统计工作的面上铺开积累了经验。

1988年，在北戴河全国商业统计工作会议上浙江省介绍组织实施经验。同年9月13日，国家统计局在《关于修订1988年统计年报和1989年定期统计报表制度的通知》（统制字〔1988〕336号）中，对商业统计做出调整：取消“重点城市零售商店主要经济指标季报”；将“全民所有制商业企业实行承包经营责任制和租赁经营情况调查表”和“重点城市社会集团消费品分类零售额”季报纳入统计报表制度。

1989年抽样调查工作中断。

1990年，国家统计局和商业部决定从1991年起，建立商品流转总购销指标体系，即以商业企业为总体的商品流转统计指标体系。浙江省还组织商业企业统计基础工作规范化建设，制定《浙江省商业企业统计规范化建设试行细则》，分期分批组织实施，并组织对重点企业进行达标验收，取得较好成绩，后由于国家规定暂停对企业进行评比检查和达标升级而停止。

1992年，宁波市统计局进行了处室设置调整。将原财贸统计处的能源统计工作职能划入工交能源处，保留商业、物资专业，撤销外经统计处，与原财贸统计处合并，改称贸易外经统计处，将原商业、物资两个专业统计变更为贸易统计。

1993年，贸易统计报表制度作重大改革，国家统计局联合中央14个部、局、公司制定《批发零售贸易业，餐饮业统计报表制度》，本着精简、统一、高效和尽量减轻企业负担的原则改革指标体系，将商业流转和物资流转合并为大流通统计指标体系，即批发零售贸易业统计，商品流转报表执行范围1993年为除乡镇企业以外的批发零售贸易业，1994年改为除个体户以外的批零贸易企业，并增加按经济类型、国民经济行业、企业规模、商品类值等分组；将财务统计年报改为《大中型批发零售贸易、餐饮业企业财务状况统计》，按经济类型和国民经济行业分组；调整贸易业机构网点报表，将贸易业网点分为批发贸易业机构、人员报表和零售贸易业机构、人员报表；将社会商品零售总额指标体系改为社会消费品零售总额指标体系，不包括农业生产资料销售，解决新中国成立以来理论界长期争论的问题；精简取消社会商品购买力报表，社会农副产品收购报表，社会商品零售量报表，商业、饮食业、居民服务业经营情况统计和主要消费品生产消费平衡表等；改革统计调查方法，大中型批发零售贸易企业实行全面调查，小型批发零售贸易企业和个体经营户实行抽样调查；贸易统计以条为主向以块为主转轨，由县市统计部门超级汇总。

1994年，浙江省全面统计大中型贸易企业，小型贸易企业推行抽样调查研究。宁波在江北区开展了小型工业和贸易统计的抽样调查试点，为1995年制度改革奠定基础。

1995年，根据国家统计局部署，浙江省制定《浙江省小型贸易企业抽样调查方案》，开展小型批发零售贸易企业抽样调查试点工作。试点主要在富阳、余姚、海盐等8个县进行。调查对象为除个体以外独立核算小型批发零售贸易业法人企业及其他行业法人企业、行政事业单位附营批发零售贸易业产业活动单位，不包括对外贸易企业和餐饮业。同年，宁波市局按国家、省统计局统一部署，完成了余姚、北仑两地的小型贸易企业抽样调查试点工作。

（五）完善和规范阶段（1996—2010年）

这一阶段主要是根据批发零售贸易以及连锁经营、专业市场等新型业态快速发展实际，深化统计方法制度改革，加强连锁经营、专业市场、成品油等统计，逐步完善批发零售业统计方法制度。

这一时期，特别是进入2000年以后，宁波的批发零售业统计调查也朝着更好地为地方经济社会发展服务进行了积极尝试。其间，先后建立起“限额以上批零企业统计业务规范”“统计台账规范”；在企业财务调查指标设置上，围绕着收入法增加值四项构成展开，完善地方调查指标，同时还增设监测企业税负变动的地方特色指标——实缴各项税金；在调查频率上，为满足市县两级国民经济核算细化的需要，定报财务坚持月度调查频率；通过一系列改革措施，宁波批发零售业统计调查基本实现了业务规模与发展效益的同步统计监测。

1996年，小型批发零售贸易企业抽样调查扩大试点。1997年，实行全面统计与抽样调查“两条腿走路”，用抽样调查数据与全面报表数据对比分析，逐月计算抽样误差，根据误差大小，及时分析调整和完善抽样方案。1998年，全省完成过渡，全面实行抽样调查。

1997年，按照国家统计局划分标准，在基本单位普查基础上，划分大、中型贸易企业。同年，为完善全社会批发零售贸易业、餐饮业统计制度，根据国家统计局、国家工商行政管理局有关文件精神，浙江省决定开展个体批发零售贸易业、餐饮业抽样调查试点工作，研究制定试点方案。

1998年9月，全省确定建德市、镇海区、绍兴市、金华市、龙游县、湖州市、舟山市进行为期一年的个体批发零售贸易业、餐饮业抽样调查试点，按月上报资料。是年，为进一步精简统计报表和指标，将《批零贸易业商品购进、销售，库存总额》年、月报改为《大中型批零贸易业商品购进、销售、库存总额》和《小型批零贸易业商品购进、销售、库存总额》年、月报，简化《小型批零贸易业商品购进、销售、库存总额》年、月报统计指标，只设置“商品购进总额、商品销售总额（分合计、批发、零售）和年（月）末库存总额”5项指标；取消小型批零贸易业商品销售、库存类值月报。为计算批发零售贸易业全行业销售额，增加《个体批发零售贸易业商品销售总额》年、月报和《餐饮业销售情况》月报。将批发零售贸易业企业主要经济指标月报调查范围由重点企业扩大到大中型企业，报告期调整为季报。为更好地反映国有控股企业情况，在批发零售贸易业“财务状况”基层表中增加“国有绝对控股”和“国有相对控股”分组。

1999年，国家统计局取消《批发零售贸易业商品销售、库存类值》《大中型批发零售贸易业商品销售、库存数量》《社会消费品零售总额》3张年报，分别由12月份月报数据代替；将《大中型批发零售贸易业商品购进、销售、库存》《小型批发零售贸易业商品购进、销售、库存总额》《个体批发零售贸易业商品销售总额》3张基层年报调整为《限额以上批发零售贸易业商品购进、销售、库存总额》《限额以下批发零售贸易业商品销售总额》2张，指标大幅度精简，综合表作相应调整，增加《限额以上批发零售贸易企业（单位）经营方式及业态（试行表）》年报，将《大中型批发零售贸易企业、餐饮企业财务状况》年报改为《限额以上批发零售贸易、餐饮企业财务状况》年报，将《大中型批发零售贸易企业主要经济指标》季报改为《限额以上批发零售贸易企业主要经济指标》季报，并精简指标。

1999年6—7月，为了解全省商品交易市场迅速发展情况，开展商品交易市场快速调查。调查对象为全省经工商行政管理部门登记注册的各类商品交易市场。是年，经省政府同意，省统计局会同省工商局等，将全省个体批发零售贸易业、餐饮业抽样调查试点扩大至11个市。

2000年，《限额以上批发零售贸易业商品销售类值》表由季报改为月报，统计范围扩大到全部批发零售贸易业。增加《亿元以上商品交易市场成交情况》季报，并在随后几年中逐步完善统计指标和分组。

2002年，将原《限额以下批发零售贸易业样本单位商品销售调查表》和《限额以下餐饮业样本单位商品销售调查表》合并为《限额以下批发零售贸易、餐饮业样本单位商品销售调查表》。是年，重点企业（年销售额1亿元以上零售企业、5亿元以上生产资料批发企业和进出口贸易企业）加报《限额以上批发零售贸易业商品销售、库存情况》月报。原《限额以上批发零售贸易、餐饮业基本情况》《限额以上批发零售贸易业商品购进、销售、库存总额》《餐饮业销售情况》3张综合表调整合并为《限额以上批发零售贸易业商品购进、销售、库存总额》《餐饮业销售情况》2张表。原《批发零售贸易业商品销售总额》《批发零售贸易业商品分类销售额》合并为《批发零售贸易业商品销售总额和分类销售额》，并调整部分指标。为反映全省连锁业和物流配送快速发展状况，省统计局和省经贸委共同研究，决定建立重点贸易企业统计制度。在《限额以上批发零售贸易业商品购进、销售、库存总额》中增加有关连锁商店、公司情况指标，并增加《限额以上连锁店（公司）商品销售情况》表，由统计部门组织实施调查工作。

2003年，根据《国家统计局关于逐步规范贸易统计抽样调查方法工作的通知》精神，省统计局研究制定新的《浙江省限额以下批发零售贸易业、餐饮业抽样调查方案》。是年，精简《限额以上批发零售贸易企业财务状况》年报和定期报表，《限额以上批发零售贸易企业财务状况》年度基层报表统计指标，《限额以上批发零售贸易企业主要经济指标》更名为《重点批发零售贸易企业主要经济指标》，由重点企业按月报送。《限额以上批发零售贸易业商品购进、销售、库存总额》年报取消表外连锁店调查资料，取消《限额以上连锁店（公司）商品销售情况》年报，增加《限额以上连锁零售业和连锁餐饮业经营情况》年（季）报和《限额以上连锁零售业和连锁餐饮业门店及配送中心分布情况》半年报。

2004年，为反映新型贸易、餐饮业业态，增加《连锁零售业和餐饮业经营情况》、《限额以上连锁零售业和餐饮业门店及配送中心分布情况》和《重点消费品生产企业分销经营情况》3张年报。

2005年，取消《限额以上批发零售贸易业商品销售、库存》季报。

2006年，省统计局把《限额以上批发和零售业财务状况》填报范围由重点企业扩大到全部限额以上批发和零售业企业，重点企业填报月报，其他企业填报季报。增加《连锁批发和零售业、住宿和餐饮业分店情况》年报，取消《限额以上连锁店（公司）商品销售情况》报表。同年开始，浙江省增加《亿元以上商品交易市场成交情况》半年报。

2007年，《限额以上批发和零售业、住宿和餐饮业连锁经营情况年报》改为《批发和零售业、餐饮业连锁经营情况年报》，统计范围不包括住宿业。《限额以上批发和零售业、住宿和餐饮业连锁门店及配送中心分布情况》改名为《批发和零售业、住宿和餐饮业连锁门店及配送中心分布情况》，将《批发和零售业、住宿和餐饮业连锁分店经营情况》改名为《批发和零售业、餐饮业连锁分店经营情况》。

2008年，为加强成品油市场监测与管理，国家统计局和商务部从1月1日起联合执行《成品油批发和零售统计报表制度》。政府统计系统负责具体组织实施，各省级成品油市场商务主管部门负责提供成品油批发企业（单位）和零售企业（单位）名单，并协助政府统计部门开展有关统计调查工作。统计内容包括成品油批发企业基本情况、主要能源商品购进、销售与库存，成品油零售企业基本情况、主要能源商品销售与库存。统计范围为经营成品油批发业务企业和成品油零售企业。统计方法为全面调查。2008 年年报由经济普查统一实施。调整批发和零售业、住宿和餐饮业统计限额标准由从业人员、销售额双指标改为主营业务收入单指标。其中，批发业由年末从业人员 20 人以上并且年销售额 2000 万元及以上调整为年主营业务收入 2000 万元及以上；零售业由年末从业人员 60 人及以上并且年销售额 500 万元及以上调整为年主营业务收入 500 万元及以上；住宿业由星级宾馆、饭店调整为年主营业务收入 200 万元及以上；餐饮业统计范围由年末从业人员 40 人及以上并且年营业额 200 万元及以上调整为年主营业务收入 200 万元及以上。

2009 年，年报增加《批发和零售业、住宿和餐饮业个体经营户基本情况》，统计范围为限额以上批发和零售业、住宿和餐饮业个体经营户，其规模标准参照《批发和零售业、住宿和餐饮业统计限额标准》执行。

2010 年，批发和零售业法人企业调整统计原则和统计标准，按法人经营地原则统计，即按法人企业主要经营活动所在地进行统计，其所属全部产业活动单位（含异地）由法人企业统一组织填报。非批发和零售业法人单位附营批发、零售业产业活动单位按产业经营地原则统计。增加《重要商品购进、销售和库存》季报，统计范围为限额以上批发和零售业法人企业、重点批发和零售业企业。将《限额以上批发零售、住宿餐饮业企业财务状况》季报，拆分为《限额以上批发和零售业企业财务状况》和《限额以上住宿和餐饮业企业财务状况》。将《批发和零售业、住宿和餐饮业连锁经营情况年报》，拆分为《批发和零售业连锁经营情况年报》和《住宿和餐饮业连锁经营情况年报》，调整部分指标。将《批发和零售业、住宿和餐饮业连锁门店及配送中心分布情况》，拆分为《批发和零售业连锁门店及配送中心分布情况》和《住宿和餐饮业连锁门店及配送中心分布情况》。进一步规范《亿元以上商品交易市场成交情况》“区划代码”填写。是年起，将《成品油批发和零售统计制度》并入《批发和零售业、住宿和餐饮业统计报表制度》。将《限额以下批发和零售业、住宿和餐饮业样本单位调查表》拆分为《限额以下批发和零售业样本单位调查表》和《限额以下住宿业和餐饮业样本单位调查表》，调整部分指标。浙江省在全国财务错季报的基础上，增加财务调查频率为月报。之后国家和省多次调整调查频率，宁波始终保持月报。

2011 年，国家缩减主要经济指标表中多个指标。

同年，浙江省对部分报表由半年报调整为季报，主要是《限额以上批发和零售业企业财务状况》（浙 E203−1 表）和《限额以上住宿和餐饮业企业财务状况》（浙 E203−2 表），由半年报改为季报；同时，取消“社会消费品零售总额”（浙 E404 表）主栏的行业分组；减少“重要商品购进、销售和库存”（浙 E204 表）中商品品种，将指标名称“商品购进额”改为“商品购进（采购）额”；“销售额”改为“商品销售额”；“期末库存额”改为“期末商品库存额”。关于财务调查，宁波市为满足县一级核算需要，执行月报。

同年，为做好以上批发零售业统计工作，宁波市统计局制定了《限额以上批发零售业单位统计业务规范》，内容包括：限额以上批发和零售业统计单位的确定，统计机构和统计人员、统计业务工作管理制度，统计工作任务，统计指标解释和计算依据，统计指标取数方法、填报方式和上报时间。该规范还明确了批发零售业和住宿餐饮业企业财务统计报表由资产负债、损益分配、其他资料三个方面的指标组成；明确了各个统计指标的取数（计算方法）；为监测企业税负情况，还引入概念——实缴各项税金，是指企业实际缴纳的消费税、增值税、企业所得税、营业税、城市维护建设税、契税、房产税、印花税、土地使用税、车船使用税、资源税、耕地占用税和代扣的职工个人所得税，根据相应的税单计算填列，这一地方自创指标自此一直沿用；为规范企业统计数据来源，宁波市统计局还制定了《宁波市批发和零售业统计台账》。同时，由于宁波服务业制度数据已用于服务业增加值核算，为更加准确地测算各县（市）区批零、住餐限额以下企业和个体户的增加值，将限额以下单位和个体户的财务调查扩大到批零、住餐，表式同限额以下服务业企业财务状况调查表和服务业个体样本调查表。

2012 年，国家实施企业一套表统计制度改革，原《批发和零售业、住宿和餐饮业统计报表制度》拆分为《批发和零售业统计报表制度》（制度代码 E）和《住宿和餐饮业统计报表制度》（制度代码 S），对相关报表的指标及代码、报表内容及报表编号进行调整，将报表分成"纳入企业一套表统计调查制度的报表"和"未纳入企业一套表统计调查制度的报表"两个部分。《批发和零售业、住宿和餐饮业统计报表制度》中《限额以上批发和零售业商品购进、销售和库存额》拆分成进入一套表制度的《批发和零售业商品购进、销售和库存》和未纳入一套表制度的《批发和零售业产业活动单位（个体户）商品购进、销售和库存》。《限额以上批发和零售业商品销售和库存额》拆分成进入一套表制度的《批发和零售业商品销售和库存额》和未纳入一套表制度《批发和零售业产业活动单位（个体户）商品销售和库存》。

2013 年，浙江省级制度中，"信息化情况"表改为问卷调查（609 表），由 4 个指标增加为 17 个指标，填报范围调整为大型批发和零售业法人单位。增加季度调查问卷"批发和零售业企业调查问卷"（E210 表），统计范围为大型企业和部分中小微企业（限上范围）。定报中批发零售业的《财务状况》填报范围改为大型企业。在年度财务调查表中，增加指标"进项税额""销项税额"；在季度财务调查表中，增加指标"应付职工薪酬"。

同年，宁波市在《批发零售业财务状况》（E203 表）中，新增固定资产原价、累计折旧、本年折旧、利息收入、利息支出、投资收益、应交所得税、公允价值变动、资产减值损失、应付职工工资、应付福利费、其他薪酬、实缴各项税金之和等共 13 项指标。为了解跨地区经营企业现状，宁波市增设《限额以上批发和零售业分县区零售额》（甬 EZ1），该表填报范围系宁波在报限上批发零售企业中，存在跨县市区经营活动的，并按县市区分配营业收入。同时，宁波市继续实行限额以上全部单位财务月报调查制度。

2014 年，定报取消"重要商品销售和库存（成品油零售单位填报）""重要商品销售和库存（成品油零售单位填报）"。为加强对电子商务的统计，在"批发和零售业产业活动单位（个体经营户）商品销售和库存""批发和零售业商品销售和库存"中增加指标"通过互联网实现的商品销售"，在财务表中增加"通过电子商务实现的营业收入""电子商务平台服务费收入"指标。是年年报“信息化情况”拆分为“信息化情况”和“企业电子商务交易情况”，增加“第三方电子商务交易平台交易情况”表。

同年，宁波市在财务定报调查表中，增加“通过电子商务实现的营业收入”“应付职工工资”“应付职工福利费”“实缴各项税金之和”“资产减值损失”“公允价值变动收益”等调查指标。因调查内容及频率与省制度有异，为符合一套表规定，将省制度季报财务调查表E203表更名为甬E203。继续保留《限额以上批发和零售业分县区零售额》（甬EZ1表）。

2015年，国家将“财务状况”正季报统计范围从大型批发和零售业法人单位调整为大中型批发和零售业法人单位，宁波仍扩大到限额以上批发零售业法人单位。取消“重要商品购进、销售和库存（成品油批发单位填报）”。是年年报合并“信息化情况”（109表）和“企业电子商务交易情况”（110表），表名改为“信息化和电子商务交易情况”，并调整指标。取消“第三方电子商务交易平台交易情况”。

2015年，宁波制度对省制度的财务定报调查表（E203表）做指标与调查频率的变更。指标上补充了“通过电子商务实现的营业收入”“补贴收入”“应交所得税”“应付职工工资”“应付职工福利费”“实缴各项税金之和”“资产减值损失”“公允价值变动收益”。调查频率仍为月度调查。2015年开始，将《限额以上批发和零售业分县区零售额》（甬EZ1表），统一并入《服务业企业分地区营业情况》（甬FZ1表）。

2016年，合并“信息化情况”和“企业电子商务交易情况”，表名改为“信息化和电子商务交易情况”，调整指标。定报增加“电子商务交易平台交易情况”。在财务调查中，“其中：补贴收入”改为“其中：政府补助”，增加“营业外支出”；增加“电子商务交易平台情况”，表号209；增加“重点网上交易平台交易情况”，表号E231。宁波制度仍保留财务月度调查，同时继续保留“通过电子商务实现的营业收入”“实缴各项税金之和”等地方特色指标。

2017年，取消“电子商务交易平台情况”2016年年报。增加“生产经营景气状况”“非金融资产投资情况”。 年报指标增加“主要业务活动收入”。宁波制度调查频率仍保留财务月度调查，同时继续保留“通过电子商务实现的营业收入”“实缴各项税金之和”等地方特色指标。

二、住宿餐饮业统计调查

1993年及以前，餐饮业在统计上称为饮食业，统计工作纳入贸易业统计，各类统计报表包含在贸易业统计制度中。1993年起，餐饮业统计从贸易业统计中分离出来，单独设置报表反映餐饮业发展变化，进入21世纪，把住宿业纳入其统计范围，称为住宿餐饮业统计。

从中华人民共和国成立初期到1960年，住宿餐饮业统计是包含在商业统计范围内，其间，经历过基本情况调查、专项调查、普查，也制定过定报、年报等制度。从范围上看，彼时的住宿业多以旅店为主，与理发、照相、洗染等行业一并归入服务业统计调查，餐饮业则以饮食业的形式进行调查。从调查内容看，多以户数、从业人员、资本金、销售额、费用、利润等为主。其间，因经历了公私合营、社会主义改造等不同历史阶段，对饮食业的调查也围绕这些阶段而侧重不同。

1952年下半年，国家统计局成立，制发简易《私营商业、饮食业、服务业基本情况》统计年报，经过私营商业、饮食业、服务业的社会主义改造，又制发《公私合营、合作化及私营商业、饮食业、服务业基本情况》统计年报，统计的主要内容有私营商业户数、从业人员数、职工人数、资本金、销售额、批发额、零售额等。彼时，对餐饮业的统计调查有所涉及。浙江省对饮食业的调查结合了当时的省内特点。浙江省商业厅《为布置中央颁发“私营商业及饮食业定期统计报表暂行办法”及补充意见》[商政（53）字第2321号]指出，饮食业中，中西餐馆食堂占比较大，应列为重点行业调查。

1955年，国务院决定进行私营商业及饮食业普查。浙江省于年底前完成普查工作，编印《浙江省私营商业与饮食业普查资料》，为制定政策、安排市场和对私营工商业进行社会主义改造提供了依据。此次普查，计划统计处于当年11月10日发布相应普查结果报告。另据1955年12月底的“宁波市私营商业及饮食业普查工作总结”记载：彼时宁波市有私营饮食业1267户，其中座商（持有固定摊位）453户；从业人员2053人，其中职工301人；雇佣职工的商店有127户。

同年，国家统计局颁布《公私合营商业及饮食业统计年报表实施办法》，包括“公私合营商业及饮食业综合年报表”和“公私合营商业及饮食业分户一览表”；对饮食业调查内容包括公私合营时间，分支机构，从业人员，资金总额，公私合营前销售额，公私合营后商品销售额。

1956年，国家统计局制定《公私合营商业、饮食业、服务业及合作商店定期统计报表暂行制度》，饮食业调查表包括“公私合营饮食业基本情况”和“合作商店（饭店、小组）基本情况”等；调查内容包括名称、地址、会计不独立的分支店个数、实有从业人员、商品销售总额等。在《浙江省1956年公私合营商业、饮食业、服务业及合作商店定期统计报表暂行制度》中，对饮食业的范围作了界定：是指专门从事食品烹饪、调制并直接零售供居民饮食的行业；明确了饮食业应具备食品烹饪调制的生产职能和将产品直接零售的商业职能，这一属性也成为今后对餐饮业统计的主要判定依据。

同年9月，浙江省统计局部署对私营商业及饮食业社会主义改造情况进行一次性调查。

1957年末，浙江省统计局、省商业厅、省供销合作社联合制定了《公私合营合作化及私营商业饮食与服务业1957年年报和1958年定期报表制度》[（57）浙统贸创字第91号、商计（57）字第269号、浙合计统（57）字第429号]。

1959年初，鉴于当时人民公社普遍成立，商业部门的管理体制和组织机构变化较大，涉及餐饮业的统计调查制度变更为《商业饮食业及服务业定期统计报表制度》[商厅计（59）字第4号、（59）浙统贸字第2号]。针对全社会、国营、人民公社、公私合营合作化私营及地方国营的商业、饮食业、服务业制定了四个部分的定期统计报表。饮食业属于甲部分中的社商1号与社商3号。该制度中，对饮食业的统计范围延续以往规定。

同年，商务部制定了《饮食业及服务业基本情况季报表》，将旅店与理发、浴池、照相、洗染等统称为“五个服务业”，将饮食业与五个服务业并列。调查指标包括户数、从业人员、资金、营业费用、利润等。6月，商务部、国家统计局就商业网普查作了指示：该次普查将商业、饮食业、服务业并列为三个行业，旅馆业划入服务业；主要调查内容是单位数和从业人数；其中，关于工作人员按工作性质划分的典型调查表，国家统计局指定省内宁波、杭州和北京、上海、天津、广州、重庆等共35个城市填报。7月，浙江省商业厅、省统计局联合发文进一步明确本次普查工作。其中典型调查表除国家指定的宁波、杭州两市外，再由宁波专区以及海宁、诸暨、泰顺等市（县）填报。

1961年，国家统计局颁发综合财政统计制度，在国民经济各部门企业财务成本主要指标表中，要求编报商业、饮食业和服务业的资本金和损益及分配等主要指标。省统计局补充布置《公私合营，合作商店商业、饮食业财务费用调查年报》，内容包括营业额、毛利额、费用支出、税金、利润等指标。

此后几年，主要统计调查一般只涉及农业、工业、商业、劳动工资、财贸等领域，对饮食业、住宿业的调查较少。据历史资料，1965年1月，宁波市商业局、宁波市工商行政管理局等发文布置1965年合作商店、小组及个体商业（饮食业、服务业）基本情况调查，饮食业是小商贩从业较多的领域之一，这是当时针对小商贩的基本情况调查，而非专门针对饮食业的统计调查。

进入“文化大革命”时期，相关统计调查中断。1970年上半年，国家计委制发国民经济基本统计报表制度，要求各商业部门恢复商品流转统计报表。1971年，国家计委制发国民经济各部门统计年报，政府统计部门恢复商品流转统计报表，将社会商品零售额按行业分组，即商业零售额、饮食业零售额、工业零售额、其他行业零售额分组。直到1980年，饮食业调查并非是独立的统计调查，而是作为社会商品零售额的一个分组存在。

1980年始，饮食业与住宿业的调查在《商业、饮食业、服务业机构、人员统计年报》中予以体现，与50年代类似，将旅店与理发、浴池、照相、洗染等统称为服务业，并与饮食业、商业并列；主要调查指标有机构数和人员数，分组包括国营和供销社。

1981年，商业统计年报显示，饮食业既有机构与人员数的基本情况调查，也有各月及全年的零售额调查，在饮食业零售额分组中包括国营、供销社、集体所有制、合营、有证个体等；旅店仍并入服务业，仅调查机构与人员数。

从1983年开始，饮食业才计算总产值、物资消耗、净产值；分组中则减少了合营。

1985年，饮食业出现经营情况年度调查甲乙表。甲表调查内容包括：销售额（营业收入），毛利额，流通费用（包括工资、福利、折旧、利息、运杂费、手续费、保险费等），税金，经营利润，工商税和盐税，附营业务净收入等。乙表调查内容包括：销售额（营业收入）、毛利额、运杂费、折旧、利息、其他费用、税金、净收入等。直到1987年，饮食业的调查包含在商业统计中，年度基本形成机构与从业人员、财务经营情况的统计调查。

1988年，饮食业增加“横向经济联合组织主要指标统计表”，调查内容包括年末经济组织数、职工人数、参加组织的企业数、资金总额、固定资产投资额、联合组织营业额、联合组织利润总额。1989年，对饮食业单位调查时，开始引入单位计算机编码。

1993年，国家统计局等对贸易业统计报表制度进行改革，制定餐饮业统计报表制度，布置《餐饮业机构、网点、人员》《餐饮业商品销售情况》《大中型餐饮业企业财务状况统计》等年报。

1994年，依然对除个体餐饮业外的餐饮企业经营情况进行全面调查。

1995年，组织开展小型餐饮企业抽样调查试点，与小型批发零售企业抽样调查同步进行。经过几年试点，1998年，在全省全面推开抽样调查，各市（地）完全采用抽样调查数据推算总体。是年，增加《餐饮业销售情况》月报；根据国家统计局决定，对个体餐饮业进行抽样调查试点。

1999年，取消《餐饮业机构、网点、人员》年报和《餐饮业销售情况》月报。调整餐饮企业统计口径范围为限额以上单位，餐饮业财务状况报表统计范围由大中型企业扩大到限额以上企业，将《大中型餐饮企业财务状况》年报改为《限额以上餐饮企业财务状况》年报。同年，经省政府同意，省统计局会同省工商局组织全省11个地市开展个体餐饮业抽样调查试点，与个体批发零售业抽样调查同步进行。之后几年，在试点基础上，逐步完善抽样调查方案。是年，国家统计局、国家旅游局和国家工商行政管理局决定，1999年下半年对全国旅馆业进行抽样调查。以各地区旅馆业法人单位和产业活动单位为总体，已纳入国家旅游局系统年度统计范围的涉外宾馆、饭店，不列入调查范围。

进入2000年以后，宁波的住宿餐饮业统计调查，在企业财务调查指标设置上，围绕着收入法增加值四项构成展开，完善地方调查指标，同时还增设监测企业税负变动的地方特色指标——实缴各项税金；在调查频率上，为满足市县两级国民经济核算细化的需要，定报财务坚持月度调查频率。

2002年，为反映连锁店（公司）情况，《限额以上餐饮业商品销售情况》年报增加《限额以上连锁店（公司）商品销售情况》。

2003年，《限额以上餐饮业商品销售情况》年报取消表外连锁店调查资料，改为餐饮企业技术力量调查资料。取消《限额以上连锁零售业和连锁餐饮业经营情况》年（季）报和《限额以上连锁零售业和连锁餐饮业门店及配送中心分布情况》半年报，不设综合表，由各市核转上报2种基层表。住宿和餐饮业统计中的大中小型企业分组均按《统计上大中小型企业划分办法（暂行）》执行。调整简化《限额以上餐饮企业财务状况年报》宾栏指标。是年，将限额以下餐饮企业纳入抽样调查范围，制定实施《浙江省限额以下餐饮业抽样调查方案》。

2004年，为反映新型餐饮业业态，增加《连锁餐饮业经营情况年报》《限额以上连锁餐饮业门店及配送中心分布情况年报》《重点消费品生产企业分销经营情况年报》。从当年定期统计报表开始，将星级以外宾馆、饭店纳入“限额以下批发零售贸易、餐饮业”抽样调查，增加有关住宿业分组和统计指标。

2005年，《批发和零售业、住宿和餐饮业统计制度》增加《限额以上住宿餐饮业经营情况》月报。为反映非公有经济控制力情况，年报开始，在单位基本情况表“控股情况”项下增加“集体绝对控股”“集体相对控股”2项分组；住宿餐饮业企业设置公有经济和非公有经济分组。翌年增加《连锁批发和零售业、住宿和餐饮业分店情况》年报。

2007年，年报《住宿业和限额以上餐饮业经营情况》增加“本区产业活动单位数（个）”。在“住宿业和限额以上餐饮业经营情况”中，将“年末餐饮营业面积”、“年末拥有床位数”和“年末拥有餐位数”列入调查指标。是年，《限额以上批发和零售业、住宿和餐饮业连锁经营情况》年报改为《批发和零售业、餐饮业连锁经营情况》，统计范围不包括住宿业。

2008年，《星级住宿业和限额以上餐饮业经营情况》月报增加“本区产业活动单位数（个）”。《星级住宿业和限额以上餐饮业企业财务状况》年报增加重点企业网上直报。重点企业范围调整为年营业收入2000万元以上住宿业企业和年营业收入3000万元以上餐饮业企业，重点企业报月报，其他企业报半年报。同年，将《星级住宿业和限额以上餐饮业能源购进、消费与库存情况》改为《星级住宿业和限额以上餐饮业企业能源消费情况》年报，增加《星级以外住宿业、限额以下餐饮业企业和个体户能源消费情况》季报。

2009年，年报增加《住宿和餐饮业个体经营户基本情况》，将辖区内限额以上住宿和餐饮业个体经营户纳入统计范围。住宿业和餐饮业统计限额标准修改为住宿和餐饮业年主营业务收入200万元及以上。调整住宿和餐饮业统计限额标准，住宿业由星级宾馆、饭店调整为年主营业务收入200万元及以上；餐饮业统计范围由年末从业人员40人及以上并且年营业额200万元及以上调整为年主营业务收入200万元及以上。《限额以上住宿和餐饮业经营情况》年报和月报，统计范围调整为限额以上住宿和餐饮业法人企业和个体经营户，以及非住宿和餐饮业法人单位附营的限额以上住宿和餐饮业产业活动单位。对《限额以上住宿和餐饮业企业财务状况》年报指标作优化调整，将“投资收益”列入补充资料。取消《限额以下餐饮业企业和个体户能源消费情况》基层表和综合表，按经济普查能源品种调整限额以上住宿和餐饮业企业能源消费情况表。

2010年，住宿和餐饮业法人企业按法人经营地原则统计。将限额以上住宿和餐饮业全面统计范围扩大至统计上达到规模标准的个体经营户，规模标准参照《批发和零售业、住宿和餐饮业统计限额标准》执行。年报《批发和零售业、住宿和餐饮业连锁经营情况》拆分为《批发和零售业连锁经营情况》和《住宿和餐饮业连锁经营情况》，并调整部分指标。《批发和零售业、住宿和餐饮业连锁门店及配送中心分布情况》拆分为《批发和零售业连锁门店及配送中心分布情况》《住宿和餐饮业连锁门店及配送中心分布情况》。取消《限额以上住宿餐饮业企业能源消费情况》。浙江省在全国财务错季报的基础上，增加财务调查频率为月报。之后国家和省多次调整调查频率，宁波始终保持月报。

2011年，国家缩减主要经济指标表中多个指标。宁波市为满足核算需要并与服务业报表保持一致，在财务表中新增本年折旧、应付职工薪酬等多个指标。同时，由于宁波服务业制度数据已用于服务业增加值核算，为更加准确地测算各县（市）区批零、住餐限额以下企业和个体户的增加值，将限额以下单位和个体户的财务调查扩大到批零、住餐，表式同限额以下服务业企业财务状况调查表和服务业个体样本调查表。

2012年，国家实施企业一套表统计制度改革，原《批发和零售业、住宿和餐饮业统计报表制度》拆分为《批发和零售业统计报表制度》（制度代码E）和《住宿和餐饮业统计报表制度》（制度代码S），对相关报表的指标及代码、报表内容及报表编号进行调整，将报表分成“纳入企业一套表统计调查制度的报表”和“未纳入企业一套表统计调查制度的报表”两个部分。其中，“住宿和餐饮业产业活动单位（个体经营户）经营情况”“住宿和餐饮业产业活动单位（个体经营户）情况调查表”“限额以下住宿和餐饮业样本单位基本情况”“住宿和餐饮业连锁经营情况”“住宿和餐饮业连锁门店及配送中心分布情况”未纳入一套表统计调查制度。

2013年，“信息化情况”填报范围调整为大型住宿和餐饮业法人单位。增加季度调查问卷“住宿和餐饮业企业调查问卷”，填报范围调整为辖区内大型，部分中型、小型和微型住宿和餐饮业法人单位。在2013年定报的财务调查表中，宁波调查表在国家调查表的基础上，增设固定资产原价、累计折旧、本年折旧、利息收入、利息支出、投资收益、应交所得税、公允价值变动、资产减值损失、应付职工工资、应付福利费、其他薪酬、实缴各项税金之和等共13项指标。同时，将调查频率由季度变更为月度，以满足增加值测算。

2014年，“信息化情况”统计范围扩大到“限额以上住宿和餐饮业法人单位”。取消“住宿和餐饮业企业调查问卷”“限额以上住宿和餐饮业分地区零售额”两张报表。宁波市为加强对电子商务的统计，在财务表中进一步增加“通过电子商务实现的营业收入”“电子商务平台服务费收入”指标。是年年报“信息化情况”拆分为“信息化情况”和“企业电子商务交易情况”，增加“第三方电子商务交易平台交易情况”表。2014年定报的财务调查，为更好地反映住宿和餐饮业发展情况，在省里确定的住宿和餐饮业统计表式的基础上，结合宁波已有的工作实际，在住宿和餐饮业企业的定报调查表中增加“通过电子商务实现的营业收入”“应付职工工资”“应付职工福利费”“应交增值税”“实缴各项税金”“资产减值损失”“公允价值变动收益”等指标；同时将季度调查变更为月度。

2015年，“住宿和餐饮业经营情况”“住宿和餐饮业产业活动单位（个体经营户）经营情况”，增加指标“使用银行卡支付的营业额”“通过公共网络实现的客房收入”“通过公共网络实现的餐费收入”。“信息化情况”拆分为“信息化情况”和“企业电子商务交易情况”。调整指标：在住宿和餐饮业企业的定报调查表中增加“通过电子商务实现的营业收入”“补贴收入”“应交所得税”“应付职工工资”“应付职工福利费”“应交增值税”“实缴各项税金”“资产减值损失”“公允价值变动收益”等指标。同时将季度调查变更为月度。

2016年，合并“信息化情况”和“企业电子商务交易情况”，表名改为“信息化和电子商务交易情况”，并调整指标。定报增加“电子商务交易平台交易情况”表，“住宿和餐饮业经营情况”增加客房数、床位数、餐位数等补充资料。在住宿和餐饮业企业的财务定报调查表中增加“通过电子商务实现的营业收入”“实缴各项税金”等指标。同时将季度调查变更为月度。

2017年，取消“电子商务交易平台情况”2016年年报。增加“生产经营景气状况”“非金融资产投资情况”。年报增加“主要业务活动收入”。在住宿和餐饮业企业的财务定报调查表中增加“应付账款”“通过电子商务实现的营业收入”“实缴各项税金”等指标，同时将季度调查变更为月度。

三、其他服务业统计调查

20世纪90年代，随着改革开放深入推进和中国特色社会主义市场经济逐步建立，服务业的地位和作用日益凸显，国家统计局于1993年首次建立服务业统计调查制度，历经变迁，2012年后逐步发展为涵盖规模以上全面调查、规模以下抽样调查以及部门调查三部分全方位的调查体系。在此期间，作为服务业较为发达地区，省内各地纷纷探索建立服务业统计调查体系，宁波市更是早于全省建立起《宁波市服务业统计制度》，并不断变革调整发展至今。

宁波市的服务业统计调查工作主要经历了三个阶段，第一阶段是2006年以前，统计工作基本按照国家和省局相关制度要求开展；第二阶段是2006年至2012年间，以建立和实施宁波市自成体系的服务业统计调查为主，同时执行国家规模以下企业抽样调查制度。2006年5月，宁波市统计局根据市政府办公厅《转发市统计局关于建立宁波市服务业统计调查制度实施意见的通知》（甬政办发〔2006〕99号）精神；制定印发了《宁波市服务业单位调查方案》和《宁波市服务业个体户调查方案》，涵盖了规模以上全面调查、规模以下企业和个体户抽样调查以及部门调查三部分内容，标志着自成体系的宁波市服务业统计调查正式实施；第三阶段是2013年至今，宁波市调查制度与国家、省调查制度逐渐融合并行的过程。随着国家层面规模以上服务业调查制度的建立，国家层面逐渐演变成涵盖《规模以上服务业统计调查制度》《规模以下服务业抽样调查制度》《部门统计调查制度》三套制度，其中前两套分别由基层统计机构实施，后者由国家自行实施不下放。在此期间，浙江省的服务业统计调查制度在吸收宁波等地调查经验的基础上，先试行全省服务业统计调查制度，主要特征是对行政事业单位和金融业单位开展统计调查；后根据国家制度实施需要，逐步向国家靠拢，最终与国家制度基本保持一致。

宁波市在国家和省《规模以上服务业调查制度》的基础上，持续开展具有本地特色的《宁波市服务业统计调查制度》，在指标的设置、报表的种类、上报频率、调查对象等方面综合考虑满足国家和省调查需要的同时，再根据宁波需求进行增补和调整。这段时期，宁波制度与国家、省制度较为鲜明的差异：一是持续保持对三产领域除房地产开发业以外的其他所有行业进行全覆盖调查，在行业领域尽量做到全覆盖；二是持续保持对行政事业单位、金融业单位、个体户的调查，在经济实体领域，尽量保持多种类。在此期间，国家抽样调查工作由国家统计局宁波调查队承担。

经过多年的改革探索，宁波市服务业统计调查体系逐渐演变成为既满足国家调查的需要，又保持着“行业覆盖范围广、涉及经济实体多”等鲜明地方特色的一套制度体系，延续至今。

（一）第一阶段（2006年以前）

1993年以前，国家统计局对服务业并未建立起相对规范的统计调查制度，仅对服务业中部分行业开展调查，如运输邮电业的调查，以及在专项调查中涉及个别行业的调查，如1992年国家统计局等五部门下发《关于对大中型流通企业进行摸底调查的通知》（浙统贸〔1992〕95号），调查对象包括年营业收入规模超过1000万元的旅行社。

1993年，统计报表制度改革，为适应新国民经济核算需要，填补非物质生产部门财务统计资料空缺，准确核算国内生产总值和第三产业增加值，顺利编制社会资金流量表和资产负债表，国家统计局决定建立服务业统计制度，并印发《服务业企业统计报表制度》，分年报、月（季）报表和参考表式三部分，相关资料显示，当年该调查仅作为国家统计局专项研究使用。

1994年，国家《服务业统计报表制度》正式实施。

1995年，国家统计局在认真总结前两年统计报表制度改革经验的基础上，修订了1995年统计年报和1996年定期统计报表制度。此次修订新增服务业统计报表制度，首次采取全面调查方法收集服务业企业财务统计资料。

同年12月5日，宁波市统计局根据国家和省《服务业统计报表制度》要求，发文《关于执行服务业企业和行政事业单位财务统计报表制度的通知》(甬统〔1995〕113号)，制定宁波市1995年服务业企业和行政事业单位财务统计年报的实施方案，对调查范围、调查单位、报表布置方式、年报数据质量控制、上报方式和时间等作统一规定。在调查所涉的行业范围领域，该《方案》中明确调查范围为宁波市内除个体、私营经济和乡村企业性质的单位外的公共设施服务业、居民服务业、旅馆业、租赁服务业、娱乐服务业、信息咨询服务业、计算机应用服务业、卫生、体育、社会福利保障业、教育、文化艺术业、广播电影电视业、科学研究业、综合技术服务业、国家机关、党政机关和社会团体等18个行业。在调查对象的选取上，该方案明确调查单位为上述范围内具有法人资格、独立核算的每一个服务业企业和行政事业单位。在调查方法上，该方案明确报表报送按"在地"和"属地"相结合的原则，布置方式和报送渠道采取"以块为主、条块结合"，由县、市、区统计局，市属主管部门和直报单位共同完成。该《方案》的基层年报表包括《企业(单位)基本情况表》《企业财务状况表》《事业单位财务状况表》《机关行政单位财务状况表》共4种；当年综合年报有《全额单位财务状况表》(F301表)、《差额自收自支单位财务状况表》(F302表)、《服务企业和企业化管理的事业单位财务状况表》(F303表)3种；主要统计指标包含从业人员数、固定资产、收入和支出明细项目等。

1998年，为适应行政事业单位会计制度改革，国家统计局在前期实施的服务业调查基础上，根据工作需要，将服务业统计报表从4套基层表和3套综合表调整为《企业单位财务状况》《事业单位财务状况》《行政单位财务状况》3套年报基层表和综合表。并对其中的指标进行了较大的调整。

2000年，为满足国民经济核算需要，服务业统计年报调查范围由18个行业的城镇集体以上单位扩大为23个行业所有具有法人资格、独立核算、单独编制会计报表的企业、机关、事业单位，不包括城乡个体经济、产业活动单位；服务业年报基层表和综合表相应调整，并增加部分反映资产负债、利润指标。新增的5个行业为农、林、牧、渔服务业，地质勘查业，水利管理业，其他社会服务业，其他行业(企业管理机构)。

是年9月20日，为全面、准确反映全省个体服务业发展状况和特点，为核算提供依据，浙江省统计局与浙江省工商行政管理局共同发文《关于开展全省个体服务业抽样调查工作的通知》(浙统社〔2000〕110号)，开展涉及理发及美容化妆业、沐浴业、日用品修理业、旅馆业、娱乐服务业、信息及咨询服务业、计算机应用服务业7大行业持证个体工商户的抽样调查工作，调查内容主要涉及基本情况、主要经济指标以及从业人数、营业面积。全省共计17个县市区开展抽样调查工作，宁波市的海曙区、奉化市参与全省开展的个体户抽样调查工作。抽样调查由各级统计部门牵头负责实施，工商部门配合，持续调查至2002年。

2001年，国家《服务业统计报表制度》修订中增加旅游业，行业统计总数扩大至24个。对指标内容上下做了调整，如资产总计放在第一个指标，负债合计位置进行调整。

2002年，国家《服务业统计报表制度》修订突出了"精、减、合"的要求，年报基层表中，将《事业单位财务状况表》和《机关行政单位财务状况表》合并成《行政事业单位财务状况表》，并取消了“现金”“银行存款”“事业与经营支出合计”“基本工资”等22个指标，增加了“拨入经费”“人员支出”“日常公用支出”“对个人和家庭补助支出”“固定资产购建和大修理”等5个指标；《企业单位财务状况表》取消“现金”“银行存款”“其他业务利润”“投资收益”等19个指标，增加“单位为个人支付住房公积金”指标，综合表作相应同步调整。

2003年，为提高服务业增加值核算质量，确保2004年经济普查工作顺利开展，国家、省统计局决定暂停执行《服务业统计报表制度》（24个行业）和个体服务业抽样调查，宁波市同样对报表进行免报处理。10月，国家统计局在全国范围内开展部分服务业抽样调查试点工作，10月24日，宁波市统计局下发《宁波市统计局关于开展部分服务业抽样调查工作的通知》（甬统企〔2003〕95号），明确按照国家和省要求，由企调队负责开展抽样调查工作。调查范围包括11个行业，分别为仓储业、计算机服务业、软件业、租赁业、商务服务业、科技交流和推广服务业、居民服务业、其他服务业、社会福利业、体育、娱乐业；调查对象是调查范围内抽中的法人企业和个体户；调查表有《服务业样本企业调查表》《服务业个体户调查表》2种。以2000年基本单位普查名录库为抽样框，调查总体中，企业采用目录抽样方法，个体户采用二阶段抽样方法，对新增和目录框遗漏企业采用整群抽样方法。

为了全面了解全市服务业企业、行政、事业单位的基本情况，掌握服务行业的发展规模、水平和经济效益，为市政府制定政策、规划以及国民经济核算提供翔实可靠的依据，2003年11月24日，宁波市统计局发文《关于要求填报服务业统计报表的通知》（甬统社〔2003〕117号），制定了宁波市服务业统计报表制度，对服务业法人单位开展年报一次性调查。调查涵盖服务业中29个行业，面向全部的具有独立法人资格、独立核算、单独编制会计报表的各种类型的行政、事业、企业单位，不含个体户。报表为《行政（事业）、企业单位财务状况》（F103），将行政事业和企业所需填报指标并列在一张表中，行政事业单位填写左列，企业单位填写右列。这是宁波市首次出现较为系统成型的服务业统计制度雏形。

为进一步顺利开展服务业统计工作，宁波市统计局着手进行组织架构的准备。2005年7月，在原先设立的贸易外经统计处的基础上，就相关统计职能进行扩展与补充，正式更名为宁波市统计局服务业统计处，将职能确定为：组织实施运输、邮电、贸易、餐饮住宿业及其他服务业的统计调查，准确、及时、全面地收集、整理、提供运输、邮电、贸易、餐饮住宿及其他服务业和对外经济、利用外资、旅游业生产经营活动及其全行业统计数据，综合整理和提供物资资源及使用的统计数据，对有关统计数据质量进行检查和评估，并进行统计分析，组织指导有关基层统计的基础工作。

同年11月，根据国家统计局和浙江省统计局《关于开展部分服务业抽样调查试点工作的通知》（国统字〔2005〕117号、浙统〔2005〕95号）文件精神，全市继续开展部分服务业抽样调查试点工作（11个行业），调查方案与2003年基本相同，全市有9个个体样本村参与调查。

（二）第二阶段（2006—2012年）

2006年，在总结以往服务业统计工作经验的基础上，根据宁波统计调查工作的需要，宁波市服务业统计制度正式建立。是年5月初，宁波市人民政府办公厅发布《转发市统计局关于建立宁波市服务业统计调查制度实施意见的通知》（甬政办发〔2006〕99号），标志着宁波正式建立实施服务业统计制度。5月23日，宁波市统计局印发《宁波市服务业单位调查方案》和《宁波市服务业个体户调查方案》，对服务业调查进行详细说明。调查遵循“统一制度、在地实施、部门协作、集中处理”的原则，形成完整的服务业统计组织、监测、核算体系。

调查实施对象为宁波市行政区域内所有从事服务业（第三产业）活动的机关、社会团体、企业、事业单位、民办非企业单位、其他组织机构和城乡个体经营户。调查的行业范围涉及国民经济行业15个门类、47个大类、180个中类、339个小类，具体包括交通运输、仓储和邮电业，信息传输、计算机服务和软件业，批发与零售业，住宿和餐饮业，金融业，房地产业，租赁与商务服务业，科学研究、技术服务与地质勘查业，水利、环境和公共设施管理业，居民服务和其他服务业，教育，卫生、社会保障和社会福利业，文化、体育与娱乐业、公共管理与社会组织等。

调查内容包括单位基本属性、人员状况、营业规模、财务经营状况。基层报表主要为三种，《服务业企业财务状况表》、《行政（事业）单位财务状况表》以及《个体户表》。

调查方式为以县级为总体，采用全面调查与抽样调查相结合的调查方法对各行业开展调查，其中对金融业和房地产业中的开发经营企业采用全面调查；对中国共产党机关、国家机构、人民政协和民主党派、群众社团、社会团体和宗教组织、基层群众自治组织采用小样本抽样；对批发与零售业、住宿和餐饮业、其他服务业采用全数调查与抽样调查结合的方式。批发零售、住宿餐饮业继续按照国家制度执行，不做较大调整；其他服务业借鉴已经成熟的统计调查制度经验，划分成限额以上统计单位和限额以下统计单位，以国民经济行业分类的小类为基础，原则上将占该小类经济总量80%左右的单位划入限额以上单位，限额以上单位采用全数调查，限额以下单位采用抽样调查。

在制度设立伊始，宁波市统计局就准备将调查结果应用于常规的国民经济核算之中。考虑到该项调查主要以统计对象的财务数据为主，而财务数据获取时间与国民经济核算有一定的差异，因此将调查时期定为错季报和年报，即1—2月、1—5月、1—8月、1—11月以及1—12月，实行网上直报，个体户由调查员上门调查。调查工作由宁波市统计局统一组织实施，县（市）区统计局具体落实。

为进一步完善调查的科学性，扩大统计对象的覆盖范围，更准确地反映服务业发展实绩，同年8月，宁波市统计局出台《关于完善宁波市服务业统计调查制度的补充意见》，从加强服务业名录库维护、完善限额以下单位抽样方法、扩大S门类样本单位、调整个体户的调查方法、明确房地产调查方法（不单独布置房地产开发经营企业服务业统计调查报表）、明确增加值测算要包含产业活动单位、调整报表调查时间为错季报和年报、调整限额以下企业和S门类推算方法用样本的平均发展速度等八个方面对服务业统计制度作出进一步的完善和补充。该项工作由局服务业统计处负责。

至此，关于服务业统计调查，宁波市初步完成统计方法制度、基本组织架构、统计对象、调查方法、统计范围、统计频率、数据生产与评估等工作。一个初步适应现代统计调查需求，具有鲜明宁波地方特色的服务业统计调查制度体系初步搭建完成。

比照国家的调查制度，宁波制度的地方特色明显。一则是在行业上，宁波制度还包括公共管理和社会组织；二则是在统计对象上，宁波制度还包括行政事业法人、其他行业的产业活动单位；三则是调查的管理体系上，政府统计与部门统计的初步合作框架基本搭建。

2006年，国家统计局在总结前三年试点经验基础上，正式制定实施《部分服务业抽样调查统计制度》，在原来11个行业大类基础上，增加装卸搬运和其他运输服务业，以省为总体，对12个行业大类进行抽样调查，仍分企业和个体，调查期分别为1—2月、1—5月、1—8月和1—11月，自此形成自成体系的服务业统计调查与执行国家抽样调查统计制度并行的局面。

同年年底，浙江省统计局在吸收宁波、杭州等地服务业统计调查经验的基础上，全省服务业统计制度初步建立。由政府统计与部门统计按照“条块结合、分头实施”原则共同进行。政府统计部分充分吸取了宁波调查经验，与宁波市在报表设置、限额标准限定原则上较为接近。因此，在后续制度修订中，宁波市以“覆盖省标，坚持市标”为原则开展。

2007年6月，宁波市统计局对全市银行、证券、保险等金融业宁波总部企业开展培训，要求填报统计报表。为进一步规范无账企业的填报需求，以及为能耗监测提供相关资料，当年年报起，《宁波市服务业统计制度》新增两张表，分别是针对无财务报表制度的服务业企业法人开展的调查表和面向全部在报限额以上服务业企业法人开展的能源消费情况调查表。此时，基层报表调整成5张，分别为《服务业企业法人单位财务状况调查表》（F103−1表）、《服务业行政、事业法人单位财务状况调查表》（F103−2表）、《服务业无财务报表企业法人单位财务状况调查表》（F103−3表）、《服务业个体经营户抽样调查表（F103−4）表》、《服务业企业法人单位能源消费情况》（F105表）。当年年报起，国家《部分服务业抽样调查统计制度》取消社会福利业，调查范围减至11个行业大类。

2008年，宁波市继续实行《宁波市服务业统计制度》，从年报起，服务业报表由原来的年定报通用表，改为年报表和定期报表分开填报，同时考虑指标的实用性和便于理解的目的，突出反映企业对税收的贡献，进一步了解电子商务对服务业企业的影响，指标进行如下调整：一是《服务业企业法人单位财务状况调查表》（年报F103−1表和季报F203−1表），减少了“生产设备操作人员工资”“生产设备操作人员福利”“生产设备操作人员平均人数”3个指标；新增“实缴各项税金之和”“电子商务营业额”2个指标；二是《服务业行政、事业单位财务状况调查表》（年报F103−2表和季报F203−2表），新增“实缴各项税金之和”“电子商务营业额”2个指标；三是服务业企业法人单位能源消费情况（年报F105表和季报F205表），按经普能源表式调整，新增“水”“煤气”“煤油”3个能耗指标；四是将原先适用于金融和普通企业的财务表进行分类，增设《银行业主要经济指标调查表》《保险业主要经济指标调查表》《证券业及期货业主要经济指标调查表》。为了解信息服务业业务情况，增设《信息服务业业务活动情况》。为了解限额以上交通运输、仓储与邮政业设备拥有情况和生产经营情况，对其增设《现代物流与客运业业务活动情况》。

同年9月，在现有的服务业统计制度基础上，宁波市统计局印发《关于实施宁波市现代服务业统计制度的通知》(甬统发〔2008〕34号),以县级为总体,采用全面调查与抽样调查相结合的方法,限额以上全面调查、限额以下抽样调查。全面调查行业包括金融业、房地产开发企业,信息传输、计算机服务和软件业、房地产业中除开发经营企业外的其他行业、租赁和商务服务业、科学研究与技术服务业。调查表式分共性指标和个性指标,其中共性指标主要是基本情况和财务状况,按现行的服务业统计制度执行;个性指标主要针对金融、信息、物流三个行业设置,具体指标的设置与《宁波市服务业统计制度》基本一致。

同年年报起,国家《部分服务业抽样调查统计制度》修订,取消了个体服务业调查。建立针对部门开展的《服务业财务状况报表制度》,由行业主管部门直接报送本行业主要经济指标,该报表由国家统计局直接布置收集,不下放。

2009年9月起,宁波市部分企业参与全省重点分离服务业企业监测。为进一步加强对分离服务业企业经营状况的监测,及时了解分离企业规模、结构、效益等基本情况,反映服务业出现的新情况、新问题、新变化,省统计局建立《全省重点分离服务业企业统计监测制度》,根据省地税局全省分离服务业企业名单,选取247家具有一定规模单位作为重点监测对象,宁波市有约20家企业参与监测。监测内容主要包括单位基本情况与单位财务情况,表式与2009年省局《服务业统计报表制度》一致。上报时间与限额以上服务业单位一致,实施原则是统一组织、分级实施。

2010年定报起,重新修订的《宁波市服务业统计报表制度》中报表基本由错季报改为月报,仅保留《服务业企业法人单位能源消费情况》表仍实行错季报。

同年5月,为贯彻省政府办公厅《关于印发浙江省服务业统计工作方案的通知》(浙政办发〔2009〕32号)和市政府办公厅《关于印发宁波市服务业统计工作实施方案的通知》(甬政办发〔2009〕135号)精神,宁波市服务业发展领导小组办公室制定下发《关于完善宁波市服务业统计制度的补充意见》(甬服务办〔2010〕7号),会同宁波市目标管理考核领导小组办公室联合制发了《关于印发宁波市服务业统计工作考核办法的通知》(甬服务办〔2010〕8号),明确服务业统计工作的主要实施主体分别为:业务统计由各相关行业主管部门按照职责分工,制定《宁波市市级部门业务统计报表制度》并组织实施;财务统计根据目前相关业务主管部门统计力量,对于部门管理相对规范、数据采集相对集中和完善的行业,先行将限额以上服务业单位财务调查工作交由部门实施,其他行业限额以上单位的财务调查和所有行业限额以下单位以及个体经营户的抽样调查仍由政府统计部门负责,其中交通等13个行业主管部门先行承担。

同年年报起,在《宁波市服务业统计制度》中,为保持与国家制度的衔接,新增《房地产中介单位经营情况表》和《物业管理单位经营情况表》,前者设置代理房屋销售、代理房屋出租等经营情况指标,后者包括物管房屋面积、已收(应收)物业管理费等经营情况指标。调查频率为年报和月报。取消《服务业企业能源消费情况》定报,保留年报。至此,《宁波市服务业统计制度》中年报发展成涵盖基本情况、财务、业务、能源等多方面的11张报表,定报为10张。

2010年,宁波市的北仑梅山保税港区、慈溪杭州湾新区参与省发改委、省统计局联合组织实施的省级现代服务业集聚示范区统计直报工作。2010年12月8日，《浙江省发改委浙江省统计局关于开展省级服务业集聚示范区统计直报工作的通知》下发《浙江省现代服务业集聚示范区统计直报方案》，实施服务业集聚示范区统计，明确由省发改委负责组织协调，省统计局负责业务指导、联网直报平台建立、数据审核汇总整理。调查对象为省级服务业集聚示范区。统计范围是50家省级服务业集聚示范区内所有从事第三产业活动法人单位、产业活动单位和个体经营户。调查内容主要包括省级服务业集聚示范区基本情况、投资和经营状况等。报表有《省级现代服务业集聚示范区基本情况表》和《省级现代服务业集聚示范区发展情况表》，主要经济指标涉及投资完成额、入区单位数、从业人员、营业收入、营业利润、税收等。宁波市该项工作由宁波市发改委负责组织实施，宁波市统计局负责做好业务指导和直报平台技术保障工作。

2011年，从年报起，《宁波市服务业统计制度》中服务业企业财务状况调查表对指标进行调整，考虑到与会计指标的一致性，新增“年末流动资产合计”、“应收账款”、“主营业务税金及附加”、“本年应付职工薪酬”及其部分其中项、“应交增值税”等指标；调整“费用合计”分列为“营业费用”“管理费用”“财务费用”；同时为了解企业投资情况，新增“土地和固定资产支出”。

2012年，从年报起，国家服务业相关制度进行了大调整，初步形成了涵盖规模以上全面调查、规模以下抽样调查、部门调查三块并行的服务业统计体系，宁波市在继续实施本地统计制度的同时，在制度的修订和实施上，以国家制度为基础，依据相关审批需要，结合宁波调查特点，增加自行调查部分。国家制度的变化主要有三点。一是国家自行收集数据的《服务业财务状况报表制度》改为《部门服务业财务统计报表制度（试行）》，扩大了参与调查的主管部门。二是设立《服务业小微企业监测统计报表制度》，将其他服务业、物业、中介的表统一修订成一张调查表，统计范围为规模以下服务业法人单位，继续采用抽样调查方式开展。具体包括：交通运输、仓储和邮政业，信息传输、软件和信息技术服务业，租赁和商务服务业，科学研究和技术服务业，水利、环境和公共设施管理业，居民服务、修理和其他服务业，教育，卫生和社会工作，文化、体育和娱乐业以及物业管理、房地产中介服务等行业（即不包括金融业和房地产开发、其他房地产）。三是为建立统一、规范的服务业统计制度，全面反映服务业发展情况，国家建立《重点服务业企业统计报表制度》，统计范围包括辖区内重点服务业法人企业，不包括非企业；行业范围同抽样调查制度规定，统计内容包括调查单位基本情况、财务状况，物业管理、房地产中介服务等行业的经营状况和信息化情况等。按照在地原则进行统计。报告期别为错季报和年报。年报表有《法人单位基本情况》《财务状况》《信息化情况》，定报表有《法人单位基本情况》《财务状况》《物业管理经营情况》《房地产中介服务经营情况》。

为与国家制度衔接，浙江省制度中也增加了物业、中介相应的调查表及信息化表等。《宁波市服务业统计制度》在国家和省制度的基础上，保留原有的规模标准、调查范围、调查表式以及调查频率等地方特色，同时根据国家和省制度报表设置情况，做如下调整：一是为与国家和省制度中的表保持一致，同时突出地方报表特色，将报表分为国家表、浙江省表和宁波市表三类，在表号上修改信息服务业、物流与客运业业务活动、能源表为“甬”

表，银行、保险、证券、企业、非企业单位的表号为“浙”表，法人单位基本情况、信息化情况、物业管理和房地产中介经营情况采用国家表号；二是为与国家保持一致，物业管理和房地产中介经营情况表取消年报；三是继续开展限额以下单位和个体经营户的抽样调查工作，此项工作与国家小微抽样并行，在调查样本的选取上以国家制度为先，互不影响。

2012年，经过调整修订后的《宁波市服务业统计制度》首先是满足了国家和省级服务业统计调查的需要，具有良好的兼容性；其次是继续保持对金融业单位、行政事业单位、个体工商户的统计调查，保持了历史延续性；最后是宁波特色调查指标，如“实缴各项税金之和”等予以保留。

（三）第三阶段（2013年起）

从2013年年报起，国家全面实施一套表工程，国家对服务业统计调查相关制度再次进行梳理，主要有两大变化。一是《重点服务业企业统计报表制度》修订为《规模以上服务业统计报表制度》，明确统计范围为辖区内年末从业人员50人以上，或者年营业收入1000万元及以上的服务业法人单位，年报采用经普格式；2014年的定期报表将《从业人员及工资总额》编入服务业制度，财务定报（F203）格式减少了“本年折旧”“土地和固定资产支出”等指标，上报频率保持错季报。二是《服务业小微企业监测统计报表制度》修订为《规模以下服务业抽样调查统计报表制度》，明确统计范围为辖区内年末从业人员50人以下，且年营业收入1000万元以下的服务业样本法人单位；调查报表修订成《服务业调查单位经营情况》和《服务业调查问卷》2张，其中，调查问卷采用季报，经营情况一、三季度免报。

宁波市服务业制度在满足国家和省制度调查的基础上，继续保留本地特色。将原先面向信息、金融、商贸等主要跨地区经营的单位需填写的分地区情况单设为一张《服务业企业分地区营业情况》（甬FZ1表），用于增加值数据在县级区域间的分摊。2013年修订后的宁波制度，在兼容性、延续性和地方特色指标上仍保持与上年制度基本一致。

从2014年年报起，国家《规模以上服务业统计报表制度》有三大调整：一是对统计规模标准进行调整，居民服务、修理和其他服务业，文化、体育和娱乐业两个行业门类调整为营业收入500万元及以上，或年末从业人员50人及以上；二是信息化表一分为二，为《信息化情况》和《企业电子商务交易情况》；三是取消了《物业管理情况》和《房地产中介服务经营情况》定报。

《规模以下服务业抽样调查统计报表制度》相应修改调查范围，居民服务、修理和其他服务业，文化、体育和娱乐业调整为营业收入500万元以下且年末从业人员50人以下。

《宁波市服务业统计报表制度》根据国家和省制度的调整内容，主要有三大变化：一是在上一年基础上取消了《保险业财务状况》和《证券和期货业财务状况》的年报调查，保留月报调查；二是信息化表一分为二，为《信息化情况》和《企业电子商务交易情况》，与国家保持一致；三是取消了《物业管理情况》和《房地产中介服务经营情况》定报，与国家一致。

2015年7月，为全面掌握全市电子商务发展情况，宁波市以重点园区调查为切入点，尝试开展电子商务园区统计调查。设计《电子商务园区企业基本情况表》，填报对象为各电子商务园区，填报内容为每家入驻园区的单位（含法人、产业活动单位和个体经营户）的单位名称、成立时间、主要业务活动、从业人员等基本信息，以及平台成交额、销售额等经济指标，报送频率为季报。

同年年报起，国家《规模以上服务业统计调查制度》主要有三大调整。一是扩大行业范围，新增年营业收入1000万元及以上，或年末从业人员50人及以上自有房地产经营活动和其他房地产业；二是合并《信息化情况》（109表）和《企业电子商务交易情况》（110表）年报为一张表，表名为《信息化和电子商务应用情况》。三是新增《电子商务交易平台情况》（110表），调查频率为年报和季报，调查范围为有电子商务交易平台的“四上”法人单位。

《规模以下服务业抽样调查统计报表制度》同样扩大行业范围，新增了年营业收入1000万元以下且年末从业人员50人以下自有房地产经营活动和其他房地产业。

《宁波市服务业统计报表制度》主要有以下调整。一是合并《信息化情况》（109表）和《企业电子商务交易情况》（110表）年报为一张表，表名为《信息化和电子商务应用情况》。二是增设《电子商务交易平台情况》（110表），与国家制度保持一致。三是为进一步了解规模以上企业开展电子商务的情况，在企业的财务表中新增指标“通过电子商务实现的营业收入”。四是根据国家互联网调查相关要求，定报中新增《规模以下法人单位重点电子商务平台交易情况调查表》（X511表）。该调查是专项调查，调查对象为规模以下法人单位拥有的且电子商务年交易额2000万元以上的电子商务交易平台，调查指标包括自营电子商务销售额、采购额，非自营电子商务交易额等，调查频率为季报。

2016年年报起，国家《规模以上服务业统计报表制度》主要有两个变化。一是为适应投资统计改革需要，在2017年的基层定报中新增《非金融资产投资情况》（206-2表），调查内容主要有“在建工程”“固定资产原价”“无形资产”“其他资产”“房屋开发成本”“累计折旧”六部分内容及其中项，采用半年报的形式开展规模以上单位全面调查。二是为了解服务业企业运行情况及对未来预期，新增《生产经营景气状况》（F210表），采用正季报的形式，对规上企业开展抽样调查。

《宁波市服务业统计报表制度》主要有三大调整：一是新增《非金融资产投资情况》和《生产经营景气状况》，与国家保持一致；二是2017年定报取消《规模以下法人单位重点电子商务平台交易情况调查表》（X511表）；三是将执行一年多的电子商务园区调查进一步规范化，写入制度中，于2017年定报新增《电商园区实体单位基本情况表》（甬DS01）和《电商园区基本情况过录表》（甬DS02）。

2017年，国家《规模以上服务业统计调查制度》主要有三大变化：一是年报中增设《主要业务活动收入》（108表）；二是2018年定期报表中取消《非金融资产投资情况》（206-2表）；三是《电子商务交易平台情况》（110表）转入《互联网经济统计报表制度》；四是财务年报中新增指标“房屋和构筑物”“机器设备”“运输工具”“其他收益”“资产减值损失”“公允价值变动收益”“行政事业性收费”“材料和燃料费”“经营租赁费”“运输费”“研发、试验检验费”“水电费”“邮政通信费”等指标，修改“从事服务业活动的从业人员平均人数”为“平均用工人数”。定报中增加“其他收益”等多个指标。

《宁波市服务业统计报表制度》的主要变化有：一是与国家修改一致部分，包括年报增设《主要业务活动收入》（108 表）、定期报表中取消《非金融资产投资情况》（206-2 表）、《电子商务交易平台情况》（110 表）转入《互联网经济统计报表制度》及新增指标；二是根据国家和省制度调整部分报表名称与填报对象，原《服务业企业财务状况》拆分为三张报表，分别为面向满足国家规模标准的企业开展的《财务状况》（F103 表、F203 表），面向其他金融业开展的《浙江省其他金融业财务状况》（浙 F103 表、浙 F203 表），面向国家规模标准以下，但满足宁波市规模标准的企业开展的《宁波市其他规模服务业企业财务状况》（甬 F103 表、甬 F203 表）。

第八节　社会科技统计调查

社会和科技统计调查由社会统计拓展而来。中华人民共和国成立后，社会科技统计调查逐步建立健全，统计范围逐渐扩展到科技、教育、文化、广播电视、出版、体育、卫生、环境保护、民政、政法等部门，以及妇女、工会等群众团体。分别由各业务主管部门及相关的群团组织负责统计的组织和实施。

20 世纪 50 年代，建立了相应的报表制度。本节仅记叙政府统计部门承担的社会科技统计调查。主要有：社会统计调查，包括儿童调查和妇女儿童统计监测两项主要工作；科技统计调查，分科技专项调查、科技常规调查和 R&D 资源清查三项。介绍上述调查工作的基本概念、主要指标、调查方法和调查频次、重要时间节点、重大事项记录以及最终形成的调查成果。

一、社会统计调查

20 世纪 50 年代初，省统计局建立社会统计科，后设处，90 年代改名为社会科技统计处，各市、县统计部门都相应建立机构或配备人员，为开展综合社会科技统计奠定基础。

（一）儿童调查

1.1987 年儿童抽样调查

1987 年 2 月，根据中国与联合国儿童基金会 1985 年至 1989 年合作项目要求，经国务院批准，国家统计局、卫生部、公安部、民政部、全国妇女联合会、共青团中央共同布置浙江等 9 个省、自治区进行儿童情况抽样调查。按照国家统一规定要求，省统计局与有关部门联合组织样本市县开展抽样调查，如期完成各项任务。

这次调查采用分层两阶段不等概率整群抽样法，抽选确定杭州市、金华市、余姚市、海盐县、义乌县、岱山县、新昌县、文成县 8 个样本市县共 108 个村（社区），组成 80 个调查样本点。调查对象是抽样点内家庭户中全部 0 ～ 14 周岁儿童。调查表有《村（居）委会登记表》《户登记表》《儿童基本情况登记表》3 张和《意向调查表》2 张共 5 张 139 个项目，内容包括儿童家庭户情况、儿童基本情况、入托（园）入校情况、0 ～ 5 岁儿童预防接种情况、14 岁儿童和家长意向调查、儿童死亡人数及死亡原因、被调查地区教育与卫生保健设施等10个方面。儿童基本情况、接受教育及健康状况指标的标准时点为1987年7月1日零时，儿童家庭经济收入、出生、死亡情况等项目的调查时期为1986年全年。全省共调查25125户家庭、89927人、20558名儿童，获得儿童健康、喂养和预防接种等方面比较翔实数据。1987年12月10日，《浙江日报》刊登《浙江省统计局关于1987年全省儿童情况抽样调查主要数字公报》。1989年12月，《中国1987年儿童情况抽样调查资料——浙江分册》出版；翌年2月，编辑出版《浙江省儿童抽样调查分析选编》，对儿童成长发育、健康状况、接受教育、生存环境等方面进行系统分析阐述。

2.1992年儿童抽样调查

1992年，浙江省再次被国家抽中开展中国儿童基本情况抽样调查，共抽选杭州、宁波、温州、嘉兴、湖州、衢州、绍兴、萧山、兰溪、桐乡、新昌、安吉、临海、定海等37个市、县，实际调查样本户32611户，其中农村住户21900户、城市住户10711户。调查标准时点为1992年6月1日零时。调查内容主要包括儿童营养和生长状况、计划免疫、儿童出生和死亡状况、基础教育、青少年辍学和参加劳动情况、儿童生活和家庭环境情况、社区情况。是年5月，根据国家统一部署，省政府办公厅印发《关于组织全省儿童抽样调查工作的意见》。整个调查工作，在省卫生、教育、民政、妇联等部门配合支持下，由省统计局城市、农村两支调查队负责具体实施。1992年8月基本完成调查任务，继后出版《浙江省1992年儿童情况抽样调查资料》。

（二）妇女、儿童统计监测

1994年，根据国务院《九十年代中国儿童发展纲要》，省统计局开展全省儿童事业监测工作，宁波随即展开。

1997年，市统计局撰写完成《宁波市妇女事业发展概况》，从社会经济发展概况、妇女发展状况、问题建议三个方面回顾总结“九五”开局第一年（1996年）的妇女发展情况。

2000年，根据国务院《中国妇女发展纲要（1995—2000年）》《中国儿童发展纲要（1995—2000年）》、省政府《浙江省妇女发展规划（1996—2000年）》《浙江省儿童少年发展规划（1996—2000年）》和市政府《宁波市妇女发展规划（1996—2000年）》《宁波市儿童少年发展规划（1996—2000年）》的工作要求，同时按照国家统计局、省政府的工作部署，为及时反映各级政府实施规划工作目标进展情况，为制定2002—2005年全省妇女、儿童发展规划提供依据，省统计局布置各市、县统计局填报《中国儿童发展纲要监测统计基本情况表》和《中国妇女发展纲要监测统计基本情况表》。

2001年，市妇女儿童工作委员会（以下简称市妇儿工委）办公室联合市统计局等相关部门，共同编制《宁波市妇女发展规划（2001—2005年）》和《宁波市儿童发展规划（2001—2005年）》。根据规划要求，市妇儿工委设立监测评估领导小组，下设统计监测组和专家评估组，统计监测组由市统计局牵头，相关部门共同组成，主要职责是负责制定统计监测指标体系，提出监测重点领域与重点指标；确定监测方法，收集监测数据，建立和完善分性别数据库；向市妇儿工委提交宁波妇儿状况统计监测报告；指导和协调市级各有关职能部门数据采集汇总工作，并指导各县（市）、区开展日常数据采集工作；定期对监测评估人员进行业务培训。市妇儿工委要求各成员单位和各有关部门，每年向市妇儿工委和统计局报送监测数据及目标实施进展情况，并对报送的监测数据进行分析，评估实施效果。监测评估周期分为年度监测、中期监测和终期监测评估。

2003年，完成《宁波市“十五”中期妇女监测报告》和《宁波市“十五”中期儿童监测报告》。监测数据显示，《“十五”妇女规划》实施的两年来，考核的指标，除了婴儿母乳喂养率、居民合格碘盐食用率、城镇企业职工生育保险覆盖率等8个指标离考核值稍有距离外，其余均达标。《“十五”儿童规划》执行两年多来，宁波市儿童工作有长足发展。儿童成长环境不断优化，促进儿童身心健康发展，推动儿童事业与社会经济协调发展，使儿童切实得到文化、医疗保健、生活娱乐等社会服务。

2006年，完成《宁波市“十五”妇女发展规划终期监测评估报告》和《宁波市“十五”儿童发展规划终期监测评估报告》。实施《“十五”妇女规划》五年来，妇女在政治、经济、文化、教育、卫生、法律保护等各领域的指标明显发展，妇女整体素质显著提高。《儿童规划》坚持“儿童优先”的原则，依法保障儿童生存权、受保护权、发展权和参与权，不断优化儿童成长环境，促进儿童身心健康发展，进一步促进儿童事业与社会经济协调发展，使儿童切实得到文化、医疗保健、生活娱乐等社会服务，儿童的整体素质、综合能力有显著提高，到2005年，宁波市儿童发展水平处于全省乃至全国的领先地位。

2007年，根据《宁波市妇女发展规划（2006—2010年）》和《宁波市儿童发展规划（2006—2010年）》监测统计评估要求，市统计局在征求有关部门意见基础上，构建全市妇女儿童监测统计数据库。妇女儿童统计监测评估数据库应用系统由联合国儿童基金会和国家统计局合作开发，可实现“十一五”期间全国妇女儿童监测统计数据共享，具有查询、计算和分析等功能，通过该系统能全面了解“十一五”期间妇女儿童两纲的指标完成情况。

2008年完成《宁波市妇女发展规划（2006—2010）中期监测评估报告》和《宁波市儿童发展规划（2006—2010）中期监测评估报告》。从监测情况来看，《妇女规划》提出的多项发展目标已提前实现，妇女从事经济活动的能力不断加强，妇女参与决策管理的范围稳步扩大，妇女终身教育体系逐步构建，妇女的健康保健日益提高，妇女的法律保护明显加强，妇女生产、生活的社会环境不断完善。《儿童规划》提出的多项发展目标已提前实现，儿童的生存、生活、学习、发展环境日趋完善。

2011年，完成《宁波市妇女发展规划（2006—2010）终期监测评估报告》和《宁波市儿童发展规划（2006—2010）终期监测评估报告》。其中，《妇女规划》涉及经济、决策参与、教育、健康、法制、社会自然环境等六大领域，共22项主要指标、40个量化监测指标。至2010年末，6项监测指标未达标。《儿童规划》涉及健康、教育、法律保护、环境等四大领域，共14项主要指标，66项可量化监测指标。至2010年末，53项监测指标已达到目标要求，达标率为80.3%。

2016年，根据《中国妇女发展纲要（2011—2020）》《中国儿童发展纲要（2011—2020）》，结合《宁波市妇女发展规划（2011—2015年）》和《宁波儿童发展规划（2011—2015年）》监测统计评估要求，完成《中国妇女发展纲要（2011—2020）中期监测》和《中国儿童发展纲要（2011—2020）中期监测》。两个《纲要》实施以来，宁波市妇女享有社会保障的程度进一步提高，城乡妇女生活水平进一步改善，妇女参政议政水平不断提高，参与社会管理意识进一步增强，妇女健康水平不断提高，人均寿命进一步延长，性别平等意识不断提升，妇女权益保障水平进一步加强。全市儿童法律保障体系进一步完善，儿童优先意识进一步加强，中小学教学水平进一步提高，学前儿童教育体制进一步拓展，儿童健康水平进一步提升，特殊儿童关爱进一步增强，全社会有利于儿童成长发展的局面进一步形成。

二、科技统计调查

科技活动指在自然科学、农业科学、医药科学、工程与技术科学、人文与社会科学领域（简称科学技术领域）中，与科技知识的产生、发展、传播和应用密切相关的有组织的活动。

企业的科技活动包括以下几个方面。1. 在科学技术领域，为增加知识总量以及运用这些知识去创造新的应用进行的系统的创造性的活动。其中较为常见的活动是利用现有知识和实际经验，为产生新的产品、材料和装置，建立新的工艺、系统和服务，以及对已产生和建立的上述各项做实质性的改进而进行的系统性工作。这些活动的成果形式主要是专利、专有技术、新产品原型或样机样件等。2. 为使产生的新产品、材料和装置，建立的新工艺、系统和服务以及做实质性改进后的上述各项能够投入生产或实际应用，解决所存在的技术问题而进行的系统性的工作。这些活动的成果形式大多是可供生产和实际操作的带有技术和工艺参数的图纸、技术标准和操作规范。企业的科技活动不包括企业从事的常规性技术升级或对某项科研成果直接应用等活动（如直接采用新的工艺、材料、装置、产品、服务或知识等）。在企业中只有列入企业工作计划的科技活动才予以统计，而独立发明人等在企业外或计划外进行的科技活动不在统计范围之内。

（一）科技专项调查

1959 年 3 月，省统计局、省委宣传部联合制发《科学研究机构调查表》，布置调查各级政府部门设立的独立或附属科研机构上年内部专业设置和人员状况。当年 12 月，省统计局、省科学技术工作委员会（以下简称省科委）共同制发《1959 年科学机构基本情况年报》，由各部门、各地区设立的自然科学、哲学、社会科学等各专业机构填报。宁波市统计局在省统计局统一部署下开展调查，调查主要内容有机构情况，课题和重点研究项目进展情况，各类研究、编辑、翻译人员数等。

1960 年 11 月，浙江省人民委员会根据国务院部署，在全省开展科学技术干部基本情况调查。调查时点为 1960 年 11 月 30 日；调查范围是全省各级国家机关（不包括各级法院、检察院，第二、三机械工业部系统），全民所有制企业、事业单位，人民公社（农村和城市）所办企业、事业、合作化组织与联合性质的企业、事业单位；调查综合表有《按部门、人员分的各类科学技术干部人数》《按职务分的各类科学技术干部人数》《按专业分的各类科学技术干部人数》《按部门、专业分的各类科学技术干部人数》《集体所有制各部门科学技术干部人数》共 5 种，附表有《独立研究机构基本情况》《一览表》2 种。由省级各厅、局和各市、县人民委员会负责组织调查，于 1961 年 1 月结束。

1961 年 12 月，省统计局、省科委布置《1961 年科学研究机构基本情况与科研计划执行情况统计年报》。宁波市统计局在省统计局统一部署下开展调查，填报范围是各部门、各地区设立的自然、哲学、社会科学研究机构和有关大专院校研究机构；内容有内设机构、人员及科研计划执行情况。

1978年6月，国家计委、国家科委、民政部和国家统计局联合发出《关于进行全国自然科学技术人员基本情况普查的通知》。宁波市对全市从事理、工、农、医等自然科学技术人员进行普查。普查时点为1978年6月30日零时；普查范围是全民所有制单位（包括中央部、委直属单位和省属单位）、城镇集体所有制单位、农村公社一级科技人员；普查内容有科学技术人员基本情况、独立科研机构基本情况和高级科技人员基本情况。

1985年12月，根据国务院《国务院科技领导小组关于进行全国科技普查通知》精神，按照省统计局统一部署，宁波市统计局开展全市科技普查工作。普查年度为1985年。普查范围包括市以上独立研究与开发机构、全民所有制大中型工业企业和市以上科技管理机构。普查内容主要是研究与开发机构科技活动和大中型企业技术开发状况。调查表有：研究与开发机构普查分甲、乙、丙3种类型表共31张；大中型工业企业技术开发状况调查由A、B、C、D四组表组成，每个大中型企业均需填报。

1987年2月，按照省统计局布置，市统计局组织开展1986年度大中型工业企业技术开发调查。调查表有《企业概况》《从事技术开发人员数》《技术开发经费收支情况》《技术开发项目情况》4种共50个指标。

1989年2月，省统计局对宁波市大中型工业企业技术进步进行调查。调查年份为1988年。调查表有《企业劳动者情况》、《企业设备情况》、《企业产品市场情况》、《1986年以来新产品开发、投产情况》和《企业机械化、自动化、专业化、信息化情况》。

1991年1月，为全面掌握全市全社会科技投入规模、分布、结构，推动科技事业发展，探索科技投入统计调查方法，完善全社会科技投入统计指标体系，宁波市组织开展全社会科技投入调查。调查范围是宁波境内（包括中央在甬单位）具有科学研究与技术开发活动单位（不包括武警部队、军队）；调查报告期为1990年度；调查内容为科学研究与技术开发活动（包括基础研究、应用研究、试验发展、设计与试制、推广示范和采用新技术、创新的生产性活动）有关人力、经费投入，调查表有《科技活动项目（课题）基本概况表》《科技活动项目（课题）人员表》《科技活动项目（课题）经费表》《企业特征》《企业概况》《企业职工素质情况》《企业相关科技经费情况》共7张表。

1992年9月，市统计局会同市农业局、市林业局、市水利局等部门，对全市农业科技活动情况进行一次性调查。调查范围是县及县以上独立核算农、林、渔、水利及其服务业企事业单位。调查表有《农业科技活动调查单位基本情况表》《农业科研和技术推广活动课题统计表》《从事农业科研和技术推广活动人员统计表》《农业科研和技术推广活动经费与使用统计表》《农业科研和技术推广活动成果统计表》共5张。是年10月，市统计局组织对全市有科技活动的小型工业企业技术开发情况进行全面调查。调查范围是有科技开发活动的县及县以上全民、集体所有制小型工业企业，采用当时大中型工业企业技术开发统计年报表式。

1995年9月，市统计局按照省统计局统一安排，对大中型交通运输企业科技活动进行调查。调查内容包括基本情况、从事科技活动人员情况、科技活动经费情况、科技活动课题（项目）基本情况等。

1997年，为全面、准确、及时掌握各地科技进步实施情况，对农（林、牧、渔）业中有科技进步活动的单位进行调查。调查表布置、指导填报、报表收集、审核汇总等工作由各级农委（办）牵头，农业、林业、渔业等部门组织实施，统计部门协助做好业务指导。

“九五”期间，国家统计局、科技部首次部署对全国各地区科技进步状况进行统计监测，1996年首次发布了《全国科技进步监测报告》，浙江省人民政府也在1998年下发了《关于开展科技进步统计监测评价工作的通知》（浙政办发〔1998〕19号），要求对11个地市、88个县（市）区的科技工作进行监测，标志着全省科技进步统计监测工作正式启动。宁波市随即按国家、省统计局统一部署，采集数据，开展了此项工作。

从1998年起，浙江省每年都开展科技进步统计监测工作，宁波市如期完成各项任务。2003年浙江省在前几年监测评价的基础上，经过细致的调查研究和专家咨询，更换了部分监测指标的统计口径和统计范围，通过10个监测指标、6个观察指标进一步完善了评价方法。这一年宁波市统计局会同科学技术局联合开展了对全市11个县（市）区的科技进步统计监测工作，并联合撰写了《宁波市科技进步统计监测研究报告》。报告显示，宁波市科技综合实力和科技进步水平均居全省各地市第二位，相对于2002年度“变化情况综合评价”居全省各地市第三位进了一位，报告对全市各县（市）区的科技进步情况进行了具体分析，指出了宁波市科技活动发展中的问题与不足。

（二）科技常规调查

20世纪80年代后期开始，根据国家统计局部署和浙江实际，省统计局相继建立完善全省科技相关统计报表和监测评价制度，组织开展全省科技经常性统计与监测评价工作。为进一步加强和完善科技统计工作，全面、准确、及时地掌握科技进步实际情况，宁波市统计局也随国家和省统计局要求逐步建立科技统计定期报表制度，开展科技统计定期调查。

1. 企业科技活动调查

1987年，省统计局建立实施《大中型工业企业技术开发年报制度》，包括《企业概况表》《企业办技术开发机构概况表》《从事技术开发人员构成情况表》《技术开发经费总额表》《技术开发项目情况表》5张基层表共66个主要指标。

1988年，《企业办技术开发机构情况表》增加机构资产与经费支出内容；《技术开发经费支出情况表》增加原材料费、设计实验费、调研费、固定资产购建费等指标。翌年，新增《技术开发统计电讯年报》和《企业技术进步情况表》。1991年，增加《新产品情况表》。

1992年，《大中型工业企业技术开发统计年报制度》并入工业年报制度，实行“工业一套表”。1993年制度表式作较大变动，仅保留《大中型工业企业技术开发基本情况表》和《大中型工业企业技术开发项目（课题）情况表》2种基层表。1994年，改名为《大中型工业企业科技统计年报制度》，并取消《大中型工业企业技术开发项目（课题）情况表》，保留《大中型工业企业科技活动情况表》。

1995年，《工业科技统计年报制度》纳入第三次全国工业普查，按甲表、乙表分别对大中型工业企业、国有小型企业进行调查上报。

1997年，对企业科技活动报表中取消12项过时指标，免报地方水运企业科技活动统计年报。

1998年，对《科技统计报表制度》作调整：

一是免报建筑业企业科技活动统计报表；二是更改部分指标涵义及口径范围，如“职工”改为“从业人员”，“政府财政拨款项”改为“上级拨款”，对有关“新产品”指标进行重新定义；三是取消“职工参加大专及以上教育的人数”等一批指标，增加“对研究机构、高等院校支出”“享受各级政府对科技减免税”等指标。

1999 年 10 月，《科技活动统计报表制度》统计对象为农业企事业单位，大中型工业企业，小型工业企业，一、二级资质等级建筑业企业，民营科技企业。翌年，开展全省研究与试验发展（R&D）资源清查，故免报《科技综合统计报表制度》和《大中型工业企业科技活动统计报表制度》中全部年度报表。

2001 年，年报制度修改，取消规模以下小型工业企业科技统计，《科技活动情况》表增加“非全时人员折合全时数量”指标，取消“发表科技论文”和“出版科技著作”2 项指标。此后 3 年保持基本稳定。

2005 年，《科技统计报表制度》调整，新增《重点企业科技活动情况年报与建筑业科技活动情况年报》；《大中型工业企业科技年报》由科技专业按原渠道布置、收集、审核、上报，并负责做好与工业专业相关指标的核对工作；报表制度中与其他专业重复指标改由相关专业提供，不再要求基层填报。

2006 年，科技统计年报增加《重点企业科技活动情况年快报》《建筑业企业科技项目一览表》《建筑业企业科技活动情况年报表》，取消《大中型工业企业办科技机构一览表》。

2008 年，年报纳入第二次全国经济普查，表式以全国经济普查表为准。翌年，开展第二次全国 R&D 资源清查工作，《工业企业科技统计年报制度》免执行。

2010 年，《科技统计报表制度》修订，调查对象由大中型工业企业，扩大为主营业务收入 500 万元及以上工业企业、农业企事业单位、软件开发单位和民营科技企业。《科技项目情况表》填报范围由填报立项经费 10 万元及以上科技项目调整为填报全部项目，在“项目经费内部支出”中增加“购买设备支出”其中项。《科技活动及相关情况》表增加“年末从业人员合计”“主营业务收入”2 项指标，该 2 项指标与工业报表重复，故规模以上工业企业免报。

2012 年，科技统计年报填报范围较往年有较大变化，调整为年主营业务收入在 2000 万元及以上的全部规模以上工业企业；年主营业务收入在 2000 万元及以上农（林、牧、渔）业，建筑业，交通运输、仓储和邮政业，信息传输、软件和信息技术服务业，租赁和商务服务业中有科技活动的企事业单位。有科技活动是指有科研开发活动、有科研机构或在建的科研基建项目、购买国外技术（技术引进）活动、购买国内技术活动、委托外单位开发活动中任何一种或几种活动。

2013 年，科技统计年报制度变化的情况具体包括填报范围和表式、表名及指标等变化。填报范围调整为年主营业务收入在 2000 万元及以上的全部规模以上工业企业；年主营业务收入在 2000 万元及以上农（林、牧、渔）业，建筑业中有科技活动的企事业单位；重点服务业企业，包括交通运输、仓储和邮政业，信息传输、软件和信息技术服务业，租赁和商务服务业，水利、环境和公共设施管理业，文化、体育和娱乐业等。其中，规模以上工业法人单位和重点服务业企业纳入第三次全国经济普查。表式、表名及指标变化：《重点企业研发及相关情况年快报》更名为《重点企业研发及相关情况》，表号由L707-1改为L111表，指标“研究与试验发展（R&D）经费支出”明确为“研究与试验发展（R&D）经费内部支出”；新增《重点服务业企业科技项目情况》（607-3表）和《重点服务业企业科技活动情况》（607-4表），由重点服务业企业，包括交通运输、仓储和邮政业，信息传输、软件和信息技术服务业，租赁和商务服务业，水利、环境和公共设施管理业，文化、体育和娱乐业等填报；《科技项目情况》和《科技活动及相关情况》表号107-1表和107-2表分别改为607-1表和607-2表，表名改为《规模以上工业法人单位科技项目情况》和《规模以上工业法人单位科技活动及相关情况》，由年主营业务收入在2000万元及以上的全部规模以上工业法人单位，农（林、牧、渔）业，建筑业中有科技活动的企事业单位填报；《规模以上工业法人单位科技项目情况》表指标“项目经费内部支出”其中项增加“政府资金”，增加“产值”和“利税”指标；《规模以上工业法人单位科技活动及相关情况》表其他情况中增加“形成企业标准”指标。

2014年，科技统计年报填报范围调整为规模以上工业法人单位，即主营业务收入在2000万元及以上的工业法人单位，重点服务业、农林牧渔业和建筑业企业将不用填报。具体表式、表号及指标变化情况如下。表式、表号变化：取消《重点服务业企业科技项目情况》（607-3表）和《重点服务业企业科技活动情况》（607-4表）两张基层表；《规模以上工业法人单位科技项目情况》（607-1表）表号调整为（107-1表），《规模以上工业法人单位科技活动及相关情况》（607-2表）表号调整为（107-2表）。指标变化：《重点企业研发及相关情况年快报》（L111表）中指标“有效发明专利”改为“期末有效发明专利”；《规模以上工业法人单位科技活动及相关情况》（107-2表）中指标“有效发明专利数”增加其中项“其中：已被实施”指标，《规模以上工业法人单位科技项目情况》（107-1表）中取消“产值”“利税”指标，《规模以上工业法人单位科技活动及相关情况》（107-2表）中取消“年末从业人员合计”“主营业务收入”“形成企业标准”3个指标。

2015年，为了适应新形势发展需要，并便于企业理解填报，工业企业科技报表制度进行了较大力度的改革，原基层报表中的科技活动更名为研发活动，并修订了指标和目录。制度改革主要体现在五个方面。（1）制度名称修订情况：原《企业（单位）科技活动统计报表制度》改为《企业（单位）研发活动统计报表制度》。（2）报表名称修订情况：原《规模以上工业法人单位科技项目情况》改为《规模以上工业法人单位研发项目情况》，原《规模以上工业法人单位科技活动及相关情况》改为《规模以上工业法人单位研发活动及相关情况》。（3）指标增减变化情况：在《规模以上工业法人单位研发活动及相关情况》（107-2）中增加“本科毕业及以上人员”、“研发经费支出合计”和“对境内企业支出”等3个指标；取消“参加科技项目人员”、“科技管理和服务人员”、“高中级技术职称人员”、“全部科技项目数”、“全部科技项目经费内部支出”和“期末企业在境外设立的科技活动机构”等6个指标。（4）指标调整情况：在《规模以上工业法人单位研发项目情况》（107-1）中“跨年项目所处进展阶段”改为“跨年项目所处主要进展阶段”；在《规模以上工业法人单位研发活动及相关情况》（107-

2）中对8个指标进行了修订，分别为“科技活动人员合计”改为“研发人员合计”、“全时人员”改为“全职人员”、“企业内部用于科技活动的经费支出”改为“企业内部的日常研发经费支出”、“当年形成用于科技活动的固定资产”改为“当年形成用于研发的固定资产支出”、“委托外单位开展科技活动的经费支出”改为“委托外单位开展研发的经费支出”、“使用来自政府部门的科技活动资金”改为“使用来自政府部门的研发资金”、“专利申请数”改为“当年专利申请受理数”、“引进技术的消化吸收经费支出”改为“引进境外技术的消化吸收经费支出”。（5）分类目录修订情况：原《科技项目来源分类目录》、《科技项目合作形式分类目录》、《科技项目成果形式分类目录》、《科技项目技术经济目标分类目录》和《跨年科技项目所处进展阶段分类目录》等5个科技项目分类目录，均改为研发项目分类目录并对目录内容进行相应修改。

2. 企业创新调查

（1）第一次全市企业创新调查

2007年，国家统计局首次开展了全国工业企业创新调查。2007年4月至6月，根据国家统计局《关于印发全国工业企业创新调查方案的通知》（国统字〔2007〕35号）要求，宁波市统计局在全市范围内开展工业企业创新调查。调查目的是了解宁波市工业企业创新活动；特别是自主创新活动的开展情况，了解企业家对创新的认识以及企业创新的政策环境情况等，为评价宁波市自主创新能力和监测创新型城市建设进程、为政府制定和完善创新政策提供依据。工业企业创新调查采用统一领导、分级负责的方式组织实施。调查对象为规模以上具有法人资格的工业企业，其中对大中型工业企业实施全数调查，规模以上小型工业企业进行抽样调查。抽样工作在国家一级进行，被抽中企业的名单由省统计局统一发至各市统计局，由各市统计局转发至所属县（市、区）统计局。

创新调查的标准时点为2006年12月31日，定量指标的时期为2006年度，定性指标的时期为2004—2006年。工业企业创新调查包括以下2张表式。①《工业企业创新情况》。主要内容包括企业基本情况、产品创新和工艺创新情况、创新费用情况、创新产出情况以及知识产权保护情况等。为获取抽样调查的样本框并避免重复统计，规模以上工业企业的部分属性指标（包括法人单位代码、法人单位名称、详细地址、邮编、联系电话、法定代表人、行政区划代码、行业类别、登记注册类型、控股情况、开业时间、隶属关系等）、部分生产及财务指标（包括2006年的工业总产值、主营业务收入、从业人员年平均人数、资产总计、利润总额等）由2006年工业统计年报取得。②《企业家调查问卷》。主要内容包括企业家基本信息及企业家对创新的认知情况、创新的思想来源、创新阻碍因素、国家有关创新政策的落实情况以及企业对创新的政策需求等。

调查结果。全市共承担国家各类科技项目220余项，新增国家级企业技术中心2家、省级企业技术中心12家、市级重点实验室8家。年专利申请量首次突破1万件，达10413件，比上年增长34%，其中发明专利申请量首次突破1000件，达1115件，增长85.5%，发明专利申请量占总申请量的比重达10.7%；获国家专利授权6056件，增长51.9%。品牌建设逐步推进，全市已拥有浙江省著名商标172件、中国驰名商标35件，连续两年被评为“中国品牌之都”。

（2）第二次全市企业创新调查

2014年，根据国家统计局统一部署，开展了全市第二次企业创新调查。调查范围为国民经济中创新活动相对活跃的部分行业，调查对象为规定行业范围内的企业法人，其中对规模以上工业企业，特、一级建筑业企业和省级及以上金融业企业实施全数调查；对限额以上批发和零售业企业，规模以上交通运输、仓储和邮政业，信息传输、软件和信息技术服务业，租赁和商务服务业，科学研究和技术服务业，水利、环境和公共设施管理业企业实施抽样调查。

调查主要内容包括企业开展产品创新、工艺创新、组织创新和营销创新的基本情况，创新活动类型情况，创新投入及产出情况，产学研合作创新情况，创新信息来源情况，创新阻碍因素情况，知识产权及相关情况，企业家对创新的认识情况，企业创新激励措施情况，创新政策落实情况以及企业创新战略目标情况等。调查的基层表式有6张，包括供工业企业、建筑业企业和服务业企业分别填报的创新情况表（3张），供工业企业、建筑业企业和服务业企业分别填报的企业家问卷（3张）。

调查结果。全市有11项农业和社会发展领域科技创新获得“863”计划、科技支撑计划等国家科技项目支持，荣获省级科学技术奖26项，其中一、二等奖12项，三等奖14项。全年专利申请量58530件，其中发明专利12957件，比上年增长32.1%；专利授权量43286件，其中发明专利授权2832件，增长26.1%。年末全市共有企业研究院56家、省级高新技术企业研究开发中心284家、市级以上企业工程（技术）中心972家（其中国家认定企业技术中心8家），国家级创新型试点和创新型企业15家、省级创新型示范和试点企业56家、市级创新型试点企业220家，国家火炬计划重点高新技术企业60家、市科技型企业950家。培育创新型初创型企业5134家，产业技术创新联盟14家，科技部国际科技合作基地8家。

2016年开始，企业创新调查调整为常规调查制度，每年开展一次。

（三）**R&D资源清查**

R&D（research and development的简称）是指在科学技术领域，为增加知识总量（包括人类文化和社会知识总量），以及运用这些知识去创造新应用进行系统创造性的活动，包括基础研究、应用研究、试验发展三类活动。R&D经费支出及占GDP比重是国际上用于衡量一个国家科技活动规模及科技投入强度的重要指标。根据国家、省统一部署，宁波市分别于2000年和2009年开展两次R&D资源清查。

1. 第一次R&D资源清查

2000年，根据科学技术部、国家统计局、财政部、国家计委、国家经贸委、教育部、国防科工委《关于在全国进行全社会R&D资源清查的通知》（国科发计字〔2000〕371号）精神，宁波市开展第一次全社会R&D资源清查工作。

①清查范围与对象。根据国家精神及省局要求，全市R&D资源清查内容由R&D扩展到科技活动全过程，统计范围由开展R&D活动单位扩展到全市全部具有科技活动企业、事业、机关单位，涵盖全社会科技投入。

这次清查以现行科技统计范围为主体，与GDP核算范围一致，力求覆盖政府R&D经费投入及知识与技术密集型产业；调查范围要求扩展至全社会所有行业，统计对象包括各种类型、各种所有制科研活动执行单位。

②清查内容与时点。主要为六个方面：科技活动人员，主要是R&D活动人员的数量、素质及分布情况；科技活动经费，主要是R&D活动经费的

来源构成及使用情况；各类独立研究机构及政府部门、高校、企业内部设立的非独立研究机构的人、财、物状况；科学研究与技术开发成果情况；R&D 及其他科技项目（课题）基本情况；工业企业的技术创新情况。此次清查的标准时点为 2000 年 12 月 31 日，时期资料为 2000 年度。

③清查结果。2000 年，宁波市拥有 R&D 活动单位 376 个，R&D 人员折合全时人员 3572 人，全社会从事科技活动人员 2.07 万人，R&D 经费支出 42362.0 万元，占全省 R&D 经费支出的 12.7%。全市 R&D 经费支出占 GDP 的比重为 0.36%。2002 年 4 月，《2000 年宁波市全社会 R&D 资源清查资料（汇编）》出版。

2. 第二次 R&D 资源清查

2009 年 6 月，国家统计局、科技部、发展改革委、教育部、财政部和国防科工局联合下发《关于开展第二次全国 R&D 资源清查的通知》（国统字〔2009〕57 号），决定开展第二次全国 R&D 资源清查。

①清查对象与范围。清查对象为全市国民经济中 R&D 活动相对密集行业法人单位，涉及的范围包括：农、林、牧、渔业，采矿业，制造业，电力、燃气及水的生产和供应业，建筑业，交通运输、仓储和邮政业，信息传输、计算机服务和软件业，金融业，租赁和商务服务业，科学研究、技术服务和地质勘查业，水利、环境和公共设施管理业，教育，卫生、社会保障和社会福利业，文化、体育和娱乐业等。

②清查内容与时点。此次清查的主要内容包括 R&D 活动人员数量、素质及其工作量情况；R&D 经费支出、用途及来源情况；研发用仪器设备等固定资产拥有情况；各类研发机构的基本情况；R&D 项目（课题）的研究类型、组织方式及社会经济目标等情况；专利等自主知识产权的拥有及使用情况；技术引进、消化吸收和技术改造情况；政府给予研发活动的税收减免情况等。此次清查的标准时点为 2009 年 12 月 31 日，时期资料为 2009 年度。

③组织实施。2009 年 9 月，市统计局、市科技局、市发改委、市教育局、市财政税务局、市卫生局联合下发了《关于开展宁波市第二次全国 R&D 资源清查的通知》（甬统发〔2009〕24 号），建立了市级 R&D 清查工作领导小组和办公室，明确了各部门的职责分工，并对全市第二次 R&D 资源清查工作进行了全面部署。

为加强对 R&D 资源清查工作的组织领导，由市统计局、市科技局、市发改委共同牵头，会同市教育局、市财税局和市卫生局组成宁波市第二次全国 R&D 资源清查领导小组，市统计局局长罗吕榕任组长，负责清查工作的组织领导和重大问题的协调。由上述部门相关人员组成清查领导小组办公室（办公室设在市统计局），市统计局副局长谢志初任办公室主任，负责清查总体方案和部门实施方案的制定以及组织实施，进行清查数据评估与审核以及全部清查资料的综合汇总，统一发布清查结果的统计公报，组织清查资料的开发研究工作。办公室成员中在参照省清查办人员构成的基础上增补了综合处、法规处、工业能源处等处室。在办公室内设机构中将综合组调整为综合协调（数据质量评估抽查）组，将法规处充实其中；在调查一组中充实了工业能源处力量，由工业能源处负责人任调查一组副组长，以确保清查工作的内部协调，确保重点行业门类 R&D 数据质量。

清查工作的部门分工。统计部门负责农、林、牧、渔业，采矿业，制造业，电力、燃气及水的生产和供应业，建筑业，交通运输、仓储和邮政业，信息传输、计算机服务和软件业，金融业，租赁和商务服务业，水利、环境和公共设施管理业，社会保障和社会福利业，文化、体育和娱乐业等企事业单位的调查工作；科技部门负责科学研究、技术服务和地质勘查业相关机构以及相关企业的调查工作；教育部门负责普通高等院校及其附属医院的调查工作；卫生部门负责医院的调查工作；财政部门负责协调清查经费落实方面的事宜；发改部门负责协调清查工作与经济社会发展需求的衔接。主管部门不明确但有科技活动的单位，由统计部门和科技部门分别负责调查。虽未承担清查任务但所属行业是被清查单位的主管部门要积极予以支持配合。

各县（市）区统计局、科技局、发改（经发）局牵头成立相应的R&D资源清查工作领导小组和办公室，组织实施本地区的R&D资源清查工作。

④清查结果。2009年，宁波市全社会R&D经费内部支出为64.93亿元，其中基础研究0.50亿元，应用研究1.76亿元，实验发展62.67亿元；R&D经费内部支出占GDP的比重为1.5%。全社会R&D人员45679人，其中大学本科以上学历16884人。全社会R&D人员全时当量36714人年，其中研究人员9173人年。2011年2月，《宁波市第二次全国R&D清查主要数据公报》公布。

第九节 价格统计调查

价格统计调查是运用科学的统计方法采集、记录、整理和分析商品价格变化过程，并以价格指数的形式来反映一定时期内商品价格水平的变化方向、趋势和程度。

民国时期，宁波地区已经开展物价指数编制工作；中华人民共和国成立后，宁波价格统计逐渐完善，方法制度也在不断调整，编制的价格指数更加细化。

1953年起，宁波编制批发物价指数。1956年4月，开始报送主要商品零售价格。是年起，宁波增加编制零售物价指数和职工生活费指数。1989年，宁波建立工业品价格统计制度。1990年，宁波首次编制建筑业产值价格指数。此后，统计范围逐渐扩大为固定资产投资价格统计。1997年四季度，国家统计局开展房地产价格指数试编制工作。是年起，宁波市纳入调查范围，正式开展房地产价格统计调查。

2000年，余姚市参加国家统计局开展的农产品生产者价格及中间投入调查试点。是年10月起，正式开展该项调查工作。2005年1月，宁波市开展低收入居民日常生活消费商品和服务项目价格调查，参与浙江省低收入居民消费价格指数试编；2007年，宁波开始编制城镇低收入居民基本生活费用价格指数。2015年起，国家统计局不断完善服务价格指数体系建设，宁波相继参与住宿和餐饮服务价格统计调查、快递服务协议客户价格统计调查工作。

一、消费价格统计调查

居民消费价格统计调查的是社会产品和服务项目的最终价格，主要包括居民消费价格、商品零售价格、农业生产资料价格等。

（一）民国时期的物价统计

民国时期，宁波地区已经开展物价指数编制工作。民国30年（1941）12月，浙江省地方银行总行发行的《浙江经济统计》，载有鄞县民国29年（1940）各月重要用品物价指数，基期以民国29年（1940）1月为100，采用简单算术平均计算，调查品种有米、面粉、糖、猪肉、菜油、盐、棉布等12种。民国31年（1942），第三战区经济委员会统计室编制了鄞县民国26至29年（1937—1940）的分月零售物价指数。

宁海县、鄞县、余姚县等地还编制过生活费用指数。民国30年（1941）10月，根据行政院颁布的《各省重要市县公务员生活费指数查编办法》，宁海县开展了公务员生活费统计。民国35年（1946），鄞县、余姚县开始编制此项指数。民国37年（1948），鄞县还编制了工人生活费指数。

（二）新中国成立初期和第一个五年计划时期的物价统计

1953年起，宁波市开始编制批发物价指数，由当时的市政府统计科，根据浙江省商业厅的要求，对粮食类、副食品类、纱布类、燃料类、杂项类、土特产类、建筑材料类、工业器材类共八大类的商品价格变动进行调查，计算方法为固定加权算术平均法。

1954年7月，宁波市计划委员会成立，市政府统计科与计委合并，设立计划统计处，下设财贸科负责物价统计。

1955年7月，根据浙江省零售物价指数报表制度的要求，慈溪县开展零售物价指数调查，调查类别分粮食、副食、其他食品、燃料、衣着、日用品、文教用品、医药品、烟酒茶、家用器皿共10大类，采用固定加权算术平均法。

1956年4月，根据国家统计局颁发的主要商品零售价格调查表的要求，宁波市报送了主要商品零售价格，对大米、面粉、猪肉、食盐、白细布、肥皂、火柴等30种商品、63种规格，采用国营或合作社商业零售价格；国营或合作社商业不经营的商品，则采用市场价格开展调查，时期为1955年12月和全年平均价格及1956年1月、2月、3月的价格。

1956年12月，国家统计局、商业部、粮食部、供销合作总社等联合制定了《全国物价统计报表制度》。从1957年起，宁波市按照新制度要求编制批发物价指数、零售物价指数和职工生活费指数，均采用加权算术平均公式计算。零售物价指数分粮食类、副食品类、烟酒茶类、其他食品类、衣着类、燃料类、日用品类、医药类、家用器皿类、文教用品类共十大类；职工生活费指数除零售物价指数类别外，再增加“服务性支出”。批发物价指数分粮食类、副食品类、纺织品类、燃料类、建筑材料类、工业器材类和杂项共七大类。

（三）第二个五年计划和调整时期的物价统计

1959年1月，浙江省统计局修订了物价统计报告制度，批发物价指数改为年报，取消季报，商品分类除工业器材类及杂项类下分小类外，其余各大类均不分小类；零售物价指数仍然按月、季、年分别编制指数，商品分类在肉蛋鱼、调味、其他食品、衣着类之下不再分设小类。按照1959年物价统计具体分工，宁波市编制三种物价指数：批发物价指数、零售物价指数和职工生活费指数。

1959年6月，根据国家统计局的部署，宁波市开展了职工生活费地区差价调查。并从1962年起，除编制年报外，按季编制职工生活费价格指数，编制方法采用零售价格指数与服务性行业价格指数合编的方法，服务性支出项目包括房租、水电、生活服务等。

1959年12月，浙江省统计局、商业厅、粮食厅联合下发《浙江省物价统计报告实施细则》。1960年，宁波市仍然主要编制批发物价指数、零售物价指数和职工生活费指数三种物价指数。零售物价指数按月、季、年编报，统计的类别调整为食品类、衣着类、日用杂品类、文教用品类、书刊类、医药类、燃料类共7大类，并归纳为工业品、农副产品2个组；工业品又分为消费品和农业生产资料2个组。批发物价指数恢复季报，按季、年编报，统计类别调整为食品类、衣着类、日用杂品类、文教用品类、医药类、燃料类、农业生产资料类、建筑材料类、工业器材类、农产原料类等10类，并归纳为消费品、生产资料和农产原料3个组。职工生活费指数按年编报。

1961年，批发物价指数取消了季报，只按年编报；零售物价指数和职工生活费指数按季、年编报。从1961年第三季度开始，宁波增编了集市贸易和高价商品物价指数，国营商业牌价（平价）商品、高价商品与集市贸易的价格指数分别计算编制。高价商品的品种为罐头、糖果、糕点和针织品4种。编制市价指数的类别为鲜干菜类、肉禽蛋类、水产类、干果类、日用杂品类、燃料类、小生产资料类、其他类等8大类。

1962年，根据国家统计局制发的《一九六二年物价统计年报制度》，宁波停止编报批发物价指数；编制零售市价指数的统计类别为粮食类、油脂类、棉丝类、菸蔴茶糖类、肉食蛋品类、水产品类、鲜干菜类、鲜干果类、日用杂品类、燃料类、农业生产资料、幼禽幼畜类、其他土特产类共13类。

1963年1月，编制零售物价指数方法做了改进，改为“同口径价格指数”编制方法，即原来以报告期高价、市价与基期国营平价作比较的，改变为凡是基期有高价、市价的商品，一律改作本期高价、市价与基期高价、市价计算指数；基期没有高价、市价的商品，仍用本期高价、市价与基期平价计算指数。包括平价、高价和市价的零售物价总指数也按此方法编制，并将编制市价指数类别扩大到13大类。同年2月，宁波市开展平价商品质量变化情况调查，以研究商品质量好差对物价和居民生活的影响程度。

（四）1966年至1976年“文化大革命”时期的物价统计

1966年以后，简化了物价统计报表，之后取消了高价、议价和平价商品统计，只要求统计国营牌价。1966—1971年物价统计工作被迫中断。1972年开始恢复了国营牌价统计，1973年恢复服务性支出价格指数的编制工作。1976年零售物价指数、集市贸易价格指数和牌市差价指数的编制基本得到恢复，并补编了1968—1971年中断4年的物价统计资料。

（五）1977年至1993年价格改革时期的物价统计

1979年以后，国家统计局逐步对价格统计制度进行补充和完善。从1979年年报起，增编服务项目价格指数，同时采用消费品零售价格指数和服务项目价格指数汇编职工生活费用价格指数；增编农副产品市场价格指数，增编包括牌价、议价、市价的职工生活费用价格总指数和全社会零售物价总指数。1980年，物价统计年报增加了以上年12月为基期的零售物价（国营商业牌价）指数和职工生活费用指数；同期，宁波市统计局成立后，从市计划委员会接管物价统计工作，并由局财贸统计科具体负责。1981 年起，不再计算定基指数，改用环比指数推算定基指数。在采集资料方法上，根据 1982 年 4 月国家统计局颁发的《城市物价调查暂行办法》，逐步由过去商业、供销等部门提供，改为由专职调查人员直接到市场调查采集价格资料，并从 1983 年下半年开始，完全根据直接调查采集的价格资料编制职工生活费用价格指数和零售物价指数。

从 1984 年年报起，国家统计局对物价统计报表制度和城市物价调查方案作了较大的改革和完善，主要有：1. 统一商品项目，规定了 330 种必报商品项目；2. 各城市抽样调查队建立由大中型综合商场、专业商店、农贸市场和服务网点组成的价格调查点，采取直接派员定时、定点到基层商店和农贸市场、服务网点搜集商品价格和服务项目价格的第一手资料作为编制价格指数的依据；3. 改变权数资料的取得方法，编制职工生活费用价格指数的权数由原来社会商品零售额分类资料作权数，改为采用城镇居民家庭收支调查中的消费支出构成资料，并参考商品流转资料确定；4. 采用综合平均价格法编制国营商业零售物价指数及全社会零售物价总指数，同时分别编制全社会和国营商业口径的职工生活费用价格总指数；5. 停止编制国营商业议价商品零售价格指数；6. 改集市贸易价格指数中的牌市差价指数为计算报告期市价和国营商业价格的差价指数；7. 继续编制主要商品零售混合平均价格年报。同期，宁波市的物价统计工作于 1984 年由新成立的宁波市城市抽样调查队负责，根据国家统计局物价统计报表制度改革要求，宁波市实现了物价统计搜集资料的方法由“报价”到“采价”重大转变，指数的计算方法又恢复到加权算术平均法，但单项商品（代表规格品）的价格改为牌、议、市综合平均价，指数仍沿用职工生活费用价格总指数和零售物价指数合编（即职工生活费用价格指数分为零售物价指数和服务项目指数两大类），零售物价指数分为食品、衣着、日用品、娱乐教育文化用品、书报杂志、药及医疗、建筑装潢、燃料八大类。此外，按照国家统计局城市抽样调查总队制定的方法制度要求，宁波市还编制了国营商业零售物价指数和集市贸易价格指数。

1985 年起，价格指数由按季编制改为按月编制。

1986 年，余姚市城市抽样调查队正式建队，并在宁波市城市抽样调查队的指导下开始调查、编制职工生活费用价格总指数和零售物价总指数。1987 年，北仑区也开始编制该两项物价指数，随后 1988 年、1989 年镇海区和慈溪市、奉化市、象山县相继开展了这项工作。但限于人、财、物，各县（市、区）编制物价指数仍以报价方式为主，执行的方法制度在宁波市城市抽样调查队指导下均参照当时国家统计局下发的调查制度。

1987 年 5 月，宁波市城市抽样调查队设立物价科，负责物价统计工作。6 月起，宁波市增加物价指数电讯快报。

1988 年，根据国家统计局的部署，宁波开始编制以 40 种居民生活必需消费品和 7 种主要服务项目为调查对象的城镇职工基本生活费用价格指数。

1992 年，根据宁波市政府要求，开始按月编制农村职工生活费用价格指数，执行的方法制度参照国家统计局下发的职工生活费用价格调查制度[①]，并进行汇总处理。10 月，物价科升格为消费价格处，继续负责物价统计工作。

（六）1994 年至 1999 年的物价统计

1994 年，全国消费价格统计方法制度又一次作了较大调整：1. 将居民生活费用价格指数改为居民消费价格指数，实行居民消费价格指数和商品零售价格指数分编；2. 编制居民消费价格指数的目录，共分 8 大类、284 种商品和 36 种服务项目；编制商品零售价格指数的目录，共分巧 15 大类、353 种商品；3. 集市贸易价格指数改为城市农贸市场农产品成交价格指数；4. 国营商业价格和市场价格的差价指数不再编制；5. 停编国营商业价格指数和主要商品零售混合平均价格报表；6. 年度价格指数根据 1—12 月指数简单平均计算；7. 根据国务院决定，对 20 种居民基本生活必需品及服务项目的价格变动专门进行反映和监测。

1995 年，宁波市编制的消费价格指数报表为 4 种。

1.《居民消费价格指数年、月报》。居民消费价格是居民支付所购买消费品和获得服务项目的价格。编制居民消费品价格指数的必报商品和必报服务项目共 325 种，分为 8 大类：食品类、衣着类、家庭设备及用品类、医疗保健类、交通和通信工具类、娱乐教育文化用品类、居住类、服务项目类。采用加权算术平均公式计算指数。计算指数的商品价格来源于各抽中采价点（即商场、商店、农贸市场和服务网点），权数每年根据城乡住户消费支出构成资料调整一次。指数的对比基期为上年同月、上月和上年同期。

2.《商品零售价格指数年、月报》。商品零售价格是商品在流通过程中最后一个环节的价格，是工业、商业、餐饮业和其他零售企业向城镇居民、机关团体出售生活消费品和办公用品的价格。编制商品零售价格指数的必报商品为 353 种，共分为 14 大类：食品类、饮料烟酒类、服装鞋帽类、纺织品类、中西药品类、化妆品类、书报杂志类、文化体育用品类、日用品类、家用电器类、首饰类、燃料类、建筑装潢材料类、机电产品类。采用加权算术平均公式计算指数。计算指数的商品价格来源于各抽中采价点（即商场、商店、农贸市场），权数根据批发零售贸易、餐饮业综合统计中社会消费品零售额构成资料和典型调查资料计算确定，每年调整一次。指数的对比基期为上年同月、上月和上年同期。

3.《城市农贸市场农产品成交价格指数年、月报》。农贸市场农产品成交价格即农贸市场上农民向非农业居民出售农产品的价格。编制农贸市场农产品成交价格指数的商品有 60 种，共分 8 类，即粮食、油脂、鲜菜、干菜、肉禽蛋、水产品、鲜果、干果等。计算指数的商品价格来源于抽中的农贸市场调查点。农贸市场农产品成交价格指数采用加权倒数平均公式计算，权数为报告期农贸市场农产品成交额。指数的对比基期为上年同月、上月和上年同期。

4.《城市居民基本生活费用价格指数年、月报》。编制城市居民基本生活费用价格指数，其统计的商品范围为居民购买或获得的用于基本生活消费的日用生活消费品和主要服务项目，包括生存资

---

① 1992 年之后，宁波市农村物价指数编制执行的方法制度，均参照国家统计局统一下发的调查制度。2018 年，根据国家统计局相关要求，停止编制全市农村物价指数。

料和少量的发展资料，不包括高档消费品及各种享受资料，共47种（类），即分为吃、穿、用、烧、居住、服务项目等类。采用数量加权公式计算指数。商品项目的消费数量根据全国城市居民中等收入户每人每月平均生活消费水平及构成统一确定。指数的对比基期为上年同月、上月和上年同期。

1996年3月，宁波市参与由上海市牵头、华东部分省的主要城市参加的城市消费价格比较指数（CICP）试编工作。按照《价格统计报表制度》中居民消费价格指数的商品目录，确定相同或相近的代表规格品，在时间上选择1996年5月份作为的比较区间，根据1996年消费价格权数，试编CICP指数。是年，为加强对全市零售物价变动情况的监测，根据市委、市政府要求，按照统一的方法制度，指导各县（市）开展商品零售价格指数的调查、编制工作。

1997年5月，宁波市作为试点城市之一，参与浙江省城市综合消费价格比较指数试编，确定了作为统一比较指数的商品和服务项目180种，选择1997年6月作为比较区间，试算后实行资料共享。

（七）2000年至2017年的物价统计

2000年2月24日，国家统计局、国家发展计划委员会、国家国内贸易局联合决定，从2001年1月起，开始编制以2000年为固定基期的居民消费价格指数，价格统计工作从以商品零售价格指数为主改为以居民消费价格指数为主。3月15日，国家统计局对《居民消费价格指数商品（服务）目录及指标解释》进行了充实和完善。随后，宁波市在市区范围内正式开始编制固定基期的居民消费价格指数。

采用固定基期的居民消费价格指数编制方法与之前相比，有了重大修改。1. 采用新的计算公式。将现行年距和月距环比加权算术平均公式改为国际通行的链式拉氏贝尔公式，使价格指数能真实地反映各个时期总体价格水平波动中的纯价格变动，准确解释价格走势。同时，还可以解决长期以来月距环比指数与年距环比指数难以实现逻辑检验的矛盾。2. 增加新的商品和新的服务项目。此次修改后，计算居民消费价格指数的8大类商品和服务项目没有变动，调查种类由325种增加到550种左右（大中城市超过600种）；计算零售价格指数的14大类商品项目也没有变动，商品种类由304种增加到530种左右。3. 固定基期。将每月变动对比基期改为固定对比基期，居民消费价格首轮对比基期定为2000年，以后每5年更换一次。4. 增加新的价格指数系列。除保留月环比价格指数、月同比价格指数、累计平均价格指数外，增加了固定基期的价格指数以及上年12月为对比基期的价格指数。

2002年，宁波市停止编制城镇居民生活费用价格指数、农贸市场农产品成交价格指数。

2003年，国家统计局对商品零售价格指数编制方法进行了修改，修改后的编制方法与居民消费价格指数相同。

2004年1月起，根据国家统计局的统一部署，宁波市建立主要生活消费品和服务项目价格监测旬报制度。监测内容为城乡居民购买并用于日常生活消费的食品、烟酒等8个大类，67种主要生活消费品和服务项目。每月的5日、10日和25日作为上、中、下旬的价格调查采集日。鉴于2004年4季度以来我国价格涨势已趋于缓和，经国务院领导同意，国家统计局决定于2005年元月开始停止价格监测旬报调查工作。

2006年1月，根据国家统计局下发的《流通和消费价格统计调查方案》，宁波市调整新一轮基期（2005）的调查目录和分类权数。此次调整后，编制的居民消费价格指数，所调查内容按用途划分为8大类：食品、烟酒及用品、衣着、家庭设备用品及维修服务、医疗保健和个人用品、交通和通信、娱乐教育文化用品及服务、居住；基本分类由原先251个增加到263个。编制商品零售价格指数，所调查的商品包括16个大类：食品、饮料烟酒、服装鞋帽、纺织品、家用电器及音像器材、文化办公用品、日用品、体育娱乐用品、交通通信用品、家具、化妆品、金银珠宝、中西药品及医疗保健用品、书报杂志及电子出版物、燃料、建筑材料及五金电料，基本分类共229个。

2007年1月开始，针对以粮、油、肉等农产品为主的食品价格普遍上扬的现状，根据国家统计局《关于进一步做好粮食及食品调查工作的通知》（国统办字〔2006〕114号）要求，宁波市开展重要商品价格监测工作。监测内容为部分农产品和工业品价格，主要包括粮、油、肉、禽、蛋、鱼、菜等食品和液化石油气价格。每月的5日、15日、25日采集价格并上报。2007年7月，物价统计工作由新合并成立的国家统计局宁波调查队消费价格调查处负责。

2008年2月，国家统计局启动价格调查应急机制，在包含宁波市在内的全国50个大中城市实行鲜活食品价格监测制度，为国家调控物价、监测通货膨胀起到重要作用。针对居民生活主要消费的部分鲜活食品，实施每5日调查上报一次价格的制度，即“5日报制度”。宁波市的相关数据同时上报国家统计局浙江调查总队，参与全省价格监测。

2009年12月，国家统计局决定在全国50个大中城市的消费价格采集工作中，推广使用电子采集器。2010年1月起，宁波市作为试点城市之一，在沿用手工记录、纸介质报表的传统方式基础上，试行手持数据采集器系统的应用工作，成功完成包括农贸市场、超市等调查网点的全部食品、部分工业品价格采集的试报工作。为CPI手持数据采集系统工作全面推广奠定了基础。

2011年1月，根据国家统计局下发的《流通和消费价格统计调查方案》，宁波市调整新一轮基期（2010）的调查目录和分类权数。此次调整后，居民消费价格调查的内容分为8大类：食品、烟酒、衣着、家庭设备用品及维修服务、医疗保健和个人用品、交通和通信、娱乐教育文化用品及服务、居住，基本分类共262个。商品零售价格调查的商品包括16个大类，229个基本分类。

2012年，国家统计局宁波调查队居民消费价格专业在市区范围内全面推广新型手持采价系统和电子采价工作。

2013年，根据国家统计局的规定，对宁波市居民消费价格调查的部分规格品采价时间做了调整。1. 食品类。食品类中大米、面粉、食用植物油、植物油制品采价次数增加至6次；粮食制品、粮食其他、干豆、畜肉副产品、畜肉其他、畜肉制品、禽制品、蛋制品等采价次数减少到2次；采价2次的食品类规格品采价时间调整为5日和20日采价。2. 采价日期为2次的变动。大部分工业品采价时间调整为8—10日和23—25日；飞机票、旅游、中药材和中成药采价时间调整为13—15日和28—30日；飞机票、旅游采价尽量能用到加权平均。3. 采价日期为1次的变动。医疗保健（除中药材和中成药）、服务项目采价次数减为1次，时间调整为13—15日；汽油、柴油、水、电、管道燃气、其他燃料采价时间调整为30日，价格为全月加权平均价格。

2015年1月起，宁海县纳入全省农村价格指数计算范围，开展居民消费价格调查、商品零售价格调查和农业生产资料价格调查工作。2015年为新一轮基期价格调查时期，不编制指数。其中，农业生产资料价格调查的内容包括农用手工工具、饲料、畜产品、半机械化农具、机械化农具、化学肥料、农药及农药器械、农用机油、其他农业生产资料、农业生产服务共10个大类，22个基本分类。国家统计局宁海调查队负责相关价格调查和指数编制工作。

2016年1月，按照国家统计局下发的《流通和消费价格统计报表制度（2016）》，宁波市调整新一轮基期（2015）的调查目录和分类权数。为了与核算、住户分类统一，并与国际主流的COICOP（按目的划分的居民消费支出分类）接轨，调整后的居民消费价格调查内容包括食品烟酒、衣着、居住、生活用品及服务、交通和通信、教育文化和娱乐、医疗保健、其他用品和服务共8大类，基本分类仍然为262个。商品零售价格调查仍然包括食品、饮料烟酒、服装鞋帽、纺织品、家用电器及音像器材、文化办公用品、日用品、体育娱乐用品、交通通信用品、家具、化妆品、金银珠宝、中西药品及医疗保健用品、书报杂志及电子出版物、燃料、建筑材料及五金电料等16个大类，基本分类减少到197个。

二、农产品生产者价格统计调查

农产品生产者价格统计调查的是农产品生产者直接出售其产品时实际获得的单位产品价格及其中间的投入、消耗。调查主要是为了全面反映农产品价格水平，准确把握全国主要农产品生产者价格、集贸市场价格走势，用农产品价格信息引导农村产业结构调整和农民增收，研究农业市场竞争力与农产品供求状况，满足农业与国民经济核算需要，为各级政府制定农业保护政策与农产品流通政策提供决策依据，向社会各界提供优质的农产品价格信息服务。

农产品生产者价格统计调查主要内容，包括农产品生产者价格与指数编报、农产品集贸市场价格调查。统计范围包括抽中的农业生产经营单位、农产品集贸市场。调查方法：采用抽样调查和被抽中单位记账、现场访问相结合的方法。实行全国统计分类标准和统一编码。

2000年，国家农调总队农业经济核算第一阶段的试点工作基本完成，在此基础上，开展农产品生产者价格及中间投入调查试点。浙江为试点省份之一。调查范围为各国家抽中调查县（市）农调队，抽样总体为所辖的非住户类农业生产经营单位及集贸市场。农户农产品价格调查样本量为每县（市、区）30户。宁波地区的余姚市参与调查。

2001年10月，浙江省农调队对农产品价格和中间消耗调查网点进行重新抽样，开始正式调查。调查单位为各国家抽中市、县（市、区）农调队以及德清县、余姚市、仙居县农调队。调查网点的抽选以县（市、区）为总体，按照随机原则，采取等距抽样方法进行。农户的农产品价格和中间消耗结合在一套网点内进行调查。如果主产区不在调查点内，可以在非住户调查点中进行。生产者价格调查的调查品种根据农户实际出售的产品填写。

抽样方法。在全县（市、区）100户农村住户调查户中，剔除没有农产品生产（或只有零星生产）的户，将剩余的户按点码户码顺序排列为抽样框，随机起点、等距抽选30户价格调查户。中间消耗调查户从价格调查户中随机抽选三分之一的户。样本容量。农户农产品价格调查样本量仍为每县（市、区）30户。

2004年，为提高农村抽样调查网点的代表性，保证国家调查数据质量，更好地满足各级政府对农村调查数据的需要，开展了农村抽样调查县以下样本轮换工作。农户一级的农产品价格样本一并轮换，即轮换后的农村住户调查样本同时也是农户一级的农产品价格新样本。非住户类农产品价格不列入本次样本轮换，原有调查样本和调查方法不变。

2009年，取消“农民实际购买农业生产资料价格情况”调查表和“农产品批发价格调查表”。

2010年，样本轮换工作针对国家统计调查制度内的农村抽样调查主题的样本网点开展。相应的主题类别包含农产品生产价格调查。这套样本的原设计是将生产者价格样本依附于农业生产、畜牧业、农村住户调查网点，2012年由于城乡住户一体化改革轮换了原农村住户部分的样本。这种“依附性”的设计，虽然减少了采集抽样框资料的工作量，在调查组织上能够“借力”，但原设计没有适应生产者价格调查的特性，理论依据不足，因而存在一定程度的偏差。随着时间的推移，导致偏差在实际运行中影响逐步显现。

2014年，实行农产品生产者价格调查样本调整方案，主要是针对当时农产品价格调查样本在理论上、实践上的问题，通过调整，形成一套新的农产品生产者价格网点抽选办法和方法体系。新方法采用先确定代表品，然后按代表品抽选调查样本的方法。在国家代表品的数量上进行微调，进一步减少了代表品数量；同时，调查样本只对应一个代表品，这样在减少总工作量同时，大幅度减少了记账工作负担。新方法严格控制了散户样本的数量，样本向规模户、规模生产单位倾斜，与市场上价格的决定因素和主要倾向一致，有利于合理反映价格的真实水平。同时，将代表品与样本相互对应，确保了代表品必要的样本量。从这两个方面使结构得到有效调整和改善。新方法采用以省为总体分层抽样的方法，总队全面负责抽样框的编制、样本的抽选以及原始数据的审核、评估、整理、汇总、上报工作，县级负责抽样框资料的采集和现场调查实施工作，进一步明确了工作的内容和责任，使基层工作人员更多精力投入现场调查工作中，积累工作经验、改进工作方法，有利于确保数据质量。由于是全省的直接汇总，可以直接得到各个代表品的绝对价格，能够为地市、县级根据当地的指数编制权数计算表，编制当地的价格指数提供参考。新方法在样本结构、代表品数量上进行了合理化调整，为生产者价格和中间消耗调查在样本上的结合提供了可能性，通过结合提高效率，节约成本，更重要的是让“价格”和“成本”建立相互关系，把对“三农”情况的分析研究落到“根本”、落到实处，提升样本的利用效率。

宁波市开展农产品价格调查的县（市、区）有北仑、鄞州和宁海。北仑的代表品以花卉苗木为主，鄞州的代表品以鸡蛋、蔬菜、水产、茶叶为主，宁海的代表品以禽产品、蔬菜、水产为主。

2014年样本调整后一直沿用到2017年。

三、工业生产者价格统计调查

工业品价格调查（2011年变更为工业生产者价格调查）主要包括工业品第一次出售时的出厂价格和企业作为中间投入的原材料、燃料、动力购进价格。

1985年，国家统计局建立了工业品价格统计制度。1986年，正式编制工业品价格指数，调查范围由50个大中城市扩大到78个。1989年，宁波市作为全国100个重点城市之一，建立工业品价格统计制度。工业品价格统计包括《主要工业产品出厂价格月报》和《主要原材料、燃料、动力购进价格月报》2张基层表，报告月是3月、5月、8月、11月。同年，宁波市工业品价格指数的编制工作从宁波市统计局划归宁波市城市社会经济调查队，并配备了人员。

1990年，宁波市正式编制工业品出厂价格指数和主要原材料、燃料、动力购进价格指数，样本企业数90家。

1994年，宁波市工业品价格统计由季报改为月报。

2000年，国家统计局实行新的工业品价格统计制度，在两方面进行了重大改革。一是较大幅度地调整、充实了代表产品目录。二是采用了国际上通行的时点价格调查法。执行新的工业品价格统计制度明显提高了工业品价格指数的代表性、准确性和实效性。

2002年，国家统计局决定采用价格指数缩减法计算工业发展速度，采用重点调查与典型调查相结合的调查方法。重点调查将全部国有企业和年销售收入500万元以上的非国有企业列为调查对象，采用主观选样的方法选择调查企业；典型调查则将有针对性地选择年销售收入500万元以下的非国有企业作为调查对象，调查实行月报，调查日期为调查月的8日和18日。

2007年8月，国家统计局宁波调查队成立。工业品价格调查工作具体由宁波调查队承担。

2008年7月，宁波市工业品价格调查全面实施工业品价格调查网上直报系统，调查企业上报更加快捷方便，填报方式更加规范，准确率和工作效率大大提高。

2008年12月，国家统计局为了应对国际、国内经济形势的急剧变化，更好地为宏观决策提供服务，建立重要工业品出厂价格监测旬报应急机制，调查22种（类）重要工业品的出厂价格（不含增值税），监测的企业为调查地区调查队选择的重要工业品的部分骨干生产企业。每旬价格的调查时间为8日、18日，以8日代表上旬，18日为中旬。调查价格为时点价（即当日或最邻近日具有代表性的不含增值税的成交价格）。调查方式为电话调查，上报时间为每月的10日、20日。宁波市负责调查的产品为聚氯乙烯树脂和普通硅酸盐水泥。

2008年底，根据《宁波市统计局宁波调查队关于工业品价格调查样本单位实行在地管理的通知》（甬统队发〔2008〕43号）要求，宁波市工业品价格调查样本单位由各县（市）、区统计局实行在地管理。样本单位数由此前的401家扩充到993家。其中，工业品出厂价格指数权数资料来源于工业品销售额计算，原材料、燃料、动力购进价格指数权数资料来源于工业部门各种物资消耗，权数一般五年更换一次，若五年间出现产品更新换代快以致影响权数代表性时可及时进行合理修正。权数计算资料来源于工业普查数据，若近期没有工业普查数据时，可以用工业统计资料和部门统计资料来推算。工业品出厂价格指数采用分摊权数，原材料、燃料、动力购进价格指数采用直接权数。

2009年底，宁波市启动2010年工业品价格指数编制权数调查修订工作。依据过去三年的工业调查资料计算、调整工业品中类及以上行业的权数，并在现有调查企业中开展一次产品权数典型调查，调查过去两年中主导产品变动及其购进、销售情况。新权数调整修订编制完成，并于2010年1月开始采用。

2010年，国家统计局对工业品价格统计方法进行改革，主要包括以下五个方面。

一是规范专业报表名称。将原来的“工业品价格统计”改称为“工业生产者价格统计”；将原来的“工业品出厂价格”改称为“工业生产者出厂价格”；将原来的“原材料、燃料、动力购进价格”改称为“工业生产者购进价格”。

二是完善指数计算方法。将现行同比、环比指数分别计算的方法，改为采用国际上通行的链式拉氏公式，先计算环比指数和定基指数，然后通过定基指数推算同比和其他各种基期的价格指数，使环比、同比指数更好衔接。

三是采用新的调查目录。按照新的国民经济行业分类和产品分类标准，规范和完善了小类以上的分类，重新编制了《工业生产者出厂价格调查目录》和《工业生产者购进价格调查目录》。在产品目录中小类和产品之间，新增了基本分类。

四是建立定期权数调查制度，明确权数来源渠道。开展工业生产者价格产品权数调查，规范和完善基本分类权数资料的来源渠道、口径和计算方法。在工业生产者价格统计中，小类及小类以上权数资料来源于工业统计中分行业销售产值数据资料；基本分类的权数资料通过定期的工业企业产品权数调查来取得。

五是对基层报表指标和采价时间做了适当调整。取消原报表中的“上年同月平均价”指标；规范使用企业法人代码，取消原报表中的“调查企业代码”；地区代码规范使用全国统一行政区划代码，增加“行业代码”指标；规范“企业规模”和“企业注册类型”的取值范围；企业采集价格时间由每月8日和18日，调整为每月5日和20日。

新制度从2011年开始执行。全市工业品价格调查样本企业调整至925家。

2014年，根据国家统计局深化拓展“四大工程”工作部署，宁波市全面开展工业生产者价格调查企业“一套表”联网直报工作。7—9月企业调查数据上报实行双轨并行，10月份完成并轨，调查企业数据报送平台由宁波市统计网上直报系统转为国家联网直报平台。

资料来源：

（1）统工字〔1986〕442号，关于加强工业品价格统计的通知，1986年10月15日

（2）浙统办〔1989〕64号，浙价综〔1989〕69号，关于建立工业品价格调查统计报表制度的通知，1989年05月12日

（3）市统〔1989〕48号，关于建立工业品价格调查统计制度并要求拨给专项经费的报告，1989年06月19日

（4）市统〔1989〕61号，关于建立工业产品出厂价格和原材料购进价格调查统计报表制度的通知，1989年08月10日

（5）甬统队发〔2008〕43号，宁波市统计局宁波调查队关于工业品价格调查样本单位实行在地管理的通知，2008年11月25日

（6）工业生产者价格统计调查制度（2011年定期报表）

四、固定资产投资价格统计调查

固定资产投资价格指数是反映一定时期内固定资产投资额价格变动趋势和变动幅度的相对数。固

定资产投资价格调查的是固定资产投资中涉及的各类商品和收费项目价格。

1983 年，根据浙江省《转发〈关于试编建筑安装工程价格指数的联合通知〉的通知》，宁波选择一个全民建安企业参与浙江省指数试编。

1990 年，首次编制宁波市建筑业产值价格指数，共涉及 8 个企业的 30 个单位工程。

1993 年，按照国家统计局的要求，原来的建筑业产值价格统计范围扩大为固定资产投资价格统计，即增加设备、工器具等价格统计内容。宁波选取企业参与浙江省安装工程投资价格、设备、工器具投资价格的调查。

1994 年 8 月，选取企业参与浙江省建筑工程投资价格的调查，不再参与浙江省主要设备、工器具投资价格的调查，后者指数由同期“工业产品出厂价格指数报表”中的金属制品业、机器工业等相关的 7 个行业的价格指数加权平均代替。

1997 年，根据上级要求，宁波固定资产投资价格统计周期由年报改为半年报，报告期分别是当年的 1—6 月和 1—11 月。调查项目分类由按行业划分调整为按工程类别划分。建设安装工程投资价格调查内容包括建筑施工企业产值；材料费中原 5 大类材料改为构成当年建设工程实体的钢材、木材、水泥、地方材料、化工材料和电料等 7 大类主要建筑材料价格；作为活劳动投入的劳动力价格、机械施工费和各种费用的取费标准。其他费用投资价格调查的内容是土地取得费、前期工程费、施工工作费和建设单位其他费用的取费标准和投资完成额，全省选 20 项重点建设项目的建设单位为其他费用投资价格的调查单位。建筑安装工程公司选择有代表性的 3 ~ 4 个竣工工程或在建工程作为调查样本点。列入省重点工程的原则上应选为调查样本点，同时兼顾工程类别。

2003 年，首次召开宁波全市固定资产投资价格统计会议。会议对 2003 年固定资产投资统计调查方案及报表进行培训讲解，并向企业介绍统计执法相关内容和案例。同年，根据国家要求，固定资产投资价格统计调查实行新方案和新程序，报表周期改为季报，实行错月填报。全市固定资产投资价格统计调查企业扩大到 20 家。

2008 年，宁波市开始试行固定资产投资价格调查网上直报。同年，执行新的《建筑安装工程投资中材料费价格指数调查产品目录》，该目录较原版本有三个不同点。一是较大幅度增加了近年来新出现的产品，目录条数由原来的 407 条增加到 1164 条，目录的代表性有所提高；二是进一步规范了目录产品分类，目录的科学性有所提高；三是在主要代表产品（类）下面增加了“其他”项，目录的覆盖面和可扩充性有所提高。同时，全市固定资产投资价格统计调查企业扩大到 30 家。

2009 年，宁波市正式实行固定资产投资价格统计调查网上直报。同年，正式启动市级固定资产投资价格指数编制工作，并首次完成对 2009 年一季度宁波市固定资产投资价格指数的试编。全市固定资产投资价格统计调查企业扩大到 40 家。

2017 年，参与国家固定资产投资价格统计制度改革试点工作，实施两套报表制度并行。试点报表为季报，数据采集采取充分利用大数据替代的方法，即各分类的价格指数由部门数据和工业生产者价格调查数据进行替代。其中材料费价格指数由工程造价办公室（隶属于各地建设委员会，以下简称造价办）发布的数据和工业生产者价格调查中的相关数据替代；人工费价格指数由劳动工资统计中的建筑业平均工资代替；机械使用费价格指数由工业生产者价格和劳动工资相关数据替代；其他费用价格指数由银行利率、人员工资和土地价格等相关数据代替；设备工器具价格指数目前已由工业生产者价格指数中部分指数汇总得出，不需要替代。全市固定资产投资价格统计调查企业为68家。

资料来源：

（1）浙统基〔1983〕97号，浙建工〔1983〕166号，（83）建浙经82号，转发《关于试编建筑安装工程价格指数的联合通知》的通知，1983年7月25日

（2）宁波市统计局072-040-064-084，建筑业产值价格指数编制说明，1990年01月10日

（3）国统办字〔2007〕133号，关于印发《建筑安装工程投资中材料费价格指数调查产品目录》的通知，2007年12月11日

（4）国统字〔2017〕1号，关于开展固定资产投资价格统计制度改革试点工作的通知，2017年01月05日

五、房地产价格统计调查

房地产价格统计主要反映了房地产市场的价格变动情况，由房地产价格总指数和分类指数构成。

1997年，国家计委、国家统计局发布《关于开展房地产价格指数编制工作的通知》，部署各省、自治区、直辖市开展房地产价格指数编制工作，选取全国35个大中城市自1998年开始正式编制、公布房地产价格指数。

1998年二季度，全国35个城市开展房地产价格指数编制工作。报表为季报，各地房地产资料于季后五日上报。杭州市、宁波市两个城市被列入调查，宁波市的调查工作由宁波市城市社会经济调查队负责。

1998年，宁波市正式开展房地产价格统计调查，编制的房地产价格指数包括房屋销售价格指数、土地交易价格指数和房屋租赁价格指数。调查内容包括以下方面。房屋销售价格：商品房销售价格、公房销售价格、私房销售价格；房屋租赁价格：住宅、办公用房、商业用房、厂房仓库；土地交易价格：商品房开发前取得土地使用权实际支付价格，不包括税费、手续费等。交易方式包括：出让、转让、租赁等。调查范围为主城区，即海曙区、江东区和江北区。调查方式采用报表与走访相结合的方式，所选调查单位的房地产销售额占本地区销售总额的70%以上。调查资料的取得与上报：实行季报，每月调查一次房地产价格、数量及金额等，季度数量、金额由三个月数据相加求得，价格为三个月算术平均。指数编制方法采用由下到上逐级汇总。中类（房屋销售小类）以下指数采用样本资料作权数的加权调和平均公式计算，大类和总指数采用固定权数加权的算术平均公式计算。房地产价格总指数由房屋销售价格指数和房屋租赁价格指数加权平均计算（权重为上年度房屋销售、房屋租赁金额占全社会总金额的比重）；年度价格指数由季度指数算术平均求得。2002年，宁波市鄞县撤县设区，调查范围增加鄞州区。

2005年，由35个大中城市开展的房地产价格指数编制工作，逐步扩展到70个城市，浙江省杭州、宁波、温州和金华4个城市名列其中。同年，对房地产价格指数编制进行改革，增设物业服务价格指数。同时，改进和完善房屋销售、土地交易和房屋租赁价格指数，取消“公房交易”指标，“私有住房”改名为“二手房”，并对二手房住宅进行细分，增设多层住宅、高层住宅、其他住宅等基本

分类。其中，杭州、宁波、温州和金华的房屋销售价格指数调整为按月编制，每月调查两次房屋销售价格及数量、金额等，其他指数按季度编制。年度指数由全年各月度（季度）价格指数平均求得。调查方式为非全面调查，采用重点调查与典型调查相结合、报表与走访相结合的方式，调查单位的房地产销售额占本地区销售总额的 75% 以上。指数编制方法采用由下而上逐级汇总。房屋销售价格指数由商品房和二手房两大类的销售价格指数加权算术平均所得。

2008 年，国家改革房价调查制度。指数编制方法改由环比指数推算同比指数。浙江省 11 个设区市的房屋销售价格指数全部改为按月度编制，由每月调查两次改为每月调查一次，增加对选择房屋样本的规定以及房屋详细地址的填报。调查范围扩大到市辖区。宁波市房价调查范围由市四区扩大到市六区，即海曙区、江东区、江北区、镇海区、北仑区和鄞州区。编制完成的房屋销售价格指数由统计部门分月度向本地政府通报或向社会公布。房屋销售价格数据采集新方案在统一范围、统一指标、改进采价方法、改进计算方法 4 个方面进行了完善。取消了“期房平均销售价格”和“现房平均销售价格”2 个指标。选取调查样本时，要求所选调查单位的房地产营业额总值一般应占全市总额的 75% 以上。同时要兼顾各种用途、不同地理位置的房地产项目，兼顾不同注册登记类型的企业。编制方法采用超级汇总，用链式拉氏公式计算，以上期为基期计算环比指数，细项的权数采用上期的销售额。基本分类及以上采用该类型房屋的上年销售面积为固定权数计算，固定权数每年更新一次。

2011 年，国家统计局开始实施新的《房地产价格统计调查方案》。为确保新旧制度的平稳过渡，新旧制度并行一年。旧制度仅保留房屋销售价格调查表中的“新建住宅”部分，二手住宅销售价格调查按照新制度执行，取消“非住宅”部分。住宅销售价格调查对数据来源渠道、指标设置、计算方法等做出大的调整。调查方法：新建住宅实行全面调查，二手住宅采取重点调查与典型调查相结合的方式开展。数据取得方式：新建住宅销售价格调查采用网签数据、企业上报报表与调查员实地采价相结合的方式，其中房地产部门向当地统计部门提供样本范围内有关新建商品住房交易数据，包括每套成交新建商品住房提供的内容［项目名称、项目地址、幢号、总层数、所在层数、房屋结构、成交总价（合同金额）、建筑面积、签约时间］；二手住宅销售价格采用重点调查与典型调查相结合，房地产经纪机构上报、房产地管理部门提供与调查员实地采价相结合。指标设置发生变化：新建住宅设置保障性住房和商品住宅两个类别，商品住宅下设 90 平方米及以下、90 ~ 144 平方米、144 平方米以上 3 个基本分类；二手住宅设置 90 平方米及以下、90 ~ 144 平方米、144 平方米以上 3 个基本分类。环比指数采用双加权计算，定基年份为 2010 年，权数五年不变。指数编制方法采用当月面积金额双加权计算全市 3 个基本分类的环比指数，基本分类以上类别价格指数通过定基指数进行推算。住宅销售价格指数只计算月度指数，不再计算年度数据。

2014 年，根据国家统计局要求，宁波市取消土地交易价格、住宅租赁和物业服务价格调查及相关指数的编制工作。

2017 年，因宁波市部分行政区划调整，撤销江东区，将原江东区管辖的行政区域划归鄞州区管辖，房价调查范围更改为市五区，即海曙区、江北区、镇海区、北仑区和鄞州区。

资料来源：

（1）计价费〔1997〕第1818号，国家计委 国家统计局关于开展房地产价格指数编制工作的通知，1997年10月08日

（2）国家统计局城市社会经济调查总队城调函〔1999〕4号 j258-001-194-222，关于1998年房地产价格统计工作情况的通报，1999年1月27日

（3）浙统城〔2011〕76号，省统计局 省计委 省物价局关于开展房地产价格指数编制工作的通知，2001年06月13日

（4）发改价格〔2004〕1366号，国家发展改革委国家统计局关于进一步完善房地产价格指数编制工作的通知，2004年07月14日

（5）国家统计局浙江调查总队、浙江省统计局、浙江省发展和改革委员会、浙江省物价局、浙江省建设厅浙调字〔2008〕2号 j258-2007-2-zz-00095，关于进一步完善全省房地产价格指数编制工作的通知，2008年01月08日

（6）国统字〔2010〕93号，国家统计局 住房和城乡建设部关于加强协作共同做好房地产价格统计工作的通知，2010年09月19日

六、低收入居民基本生活费用价格统计调查

低收入居民基本生活费用价格统计调查反映生活消费品和服务价格变动对困难居民生活的影响程度，其目的是建立健全社会救助和保障标准与物价上涨挂钩的联动机制，保障低收入群众基本生活，提供科学适用的统计数据。

（一）2005—2007年的低收入居民基本生活费用价格调查

2004年，浙江省人民政府下发《关于对困难群众实行基本生活消费品价格上涨动态补贴的意见》（浙政发〔2004〕52号），正式建立浙江省对低收入群体生活补贴与价格上涨幅度相挂钩的动态补贴机制。

2005年1月，浙江省统计局、浙江省城市社会经济调查队会同浙江省物价局，组织在省内的11个设区市和新昌、江山2个县开展低收入居民购买并用于日常生活消费的商品和服务项目价格调查，试编浙江省低收入居民消费价格指数。宁波市城市社会经济调查队负责宁波市的低收入居民购买并用于日常生活消费的商品和服务项目价格调查，并编制宁波市低收入居民消费价格指数，按月上报浙江省城市社会经济调查队。调查内容按用途划分为8个大类，包括食品、烟酒及用品、衣着、家庭设备用品及维修服务费、医疗保健及个人用品、交通和通信、娱乐教育文化用品及服务、居住等。根据低收入居民消费支出构成状况，确定35个中类，200多个基本分类。

2005年2月，为确保选择的规格品能代表困难群体的消费主流，所选择的调查点能反映困难群体的购买行为，宁波市在10%最低收入记账户中开展购买行为调查。

2007年上半年，国家发改委、民政部、劳动和社会保障部、国家统计局等四部委联合下发了《关于开展城镇低收入居民基本生活费用价格指数编制工作的通知》（发改价格〔2007〕455号），对原有的《低收入居民消费价格指数》加以完善，建立能更准确反映困难群体生存所必须的商品和服务项目的《低收入居民基本生活费用价格指数》。2007年8月24日，国家统计局下发《关于开展城镇低收入居民基本生活费用价格指数编制试点工作的通知》（国统字〔2007〕122号），决定于2007

年9月开始在北京、天津、宁波等13个城市开展城镇低收入居民基本生活费用价格指数编制试点工作。

2007年8月，为贯彻国家四部委文件精神，国家统计局浙江调查总队、省统计局、省物价局、省民政厅、省财政厅联合下发《关于开展全省低收入居民基本生活费用价格指数编制工作的通知》（浙调字〔2007〕71号），要求于2007年度起全省11个设区市试编低收入居民基本生活费用价格指数，2008年起正式编制。

2007年10—12月，为编制低收入居民基本生活费用价格指数权数，国家统计局宁波调查队在全市范围内抽取200户低收入家庭，开展2007年低收入居民基本生活费用抽样调查和低收入家庭生活情况专项入户抽样问卷调查。调查采用记录一个月家庭流水账的方式，全面了解低收入群体基本生活费用支出构成、消费习惯及家庭基本状况。利用抽样调查资料和2006年住户调查中按收入排序最低20%收入家庭支出数据，并参考全省权数资料，计算得出宁波市低收入居民基本生活费用价格指数的权数。

（二）2008—2017年的低收入居民基本生活费用价格调查

2008年起，国家统计局在90个市县推进城镇居民基本生活费用价格指数的编制工作。宁波市正式编制居民基本生活费用价格指数（COLI），调查内容主要是生存所需商品和服务项目，包括食品、烟酒、衣着、家庭个人用品及维修服务、医疗保健和个人用品、交通和通信、娱乐教育文化用品及服务、居住等8个类别，确定84个基本分类，共200个代表规格品。

2011年，国家统计局下发《城镇低收入居民基本生活费用价格调查方案》，在全国设区市范围内实施城镇居民基本生活费用价格指数编制工作。城镇低收入居民基本生活费用价格指数编制五年一定基，首轮对比基期固定为2010年，报告期为自然月度。基期城镇低收入居民基本生活费用，主要根据2008—2010年城镇住户常规调查中按收入排序最低5%收入家庭的消费支出数据，结合2011年城镇低收入居民家庭基本情况调查资料综合计算。宁波市严格按照方案要求，组织开展城镇低收入基本生活费用价格调查，调查内容根据用途划分为8大类60个基本分类，包括食品、烟酒、衣着、家庭设备用品及维修服务、医疗保健和个人用品、交通和通信、娱乐教育文化用品及服务、居住等项目。

2011年6月27日，宁波市政府出台了《关于完善困难群众基本生活价格补贴联动机制的通知》，决定实施与居民消费价格指数中的食品类价格涨幅联动的价格补贴机制，即在食品价格持续出现大幅度上涨，困难群众基本生活费用支出明显增加期间，向困难群众增放食品价格补贴，作为困难群众基本生活价格补贴和城乡居民最低生活保障制度的补充，共同构成困难群众生活保障体系，最大限度地降低物价上涨对困难群众生活的不利影响。新增食品价格补贴的方式：当宁波市区居民消费价格指数中的食品类价格同比涨幅达到或超过3%，并高于浙江省低收入居民基本生活费用涨幅时，以国家统计局宁波调查队提供的食品类价格指数为依据，对困难群众实施按食品类价格涨幅差额增加食品价格补贴；当宁波市区居民消费价格中的食品类价格同比涨幅回落到3%以内且低于浙江省低收入居民基本生活费用涨幅时，按浙江省低收入居民基本生活费用价格指数和规定的办法，对困难群众实施基本生活价格补贴，不再发放食品价格补贴。基本生活价格补贴和新增食品价格补贴按规定逐季计算，按季发放，发放时间为价格指数公布后的1个月内。

2016年，根据国家统计局统一部署，宁波市启动新一轮城镇低收入居民基本生活费用价格指数编制工作。本轮城镇低收入居民基本生活费用价格指数的固定基期及商品篮子确定为2015年，基期城镇低收入居民基本生活费用及结构，主要根据当地2013—2015年城镇住户常规调查中按收入排序最低10%收入家庭的消费支出数据整理计算，并结合典型调查或专家评估予以补充和完善。本轮调查内容，根据用途划分为8大类60个基本分类，包括食品烟酒、衣着、居住、生活用品及服务、交通和通信、教育文化和娱乐、医疗保健、其他用品和服务等项目。

七、其他价格统计调查

（一）住宿和餐饮服务价格统计调查

开展住宿和餐饮服务价格统计调查，主要目的是补充、改进与完善住宿和餐饮服务价格指数体系，更加科学、准确、及时地反映住宿和餐饮服务价格水平的变化趋势和变动程度，全面分析研究价格变动对社会经济和居民生活的影响，为国民经济核算与宏观经济调控提供依据。

2015年3月，根据国家统计局下发的《住宿和餐饮服务价格统计调查试点方案》(国统字〔2015〕26号文）和国家统计局浙江调查总队的部署安排，宁波市作为试点调查城市之一，开展住宿和餐饮服务价格统计调查中的餐饮业商务正餐类价格试点调查。宁波调查队选取4家酒店，分别确定4只菜品作为代表规格品，每月15日采价1次，每季度向国家统计局浙江调查总队报送一次价格数据及文字说明。

2015年4月，宁波调查队首次报送了2014年4季度和2015年一季度的餐饮业商务正餐价格数据。

2017年1月，根据《国家统计局关于继续在部分省（区、市）开展住宿和餐饮服务价格统计调查试点工作的通知》(国统字〔2016〕171号）要求，宁波调查队在每个调查点原有4个代表规格品的基础上，分别新增4个主菜作为代表规格品，在4个调查点共确定32个代表规格品。

（二）快递服务协议客户价格统计调查

开展快递服务协议客户价格调查，其目的是科学、准确、及时、完整地反映快递服务价格水平的变化趋势和变动程度，全面分析研究其价格变动对社会经济和居民生活的影响，为国民经济核算与宏观经济调控提供依据。

2016年3月，根据国家统计局、国家统计局浙江调查总队的部署和安排，宁波市作为试点调查城市之一，启动快递服务协议客户价格统计试点调查。

2016年5月，宁波调查队联系宁波市邮政管理局，获取快递企业基本信息，并选取7家快递企业开展专题调研，了解企业基本情况、经营情况和价格情况。

2016年6月，宁波调查队选取4家快递企业作为调查点，分别选取2条协议客户快递线路作为代表规格品开展价格调查和权数调查。

2016年7月，宁波调查队首次报送了2016年一季度和二季度的快递服务协议客户价格。

第十节 住户调查

住户调查是以家庭为对象，使用抽样调查方法，为搜集各种社会经济统计资料而组织的各种调查的总称，是当前统计调查工作中的重要组成部分之一。住户调查全面反映居民收入和生活质量的变化，为国民经济核算提供了基础数据，为国家制定劳动力就业、脱贫攻坚、社会保障、货币流通、商品生产和供应等政策提供依据。

一、城镇居民住户调查

民国时期，宁波有过零星城市住户调查，主要是为编制物价指数提供权数，内容上侧重于消费构成，收入状况涉及较少。民国 21 年（1932），国民政府社会部组织对宁波 33 户工人家庭的工人生活费进行调查。

中华人民共和国成立后，城市住户调查工作逐步推进。1957 年至 1984 年，城市住户调查只在城市职工家庭中进行，称作职工家庭生活调查或职工家计调查。1985 年始，调查范围从职工家庭扩大到城镇非农业居民家庭，易名为“城市住户调查”，调查内容更加详细、丰富。1996 年后，调查规模不断扩大，调查样本定期轮换，制度方法日益完善。2010 年，全市城镇住户调查全面实行辅助调查员和调查样本单位的所在地管理。至 2012 年，全市城镇住户调查样本户达到 1250 户，调查涉及海曙、江东、江北、北仑、镇海、鄞州、余姚、慈溪、奉化、象山、宁海等 11 个样本区（县、市）。2013 年城乡住户一体化改革后，与农村住户调查合并，统一为居民收支和生活状况调查。

（一）职工家计调查曲折前进（1956 年至 1984 年）

1956 年 8 月，浙江省统计局印发《关于开展全省职工家庭收支调查的通知》，决定从 1956 年 10 月开始进行职工家庭收支调查（简称职工家计调查），调查对象为 14 个工业部门的职工家庭，常年逐笔登记家庭收支，定点连续观察。职工家庭收支调查资料整理表由“基本情况”、“现金收支平衡”及“吃、穿、用、烧、书报杂志、药品、其他商品七类分商品支出”三部分构成。

1957 年 5 月起，调查范围扩大到工业、商业、教育、卫生、国家机关 5 个部门。抽中单位的调查对象范围：工业部门为工人、工程技术人员、职员，商业部门为全部职工，教育部门为教职员，卫生部门为医务人员，国家机关为全部工作人员。调查内容主要有调查户基本情况、现金收入、现金支出，现金支出分为实际支出和储蓄借贷支出，实际支出主要分食用品、非食用品、非商品 3 类。职工家计调查由市政府统计处组织具体实施。1957 年至 1959 年 3 年间分别调查 94 户、76 户和 62 户，1960 年后中断。

为研究全省职工历年生活水平的变化，1957 年 7 月，浙江省统计局在宁波市布置工业部门职工历年生活水平典型调查，共调查 30 户。调查内容：一是 1936 年、1948 年、1950 年、1952 年、1955 年、

1956年的12月份企业职工工资水平；二是1952年、1955年、1956年全年工业企业工资附加费及奖励基金使用情况；三是工业企业职工家庭基本情况及现金收支。主要指标有家庭人口数、就业人口数、工资收入、工资以外收入、食品支出、日用品支出、非商品支出、结余或负债。

1959年，抽取典型职工家庭1936—1959年生活状况进行一次性调查，主要内容有每户人数，每户就业人数，平均每一就业者负担人数，平均每一就业者工资，每户人均收入与支出，每户人均生活费及吃、穿、用、燃料、住房、文化生活服务支出，医药卫生支出等。

人民公社建立后的1960年6月，全市职工家计调查作了变更，在1957年建点调查户中，抽10户进行典型调查，增加了公共食堂消费量调查等新内容。

1961年底，国家统计局重新制发《职工生活调查方案》，要求在1962年一季度前恢复建立职工家庭生活调查。浙江省人民委员会于1962年1月批转省统计局、省总工会《关于迅速恢复和建立职工家庭生活调查的联合通知》。随后，在宁波共抽选全民所有制企业、国家机关、团体、学校等职工家庭调查户开展调查。主要内容：一是家庭基本情况，有家庭人口数、就业、求学、居住状况等；二是收入情况，包括工资性收入、工资外收入、借贷收入；三是支出情况，包括购买商品支出、非商品支出、其他支出和汇（带）出赡养费；四是主要商品购买量、耐用商品拥有量。调查工作持续到1963年。

1964年，对全省调查市县与企业进行调整，宁波市抽中30户。1965年调查持续，情况未变。

1966年起因“文化大革命”运动，职工家计调查中断，直到1980年，宁波市统计局财贸统计科重新恢复此项调查。同年4月，财政部、商业部、国家劳动总局、中国人民银行、全国总工会、国家统计局等六部门发出通知，在全国恢复职工家计调查，并分配给浙江省220户，其中宁波市40户。由于户数太少，代表性不够强，1980年5月19日省统计局、省劳动局、省商业厅、省农业厅、省总工会、省供销社、省人民银行等七单位联合向省人民政府报告建议并获批准增加调查户120户，其中宁波20户。另外，宁波市在市政府支持下又增加了20户。同年7月，从13个行业部门中抽选780户职工家庭开展一次性调查。经过一次性调查，宁波80户记账户抽选完成，1980年12月1日起进行试记账，1981年1月起正式记账，职工家庭收支调查开始恢复，这一调查持续到1984年。

（二）城市住户调查走向统一（1984年至1995年）

1984年7月开展1200户一次性调查，抽样方法改为从街道、居委会中抽选居民家庭作为调查样本，同时把个体从业人员纳入调查范围。职工家计调查，随之改称为城镇居民生活调查（简称城镇住户调查）。同年8月，住户调查由宁波市城市抽样调查队接管。1985年起，全省调查市县分为6个国家调查市县（以下简称国家点）和9个省定点调查市县（以下简称省点）。

城镇住户调查是统计工作的重要组成部分，调查内容包括：家庭人口、就业、收入、消费、储蓄、耐用消费品和住房情况等。1985年，宁波市海曙区、江东区和江北区的调查样本由80户扩充到100户。

1986年，余姚市、象山县也分别开展城镇居民生活调查，调查样本分别为50户、40户。

1988年，宁波国家点的调查市县和调查户增加。在1987年7月1200户一次性调查的基础上，住户调查样本扩充到200户。其中，海曙区、江东区和江北区共150户，镇海区30户，北仑区20户。此外，根据区里的需要，镇海区、北仑区分别另扩20户和30户，使得两区调查规模均增加到50户。同时，对收入指标进行细化，增加调查内容，增加个体劳动者收入中的雇主自营净收益、个体被雇收入、离退休人员收入、财产性收入、转移性收入等内容。

1989年，慈溪市、奉化市分别开展城镇居民生活调查，调查样本均为50户。

1990年，宁海县开展城镇居民生活调查，调查样本为50户。

1992年，城镇住户调查方法制度发生变革，对消费支出进行重新分类。按商品分类，分为商品和非商品，按用途分为八大类商品。同年，象山县调查样本由40户扩充到50户。

1994年起，宁海县城镇住户调查暂停（直至2003年恢复）。

至此，宁波所辖各区（县、市）基本都陆续开展了住户调查。全市住户调查工作在宁波市城市社会经济调查队组织指导下，均按国家统一的住户调查方法制度开展。

（三）城市住户调查日益完善（1996年至2012年）

自1994年至2001年，全市城市住户调查样本稳定保持在500户，其中市区300户，余姚市50户，慈溪市50户，奉化市50户，象山县50户。1996年城市住户调查方法制度发生变革，主要表现在生活费收入改为可支配收入，耐用消费品如家用汽车、家用电脑等纳入调查范围。1998年城市住户调查方法制度变化，主要是季报改月报，按月上报全部指标；按季上报可支配收入的误差率；鲜菜和服装指标简化。

2002年，城市住户调查采用住宅框选取调查户样本。调查对象由非农业住户改为城市市区和县城关镇区居委会行政管理区域内的住户，不但包括非农业户籍的城镇居民，也包括在城镇里有固定居所的农业户籍的居民。一些具有固定住宅的非本地户籍的居民也纳入了调查范围。同时，将住房、医疗、养老、失业等保障项目纳入调查范畴，删减部分食品、衣着、日用品支出细项，增加住房、教育、交通通信等消费内容。此外，汇总方式发生变化，对所有住户资料采用超级加权汇总。全市城市住户调查样本450户，其中市区250户，余姚市50户，慈溪市50户，奉化市50户，象山县50户。

2003年，全市城市住户调查样本量增加至800户，其中市区400户，余姚市50户，慈溪市100户，奉化市100户，象山县50户，宁海县100户。

2005年，余姚市城市住户调查样本量由原来的50户扩大至100户。

2007年，根据国家、省关于开展2007年城镇住户基本情况抽样调查通知精神，开展城镇住户基本情况一次性抽样调查，为2008年至2010年城镇居民住户调查提供基础样本框。此次调查与以往不同的是，对消费支出采用细账（甲表）和粗账（乙表）两种表式收集数据。由月报改为季报。

2008年，随着市区人口的不断增加，为使样本更具有代表性，全市城镇住户调查样本量扩大至1050户，其中市区600户，余姚市100户，慈溪市100户，奉化市100户，象山县50户，宁海县100户。

2009年，余姚市、慈溪市和象山县均增加50户城镇住户调查样本，共增加150户，至此，全市城镇住户调查样本量扩大至1200户。

长期以来，宁波市城镇居民住户调查都是由市级统计调查部门完成全部数据的抽样、调查和上报。2008年，试行北仑区、镇海区、鄞州区城镇住户调查在地管理。2010年开始对海曙、江东、江北三区的城镇住户抽样调查也实行在地管理。至此，全市城镇住户调查全面实行在地管理。

2011年，全市城镇住户调查样本量由1200户扩大至1250户，其中市区650户。

从2012年下半年开始，原来分别独立开展的城镇住户调查和农村住户调查逐渐由城乡一体化住户调查取代。2013年，国家统计局正式建立了城乡一体化住户调查，即住户收支与生活状况调查，统一指标、统一抽样、统一组织。收支调查的抽样方法方面，以省为总体，综合采用分层、多阶段、与人口规模大小成比例（PPS方法）和随机等距抽样相结合的方法抽选住宅，进而对抽中住宅内的住户进行调查。收支调查直接向抽中调查户收集原始基础数据，通过调查户日记账和调查员入户访问进行问卷调查的方式采集数据。

二、农村居民住户调查

农村住户调查，民国时期称农家收支调查，中华人民共和国成立后，先后称农民家计调查、农民收支调查、乡村居民收支调查、社员（农民）家庭收支调查和农村住户调查。宁波于1955年起开展农民家计调查，调查方式为一次性访问，1956年2月起向经常性记账方式转变，1958年下半年调查中断，1959年至1960年改为定期或不定期调查，1961年调查工作中断，1962年恢复调查，至1966年因“文化大革命”再度中断，1980年恢复调查，并逐步建立起以宁波市为总体的抽样调查制度，直至2013年与城镇住户调查合并为居民收支与生活状况调查。

（一）调查组织

1955年2月，根据国家统计局部署要求，浙江省统计局印发《浙江省1954年农民家计调查方案及有关家计调查的几项初步决定》，全省以地理位置排队，用机械抽样方法抽选调查县。鄞县、余姚县、慈溪县、象山县（当时隶舟山专区）被抽中成为省调查县。全市调查户共220户。

1956年1月，按农户类型和经济状况排队抽选调查户。

1957年，慈溪县为全省12个调查县之一，代表平原区。

1958年初，调查名称改为乡村居民收支调查。同年下半年，调查中断。

1959年至1960年，调查名称改为社员（农民）家庭收支调查。

1961年，调查中断。1962年起，恢复调查，慈溪县为全省9个调查县之一。直到1966年受“文化大革命”影响，调查工作中断，1967年7月正式取消农民家庭收支调查工作。

1980年，经省政府批准恢复农民家庭收支调查。同年7月，慈溪县和宁海县被抽中，为全省17个调查县之一。

1984年，农民家庭收支调查改名为农村住户调查。是年，全市调查户共526户。其中，鄞县、宁海县为全省27个县级国家调查点之一，每县100户。余姚县、慈溪县、象山县为全省15个调查县之一，每县60户。

1985年，全市调查户共486户。其中，余姚市60户，慈溪县60户，奉化县106户，象山县

60户，宁海县100户，鄞县100户。是年，完成“填平补齐”工作，全市六县（市）、三区调查户规模进一步扩大（新样本1986年启用）。

1986年，全市调查户共606户，抽样数据代表性进一步提高。其中，江北区40户，滨海区40户，镇海区40户，余姚市60户，慈溪县60户，奉化县106户，象山县60户，宁海县100户，鄞县100户。

1989年，为增强调查代表性，提高数据质量，根据国家统计局规定，农村住户调查户样本进行首次轮换，于1990年启用新调查户。为防样本老化降低其代表性，此后，基本保持每五年轮换一次样本调查户。

1990年，全市调查户共600户。其中，奉化市由106户减至100户，其他县市（区）户数保持不变。

1991年，全市调查户扩大到700户。其中，市区140户（江北区60户、北仑区40户、镇海区40户），余姚市100户，慈溪市100户，奉化市100户，象山县60户，宁海县100户，鄞县100户。

1992年起，农村住户调查数据开始实行分户超级汇总。全市调查户共734户。其中，市区134户（江北区54户、北仑区40户、镇海区40户），余姚市100户，慈溪市100户，奉化市100户，象山县100户，宁海县100户，鄞县100户。

1993年，全市调查户共740户。其中，市区140户（江北区60户、北仑区40户、镇海区40户），余姚市100户，慈溪市100户，奉化市100户，象山县100户，宁海县100户，鄞县100户。

1994年，进行第二次样本户轮换。全市调查户共900户。其中，市区170户（江北区50户、北仑区60户、镇海区60户），余姚市100户，慈溪市100户，奉化市100户，象山县100户，宁海县100户，鄞县230户。市级样本770户。余姚市作为3个省点之一参与国家调查数据处理与推算。

1995年，全市调查户910户，市级样本780户。其中，市区增至180户。

1996年，全市调查户952户。其中，市区增至222户（江北区95户、北仑区67户、镇海区60户）。

1997年，全市调查户950户。其中，市区减至220户（江北区100户、北仑区60户、镇海区60户）。

1999年，进行第三次样本户轮换。

2000年，启用新调查户，全市共950户。

2002年，全市调查户1050户，市级样本850户。

2003年，全市调查户1190户，市级样本980户。

2004年，进行第四次样本户轮换。

2005年，启用新样本户与调查点，全市调查户1230户。其中，江北区100户，北仑区100户、镇海区100户，余姚市200户，慈溪市100户，奉化市200户，象山县100户，宁海县100户，鄞州区230户。市级样本1000户，此后保持不变。是年，奉化市成为全省新增15个省点之一。

2008年，全市调查户1380户。其中，江北区增至150户，慈溪市增至200户。

2009年，进一步调整与扩充县级调查样本，完善以县级为总体的农村住户抽样调查制度，全市调查户扩大到1850户。其中，江北区150户，北仑区150户、镇海区150户，余姚市200户，慈溪市300户，奉化市200户，象山县200户，宁海县

200 户，鄞州区 300 户。

2010 年，进行第五次样本户轮换。

2011 年，启用新调查网点。全市调查户 1950 户。其中，余姚市和宁海县均增至 250 户。

2012 年，进行城乡住户调查一体化改革。

（二）调查内容和方式

1954 年，调查内容主要有农户基本情况、实物收支和现金收支情况，共 19 个调查表和 2 个附表，其中，农户基本情况表 4 个，包括人口、土地、主要农具、运输工具、房屋等；农户收支情况表 12 个，包括植物栽培产品产量、动物饲养和采集渔猎产品产量、农产品初步加工和手工业产品产量、从生产合作社取得的收入等，以及购买商品和财物等支出；平衡表，包括主要农产品平衡、牲畜平衡、家禽平衡 3 个正表，以及价格和固定资产估价 2 个附表。调查方式方法为一次性入户回忆式调查。

1955 年，调查内容和调查方式与上年一致。

1956 年 1 月，调查内容为农户基本情况和农户收支情况两部分。调查方式仍为一次性调查，调查方法是派员入户询问取得调查户资料。同年 2 月，按照国家统计局要求，在调查户中建立了《现金实物收支登记账》由调查户对每日发生现金和实物收支逐项登记，农户家计调查工作首次由一次性访问向经常性记账过渡、转变。

1957 年，调查内容有人口和文化程度，自留地和房屋、收入、支出，主要食品、衣着、燃料和饮料消费量，从生产合作社取得的收入、家庭经营产品产量、粮食和大豆平衡、牲畜和家禽平衡、现金平衡、出售产品和财物，购买商品构成、主要商品购买量等，共 13 个正表和 4 个附表。

1958 年初，调查内容增加了渔、盐 、船民收支情况。调查方法根据当时实行农村人民公社化及财政体制改变等也相应有所变化。

1959 年至 1960 年，调查内容侧重以人民公社为单位的生产、消费、积累和分配以及社员物质文化生活水平。

1962 年，建立经常性现金收支日记账和实物收支登记账，开始按月按季加工整理取得有关社员收支和消费情况资料。

1980 年，调查内容分七部分：一是农民家庭基本情况，包括人口、劳动力、耕地面积、住房等；二是农民家庭收入、支出情况；三是农民家庭主要实物消费量情况；四是农民家庭粮食收支平衡情况；五是农民家庭现金收支平衡情况；六是农民家庭出售产品与购买商品情况；七是包干户包产户承包集体生产及其收支情况。此后十多年，调查内容基本稳定（以下只记述变化年份情况），调查方法则固定采用样本户经常性记账。

1984 年，调查内容部分调整，指标体系进一步完善。

1993 年，为适应新国民经济核算需要，与联合国住户调查方案衔接，国家统计局对农村住户调查内容与指标作较大调整。调整后，调查内容分七个大类，在原来基础上作了重要补充完善和重新排列组合，分年报表 22 种、季报表 4 种。是年起，调查内容和报表指标总体保持稳定。年报指标内容：一是农村住户基本情况，分农村住户社区情况和农村住户家庭基本情况。前者包括社区地势、所在村通电话、通公路、建学校和卫生站等情况；后者包括家庭成员、人口、文化程度，拥有生产性固定资产和耐用消费品，经营耕地、山地、水面，以及住房等情况；二是农业生产与产品出售情况；包括农业生产、出售产品、粮食收支平衡等情况；三是农村住户收入、支出及消费情况，包括农村住户总收入和纯收入、总支出和现金收支。消费支出分食品、衣着、家庭设备用品及服务、医疗保健、交通通信、文教娱乐用品及服务等；四是农村住户购买商品及对主要商品需求量情况，包括购买生活资料和生产资料数量及现金支出金额等指标；农村住户对购买生产资料、建房用建筑材料、耐用消费品等计划打算；五是农村住户食品消费和营养情况，包括分品种各种主要食物，如粮食、豆类、蔬菜、水产品等实物消费数量；六是农村住户价格调查，包括农村住户出售产品价格和购买农业生产资料价格等；七是农村住户主要指标预计，包括常住人口、全年纯收入、全年现金收入等指标。

2002 年，调整样本户账页记录分类、编码和有关报表。基层年报表取消农村居民家庭总收入与总支出、农村居民食品消费情况 2 张表。基层定期报表增加农村住户劳动力就业情况表；取消农村居民家庭现金收入与支出、农村居民生活消费现金支出、农村居民主要农产品出售情况 3 张表。将“农村居民家庭现金收支日记账”中补充资料调整至农村住户劳动力就业情况表中。综合年报表由 8 张精简调整为农村居民家庭概况、农村居民家庭收入与支出、农村住户调查公报 3 张表。综合定期报表由 3 张精简调整为农村居民家庭现金收入与支出 1 张表。

2004 年，年报综合表“农村住户调查公报”中，取消“缴纳生产税、村提留、乡统筹、其他各项收费”指标，“税费支出”增加“农业税、农业特产税、两税附加、‘一事一议’筹资、工业生产纳税、建筑业生产纳税、其他生产纳税、其他各项收费”等分项指标。基层表中：“农村居民家庭基本情况”表，增加“是否参加新型农村合作医疗、是否领取最低生活保障”指标；“农村居民居住情况”表，“炊事使用的主要能源”中增加“电、沼气、其他”选项指标，另增加“住宅外道路路面状况”指标；“农村住户人口与劳动力就业情况”表完善农村人口与劳动力就业调查内容；“农业生产结构及技术应用情况”表，调整家庭土地经营及流转情况有关内容；“农村住户劳动力就业与外出从业情况”表，增加“是否接受过劳动技能培训、外出从业所去的主要省（区、市）、主要从业的地区、从业时间、从事的主要行业、外出从业所在的省（区、市）、外出从业的地区、外出从事的行业”等指标。“农村居民家庭现金收入与支出”综合表，调整反映农民税费负担指标设置。

2006 年，根据国家统计局规定要求，建立农村住户调查样本字典库，采用农业普查（以下简称农普）17 位标准代码，其中，1—6 位是农普省地县码，7—9 位是农普乡镇编码，10—12 位是农普普查区编码，13—14 位是农普普查小区编码，15—17 位是农普户编码，样本字典库于农普编码确定后单独上报。年报基层表“农村居民居住情况”增加 6 个指标，其中“是否全国农村住户调查户样本、是否国家贫困监测调查样本、是否省级以下住户调查样本、样本设计代表最低级别”4 个指标，按《关于开展第二次全国农业普查住户长表调查工作的通知》(国农普办〔2006〕50 号）要求填报；“年内使用沼气炊事的时间、全部炊事活动都用液化气的月用量”2 个指标，分别由使用沼气和煤气的调查户填报。

2007 年，从定期报表开始，调整《农村住户账页记录编码》目录及有关指标设置。年报基层表：“农村居民家庭基本情况”表，取消“大型家具、电风扇、吸尘器、寻呼机、组合音响、收录机”等“期末主要耐用消费品拥有情况”分项指标，取消“计划用于口粮、种子、饲料”等“期末粮食结存”分项指标，在“主要生产性固定资产数量和期末主要耐用消费品拥有情况”指标中，分别增加“动力三轮车和太阳能热水器、电动自行车（包括三轮车）”分项指标；“农村居民居住情况”表，将“炊事用主要能源”中的“液化气”更改为“燃气”，将“新建（购）住房面积、新建（购）住房价值”分别单列，变更为“新建住房面积、新购住房面积，新建住房价值、新购住房价值”4个指标；“农村住户人口与劳动力就业”表，指标作了较大调整，调整后指标由原来50个增至54个，主要是单列、增加医疗保障、低保、养老保险、就业劳动保障类指标。年报综合表：“农村居民家庭概况”表，将“使用液化气的住户”指标改为“使用燃气的住户”，增设“使用沼气的住户”指标；“农村住户家庭收入与支出”表，“税费支出”分项指标调整为“第一产业税费支出、第二产业税费支出、第三产业税费支出，‘一事一议’筹资，其他各项收费”；“农村居民家庭现金收入与支出”表，取消“在本地乡镇企业劳动得到的收入”这一其中指标，“税费支出”分项指标与前表一样做出调整，补充资料中增加“能源消费数量”及“天然气、煤气、液化石油气、汽油、柴油、电、沼气、煤炭、柴、草、其他”等分项指标；“农村住户调查公报”表，取消“在本地乡镇企业劳动得到的收入”指标。“农村居民家庭实物收支台账”由年报改为季报。

2008年，年报表“农村住户所在村基本情况”中，取消“调查村乡镇企业情况、乡镇企业个数、乡镇企业从业人数、乡镇企业销售收入”4个指标；增加“参加农村最低生活保障和新型合作医疗的户数与人数”四个指标。综合表中：“农村居民家庭基本情况”表，取消录放像机指标和电动自行车的分项指标，“期末主要耐用消费品拥有情况”和“粮食结存”指标项下分别增加“吸尘器”和“小麦、稻谷、玉米”等其中指标；“农村居民居住情况”表，取暖设备下增加“其他取暖器”选项，炊事使用主要能源选项由6项改为“天然气、煤气、液化石油气、汽油、柴油、电、沼气、太阳能、煤炭、柴草、其他”11项，将“新建（购）住房面积、新建（购）住房价值”分别单列为4个指标；“农村住户人口和劳动力就业情况”表，取消“医疗保障、是否享受农村最低生活保障、养老保险”3个分类，将“是否参加农村新型合作医疗、是否参加城镇医疗保险、是否参加商业医疗保险、是否享受最低生活保障”移至分类“人口基本情况”项下，将“是否参加农村养老保险、是否参加城镇基本养老保险、是否参加商业养老保险”移至“劳动保障”项下；将“本年度外出从业人员情况”下的“本年度雇主是否拖欠工资、本年度雇主拖欠的工资金额”移至“劳动保障”项下，取消“劳动保障”项下“参加保险的保险费由谁支付、未参加保险的原因”2个指标。

2009年，免报“农村劳动力就业与流动情况表、农村住户劳动力就业与外出从业情况表（T104表和T202表）、农村住户人口与劳动力就业情况表”中部分指标。

2010年，调整农村住户常住户定义，由原来在本地“居住1年以上”调整为“居住半年以上或即将居住半年以上”；取消综合表“农村住户调查公报”，取消“农村住户所在村基本情况”表中“年末调查村举家在外住户情况、当年调查村住户举家外出情况和当年调查村住户举家返回情况”分类指标；“农村居民居住情况”表中，“期末居住情况”改为“期末拥有住房情况、期末居住住房情况”两部分。

2011 年，农村居民所在村基本情况表增加“本年施工房屋面积”等 8 个房屋指标。农村居民家庭基本情况表增加“本年固定资产投资完成额资金来源”等 4 个指标。农村居民居住情况表“期内新建（购）房屋资金来源”指标的选项调整。农村住户人口与劳动力就业基本情况表取消原有全部指标，直接用农民工监测调查年报中的 A1 表和 C1 表替代。家庭成员及就业情况表（T202）中部分指标调整。取消农村劳动力就业与流动情况表（T304）和农村住户劳动力就业与外出从业情况表（T402），取消农村居民家庭收入与支出表（T302）中指标“生产性固定资产折旧”。增加编码：210122 出售大米。

三、一体化住户调查

为了适应国家统筹城乡发展，加速推进城乡一体化，加快推进收入分配制度改革的要求，及时、准确、完整地反映国家实施城乡一体化战略的成果，我国政府统计改革城镇住户调查和农村住户调查分别实施的做法，建立城乡一体的住户收支调查体系。

（一）城乡住户调查一体化改革阶段（2012 年 3 月至 11 月）

2012 年 3 月，在参加全省试点工作动员与培训会议后，宁波成立以陈燕芬为主任的宁波市城乡住户调查一体化改革试点工作办公室，下设综合组、业务组和数据处理组，并选择在鄞州区开展城乡住户一体化改革试点，共抽选调查小区 3 个（城市、农村、城乡接合部各抽 1 个），分别为：中河街道兴裕社区第 011 普查小区、姜山镇山西村委会第 002 普查小区、东吴镇西村村委会第 006 普查小区。

4 月，完成城乡住户调查一体化改革试点业务工作。

6 月，到海曙区、江东区、江北区、北仑区等地调研城乡住户调查一体化改革前期工作准备。完成一体化调查样本量测算。

7 月，组织一体化调查方案的市级培训。各县（市）区清理样本框、抽选调查小区、选聘调查员。月底，参加全省城乡住户调查一体化改革暨分市县住户调查工作会议。

8 月上旬，参加全省一体化住户调查方案布置暨培训会议。制定宁波市城乡住户调查一体化改革工作方案和宣传方案，编制经费预算方案。中旬，召开全市城乡住户调查一体化改革工作会议，统一全市工作部署，明确工作要求，加快工作节奏。印发《宁波市城乡住户调查一体化改革工作方案》和《宁波市城乡住户调查一体化改革宣传方案》。县（市）区组织一体化调查方案的县级培训，进行入户摸底调查。

9 月，市政府办公厅下发《关于做好全市城乡住户调查一体化改革工作的通知》（甬政办发〔2012〕182 号）（以下简称《通知》）。《通知》进一步明确了宁波市开展城乡住户调查一体化改革的目标任务，并就如何积极稳妥推进改革工作提出了四方面要求，要求各地加强组织领导，强化责任落实，广泛宣传动员，严格质量管理。10 个县（市）区下发了政府文件，对样本轮换工作提出了具体的工作措施和要求，8 个县（市）区政府分管领导出席一体化改革工作动员会。

完成清查摸底与样本小区抽选工作。绘制调查小区图，编制建筑物清查表，编制住宅抽样框，抽选样本住宅。召开全市一体化住户调查辅助调查员业务培训会议，分五期对全市所有辅助调查员开展轮训。

10月，县（市）区抽选落实调查户，并完成开户调查。

11月，开展试记账工作。召开全市一体化住户调查数据处理程序培训会议。县（市）区召开记账户大会。

（二）一体化住户调查实施阶段（2012年12月至2017年）

2012年12月，新样本正式启用，标志着一体化住户调查全面实施。全市共抽中调查小区289个，抽中样本住宅3032宅（其中有71个调查小区抽中样本住宅均是12宅），抽中3017户城乡居民家庭作为代表国家、省、市、县四级的一体化住户调查样本记账户。

一体化住户调查实现了“六个统一”：城市和乡村住户调查统一组织进行；住户调查指标、口径统一；抽样方法统一；调查过程统一；数据处理统一；数据发布统一。

12月中旬，召开全市城乡住户调查一体化改革工作总结会议，总结交流城乡住户调查一体化改革工作，研究部署下一年度一体化住户调查工作。

2012年12月24日，国家统计局下发《关于全国一体化住户调查先进集体和先进个人评选结果的通报》（国统字〔2012〕111号），国家统计局宁波调查队、慈溪市统计局获得全国一体化住户调查市县级先进集体称号，陈琴、陈丹凤、叶巧华获得全国一体化住户调查先进个人称号。

2013年1月，国家统计局浙江调查总队下发《关于开展一体化住户调查工作先进集体和先进个人评选活动的通知》（浙调办字〔2012〕75号），国家统计局鄞州调查队等5家单位获得全省一体化住户调查先进集体荣誉称号；卢君等11人获得全省一体化住户调查市县先进个人荣誉称号；许新光等31人获得全省一体化住户调查乡镇（街道）、村（社区）统计调查人员及辅助调查员先进个人荣誉称号。

为了进一步总结经验、鼓励先进，更好地推进一体化住户调查工作，宁波市统计局、国家统计局宁波调查队印发《关于开展一体化住户调查工作先进集体和先进个人评选活动的通知》（甬统队发〔2012〕40号），决定授予海曙区统计局等5家单位全市一体化住户调查先进集体荣誉称号；授予张春霞等42人全市一体化住户调查先进个人荣誉称号。

2013年，进一步规范了一体化住户调查月季报编报说明编写，对月季报表的县级报送内容作了进一步的梳理和归类，要求按照统一的标准、表式上报“三表一单”。“三表”，即家庭成员及就业变动情况说明表、年中换户情况汇总表、大额收支核对表；“一单”，即审核清单。

拟订了《宁波市一体化住户调查双基工作制度》和《宁波市一体化住户调查网点管理办法》；在调查员管理方面，拟订了《宁波市一体化住户调查辅助调查员例会制度》和《宁波市一体化住户调查辅助调查员评优制度》；在质量检查审核方面，拟订了《宁波市一体化住户调查数据采集制度》、《宁波市一体化住户调查账页互审联检制度》、《宁波市一体化住户调查数据分析评估制度》和《宁波市一体化住户调查下点访户制度》；在数据发布使用方面，拟订了《宁波市一体化住户调查数据核定反馈发布制度》；在数据管理存档方面，拟订了《宁波市一体化住户调查台账制度》《宁波市一体化住户调查资料管理制度》。

7 月，召集各县（市）区从事一体化住户调查业务骨干，采取县（市）、区分组的方式，对上半年账页与调查表开展互审联检。

2014 年，印发了《宁波市一体化住户调查工作制度》，进一步规范市县两级住户调查工作。

8 月，组织各县（市）区业务骨干，采取县（市）、区分组的方式，对上半年住户调查账页与调查表开展互审联检。

2015 年初，完成《调查网点名录库》、《调查户基本情况库》和《辅助调查员基本信息库》（简称“三库”）的维护更新。

5 月，根据国家统计局浙江调查总队《关于开展 2015 年住户调查基层基础工作和数据质量检查的通知》（浙调办字〔2015〕24 号）要求，与总队业务人员共同组成检查组，代表总队对衢州市开展住户调查数据质量交叉检查。

5—6 月，分管领导带队，组织相关人员到 11 个县（市）、区开展住户调查基层基础工作和数据质量检查。

8 月，由国家统计局金华调查队副队长周竹青、处长方小华和国家统计局浙江调查总队居民收支调查处盛飞等一行 9 人组成的专项检查组，代表总队对宁波市进行了交叉检查。鄞州区、宁海县、象山县、慈溪市和江北区等 5 个县（市）、区被抽选接受检查。

10 月，专题开展住户调查业务评估培训，确保县级进一步掌握住户调查数据评估方法。

2016 年，为进一步推进住户调查信息化建设，宁波市正式启动住户电子记账试点工作。

3 月，召开了全市住户调查电子记账动员暨培训会议，动员和部署全市电子记账工作，要求各地本着“边试点，边推行，稳步推进”的原则，积极推进电子记账工作。

4 月，各县（市）区全面开展电子记账户的摸底工作，甄选出记账意愿强、电脑手机操作水平高的记账户 146 户，作为第一批电子记账试点户。随后，市队指导县（市）区开展辅助调查员、调查户的业务培训。编印下发了电子记账工作手册并且多次召开电子记账培训会，针对不同对象给予相应培训。

5 月，在全市 105 个调查网点（共 125 户）启动电子试记账，并同时进行纸质账本记账（“双轨制”）。为推广电子记账，县（市）区在评选优秀记账户时向电子记账户倾斜，并对电子记账户进行额外补贴，从各方面调动其对电子记账的积极性。

7 月起，根据《宁波市住户调查电子记账评估验收管理规定》，在电子记账试记账连续满 2 个月后，由各有关县（市）区统计局、国家统计局县级调查队对各县（市）区电子试记账户进行验收。

9 月，组织全市近 300 名住户调查辅助调查员开展了业务技能强化培训，着力提升辅调员的业务能力和工作水平。

10 月底，169 户记账户进行正式电子记账。

11 月，140 户记账户通过验收，实施单一的电子记账。

2017 年上半年，宁波市行政区划调整，对住户调查样本小区归属产生影响。行政区划调整涉及住户调查当期调查小区 64 个。为减少行政区划调整的影响，为新一轮样本轮换打好基础，着力做到方案、机构、人员、数据等四方面衔接，确保住户调查工作正常开展。

在宁波电视台《讲大道》节目中做专题介绍，结合“宁波调查”微信公众号推文，加强样本轮换工作宣传力度。

8月15日，召开宁波市住户调查样本轮换工作暨业务培训会议。会议对工作布置和业务培训内容进行科学统筹，传达全省住户调查工作会议及样本轮换培训会议精神，布置2017年宁波市住户调查样本轮换工作任务，讲解住户调查样本轮换工作抽样方案，并对国家统计局住户调查平台抽样操作及住户调查样本轮换现场抽样方法进行培训，同时将浙江省调查总队下发案例以讲解形式进行模拟教学。

8月17日，下发《关于开展住户调查样本轮换工作的通知》（甬调字〔2017〕31号），针对工作目标、工作内容、组织实施、进度安排、经费安排等方面进行详细说明，并对开展这项工作提出加强组织领导、严格执行抽样方案、加大培训力度、加强宣传引导和强化工作保障等五方面的具体要求。

8月底，完成住户调查样本轮换抽选和落实村级单位阶段工作。

9月，到江北区、余姚市、北仑区、镇海区等地参加县级业务培训会议，全程指导并参与辅助调查员业务培训工作。

9月底，宁波市委副秘书长、农办主任阎勤一行4人开展专题会商住户调查工作。宁波调查队队长赵同录主持召开座谈会，分管副队长陈斯恩、相关业务处室负责人及业务骨干参加座谈。

11月，印发《关于表扬2017年度宁波市住户调查市级优秀辅助调查员的通报》（甬调字〔2017〕37号），对成绩突出的陈忠花等17名市级优秀辅助调查员予以通报表彰。

经过前期准备、抽样框整理、村级单位抽选、调查小区确定、样本户的抽选、开户及试记账等一系列工作环节，耗时近一年终于全面完成了住户调查新一轮（2018—2022年）样本共计2950户抽中住户的开户工作（其中分省780户，分市县2170户）。12月1日起，新一轮住户调查样本开始正式记账。

四、住户类专项调查

（一）农民工监测调查

农民工监测调查体系，是根据国务院颁发的《国务院关于解决农民工问题的若干意见》（国发〔2006〕5号）文件为指导建立起来的。农民工监测调查始于2009年。农民工监测调查采用抽样调查方式，使用国家统计局抽中的农村住户以及所在地的行政村作为调查样本单位，根据调查频率和方式不同分为季度调查、年度调查和举家外出情况调查，采用访问员上门面访形式完成。调查范围涵盖海曙区、江北区、北仑区、镇海区、鄞州区、奉化区、宁海县等7个区（县），40个调查小区。农民工监测调查的主要内容包括：抽中常住户的所有住户成员的基本情况；住户人口与劳动力就业基本情况；外出从业人员及本地非农务工人员工作条件、收支情况、生活情况和社会保障情况；农村劳动力本地非农自营和创业情况；调查村人口、劳动力及举家外出情况等。

（二）农民工市民化监测调查

农民工市民化进程动态监测调查制度（以下简称市民化调查），根据《国务院关于进一步做好为农民工服务工作的意见》（国发〔2014〕40号）文件精神建立。从2015年起，市民化调查已经连续调查3年。调查样本覆盖海曙区、江北区、北仑区、镇海区、鄞州区、宁海县等6个区（县），30个调查小区，450 户调查家庭。调查方式采用入户面访 PAD 数据采集方式。调查内容包括：农民工及随迁家属基本情况，农民工就业、健康与医疗、居住条件、社会融合状况，未随迁的农民工家庭成员基本情况，农民工子女教育情况，农民工及共同居住家庭成员的收支情况，以及农民工在城镇的定居意愿。

（三）网购用户专项调查

网购用户专项调查依据《国家统计局关于开展网购用户专项调查的通知》（国统字〔2014〕90 号）文件执行。自 2014 年起，已连续调查 4 年。调查对象分为住户调查样本和一般网民调查样本。其中，住户调查样本是从当年第四季度有网购支出的调查户中随机抽选，一般网民调查样本采用雪球抽样法在住户调查以外网购活动较多的人群中抽选。调查内容包括基本情况、甄别问题、网购情况、网购评价、背景资料等。

第十一节　其他统计调查

改革开放后，随着城市化建设快速推进，城市地域不断扩大、作用地位日益上升，其社会经济发展情况愈加受到重视，1979 年 2 月，城市国民经济基本情况统计正式纳入全国统一统计年报制度。是年起，宁波成为填报城市。

1992 年 6 月，为反映企业集团化管理实效及企业生产经营状况，国家统计局首次提出建立企业集团统计，1997 年 3 月，浙江省正式组织开展企业集团统计调查，是年起，宁波纳入调查范围。

1998 年一季度，为反映宏观经济运行和企业经营状况，更好地满足国家宏观决策和管理的需要，根据国家统计局有关文件精神，浙江省建立起企业景气调查制度，是年起，宁波正式实施。

2004 年，为及时了解制造业采购业务活动情况，加强对国民经济的监测与预警能力，国家统计局开始开展制造业采购经理调查。是年起，浙江省同步开展，宁波市同时纳入调查。

国际比较项目是联合国统计委员会、世界银行等国际组织实施的一项国际性统计活动，2003 年 11 月，宁波首次参加世界第七轮国际比较项目。

一、企业集团、景气、采购经理统计调查

（一）企业集团调查

1992 年 6 月 22 日，国家统计局、国家计划委员会（以下简称国家计委）、国家经济体制改革委员会（以下简称国家体改委）、国务院经济贸易委员会（以下简称国务院经贸委）联合发布《国家试点企业集团统计管理实施办法（试行）》，首次提出建立企业集团统计。直到 1997 年四部门制定了《国家试点企业集团统计报表制度》，并以国家统计局《关于印发〈企业集团统计报表制度〉的通知》（国统字〔1997〕46 号）文件精神布置执行。1997 年 3 月 20 日，浙江省统计局、浙江省计划与经济委员会、浙江省经济体制改革委员会联合发文《关于布置企业集团统计报表的通知》（浙统工〔1997〕28 号）。

统计范围：国务院批准的国家试点企业集团、国务院有关部门批准的企业集团、省人民政府批准的企业集团（统称省批及以上企业集团，下同）。统计报表：分为集团统计表和子公司统计表。统计

报表内容分为三类：一是反映集团概况和母、子公司情况的基本属性指标；二是反映企业集团、母公司和子公司财务状况的指标；三是反映特定企业生产经营活动的业务指标。全省共有符合条件的271家企业集团于1997年4月底填报企业集团统计表，其中宁波市10家。

1997年11月，国家统计局、国家计委、国务院经贸委、国家体改委联合发文《关于印发〈企业集团统计报表制度〉的通知》（国统字〔1997〕391号）要求各省统计局、计委、经贸委、体改委和国家试点企业集团做好企业集团统计工作。主要对统计报表种类进行了修订，分为《企业集团统计年报》《企业集团统计半年报》《成员企业（公司）统计年报》《成员企业（公司）统计半年报》，统计报表内容不作调整。增加了调查问卷《企业集团调查问卷》（年报），主要内容为反映建立企业集团方面的进展情况与问题。

1998年2月4日，浙江省统计局、浙江省计划与经济委员会、浙江省经济体制改革委员会联合发文《关于布置新的企业集团统计报表的通知》（浙统企〔1998〕27号），对全省省批及以上企业集团布置1997年统计年报和1998年统计半年报。具体工作由浙江省企业调查队承担。

1999—2008年，在总体框架不变的情况下，国家统计局每年对企业集团统计报表制度做微调，统计范围也有所扩大。1998—2002年，企业集团统计范围为国务院批准的国家试点企业集团、国务院主管部门批准的企业集团、省政府及其主管部门批准的企业集团。2003—2009年，在原统计范围基础上，增加了年营业收入（主营业务收入与其他业务收入之和）和资产总计均在5亿元及以上的其他各类企业集团。

1999—2008年，宁波市企业集团上报统计报表的数量分别为：19家（1999）、22家（2000）、21家（2001）、26家（2002）、34家（2003）、31家（2004）、31家（2005）、33家（2006）、38家（2007）、44家（2008）。

2008年年报和2009年定期报表结束后，国家统计局取消了企业（集团）统计报表制度。

2010年浙江省统计局和国家统计局浙江调查总队决定继续开展企业（集团）统计工作，为此制定了《企业（集团）统计报表制度》（2009年统计年报），调查范围和调查指标与上年一致，只是调查频率由上报两次（年报和半年报）改为一年上报一次（年报）。共有438家企业（集团）上报了统计报表，其中宁波44家。

2011年，浙江经济和信息化委员会和浙江省企业联合会经省统计局批准，联合制定了《浙江省企业集团年度一次性调查方案》（2010年统计年报），调查范围改为年营业收入和年末资产总计均在10亿元及以上的各类企业集团（简称双10亿企业集团），调查指标、调查频率与上年一致，其中宁波38家。2012年停止执行。

（二）企业景气调查

为了准确、及时地反映宏观经济运行和企业经营状况，预测经济发展的变动趋势，更好地满足国家宏观决策和管理的需要，根据国家统计局《关于印发〈企业景气调查制度〉的通知》（国统字〔1997〕381号）、浙江省统计局《关于建立企业景气调查制度的通知》（浙统企〔1998〕8号）文件精神，建立浙江省企业景气调查制度，调查从1998年一季度正式开始，由省企业调查队统一抽选样本并组织实施，宁波企业调查队负责辖区内近200家调查企业的调查工作，包括问卷的布置、收集和录入等。

统计范围：八大经济门类（采掘业；制造业；电力、煤气及水的生产和供应业；建筑业；交通运输、仓储及邮电通信业；批发和零售贸易、餐饮业；房地产业；社会服务业）。统计报表包括：《企业基本情况表》和《企业景气调查问卷》。统计报表内容：一是企业的基本情况；二是企业家对当前宏观经济景气现状的判断及未来走势的预期；三是企业家对企业经营现状的判断及未来发展的预期；四是企业经营中的问题和要求。调查时间：每年的2月、5月、8月、11月。

2003年11月，为了认真贯彻执行企业景气调查方法制度，准确及时完成景气调查报表上报任务，更好地为科学决策提供服务。宁波市企业调查队制定了《宁波市企业景气调查工作考评办法》，并依据考评分值排序，将前20%的企业评定为“先进调查企业”，进行通报表彰。

2004年，为加强宁波市企业调查队与样本企业之间的联系，及时了解企业经营活动状况和企业统计工作情况，更好地发挥市企业调查队连接政府与企业的桥梁和纽带作用。决定在全市企业景气调查样本企业建立三级动态联系网络，即建立企业经理（厂长）、统计负责人（分管统计领导）和企业综合统计人员三级联系网络，宁波市企业调查队及时跟踪样本企业三级人员的变动情况，根据变化随时对三级联系网络进行更新维护。

2007年，为提高报表上报速度，减轻企业负担，国家统计局宁波调查队积极开展企业景气调查网上直报工作，在市统计局数管中心等部门的通力合作下，经过近半年的准备，全市近600家景气调查样本企业成功实现了网上直报。同年，宁波市利用OA办公系统中的短信平台，对全市企业景气调查样本单位进行短信群发提醒，大大减轻了催报的工作量。

2009年，为及时了解企业家信心和企业生产经营情况，为党委、政府制定政策、服务企业提供及时、准确的企业信息，促进全市经济又好又快发展，宁波调查队进一步加强企业景气调查工作，决定开展企业景气月度调查，由队统计监测处牵头落实。企业景气月度调查在原季度调查的基础上设置企业景气月度调查问卷（甬N239表），填报时间为2009年4月、5月、7月、8月、10月、11月的13—15日，通过联网直报平台进行网上直报。调查范围为2009年已确定的国家、省、市三级景气样本企业361家。调查数据经过审核、汇总、计算编制月度企业景气指数，并及时向市委、市政府及社会各界提供。

2010年，企业景气月度调查继续开展，月度调查问卷有效期延长1年。

2012年企业景气调查由原来浙江调查总队统计监测处改为浙江省统计局民生民意调查中心负责，宁波市仍然由国家统计局宁波调查队统计监测处组织实施，宁波企业景气调查样本增加到1214家。

2013年，因统计业务调整，国家统计局宁波调查队不再承担企业景气调查任务。

（三）采购经理统计调查

为及时了解制造业采购业务活动情况，加强对国民经济的监测与预警能力，为国家宏观调控和企业生产经营提供参考依据和咨询建议，2004年，国家统计局决定开展制造业采购经理调查。制造业采购经理调查是一项全新的统计调查，时效性强，技术性高。浙江省企业调查队根据国家统计局《关于开展制造业采购经理调查的通知》（国统字

〔2004〕121号）精神，在杭州、宁波、温州、嘉兴、湖州、绍兴、金华、衢州、舟山开展采购经理调查。该项调查要求各样本企业采购经理自2005年起每月在规定的时间内填报调查问卷，并通过互联网直接报送到国家统计局企业调查总队。宁波企业调查队主要负责做好辖区内样本企业的落实与联系，做好催报和数据审核。2005年，宁波制造业采购经理调查样本共13家。

统计报表：《企业基本情况表》和《制造业采购经理调查问卷》。报表填报内容：一是企业的基本情况：二是采购经理对当月企业生产经营情况的判断；三是采购经理对未来三个月企业发展的预期；四是企业生产经营中遇到的主要问题和困难。调查填报时间：每月22—25日。

2006年10月，为及时了解非制造业企业采购业务活动情况，国家统计局决定把采购经理调查范围扩大到非制造业企业，并下发《关于开展非制造业采购经理调查的通知》(国统字〔2006〕212号)。同年11月，浙江省企业调查队根据《国家统计局关于开展非制造业采购经理调查的通知》精神，决定在全省开展非制造业采购经理调查。宁波企业调查队主要负责做好辖区内样本企业的落实与联系，做好催报和数据审核工作。调查数据通过联网直报平台报送到国家统计局企业调查总队。2006年，宁波非制造业采购经理调查样本共13家。

统计范围，包括9个门类：建筑业；批发和零售业；交通运输、仓储及和邮政业；住宿和餐饮业；信息传输、软件和信息技术服务业；房地产业；租赁和商务服务业；水利、环境和公共设施管理业；居民服务、修理和其他服务业。统计报表：《企业基本情况表》和《非制造业采购经理调查问卷》。统计报表内容：一是企业的基本情况：二是采购经理对当月企业生产经营情况的判断；三是采购经理对未来三个月企业发展的预期；四是企业生产经营中遇到的主要问题和困难。调查填报时间：每月22—25日。

2013年，为确保采购经理调查数据能够客观反映宁波经济运行情况，更好地为地方政府宏观调控和企业生产经营提供决策依据和咨询建议，经过反复论证研究，决定建立以宁波市为总体的全市采购经理月度调查制度。为此，宁波调查队拟定了《宁波市采购经理调查工作方案》，在原有国家、省级样本的基础上对宁波采购经理调查样本进行扩充，扩充后全市调查样本企业总数为361家，其中制造业268家，非制造业93家，样本较2012年增加229家。

制造业调查样本扩充后，样本代表性大大增强，根据该调查数据计算的以市为总体的制造业采购经理指数对宁波具有代表性。为加强对宁波制造业运行的监测预警，宁波调查队自2013年3月起，开始按月编制宁波市制造业采购经理指数，经过3年的测算、评估，2016年3月，宁波制造业采购经理指数正式编制使用，基于该指数撰写的信息、分析报告上报市委、市政府，为领导决策提供参考。

2017年，为准确掌握宁波市非制造业企业生产经营活动情况，使非制造业采购经理调查样本更具代表性，宁波调查队积极扩充非制造业调查样本至221家，为下一步编制宁波非制造业商务指数作准备。

截至2017年底，全市采购经理调查样本共573家，其中制造业调查样本352家、非制造业调查样本221家。

二、城市与市县基本情况统计

（一）城市基本情况统计

城市基本情况统计是以中国行政地域中的城市为统计范围，主要反映城市经济建设和人民生活发展情况，由各市统计部门通过收集、整理各专业和业务部门统计报表及有关资料填报。

改革开放后，随着城市化建设快速推进，城市地域不断扩大、作用地位日益上升，其社会经济发展情况愈加受到重视，浙江城市基本情况统计范围逐步扩大，统计内容不断充实完善。

1979年2月，国家统计局印发《关于填报1978年城市国民经济基本情况（卡片）的通知》，城市国民经济基本情况统计正式纳入全国统一统计年报制度。卡片指标包括人口与土地、工业、农业、基本建设与城市公用事业、商业与饮食服务业、文教卫生、劳动工资与城市人民生活、财政8个部分共166个指标，分“全市总计”和“其中本市”两栏。是年起，宁波成为填报城市。

1981年，统计范围扩大、报表指标调整，城市国民经济基本情况年报分甲、乙两类报表，甲表内容增加“非物质生产企业”，由8个部分扩充至9个部分，指标增加到274项；乙表内容共8个部分，75项指标。甲表由省辖杭州市填报，乙表由宁波、温州、嘉兴、湖州、绍兴、金华、衢州7个地级市和椒江填报。翌年，城市国民经济基本情况年报改名为城市经济社会基本情况年报，取消甲、乙表，统一表式。1983年，城市经济社会基本情况年报改名为城市基本情况年报，其他基本不变。

1985年，年报增加余姚市和兰溪市，全省统计城市增至11个；内容扩大到人口，土地面积，农业，工业、交通邮电、电力，固定资产投资，市政公用事业，社会治安，商业，外贸与外经，教育、科技、文化、卫生，劳动工资，财政金融，行政区划共13个部分324项指标，形成较为完整的指标体系。之后几年总体保持稳定。

1990年，年报分城市基本情况报表和综合经济指标统计表两种，将原来年报中国民收入和国内生产总值内容列入综合经济指标统计表，城市基本情况统计表共12个部分363个指标；统计城市增加慈溪、奉化、丽水、临海、海宁、舟山、萧山、瑞安、江山、义乌、东阳、诸暨、黄岩、龙泉。

1993年，城市基本情况报表取消农村社会总产值、工业销售产值、客货运总量等指标，增加全部独立核算工业企业财务指标，进一步完善经济效益统计；城市综合经济指标统计表增加国内生产总值中第三产业分项指标，取消社会总产值、国民收入等指标。

1994年起，为减轻工作量，减少重复劳动，浙江省城市基本情况年报内容并入市县基本情况年报，由省统计局按照国家年报内容及变动等要求，以市县基本情况年报为主，摘取有关内容编制后上报国家统计局。

1995年，年报分12个部分共334项指标，全省编报城市达到33个，包括副省级杭州市、宁波市和温州、绍兴、嘉兴、湖州、金华、衢州、台州、舟山8个地级市及23个县级市。

1997年，国家《城市基本情况统计表》作较大调整，工业部分增加工业财务指标，取消劳动工资、外贸部分，将外经与批发零售合并，增加旅游统计和人民生活统计两部分；统计内容由10个部分组成。

2000年起，国家城市年报统计指标保持总体稳定，浙江根据社会经济基本情况变化和统计分析评价需要，仅作局部微调。

2001年，国家城市基本情况年报内容涵盖人口、劳动力及土地面积，综合经济，工业，交通运输、邮电通信、能源电力，贸易、外经、旅游，固定资产投资，文教、卫生、科技，人民生活，社会治安，市政公用事业，环境保护11个部分内容，共231项指标。2003年，"农业"部分新增6项指标。2005年，年报指标增加到260项，主要扩充工业，科技、卫生、社会治安等部分内容。2009年，取消"农业"部分6项指标，以凸显"城市"定位。

2010年，国家城市基本情况年报填报对象为全省11个设区市；统计内容仍保持11个部分，具体包括行政区划、人口、劳动力及土地资源，综合经济，工业，交通运输、邮电通信、能源电力，贸易、外经、旅游，固定资产投资，教育、科技、文化、卫生，人民生活、社会保障，交通、社会治安，市政公用事业，环境保护，共262项指标。

（二）市县基本情况统计

1985年开始，省统计局在城市年报基础上，增加一些指标，建立《市县基本情况统计年报》，分综合、人口和土地面积、农业、工业、交通邮电、固定资产投资、商业、教育科技和文化卫生、劳动工资、财政金融、物资、行政区划12个部分，共373项指标，由各县（市）统计局收集进行填报，各市（地）统计局审核汇总后上报省统计局，对已填报城市基本情况年报城市只要求填报少量补充指标。

1987年，市县基本情况年报新增1张附表，内容主要是社会总产值、国民收入、国内生产总值等18项指标，增加其他部分指标，年报共有424项指标，分人口土地和行政区划、农业、工业、交通邮电电力、固定资产投资、市政公用事业、社会治安、商业、外贸与外经、教育科技文化卫生、劳动工资、财政金融、物资消费13个部分。翌年年报分类内容调整，商业并入"外贸与外经"，共12个部分，增加104项指标，主要包括按行业分社会劳动者人数、全部工业总产值及分组（按现行价格）指标、全部独立核算工业财务指标、客货运总量、邮电业务总量分类指标、全社会固定资产投资、全民所有制单位固定资产投资及分类指标、城镇居民年人均生活费收入、职工生活费用价格指数、消费品零售物价指数等；取消指标有其他经济类型独立核算工业企业财务指标、地方财政预算内收入及支出分类指标、银行有关指标等。之后几年，年报内容分类等大体稳定，指标局部有所精简。

1993年，年报分《市县基本情况统计年报表》和《市县综合经济指标统计表》，前者仍为12个部分，取消占用耕地面积、行政区划、全部工业总产值按不变价分组、工业销售产值、客货运总量、城镇集体及个人和农村集体及个人固定资产投资等指标，增加全部独立核算工业企业财务指标等，共379项指标；市县综合经济指标统计表即为上年年报附表，取消社会总产值、国民收入等指标，增加国内生产总值中第三产业分项指标，共23项指标。

1994年起，市县年报和城市年报合二为一，内容分类局部调整，市县基本情况统计年报内容共13个部分，其中1—12部分与城市基本情况统计年报一致，最后部分为补充资料。此后，浙江市县基本情况年报内容和要求等，一直以满足上报国家为主进行调整变动，仅根据浙江个别特殊情况作部分指标增减。

2005年，年报主表有260个指标，补充表增加1%人口抽样调查相关指标后共33个指标。之后5年，报表内容大致相同，只根据全省社会经济发展情况和评价考核等需要调整，少量指标有变化。

2010年，市县基本情况年报共12个部分，第1—11部分与国家城市基本情况统计年报内容一致，共265项指标。第12部分为补充资料共41项指标，主要涉及全社会从业人员、地区生产总值指数、分产业固定资产投资、农村居民人均收入和支出等内容。

三、国际比较项目价格调查

国际比较项目（International Comparison Program，简称ICP）是联合国统计委员会、世界银行等国际组织实施的一项国际性统计活动，其目的是寻求一种能准确评价和比较各国国内生产总值规模和结构的途径。为了实现这一目的，该项目以购买力平价（Purchasing Power Parity，简称PPP）作为转换系数，将各国以本国价格水平核算的且以本币表示的国内生产总值（GDP）转换为用相同价格水平核算的且以统一货币单位（通常为美元）表示的GDP，以便国际比较和评价各国实际经济规模。

（一）第七轮国际比较项目

1. 城市居民消费价格调查项目

世界第七轮国际比较项目从2003年1月开始。本轮国际比较项目的基准年份为2005年。

世界第七轮国际比较项目（ICP）价格调查工作于2005年1月1日起在全球范围内同时启动，本轮ICP价格调查有160多个国家参加。宁波市作为参与本轮ICP价格调查的中国11个城市之一，于2005年1月起开展价格调查工作。

2003年11月，根据国家统计局办公室《关于在北京等11个城市开展国际比较项目调查的通知》（国统办字〔2003〕29号），宁波首次参加世界第七轮国际比较项目。宁波市统计局成立宁波市国际比较项目领导小组及办公室。

2004年，宁波市组织开展ICP居民消费价格预调查，确定ICP代表规格品，建立100多个调查点。

2005年，宁波市组织开展19次ICP居民消费价格调查：12次食品类价格月度调查、4次服装类价格季度调查、2次半年度调查和1次年度调查，共调查683个代表规格品的价格。

2. 农村居民调查项目

宁波农调队负责组织实施全市范围内的第七轮ICP农村居民调查项目。宁波农调队在国家统计局下发《国际比较项目（ICP）试点调查方案》的基础上，根据宁波市农村实际，制订了调查计划。对一些大众化的食品，确定2个经营品种齐全的农村超市进行调查，对新鲜蔬菜水果和畜禽产品，选择了2个农村农贸市场作为调查点，对一些品牌服装类，则安排在专卖店和百货商店进行采价。2004年12月16日专门召集调查员进行业务培训，对调查范围、调查方法、调查内容、调查时间进行了明确规定。根据国家统计局的统一部署，从2005年1月开始，宁波市农村ICP调查工作全面启动。

调查的方法是聘请选中的县（市、区）农村统计人员作为指导员，负责本地区ICP价格调查任务，并在当地招聘调查员，负责收集每个月调查点的价格调查表，初步审核所采价格，上报宁波市农调队。宁波农调队负责组织对指导员和市场调查员培训工作，对上报资料进行最后审核、录入，并上报国家统计局。

2005年6月9日，接到国家统计局国际比较《住房调查》项目通知后，宁波农调队迅即召开了农村住房调查工作会议，落实调查任务。调查人员利用2004年农村住户抽样调查资料，结合相关部门资料，对数据资料加工、剖析，逐项完成了ICP《住房调查》各项数据资料，圆满完成了本轮ICP农村住房调查工作。

2006年初，根据国家统计局的统一部署，宁波农调队召开了农村ICP调查工作会议，总结2005年农村ICP调查工作，传达全国ICP调查工作会议精神，布置2006年的工作任务。并根据国家统计局关于农村ICP补充调查的要求，增设了调查点，使调查数据更有代表性。同年5—6月，对调查数据进行上下联合审核，对采价上报的不符合要求的商品品牌作了修改，对调查商品的具体规格作了详细解释，各个调查点上报的数据质量有了明显提高。在6月国家统计局召开的ICP数据审核工作会议上，宁波市上报的数据得到了与会人员认可，受到了国家统计局的表扬。

3. 建筑品价格调查项目

国际比较项目（ICP）建筑品价格调查，通过收集承建商为建筑工程投入的资源而支付的全国平均价格，编制建筑购买力平价，满足国际比较的需要，是世界银行开展的国际比较项目（ICP）的一部分。

2006年，宁波作为全国参加世界第七轮国际比较项目（ICP）价格调查工作的11个城市之一，于2006年1月实施本轮宁波ICP机械品价格调查工作，调查内容为计算机、软件、办公通信用品等机械品价格。

2008年7月，世界银行公布了世界第七轮（2005）国际比较项目（ICP）最终结果，标志着本轮国际比较项目活动结束。

（二）第八轮国际比较项目

全球第八轮国际比较项目持续时间从2010年至2013年，调查基准年为2011年，即2011’ICP。

2011年1月，根据《国家统计局关于参加2011’全球国际比较项目调查的通知》（国统字〔2010〕105号）和国家统计局浙江调查总队、浙江省统计局《关于成立浙江省ICP领导小组及其办公室的通知》（浙调字〔2010〕74号）文件精神，国家统计局宁波调查队、宁波市统计局联合成立宁波市2011’全球国际比较项目（ICP）领导小组及办公室。

1. 居民消费价格调查项目

2011年2月，宁波市正式启动2011’ICP居民消费价格月度类别的调查工作。宁波调查队负责组织实施全市范围内的居民消费调查项目。2011年2月至2012年1月期间，宁波市共组织开展12次月度调查、4次季度调查、2次半年度调查，建立调查点440个，涉及调查代表规格品926个。

2012年2月，宁波市完成2011’ICP居民消费价格调查月度、季度和半年度类别的调查、复核、重调查等工作。

2. 住房租金调查项目

ICP住房租金调查，用于计算住房租金购买力平价，得到房租的最终支出，满足国际比较的需要。

2011—2012年，根据《国家统计局关于印发中国2011年国际比较项目（ICP）调查制度的通知》（国统字〔2010〕137号），国家统计局浙江调查总队和浙江省统计局决定在杭州市、宁波市和温州市等3个调查地区开展第八轮2011’ICP住房租金调查工作。宁波调查队负责组织实施全市范围内的住房租金调查项目，宁波共选择6个调查点，其中 4 个为城市调查点，2 个为农村调查点。调查对象为 6 家房地产经纪公司，调查内容为独栋别墅、联排别墅、公寓等居室类型不同使用面积的 64 个规格品，采集规格品 2011 年 6 月和 2011 年 12 月的年租金数据。

3. 建筑品价格调查项目

2011 年，根据《国家统计局关于印发中国 2011 年国际比较项目（ICP）调查制度的通知》（国统字〔2010〕137 号），宁波调查队负责组织实施全市范围内的 ICP 建筑品价格调查项目，选取了 6 家建筑安装工程类企业，每家企业分别选取 2 个建筑项目进行调查，共调查包括建筑材料、人工、租金等 3 大类约 60 种代表规格品，采集规格品 2011 年平均价格。

（三）第九轮国际比较项目

全球第九轮国际比较项目持续时间从 2017 年至 2020 年，调查基准年为 2017 年。

2017 年 5 月，根据国家统计局《关于开展 2017 年国际比较项目调查的通知》（国统字〔2017〕37 号）和国家统计局浙江调查总队的统一安排，国家统计局宁波调查队成立国际比较项目（ICP）领导小组及办公室。

1. 居民消费价格调查项目

2017 年 6 月，宁波市正式开展 2017 年国际比较项目（ICP）居民消费价格调查工作。2017 年 6—12 月，宁波市共组织开展 7 次月度调查、2 次季度调查、1 次半年度调查，建立调查点 283 个，调查代表规格品 1150 个。

2. 住房租金调查项目

2018 年，根据《国家统计局关于开展 2017 年国际比较项目调查的通知》（国统字〔2017〕37 号）精神及全国 ICP 住房租金调查培训班要求，国家统计局浙江调查总队决定在杭州市、宁波市和温州市等 3 个调查地区开展 ICP 住房租金调查工作。每个调查地区分别选择 4 个城市调查点和 2 个农村调查点，调查对象为房地产经纪公司，调查内容为独栋别墅、联排别墅、公寓等居室类型共计 19 种使用面积不等的住房 2017 年平均年租金。

3. 建筑品价格调查项目

2018 年，根据《国家统计局关于组织开展中国 2017 年国际比较项目机械设备、建筑品价格调查的通知》（国统字〔2018〕12 号）精神，国家统计局浙江调查总队决定在杭州市、宁波市和温州市等 3 个调查地区开展 ICP 机械设备、建筑品价格调查工作。其中，机械设备价格调查范围为杭州市，建筑品价格调查范围为杭州市、宁波市和温州市。宁波调查队负责组织实施全市范围内的 ICP 建筑品价格调查工作，建筑品价格调查对象为材料供应商、生产厂家、建筑工程总承包商、设备租赁市场、劳务市场、中介机构、咨询公司等，调查内容为原材料、机械设备和劳动力 3 个基本分类，共 53 个项目。调查开展时间为 2018 年 1—3 月，采集代表规格品 2017 年 7 月价格，用以代表全年平均价格。

资料来源：

（1）国统字〔2010〕137 号，国家统计局关于印发中国 2011 年国际比较项目（ICP）调查制度的通知，2010 年 12 月 31 日

（2）浙调字〔2018〕3 号，国家统计局浙江调查总队关于开展 2017 年国际比较项目（ICP）机械设备、建筑品价格调查的通知，2008 年 01 月 19 日

第十二节 主要部门统计调查

服务业相关行业部门较多，涉及交通、金融、外经、旅游、房地产、商务、科技、教育、卫生、文化等。而各主管部门的统计以条线实施，部署行业统计，尤以教育、卫生等部门为甚。此节中，选取与政府统计部门紧密相关的几个部门，综合介绍交通邮电统计、金融统计、旅游统计、海关统计和外经统计。主要围绕上述部门统计业务中由政府统计系统参与部署或布置制度的相关内容开展。

一、交通、邮电业统计调查

交通运输、邮电业的统计起始较早，新中国成立后，宁波市已经开展对交通运输、邮电业的相应统计，主要是根据国家和省统一部署，由主管部门负责实施，年报报送统计部门，作为市政府使用和对外发布统计数据的重要组成部分。后经过不断发展完善，形成《运输邮电业统计报表制度》，采取“条块结合”的调查模式，部分调查内容由统计局承担。在制度实施上，前期以实施国家和省制度为主，2010 年开始增加市级部门调查内容，形成执行上级制度与本级制度并行的局面。

解放初期，宁波市对交通运输的统计以水运和陆运为主，分海港、内河和公路，统计内容包括吞吐量、主要物资分类、客运吞吐量、搬运量及装卸量、主要运输单位交通工具等；对邮电业的统计包括邮电业务工作量、邮电收入及支出、邮电机构及设备、邮电劳动工资等。

1953 年交通统计年报显示，交通运输业统计包括《宁波市水运货运吞吐量统计表》《宁波市货物进出口分类统计》《宁波市水陆客货运量公私比重》《宁波市交通工具统计》《宁波市海港客货运进出口统计》《宁波港进口货物分类统计》《宁波港出口货物分类统计》《宁波港机动船舶分类统计》《宁波公路各线客货运统计》《宁波市公路货运量流向统计》《宁波市公路客货运输车辆统计》《宁波市内河客货运分线统计》《浙东内河货物流向统计》《宁波市内河轮木船舶统计》等报表。

对邮电业的统计包括《宁波市邮电局邮政业务收入》《宁波市电信业务收入》等报表。

1955 年，浙江省统计局制定了《1955 年度浙江省沿海运输定期统计报表表式及实施办法》，主要包括沿海客货运公私承运量月报、港口货运吞吐量计划执行情况月报、沿海运输货物服务对象月报、沿海货物流向月报、沿海营运船舶及职工人数季报等。该制度要求上海港务局宁波分局、温州办事处，上海海运总局海门办事处，浙江省航运局舟山航管处，宁波市港务局等需向宁波市人民政府计划统计处报送资料。

1957 年，为满足地方党政领导检查计划和编制计划需要，宁波市统计处发文，要求港务局、邮电局、航管处、运输处、汽车公司、搬运公司、电话公司 7 个部门将交通运输定期统计报表抄送宁波市统计处及交管局。定报（月、季报）涉及 35 张报表。

1958 年 2 月，为满足地方领导及时检查了解交通运输单位计划执行情况，宁波市统计局制定并开展 1958 年交通运输预计计划执行情况简速月报，报送对象为铁路宁波北站、港务局、轮船公司（包括民管局）、运输公司、三轮客车运输合作社、渡船合作社、手拉车合作社、堰坝运输社。

同年 12 月，根据工农业生产“大跃进”的新形势和各地贯彻全党全民办交通的方针，浙江省交通厅、浙江省统计局联合发文，扩大 1958 年地方交通货运量统计范围并进行一次年度估算。统计范围从专业运输及有组织运输扩大到机关企业、人民公社汽车轮船人力车、兽力车、木帆船自货自运部分以及有组织的成批的以肩挑背负等方式用人力进行运输所完成货运量，不包括农业田间运输和工矿、建筑工地内部运输的货物运量。调查选取部分交通工作较强的县进行典型调查后估算。

1959 年，为了解全国机关、企业、事业、群众团体、厂矿等单位和人民公社的运输工具实有数，国家统计局颁发《机关企业和人民公社公路、水上运输调查统计报表表式及实施办法》，浙江省统计局和浙江省交通厅结合自身需要，制定“本省公路、水上运输调查统计报表”，做一次性调查。

1961 年，为提高交通运输计划和统计工作质量，国家计划委员会、国家统计局、交通部颁发《“关于划分水运、公路货物运输量计划、统计范围的规定”的通知》[计联安字第 0005 号、(60) 统王工字第 170 号、交计统 (60) 孙字第 135 号]，对交通运输计划、统计的范围做进一步明确，规定为仅包括进入流通过程的货物运输量，不包括从事生产过程运输量。

同年 12 月，为全面了解非交通运输部门的运输人员和设备情况，宁波市计划委员会对全市交通运输部门所属企业以外的厂矿、企业、机关、学校、团体以及农村人民公社和城市人民公社所有从事运输作业的全部职工人数、设备工具情况进行一次全面调查。

1962 年，国家计划委员会、国家统计局、交通部联合颁发《关于建立机关、企业自有载货汽车货物运输计划、统计的几项规定》，凡每个机关或企业拥有载货汽车 10 辆及 10 辆以上都应填报定期统计报表，交通统计由交通系统内扩展到非交通系统。

1963 年，浙江省统计局制定工业、交通统计年报基层表式，由各地统计局布置，交通主要报表涉及 2 张，《农村及城市人民公社专业运输队交通运输基层报表》和《货运运输量年报》，面向专业运输队直接搜集数据。

1964 年，交通运输年报演变成五部分：一是由宁波市交通运输管理局提供的公路运输相关年报；二是由宁波市航运局提供的水路运输相关年报；三是由市航管所提供的年报；四是由统计局自行调查的运输工具实有数年报；五是由宁波市交通运输管理局提供的人民合作社专业运输队货物运输量。

“文化大革命”期间，交通运输统计一度中断，直到十一届三中全会后，交通运输统计逐步得到恢复发展。

1980 年，恢复非交通系统中重点单位自有载货汽车 10 辆及 10 辆以上运输统计制度。

1981 年，宁波市交通运输年报中包括省航宁波分公司填报的内河和沿海的《客货运输量》及货物分类，宁波市港务局填报的港口货物《吞吐量》及分类，宁波市交通局填报的《交通运输部门客、货运量》、《交通运输部门运输量及货物分类》、《交通运输部门运输船舶年底实有数》以及《汽车分公司技术经济指标完成情况》等。

1985年，省统计局、省交通厅按照建立全行业统计要求，制定《非交通系统自有载货汽车运输量抽样调查制度》。即由统计部门为主，以省为总体，全省11个地市各抽2至3个县，共选取25个县为样本县，推算全省数据，为建立全社会运输量统计奠定基础。宁波市统计局会同交通局开展此项调查，调查抽中单位的车型或厂牌、货车量数，货车吨位、行程、燃油消耗、货运量、周转量等指标。

1986年，浙江省统计局发布《工业交通统计报表制度》，收录了交通统计1986年年报目录。主要分三部分。一是《运输邮电综合统计年报》，共8张，包括由主管部门报送的《民用车辆船舶拥有量》《运输线路长度》《客、货运输量》《交通运输、邮电企业主要技术经济指标》《运输、邮电企业财务收支情况》《邮电主要经济指标》；由市统计局提供的《全社会客货运输（吞吐）量》；由部门和统计局共同提供《独立核算运输、邮电单位产值（试行）》，其中交通系统内由部门提供，非交通系统由统计局填报。二是《非交通系统民用载货汽车抽样调查方案》。三是《非交通系统独立核算运输单位基层报表制度》，包括由各市、地、县（市）统计局上报的《非交通系统独立核算运输单位基层表》，由杭州市和宁波市统计局报送的《重点城市交通运输企业经济效果指标》以及由交通部门上报的系统内公路、水运《客、货运输量》3张报表。

1987年，机动车车辆监督管理职能由交通部转归公安部，此后全社会机动车运输统计由各级公安部门负责，同时向各级政府统计部门报送统计资料。

同年，国家统计局下发《运输邮电统计报表制度》，包括运输邮电综合统计报表、非交通系统独立核算运输单位基层报表制度、非交通系统民用载货汽车抽样调查方案和运输邮电业务统计报表4个部分，浙江省根据国家制度，结合本地实际情况进行修订，下发《工业交通统计报表制度》，以收录前三部分。

1988年，为反映交通运输行业在经济体制改革进程中的现状及存在问题，为领导部门制订政策提供可靠依据，国家统计局开展了“公路运输企业体制改革意向性调查问卷”，宁波市由市统计局工业基建处组织实施。

1992年，按照浙江省交通厅、浙江省统计局联合颁发《浙江省非交通部门公路运输统计调查实施办法（试行）》（浙交〔1992〕111号）文件要求，开展非交通部门公路运输抽样调查。调查对象为非交通部门从事公路旅客、货物运输（包括营业性运输和非营业性运输）的各类机动车和人力车。对非交通部门独立核算的公路运输单位（专业公路运输车队）的运输实行全面调查，执行年、季报统计报表制度；对其他单位和个体（联）户的运输统计分成两种，一是对汽车运输统计采用抽样调查方法；二是对运输用拖拉机、三轮机动车、其他简易机动车、非机动车等运输采用典型调查方法。由各级公路运输管理部门统计上报。

1993年，国家统计制度改革，制定新的统计报表制度，浙江省结合实际，制定本地各专业基层统计报表制度和综合统计报表制度。交通运输相关报表形成两套制度，分别为《运输邮电业综合统计报表制度》和《交通运输业企业统计报表制度》。

1994年，为更好地组织公路、水路运输全行业统计工作，按照1992年7月21日中华人民共和国交通部、国家统计局第36号令发布的《公路、水路运输全行业统计工作规定》，浙江省交通厅、浙江省统计局联合发文《关于印发〈浙江省公路、水路运输全行业统计工作规定实施细则〉的通知》

（浙交〔1994〕44号），对公路、水路运输的统计范围和对象、调查方法、职责分工等做进一步明确规定。宁波市按照文件要求开展公路、水路调查。

统计对象明确为：一是浙江省境内注册登记从事营业性和非营业性公路、水路运输的单位、个体（联户）；二是从事公路、水路营业性和非营业性客、货运输的各类机（非机）动车、船。

调查方法，对不同的调查对象采用不同的调查方法。一是对交通部门专业运输单位采用全面调查方法；二是对非交通部门独立核算的公路、水路专业运输单位，采用抽样调查为主，部分统计内容采用全面调查；三是上述以外的运输单位和个体（联户）采用非全面调查的方法。

在职责与分工上，省交通厅、省统计局负责领导和协调全省公路、水路交通运输全行业统计工作，贯彻、执行交通部、国家统计局的统计制度和调查方案，制定全省交通运输全行业统计调查方法和统计报表制度，由省交通厅组织实施。

各级交通局（委）负责辖区内公路、水路交通运输全行业统计工作的组织和协调，贯彻执行省制度和调查方案。省交通厅公路运输管理局、航运管理局根据省制度，制定全省公路、水路非交专业统计调查方案。各市（地）、县（市）公路、航运管理部门按照上级业务主管部门的布置和要求，组织和实施行业统计调查。

在资料报送上，明确公路、水路交通运输全行业统计调查资料实行条块结合的报送程序。一是交通部门专业运输单位的统计资料由当地交通主管部门按隶属关系逐级收集审定汇总上报上一级交通主管部门和同级统计部门；二是非交通部门运输单位、个人和交通部门非专业运输单位的统计调查资料由公路、航运管理部门按隶属关系逐级收集、审定、汇总、上报上一级公路、航运管理部门和交通主管部门，同时报送当地统计局；三是由当地政府统计部门直接布置给企业的报表，由企业直接报当地统计局。

1994年，在吸取上一年统计改革经验教训的基础上，国家统计局对上年制定的新的统计报表进行了修订，浙江省统计局修订了国家的《运输邮电业统计报表制度》，将上年两个制度合并，发布本地区的《运输邮电业统计报表制度》。报表分年报和定期报表两种，包括企业报表制度和综合报表制度。其中，宁波统计局涉及年报综合报表有《全社会客货运输（吞吐）量》（D303表）、《独立核算交通运输企业主要运输工具及设备》（D304表）、《独立核算运输企业财务状况》（D305表），同时归档中国民航宁波站的损益表。基层企业年报有：由县级以上独立核算企业填报的《企业（单位）基本情况》（101表）、《公路运输企业运营情况》（D102-1表）、《水上运输企业运营情况》（D102-2表）、《内河（沿海）港口企业主要设备及吞吐量》（D102-3表）、《独立核算运输（港口）企业财务状况》（D103-2表）。综合年报中的《民用车辆拥有量》（D301表）、《民用运输船舶拥有量》（D302表）、《运输线路里程》（D308表）、《邮电业务量》（D350表）、《邮电通信水平》（D351表）等报表由省级主管部门提供。

1996年定期报表中增加《独立核算交通运输企业生产情况和主要财务指标》季报。

1999年定期报表取消《独立核算交通运输企业生产情况和主要财务指标》季报。

2001年，基层表中将《公路运输企业运营情况》（D102-1表）、《水上运输企业运营情况》（D102-2表）、《内河（沿海）港口企业主要设备及吞吐量》（102-2表）和《财务状况》（原D103

表）合并成《独立核算运输企业运营能力及主要财务指标》（D103 表）。综合表中将《运输线路里程》（原 D308 表）分成《公路线路里程》（D307 表）、《内河航道里程》（D310 表）、《铁路线路里程》（D318 表）和《民航航线及里程年末数》（D333 表）等 4 张表，由主管部门填报。以《独立核算运输企业运营能力及主要财务指标》（D303 表）取代《独立核算运输企业财务状况》（原 D305 表）。以《邮电通信行业基本情况》（D337 表）取代《邮电业务量》（原 D350 表），增加《主要港口码头泊位数》（D315 表）和《主要港口吞吐量》（D316 表）。

2002 年，《独立核算运输企业运营能力及主要财务指标》（D303 表），统计范围调整为独立核算的公路、水上运输和港口企业。

此后，《运输邮电业统计报表制度》涵盖的报表不断调整发展。浙江省制度逐渐演变为主要由省级运输邮电部门和公安厅报送的报表。仅个别报表需要统计局填报。

2004 年，为更深入了解交通经济概况，宁波市统计局与宁波市交通局合作开始启动物流产业增加值的测算工作，此后该项工作成为一项长期的统计工作；该工作是结合宁波坐拥世界级港口和商贸大市的特征，针对物流对国民经济贡献而发，主要产出结果包括物流业增加值总规模、占地区生产总值（GDP）的比重、物流总成本规模、物流成本占 GDP 的比重等。测算工作的启动，让交通邮电统计工作从以往的侧重业务量转为业务量与经济效益并重的局面，该工作为交通主管部门开启了全面评估行业工作效率提供了详尽的参考信息，促使交通行业主管部门对本行业发展的管理从以往的业务量为重，转型为业务拓展与质量效益并重的局面。

2007 年，国家《交通运输邮电业》制度中新增铁路、航空、管道、公路、水路、港口等能源调查部分，其中铁路和航空的能源情况由铁道部和民航总局直接报送。管道由中石油、中石化报送；公路、水路和港口企业能源消费情况则由各省（区、市）统计局负责具体组织实施与报送，各地交通部门负责提供调查所需的营业性运输车辆数和水路运输企业名录等有关数据。当年浙江省运输邮电制度中还未新增能源相关调查。根据省制度规定，宁波市仅宁波机场需报送综合年报“全社会客货运输（吞吐）量（D302）”和“民航航线及里程年末数（D333）”两张综合年报。

2008 年，浙江省《运输邮电业统计制度》中，也相应增加了国家制度中由统计局上报的能源基层年报和综合年报。其中，基层年报主要有四张：一是《载客汽车能源消费》（D102 表），调查范围为在道路运输管理部门登记注册的从事公路运输的营业性载客汽车；二是《载货汽车能源消费》（D103 表），调查范围是在道路运输管理部门登记注册的从事公路运输的营业性载货汽车；三是《水路运输企业能源消费》（D104 表），统计范围为从事水路客货运输的营业收入占到全部法人企业营业收入 90% 的部分重点法人企业；四是《港口能源消费》（D105 表），调查范围是规模以上沿海和内河港口。宁波市在具体实施中除港口能源表外，均采用抽样调查的方式实施。

年报还增加综合报表《各市营业性运输车辆按车型分类数量》（D348），调查范围是在道路运输管理部门登记注册的从事公路运输的营业性载客和载货汽车，由宁波市交通局提供，宁波市统计局报送。

2010 年，《运输邮电业统计制度》取消“全社会客货运输（吞吐）量（D302）”综合年报。

同年，宁波市发布《宁波市市级部门业务统计报表制度》，将局内各处室涉及的35个部门提供的报表进行整合。其中，交通包括6张月报表，分别为《宁波海运公司水路运量表》(FYS1表)、《宁波栎社国际机场生产完成情况统计表》(FYJC1表)、《宁波市交通局全社会运输量表》(FYJ1表)、《宁波市交通局港口信息表》(FYJ2表)、《市交通局分货类吞吐量表》(FYJ3表)、《市交通局水路、公路动力表》(FYJ4表)，执行至今。

自此，宁波市在交通邮电方面的统计从单一执行国家和省制度转变为执行上级制度和本级部门制度并行的模式。

2011年，为进一步做好交通统计工作，宁波市统计局制定了《交通运输邮电业统计台账》，台账包括4个部分，一是企业基本概况；二是企业资产负债、损益分配、薪酬税负等；三是物流企业经营情况，内容涉及客货运量及周转量、货物吞吐量与装卸搬运量、货运代理量、寄递业务量等；四是物流企业水电煤油气等能源消费情况。台账的建立为交通运输企业规范各类统计数据奠定了基础。在当年的统计调查中，宁波市还根据实际情况制定了《现代物流与客运业业务活动情况》，内容包括企业交通运输设备拥有情况，如客货车拥有量、船舶拥有量、铁路运营里程、管道里程、仓储设施、码头概况等，还包括交通运输生产经营情况，如客货运量及周转量、货物吞吐量及装卸搬运量、货运代理量、寄递业务量等。

2014年，国家统计局运输邮电业统计制度发生较大变化，改名为《运输邮电软件业统计报表制度》，仅保留统计局上报的部分，其他由主管部门报送的报表统一归并入《部门综合统计报表制度》。浙江省统计局制度同样更名，但仍保留了由部门提供数据的报表。

2016年，浙江省制度新增综合定期月报表《公路、水路营业性客货运输经营情况》(D407表)。报表分“综合”和“企业”2个部分，综合类由省交通厅报送，企业部分由各市统计局报送。范围为浙江省2015年公路运输主营业务收入前10位、水路运输主营业务收入前3位的单位。宁波市共7家单位参与调查。

2017年，浙江省《运输邮电业软件业统计报表制度》中宁波市统计局需填报的报表主要有2个部分，共计5张表。一是基层年报表，载客汽车、载货汽车、水路运输企业以及港口4张能源消费表。二是综合定期月报表《公路、水路营业性客货运输经营情况》(D407表)。该报表在上年基础上增加了部分主观题调查，并将统计范围扩大到公路、水路货运企业。当年，宁波市共有10家载客汽车、50家载货汽车企业参与营业性公路运输车辆调查，67家水路运输企业参与能源消费调查。

二、金融业统计调查

一直以来，宁波市的金融统计以部门统计为主，由主管部门统一布置实施。2005年宁波市建立《宁波市服务业统计制度》，开始由统计局开展对银行、保险、证券及其他金融业的调查。2010年，宁波市制定了《宁波市市级部门业务统计报表制度》，将33个部门提供给统计局的报表进行整合，其中包含了由金融主管部门提供的报表。

从历史记录看，在1990年以前，记录在档的金融业统计资料鲜有，金融业统计多以金融部门为主。1956年宁波市对中华人民共和国成立以来金融业做了粗略统计，1962年金融业做过临时性调查，在1963年初，宁波市人民银行曾公布了一份

1953 年至 1962 年金融业发展概况，1979 年为了解信贷资金使用情况曾短暂要求工业企业物资部门向有贷款关系的银行报送统计表，此外，关于金融统计的记录相对匮乏。

1956 年 4 月，宁波市统计处曾公布了《宁波市解放几年来财政金融主要统计资料》，该资料对 1950 年到 1955 年之间，宁波市的保险费用（强制保险与自愿保险），人民银行存款业务（对公、合营私营、储蓄、其他），放款业务（对公、合作社、对私、公私合营企业）等情况做了粗略统计。

1962 年 7 月，为弄清 1962 年 6 月底市场货币量的分布状况，分析研究市场货币流通量比年初减少的原因，人民银行总行和国家统计局联合通知决定对 6 月底市场货币分布状况进行一次性调查，中国人民银行浙江省分行、浙江省统计局发布《关于调查六月底市场货币量分布状况的联合通知》（银计字第 91 号、浙统贸字第 139 号），部署该项工作。

同年 9 月，为满足地方领导的需要，让统计部门能够掌握经常性的统计资料，宁波市计划委员会下发《关于建立财政金融定期统计报表制度的通知》（计财字第 290 号），建立财政金融系统定期统计报表。其中，由市人民银行提供的有《现金出纳计划执行情况》《银行信贷计划执行情况》两张表。该制度从当年三季度开始执行。

1963 年 4 月，宁波市人民银行曾发布《宁波市金融事业的前十年回顾和后十年展望》，该报告对从 1953 年到 1962 年这两个五年计划期间，宁波市金融业发展概况做了描述，记录了到 1962 年底全市的各项存款总额、银行储蓄余额、放款总额、货币收支总额等主要指标，并以表格的形式记录了这十年宁波金融事业的基本概况，有了金融统计的基本雏形。

1979 年 2 月 8 日，国家统计局、中国人民银行总行联合发文《关于工业企业、物资部门和供应机构向银行报送统计报表的通知》[（79）银信字第 7 号、（79）统工字第 8 号]，是为了银行及时了解企业生产经营、资金使用情况，要求全民所有制及集体所有制民用工业企业向当地有信贷关系的银行报送八项经济指标、工业总产值及主要产品产量、生产用原材料燃料收支与库存、产品收拨存等，物资部门上报物资收拨存等。同年 3 月，浙江省计划委员会、中国人民银行浙江省分行转发了此通知，明确省内各地执行。

1979 年，宁波市计划委员会、中国人民建设银行宁波支行曾联合发文 [市计（79）160 号、（79）甬建行字第 34 号]，要求包括北仑山码头工程、镇海电厂、浙江炼油厂等在内的各建设单位向建设银行报送统计报表。

20 世纪 80 年代，金融业统计多以人民银行或专业银行的内部统计为主，如人民银行年度公布的金融统计年报，工农建交中等商业银行的年度决算等。

1987 年，金融统计年报包括 23 张报表，包括银行、信用社和金融信托机构的相关数据。报表为《银行存款余额汇总统计表》《银行贷款余额汇总统计表》《财政性存款统计表》《专业银行缴存存款及往来户统计表》《农村信用社资金来源统计表》《农村信用社资金运用统计表》《银行现金收入及差额分月统计表》《银行现金支出分月统计表》《农村信用社现金收入及差额统计表》《农村信用社现金支出统计表》《中国银行外汇存、贷款余额统计表》《市场货币流通量分布情况表》《银行收兑和配售金银统计表》《侨汇收入地区统计表》《银行损益概况统计表》《人民银行损益概况统计表》《年末全省银行机构、人员、业务量统计表》《城市信用合作社存款余额统计表》《城市信用合作社贷款余额统计表》《城市信用合作社现金收入统计表》《城市信用合作社现金支出统计表》《金融信托投资机构存、贷款汇总统计表》《金融信托投资机构外币存贷款汇总统计表》。

1993年，金融统计年报缩减到20张，新增《金融机构存款余额汇总统计表》《金融机构贷款余额汇总统计表》《人民银行信贷资金来源运用汇总统计表》《银行贷款累计发放数汇总统计表》；减少《专业银行缴存存款及往来户统计表》《中国银行外汇存、贷款余额统计表》《侨汇收入地区统计表》《人民银行损益概况统计表》4张；《城市信用合作社存款余额统计表》和《城市信用合作社贷款余额统计表》合并为《城市信用合作社存、贷款余额统计表》，《城市信用合作社现金收入统计表》和《城市信用合作社现金支出统计表》合并为《城市信用合作社现金收支及差额统计表》，《金融信托投资机构存、贷款汇总统计表》和《金融信托投资机构外币存贷款汇总统计表》合并为《金融信托投资机构存、贷款汇总统计表》。

金融统计年报截至2000年。

2006年，宁波市服务业统计制度正式建立。宁波市统计局印发《宁波市服务业单位调查方案》和《宁波市服务业个体户调查方案》，开展对服务业全行业的统计调查。其中对金融业实行全面调查的模式，但当年仅其他金融业率先纳入统计调查字典库。

2007年6月，宁波市统计局对全市银行、保险等金融业企业开展培训，要求填报统计报表，并把报表管辖权下放到县市区级。采用与普通企业一致的《服务业企业法人单位财务状况调查表》进行数据采集。调查内容主要包括资产、负债、收入、利润等财务指标，以及分县市区的业务收入等，调查单位主要是各金融机构在宁波的总部，将其视同法人开展统计调查。如银行业宁波地区的分行，保险业宁波地区的分公司，暂未开展对证券业的调查。

2008年，《宁波市服务业统计制度》将原先适用于金融和普通企业的财务表进行分类，增设《银行业主要经济指标调查表》《保险业主要经济指标调查表》《证券业及期货业主要经济指标调查表》。从当年年报开始，证券和期货业宁波营业部纳入服务业统计范围。

2010年，宁波市整合大服务业统计制度，将33个部门提供给统计局的报表进行整合。其中，对人民银行、证监局和保监局布置了月度统计报表。《宁波人民银行月度统计报表》（FRH1表）包括金融机构存贷款余额及其分类、金融机构现金收支情况等指标；《宁波市证监局月度统计数据》（FZJ2表）包括证券交易、证券成交额、市值、股票账户数、期货交易等指标；《宁波市保监局保险业月度统计情况表》（FBJ2表）包括保险保费收入、赔付支出、退保金、手续费及佣金、利润、资金运用等指标；《宁波市银监局主要监管指标变动情况》（FYJ1-FYJ2表）。

自此，宁波市统计局对金融业的统计主要包括两个部分。一是归属于《宁波市服务业统计制度》中的对金融业的调查，包括各政策性银行、商业银行、股份制银行、城市商业银行、农村商业银行、农村合作银行、邮政储蓄银行在宁波的分行，宁波本地银行业法人机构、农村信用合作社、村镇银行、财务公司；各大人身保险、财产保险、信用保险、专业保险等驻宁波分公司（中心支公司），宁波本地执行保险业会计制度的法人机构；部分证券期货等金融企业进行月度及年度统计调查。主要调查内容是企业的资产负债、损益分配、报酬税负等经济指标。调查表分成执行金融业会计制度和执行企业会计制度两大部分。二是归属于《宁波市市级部门业务统计报表制度》中对金融业主管部门的调查报表，以人行宁波分行、银监局、保监局、证监局为主，通过政府信息交换平台，向宁波市统计局定期提供银行业存贷款、保险业务基本情况、证券业务基本情况等。通过这两个渠道的统计调查，宁波金融统计形成了比较完备的金融企业财务概况与业务概况同步调查的统计工作体系，成为国内为数不多的对金融业实施较为全面统计调查的城市之一。

2014年，因第三次经济普查对视同法人单位做出明确规定，银行业各总行在宁波设立的分行，保险业各总公司在宁波设立的分公司可以视同法人，但证券公司在甬营业部不再视同法人，因此取消非法人机构的证券营业部的调查。

三、旅游业统计调查

改革开放后，随着旅游业的迅猛发展，国家开始探索建立旅游统计报表制度，浙江省相应建立制度，宁波市按照国家和省制度开展统计工作。旅游统计从仅统计国际旅游情况逐步发展到统计国内国际情况。2000年以前，旅游统计工作由统计局负责，2000年以后，职责部门转移到旅游局，由旅游局开展部门统计。后宁波市统计局又参与了黄金周统计、全域旅游产业统计等工作。

1980年，中国旅行游览事业管理总局（以下简称国家旅游总局）下发《关于旅游统计报表制度的暂行办法》，从当年10月起开始执行，浙江省相应建立旅游统计制度。内容包括接待国际旅游者人数、人天数和旅游部门设备、职工、接待能力等方面统计。

1983年，国家统计局制定旅游统计报表制度，把外事旅游创汇收入作为统计内容，省统计局和省旅游局联合下发《关于健全外事旅游创汇统计的联合通知》，进一步加强和明确这项统计工作。

1984年11月，根据国家统计局部署，浙江省统计局下发《关于布置旅游统计报表制度的通知》，从当年年报开始试行，主要报表包括《旅游部门业务盈亏季（年）报》、《接待旅游人数季（年）报》、《分部门接待人数季（年）报》、《接待外国人数分国别季（年）报》、《旅游外汇收入季（年）报》以及《旅游部门所属单位设备情况年报》等。

1985年5月，浙江省统计局、浙江省旅游局联合转发国家统计局和国家旅游总局《国内旅行社统计报表制度》，从当年二季度开始开展国内旅游统计。是年11月，为反映沿海开放城市贯彻执行对外开放政策情况，国家统计局下发《关于一九八六年旅游统计报表制度的有关通知》，将杭州市、宁波市、温州市列入国家重点城市，直接将国际旅游情况上报给国家统计局。

同年12月20日，宁波市统计局下发《关于填报旅游统计年（季）报的通知》（市统〔1985〕39号），布置该项工作，根据国家旅游统计制度规定，凡接待旅客单位均须填报旅游统计报表。从1985年年报起，增加《国内旅游情况（年）季报》。报表的频率为年报和季报。主要调查国内旅游的人数、人天数，旅馆、招待所的房间数和床位数等。

1986年年报增加两张表。一是《国内旅游接待情况及其主要设施年报》，主要调查旅行社、宾馆、饭店、旅社、招待所、浴室、车队、个体户以及其他旅游部门全年接待游客人数、人天数，以及期末实有旅游设施。二是《国内旅游接待单位人员情况》，调查上述部门期末职工人数和全部人员结构。

1987年，统计报表主要有三大变化。一是增加三张表，增加《重点城市接待过夜旅游者人数月报》，调查外国人、华侨、港澳台同胞在宁波过夜人数和人天数；增加《接待过夜旅游外国人分国别、地区月报》；增加《旅游部门所属单位设备情况年报》，调查旅游部门房间、床位数和汽车拥有数。二是《旅游部门业务盈亏季（年）报》调整成为《旅游部门经营情况季报》，调查旅行社、饭店、车船队的营业收入、税金、费用、利润等指标。三是《旅游外汇收入季（年）报》《国内旅游情况（年）季报》改为月（年）报。

1993年，《接待过夜旅游外国人分国别、地区月报》改名成《接待过夜旅游者情况月报》，新增《旅游企业综合情况年报》，当年收录27家旅游企业主管部门、级别、经济类型、详细地址、负责人、电话号码、营业收入、房间数、床位数等基础信息。

1994年1月27日，浙江省统计局转发《关于1994年国际旅游（外汇）收入统计的紧急通知》，对各地区国际旅游外汇收入报表上报渠道、计量单位和指标口径等作出具体规定。

同年12月，国家统计局在认真吸取1993年统计改革经验教训的基础上，对上年制定的新的国家统计报表制度进行修订，浙江省统计局于12月1日下发《关于布置一九九四年年报和一九九五年定期报表制度的通知》（浙统制〔1994〕90号），其中收录了旅游统计调查制度《国际旅游综合统计报表制度》。

1995年5月18日，为进一步加强国际旅游统计，浙江省统计局、公安厅、旅游局联合下发《关于加强国际旅游统计工作的通知》（浙旅〔1995〕计统字第112号），强调各级要进一步加强旅游统计领导，健全统计制度，扩大国际旅游统计范围，即由原来仅限旅游涉外饭店（宾馆）统计，扩展到旅游部门批准的旅游涉外饭店和经公安部门批准的涉外饭店、公寓、旅游船、接待海外过夜旅游者的其他住宿设施及私人住所4个部分，同时提出要加强国际旅游统计信息科学化、规范化管理工作。是年，省统计局对《国际旅游综合统计制度》同步作改进和归并。

1999年，根据国家旅游局、国家统计局《关于从2000年起实施新的旅游统计调查制度的通知》（旅发〔1999〕05号）文件精神，浙江省旅游局、浙江省统计局联合发文《关于实施新的〈旅游统计调查制度〉的通知》（浙旅〔1999〕计统字第264号），在国家旅游统计调查制度的基础上制定《浙江省旅游统计调查制度》。按照新制度要求，各市（地）旅游局负责收集、审核和汇总本地区有关统计资料，并向省旅游局和当地统计局报送资料。新制度从2000年1月1日开始执行，由基层统计报表、部门综合表、旅游抽样调查、专业统计报表和附录5个部分组成，有关汇总分析实施软件由国家旅游局统一编制。自此开始，宁波市旅游统计工作主要职责移交给宁波市旅游局。

2000年，根据国家旅游局、国家统计局《"黄金周"旅游信息统计调查制度（试行）》要求，省旅游局、省统计局制定了《浙江省假日旅游信息预报统计调查实施办法（试行）》，从当年"十一黄金周"开始试行。是年，浙江省人民政府成立浙江省假日旅游办公室，下设假日旅游信息统计中心，具体负责每个假日时段的节前预报、节中预警及调查、节后统计汇总和提供新闻发布数据等工作。统计范围包括全省11个市级旅游城市的旅游住宿设施、旅行社、年接待量超过20万人次景点（或年接待量虽没超过20万人次，市级旅游局认为有代表性的景点）、市内交通部门、重点商业企业、重点餐饮企业、铁路运输、民航运输、公路运输、水运运输等部门单位，按照“三级监测、城市为主、分工协作、分级负责”原则组织实施。宁波市统计局承担了宁波市被调查单位的催报工作。

2005年，经国家旅游局批准，浙江省着手开展了区域旅游卫星账户的编制试点工作。浙江省统计局、旅游局、浙江大学为主要成员的课题组，以2001年联合国统计署和世界旅游组织共同发布的《旅游卫星账户（TSA）建议的方法框架》为指导，确立了“以国民经济核算为总框，以经济普查资料为基础，以相关专项调查为补充”的编制原则，积极探索建立了浙江省旅游卫星账户编制方法。此编制方法具有以下特点和创新之处：一是大量运用了第一次经济普查的资料，结合大量的专项调查，不仅在旅游产品和旅游行业的数据来源上有了更准确可靠的依据，同时也与最新的国民经济核算进行了有效接轨，使浙江省的旅游卫星账户成为真正意义上的国民经济附属账户，其核算成果更加真实可信；二是采用全省及11个市统一编制、分级核算的方法，使省内各市的旅游业核算纳于全省总框架下，基本解决了全省旅游统计数据一直以来存在的“横向不可比、纵向不衔接”的问题；三是填补了当时旅游统计上的一些空白，对居民家庭接待入境旅游者、专业市场的商务游客等情况进行了调查，提高了国内游客人数统计、接待入境旅游者人数统计、国际旅游收入统计、国内旅游收入统计的准确性和可靠性；四是在旅游实物社会转移的统计方面作了一定的研究，采用了国民生产总值核算中对非市场化部门核算的通常做法，使浙江省旅游卫星账户的核算与地区生产总值的核算保持内外一致性和可比性；五是尝试计算了自用或免费使用的第二住宅的旅游消费价值；六是尝试计算了区域内旅游业务费用，使得旅游消费的统计更加全面；七是探索了旅游业公共消费的计算方法。

2010年，在借鉴浙江省统计局发布的《浙江省乡村旅游统计调查方案》《非盈利性场所游客比重调查方案》《居民旅行前后消费情况调查参考方案》《旅游业务费用调查方案》等补充方案的基础上，宁波市统计局开始逐年测算本地旅游产业总产出、增加值和从业人数等核心经济指标。

同年，宁波市发布《宁波市市级部门业务统计报表制度》，将局内各处室涉及的33个部门提供的报表进行整合。其中，宁波市旅游局需提供2张综合月报表：一是涵盖“入境旅游人数（人次）”“入境旅游收入”“星级饭店平均客房出租率”“星级饭店平均房价”4个指标的《市旅游局综合报表》（FYL1）；二是涵盖“旅游总收入（其中国内旅游总收入）”“国内旅游人数”“入境旅游人数”“入境旅游收入”“星级饭店平均客房出租率”等指标的《市旅游局综合报表》（FYL2），制度执行至今。

2013年7月，浙江省旅游局和浙江省统计局联合发文《浙江省旅游局、浙江省统计局关于开展旅游产业贡献度统计指标体系试点工作的通知》（浙旅政法〔2013〕152号），在总结前期试点工作的基础上，对区域旅游贡献度测算方案作了进一步规范，其中的重大突破是将原旅游卫星账户中难以在实践中具体操作的困难，简化为每一种旅游产品被游客消费的百分比（即旅游比例），并通过各个行业旅游比例来推算相关总产出、增加值和从业人数的核心指标。

2014年，宁波市旅游局和宁波市统计局在省级试点方案的基础上，结合宁波市自身特点，下发了《宁波市旅游产业贡献度统计核算试点工作方案》。根据工作方案要求，在目前旅游统计及相关统计体系的基础上，由宁波市旅游局补充开展本地居民旅行前后消费情况、非营利性场所游客比重、本地单位招待费用等3项调查工作。宁波市统计局在此基础上，对本地区旅游产业增加值进行测算，并对2010年以来的旅游产业增加值进行了修订。

2015年，国家统计局依据《中华人民共和国统计法》《国务院关于促进旅游业改革发展的若干意见》，以《国民经济行业分类》（GB/T 4754—2011）为基础，制定并颁布了《国家旅游及相关产业统计分类（2015）》（国家统计局令〔2015〕第16号）。本分类分为旅游业和旅游相关产业两大部分。旅游业是指直接为游客提供出行、住宿、餐饮、游览、购物、娱乐等服务活动的集合；旅游相关产业是指为游客出行提供旅游辅助服务和政府旅游管理服务等活动的集合。该分类的颁布，为进一步做好旅游产业统计监测工作奠定了基础。

2016年，省统计局和省旅游局在《国家旅游及相关产业统计分类（2015）》的基础上，结合《浙江省人民政府关于加快培育旅游业成万亿产业的实施意见》（浙政发〔2014〕42号）文件精神，开展了全域旅游产业界定的研究。与国家统计局对旅游产业的界定相比，浙江的全域旅游在国民经济行业范围上，增补了旅游产品的生产制造活动，导入了旅游发展集聚区的概念，是指集聚了“吃住行游购娱”六大旅游资源要素、旅游服务要素的区域集合，主要包括由省级以上政府或部门认定并授牌的旅游产业集聚发展的区域类型；导入了旅游发展融合区的概念，是指旅游产业与一、二产业中任何一个行业之间相互联系、相互融合，从而在地域上形成功能互补的空间范围，主要包括由省级以上政府或部门认定并授牌的旅游产业融合发展的区域类型；导入了旅游特征企业的概念，是指能够持续、稳定地生产或提供一定规模、满足特定旅游消费需求的旅游产品或旅游服务的法人单位，但该企业所在行业未被包含在全域旅游产业认定范围内，同时所处地理位置也未被划入任何旅游发展集聚区或旅游发展融合区。

为配合全域旅游统计测算工作，同时还建立了《浙江全域旅游产业名录建库方案》。名录建库由旅游部门和统计局按分工合作原则开展。其中，统计局提供《浙江全域旅游产业界定办法》中涉及的全部行业小类调查单位基本情况（含法人、产业活动单位），个体经营户提供行业中类清单，具体涉旅企业确定及相关生产经营情况指标由旅游部门负责组织实施；无证无照个体调查由旅游部门负责组织实施，统计部门做好相关业务指导。

同年末，浙江省旅游局和浙江省统计局决定开展全省旅游统计改革工作。明确要求：所有申报创建全国及省级全域旅游示范区的市县，2017年底前必须组建旅游统计专业机构，配备专职旅游统计人员，建立旅游产业基础名录库和旅游产业测算统计指标体系。其他各市县参照相关标准，于2018年底前完成相应工作，各市指导所辖县（市、区）开展工作。

2017年5月，浙江省旅游局和统计局又联合出台了《浙江全域旅游产业测算方案》，将以往的“区域旅游”提升至“全域旅游”，全面梳理前期县域试点经验，明确了相关部门的工作职责，将以往使用的“旅游比例”演变至“旅游消费系数”，明确由旅游部门负责调查、收集并提供相关数据；旅游产业内部重要组成部分乡村旅游的收入及其构成情况，由旅游部门提供相关数据。宁波市宁海县、奉化区、象山县三地参与首批全域旅游测算。

四、贸易外经统计调查

（一）海关统计

海关统计以实际进出口货物为调查对象，反映国家对外经济贸易的实际情况。宁波海关在宋元明代称市舶司或市舶务。清康熙年间开关后称浙海关。道光二十四年（1844）宁波正式开埠后，仍称浙海关。清代中晚期，近代西方的统计理念传入中国。清朝末期，近代统计方法首先应用于海关统计。

清朝以前市舶司时期，海关统计制度极简单，最初是为了满足税收统计的需要。自北宋端拱二年（989）设置的两浙路市舶司至明宣德四年（1429）所设的北新关，以及明代和清顺治二年（1645）复设的南新关，仅有极为简单的税收统计。清乾隆十五年（1750），命各关关税按年度奏报，内容包括当年课税的总额、各项收支数额及关税起解日期，与税银同时进京。清嘉庆四年（1799），清政府为督促监督在税收中尽收尽解，保证税课收入，编造了三种关口征税时用的簿册，即商填册、循环册和稽考册。

近代海关统计制度是从清朝咸丰八年（1858）开始建立的，根据《中英天津条约》规定统一各地海关制度，聘用洋人帮办税务开始逐渐建立。次年起至清同治二年（1863）期间，各地海关开始编制进出口贸易统计——《中国贸易统计》。同治四年（1865），订立更精确的统计制度，开始编制《海关年报》。同治七年（1868）以后，编印《海关贸易册》，内容有实际进出口货物的数量和金额，并按贸易港口和贸易国别进行统计。

咸丰八年（1858），曾编制浙海关的贸易统计，然为时仅1年。完整的海关统计制度是在咸丰十一年（1861）年近代浙海新关成立后开始的。光绪十七年（1891），开始编制《宁波海关10年报告》。光绪二十年（1894），开始编制《宁波口华洋贸易情形论略》。光绪三十三年（1907），开始编制《常关1902—1906年宁波报告》。民国9年（1920），浙海关对统计报告予以调整，改名为《浙海关华洋贸易统计报告书》及《贸易统计册》。民国18年（1929），将每年的贸易报告改为《贸易季报》，直到宁波沦陷为止。抗日战争胜利后恢复。

民国38年（1949）5月，宁波解放后，江海关宁波分关（后为上海海关宁波分关、支关）按海关总署的规定，制发统计报表和报单，1951年宁波海关撤销，统计工作随之中断。

1980年，海关统计恢复，宁波海关据此逐步建立和完善海关统计工作，实施《海关统计制度及其实施细则》，按月向海关总署电报月出口分类商品、数量、价值等项。

1984年开始，宁波海关向宁波市统计局和市外经贸委等单位提供统计资料。宁波海关提供给宁波市统计局的主要是进出口货物统计数据。

2010年，宁波市整合大服务业统计制度，将33个部门提供给统计局的报表进行整合。其中，对宁波海关布置了8张月度统计报表。分别为《宁波海关企业分县（市）进出口总值表》（FYH1、FYH2表）、《宁波海关企业分企业性质进出口总值表》（FYH3表）、《宁波海关宁波市企业分贸易方式进出口总值表》(FYH4 表)、《宁波海关企业分洲别及主要国家(地区)进出口总值表》(FYH5 表)、《宁波海关宁波市企业进出口商品类别表》(FYH6 表)、《宁波海关宁波市前十名出口企业》(FYH7 表)、《宁波海关宁波市前十名进口企业》(FYH8 表)。

(二)外经统计

对外贸易统计以国(地区)境作为统计边界,凡进出口商品都纳入统计范围。宁波是对外贸易发展较早地区之一。早在唐代,明州(今宁波)已是市舶贸易口岸,留有与日本、高句丽通商统计资料。民国初年,宁波海关定期向总税务司上报《出入口货的分类统计》《出口货的价值统计》《入口货的价值统计》等多种报表。

中华人民共和国成立后,于 20 世纪 50 年代初建立对外贸易业务统计制度,并随着国家对外贸易事业发展和外贸体制改革深化而不断完善,直至利用海关进出口数据。

1952 年,中央人民政府对外贸易部颁发《国家对外贸易统计暂行办法》,开展对外贸易统计。

1953 年,中央人民政府对外贸易部颁发《国家对外贸易机构统计制度》,中央人民政府国家统计局(53)统贸字第 153 号通知规定,先将商品流转部分的基本报表和劳动工资与组织机构部分的报表随文颁发,自当年 7 月 1 日开始试行。浙江省人民政府统计局转发通知,1952 年《国家对外贸易统计暂行办法》随之废除。

1961 年 12 月,浙江省统计局、浙江省商业厅、浙江省供销合作社、浙江省粮食厅、浙江省水产厅、浙江省卫生厅、浙江省轻工业厅联合颁发《关于颁发 1962 年对外贸易统计制度的联合通知》[(62)浙统贸第 221 号、(62)商厅外字第 453 号、(62)浙合计字第 92 号、(62)浙粮计统字第 778 号、(62)渔供字第 150 号、(62)卫药字第 0550 号、(62)轻工计字第 3509 号],报表共计 8 张,调查内容主要包括供应出口及畜产、丝绸、茶叶的购销存报表,畜产、丝绸、茶叶省外调入、调出省外的报表,对社会主义国家直接出口协议合同执行相关情况的报表。

后对外贸易逐渐转向资本主义市场,统计工作按照对外经贸部要求作出相应调整。

1978 年,国务院颁布《开展对外加工装配业务实行办法》。外贸部也相应增加"对外贸易来料加工、装配加工业务统计"。

20 世纪 80 年代,随着外贸体制改革深入,外贸业务统计制度加强"全行业进出口统计",并结合外汇收支管理需要,在"外贸实际出口"统计中先后增设"国内出售""代理出口"等统计指标及相应规定。

1983 年,国务院明确外经贸部负责汇总利用外资统计报表,各部门和地方有关部门按照统计制度规定,按时向外经贸部和所在省外经贸部门报送统计报表。

1987 年,为更系统地搜集和整理有关本地区利用外资、对外投资、进出口贸易和旅游等对外经济贸易的资料,反映对外开放政策的主要成果,浙江省根据国家统计局《对外经济贸易综合统计报表制度》和对外经济贸易部等部门有关制度规定,结合全省实际,制定《对外经济贸易综合统计报表制度》,制度包括三个部分,一是利用外资统计;二是对外贸易统计;三是旅游统计。其中,对外贸易统计主要是《进出口情况统计表》,由省级各有关部门、宁波市、温州市及有进出口业务地区的政府统计部门进行报送,统计范围包括本地区进出口贸易公司及有经营进出口权的企业。

1989 年 3 月，宁波市统计局颁发《关于要求按时上报对外经济综合统计报表的通知》（市统〔1989〕27 号），要求各县市区按照浙江省对外经济综合统计制度（试行），按月、按季上报《沿海开放城市、经济技术开发区和开放区主要经济指标季报表》《外商投资企业生产经营情况综合季报表》《无偿捐赠现款统计表》《无偿捐赠物资统计表》《商品信贷统计表》《外国和港澳地区在华直接投资综合月报表》等报表。同年 7 月起，各县市区所属的“三资”企业将报表由报送给国家统计局改为直接报送当地统计局。

20 世纪 90 年代，对外开放程度进一步扩大。

1990 年 9 月，宁波市人民政府办公厅发文《转发市统计局关于明确外资统计工作有关问题请示的通知》（甬政办〔1990〕67 号），针对外资统计工作中存在的范围不清、关系不顺、口径不一等问题，提出意见。明确了多种报表的填报单位和上报时间。

1990 年 10 月 17 日，为加强和完善浙江省对外经济统计工作，更好适应日益扩展的对外经济往来和满足各级政府对外经济宏观决策需要，省统计局下发《关于加强借用国外资金统计、外商投资企业生产经营情况统计工作的通知》。当年宁波市上报年报中增加《外商其他投资统计表》。

1992 年起，规定对外贸易统计应反映通过贸易行为引起一个国家或地区物质资源储备增加或减少的商品运动，并与国内新国民经济核算体系相适应，强化地域统计原则，取消和精简部分统计报表。同年，省统计局开展“三资”企业统计报表现状调查。为保证统计数据准确性和严肃性，浙江省人民政府办公室发文《转发省经贸委、统计局关于加强浙江省利用外资统计管理工作的通知》，对统计任务的下达主体、归口部门、数据发布方式以及利用外资统计的报表权威性等作出明确规定，进一步加强了利用外资统计管理工作。

1993 年，宁波市统计局增加由市统计局制定的《借用海外资金统计表》《宁波市在海外直接投资统计表》《国有土地使用权出让情况月报表》等。

1995 年，国家统计局在认真总结 1993 年以来统计报表制度改革经验的基础上，修订了 1995 年统计年报和 1996 年定期统计报表制度。浙江省按照“三统一活、相对稳定、分布式实施和减轻基层负担”的原则修订省制度，修订后的制度将国内贸易业、对外贸易业和物资供销业实行并轨，由批发零售贸易业、餐饮业一套报表制度下达。

1999 年开始，国家自上而下取消《利用外资统计报表制度》，有关资料直接取自外经贸部门。外贸进出口统计以海关统计为主，一直延续至今。

2010 年，宁波市在大服务业统计调查制度背景下，将 33 个部门提供给统计局的报表进行整合。其中宁波市外经贸局提供 7 张统计月报，分别为《外经贸局宁波市利用外资综合表》（FYW1 表）、《市外经贸局（外商直接投资）利用外资分企业同期对比表》（FYW2 表）、《市外经贸局分各县（市）、区利用外资目标进度表》（FYW3 表）、《市外经贸局分各县（市）、区利用外资目标进度续表》（FYW4 表）、《市外经贸局（外商直接投资）利用外资分国别（地区）分析表》（FYW5 表）、《市外经贸局进出口综合情况》（FYW6 表）、《市外贸局分县（市）、区进出口总值表》（FYW7 表）。

第五章　统计服务

Chapter 5　Statistical Services

民国时期，已有综合、专业、月度、年度等各类汇编性统计资料，但总体上呈时断时续状，缺少统一的规范，且遗留至今者甚少。

中华人民共和国成立后，随着统计报表制度的建立和各类专项调查的开展，全市各级统计部门把提供统计资料与分析、发布统计信息等作为基本工作职责，限于当时条件和保密要求，其形式、种类和数量等相对单一尚不丰富，且面向社会公布不多。20世纪50年代初，统计部门主要精力用于建立统计制度、抓好重要调查和积累资料上，其间，虽也提供了不少统计资料，但总体上，还处于以综合汇编统计资料为主的起步阶段，主要反映国民经济计划执行进程和区域经济发展成就。20世纪50年代至60年代初，开始普遍进行初级统计分析，并逐渐发展提高，重点加强综合平衡等分析研究。"文化大革命"期间，一些基本统计报表一度中断，统计资料汇编、统计分析、统计信息与咨询服务等也基本中断。

改革开放后，随着党和国家工作重心转移至经济建设上来，全市统计系统认真贯彻全国统计工作战略目标和指导思想，开始围绕经济建设这个中心，建章立制、创新载体，持续深化、强化统计分析研究，统计服务日益加强，统计成果明显增多，统计信息、咨询和监督的整体功能得到较好发挥。特别是市统计局成立后，全面加强统计信息和资料服务工作，创新载体、丰富品种、增加内容、提高质量、扩大供给对象、加大供应频率和公开力度，快步走向规范化、多样化和大众化，为各级党政领导、相关部门和社会各界提供大量各类统计信息资料。在资料汇编上，形成以《宁波统计年鉴》为龙头、各种资料汇编相互匹配的格局；统计分析上，定性和定量相结合，加强实证分析，进一步开展社情民意调查分析和统计预测、预警分析，更多地参与全市宏观经济决策。1981年，市统计局开始编撰《统计分析》《消费与价格》，并建立健全统计分析制度。1987年开始编辑《宁波简明信息》、《宁波统计信息》、《宁波城调信息》和《东南沿海著名港城宁波》。1988年研究建立信息工作规范和制度，建立信息工作网络，并编印《信息工作业务通讯》，统计信息分析工作明显加强，优秀统计成果不断涌现。

进入21世纪后，全市各级统计部门坚持与时俱进，开辟新渠道、开创新载体，提高透明度、拓展发布面，持续增加种类频率、扩展供给范围、完善机制制度、扩大社会影响，向深度、广度、高度行进。特别是在加强对经济运行监测分析、加强专题分析和重点课题研究、加强统计综合监测评价、加强综合统计服务等方面进行不断开拓与创新。

第一节　统计资料

统计资料是统计调查活动成果，是通过统计活动得到反映社会、经济、科学技术发展情况等统计信息的总称。

1953年宁波市人民委员会统计科成立后，各级统计部门视每年定期提供各类统计资料为基本任务，以满足多方需求，此期间经历起伏曲折逐渐走向规范。

改革开放后，统计资料工作按"快、精、准"

要求，开始创新载体、丰富品种、增加内容、提高质量、扩大供给对象、加大供应频率和公开力度，快步走向规范化、多样化和大众化，为各级党政领导、相关部门和社会各界提供大量各类统计信息资料。

进入21世纪以来，《统计分析》《统计信息》等传统产品含金量日增；年度统计报告与资料汇编等延伸提供给各级“两会”代表；《改革开放三十年宁波社会经济发展报告》《辉煌宁波六十年》等面向各界发行，全市社会经济发展和人民生活等主要统计数据定期在“宁波统计信息网”加载，供全社会免费使用，大量统计信息资料公开、开放成为趋势。2015年，建立交叉审核校对工作机制，并进一步加强对《宁波统计年鉴》、《统计专报》、《宁波统计月报》、《浙江数据要情》（宁波部分）等统计产品的综合评估和系统比对，确保指标数据客观真实地反映宁波发展实际。

一、综合统计资料

综合统计资料，是对国民经济各部门主要统计数据的综合汇编。全市综合统计资料汇编主要分四大类。

（一）国民经济统计资料

包括年度资料与历史资料两种。1958年，宁波市计划委员会编印第一本历史统计资料——《宁波市国民经济统计资料（1953—1957）》，分综合、工业、农业、商业、交通等10个部分的内容。1959年，宁波市计划委员会编印《宁波市国民经济十年统计资料（1949—1958）》。分综合、工业、农业、商业粮食、基本建设、运输邮电、财政金融、文教卫生、劳动工资等9个部分。1963年，宁波市统计处进行历史统计资料收集、整理，完成了《宁波市国民经济统计资料（1949—1962）》的编纂工作，内容分综合、农业、工业、基本建设、交通运输、商业、财政金融、文教卫生和劳动工资等方面。1960年，宁波市计划委员会编印第一本年度统计资料——《1959年宁波市国民经济统计资料》，分综合、工业、农业等11个部分。此后，每年均编印该资料本。

1979年，宁波市计划委员会对“文化大革命”时期中断、散失的统计资料及1949—1978年统计资料进行重新收集、整理，编印《宁波市国民经济统计资料（1949—1978）》，汇总了新中国成立30年来宁波市社会经济的主要指标数据，为恢复、发展国民经济和制订国民经济计划提供依据。此后，各级统计部门每年定期汇编国民经济统计资料渐成惯例，并日趋多样、系统、规范，重要时期、关键节点不定期编发综合性历史资料。1980年，宁波市统计局根据历史资料、历年上报的统计年报和有关部门提供的材料，整理汇编了《宁波市国民经济统计资料（1949—1979）》。

1985年，宁波市统计局编印《宁波市城市基本情况》《十四个沿海城市、经济特区主要经济指标》。1986年，编印《宁波市基本情况手册》，以文字、图表、数据的形式编印了《“六五”时期宁波市经济、社会发展概况资料》。1987年，为了适应宁波市计划单列横向对比需要，编印了《东南沿海著名港城宁波》。1989年，编辑出版《宁波奋进四十年（1949—1989）》，反映新中国成立40年来尤其是党的十一届三中全会以来，改革、建设取得的伟大成就和人民生活的巨大变化。1991年，编辑出版《宁波“七五”时期成就（1986—1990）》，全面展示了宁波“七五”时期在经济、社会、科技等方面取得的成就。编印《沿海开放城市、计划单列市及经济特区主要统计指标汇编》。1996年，编辑出版《辉煌的“八五”（1991—1995）》，时任市委常委、常务副市长谢建邦担任该书编委会主任，市委主要领导为该书作序。首次公开发行3000册，后因受到社会各界的普遍欢迎又再增印4500册。1997年，编印《沿海开放城市、经济特区、计划单列市统计资料汇编》。1998年，编辑出版《宁波改革开放二十年（1978—1998）》，分8篇41章，展现了改革开放20年来宁波在政治、经济、社会等各方面取得的成就，时任市政府主要领导为该书作序。1999年，经有关部门的配合，市统计局编辑出版《宁波五十年（1949—1999）》，全面、系统地展示了新中国成立50年来宁波经济发展和社会进步的历程。2008年，编辑出版的《回眸发展历程　见证港城巨变——改革开放三十年宁波社会经济发展报告》，作为全市纪念改革开放30周年暨计划单列20周年大会的参阅资料。2009年，为宣传宁波解放60年来所取得的巨大成就，编辑了一册《辉煌宁波六十年》宣传专刊，该书分宁波概况、宁波解放、辉煌六十年等9个部分，全面准确展示了宁波解放60年以来的巨变。2011年，编印《2007—2010年宁波市经济和社会发展概况》和《“十一五”宁波社会经济发展纪实》资料本。2016年，编辑完成题为《适应新常态谱写新篇章——“十二五”宁波社会经济发展回顾》的统计资料专刊，该专刊图文并茂，数据翔实，在纵横向比较中生动展示了“十二五”时期全市社会经济发展取得的巨大成就，为进一步认识宁波，探索、研究社会经济发展规律，制定新时期发展战略提供了查询资料。

2015年，宁波调查队开展历史数据资料汇编，以历年《统计年鉴》为主，通过各专业统计调查报表进行校对补充，详细汇集了调查工作开展以来多个专业的调查数据资料，既涵盖了各专业历年的年度资料，也包含了部分月度（或季度）数据情况，增加专业情况介绍、有关制度变动和主要指标解释等内容，便于查阅和理解。同年12月，《宁波调查历史数据汇编（1953—2014）》正式出版，内容包括宁波市城乡居民生活情况、居民消费价格指数、工业生产者价格指数、房地产价格指数、规模以下工业和企业景气指数等，便于社会各界了解和分析宁波相关领域和指标的变化情况。

（二）**统计提要**

旨在反映国民经济主要统计数据，方便使用、查阅和携带，不同时期名称有所区别。1963年，宁波专员公署办公室首次编印《1962年宁波地区国民经济统计资料提要》，内容有土地面积、人口、工业、商业、基本建设、交通运输、财政金融、文教卫生、劳动工资等主要统计数据。1964—1966年，均编印了该资料本，至“文化大革命”时期，资料本编印中断。1976年，宁波市革命委员会计划办公室编印《国民经济统计资料提要（1949—1975）》，内容涵盖了宁波解放以来26年的工业、农业、商业、人口、交通、教育、卫生等11个方面的数据。1984年，宁波市统计局编印《1983年宁波市国民经济统计及提要》。1985年，编印《宁波市国民经济统计资料（1984）提要本》，此后，每年编印该提要本。1998年，改名为《国民经济和社会发展情况》简要本。

（三）**统计年鉴**

1985年，为推进统计信息社会化进程，适应改革开放需要，参照国家统计局公开出版的全国第一部《中国统计年鉴（1982年度）》和省统计局首次试编的《浙江经济统计年鉴》，市统计局首次试编《宁波市国民经济统计年鉴》。1989年起更名为《宁波统计年鉴》，版面也做了更改，由32开横版本改为16开直版本，扩充了统计信息量，内容分综合、工业、农业、投资、交通、商业、外贸、物资、科教文卫、金融、工资福利、物价及人民生活、市政及其他等13个部分。1991年，排版有所变化，分为宏观经济信息和微观经济信息两大部分，其中宏观经济信息分综合、农业、工业、投资等13个部分，微观经济信息分工业、商业、外贸等5个部分，内容上增加了反映重点企业的微观信息，进一步提高了年鉴的实用价值，发行量也大为增加。1993年，微观经济信息部分另刊专辑，内容包括工业企业的经济效益考评情况，建筑、房地产等大中型企业考评排序情况等。1995年，内容进一步扩充，分综合、农业、工业、投资、服务业、港口等15个部分。此后4年体例基本未变化。1999年，《宁波统计年鉴（1998）》在参加中国统计出版社资料评比中获一等奖。2000年，增设“三区一岛”主要经济指标。2001年起，为提升美观度，采用大16开本排版印刷。2002年，将统计公报编入年鉴，目录及第一章“综合”实现中英文对照编排。2003年，全书实现中英文对照编排，删去了“三区一岛”部分，改进和完善了指标体系和内容，删除了一些不常用的指标，对过细的分类也作出相应的调整，使统计年鉴更具时效性、适用性和开放性。2004年起，加入“企业景气指数”部分。2004年，在全国性的统计年鉴评比中，《宁波统计年鉴》获二等奖。2007年起，统计年鉴纸质版和电子光盘同步出版，可通过电脑阅读、下载所有内容，实用性大大提高。2009年，制定年鉴编辑出版计划，进一步规范年鉴编撰流程和质量要求。2013年，在国家统计局组织的城市年鉴评比中，荣获三等奖。2015年，删去“企业景气指数”部分。

（四）宁波概览（况）

1985年，市统计局编印《宁波市概况》。2000年，《宁波概览》一改过去数字堆砌的面孔，以少而精的原则筛选出最能体现宁波市情的数据，撰写概要文字配以精美图片，印成中英文小开本，作为对外宣传资料，受到社会各界好评。《2012宁波概览》在内容和数量都增加的基础上，在“两会”召开之前完成了编辑出版，并向政协委员和人大代表分发了1900份。至2017年，《宁波概览》已成为“两会”期间代表和委员们参政议政的好帮手，市领导及有关部门在接待和出访时也被广泛应用，成为宣传宁波、介绍宁波的一张精美名片。

新中国成立以来宁波市各计划时期社会经济主要指标生产总值一览表

表66　　单位：亿元

时期	起始年份	结束年份	生产总值	其中			其中					
				第一产业	第二产业	第三产业	工业增加值	建筑业增加值	交通运输、仓储和邮政业	批发零售、住宿、餐饮业	金融业	房地产业
“一五”时期	1953	1957										
“二五”时期	1958	1962										
“三五”时期	1966	1970										
“四五”时期	1971	1975										

续表 66

时期	起始年份	结束年份	生产总值	其中			其中					
				第一产业	第二产业	第三产业	工业增加值	建筑业增加值	交通运输、仓储和邮政业	批发零售、住宿、餐饮业	金融业	房地产业
“五五”时期	1976	1980	105.1	34.15	50.41	20.54						
“六五”时期	1981	1985	234.77	61.73	128.15	44.89	118.28					
“七五”时期	1986	1990	573.47	128.32	322.88	122.27	293.12	29.77	23.36	43.04	22.97	10.77
“八五”时期	1991	1995	1760.35	258.74	1016.18	485.43	893.99	122.19	100.35	157.19	80.48	41.94
“九五”时期	1996	2000	4777.61	450.60	2671.32	1655.69	2412.79	258.53	310.70	501.88	193.38	166.78
“十五”时期	2001	2005	9063.09	564.65	4970.49	3527.95	4421.86	548.63	537.74	956.54	436.27	485.52
“十一五”时期	2006	2010	19994.20	848.25	11066.48	8079.47	9909.57	1156.91	918.17	2173.40	1465.81	983.69
“十二五”时期	2011	2015	36706.82	1323.45	19080.15	16303.22	16952.06	2146.77	1612.55	4586.11	2826.08	2022.74
“十三五”时期	2016	2020	54756.28	1551.66	26470.13	26734.49	23524.91	2979.49	2377.74	6998.48	4064.98	3821.16

新中国成立以来宁波市各计划时期社会经济主要指标从业人数一览表

表 67

单位：万人

时期	起止年份	从业人数	其中				
			第一产业	第二产业	其中		第三产业
					工业	建筑业	
“一五”时期	1953						
	1957						
“二五”时期	1958						
	1962						
“三五”时期	1966						
	1970						
“四五”时期	1971						
	1975						
“五五”时期	1976						
	1980						
“六五”时期	1981						
	1985	298.60	129.93	127.75	114.42	13.33	40.92
“七五”时期	1986	306.02	132.45	132.93	116.24	16.69	40.64
	1990	325.10	144.80	128.70	113.00	15.70	51.60
“八五”时期	1991	332.40	144.60	133.10	117.20	15.90	54.70
	1995	412.40	133.50	191.10	158.40	32.70	87.80
“九五”时期	1996	413.60	134.10	189.70	157.10	32.60	89.80
	2000	354.90	109.90	153.00	128.70	24.30	92.00
“十五”时期	2001	358.50	96.60	179.90	166.90	13.00	82.00
	2005	415.10	76.40	213.20	190.30	22.90	125.50
“十一五”时期	2006	429.80	70.80	224.20	198.60	25.60	134.80
	2010	476.50	32.20	266.50	232.50	34.00	177.80
“十二五”时期	2011	493.80	32.50	273.70	232.70	41.00	187.60
	2015	509.50	18.96	270.70	228.42	42.28	219.84
“十三五”时期	2016	520.00	18.17	271.87	228.88	42.99	229.96
	2020	589.43					

注：2020 年劳动工资统计方法制度发生调整，除“从业人数”为省局反馈外，其他指标数据均无法提供

新中国成立以来宁波市各计划时期社会经济主要指标农业总产值一览表

表 68

时期	起始年份	结束年份	农林牧渔业总产值（亿元）	其中				
				农业	林业	牧业	渔业	农林牧渔服务业
“一五”时期	1953	1957	23.53	19.56	1.29	1.50	1.18	
“二五”时期	1958	1962	26.73	22.05	1.49	1.40	1.79	
“三五”时期	1966	1970	41.26	32.77	1.34	4.74	2.41	
“四五”时期	1971	1975	44.94	34.19	1.26	6.20	3.29	
“五五”时期	1976	1980	51.16	39.33	1.34	6.57	3.92	
“六五”时期	1981	1985	66.31	50.02	1.76	9.84	4.69	
“七五”时期	1986	1990	171.19	114.04	6.16	34.11	16.88	
“八五”时期	1991	1995	387.57	219.97	12.89	67.73	86.98	
“九五”时期	1996	2000	695.64	359.49	21.16	105.64	209.35	
“十五”时期	2001	2005	894.02	403.46	25.41	135.03	322.85	7.27
“十一五”时期	2006	2010	1325.52	620.62	38.78	226.84	416.5	23.78
“十二五”时期	2011	2015	2088.20	993.67	59.67	292.24	699.35	43.27
“十三五”时期	2016	2020	2442.77	1161.22	78.22	214.73	900.56	88.04

注：1953—1985 年按 80 不变价计算产值，后为现行价

新中国成立以来宁波市各计划时期社会经济主要指标农业产品产量一览表

表 69

时期	起始年份	结束年份	农作物播种面积（千公顷）	粮食		棉花		油料		蔬菜	
				面积（千公顷）	产量（万吨）	面积（千公顷）	产量（万吨）	面积（千公顷）	产量（万吨）	面积（千公顷）	产量（万吨）
“一五”时期	1953	1957	3120.01	2039.25	465.33		9.34		2.45		
“二五”时期	1958	1962	3028.20	1938.21	450.9		14.21		6.93		
“三五”时期	1966	1970	3108.88	1948.71	64.81		21.8		4.27		
“四五”时期	1971	1975	3198.32	2105.81	750.97		14.81		7.37		
“五五”时期	1976	1980	3171.22	2092.63	835.64		17.11		14.7		
“六五”时期	1981	1985	3103.21	2000.05	913.51	151.37	15.68	117.62	19.95	34.57	143.97
“七五”时期	1986	1990	2943.05	1832.90	936.76	176.16	13.82	242.44	41.70	216.57	773.74
“八五”时期	1991	1995	2699.04	1671.37	907.96	148.76	13.34	203.97	36.12	250.54	721.72
“九五”时期	1996	2000	2483.14	1508.96	850.60	101.58	9.59	178.59	33.82	315.96	948.35
“十五”时期	2001	2005	1812.75	799.62	446.52	36.90	4.20	107.15	22.61	487.98	1427.55
“十一五”时期	2006	2010	1530.41	672.89	388.14	27.94	3.22	74.59	18.41	435.47	1329.77
“十二五”时期	2011	2015	1355.90	580.34	335.83	16.41	1.96	61.63	15.79	397.19	1268.20
“十三五”时期	2016	2020	1271.74	546.41	325.55	9.19	1.13	55.91	14.82	411.77	1295.20

新中国成立以来宁波市各计划时期社会经济主要指标工业产值、利润一览表

表 70

单位：亿元

时期	起始年份	结束年份	全部工业		规上工业				
			总产值（当年价）	总产值（90 不变价）	总产值（当年价）	销售产值（当年）	主营业务收入	利税总额	# 利润总额
“一五”时期	1953	1957							
“二五”时期	1958	1962							
“三五”时期	1966	1970							
“四五”时期	1971	1975							
“五五”时期	1976	1980	106.4	144.9					
“六五”时期	1981	1985	284.1	393.1					
“七五”时期	1986	1990	869.3	1075.2					
“八五”时期	1991	1995	4685.80	3262.8					
“九五”时期	1996	2000			5116.7	4951	4640.7	515.1	248.8
“十五”时期	2001	2005			14966.1	14659.1	14447.5	1666.6	961.3
“十一五”时期	2006	2010			41849.7	40780.2	39891.5	3682.7	2041.1
“十二五”时期	2011	2015			65107.5	63078.8	62359.4	6494.8	3351.1
“十三五”时期	2016	2020			83322.1	80981.7	81416.8	10431	6406.5

注：1997 年以前为乡及乡以上独立核算工业企业。1998 年及以后为规模以上工业企业

新中国成立以来宁波市各计划时期社会经济主要指标工业产品产量一览表

表 71

时期	起始年份	结束年份	原油加工量	家用洗衣机	空调	发电量	卷烟	服装	水泥	粗钢	汽车	其中，轿车	机制纸及纸板	塑料制品	化学原料药	啤酒
			（万吨）	（万台）	（万台）	（亿千瓦时）	（亿支）	（万件）	（万吨）	（万吨）	（辆）	（辆）	（万吨）	（万吨）	（吨）	（千万升）（2005 年及以前单位是万吨）
“一五”时期	1953	1957														
“二五”时期	1958	1962														
“三五”时期	1966	1970														
“四五”时期	1971	1975														
“五五”时期	1976	1980														
“六五”时期	1981	1985	689.6	106.0		96.6	175.1		135.4	11.7	6807		20.2	17.5	760.0	
“七五”时期	1986	1990	1151.2	220.4		215.0	194.1		205.2	21.7	14251		41.0	40.5	1945.0	
“八五”时期	1991	1995	2207.1	96.3	26.3	489.8	144.4	130118	327.5	39.6	18715		78.6	110.7	6926.0	73.7
“九五”时期	1996	2000	3672.0	224.5	139.9	792.0	173.0	296405	534.7	31.7	1073		255.5	132.6	2709.0	107.5
“十五”时期	2001	2005	6926.3	2103.5	1516.7	1587.9	231.0	394714	2130.0	10.5	116148		453.2	378.4	2749.4	142.2
“十一五”时期	2006	2010	9551.9	6282.7	1553.5	3241.9	850.9	751443	4203.4	1074.7	479255	479255	937.8	712.1	8271.0	171.9
“十二五”时期	2011	2015	13147.3	6541.4	2198.6	4408.5	1853.2	596154	7352.1	2329.6	777705	777557	1150.1	441.2	7444.2	223.1
“十三五”时期	2016	2020	13725.3	4147.0	5467.2	3870.2	2018.4	582096	8834.9	2256.2	2071992	2020285	1462.1	525.5	6801.9	178.7

新中国成立以来宁波市各计划时期社会经济主要指标固定资产投资一览表（表一）

表 72 单位：亿元

时期	起始年份	结束年份	固定资产投资额	其中			其中			
				第一产业	第二产业	第三产业	建筑工程	安装工程	设备工器具购置	其他费用
“一五”时期	1953	1957	0.29							
“二五”时期	1958	1962	1.27							
“三五”时期	1966	1970	0.76							
“四五”时期	1971	1975	2.51							
“五五”时期	1976	1980	12.25							
“六五”时期	1981	1985	51.68							
“七五”时期	1986	1990	159.35							
“八五”时期	1991	1995	705.73							
“九五”时期	1996	2000	1600.03							
“十五”时期	2001	2005	4107.66	13.21	1943.24	2151.21				
“十一五”时期	2006	2010	8405.84	36.54	3434.83	4934.47	4144.77	556.73	1737.04	1967.30
“十二五”时期	2011	2015	17205.93	159.56	5320.52	11725.85	9437.87	862.9	2543.53	4361.63
“十三五”时期	2016	2020								

注：1. 2003—2015 年固定资产投资口径为限额以上项目投资与房地产开发投资之和；
2. 2018 年起，投资相关总量数据不对外使用；
3. “一五”至“五五”时期固定资产投资额取自《宁波奋进四十年》

新中国成立以来宁波市各计划时期社会经济主要指标固定资产投资一览表（表二）

表 73

时期	起始年份	结束年份	限额以上项目投资（亿元）	工业投资（亿元）	基础设施投资（亿元）	房地产开发投资（亿元）	房屋竣工面积（万平方米）	其中，住宅（万平方米）
“一五”时期	1953	1957						
“二五”时期	1958	1962						
“三五”时期	1966	1970						
“四五”时期	1971	1975						
“五五”时期	1976	1980						
“六五”时期	1981	1985						
“七五”时期	1986	1990						
“八五”时期	1991	1995				157.85	1818.36	1002.58
“九五”时期	1996	2000				267.94	2475.58	1257.88
“十五”时期	2001	2005				901.07	4898.90	2484.55
“十一五”时期	2006	2010	6519.83			1886.00	7782.56	2890.99
“十二五”时期	2011	2015	11886.50	5310.58	4650.83	5319.41	13860.37	3794.47
“十三五”时期	2016	2020						

新中国成立以来宁波市各计划时期社会经济主要指标建筑业一览表

表 74

时期	起始年份	结束年份	建筑业		
			总产值（亿元）	房屋施工面积（万平方米）	利润总额（亿元）
“一五”时期	1953	1957			
“二五”时期	1958	1962			
“三五”时期	1966	1970			
“四五”时期	1971	1975			
“五五”时期	1976	1980			
“六五”时期	1981	1985			
“七五”时期	1986	1990	32.6		
“八五”时期	1991	1995	256.1	5799	1.10
“九五”时期	1996	2000	771.9	9945	6.22
“十五”时期	2001	2005	2316.3	31288	19.01
“十一五”时期	2006	2010	4937.5	55533	82.08
“十二五”时期	2011	2015	15346.5	121271	178.41
“十三五”时期	2016	2020			456.81

建筑业数据来源：

1. 1986 年至 2008 年宁波市建筑业总产值数据取自宁波市统计局编写的《辉煌宁波 60 年（1949—2009）》；

2. 1986 年至 1998 年宁波市建筑业房屋建筑施工面积、建筑业利润总额数据取自宁波出版社出版的《1949—1999 宁波五十年（1949—1999）》；

3. 2000 年至 2005 年宁波市建筑业总产值、房屋建筑施工面积、建筑业利润总额数据取自宁波统计局编写的《宁波“十五”经济发展纪实》；

4. 1999 年、2006 年至 2015 年宁波市建筑业总产值、房屋建筑施工面积、建筑业利润总额数据取自宁波统计局编写的《宁波统计年鉴》

新中国成立以来宁波市各计划时期社会经济主要指标外贸进出口、利用外资、旅游一览表

表 75

时期	起始年份	结束年份	社会消费品零售额（万元）	外贸自营进出口总额（万美元）	其中		实际利用外资（万美元）	旅游总收入（亿元）	接待过夜境外旅游者人数（万人）
					出口	进口			
“一五”时期	1953	1957	110077						
“二五”时期	1958	1962	147036						
“三五”时期	1966	1970	196364						
“四五”时期	1971	1975	243234						
“五五”时期	1976	1980	389112						
“六五”时期	1981	1985	868086						
“七五”时期	1986	1990	2227654	70770	58756	12014	5573		8.10
“八五”时期	1991	1995	6574414	962642	638562	324080	124353		29.29
“九五”时期	1996	2000	16152652	2555669	1687223	868446	270120		52.47
“十五”时期	2001	2005	27370856	9958156	6540425	3417731	826270	909.46	134.86
“十一五”时期	2006	2010	59912894	31026809	20397012	10629797	1200202	2327.73	374.07
“十二五”时期	2011	2015	123406327	50025835	33252557	16773278	1719553	4869.00	648.17
“十三五”时期	2016	2020	194817257	61157740	40284742	20872998	1769470	9498.46	526.23

注：1993 年后的社会消费品零售额根据四经普统计口径全部调整。1993 年前未做调整

新中国成立以来宁波市各计划时期社会经济主要指标港口运输、邮电业一览表

表 76

时期	起始年份	结束年份	港口货物吞吐量（万吨）	集装箱吞吐量（万标箱）	货运量（万吨）	客运量（万人）	邮电业务总量（万元）
“一五”时期	1953	1957	257		667	2439	1392
“二五”时期	1958	1962	553		2276	7839	2601
“三五”时期	1966	1970	469		2367	7563	2831
“四五”时期	1971	1975	631		3842	10088	4026
“五五”时期	1976	1980	1107		6433	15300	5951
“六五”时期	1981	1985	2840		8579	28051	10734
“七五”时期	1986	1990	10502		21690	37187	31126
“八五”时期	1991	1995	25781	45.3	37433	67235	233689
“九五”时期	1996	2000	45772	231.5	52122	109554	840787
“十五”时期	2001	2005	96260	1505.7	71321	127618	1268398
“十一五”时期	2006	2010	181275	5069.1	133690	159791	1025258
“十二五”时期	2011	2015	241884	8548.2	184899	112327	
“十三五”时期	2016	2020	530826	12877.6	300537	50988	

注：1.2016 年起“港口货物吞吐量”“集装箱吞吐量”调整为宁波舟山港数据；
2.“十二五”“十三五”时期，邮政、电信业务分开，无邮电业务总量数据

新中国成立以来宁波市各计划时期社会经济主要指标用电量一览表

表 77 单位：万千瓦时

时期	起始年份	结束年份	全社会用电量	其中				生活用电
				第一产业	第二产业	其中，工业用电	第三产业	
“一五”时期	1953	1957	6212			4496		1509
“二五”时期	1958	1962	24315			20240		2509
“三五”时期	1966	1970	66931			43151		6070
“四五”时期	1971	1975	156474			100434		9104
“五五”时期	1976	1980	371005			228818		21346
“六五”时期	1981	1985	745193			435138		42465
“七五”时期	1986	1990	1356737			864780		146144
“八五”时期	1991	1995	2440600	96550	1820259	1789441	194797	359813
“九五”时期	1996	2000	4237744	110688	3077798	3019187	447050	660819
“十五”时期	2001	2005	9551728	118083	7438359	7320840	1008122	1070170
“十一五”时期	2006	2010	19249119	103824	15335612	15097152	1838932	1970752
“十二五”时期	2011	2015	27406319	156660	20970385	20583280	3233335	3045939
“十三五”时期	2016	2020	37711215	198685	28097365	27672064	5075731	4404107

新中国成立以来宁波市各计划时期社会经济主要指标财政、保险一览表

表 78

时期	起始年份	结束年份	财政总收入（万元）	一般公共预算收入（万元）	一般公共预算支出（万元）	保费收入（亿元）	保险赔付支出（亿元）
“一五”时期	1953	1957					
“二五”时期	1958	1962					
“三五”时期	1966	1970					
“四五”时期	1971	1975					
“五五”时期	1976	1980					
“六五”时期	1981	1985	402334				
“七五”时期	1986	1990	660671				
“八五”时期	1991	1995	1609995				
“九五”时期	1996	2000	4757779				
“十五”时期	2001	2005	16411686	7144834	9225292	195.05	53.74
“十一五”时期	2006	2010	42339910	19405845	22099687	469.98	158.79
“十二五”时期	2011	2015	84830590	40428799	47725524	934.03	417.64
“十三五”时期	2016	2020	128374446	67188658	78039423	1647.63	655.15

注：一般公共预算收入在 2014 年新修改预算法前为地方财政收入，口径一致

新中国成立以来宁波市各计划时期社会经济主要指标金融、证券一览表

表 79

时期	起止年份	人民币存款余额（亿元）	其中，住户存款（亿元）	人民币贷款余额（亿元）	A 股上市公司家数（家）	A 股上市公司总市值（亿元）
“一五”时期	1953	0.18		0.14		
	1957	0.60		0.94		
“二五”时期	1958	0.66		1.79		
	1962	0.87		2.28		
“三五”时期	1966	1.55		2.63		
	1970	2.43		3.50		
“四五”时期	1971	2.25		3.81		
	1975	4.03		5.29		
“五五”时期	1976	4.52		5.14		
	1980	9.05	2.88	10.73		
“六五”时期	1981	10.73	3.44	11.44		
	1985	26.65	10.99	30.48		
“七五”时期	1986	35.44	14.95	41.49		
	1990	89.93	46.12	97.39		
“八五”时期	1991	118.06	60.58	122.70		
	1995	454.68	209.42	389.23		
“九五”时期	1996	598.14	284.61	524.08		
	2000	1172.94	586.06	883.12		
“十五”时期	2001	1444.53	699.46	1051.56		
	2005	3791.94	1458.80	2959.78		
“十一五”时期	2006	4573.48	1752.04	3727.50		435.81
	2010	9552.03	3282.26	9000.62	32	2345.90

续表 79

时期	起止年份	人民币存款余额（亿元）	其中，住户存款（亿元）	人民币贷款余额（亿元）	A 股上市公司家数（家）	A 股上市公司总市值（亿元）
“十二五”时期	2011	10435.92	3666.23	10209.99	38	1887.71
	2015	15400.24	5302.84	14966.92	51	6247.68
“十三五”时期	2016	16196.01	5689.44	15806.76	56	6672.28
	2020	23166.68	8522.07	25051.98	93	10925.89

新中国成立以来宁波市各计划时期社会经济主要指标人口一览表

表 80

时期	起止年份	总户数（万户）	户籍人口（万人）	其中		常住人口（万人）
				农业人口（万人）	非农业人口（万人）	
“一五”时期	1953	72.86	274.53	202.93	71.60	
	1957	77.00	308.60	237.38	71.22	
“二五”时期	1958	77.97	313.56	239.19	74.37	
	1962	84.73	341.10	265.92	75.18	
“三五”时期	1966	87.19	380.88	322.44	58.44	
	1970	98.90	413.91	351.72	62.19	
“四五”时期	1971	100.75	422.38	362.45	59.93	
	1975	112.20	443.62	382.25	61.37	
“五五”时期	1976	116.47	448.24	386.74	61.50	
	1980	128.57	465.99	393.13	72.86	
“六五”时期	1981	136.86	464.76	394.39	70.37	
	1985	153.57	487.74	394.50	93.24	
“七五”时期	1986	158.53	491.89	394.69	97.20	
	1990	176.06	510.76	407.78	102.98	
“八五”时期	1991	179.22	514.16	409.61	104.55	
	1995	186.26	526.23	410.94	115.29	
“九五”时期	1996	186.82	530.08	410.57	119.51	
	2000	193.99	540.94	398.91	142.03	
“十五”时期	2001	196.10	543.34	392.48	150.86	
	2005	211.17	556.70	374.09	182.61	671.4
“十一五”时期	2006	215.03	560.45	371.47	188.98	687.7
	2010	222.98	574.09	368.86	205.23	760.6
“十二五”时期	2011	223.79	576.41	368.23	208.18	785.1
	2015	224.60	586.57			858.2
“十三五”时期	2016	225.81	590.96			872.8
	2020	240.04	613.66			942.0

注：自 2015 年起，宁波市公安局取消“农业人口”和“非农业人口”指标

新中国成立以来宁波市各计划时期社会经济主要指标人口出生、死亡率一览表

表 81

时期	起止年份	出生人数（人）	出生率（‰）	死亡人数（人）	死亡率（‰）	自然增长率（‰）
“一五”时期	1953	91211	33.61	26744	9.86	23.75
	1957	103167	33.88	26311	8.64	25.24
“二五”时期	1958	96284	30.95	25434	8.18	22.77
	1962	113829	33.96	28023	8.36	25.60
“三五”时期	1966	113681	30.19	26702	7.09	23.10
	1970	106294	25.91	24380	5.94	19.97
“四五”时期	1971	107462	25.70	25920	6.20	19.50
	1975	65767	14.91	27555	6.25	8.66
“五五”时期	1976	65668	14.73	26959	6.05	8.68
	1980	57417	12.37	27989	6.03	6.34
“六五”时期	1981	78132	16.66	28557	6.09	10.57
	1985	53366	10.98	29483	6.07	4.91
“七五”时期	1986	62535	12.77	28738	5.87	6.90
	1990	67464	13.25	30670	6.02	7.23
“八五”时期	1991	60140	11.74	29329	5.75	5.99
	1995	59600	11.36	32689	6.23	5.13
“九五”时期	1996	58282	11.04	30652	5.80	5.24
	2000	50168	9.30	33438	6.20	3.10
“十五”时期	2001	39867	7.35	30632	5.65	1.70
	2005	45185	8.15	33635	6.06	2.09
“十一五”时期	2006	41749	7.47	31380	5.62	1.85
	2010	48837	8.53	35423	6.19	2.34
“十二五”时期	2011	46103	8.01	34816	6.05	1.96
	2015	48612	8.31	37838	6.47	1.84
“十三五”时期	2016	51100	8.68	34349	5.83	2.85
	2020	43521	7.09	38925	6.34	0.75

新中国成立以来宁波市各计划时期社会经济主要指标人民生活一览表

表 82

时期	起止年份	城镇居民人均可支配收入（元）	城镇居民人均消费支出（元）	农村居民人均可支配收入（元）	农村居民人均消费支出（元）	城镇居民人均自有住房面积（平方米）	农村居民人均自有住房面积（平方米）
“一五”时期	1953						
	1957						
“二五”时期	1958						
	1962						
“三五”时期	1966						
	1970						
“四五”时期	1971						
	1975						
“五五”时期	1976						
	1980	429	419	222	183		
“六五”时期	1981	481	490	217	274		
	1985	889	862	627	564	12.94	21.30
“七五”时期	1986	1110	1057	735	673	12.92	22.80
	1990	1963	1628	1254	1166	15.56	27.70
“八五”时期	1991	2182	1854	1441	1221	15.93	29.90
	1995	7275	5566	3484	2432	17.41	31.30
“九五”时期	1996	8354	6545	4267	3283	17.09	30.75
	2000	10921	7997	5069	3929	20.34	41.57
“十五”时期	2001	11991	9463	5362	4383	21.53	43.14
	2005	17408	11758	7810	6623	24.92	50.44
“十一五”时期	2006	19674	12666	8847	7378	24.91	51.88
	2010	30166	19420	14261	9794	30.22	56.00
“十二五”时期	2011	34058	21779	16518	11253	32.88	57.22
	2015	47852	29645	26469	17800	40.33	49.28
“十三五”时期	2016	51560	31584	28572	19313	41.82	49.83
	2020	68008	38702	39132	23481	47.11	58.24

新中国成立以来宁波市各计划时期社会经济主要指标物价指数一览表

表 83

时期	起止年份	居民消费价格总指数	其中，服务项目	商品零售价格总指数
“一五”时期	1953	106.8	100.0	106.1
	1957	110.7	113.6	108.8
“二五”时期	1958	111.1		109.1
	1962	122.4		121.7
“三五”时期	1966	115.2		114.9
	1970	118.4		118.5
“四五”时期	1971	116.0		116.0
	1975	116.5	105.2	116.5
“五五”时期	1976	116.1		116.1
	1980	135.4	109.8	124.6
“六五”时期	1981	138.3		127.3
	1985	171.6	137.4	158.2
“七五”时期	1986	182.6		168.4
	1990	304.4	240.9	280.8
“八五”时期	1991	325.1	268.5	298.7
	1995	676.0	808.3	543.0
“九五”时期	1996	746.3	986.1	577.2
	2000	776.9	1715.5	543.1
“十五”时期	2001	771.5	1808.1	514.9
	2005	811.3	1909.6	531.9
“十一五”时期	2006	826.8	1932.5	541.5
	2010	929.7	1902.5	614.9
“十二五”时期	2011	979.0	1936.7	650.0
	2015	1055.5	2122.0	673.0
“十三五”时期	2016	1077.7	2158.1	685.1
	2020	1176.4		725.0

注：本表中价格指数以 1952 年为 100

二、定期统计资料

中华人民共和国成立后，各级统计部门结合社会经济发展和计划工作需要，一直注重加强定期统计资料汇编工作。

20 世纪 50 年代，各种定期统计报表制度建立后，宁波市人民政府统计科、计划统计处开始按专业，对工业、农业、基本建设、物价、商业、物资、劳动工资等分别编印月（季）度主要指标统计资料。内容除工业总产值、基本建设投资、社会商品零售额、工资总额等价值量指标外，还汇编各经济部门主要工业产品产量、客货运量、主要商品购销、职工人数等实物量指标。在专业资料基础上，逐步开始按月（季）汇编宁波市国民经济综合统计资料。“文化大革命”期间，月（季）度统计资料编印时断时续，直至 20 世纪 70 年代中后期才逐步恢复正常。

1982 年，市统计局编报《工业企业主要经济指标月报》，包括了工业企业分行业的单位数、总产值、产品销售收入、利润总额等 22 个指标的数据。1984 年，编印 1—6 月和 1—12 月两期《重点市工业企业主要经济指标月报》。1986 年，坚持每月 4 日向市委、市政府领导报送工业快报；按月向各县（市）区及有关部门反馈国民经济主要指标，并提供了沿海开放城市和省内兄弟市、县的横向对比资料。编报《主要工业产品出厂价格报》，共编报 3 月、5 月、8 月、11 月四期。1987 年，市统计局编印《市区全民商业商品流转月报》。1988 年，每月中旬出综合性《宁波统计信息卡》。1992 年，市统计局及时印发《工业经济效益》月度资料，公布工业企业的经济效益情况。1994 年，按月编印三期统计信息小册子。1997 年，对月度信息卡片进行改版，增加信息量，提高印刷质量，并由原来的每月一册增加为上下两册，发行量也增加一倍。

2003 年起，将《统计月报》数据上传至宁波市统计局网站，供社会公众查阅下载。2009 年对《统计月报》《统计专报》分发工作进行认真梳理，根据市各部门和兄弟城市对宁波市统计数据的需求情况，适当扩大发送范围和数量，并在《统计月报》中新增全国和全省的部分经济指标。2010 年，对《统计月报》内容进行梳理，增加商品销售总额和国内销售额等指标数据。2012 年，就《统计月报》内容与各专业处进行梳理和协商，增加部分指标数据，根据市领导和各部门人事变动情况，调整并扩大资料分发范围，宁波《统计专报》《统计月报》的实用性和影响力得到进一步增强。2015 年，新增境外核准中方投资额、通过公共网络实现的零售额及高新技术产业、装备制造业、战略性新兴产业增加值等指标，调整规范服务业各行业、金融机构存贷款和劳动工资相关表式及内容、社会保障部分指标名称等，使常规统计产品更体现时代特色，符合发展要求。2016 年，适应宁波舟山港一体化建设形势，调整港口相关指标设置；新增反映企业发展环境满意度和民生满意度等季度社情民意调查结果；各县市区月度新增单位情况的表式；调整规范了环境保护等指标设置。至 2017 年，各区县（市）统计部门均不断改进强化定期统计资料服务工作，按时编印提供各类定期统计资料。

为更加全面地反映市场价格和人民生活等社会经济发展情况，向党政领导提供更为便捷的数据服务，2015 年，宁波调查队开始按季汇编统计调查资料。一般在季后首月底前成册，主要用于分发宁波市四套班子相关领导和进行统计调查系统内部交流。汇编内容包括居民收支、居民消费价格、商品零售价格、工业生产者价格、住宅销售价格、规模以下工业主要经济指标和15个副省级城市的价格指数情况。2016年，增加制造业采购经理指数。2017年，增加畜禽主要监测数据、省内各地市居民消费价格和居民收入情况，由于资料交换工作的停止，删去15个副省级城市的价格指数情况。

三、专项统计资料

1957年起，宁波市计划委员会开始编印国民经济主要部门专项历史资料汇编。1957年，宁波市计划委员会编印《1950—1956年宁波市交通统计历史资料》。1959年，宁波市计划委员会编印《1949—1958宁波市工业十年统计资料》《1949—1958年交通统计资料》《宁波市农业伟大十年（1949—1958）》。1962年，宁波市计划委员会编印《1949—1961年宁波市交通运输历史资料》。1963年，编印《1953—1962年卫生工业十年统计资料》《1949—1962年宁波市工业历史资料》。1964年，宁波市统计局编印《1953—1963年主要物资消费与库存》。1966年，宁波市统计局编印《1949—1965年宁波市农业生产统计资料》《1949—1965年宁波市工业历史资料》。"文化大革命"期间，专项统计资料编印基本停顿。

改革开放后，专项统计资料编印开始逐步恢复发展。1986年，宁波市统计局编印《全市工业企业目录》手册和《工业普查分析研究汇编材料》，为编印《市工业设备拥有量和工业设备原值》提供基础资料。1991年，为适应新国民经济核算体系建立的需要，市统计局在省内率先测算编印《宁波1949—1990年国民收入、国民生产总值统计资料汇编》。1992年，在"撤区扩镇并乡"后，为了使各级领导及时了解新组成乡镇的规模、区域范围及各项经济指标，及时收集资料，编印《宁波市分乡镇统计资料》。1993年，编印《宁波市经济效益最佳企业选介》和《宁波农村经济资料选编》。1994年，根据国家、省三产普查工作的统一部署，及时编印市和各县（市）区第三产业普查资料本，为各级领导提供全面翔实的三产发展情况资料。1997年，为展示宁波建筑业的发展成就，市统计局与市有关部门共同编纂、出版《宁波建筑业》一书并向社会公开发行。1998年，编印农普汇总资料《希望的田野》。2000年，针对当时经济指标、统计口径变动多的特点，市局专门编纂《统计ABC》小册子，并修订编印《宁波市统计单位大全》。

进入21世纪以来，各类专项统计资料的编印得到进一步深化。2008年，历时半年编制完成《2008宁波市文化产业统计概览》，全面系统地反映近三年来全市文化产业发展的整体状况，被市委宣传部列为介绍宁波文化产业的官方对外宣传资料。2009年，汇总2008年度宁波统计数据和副省级、长三角城市主要经济指标，编辑印发《宁波统计信息手册》，为各级领导和机关人员查阅年度数据及携带提供方便。2011年，编印《人口普查主要数据解读》《人口普查数据简要本》。2013年，编印《领导干部统计手册》，该手册定位为一本反映宁波国民经济和社会发展情况的综合性简明统计资料年刊，内容主要由区域统计数据、国民经济主要统计指标注释、统计法律规章三部分组成，突出实用性、宏观性和比对性。2016年，市统计局再次启动《宁波市领导干部统计手册》编撰工作。同年，市统计局收集2015年全市部分优秀统计课题报告，组织编印《宁波市统计优秀课题汇编》，既有利于扩大成果的使用效益和影响力，也便于系统内相互参考学习。

第二节 统计分析

统计分析作为统计工作最终成果和统计优质服务主要形式，随着统计工作发展完善而不断改进提高，从最初对统计数据作简要说明分析，到侧重检查计划执行、重点反映国民经济发展情况，再逐步发展至以综合反映各种情况、运用多种手段方法、分析内在联系规律、解读主要问题原因、预测判断发展趋势为基本特点的当今统计分析，20世纪50年代，宁波统计分析处于从以数字表格为主向数字文字化转变的起步阶段，主要侧重反映国民经济计划执行进程和区域经济发展成就。60年代初，开始进行初级统计分析，并逐渐发展提高，重点加强综合平衡等分析研究。"文化大革命"期间，统计分析基本中断。

改革开放后，随着党和国家中心工作转移到经济建设，全市统计系统开始围绕经济建设这个中心，建章立制、创新载体，运用定量与定性相结合方法，持续深化、强化统计分析研究，不断提高分析水平和服务质量，为各级领导决策、宏观调控提供依据，发挥统计信息、咨询、监督整体功能。

进入21世纪后，统计分析突出优质服务功能。2006年建立季度末下基层调研制度和季度经济形势分析例会制度，社会经济运行监测分析工作得到加强。2014年先后制定《关于进一步加强和改进统计调研监测工作的意见》《进一步加强经济运行主要指标统计监测工作实施方案》，建立常态化监测调研和分析工作机制，同时，不断加强专题分析和重点课题研究。相继组织开展现代化国际港口城市、和谐社会、全面小康、统筹城乡发展等监测评价研究工作。2006年以来，配合市委组织部开展县级领导班子换届政绩考核统计测评分析。

一、综合分析

综合分析，是指对一定范围内有关经济、社会现象进行总体分析，全面反映社会经济发展水平、发展速度及其效益、结构、比例和发展规律，为各级科学管理与决策提供依据。

20世纪50年代，作为市政府（或计划委员会）的统计科（处）一般仅对国民经济计划执行进程和结果作浅层次综合分析；60年代开始研究国民经济比例关系，加强国民经济综合平衡分析研究；80年代结合国民经济宏观调控，逐渐加强综合分析；90年代起，国家实施新国民经济核算体系，为宏观经济综合研究提供较为丰富、翔实资料，综合平衡研究不断深化，综合分析领域持续拓展。宁波统计部门比较有影响力的综合分析主要包括以下几类。

（一）市情分析

20世纪50年代初，当时归属于市人民政府或市计划委员会的统计处（科）室，比较习惯于以数据表格形式，直观分析全市国民经济和社会发展情况，定期、不定期向市委、市政府和有关部门提供统计服务，主要侧重反映国民经济计划执行进程和阶段性经济发展成就。如1953年4月市人民委员会统计科成立后，开始按月按季提供《国民经济计划执行情况的综合报告》，对资本主义工商业进行社会主义改造规划和年度季度计划编制提供服务。1956年开始，宁波市计划委员会和宁波市统计处联合编制《计划统计简报》，定期编制季度《国民经济计划执行情况》《市场情况》以及月度《财经动态》《市场动态》等简报，开始采用从数据出发，数据与文字相结合的分析方法，但仍有数字文字化倾向，分析不够深入。60年代开始注重研究国民经济比例关系，如1962年10月编制的《1957—1960年宁波市国民经济主要比例关系和经济结构》等。“文化大革命”期间，统计分析基本中断。改革开放后，特别是1980年市统计局再次成立后，统计分析力度明显加大。1981年市统计局开始编印《统计分析》《消费与价格》。1985年，为适应改革开放需要，开始编写《宁波市概况》。1986年后，加强统计调研，扩大数据收集范围，加大与全国沿海开放城市、省内兄弟城市的比较，开始编印《宁波市基本情况手册》。1987年，在党的十三大召开前，撰写的《光辉八年——三中全会以来宁波市社会经济发展的十大变化》在《宁波日报》头版头条刊登；《宁波市经济发展情况及全年展望》被省局评为优秀统计分析一等奖。1988年，为了反映党的十一届三中全会以来宁波社会经济发展情况，组织编纂了《改革十春秋　甬城展新姿》。1989年，为配合新中国成立40周年大庆和形势教育，编辑出版《奋进的四十年》。1991年，组织撰写“七五”系列分析文章，从不同角度反映宁波市“七五”期间国民经济和社会发展情况及宁波市改革开放以来的巨大成就，为检查经济政策执行情况和在全民中开展社会主义教育提供资料。2007年，撰写市党代会参阅件《宁波市社会经济概况（2004—2006年）》和反映宁波市从省第十一次党代会以来社会经济发展成就的介绍材料——《新港城、新辉煌》，起草《宁波市经济和社会发展概况（2003—2006年）》作为人大会议参阅件。2017年，组织起草反映宁波市十二次党代会以来宁波社会经济发展情况的分析报告《克难奋进转型加速　开放优势继续巩固—— 2012—2016年宁波社会经济发展成就》，并作为市十三次党代会参会资料及省党代会红皮书的组成部分。

（二）经济发展战略分析

20世纪80年代中期开始，市统计局将研究分析全市经济发展战略，促进国民经济长期稳定发展作为重要课题，一直坚持不懈。如1985年，为适应宁波乡镇企业快速发展需要，会同农业局、乡镇企业局开展专题调研，完成《宁波市的乡镇工业》。1987年撰写的《消费基金增长原因及其控制对策》和《职工对十三大和改革的一些看法》等分析文章，都有较强的时效性和针对性，为领导决策提供了可靠依据，受到好评。1991年撰写了《1978—1990国民收入增长因素及思考》和《宁波市经济增长方式转变的量化标志及其实现途径》，其中《1978—1990国民收入增长因素及思考》获全省统计分析一等奖。1992年撰写的《加快培育市场体系的思考》得到市委、市政府主要领导的批示肯定。2000年与经委合作完成“关于‘九五’以来宁波市工业发展态势分析及今后发展对策研究”课题。2002年完成由时任市委主要领导牵头的“现代化国际港口城市指标体系研究”课题，为宁波市现代化国际港口城市建设提供了量化的依据，得到市委和市政府主要领导的好评。2003年会同市计委研究建立宁波市建设全面小康社会指标体系并开展评价，及时反映宁波市全面建设小康社会、率先基本实现现代化进程，为市领导和相关部门决策提供有效依据。2004年，市统计局撰写的《宁波市缩小城乡差别统筹城乡发展对策研究》和《地区竞争力研究》分获“泰钢杯”全国优秀统计论文二、三等奖。2007年探索研制符合全市实际的宁波和谐社会建设统计监测指标体系，并从主观和客观两方面对构建“和谐宁波”的状况和进程进行了定量测评、动态考察和比较研究，依此提出构建“和谐宁波”的战略目标和战略重点。2012年，围绕市委、市政府的重大战略部署和要求，积极会同有关部门研究建立主要经济指标定期统计数据公开排序工作机制，测算、公布全市分区域和分行业工业“亩产”数据，并积极开展战略性新兴产业、海洋经济、文化产业、卫星城市、产业集聚区、开发区（园区）、小康社会建设进程等监测工作，为推进区域经济科学发展、转型发展提供有效决策依据。2013年完成《宁波市“四好示范区”建设统计监测评价指标体系研究》，并获宁波市党政系统优秀调研成果二等奖。

（三）经济效益与宏观调控分析

各领域经济效益一直以来是统计部门关注和监测重点。如1987年，市统计局撰写的《工业经济效益不佳》得到市委主要领导的高度关注和批示肯定。1988年，撰写的《宁波市旅馆业发展应得到控制》，客观反映全市中高档旅馆、饭店、招待所投入增加，效益下降的情况。1992年市统计局和各县（市、区）统计局都及时印发《工业经济效益》月度资料，公布工业企业的经济效益情况。2004年撰写的《四月份宁波市工业经济效益水平继续提高但全省排名下跌》得到市领导和相关部门关注和好评。

进入80年代，针对宁波经济快速发展中出现两次经济过热、通货膨胀现象，市统计局对加强宏观调控进行一系列分析。如，1985年通过对各县抽样调查的180户农村住户1984年家庭收入及生活水平、宁波市生产资料价格普遍上涨情况、农副产品价格放开后城乡居民生活费用价格指数变动的趋势分析；宁波市某些经济指标在沿海14个城市中的地位，特别是与大连、深圳经济建设社会发展情况进行对比分析；宁波市1985年农业、工业、社会商品购买力以及整个国民经济计划执行情况预测分析，为领导掌握市情、及时调整经济建设发展比例和调整市场价格，保证城乡人民生活水平的提高进行决策提供了有力的依据。1989年完成的“宁波市1989—1995年城市居民消费需求研究报告”课题，得到时任国家城调总队总队长、国家计委消费市场司领导的高度肯定，并分别被市计委、市科委选入《一九八九年软科学研究文选》《优秀科研论文汇编》。

（四）横向对比分析

为了适应宁波与全国其他沿海开放城市、计划单列市横向比较需要，1985年开始编印《十四个沿海城市、经济特区主要经济指标》统计资料，1987年开始编印《宁波简明信息》《宁波城调信息》《统计工作简报》《东南沿海著名港城宁波》等资料，得到市领导好评。1988年，为反映宁波外向型经济发展现状和应采取的措施，撰写了《与福州、厦门两市比较，宁波市发展外向型经济的优势和问题》。1996年撰写的《宁波与大连、苏州、杭州等城市经济发展的对比专题报告》和1997年撰写的《长江三角洲城市经济发展比较》《宁波与杭州的三产对比、探索三产加速发展的途径》均得到市领导的肯定和有关部门的好评。1997年，全市各级统计部门增加《沿海开放城市、经济特区、计划单列市统计资料汇编》等统计资料的编印。2014年，撰写的《宁波与副省级城市发展比较之研究》获宁波市党政系统优秀调研成果优秀奖。课题报告《协同与错位——宁波、杭州经济发展比较研究》获2017年度宁波市党政系统优秀调研成果二等奖。

此外，针对各时期社会经济发展特点需要及各种新情况、新问题、新要求，市统计局撰写较多诸如“经济发展方式、产业结构调整、区域经济、政策形势宣传”等类型综合分析。

二、进度分析

进度分析是以定期（月、季、年度）统计报表数据为主要依据，辅之以其他必要资料，运用统计分析方法，对经济运行与社会发展状况（包括规模、水平、速度）及影响原因进行客观全面分析后，以说明文写作特点为主撰写而成的统计报告。进度分析时效性较高，可及时传递信息，占统计分析比重较大，可谓统计系统拳头产品。

20世纪50年代中期至60年代中期，既有常规统计报表方面进度分析，如1953年开始按月按季提供《国民经济计划执行情况的综合报告》，也有紧扣贯彻国民经济调整方针，反映各条战线调整进程和问题等方面进度分析。如1963年开始季度针对工业、交通计划完成情况进行分析，有指标完成情况分析、重点工作开展情况，点出存在问题，剖析原因，提出工作建议。“文化大革命”期间，进度分析时断时续。

1978年改革开放后，市统计局围绕经济建设中心，进度分析数量快速递增，且针对性、时效性明显提高。如，1981年，撰写《从职工家庭生活调查资料看市区职工生活的提高情况》；1987年《宁波市经济发展情况及全年展望》一文被省统计局评为优秀统计分析一等奖。1988年撰写《一至十月宁波市国民经济形势及全年展望》，从生产、投资、流通、分配领域分析了经济发展的平衡与不平衡。1989年，面对严峻的经济形势，市统计局组织撰写的《当前市场存在的问题及对策》《外贸出口的形势及问题》《目前宁波市工业企业资金困难的原因分析》《清理后固定资产投资领域的现状》《外贸部门资金紧张及解决办法》《一至十月宁波市经济运行情况》等多篇文章，起到很好的反映现状、梳理问题、分析原因、服务决策的作用。1990年，根据国民经济运行特点，市、县普遍加强了监测预警工作，反映治理整顿成效和由于深层次矛盾制约经济运行的文章明显增加，综合分析也开始由拼盘式向综合社会大生产循环角度转变。1994年，市统计局研制宁波市宏观经济监测预警系统，并运用这个系统分别对1993年和当年前三季度宁波市经济运行情况进行分析，客观地揭示宁波市经济运行过程中的问题和不足，进行及时预报预警，为领导科学决策提供依据。之后，开始应用宏观经济监测预警系统，实行按季度对宁波市经济运行情况进行准确的评价，并做出客观分析，积极发挥统计对宏观经济监测和预警的良好功能。2006年建立季度末下基层调研制度和季度经济形势分析例会制度，社会经济运行监测分析工作得到加强。2008年，面对复杂多变的经济形势，全市各级统计部门全面加强了经济运行情况的监测和预警分析，增加信息报送的频率。2009年，面对CPI涨幅居高不下的严峻形势，全市居民消费价格监测由旬报调整为五日报，每5天对43种主要商品价格进行跟踪调查，并加强了跟踪分析和调查研究，提高了消费价格的动态监测预警能力。2012年突出加强关键领域、重要行业统计指标、数据的跟踪监测，广泛开展“进村入企”走访调研活动，强化深化经济运行态势的分析研判，不间断第一时间编报各类统计信息和研究分析报告，如及时发出“宁波市工业经济企稳压力加大”等预警信息，全面反映小微企业、特色产业发展状况，敏锐捕捉“宁波规上工业经济出现好转迹象”等反映趋势的苗头现象，获市党政主要领导充分肯定，相关信息还被国务院办公厅录用。2014年先后制定《关于进一步加强和改进统计调研监测工作的意见》《进一步加强经济运行主要指标统计监测工作实施方案》，建立常态化监测调研和分析工作机制，并开始参与市经济运行监测预警联席会议，及时测算分析报告GDP支撑指标和重点考核指标运行情况，参与健全全市“双底线”指标考核管理制度，统计反映重点行业（产业）、区块、项目进展。

2014年，宁波调查队开始独立办公后，进一步加强对市场价格、居民收入和企业生产情况等领域的进度性分析。一方面，参加市委、市政府组织的季度经济形势分析会，并于2015年开始参加全市经济监测联席会议；另一方面，形成每季度开展经济形势进度分析会的制度，会后形成分析报告，报送浙江调查总队和宁波市党委和政府，部分报告及时反映经济运行过程中出现的苗头性问题，提供了趋势性判断，获得省市两级领导的肯定和关注，如《2016年宁波制造业企业供给侧竞争力调研报告》，总结宁波市制造业企业当前转型升级的主要路径和取得的成效，并对后续发展方向提供了建议，获省领导批示；《2017年一季度宁波规模以下工业运行分析》反映规模以下工业企业当年呈现出生产成本上升、投资动力下降等多方面问题，获市领导批示。

三、专题分析

专题分析是针对社会经济活动重大问题、专项问题或某项统计调查结果进行的专题分析研究。这类分析内容多样，重点突出，题材广泛，各专业统计都可选题，数量较多，占统计分析比重仅次于进度分析。宁波统计系统专题分析工作起步于20世纪50年代中期，工业交通是最早开展专题分析的专业。之后，各级统计部门开始将其视为一项基本任务，相继定期、不定期撰写各类专题分析。1963年市统计局单设后，当年编写43篇统计调查报告，其中专题分析8篇，内容涉及增产节约运动、学上海、农业生产、支援农业、市场物价和精兵简政等内容，对党政领导和业务部门了解情况、研究问题、指导工作起到积极作用。“文化大革命”时期基本中断。

改革开放后，全市统计部门围绕经济建设中心重新逐步恢复专题分析，并结合各个历史时期各级党委、政府主要工作和重点部署，持续强化统计专题分析工作，频率从低向高，数量由少到多，逐渐覆盖所有专业统计，质量不断优化提升，得到各级领导和上级统计部门的肯定。1987年，组织《职工对十三大和改革的看法》调查，客观反映人民群众对党的改革开放路线的看法及相关意见建议，另外撰写的《珍惜耕地　刻不容缓》也得到当时市委主要领导批示肯定；1988年，针对棉田种植面积预计比上年减少1.05万亩的情况，撰写《棉花情况令人不安》；针对1—9月份消费基金比上年同期增长41.7%，高于工农业生产增长幅度的情况，撰写了《压缩社会集团购买力，控制消费基金膨胀迫在眉睫》均得到市领导的关注和好评。1990年，撰写的《宁波市区居民结余存款情况及使用意向》《正确引导农民多存粮，存好粮》被国家统计局转载；《“七五”期间宁波市辖工业落后县（市）工业》《宁波市纺织品出口质量亟待提高》得到市领导批示肯定。1992年，市统计局撰写的《农村购买力调查》研究报告被省统计局贸易处评为全省统计分析一等奖。2000年撰写《宁波市工业企业集约化进程追踪》《加快宁波市农副产品流通对策研究》《新一轮房地产趋势判断》《政策效应显山露水，扩大消费仍需努力》等多篇分析报告，为市领导和有关经济部门分析形势、进行决策提供参考依据。2002年撰写《“十五”开局良好　前途任重道远》《审视现实　正视差距》《新世纪瞩目甬城房产》《增收措施初见成效　农民收入加快增长》《喜忧参半的商品交易市场》《浅析宁波市人口的文化素质》《宁波市R&D资源能力评析》等多篇专题分析。2004年针对不法职业中介坑害求职者现象的调查《宁波市外来务工者求职中介亟需规范》一文，得到当时市委和市政府主要领导的高度重视；以“解四难　创四优”为主题的社会调查《倾听群众呼声　关心群众疾苦》报告，也得到市领导的高度肯定。2006年开始，加大社情民意调查工作，《认知不足和“质量”欠缺成为社区医院的发展“瓶颈”》《社区和谐名至实归　推进尚需重点突破》《关于宁波城市农民工生活质量状况调查分析》《市民支持分类管理　政策细化呼声高涨》等一批调查报告得到市领导的高度重视和社会的关注。

2016年，宁波调查队对分析研究报告进行整理汇编，汇编本主要包括三方面内容。一是主要统计调查数据的阶段性分析和回顾，如年度居民消费价格运行情况简析、宁波市“十二五”城乡居民收入状况分析等；二是专题类调研情况的分析报告，如宁波市“最多跑一次”调研报告、“社保费税务统征”政策对宁波小微企业影响调研报告等；三是对统计调查制度及工作方法的思考研究，如宁波市采购经理指数（PMI）抽样调查方法研究、宁波辅助调查员统计信用评价体系建设初探等。

四、参与决策咨询

1978年前，市统计部门主要通过提供统计资料和统计分析报告这一形式，为各级党政领导和有关部门决策管理服务。如1963年整理汇编了1949—1962年国民经济历史统计资料，为编制国民经济长期规划提供了依据。

改革开放后，随着党和国家工作重心转到经济建设上来，全市各级党委、政府日益重视统计工作。市统计局通过多种形式和渠道，包括提供统计党务政务信息、统计分析、重要会议参阅材料，参与政府有关宏观经济决策咨询、研究、制订等，积极参政议政，发挥统计信息、咨询、监督整体功能。特别是20世纪80年代，在市委、市政府安排下，市统计局开始直接参与党委、政府有关宏观经济决策咨询。1985年，市统计局加强宏观经济和综合平衡统计的分析，多次参与了市领导召集的经济工作研究，统计部门作用真正由“参考”“参谋”逐渐向“参与”领导决策转变。1994年，为配合甬江新区的开发建设，根据市政府的要求，对宁波市房地产事业的现状、发展趋势进行专题调查，基本摸清宁波市改革开放以来房地产市场投资环境情况，编纂了15万字、有114种图表的《宁波房地产市场调查》的调查报告，为新加坡恒建集团开发甬江新区提供了依据，也为市领导全面了解宁波市房地产方面的情况提供信息。1992年，根据市领导要求，市统计局组成调研组赴苏州、无锡调研，形成《珍视差距，再图腾飞——苏州、无锡经济发展的启示》的调查报告。调查报告包括1个总报告和6个分报告，这些调查资料受到市领导的高度评价，获市长张蔚文批示肯定。还被《中国统计》《浙江经济》《宁波经济研究》等多家刊物采用。1995年根据市领导的意见和要求，市统计局再次组织专门调研组赴苏州、无锡调研，撰写并向市政府提交赴苏州、无锡考察报告——《苏南世纪风》，得到了市委、市人大、市政府、市政协主要领导的高度赞扬和各有关部门的好评。市委书记批示要求在市委的主要刊物——《政策研究参考》上全文刊登，并要求各县（市、区）的领导认真学习、寻找差距。市政府主要领导在多种场合对这篇文章给予了高度评价，指示编印成单行本，下发到基层供各级干部学习参考，并为单行本作序。由于这篇调研报告收到较好的社会效果，被破例列入宁波市软科学研究课题。2006年积极参与全市“十一五”规划编制和党代会报告起草工作，并紧紧围绕“十一五”规划的实施，加强对宁波市国民经济和社会发展趋势的监测分析，为领导决策提供了科学依据；与经委联合完成了《2006年宁波工业发展报告》和《宁波能源白皮书》。2008年为配合制定宁波市服务业跨越式发展行动纲要，在系统分析当前全市服务业发展情况的基础上，提出今后五年宁波市服务业发展的基本目标和决策建议；同时，面对当年燃油电力价格调整，及时测算出油电调价对CPI的影响程度，针对当年经济下行趋势日益明显的情况，撰写了宁波市GDP下滑因素简析材料上报市委、市政府。2011年，为有效地服务党委、政府各项中心工作的开展，发挥统计部门信息资料全、定量分析实等优势，先后主动参与了宁波市创新型城市、生态型城市、全国环保模范城市及省级产业集聚区建设，低收入群体补贴与价格指数联动机制建设，宁波“十二五”期间科技创新发展、产业升级、海洋经济发展等相关规划的制定，以及城市交通规划基础数据调查等一系列工作，统计服务的领域进一步拓展，统计职能的优势进一步展现，统计部门的影响力进一步扩大。2013年，为更好地满足各级党委、政府及时、准确、全面了解现代服务业重点产业发展状况的需要，会同相关部门研究建立并实施涉及国际贸易、现代物流、金融保险、科技信息、文化创意等产业的服务业十大重点行业统计监测制度，形成并首次发布《2012年宁波市服务业十大产业统计监测报告》，对宁波市“十二五”规划提出的国际贸易、现代物流、金融保险、科技信息、现代会展、文化创意、中介服务、现代商贸、休闲旅游、社区服务等服务业重点行业的运行实绩、特点等进行全面分析。

第三节 民意调查

民情民意调查是国际上常用的调查，是对常规统计调查工作的补充，也是党和政府倾听民声、了解民意的重要手段，契合“立党为公、执政为民”和“以人为本”的施政方针。

为更好地发挥统计职能，为领导决策提供高质量的民意参考，宁波市统计局于2013年建立计算机辅助电话调查系统（以下简称CATI系统）（目前共拥有呼叫席位60个），此后开始围绕市委、市政府重点工作和社会公众关注热点问题，开展了一系列全市性的社情民意调查。

一、调查网络系统

2006年8月10日，宁波市统计局向宁波市机构编制委员会请示组建宁波市社会经济调查局（甬统发〔2006〕57号），设立相关处室具体承担社会经济活动中热点、难点问题的临时性调查和民情民意调查等工作。

2007年3月26日，宁波市编委印发《关于调整市统计局普查中心机构编制有关事宜的批复》（甬编〔2007〕4号），同意宁波市统计局普查中心增挂宁波市社会经济调查中心牌子，内设综合科、社情民意统计调查科等科室，并新增承担社会经济活动中热点、难点问题的临时性调查和社情民意调查等工作职责。

2008年3月，为充实社情民意调查员队伍，完善调查网络，提高调查水平，宁波市统计局初步建立一支主要由在校大学生组成的业余社情民意调查员队伍，规模在50人左右，主要承担入户调查工作。

2012年全市统计工作会议提出，要充分发挥统计系统调查网络多的优势，积极筹建电话访问调查系统，综合运用多种统计调查方法、手段，组织开展各类社情民意调查，及时反映基层组织、企业和人民群众的呼声和关切。

2013年5月，宁波市统计局在前期充分准备的基础上，正式启动计算机辅助电话调查系统（CATI）一期工程建设，6月底完成。一期以手工拨号为主，配合开通12340社情民意呼叫热线，安装呼叫席位30个，可实现全部席位同时对外呼叫调查，同时电话呼叫实现全过程监听和录音，可对调查数据质量实施有效管控。同年7月，《宁波日报》、《东南商报》、《现代金报》、《都市快报》、宁波网等宁波主流媒体密集报道12340社情民意调查热线有关情况。多家媒体详细介绍了12340热线电话的性质、作用、功能、开通背景、使用方法，重点说明了热线电话的纯公益属性、高度保密性以及真伪热线电话识别方法，同时呼吁广大市民积极配合热线电话调查。系统建成后的第一次电话调查于7月份开展，使用效果良好，调查结果受到市领导批示肯定。

2014年11月，宁波市统计局与宁波工程学院合作，首次以服务外包的形式开展社情民意电话调查。

2015年全市统计工作会议提出，加快建成电话调查访问系统二期工程，创新民意调查组织模式。同年1月，时任宁波市统计局党组书记谢月娣专门听取普查中心关于民意调查的工作情况汇报，针对日益增长的民意调查需求及电话调查系统一期工程运作现状，对计算机辅助电话调查系统（CATI）二期工程建设提出三点要求：一是系统规划要与宁波经济社会发展水平相适应；二是系统配套要满足开展经常性大规模调查的需要；三是系统建设要立足长远，满足中长期调查需求。

2015年5月起，宁波市统计局与宁波工程学院、宁波市鄞州正明统计事务所、宁波市鄞州区壹洲市场调查服务有限公司3家单位合作，委托其开展社情民意调查。

2015年8月，宁波市统计局计算机辅助电话调查系统二期建设完成。系统采用上海南康电访专家系统4.2版本软件，该版本是当时系统最新、功能最全、操作最直观方便的调查软件。二期工程共安装电访呼叫席位60个，管理台2个，接入通信营运商光缆2条，配备系统服务器4台，项目规模在浙江省内地级市统计局电访系统中处于领先地位。为确保调查系统顺利运行，宁波市统计局专门安排了300多平方米的办公场地，搜集了近70万条活跃电话号码、全市所有的固定电话号前6位号码段，同时安排了业务骨干专人负责系统运行与维护，并对调查需要的物资经费予以优先保障。

2015年12月，宁波市统计局制定并施行了《社情民意调查工作内部运行管理暂行规定》（以下简称《规定》）。《规定》具体包括调查项目的议价定价、调查成功样本量的最终确认、调查数据的处理及保密、调查经费的报销管理、调查业务的对外联络协调、调查项目承接方的选定、调查项目明细表七项内容。

2016年2月，宁波市统计局与宁波工程学院、宁波市鄞州正明统计事务所、宁波市鄞州区壹洲市场调查服务有限公司3家单位签订调查服务外包框架合同，委托其开展社情民意调查。

2016年3月，宁波市统计局统计内外网均设置12340社情民意调查专栏，通过“12340介绍”“调查动态”“调查报告”三个模块对社情民意调查工作进行宣传。

2016年9月，宁波市统计局召开全市社情民意调查工作会议，提出要通过提高自主调查项目数量、革新调查方式方法、加强宣传推广等手段，全力打造民意调查品牌。

2016年11月，根据浙江省统计局民生民意调查中心拟将宁波市统计局计算机辅助电话调查系统升级为浙江省统计局民生民意调查中心第三个分中心，并实现系统联网互通的要求，宁波市统计局将原有60路外线扩容到90路，为此增加了一条通信光缆，并购置了一块30路的专用电话呼叫板卡。同年，宁波市统计局计算机辅助电话调查系统成功纳入浙江省统计局民生民意调查中心CATI调查“1+N”工作体系。

2017年3月，宁波市统计局与宁波工程学院、宁波市鄞州正明统计事务所、宁波市鄞州区壹洲市场调查服务有限公司、杭州嘉辉经济信息咨询有限公司、浙江泰昆慧谷经济信息咨询有限公司、浙江纺织服装职业技术学院、宁波大红鹰学院7家单位签订调查服务外包框架合同，委托他们开展社情民意调查。同时，宁波市统计局制定并施行了《社情民意调查劳务外包项目绩效考核办法》（以下简称《办法》）。《办法》突出质量导向，将外包单位调查全过程纳入考核，内容包括外包单位的服务能力、管理能力、服务质量、否决指标4大类，涉及6个二级指标、14个三级指标、26个具体打分项；具体考核对象不仅包括调查员，还包括现场调查管理员、培训员、审核员；考核结果作为核定劳务外包单位项目分包量以及评判下一年度入围资格的重要依据。

二、民情民意收集

民情民意收集是专业调查机构根据各级党委、政府中心工作和重大事件，以及社会公众普遍关注的重点、焦点、难点，或接受有关单位委托，运用相应调查方式与技术手段采集汇总相关信息的全过程。

（一）收集渠道

民调网络建立以来，民情民意信息收集主要通过电话访问、当面访问和网络调查三种渠道进行。

1. 电话访问

分传统电话访问和现代电话访问，前者是指访问员根据问卷通过随机拨打被采访对象电话进行调查；后者是计算机辅助电话访问的简称，指通过 CATI 系统进行电话访问开展调查，是将现代通信技术与计算机信息处理技术应用于传统电话访问的产物，问世以来得到日益广泛应用。国际上，现行民情民意调查 90% 以上采用这种形式，也是社会经济调查中心主要调查手段（以下电话访问均指后者）。CATI 系统通常工作形式是：访问员在计算机前面根据屏幕问卷，向被访者读出问题进行询问，再将受访者回答结果通过鼠标或键盘记录到计算机中，督导则在另一台计算机前对整个访问工作进行现场监控。这种调查形式能以较短时间和较少费用，得到优质访问数据与调查结果。其主要优势：一是访问覆盖面广，能使样本抽样不易受地理限制，使具备通信条件的偏远山区，同样能轻松开展调查；二是访问效率高，调查全过程，如样本抽选、问卷设计、访问调查、样本监控、录入统计等都实现高度智能化，访问效率成倍提高，工作难度明显下降；三是调查成本低，既节省差旅、礼品、纸张、印刷、场地费和录入、查错等主要成本，又降低访问员培训和业务督导等支出；四是调查更加科学简便，使人脑难以胜任的复杂环节，如有些问卷、问题、选项的抽取和多重条件决定的跳题等变得简单易行，访问过程中系统能自动审核、控制逻辑关系，且监控功能强，使访问员出错概率大幅降低，调查质量明显提高，实现传统方式难以达到的目标；五是由于访问时间较短、提问比较简单，能避免当面询问一些尴尬，给受访者带来方便，使拒访率比传统调查低得多；六是调查数据直接进入计算机系统，且有全程录音和监控，避免人为影响，提高抗干扰能力。

2. 当面访问

由访问员主要通过上门入户或街头拦截方式，按照调查问卷当面询问记录被访者意见。其主要优点是：调查方法直接，可操作性强，有效回答率较高，可当面求证疑问、纠正错误。适合调查内容较多、问卷逻辑复杂、访问时间较长等调查项目的信息采集。

3. 网络调查

又称在线调查，是通过互联网及其调查系统把传统调查与分析方法在线化、智能化。其主要优点是成本低、效率高、时效性好，并具交互性和客观性，适合短、频、快的民情民意信息收集。

（二）主要成果

宁波市统计局社会经济调查中心自成立以来，通过电话访问、面访和网络调查收集了大量的民意调查数据，为政府决策参考提供了高质量的民意依据。

2008 年，宁波市统计局社会经济调查中心共完成调查项目 5 项。

2009 年，宁波市统计局社会经济调查中心共完成调查项目 5 项。

2010 年，宁波市统计局社会经济调查中心共完成调查项目 5 项。

2011 年，宁波市统计局社会经济调查中心共完成调查项目 6 项。

2012 年，宁波市统计局社会经济调查中心共完成调查项目 11 项。

2013 年，宁波市统计局社会经济调查中心共完成调查项目 20 多项，采集有效样本约 25000 个。

2014 年，宁波市统计局社会经济调查中心共完成调查项目 14 项，采集有效样本 29370 个。其中，完成电话调查项目 5 项，采集有效样本 19700 个；完成面访调查 6 项，采集有效样本 7540 个；完成网络调查 3 项，采集有效样本 2130 个。

2015 年，宁波市统计局社会经济调查中心共完成调查项目 20 项，采集有效样本 42888 个。其中，完成电话调查项目 10 项，采集有效样本 25811 个；完成面访调查 8 项，采集有效样本 10274 个；完成网络调查 2 项，采集有效样本 6803 个。

2016 年，宁波市统计局社会经济调查中心共完成调查项目 32 项，采集有效样本 88202 个。其中，完成电话调查项目 22 项，采集有效样本 71841 个；完成面访调查 8 项，采集有效样本 12140 个；完成网络调查 2 项，采集有效样本 4221 个。

2017 年，宁波市统计局社会经济调查中心共完成调查项目 28 项，采集有效样本 78653 个。其中，完成电话调查项目 24 项，采集有效样本 75553 个；完成面访调查 4 项，采集有效样本 3100 个。

综上，2008 年至 2017 年十年间，宁波市统计局围绕市委、市政府重点工作和社会公众关注的热点问题，共开展全市性社情民意调查近 150 项：从调查方式看，分为电话调查、面访调查和网络调查；从项目来源看，分为自主热点调查和部门委托调查；从调查主题看，内容涵盖了民主法治（例如法治宁波公众满意度调查、法制宣传教育社会评价调查等）、居民生活品质（例如居民感知度调查、城乡居民生活品质调查、低保人群感知度调查、美丽乡村农民群众满意度调查、群众健康满意度调查等）、经济发展环境（例如企业发展环境满意度调查、节后企业用工情况调查、“降本减负”企业满意度调查等）、生态环境（例如生态环境质量公众满意度调查、“五水共治”群众满意度调查等）等多个方面，且多项调查结果得到了市委、市政府领导的批示肯定，切实为领导决策提供了高质量的民意参考。

三、民情民意报告

民情民意报告是对社情民意调查结果的总结、分析、提炼，在民意调查和领导决策、社会公众之间架起了有效的沟通桥梁。十年来，宁波市统计局在大量开展民意调查的基础上，撰写了一系列分析报告，并通过市委、市政府信息处等途径积极向市领导报送，为领导决策提供了有力的民意参考。同时，也通过《宁波日报》、《宁波晚报》、中国宁波网、甬派新闻客户端等主流媒体向外界发布，让调查结果在更广泛意义上被公众知晓，以期其更加主动地配合今后政府各类民意调查的开展。

2011 年 6 月，开展未成年人思想道德建设摸底和成效评价问卷调查，旨在全面检验全市未成年人思想道德建设成效，找出工作中的薄弱环节，为下阶段工作提供参考。调查报告《关于未成年人思想道德建设工作成效评价专业组前期工作开展情况的汇报》获得时任宁波市委宣传部部长宋伟的肯定，并作出批示。

2012 年 7 月，开展宁波市创建全国文明城市模拟调查，旨在了解市民对宁波市城市文明程度的知晓率和满意度，查摆宁波市在新一轮文明城市创建工作中的薄弱环节和存在的主要问题，进一步巩固全国文明城市创建成果。调查报告获得时任宁波市委副书记、市长刘奇的肯定，并作出批示。

2012年11—12月，开展老百姓期盼的2013年政府实事工程调查，旨在了解社会各界对宁波市政府为民办十方面实事的期盼，广泛听取人民群众的意见和建议，为宁波市政府为民办十方面实事决策提供参考依据。调查报告获得时任宁波市委副书记、市长刘奇的肯定，并作出批示。

2013年7月，开展2013年宁波市“三改一拆”群众满意度调查，旨在充分听取广大群众对宁波市“三改一拆”专项行动的看法、征求群众的意见建议，了解各地各级政府在专项行动推进中的具体做法和存在的问题，并为深入推进该行动提供一定参考依据。《整体成效赢得肯定，深入推进尚有阻力——2013年宁波市“三改一拆”群众满意度调查报告》获得时任宁波市委书记刘奇的批示肯定。

2016年6月，开展2016年宁波市“降本减负”企业满意度调查，旨在了解自年初宁波市政府打出“降本减负”组合拳，出台《关于进一步降低企业成本减轻企业负担推进实体经济稳增促调的若干意见》，提出35条力度大、针对性强的降本举措以来，“降本减负”政策的实施成效和存在的不足。调查报告先后获得时任宁波市副市长陈奕君和陈仲朝肯定，并分别作出批示。此外，调查结果获得了《现代金报》、《宁波日报》、《钱江晚报》、《东南商报》、中国宁波网、宁波发布微博客户端、甬派新闻客户端等多家主流媒体的报道或转载。

2016年6月，开展2016年宁波市应届大学毕业生创业情况调查，旨在了解宁波市高校应届毕业生创业现状，找出制约大学生创业的“短板”，进一步提升面向学生的创业服务水平。调查报告《当前宁波市应届大学生创业情况分析》获得时任宁波市副市长张明华的肯定，并作出批示。

2016年6—7月，开展2016年半年度居民感知度调查，旨在了解宁波市城乡居民对各民生领域的满意情况，并从主观上来综合反映政府在保障和改善民生方面的实际成效，为进一步引导政府在保障和改善民生方面采取切实有效的举措，为全省党政领导班子实绩考评提供重要指标依据。调查报告《2016年上半年宁波市民生满意度调查简析》获时任宁波市人民政府秘书长王建社肯定，并作出批示。

2016年9月，开展2016年宁波市“五水共治”群众满意度调查，旨在全面了解全市公众对2016年以来宁波市五水共治工作的满意程度，找出工作中存在的薄弱环节，也为进一步推进治水工作并争取“大禹鼎”提供参考依据。调查报告《宁波市2016年“五水共治”工作群众满意度调查分析及建议》获得时任宁波市副市长李关定肯定，并作出批示。他强调要以群众需求为导向，结合“海绵城市”建设，优化提升城市排涝系统，推进“污水零直排区”建设，发挥基层河长制作用，严厉打击违法排污行为，补齐截污纳管和生态补水短板，确保“五水共治”不松懈，成效不打折。

2017年3月，开展社会道德环境和公共文化服务公众满意度调查，旨在听取城乡居民对当前社会道德环境和公共文化服务方面的意见和建议，科学评价工作成效，查找需要改进的地方。调查报告《2017年宁波市道德环境公众满意度调查报告》获得时任宁波市委常委、宣传部部长万亚伟肯定，并作出批示。

2017年3—4月，开展2017年宁波市一季度交通出行满意度调查，旨在全面掌握宁波市公共交通系统现状，深入了解公众对基本公共服务工作成效的感受，并为全市交通治堵提供实证依据。调查结果获《宁波日报》、《宁波晚报》、《现代金报》、新浪网、浙江在线、腾讯大浙网以及中国宁波网、宁波发布、甬派新闻客户端等多家主流媒体报道或转载。

2017年5月，开展宁波市“最多跑一次”改革群众满意度调查，旨在了解宁波市“最多跑一次”改革落实情况，科学评估当前成效，找出在改革推进过程中存在的问题和不足。调查报告《从民调结果看最多跑一次改革的制度性梗阻》获得时任宁波市委常委、常务副市长宋越舜的肯定。

2017年9月，开展2017年宁波市文明城市创建模拟调查，旨在了解市民对宁波市文明城市创建工作的知晓率和满意率，找出文明创建工作中存在的薄弱环节和主要问题，为更好地推动宁波市文明城市创建工作提供参考依据。调查报告《民调显示当前宁波市文明创建凸显三大短板——2017年宁波市文明城市创建模拟调查报告》获得时任浙江省委副书记、宁波市委书记唐一军肯定，并作出批示。

2017年11月，开展2017年宁波市美丽乡村农民群众满意度调查，旨在了解宁波市美丽乡村建设情况、农民群众的切实需求和感受，为深化美丽乡村改革决策提供依据。调查报告《宁波市农村居民对高水平建设美丽乡村的三大期许》获时任宁波市副市长卞吉安肯定，并作出批示。

2017年11月，开展2018年市政府为民办十方面实事调查，调查以了解人民群众对美好生活的需求、对2018年政府为民办实事的期盼和对新时代社会主要矛盾变化的想法为出发点，在全市10个区县（市）展开。调查报告《宁波市关于当前民众对美好生活需求点的调查分析》获时任浙江省委副书记省长袁家军肯定，并作出批示。

2017年12月，开展2017年宁波市生活垃圾分类工作公众感知度调查，调查在海曙区、江北区、北仑区、镇海区、鄞州区、高新区和东钱湖旅游度假区等七个中心城区展开，从“政府工作”“社区工作”“公众自身”三个维度七项指标进行了全方位调查。调查报告《宁波市反映“不愿意”和“不知道”成为基层垃圾分类工作推进中的两大薄弱环节》获时任浙江省副省长孙景淼肯定，并作出批示。调查报告《民调显示宁波市垃圾分类存在两大薄弱环节》获时任宁波市人大常委会副主任王建社肯定，并作出批示。

第四节 统计监测评价

20世纪80年代末，为了更好地把握全市经济运行态势，及时向决策部门制定政策提供统计依据，市统计局根据省统计局统一部署并结合宁波市工作实际，相继开展了统计监测评价和预警预测工作。

1989年，根据在治理、整顿过程中经济运行呈现的特点，市、县二级普遍加强了监测分析工作，反映治理整顿成效和经济运行中的矛盾制约，形成专报分析报送市委、市政府，统计监测作用明显加强。

在不断丰富和完善对经济的监测、评价、预警分析的同时，市统计局根据社会经济的内在联系和发展规律，运用统计预测方法和新的计算分析理论，结合新的网络平台，围绕政府中心工作，科学合理地利用相关统计指标数据开展预测和统计监测。不断完善宁波市、县二级党政领导班子实绩考核评价的统计指标体系。

一、统计监测

（一）科技进步统计监测

根据全省统一部署，从1998年起，每年在全省各市（地）、县和骨干企业开展科技进步统计监测评价工作，由各地统计部门、科技部门在当地政府统一组织协调下，会同计划、经济、农业、财政、金融、人事、教育、环保等部门，具体负责做好科技进步统计监测工作。监测内容包括科技进步基础、科技进步投入、科技进步产出、科技促进经济发展、科技促进社会进步5个方面。监测起步阶段调查对象为大中型工业企业，一、二级资质等级建筑企业，县及县以上科学研究与技术开发机构，普通高等院校，农（林、牧、渔）业，小型工业企业和民营科技机构。21世纪以后，科技进步监测评价的对象、内容和范围有所扩大，从市级层面延伸到各县（市、区），监测内容为科技进步基础、科技进步投入、科技进步促进经济发展、科技进步推动社会发展等5项共13个指标。此后每年都根据需求不断完善监测制度和方法，至2010年，《浙江省市县科技进步统计监测评价统计报表制度》包括社会经济基本情况，科技成果、技术创新专项资金等情况，财政收支及财政科技拨款情况，专业技术人才情况，电信通信情况，节能减排情况，高层次人才情况（2张），科普经费情况，知识产权情况，财政性教育经费等情况，争取省级以上科技经费及技术市场成交情况11种共12张报表。2015年、2016年、2017年宁波市科技进步变化情况综合评价得分分别为全省第6位、第11位和第2位。

（二）全面建设小康社会进程统计监测评价

党的十六大提出全面建设小康社会目标后，2003年，省委政策研究室、省发展与改革委员会、省统计局三家联合研究制定浙江省全面小康监测指标体系，由经济发展、社会事业、人民生活、社会和谐和生态环境等5大方面24个指标构成，2004年开始测算。为满足评价宁波市全面建设小康社会、率先基本实现现代化的需要，市统计局于2003年专门成立了全面建设小康社会指标体系课题研究小组。宁波市第十次党代会确定市统计局“今后五年宁波市全面建设小康社会、提前基本实现现代化的战略部署和指标体系”为重点调研课题，由市委书记巴音朝鲁主持，秘书长程刚牵头开展。市统计局会同市计委等部门联合开展课题攻关，并于2004年完成了《宁波建设全面小康社会的进程研究》，为宁波市全面建设小康社会、率先实现基本现代化提供了科学的时间表。

从2004年开始，市统计局根据《浙江省全面建设小康社会统计监测指标体系》对宁波全面小康社会的实现程度进行监测，2004年宁波全面小康社会综合评价指数为83.85%，到2006年综合评价实现度达到91.14%，已基本达到全面建设小康社会的目标（90%为基本达标）。市统计局关于全面建设小康社会的监测工作得到市委、市政府的高度肯定，时任市长毛光烈在市统计局上报的《2008年宁波市全面小康建设进程继续加快》专报信息上作出批示。

（三）特色小镇统计监测

根据全省统一部署，宁波市从2015年开始组织全市省级特色小镇规划建设统计监测工作。根据《浙江省特色小镇规划建设统计监测制度》，监测内容主要包括特色小镇基本情况、开发建设情况和主要社会经济指标三个部分，分年报和季报由特色小镇上报主体通过互联网在全省统一的特色小镇数据平台（浙江省统计联网直报平台）上报，市县两级统计部门负责做好上报数据的审核评估工作。市统计局于2017年4月草拟并以特镇办名义下发了《关于加强宁波市特色小镇规划建设统计监测工作的通知》（甬特镇办〔2017〕1号），进一步明确全市特色小镇规划建设统计监测工作的责任主体及相关部门职责分工，推动建立“相关部门参与、职责分工明确”的特色小镇统计监测工作机制，并参照执行《浙江省特色小镇规划建设统计监测制度》，正式启动市级特色小镇规划建设统计监测工作。自开展特色小镇统计监测以来，市统计局一直高度重视特色小镇统计数据质量，始终坚持实事求是、应统尽统，通过加强数据审核评估、开展业务培训指导等多项举措，确保特色小镇数据真实可靠。同时坚持以“摸清发展实情，服务科学决策”为己任，在及时提供统计监测数据的同时，围绕更高标准、更高质量推进特色小镇规划建设的要求，针对投资、特色产业等重点指标加强数据分析解读，既客观反映特色小镇规划建设进程及成效，也反映存在的问题和薄弱环节，积极为各级党委、政府和有关部门科学决策提供参考依据。

（四）粮食生产统计监测

为取得各级分季粮食作物种植结构和亩产数据，推算各级分季度粮食作物实际播种面积和总产量，省统计局、省国土资源厅、省农业厅、省粮食局于2009年6月联合印发工作方案，启动了粮食生产统计监测调查工作，实行季报制度。

2009年9月，经宁波市人民政府同意，印发《宁波市人民政府办公厅关于组织开展粮食生产统计监测调查制度的通知》（甬政办发〔2009〕236号），决定分季开展粮食播种面积和产量抽样调查工作。之后，市统计局、市国土资源局、市农业局、市粮食局共同研究制定了《宁波市粮食生产统计监测调查工作方案》（甬统发〔2009〕25号），明确了调查目的、调查范围和方法、样本的抽取和维护、调查内容和登记原则、调查频率、调查方式、组织和实施、数据上报和质量控制等八个方面内容。2010年进行了扩样，宁波市全面建立了以市县两级为总体的粮食生产统计监测调查制度，分季开展粮食播种面积和产量抽样调查工作。

（五）开发区（工业园区）统计监测

2006年12月，国家统计局浙江调查总队、浙江省发展和改革委员会印发了《关于开展全省开发区（园区）统计监测调查的通知》（浙调字〔2006〕50号文件），决定开展全省开发区（园区）统计监测调查工作。调查对象是经国家发改委设立审核并予公告的开发区（园区）及旅游度假区，调查主要内容涉及开发区（园区）基本情况、开发建设情况、主要经济指标、综合能耗、环境保护生态化建设等综合管理情况指标。2014年，开发区（园区）统计职能由国家统计局宁波调查队移交给市统计局负责。宁波共有19个省级及以上开发区（园区）或度假区：宁波经济技术开发区、浙江宁波出口加工区、宁波大榭开发区、宁波保税区、宁波保税物流园区、浙江慈溪出口加工区、浙江余姚工业园区、浙江奉化经济开发区、浙江象山经济开发区、浙江余姚经济开发区、浙江望春工业园区、宁波高新技术产业园区、浙江镇海经济开发区、浙江慈溪经济开发区、浙江宁海经济开发区、宁波镇海化学工业园区、宁波鄞州工业园区、宁波东钱湖旅游度假区、宁波松兰山旅游度假区，其中宁波经济技术开发区、宁波大榭开发区、宁波保税区、宁波高新技术产业园区为国家级开发区（园区）。

根据省里统一部署，2009年，宁波市开展开发区（工业园区）循环经济统计试点。2015年，循环经济相关报表指标并入开发区（园区）统计报表，开发区（园区）统计报表增加开发区（园区）工业企业统计年报，同时取消循环经济相关报表。

（六）低收入农户增收致富统计监测

低收入农户增收致富统计监测是由市农村工作办公室牵头，市农办和市统计局共同组织进行的全市性抽样调查工作。调查于2013年启动，调查范围是市委、市政府确定的市级扶贫开发重点扶持区域，即象山、宁海、余姚和奉化的16个乡镇和3个片区，涉及30个样本村、300个样本户。2013年首次调查时，同时调查2012年度低收入农户家庭收入数据，采用由调查员入户帮助调查户回忆收入来源和金额的调查方法。低收入农户增收致富统计监测调查的主要内容包括调查户基本情况、低收入农户家庭的收支（包括现金和实物）情况、外出从业情况、社会保障情况和扶贫措施等。通过调查将获得低收入农户的人均收入水平、收入分布、消费结构和人均教育、医疗消费支出等指标。

（七）工业生产经营状况统计监测

为应对金融危机带来的影响，加强对工业生产经营状况的监测，及时反映工业经济运营过程中出现的新情况、新问题，市统计局在省统计局相关工作部署的基础上，自2009年2月份开始建立全市工业生产经营状况（半月）统计监测制度。监测对象在省统计局下发名单的基础上，进一步扩大为每个行业大类主营业务收入前三位的企业，实现了行业全覆盖。监测内容主要为企业基本情况，企业生产、销售和出口情况，企业订货情况。企业生产销售情况，统计监测时期为各月上半月。企业订货情况监测为到各月上半月止的时点状况。每月20日汇总调查数据，并上报省统计局。

（八）妇女儿童发展规划统计监测

根据全省统一部署，于1995年开始妇女儿童发展规划统计监测，每5年根据五年规划内容对监测指标进行调整。2001—2005年，每年采集全市以及示范县妇女儿童监测统计数据。2006年开始，建立市级、妇女儿童示范县妇女儿童规划的监测统计数据库，监测内容涉及省妇女发展规划中的6个领域和儿童发展规划中的4个领域，并定期撰写年度、中期和终期监测统计报告。

二、统计评价

为适应市场经济需要，充分发挥政府统计部门统计数据资源优势，市统计局单独或联合市级相关部门，通过建立评价指标体系等方式，对全市社会经济发展多个领域开展统计评价。

（一）企业统计评价

1993年，市统计局编印了《宁波市经济效益最佳企业选介》。为了提高宁波市主要企事业单位在国内、国际的资信程度和商誉、招商引资，适应企业外向型经济发展的要求，1995—1996年连续两年汇编出版《宁波市企业国际资信资料选介》中英文版，共计向海内外介绍企业400余家。

（二）社会民生发展进程评价

根据市委《关于贯彻省委全面改善民生促进社会和谐决定的实施意见》精神，为全面监测、评估宁波市社会民生发展进程，更好地为各级党委、政府和有关部门提供决策服务，市统计局在现有社会综合年报制度基础上，于2008年制定了《宁波市社会民生综合统计制度（试行）》，从“富民”“育民”“惠民”“便民”“健民”“安民”六个方面评价全市社会民生进展情况。“富民”工程涉及群众创业、就业、收入分配、群众利益的指标；“育民”工程涉及教育、思想道德、公共文化的指标；“惠民”工程涉及社会保障、社会救助、社会福利、住房保障的指标；“便民”工程涉及城乡基础设施、社区服务、社会化服务、政务服务的指标；“健民”工程涉及公共卫生、医疗服务、群众体育的指标；“安民”工程涉及生态保护、公共安全、社会管理的指标。评价频率为半年报，市县两级统计部门每年的二季度完成上一年度本行政区社会民生评估报告，8 月完成半年民生进展实绩简要。

（三）统筹城乡发展评价

2005 年省发改委、省统计局牵头开展浙江省统筹城乡发展水平综合评价的制定和研究工作，2006 年对相关指标做了进一步完善，评价体系主要从统筹城乡经济发展、统筹城乡社会事业和基础设施、统筹城乡人民生活和社会保障、统筹城乡生态环境四大领域设置指标进行评价。评价范围为一级财政结算体制的县（市、区），每年第二季度开展对上一年统筹城乡发展水平综合评价工作，并于 2007 年开始发布评价报告。2010 年，城乡统筹发展指标体系由统筹城乡经济发展、公共服务、人民生活、生态环境等 4 大领域、20 项具体指标、33 项细化指标构成。

市统计局按照省里统一部署，从 2007 年开始对全市及 5 个县市开展统筹城乡发展评价工作。

（四）和谐社会建设评价

根据市委、市政府构建“和谐宁波”的发展构想，市统计局于 2005 年组织专门的课题组进行了认真的课题攻关，形成了《宁波构建社会主义和谐社会战略研究》一书送市领导审阅。时任市委副书记唐一军阅后，对该书给予了高度评价。

为贯彻落实市委《关于加快构建社会主义和谐社会的实施意见》，及时反映宁波市和谐社会建设进程，衡量和谐社会建设能力，推进科学发展，着力改善民生，为各级党委、政府决策提供第一手资料，市统计局于 2008 年建立《宁波市县和谐社会发展统计监测评价制度》，编制市县两级和谐社会发展综合指数，发布和谐社会发展监测评价报告。和谐社会发展指标体系由客观指标和主观指标两部分构成，客观指标由经济发展、民生福祉、社会稳定和生态文明等 4 个领域的 39 项指标构成，其中各县（市）、区限定 4 个领域的 32 项指标的相关数据主要从已有报表资料中提取；主观指标由经济发展受益度、民生保障满意度、社会稳定满意度、生态环境满意度等 4 个领域的 34 项指标构成，相关数据主要由市县两级统计部门通过群众感知度调查以抽样问卷调查方式获取。和谐社会发展综合指数编制基期为 2005 年，按年度编制，每年第二季度完成上一年度的指数编制工作。

（五）党政领导实绩分析评价

由省委组织部统一组织，省统计局每年开展浙江省十一市党政领导班子实绩分析评价，2007 年开始试行，评价内容涉及转型升级与质量效益、民生改善与社会保障、文化发展与科技人才、法治建设与公共安全、生态建设与环境保护等方面，既有常态性评价、动态性评价，还有满意度评价。每年不断对指标体系的科学性、全面性、公平性等方面进行完善。

根据市委组织部的相关要求，市统计局配合市委组织部于 2011 年拟制了宁波市县（市）区党政领导班子实绩考核评价指标体系，开展各县（市）

区党政领导班子实绩评价。指标体系由常态性指标和动态性指标两大部分组成，常态性指标包括：发展性指标，由发展质量与效益、经济结构调整优化、科技创新与人才资源、民生改善和社会保障4类共15个指标组成；约束性指标，由生态建设与资源节约、社会稳定与公共安全、粮食安全保障水平3类共8个指标组成。动态性指标根据民意调查结果确定。

2014年，根据省对市领导班子实绩评价指标体系的调整情况，市统计局配合市委组织部制定新的县（市）区党政领导班子实绩考核评价指标体系。新指标体系分为常态性指标、动态性指标和满意度调查评价三大类，分别按70∶30∶20的比例计算分值，满分120分。评价结果即总指数，由发展水平指数和发展进程指数分别乘以50%权重后加总而成。

三、预警预测

为更好地把握宁波经济运行态势，向宏观决策部门制定政策提供参考依据，市统计局于1991年7月建立课题组，应用国家统计局提供的《宏观经济监测与预警系统》（BCASP）软件，开展《宁波市宏观经济监测与预警系统研究》的课题研究，对宁波市市域经济运行周期及周期特点、可预警性进行研究。课题组根据需要和可能（数据基础要符合足够长度），分析确定并收集了自1983年1月起至1993年12月的15项统计指标月度数据；运行BCASP软件包进行测试，运行BCAMF进行进一步测试修改完善；建立宁波市宏观经济监测预警系统，并撰写课题报告。课题于1994年3月完成并通过当时国内著名统计专家教授的评审肯定，1995年该课题获浙江省第二届统计科学研究优秀成果一等奖。

研究获得的主要成果有：建立了宁波市宏观经济监测预警系统，该系统由数据基础、图形分析、监测系统、预警系统和预测系统五个主要部分组成；对宁波市1984年1月至1993年12月经济波动进行了实证分析，提出宁波市经济周期波动的临界点与转折点；应用建立的预警系统模型对宁波市1994年第3季度经济运行情况进行了预测和预警，并随着实际数据的延伸，可继续对未来三个月的经济运行进行预测。

市统计局于2014年制定《关于进一步加强和改进统计调研监测工作的意见》《进一步加强经济运行主要指标统计监测工作实施方案》，围绕GDP及主要经济指标开展监测分析，进行及时的工作预警预测，客观反映全市经济运行过程中的问题和不足，为领导科学决策提供依据。

在开展监测、预警分析的同时，市统计局根据社会经济的内在联系和发展规律，运用统计预测方法，开展社会经济问题预测和分析。1989年，市统计局承接了《宁波市1989—1995年城市居民消费需求研究报告》课题的软科学研究项目，动员全局力量，整理、搜集、分析了新中国成立四十年来宁波市及部分沿海开放城市居民消费规模、消费结构和消费弹性的演变发展历史，运用扩展的线性支出系统等模型，测算了“八五”末期宁波市城市居民所能达到的收入水平、消费水平、消费结构、主要商品及非商品消费的总体框架，从生产、消费、流通、分配角度提出一系列建议和对策，研究报告得到了原国家城调总队总队长张一耿、国家计委消费市场司副司长郝均、山东大学教授林白鹏等人的充分肯定，并分别被市计委、市科委选入《一九八九年软科学研究文选》和《优秀科研论文汇编》。

第五节 统计信息发布

统计信息包括统计新闻、统计公报、统计资料、统计分析、统计专报等，包括内部提供和公开发布的统计信息。

中华人民共和国成立后，随着统计报表制度的建立和各类专项调查的开展，全市各级统计部门把提供统计资料与分析、发布统计信息等作为基本工作职责要求，开始提供各种统计信息资料。限于当时条件和保密要求，其形式、种类和数量等相对单一尚不丰富，且面向社会公布不多。

改革开放后，统计信息发布日益拓展强化。20世纪80年代起，统计部门在推进开放式统计进程中，围绕经济建设中心和社会热点、焦点等问题，开始提升质量数量、创新机制制度、加大公开力度。

进入21世纪后，全市各级统计部门坚持与时俱进，开辟新渠道、开创新载体，提高透明度、拓展发布面，持续增加种类频率、扩展供给范围、扩大社会影响，向深度、广度、高度行进。

一、统计新闻

发布统计新闻是统计工作优化服务、扩大影响、提高知名度的重要渠道。20世纪50年代起，以国民经济恢复和计划执行情况为主要内容的统计新闻已见诸传播媒体。20世纪80年代起，全市各级政府统计部门开始推进开放式统计，围绕各个时期经济形势宣传和社会热点、焦点等问题，在新闻媒体发表统计信息和文章的频率越来越高，影响日益扩大。21世纪初，宁波市统计局开始每季度撰写新闻发布稿，定期向公众发布经济发展情况。

2003年11月，市委办公厅、市政府办公厅印发《关于建立政府新闻发言人制度的试行意见》（甬党办〔2003〕23号）（以下简称《意见》）。《意见》指出随着宁波对外开放进一步扩大和经济社会快速健康协调发展，建立权威、规范的政府新闻发言人制度，对于营造公开透明的信息环境，掌握舆论引导的主动权，实现广大人民群众的知情权，具有十分重要的意义。新闻发言人制度先在市政府及有关组成部门试行。根据《意见》要求，市统计局于2004年10月制定了《宁波市统计局新闻发布管理暂行规定》（以下简称《规定》）（甬统办〔2004〕66号）。《规定》明确了统计新闻管理、统计新闻发布的内容以及统计新闻发言人制度。副局长陈燕芬为首任新闻发言人，总统计师汤柏生，总统计师、副局长许婷娅相继担任第二、第三任新闻发言人。2014年5月，国家统计局宁波调查队副队长陈斯恩担任调查队新闻发言人。

二、统计公报

1984年以来，每年发布上年度宁波市国民经济和社会发展公报。

1992年，向全社会公布的公报内容包括全市第一产业、第二产业、第三产业、对外经济、固定资产投资、城市建设、物价、人口与人民生活等八个方面发展情况。

1994年，将“对外经济”版块修改为“利用外资与二区一岛开发”，并将“固定资产投资”和“城市建设”两个版块进行合并。

1995年，将“第一产业”版块修改为“农业”；将“第二产业”版块修改为“工业和建筑业”；删除“第三产业”版块，新增“运输和邮电业”、“国内贸易和物价”、“金融和保险业”以及“科技、教育、文化和卫生、体育”等版块，内容更加详细、充实。

1997年，将发布内容调整为综合、农业、工业和建筑业、固定资产投资、交通和邮电业、国内贸易、对外经济、金融和保险业、科学技术和教育、文化卫生和体育、城市建设和环境保护、人口与人民生活12个方面。

2001年，新增社会保障和社会福利模块，向公众展现宁波市劳动和社会保障事业取得的新成绩。

2009年，增加直观明了的统计数据图表，同时印发单印本，以此宣传一年来宁波社会经济发展成就。

2011年，为更加全面地展现宁波市国民经济和社会发展情况，将各大模块进行整合、充实、调整，最终确定为“综合”“农业、农村”“工业、建筑业”“固定资产投资、城市建设”“国内贸易、旅游、会展”“对外经济、合作交流”“港口、交通”“金融、证券、保险”“科技、教育、人才”“文化、卫生、体育”“人口、居民生活、社会保障、社会组织”“生态建设、社会安全”十二大模块。

三、普查公报

（一）人口普查

1990年11月，宁波市人民政府第四次人口普查领导小组办公室和宁波市统计局联合发布《关于一九九〇年人口普查主要数据的公报》。公报主要内容包括全市总人口、家庭户人口、人口出生率和死亡率、人口的性别构成、各民族人口、各种文化程度的人口、市镇总人口、人口的地区分布、各种年龄的人口等。

2001年4月，宁波市第五次全国人口普查领导小组办公室和宁波市统计局联合发布《宁波市2000年第五次全国人口普查主要数据公报》。公报主要内容包括全市总人口、家庭户人口、总人口性别构成、年龄构成、民族构成、各种受教育程度人口、自然增长状况、城乡人口等。

2011年5月，宁波市第六次全国人口普查领导小组办公室和宁波市统计局联合发布《宁波市2010年第六次全国人口普查主要数据公报》。公报主要内容包括全市常住人口、家庭户人口、性别构成、年龄构成、各种受教育程度人口、城乡构成、人口地区分布等。

前三次人口普查均未发布普查公报。

（二）基本单位普查

1997年，宁波市第一次基本单位普查协调小组办公室和宁波市统计局联合发布《宁波市第一次基本单位普查公报》。公报内容包括基本单位的总体情况、基本单位的结构情况、基本单位的从业人员情况三大部分。

2002年10月，宁波市第二次全国基本单位普查领导小组办公室和宁波市统计局联合发布《宁波市第二次基本单位普查结果的公报》。公报内容包括基本单位的总体情况、基本单位从业人员情况、基本单位的主要构成及分布情况三大部分。

（三）农业普查

2008年3月27日，宁波市人民政府第二次农业普查领导小组办公室和宁波市统计局联合发布《宁波市第二次农业普查主要数据公报》。公报内容包括农业基本状况和生产条件、农村基础设施建设和基本社会服务、农村居民生活条件和农村劳动力资源与就业四大类内容。

2018年3月5日，宁波市人民政府第三次农业普查领导小组办公室和宁波市统计局联合发布《宁波市第三次农业普查主要数据公报》。公报内容包括农业农村农民基本情况、农业经营主体、农业机械设施、土地利用、农村基础设施、农村基本社会服务、农民生活条件以及农业生产经营人员情况等八个部分。

（四）工业普查

1997年1月，宁波市人民政府第三次工业普查领导小组办公室和宁波市统计局在《宁波日报》联合发布《宁波市第三次工业普查公报》。内容分工业经济规模、工业经济类型结构、工业产业结构、工业劳动者状况、工业装备水平、工业科技活动情况、工业经济效益、国有工业企业基本情况、大中型工业企业基本情况、“三资”企业基本情况、农村工业基本情况等十一个部分。

第一次工业普查和第二次工业普查未发布普查公报。

（五）第三产业普查

1995年1月6日，市人民政府第三产业普查协调小组办公室在鄞城饭店召开宁波市第三产业普查主要数据新闻发布会，发布了首次第三产业普查主要数据公报。公报分：第三产业单位数、第三产业从业人员数、第三产业财务收支状况、第三产业增加值状况四个部分。

（六）经济普查

2005年12月，宁波市第一次经济普查领导小组办公室和宁波市统计局联合发布《宁波市第一次经济普查主要数据公报》(第一号)、(第二号)、(第三号)。一号公报从宁波市基本单位情况、就业人员、企业实收资本、普查数据质量情况四个方面分别对经济普查的主要数据特征作了描述，并对相关指标进行解读。二号和三号公报分别发布了宁波市第二、第三产业2004年的主要数据，内容包括法人单位和从业人员的地区、行业分布，各行业的产量、产值、利润及企业科技活动等。

2010年2月，宁波市第二次经济普查领导小组办公室和宁波市统计局联合发布《宁波市第二次经济普查主要数据公报》(第一号)、(第二号)、(第三号)。一号公报内容主要包括第二、第三产业基本单位情况、就业人员、企业资产总额、企业实收资本等。二号和三号公报内容主要包括第二产业和第三产业法人单位和从业人员情况，各行业的产量、产值、利润及企业科技活动情况等。

2015年5月，宁波市第三次经济普查领导小组办公室和宁波市统计局联合发布《宁波市第三次经济普查主要数据公报》(第一号)、(第二号)、(第三号)。一号公报内容主要包括第二、三产业基本单位情况、就业人员、企业资产总计、小微企业及主要经济结构的变化情况等。二号和三号公报内容主要包括第二产业、第三产业法人单位和从业人员情况，各行业的产量、产值、利润及企业研发活动情况等。

四、统计资料书籍

1958年起，为配合宣传各时期政治、经济形势，通过统计数据和文字分析有机结合的方式，宁波市统计局编写不少统计资料性书籍。

1958年4月，编印《1953—1957年宁波市国民经济统计资料》，系统反映全市第一个五年计划期间国民经济各部门与文教卫生事业发展情况。

1959年，编印《1958年宁波市国民经济统计资料》。集中反映全市1958年国民经济大跃进的基本面貌，总结1958年国民经济伟大成就。

1961年，编印《宁波市国民经济主要比例关系和经济结构》，整理1957—1960年各项经济指标比例、构成和增长情况。

1964年，编印《1952—1963年城市经济基本统计资料整理表》，整理1952—1963年全市主要经济指标。

1978年，编印《宁波市国民经济统计及提要》、《宁波市基本情况手册》和《沿海港口城市和经济特区经济概况》。

1980年，编印《宁波统计资料》，发布全市各项社会经济指标发展情况。

1982年，编印《宁波统计》期刊，发表反映全市社会经济发展等一系列统计文章。

1984年，编印《统计工作简报》，记录日常统计工作重点推进情况。

1986年，编印《商业经济效益季报》，整合市商业局、市粮食局和市医药公司等数据，汇总国营商业和供销合作社经济效益主要指标。

1987年7月，撰写《宁波市经济发展情况及全年展望》，通过分析上半年全市国民经济发展特点，指出经济发展中的主要问题，并对下半年发展作出展望。

1988年，编印《沿海经济开放区社会经济主要指标》《城市基本情况年报》。

1990年，编印《统计工作动态》期刊，展示宁波市统计局日常重点工作动态。

1991年，编印《全市主要经济指标及分组资料》，按企业类型分类整理主要经济效益指标。

1992年，编印《改革开放14年，宁波经济上三个台阶》等分析报告，并在国家、省、市等多种刊物上全文载登。

1993年，全市各级统计部门都在年初及时发布年度统计公报，按月编印统计信息资料小册子，为党政领导和社会各界提供统计数据。宁波市统计局在编印每月上下两期统计信息小册子的基础上，根据领导需要，每月增加涉外统计信息小册子。

1996年，编纂、出版发行《辉煌的“八五”》，介绍1991—1995年宁波市国民经济和社会发展情况。

2000年，编纂《统计ABC》小册子，介绍各类经济指标的统计口径，方便领导和读者查阅和使用统计资料。

2002年，市县两级统计部门逐步形成了灵活多样的统计服务体系，初步建立了统计网络系统和政府网络系统相互结合的、以《统计年鉴》、《宁波概览》、统计月报等为补充的统计信息服务体系。在《宁波日报》、《宁波晚报》、宁波电台等新闻媒体建立了反映统计成果的宣传窗口。

2009年，编印《宁波统计信息手册》，汇总2008年度宁波统计数据和副省级城市、长三角城市主要经济指标，为各级领导和机关人员查阅年度数据及外出携带提供便利。

2017年，编印《领导干部统计知识简明读本》，读本包含统计的基本任务、常用统计指标解读、常用统计术语、主要统计分类标准、统计调查和数据采集方法、统计数据查询指南、统计评价考核体系及统计法律、法规等八个部分，用通俗易懂的语言介绍统计工作，解读统计指标，解答热点问题，宣传统计法知识，便于各级党政领导干部和社会各界更多地了解统计知识、重要统计数据获取渠道，掌握常用经济指标、统计分析方法和相关统计法。

第六章　统计信息化建设

Chapter 6　Statistical Informatization Construction

约7000年前，在杭州湾南岸的浙江宁波四明山脚下，河姆渡先民在长期的生产实践中，创造了璀璨的文化。同时，也在制作生产器具、交换货物的时候，产生了数字概念和初步的统计知识。在河姆渡出土的文物中，在石磺玦的两端各有一个系绳的穿孔，含有五叶植物纹理的陶块。有4根木条组成的井框、18折角组成的陶釜。这些有数字概念的文物，无声无息地向后人传递着他们对数字最淳朴的概念，也为后人开创了统计的起源。

到了近代，宁波开埠以后，随着中西方贸易交流的增加，宁波人在制衣的实践过程中，逐步积累了大量尺寸数据，并不断消化、吸收，终于在世界面前创立了宁波“红帮裁缝”品牌。可以说，他们在实践上积累的制衣数据，就是近现代统计数据库的雏形。

宁波市统计局的信息化之路，按“分块部署、有序推进”的方案积极开展，并始终坚持“一把手亲自抓”、多部门齐心协力抓统计信息化建设的思路，30多年来，从硬件、软件、网络基础设施建设上，不断改善和提高全局人员的数据处理环境和信息化应用水平。同时，结合业务特点，不断与时俱进，加快推进办公自动化进程，统计信息化建设取得了卓著成效。

宁波市统计局信息化建设历程大致分三个部分。三个部分既相对独立，又相互促进。基础建设经历了算盘、计算器、微机等数据处理设备从无到有，逐步求新的历程，人员从无到有、技术力量不断强化的阶段；应用集成经历了字符界面向图形界面，单机应用向分布式应用、网络协同，性能逐步增强、功能逐步完善的历程；网络建设经历了从低速局域网、高速局域网、广域网、专网融合等网络不断优化、性能不断提升的历程。

第一节　基础建设

中华人民共和国成立后，宁波市统计数据处理手段从算盘、计算尺、机械计算机、电动计算机、计算器和电子计算机一步步发展而来。自20世纪80年代初逐步实现了从机械化、电子化向信息化、网络化、智能化演进。改革开放以后，随着国民经济的飞速发展，统计工作不断得到政府重视，在统计信息化方面的资金投入日益增加；统计数据处理手段不断丰富；统计数据采集的环境得到改善，人员数量增加、素质提高。特别是在充分利用全国经济普查、人口普查等专项普查的信息化建设成果以及宁波市统计信息自动化建设“八五”规划、宁波统计信息工程“十五”规划建设成果后，统计信息化建设走在了全国前列。

一、计算机的普及和推广

在二十世纪五六十年代，一直到70年代中后期，宁波市统计局计算手段同全国一样全部使用传统的计算工具——算盘，统计报表汇总和资料的加工整理全靠手工过录或统计报表折叠汇总的方式进行，统计数据的传输靠电话或邮寄纸质报表。70年代后期开始使用计算器。随着统计事业的发展，计算工具从算盘、电子计算器发展到使用微机，统计信息化是在20世纪80年代中期以微机的应用开始起步。

1980年起，宁波市统计局开始使用电子计算器，该计算器能进行加、减、乘、除和开方等计算功能。因其使用方便，开始逐步替代传统珠算作为统计工作的主要计算工具。

1984年，宁波市统计局引进第一台计算机Olivetti M24单用户微机，同时为发挥其作用和便于操作维护，宁波市统计局在综合科设立计算机房，负责部分汇总数据处理。同时，各处室日常数据处理仍以电子计算器为主，辅以少量算盘。至此，宁波统计信息化建设和应用工作开始起步。

1987年，根据全省统计工作会议要求和市统计局实际情况，采用部分经费自筹的方式，向市政府请示增购Olivetti M28多用户电脑1台。同年，省统计局下拨SmarTeam 2400AT型调制解调器，开始远程数据传输实验。

1989年，市统计局增购置Olivetti M24电脑2台，各区（县、市）采取部分经费自筹的方式，通过宁波市统计局经费补助，逐步添置电脑。并开始配备相应操作人员。其中奉化市、镇海区、北仑区各配置Olivetti M28电脑1台。海曙区、江东区、江北区三区也都配置了微机，余姚市、鄞县、宁海县等县（市）已配置第2台微机。截至年底，全市统计系统专职计算机操作人员共14人。同年10月，为了做好第四次全国人口普查数据处理工作，根据国家、省统计局关于组建各级计算站（中心）的文件要求，宁波市统计局向编办申请成立计算站、增加计算站编制。

1990年，为做好第四次全国人口普查数据处理，根据国家、省统计局文件要求，宁波市统计局开始建设专门的计算机机房，接收上级单位下拨电脑14台，并添置了辅助设备。至年底，全市统计系统已有微机（不含人普办）25台、专职微机操作人员共15人，具备上机操作能力的共81人。通过第四次全国人口普查数据处理期间的信息化建设，宁波市统计信息化基础设施建设发展突飞猛进，计算机操作应用水平大幅提升。

1991年，全市各级统计系统向国家、省和各级政府争取经费30万元，新购置了含打印机在内的6套9个终端微机、1套磁带机。至年底全市各级统计系统累计配备微机42台、专职人员16人。同年3月份，宁波市统计局成立宁波市统计局计算中心，并启用相关印章。至此，宁波市统计局信息化建设有了专门的机构、专业的技术人员，信息化建设开始了专业化步伐。

二、信息化建设起步

随着全国改革开放从农村走向城市，宁波市统计系统交流逐步增多。“信息化”建设的概念逐步纳入局领导班子的议事日程。

1992年，全市统计系统以“改革开放”为契机，不断加强统计信息化建设。实现以信息化带动统计现代化，提升统计业务水平。全年，全市各级统计系统累计增加386系列电脑10余台。截至1992年底，市县两级统计局和调查队拥有微机共56台、计算机技术人员18人，有95名统计干部具备上机操作能力。

1993年，根据国家和省统计局统计信息自动化系统“八五”规划要求和宁波市统计信息发展需要，宁波市统计局制定了《宁波市统计信息自动化建设“八五”规划》（以下简称《规划》）。根据《规划》，“八五”期间，统计信息自动化建设投资将达200万元。市局计算中心专职技术人员数量将有较大幅度的增加。1993年，全市各级统计系统共筹措购机经费30余万元，购置了AST 386微机12台以及一批配套设施。自此，全市统计系统计算机拥有数量基本满足了数据处理的需要，市级统计部门基本实现了“一处一机”。

1995年，宁波市统计局在第三次全国工业普查期间，加快了统计信息化基础建设步伐。通过普查数据处理工作，增添了大量的计算机、打印机等数据处理设备。其中，首次添置了PC（HP SL166）服务器1台、高速并行打印机1台、586系列微机8台、恒升笔记本3台。

1996年，宁波市统计局借助全国首次农业普查，添置了HP LH PRO 6/200（含J2585网卡）服务器1台。同年，随着统计事业的发展，统计服务对象、范围越来越广，统计数据处理量、存储量越来越大，原有计算机机房已经不适应新形势发展的要求。为推进智能化办公楼宇建设，宁波市统计局开始着手新机房规划、设计和建设装修，新机房面积约200平方米。同期完成了机房设备的安装、调试，并全面进入正常工作状态。新计算机机房在建设期间，其主体工程和有关问题的落实工作，得到了市政府领导和有关部门的重视与大力支持，为开辟统计信息自动化新领域，创造了良好条件。

同年，根据国家、省统计信息工程“九五”规划要求，结合宁波市实际，宁波市统计局完成了《宁波市统计信息工程“九五”规划》的编制，并报市政府审批。

1996年，全市各级统计部门借助“九五”规划，在机房建设、人员编制、专业人员增加上取得长足发展。如镇海区、宁海县统计局已经政府批准，建立了计算中心（机构）并争取到资金以及增加人员编制；江北区、奉化市、象山县、鄞县统计局已上报当地政府待批准；北仑区、海曙区、江东区、余姚市、慈溪市正在积极争取早日成立机构；鄞县、宁海县统计局扩大了计算机房的使用面积，改善了自动化办公条件。有的县（市）、区已开始抓计算机的升级换代工作，为加快统计信息自动化进程打下了扎实基础。

1997年，第一次全国农业普查期间，宁波市农业普查数据录入采用光电录入方式，在全市范围内购置“黑眼睛”光电录入机3台，并投入使用，完成了全市农业普查数据录入工作，整个数据录入误差达到了国家要求的1‰以下。这次数据处理是宁波市在全国大型普查数据处理过程中，首次采用光电录入的手段进行数据处理工作。同年，为农业普查数据的处理能稳定可靠地进行，采购了山特在线式UPS一台，功率6千伏安，后备电池2小时。

在进行基础建设的同时，宁波市统计局积极加强对全市计算机专业人员和干部的计算机业务知识培训。1997年度，累计举办3期计算机业务培训班。通过培训，提高了全市统计系统专业人员和干部的计算机基础知识及操作技能。

三、跨入网络时代

90年代末期，互联网建设逐步开始在全国统计系统普及，宁波市统计局以此为契机，加快网络架构建设，努力打造有宁波特色的网络体系。

1999年，国家统计局开始统计信息网的建设，目标是建成国家统计局连接31个省级统计局和33个重点城市统计局共64个网络节点的中速数据传输骨干广域网络通道。宁波市统计局作为其中33个重点城市成员之一，成为首批全国统计专网的其中一个网络节点进行建设。根据建设规划安排，国家统计局下拨了 Cisco 7204 VXR 路由器和天融信网络卫士 2000 防火墙各 1 台。

2000 年，宁波市统计局开始“宁波市统计信息一期工程”建设。全年累计投入 100 多万元，共采购 Cisco Catalyst 3524 和 Cisco Catalyst 3548 交换机各 1 台、3Com 3C16735B 交换机 1 台、Cisco 3640 路由器 1 台，购买了 IBM X250 PC 服务器 1 台。专业设备的陆续到位，极大地加快了宁波市统计信息化建设步伐。

为实现“一期工程”所设定的宁波市与慈溪市、鄞县、北仑区 3 个节点的宁波市统计专网互联互通，宁波市统计局购买了用于市县两级统计专网建设的 Cisco 2621 路由器 3 台、天融信网络卫士 3000 防火墙 4 台。市统计专网的建设为统计业务的开展、统计数据的传输打下了坚实的基础，也为后续开展普查数据处理提供了坚实基础条件。

按照内外网隔离、数据保密原则，宁波市统计局开始大规模普及双网卡电脑。累计采购了用于内外网隔离的 IBM 硬盘 65 个、“赤壁”网络安全墙 65 个。

同年，宁波市统计局编制了《宁波统计信息工程“十五”建设规划》，确定了信息工程建设目标和建设内容，为以后发展确定了方向。

2001 年，第五次全国人口普查期间，宁波市数据处理采用光电录入方式，录入设备采用了 5 台富士通 fi-4097 光电扫描仪，完成全市的人普数据录入工作。其中，鄞县、慈溪市、余姚市各自采购了 1 台光电扫描仪用于人口普查数据录入。

2002 年，宁波市机构改革后，县级统计局和发展计划局合署办公。为了解决统计系统合署办公后的网络互联互通问题，宁波市统计局和宁波市发展计划委员会共同组织，着手开始市县两级网络改造。为便于整个改造的顺利进行，宁波市统计局将其纳入统计信息化“二期”工程。其间，新增 Cisco 2621 路由器 10 台、天融信 FW3000 防火墙 10 台、机柜（42U 标准机柜）1 套，用于网络改造。新增宝德 PL3900R 机架式服务器 2 台，作为发展计划委员会与市统计局实现互联互通的代理服务器。同年增加了 HP 6000R 服务器 1 台、HP PC 机 10 台、扫描仪（HP Scanjet 5470c）1 台、数码照相机（Sony DSC-F707）1 台。

信息化“二期”硬件设备的逐步完善，标志着宁波市统计局信息化已经从普及向应用迈进。

四、信息化建设不断完善

截止到 2000 年，在持续的基础设施建设基础上，宁波市统计局基本实现了信息化机构完备、设施完善、技术人员齐备，能为统计信息化改革提供有力技术支撑的统计信息化格局。自此以后，宁波市统计局开始以现有设备为依托、以工程配套为桥梁，走上了“求精”“求细”“求专”的信息化发展之路。

2001 年，宁波市统计局开始着手建设“人口地理信息系统”。作为配套工程，宁波市统计局耗资约 48 万元，采购了服务器、交换机、图形工作站、刻录机、数字化仪、绘图仪、彩色打印机等设备。其中 IBM X250-61Y PC 服务器 3 台（用于地理数据和人口数据的存储）、Cisco WS-C2924-XL-EN 交换机 1 台、IBM 图形工作站 1 台，其他刻录机、绘图仪、数字化仪、彩色打印机若干。

在推动设备建设的同时，对计算机设备、配件使用的信息化管理制度建设也在同步完善。

2002 年宁波市统计局在调查研究的基础上，

出台了《宁波市统计局计算机等设备暂行管理办法》（甬统计〔2002〕112号）（以下简称《管理办法》）。该《管理办法》对软盘、光盘等移动介质，以及电脑、打印机、上网卡等设备的使用做出了详细规范，并明确了相关责任处室和人员的职能。这也是宁波市统计局在计算机管理制度化建设过程中的第一个相对完善的规章制度。

同年，互联网应用开始推广普及。为了充分利用互联网技术，使统计数据实现网上直报，数据录入、编辑、审核和汇总等工作实现电子化、无纸化、远程化，提高统计信息采集、传递和查询速度，并开始“网上直报”工程一期的建设以及办公自动化建设。

作为配套的硬件工程，宁波市统计局投资约306万元，用于相关设备采购和部署。其中，“网上直报”一期工程相关配套设备有Cisco 2621路由器、天融信网络卫士防火墙、Norton防病毒软件、标准化机柜、HP RC7100服务器、HP 6000R服务器等设备；办公自动化系统（OA）配套设备有HP LH6000r服务器、北大方正排版系统、Oracle 9i企业版、非线性视频编辑卡、扫描仪、数码相机、数码摄像机等设备。

2003年，随着网上直报系统、人口地理信息系统等相继投入运行，原有的机房设施和供电系统已不能满足信息化建设的需求。宁波市统计局对原有机房和供电系统进行改造。为此更换了原来的山特6千伏安UPS设备，新增爱克赛UPS电源1套，总功率达30千伏，后备2小时。电源改造极大地缓解了原有UPS功率不足的问题，确保各应用系统稳定运行。

同年，局机关开始对各专业处室进行电脑设备更替，当年投入23万余元分别为办公室、综合处、法规处、贸易处、普查中心等部门增添了电脑和彩色激光打印机。同时，根据工作需要，为局机关部分岗位更换了低辐射的液晶显示器。

宁波市统计局整个网络系统经过第一期和第二期信息工程的建设，信息化格局已经基本构建完成。基于对统计应用系统中数据的安全、完整及防篡改的考虑。在开始的三期工程中，信息化建设以解决统计应用系统的数据备份和恢复，实现系统应用的高可靠性和数据的高还原性为目标。为此，宁波市统计局采购了Dell PowerVault 136T磁带库1台，配置了LTO2磁带驱动器2台，磁带容量20槽。同时，增添了备份服务器IBM X345 1台和专用IBM T42笔记本1台，用于备份管理。

2005年起，宁波市统计局开始加快网上直报系统建设，为直报系统提供相应的配套服务成为当时工作重心。当年11月份，新采购IBM X336服务器1台，金额为29650元。2006年3月，对原有的Cisco 3640路由器进行了升级，新采购Cisco 3825路由器1台，金额为47050元。

2005年7月，《宁波市统计局计算机设备配备使用及更新管理办法》（甬统发〔2015〕29号），对原来的管理办法做了修改，新的管理办法进一步明确了计算机等设备的使用原则、更新、移交、报废等流程。同时，确定了“一人一机、机随人走、专机专用”的使用方法。

2008年12月，宁波市统计局网上直报系统成为全市统计调查单位网上直报核心平台。为满足全市统计调查单位网上直报需求，网上直报系统开始扩建，扩建后的直报系统采用中间件集群和数据库集群的部署方式。为此，宁波市统计局采购了Dell PowderEdge 2950 Ⅲ型服务器4台、Dell PowerVault MD3000存储1套、Cisco WS-C6504-E

路由交换机1台、Cisco WS-C2960-48TT-L交换机6台、Cisco ASA5520-BUN-K9防火墙1台、Cisco ASA5520-AIP20-K8防火墙1台，总投资为498500元。

2010年，宁波市作为国家统计局CPI电子采样试点城市之一，国家统计局宁波调查队开始使用国家统计局下发的移动数据终端（PDA）进行消费价格数据采集工作。实现CPI手持数据采集，顺利完成试点工作。

2011年，浙江省统计局开始在全省范围内部署统计视频会议系统。宁波市统计局为此部署了宝利通HDX 8000视频会议终端1套。

2014年，宁波市进行第三次全国经济普查。根据统一安排，入户登记统一使用PDA手持设备。宁波市统计局积极协调组织了1300台PDA设备（其中国家统计局宁波调查队424台），基本实现了市、县、乡、村四级普查机构每位普查人员人手1台，通过PDA手持设备，全面完成了经普企业登记。

2015年，宁波市统计局搬迁至发展大厦。通过租用市发改委信息中心机房方式部署网络设备。同年，通过和宁波市政府云中心协商，在宁波市政务云中单独划出一块资源池组建宁波市统计云，并建设完成。市统计局所有应用系统在虚拟化后统一迁移到宁波市统计云中。至此，不再自行建设数据中心机房，宁波市统计云依托政务云的建设也逐步发展完善起来。同期，国家统计局宁波调查队新采购2台华为S5700-52c-EI作为楼层交换机，提供新办公区域的网络接入。

2016年，宁波市统计局开始建设宁波市统计视频会议系统。采购视频会议MCU设备Polycom RMX1800 1套，实现与省视频会议系统连通，在视频会议室安装高清视频终端1套、70寸液晶大屏电视机2台，用于视频会议播放。其中，11个区、县（市）统计局部署宝利通视频终端设备各1套。总计投资约108万元，其中，市本级投资31万元，区、县（市）配套77万元。

同年6月，国家统计局宁波调查队为顺利开展第三次全国农业普查工作，接收了40台上级调拨的移动数据终端，其中中海达Qpad X5有2台、合众思壮U903有38台。为更好地开展工作，自行采购了70台移动数据终端设备，设备型号为联想Yoga X50M，合计金额129500元。

2017年8月，宁波调查队接收国家统计局下发的移动数据终端20台，型号为荣耀V8低配版，用于更换前一批用于CPI手持数据采集的到期设备。到年底，宁波调查队合计在册移动数据终端596台。

2017年11月24日，根据浙江调查总队统一部署，宁波调查队联网视频会议系统顺利建成，实现省市间视频会议互联互通。

宁波队在册移动数据终端数量表

表84

使用部门	设备型号	数量（台）
农业农村调查处	中海达 Qpad X5	38
	合众思壮 U903	2
	联想 Yoga X50M	70
消费价格调查处	荣耀 V8 低配版	20
住户调查处	华为 M3 青春版（WIFI 版）	42
综合处	联想 A3000H	20
	清华同方 EBEN A3	404
合计		596

第二节 网络建设

宁波市统计数据的报送经历了从人工报送到利用电话线路开展数据报送再到数据电路传输，最后发展到网络传输的过程。

早期基层统计部门的统计数据经过采集汇总后，通过打电话或者人工送达方式向上级统计部门报送统计报表。

随着科技的发展，统计数据数字化后，利用电话线路通过调制解调器进行数据传输成为可能。在这个时期统计数据的报送实现了电子化报送，极大地方便了统计工作，提升了统计工作效率。

90 年代开始，随着 Internet 技术的兴起，TCP/IP 网络不断发展成熟，ISDN、帧中继、ATM 等技术的兴起，相继成为统计数据报送的推动力量。

现今，统计数据通过网络报送已成为网络应用一个基本工作。传统的数据传输方式已经退出历史的舞台。近几年，统计信息化的发展，使得网络不单单用于报送统计数据，更是承载统计信息化应用的基础平台。

一、点对点的低速数据传输

跨部门的数据传输和汇总，一直是统计核算的内在要求。因此，统计业务和网络必然会因为技术的进步紧密地融合在一起。

在二十世纪五六十年代，一直到 70 年代中后期，宁波市的统计计算手段同全国一样全部使用传统的计算工具——算盘。统计报表汇总和资料的加工整理全靠手工过录或统计报表叠加汇总的方式进行，统计数据的传输方式是打电话或邮寄纸质报表。

20 世纪 80 年代中期，随着信息科技的发展，计算工具从算盘、电子计算器快速发展到微机，全市各级统计部门开始运用先进的技术手段推动统计事业的发展。

1984 年，随着第一台计算机的引进，部分专业的数据开始用微机录入、审核、汇总，然后用软盘上报数据。可以说开始了网络数据交换的雏形。

1987 年，浙江省统计局下拨 Smarteam 2400AT 型调制解调器，省市之间开始了统计数据远程传输实验。

1992 年，宁波市统计局出资 3 万余元，购置拨号网络传输设备，为加入全省、全国公共信息传输系统打下了基础。

1993 年，宁波市统计局开通了与北仑区、鄞县、慈溪市点对点拨号传输。远程通讯网的开通大大提高了统计工作效率和统计数据的准确性，标志着宁波市统计系统正式开启了数据网络传输的时代。同年，省局下拨了 Tubrofax 传输卡，大大提高了统计数据传输速度。1992 年，省局建设完成 Novell 网。宁波市统计局开始通过拨号网络，以远程终端的方式，访问浙江省统计局内部网络。

1994 年底，全市县以上统计部门全面开通微机远程通信，实现所有统计专业报表数据通过远程通讯网传输。

二、局域网建设起步

早期的调整解调器数据传输速率仅有2400bps，发展到最快的时候也仅56kbps。同时，受到电话线路本身的影响，不仅传输时要独占线路，而且传输数据过程中容易出错。特别是数据传输过程中必须要传输双方同时在两端进行操作。很快，这种数据传输方式被更先进、更快速地技术手段所替代。

1994—1995年，宁波市统计局借助第三次全国工业普查、第一次全国农业普查数据处理工作需要，购置了网络集线器设备和3com网卡，开始逐步组建局域网，加快了信息网络建设步伐。

1994年11月，为加大网络建设力度，省统计局在舟山市召开全省统计信息计算机网络建设研讨会上提出，县级计算机网络建设需达到在局机关内部，与所在县党委、人大、政府、政协四套班子和县级有关部门、各乡镇政府实现联网要求。会上，宁波市局、慈溪市被列为网络建设试点单位，并提供数额不等的经费补助。

1995年5月，慈溪市被列为国家级计算机网络建设试点单位。

1996—1997年，为顺应统计信息化的发展，宁波市统计局以新办公楼搬迁装修为契机，开始正式组建局域网，每个办公室部署了1～2个以太网网络接口。经济条件好的地区，慈溪市、鄞县、北仑区等统计局同步建立了局域网络系统。

1997年，为提高数据报送的可靠性，省统计局和宁波市统计局开始了新远程数据传输方式的尝试。新的远程联网租用X.25数据电路，采用虚拟交换线路的方式，传输速率为每秒48k bit。线路连通后，数据的传输的速率、可靠性都较Modem传输方式提高一个新的水平。

1998年3月，宁波市统计局在慈溪市召开了全市计算机配备及网络建设工作会议。重点围绕11个区（县、市）、镇、乡及主管部门的计算机配备和网络建设问题进行了认真地研究和经验交流。慈溪市统计局的经验和做法为其他区（县、市）如何加快统计自动化建设提供了宝贵经验。当年，慈溪市统计局建立了以本局局域网为核心，部门网络为重点，镇级网络为基础的工业统计计算机网络系统，在11个区（县、市）中领先一步。

同年，宁波市统计局完成了第一代内部Novell网的组建。第一代局域网以TCP/IP为技术基础，以共享多端口集线器为数据交换节点。机房设有1个机柜、1个24口配线架、1个48口配线架、1个16口Dlink集线器。各处室联网电脑通过办公室网络接口，向服务器和其他电脑发起应用请求，通过Novell网络完成数据共享和业务汇总工作。

三、迈入高速互联时代

第一代局域网络基于令牌环网技术，采用了共享总线结构。数据传输慢，等待时间长，而且多用户使用容易产生网络风暴。因此，宁波市统计局在新机房建成后，便依托全国统计系统专网建设规划，开始了高速互联网建设。

1999年，全国统计信息网开始建设。全国统计信息网是国家统计局连接31个省及33个省会和重点城市的全国广域网络。广域网采用了Frame-Relay和DDN的混合模式，骨干网上采用了IS-IS路由协议。根据国家统一规划部署，宁波市统计局完成了至省统计局广域网的网络路由调试工作。省统计局到宁波市统计局采用128k帧中继线路，通过Cisco7204企业级路由器与省统计局互联，并首次实现了通过专线进行互联网访问。市统计局部署了 Cisco 3640 拨号网络服务器，所有完成网络建设的区（县、市）统计局，通过电话线路，以拨号方式接入宁波市统计局。同时，为了保护网络安全、防止黑客攻击，配置了天融信网络卫士 2000 防火墙和 SessionWall-3 入侵检测系统。全国统计专网的建设成功，为推进统计信息化发展打下了坚实的网络基础。同时，各类统计信息化应用也开始如火如荼地开展起来，统计内网网站开始成为统计系统信息交换和工作交流的重要途径。统计专网快速建设期间，宁波市各区（县、市）也在加快内部网络建设，截至 1999 年，全市共有 9 个区（县、市）完成网络建设。自此，全市统计信息网基本建成。

2018 年，国家统计局宁波调查队接收了国家统计局第三次全国农业普查防火墙采购项目下发的 SecGate3600 网神防火墙 1 台，并将其部署在 2 个楼层交换机之前，局队网络边界也更加明确。

四、打造统计专网

随着统计数据在部门间的频繁交换，实现统计信息标准化、数据通信网络化、业务处理电子化、信息服务社会化就成为必然的选择。浙江省统计局为进一步加快推进统计专网的建设，实现省、市、县三级统计专网联网，全面推进统计信息化建设和应用工作，开始统一规划全省统计专网建设。

2000 年，宁波市统计局按照省统计局信息网络建设规划，着力开始《十五“一期”信息化工程项目》的实施。项目建设目标是建成以宁波市统计局为中心的市级广域网。为统计业务中的数据处理、数据传输、信息查询、信息服务、办公自动化及语音通信等诸多应用服务；同时建立各网络节点的分布式网络管理系统，构造统一的网络安全保密控制和管理体系。工程建成之后，市统计局将能以高效快速的计算机系统和网络传输来实现网上报表上报、办公自动化和管理信息化。同时，以宁波市统计局为核心将网络下连至各下属区（县、市）统计局，开展电子邮件、文件传输、网站信息查询等信息化服务。

同年，根据宁波市统计信息化“一期”项目规划，市统计局开始局域网的改建，重新进行网络综合布线，布线采用了最新的根据六类线草案生产的网络线，可实现 1000Mbps 传输速率到桌面，每个办公室部署 4 到 6 个网络节点，局域网采取两层网络架构，使用 Cisco Catalyst 5505 交换机作为网络核心交换机，Cisco Catalyst 3524 和 Catalyst 3548 交换机代替原来的 Dlink 集线器作为接入层网络交换机，实现办公电脑的接入，交换机利用思科的堆叠集群技术实现交换机间的千兆互联。局域网通过 128KF.R 专线（帧中继）采用 Cisco 7204VXR 设备与国家统计局、省统计局组成三级广域网。以 Cisco 3640 为核心通过电话拨号与各区（县、市）统计局组建市级广域网。同时，在广域网和局域网之间部署了防火墙，实现网络隔离。

2001 年，宁波市统计局通过租用中国网通线路实现了互联网的接入，网络带宽 10Mbps。网络路由设备采用 Cisco 3640 设备进行网络接入，局域网与广域网之间采用天融信网络卫士 3000 防火墙实现安全隔离。与互联网的互联互通为统计信息网在互联网上发布统计信息、市统计网上直报工作顺利开展打下了基础。

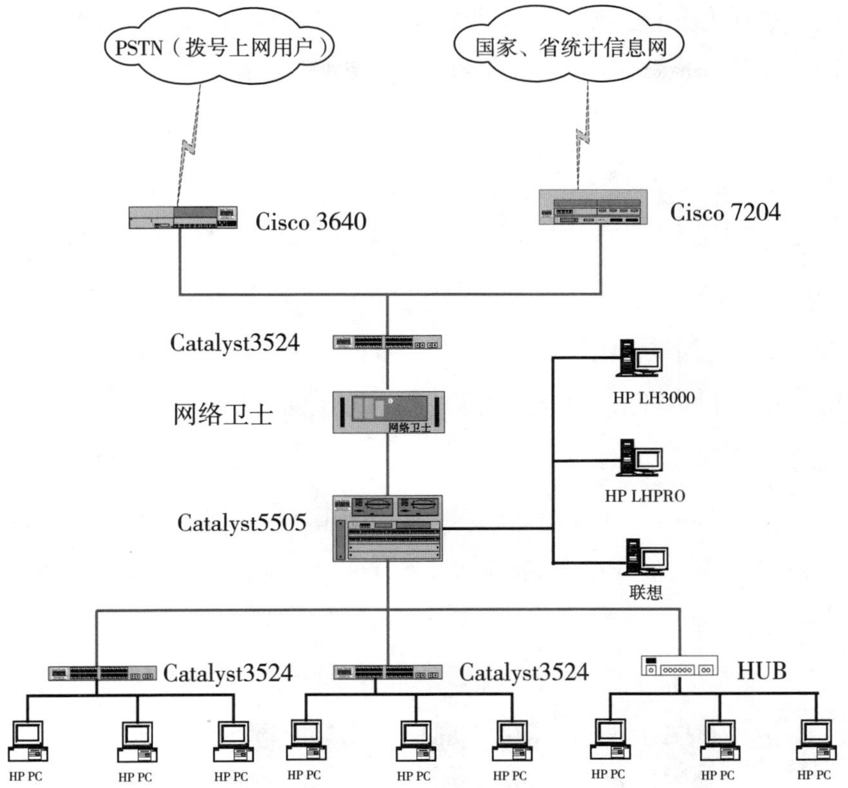

图 22　宁波市统计局局域网物理连接示意图

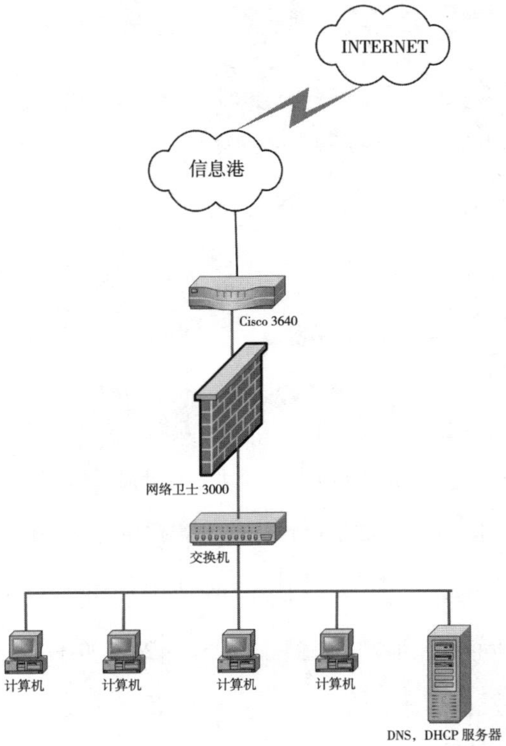

图 23　宁波市统计局局域网与互联网连接示意图

同年，为了防止统计数据在互联网上泄露，阻断黑客侵入统计专网，开始建设统计内外网的网络隔离。宁波市统计局充分利用各个办公室剩余网络节点，采购 65 套网络隔离卡（赤壁网络隔离卡）和硬盘，以隔离卡的方式在 1 台电脑上进行网络切换，在原来的局域网基础上实现了统计内外网隔离。

同年，按照宁波市统计信息化“一期”工程规划，开始组建宁波市统计专网，进一步完善国家统计专网的建设，努力实现国家、省、市、县四级统计专网的互联。宁波市统计局通过租用宁波信息港宽带 10Mbps 专线和县级统计局互联，当年实现了和鄞县、慈溪市、北仑区三个区（县、市）的统计专网互联，县级统计局通过 Cisco2621 路由器接入市级 Cisco7204 路由器。“一期”工程建设完成时，宁波市统计局实现了通过 128kbps 帧中继上连国家、省统计局，通过 10Mbps 网通专线下连鄞县、慈溪市、北仑区，其他区（县、市）统计局仍旧使用原来的拨号网络接入宁波市统计局。

同年，宁波市统计局开始正式采用 Windows 网络，部署了 DHCP、DNS 等网络支撑系统，建设了 FTP、EMAIL 等相关文件共享应用，为统计数据报送、文件收发提供了技术支撑，也为统计信息化开展打下基础。

“一期”工程的建设为实现国家要求的统计信息标准化、数据通信网络化、业务处理电子化、信息服务社会化迈进了一步，提高了宏观经济信息采集和上报的手段。

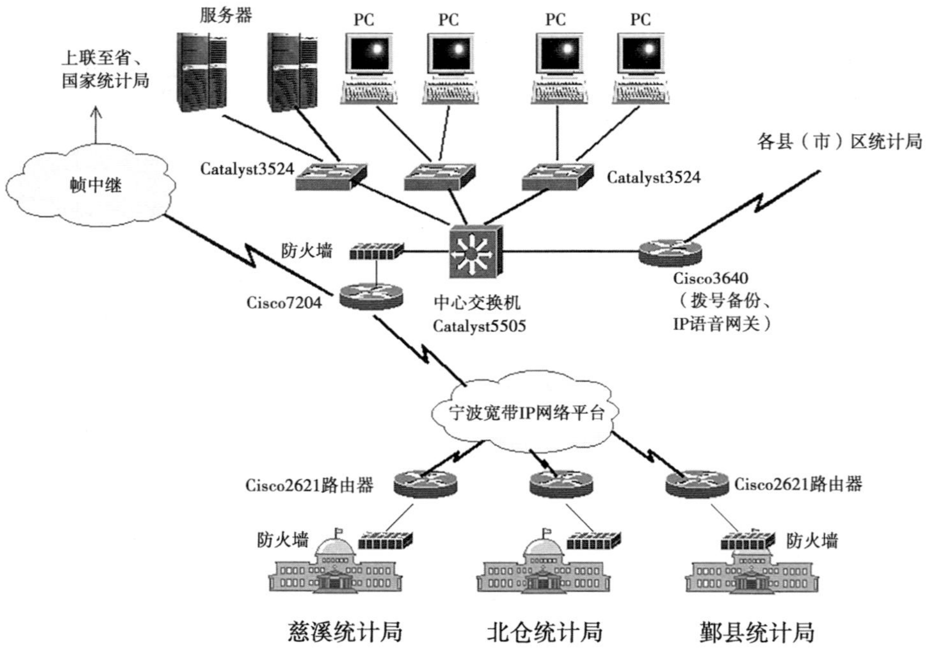

图 24　宁波市统计局统计信息广域网示意图

2002 年，为了实现与所有区（县、市）统计局的互联互通，以及宁波市统计局办公自动化、信息发布系统和网上直报系统的开发和应用，在信息化“一期”工程结束后，宁波市统计局开始了信息化“二期”工程建设。“二期”原计划继续采用“一期”的网络规划，计划余姚市等 8 个区（县、市）统计局和市普查中心（办公地点不在市局）采用 Cisco 2621 路由器通过租用网通信息港的线路接入宁波市统计局，完成宁波市统计专网的建设。由于机构改革，县级统计局和发展计划局合署办公，宁波市政府建设开通了宁波市政务网，市级和县级政府部门实现互联互通。为适应新形势，宁波市统计专网的建设进行了一系列调整，实现市县两级计划发展局和统计局网络互联互通。

2003 年，各区（县、市）统计局通过专线接入县级政务网，宁波市统计局和市发改委通过专线接入市政务网，完成市县两级网络的互联。因为统计系统和发改委系统都采用了相同的网络私有地址，两个专网并不能直接互相访问。为解决统计专网和发改委专网网络 IP 地址冲突问题，在宁波市统计局和市发改委各自部署 1 台宝德机架式服务器，用于统计专网和发改委专网网络代理访问。宁波市统计局同时下拨了天融信网络卫士 3000 防火墙共 10 台用于各区（县、市）网络边界的安全防护。

项目建设完成后，宁波市统计局与 11 个区（县、市）统计局通过宁波市政府专网，全部实现以 100M 带宽互联互通，完成了宁波市统计专网的建设任务。通过代理服务器实现了市、县两级统计部门同时访问发改委专网和统计专网。

同年，为了提高县级统计局信息化工作人员技术技能，更好地维护好统计专网。市统计局举办了全市防火墙和存储技术培训。

在“二期”工程的基础上，通过市政府网络，实现与普查中心和产业中心联网，并在每个接入点部署了硬件防火墙。

随着统计信息化工作的不断发展，宁波市统计局服务器数量越来越多，原来机房的网络布线已不能满足信息化发展的要求。2006 年 9 月，宁波市统计局进行网络机房改建项目，在中心机房重新进行了网络综合布线，增加了网络节点，满足统计信息化应用开展的需求。

2008 年，宁波市政府对政府专网进行改造。根据内外有别、数据保密、资源共享的原则，将原有政府专网改造成政务外网和政务内网。市级各部门统一接入政务外网。为此，宁波市统计专网整体切换至市政府电子政务外网。同时，在相关处室，增设政务内网访问节点。

2010 年，省统计局计划利用 MSTP 通信技术将省至市统计主干网带宽提速至 20M，市县两级采用 10M 专线方式独立组网，乡级统计部门采用 VPN 方式接入统计专网。借此，宁波市统计局对全市统计专网进行了升级改造，接入省统计局带宽由原先的 2 兆升至 10 兆。同时，着手准备区（县、市）统计信息网改造计划。

2011 年，为了保障网络视频会议效果，浙江省统计局开始在全省部署统计网络视频专网建设。并举行了专业培训视频会议。

2012 年，省统计局对统计专网 IP 地址进行了重新划分，宁波市 IP 地址由原来的 8 个 C 段地址扩充到 16 个 C 段地址。对市、县统计局 IP 地址进行重新规划、分配、调整。实现了 IP 地址段全省统一部署、县级局域网与县级政务网的有效分离。同年，为保障网络稳定性的需求，宁波市统计局与市政府之间开通 100M 带宽的双线冗余备份线路。

2014 年，根据全省网络建设统一规划，宁波市统计局推进了统计信息专网县、乡延伸工程。工程将县域统计片区工作站、乡镇（街道）统计站（中心）通过 VPN 接入所辖的区（县、市）统计局，通过虚拟链路将所有统计站点全面纳入了统计信息网络覆盖范围。至此全市的统计专网开始独立运行。

2016 年，随着用户访问数量和访问频率的不断增加，统计专网的网络已不能满足统计业务改革和信息化应用发展的需求。省统计局开始实施网络提速，提速后宁波市统计局上行与省统计局链接速度增加到 50M，下行与各区（县、市）统计局链接速度增加到 20M。上下行线路带宽的增加，为统计信息化应用，统计工作联动高效化提供了顺畅渠道。

五、融入政务专网

2019 年，因浙江省政府对网络安全、保密的要求，以及推进数字政府的建设，省统计局对统计专网进行了撤并。宁波市统计局及各区（县、市）统计局统计专网的物理线路相继撤销，网络逐步并入所在地区的政务外网部门专网，然后在政务外网上通过 VPN 3 线路，连入省统计专网。

第三节　应用系统建设

如果说，硬件和网络是主干和支柱，那么应用系统就是枝叶。每次硬件设备的推陈出新和网络的升级换代，总是不停地推动着应用系统的发展、推广和创新。宁波市统计局自成立以来，通过自主研发、合作开发等方式先后完成了计算机病毒防治、文件存储服务、电子邮件系统建设、统计数据备份系统、网络视频教育系统、宏观综合数据库、人口地理信息系统、办公自动化（OA）、内（外）网网站建设、网上直报系统、视频会议等应用系统的建设，有的程序（系统）属于国内首创，有的系统数据采集、分析的方法和步骤，改变了专项普查的方式和途径。这些系统（程序）保障了统计业务系统的运行，提高了统计数据采样和分析的水平，推进了统计工作现代化进程。

一、计算机病毒防治

计算机病毒是人为制造的，有破坏性、传染性和潜伏性，对计算机信息或系统起破坏作用的程序。它不是独立存在的，而是隐蔽在其他可执行的程序之中。计算机中病毒后，轻则影响机器运行速度，重则死机，系统被破坏。因此，计算机病毒给用户带来很大的损失。

1988 年底，宁波市统计局发现“小球病毒”，这也是全国首次计算机病毒感染。宁波市统计局金敏强在发现病毒后，独立制作出专用杀病毒程序，并由国家统计局在全国统计系统内推广使用，为奖励他在编制计算机杀病毒程序中作出的贡献，宁波市统计局专门奖励 300 元。

1995 年，宁波市统计局购入 KV 系列 DOS 版杀毒程序。

1997 年，CIH 病毒暴发，宁波市统计局购入 KILL 单机版杀毒程序。

2002 年，求职信病毒暴发。局计算中心通过双休日对每一台电脑进行病毒查杀。

2003 年，在局内网络的日益完善情况下，电脑病毒也从原来单一模式向着网络散播转移，原来单机版的杀病毒软件已经无法满足业务需求，为此市统计局在每个处室工作电脑、服务器、网关上部署了 Symantec 的 Norton 8.0 企业版防病毒软件，并通过一台防病毒服务器实现对所有客户端的控制和管理。

2006 年，局内部网改造完成，为了普及病毒防范知识，以及提供病毒预警信息，在局内网上开辟了专门的公告版块，对病毒发作时间进行及时通报。

2006年4月，为改变病毒防治无序的状态，宁波市统计局统计信息化领导小组出台《宁波市统计系统计算机病毒防护工作管理规定》(甬统发〔2006〕26号)(以下简称《规定》),《规定》由“十一条”条款和《宁波市统计局计算机病毒防护安全员职责》《宁波市统计局计算机病毒防护细则》等2个附件组成。《规定》明确病毒防治的领导机构、职能部门。《规定》同时规范了计算机使用、人员的防病毒培训、防病毒安全员的职责、计算机病毒的监测、防范，以及感染后的清洗流程。

2014年，为加强全省网络安全管理，在省统计局的统一部署下，宁波市统计局在局机关和局属事业单位推行VRV桌面安全管理系统和微点统一杀毒软件，并同时向区（县、市）统计部门推行。区（县、市）统计局桌面安全管理系统和微点统一杀毒软件服务器端部署在宁波市统计局，由宁波市统计局进行策略制定和安全监测，以实现全市统计网络安全的统一协调。

在客户端计算机安装桌面安全管理系统和统一杀毒软件后，加强了全网络的安全监控，能及时阻断木马和病毒在网络中的传播，做到网络安全的事前预防和事后管控。在部署完微点统一杀病毒软件和桌面防护系统后，整个网络的病毒传播和破坏事件发生率都呈明显的下降趋势。网络安全得到了有效地保障。同期，国家统计局宁波调查队按照国家统计局浙江调查总队统一部署，在所有联网计算机安装桌面管理客户端系统。2015年，国家统计局宁波调查队所有联网计算机统一安装上级下发的金山安全终端防御系统，同时，两套系统在安全管理策略实现全省统一，杜绝了安全隐患。

2016年8月，为进一步完善宁波市统计局网络与信息安全应急响应机制，科学应对网络与信息安全突发事件，《宁波市统计局网络与信息安全事件应急预案》(甬统发〔2016〕32号)(以下简称《应急预案》)经局长办公会通过后正式施行，《应急预案》共分为总则、组织体系、预防预警、应急响应、后期处置等8项。根据《应急预案》，宁波市统计局数管中心先后举行了“内部网络故障”“防火墙故障”“专网入侵”等演练。演练达到演练预期，锻炼了专业处室的应急处置能力，取得了良好的效果。

2017年5月22日，因金山安全终端防御许可到期，国家统计局浙江调查总队通知调查队系统内网计算机换用国家统计局统一采购下发的北信源杀毒软件。

二、文件存储服务

文件存储服务能够使用户与远程主机建立连接，并以匿名或者注册用户的身份从远程主机上拷贝或上传文件。特别是远程文件存储服务实现了部门之间、上下级之间的统计数据报送、业务协同处理，提高了统计工作效率，是统计系统使用最久、最便利的应用系统。

2002年，随着宁波市统计信息化“一期”工程建设完成。为了更好地服务于统计工作，满足统计数据共享、统计数据上报、统计软件分发等工作需要，宁波市统计局建设了基于FTP协议的网络传输和文件存储服务器，并在8月5日正式开通。

文件存储服务器基于Windows 2000 Server平台，并有断点续传的功能，大大增强了数据报送的成功率。同时，为了便于用户账号统一管理和记忆，在Windows Server的活动目录上按照宁波市局和各区（县、市）统计局工作人员设置了用户账号，通过活动目录来管理用户的使用权限。在文件服务器上划分了各个处室的目录，对每个目录都设置了文件上传下载的操作权限，各处室数据上传下载只能在特定的目录操作，目录之间不能相互访问。为了防止文件存储容量不足，初期对每个人员设置了文件存储容量，每个人限定100M存储空间。2007年开通了部门专业间数据共享服务，实现了部门数据之间共享。

文件存储服务器的建设开通，方便了业务处室的数据分享和查找，同时也建立了初步的数据存储服务。因为其操作方便，查找资料迅捷，一直以来都作为统计信息资料分享交流的重要手段。文件存储服务器先后完成了历年统计年报、定报的统计数据上报工作；完成了历次普查数据上报工作；完成了统计应用软件向下级统计部门分发的工作。文件存储服务器在统计信息化工作中实现了服务于统计工作，提高统计工作效率的重要作用。截至2017年，共实现数据共享文件37个大类，29571个小类、220329个文件，容量共计442G。

三、电子邮件系统建设

电子邮件是一种运用电子手段提供信息交换的通信方式，是互联网应用最广的服务。通过网络的电子邮件系统，用户可以以非常低廉的价格、非常快速的方式，与世界上任何一个角落的网络用户联系。电子邮件可以是文字、图像、声音等多种形式。电子邮件的存在极大地方便了人与人之间的沟通与交流，促进了社会的发展。

2000年9月1日，宁波市统计局电子邮局正式开通，各专业使用电子邮局上报统计报表数据。

电子邮局替代原有的点点通信，方便了全市统计专业上报统计数据。局机关邮件服务器采用微软的Exchange 2000邮件服务器，结合市统计局建设的活动目录，实现电子邮件账号和文件服务器用户账户统一管理。用户无须因为应用不同而需要记忆多个账号密码。电子邮局的开通主要是服务市、县、乡三级统计系统工作人员工作交流使用。邮局服务具有点对点、点对多点的特性，除了发送和接收的双方，其他人无法获得邮件的内容，可实现一定程度统计数据保密性；同时，邮件又便于管理和查询历史记录。因此，统计专业内上下部门之间资料交流开始大量使用电子邮件。2000年7月27日，为了提高宁波市统计局电子邮件的使用水平，计算中心组织开展了对全局工作人员的电子邮件使用培训。2003年5月，宁波市统计局邮件系统实现了和全省统计系统邮件的互联互通。宁波市统计局电子邮局的开通，促进了宁波市统计系统的实时通信和数据的快速交流和分享。

2006年11月，在网站域名申请备案成功后，局机关为所有工作人员开通nbstats.gov.cn的互联网邮箱，每个用户空间是100M。

四、统计数据备份系统

数据备份是为了防止系统出现操作失误或系统故障导致数据丢失，而将全部或部分数据集合从应用主机的硬盘或阵列复制到其他的存储介质的过程。数据备份主要是采用内置或外置的磁带机进行冷备份或者磁盘阵列实现热备份。宁波市统计局在信息化建设过程中，始终以数据安全为第一要务，数据备份一直贯穿信息化建设始终。

2003年以后，随着办公自动化、网上直报系统、统计信息网、综合数据库等应用建设不断推进、完善。为了确保应用数据不因硬件损坏、系统出错、人员误操作等导致数据丢失；确保信息系统在发生数据丢失时能在第一时间内恢复数据，确保系统的稳定可靠运行，宁波市统计局迫切需要进行数据备份系统的建设。

2004年，宁波市统计局开始着手统计信息化“三期”项目的建设。其中数据备份建设方案作为“三期”的子方案进行，宁波市发改委于9月正式批复数据备份方案的建设。

数据备份方案由备份中央管理系统、磁带库备份设备和备份代理软件三部分组成。备份管理软件采用基于Windows 2003平台的Veritas NetBackup Enterprise Server 5.0。磁带库采用DellPowerVault 136T，其中包括2台LTO2磁带驱动器及23盘磁带，2台磁带驱动器可实现每秒60M的数据备份速率。根据备份需求在3台SQL Server 2000数据库、3台Oracle 9i数据库、1台Exchange邮件服务安装备份代理软件。整个系统通过NetBackup集中备份管理程序自动实现数据备份和还原。

在日常数据备份工作实施过程中，制定了严格的备份策略，采用全备、增量备份和差量备份相互结合的方式。每周日对数据库进行整体备份、每周星期一、二、四差量备份，每周三、五、六增量备份。数据在磁带库中以一个月为期限进行循环保存。

备份系统充分运用了全备份、差量备份的特点，尽可能减少备份恢复所需要的步骤，简化备份恢复手续，提高恢复的效率。而且在任意时间点发生数据灾难后，为恢复数据所需的备份镜像文件不超过2个，保证了恢复的高效性。

备份系统实施后，宁波市统计局建立了完善的备份巡检制度，每月定期有专业人员对整个备份系统进行系统检测。主要对备份管理软件运行状况，备份策略的执行情况，磁带库运行状况，磁带的使用量等进行全面的检查。

完善的备份管理，成为宁波市统计信息系统可靠运行的强大保障。在整个备份系统运行生命周期内，宁波市统计局没有发生数据丢失事故。

2005年9月，为了在市统计系统普及和推广数据备份技术，在宁波市新舟宾馆举办数据备份技术和VPN技术使用培训班。通过培训，市局和各区（县、市）统计局相关的计算机技术人员对数据备份的原理、实施方式、方法等技术手段有了初步了解和掌握，进一步提升了统计应用系统的维护水平。

五、网络视频教育系统

网络视频教育，是以在局域网络上架设视频服务器，通过WEB浏览器的方式在局内网网站上开设专题栏目，向局机关提供各类统计培训、廉政文化等知识。

2006年，为满足全局广大干部职工系统学习统计知识，提高统计业务水平的要求。宁波市统计局计算中心结合网络改造，专门配备了视频服务器，并在局内部网络上开通了统计视频在线教育专栏，第一期开设有“中国国民经济核算体系”“统计分类标准及统计标准化”。

2007年开通第二期“统计调查与分析”“解读政府工作报告”“加快统计改革”“经济指标和经济分析方法”“中国经济形势和经济政策”“国际统计的发展对中国统计的启示”“县级统计数据质量规范化管理”“统计局长的领导艺术”“关于做好统计工作的几点体会”“统计法贯彻实施和统计法

修改”“抽样基本涉及知识在城镇住户调查中的应用”“能源统计”。

同时，在不定期的栏目中穿插了“经济形势发布会”“反腐倡廉”“机关党建”“保密宣传”“历年春节联欢会”“年度统计培训”等视频教育内容。截至2017年，累计存储视频文件384个，容量约110G。宁波统计视频教育服务的顺利开通，既为全局干部职工进行统计继续教育提供了一个平台，同时丰富了全局干部职工的业余生活。

六、宏观综合数据库

随着统计业务的不断发展和统计信息化的不断推进，无论是统计系统内部，还是政府及社会各界，对统计数据（统计信息）的需求都有了极大变化。而以Excel和FTP作为数据表格和存储的模式，存在检索慢、查找难、数据开发利用效率低的问题。

2006年，为了改变统计数据各处室、各部门各自为政、分散管理的现状，提高统计信息开发利用的全面性、有效性和分析质量，宁波市统计局在考察了厦门市统计局综合数据库的建设成就后，决定通过引进、消化，建立宁波市统计综合数据库。9月，市局成立综合数据库建设组织协调办公室，开始了对综合数据库系统建设的初步尝试；12月，通过向山西省统计局购买成熟产品的方式，初步建成以Oracle 8i数据库为核心的综合数据库系统，首次以指标为基本单位对综合表进行拆分存储，各专业积极使用并陆续导入了部分历史数据。

统计宏观数据库系统是建立在Oracle数据库平台上，集统计信息管理、查询和分析的大型宏观数据库系统。它既可以使统计人员方便对统计信息进行管理，也可以通过Internet/ Intranet及时向社会各界提供统计信息发布服务。系统运行于统计内部网，通过数据库服务器和应用服务器提供服务，客户机采用64M以上内存、20GB以上硬盘、PⅢ以上CPU的PC机。

系统支撑软件。服务器端为Windows Server系统，客户端为Windows（98、2000、XP操作系统）。

数据库系统。Oracle 8.1.7以上，客户端Web浏览器IE5.0以上。系统以Java为开发语言。

统计宏观数据库系统由管理维护系统和查询分析系统两部分构成。管理维护系统。包括对系统用户的管理，对地址码、调查类别、报告期别和统计调查制度的管理，对宏观数据库的统计指标、统计分类进行管理维护；同时，对统计表进行设计、编写数据审核公式、装载数据和卸出数据。系统还可以提供由用户确定常用指标，自由定义对应某一主题的专题等功能。包括了用户管理、系统基础管理、元数据管理、表管理、报表维护、报表设计、报表编辑、报表预览、审核描述、数据加载、定制管理、常用指标管理、主题专题管理等。查询分析系统。用户通过该系统对数据库进行查询并可将查询出的数据进行加工处理和输出。包括了专业引导查询、专题查询、灵活查询、模糊查询和分析功能。

整个系统，以“元数据”库为基础，数据、统计表的定义及设计均来源于系统元数据库，而查询结果呈现仍为普通统计表式。这样，既打破了传统“统计表”的约束，又遵循统计人员习惯的统计表处理方式。同时，系统支持以多样化的格式进行数据输出，方便了用户后期的自定义处理和再加工。在体系防护上，整个综合数据库采用三层结构以及访问跟踪日志，确保数据安全。数据库于当年引进、安装并投入使用。各个专业处室根据自身业务需求，开始导入数据。

2016年，由于数据量激增，原综合数据系统已经不能满足专业需求，市局开始进行新版综合数据库系统建设工作。新综合数据库系统分两期建设，一期项目于2017年6月建设完成并正式投入使用，是年9月，录入完成2010年以来的所有历史数据。系统数据展现方式多样，可以使用丰富的图表来进行数据展示，也可以根据各专业导入的综合报表自动生成经济运行监测表、统计专报、经济数据要情、统计月卡、城市年报等定制报表。

七、人口地理信息系统

地理信息系统（GIS）是输入、存储、管理、查询检索、分析与输出空间数据及其相关联的属性数据的计算机软件系统。人口地理信息系统是针对人口空间信息特点的GIS，是GIS的一个重要分支。建立人口地理信息系统，实现以地理空间为基础框架的人口信息分析挖掘与可视化，为制订科学合理的人口决策服务。

2000年，为了科学制定国民经济和社会发展战略与规划，制定人口政策，统筹安排人民的物质和文化生活，实现人口与资源、环境的协调发展，充分利用宁波市第五次人口普查成果，更好地展现宁波市人口普查数据价值，实现“统计数据为各级政府、公众进行人口研究决策服务”的目的。宁波市统计局有针对性地把人口数据与地理数据有机地结合起来，以最大限度地发挥人口数据与地理数据优势互补的作用，实现人口数据的地理化、可视化操作，彻底替代人工查询、统计、分析的落后手段。同时，把该系统作为未来“数字宁波”的有机组成部分。先后到海南、广州、深圳进行实地调研，认真学习他们的成功经验，并向有关GIS开发单位进行了深入细致的咨询调研，掌握大量的第一手资料后，于2001年7月,《宁波市人口地理信息系统可行性研究报告》上报市计划委员会；8月,《宁波市人口地理信息系统可行性研究报告》顺利通过专家组评审；9月，市计划委员会正式批复，同意宁波市人口地理信息系统工程项目建议书及可行性研究报告，批准建设宁波市人口地理信息系统，并在2002年政府信息系统建设经费中安排230万元专项经费，作为系统开发费用。其中，软件开发项目投资80万元，前期费用10万元，硬件政府采购费53万元，基础地理数据采集费22万元，其他数据采集费65万元。由市财政按项目建设进度情况分期拨付。

同年11月，宁波市人口地理信息系统软件开发项目建设面向全国公开招标。上海永生城信息科技有限公司以80万元的总报价一举中标。12月19日，双方正式签订“宁波市人口地理信息系统软件及开发工程”协议书。整个开发工程分两期进行。

在开发公司进行项目开发的同时，宁波市统计局会同宁波市规划局完成人口地理信息系统相关配套工程。人口地理信息系统实现了1∶25万和1∶1万宁波全市区域、1∶500市中心建成区三个级别的数字地形图。实现了区（县、市）、乡镇、街道、普查区（村、居委会）的边界审定和数字化，完成了宁波市人口普查数据的整理和建库。人口地理信息系统采用HP Lxr8500、LH6000、LH3000三台服务器作为应用系统的支撑平台。采用专业绘图仪进行地图输出。人口地理信息系统将所有数据包括统计数据和地理数据都存放到Oracle数据库管理系统中，实现空间数据和统计数据的一体化集成，并构成系统的基础数据层。空间数据采用ArcSDE的管理模式，C/S结构的客户端通过MapObjects控件直接连接到ArcSDE，并以此来访问空间数据。统计人口数据的各种查询分析通过Oracle OLE DB来实现对统计数据的高效访问。

系统的查询主要通过客户端实现，包括地图操作、统计查询、空间分析、统计分析、扩展应用等多种功能，通过Net8i去访问数据服务器来获取数据，实现功能。为保证系统数据查询更加安全、规范和可靠，系统通过架设中间层的方法来实现对用户的权限进行管理、进行日志记录，使得系统更加稳定，系统结构更加清晰。对于各种查询分析的结果，系统通过多种数据、报表和图表进行展示，也使表现形式丰富多彩，直观和美观相统一。

为了统计数据和地图数据的网上发布，系统采用ArcIMS作为地图数据发布的应用服务器，通过ArcIMS，在客户端通过Web浏览器访问地图数据，进行地图操作，并且实现对人口普查统计数据的查询、检索和分析。下图为人口地理信息系统总体设计图。

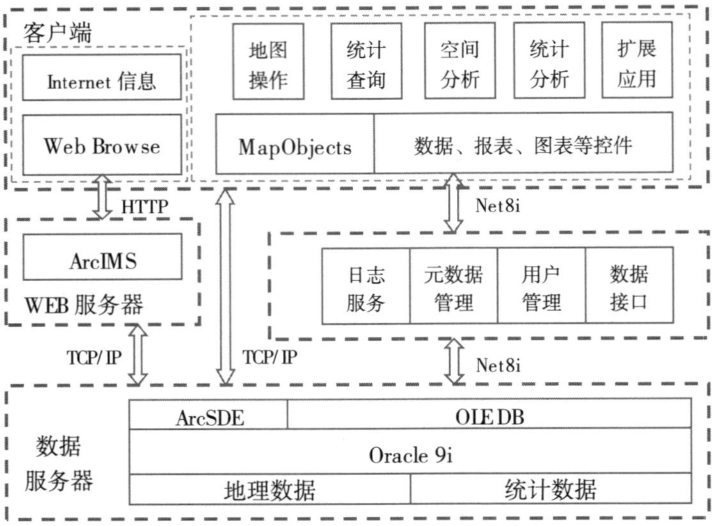

图25 人口地理信息系统总体设计图

宁波市人口地理信息系统主要实现以下功能。

图表操作功能。地图浏览、数据表格浏览、地图测量、地图数据编辑、图层控制、空间查询和空间分析、统计图、专题地图制作等。

统计业务功能。包含基础现状分析、扩展应用分析和发展预测分析三大方面。主要有：单指标、组合指标等查找；指标、主题、自定义等查询；按人口研究领域分类分析；人口生命表、人口金字塔和人口密度3D分析；楼房三维模型以及智能搜索等。

系统管理功能。日志管理、用户管理、数据维护以及应用服务器配置管理等。

2001年8月，人口地理信息通过专家验收。2002年12月，V1.0版投入运行。

在完成“一期”工程后，宁波市统计局着手开始推进项目的“二期”工程。“二期”工程由广州城市信息研究所进行开发，投资约50万元。“二期”工程目标是在“一期”的查询系统上再建立一个内容全面的分析系统，使用方便的辅助决策系统和易扩展的开放系统。

2004年1月，“二期”工程正式完成。同时，与系统相对独立的WEB版正式上网发布。WEB

系统依托第五次人口普查资料和第二次基本单位普查资料，分别从区（县、市）专题、乡镇（街道）专题、统计图标、普查地图四个专栏着手进行信息发布。该系统从“界面清晰、内容丰富、统计特色、数据安全”等方面进行了多项有益尝试。

“二期”工程完成后，实现了基本单位数据入库与汇总，扩大了调查小区图层和居民楼层图层区域范围以及更多查询范围和查询指标体系，同时，在WEB输出上增加专题图制作功能以及统计图的制作功能。

同年，宁波市统计局参加了第七届全国统计科研优秀成果信息技术应用类成果评奖，在2004年全国地理信息工程项目评审中，获得铜奖的成绩。

八、办公自动化OA

办公自动化（office Automation，OA）是在设备、通信逐步实现自动化的基础上，将计算机网络与现代化办公相结合的一种新型办公方式，它不仅可以实现办公事务的自动化处理，而且可以极大地提高个人或者群体办公事务的工作效率，为企业或部门机关的管理与决策提供科学的依据。在办公自动化管理领域，如果说硬件技术是其环境保障，软件技术则是办公自动化各项功能得以顺利实现的灵魂所在。

在完成了信息化基础设施建设后，宁波市统计局本着对移动办公的摸索，加快推进办公自动化进程。2001年，在国家、省统计局的大力协助下，初步完成了双杨OA系统的搭建。

2001年6月分两次对系统管理员和全局干部职工进行双杨OA办公自动化系统的操作使用培训，使之做到可以实际操作。

2002年7月，在对OA有理性及感性上的充分准备后，宁波市统计局开始着手办公自动化工程。经过考察、筛选，最后选定“上海梦创双杨数据科技股份有限公司”作为项目的合作方。整个工程历时3个月，于2002年10月投入使用。

系统采用Oracle 8为数据库，Windows 2000 Server平台，基于Java平台开发。客户端工作环境采用Windows 98平台IE6及Office 2003。

OA开通后，局（办公室）把“发文”“宁波统计发布”“宁波统计（内参）发布”“统计工作动态发布”“经济信息发布”“会议申请”“就餐”“住宿安排”“用车”“文件印刷”“用印申请”等办公室流程等纳入OA中，实现了工作的规范化、正规化、数据历史的可追溯化。全局系统的工作效率有了显著提升。

为了加强统计信息化工作，整体规划和协调解决有关统计信息化方面的重大问题。2003年2月，根据国家、省统计局有关文件精神和宁波市人民政府有关规定，经局党组研究决定，建立宁波市统计局信息化领导小组。第一任组长为时任统计局局长任彭微。

2003年5月，宁波市统计局与宁波金网信息产业有限公司合作，通过浙江移动，在内网开通短消息服务。

2003年12月，为培养自己的办公自动化基础力量，宁波市统计局选派人员参加省统计局举办的办公自动化系统软件应用培训。

2004年4月，宁波市统计局完成办公自动化系统数据库系统改造，后台数据库实现从oracle8i向9i的升级。升级后的OA系统不仅速度有所加快，而且系统的稳定性和安全性得到了提升。

2008年4月，成功将“外来收文流转和管理”

纳入了办公自动化系统。

2010 年 9 月，为进一步规范管理，提高工作效率，保证局办公自动化系统安全可靠地运行，宁波市统计局通过了《办公自动化系统（OA 网）管理办法》(以下简称《管理办法》)。《管理办法》规定如下。

1. 办公室和计算中心是推广使用办公自动化系统的职能部门。办公室负责工作协调、权限管理和人员培训的组织等；计算中心负责系统运行的技术保障、日常维护和操作指导与培训。

2. 办公自动化系统是统计局网上办公的指定载体。公告发布、办文办公、公文流转（除联合发文外)、一般事务处理等均应在该系统上进行。

3. 办公自动化系统是局机关、事业单位日常工作的平台，工作人员每天上、下午应至少两次登录系统查看办公信息、处理待办事项。

4. 办公自动化系统流转的办公信息（包括电子公告、公文、统计资料等）必须经部门、单位负责人审阅批准，并对此信息内容负责。

5. 国家、省统计局来文和局发文（包括文件和资料）均通过办公自动化系统流转分阅，无特殊情况不再另行纸质流转。

6. 电子公告是供有发布权限的人员发布全局性、不具归档价值的信息，如内部通知、通报、事务性公告等。电子公告不得发表与工作无关的内容，不得发布虚假信息。

7. 拟发公文必须严格按照公文文种和行文规则进行，公文流转按操作规程进行。文种选择不当、流转程序错误的，办公室应将文稿退回拟稿部门修改，重新流转。

8. 标有密级的公文按秘密等级分阅，不得下载外传。内部资料未经公开发布的，不得外传。

9. 用户口令要注意保密，不得外泄。

通过《管理办法》，从制度上规范了 OA 运行的有序性和可靠性。

2011 年 6 月，OA 系统在功能上实现从网上办文到网上办文办事的拓展，进一步提高了机关办公自动化水平和工作效率。功能拓展后，新版 OA 系统在强化原有文件办理功能、全面提升系统安全性的基础上，主要新增“会议申请”“派车申请”“绩效台账”三大网上办事功能，全面实现办文、办公及绩效对账等事项的网上运作。

2017 年 8 月，为构建新移动办公平台，使客户端适应新的操作平台和 Office 使用环境，增加“督办事项管理”和“公文归档”及“日常印刷”、“用车”、“接待”、“出差”、“出国出境”、“休假”、“办公用品领用”等的审批功能。局机关开始对 OA 系统进行第二次升级改造。

通过改造升级，实现了以通用办公组件为支撑的宁波市统计局办公自动化系统；将单一的公文收发、流转为核心的电子办公自动化系统发展成为以文档管理、行政管理、日常管理为核心，功能相对完善的办公系统，实现宁波市统计局公文流转、督办管理、移动办公等主要办公业务的数字化和网络化。

新的办公系统实现了“工作流管理平台”“表单自定义平台”，并设计了新的查询引擎。新的办公系统为“局发文”“会议纪要”“政务信息”“内部请示”“内部报告”“统计资料”“简报动态”“内部工作”“收文”“会议申请”“会议费审批”“用车申请”等多个类型的文件设计了全新的工作流程。并且，增设了全新的督办管理流程。

同时，对 OA 部分的功能做了补充和完善。实现对编号的统计材料（包括宁波统计、经济信息分析等）自动汇总功能。发文单信息公开栏增加“依申请公开”“主动公开”选项。实现了直接接收保密机要文件并自动转换。在栏目中实现按时间查询、内容查询，以及交叉查询、模糊查询。办件流转过程中增设了时间期限（急）警告提示功能，并能在电脑屏幕提示和移动介质端同步提醒功能。在收、发文件归档管理中，增设了收（发）文操作者有权选择“是（否）归档”标志，并由办公室负责人审核把关。

2014年至2017年，因局队党组分设，国家统计局宁波调查队在OA系统中设立新的工作流转模板，开展电子公文流转等业务。

九、宁波市统计局内网网站建设

伴随着国家“四大工程”的建设，统计业务的发展逐步走向了规范化。而各级统计部门的网站建设，更成为统计部门之间发布统计信息、交流工作经验的平台。2000年前后，随着全国统计系统网络建设逐步推进，系统内部网站雨后春笋般的涌现。

2002年前，宁波市统计局自行组织开发建设了以ASP+SQL2000为前后台，构建运行在统计专网上的第一版内网网站。

2002年，为了能快速发布信息，以及区别于电子公文系统偏向于公文流转的系统定位，宁波市统计局开始委托南京赛博空间网络科技有限责任公司进行信息第二版内网的开发，合同总金额25000元。

2003年9月，网站完成开发，并顺利投入使用。第二版内网主要功能包括动态网页信息发布系统、静态网页界面布局设计、网络会议室系统、网络内部用户留言系统、关键词网页全文搜索系统、用户权限与安全保密管理系统、用户日志管理系统。系统栏目包括月度经济、统计年鉴、动态查询、经济普查数据、法规标准、统计工作、党建工作、技术专栏、统计分析、文件通知、机关民主评议等。整个网站采用ASP、Microsoft ActiveX等技术，以脚本编辑器和Microsoft VB 6.0为开发环境，数据库采用SQL Server 2000，系统运行环境为Microsoft Windows 2000和IIS。

2004年7月，为保证内网的高速运行和网络安全，特制定了《宁波市统计信息网管理暂行办法》（甬统办计〔2004〕20号）（以下简称《管理暂行办法》）。《管理暂行办法》明确了信息发布的原则、责任处室、工作程序以及奖励办法。

2006年4月，宁波市统计局在原定的《管理暂行办法》基础上制定《宁波统计信息网管理办法》（甬统发〔2006〕37号）（以下简称《管理办法》）。新的《管理办法》对网站领导机构、信息发布原则、信息发布工作程序、局队各处室（中心）职责分工、栏目设置、信息文书写作规范等进行详细规定，以确保内网的规范、高效、安全运行。

2008年9月，根据业务发展模式的变化，宁波市统计局内网进行第三次改版。引进木鸟软件工作室的IWMS系统，系统采用Net 1.1框架，全部页面采用aspx语言，并采用Code Behind进行代码分离后台，SQL Server 2000后台数据库，系统采用Windows 2003为平台。新的系统采用可视化风格设计、支持utf-8和big5编码并能转换繁体为简体、支持新闻的动态采集及自动导入、支持RSS订阅、支持全网静态页面生成，以及动态页面和静态页面之间的相互转化。支持图片的自动上传和网页的GZIP压缩、用户级别管理、新闻的头条置顶。实现网站与分类限指定、IP段分权限访问。整个系统功能性、安全性都较第一版有了增强。同时，根据业务变化，对栏目做了调整。增加了“专题专栏”“统计信息分析”“统计法规”“统计课题研究”“统计公报”“统计学会”“数据查询”“热点新闻”，并对部分栏目和名称做了调整。

2008年，高性能服务器陆续到位，原有操作系统已经不能适应新设备的性能，宁波市统计局对内网网站的操作系统和数据库软件进行升级。操作系统升级到Windows 2008R2，数据库升级到SQL2005。这次升级使系统在运行速度、安全性、稳定性上得到较大提升。

2012年1月，宁波统计信息内网进行第四次改版工作。此次改版，在界面设计上更加贴合潮流，优化了栏目布局，将重点新闻及信息集中在显要位置，以更加醒目的效果予以呈现。同时，对原有栏目进行了重新调整和重组。除整合相关栏目，实现信息“集约”呈现外，还开设“时政要闻”“视频教育”“统计文化”等栏目，并实现重点栏目信息的分层分类展示。与此同时，新版网站还进一步强化了网内查询功能，并扩大了网站链接范围，实现了网间信息资源的高效整合和便捷查询。

十、宁波市统计局外网网站建设

宁波市统计局外网是宁波市统计局政务公开、统计信息发布的重要窗口，也是宁波市统计数据发布、查询的专业平台。宁波市统计局外网建设目的在于促进政务信息公开，为社会公众提供全市国民经济和社会发展的统计数据服务。

2003年7月1日，“宁波统计信息网”正式开通。同日在新兴大酒店举行了开通仪式。时任浙江省统计局副局长赵国明及宁波市信息办、市信息中心、市府办信息中心等单位的领导、专家和多家新闻媒体记者出席。

整个网站由宁波市统计局自主设计、自主代码编写，以Windows 2003为系统平台，C#及Net 1.1为开发语言和运行环境，开通设置的栏目有“宁波概览”“统计新闻”“统计分析”“月度经济”“统计年鉴”“统计公报”“统计制度”“统计常识”“社会经济”“法制园地”“普查之窗”“人口地理信息系统”“政务公开”等栏目。其基本工作流程与职责分工：掌握信息部门负责提供信息，局办公室作最终审定，综合处、办公室、设管处负责确定上网信息，计算中心负责网站建设与日常维护，包括页面设计、更新和信息加载更新。开通以后，点击率保持在400次/日以上。

2004年7月，为保证外网的高速运行和网络安全，特制定了《宁波市统计信息网管理暂行办法》（甬统办计〔2004〕20号）（以下简称《管理暂行办法》）。《管理暂行办法》明确了信息发布的原则、责任处室、工作程序以及奖励办法。

2004年8月，对宁波统计信息网进行了全新改版。改版后的宁波统计信息网新增了“县区信息”“他山之石”“网上调查”等栏目，并对原来的统计信息栏目进行了细分，进一步体现了统计服务社会的特色。

2006年5月，宁波统计信息网进行第三次改版，网站整体上更加贴近市民实际，更加注重互通交流。同时，新的统计信息网在用户个性化需求上做了拓展，并增加了英文、繁体和RSS功能，进一步满足不同用户多层次的需求。

2006年，国务院办公厅颁发《关于加强政府网站建设和管理工作的意见》（以下简称《意见》）。根据《意见》，规定政府网站“中文域名要以‘.cn’结尾，并与本行政机关的合法名称或简称相适应”。宁波市统计局适时而动，在互联网注册开通了“www.宁波统计.cn”以及“www.宁波统计.中国”。这不仅规范了“宁波统计信息网”网站的表述方式，而且使得民众能够更加便捷地访问政府网站。

2007年，在宁波市电子政务办举行的全市政务系统网站评比中，宁波市统计信息网首次被评为“十五佳”网站。

2008年，宁波统计信息网作为特色网站被摘录到《政府网站与绩效评估》一书（许跃军、阳冰之、陈剑波著，浙江大学出版社出版）。

2008年7月，为了贯彻落实《中华人民共和国政府信息公开条例》，宁波统计信息网进行第四次改版，增加了网站对外宣传、政务公开、便民服务等功能，重点突出了统计公报、统计分析、统计信息、统计数据和政务公开等版块，新增了统计违法举报方式，同时，整合了政府信息公开网页面，建立了“依申请公开网上受理系统”“局长信箱”“部门信箱”等。

2008年起，宁波市安全等级保护工作协调小组办公室（简称“等保办”）根据《信息系统安全等级保护定级指南》，开始实施全市应用系统等级认定工作。宁波市统计局向等保办申请网站二级定级。经过等保办测评、核准，8月，宁波统计信息网通过等级保护二级认定和备案。同期，内部邮件系统、普查数据处理系统、内部网及办公自动化系统、网上直报系统、统计业务处理系统也通过二级等保认定。

随着信息网领导小组高效管理以及各处室信息加载工作的日益规范，宁波统计信息网自2008年起，连续多年在市政府组织的网站考核中被评为市政府优秀部门网站。

在加强网站建设的同时，宁波统计信息网也积极根据统计的特点、各个处室及调查队的业务需求，陆续增加相关子网站及栏目，以及每年的“统计开放日”主题栏目。2009年，为社会和科技统计处开通R&D子网；2010年，为市人普办开通宁波市第六次人口普查子网；2013年，为市经普办开通第三次经济普查子网；2015年为法规处开通统计信用公示专题专栏；2016年为普查中心开通12340专题专栏；2017年，根据市政府建设“统一投诉、咨询平台”的要求，局长信箱、投诉咨询并入政务服务网。

十一、国家统计局宁波调查队网站建设

2002年8月，作为国家统计局宁波调查队前身之一的宁波城调队开通“宁波调查网”，并启用域名“www.nbdc.net.cn”。次年，国家统计局宁波城调队对网站进行多次更新完善并正式上线运作。

2007—2014年，局队合署办公，国家统计局宁波调查队和局机关实行网站统一建设，分块管理，以“宁波统计信息网”对外进行信息发布和政策宣传，原宁波调查网停止运行。部门内网和局内网统一使用。

2014年，为适应现代化信息发展的新趋势，国家统计局宁波调查队开通“宁波调查”微信公众号，并安排专人负责信息发布，开始构建立体化统计调查宣传网络。

2015年5月，国家对调查队系统进行垂直管理，国家统计局宁波调查队内外网站开始独立运行。根据国家统计局浙江调查总队统一部署，国家

统计局宁波调查队部门网站作为子网站迁入浙江调查总队网站群，并启用新域名“www.zjso.gov.cn/nb”。网站开设了政务公开、组织机构、调查工作、信息分析、调查数据、统计法规、重要公告、调查发布、文件通知、调查制度等栏目。内网网站开设了文件通知、机构设置、工作动态、调查信息、调查分析、调查数据、政策法规、文化建设、学习园地、文件通知、领导讲话、大事记等栏目。宁波调查队内网网站和外网网站由队办公室、综合处共同负责内容维护。

同年，宁波调查队微信公众号完成改版，增设“法制统计”栏目。

十二、网上直报系统

网上直报系统，是利用Internet/Intranet技术，通过宽带网络报送统计报表。该系统具有数据采集、数据审核、数据上报、报表设计、报表发布、数据导入导出、字典库管理、数据查询、数据汇总等功能。

该系统主要由系统管理端和客户端两部分组成。系统管理端，由宁波市统计局（或县级统计局）专业人员在网络服务器上设计整个统计流程，包括统计报表的设计、审核、分配名录、报表发布、查询企业上报情况、数据导入导出等模块；系统客户端，是统计报表的填报者，即企业统计人员（也包括乡镇级统计人员），主要包括用户确认、报表下载、离线填报、离线审核、上网报送、报送状况查询等模块。

统计网上直报系统的主要作用：解决数据“录入”的瓶颈问题，将传统的集中式录入变为分散式处理，大大提高数据处理效率；统一数据处理平台，几乎所有的统计报表都能在同一平台运行；进一步提高统计源头数据质量，减少中间环节，实现计算机自动审核；进一步提高工作效率，在网络环境下，使各级统计人员都能在第一时间，同时见到各自权限内的统计结果，实现统计信息共享。

统计网上直报系统于2003年由杭州中科软件开发，2004年4月，网上直报开发调试完成。并正式确定在余姚市工业园区进行网上直报系统工业专业的试点工作。宁波市统计网上直报系统于2004年4月在余姚市开发区近100家工业企业进行试点，并逐步推广。7月，北仑区约400家规模以上工业企业开始进行统计网上直报，9月转入正常运行；10月，慈溪市工业直管单位加入统计直报行列，运行正常。

2005年1月，网上直报通过宁波市统计局组织的专家验收。专家组认为：统计局的统计网上直报系统设计合理，功能齐全，基本达到了建设目标，为有效提高统计工作效率和数据的准确性，加快统计信息化进程具有重要意义；网上直报系统具有企业数据采集、数据审核、数据上报、报表设计、报表发布、数据导入导出、字典库管理等功能，满足项目建设单位需求；系统结构设计合理，层次分明清晰，业务流程合理，系统实用可靠、安全性高、可扩展性好、处理能力强等；系统界面简单明了，企业用户操作简单方便。

2005年3月和6月，宁波市统计局分2次召开海曙区、江东区、江北区、镇海区、鄞州区统计局及相关企业参加的全市统计网上直报系统应用座谈会。部署网上直报系统的推广，会议明确了2005年网上直报工作的重点：江东区、江北区、镇海区和鄞州区规模以上工业企业的工业专业B201、B202表和能源原材料的B204表相结合，实施网上直报；海曙区、江东区、江北区限额以上贸易（住宿餐饮）企业的贸易（住宿餐饮）专业的E202-1、E202-2、E203表实施网上直报试运行；各区（县、市）房地产企业的房地产专业H203表在全市范围实施网上直报，同时，由宁波市统计局统一组织，按每期100人次规模对直报企业统计人员、乡镇（街道）统计人员、区（县、市）相关专业人员进行集中培训；确定了当年的工作进度，按工业（包括能源）、贸易（包括住宿餐饮）、房地产三个专业，分三个阶段有序推进。

2005年7月，宁波市统计局为全面有效地推广统计网上直报系统，对参加网上直报的企业发出公开信——《给统计网上直报单位的一封信》。直报工作，培训先行。要在全市大规模的完成直报的推广，不仅需要有专业的统计管理人员，同时还需要广大企业用户的配合。2005年起，全市开始大规模的网上直报专业培训。

2005年7月、8月、9月，全市开始大规模地集中培训，先后完成对慈溪市、海曙区、江东区、江北区、镇海区、鄞州区工业、贸易企业统计人员、管理层统计人员、系统管理员的培训。其中工业统计人员2900余人，贸易统计人员3500余人。

2006年1月、3月、5月，分批完成对北仑区、大榭开发区、象山县、宁海县、余姚市、奉化市、科技园区商贸企业以及全市工业企业网上直报培训，累计271家商贸企业和470余家工业企业参加培训。5月，完成对全市建筑业企业进行网上直报培训。

截至5月，全市网上直报用户中规模以上工业单位中的8109家，资质房地产单位中的255家，限额以上贸易单位中的770家，准限额以上贸易和限额以下贸易抽样单位中的1761家，基本实现了万家“三上”（即规模以上工业、限额以上贸易、资质以上房地产）企业统计数据的网上直报目标。

网上直报运行以来，用户数量迅速增加，专业报表基本得到了全覆盖。为了保持系统稳定性、高效性，宁波市统计局提出了网上直报扩建方案。2006年5月，宁波市发改委审议通过了宁波市统计局提出统计网上直报系统扩建方案。扩建方案包括：统计信息中心机房改造；统计网络改造；统计网络安全防护系统改造；统计网上直报系统软硬件平台扩容改造；统计综合数据库系统建设。在基本完成统计系统的直报后，调查队系统的调查开始并入网上直报。

2007年3月，宁波调查队企业景气调查首先开始并入网上直报系统。

2007年8月，宁波市统计局启动线路优化方案，对统计网上直报系统配置双链路冗余线路，在原先移动线路的基础上，增设10M电信线路，从而既能使不同的企业根据自身的网络环境进行优化报送，也提高了直报系统的稳定性和冗余性。

2007年12月，“二期”工程如期完工，直报系统实现了全面优化，在双线路冗余的基础上增加了安全备份和实时管理以及网络防病毒管理，同时加强与国家、省部分专业网上直报系统的衔接，大大提高网上直报系统的兼容性和实效性，并逐步推行统计电子台账制度，加大检查和管理力度，以适应网上直报范围不断扩大的态势。

2008年2月，宁波市统计网上直报扩面工作拉开序幕，宁波市工业品价格调查正式并入网上直报。全市4414家大中小型企业的811个产品和1183个规格品价格全部进行网上试报。即时，统计网上直报范围已覆盖工业、能源、服务业、房地产、投资新开工项目、企业景气等绝大多数专业，直报单位达1.8万家，上报率一直稳定在95%以上。

2008年3—9月，调查队规模以下工业企业、房地产价格、固定资产价格调查数据的报送先后并入网上直报。

2008年12月，网上直报系统首次应用于第三次全国经济普查，实现了对规模以上工业、限额以上批零贸易业、星级以上住宿餐饮业、资质以上房地产业和建筑业（即“三上”单位）等专业的网上数据报送。全市共完成15000余家企业、30余张专业统计报表的网上直报工作。

2009年7—8月，社科处开始部署劳动工资网上直报，8月全市劳动工资数据报送并入网上直报。

截至2009年8月，全市常规统计网上直报单位突破3万家。

截至2010年3月，全市直报范围已基本覆盖工业、能源、服务业、房地产、投资、价格、企业景气等所有常规统计调查专业，直报单位达3.6万余家。

2011年6月，科技统计着手并入网上直报。

2011年底，随着国家统计局推广全国范围内的网上直报系统，宁波网上直报系统逐步开始向全国版过渡。

2016年12月，受调查队系统机构改革影响，为保障调查队系统的房地产价格调查和固定资产投资价格调查等业务工作平稳开展，国家统计局宁波调查队与北京京云万峰科技有限公司签订维护协议，独立建设联网直报系统，开展联网数据报送，系统于2017年1月底完成建设并投入运行，同时委托宁波市统计局进行日常维护。2017年1月底至3月，新系统与原宁波联网直报平台实施“双轨运行”的过渡期，过渡期结束后，这两个专业的报表停止在原宁波联网直报平台报送。同时，在原宁波市联网直报平台上的所有业务停止运作。

2017年底，固定资产投资价格调查相关报表停止在宁波调查队联网直报平台上报送，直报工作迁往国家统计局浙江调查总队负责的省联网直报平台。

十三、视频会议系统

视频会议是一种为两地或多地的用户之间提供语音和画面双向实时传送的视听会话型会议。它是建立在宽带网络基础上，实现了不受地域限制、双向、多点、实时的音视频交互系统。建设统计视频会议系统是建设“效率统计”和节约行政成本的需要。

国家统计局于2006年、浙江省统计局于2012年建成国家与省级统计局、省与市级统计局之间的视频会议系统，通过该系统多次召开了全国、全省性的重要统计工作会议，取得了良好的效果。

为充分利用浙江省统计专网建设的成果、实现国家、省、市、县四级级联的视频会议，并在特别情况下实现国家、省级可直接呼叫市（县）区局组织应急视频会议系统并能进行统一的管理。2015年6月，宁波市统计局正式向市发展与改革委员会申请建设宁波市统计视频会议系统，同年获得建设批复。

宁波市统计视频会议系统由控制中心、市级主会场和各区（县、市）分会场等三个部分组成。

控制中心独立于会场，由1台POLYCOM RMX 1800组成。实现了所有视频会议点并与上级单位视频会议系统无缝级联，并提供分屏功能，同时承担会场切换等会议管理功能。

市级主会场和各区（县、市）分会场由POLYCOM GROUP-300 1080P构成。为连接浙江省统计局与下属区（县、市）分会场的枢纽中心，市级主会场显示设备具备连接多个显示设备的能力；另外，大部分会议都由此会场发起，并需要将主会场的视频、声音、电脑图像同时下传至其他各分会场，所以市级主会场终端具备电脑图像声音演示功能。

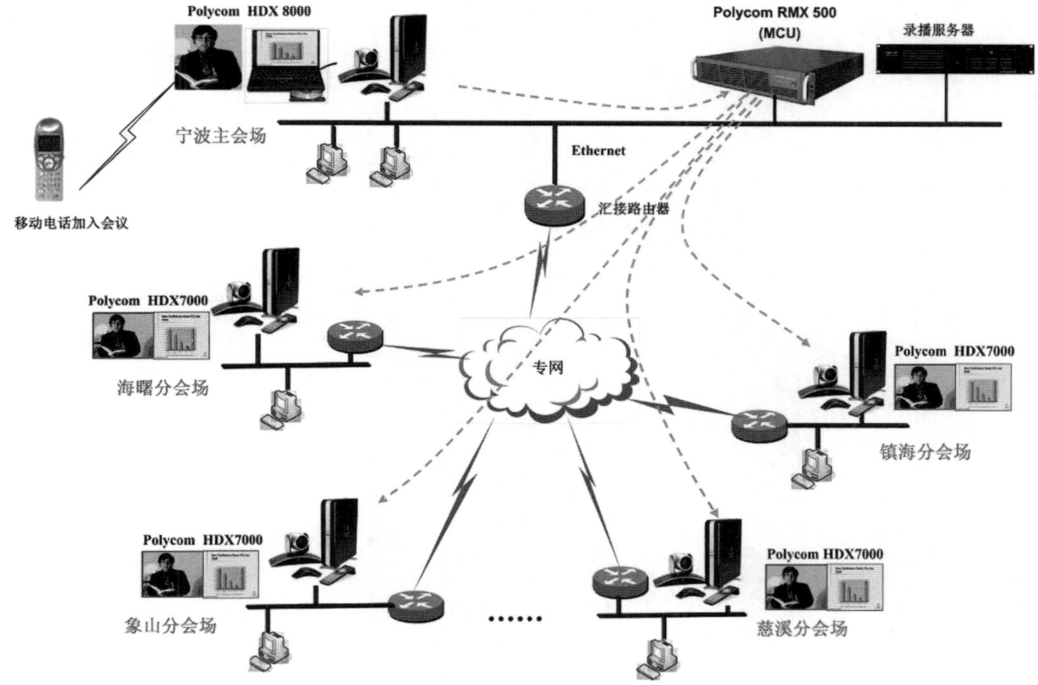

图26 宁波市统计视频会议系统示意图

同年，项目建设完成。通过统计视频会议系统，实现了国家、省各类专题会议、培训会议的全系统实时转播。并能自主发起全市的统计工作会议和各类培训会议。截至2018年，已经实现百余场视频会议实时转播。统计视频会议极大地节约了办公资源，充分提高了工作效率，满足统计业务发展的需求。

2017年11月24日，根据浙江调查总队统一部署，宁波调查队联网视频会议系统顺利建成，实现省市间视频会议互联互通，随后相关会议逐步通过视频会议形式举办。

第七章 统计法治与基础建设

Chapter 7 Statistical Rule of Law and Infrastructure Construction

统计法治是国家法治建设的重要组成部分。长期以来，它和国家法治建设的进程如影相随。《中华人民共和国统计法》的颁布与实施开创了我国统计工作新的里程碑，标志着我国统计工作开始步入法治轨道。此后，《统计违法违纪行为处分规定》、《中华人民共和国统计法实施细则》、《关于深化统计管理体制改革提高统计数据真实性的意见》、《统计违法违纪责任人处分处理建议办法》、《浙江省统计工作监督管理条例》以及宁波市人民政府《关于进一步加强统计工作的意见》等一系列统计行政法规、统计地方法规、统计行政规章及规范性文件相继出台，为促进全市统计改革与发展、夯实统计基础、提升统计数据质量、营造统计诚信环境，提供了法律依据和保障。

统计基层基础是做好统计工作的前提，对保证统计数据质量，客观反映地方经济与社会发展状况，提升统计的决策服务水平具有举足轻重的作用。新中国成立后，全市各级统计部门就加强基层统计建设进行了全方位多渠道探索，通过加强与健全基层统计机构与力量，适时制定了企业统计上报规定与审核制度，补充完善了统计原始记录与统计台账，确立了基础数据审核制度和基层统计工作请示报告制度，开展了数据质量检查和统计基础建设达标升级活动等多项举措，循序渐进扎实推进了企业统计、农村统计和乡镇统计基础规范化建设。

第一节 统计立法

统计法是调整政府机关在组织实施统计活动中所形成的社会关系和行为规范的总称。有广义和狭义之分，狭义的统计法仅指统计法律，须经全国人民代表大会常务委员会通过，即《中华人民共和国统计法》。广义的统计法包含了所有规范统计活动的统计法律、统计法规、统计行政规章及规范性文件，是一个有机的相辅相成的法律体系，是我国行政法的一个组成部分。统计法规包括统计行政法规和统计地方法规，统计行政法规须经中央人民政府政务院或国务院全体会议正式通过或批准通过；统计地方法规由有立法权的地方各级人民代表大会及其常委会制定和发布。统计行政规章包括政府规章和部门规章。统计政府规章由有立法权的地方人民政府制定；统计部门规章由国务院各部委和具有行政管理权的国务院直属机构制定。宁波市同时拥有制定统计地方法规和统计政府规章的立法权。《统计法》及一系列配套的统计法律法规的颁布和实施，为统计活动提供了具体而明确的行为准则，实现了统计工作有法可依的局面。

一、统计法律

《中华人民共和国统计法》

1983 年 12 月，《中华人民共和国统计法》经第六届全国人民代表大会常务委员会第三次会议通过，并于 1984 年 1 月 1 日起施行。《中华人民共和国统计法》是新中国第一部统计法律，标志着我国统计工作开始步入法治轨道。

1996 年 5 月，根据第八届全国人民代表大会常务委员会第十九次会议《关于修改〈中华人民共和国统计法〉的决定》进行了首次修正。

2009 年 6 月，第十一届全国人民代表大会常务委员会第九次会议对《中华人民共和国统计法》进行了第二次修正，并于2010年1月1日起施行。

二、统计行政法规

1.《关于加强统计工作的决定》

1953年，中央人民政府政务院发布《关于充实统计机构加强统计工作的决定》。此决定在当时的历史条件下发挥了统计组织法作用，指导和促进了全国统计体系基本框架的形成和统计工作的开展。

1984年1月，为认真贯彻执行《中华人民共和国统计法》，加快统计现代化建设步伐，国务院再次印发《关于加强统计工作的决定》。

2.《统计工作试行条例》

1963年3月16日，国务院全体会议第127次会议正式通过发布了《统计工作试行条例》，这是中国有史以来的第一个比较完整、严密的统计法规。在总结新中国成立后十三年统计工作经验的基础上制定。

3.《中华人民共和国统计法实施条例》

1987年1月19日，国务院批准了由国家统计局起草的《中华人民共和国统计法实施细则》，1987年2月15日国家统计局发布实施。

2000年6月2日，经国务院批准，对《中华人民共和国统计法实施细则》进行了首次修正。2000年6月15日国家统计局发布实施。

2005年12月16日，国务院作出关于修改《中华人民共和国统计法实施细则》的决定，对《中华人民共和国统计法实施细则》进行了第二次修正。自2006年2月1日起施行。

2017年4月12日，《中华人民共和国统计法实施条例》经国务院第168次常务会议通过并公布，自2017年8月1日起施行。《中华人民共和国统计法实施细则》同时废止。

4.《全国经济普查条例》

2004年9月5日，《全国经济普查条例》经国务院令第415号公布，并自公布之日起施行。

5.《全国农业普查条例》

2006年8月23日，《全国农业普查条例》经国务院令第473号公布，并自公布之日起施行。

6.《全国人口普查条例》

2010年5月24日，《全国人口普查条例》经国务院令第576号公布，并自2010年6月1日起施行。

三、统计地方法规

《浙江省统计工作监督管理条例》

1990年5月12日，《浙江省统计工作监督管理条例》经浙江省第七届人民代表大会常务委员会第十六次会议通过并公告实施。

1994年12月19日，浙江省第八届人民代表大会常务委员会第十五次会议作出关于修改《浙江省统计工作监督管理条例》的决定，对《浙江省统计工作监督管理条例》进行了首次修正。

2001年11月2日，浙江省第九届人民代表大会常务委员会第二十九次会议作出关于修改《浙江省统计工作监督管理条例》的决定，对《浙江省统计工作监督管理条例》进行了第二次修正。2001年11月2日浙江省第九届人民代表大会常务委员会第42号公布，自2002年1月1日起实施。

2009年12月，浙江省第十一届人民代表大会常务委员会第十五次会议作出关于修改《浙江省统计工作监督管理条例》的决定，对《浙江省统计工作监督管理条例》进行了第三次修正。

2016年9月，浙江省第十二届人民代表大会常务委员会第三十三次会议作出关于修改《浙江省统计工作监督管理条例》的决定，对《浙江省统计工作监督管理条例》进行了第四次修正。

四、统计行政规章

（一）政府统计规章

1.《浙江省统计违法违纪行为处分规定》

2002年3月，《浙江省统计违法行为行政处分规定》经省人民政府第六十四次常务会议审议通过，由省人民政府令第140号发布，自2002年6月1日起施行。

2011年12月，《浙江省统计违法违纪行为处分规定》经省人民政府第八十四次常务会议审议通过，由省人民政府令第291号公布，自2012年3月1日起施行。《浙江省统计违法行为行政处分规定》同时废止。

2.《宁波市统计管理办法》

2004年7月，《宁波市统计管理办法》经市人民政府第二十次常务会议审议通过，由市人民政府令第123号发布，自2004年9月15日起施行。

2008年11月，市人民政府第四十四次常务会议对《宁波市统计管理办法》进行了修正，由市人民政府令第161号发布，自2009年2月10日起施行。

2016年10月，市人民政府第八十六次常务会议作出关于废止《宁波市统计管理办法》的决定，由市人民政府令第234号公告废止。

（二）部门统计规章

1.《涉外调查管理办法》

2004年10月13日，《涉外调查管理办法》经国家统计局令第7号公布，自公布之日起施行。

2.《统计违法违纪行为处分规定》

2009年3月，《统计违法违纪行为处分规定》经中华人民共和国监察部、人力资源和社会保障部、国家统计局第18号文件公布，自2009年5月1日起施行。

3.《统计执法监督检查办法》

2001年6月20日，《统计执法检查规定》经国家统计局令第6号公布，自公布之日起施行。

2006年7月，国家统计局对《统计执法检查规定》进行了首次修正，由国家统计局令第9号公布实施。

2017年7月，国家统计局令第21号公布《统计执法监督检查办法》，自2017年9月1日起施行。《统计执法检查规定》同时废止。

五、统计规范性文件

1.《关于进一步加强统计工作的意见》

2003年6月，宁波市人民政府印发《关于进一步加强统计工作的意见》（甬政发〔2003〕60号）。

2006年11月，市人民政府对《关于进一步加强统计工作的意见》进行了首次修正，并发文公布。

2013年5月，市人民政府对《关于进一步加强统计工作的意见》进行了第二次修正，并发文公布。

2.《关于组织开展粮食生产统计监测调查工作的通知》

2009年9月，市人民政府办公厅印发《关于组织开展粮食生产统计监测调查工作的通知》（甬政办发〔2009〕236号），建立市及区（县、市）

为总体的粮食生产统计监测调查制度。

3.《宁波市服务业单位调查方案和宁波市服务业个体户调查方案》

2006年5月，市统计局下发《关于印发〈宁波市服务业单位调查方案〉和〈宁波市服务业个体户调查方案〉的通知》（甬统发〔2006〕40号），并报市人民政府法制办公室备案审查。翌年1月，市人民政府法制办公室回复《行政规范性文件备案抄告单》（甬府法备告〔2006〕238号），准予备案。

（四）2015年12月，宁波市人民政府印发《关于进一步加强统计调查工作的实施意见》（甬政发〔2015〕128号）。

第二节 统计普法

统计普法是统计法制建设重要内容，是统计部门全面贯彻落实依法治国方略、推进依法行政、改善统计工作环境、维护统计工作秩序的重要举措。因此，全市各级统计部门把统计法制宣传教育作为加强统计法制建设的重要任务，利用各种时机，采取多种形式，不失时机地开展统计法律法规宣传教育活动。

一、普法起步阶段

20世纪90年代之前，宁波市统计普法工作还没有形成规范的制度性安排。1953年，新中国成立初期，统计法制建设刚刚起步，中央人民政府政务院发布《关于充实统计机构加强统计工作的决定》，这个决定为全市统计体系建设和统计工作提供了基本遵循。1963年，随着《统计工作条例》的颁布实施，浙江省人民委员会向各专员公署，各市、县人民委员会和统计部门发出通知，要求认真学习贯彻《统计工作条例》。为此，市统计局认真拟定贯彻落实意见，在全市广泛开展学习宣传教育活动。如市统计局多次组织商业系统统计干部职工进行专题培训；市粮食局利用数据质量检查时机，组织学习《统计工作条例》；还有许多单位则在每周例会时间，安排学习《统计工作条例》等。

1983年12月，《统计法》颁布实施。根据省统计局关于学习宣传贯彻《统计法》的通知精神，市统计局结合工作实际，要求在全市组织开展学习贯彻《统计法》活动，并印刷4000本《统计法》分发各地。市、县统计局通过学习讨论、召开座谈会、组织知识竞赛等，迅速在全市掀起学习贯彻《统计法》的热潮。

1985年11月，中共中央、国务院转发了中宣部、司法部《关于用五年左右时间向全体公民基本普及法律常识的五年规划》。是年12月，全国人大常委会作出了《关于在公民中基本普及法律常识的决定》，这是在“文化大革命”后，计划经济体制下开展的全民普法活动，是我国推行的第一个普法五年规划，“一五”普法（1986—1990年），是一次全民法律意识的启蒙。普法内容主要是：宪法、民族区域自治法、刑法、刑事诉讼法、民法通则、民事诉讼法、婚姻法、继承法、经济合同法、兵役法、治安管理处罚条例等，统计法未列入其中。

1987年1月，《中华人民共和国统计法实施细则》（以下简称《实施细则》）发布实施。为深入学习贯彻《实施细则》，市统计局印发《关于迅速掀起学习宣传和贯彻实施〈中华人民共和国统计法实施细则〉热潮的通知》，召开市级机关各主管局及海曙区、江东区、江北区分管统计工作的领导和各区（县、市）统计局局长参加的全市统计工作会议，副市长陈文宪作专题报告，对学习贯彻《实施细则》进行动员部署。同时，各区（县、市）统计局积极争取当地党委、政府和有关部门的支持，通过报纸、电视、广播、板报、画廊等形式进行广泛宣传。

二、普法工作步入规范化

20 世纪 90 年代以后，宁波市统计普法工作开始按照国家普法五年规划的部署进行。

“二五”普法时期（1991—1995 年），是全市统计普法工作规范化建设的重要时期。为扎实推进“二五”普法工作，市统计局专门成立由局长任组长的领导小组，印发《宁波市统计法制宣传工作第二个五年规划》，本着以“宪法为核心，统计法为重点”的原则，从广度与深度上组织开展普法宣传教育活动。主要做法如下。

1. 营造普法氛围。“二五”普法期间，以《统计法》宣传贯彻为重点，市统计局组织有关领导开展电视（广播）讲话 4 次、电视采访 1 次。同时，全市通过电视（电台）、广播等新闻媒体宣传 326 次，黑板报、墙报宣传 1725 期，报纸宣传 12 次，简报宣传 18 期，发放宣传品 7.5 万余份，张贴标语 1 万余条，组织 6000 余人参加统计法知识竞赛。

2. 组织法规培训。五年间，全市共举办普法培训班 130 期，参加人数 9000 余人；举办统计法培训班 529 期，参加人数 1.1 万余人；组织报告会、座谈会 115 场次；全市“二五”统计普法合格人数 24485 人。组织动员 2800 余人参加全省统计“二五”普法函授学习，有 6500 余名统计从业人员通过函授和自学取得省级统计“二五”普法和“统计法律法规基本知识”合格证书。

“三五”普法时期（1996—2000 年），宁波市统计普法工作主要围绕新修订《统计法》（以下简称新《统计法》）的颁布实施，结合宁波实际，把工作重点放在各级领导干部身上。主要做法如下。

1. 统一各级领导干部的思想。贯彻落实《统计法》，关键在各级领导。“三五”普法时期，以《统计法》首次修订实施为契机，以各级领导干部为重点，宁波市组织市、县两级人民政府的统计、法制和其他有关部门领导参加全国、全省学习贯彻新《统计法》电视电话会议；召开市统计局中层以上领导干部会议，学习副总理邹家华和副省长张启楣在学习贯彻新《统计法》电视电话会议上的讲话精神；会同市人民政府法制局召开由人大、宣传、计委、经委、物价、乡镇局等 15 个部门负责人及新闻单位人员参加的学习贯彻新《统计法》座谈会。统一领导干部的思想。

2. 强化新《统计法》的学习宣传。为加大新《统计法》的宣传力度，由常务副市长上电视作动员讲话，统计局领导答记者问。五年来，举办新《统计法》专题学习培训班 20 期，参加人数 5000 余人；举办新《统计法》及业务知识学习培训班 72 期，参加人数 6000 余人；组织巡回宣讲 300 余场次；会同市人大财经委组织全市 149 个乡（镇）长和统计工作站负责人，进行了为期 2 天的新《统计法》集中学习培训。同时，组织开展“中国人寿杯”新《统计法》知识竞赛，参加人数 7000 余人；发放新《统计法》宣传资料 2.3 万余份，编发简报

60余期，通过电视、电台、报刊宣传新《统计法》知识213篇次等。

“四五”普法时期（2001—2005年），宁波市统计普法工作主要以统计执法大检查为抓手，以《宁波市统计管理办法》的宣传贯彻为重点，全面深化统计普法宣传活动。主要做法如下。

1. 组织开展统计执法大检查活动。统计执法大检查，是检验全市《统计法》贯彻落实情况的重要举措，也是统计普法工作的具体实践。根据国家、省关于开展《统计法》执行情况大检查的部署要求，市统计局联合宁波市监察局、司法局、法制局等部门在全市组织开展统计执法大检查活动。为使检查工作顺利进行，国家和省、市先后召开视频会议，常务副市长邵占维在全市《统计法》执行情况大检查视频会议上，专门就宁波市大检查工作进行动员部署。同时，全市共发布大检查公告24次，公布举报电话和电子信箱40个，召开各层级动员大会431次，电视与网络宣传357篇次，报刊宣传121篇次，悬挂横幅280幅，出动宣传车198次，发放《统计法》宣传资料27252份。通过广泛的宣传发动，全市统计执法大检查活动圆满结束。

2. 规范出台《宁波市统计管理办法》。《宁波市统计管理办法》是宁波市出台的第一部地方统计规章。2002年，经市人民政府办公会议同意，《宁波市统计管理办法》列入政府规章调研项目。为了完成该规章起草工作，市统计局专门组织力量，深入调研，通过召开座谈会、上门走访等形式，多方听取意见，经过近一年的努力，顺利完成代拟稿的起草工作。《宁波市统计管理办法》经市人民政府常务会议审议通过，由政府令第123号发布，自2004年9月15日起施行。《宁波市统计管理办法》既体现了《统计法》规范，又结合了宁波市实际，是《统计法》及其《实施细则》的重要补充。

3. 学习贯彻《宁波市统计管理办法》。“四五”期间，围绕学习贯彻《统计法》《宁波市统计管理办法》，全市共举办各类培训班1257期，培训人员7.25万人次。其中，县处级以上领导1088人，县级政府部门和镇（乡）领导2034人。同时，印发统计普法教材9.5万册，悬挂宣传横幅1200条，张贴标语1.2万条，发放宣传年历3000份，在报纸、电台、电视台和网络宣传768篇次。时任局长任彭微还就宁波统计普法工作接受中央人民广播电台、中国国际广播电台记者的采访。

“五五”普法时期（2006—2010年），宁波市统计普法工作主要围绕“以数据质量为中心，大兴求真务实之风，严格执行统计法”的主题，着力在提升《统计法》及其《实施细则》的社会影响力上下功夫。主要做法如下。

1. 把《统计法》及统计知识纳入宁波市委党校（行政学院）处级班课程。为了进一步加强对党政领导干部的统计普法宣传，市统计局主动与宁波市委党校（行政学院）对接，将宣传《统计法》与普及统计知识结合起来，选派局级领导、法规专家等授课，让统计法制宣传走进校园，影响一批批处级领导干部。

2. 在《宁波日报》开设专栏，宣传统计法制。在《宁波日报》社的大力支持下，一批如《统计执法“剑”指政府统计机构》《一统计违法案首次被强制执行》《数字游戏玩不得》等专栏文章的发表，大大提高了统计法制的社会影响力。

3. 以统计执法检查宣传周和“12·4”全国法制宣传日活动为载体，宣传统计法制。“五五”普法期间，通过统计执法检查宣传周和“12·4”全国法制宣传日活动，大力开展统计法制的宣传活动。仅

2007年一年，全市就印发“五五”普法宣传手册6800余份，播发宣传材料8975篇次，发放宣传资料15466份，组织统计调查单位自查11403家。

“六五”普法时期（2011—2015年），宁波市统计普法工作主要以《统计法》颁布实施30周年纪念活动为契机，着力推进统计普法进机关、进社区、进企业活动。主要做法如下。

1. 组织开展统计普法进机关活动。贯彻落实《统计法》，关键在领导。为此，全市政府统计部门把宣传贯彻《统计法》、普及统计知识作为一项重要任务，主动服务党政领导机关。先后在市人大、市政府和市级有关部门以及区（县、市）党政领导机关开设统计法制讲座，编印《领导干部统计手册》，向党政领导干部宣传统计法、普及统计知识。同时，协调有关部门，将《统计法》列入市管领导干部任前考试内容、各部门党组中心组学习内容、公务员学法用法考试内容等。

2. 结合《统计法》颁布实施30周年纪念活动，组织开展统计普法进社区、进企业。“六五”期间，全市以《统计法》颁布实施30周年纪念活动为契机，市、县联动组织开展高密度、多形式的普法宣传活动。全市统计部门通过报刊、广电、网络等媒体，广泛开展“统计法制宣传月”活动；市统计局与宁波市经济普查办公室联合开展《统计法》和《全国经济普查条例》知识竞赛活动，参加人员1.5万余人；通过设计制作统计沙画宣传片《统计在你我身边》、编辑统计法制微博等方式开展多样化的普法宣传；与宁波工程学院合作，开设统计法制课程，组织“统计服务民生”公开课等。鄞州区结合“统计开放日”活动，创作并在主流媒体刊载《统计数据是怎样产生的？》报告文学；江东区、鄞州区、宁海县等地，将《统计法》知识纳入党校课程，作为基层领导干部学法内容之一。同时，还通过发放统计“六五”普法手册、“致调查户的一封信”，推送“宁波调查”微信、手机短信等方式，让统计法制宣传进社区、进企业。

2016年以后，宁波市统计普法进机关、进社区、进企业活动继续深化。在市、县统计部门的共同努力下，《统计法》先后被列入市、县领导干部与公务员学法计划，列入县（市、区）公务员学法用法培训考试内容。同时，还利用“法制宣传日”、《统计法》颁布纪念日等时间节点，进一步加大统计普法宣传力度。市统计局专门编印《统计法律宣传手册》《宁波市统计法律宣传读本》等分发各级领导干部；在全市组织开展统计法制征文活动；在宁波广播电台《法制时空》专栏进行以案释法、公开曝光统计违法案件；组织统计法制宣讲团，深入海曙区、镇海区、鄞州区、奉化区、慈溪市等地，面对县乡领导干部，特别是基层企事业单位统计人员进行宣讲。海曙区利用微信开展统计普法有奖竞赛活动；镇海区探索运用“互联网+”进行统计普法；余姚市创作统计法制动漫光盘，宣传统计法律法规等，统计普法进机关、进社区、进企业活动持续深入。

第三节 统计执法

“徒法不足以自行”。统计法律法规要真正成为现实统计工作中的行为规范，关键在执法。统计执法活动应该严格按照规定的程序，以事实为依据，以法律为准绳，通过统计执法活动的规范化、制度化、经常化，为依法统计、规范统计保驾护航。

一、统计执法活动

（一）统计执法检查

统计执法检查是统计法律法规得以实施的重要手段。

1963年3月，国务院发布《统计工作试行条例》(以下简称《条例》)。宁波市各级统计部门认真对照《条例》规定，开展大规模检查。检查工作从1953年建立统计机构以来，特别是“大跃进”运动期间的统计工作入手，重点检查统计部门贯彻执行国家、省统计报表制度情况，是否按制度规定搜集整理统计资料，是否存在当地党政领导机关干预统计数据、干预统计资料上报的情况；在统计报表管理上，有关国民经济统计报表，是否由各级统计机关统一管理；在数据发布中，除政府统计机构发布数据外，其他部门发布的统计数据是否与当地政府统计机构核对一致；各级政府统计机构的编制、干部、经费管理情况，是否按照国家统一管理、分级负责的原则执行。通过检查，进一步明确了各级政府统计机构、部门统计机构、企事业单位统计机构的主要任务和统计人员的职责，找准了“大跃进”运动期间全市统计工作存在的主要问题。

同年，针对全市存在统计弄虚作假，瞒报、虚报统计数字，不如实反映情况的严重问题，根据市人民委员会要求，市统计局印发《关于立即认真地开展统计数字质量检查工作的意见》(计统综字〔1963〕77号)，组织开展统计数据质量大检查。检查对象及范围主要是：各级政府统计机构、全民所有制企业、事业单位以及集体所有制的手工业企业。检查方式：以自查为主，结合自上而下的重点检查、同行企业之间的相互检查。检查内容主要是“八查”：查纪律、查统一、查口径、查原始记录、查计量、查制度、查差错、查服务。

1982年，市统计局印发《关于开展固定资产投资统计数字质量检查的通知》(市统工〔1982〕9号)，对宁波市固定资产统计数据质量进行了检查。

1985年10月，根据省统计局《关于转发国家统计局〈关于认真检查《统计法》贯彻执行情况的通知〉的通知》(浙统办〔1985〕163号)精神，宁波市统计局会同市农业局、乡镇企业局等单位对宁波市农产品产量、农民收入、乡村工业总产值等数据质量进行了抽查。

1987年9月，根据省统计局《关于深入开展统计执法大检查的通知》(浙统办〔1987〕150号)要求，市统计局在全市范围内组织开展了统计执法大检查。这次检查，鄞县检查了8个乡镇，慈溪县检查了2261家工业企业，江北区检查了546家工业、农业、商业等企业，其他县区也各自组织了大规模的统计执法检查。

1988年，在市人大、市人民政府的统一部署下，以查领导干部执法守法情况、查《统计法》贯彻实施情况、查统计数据质量为重点，组织开展统计执法大检查。

1989年，为了强化统计监督职能，根据国家统计局统一部署，市人民政府办公厅转发宁波市统计局、宁波市监察局《关于开展统计法规执行情况大检查的通知》。为此，市县两级分别制订实施方案，成立执法大检查领导小组，召开统计执法大检查工作会议。全市共抽调统计、司法、监察等部门262名干部，组成56个检查组，对597家单位进行重点抽查。

1991年，宁波市统计局和市监察局、法制局共同成立宁波市统计法规重点检查领导小组，以1990年年报和1991年上半年主要统计指标数字是否有虚报、瞒报、伪造、篡改等违法行为为主要检查内容，全市抽调214人，组成48个检查组，对17个市属业务主管部门、39家单位进行重点检查，对212家单位进行了抽查。

1993年，省统计局牵头对宁波市开展统计执法大检查。全市共抽调701人，组成173个检查组，对380家单位进行了执法检查。

1994年，宁波市统计局联合市监察局、法制局开展了大规模的统计执法全面检查。全市共抽调914名干部，组成192个检查组，重点抽查了1509家单位。

1995年，根据国家统计局、监察部、国家税务总局《关于开展全国统计执法重点抽查的通知》（国统字〔1995〕94号）精神，由市人民政府办公厅牵头，抽调力量对江北区乡镇企业销售收入、交纳税金和农村出生人口等3个统计指标进行了重点抽查。

1996年，根据宁波市经常性开展统计执法检查的制度安排，宁波市统计局会同市乡镇局联合对全市贸易业统计数据和部分乡镇工业产值进行执法检查。同时，鄞县统计局联合县劳动部门对部分单位工资总额数据进行了检查，其他区（县、市）统计局也结合各自实际，组织开展了不同形式的执法检查。

1997年，宁波市统计局和市监察局、法制局等联合印发《关于开展全市统计执法大检查的通知》（甬统〔1997〕49号），成立宁波市统计执法大检查领导小组，下设执法检查办公室。全市共抽调1794名干部，组成490个检查组，重点抽查了2858家统计调查单位。此次检查，共发现统计违法行为530起，立案查处13起（罚款5起，通报批评8起）。

1998年，根据中共中央办公厅、国务院办公厅《关于坚决反对和制止在统计上弄虚作假的通知》（中办发〔1998〕7号）精神，市人民政府印发《关于严肃依法统计进一步加强统计工作的通知》（甬政发〔1998〕104号），并建立以分管副市长、秘书长和市委组织部、市计委、监察局、人事局、法制局等部门参加的全市统计执法大检查联席会议制度。全市共组织单位自查19089家，成立了12个统计执法大队，组织37个检查组，抽调217名干部，重点抽查了84个乡及乡以上单位，开展坚决反对和制止在统计上弄虚作假情况大检查。此次检查，共发现统计违法行为47起，立案查处7起。

1999年，根据浙江省统计局和省监察局、法制局《关于开展全省统计执法专项检查的通知》（浙统法〔1999〕46号）要求，宁波市统计局会同市监察局、法制局联合开展了历时 3 个月的统计执法专项检查。全市共组织单位自查 12061 家，成立 17 个统计执法检查组，抽调近百名干部，重点抽查 66 个乡镇、226 家单位和个体工商户，检查发现统计违法行为 46 起，立案查处 7 起。

2000 年，宁波市统计局开展经常性执法检查，重点加强统计数据质量的检查。会同市人事局调查一起群众举报案件，查实某省属学校瞒报职工人数、工资的统计违法行为，予以罚款处罚。

2001 年，宁波市统计局会同市监察局、法制局、司法局等联合开展《统计法》执行情况大检查。

2002 年初，宁波市统计局建立了 5 个统计执法检查小组和 3 个统计执法督查小组，各区（县、市）也相继成立了 24 个统计执法检查小组，开展经常性统计执法检查。同时，组织开展了《浙江省统计监督管理条例》贯彻执行情况专项检查。其中，宁海县、江北区、镇海区统计局还联合了当地监察、法制、司法等部门开展专项检查。

2003 年 7 月，根据浙江省统计局、监察厅联合下发的《关于建立统计违法违纪案件查处工作联席会议制度的通知》（浙监字〔2003〕3 号）精神，宁波市在县级以上政府监察与统计部门之间建立统计违法违纪案件查处工作联席会议制度。是年 8 月，市、县两级统计局会同当地监察局、法制办等部门联合开展了统计执法专项检查。

2004 年 7 月，根据浙江省统计局、监察局和法制办联合印发《关于开展〈统计法〉执行情况专项检查的通知》精神，宁波市统计局会同市监察局、法制办等部门联合行动，在全市范围内开展《统计法》执行情况的专项检查。此次专项检查，共发放《基本统计单位执行〈统计法〉情况自查表》11000 份，回收 9700 余份，成立联合执法检查组 30 个，重点检查单位 650 家。

2005 年，根据全省统计稽查计划，将稽查任务分解落实到各区（县、市），通过经常性的统计稽查，检查、指导统计工作，优化统计环境。

2006 年 6 月，根据浙江省统计局、监察厅、法制办联合下发的《关于开展全省统计执法检查的通知》，宁波市统计局会同市监察局、法制办等部门联合行动，组织开展了大规模的统计执法检查。此次执法检查，共成立 4 个执法检查组，组织 40 余名统计执法检查人员，对全市 9 个区（县、市）18 个乡镇（街道）的 84 家单位进行了重点检查，共发现违法行为 40 余起，查处案件 24 起。

2007 年，宁波市统计局会同市监察局、法制办等部门共同下发《关于开展全市统计执法检查的通知》，并组织开展了为期 4 个月的联合统计执法大检查。

2008 年 1 月，市政府法制办公布《宁波市推行和落实行政执法责任制公告（司法局、统计局、教育局、档案局）》，正式将《宁波市统计局行政执法责任制实施方案》及附件 1−5 表公告，将法制办审核确认后的行政执法责任制实施方案和行政执法依据及职权予以公告。

2008 年，转变以往统计执法的传统观念，以和谐社会的观念来指导全市的统计法制工作，大力开展以抓大案要案为重点的统计执法理念。坚持经常性执法，采取自行检查和市、县两级联合检查的方式，以加强统计基层基础为重点，开展能源统计、服务业统计、投资统计和劳动工资等专项执法检查，并尝试性地在一些区（县、市）开展“三步式”的执法模式，即“对一般违规者先教育规范、再限期整改、最后依法处罚”的三步式执法方法。

2009年，随着2008年底全球金融危机的爆发和蔓延，对宁波市实体经济的冲击和影响继续显现。为了帮助企业解困与“过冬”，按照省局和市局（队）党组的要求，及时转变观念，在统计执法工作实行“三步式”执法模式的基础上，提出了“广宣传、重稽查、勤指导、慎处罚”的统计法制工作新理念，全市按照“一查二改三执法”的理念进行统计执法，将执法与当前形势相结合，将处罚与社会效应相结合，以强化宣传教育，提高数据质量，融洽执法关系，保证执法理念落到实处。

2010年，根据浙江省统计局、监察厅、司法厅、法制办《关于联合开展统计法和统计违法违纪处分规定贯彻执行情况大检查的通知》（浙统〔2010〕43号）精神，宁波市统计局、国家统计局宁波调查队会同市监察局、司法局、法制办等部门联合印发《关于联合开展全市统计法和统计违法违纪处分规定贯彻执行情况大检查的通知》（甬统发〔2010〕15号），组织开展统计执法大检查。此次执法检查的重点对象是：3个县级人民政府（奉化市、象山县、宁海县），6个县级统计机构（奉化市、象山县、宁海县统计局、国家统计局宁海调查队、东钱湖旅游度假区管理委员会、宁波保税区管理委员会），5个乡镇（奉化2个，宁海2个，象山1个），19个基层调查单位（建筑业企业3家，农作物播种面积抽查2个村，服务业企业4家，规模以上工业企业7家，规模以下工业企业3家）。全市还抽查基本单位531家，发现违法行为73起。

2011年至2017年，全市未组织大规模的统计执法检查，市县两级统计局主要开展经常性统计执法检查，查处统计违法案件。

（二）统计稽查

统计稽查又称统计检查。从2003年起，宁波市将统计稽查工作列入年度统计工作重点任务。2003年至2017年，全市共完成统计稽查任务11163家。

2003年至2017年全市统计稽查任务完成情况表

表85　　单位：家

年份	2003	2004	2005	2006	2007	2008	2009	2010
检查企业数	560	660	676	790	756	933	838	882
年份	2011	2012	2013	2014	2015	2016	2017	
检查企业数	798	902	796	742	654	607	569	

（三）国家统计局宁波调查队统计执法

国家统计局宁波调查队自2007年成立与宁波市统计局合署办公，2014年开始单独行政，开展统计执法检查，至2017年共查处统计违法案件46起。

2014年，对12家企业开展执法检查，立案查处8起。

2015年，对30家企业开展执法检查，立案查处9起。

2016年，对36家企业开展执法检查，立案查处9起。

2017年，对49家企业开展执法检查，立案查处20起。

二、统计违法查处典型案例

1988年至2005年，宁波市共查处统计违法案件704起。其中，虚报统计资料198起，瞒报统计资料183起，拒报统计资料54起，屡次迟报统计资料43起。其中，典型案例如下。

1990年，宁波市统计局针对宁波某印刷厂虚报1988年工业总产值65万元的违法行为进行立案查处。经审理，镇海区统计局、监察局联合发文对该厂作通报批评处理。这是宁波市立案查处的第一个案件。

1996年，宁波某集团有限责任公司虚报工业产值和工业销售收入分别为61997万元、12646万元，虚报1997年1—6月工业产值和工业销售收入分别为2422万元和2093万元的违法行为在《浙江日报》与《宁波日报》上曝光。这是宁波市立案查处并被媒体曝光的第一个案件。

1997年，慈溪市统计局对某工业集团公司虚报工业总产值6350.69万元的违法行为进行立案查处。该公司实际工业总产值为4487.85万元，上报数为10838.54万元（虚报工业总产值6350.69万元）。经审理，慈溪市统计局对该公司处以行政罚款1.5万元。这是宁波市立案查处的第一个行政处罚案件。

1997年，宁海县112名群众联名举报宁波市某电子公司，在工厂停产、工人失业、厂房出租的情况下，虚报工业产值。市统计局对该公司虚报1996年度工业产值2500.7万元，虚报1997年第一季度工业产值328万元的违法行为进行立案查处。经审理，市统计局对该厂作出通报批评的处理决定。这是宁波市立案查处的第一个群众联名举报且联名人数众多的案件。

1998年，镇海区某村党支部书记虚报1996年、1997年两年产值等工业经济指标的违法行为，被镇海区统计局立案查处并作出通报批评的处理决定。经重新审核，镇海区贵驷镇政府取消该村工业企业规模效益奖，并收缴违法所得2万元。这是宁波市立案查处的第一个收缴违法所得案件。

2003年，浙江省统计局与省监察厅组成联合调查组，对鄞州区某镇虚报2001年和2002年上半年工业总产值4.63亿元和2.7亿元，虚报额占应报数的75.65%、68.88%的违法行为进行立案查处。经审理，鄞州区纪委（监察局）对涉案人员分别给予党内严重警告和行政记大过处分。这是宁波市立案查处的第一个受党纪政纪处分的案件，也是宁波市立案查处受党纪政纪处分干部级别最高的官员。

2005年，宁波市统计局对宁波市某酒业有限公司拒绝报送统计报表，并且对上门调查的统计人员不予配合、拒报统计资料的违法行为进行立案查处。市统计局第一次联合市电视台等新闻媒体记者进行现场直播式执法检查，最终使该公司接受调查。经审理，市统计局对该公司作出警告并处罚款4.5万元的处理决定。这是宁波市立案查处行政罚款额度最高的案件。事后，报纸、电视对该案进行了曝光，12月13日《宁波日报》二版头条刊出《拒报统计数字换来巨额罚款》文章；12月16日宁波电视台五套《法制前线》栏目播出现场执法检查实况并重播多次。省统计局将此案作为典型案例制作成光碟分发给各地市统计部门，旨在通过依法行政手段，做到善于执法、敢于执法，增强统计执法的信心。

2005年，慈溪市统计局对慈溪市某电子元件厂拒报统计资料的违法行为进行立案查处。经审理，慈溪市统计局对该厂作出警告并处罚款3000元的处理决定。由于该厂拒不执行处罚决定，最终由慈溪市人民法院强制执行。这是宁波市立案查处的第一个被强制执行的案件。

2006年，宁波市统计局在对企业执法检查中，发现宁波市某化工有限公司2005年年报销售总额瞒报了2100多万元，零售额虚报了3800多万元；2006年3月份月报销售额又瞒报139万余元，被认定为瞒报、虚报统计资料行为，进行立案查处，对该公司作出警告并处罚款1万元的行政处罚决定。该公司不服，向海曙区人民法院提起行政诉讼，要求撤销该行政处罚决定。市统计局接到法院诉讼状副本后，积极准备应诉材料，局长罗吕榕、副局长史跃萍出庭应诉。2006年10月，海曙区人民法院作出一审判决：驳回原告要求撤销宁波市统计局作出的相关行政处罚决定的诉讼请求。这是宁波市首例统计行政诉讼案件，市统计局行政一把手出庭应诉，以被告市统计局胜诉告终。

2017年，宁波市镇海某金属有限公司提供不真实统计资料的违法行为被立案查处，市统计局对该公司作出警告并处罚款5万元的处分决定。这是自2010年1月1日新修订的《统计法》施行以来，宁波市首起适用听证程序（当事人放弃听证权利）的统计行政处罚案件。

2002—2017年全市查处统计违法案件情况表

表86　　单位：件

年份	全市查案数	罚款件数	市本级查案数	市本级罚款件数
2002	118	72	25	22
2003	207	114	40	29
2004	175	64	45	21
2005	133	36	35	9
2006	227	107	49	35
2007	321	92	45	33
2008	284	66	27	27
2009	73	3	2	0
2010	100	21	1	1
2011	54	8	0	0
2012	29	9	5	5
2013	59	25	7	7
2014	66	27	4	4
2015	59	22	2	2
2016	29	18	3	3
2017	43	17	2	2

第四节　统计信用建设

统计领域信用建设是国家社会信用体系建设的重要组成部分，加强统计信用建设，建立统计信用制度，是深化统计管理体制改革的重要内容，也是贯彻落实党中央、国务院关于加强统计工作的重要举措，对推进依法治统、营造良好统计生态具有重要意义。

一、统计信用制度建设

宁波市历来重视统计信用建设。但在2000年以前，除加强日常教育、管理外，对统计信用建设还没有形成比较规范的制度性安排。2004年3月，根据宁波市人民政府《关于加强政府信用建设提升政府行为公信度的意见》（甬政发〔2002〕139号）和《关于进一步推进政府信用建设的意见》精神，市统计局印发《宁波市统计局加强信用建设实施意见》（甬统办〔2004〕019号），明确统计信用建设的指导思想是：以党的基本路线为指导，深入贯彻依法治国基本方略，坚持依法治统，实行信用行政，确立制度信用，自觉接受监督，树立良好的统计信用品牌，为全市改革开放和社会主义现代化建设提供良好的信用基础、法治基础和保障。主要目标是：牢固树立信用政府、依法行政的观念，统计干部的信用意识、法律知识水平不断提高；政府职能转变成效显著，做到依法行政，照章办事，政务公开；法律、法规、规章得到有效实施，统计执法工作做到严格、规范、文明，政府统计行为的公信度显著提升。主要措施有：进一步明确部门职责，落实岗位责任；进一步深化审批制度改革，规范工作程序；进一步完善政务公开制度，提高工作的透明度；进一步加强统计数据质量管理，严把数据质量关；进一步加强统计法制建设，坚持依法行政；建立信用档案，探索建立公务员信用记录制度；设立投诉电话，建立统计部门信用工作投诉机制，等等。

2015年6月，根据国务院印发的《关于社会信用体系建设规划纲要（2014—2020）》和《浙江省统计信用评价制度》精神，宁波市统计局印发《关于建立企业统计从业人员诚信档案的通知》（甬统发〔2015〕27号），决定在全市建立以“四上”企业为重点的统计从业人员诚信档案。主要目的：加强统计从业人员的管理，巩固诚信统计基础，推动统计信用体系建设，提高全社会依法统计、诚信统计的意识和水平，使诚信统计成为公众自觉行为。建档单位：以规模以上工业、有资质的建筑业和房地产开发业、规模以上批发和零售业、住宿和餐饮业、规模以上服务业为重点，其他企业原则上按照“四上”企业要求一同建立。建档内容包括：个人基本信息，所属区（县、市）、所属企业单位，统计资格证件号码，联系方式以及诚信记录等。

2016年9月，为进一步巩固和促进统计失信公示制度规范化建设，市统计局印发《宁波市统计严重失信黑名单管理制度（暂行）》，成立市统计局统计诚信体系建设领导小组及其办公室。领导小组组长由局长担任，副组长由分管法制工作副局长担任，各职能处室主要负责人为成员，领导小组下设办公室。是年11月，市统计局出台《宁波市统计诚信激励和失信惩戒管理办法（试行）》。

2017年11月，市统计局发布《宁波市统计局统计信用联合奖惩实施细则》（甬统发〔2017〕45号），对全市统计诚信示范单位优先推荐申报省级统计诚信示范单位，减少统计检查频次，简化再次参评统计诚信示范单位验收程序。把统计失信单位列为重点监督检查对象，取消统计诚信示范单位评选资格；再次发现有统计违法行为的，延长网上公示期限；对负有责任的国家工作人员和直接责任人，按照有关规定由任免机关、监察机关依纪依法给予处理或处分；将失信人员有关信息记入个人信用记录或统计从业人员诚信档案，在一定期限内限制其从事统计工作或取得统计专业技术职称。

二、统计信用创建活动

通过在企业事业单位和其他组织中开展独立真实报送统计资料守信践诺活动，统计从业人员就依法真实准确、完整及时提供统计调查所需资料作出承诺。违背承诺的，应当接受惩戒，并承担相应的违约和法律责任。建立健全守信践诺机制，准确记录并客观评价统计从业人员对承诺的履行情况。通过统计守信践诺活动，使统计从业人员进一步明确统计失信带来的严重后果，努力形成不敢统计失信、不能统计失信、不想统计失信的工作环境。

2012 年 3 月，为提升基层统计基础，营造良好的统计生态环境，树立诚信统计典型，按照省统计局要求，宁波市统计局印发《2012 年全市统计法制工作要点》，决定在全市组织开展统计诚信（信用）单位创建活动。此后，根据统计诚信（信用）单位创建工作要求，各区（县、市）认真组织统计诚信（信用）单位创建工作试点，并在总结试点经验基础上，通过建立健全“诚信统计”培育管理机制，组织开展统计诚信（信用）单位创建活动，进一步引导统计调查对象依法统计，打造“诚信统计”品牌。

2015 年 3 月，根据国家统计局关于《统计上严重失信企业信息公示暂行办法》，宁波市统计局印发《2015 年全市统计法制工作要点》（甬统发〔2015〕8 号），决定在全市建立统计失信公示制度，对蓄意编造虚假统计数据、虚报、瞒报统计数据数额较大或者虚报率、瞒报率较高的违法企业（单位）进行公示。

2015 年 12 月，为进一步巩固和促进统计诚信单位创建工作规范化建设，市统计局印发《宁波市统计诚信单位创建实施意见》（甬统办〔2015〕78 号），明确参加统计诚信单位创建活动的对象为：宁波市行政区域内连续经营 2 年以上且承担经常性政府统计调查任务的“四上”单位（规模以上工业企业、资质以上建筑企业、限额以上批零住宿餐饮企业，限额以上服务业单位）和房地产开发经营企业。统计诚信单位的基本条件是：统计机构、统计人员按要求配置到位；统计资料齐全、台账管理规范；统计报表等统计资料报送及时准确；自觉遵守统计法律法规及统计制度等。评定方式：统计诚信单位创建活动由市、县两级统计部门组织实施。各区（县、市）负责县级统计诚信单位的评定工作，市统计局负责市级统计诚信单位的评定工作。全市统计诚信单位的评定工作原则上每两年组织一次，资料申报时间为评定年度的 7 月份。评定办法：各区（县、市）统计局结合当地实际，制定本地区统计诚信单位创建活动实施方案、创建标准和评定办法，报市统计局备案。参评市级统计诚信单位的，必须先获得县级统计诚信单位资格，每次推荐参评宁波市统计诚信单位的数量原则上为各地“四上”单位总数的 2% 左右。市统计局按照统计诚信单位的基本条件，对各地推荐的《宁波市统计诚信单位评定审批表》进行审核，并对被推荐单位进行实地考核验收，经公示后确定为“宁波市统计诚信单位”。

2016 年 12 月，宁波市统计局印发《关于 2016 年宁波市统计诚信企业（单位）的通报》（甬统发〔2016〕59 号），首次对获评宁波市统计诚信企业（单位）进行通报。有 47 家批零住宿餐饮、服务业企业，17 家建筑业、房地产开发经营企业，52 家工业企业被授予“宁波市统计诚信企业（单位）”

称号。

2017 年 7 月，根据宁波市信用办有关社会信用体系建设工作要求，市统计局印发《宁波市统计诚信示范单位创建实施方案》(甬统发〔2017〕31 号)，决定在全市组织开展统计诚信示范单位创建活动。统计诚信示范单位创建活动对象、基本条件、评定方式、表彰和管理等与统计诚信（信用）单位创建工作保持基本一致。

第五节 基础建设

统计基层基础工作是做好统计工作的前提条件，对提高统计数据质量、提升统计为决策服务的水平起着至关重要的作用。中华人民共和国成立后，各级统计部门就加强基层统计建设进行多方面探索，通过加强基层统计机构与力量、出台企业统计上报规定与审核制度、健全统计原始记录与底（台）账、建立基础数据审核制度和基层统计工作请示报告制度、开展数据质量检查和统计基础建设达标升级活动等举措，多头并进，扎实推进企业统计、农村统计和乡镇统计基础规范化建设。数据源自基层，加强基层统计规范化建设，是夯实统计基础、推进统计基础建设的重要举措与主要内容。1994 年起，根据省政府加强基层统计基础规范性要求，统计基础建设重点转入实施“两项制度”，即统计单位登记制度和统计从业人员持证上岗制度。

一、原始记录和统计台账

1952 年，浙江省开始实行全国统一统计报表制度。省财政经济委员会于 11 月发出《关于目前统计工作情况及今后工作的初步意见的报告》，首次提出各级财经部门和业务主管部门要帮助工业、基本建设单位逐步建立原始记录和统计底（台）账制度。为了使之落实，年末又召开由工业、交通、基建、贸易、合作社等部门参加的统计工作会议，就加强企业填报单位统计基础工作进行研究。中央有关部门也对加强统计基础建设不断发出指示。

企业统计基础逐步建立的同时，农村统计基础建设也逐步加强。1953 年 3 月，遵照省政府指示，宁波各区公所设统计驻在员，乡（镇）人民政府设不脱产的统计委员会，村一级以生产互助组为核心吸收单干户组成统计登记单位，由互助组组长任统计登记员，承担人口、土地、劳动力、牲畜、农具、生产量以及互助合作组织状况和文化教育、疫病卫生的统计任务。为使省政府指示得以落实，省统计局会同慈溪县统计科，在该县的姜颜乡进行试点，帮助互助组按照上级规定的统计制度，从登录底（台）账入手，建立起《村的基本情况》《每亩双季稻产量》《代耕代种情况》《农民负担》《生产成本核算》《农民人均收入和支出》等 10 项统计登记制度，并组织进行推广。

1955 年 5 月 27 日，省农业厅、财政厅和统计局联合发出通知，要求各农业社建立农作物面积登记造册制度，对每一农户的户号、户名、耕地面积、土地坐落逐一进行登记。同时要求建立农产量抽样调查户，在收获季节对农作物产量进行登记，对每年现金和实物收支状况进行核算。当时，浙江农村正处在农业合作化运动高潮的前夕。主管农业合作化运动的省委农村工作部认为，现行的农村统计制度远不适应农业合作化运动的需要。因此撇开各级政府统计部门，宣布现行的农村统计报表作废，另行建立能反映农村互助合作进展情况的统计报表。以致建立不久的农村基层统计工作秩序混乱。为了扭转这一局面，省统计局从 1956 年开始，经过调查研究，吸取新昌县永昌乡、海宁县石井乡做好农村基层统计工作的经验，设计出一册既能贯彻国家有关农村统计报表制度，又能反映农村基本情况的《乡村统计资料登记簿》。此簿于 1957 年 5 月 15 日经省人委审查同意予以批转。《乡村统计资料登记簿》有 14 张表，1—9 表为户数、人口及耕地；农业社个数、入社的户数、人数和劳动力数；主要山林特产面积及产量；农作物播种面积；农作物平均亩产；农作物收获量；农作物丰产面积；牲畜家禽数量；农业社分配情况。其余 5 张表由乡村根据实际自行确定登记内容和指标。同年 8 月 28 日，省人委又发出《关于加强区乡统计工作的通知》，要求建立统计资料的登记、立卷、归档和交接制度，以使统计资料具有连贯性，提高统计数字质量。

1956 年，省统计局《浙江省统计工作规划纲要》提出全省各县的各个行业，要在 1957 年内普遍建立统计原始记录和统计台账制度。建立和执行这些制度要有一批具有一定水平的统计人员，而当时具备业务统计知识的人员不多。在这种情况下，有的企业就把统计人员组织起来，能者为师，互帮互学，并定名为统计业务学习互助组。这一形式简便易行，作用显著，经过各级统计部门积极推广，很快地从一个企业扩展到一个行业或一个地区，成为培养统计人员的重要基地。

1958 年，企业统计基础工作混乱，农村基层统计受到冲击，企业的原始记录、统计台账、计量等制度有名无实，农村统计对新实行的人民公社、生产大队、生产队三级所有，生产队为核算单位的行政管理体制一时又难以适应。面对上述新情况，1959 年 1 月 15 日省委发出《关于改进农村统计工作的指示》，指出“‘大跃进’期间，农村统计数字浮夸原因固然很多，但有一个重要原因是人民公社机构尚不健全，没有专人负责统计工作，生产队原始记录混乱，计量不统一，技术性差错多”。要求各级统计部门抓紧调查研究，采取措施切实解决。

1962 年至 1963 年，全省通过贯彻党中央、国务院《关于加强统计工作决定》和国务院颁布的《统计工作条例》，认真修订和进一步健全单位、企业原始记录、统计台账、数字质量检查、统计数字审核、查询、订证、统计档案管理交换以及统计人员业务学习和统计工作请示报告制度，在农村生产队积极推行统计底（台）账制度，建立统计数字的审核、复核、查询和更正工作制度。1964 年，省统计局《统计工作简报》介绍推广了宁波市第三百货商店、宁波市粮食局工业科等单位建立健全原始记录和统计台账制度的经验。

1966 年，基层统计基础工作开始遭受破坏，直至 1976 年后得到逐步恢复。

1976 年，统计基础工作恢复正常。1978 年 3 月开始，遵照国务院批转国家计委《关于整顿和加强统计工作报告》精神，全省各级统计部门对基层统计基础工作进行整顿。

1982 年 6 月，为使农村基层统计工作跟上新形势，省统计局副局长萧贻率员到余姚、宁海等县深入乡（镇）、村进行调查研究。在余姚县，组织成立农产量抽样调查实割实测的省级试点，取得成功；在宁海县，总结推广了用抽样调查原理进行抽户登记得到全县农产量统计准确数字的新鲜经验。这些办法和经验虽然没有解决当时农村统计需要解决的所有问题，但予人勇于改革的启示。经过一段时间的探索，行之有效的办法各地都有出现。这些办法虽然各有侧重或者提法不一，但观其实质则有如下共同之处。一是建立健全基层统计网络。乡（镇）统计办公室（站）下分两条线：一条通向村委会，由驻村干部、村长（主任）、会计组成统计工作组；另一条通过乡（镇）企业办公室与各个企业专（兼）职统计人员连成网络。使农村社会经济统计工作有组织、有人抓。二是在统计调查方法上，采取全面调查、抽样调查和典型调查相结合方式。对春粮、水稻、油菜籽的播种面积、造林面积以及牲畜存栏数、农机具拥有量等进行全面调查；农作物产量则采取抽样调查，抽取一定的“样本户”进行调查，以“样本户”产量推算一村、一乡（镇）的产量；运输、土特产品、商业、服务业等通过典型调查取得数据进行推算。三是人口、劳动力、耕地、农机具、主要农产品等，都以村为单位建立原始记录和统计台账制度。“样本户”建有田块丈量登记、农作物实割实测制度。乡（镇）一级则有较为完整的分业统计历史资料台账。四是乡（镇）、村集体和个私企业有定期报表制度。为使统计资料准确、及时上报，这些企业的统计人员大多会同有关职能机构，完善财务、计量、检测和核算制度；建有原始记录和统计台账，做到填报统计资料以原始记录、统计台账为依据，产品产量以检验入库证为准。产品（商品）或原料的购进、销出（或内耗）、库存以及有关财务指标与本企业的财务、仓储等部门相衔接。五是在统计数字质量控制上，建有数字质量审核制度。对原始调查数据进行“四比”（与上年、与季报、与横向、与有关部门比），避免逻辑性和技术性错误；对播种面积、粮食产量、畜牧生产等重要指标，有的还建有随机抽样检验制度；普遍的建有数字质量考评制度，奖优罚劣，减少差错。六是建立统计档案整理、立卷和建档制度，每年年报工作结束，对统计年报资料以及编制年报所需各种原始资料报表，加以整理，分别立卷归档，确保统计历史资料不散、不断、不乱。

1984年1月，全市各级统计部门在执行《统计法》及《实施细则》和国务院《关于加强统计工作决定》过程中，将管理统计报表，完善计量、检验制度，建立健全原始记录、统计台账和核算制度等纳入法治范畴，要求达到“规范化”水准。为实现工业企业统计工作规范化，计量、检测标准化，原始记录系统化，统计台账规格化，企业管理规则制度化打下了基础。工业企业整顿带动了工商业企业基层统计基础建设。不少市县建立了全市（县）统一的社会商品零售额、商品流转、消费品零售额、商业经济效益等统计台账。通过整顿，统计“互助组”网络遍及全市各个地区和各个行业，活动内容从过去互教互学向承上启下、互教互学互查方向发展。

2006年，国家统计局重视全国统计基层基础建设，将2006年确定为统计基层基础建设工作年，把加强统计基层基础建设作为国家统计局2006年统计十项任务之一，并组织全国基层基础建设百县调研活动。5月26日，国家统计局召开动员会，国家统计局局长邱晓华作动员讲话。这次百县调研，浙江省宁波奉化市等4个县（市）被抽中，省统计局根据国家统计局要求，派出4个调研组开展调研，按时上报了调研报告。除百县调研外，国家统计局还开展基层基础建设经验交流、“视统计信誉为生命”的主题实践活动以及基层基础建设先进表彰会等一系列工作，以促进统计基层组织建设、基层统计队伍建设和统计基础业务建设水平，努力改善基层工作条件，进一步提高源头数据质量，使统计基层基础工作逐步走向法制化、规范化和科学化的轨道。

2006年4月，宁波市统计局印发《关于建立和完善规模以上工业企业电子统计台账的通知》（甬统发〔2006〕24号）（以下简称《通知》）。《通知》指出，近年来，在各级统计部门、乡镇、街道以及规模以上工业企业的共同努力下，逐步建立了工业企业统计台账，在提高统计数据质量、及时报送报表等方面发挥了很好的作用。随着信息化的发展，企业有必要建立电子统计台账，保证网上直报数据质量。建立和规范电子统计台账，既顺应管理信息化的需要，又是提高基层统计数据质量和时效的重要举措。从2006年1月份开始，把建立电子统计台账列入全市统计执法检查的内容之一。

2006年下半年，作为推动基层统计基础建设的重要举措，国家统计局开展了“全国统计基层基础建设先进单位和先进个人”表彰工作。经过统计部门逐级推选，国家统计局于9月份共评选出191个先进单位、316名先进个人。其中宁波市江北区统计局许婷娅（女）被授予“全国统计基层基础建设先进个人”荣誉称号。国家统计局还于2007年1月编印并发行了《全国统计基层基础建设先进事迹（上下册）》一书，供全国统计系统交流学习。

2009年5—7月，国家统计局组织开展全国乡（镇、街道）统计工作基本情况调查。省统计局根据国家统计局《关于开展乡（镇、街道）统计工作基本情况调查的通知》（国统字〔2009〕39号）文件精神，对全省全部乡（镇、街道）开展了乡（镇、街道）统计工作基本情况调查。调查内容包括乡（镇、街道）基本情况、统计工作基本情况、统计调查单位数量、基层统计工作面临的困难和问题、2008年统计工作量。

二、统计规范化建设

新中国成立之初，全国还没有建立统一的统计报表制度，全市各级、各部门为了取得社会经济统计数字，各自制发统计报表，基层单位填报统计数字并不严谨。当时，合营企业负有统计资料的填报任务，但能如期填报的不到40%，而且大都是“毛估乱报”。

1953年初，浙江省有关厅局根据省财经委统计工作会议以及上级有关指示精神结合本系统实际，先后出台了《关于地方工业企业及私营工业企业上报定期统计报表的规定》《关于工矿企业生产年报审查的八项规定》《关于基本建设定期报表的若干规定》《关于交通运输定期报表制度实施暂行规程》《关于贸易和合作社统计报表的编制办法》《关于统一会计、统计购销记录时间处理方法暂行规定》。这些规定明确企业单位要尽快建立统计机构，充实统计力量，建立统计原始记录和统计底（台）账、产成品计量以及统计数字质量检查等制度。3月，新成立的浙江省统计局又下发了《关于国营、地方国营及公私合营工业企业变动情况报告及统计资料处理办法》和《国营、地方国营及公私合营企业定期统计报表数字的订证和查询办法》。

1966年开始，基层统计基础工作遭到破坏，直至1976年才得到恢复并逐步加强。

1978年3月开始，宁波市各级统计部门遵照国务院批转国家计委《关于整顿和加强统计工作报告》的指示精神，对基层统计基础工作进行整顿。中共十一届三中全会以来，农村统计发生了两个重大变化：一是恢复乡（镇）人民政府和建立村民委员会，取消人民公社、生产大队、生产队建制，实行家庭联产承包责任制，取消生产队这一核算单位，使农村统计对象从原来的上万个生产队变成数以百万的农民家庭生产单位；二是农、林、牧、副、渔、工、商、运（输）、建（筑）、服（服务业）一齐上，原来的一套农业统计制度和统计方法已经不能适应。

1980年起，随着全市各级政府统计机构的恢复，在贯彻执行国家统计局《关于执行国务院〈关于加强统计工作充实统计机构的决定〉的通知》精神中，不失时机地组织力量狠抓基层统计工作基础建设，建立健全计量、原始记录、台账以及核算、汇总、审核等制度。

1990—1992年，浙江省在加强城乡统计基础建设过程中，组织开展了统计基础工作规范化达标升级活动。1990年5月，省统计局把此项活动列为全省统计工作“打基础，上水平”的重要措施之一，领导亲自抓。局长带领有关人员从省内到省外进行考察，之后成立以局领导、总统计师为正副组长的浙江省统计基础工作达标升级活动领导小组。在活动中先是开展宣传、舆论开导。省统计局与省统计学会联合召开浙江省统计基础工作达标升级理论研讨会，就其涵义、作用、内容、考评以及组织实施等主要问题开展讨论，形成《会议纪要》层层传达贯彻，广为宣传；《浙江统计》开辟专栏，连续刊出10篇宣传统计基础工作达标升级文章。其次是全面制定有关规则。出台了《浙江省农村基层统计规范化实施办法》、《浙江省农村基层统计工作规范化考核试行标准》、《浙江省企业统计基础工作规范化建设暂行规定》和工业、商业、建筑业、物资供销企业四个专业的《统计基础工作规范化试行细则》以及《浙江省企业统计基础工作规范化考评验收确认若干试行规定》和企业《统计基础工作规范化达标升级申报表》。再次是明确活动范围。文件规定如下。统计基础工作规范化达标升级的实施范围是农村乡（镇）、村统计组织，全民所有制（国有）企业和城乡集体所有制企业，重点是大中型企业和各地重点企业。达标升级的内容：1. 组织建设，包括企业对统计工作领导、《统计法》贯彻执行、统计组织机构、人员配备及统计职权、培训等要求；2. 基础建设，包括原始记录、统计台账、统计报表、资料管理、统计数据质量等规章制度；3. 统计服务与监督，包括统计资料整理、编印、出版，统计预测、分析，决策咨询与统计监督等；4. 计算技术现代化；试点不久，国务院生产办公室按照《企业法》规定，为企业切实减轻负担，集中精力抓生产而下发《关于暂停对企业的评优升级活动和清理整顿各种企业检查评比的通知》。随之，国家统计局也下发了暂停企业统计工作达标升级评审检查活动的指示。针对这一局面，省统计局请示了省委书记李泽民、省长葛洪升，他们认为统计基础建设是必要的，统计工作不能削弱。此后，全省的统计基础工作重点转入实施“二项制度”，即统计单位登记和统计从业人员持证上岗制度。宁波市、县两级统计部门根据省里要求，具体负责乡镇、企业统计基础规范化建设的实施工作。

1994年起，根据修正后《浙江省统计监督管理条例》规定，统计基础建设重点转入实施“二项制度”，即统计单位登记和统计从业人员持证上岗制度。按照省政府1995年2月28日印发《关于进一步加强统计工作决定》要求，全市各级党委、人大和政府普遍重视上述两项工作，逐级召开会议，领导发表讲话，利用广播、电视、报刊等阵地，进行广泛宣传动员。市、县统计局分别设立统计单位登记和专业统计持证上岗工作办公室等相应机构，配备必要人员形成工作网络与机制，组织开展统计单位登记和统计人员持证上岗工作，为建立统计抽样框、推进抽样调查，加强统计队伍管理、确保统计人员法定地位，提高统计数据质量奠定基础。市统计局多次组织召开全市统计局长会议和各部门统计负责人会议，学习统计单位登记和持证上岗相关规定，明确任务要求，部署推动工作，促进工商、编委、民政等部门及时提供统计单位增减、变更、注销变动信息，依法加强统计单位与队伍管理及统计基础建设。根据《浙江省统计单位登记办法》，明确统计单位登记主管机关为市、县两级政府统计机构，由市、县统计部门负责组织实施与办理。登记范围对象是宁波市境内国家机关、企事业单位、社会团体和其他组织；登记流程为申请、审核和发证；登记内容分统计登记、变更、注销和年检4类，包括单位名称、法人代码、法定代表人、统计负责人、单位性质与地址、行业类别、经济类型、核算形式、隶属关系、主管部门以及主要业务活动、从业人数、分支机构、统计任务落实情况等。并明确如有违反登记办法规定，可以按《浙江统计监督管理条例》予以处罚。各地、各部门多措并举、扎实工作，普遍建立"统计单位登记资料库"（即名录库）。与此同时，市统计局根据《浙江省专业统计人员持证上岗制度》，明确实施持证上岗范围对象、基本条件，主要原则、步骤与要求，工作分工及组织培训、考试、评卷与颁证等内容，在新闻媒体刊登《专业统计人员持证上岗的公告》，宣传目的意义等。经市、县两级共同努力，至1995年底，全市完成首批颁证任务，此后转向准入为主的经常性工作。

此外，根据省政府《关于进一步加强统计工作的决定》中，充实、稳定统计队伍，加强基层统计组织建设，各业务主管部门统计工作不能削弱中断等要求，全市统计部门采取多种举措，巩固完善大中型企业和乡镇统计组织机构，加强企业和乡镇统计力量配备，帮助解决农村统计人员待遇偏低问题，持续推进全市乡镇农村、企业统计基础规范化建设。

1995年2月28日，浙江省人民政府印发了《关于进一步加强统计工作的决定》（浙政〔1995〕3号）（以下简称《决定》）。《决定》要求充实和稳定统计队伍，进一步加强基层统计组织建设，对于力量薄弱的县一级统计局要充实力量；各业务主管部门在转变职能、向行业管理过渡的过程中，对统计工作不能削弱，更不能中断，要确保统计工作的正常开展；各级政府要继续贯彻《关于重新核定全省区、乡、镇党政机关人员编制的通知》（省委办〔1987〕9号）、《关于转发省统计局加快推进农村基层统计信息网络建设报告的通知》（浙政办发〔1991〕84号）和《关于撤区扩镇并乡后乡镇党政群机构编制有关问题的意见》（省委办〔1992〕20号）等文件的规定，加强乡、镇统计组织的建设，适当加强统计力量的配备，凡是一、二类乡镇必须配备专职综合统计员，并列入行政序列。对原来各市县招聘的乡镇统计人员，目前待遇明显偏低的，各地应从实际情况出发，适当提高他们的待遇；要继续调整、巩固、完善乡镇统计站，充分发挥其在城乡综合社会化服务体系中的作用。村一级要根据经济发展和统计工作任务状况，确定专人负责统计工作；在企事业单位，特别是大中型企业要强化综合统计职能，积极推进企业统计基础工作规范化建设，大中型企业要建立、健全综合统计机构，配备专职综合统计员2人以上；小型企业，包括年总产值500万元以上的村办联户和私营企业，必须配备1人以上专职综合统计员。企业统计人员应享受企业从事综合经济管理人员的同等待遇。宁波市根据省委、省政府有关文件要求，具体做好贯彻落实工作。

2005年2月，浙江省人民政府印发了《关于进一步加强统计工作的意见》（浙政发〔2005〕11号）（以下简称《意见》)。《意见》要求建设一支高素质的统计队伍。将真正热爱统计事业，敢于坚持原则报真数、说实话作为配备统计部门领导干部的一条重要标准。在对各级统计部门领导班子成员进行职务调整时，应根据中组部和国家统计局关于统计系统干部管理的有关规定，事先征求上级统计部门意见。为进一步加强统计调查和统计改革的综合协调工作，各地应根据工作需要在统计部门配备总统计师。各级统计、人事、教育等部门要把统计队伍建设尤其是高素质统计人才的培养、引进、使用作为一项重要工作来抓，保证统计机构、统计人员在稳定中不断加强。要通过多种途径搞好在职统计人员的教育和培训，完善统计从业人员资格认证制度。统计系统要进一步加强机关效能建设，广泛深入开展职业道德教育，大力表彰先进人物与事迹，进一步唱响“用数字说话、为发展服务”的主旋律。

2006年11月，为进一步加强统计基层基础建设，切实提升全市统计工作水平，使统计工作更好地适应贯彻落实科学发展观的需要，宁波市政府根据《浙江省人民政府关于进一步加强统计工作的意见》（浙政发〔2005〕11号），结合宁波实际专门制定下发了《关于进一步加强统计工作的意见》（甬政发〔2006〕96号）。文件下发后，宁波市统计局组织开展了县域统计工作组织模式改革前期调研和试点工作，按照“以县级为重点、行政为主体、事业为支撑、社会中介为补充”的总体思路，在北仑、慈溪进行了改革试点。不久后，北仑区正式组建了副局级的社会经济调查局，慈溪市的改革方案形成，其他区（县、市）也抓紧拟制方案。同时，积极推进统计事务代理试点工作，慈溪市成立了宁波市首家统计师事务所，开辟了为企业统计服务的新渠道。这是市政府高度重视和加强统计工作所采取的重要举措，是今后一个时期全市统计改革和建设的指导性文件。自接到文件精神和要求后，江北区、鄞州区、象山县等区县根据实际需要，制定工作规程、考核办法，积极开展相应加强统计基础建设方面工作。

2006年12月，根据《浙江省统计局关于评选统计基层基础建设先进单位和个人的通知》（浙统〔2006〕67号）文件，按照公平、公正的原则，浙江省统计局对各地上报的基层基础建设先进单位和先进个人推荐材料进行了认真评选，其中宁波市鄞州区统计局、慈溪市统计局荣获浙江省统计基层基础建设先进单位称号，宁波市统计局王明珠、宁海县统计局王式跃荣获浙江省统计基层基础建设先进个人称号。

2012年9月，浙江省人民政府下发《关于进一步加强和改进统计工作的意见》（浙政发〔2012〕71号）后，2013年5月宁波市人民政府印发了《关于进一步加强和改进统计工作的意见》（甬政发〔2013〕53号）。从认真履行统计职能、积极推进方法制度创新，加强组织机构建设、不断健全统计网络，坚持依法统计、切实优化统计工作环境和加强组织领导、切实增强统计工作支撑保障力度等五个方面提出了具体意见，特别是在加强重点开发区域和卫星城市试点镇（省级中心镇）统计机构建设、县级统计机构人口就业和社会科技统计力量及县域统计片区工作站建设等方面提出的量化指标要求具有较强的可操作性，为进一步加强和改进全市统计工作提供了强有力的行政推动力。

2013年6月，为了深入学习贯彻党的十八大、省第十三次党代会和省委十三届二次全会精神，全面落实中央和省委、省政府关于加强作风建设、开展党的群众路线教育实践活动和机关服务年活动的各项规定，切实把省委、省政府和国家统计局进一步加强和改进统计工作的要求落到实处，决定开展“强基层强基础，建设学习型服务型统计”专项行动。宁波市统计局积极贯彻落实省政府《关于进一步加强和改进统计工作的意见》浙政发〔2012〕71号文件和全省统计系统“双强双型”专项行动部署要求，配合宁波市人民政府制定的《关于进一步加强和改进统计工作的意见》(甬政发〔2013〕53号)，结合本地实际，狠抓贯彻落实，全市统计基层基础建设得到进一步加强。各区（县、市）高度重视这项工作，在争取党委、政府重视、精心组织、务求实效方面下苦功夫，基本实现了重心下移、力量下沉、专业下放、服务下延的预期目标，在县域统计组织管理上基本形成了片区与机关统筹管理、片区与专业融合运作的分工布局模式，得到时任国家统计局副局长许宪春、省统计局局长李学忠等领导的高度评价。其中，海曙区“三审责任制”在省政府召开的全省推进统计基层基础建设电视电话会议上作典型经验介绍。

2015年3月11日，为加强规模以上工业、有资质的建筑业和房地产开发业、规模以上批发零售住宿餐饮业、服务业等企业（简称“四上”企业）统计工作规范化、制度化建设，确保统计源头数据的真实性和准确性，鄞州区人民政府办公室印发了《鄞州区“四上”企业统计工作规范化管理办法》（鄞政办发〔2015〕44号）。

2015年12月，为强化新形势下的统计调查能力建设，提高统计调查数据质量，推动统计调查事业发展，使统计调查工作更好地服务全市经济社会发展大局，确保统计数据质量，促进统计事业健康发展，宁波市人民政府发布《关于进一步加强统计调查工作的实施意见》(甬政发〔2015〕128号)。

2017年3月，国家统计局召开贯彻落实《关于深化统计管理体制改革提高统计数据真实性的意见》(以下简称《意见》)部门座谈会，深入学习贯彻习近平总书记关于统计工作重要讲话指示批示精神和总理李克强、副总理张高丽关于统计改革发展重要部署要求，交流各部门贯彻落实情况，研究下一步工作措施。国家发展改革委副主任兼国家统计局局长、党组书记宁吉喆强调，政府综合统计机构和部门统计机构全体工作人员要切实增强“四个意识”，把思想和行动统一到以习近平同志为核心的党中央关于统计管理体制改革的重大决策部署上来，不断增强提高统计数据质量和真实性的责任感、紧迫感及自觉性、坚定性，认真贯彻执行《意见》的各项要求，着力增强统计工作科学性、权威性，着力提高统计数据真实性、准确性，为实现“两个一百年”奋斗目标、实现中华民族伟大复兴的中国梦提供扎实的统计保障。宁吉喆指出，中央领导关于统计工作的重要讲话指示批示和统计改革发展重要部署要求，高度肯定了统计工作在经济社会发展中的重要综合性基础性作用，充分表明了统计数据真实准确的重要性，为确保统计数据质量提供了基本遵循。《意见》从党和国家事业发展全局的高度，为深化统计管理体制改革、提高统计数据真实性提供了总体方略，是做好新形势下统计工作的纲领性文件。中央领导同志的重要讲话、指示批示、部署要求和《意见》充分彰显了以习近平同志为核心的党中央对统计工作的高度重视和坚强领导，体现了党中央、国务院坚持实事求是、反对弄虚作假的鲜明态度和坚定决心，必将对推动统计事业持续健康发展产生重大而深远的影响。

2017年11月2日，为加快企业统计工作规范化建设，保证源头统计数据质量，提升统计工作水平，宁波市奉化区人民政府办公室印发《奉化区企业统计基础工作规范化管理办法》（奉政办发〔2017〕120号）。

2017年11月6日，为进一步加强镇（乡）、街道统计基础，切实提高统计工作质量和水平，宁波市海曙区人民政府印发《宁波市海曙区人民政府关于进一步加强和改进统计工作的意见》（海政发〔2017〕72号）。

第八章　统计教育与科研

Chapter 8　Statistical Education and Scientific Research

宁波统计教育与科研的源头可追溯至19世纪中期，清政府在宁波设立“浙海新关”统计课，近代统计方法、制度在浙海新关得到了较好的应用和发展。20世纪初，西方统计理论、各派观点陆续传入中国，宁波统计理论研究与应用初见雏形。

新中国成立后，我国统计体制基本按苏联的模式建立，宁波统计教育与科研主要介绍苏联统计理论与方法，对其统计教材和学术著作进行学习研究，统计教学和专业培训得到较好发展。

改革开放后，宁波统计教育与科研快速发展，设置统计专业、开设统计课程的院校增多，招生具备一定规模，教学质量不断提高，以电视函授和业务培训为主体的继续教育成效明显，在市、县统计学会的引领下，全市统计科研成果斐然。

第一节　统计教育

从民国元年（1912）起，浙江省政法专门学校、浙江省盐务学校、浙江省高级商业职业学校等先后增设统计课（科），到新中国成立，特别是改革开放以后，以浙江工商大学等为代表的院校统计教育蓬勃兴起，培养了大量新型统计专业人才，为解决包括宁波在内的各级统计机构专业人才问题做出了历史贡献。

此后，随着国家恢复高考招生制度，众多全日制大、中专院校扩大招生规模或新建，电大、函授等业余院校快速发展，宁波统计教育迎来了新的发展机遇。市统计局会同教育机构，主动开展多种形式的政校合作，推动市内院校增开统计学专业及学历教育，发展统计电视函授教育等。同时，市、县统计部门还采取多种形式，广泛开展在职教育、培训，不断加强统计人才的培养和知识更新，提高统计队伍素质水平。

一、学历教育

（一）院校教育

院校教育主要指大、中专全日制院校和业余（职业）学校具学历文凭的统计教育。

1. 全日制院校统计教育

宁波大学　1986年，由世界船王包玉刚捐资创立，建校之初由浙江大学、复旦大学、中国科学技术大学、北京大学、原杭州大学五校对口援建。1992年，被列为全国高校招生第一批录取院校。建校之初，该校应用数学专业即开设统计类课程。2000年，被省政府列为省重点建设大学。2001年，获批基础数学二级硕士点，设有统计方向。2017年，入选国家“双一流”建设高校。2018年，获批数学一级博士点，设有概率论与数理统计二级博士点和二级硕士点，招收统计方向学术硕士。至2017年，累计输送统计方向毕业生200余人。

宁波工程学院　1983年，创建宁波高等专科学校，曾被国家教委列为全国四所中德合作高专之一，2004年更名为“宁波工程学院”。2011年，该校理学院开设统计学专业。2013年，统计学专业更名为“应用统计学专业”，同年被学校列为重点建设学科，设有统计与信息技术研究所、统计调查中心等研发基地。学校重点推进“校企深度融合”的人才培养模式，着力培养大数据背景下的应用开发型数据分析人才，学生参与各类学科竞赛和实践教学活动比例占80%以上。2017年，应用统计学专业在校本科生345人。至2017年，累计输送统计专业本科毕业生220人。

浙江万里学院 前身为1950年设立的浙江省立宁波农业技术学校。1999年，由浙江省万里教育集团接手管理，2002年更名为“浙江万里学院”。同年，教育部批准该校为“公办民营高校实行新的管理模式和运行机制”的新型高校。2004年，与英国诺丁汉大学联合创办了全国第一所中外合作大学——宁波诺丁汉大学。2008年，开始招收统计学专业本科生，同时建有金融统计分析实践基地和数据分析实验室，参与建设浙江省院士专家工作站、省一流学科（大数据分析方向）、国家级众创空间（万里笃创）等学科平台。2017年，统计学专业在校本科生400余人。2018年，经省教育评估院对13项指标调查，该院统计学专业2018届毕业生工资水平、总体满意度、专业相关度等11项指标全省同专业第一，1项指标全省同专业第二。

此外，宁波还有不少高校开设了统计课程。如浙江大学宁波理工学院，开设了“管理统计”“应用统计”“统计预测与风险决策”等统计类课程9门，累计6200余人次修读。宁波城市职业技术学院从2003年建校起，在投资与理财、国际经济与贸易等多个专业陆续开设统计学课程。其中，会计（中澳合作）专业由澳方开设“解释和使用财务统计数字和工具”等特色课程。此外，该校还组织学生参加“统计调研大赛”等技能竞技。浙江工商职业技术学院从1989年起，在会计、市场营销、国际贸易等专业陆续开设“统计学基础”“统计与调研”等课程。2012年开始，该校组织学生参加浙江省大学生统计调查设计大赛并多次获奖。宁波卫生职业技术学院自2005年开始，紧贴社会发展和专业人才培养需要，开设“医学统计学”“卫生统计学”等相关统计类课程6门，累计3200余人次修读。

中等专业学校 20世纪70年代末期起，宁波还有一些中等专业学校设有统计专业，培养了一定数量的统计应用人才。至90年代末期，这类学校大多按照办学政策调整变化，或改建升格，或合并撤销。如1958年创办的宁波林业学校，是国家林业局直属的以林农专业为主的中等专业学校。1984年，学校设置了林业计划统计专业，学制四年，每年定向招生100人。2000年5月，该校并入宁波大学。此前，宁波林业学校累计培养计划统计专业中专毕业生1200余人。

2. 业余（职业）学校教育

1982年至20世纪90年代初，甬江业余学校曾开办统计专业班级，培养了一大批统计专业人员。

1989年，宁波广播电视大学开始招收统计专业的成人业余正式生和自学视听生，学生修完规定课程，获得学分后，颁发统计专业证书。至1997年，共培养统计专业专科人才58人，其中，正式生6人、自学视听生52人。

（二）电视函授教育

20世纪80年代初，宁波市各级统计机构逐步恢复，统计专业人才需求日益加大，当时大、中专院校统计及相关专业毕业生分配人数普遍不足。为确保统计工作顺利开展，各级统计部门通过公推公选，一些高中学历人员进入统计部门工作，这部分人的学历提升成为现实需要。1985年5月，经省政府办公厅批准，中国统计干部电视函授学院浙江分院（以下简称浙江统计函授分院）成立，承担全省在职统计干部学历教育的辅导学习。随后，中国统计干部电视函授学院宁波工作站（后称宁波分院）和各县级电教工作分站也相继建立，全市统计函授教育随之兴起。是年，全市共招收“哲学”“微积分”学员1224名，招收“计划经济学”学员1070名。至1987年底，全市共有4349人次获得大专单科合格证书，有218人获得大专结业证书。1988年，全市有184名学员获得大专毕业证书，280名学员领取统计专业证书，5582人次单科结业，还有本科在读94人，中专在读422人。1989年，宁波分院与宁波高专、宁波师范学院、江北成人学校联合举办专业证书班、大专自考班和电大班，共招收本科学员200余名、中专学员370余名，分别占全省学员人数的25%和20%。

20世纪90年代，宁波市统计专业函授教育继续保持较快发展。1990年，全市统计专业本科在校84人，中专在校343人，有47人大专毕业，获得专业证书378人。1991年，又有234人获得中专毕业证书。同时，余姚市统计局与余姚职业中学联办的统计职高班有52位学员毕业。1997年，会计与统计大专班培训233人。1998年，全市“会计与统计核算”大专班在学71人，“统计学”本科在学213人。1999年，有398人参加“经济学”教育、140人参加“会计与统计核算”教育。同时，还组织116名具有统计中级职称的统计人员参加“宏观经济管理统计”“实用市场调查”教育，组织660多名具有统计初级职称的统计人员参加计算机数据库培训。

进入21世纪后，全市除继续组织大专自考报名及辅导工作外，积极探索在职业学校开展统计专业资格证书培训考试工作。同时，随着高等教育快速发展，函授教育需求回落，至2010年基本结束，但电视函授教育为普及统计知识、提升统计人员学历及专业水平发挥了重要作用。

二、职业培训

职业培训主要包括统计从业人员继续教育、统计业务培训、出境学习和职业道德教育。

（一）从业人员继续教育

1990年，全国实行统计人员技术职务资格考试。根据浙江省职称改革领导小组、省劳动人事厅、省统计局联合印发的《关于做好统计员资格考试准备工作的通知》精神，宁波市全面开展统计员岗位专业知识培训工作。培训对象包括各级人民政府机关、人民团体、企事业单位专职或兼职统计人员，准备进入统计岗位人员。培训课程主要有社会经济统计学原理、统计法规、专业统计知识。培训形式以电视讲座为主、面授为辅。是年，全市首次组织统计员资格考试，有2524人参加考前培训，其中2130人参加了全国统一考试，合格率为79.7%。1991年，全市考前培训1180人，参加考试965人，合格率61.5%，仍高于全国全省水平。此后，按照国家统计局的部署安排，每年组织一次统计专业技术资格考试及考前培训。

1996年，根据国家统计局《关于加强统计教育工作的决定》、《统计教育发展纲要（1996—2000年）》以及浙江省人事厅、省统计局转发人事部、国家统计局《关于印发〈统计专业技术人员继续教育暂行规定〉的通知》和省统计局关于《浙江省统计专业技术人员继续教育实施办法》等要求，宁波市逐步开展统计继续教育工作。1998年，结合统计执法大检查和“统计单位登记证”“统计证”年检等工作，组织1250余名统计人员上岗培训。1999年，又组织1690余名统计人员上岗培训，其中 618 人参加考试，合格率达 99%。在统计专业技术资格考试中，117 人报考中级，153 人报考初级，合格率分别为 73.2%、66.67%，合格率居全国首位。2000 年，统计上岗考试由国家统一组织，全市参加考试的 950 余名考生合格率达到 98% 以上，还有 4500 余人参加了初、中级继续教育。

2003 年，为鼓励机关干部参加在职教育培训，市统计局制定《关于本局干部参加学历教育的有关规定》，规范干部参加各类学历教育的管理，促进机关干部知识结构的改善和优化。2012 年修订重新印发《机关干部职工参加学历教育、职称考评管理规定》，鼓励干部职工参加更高层次的学历教育与职称考试。

2005 年，根据国家统计局《统计从业资格认定办法》和省统计局有关通知要求，市统计局制定《关于做好统计从业资格认定工作的实施意见》，对取得统计从业资格的人员，实行统计继续教育。是年 9 月，全市共组织 2227 人参加全国首次统计从业资格考试。

2008 年 1 月，为提高统计从业资格考前培训工作质量，市统计局与宁波市育才业余职业技术培训学校合作，分期分批组织专业理论知识培训。各区（县、市）也积极与地方电大、教育中心和院校合作，联合开展统计从业资格考前培训工作。据统计，全市共举办继续教育培训班 96 期，培训 8430 人次；参加统计专业技术资格考试 273 人；参加统计从业资格考试 3570 人。此后，连续数年宁波市统计从业资格考试报考人数均保持 3000 名以上，参考率约 90%，合格率约为 70%，居全省领先地位。

2011 年 6 月，市统计局、宁波调查队与宁波工程学院签订合作协议，共同建立宁波市首个统计培训基地。

2016 年，国家统计局取消统计从业资格认定工作。统计从业人员继续教育主要以岗位培训为主。

2017 年以后，根据国家统计局的统一安排，统计从业人员继续教育工作中心逐步转向统计初、中、高级专业技术资格考试及相关培训。

（二）**统计业务培训**

统计工作涉及领域广泛、人员变动频繁、专业性很强。多年来，全市统计系统根据实际需要采取多种形式，对统计从业人员进行业务培训，确保统计工作各项任务的顺利完成。

1953 年 4 月，市人民政府统计科成立后，全市统计工作基础比较薄弱，基层统计从业人员业务水平普遍不高。为此，市统计科积极筹划业务培训工作，有计划地组织开展各类培训活动。1954 年 11 月，举办了为期 6 个月的国营商业统计制度学习班。1955 年 9 月，组织政府各经济主管部门 230 余名计划统计人员，举办了为期 13 个月的统计理论学习班。

此后，除“文化大革命”时期以外，每年都要在布置统计年报、定期报表制度时，通过“以会代训”的形式，以需求为导向，组织业务培训。同时，还以讲座、短训班、参观学习等形式，普及统计知识，提高业务水平。其间，市统计局会同宁波市商业局、供销社，每期用 3 ~ 4 个半天，举办全市商业公司统计人员商业统计讲座，举办商店统计员与百货、副食品系统营业填报员短期学习班等。同时，组织机械厂统计记录人员去动力机厂学习工票形式的原始记录制度；组织百货、副食品系统营业填报员学习云湖商店备查簿制度等；粮食工业、供销社系统则通过每月报表集中会审，在实践中提高业务能力；其他手工业、工矿等系统则通过建立定期学习制度等，提高统计人员业务水平。

改革开放以后，随着宁波经济社会迅速发展，各种新情况、新问题层出不穷，统计需求与日俱增，统计范围、统计内容和制度方法开始发生重大变化，抽样调查制度方法逐步推广。全市各级统计部门除继续沿用“以会代训”传统方式外，还结合形势任务的需要，对统计业务培训进行改革探索。

1989年，市统计局组织乡镇统计、集体商业、建筑业及固定资产投资、计算机等专业人员举办培训班共6期180人次。组织业务骨干到30多个三资企业单位和4个县（市、区）统计局上门辅导。奉化市、象山县、宁海县、鄞县等地统计局也分别组织了较大规模的业务培训。尤其是奉化市，全年共举办各种培训班19期，参训572人次。1991年，全市共举办各类统计专业短期业务培训班58期，参训2332人次。1992年，全市举办各类业务培训班120期，参训4230人次。其中，市统计局结合新国民经济核算体系试行，举办了为期7天的新国民经济核算体系业务知识培训班，市、县两级统计局领导和业务骨干以及市属有关主管部门业务骨干等70余人参加。结合投入产出调查，组织592家被调查企事业和行政单位统计人员分13期进行业务培训。1993年，举办统计专业知识、新财会制度等培训班65期，参训3200余人次。1996年，举办工业、固定资产投资、外经统计等业务培训班多期。同时，还配合市工商部门举办个体工商户和私营业主统计法规培训班等。

进入21世纪，统计需求更趋多元、统计领域不断拓展、统计工具加快更新，统计培训的广度深度进一步延伸。2001年，全国第二次基本单位普查，市统计局组织了10期相关业务培训，各主管局、基层单位600多人参训。同年，为提高工作效率，市统计局举办多期办公自动化应用培训，干部职工的计算机水平得到了较大提高。2003年，举办工业、贸易、农业等统计知识培训班10期，累计参训930余人次。针对投入产出调查，组织相关业务培训16期，参加单位672家，培训1300人。2005年，市统计局在网上直报系统运行成功的基础上，举办系统管理员、规模以上工业企业以及限额以上批零、住宿和餐饮企业等联网直报统计对象培训30期2700人次。各区（县、市）也通过参训组训，扎实推进统计信息采集网络化，确保全市近万家企业网上直报任务如期完成。2006年，为确保农业普查数据质量，市统计局举办3期县、乡两级业务骨干培训班，参训370余人。各区（县、市）组织普查指导员、普查员培训班263期，2万多名农业普查业务骨干参训。2008年，通过制定完善一系列管理考核制度，市、县普遍加大了针对统计对象的培训力度，集中培训基层统计人员7000余人次。同时，完成第二次经济普查13000余名普查指导员、普查员以及966家工业企业、539家高新技术企业的2000余名科技统计人员的培训任务。2010年，第六次全国人口普查时，全市培训普查指导员、普查员5万余名。同时，组织600多名县、乡两级普查骨干进行综合业务培训，组织建委、财政、交通等33个部门统计联络员进行业务培训。

2011年以后，统计改革进一步深化，统计信息化建设步伐持续加快，基层统计管理模式、统计监测体系和各专业统计创新力度不断加大。随着县域统计管理片区化运作机制的不断推进，重点开发区域和卫星城市试点镇（省级中心镇）统计机构建设、全市城乡住户调查一体化改革、“企业一套表”改革、国家核算制度改革、“三新”统计改革等全面推进，市、县两级统计部门在抓好综合业务培训的同时，以基层一线统计调查人员为重点，以需求为导向，常态化举办各类综合培训班。其间，2013年的第三次经济普查和2016年的第三次农业普查，全市共培训普查员28000余名。

随着形势任务的发展变化，对领导干部在组织管理、研究创新方面提出了更高的要求。为此，市统计局通过走出去、请进来的方式，注重对领导干部的能力提升培训。其间，通过省、市统计部门联合，与党委组织部门、国内高校、各级党校合作，加强系统内领导干部和业务骨干在政策理论研修、改革热点解析、统计专业实践、知识技能更新等方面的培训。市统计局一般每年举办1~2期全市统计系统领导干部和业务骨干培训班，每期培训人数50 ~ 200人，培训时间约一周。2006年，根据县级统计机构独立设置不久、领导班子成员比较新的实际，省、市联合举办了县级统计局领导班子成员能力培训班。2008年，组织了两期全市统计系统领导干部业务培训，重点学习国民经济核算及相关专业统计业务知识。2009年，局、队围绕“加强能力建设，服务科学发展，努力提升全市统计工作整体水平”的教育实践活动，与厦门大学联合举办统计业务培训班，开创了与著名高校合作办班的新路子。2010年，邀请省局、总队各相关专业处室负责人，在杭州举办了一期侧重于操作实务的全市统计系统领导干部业务培训班。2012年，结合统计方法制度改革，举办了全市统计系统领导干部和业务骨干培训班。2014年，组织全市统计系统领导干部、业务骨干培训班，由省、市统计局领导授课讲解专业知识和统计法规。此后，还与复旦大学、武汉大学、四川大学等联合举办了多期全市统计系统领导骨干素质能力提升研修班，向著名高校“借智借脑”。

（三）出国（境）学习

改革开放以后，随着国际交往日益增多，学习国外先进经验成为可能。为学习借鉴先进的统计理念、方法制度，市统计局先后多次选派人员出国（境）学习，主要是参加国家统计局、省统计局和市级有关部门、学术团体组织的学习考察、学术交流活动。同时，结合大型普查、重点调查以及统计管理体制、统计方法制度、统计信息化建设等任务，到境外学习考察。1990年至2017年，市统计局参加国家统计局组织的出国（境）学习考察16批21人次；参加省统计局组织的出国（境）学习考察27批29人次；参加市级部门（含本局）组织的出国（境）学习考察27批52人次，圆满完成了学习考察任务。其中，由市统计局自行组团的出国培训有2次：2001年6月，由时任市统计局局长吕彬章任团长，市、县两级人口普查办公室有关干部共12人组团，赴美国进行人口普查及国民经济统计方法考察培训，为期15天；2003年7月，由时任市统计局副局长陈燕芬任团长，市、县两级统计局有关干部共14人组团，赴澳大利亚、新西兰进行第三产业统计调查考察培训，为期16天。

（四）职业道德教育

1953年，宁波市各级统计机构成立后，针对统计从业人员的职业道德教育就同步跟进，经常性地组织开展革命理想教育、为人民服务宗旨教育、统计地位与作用教育、实事求是的优良传统教育等。1956年，宁波市召开第一次统计工作表彰大会，10个统计工作先进单位和65名先进统计工作者受到表彰。其中，有4个单位和19名个人代表出席浙江省统计工作表彰会。通过大力表彰先进，教育和鼓舞全市统计干部职工进一步增强工作责任感和职业荣誉感。

改革开放后，随着市场经济体制改革加速推进，搞准统计数据难度不断加大，市统计局在改革完善统计制度方法的同时，始终坚持统计职业道德教育，使真实统计的统计工作基本要义深入人心。

1985年6月，宁波各地相继掀起向郧兆定学习热潮。郧兆定是奉化县统计局巡视员，1951年从事统计工作至1986年4月逝世，生前提出并始终践行“数不准确死不休”誓言，35年如一日，兢兢业业埋头苦干，身患绝症，仍顽强战斗在工作岗位。在奉化县委作出向郧兆定学习的决定后，市统计局及时作出决定并发出通知，号召全市广大统计工作者向郧兆定同志学习。1985年8月，省统计局作出《关于开展向郧兆定同志学习的决定》。此后，国家统计局、中共宁波市委也先后发出关于开展向郧兆定学习活动的通知。

1986年6月，浙江省委、国家统计局分别追授郧兆定为“优秀共产党员”和“模范统计干部”，并在杭州召开2000多人参加的追授郧兆定光荣称号表彰大会，省委副书记吴敏达、国家统计局副局长于广沛到会讲话。是年7月，国家统计局会同省、市、县组成的郧兆定先进事迹报告团，先后赴北京、辽宁、河北等16个省市进行了23场巡回报告，3万多名统计干部聆听事迹报告。国家统计局还以郧兆定事迹为背景拍摄了《风流两代人》电视连续剧，同年9月在中央电视台播出。翌年6月，省统计局制发《关于讲职业道德、树良好风尚的八项规定》，并依托《浙江统计》杂志开辟《统计职业道德大家谈》专栏。全市统计人员以郧兆定为榜样，持续多年开展以坚持实事求是、反对弄虚作假为核心内容的统计职业道德教育。1991年、1996年，在郧兆定逝世五周年、十周年之际，全市统计系统都开展了相应的学习纪念活动。

1997年，经全省统计系统先进集体和先进工作者代表倡议，省统计局印发《关于在全省范围内倡导统计职业道德新风尚的决议》。为此，市统计局组织全市统计系统开展了统计职业道德建设大讨论和为人民服务主题教育，学习践行以“依法统计、准确及时，科学严谨、优质服务，改革开拓、艰苦创业，甘当公仆、勤政廉洁”为主要内容的统计职业道德规范。

2001年，为庆祝建党80周年，弘扬正气、宣传典型，市统计局召开全市统计系统先进表彰大会，对19名国家、省、市级先进个人和7个省、市级先进集体进行了表彰。同时，还组织学习反映全省统计系统先进事迹的《在平凡中闪光》等材料汇编；开展“学先进、创一流”活动；组织团员青年在奉化滕头村开展“学习郧兆定，服务于统计事业”现场教学；编印发行《试论统计职业道德建设》单行本等。

2002年，根据省统计局《关于开展统计职业道德规范教育活动的通知》要求，宁波市组织开展了“倡导求真务实统计精神、增强全体统计人员职业操守与道德规范意识”专项行动，扎实推进统计系统精神文明建设。

2011年，按照市委统一部署，全市统计系统深入开展“三思三创”主题教育实践活动和“我们的价值观”大讨论，大力推进统计行风建设。重点是教育广大干部职工坚守统计职业操守，牢固树立和践行“真实可信、科学严谨、创新进取、服务人民”的统计核心价值观。此后，还通过组织开展创先争优、从政道德教育等活动，开展现场教学、创办“统计青年论坛”、举办专题报告会和“我是统计人，我为党旗添光彩”微型党课演讲比赛等，开展统计职业道德教育。

第二节 统计科研

宁波市统计学会成立前，宁波统计科研活动比较少，总体处于零散自发状态，主要以各类学习教育、业务培训和以个人单独研究为主的学术论文等形式呈现。1985 年 10 月 11 日，宁波市统计学会成立，并建立各专业统计大组开展活动，促使宁波市统计学会开始发挥统计科研的桥梁和纽带作用。

宁波市统计学开始有组织、有计划地开展统计科研工作，并与市高等院校统计学教研专业队伍进行合作交流，联合开展统计科研学术活动，促进全市统计科研工作渐成系统，学术活动逐步拓展，学术研究不断深化，并取得丰硕成果。

一、学术活动

宁波市统计学会成立以来，以理论联系实际，以科研服务实践为原则，以实际应用研究为宗旨，倡导团结奋进、务实创新的学会风气，广泛开展统计学术研究活动，在不断进行统计学术交流过程中，不断提高统计学术水平，促进了统计事业的繁荣和发展。

宁波市统计学会在组织、指导、推动宁波市统计科学研究与学术研讨活动，总结、介绍、推广统计科研成果与工作经验，普及统计科学知识，开展统计专题培训等方面发挥积极作用，取得良好成效，全市统计学术活动开始逐渐增多、日益系统规范，学术研讨交流气氛日趋活跃。

从 1985 年统计学会成立以来，召开规模较大的统计科学研讨会 6 次，收到学术论文 329 篇，提交统计科学研讨会进行深入交流，开展小范围的统计科研活动 30 余次。举办培训班 5 期，学员人数达 458 人。至 2005 年，据不完全统计，宁波市统计学会收到及推荐的科研文章达 667 篇。

（一）以大组形式开展学术活动

1998 年学会整顿前，学会以大组形式开展学术活动较多，年平均近 10 次，累计达到上百次。如 1986 年 7 月 16 日至 17 日，学会农业大组在奉化县召开学术交流会，出席代表 19 人，提交论文 13 篇。会议就关于计算农业商品产值，林业、畜牧业产值计算方法等问题进行了学术交流与讨论。1986 年 8 月 25 日至 26 日，学会财贸大组在鄞江桥举行科学讨论会，参加会议 15 人，推荐优秀论文 5 篇。会议就商业统计制度与体制改革、商业统计制度规范化、总需求和总供给平衡、数理统计在市场预测中的应用等问题进行了学术交流活动。1986 年 8 月 28 日至 29 日，学会工交大组在鄞县天童召开学术讨论会，参加代表 27 人，提交论文 15 篇。会议重点就工业净产值计算的理论与方法进行了学术交流。1986 年 9 月 19 日至 21 日，学会综合大组在象山县召开综合统计学术讨论会，到会 15 人，提交论文 9 篇。会议就国民生产总值计算的理论与方法，如何办好开放式统计、搞好优质服务、提高统计分析水平等问题进行了学术交流。

1995 年 5 月 10 日，学会交通组会议暨统计论文讨论会在育王楼召开。会议的主要内容是：传达宁波市统计学会第三次会员代表大会暨第五次统计科学讨论会精神；布置落实1995年统计学会工作计划；交流统计论文。1996年5月23日，学会秘书处与市局贸易外经处在鄞县育王楼召开小型批零贸易企业抽样调查方法研讨会，为今后全面推行批发零售贸易企业抽样调查积累经验。

1998年，全市开展社会团体清理整顿，市统计学会经市民政局核准保留。

（二）召开学术年会和学术交流活动

1986年至2004年，宁波市统计学会共召开8次学术年会、1次学术报告会，其间，还有4届次学术交流活动。

1986年9月24日，宁波市统计学会召开1986年年会，到会65人，收到交流文章34篇。会议就统计方法制度改革、统计调查方法科学化、加强统计基础工作、统计服务优质化等方面的问题进行了学术交流和理论探讨。

1991年12月21日，召开宁波市统计学会第二次会员代表大会暨第三次统计科学讨论会。

1992年3月5日，宁波市统计学会第三次统计科学讨论会交流论文评选结果公布，共有9篇文章获奖，其中二等奖4篇，三等奖5篇。

1993年3月25日，召开宁波市统计学会1992年年会暨第四次统计科学讨论会。出席会议77人，会上交流论文38篇。1993年6月26日，第四次统计科学讨论会交流论文评选结果揭晓，余姚市统计局史秋华撰写的《转换企业分配机制全面提高经济效益》等9篇文章获奖，其中，一等奖1篇，二等奖3篇，三等奖5篇。

1994年10月29日，宁波市统计学会召开第三次会员代表大会暨第五次统计科学讨论会。

1996年9月26—27日，宁波市统计学会1995—1996年年会暨第六次统计科讨论会在鄞县天童召开。学会秘书处向大会作1995—1996年两年来学会工作情况汇报，大会共收到文章31篇，并在会上进行了交流和探讨。1997年3月18日，提交第六次统计科学讨论会交流的31篇论文评选工作结束，共评出获奖文章12篇，其中，一等奖2篇，二等奖4篇，三等奖6篇。学会对获奖作者颁发了荣誉证书和奖金。

1998年8月18—19日，宁波市统计学会第四次会员代表大会暨第七次统计科学讨论会在鄞县育王楼饭店召开。会议期间，邀请国家统计局副局长郑家亨作学术报告。对提交会议的24篇论文作书面交流。1998年11月18日，宁波市统计学会第七次统计科学讨论会交流文章评选结果公布，由鄞县统计局阮沛华撰写的《工业统计指标体系改革之我见》等13篇文章获奖，其中，一等奖1篇，二等奖2篇，三等奖4篇，优秀奖6篇。对于获奖的作者，由市统计局颁发荣誉证书及奖金。

1999年10月19—20日，宁波市第八次统计科学讨论会暨统计学术报告会在花园宾馆召开。来自全市各条战线的统计专家、学者、统计学术论文作者及各区（县、市）统计学会秘书长、学会负责人等50余人参加了讨论会。宁波市统计局各处室、调查队、计算中心等主要负责人参加了统计学术报告会。会议分两个议程进行：召开学术报告会，由杭州商学院统计系主任、浙江省中青年统计学科带头人李金昌教授作《抽样调查理论与实践》的学术报告；召开统计科讨会，共有34篇论文在会上作交流。2000年1月21日，在全市第八次统计科学讨论会上交流的34篇论文的评选结果揭晓，市计委方建新博士撰写的《论投资对经济增长的影响》等17篇文章获奖，其中，一等奖2篇，二等奖4

篇，三等奖6篇，鼓励奖5篇。对于获奖的作者，由市统计局按规定颁发荣誉证书及奖金。

2002年6月27日，宁波市统计学会第五次会员代表大会在联谊宾馆召开。来自全市政府统计部门及有关主管部门和市教育、科研界代表共计60余人参加了会议。

2004年9月18日，学会秘书处邀请市计委主任陈利幸在市统计局会议室作了如何正确理解国家当前宏观调控政策和宁波市经济社会发展中需要思考的一些问题的学术报告，参会80余人。

2005年之后，宁波市统计学会先后邀请国家统计局财务司长作统计学术报告；邀请省统计局总统计师王美福、浙江调查总队副总队长沈国良作关于如何积累资料开展统计分析和如何撰写统计分析报告。组织小型研讨会，如2009年10月23日，邀请宁波大学医学院执行院长沈其君作关于《统计科学研究中的几个问题》的研讨；2010年9月组织召开申请统计课题立项的课题组成员共同探讨如何开展课题研究撰写统计课题研讨会，会上海曙区统计局副局长王萍锋作关于“浅谈如何写好统计课题”的介绍。

二、统计课题

自1990年起，市统计学会就十分重视课题的申报立项工作，每年年初，全市统计系统围绕转型发展、社会民生以及统计方法制度改革等内容进行课题申报，并由统计学会课题评审委员会在课题选题的科学性、实现课题研究成果转化应用前景等方面进行评审研究，学会组织对上一年立项课题进行评审，对其中的优秀论文予以奖励和经费资助，并积极参加上级统计部门和市委、市政府组织的各类评比活动。

1991年8月27日，宁波市统计学会对1990—1991年度两年优秀统计分析文章评选结果进行公布。其中，市局各专业处和城调队组获一等奖1篇，二等奖3篇，三等奖2篇；各区（县、市）统计局组获一等奖3篇，二等奖3篇，三等奖6篇；各县农调队组获一等奖1篇，二等奖1篇，三等奖2篇。

1992年10月4日，市统计学会组织推荐9篇文章参加全国计划单列市优秀统计分析报告评选活动。

1992年11月15日，申报11项科研成果参加浙江省1989—1992年度首届统计科研成果评选活动。

1992年12月10日，余姚市统计局史秋华撰写的《统计核算与会计核算结合的尝试》一文，被推荐参加市社科联组织的社会科学优秀成果评选并获一等奖。

1993年7月5日，市统计局通过赴苏、锡两地考察，学习苏州、无锡发展经济的经验，在比较中找出差距和原因，撰写《正视差距，再度腾飞》一文在浙江省首届统计科技成果评奖中获一等奖。

1993年11月18日，受宁波市统计局委托，学会秘书处人员参加了1993年度宁波市统计部门优秀统计分析报告评选工作，并撰写了《关于参评的统计分析报告》的简评。1993年12月6日，1993年度宁波市统计系统优秀统计分析文章评选结果公布。各区（县、市）统计局组有6篇文章获奖，其中二等奖1篇，三等奖5篇；农调队组获二等奖1篇；宁波市统计局各处室、市城调队组有6篇文章获奖，其中二等奖2篇，三等奖4篇。

1995年3月3日，由学会施平、章杰良、阮沛华、金民强4名理事和原副秘书长滕士剑组成的5人评选小组，完成学会第五次统计科学讨论会上交流的34篇文章的评选工作，共有9篇文章获奖，其中，一等奖1篇，二等奖3篇，三等奖5篇。对获奖的作者，学会发给荣誉证书和奖金，其中，一等奖100元，二等奖80元，三等奖50元。

1995年3月15日，在宁波市第四次哲学社会科学优秀成果评选中，由学会推送的市人行余姚支行徐明撰写的《乡镇企业高速度下的问题与对策》一文获三等奖。

1995年11月20日，全省1993—1994年两年统计实际工作者和统计理论工作者的统计科学研究成果评选结果揭晓，宁波市推荐的5项统计科研成果有4项获奖，其中一等奖1篇，二等奖1篇，三等奖2篇。

1996年，宁波市统计学会向浙江省第七次统计科学讨论会推荐参会论文12篇，其中宁波市统计局陈惠娟、毛飞龙撰写的《小型批零贸易企业抽样调查方法探讨》，余姚市统计局吴锦堂撰写的《关于加快统计调查方法改革的拙见》，慈溪市统计局沈乾苗、胡达龙撰写的《评定统计数据质量的可操作方案》，北仑区统计局韩雪峰撰写的《对建立经济信息统计指标体系的构想》，宁波市交通委员会王青生撰写的《统计部门"行业化"——关于交通部门统计改革的思考》等5篇文章获选在会上交流，占全部交流文章的10.8%。

1998年3月5日，全市政府统计系统1997年度统计分析报告的评选结果公布，共有17篇文章获奖，其中，一等奖2篇，二等奖4篇，三等奖6篇，优秀奖5篇。对于获奖作者学会发给荣誉证书和奖金，奖金标准是：一等奖150元，二等奖100元，三等奖80元。

1998年参加国家统计局科研所和全国统计科学技术进步奖评选奖励委员会召开的1998年度全国统计改革与发展研讨会，由宁波市推送的《关于精简B402表工业统计指标体系的设想》一文，荣获优秀成果二等奖。

1998年10月30日，由浙江省统计局和省统计学会共同组织开展的第三届全省统计科学技术进步奖评选揭晓，共评选出获奖科研课题6项，优秀论文20篇，统计专著2部。宁波市《苏南世纪风》一文获课题二等奖，《改革工业经济核心指标之我见》一文获优秀论文三等奖。

1999年5月13—18日，中国统计学会在成都市粮农宾馆召开首届全国统计论文、统计分析、调查报告评选、点评颁奖大会。宁波市推荐参评的6篇文章全部获奖，其中二等奖5篇，三等奖1篇。另外，宁波市镇海区统计局林国良以《关于精简现行B402表工业统计指标体系的设想》一文自费参加评选活动，并获得了三等奖。

1999年7月24日，宁波市政府统计系统1998年统计分析报告由市统计学会组织评委会评选，共评出一等奖2篇，二等奖4篇，三等奖6篇，优秀鼓励奖4篇，并将评选结果予以公布，对于获一、二、三等奖的作者，市统计局按规定分别给予奖励，并授予荣誉证书。

1999年11月12日，1999—2000年度全省统计科学研究18项立项课题公布，宁波市推荐上报的3项课题全部入选，分别是：由市计委方建新负责的"地区竞争力统计研究"，宁波大学商学院汪浩瀚负责的"宏观经济政策效应的统计分析"，宁波市城调队谢志初负责的"'十五'消费需求研究"。

2000年9月11日，宁波市政府统计系统1999

年度统计分析报告评选结果公布，由象山县统计局朱约余撰写的《“入世”对我县农业发展的机遇和挑战》等16篇文章获奖，其中，一等奖2篇，二等奖4篇，三等奖6篇，鼓励奖4篇。对于获奖文章的作者均按规定分别给予奖励，并授予荣誉证书。

2001年2月20日，宁波市统计学会召开四届四次常务理事会。会议一致通过并决定从2001年起学会承担全市统计研究课题的管理工作。2001年3月9日，宁波市统计学会制定了《宁波市统计局统计研究课题暂行管理办法》(以下简称《办法》)，并随《2001年宁波市统计研究课题申报立项工作的通知》下发到全市各有关单位，作为全市今后开展统计课题研究的规则和依据。《办法》下发后引起了市社科联的关注，在第五期《宁波社科信息》上摘要刊登了《办法》的6个主要内容并加评语肯定。

2001年7月19日，宁波市统计学会发文公布2001年宁波市统计研究立项课题。关于申报课题立项的通知下发后，市统计学会共收到各地、各单位要求申报立项的课题23项，经市统计局、统计学会聘请专家组成评审小组进行认真评议后，确定批准立项课题12项并予以公布。学会要求各课题负责人要抓紧时间，加强管理，保证质量，按时完成科研任务。

2001年10月23日，宁波市政府统计系统2000年度优秀统计分析评选工作结束，此次评选活动共收到参评文章31篇，经评审，由宁波市统计局杨耿业撰写的《宁波市工业企业集约化进程追踪》等17篇文章获奖，其中，一等奖2篇，二等奖4篇，三等奖6篇，鼓励奖5篇。

2002年5月22日，宁波市统计局发文公布2001年度全市统计研究立项课题的评定结果，共有9项课题验收合格，其中有2项被评为优秀课题。宁波市统计局还同时发文公布2002年度全市统计研究立项课题13项，并要求在2002年12月底完成。

2002年7月8日，为了纪念中国政府统计机构成立50周年，浙江省统计学会决定召开第九次全省统计科学讨论会，并向大会推荐优秀论文4篇，结果被录用3篇，均被编入《浙江省第九次统计科学讨论会论文选粹》，其中一篇题为《现代化国际港口城市指标体系研究》的论文，由宁波市统计学会副会长潘奇峰在大会上宣讲，获得了与会代表和评委的一致好评。

2002年11月27日，宁波市统计局发文公布全市政府统计系统2001年度统计分析文章的评选结果。此次评奖活动从8月份开始启动，历时三个月，评审小组从参评的29篇文章中，评选出12篇获奖文章，其中，一等奖2篇，二等奖4篇，三等奖6篇。

2003年3月14日，浙江省第四届统计科研成果评奖结果揭晓，由宁波市统计局课题组撰写的《现代化国际港口城市指标体系研究》一文，获统计科研成果课题三等奖；由鄞州区统计局阮沛华撰写的《工业统计指标体系改革之我见》一文，获统计科研成果论文二等奖。

2003年4月21日，由鄞州区统计局阮沛华撰写的《人口老龄化与农村社会保障体系》和市企调队王建国撰写的《失业人员对政府的期望》两篇文章，分别获市社科联举办的“全面建设小康社会，率先基本实现现代化研讨会”征文活动的二等奖和三等奖。

2004年11月10日，宁波市有3篇文章获中国统计学会“泰钢杯”全国优秀统计论文奖，其中市统计局农村处撰写的《宁波市缩小城乡差别统筹城乡发展对策研究》一文获二等奖；市统计局办公室蒋向东撰写的《影响统计数据质量体制问题的研究》和综合处撰写的《地区竞争力研究》两篇文章获三等奖。

2006 年市本级立项课题 9 项。

2007 年市本级立项课题 19 项。

2009 年，宁波市统计局为提升统计科研水平，先后组织了 2008 年度统计课题的结项评审和 2009 年度立项课题的申报工作，2008 年度立项研究课题共 30 项，已完成 27 项，经评审全部获准通过，其中 6 项获评市优秀课题。2009 年共收到市县两级统计部门申报立项课题 37 项，无论从数量上，还是选题的科学性和现实性上看都好于往年。

2010 年，宁波市统计局积极组织统计研究课题的评审和立项工作。先后组织了 2009 年度统计课题的结项评审和 2010 年度立项课题的申报工作，2009 年度立项研究课题共 31 项，已完成 29 项，经评审全部获准通过，其中 6 项获评市优秀课题。2010 年收到市县两级统计部门申报立项课题 40 项，其中，“加速推进业态创新，着力壮大都市经济”“宁波调查失业率研究”“浙东城市群发展的比较研究”等 27 项为 2010 年度立项课题。

在 2011 年、2014 年和 2015 年浙江省三次统计科学讨论会上，宁波市统计局有 13 篇论文获奖，其中《产业结构调整对能源消费影响的实证研究》《全面深化统计改革迫切呼唤统计理念创新》《“互联网 +”发展与产业经济统计制度变革研究》等多篇论文获得一等奖。“宁波市居民收入与经济增长关系研究”课题在 2011 年市社科联第二次学术年会上获奖并作交流发言。

2015 年开始，在参与学会课题研究工作的同时，国家统计局宁波调查队开始自行组织和参与调查队系统的课题申报、立项和评审工作。2015—2017 年，宁波调查队共开展课题研究 30 项，其中 3 项在浙江调查总队立项，27 项在宁波调查队立项，部分课题研究取得一定成果。2014—2017 年，共有 7 篇课题成果在浙江调查总队系统优秀分析报告评比中获奖，其中一等奖 2 篇，二等奖 3 篇。2017 年，《转型升级稳步推进 制造强市大有可期——2016 年宁波制造业企业供给侧竞争力调研报告》获得宁波市政府系统优秀调研报告二等奖。

2016 年，学会选送的《中国区域经济发展模式的实践路径与演进轨迹——以宁波为例》入选第十届海峡两岸统计与概率研讨会，此篇论文还在以“追寻光辉足迹，迈向伟大复兴”为主题的宁波市纪念中国共产党成立 95 周年学术交流会征文活动中荣获一等奖，作者王迪熙作为获奖代表在大会上发言。[见市社会科学界联合会《关于表彰宁波市纪念中国共产党 95 周年学术交流会获奖论文和征文组织奖的通报》(甬党研〔2016〕19 号)]

2018 年，学会选送的《智能经济统计制度研究》和《宁波市统计基层基础建设调研报告》两篇课题成果分获全省统计研究课题评比一、三等奖；《协同与错位——宁波、杭州经济发展比较研究》被评为 2017 年度宁波市党政系统优秀调研成果二等奖和市政府系统优秀调研报告评选三等奖。2018 年度宁波市统计系统共评审通过 18 项市级统计立项课题，其中 4 项获评市优秀课题。

三、统计交流

学会成立以来，积极参加国家级、省级统计交流活动以及市委宣传部、市社科联举办的社科普及宣传活动及学术交流活动。

1986年3月8日，浙江省统计学会在桐庐县召开第二届理事会暨第三次统计科学讨论会，学会提交9篇论文参加学术交流。

1993年7月5日，浙江省首届统计科技成果评奖揭晓，宁波市取得良好成绩，在全省28篇获奖文章中，有5篇文章获奖，其中一等奖1篇，二等奖1篇，三等奖3篇。

1994年4月10日，由上海、北京、天津、西安、武汉五市统计学会共同筹备的中国统计学会城市统计研究会，经中国统计学会批准，在北京市平谷县召开第一次理事会暨成立大会，宁波市统计学会会长张吉成出席会议。

1994年4月19日，第三次全国统计科研工作会议在武汉召开，历时三天。参加此次会议的有各省（市）及计划单列市、各有关部委的统计科研所所长和学会秘书长及部分大专院校教授共84人，宁波市江北区统计局滕士剑参加了此次会议。

1994年5月31日，浙江省统计学会第五次会员代表大会在杭州召开，如期换届。宁波市统计局张吉成、鄞县统计局阮沛华、余姚市统计局夏铭锦、宁波大学孙伍琴、镇海炼化厂谷腊梅5名代表参加。

1994年6月10日，国际统计学会第50届大会于1995年10月在北京举行，宁波市统计学会积极组织征文工作。

1995年5月21日，中国统计学会城市统计研究会首届科学讨论会暨第三次理事会在武汉召开，共有各城市学会领导和论文作者36人出席会议。宁波市张吉成、史秋华和童天盛3人参加会议。会议从35篇文章中，共评选出一等奖2篇，二等奖6篇，三等奖14篇，优秀奖12篇。宁波市统计学会推荐的2篇文章分获三等奖和优秀奖。

浙江省统计学会在杭州召开成立十五周年庆祝大会暨省第七次统计科学讨论会，对1994—1995年度先进学会、先进会员进行表彰。来自全省11个地市和省级专业统计学会的代表及特邀代表100余人参加了会议。宁波市统计学会被评为学会工作先进单位。施平、夏铭锦、童天盛获先进个人荣誉称号。同时，宁波市有5篇论文入选，在会上交流。

1995年6月30日，宁波市统计学会秘书处完成省学会第七次科学讨论会论文的组织征集和省第二届统计科学优秀成果的推荐申报工作，组织征集参会论文12篇，推荐申报参评成果5项。

1995年8月25日，宁波市统计学会向浙江省“统计法制建设与数字质量控制小型研讨会”推荐论文2篇，并派员参加会议。

1995年10月15日，宁波市统计学会组织输送8名学员，参加中国统计学会在西安市举办的统计干部业务培训班。

1996年6月22日，宁波市委宣传部和市社科联发出通知，计划制定《宁波市哲学社会科学事业现状与今后十五年发展规划的建议》，学会秘书处及时填写了《宁波市哲学社会科学人才情况统计表》，如期完成了任务。1996年6月28日，宁波市社科联为纪念成立十周年，决定编写《宁波市社联十年》纪念集。学会秘书处撰写了《宁波市统计学会简介》，配合社科联做好这一工作。

1996年6月30日，中国统计学会城调研究会组织统计系统干部赴美国培训考察，市统计学会秘书处在局领导支持下组织以各区（县、市）统计局长为主的11人赴美培训考察，这是学会有史以来所组织的层次最高的一次培训考察活动。

1996年7月22—25日，中国统计学会城市研究会第二届统计科学讨论会暨第四届理事会在长春召开，宁波市统计学会会长、城市研究会理事张吉成出席了会议。大会共交流论文14篇，宁波市有1篇论文入选《城市统计科研文集》。

1996年11月15日，中国统计学会城市研究会利用赴美考察人员带回的SAS统计软件，举办"统计、财务分析电算化培训班"，市统计学会秘书处组织全市12名统计计算机人员赴京参加培训。

1997年1月23—25日，中国统计学会城市研究会与深圳市统计学会联合在深圳市召开城市统计改革研讨会，并邀请港澳地区统计界同仁参加了会议。宁波市统计学会会长、中国统计学会城市研究会理事张吉成出席了会议。

1997年6月，受中国统计学会城市统计研究会的委托，宁波市统计学会筹备并承办了该会的会长扩大会议，到会会长、副会长以及部分会员城市的专家、教授等25人，会上讨论编写《城市统计学》大纲，确定编写人员的组织分工和工作步骤，商量1998年在上海召开第四次城市统计科学讨论会和城市统计研究会理事会换届改选有关准备事项。时任国家统计局投资司副司长金桂芳到会并介绍国际统计学会所属城市与地区委员会的组织活动情况和统计国际对比情况，会议还特邀国家统计局原局长、国家统计学会名誉会长李成瑞和中国城市发展研究会副理事长兼秘书长朱铁臻到会具体指导。此次会议受到了浙江省统计局和宁波市人民政府的重视和支持。

1997年7月30日，浙江省统计学会第六次会员代表大会在杭州市召开。省统计局、统计学会领导以及各市（地）统计局、统计学会、省直有关单位、各专业统计学会、省内各有关大专院校近百名代表出席了大会。会议成功地进行了换届改选，产生了省统计学会新一届领导。在此次会议上，宁波市统计局副局长张吉成当选为常务理事，余姚市统计局局长夏铭锦、鄞县统计局局长阮沛华当选为理事。

1997年10月5—8日，中国统计学会第五次会员代表大会在大连市召开。共有144名代表出席了会议。大会选举产生了中国统计学会第五届理事会，张塞任名誉会长，刘洪任会长，邵宗明、贺铿等15人任副会长，张泽厚任学会秘书长，理事会由164人组成，宁波市统计局副局长张吉成当选为理事。

1997年12月5日，在中国统计学会举办的首届全国企业经济、统计论文评选中，宁波市申报参评的三篇论文均获优秀奖，其中由宁波和丰纺织集团公司高级统计师郑启远撰写的《企业统计地位在发挥自身价值中提高》一文，还入选由全国统计科学研究成果评委会编辑出版的《中国企业经济统计优秀文集》一书。

1998年5月30日，应国家统计局科研所和全国统计科学技术进步奖评选奖励委员会的邀请，镇海区统计局林国良参加了在庐山召开的1998年全国经济、统计改革与发展研讨会，林国良撰写的题为《关于精简B402表工业统计指标体系的设想》论文，荣获优秀成果二等奖。

1998年8月15日，第九次全国统计科学讨论会在山西太原召开，宁波市统计学会报送参会论文一篇，题目是《确保GDP增长13%的供需分析》，作者系宁波市计划委员会方建新博士。

1998年9月14—17日，中国统计学会城市统计研究会在上海市召开第四次城市统计讨论会暨第一届五次理事会和第二届一次理事会。共有60余人出席了会议，20余篇论文在会上交流。宁波市统计局局长吕彬章和统计学会会长张吉成参加了会议，吕彬章在这次会上当选为中国统计学会城市统计研究会第二届理事会理事。

1999年7月13—14日，全国统计学会秘书长工作会议在昆明召开，全国统计学会常务副会长邵宗明、秘书长文兼武、常务副秘书长隋胜利以及来自全国45个省、自治区、直辖市、重点城市、新疆生产建设兵团、各专业统计学会及分会的秘书长共62人出席了会议，宁波市统计学会副会长兼秘书长张吉成参加了此次大会。

2000年3月28—30日，全国统计学会秘书长工作会议在福建省邵武市召开，来自全国各省、市、自治区、计划单列市及各专业统计学会50余位秘书长参加了会议，会议的主要内容是在总结1999年度学会工作的基础上，着重布置2000年的学会工作。宁波市统计学会副会长兼秘书长张吉成参会。

2000年5月12日，根据省统计学会《关于评选学会工作先进单位和先进个人》的通知要求，向省统计学会秘书处报送宁波市统计学会1998—1999年工作总结，推荐并转报县级先进统计学会（余姚市统计学会）材料1份，先进会员材料2份（江北区统计局胡琳丹、镇海区统计局林国良）。

2000年8月4—7日，第十次全国统计科学讨论会在哈尔滨市召开。按中国统计学会的严格限额规定，宁波市参会代表1名，学会经研究并征得象山县统计局领导同意后，选派象山县统计局朱约余携《关于保持我县经济持续、稳定、协调增长之研究》一文参会交流。

2000年11月12日，根据市社科联会议部署，学会秘书处为市社科联编印《1995—2000年市哲学社会科学纪念宣传画册》提供了市统计学会介绍及活动成果图片等资料。

2000年11月20日，在征求大部分常务理事的意见后，宁波市统计学会推荐4名代表出席市社联第四次代表大会，代表为吕彬章（市统计局局长、市统计学会会长）、黄天元（宁波大学建工学院总支书记、副教授、市统计学会副会长）、方建新（市计委综合处副处长、统计博士研究生、市统计学会理事）、许国章（市卫生防疫站副站长、统计硕士研究生、市统计学会常务理事）。并推荐宋海贵为市社联第四届理事会理事候选人。

2000年底，全国统计学会秘书长工作会议在江苏省无锡市召开。会议的主要议题：一是总结交流2000年统计学会工作经验；二是布置落实2001年学会工作任务；三是征求对中国统计学会第六届理事会理事、常务理事分配名额的意见和对全国统计科学研究“十五”规划的意见。宁波市统计学会施雪明参会。

2001年4月20日，中国统计学会在承德露露集团的大力支持下，决定举办首届“露露杯”全国优秀统计论文评选活动。宁波市筛选、推荐了13篇文章参加评选。2001年12月25日评选揭晓，宁波市有6篇文章获奖，奖次均为三等奖。

2001年7月21日，在浙江省统计学会第七次会员代表大会上，宁波市统计局局长吕彬章当选为省统计学会第七届理事会理事、常务理事、副会长。

2002年11月28日，宁波市统计学会向上海市统计学会发贺信，祝贺上海市统计学会第六次会员代表大会召开。

2003年6月30日，宁波市统计学会完成了省统计学会交办的省学会老会员确认和新会员发展的任务，共确认省学会老会员7名，发展新会员26名。

2004年7月9日，宁波市统计学会向杭州市统计学会发贺信，祝贺杭州市统计学会第六次代表大会召开。

2004年7月28日，中国统计学会第十二次全国统计科学研讨会在山东省烟台市召开。宁波市统计学会副会长唐伟昌及论文作者蒋向东参加了会议，由蒋向东撰写的《影响统计数据质量体制问题研究》一文被大会录用，作为优秀论文在会上交流。

2004年7月29日，中国统计学会发文，表彰2002—2003年度全国先进统计学会和先进工作者。全国共有30个统计学会、分会被评为先进学会，90人被评为先进工作者。宁波市统计学会首次被评为全国先进统计学会。

2004年8月3日，宁波市统计学会向湖州市统计学会发贺信，祝贺湖州市统计学会第四次代表大会召开。

2005年7月22日，浙江省统计学会第八届会员代表大会暨第十次全省统计科学讨论会在杭州市耀江大酒店召开。宁波市有4名代表和6名论文作者应邀出席会议，7篇论文入选《浙江省第十次统计科学讨论会论文汇编》并在会上进行学术交流。宁波市统计局局长罗吕榕当选为省统计学会第八届理事会常务理事，汤柏生、谢志初两人当选为理事。

2005年11月1日，中国统计学会召开第七次全国代表大会，宁波市统计学会推荐罗吕榕、汤柏生两人为中国统计学会第七届理事会理事候选人，并向大会提交论文2篇。

2007年，宁波市统计学会被中国统计学会评为“全国先进统计学会”。被市社科联评为“学术活动先进集体”。

2009年，宁波市统计学会积极开展学术交流和讲座，及时选送论文和选派人员参加华东六省一市统计科学讨论会，进一步加强学术交流工作。积极配合宁波市2009年社会科学普及月活动，结合统计工作实际先后举办了“如何撰写统计科研论文”和“统计基础知识及统计数据解读”两场科普讲座，分别邀请宁波大学医学院执行院长沈其君教授和市统计局综合处处长许婷娅授课。

2010年，在学术交流和评比方面，经市统计学会秘书处协调，先后应奉化市行政审批管理中心和宁波市检验检疫局的邀请，市统计局综合处处长许婷娅分别赴上述单位进行了如何撰写经济形势分析材料、统计基础知识和统计法规知识的专题授课，受到听课人员的好评。市统计学会还举办了“如何撰写统计课题报告”的培训班，参加了全市首届社科学术年会交流，提交的论文其中1篇获得优秀论文奖，2篇入选学术年会文集。完成了2009年度全市统计系统优秀统计分析文章的评选工作。分别选送课题报告、统计分析参加省、市学术类重点课题、优秀统计分析评比，《宁波市自主创新统计评价指标体系的研究——以宁波为例》课题获全省学术类重点课题三等奖；《宁波在长三角经济一体化进程中的发展策略研究》获2009年度全省统计系统优秀统计分析一等奖；《关于前三季度全市经济运行情况的分析》获2009年度全市统计系统优秀统计分析二等奖。市统计学会作为市社科联的团体会员，被评为2010年度社科联系统学术活动先进集体。

2014年，宁波市统计学会举办了统计课题研究及经济形势分析报告的组织和撰写两场专题讲座，邀请省局专家授课，市局全体干部职工和区（县、市）统计业务骨干共100余人参加，取得很好效果；并积极参加统计学术交流，有5位科研骨干参加浙江省第十二次统计科学讨论会暨省社会科学界第二届学术年会分论坛，选送的5篇统计科研论文分获大会优秀论文评选一、二、三等奖，办公室主任王迪熙应邀作大会专题交流。

2014年，组织和参与重点课题研究。年初，根据市领导要求，相继组织完成了《宁波与杭州主要经济指标比较分析》《关于2018年宁波市GDP突破万亿元目标的测算分析》；参与全市贯彻落实深化统计管理体制改革部署实施意见（代拟稿）起草工作，开展统计基层基础建设专题调研；积极组织参与由市长裘东耀牵头的“振兴宁波实体经济的战略研究”课题，由分管领导牵头，组织工业、服务业、投资等业务处室的骨干成立课题组，多次就实体经济的概念、内涵以及市局的研究方向、研究任务进行研讨，做到范围口径统一、进度步调一致，统计特色明显，顺利完成宁波实体经济产出效益和实体企业“去实体化”现状两部分的研究任务。同时，会同局组织人事处组织开展宁波“统计青年论坛”。加强与在甬高校统计科研教育合作，研究建立统计科研基地，加大统计法治、统计管理实务公开课（讲座）授课频率，选拔优秀学生到局实习实践。

2016年，学会组织跨专业科研合作联动。牵头组织开展跨专业合作课题“宁波民营经济发展现状研究”，在增强科研合力、发挥统计优势上下功夫，力争出高质量、有影响的研究报告，树立统计品牌。

专　记

Special Notes

用生命谱写的统计之歌

——记模范统计干部邬兆定

邬兆定，生于1927年3月27日，生前是奉化县统计局正局级巡视员，1950年参加工作，他三十五年如一日，忠于党的统计事业，兢兢业业，埋头苦干。对于统计数字，他始终做到一是一、二是二，敢于讲真话，宁折不屈；对于统计工作，他忠于职守，忘我奉献。身患癌症以后，他仍旧顽强拼搏，死后将自己的遗体无私奉献给医学教育事业。他身上所体现出的远大共产主义理想，实事求是的工作作风，一心为公的革命精神，崇高的道德情操，是我们共产党员和干部学习的楷模。

邬兆定1953年被记三等功一次，1956年被评为省先进统计工作者，党的十一届三中全会以来，又先后两次被评为县先进工作者，三次被评为县优秀党员，并记功一次。1985年10月，中共浙江省奉化县委作出决定，要求学习邬兆定一息尚存、努力奉献的革命精神。1985年11月，宁波市和浙江省统计局相继发出《关于在统计战线开展向邬兆定同志学习活动的通知》。1985年12月，国家统计局发出《关于开展向邬兆定同志学习活动的通知》。不久，宁波市委和奉化县委又发出通知，作出深入开展向邬兆定同志学习的决定。《宁波日报》以《生命为理想而燃烧》为题，介绍了邬兆定的先进事迹。1986年1月15日，中央电视台播放了邬兆定的先进事迹。1986年6月30日，中共浙江省委和国家统计局党组联合召开大会，分别追授邬兆定为浙江省优秀共产党员和全国模范统计干部。1986年7月16日至10月10日，国家统计局组织邬兆定同志先进事迹报告团，先后在北京、辽宁、河北等16个省市作报告23场，并通过电台、电视台、报刊等在全国进行广泛宣传。

一

邬兆定出生于奉化一个贫困农民家庭，1946年因逃避国民党抓壮丁，到上海中美烟厂当学徒，上海解放后他积极参加工会工作，加入青年团，当选为团支部书记。

1950年，邬兆定回乡参加“奉化县乡干部训练班”，1951年进入浙江省第一期财政经济委员会统计训练班学习，结业后回奉化县财粮科工作，1953年5月调入县统计科从事农业统计工作，连续在统计岗位工作三十多年。

1957年，奉化县开展“整风反右”运动。邬兆定根据他在农村调查了解的材料，给县委写了一份题为《县委对农业生产上有好大喜功》的意见信，所提意见充分反映了他实事求是的精神和对党的忠诚，但在当时受到多次错误批判。1958年4月8日，他被下放到农村劳动锻炼。虽遭受挫折，但他毅然选择坚持实事求是。为了表明自己刚正不阿的决心，邬兆定将自己四个孩子的名字分别改成了谷种、谷秧、谷子、谷影，决意务农。

1959年5月31日，由于统计科副科长的保举，邬兆定被借调到统计科工作，主要任务是参加《奉化县发展国民经济十年来的伟大成就》的资料整理工作。摆在他面前的1958年“大跃进”运动时期的浮夸数字，使他深感不安。

“必须把这些浮夸的数字予以修正！”他的想法与统计科副科长冯侃不谋而合。冯侃向县领导提出意见，结果受到批判。1960年，邬兆定第二次被下放到农村工作，直到1962年1月8日因工作需要被正式调回县统计科。

社会现实使他进一步认识到统计数字不仅关系到社会主义建设，而且关系到人民的生命。他写道“错误路线总是要过去的，错误的数字总是要纠正的”“当错误的东西袭来时，我们要敢于顶，但个人要作好付出代价的准备。顶不住，要做好纠错准备，即保管好正确的数字和搜集正确的资料，一有机会就立即提出纠错，纠错要越快越好。”1968年，邬兆定被迫将粮食亩产“算”上800斤，但他把正确的资料藏了起来，到了1972年他立即抓紧时机纠正了当时的浮夸数字。1973年，邬兆定经冯侃等人介绍，光荣地加入了中国共产党。

二

党的十一届三中全会后，邬兆定知道统计工作也是反映党风的一个窗口，统计工作者不能简单地汇总工作，而应该自觉执行党实事求是的思想路线，促进党风好转。他在日记中写道：“做统计工作的人应‘数不准确死不休’，我虽不能‘死不休’，但能做到‘不肯休’。”

审查统计资料，是县级统计人员一项经常性工作。能否看出问题，关键看统计人员的素质。邬兆定说：“好比医生看病一样。医生本领高，能把隐患看出来；医生本领差，即使病重如山也指不出所患何病。我们统计人员要练就一副‘火眼金睛’。”为了练就“火眼金睛”，邬兆定冒着炎夏酷暑，起早贪黑，在田间与农民一起搞实割实测；晚上走村串户，从事社会调查。下乡时，邬兆定必带上理发工具，在村头、房前义务为农民理发，在理发时了解情况。他把调查对象当老师，农民把他当亲人，这使他拥有一大批能对他讲知心话的农民朋友。

1980年，奉化县统计局在核实1979年粮食产量时，发现有个公社的早稻产量有弄虚作假的迹象。这里是邬兆定的家乡，父母亲和五个弟弟都住在那里，他的心里是有一本账的。但在当时，自己竟没有查出这一虚数，他感到内疚。为了对党对人民负责，他主动承担了调查核实任务，并按照自己一贯坚持的原则，一丝不苟地开展调查工作。

邬兆定把调查的全部情况向县委作了报告。他请求县委、县人民政府“加强对干部的实事求是思想教育，要求各级党委支持和鼓励有关人员把统计数字搞准，按国家规定的统计制度和方法，如实上报。并订出一条规定：凡弄虚作假，一经查实，除取消荣誉、退回奖励外，还要对有关人员追查责任。”邬兆定的意见得到了奉化县委、县人民政府领导的支持。

在统计工作中，无论是顺境，还是逆境，邬兆定矢志不渝地坚持党实事求是的思想路线。在1985年一次局务会议上，他说：“我一生由于坚持实事求是，吃了一些苦头，我一点也不后悔。个人受点委屈，但党的实事求是路线得到了继承、发扬，我心甘情愿。”

三

1982年初，全国第三次人口普查进入普查准备阶段。55岁的邬兆定担任奉化县人口普查办公室副主任，主持业务工作。这个办公室是新组建的班子，人员来自各方，业务生疏。邬兆定的担子特别重，他夜以继日地工作。在那些日子里，每个办公室成员上班前，桌上都放有一张邬兆定用毛笔书写工整的当天任务单，大家也不知道他每天是什么时候下班的。由于长期劳累，邬兆定身体很虚弱，双眼总是布满血丝。4月23日下午，他在向全县200多名试点骨干作完业务辅导报告后，终于倒下了。他被送进奉化县人民医院，并被检查出消化道严重出血。医生责令他立即住院。工作正进展到节骨眼上，他不同意。县计委领导也要他住院治疗。邬兆定提出三点要求：一是让办公室同志每天把人口普查工作的文件和资料送他阅读；二是允许他在病床上参与试点工作研究；三是允许他每天听取工作进展情况汇报。计委领导和医生只好同意。邬兆定在医院住了七天，实际上是在病床上工作了七天。刚有好转，他就拖着病体到人口普查办公室，没日没夜地工作起来，直到人口普查结束。

1982年12月29日，邬兆定消化系统再次严重出血，不得不在县领导的多次催促下，到宁波市第二医院检查，并被确诊为食道贲门癌，而且已是进展期，过了最佳治疗期。

1983年2月1日，邬兆定被送上上海市肿瘤医院的手术台，手术从上午九点半一直做到下午两点半。医生为他切除了贲门和部分食道以及三分之二的胃，还抽去了一根肋骨。

邬兆定并没有惧怕癌症病情，他首先想到的是工作，他在日记中写道：“他们不许我上办公室，我可在家里工作。是战士应战死在战场上，应当生命不止，战斗不息！”邬兆定是带着“有两件事没有做”的心病到上海做手术的：一是平日搜集的奉化风俗资料尚未整理，不能为今后编写奉化县志提供参考；二是自己30余年统计工作的体会还未写出，不能对今后参加工作的青年人提供帮助。手术后，当他刚能从病榻上坐起，就托人从家里带来了自己多年搜集的资料，开始了艰苦的写作。

在医院写作，需要战胜很多困难。一是要战胜疾病带来的疼痛，二是要躲过医生、护士的眼睛，三是要搞好与同房病友的关系。在三个来月“偷偷摸摸”的情况下，约10万字的地方性资料《奉化风俗》写成了，同时完成了1万多字的《三十五年统计工作的体会》文稿。其间，他捎信给局里，请他们将1982年的年报汇总资料带到上海，他在病床上逐项进行审核，发现了8处问题，并一一标注，供同志们参考、纠正。

1983年7月28日，邬兆定出院回到奉化。他深感生命的可贵，决心用有限的生命加倍为党、为人民工作。第二天，他就来到局里“讨”工作，领导和同志们都不同意，劝他在家好好养病。他说：“你们来日方长，我是来日方短啦！癌症随时都可能复发。做人就是要做事的，否则还做啥人，何况我是个共产党员！”事情“闹”到县计委领导那里，冯侃深知他的为人，提出个折中办法：同意他上午上班，下午在家休息。邬兆定心想，只要同意我上班，上午下午可由不得你了。

起初邬兆定还“守约”，但不久就整天都去上班了。在办公室他骗同志们说“家里热”，回到家则说“工作也是一种治疗，而且是最好的治疗。”

日子一长，妻子不答应。邬兆定只好答应下午不再去上班，但他仍然劝说妻子：“不干工作并不是休息，休息不能医治癌症。对癌症不能抱幻想，应趁还能工作时抓紧工作，不然将来悔之不及。至于治疗、服药、锻炼、营养等等，目的是延长生命，延长生命的目的，又是为了工作。如果不工作，以上一切均可以不必。”

邬兆定就这样与癌症争抢时间、比赛速度，在此期间他审核了 1982 年、1983 年、1984 年、1985 年年报；总结了几年来年报中存在的问题；拟定了统计年报审核制度；协助整理了历年来各专业年报和兄弟县市的统计资料；设计了“六五”期间《奉化县国民经济统计汇编本》表式；写成了《奉化县统计局简志》；建议并参与了奉化县农民家计调查。在他的努力下，奉化县取得了从 1951 年到 1985 年完整的统计资料。

此外，他还帮助新任领导熟悉业务，指导年轻同事建立工作台账，并用心帮助同事改进工作。有人说他太认真，他为此写了一首诗：“认真只为数字真，管好资料责非轻；回首往事无遗憾，希望寄托后来人。”

1985 年 10 月 18 日，邬兆定病情恶化，又一次住进了奉化县人民医院。入院第三天，他又偷跑回办公室，设计修改农业年报表。这以后，他经常偷跑回办公室工作。为整理 1949—1980 年工业分部门和分所有制产值，他经常清晨偷偷回办公室工作一个半小时，有时周末还到办公室工作半天。他在 1985 年 11 月 30 日的日记中写道：“干起来非常吃力。不干好，又觉得留下一本不是历史真面目的假资料，有愧于后人，使我死不瞑目。”就在他靠输液和打止痛针维持生命的日子里，他仍然坚持写完了最后一篇一万多字的著作《统计〈设计表式〉》。他用自己的模范行动实践了他的誓言“数不准确死不休”。

1986 年 3 月 5 日，他自知来日可数，向组织作最后一次思想汇报，提出后事一切从简，死后遗体供医学解剖等 5 点要求。3 月 13 日，国家、省、市统计局负责人专程到医院看望他，赞扬邬兆定的革命精神，当问他有什么要求时，他只说：党给我的太多了，我为党工作太少了。

1986 年 4 月 30 日 7 时 37 分，邬兆定与世长辞，但他用生命谱写的统计之歌将被永远传颂……

奉化区统计局供稿

积极探索构建宁波市服务业统计调查新制度

一、背景介绍

服务业发展水平是一个地区现代化程度的重要标志。大力发展服务业，是全面落实科学发展观和构建社会主义和谐社会的迫切要求，对加快全市经济结构调整，转变经济增长方式，促进经济持续、健康、协调发展和全面建设小康社会具有十分重要的作用。20世纪90年代，随着改革开放深入推进和中国特色社会主义市场经济逐步建立，服务业地位作用日益突出。根据第一次经济普查资料，2004年末，宁波市第三产业共有法人单位31709家，占全市二、三产法人单位总数的44.4%，个体经营户283154家，占二、三产个体经营户总数的80.5%。发展服务业不仅要有规划和政策，也需要有一套规范的统计指标体系。

但由于全国各地经济发展不平衡，加之服务行业范围广泛、数量众多，行业类别多而杂，单位分布广而散，且变化频繁，调查难度极大等原因，国家一直未建立完整有效的服务业统计体系。除属于服务业范畴的房地产业、批发和零售业、住宿和餐饮业3个重点服务行业实施专项统计制度外，大量其他服务行业在国家和省级层面均没有统一规范的统计制度。各级服务业（除上述3个服务行业外，下同）统计数据主要依靠财务会计资料、部门业务报表和行政记录推算等方法取得，不能反映服务业发展全貌。

当时的服务业统计存在突出问题：一是缺乏统一的服务业统计框架，统计工作组织体系不顺，统计标准不统一，统计资料可比性差；二是服务业统计范围不完整，统计对象不广泛，缺乏一个更广方位、更宽视角的统计调查制度；三是统计指标体系不健全，绝大多数服务业行业统计只有实物量或业务量统计，没有财务统计或价值量统计，统计数据使用困难较多，整个服务业缺乏一个核心统计产品，定量描述服务业发展实绩较难。

新形势新要求使我们认识到，必须尽快建立服务业统计调查制度。必须统一思想，提高认识，积极有为，采取有效措施，抓紧建立一套符合宁波实际，能准确、及时反映服务业发展状况，有效服务于地方党委、政府决策和管理需求的服务业统计新制度。由此，2006年，宁波市把建立服务业统计制度作为全市统计工作的重中之重，针对全市服务业统计机制不全、基础薄弱、数出缺据的实际，深入调研，科学涉及，立足实际，大胆创新，构建了一套符合宁波实际的服务业统计调查新制度，在全市推行并实行至今，收到良好效果。

二、主要做法

（一）统一思想 加强领导

局党组高度重视服务业统计调查新制度建立工作，专门成立由局长挂帅的服务业统计工作协调小组，并整合局内服务业统计职能，把原贸易外经处调整为服务业统计处，全面开展建立服务业统计制度的各项工作。

2006年5月，市政府办公厅及时转发《市统计局关于建立宁波市服务业统计调查制度实施意见的通知》(甬政办发〔2006〕99号)，全市11个县市区均落实服务业统计人员，加强人员力量配备，落实必要的工作经费。多数县市区统计局设立了服务业统计科，除个别地区外，大部分的地区所辖乡镇街道也明确了职责，落实分工，配备了服务业统计专（兼）职人员。为服务业统计制度的建立提供可靠的组织保证。

为保证服务业统计调查工作的顺利推行，宁波市统计局先后出台"二方案一意见"。5月23日，印发《宁波市服务业单位调查方案》和《宁波市服务业个体户调查方案》，对服务业调查进行详细说明。8月，出台《关于完善宁波市服务业统计调查制度的补充意见》，从加强服务业名录库维护、完善限下单位抽样方法、扩大S门类样本单位、调整个体户的调查方法、明确房地产调查方法和增加值测算要包含产业活动单位、调整报表调查时间为错季报和年报、调整限下企业和S门类推算方法用样本的平均发展速度等八个方面对服务业统计制度做出进一步的完善和补充。

（二）深入调研　科学设计

考虑到服务业统计调查是一项全新的工作，无成熟经验可以参考，为此，宁波市统计局通过调查研究和边做边完善，从重点行业入手，在试点基础上及时总结提炼，形成全面系统的制度和方案。一是从成熟的批发零售、住宿餐饮业统计入手，2005年在余姚市开展以县级为总体的贸易统计工作试点。2005年下半年拟定《宁波市限额以下批发和零售业、住宿和餐饮业统计调查方案》，扩大商贸流通服务业的全面调查范围，建立了以县级为总体的抽样调查新制度，并在全市推行。二是向先行地区杭州调研，并结合宁波实际，分析全市服务业产业结构特点和分布，拟定《宁波市服务业统计调查制度实施方案》。三是与时俱进、构建大服务统计体系，2010年，在原有的统计调查制度基础上，加入各行业主管部门的统计内容，建立健全共享机制。形成《宁波市服务业统计制度》和《宁波市市级部门业务统计报表制度》并存的大服务业统计格局。

（三）市县联动　全面铺开

全面推开实施过程中，与县市区联动重点做好三方面工作。一是重点做好清户摸底这项基础性工作。下发企业和个体户名单由县市区进行核查，共下发调查名单2925家，个体户1211家，核查结果新增限上单位63家，替换企业样本26家，替换个体户样本258家。二是狠抓培训。针对服务业统计基础薄弱，由县市区组织开展业务知识学习。其中金融业纳入制度的首次培训由市局组织开展。三是保证质量。利用网上直报平台公式审核和人工审核把好数据质量关。通过全市上下共同努力，2006年5月，服务业统计调查新制度在全市全面实施。首次调查涉及4725家限上企业，1225家抽样调查企业，个体户5798家，统计工作取得阶段性成果。

三、制度特色

（一）制定了涵盖全行业的服务业统计调查制度

宁波市统计局从2005年开始着手研究和探索服务业统计调查工作，在重点行业先行试点的基础上，于2006年出台了涵盖全行业的服务业统计调查制度。

1. 建立目标。在服务业统计调查总体目标和设计思路的设定上，紧紧环绕三个目标：第一，服务业统计调查资料要满足国民经济核算的需要，以完善宁波市国民经济核算体系；第二，服务业统计必须以县级为总体，以满足市县二级政府的需要；第三，服务业统计范围要涵盖服务业全部行业，能全面、系统、适时掌握服务业发展状况，既能反映服务业总体单位基本情况，又可反映各类服务业生产与服务业活动规模以及最终成果，能完整收集反映宁波市服务业规模、结构、效益及地区分布、行业分布等统计数据，为地方党委、政府有效调节服务业发展提供决策依据。

2. 确立原则。服务业统计制度以第一次经济普查资料为依据，遵循“统一制度、在地实施、部门配合、集中处理”的原则，形成完整的服务业统计组织、监测、核算体系。

3. 调查对象和范围。服务业统计调查的实施对象为在本行政区域内所有从事服务业（第三产业）活动的机关、社会团体、企业、事业单位、民办非企业单位、其他组织机构和城乡个体经营户。涉及国民经济行业 15 个门类、47 个大类、180 个中类、339 个小类。

4. 调查内容和表式。调查内容包括单位基本属性、人员状况、营业规模、财务经营状况等。考虑到不同行业和不同规模的特点，分别设计了适合各类单位及个体户填报的基层及综合统计报表以及抽样调查表。制度初期包括以下报表。

表式分综合表和基层表，综合表有“限额以上服务业企业主要经济指标”“限额以上服务业行政、事业单位主要经济指标”“个体总量指标”“服务业增加值分行业汇总表”“限额以上服务业法人单位增加值分行业汇总表”。基层表包括“法人单位基本情况表（年报）”“服务业企业法人单位财务状况调查表（由执行企业会计制度的服务业法人企业填报）”“服务业行政、事业法人单位财务状况调查表（由执行行政、事业会计制度的服务业法人单位填报）”“服务业无财务报表企业法人单位财务状况调查表（由无财务报表制度的企业填报）”“服务业个体经营户抽样调查表”。

主要指标，企业为资产负债类的流动资产负债、固定资产原价、折旧、资产总计、负债合计、所有者权益，损益及分配类的营业收入、营业成本、营业税金及附加、销售费用、管理费用、财务费用、营业利润、利润总额、应交所得税等，人工成本及薪酬类的应付工资总额、应付福利费总额、应交增值税等，以及从业人员数。行政事业单位为期末资产总计、固定资产原价、收入合计及各分项指标、支出合计及各分项指标、从业人员数。

随着制度的实施和不断完善，新增了对金融业的调查报表，主要包括宁波市银行业财务状况、宁波市保险业财务状况、宁波市证券和期货业财务状况表，三张表共有指标包括资产负债部分的固定资产原价、本期固定资产折旧、资产总计、负债合计、所有者权益合计等；损益部分包括营业收入、投资收益、公允价值变动收益、汇兑收益、营业支出、营业税金及附加、业务及管理费、住房公积金和住房补贴、劳动失业养老医疗保险费、营业利润、利润总额、从业人员平均人数、应付工资总额、应付福利费总额等。银行业特有指标包括利息收入、利息支出、金融机构往来收入、金融机构往来支出、期末各类理财产品余额、人民币存贷款余额等；保险业特有指标包括已赚保费、保险业务收入、退保支出、赔款及给付支出等；证券业特有指标包括证券成交额、期货成交额、印花税等。

5. 统计调查的方法。采用全面调查与抽样调查相结合的调查方法。金融业、房地产业中的开发经营企业实行全面调查（房地产开发经营企业已纳入投资统计，故不再单独布置服务业统计调查报表）；公共管理与社会组织门类实行小样本调查；其他行业以国民经济行业分类的小类为基础，分别确定划分标准，将调查单位划分为限额以上与限额以下两部分，原则上将占经济总量80%左右的单位划入限额以上单位采用全数调查，划入限额以下的单位及个体户分别采用抽样调查。

6. 调查频率和填报方式。调查频率为季报，后改为月报；调查单位实行网上直报，个体户由调查员上门调查，各县（市）区综合表以电子邮件方式上报。

（二）建立了与调查制度配套的网络和队伍

全市上下认真按照市政府办公厅转发的《市统计局关于建立宁波市服务业统计调查制度实施意见的通知》（甬政办发〔2006〕99号）文件精神，市、县统计局整合局内资源，建立相应的工作机构及到乡镇的工作网络和专职的调查员队伍，落实经费、分级培训，为服务业统计制度的建立提供了可靠的保证。

（三）开发了服务业统计网上直报平台

为提高服务业源头数据的质量、提高统计工作的效率，服务业统计的数据采集工作，从一开始就实行网上直报。由于服务业涉及行业广，根据经济普查规定，服务业增加值计算区别不同行业有多种公式和方法，增加值计算较为复杂。同时，由于服务业调查中采用了好几种抽样方法，需要根据样本来推断总体。在计算机程序的设计上充分考虑到上述情况，把相关的计算公式、系数等都编入程序，当报表收集完后，只要轻轻一点鼠标，就能得出本地的服务业增加值，这就大大节省了人力，并提高了数据的时效性。

（四）进一步完善宁波市服务业统计制度

2009年4月，省政府办公厅下发了《浙江省服务业统计工作方案的通知》（浙政办发〔2009〕32号），就如何加强服务业统计，明确省级相关部门的责任，建立服务业统计的网络，作了具体部署。宁波市政府主要领导高度重视，要求市统计局按照省政府文件精神，制定宁波市服务业统计工作实施方案，并于2009年5月由市政府召开全市统计工作会议，专门布置此项工作；由市政府办公厅下发《宁波市服务业统计工作实施方案》（甬政办发〔2009〕135号），要求健全服务业统计工作网络，在原有的统计调查制度基础上，充分发挥各部门的作用，促进服务业各行业统计信息交流，建立健全共享机制，做到政府综合统计部门与行业主管部门统一制度、统一口径、统一方法，及时交流完善，丰富统计信息，从而全面、及时、客观地反映宁波市服务业发展情况，提高国民经济核算质量，预警和监测服务业各行业发展进程，制定服务业发展政策和规划，提升宏观经济科学管理和决策水平，为促进宁波市服务业又好又快发展提供统计服务。

宁波市统计局以此为契机，转变统计理念，探索在全市范围内建立科学、统一、全面、协调的服务业统计调查体系，范围涵盖财务统计和业务统计，在《宁波市服务业统计制度》外，形成由各部门提供的《宁波市市级部门业务统计报表制度》，全面、准确、及时地反映全市服务业发展状况。

为更加有效地指导规范全市服务业统计工作的开展，结合部门服务业统计工作中出现的新情况、新问题，主动与相关行业主管部门对接，达成广泛共识，研究拟定完善措施，由市服务业发展领导小组办公室下发了《关于完善宁波市服务业统计制度的补充意见》(甬服务办〔2010〕7号)，进一步明确各部门的工作职责及具体要求，统一规范部门数据报送表式、指标体系及报送时间、频率等，为管理部门搞全搞准全行业服务业统计数据奠定扎实基础。

至此，宁波市统计局形成了涵盖批发零售业、住宿餐饮业、其他服务业以及部门业务报表的大服务统计格局。

四、主要成效

大服务业统计制度2010年5月正式实施以来，在各级部门的共同努力下，政府综合统计与部门行业统计职责明晰、分工协作、数据共享的服务业统计监测体系已初步形成，在树立提高统计数据质量、规范部门数据的收集和使用、减轻基层单位统计负担等方面成效明显。

(一)提高了服务业统计数据质量

统计单位难以抓全是原先服务业统计制度实施过程中的存在的主要问题之一，名录库的维护是统计工作的基础，相关行业主管部门发挥行业管理优势，及时将符合限额标准的单位纳入上报单位名录库，确保限额以上单位不遗漏；同时，相关行业主管部门根据对本行业企业的掌握情况，加强对基层单位上报数据的审核，有效提高了服务业统计数据质量。

(二)规范了部门统计数据的收集和使用

按照服务业统计制度补充意见的要求，宁波市统计局对相关部门的业务报表进行梳理，注重充分满足国民经济核算和经济社会发展监测的数据要求，制定全市服务业业务统计指标体系和业务统计表表式，并采用统一平台进行上报，在规范政府统计部门向相关行业主管部门报表布置的同时，也为相关部门数据报送提供了便利。

(三)丰富了服务业统计资料来源

考虑到服务业涉及行业众多，且各行业之间差异较大，针对反映各行业特定的业务指标调查难度较大，所以服务业统计指标的设置也多局限于“财务”方面的数据，只在一段时间对交通运输和信息传输等行业增设了业务指标，通过对部门业务报表的梳理，发现不少行业的业务数据相关部门掌握得较为完整，丰富了服务业统计资料来源，有效弥补了服务业统计制度的局限性和不完整性。

(四)减轻了基层单位的统计负担

相关行业主管部门在承担所属行业限额以上单位的统计管理职能之后，可以及时、准确地掌握本行业发展情况，就将原先用于行业监测的部门统计报表废止了；同时，原先采用纸质报表的部门，也将业务报表纳入统一数据处理平台进行处理，通过整合与归并，大大减轻了基层单位的统计负担。

(五)具有鲜明的宁波特色

通过多年建设，宁波服务业统计调查制度形成如下特色：一是范围全，基本涵盖第三产业内部所有行业；二是对象多，包括企业、机关事业、银证保单位、产业活动单位、个体户在内调查对象约1.5万家；三是关联广，除统计系统自身外，制度还包含了38个行政部门的相关统计指标；四是频率高，从创建开始就坚持月报频率，并逐步培养起调查对象的统计意识；五是用途广，目前可提供面向核算支撑、产业测算、部门经济分析、转型升级监测、开发区卫星镇监测、三新经济初步应用等，以收入法增加值为核心的一系列统计产品，初步实现了“有行业划分即可依实际出数”的统计产品供应源。

宁波市统计局服务业统计处供稿

全面实行统计数据网上采集

实行统计数据网上采集，是充分运用现代信息技术手段，通过信息网络，便捷、快速、直接获取统计资料，可以解放统计生产力，有效保证源头数据的质量，是宁波市统计系统主动适应新形势下政府统计工作服务于科学发展的必然要求，也是加强统计能力建设，提高统计数据质量，提升统计服务水准的重要举措之一。宁波于2004年在全省率先开通统计网上直报系统以来，一直走在全省、全国前列。

一、实行统计数据网上采集的工作背景

随着21世纪初经济体制改革的不断深化和经济社会的快速发展，统计内涵不断丰富，统计范围不断拓展，统计任务不断增加，影响统计数据质量的内外因素也明显增多，传统的层层上报、层层汇总的统计数据采集处理模式越来越不适应形势发展要求，主要体现在以下方面。一是统计调查任务日益繁重。尤其是宁波这样民营中小企业数量十分庞大，且变化频繁的地区，面对总量越来越大、覆盖面越来越广的统计对象和不断提高的统计工作时效等要求，以及常规性、周期性统计调查任务日益繁重，传统的统计数据采集方法其流程繁杂、效率低下的弊端日益凸显，大量的数据汇总、录入、审核等工作任务致使基层统计部门不堪重负。二是源头统计数据质量难以得到有效保证。在当时统计工作管理体制和传统的统计资料分级报送模式下，基层统计工作极易受到各种有形、无形的干扰，导致数据失真，这在当时干部政绩考核机制不断下移、定量考核日益增多的新形势下显得尤为突出，统计数据质量控制的责任日益加大。三是统计方法制度创新瓶颈制约凸现。随着统计服务科学发展、和谐发展、率先发展的地位和作用日益显现，社会各界对统计数据的全面性、真实性和及时性给予更多关注，对统计服务的针对性、有效性提出更高要求，跨专业、跨部门的统计资料共享和整合既是全面规范统计行为，搞全、搞准统计数据的需要，也是整体推进统计方法制度创新，提升统计服务能力的必然要求。传统的统计数据处理和传输方式既难以满足统计资料便捷使用和快速整合的需要，同时也制约统计专业人员腾出更多的精力及时有效地开发利用全面、系统的数据资料。

为有效解决上述问题，市统计局紧紧抓住宁波作为全国信息化推进试点城市，信息化建设得到各级党委、政府及有关部门和企业（单位）重视并推广普及的有利契机，经过充分调研，制定以推广实施统计网上直报为重点的全市统计信息化建设五年规划，成立以局主要领导为组长，分管领导具体负责，各专业处室业务骨干及计算中心技术人员组成的信息化建设领导小组，开始分步实施全市统计数据网上采集系统建设工作。

二、实行统计数据网上采集的过程

2003年初，通过公开招标方式，与杭州中科软件

开发有限公司进行统计数据网上采集合作开发。经过近一年时间，直报系统初步研发成功，宁波在浙江省内率先启动统计数据网上采集。2004 年 4 月，在余姚开发区进行规模以上工业企业试点；2004 年 7 月，北仑区全部规模以上工业企业加入试点；2004 年 10 月，推广至慈溪市部分规模以上工业企业。经过近一年的试点和完善，2005 年下半年，网上直报系统在江东、江北、鄞州、镇海 4 个区 3000 余家规模以上工业企业大规模铺开。2006 年，继续扩面推广，全市 10000 余家规模以上工业企业、限额以上贸易企业、资质以上房地产企业等“三上”企业全部实行网上直报。2007 年后，直报系统的对象，开始向限下、规下等“三下”企业、抽样调查企业样本单位延伸。2009 年，宁波市第二次经济普查全面实现网上直报，直报系统同时在线人数最高时突破 5000 人次大关。至 2010 年底，宁波市直报系统已涉及工业、能源、房地产、建筑业、服务业、劳动工资、固定资产投资、企业景气调查、工业品价格调查、房地产价格调查、固定资产投资价格调查等专业，直报单位 4 万余家，按直报实施范围计算，上报率接近 100%。

宁波市统计数据网上采集工作得到了浙江省统计局、国家统计局的充分肯定。2010 年 3 月，时任国家统计局局长马建堂到宁波调研统计数据网上采集工作，指出“在当前形势下，统计工作机遇与挑战并存，挑战甚至大于机遇，统计事业改革发展正处于非常关键的时期，各级统计部门要切实提高统计能力、数据质量和政府统计公信力。统计信息化建设是统计能力建设的重要组成部分，是提高统计数据质量，提升统计服务水平的重要基础和有力保障，宁波在这方面已作了有益的探索，总体上走在了全国的前列。国家统计局将在总结各地成功经验的基础上，着力抓好统计制度、方法和标准的规范统一，积极推进数据传输处理统一平台的开发建设，注重与各地已有数据处理平台、软件的兼容友好，全面加快统计信息化建设，充分利用和依托现代化的网络技术和电子计算机技术，推动全国统计工作优质、高效、有序开展。”正是由于宁波等地统计数据网上采集的工作实效，促使国家统计局于 2010 年 12 月召开的全国统计工作会议上提出以“联网直报”为手段的统计“四大工程”建设，在全国范围内拉开了“一套表网上直报”的序幕。

三、实行统计数据网上采集具体做法

（一）组建企业直报平台

网上直报系统的开发建设由市统计局统一负责设计，数据全部集中于市级，当时 11 个区县（市）所属统计调查单位，通过网络向市统计局直接报送统计资料，组建真正意义上的企业数据直接报送平台。填报单位可以不管专业划分，只需按要求填报所列报表即可。各级各专业统计人员可按各自权限在线审核、处理相关统计资料。统计填报单位报送统计调查资料体现双向、透明和互动的特点，一旦数据变动，统计调查单位及各级统计人员都能实时感知，而且系统自动对修改的相关信息予以记录。

（二）健全安全保障机制

统计网上直报系统用户广泛，对系统的实时性、稳定性、安全性的要求明确。为确保数据安全，在建设直报系统时，充分考虑网络安全的设计，以确保直报上线后避免系统发生故障。为此，市统计局通过积极消除系统单点故障，实时备份，防攻击等多重手段，确保系统稳定、安全、实时运行。就狭义的直报系统本身而言，积极利用市政务外网，采用直报网络的双链路，确保网络畅通；而服务器无论是前台的应用服务器还是后台的数据库服务器，均通过采用多台服务器集群技术，确保系统不间断运行。此做法有利于直报系统服务的连续性，增强系统运行可靠性，从而进一步提高统计调查单位对直报系统的信赖度。

（三）确保数据质量控制

为提高直报系统进库数据的质量，实行全面数据质量管理。在系统中设置了各专业、各表种的数据质量控制程序，通过计算机自行对设定的各统计指标必审条件和核实性条件的审核，以快速发现差错与疑问所在，及时核实和纠正差错。通过审核条件的细化，不断增强逻辑性，有效地把住了统计数据进口质量关。同时，为保存统计稽查、统计执法办案的原始依据，规定统计调查单位在执行统计网上直报后，必须保留纸质打印报表并盖章签字以备查。

四、实行统计数据网上采集带来的收获

（一）提高统计生产力，消除了数据录入瓶颈

通过互联网，实时进行统计资料的报送是一条新型、快捷、安全、节约的报送渠道，它把传统的统计资料集中式录入变为分散式处理，数据处理效率大大提高。一方面较好地解决了县（市）区、乡镇（街道）基层统计人员报表录入量大与上报时间紧之间的矛盾，使他们有更多的时间和精力审核报表、查询报表；另一方面由于报表传送减少了乡镇（街道）等中间环节，报表上报更加快捷，增强了报表的时效性。

（二）提高统计数据质量，增强了抗干扰能力

实施统计网上直报，首先，使统计资料的机审关口实现前移，调查单位上报的报表，通过设定的必审条件才能报送，可以解决笔误、错位等填写错误，使上报的数据符合逻辑；其次，通过核实性审核，直观企业填写的说明，有利于各级统计部门及时了解、掌握企业实际运行的多样性和特殊性，对不按规定填写说明的企业可作为统计稽查的重点对象，保证源头数据的基本准确；最后，上报方式的扁平化，使逐级上报变为企业直接上报，由分级整理变为集中处理，由分步产生变为同步生成，有利于统计工作方式由间接管理变为直接管理、由审核修改转为主动质量控制，进一步提高了对统计源头数据质量的把握程度，增强了抗干扰能力。

（三）提高统计服务能力，减轻了统计人员工作强度

基层统计人员大多身兼数职，工作强度较大，统计网上直报的实施，不仅减轻了各级综合统计部门的录入工作量，也减轻了填报单位统计人员因空间、时间制约而增加的工作量，并促进了基层统计工作条件的改善。如大部分企业积极配合政府网上直报，纷纷进行计算机更新和网络升级，以满足网上直报工作对硬件和网络环境设置的需求，为基层统计人员创造了良好的工作环境。实施网上直报工作之初，宁波市先后对4万余家单位进行了专业业务培训、实时演练、知识讲解和统计法律法规宣讲，参训率达到95%以上。通过培训，广大统计人员基本掌握了计算机使用和网上直报的操作技能，并结合专业知识的学习，业务水平有了普遍提高。此外，网上直报平台通过与统计信息网站进行链接，大大提高了统计信息网的浏览量。统计人员主动登录统计信息网进行浏览，查找需要的资料和数据，政府统计服务企业的效果更加明显。同时，及时掌握企业反馈的需求，进一步促进网站服务，实现政府统计与企业统计互动的良性循环。

宁波市统计局数管中心供稿

中韩农作物播种面积抽样调查合作项目

长期以来，农作物播种面积统计调查方法采用全面统计逐级上报的统计方法制度。随着农村市场化体制的不断完善，农村土地不断流转集中，农业产业化、农产品商品化程度的不断提高，现行的面积统计方法已难以适应变化了的新形势、新情况、新问题。加快对现行农业统计方法制度的改革，使我国农业统计方法尽快与国际通行的统计方法接轨，实现农作物播种面积统计调查从对户调查向对地调查转变，是适应农业生产全面走向市场化的需要。

2000年开始宁波市着手对农作物播种面积抽样调查方法制度进行了探索。2001年，根据国家统计局和韩国农林部签订的农业统计合作项目要求，宁波市鄞县成为国家统计局唯一试行中韩统计合作项目——农作物播种面积抽样调查的试点县（区）。在国家、省统计局的领导支持下，在韩国统计专家的帮助下，开展了农作物播种面积抽样调查的试点工作。

一、前期准备工作

2000年12月15日，韩国农林部统计专家申贤均、金圭燮在国家农调总队郑云阳、省农调队队长洪玉和副处长陈歧尧的陪同下考察了宁波市鄞县，初步协商中韩农作物播种面积调查合作意向。2001年3月确定了在宁波市鄞县开展中韩农作物播种面积抽样调查试点工作，同年5月16—23日，韩国农林部统计专家张东旭、金圭燮在国家农调总队郑云阳、王明华及省农调队张兴华、纪希平、陈歧尧陪同下到宁波市具体协商播种面积抽样调查各项工作，韩国专家全面详细介绍了韩国播种面积抽样调查的开展情况、目的、作用、调查方法制度和实施过程中应引起注意的一些问题，国家、省农调队提出了在鄞县开展试点工作的具体要求，并就如何制定方案、如何组织开展以及开展后可能遇到的一些技术等环节的问题进行了深入探讨，还实地到邱隘镇邱一村观察耕地的分布现状。经过酝酿，基本确定了开展农作物播种面积试点工作的初步框架和工作方向。

二、中韩农作物播种面积抽样调查方法

结合宁波市鄞县的农作物种植特点，2001年6月制定了《鄞县农作物播种面积抽样调查工作实施方法》。同年6月底，组织了区、镇、村三级业务骨干在邱隘镇龙山村进行了面积抽样框建立过程的小规模试点，省农调队纪希平、吴红卫到现场指导，通过试点，进一步完善了实施方案。2001年7月19日，经鄞县人民政府同意，县政府办公室印发《转发县统计局关于农作物播种面积调查工作实施意见的通知》（鄞政办发〔2001〕92号），中韩合作农作物播种面积抽样调查项目试点工作在鄞县正式实施。

（一）播种面积抽样调查中耕地的确定及自然田块的绘制与登记

1. 耕地范围的确定。鄞县各行政村的行政区域

图按照第五次全国人口普查时所确定为准。各行政村绘制耕地分布示意图时耕地范围为该行政村区域内全部耕地。耕地面积应包括历史遗留下来的大寨地，在耕地上挖塘养鱼、虾、蟹及种植的多年生作物、果园等，耕地实有面积如与2000年年报上报面积不等，应按现在实有耕地面积为准。出现上述情况可能是由于土地征用被征掉的河、沟、渠及机耕路、田埂，退耕还林及承包分地时折扣等原因。

2. 绘制各行政村的耕地分布示意图。根据上述确定的耕地范围，以行政村为单位绘制耕地分布示意图，耕地面积示意图绘制时应包括以下内容：

（1）耕地示意图名称（即××镇乡××村耕地分布示意图），如该村耕地面积较大，需绘制多张示意图的，应注明共几张，第几张，并应能简便地进行拼接。

（2）坐落方向，必须标明，按习惯上北下南，左西右东。

（3）比例范围可在1∶2000～1∶5000，具体比例由各镇乡自定，但要求地图清晰明了。

（4）在实地绘制耕地分布示意图时，应按地块的自然分布、走向进行绘制，并按实际情况近似地绘出河流、沟渠、道路、机耕路、田埂、房屋田舍等明显的地形地物。

（5）对绘制的每一自然地块应标明每一自然地块的面积和顺序号并应做好与村原有地亩清册的核对工作，面积可采用承包分地时的习惯面积，每村顺序号从1开始编填，按增1升序办法编写，编写完成后，表明本村共有多少自然地块。

（6）原为耕地，现已改养殖或种植多生植物、果园或大棚等应分别在示意图上加以注明。

3. 耕地分布示意图绘制要求。

（1）参与绘制耕地分布示意图的人员应具备严谨、科学、踏实、细致的工作作风。在绘图过程中绝不能应付了事，对有疑问的情况要认真加以核实，不能主观臆断。

（2）必须保证区域间边界线的唯一、清楚、明了。各镇乡内村与村之间边界线不清楚的，镇乡要及时组织相关村进行实地核实确认，镇与镇之间边界线不清楚的，应及时与区统计局联系，县统计局将及时组织有关镇乡进行实地核实确认。要确保全区镇乡之间、村之间区域的不重不漏。

（3）村前屋后的小块自留地、旱地等在绘图时必须全部予以标明，千万不能有遗漏。

（4）耕地分布示意图要加图框、比例尺、定向标志（指北坐标）、图名（全称）、绘图人、日期等具体内容。其中图框的上下和右侧各留15毫米，左侧留35毫米，便于装订，图框应用粗细双线绘出，根据区域形状特征横竖向皆可，地图名称用恰当字号标在图的正上方；比例尺、绘图人及日期应标在图框外的一下方；定向标志统一标在地图图框外的右上方。如行政村区域面积较大，需要绘两张及以上图的，应注明本村区几张、本张第几张，分页绘图时本村区域不能有重复和遗漏。

（5）各行政村应在镇乡统计站的指导下开展绘图，绘制完成后要及时组织做好核对工作，发现错漏等问题应立即进行修改，镇乡统计站在各村绘图过程中重点要做好指导、督促和检查工作。

（6）耕地分布示意图绘制完成后，报县统计局。

（7）耕地分布示意图仅为全县建立农作物播种面积调查抽样框使用，不作他用。

（8）要求各镇乡统计站一定要严把绘图质量关，高标准、高质量地绘好耕地分布示意图，确保全县绘图工作顺利完成。

4. 登记自然地块。各村在完成耕地分布示意图的绘制后，要及时登记填写《鄞州区耕地自然分布情况登记表》（附表一）和《耕地改作养殖、园地、林地情况登记表》（附表二）。

（二）调查单位区划分和全县耕地面积抽样框的建立办法

1. 调查单位区的概念。调查单位区是组成全县耕地面积抽样框的基本单位，以 2 公顷（30 亩）左右面积为标准，每个单位区由一定数量的自然地块组成。搞好调查单位区的划分工作，是开展农作物播种面积及产量抽样调查工作的基础。

2. 如何划分调查单位区。每个村在完成耕地分布示意图后，可根据地块的实际分布，以 2 公顷左右为单位在地图进行划分，每个单位区之间的分界线可以是田埂、沟渠道路、机耕路等有明显标志的地形地物。考虑到实际情况，每个单位区地块的面积可在 1.9 公顷至 2.1 公顷（即 28.5 ～ 31.5 亩），一个村的最后一个单位区地块面积可以略超过规定的面积范围。

3. 调查单位区的编码。单位区的编码由三级共九位数构成，第一级、第二级即前三位和中间的三位为镇乡码和村码，与第五次全国人口普查地址代码一致（该代码由区统计局印发），后三位编码为本行政村单位区顺序码，从 001 开始取值，按增 1 升序办法编写，中间不得重复和跳号。将顺序号按一定顺序，连续地编到示意图上已划分的调查单位区内。

4. 填报调查单位区登记表（建立全区调查单位区的台账）（附表三）。

（三）耕地面积的核实及调查单位区的抽选

在对乡镇上报的耕地自然分布情况登记表、农作物播种面积抽样调查总体单位地块登记表（以下简称单位区地块登记表）及耕地改作养殖、园地、林地情况登记表与耕地分布示意图进行人工的初步核对后，接下来就要对上述登记表的数据录入计算机。共录入单位区地块登记表 16101 块，耕地改作养殖、园地、林地登记表 17645 块。数据录入完毕后，经过计算机数据审核，主要审核单位区地块登记表中的合计 = 水田 + 旱地 + 园地及单位区分层是否唯一性，审核两套表中每一行政村的园地数是否相等。对不平衡的数据再进行核实修改，对有疑问的数据及时与乡镇、村联系并多次下乡镇、村实地核实，以确保样本总体的准确性。经过近一个月的反复修改，建立了宁波市鄞县耕地播种面积分层总体样本框数据库，各层样本总体个数分别为大棚层 274 个，多年生作物层 761 个，一季水稻层 2779 个，二季水稻层 7097 个，水稻席草层 3922 个，蔬菜瓜类层 759 个，其他作物层 509 个。

调查单位区分层样本框数据库建立后，下一步工作就是对各层样本的抽选。根据韩国专家的建议，在实际抽选取中努力做到：1. 总体样本框必须准确；2. 农作物分层的问题必须考虑周密；3. 注意地域特征；4. 采取抽样和全面调查相结合；5. 充分考虑到大宗农作物和特种农作物的代表性；6. 今后样本的维护。再根据韩国的具体做法：1. 抽样样本个数至少应 ≥ 20 个；2. 各层的样本个数抽选必须考虑到本地区的人力、财力；3. 当样本总体在 3000 ～ 4000 个时，一般样本抽取比例在 1/20 ～ 1/50；4. 对某种主要农产品或某种特种农产品，必须适当增加样本量。结合宁波市鄞县的实际情况，首先对各层的样本进行总体排列，然后采用随机起点等距抽样的方法来抽选各层的样本。由于在样本抽选后，不仅要推算出县级的总体数据，还应考虑可推算乡镇的数据，因此样本的抽选量也作了适当增加。具体的抽选比例为：大棚、多年生作物层为1/10，分别抽选样本27个、76个；一季水稻、二季水稻、水稻席草层为1/30；分别抽选样本93个、237个、131个；蔬菜瓜类、其他作物层为1/20，分别抽选样本38个、25个，共计样本个数627个。在具体抽选中还考虑到了各村样本量的均衡性，因此对各层样本抽选了多套方案，最后选定其中最为合理的一套。

（四）农作物播种面积和产量抽样调查及抽样框的维护

1. 农作物播种面积调查。根据国家统计局的农业统计播种面积报表，结合宁波市鄞县的种植特点，开展3次至4次的面积调查，对大棚种植区将增加次数，以保证播种面积调查的精度。

2. 农产品产量抽样调查。对主要农作物进行估产及测产调查，根据统计需要和在经费许可的条件下，逐步展开主要的农作物产量调查。

3. 抽样框及样本的管理。抽样框及样本的管理主要是对抽样框中各单位区面积增减变动情况进行管理，一般是一年进行一次，以确保总体及样本单位区面积的准确性。具体包括两个方面：一是对总体抽样框的管理，凡年内耕地面积连片减少（或增加）2公顷以上的必须进行全面调查，直接减少（或增加）总体的面积和总体单位个数。二是年内耕地面积连片减少（或增加）不足2公顷的，则只对样本单位区进行耕地面积变动调查。同时，对个别耕地面积减少（或增加）超过1公顷以上的样本单位区，要做好样本维护工作。具体的做法是就近在同一类型（层）内选择一个新样本进行调换，以保证样本单位的代表性。

4. 耕地面积的推算办法：各层（类型）耕地面积 = 该层上年末耕地面积 ×（1± 该层内样本单位区的耕地增减变动面积 / 该层内样本单位区的耕地面积）± 全面调查增减面积。

耕地面积合计 = 各层耕地面积推算值之和。

农作物播种面积的推算办法：

各层某种农作物推算面积 = 该层内样本单位区该种作物播种面积 / 该层样本单位区上年末耕地面积 × 本层上年末耕面积。

某种作物种植面积合计 = 各层该作物播种面积之和。

三、中韩农作物播种面积抽样调查实施过程

2001年9月18—21日，韩国农林部统计专家权宁旭、梁哲雄在国家农调总队郑云阳、王明华和省农调队张兴华、纪希平、陈歧尧的陪同下了解面积抽样调查实施情况，进一步对照《鄞县农作物播种面积抽样调查工作实施办法》的操作步骤、小规模试点工作，补充了登记表中遗漏的指标，对样本单位区和分层指标进一步界定，并着重探讨面积推算的代表性和抽样误差，还实地到石矸镇石矸村绘制耕地分布草图，为鄞县下一步建立面积抽样框提供了宝贵的经验。2002年1月16日，国家农调总队周崴和省农调队吴红卫前来指导面积抽样框计算机程序操作工作，通过登记表的试录入，进一步完善了程序，提高了操作实用性。同年4月4日又迎来了韩国农林部统计专家权宁旭、金圭燮，国家农调总队郑云阳、王明华，省农调队张兴华、纪希平、陈歧尧，市统计局唐伟昌、孙长健到鄞州区（2002年2月鄞县撤县改区，以下称鄞州区）指导

工作，听取了项目工作专题汇报后，到古林镇葑里、葑水港村进行了检查，边核对耕地分布现状图，边查看实际田的分布坐落和种植情况。同时，对下一步分层抽选单位区样本提出了具体的要求和意见，并规定了丈量抽中单位区的面积、开展面积调查和主要农产品产量抽样调查的时间期限。通过这次指导，不仅对水田、旱地、耕地改作圆地、挖塘养殖的种植结构、品种分布有了进一步的感性认识，更为重要的是为建立正确的全区耕地利用数据库奠定了基础。2002 年 9 月 4 日，国家农调总队队长朱向东在省统计局副局长朱阿龙和省农调队队长洪玉的陪同下，了解面积抽样调查进展情况，并在工作上和资金落实方面给予了支持。同时韩国统计专家权宁旭、申贤均和国家农调总队郑云阳、周巍及省农调队张兴华、纪希平、陈歧尧等人，对单位区分层进行了科学论证，重点探讨了抽选 627 个样本单位区推算乡镇的代表性问题，样本的维护和管理等有关事项，并对前一阶段的面积抽样调查试点工作作了初步的评估。

四、中韩农作物播种面积抽样调查项目验收

2004 年 4 月 22—23 日，韩国农林部统计局行政事务官林申泽在国家统计局农调总队有关领导的陪同下，到浙江宁波验收农作物播种面积抽样调查合作项目。在宁波期间，韩国统计专家听取了浙江省农调队队长洪玉对合作项目实施情况的介绍和汇报，并与省农调队、市农调队和鄞州区统计局有关人员交流了项目实施中遇到的各种问题。还到项目实施地宁波市鄞州区进行了实地考察和验收，韩国统计专家在考察后，对中韩农作物播种面积抽样调查合作项目工作予以高度评价，对宁波市鄞州区统计局为项目实施所付出的努力和辛勤劳动予以充分肯定。中韩农作物播种面积抽样调查合作项目经过三年多双方努力工作圆满通过验收，为国家耕地及农作物播种面积统计改革走出了一条成功的路子。

附表一：鄞州区耕地自然分布情况登记表

______________镇乡______________村　　　单位：亩（保留二位小数）

顺序号	地块坐落名称	承包经营户姓名	耕地面积			顺序号	地块坐落名称	承包经营户姓名	耕地面积		
			合计	水田	旱地				合计	水田	旱地
合计											

按习惯面积填写

单位负责人：　　　　　　　　　填报人：　　　　　　　　　　年　　月　　日

附表二：耕地改作养殖、园地、林地情况登记表

________镇乡________村　　　单位：亩（保留二位小数）

顺序号	地块坐落名称	承包经营户姓名	改作养殖面积	改作园地面积	改作林地面积	顺序号	地块坐落名称	承包经营户姓名	改作养殖面积	改作园地面积	改作林地面积
合计											

按习惯面积填写

单位负责人：　　　　　　　　填报人：　　　　　　　　　　年　　月　　日

附表三：农作物播种面积抽样调查总体单位地块登记表

表　号：A303-1 表
制表机关：鄞州区统计局
文　号：鄞统制表字 [2001]1 号

________镇乡________村

单位地块编号	面积（亩）				大棚种植区	多年生作物区	一季水稻	二季水稻	水稻、席草	蔬菜、瓜类	其他作物	自然地块数
	合计	1. 水田	2. 旱地	3. 园地								
甲	1	2	3	4	5	6	7	8	9	10	11	12

单位负责人：　　　　　　填报人：　　　　　　年　　月　　日

鄞州区统计局　国家统计局鄞州调查队供稿

宁波市统计局农村统计处整理

统计核算与会计核算相结合
夯实国民收入和国民生产总值核算的基础

1983年国务院批准了国家计委等四个单位的《关于加强国民收入计划统计工作的报告》，从1984年开始，把“国民收入”指标作为衡量我国经济发展的综合指标之一。1985年国务院办公厅国办发〔1985〕29号文件又提出：“要在继续做好社会总产值、工农业总产值和国民收入统计的同时，抓紧建立国民生产总值和第三产业产值的统计。”也即是说整个国民经济要求我们既要按照东方（MPS）核算体系进行统计，而且还要开展接近西方（SNA）核算体系的统计。要搞好上述统计，存在两大问题：一是没有核算基础，取得资料困难；二是准确性、时效性差，不能适应考核经济的要求。

由此可见，为了实现MPS、SNA两种体系同时核算中能顺利的取得资料，并提高统计数字质量，统计的方法制度亟待改革。

一、改革的基本思路

实行MPS、SNA两种体系同时核算的主要矛盾就是会计微观经济核算的资料不能满足宏观经济核算的需要。要解决这一矛盾，余姚市统计局史秋华提出的基本思路是：必须坚持“会统结合”的原则。

实施“会统结合”有人主张今后应根据会计核算的口径、范围来设计统计指标，以便取得资料，其实这是本末倒置，最终无法实现准确的宏观经济核算的目的，会计核算应根据国家宏观经济核算的需要，与统计核算相结合。

整个国民经济可分为物质生产部门与非物质生产部门；两大部门下面又有许许多多的系统和行业，行政事业单位和企业单位的会计制度、核算方法各异，行业之间也互不相同。因此，利用会计核算资料无法计算全国性指标。而统计核算的方法、制度和口径、范围是全国一致的，它能够完成国民经济核算的任务。所以“会统结合”应以统计核算为主。会计核算应根据综合统计部门宏观经济核算的需要，相应的增设或调整一些会计账户，补充或制定一些会计报表。让会计突破微观经济核算的范畴，向宏观经济延伸，逐步形成科学的核算体系。

二、“会统结合”的具体办法

首先，根据各系统的会计制度，结合统计部门计算国民收入和国民生产总值的要求，制定出各行各业的《实施细则》。它是具体执行“会统结合”的方法、制度。经多次修改和完善，制定出不同行业的《实施细则》共14个。这些《实施细则》包括三方面内容：

1. 从理论上讲清楚国民收入（净产值）和国民生产总值（增加值）的基本概念。

2. 根据各系统会计制度下费用科目、子目所包含的具体内容，区分开物耗与非物耗、中间消耗与增加值，列出对照表。

3. 制定计算总产值、净产值、增加值的表式，作为会计报表附表，并详细写清填表说明。

其次，由各基层单位财会人员根据《实施细则》中分物耗与非物耗、中间消耗与增加值的对照表，在会计日常核算时均按现行会计制度不变的条件下，对一些既包含物耗又包含增加值的科目、子目，会计在支付费用后填制记账凭证是要加以分开，分别记入各子目下面的账户或专栏内。例如：将自行备料修理固定资产的材料费列入修理费——物耗（中间消耗）账户或专栏；将自行雇工修理固定资产的工资费用列入修理费——非物耗（增加值）账户专栏，为按月计算净产值和增加值积累资料。

最后，各基层单位财会部门根据日常积累的资料，由财会人员按月编制总产值、净产值和增加值的会计附表，随同正式会计报表上报主管局，再由各主管局财会部门汇总后报送统计局。

三、通过“试点”，实践检查“会统结合”的可行性和可操作性

“会统结合”在余姚冶炼总厂的试点实践。

第一，根据该企业所属的行业，进一步对照、细化《实施细则》。

1. 根据国民经济核算中划分物质消耗与净产值、中间消耗与增加值的基本概念，结合会计制度的具体内容，制订出六条原则，写入《经济（会统合一）核算制度》，使会计人员在日常工作中能参照应用。

2. 对“生产费用”“车间经费”“企业管理费”的子、细目，按照划分的物质消耗与净产值，中间消耗与增加值的需要，进行适当调整和补充。如把旅差费分为“出差车旅费”和“出差补贴”两个项目等等，使费用账户既能保证企业本身微观经济核算的需要，又为国民经济的核算积累准确的数据。

3. 设置科学的核算账、表。余姚冶炼总厂设计了一本《生产经营费用汇总登记簿》和《工业总产（出）值计算表》、《工业增加值整理计算表》、《现价工业总产（出）值、增加值、净产值月报表》等三张报表。根据“生产费用”、“车间经费”、“企业管理费”明细账，在平常积累资料，登记《生产经营费用汇总登记簿》；根据《生产经营费用汇总登记簿》上的资料编制《工业增加值整理计算表》；根据《工业增加值整理计算表》和《工业总产（出）值计算表》编制《现价工业总产（出）值、增加值、净产值月报表》。一环套一环，循序渐进，各种数据都可顺利取得。

第二，培训管理干部和财会人员。采用讲课形式，培训全厂管理干部和财会人员，使他们基本上了解宏观经济核算与微观经济核算的概念，明确了搞好国民经济核算的意义和作用。引起大家对计算工业净产值和增加值的关心和支持。特别是财会人员，理论联系实际，在提高思想认识的基础上，认真学习《制度》，进一步明确划分物质消耗与净产值、中间消耗与增加值的界限，在日常工作中积累完整数据，准确计算净产值、增加值奠定了基础。

第三，调整、设置相应的组织机构。实行“会统结合”，从总体上来说，能减少企业内部的重复劳动；但从部门来讲，增加了财会人员的工作量。为了避免矛盾，总厂领导相应地调整了组织机构，设置了计划经济办公室，把会计、统计、计划、物价等工作都置于计划经济办公室统一领导下，从组织机构上理顺了关系，保证了“会统结合”工作顺

利进行。

第四，争取领导的重视和支持。一个企业要实行“会统结合”没有厂领导的支持将寸步难行。要向厂领导汇报准确计算工业净产值、增加值对整个国民经济核算和企业经济核算的重要意义，并说明当前此项工作存在的问题及原因，提出实行“会统结合”的方案，争取领导的重视和支持，使“会统结合”工作列入厂部议事日程。厂领导批准了《实施方案》和《核算制度》，并把这作为厂行政工作报告的重要内容之一，同时还调整了组织机构，使“会统结合”工作得以在企业中顺利开展。

四、宏观经济的国民经济核算，以企业的“会统结合”的方法为基础，既可行也可操作，且行之有效

余姚冶炼总厂实行“会统结合”以来，已取得显著成效，主要反映在：

首先，提高了会计核算的地位和作用。使企业的会计核算不再局限于单纯地为企业的经营管理服务，同时也为整个国民经济的核算服务，冲破了微观经济核算的小天地，向宏观经济的核算迈出了重要的一步。也可以说，它为我国今后建立“社会会计”创造了一个雏形。

其次，解决了当时统计工作中碰到的许多较为棘手的问题。具体的有：

1. 提高了时效性，产生数据及时，每月工业净产值和增加值，可在下月4日、5日取得。

2. 统计数字质量明显提高。由于会计人员能够在处理每一笔会计事项时，就区分开物质消耗与净产值、中间消耗与增加值的原始核算资料来计收国民收入的国民生产总值，避免了以往估算和推算的误差，准确程度大大提高。

3. 由于净产值和增加值数据能随着会计月报按月产生，这就为在全国范围内计算国民收入和国民生产总值，实现进度统计提供了可能性。

4. 实行“会统结合”的办法，采用以财会部门销售收入为主体计算工业总产（出）值，以实现的原则计算净产值、增加值，排除了产品即使销不出去也照样计算利、税等虚假因素，它比现行统计制度中以生产原则计算工业总产值、净产值和增加值更适应发展社会主义市场经济的需要，更切合企业经营活动的实际。

5. 解决了统计工作上一直认为难以解决的一些“老大难”问题。例如：按“生产法”和“分配法”同时计算的工业净产值，至今仍被认为是“在理论上应该完全一致，但实际上很难一致”。而余姚冶炼总厂在实行“传统结合”之后，用两种方法同时计算的工业净产值，取得完全一致、分毫不差的结果。

6. 减少了企业内部统计人员和会计人员之间计算净产值和增加值时的重复劳动。统计部门根本不再需要为计算净产值和增加值的登记台账，财会部门也不再需要向统计部门另行提供计算净产值和增加值的资料。

余姚市从1983年开始，到1988年底，全市已在工业、交通运输业、商业、饮食业、服务业等5个行业，共777个单位实行了“会统结合”，将国民收入和国民生产总值的统计工作建立在基层企业“会统结合”的核算基础上。

五、搞好“会统结合”这项改革的关键

实行会统结合，是一项牵涉到财会部门的重大

改革，会使财会人员增加一定的工作量，因此，推行中会有一定难度，甚至会遇到一些阻力，要使这项改革取得成功，必须牢牢把握以下四条：

第一，要争取领导的重视和支持。向市领导和企业领导汇报汇报：汇报计算国民收入和国民生产总值的重要性和迫切性，说明它是反映党的十三大所提出的宏伟目标实现情况的重要指标；汇报计算国民收入和国民生产总值的特殊性，说明计算这些指标的资料均来自会计账面，没有财会部门的配合和提供资料，这些指标就无法标准；汇报实施会统结合的方案，请求批准，请市政府办公室发文向各主管局和单位的财会部门布置任务，提出原则要求。

第二，搞好试点。会统结合，是一项改革，通过试点，一方面可以摸索经验，用以指导全面；另一方面，可以用点的经验来说服领导及各主管部门，说明会统结合的办法是可行的，也是可操作的，效果也是明显的。

第三，要根据各系统的会计制度和统计部门计算社会总产值、国民收入和国民生产总值的要求来制定切实可行的《实施细则》，以便各单位财会人员的统计人员具体执行。

第四，加强对财会人员的业务辅导。各级财会人员对社会总产值、国民收入、国内生产总值和第三产业产值等统计指标的含义和计算方法是不清楚的，统计部门要给他们上好业务辅导课，使财会人员从理论上懂得指标含义，从具体工作上知道怎样填报有关报表。

统计核算和会计核算，是两种既有区别、又有联系的核算，前者是一种宏观核算，后者是一种微观核算。实行“会统结合”，史秋华将这一探索性工作加以总结和阐述，在《中国统计》等刊物上发表，得到了国家国民经济核算领导小组办公室、国家统计局的重视和浙江省统计局的支持。国家统计局专门派人前来调研和总结，浙江省统计局于1989年专门成立试点工作领导小组，加强对余姚这项试点工作的领导和总结推广。

宁波市统计局　国家统计局宁波调查队编志办公室
根据《史秋华论文集》资料整理

史秋华简介：字习荣，号勤志，1928年9月21日生，浙江省余姚市人。毕业于上海立信会计函授学校，系中国统计学会会员，高级统计师，曾任余姚市统计局党组成员。被国家统计局评为全国统计系统先进工作者；被浙江省统计局评为省先进统计工作者；由余姚市人民政府给予记大功的荣誉奖励。

宁海县统计局探索创新农产量统计方法

1980年，全国农村实行一家一户经营后，如何准确的统计粮食产量数字？这给农村统计工作带来了新的问题，各级领导和统计人员都很关心。包产到户以后，对农作物的实际产量调查，要求有一套能使农村基层干部容易懂，简单、易行，且调查结果又能接近实际的科学调查方法。为此，宁海县统计局傅尔忠用了两年多时间作了认真的研究，进行了试点与探索。

一、典型调查和抽样调查方法的比较

1981年早稻和晚稻收获期间，傅尔忠等深入紫溪公社的前进大队和铁江大队，黄坛公社的魏家大队，同社干部一起用典型调查和抽样调查两种方法同时进行了测试比较。

典型调查和抽样调查都是通过对若干个有代表性的典型或样本的调查，测算出平均亩产量，用以推算总体单位的总产量。利用这两种方法推算的总产及误差各有多大？基层干部欢迎哪一种？这还需要通过实地试点进行比较。

典型调查：长期以来基层干部习惯采用典型调查方法来推算农作物总产量。但在“双包”地区的农产量典型调查，完全不同于集体生产的典型调查。在集体生产条件下，大队搞典型调查可以按照农作物生长情况，将所属生产队划分为上、中、下三类，在各类中根据经验估产，抽出一个中等产量的田块进行实割实测，得出亩产，乘以全队播种面积，就可以推算出全队总产量。但在“双包”条件下，产生了划类型难、选典型难等问题。同时，大队、生产队干部对各户田块的生产情况不如集体经营时更了解实际，划类选典不像集体经营时方便、准确。在前金大队进行典型调查试验时，根据干部座谈讨论，将全部水稻面积大体划分三种类型：一类占25%，二类占50%，三类占25%。三种类型共选择十三户作为典型户，对十三户的早稻实产逐户调查后，发现有六户划分不准，其中一户（邬中火），三类型的实际亩产竟高于一类型，而一类型中也有二类型的产量（邬荣长）。

十三户产量如下：

表87

类型	典型户姓名	亩产
一类：700斤以上	邬茂瑞	821
	邬荣长	643
	胡秀财	788
	邬小夫	722
二类：600～700斤	邬谷明	736
	邬全明	594
	邬文祥	625
	邬学全	600
	邬水周	667
三类：600斤以下	邬中火	769
	邬丙法	625
	邬水生	474
	邬荣助	543

将六个典型户调整后，推算全大队的总产量为281742斤，经挨家挨户调查，得全大队实际总产量267927斤，典型调查推算与实际总产量之比为105.16%，误差+5.16%，关键是“双包”条件下，典型很难选准！

抽样调查：在农村搞抽样调查，既要坚持随机原则，保证推算的总产量接近客观实际，做法上还要尽可能地简单易行，使基层干部易懂易学。在集体生产时，一般都采取按预计亩产（或近三年平均实际亩产）由高到低排序，将播种面积依排队顺序累计起来，除以抽取的样本数，得出组距，在每组内抽中位数作为样本。但这种方法不适应在“双包”条件下运用。因为生产大队内，一家一户不可能按亩产排队。因此，在“双包”情况下，农产量抽样调查其方法难易和误差大小主要因素取决于以何种标志排队。影响产量的相关标志很多，如劳动力强弱、生产技术高低、土地肥瘦、勤力程度等。经与队干部反复研究，决定采用与劳动力强弱有关的两个标志，即按1980年平均每户经济收入（从年报分户方案中取得）和按每个劳动力负担承包面积两个标志分别排队，实行等距抽样，把每一样本户的面积和总产相加，然后求出平均亩产作为该大队的亩产，推算全大队总产。推算出的总产为实际总产（挨户调查数）的百分比如下：

表 88

	按1980年平均每户经济收入排队	按每个劳动力负担承包面积排队
前金大队	102.62	99.24
铁江大队	97.99	100.34

用上述两个标志排队，误差都比较小，但是，在实行“双包”以后，“平均每户经济收入”这个指标无法取得，而按每个劳动力负担承包面积排队，不仅标志值可以取得，而且推算结果更接近实际（正负误差均未超过1%），计算也比较方便。因此，1981年晚稻收获季节，宁海全县有110个生产大队采用了这个办法。但在推广过程中，又发现劳动力数的计算难度较大。如外出干活的五匠，干部、职工在农忙或平时回家劳动，四属、五保户雇人耕种，亲朋帮忙耕种等等算不算劳动力？如何计算？为此，1981年晚稻收获期间，又在前金大队和黄坛公社魏家大队同时用四种标志排队，继续进行试验。结果，四种标志抽样推算的总产为实际总产的百分比如下：

表 89

	按生产队花名册顺序排队	按每户口粮排队	按每户承包面积排队	按每个劳动力负担承包面积排队
前金大队	100.80	110.70	101.71	101.19
魏家大队	113.76	101.23	103.51	99.42

从以上情况看，按劳动力负担承包面积排队抽样推算的结果，又是最接近实际。其次是按每户承包面积排队也比较接近实际。“承包面积”是按每户劳需比例分配的，所以有劳动力因素。这个标志排队进行抽样推算的方法，比按劳动力负担承包面积指标排队简便易行、节省人力，而且用“承包面积”作为排队标志，等距抽样，样本户均匀分布在各类面积中，起到面积加权作用。得到试点社、队干部和群众的赞同。

二、“抽户登记调查法”的具体操作步骤

（一）确定样本户的数目。抽样调查是运用大数定律来达到其准确程度的。抽取样本的数目过少，代表性就不足，推算数据就不准；如样本数目过多，工作量增大，又显示不出抽样调查的优越性。为此，选择类型抽样方法，计算抽样数目的公式（不重复抽样）：

$M=\frac{t^2\sigma^2N}{\Delta^2N+t^2\sigma^2}$，设 t=2，抽样误差率 1.5%。

1981年晚稻期间在前金大队试验中，经计算：

50户以下大队，5户抽取1户；

51 ~ 100 户大队，8 户抽取 1 户；

101 ~ 200 户大队，10 户抽取 1 户；

201 ~ 300 户大队，15 户抽取 1 户；

301 ~ 400 户大队，20 户抽取 1 户；

401 ~ 500 户大队，25 户抽取 1 户；

501 ~ 600 户大队，30 户抽取 1 户；

601 ~ 700 户大队，35 户抽取 1 户；

701 ~ 800 户大队，40 户抽取 1 户；

801 ~ 900 户大队，45 户抽取 1 户；

901 ~ 1000 户大队，50 户抽取 1 户。

大队规模越大，抽取比例越小，不论规模多大，每个大队最多不超过 20 户。

（二）以生产大队为总体，把各户承包面积从高到低进行排列，若遇面积相同的户，则以生产队名排列，如一队、二队各有一户四亩承包面积的户，则一队的户排在前面，二队的户排在其后，如同一个生产队有二户以上四亩，则可按生产队花名册上顺序排列。

（三）等距抽选样本户。根据大队户数和抽样数目，计算出组距，每组抽选中间户。对抽中的样本户，一般不轻易调动。但实际工作中也会遇到一些特殊情况，如抽中的样本户因病残等原因不能对作物过秤、登记记录，允许相邻调动一户。

（四）把样本户的产量相加，除以样本户的播种面积合计，得出全大队样本户的平均亩产。为使样本户的产量有据可查，提高数字准确程度，印发《抽样调查户农产量记录簿》，发给样本户，分作物登记播种面积、亩产、总产，以及每日晒燥入库的数量，并要求过秤入库。

三、实践效果

抽样调查方法通过试点和春、夏两季大范围应用，证明这种调查方法简单易行，能取得摸清农产量的效果。具体表现在以下两方面（以岳井公社为例）：

（一）产量统计速度快，上报时间提前。根据岳井公社执行情况看，春、夏两季实产量可提前二十天上报，全年产量可提前一个多月上报。如该公社岳墩大队，当年春花产量上报时间是六月二十日，往年都在七月十日前后，陈芝岙大队当年早稻实产量在八月十三日就上报了，往年都在九月下旬。全公社早稻产量在八月二十五日汇总上报，比往年提前半个多月。

（二）产量数据符合生产水平。往年生产队里集体吃掉、其他补贴粮、畜牧场饲料及仓库留存预报等，普遍出现漏报、少报现象。实施抽样调查后，样本户对承包田里的粮食都逐一过秤，如实登记。如岳墩大队十三户样本户，经区和公社两人对上报的产量数字进行逐户检查、核实后，除发现一户漏报大麦种子 20 市斤，另一户吃掉鲜蚕豆折产量 13 斤未报外，其余几户都逐一过秤，数字及时登入记录簿，没有差错。这两户少报 33 斤也出于无意。该大队用样本户推算的大队亩产为 265 斤，总产 585 担，而原估产 255 斤，总产 575 担，基本接近，大队支部表示满意。又如对岙洞大队当年 722 亩早稻，原估产为 5126 担，亩产 710 斤，对二十七户样本户经核实推算为 5111 担，亩产 708 斤。再如李家村大队的早稻产量，公社原分析、调查，亩产为 800 斤，根据样本户推算，实际亩产为 801 斤。

从全社的数字情况看，根据 233 户样本户过秤记录的产量推算，3504 亩春粮总产为 11190 担，原估产为 11000 担，实际与估产差距为 1.7%。又如 6313 亩早稻，公社党委和管委会在台风后作过实地调查，分析、估产为 720 斤，总产量 45454

担。通过样本户记录推算，总产为45188担，亩产为716斤，比上年亩增产4斤，符合当年早稻生产的实际水平。

岳井公社应用抽样调查方法解决了各个大队的农产量统计问题，取得了较好的效果，干部反映“抽样调查方法好，基层干部容易掌握，统计产量速度快，接近实际误差小”。

需要注意的两个问题：一是教育样本户树立实事求是的思想。在“双包”地区搞农产量抽样调查，样本户一经确定，其产量数字是否准确，是关系到推算结果是否准确的关键。为此，各大队一般都要由驻队和大队干部一起召开样本户座谈会，认真做好宣传工作，讲清目的意义、作用和方法，解决好群众怕增产增购的顾虑。要教育样本户实事求是，如实反映情况；进仓的产量要逐一过秤，建立登记制度，并以县人民政府名义给每个样本户发一张证书，使他们树立为政府提供产量数字的光荣感和责任感。二是坚持随机原则，严格保证抽样数目。由于抽样调查是个新的工作，各级领导还不太熟悉，有的存在怀疑，所以，要注意个别基层干部不按规定的排队标志等距抽取样本户，而是任意指定党员、干部或其他认为信得过的人作为样本户。并要防止少数干部想产量高些而减少样本数目，把产量低的样本户去掉的现象发生，样本户一经确定，在一定时期内固定下来，应进行连续观察。

四、“抽户登记调查法”经检验获得成功

1983年4月，中央农牧渔业部经营管理处处长包维和在全国《农村工作通讯》第四期刊物上发表文章，他总结了全国农村承包责任制后，统计农产量有四种方法，分别为吉林省、辽宁省、沈阳市和浙江省的宁海县的方法，经比较，认为宁海县的方法是科学的，实践上是可行的，应该在全国普遍推广。

1982年，浙江省统计局农业处处长高美黎等人到宁海县实地考察、检查。1983年10月高美黎在金华召开的全省农业统计工作会议上，总结了一年来全省试行“抽户登记调查法”的情况，并正式宣布“全省农产量统计调查推广采用宁海县的方法”。

1984年11月，经浙江省第一次统计科学讨论会及科研成果鉴定评委会的评定，由省统计学会副会长、浙江省农业大学教授赵明强在大会上对宁海的做法予以表扬。

五、“抽户登记调查法”的影响、社会效益及评价

1982年1月，傅尔中在《浙江统计》刊物上发文和同年3月在全国《统计》刊物上发表文章，介绍这一调查方法，中央农牧渔业部公社局原局长和经营管理处处长包维和到宁海考察后，分别在全国性的刊物《农村工作通讯》《公社财务》《中国农民报》上作了介绍、报道。此后，省外有山东、陕西、福建、河南、广东、上海等单位来信索取资料；省内有嘉兴市、温州市、杭州市、缙云、余姚、永康、桐庐、三门、萧山等统计局来信索取资料。而后萧山、普陀、乐清、缙云、天台、嵊县、仙居、丽水、青田、云和、龙泉、松阳、景宁等二十一个市县到宁海参观学习；省外有上海市奉贤县到县考察。傅尔忠还应邀到部分市县讲课，介绍经验。

1983年6月9日，浙江省统计局把“抽户登

记调查法”印发到全省各地、市、县及3300个乡镇人民政府。随后，杭州市、象山、三门、岱山县等人民政府和各县统计局相继发文、开会，组织各地推行这一调查方法。

1984年3月，浙江省统计局农业处原处长吴伯富在全国《统计》刊物上发文，省统计局在推广“抽户登记调查法”的总结上，介绍“抽户登记调查法”的好处和浙江省推广该方法的成果。总结认为，宁海县的“抽户登记调查法”是现阶段提高全面粮食产量统计的好方法。其评价是：取得的粮食产量数据比较准确；减少工作量，能保证调查资料按时上报；方法比较简便，乡村干部容易接受。

1987年7月，浙江省统计局在全省范围内组织开展了对农业统计数字的质量检查。从检查结果看，全省已有一半以上的村，即22000个以上的村，推广应运了这项研究成果，粮食产量数字采用“抽户登记调查法”取得，实际效果佳，反映良好。同时省统计局提出，尚未推广“抽户登记调查法”的乡村，要尽快推广。

宁波市统计局　国家统计局宁波调查队编志办公室

根据《傅尔忠文选》资料整理

傅尔忠简介：1936年4月出生于上海，1945年抗日战争时期，从上海回故乡宁波鄞县五乡镇。1954年鄞县第一中学初中毕业后，考入杭州商业学校，攻读计划统计专业，1957年毕业，被分配到宁海县统计局工作。在宁海县统计局、宁海县农村抽样调查队工作四十年，1996年6月退休。曾任宁海县农村抽样调查队副队长，退休时为副主任科员、统计师、中国统计学会会员。

附　录

Appendices

荣　誉　榜

1986

市统计局被中共宁波市委、市人民政府评为优秀信息单位。

国家统计局追授奉化县统计局原巡视员邬兆定为“全国模范统计干部”。

1987

宁波市被国务院全国第二次工业普查领导小组评为全国第二次工业普查先进集体。

市统计局被中共宁波市委、市人民政府评为信息工作先进单位。

市统计局被省统计局、宁波市档案局评为统计档案整理先进单位。

《宁波市经济发展情况及全年展望》一文被省统计局评为优秀统计分析一等奖。

1988

市统计局工业年报超级汇总获国家统计局质量全优奖。

市统计局物资统计获省统计局综合优胜奖，商业、外经获统计分析优秀奖；年报、劳动工资报表获省一等奖；物价调查获省城调第一名。

1989

市统计局被中共宁波市委、市人民政府评为政务信息工作先进集体。

中国统计干部电视函授学院宁波工作站被国家统计局评为先进工作站。

1990

市统计局被省统计局评为1989年全省统计年报一等奖。

中国统计干部电视函授学院宁波分院被省统计局评为先进办学单位。

1991

市统计局工交、投资、外经统计年报被省局评为年报质量一等奖；劳动工资获省年报评比第一名。

市城调队住户调查获省第一名。

市城调队被国家城调总队评为全国城调工作先进集体。

市城调队被省统计局评为统计工作先进集体。

市统计局《1973—1990国民收入增长因素及思考》一文被省统计局评为一等奖。

1992

市统计局工业效益考核、大中型工业技术开发、物资统计获省统计局评比一等奖。

市统计局被省统计局评为省统计系统先进集体。

市城调队被省统计局评为省统计系统先进集体。

中国统计干部电视函授学院宁波分院被国家统计局评为先进集体。

宁波市被国务院第四次全国人口普查领导小组评为国家先进单位；市人普办被评为国家先进集体。

市城调队被国家统计局办公室和城调总队评为先进集体。

市统计局被中共宁波市委、市人民政府评为信息工作先进单位。

中国统计干部电视函授学院宁波分院被总院评为统计函授中专教育成绩优秀奖。

市统计局《重视技术开发投入，增强企业发展后劲》分析文章在省统计系统评比中获一等奖。

1993

宁波市被国务院投入产出调查办公室评为全国投入产出调查全面质量管理优秀奖；市统计局获组织协调优秀奖。

市统计局被省统计局评为政务信息先进单位。

宁波市第四次人口普查数据处理组获评省级先进单位。

市统计局在“中国城市社会经济综合实力50强，投资环境40优”的评选活动中获市人民政府嘉奖。

市城调队被国家城调总队评为全国城市社会经济调查先进集体。

市统计局贸易、外经、劳动工资、科技和能源统计获省年报评比一等奖。

市统计局机关支部委员会被中共宁波市直属机关工作委员会评为先进党组织。

全市统计分析有2篇文章在国家统计局评比中获奖；《苏锡经济发展的启示》等5篇分析获省首届统计科研成果奖。

1994

宁波市第三产业普查办公室被国务院全国第三产业普查协调小组评为先进单位。

市统计局工业、能源统计被省统计局评为一等奖。

市统计局工业处被省统计局评为全省1993年度工业月报先进集体。

1995

宁波市第三产业普查办公室被国务院全国第三产业普查协调小组评为先进单位。

市统计局被省统计局评为统计年报工作一等奖。

市统计局大中型工业企业科技年报，市县基本情况统计年报，贸易、投资、建筑业、农业、原材料、能源年报及工业综合、定期报表被省统计局评为一等奖。

1996

宁波市人口抽样调查办公室被评为全国1%人口抽样调查先进单位。

宁波市被国务院第三次全国工业普查办公室评为第三次全国工业普查先进集体。

市统计局被省统计局、省人事厅评为全省统计系统先进集体。

市统计局被省统计局评为1995年统计年报工作先进集体；工业、原材料、投资、建筑业、市县基本情况、外经、劳动工资、农业统计等在全省年报工作评比中获一等奖。

市统计局被宁波市人事局评为1986—1996年职称改革工作先进单位。

北仑区统计局局长蒋素春被国家统计局、人事部授予“全国统计系统先进工作者”荣誉称号。

龙泉市统计局原局长潘迅被国家统计局授予“全国统计系统先进个人”荣誉称号。

1997

宁波市被国务院基本单位普查领导小组评为先进集体。

宁波市被国家统计局评为全国投入产出调查先进集体；投入产出调查办公室被国家统计局评为投入产出调查组织协调优秀奖。

市城调队被国家统计局人事司、国家统计局城调总队评为全国城市社会经济调查工作先进集体。

市统计局在全省年报工作评比中，获综合得分第一名。工业、外经、投资、建筑业、劳动工资、服务业、工业大中型科技统计等获一等奖。

1998

市统计局在全国统计执法大检查工作评比中被国家统计局评为先进集体一等奖。

宁波市被国务院全国第一次农业普查领导小组评为全国第一次农业普查先进集体。

市统计局1997年统计年报综合得分获全省第一，被省统计局评为一等奖。工业、外经、贸易餐饮业、投资、建筑业及建筑业科技、工业科技、国民经济核算等年报和农业、劳动工资综合评比均获全省一等奖。

市统计局被省统计局评为统计信息咨询一等奖。

市统计局被中共宁波市委评为1998年度全市党委系统信息优胜单位。

市统计局被市人民政府评为1998年冬季退伍安置工作先进单位。

市统计局《1997年经济形势分析及1998年初步展望》一文被省统计局评为一等奖。

1999

《1998宁波统计年鉴》在全国地方统计年鉴评比中获一等奖。

市统计局年报荣获1998年全省统计年报工作一等奖。

市统计局综合处被省统计局评为全省综合统计工作先进单位。

市统计局被省统计局评为上岗培训先进单位。

市统计局科技进步监测评价工作被省统计局评为先进单位。

市统计局被省统计局评为统计信息咨询一等奖。

市企业调查队被浙江省企业调查队评为浙江省企业调查队系统综合考核评比先进单位；企业集团统计、规模以下工业抽样调查、企业景气调查工作获评先进单位。

市城调队被国家统计局人事司、城调总队评为全国城市住户基本情况抽样调查工作先进单位和全国城市社会经济调查工作先进集体。

市统计局机关支部委员会被中共宁波市直属机关工作委员会评为先进基层党组织。

市统计局《妇女发展规划监测》报告被省统计局评为一等奖。

2000

市统计局被浙江省人事厅、省统计局评为全省统计系统先进集体。

市统计局被省统计局评为“三五”统计普法先进单位。

市统计局机关支部委员会被中共宁波市直属机关工作委员会评为市级先进党支部。

市城调队被国家统计局人事司、城调总队评为全国城市社会经济调查工作先进集体。

市企业调查队被浙江省企业调查队评为浙江省企业调查队系统综合考核先进单位。

市统计局被宁波市妇女儿童工作委员会评为儿童工作先进集体。

2001

宁波市被国务院第五次全国人口普查领导小组评为第五次全国人口普查先进集体。

宁波市被国务院全国第三产业普查协调小组评为国家级先进单位。

市统计局被省统计局评为全省统计工作优秀单位。

宁波市被浙江省科学技术厅、浙江省统计局、浙江省财政厅、浙江省发展计划委员会、浙江省经济贸易委员会、浙江省教育厅评为全省 R&D 资源清查先进单位。

市统计局被市人民政府评为“创模”先进单位。

市统计局被市人民政府办公厅和省统计局评为政务信息工作先进单位。

市城调队被国家统计局人事司、城调总队评为全国城市社会经济调查工作先进集体。

市统计局被浙江省妇女儿童工作委员会评为儿童工作先进集体。

奉化市统计局副局长陈惠雅被国家统计局授予“全国统计系统先进个人”荣誉称号。

2002

宁波市被国务院全国第二次基本单位普查协调小组评为全国第二次基本单位普查先进集体。

宁波市被国家统计局评为全国投入产出调查先进集体。

市统计局被国家统计局办公室评为全国 3000 家重点房地产企业联网直报工作优秀单位。

市统计局被省统计局评为全省统计工作先进单位。

市统计局被省统计局评为投资和建筑业统计特等奖。

市统计局被市人民政府办公厅评为政务信息工作先进单位。

市统计局机关支部委员会被中共宁波市直属机关工作委员会评为先进党支部。

市统计局被中共宁波市委评为 2001—2002 年

度机关党建工作先进单位。

市城调队在全省城调系统综合业务评比中获特等奖。

市城调队被省统计局评为统计政务信息工作先进单位。

2003

宁波市被国家统计局评为投入产出调查工作先进单位。

市统计局被省统计局评为全省统计工作先进单位。

市城调队被国家统计局人事司、城调总队评为全国城市社会经济调查工作先进集体。

市城调队在全省城调系统综合考评中获特等奖。

市统计局被宁波市妇女儿童工作委员会评为儿童工作先进集体。

市统计局被宁波市社会科学界联合会评为宁波市社联系统学术研究先进集体。

市统计局被中共宁波市直属机关工会工作委员会评为2002—2003年度先进“职工之家”。

市统计局被国家统计局评为全国3000家重点房地产企业联网直报工作先进单位。

2004

宁波市被国务院第一次全国经济普查领导小组评为第一次全国经济普查先进集体。

市统计局被浙江省人事厅、省统计局评为全省统计系统先进集体。

市统计局被省统计局评为全省统计工作先进单位特等奖。

市统计局被中共宁波市委办公厅评为全市党委系统信息工作先进单位。

市统计局被中共宁波市委评为2003—2004年度机关党建工作先进单位。

市统计局被市人民政府办公厅评为政务信息工作先进单位。

市统计局被浙江省统计执法专项检查办公室评为全省统计执法专项检查工作先进集体。

市统计局被国家统计局评为全国3000家重点房地产企业联网直报工作优秀单位。

国家统计局宁波市企业调查队张莹被国家统计局授予“全国统计系统先进个人”荣誉称号。

2005

市统计局被国家统计局评为2001—2005年度全国统计法制宣传教育先进单位。

市统计局被国家统计局评为全国3000家重点房地产企业联网直报工作先进单位。

市统计局被省统计局评为全省统计工作先进单位特等奖。

市统计局被中共宁波市委办公厅评为全市党委系统信息工作先进单位。

市统计局被中共宁波市委评为机关党建工作先进单位。

市城调队在全省城市调查系统业务考评中获特等奖。

市统计局调查队支部委员会被中共宁波市直属机关工作委员会评为基层先进党支部。

市统计局被浙江省妇女儿童工作委员会评为“十五”浙江省妇女儿童工作先进集体。

国家统计局宁波市企业调查队张莹被国家统计局授予“全国企业调查系统先进个人”荣誉称号。

国家统计局宁波市城市社会经济调查队金小天被国家统计局授予“全国城市调查系统先进个人”荣誉称号。

2006

市统计局被国家统计局评为全国 5000 家重点房地产企业联网直报工作先进单位。

市统计局被省统计局评为全省统计工作先进单位特等奖。

宁波统计信息网被市人民政府办公厅、宁波市信息化工作领导小组办公室评为宁波市政府系统十五佳网站。

市城调队被国家统计局评为全国城市社会经济调查系统先进集体。

市城调队在全省调查队系统综合考评中获特等奖，政务信息工作获优胜单位。

市企调队在全省调查队系统综合考评中获特等奖，制造业采购经理调查工作获优胜单位。

市统计局办公室被中国信息报社评为 2005—2006 年度统计宣传工作先进单位。

2007

宁波市被国务院第二次全国农业普查领导小组评为第二次全国农业普查先进集体。

市统计局被国家统计局评为全国 3000 家重点房地产企业联网直报工作先进单位。

宁波市被国家统计局评为全国投入产出调查先进集体。

市统计局被省统计局评为各市统计局综合考评优秀单位。

市统计局被中共宁波市委、市人民政府评为 2006—2007 年度市级文明机关。

市统计局被市人民政府办公厅评为全市政务信息工作先进单位。

国家统计局宁波调查队被国家统计局评为全国城镇住户基本情况抽样调查工作先进单位。

市统计局被中共宁波市直属机关工作委员会评为市直机关先进基层党组织。

宁波统计信息网被市人民政府办公厅评为 2007 年优秀政务网站。

2008

宁波市被国家统计局评为全国投入产出调查国家级先进集体。

市统计局被省统计局评为年度综合考核优秀单位。

市统计局被国家统计局评为全国重点房地产企业联网直报工作先进单位。

市统计局被省统计局评为全国重点房地产企业联网直报工作一等奖。

市统计局被中共宁波市委、市人民政府评为创建全国文明城市先进单位。

市统计局被宁波市“干部进企业 服务促发展”活动领导小组评为全市“干部进企业 服务促发展”活动先进单位。

市统计局被市人民政府办公厅评为宁波市政务信息工作先进单位。

宁波统计信息网被市人民政府办公厅评为 2008 年优秀政务网站。

市统计局被市人民政府办公厅评为电子政务工作先进单位。

市统计局被省统计局评为全省2007年投资年报、2008年投资定报和建筑业报表数据质量一等奖。

国家统计局宁波调查队在全省调查队系统综合考评中获特等奖。

宁波市统计局许海燕被国家统计局授予“全国统计系统先进个人”荣誉称号。

2009

宁波市被国务院第二次全国经济普查领导小组评为第二次全国经济普查先进集体。

市统计局被国家统计局评为全国重点房地产企业联网直报先进单位一等奖。

市统计局被省统计局评为各市统计局综合考评优秀单位。

市统计局被中共宁波市委、市人民政府评为2008—2009年度市级文明机关。

市统计局被中共宁波市委、市人民政府评为宁波市“创建服务型机关、促进企业发展”活动先进单位。

市统计局被市人民政府评为宁波市开放型经济优秀服务奖。

国家统计局宁波调查队在全省调查队系统综合考核评比中获特等奖，综合统计调查工作被评为先进单位，政务信息工作获一等奖。

市统计局《坚持依法统计　推进依法行政》一文被中共宁波市委建设“法治宁波”工作领导小组办公室评为“法治宁波”建设调研报告优秀奖。

宁波统计信息网被市人民政府办公厅评为2009年优秀政务网站。

2010

市统计局被国家统计局评为全国重点房地产企业联网直报先进单位一等奖。

市统计局被国家统计局评为全国城乡划分清查先进集体。

市统计局被市人民政府评为宁波市“十一五”污染减排工作先进单位、宁波市“十一五”节能降耗工作先进单位。

市统计局被市人民政府办公厅评为宁波市政务信息工作先进单位。

宁波统计信息网被市人民政府办公厅评为2010年优秀政务网站。

国家统计局宁波调查队在全省调查队系统综合考评中获特等奖，综合统计调查工作被评为先进单位。

市统计局被浙江省妇女儿童工作委员会评为2006—2010年度浙江省实施妇女儿童发展规划先进集体。

市统计局《宁波市民间投资发展对策研究》一文在省统计局2010年度建设领域优秀统计分析报告评比中获一等奖；《加速推进业态创新　着力壮大都市经济》一文被中共宁波市委、市人民政府评为2010年度宁波市党政系统优秀调研成果优秀奖。

2011

市统计局、国家统计局宁波调查队先后被评为第二次全国R&D资源清查国家级先进单位和先进集体、2006—2010年全国统计法制宣传教育先进单位、第六次全国人口普查省级先进集体等。

市统计局被中共宁波市委、市人民政府评为第四届宁波市未成年人思想道德建设工作先进单位、创建全国文明城市先进单位、2010—2011年度市级文明机关、社会管理综合治理工作先进单位。

市统计局被市人民政府评为宁波市污染减排工作先进单位。

市统计局被中共宁波市委办公厅评为全市党委系统信息工作先进单位。

市统计局被宁波市行政审批管理办公室评为行政服务先进窗口。

宁波统计信息网被市人民政府办公厅评为2011年优秀政务网站。

国家统计局宁波调查队在全省调查队系统综合考核评比中获特等奖，综合统计调查工作被评为先进单位，保密工作获一等奖。

市统计局被国家统计出版社评为2011年度《中国统计》发行先进单位。

市统计局机关妇委会被宁波市直机关妇女工作委员会评为2010—2011年度先进机关妇委会。

2012

国家统计局宁波调查队被国家统计局评为一体化住户调查全国先进集体。

市统计局被国家统计局评为“企业一套表”联网直报全国先进集体。

市统计局被市人民政府评为宁波市开放型经济优秀服务奖、全市淘汰落后产能工作先进单位。

市统计局被市人民政府办公厅评为宁波市政务信息工作先进单位。

市统计局被中共宁波市委办公厅评为全市党委系统信息工作先进单位。

市统计局被宁波市行政审批管理办公室评为行政服务先进窗口。

宁波统计信息网被市人民政府办公厅评为2012年优秀政务网站。

市统计局被中共宁波市委评为2012年度全市文化产业发展最佳推动奖。

市统计局被国家统计出版社评为2012年度《中国统计》发行先进单位。

宁波统计调查信息网被市人民政府办公厅评为宁波市优秀政务网站。

市统计局《产业结构调整对能源消费影响的实证研究》一文获浙江省第十一次统计科学讨论会优秀论文评选一等奖；《宁波市旅游业增加值的核算方法研究》获2011年度全省统计制度方法改革研究论文评审一等奖。

2013

市统计局被国家统计局评为全国“企业一套表”联网直报先进集体。

市统计局被中共宁波市委、市人民政府评为2012—2013年度市级文明机关。

市统计局被中共宁波市委办公厅评为全市党委系统信息工作先进单位。

市统计局被市人民政府评为宁波市开放型经济工作优秀服务奖。

市统计局被中共宁波市委、市人民政府评为平安创建工作先进单位。

市统计局被市人民政府评为建筑业发展工作先进单位。

市统计局被市人民政府办公厅评为宁波市政务信息工作先进单位。

市统计局被宁波市基本侨情调查工作领导小组评为全市基本侨情调查工作先进集体。

市统计局统计法制沙画宣传片获宁波市法治公益广告创作大赛文案创意优秀奖。

国家统计局宁波调查队《宁波市区鲜菜价格走高成因分析及对策研究》和与浙江调查总队合作的《ICP 居民消费价格调查方法研究》课题在 2012 年度全国城市统计调查优秀课题和优秀分析报告评选中分别获一等奖。

国家统计局宁波调查队《宁波水产品加工业生产发展与转型升级研究》获全省统计系统优秀统计分析报告评比一等奖。

2014

宁波市被省人民政府第三次全国经济普查领导小组评为第三次全国经济普查先进集体。

市统计局先后被中共宁波市委、市人民政府评为市级平安创建先进单位、开放型经济优秀服务奖、服务业发展先进单位、全市节能工作先进单位、支持浙商创业创新促进宁波发展工作优秀服务单位、全市新农村建设先进单位。

市统计局被中共宁波市委、市人民政府评为创建全国文明城市先进单位。

市统计局被市人民政府办公厅评为宁波市政务信息工作先进单位。

市统计局被市人民政府评为建筑业发展先进集体。

宁波统计信息网被市人民政府办公厅评为 2014 年优秀政务网站。

市统计局《全面深化统计改革迫切呼唤统计理念创新》课题在全省第十二次统计科学讨论会上获一等奖。

2015

市统计局、国家统计局宁波调查队被中共宁波市委、市人民政府评为 2014—2015 年度市级文明机关。

宁波统计信息网被市人民政府办公厅评为 2015 年优秀政务网站。

市统计局被中国信息报社评为 2014—2015 年度统计宣传工作先进单位、2015 年度《中国统计》优秀通联组。

市统计局《产业结构调整对能源消费影响的实证研究》和《“互联网 +”发展与产业经济统计制度变革研究》课题获省统计科学讨论会优秀论文评选一等奖。

国家统计局宁波调查队被浙江调查总队评为浙江调查队系统 2014 年度综合工作考核一等奖。

国家统计局宁波调查队被市人民政府办公厅评为 2014 年度政务信息工作先进单位。

2016

市统计局被中共宁波市委、市人民政府评为法治政府建设先进单位、平安创建先进单位、开放型经济优秀服务奖。

市统计局被市人民政府评为宁波市建筑业发展工作优秀单位。

宁波统计信息网被市人民政府办公厅评为 2016 年优秀政务网站。

市统计局被中共宁波市委、市人民政府评为创建全国文明城市先进单位。

市统计局《中国区域发展模式的实践路径与演进轨迹——以宁波为例》一文获中共宁波市委宣传部等四部门庆祝建党95周年学术交流会论文一等奖。

国家统计局宁波调查队被浙江调查总队评为2015年度综合工作考核一等奖。

国家统计局宁波调查队被市人民政府办公厅评为2015年度政务信息工作先进单位。

2017

市统计局被中共宁波市委办公厅、市人民政府办公厅评为全市新农村建设工作先进单位。

市统计局被省统计局评为通联工作先进集体。

市统计局先后被中共宁波市委、市人民政府评为支持浙商创业创新促进宁波发展工作优秀服务单位、全市新农村建设工作先进单位、全市党委系统信息督查工作先进单位、宁波市实施妇女儿童发展规划先进集体。

宁波统计信息网被市人民政府办公厅评为年度优秀政务网站。

市统计局被宁波市节能办评为年度节能工作先进单位。

市统计局被宁波市第一次全国可移动文物普查领导小组办公室、宁波市文化广电新闻出版局评为宁波市第一次全国可移动文物普查先进集体。

市统计局《新常态下的宁波市民间投资发展研究》一文在全市政府系统优秀调研报告评比中获一等奖。

市统计局《打造宁波都市圈和港口经济圈空间耦合趋势分析与对策研究》一文获宁波市实施“六化协同”建设“名城名都”理论研讨会一等奖。

市统计局、国家统计局宁波调查队被中共宁波市委、市人民政府评为2016—2017年度市级文明机关。

市统计局、国家统计局宁波调查队在宁波市争创全国文明城市“五连冠”工作中获市人民政府嘉奖。

市统计局、国家统计局宁波调查队被市人民政府办公厅评为2016年度政务信息工作先进单位。

国家统计局宁波调查队被浙江调查总队评为2017年度综合工作考核一等奖。

国家统计局宁波调查队被宁波市直机关工会联合会评为2015—2017年度市直机关先进“职工之家”。

宁波市统计局胡鑫国被国家统计局授予“全国统计系统先进个人”荣誉称号。

2018

宁波市被国务院第三次全国农业普查领导小组评为第三次全国农业普查先进集体。

市统计局被市人民政府评为2017年度政务公开先进单位。

市统计局被市人民政府办公厅评为2017年度政务信息工作先进单位。

市统计局被省统计局评为通联工作先进集体。

国家统计局宁波调查队被中共宁波市委保密办、市保密局评为保密工作先进单位。

国家统计局宁波调查队被市人民政府办公厅评为交通拥堵治理工作优秀单位。

市统计局先后被中共宁波市委、市人民政府评为支持浙商创业创新促进宁波发展工作优秀服务单位、全市开放型经济优秀服务单位、宁波市建筑业发展工作优秀单位、“五水共治”工作突出贡献集体、2017 年度推进中国制造 2025 试点示范城市建设工作先进单位、2017 年度节能工作先进单位。

市统计局被市普法办评为宁波市第二届“十佳以案释法典型案例”提名奖。

市统计局被市直机关工委评为市直机关第六届运动会优秀组织奖。

国家统计局宁波调查队被宁波市机关事务管理局、宁波市水利局、宁波市城市管理局评为第三批宁波市公共机构节水型单位。

市统计局《智能经济统计制度研究》一文被省统计局评为全省统计重点研究结项课题一等奖；《部门党委（党组）履行机关党建工作领导责任的几点思考》获浙江省机关党建理论研究成果一等奖；《新时代市级部门党组履行党建工作领导责任方法的思考》获全市机关党建课题调研成果一等奖。

国家统计局宁波调查队《统计行政处罚裁量基准模式研究》一文获浙江调查总队方法制度研究成果一等奖。

2019

市统计局先后被中共宁波市委、市人民政府评为支持浙商创业创新促进宁波发展工作优秀服务单位、2018 年度推进“中国制造 2025 试点示范城市建设工作先进单位”。

市统计局、国家统计局宁波调查队被市人民政府办公厅评为 2018 年度政务信息工作优秀单位。

市统计局被中共宁波市委办公厅评为 2018 年度全市党委系统信息工作先进单位。

市统计局被市平安办评为市级社会治安综合治理工作考核优秀单位。

市统计局被市农指办评为 2018 年度全市农村工作指导员工作先进单位。

市统计局被甬山协办评为 2018 年度宁波市山海协作工作先进单位。

市统计局机关第一党支部被市直机关党工委评为市直机关先进基层党组织。

国家统计局宁波调查队被市直机关工会评为 2018 年度信息工作优胜单位。

国家统计局宁波调查队在浙江调查总队“庆七一　聚合力　强队伍”第一届浙江调查队系统干部职工运动会上获团体一等奖。

市统计局《宁波与部分城市研发情况的比较研究》一文获评宁波市党政系统优秀调研成果；《大家好，我是普查员兔兔》获国家统计局第四次全国经济普查微视频大赛“最佳人气奖”。

国家统计局宁波调查队《“有味”的调查人》一文在浙江国家调查队系统“学思践悟　忠诚担当”廉政征文评比中获一等奖；《乡村振兴战略背景下的宁波农村居民美好生活实证研究》一文，在浙江调查总队调查队系统优秀分析报告评比中获一等奖；《新中国成立 70 年宁波人民群众生活改善历程》获宁波市党史学会庆祝中华人民共和国成立 70 周年学术研究一等奖；《长虹卧波横断海，一洲飞落接水天》获浙江调查总队庆祝新中国成立 70 周年系列活动摄影比赛一等奖。

2020

市统计局能源和环境统计处被浙江省人民政府授予生态省建设集体三等功。

市统计局被浙江省第二次全国污染源普查工作

领导小组评为先进集体。

市统计局被省统计局评为全省统计系统2020年度政务信息工作先进单位。

市统计局先后被中共宁波市委、市人民政府评为2019年度宁波市培育“246”万千亿级产业集群推进制造业高质量发展专项工作先进单位、2018—2020年度宁波市文明网站、2019年度宁波市网络与信息安全工作先进单位、2019年度优秀领导班子、2019—2020年度宁波市全面深化改革（最多跑一次改革）突出贡献集体、2020年度美丽宁波建设优秀单位、平安宁波建设先进集体。

市统计局、国家统计局宁波调查队在宁波市争创全国文明城市“六连冠”工作中获市人民政府嘉奖。

市统计局被中共宁波市委、市人民政府评为2018—2019年度市级文明机关。

国家统计局宁波调查队被中共宁波市委、市人民政府评为2018—2019年度市级文明机关标兵单位。

市统计局被中共宁波市委办公厅评为党委系统信息工作先进单位。

市统计局被省统计局评为全省统计系统2019年度政务信息工作先进单位。

国家统计局宁波调查队被市人民政府办公厅评为2019年度政务信息工作优秀单位。

国家统计局宁波调查队被市直机关工会评为2019年度信息工作优胜单位。

市统计局《宁波市高质量发展评价及GDP万亿元城市比较研究》一文被评为2019年度全市党政系统十佳优秀调研成果，同时还被省统计局评为2020年全省统计重点研究项目一等奖。

国家统计局宁波调查队《中美贸易摩擦对宁波外向型制造业影响研究》一文，获浙江调查总队2019年度调查队系统优秀分析报告评比一等奖；《信仰的坚守——伴随我成长》在市直机关工会“我和我的祖国”征文活动评比中获金奖。

注：1983年7月，地、市合并成立宁波市统计局。因此，将荣誉的收集起始时间定为1983年，止于2020年。因篇幅有限，入选的荣誉仅限获得国家统计局、国家调查总队、国务院有关部门；省人民政府有关部门、省统计局、浙江调查总队；中共宁波市委、市人民政府以及市人民政府有关部门重要表彰、奖励情况（一等奖及以上）。包括：普查，重大专项调查，年度综合考评，各专业考评，统计课题，调研报告以及中共宁波市委、市人民政府对机关的各种考评等，个人仅限于国家统计局、国家调查总队授予的荣誉称号。

重要统计法律法规文件选录

中华民国统计法

（民国21年10月19日公布　民国23年5月1日施行）

第一章　通则

第一条　中华民国各级政府统计之调查，全国统计总报告之编纂，统计办法之统一，工作之分配及事务之指导、监督，均依本法之规定。

第二条　各下级政府之主计机关，或主计人员关于统计事务，应受该管上级政府主计机关之直接监督与指导。

第三条　政府应办理之统计为下列各种：

一、基本国势调查之统计；

二、各机关职务上应用之统计；

三、各机关所办公务之统计；

四、公务人员及其工作之统计；

五、各机关认为应办之其他统计。

第四条　前条各种统计，由有直接关系之各机关办理之。但于下列情事之一时，在中央由国民政府主计处，在地方由省政府或直隶于行政院之市政府主计机关分别办理之。

一、属于基本国势调查者；

二、不应专属于任何机关之范围者；

三、各机关未及调查编制者。

第五条　各级政府，及中央各机关统计范围之划分，由国民政府主计处根据需要情形，拟具方案，经全国主计会议之议决，呈请国民政府核定之。有变更时，亦同。但无关根本原则之变更，得由国民政府主计处与关系机关商定之。立法、司法、考试、监察等机关，为行使职权所需要之特种统计，应由各该机关与国民政府主计处商定范围。

第六条　前条第一项方案，应明定下列各事项：

一、统计之机关单位及其分级；

二、统计区域；

三、分期进行之统计计划；

四、统计科目；

五、统计单位；

六、统计表册格式；

七、调查及编制之方法；

八、统计之公开程度；

九、统计报告印行范围；

十、其他应行明定事项。

第七条　统计之机关单位及其分级，不得抵触预算法关于机关单位及其分级之规定。

第八条　统计区域之划定，除经常性质之统计，应经第五条第一项程序外，其临时性质之统计，国民政府主计处得斟酌全国情形划定之。

第九条 国民政府主计处，为统筹全国统计事业之进行，应拟定每一年、每五年、每十年，或其他一定期间之统计计划。

全国户口，至少每十年应普查一次。其他重要统计，能于普查户口时普查者，应同时为之。

第十条 各级政府之主计机关，办理基本国势调查，或其他有普查性质之统计，除按其需要情形得设临时附属机关办理外，并得与其他机关为临时之联络组织。

前项统计，非于其经费预算成立后，不得举办。

第十一条 统计科目单位、表册、格式及调查编制方法，除第三条第二款、第三款及第五款统计中，专供特殊目的之用者外，均应有统一之规定。但因特殊情事不能适用时，关系机关主办统计人员，得呈请国民政府主计处，核定变通办法。

前项专供特殊目的之用之统计，国民政府主计处如认为可兼供他种目的之用时，于不妨碍其原定目的之范围内，得变更其科目、单位、表册、格式及调查编制方法。

财政统计之科目及单位，应与预算上及会计上所用者相合。

第十二条 国民政府主计处，应依第五条统计方案之规定，分配工作于驻在各机关办理统计人员，并监督指导之。

临时性质之统计，除准用前项规定，各机关主管长官，得令其办理统计人员办理之。

第十三条 统计人员与所在机关长官，因统计事务发生争执时，由其该管上级机关主管长官，及其主办统计人员处理之。

第十四条 各机关之统计档案与公务人员及其工作纪录之册籍，均由该机关办理统计人员掌管之。

第十五条 各级政府主计机关，为办理统计之需要，得随时调阅本政府或所属下级政府各机关有关系之档案表册。除军事外交之机密案件外，各该机关长官，不得拒绝各机关主办统计人员，调阅本机关之档案、表册时亦同。

第十六条 政府办理统计时，被调查者无论为机关团体或个人，均有据实详尽报告之义务。

第十七条 办理统计人员，不得利用其职权及地位妨害被调查者之权利。

第二章　统计之编制及报告

第十八条 第一年度之统计，应自一月一日至十二月三十一日编制之。但遇必要时，得按半年、按季、按月或其他一定期间为之。

第十九条 各级机关之统计报告，经主管长官及主办统计人员签名后，由主管长官呈送该管上级机关，但其统计非本机关所需要，而由上级主计机关或主办统计人员直接命令办理者，由主办统计人员呈送之。

第二十条 统计报告，经前条程序依次递至中央最高主管机关时，其由主管长官呈送者，由国民政府转发主计处：其由主办统计人员呈送者，迳呈主计处；均由主计处统计局，汇编全国统计总报告。

省及直隶于行政院之市，其统计报告之呈递，及总报告之汇编，准用前项之规定。

第二十一条 关于第五条第二项之统计，应由主计处，或主办统计人员径送各关系需要机关。

第二十二条 统计之公开程度分下列三类：

一、秘密类除供给政府机关或公务人员，及其他利害关系人之合法需要外，不得泄露之；

二、公开类得供公众阅览及询问；

三、公告类应按规定时期及其他条件于一定地域公告之。

第二十三条 各级政府机关之收支统计，应各于其所在地按月公告一次。

第二十四条 公开类及公告类之统计得印行之。

第二十五条 国民政府主计处，每年根据全国统计总报告提要，编纂中华民国分类统计年鉴，呈经国民政府核定印行。各省市县，亦得编印本省市县之分类统计年鉴。

第三章 地方统计

第二十六条 省政府及直隶于行政院之市政府，除由中央政府委托办理之统计外，于不抵触第五条统计方案之范围内，得按其需要，办理本省或本市之统计。

第二十七条 省政府与县市政府，及省政府所属各机关应办之统计，除依第五条程序所定外，其范围之划分，由省主计机关拟具方案，经全省主计会议之议决，呈请省政府核定之，有变更时亦同。

第二十八条 县市政府，除由中央政府或省政府委托办理之统计外，于不抵触第五条及前条统计方案之范围内，得按其需要，办理本县或本市之统计。

第二十九条 第二十六条及第二十八条，省市县之统计，应于编竣后，各以一份呈送该管上级政府主计机关。

第四章 附则

第三十条 国立或地方设立之学术机关或教育机关，为研究学术而办理之统计，不适用本法之规定。

第三十一条 本法施行细则，由国民政府主计处定之。

第三十二条 本法施行日期以命令定之。

附件：

浙江省政府训令秘字第 3865 号令

令各厅厅长、保安处处长、杭州市市长：

案奉

行政院第二三一七号令开：

案奉国民政府训令开：为令知事。查统计法，前经制定，明令公布，兹将该法明令规定自本年五月一日起施行，应即通行饬知。除分令外，合行令仰知照，并转饬所属一体知照，此令，等因。奉此，查统计法前奉国民政府于二十一年十月十九日明令公布，当经由院通饬在案。兹奉前因，除分令外，合行令仰知照，并转饬所属一体知照。等因，奉此。除分行外，合行令仁部该厅、处、市长知照，并转饬所属一体知照。此令。

浙江省政府主席　鲁　平

中华民国二十三年五月八日

中华民国统计法施行细则

（民国23年4月24日公布　民国25年5月1日施行　民国27年12月7日修正）

第一条　本细则依《统计法》第三十一条之规定制定之。

第二条　中央政府主办统计之机关，为国民政府主计处统计局。省市县政府主办统计之机关，设于各该政府主计机关之内，在各省市县政府主计机关未经成立以前，各该政府应设置临时举办统计之机关，以行使主计机关统计部分之职权，并受各该管上级政府主计机关或临时主办统计机关之监督、指导。前项临时主办统计机关之组织、规则另定之。

各省市县政府临时主办统计之机关，准用本细则各条之规定。

第三条　各级政府及其机关主办统计人员，及其佐理人员，均为主计人员。主办统计人员，分下列三等：

一、统计长简任；

二、统计主任荐任；

三、统计员委任。

佐理人员，适用方官之名称与等级。

第四条　各机关统计事务简单，毋需专设主办统计人员办理者，得由该管会计人员兼办之。

第五条　中央政府各机关，及各省政府，及直隶于行政院之各市政府主计机关办理统计人员，由国民政府主计处统计局，提请主计会议议决，设置任免之。

省政府，及直隶于行政院之市政府各机关，及各县市政府主计机关主办统计人员，由省政府及直隶于行政院之市政府主计机关，呈请国民政府主计处设置任免之。

县市政府各机关主办统计人员，由各级政府主计机关，呈请省政府主计机关设置任免之，并转呈国民政府主计处备案。

省县市政府各机关统计佐理人员，由各该政府主计机关，分别设置任免之，并转呈国民政府主计处备案。

第六条　各机关主办统计人员，与统计佐理人员，应经考试铨叙，或训练及格，方得任用。其训练与任用标准另定之。

第七条　各省市县政府主计机关，除受上级政府主计机关之直接监督与指导外，并受所在政府长官之指挥。各机关或所属机关主办统计人员，应对于所在政府主计机关指定之上级主办统计人员负责。如未经指定上级主办统计人员时，应直接对于所在政府主计机关负责。

各机关或所属机关主办统计人员除受该管上级主办统计人员或所在政府主计机关之直接监督与指导外，并受所在机关长官之指挥。

第八条　各级政府，及其机关为谋统计事务与其他行政事务之联络起见，特设立统计委员会，由主办统计人员，与各部分组织（如署、司、厅、处、局、所或科等）指定之人员组织之，以主办统计人员为主席，各委员均为无给职。

统计委员会之职务如下：

一、审议关于调查统计之计划，及统一事项；

二、审议关于各部分组织统计材料之征集、整理、汇编、应用等事项。

第九条 各机关主办统计人员，每届各该机关编制年度概算之前，应拟定统计计划，提经统计委员会审议后，该呈送上级主办统计人员，或所在政府主计机关核定。

各级政府主计机关根据各机关统计之组织与统计之计划，会同各该机关决定各该统计部分之经费预算，列入各该机关之概算，其事业经费，应单独开列。

第十条 基本国势调查，包括国家人民之土地、资源及政治社会经济文化等，同在某一时期内举行之。普查基本国势调查，关系全国或数省或数个直隶于行政院之市者，由国民政府主计处主办之。但省及直隶于行政院之市政府之主计机关，亦得单独举办该管区域内之基本国势调查。全国基本国势调查，至少每十年举行一次。

第十一条 办理基本国势调查之一部分，为某一种普查，如户口普查、农业普查、工业普查等，其举办时期及地域，除户口普查外，不受前条之限制，其主办之机关，由国民政府主计处核定之。

第十二条 省市县政府主计机关，举办该管区域内之基本国势调查，或某一种普查时，应先将下列各款事项，呈请该管上级政府主计机关核定之：

一、调查之项目、地域、时期与单位；

二、应用之条件、表格与其他设备；

三、整理与编制之方法；

四、设置临时附属机关之组织，与任用人员之标准；

五、经费之预算。

第十三条 中央政府各机关举办某一种普查时，各该主办统计人员应先将前条各款事项，呈请国民政府主计处核定之。

省市县政府各机关举办某一种普查时，各该主办统计人员应先将前条各款事项，呈由所在政府主计机关，转呈上级政府主计机关核定之。

第十四条 各机关职务上应用之统计，包括举凡可供各该机关拟订其施政计划，与行使其职务所需要之参考材料。

第十五条 各机关应将前条所需要之各种统计，详举其名称与范围，通知所在政府之主计机关，分交直接关系之各机关调查登记后，送由各该主计机关分别核转。

第十六条 各机关直接调查登记材料，应先经所在政府主计机关审核后，方得供职务上应用。

第十七条 各机关所办公务之统计，包括各机关执行职务经过，与结果之记录。

凡属下列性质者均应有详确之记录：

一、可以表现施政计划推行之成绩与程度者；

二、可以表现工作之效率与每单位之费用者；

三、可以表现财政收支状况者。

第十八条 公务统计应注意实际数字，并应以统计方式表现之，其应用之单位、表式，以及各项比率，均应有统一之规定。

第十九条 各机关所办公务统计之材料，应从一般文件与报告中整理、搜集。各机关主办统计人员应派定统计整理人员，在各部分组织中担任工作，以便常川登记，就地取材。

前项统计整理人员，于行政上应受所在部分组织长官之指导，并应将整理结果，各供所在部分组织之应用，部分组织长官，应将关系文件报告等，随时供给统计人员之使用。

第二十条 各机关公务人员之统计，包括各机关及所属各部门之组织、编制员额，与公务人员之资历、等级、薪给，以及进退迁调，奖惩等之记载。

第二十一条 各机关公务人员工作之统计，包括各个公务人员办理各项职务之成绩、效率与所费，以及日常办公进退、请假出勤等之情形。

第二十二条 各机关公务人员及工作记录之册籍如下：

一、机关组织编制员额登记册；

二、公务人员资历等级薪给登记册；

三、公务人员进退迁调登记册；

四、公务人员办公进退出勤请假登记册；

五、公务人员领用经费与物品登记册；

六、公务人员考绩结果及奖惩登记册；

七、其他应行登记事项之登记册。

第二十三条 凡可直接取得某种原始统计材料之机关，为该种统计有直接关系之机关。

各种统计，应由有直接关系之各机关办理之，遇有多数有直接关系之机关时，应由所在政府主计机关指定某一机关单独办理，或数机关会同办理之。

第二十四条 国民政府主计处根据中央各机关及各级政府之需要情形，拟具全国统计方案，提经全国主计会议之议决，呈国民政府核定公布之。

省政府主计机关根据省政府所属各机关及县市政府之需要情形拟具全省统计方案，提经全省主计会议之议决，呈由国民政府主计处核定后，转请省政府公布之。

直隶于行政院之市政府主计机关，根据各该市之需要情形拟具全市统计方案，呈由国民政府主计处核定后，转请市政府公布之。

县市政府主计机关，根据各县市需要情形拟具全县市统计方案，呈由省政府主计机关核定后，转请县市政府公布之。

第二十五条 在全国主计会议未举行以前，国民政府主计处应根据实际情形，拟定临时统计方案，召集临时全国统计会议，经审议后，呈请国民政府核定颁行之。

在全省主计会议未举行以前，省政府主计机关应根据实际情形，拟定临时统计方案，召集临时全省统计会议，经审议后，呈请国民政府主计处核定，并转请省政府颁行之。

第二十六条 临时全国统计会议之组织、规则，由国民政府主计处定之；各省临时全省统计会议之组织、规则，由各该省政府主计机关拟定后，呈请国民政府主计处核定之。

第二十七条 各省举行全省主计会议，或临时全省统计会议时，国民政府主计处应派员指导。

第二十八条 各种统计材料之查报与汇报机关单位，及其分级标准，应由各级政府主计机关依统计之区域定之。

第二十九条 统计区域应视统计材料之性质，依下列标准划分之：

一、行政范围；

二、经济地位；

三、文化程度；

四、国防关系；

五、其他适用之标准。

第三十条 各个统计区域，应有最高级汇报机关。

第三十一条 统计报告之编送，自最下级机关单位开始，依次递至最高级机关单位。

最下级统计机关，应将原始统计材料，依照应用之报告表式编制后，送由次高级统计机关：依照汇报时应用之表格汇编后，送高级统计机关。如此逐级递送，至各区域内之最高级汇报机关汇送国民政府主计处。

第三十二条 中央或省及直隶于行政院之市政府，主办基本国势调查时，其原始材料应用最下级统计机关逐级递送至中央，或者隶于行政院之市政府主计机关集中整理之。

第三十三条 各项统计工作，应视其需要之缓急，以及人才经费与设备之情形，订定进行先后之次序。至于每项统计之举办，亦得分为若干阶段，凡属初办性质者，得先办抽查或试查，并分期完成全部统计。

前项统计工作，应分别订定分期进行之计划，并明定各个时期内完成之范围，以及所需之临时员额、设备与经费之预算等。

第三十四条 各级政府之主计机关办理基本国势调查或某种普查时，得设立临时附属机关，并得调用机关人员。

临时机关之组织，得采用委员制，由有关系机关联合组织之。以主计机关为召集机关，调用之人员，应受主计机关或临时机关之指挥监督。

第三十五条 统计报告科目之统一，应由国民政府主计处，将全国统计总报告之范围，分为门、类、纲、目、栏，并分别定其名称。门下分类，类之下分纲，纲之下分目，目之下分栏。目为各个统计表格之名称，栏为各表中之统计事项。

第三十六条 各机关主办统计人员应依据全国统计总报告之科目，拟定各种调查登记与整理表册之格式，但遇特殊情形有变更之必要时，应呈请所在政府主计机关核定之。

第三十七条 国民政府主计处应将各种统计科目之定义，与统计技术上应用之名词确定解释，并公布之。

第三十八条 统计之单位，均以国家制度为准。遇有不同单位者，或在国家制度尚未施行地方，报告时除仍得使用原有单位外，应将折台方法详细注明。

第三十九条 统计材料之分类标准与排列次序，均应依据国民政府主计处之规定。

第四十条 统计表册分调查表、登记册、整理表与报告表四种。调查表为一次采问之用，登记册为继续登录之用，整理表为将调查表或登记册中之材料，综合分析时之用，报告表为将整理之结果正式汇报时之用。

第四十一条 各机关报告表之格式，由各该政府主计机关定之，其数字均用阿拉伯字体填写，由左而右，表内之总计与小计均居前列，表之纸张不得小于十九与二十七公分之见方。

调查表、登记册与整理表之格式，由各机关主办统计人员拟定，经所在政府主计机关规定后行之。各机关之所属机关报告表格式，由各该管上级主办统计人员或所在政府主计机关定之，其调查表、登记册与整理表之格式，由各该所属机关主办统计人员拟定，经各该管上级主办统计人员，或所在政府主计机关核定后行之。

本条各项表册、格式，国民政府主计处认为应令全国一致者，由其制定。

第四十二条 各级政府主计机关应依照统计方案之规定，分配工作于驻在各机关主办统计人员，并监督指导之。各机关主办统计人员，对于各该所属主办统计人员亦同。

第四十三条 各机关主办统计人员，经所在政府主计机关或上级主办统计人员依照统计方案之规定分配工作，或经所在机关长官令办临时性质之统计时，均应提出各该机关统计委员会报告与商议进行方法，并按期将进行情形报告所在政府主计机关，或上级主办统计人员与所在机关长官。

第四十四条 各机关或所属机关主办统计人员遇有所在机关长官令办临时性质之统计时，应即拟具进行计划，呈请上级主办统计人员或所在政府主计机关核定。如需要预算以外之开支时，应附呈临时经费预算，经核准成立后方得举办。

第四十五条 各机关统计人员与所在机关职员因统计事务发生争执时，由所在机关长官处理之。

第四十六条 各机关办理统计人员除有违法或废弛职务，或其他失职行为之事情外，不得受免职降级减俸或其他惩戒处分。

第四十七条 凡具有《统计法》第三条各项统计材料之文件、报告、册籍等，均为统计档案。

第四十八条 各机关公务人员及其工作记录之册籍，由国民政府主计处拟定统一之格式。各机关如有特殊需要，得增添记录之事项。

前项册借由各机关公布并执行后，交各该机关统计人员掌管之。遇有记录不全或不实时，应退回重办，或拒绝接受。

第四十九条 各机关公务人员及其工作记录之册籍完全时，其下年度之预算，方得成立与执行。

第五十条 各级政府主计机关为办理统计事务之需要，调用所在政府或所属下级政府各机关有关系之档案表册时，各该机关应即移调；如因职务上同时需要使用时，应复明延缓移调之日期，但遇主计机关派员前来抄录时，不得迁延。

各机关主办统计人员调阅或抄录所在机关各部分组织之档案、表册时亦同。

第五十一条 各机关办理调查遇有必须避免人民之疑虑时，得委托团体或个人为之，但应经所在政府主计机关之同意，并应将一切费用实报实销。

前项团体或个人受委调查时，应以各县团体或个人之名义为之。

第五十二条 统计报告内一切材料之起讫时期，凡属月报者应自每月一日开始，季报自每年一、四、七、十月各一日开始，半年报自每年一、七各月一日开始，年报自每年一月一日开始。

汇报机关应将材料按期催报，并整理后填入报告表，准时汇报。

凡规定每一年报告者，汇报时期不得逾半年：每半年报告者，汇报时期不得逾三个月：每季汇报者，汇报时期不得逾两个月：每月报告者，汇报时期不得逾一个月，均自规定期间终了时起算。

教育年度之统计材料，得分为两个半年度汇报之。上半年度，应自每年二月一日起开始填送。下半年度，应自八月一日起开始填送。

第五十三条 各级政府统计材料汇编与发表，由各该政府主计机关为主之。

各机关之统计材料未经所在政府主计机关核定，不得发表。

第五十四条 各机关需要之统计材料，应通知所在政府主计机关，分饬所在政府有直接关系之机关主办。统计人员或下级政府主计机关分别查报后，统由所在政府主计机关汇齐具报。遇有现成之材料，或无调查统计之必要，及无调查之可能者，由所在政府主计机关直接具复之。

各机关收到征集统计材料之文件，应即转送所在政府主计机关办理之。

第五十五条 关于经常统计报告之呈送，各级政府各机关之所属机关主办统计人员编制该所属机关统计报告，送由主管长官签名盖章后，送呈上级机关长官，发交该机关主办统计人员，连同该机关及其他所属机关之材料，汇编该机关统计报告，送由主管长官签名盖章后，送呈所在政府发交主计机关，连同各下级政府之材料汇编该政府之统计总报告。各下级政府主计机关汇编各该政府统计总报告，送由所在政府长官签名盖章后，送呈上级政府发交该管主计机关，连同本政府各机关之统计报告，汇编该上级政府统计总报告。

第五十六条 各级政府主计机关所需关于经常统计报告以外之材料，得直接命令所在政府各机关主办统计人员，或下级政府主计机关直接呈送之。惟所在政府各机关之所属机关或下级政府并各机关之材料，应由各该管上级主办统计人员，或各该下级政府主计机关转饬呈转。

第五十七条 关于《统计法》第五条第三项之统计，其有秘密性质者，应由各级政府各机关主办统计人员逐级密呈至国民政府主计处，送交各关系需要之机关。如因时间关系，须由主办统计人员径送者，仍应别录一份，逐级密呈国民政府主计处存查。

第五十八条 秘密类之统计，应经所在政府及其主计机关双方同意后，方得供给政府机关或公务人员，及其他利害关系人之后的需要。

第五十九条 可供公众阅览、询问或抄录之统计，于必要时得酌收手续费。

第六十条 凡须印行之统计，应按期为之。印后遇有错误时，应先附以勘误表，方得发行。

第六十一条 各级政府机关每月财政收支统计，应尽次月月底以前公告之。

第六十二条 各机关主办统计人员为编制每月财政收支统计，除得调阅各项收支凭证外，并得会同办理会计、审计、出纳及管理之人员，随时检视所存之金钱物品，及其他一切财产。

第六十三条 各级政府编纂统计年鉴，得选录所属地政府机关办理之统计，并得约集学术研究机关、团体或个人共同编纂之。

第六十四条 本细则如有未尽事宜，由国民政府主计处呈请修正之。

第六十五条 本细则自公布之日施行。

统计工作试行条例

（1963 年 3 月 16 日国务院全体会议第 127 次会议通过）

第一章　总则

第一条　统计工作必须以毛泽东思想为指导，运用马克思列宁主义的科学方法，结合我国革命和建设的实际经验，从实际出发，贯彻执行群众路线，紧密结合各个时期的政治经济任务，为社会主义建设事业服务。

统计是认识社会的有力武器，是计划的基础，是国家对国民经济实行计划管理的重要工具。统计工作必须随着计划工作的日益加强而不断加强。

统计工作的基本任务是：根据党的方针政策和国家计划管理的需要，按照国家规定的统计制度方法，进行国民经济核算，全面地、系统地、及时地搜集整理和分析研究国民经济统计资料，如实反映情况，为制订经济政策、编制计划和监督检查政策、计划的执行情况提供准确可靠的依据。

第二条　统计部门（包括各部门、各地方、各单位的统计机构，下同）必须坚决地、全面地贯彻执行党的鼓足干劲、力争上游、多快好省地建设社会主义的总路线和以农业为基础、以工业为主导的发展国民经济的总方针，加强国民经济各部门的调查统计工作，坚决把农业和支援农业的调查统计工作放在首要地位，努力摸清农村经济情况，并以此为中心，全面改进统计工作。

第三条　统计部门应当不断地改进统计指标体系和统计制度方法，提高统计工作的科学水平。

统计部门要根据不同情况和需要，灵活地运用各种调查统计方法，包括全面调查、重点调查、抽样调查、典型调查，等等。为着了解国情、国力和经常地、全面地检查国家计划的执行情况，应当通过统计报表进行全面调查或重点调查。但是，不必要或不可能进行全面调查的项目，则不应滥行全面调查。典型调查是研究新情况、新问题并对重要事物进行深入具体分析的重要而有效的方法，各部门、各单位都应充分运用。

农业的调查统计应同时采取两种方法，即一方面依靠农村人民公社全面地、逐级地上报统计资料，另一方面由上级统计机关派调查队到农村中进行抽样调查和典型调查。这两种方法要结合进行。

第四条　各部门、各地方、各单位必须严肃对待统计工作，保证统计数字的准确可靠和及时上报。决不允许虚报、瞒报、不报统计数字。对于一切违反国家统计制度方法和虚报、瞒报统计数字的行为，统计部门和统计人员有权检查和越级上告。

各级统计机关、各级业务部门、各企业、事业单位和人民公社的统计数字是否确实，应该由各该单位的统计负责人负责。各级领导机关、各级业务部门、各企业、事业单位和人民公社的负责人，必须保障统计数字的正确性，不得随意修改统计数字，不得延误统计资料的上报时间。

第五条 加强统计部门对国家计划执行情况的检查和监督作用。各级统计机关除贯彻执行国家统计制度外，还应经常派人到有关部门、单位，检查国家计划执行的实际情况，搜集统计资料，揭发计划执行过程中的各种问题，检查统计工作情况和统计报表的质量。各部门、各地方、各单位，应该积极给予协助，如实反映情况，不得推诿或拒绝检查。

第六条 全国应当建立一个强有力的集中统一的统计系统，加强统计工作的集中统一领导；同时在集中统一的原则下，充分发挥各部门、各地方、各单位的积极性和主动性，共同做好统计工作。

全国的统计系统，由国家统计组织和各级业务部门及基层单位的统计组织组成。全国的统计工作，由国家统计局负责统一领导。各地统计机关，在业务工作方面，受国家统计局垂直领导；在党的工作和行政工作方面，受当地党委和人民委员会领导。各级业务部门和企业、事业单位的统计工作，在统计制度方法和统计任务方面，并受同级或当地统计机关领导。

第七条 各级党政机关、各部门、各单位，应该加强对统计工作的领导，监督统计部门严格执行国家规定的统计制度，如实反映情况，保证统计工作的顺利进行。对于坚持原则、敢于同假报行为斗争的和模范执行统计制度的统计人员，应该给予表扬和鼓励。对于虚报、瞒报、不报、迟报统计数字，滥发统计报表等违反纪律的人员，应该分别情节轻重，给予教育、批评或处分。

各级统计部门，应当经常向党政领导请示汇报工作，改进自己的工作，当好党政领导的助手。

第二章 统计内容和指标体系

第八条 为了反映全社会的基本情况和国民经济的全部活动，统计范围应该包括生产、流通、消费和积累等社会再生产的全部过程。

国家统计的主要内容是：（1）人口；（2）农业生产；（3）支援农业；（4）工业生产；（5）运输和邮电；（6）基本建设和施工；（7）地质勘探和勘察设计；（8）城市建设；（9）物资供应；（10）技术改革；（11）国内商业；（12）对外贸易；（13）物价；（14）文教卫生；（15）科学研究；（16）劳动工资；（17）财务成本；（18）财政金融；（19）国民收入；（20）人民生活等。

第九条 为着对国民经济全面情况进行系统的、科学的分析，应建立科学的统计指标体系。各级统计指标的涵义、计算范围、计算方法、计算价格、分类方法和目录等，应该全国统一，而且前后衔接，使各项统计数字能够全面汇总和互相比较。为此，全国各地方、各部门的统计必须严格执行国家统计局的统一规定，不得擅自变更。但在分析研究具体问题时，则可适当调整统计分组方法，以适应各级党政领导机关和计划机关的具体要求。

统计指标同计划指标的各项规定应该力求一致，国家计划委员会在制订或修改计划指标的各项规定时，或者国家统计局在制订或修改统计指标的各项规定时，都必须互相协商，并将所作规定通知各计划、统计部门。

为检查计划执行情况所进行的统计，其指标涵义、计算范围、计算方法、计算价格、分类方法和目录等，应以计划部门所作的规定为准；凡是国家计划委员会已有规定的，必须按国家计划委员会的规定办理。

第十条 国家统计的指标，由国家统计局负责统一制订。国家统计的主要指标是：

农业统计：各国营农业企业、事业单位和农村人民公社的基本情况、总产值、耕地面积、开荒面积、灌溉面积、自然灾害面积、主要农作物播种面积和主要农产品产量、主要牲畜头数、主要农机具数量、造林面积、迹地更新面积、水产品产量、气象网等。

工业统计：各工业部门、工业企业的基本情况、总产值、净产值、商品产值、主要产品产量、品种、质量和技术经济指标、新产品试制和生产、生产设备、生产能力等。

运输和邮电统计：铁路、公路的长度、货运量、货物周转量、客运量、旅客周转量、主要技术经济指标、运输工具和设备拥有量、运输网、邮电业务量、邮电网和邮电设备拥有量等。

基本建设统计：建设项目、投资额、新增固定资产、新增生产能力、房屋建筑面积、实物工程量、工程质量等。

物资供应统计：生产部门的供货和成品库存、使用部门的消费、库存和消耗定额等。

商业统计：社会商品零售额和主要商品的零售量、农产品和工业品购进、销售、调拨、库存的数量和金额、商业网、物价等。

文教统计：各级各类学校数、学生数、招生数、毕业生数、教职工数、各种文化事业单位数及其人员数、电影片产量、书刊出版、广播电台、体育场地等。

劳动工资统计：全社会劳动力、职工人数、工资总额、劳动生产率、工时利用情况、职工培训情况等。

财务成本统计：国民经济各部门的企业、事业单位的资金、利润和成本（或流通费）等。

国家财政统计：财政收支、信贷收支、现金收支等。

国民收入统计：国民收入、积累基金和消费基金等。

第三章　统计报表制度

第十一条　国家统一制订的统计报表制度，是党和政府了解全面情况，编制和检查计划执行情况的重要工具，是各部门、各地方、各单位向党和政府必须履行的重要报告制度，必须严格贯彻执行。

各级统计机关应当模范地执行国家统计报表制度，并组织和监督有关部门、单位共同严格贯彻执行。

统计报表制度中规定的统计范围、统计指标、统计目录、计算方法、计算价格、报送期限等，必须严格执行，不许擅自修改或者削减。如有不同意见，可以向原制订机关提出，以便研究改进。但未经修改前，仍应按原规定执行。

统计范围、统计指标、统计目录、计算方法、计算价格等的解释权，均属于其制订机关。

第十二条　国家统计报表制度，由下列两个部分组成：

国民经济基本统计报表制度，包括农业、工业、运输、商业、文教等国民经济部门的基本统计报表制度，由国家统计局负责会同国务院有关部门制订。

专业统计报表制度，是基本统计报表制度的必要补充，是各业务部门为专业管理工作所必需的业务技术统计，由国务院各有关业务部门负责制订。

省、自治区、直辖市统计局和省级业务部门可以根据工作需要，对国家统计报表制度作适当补充，但必须十分谨慎，不得滥发统计报表；省、自治区、直辖市以下的统计机关和业务部门无权对国家统计报表制度作补充。

国家统计报表制度和其他统计报表制度中的基本统计表式和计算方法等，应当切合实际，简便易行，互相衔接，并要保持相对的稳定性。

第十三条 各地统计机关按照上级统计机关规定，搜集和整理的统计资料，必须直接报送上级统计机关，同时报送当地党政领导机关。当地党政领导机关如对上报的统计资料或数字有不同意见，可将自己的意见通知统计机关进行检查，或者另报上级，但不许干预这些统计资料的直接上报。如果当地党政领导机关有不同意见或不同数字，各统计机关亦应同时上报。

各地统计机关在上级统计机关规定外，向当地党政领导机关报送的统计资料和调查研究报告，必须同时报送上级统计机关。

第十四条 各部门、各单位报送的统计报表，应该由各部门、各单位的负责人和统计负责人分别签署，按时报送。部门、单位负责人如对报送的统计资料有不同意见，除通知统计负责人进行审查外，也可以在统计报表上说明，或将不同的数字同时上报。

第四章 调查研究和综合平衡

第十五条 统计部门对于国民经济发展情况和国家计划执行情况，对于统计任务和统计制度方法的制订和贯彻执行情况，都应经常进行调查研究。

各级统计机关根据各个时期党政领导工作的需要，可以组织同级业务部门和下级统计机关的统计人员参加调查研究工作，并且推动调查研究工作的开展。

第十六条 统计部门应该根据不同情况和需要，正确运用定期统计和临时调查，全面调查和非全面调查；要善于把全面统计同深入实际、深入群众的调查研究紧密地结合起来，以便全面地深入地了解情况，分析和说明问题。

进行各项调查工作，要有周密的调查计划和调查提纲。进行典型调查时，要强调选择具有代表性的调查单位，密切联系群众，了解真实情况。对调查材料，要采取实事求是的态度进行全面的综合和分析，有成绩就报成绩，有缺点就报缺点，决不歪曲和掩盖真实情况。

第十七条 为了加强和改进全国农产量调查统计工作，国家统计局成立农产量调查总队，并应有计划地派出调查分队（组）到各地农村进行调查统计工作。各省、自治区、直辖市都要建立和健全专业的农村经济调查队，进行农村经济调查，并与逐级上报的全面统计结合起来，努力摸清农村经济情况。

对于一些重要的农村经济调查，如农产量调查，收益分配调查、农业生产成本调查、农民家庭收支调查等，都应按照科学的方法，抽选一定数量的典型县、人民公社、生产队、社员户固定下来，进行经常性的观察，以取得系统的完整的调查资料。

第十八条 统计部门应该占有丰富的统计资料，进行科学的整理和分析；要及时反映新情况、新问题，并应积极提出建议。

统计部门应该根据国家统计报表制度和上级领导机关的要求经常地、系统地整理各种统计资料，反映国家计划的执行情况，社会主义建设中的问题，人民的物质和文化生活等各方面的情况。

对计划执行和国民经济活动的分析，应当着重研究超额完成计划和没有完成计划的原因，找出经济活动中的先进部分和落后部分，发掘潜在力量；要分析有利条件和不利因素；分清主流和支流；透过现象抓住本质；防止表面性和片面性。

第十九条 统计机关，特别是省市以上统计机关，应该本着统筹兼顾、全面安排、瞻前顾后、合理布局的要求，积极开展综合平衡研究工作，研究国民经济的发展水平、发展速度和各种比例关系。综合平衡研究工作，应当在各种专业统计的基础上进行加工整理，研究各种产品的生产和需要之间的平衡、在生产和建设中人力、物力和财力的平衡，编制国民经济平衡表，根据以农业为基础，以工业为主导的发展国民经济的总方针，按照农轻重的次序，全面研究国民经济中的各种比例关系，即农业同工业、生产资料生产同消费资料生产、积累同消费、生产同基本建设，运输同工农业生产、文化建设同经济建设之间的关系等。

农业、轻工业同重工业的关系、积累同消费的关系，是社会生产和社会分配中的根本比例关系，应该着重研究。即着重研究生产资料生产同生活资料生产的关系，国家建设同人民生活的关系，以及国家、集体、个人三者之间的关系。在农业内部，要以粮食为纲，研究粮食作物同经济作物，种植业同畜牧业的比例关系，以及农、林、牧、副、渔的比例关系。在工业内部，要研究轻工业同重工业的比例关系，采掘工业同冶炼工业、原料、材料工业同加工工业的比例关系。在消费内部，要研究工人同农民消费的比例，生活消费同社会消费的比例。在积累内部，要研究全民所有制经济积累同集体所有制经济积累的比例、生产性积累同非生产性积累的比例、固定资产积累同流动资产积累的比例。

地区的综合平衡研究工作，应根据国家计划任务的要求，从各地的不同特点出发，有重点地进行。一般应当着重作好生活资料、劳动力、三类物资、地方材料、运输能力等同生产、建设的综合平衡研究。

部门（包括企业、事业单位）应当根据国家计划，着重做好各个生产或经营环节之间的平衡研究、供产销之间的平衡研究，以及生产、劳动、成本、财务之间的平衡研究工作。

第二十条 在综合平衡研究工作中，要加强全国一盘棋的观点，正确认识局部同整体的关系；要加强经济比较，注意经济效果；要注意数量同质量、重点同一般的关系；要具体研究物质技术条件的可能性和人们的主观能动性；要全面分析各种有利条件和不利因素。

第五章　统计报表管理

第二十一条 统计报表必须统一管理，严禁滥发统计报表。

凡有关国民经济的统计报表，不论是党政机关、群众团体或者科学研究机关制订的，也不论是定期性的（包括进度统计）或者一次性的，都必须由各级统计机关统一管理，严格控制。

第二十二条 统计报表的制发和批准权限，一般应当集中在省、自治区、直辖市以上的统计机关。特别重大的全国性调查统计，应该报请国务院批准。

国务院各业务部门制发的专业统计报表，应该由本部门统计机构会同其他职能机构统一组织制订。其中属于向本部门直属企业、事业单位制发的，应该经本部门首长批准，并报国家统计局备案；向本部门直属企业、事业单位以外制发的，应该由本部门首长审核签署后，报国家统计局审批。

国务院各业务部门制订的统计制度方法，不得同国家统计局的有关规定相抵触。

省、自治区、直辖市统计局制发的定期统计报表和对国家统计报表制度的补充，应该报国家统计局批准；制发的一次性调查方案，应该报请国家统计局备案。省、自治区、直辖市各业务部门制订的专业统计报表和对国家统计报表制度的补充，应该报省、自治区、直辖市统计局批准。

专、市、县各级机关一般不得制发统计报表。它们对国家统计报表制度的补充要求，由省、自治区、直辖市统计局或主管厅、局统一考虑，统一纳入各省、自治区、直辖市的补充报表或指标中，一般不得另作补充，层层加码。如确有特殊需要，专、市、县级统计机关制发定期报表，应该报请上级统计机关批准，制发一次性调查，应该报请上级统计机关备案；专、市、县级业务部门制发的一次性调查，应该报请同级统计机关批准。

人民公社不得制发统计报表。

地方各级机关补充制订的统计制度方法，不得同国家统计局和国务院各主管业务部门的有关规定相抵触。地方各级机关对国家统计局和国务院各部门布置的统计报表，无权修改、削减或废止。

第二十三条 各级党政领导机关设立的中心工作办公室和各种临时办公室，一般地不应直接制发统计报表（包括用电话、电报报送的进度统计和类似报表的调查提纲）。它们必需的统计资料，可由统计机关和有关业务部门负责整理提供或组织调查。如果确实需要直接制发统计报表，应该按本条例第二十二条的规定，向同级统计机关办理审批手续。

各级党政领导机关、业务部门、群众团体和科学研究机关，一般不得直接地或经过所属机构间接地制发统计报表到农村人民公社，要求人民公社、生产大队或生产队填报。它们必需的统计资料，由各级统计机关统一组织有关业务部门进行调查和供应。

各级机关发往基层单位的同统计报表性质相类似的调查提纲，必须严格控制。如果确实需要搜集统计资料，应该拟订统计报表，按照本条例第二十二条的规定办理审批手续。

第二十四条 各部门、各地方制订统计报表，必须进行充分的调查研究和必要的试点，使各项调查统计工作切合实际的需要，并切实考虑填报的可能性。所有统计报表都必须附有说明书，明确规定调查的目的、统计范围、指标涵义、计算方法、报送期限、报送机关、受表机关等，以便填报。在正式布置时，要在表式的右上角标明制表机关、批准机关及文号等，以便管理。

第二十五条 各级统计机关审批统计报表，必须认真负责。对于报请批准或报请备案的统计报表，如发现不合理或过多过繁，应当通过原制订单位修改、削减或废止。凡是未经审批的统计报表或是已经宣布废止的统计报表，都是非法报表，一律不得布置或继续执行。对于非法报表，各部门、各地方、各单位和一切统计人员必须拒绝填报，并加以检举。

第二十六条 各级统计机关应该组织有关部门经常检查、定期清理统计报表。凡是已经过时的或不适用的统计报表、指标等。都应该及时废止或修改。每次清理完毕，应将清理结果报告上级统计机关和当地人民委员会。

第六章 统计数字管理

第二十七条 统计部门必须统一管理统计数字，保证统计数字的准确、统一。

全国性的国民经济基本统计数字，由国家统计局统一管理。发表全国国民经济计划执行情况的公报，应报国务院批准。

地区性的国民经济基本统计数字，由各地统计机关统一管理。

各业务部门的基本统计数字，应该由各业务部门的统计机构统一管理。各业务部门上报的基本统计数字，应该与同级统计机关核对一致。

企业、事业单位和人民公社的基本统计数字，应该由各该单位的统计机构或统计负责人统一管理。

各部门、各地方、各单位检查国家计划执行情况的统计数字，必须以统计部门的统计数字为准。

第二十八条 各部门、各地方对外公开发表统计数字，必须注意保守国家机密。凡是对外公开发表全国性的基本统计数字，必须事先经过国家统计局核对一致，由发表单位报请国务院审批。凡是对外公开发表地区性的基本统计数字，必须事先经过当地统计机关核对一致，由发表单位报请当地人民委员会审批。

第二十九条 统计部门应该建立和健全统计数字质量检查制度，经常深入实际检查统计数字质量，发现问题，找出原因，提出办法、改进工作。统计部门必须建立和健全统计数字审核、查询、订正制度。发现问题，要立即查对。接到查询，要及时复查。发现错误，要据实订正。

统计部门必须建立和健全统计资料的保密制度和统计资料的供应、档案、交接制度。各级统计机关和业务部门，应该建立和健全统计资料的供应制度。

第七章 统计机构和统计人员

第三十条 国家统计系统由国家统计局和各地统计机关组成。

各地统计机关应该单独设置。省、自治区、直辖市和省辖市设统计局；专、市、县一般设统计局，小县（市）设统计科。各级统计机关的编制、干部、经费，由国家统计系统统一管理，分级负责。各级统计机关的编制都是国家统计系统的编制，非经上级统计机关同意，各地不得变动。

第三十一条 国务院各业务部门，应该根据工作需要，设统计局，或者在计划司内设统计机构，有一副司长专职领导统计工作。各地业务部门应该根据工作需要，参照上级主管业务部门的规定，设统计机构或统计人员。

各级业务部门的其他职能机构和专业管理机构，应该根据工作需要，设专业统计机构或统计人员，负责本专业的统计工作。

第三十二条 企业、事业单位应该根据规模大小和工作需要，设置统计机构，配备必要的统计人员。大中型企业、事业单位，应设统计机构，小型企业、事业单位应设专职或兼职统计人员。

企业、事业单位各职能机构和车间等，应该根据工作需要设统计人员。

农村人民公社应当指定一名负责人负责统计工作，并设专职或兼职统计人员。生产大队和生产队由会计人员或指定的人兼任统计工作。

第三十三条 各级统计机关的主要任务是：

1. 组织和领导本地区的统计工作，首先保证完成国家的统计任务，并且积极完成当地党政领导机关交付的统计任务。

2. 向有关领导机关按时报送本地区的国民经济统计资料，全面检查本地区的计划执行情况。

3. 按照规定，统一制订、审查和管理本地区的统计报表，统一管理本地区的基本统计数字。

4. 总结和交流统计工作经验，组织和协助有关部门进行基层统计建设工作。

5. 按照规定，管理本地区统计机关的编制、干部和经费。

国家统计局负责制订全国统计工作的方针任务和国家统计制度，发布国民经济计划执行情况的公报。

第三十四条 各级业务部门的统计机构的主要任务是：

1. 在本部门及所属企业、事业单位中组织和监督贯彻执行国家统计系统和上级主管业务部门统一规定的统计任务、统计制度。

2. 向党政领导机关、同级统计机关、上级主管业务部门报送本部门的统计资料，以利于全面检查本部门的计划执行情况。

3. 按照规定，制订、审查和管理本部门的专业统计报表。统一管理本部门的基本统计数字。

4. 会同有关职能机构，组织本部门所属单位建立和健全原始记录和统计工作责任制度。总结和交流统计工作经验。

第三十五条 企业、事业单位和农村人民公社的统计机构或统计人员的主要任务是：

1. 组织和监督本单位的统计人员、记录人员，贯彻执行国家统计系统和上级主管业务部门规定的统计制度方法和各项调查统计任务。

2. 按照规定及时报送各种统计资料，全面检查本单位的计划执行情况。经常检查统计数字质量。

3. 管理本单位的统计报表，揭发和制止非法报表。管理本单位的基本统计数字。

4. 根据国家统计制度的要求，会同有关单位，建立和健全原始记录或统计底账，经常调查、登记、核实，力求搞准基本统计数字。

第三十六条 统计部门应该密切上下级之间的工作联系，互通情报，交流经验。上级应该将工作部署及时通知下级，及时召开工作会议，并经常了解下级的工作情况，倾听他们的意见，发现问题，及时解决。下级应该认真执行上级的任务和指示，除平时的请示汇报外，应定期向上级报告工作的全面情况。

各级国家统计组织同各业务部门的统计组织必须密切配合，适当分工，共同努力完成国家统计任务。

第三十七条 统计人员必须正确地履行自己的职责。统计人员的主要职责是：

1. 全面完成各项调查统计任务。通过统计资料和统计分析研究工作，监督检查政策、计划的执行情况，及时反映经济生活中的新情况、新问题。

2. 坚决同一切违反国家统计制度方法，弄虚作假，虚报、瞒报统计数字的行为作斗争。统计人员如发现上述违法行为不检查、不揭发，应该与违法人员连带负责。

3. 坚决同一切滥发统计报表的行为作斗争，揭发非法报表。

4. 保守国家机密。

国家对统计人员赋予以下职权，以便于他们履行自己的职责。

1. 统计人员有权要求有关部门和人员正确执行国家统计制度方法的规定，如实和及时地反映本单位的情况。

2. 统计负责人或有关的统计人员，根据国家统计制度和有关调查统计任务的规定，有权要求本单位有关部门和人员提供他们所必需的统计资料。

3. 统计负责人或有关的统计人员，有权检查本单位有关部门的统计报表数字质量，维护统计数字的真实性。

4. 统计人员有权对一切虚报、瞒报统计数字和滥发统计报表的非法行为越级上告。

第三十八条 对统计人员应加强培训工作。各级统计机关、各业务部门、各单位应该分工负责，采取多种多样的方式，经常进行统计人员的培训工作。

统计人员的工作应该稳定，不要轻易调动，也不要长期地过多地抽调去作其他工作。

为了保障统计人员专业化，充分调动他们的积极性，应该统一规定统计人员的技术职称和级别待遇。统计人员的技术职称分为：（1）助理统计员；（2）统计员；（3）统计师；（4）高级统计师。各种技术职称人员的级别待遇，另行制订。

第三十九条 统计人员必须认真执行“党政干部三大纪律、八项注意”，要有高度的事业心、责任感和原则精神，谦虚谨慎，努力作好工作；要自觉地学习马克思列宁主义和毛泽东思想，学习统计业务，了解和研究经济情况，不断地提高政治水平和业务能力。

附则

第四十条 国务院所属各部门、各省、自治区、直辖市，都必须严格贯彻执行本条例，并可根据本条例的规定，结合具体情况，制订实施细则报国家统计局备案。

中华人民共和国统计法

（1983年12月8日第六届全国人民代表大会常务委员会第三次会议通过　根据1996年5月15日第八届全国人民代表大会常务委员会第十九次会议《关于修改〈中华人民共和国统计法〉的决定》修正　2009年6月27日第十一届全国人民代表大会常务委员会第九次会议修订）

第一章　总则

第一条　为了科学、有效地组织统计工作，保障统计资料的真实性、准确性、完整性和及时性，发挥统计在了解国情国力、服务经济社会发展中的重要作用，促进社会主义现代化建设事业发展，制定本法。

第二条　本法适用于各级人民政府、县级以上人民政府统计机构和有关部门组织实施的统计活动。

统计的基本任务是对经济社会发展情况进行统计调查、统计分析，提供统计资料和统计咨询意见，实行统计监督。

第三条　国家建立集中统一的统计系统，实行统一领导、分级负责的统计管理体制。

第四条　国务院和地方各级人民政府、各有关部门应当加强对统计工作的组织领导，为统计工作提供必要的保障。

第五条　国家加强统计科学研究，健全科学的统计指标体系，不断改进统计调查方法，提高统计的科学性。

国家有计划地加强统计信息化建设，推进统计信息搜集、处理、传输、共享、存储技术和统计数据库体系的现代化。

第六条　统计机构和统计人员依照本法规定独立行使统计调查、统计报告、统计监督的职权，不受侵犯。

地方各级人民政府、政府统计机构和有关部门以及各单位的负责人，不得自行修改统计机构和统计人员依法搜集、整理的统计资料，不得以任何方式要求统计机构、统计人员及其他机构、人员伪造、篡改统计资料，不得对依法履行职责或者拒绝、抵制统计违法行为的统计人员打击报复。

第七条　国家机关、企业事业单位和其他组织以及个体工商户和个人等统计调查对象，必须依照本法和国家有关规定，真实、准确、完整、及时地提供统计调查所需的资料，不得提供不真实或者不完整的统计资料，不得迟报、拒报统计资料。

第八条　统计工作应当接受社会公众的监督。任何单位和个人有权检举统计中弄虚作假等违法行为。对检举有功的单位和个人应当给予表彰和奖励。

第九条　统计机构和统计人员对在统计工作中知悉的国家秘密、商业秘密和个人信息，应当予以保密。

第十条 任何单位和个人不得利用虚假统计资料骗取荣誉称号、物质利益或者职务晋升。

第二章 统计调查管理

第十一条 统计调查项目包括国家统计调查项目、部门统计调查项目和地方统计调查项目。

国家统计调查项目是指全国性基本情况的统计调查项目。部门统计调查项目是指国务院有关部门的专业性统计调查项目。地方统计调查项目是指县级以上地方人民政府及其部门的地方性统计调查项目。

国家统计调查项目、部门统计调查项目、地方统计调查项目应当明确分工，互相衔接，不得重复。

第十二条 国家统计调查项目由国家统计局制定，或者由国家统计局和国务院有关部门共同制定，报国务院备案；重大的国家统计调查项目报国务院审批。

部门统计调查项目由国务院有关部门制定。统计调查对象属于本部门管辖系统的，报国家统计局备案；统计调查对象超出本部门管辖系统的，报国家统计局审批。

地方统计调查项目由县级以上地方人民政府统计机构和有关部门分别制定或者共同制定。其中，由省级人民政府统计机构单独制定或者和有关部门共同制定的，报国家统计局审批；由省级以下人民政府统计机构单独制定或者和有关部门共同制定的，报省级人民政府统计机构审批；由县级以上地方人民政府有关部门制定的，报本级人民政府统计机构审批。

第十三条 统计调查项目的审批机关应当对调查项目的必要性、可行性、科学性进行审查，对符合法定条件的，作出予以批准的书面决定，并公布；对不符合法定条件的，作出不予批准的书面决定，并说明理由。

第十四条 制定统计调查项目，应当同时制定该项目的统计调查制度，并依照本法第十二条的规定一并报经审批或者备案。

统计调查制度应当对调查目的、调查内容、调查方法、调查对象、调查组织方式、调查表式、统计资料的报送和公布等作出规定。

统计调查应当按照统计调查制度组织实施。变更统计调查制度的内容，应当报经原审批机关批准或者原备案机关备案。

第十五条 统计调查表应当标明表号、制定机关、批准或者备案文号、有效期限等标志。

对未标明前款规定的标志或者超过有效期限的统计调查表，统计调查对象有权拒绝填报；县级以上人民政府统计机构应当依法责令停止有关统计调查活动。

第十六条 搜集、整理统计资料，应当以周期性普查为基础，以经常性抽样调查为主体，综合运用全面调查、重点调查等方法，并充分利用行政记录等资料。

重大国情国力普查由国务院统一领导，国务院和地方人民政府组织统计机构和有关部门共同实施。

第十七条 国家制定统一的统计标准，保障统计调查采用的指标涵义、计算方法、分类目录、调查表式和统计编码等的标准化。

国家统计标准由国家统计局制定，或者由国家统计局和国务院标准化主管部门共同制定。

国务院有关部门可以制定补充性的部门统计标

准，报国家统计局审批。部门统计标准不得与国家统计标准相抵触。

第十八条 县级以上人民政府统计机构根据统计任务的需要，可以在统计调查对象中推广使用计算机网络报送统计资料。

第十九条 县级以上人民政府应当将统计工作所需经费列入财政预算。

重大国情国力普查所需经费，由国务院和地方人民政府共同负担，列入相应年度的财政预算，按时拨付，确保到位。

第三章 统计资料的管理和公布

第二十条 县级以上人民政府统计机构和有关部门以及乡、镇人民政府，应当按照国家有关规定建立统计资料的保存、管理制度，建立健全统计信息共享机制。

第二十一条 国家机关、企业事业单位和其他组织等统计调查对象，应当按照国家有关规定设置原始记录、统计台账，建立健全统计资料的审核、签署、交接、归档等管理制度。

统计资料的审核、签署人员应当对其审核、签署的统计资料的真实性、准确性和完整性负责。

第二十二条 县级以上人民政府有关部门应当及时向本级人民政府统计机构提供统计所需的行政记录资料和国民经济核算所需的财务资料、财政资料及其他资料，并按照统计调查制度的规定及时向本级人民政府统计机构报送其组织实施统计调查取得的有关资料。

县级以上人民政府统计机构应当及时向本级人民政府有关部门提供有关统计资料。

第二十三条 县级以上人民政府统计机构按照国家有关规定，定期公布统计资料。

国家统计数据以国家统计局公布的数据为准。

第二十四条 县级以上人民政府有关部门统计调查取得的统计资料，由本部门按照国家有关规定公布。

第二十五条 统计调查中获得的能够识别或者推断单个统计调查对象身份的资料，任何单位和个人不得对外提供、泄露，不得用于统计以外的目的。

第二十六条 县级以上人民政府统计机构和有关部门统计调查取得的统计资料，除依法应当保密的外，应当及时公开，供社会公众查询。

第四章 统计机构和统计人员

第二十七条 国务院设立国家统计局，依法组织领导和协调全国的统计工作。

国家统计局根据工作需要设立的派出调查机构，承担国家统计局布置的统计调查等任务。

县级以上地方人民政府设立独立的统计机构，乡、镇人民政府设置统计工作岗位，配备专职或者兼职统计人员，依法管理、开展统计工作，实施统计调查。

第二十八条 县级以上人民政府有关部门根据统计任务的需要设立统计机构，或者在有关机构中设置统计人员，并指定统计负责人，依法组织、管理本部门职责范围内的统计工作，实施统计调查，在统计业务上受本级人民政府统计机构的指导。

第二十九条 统计机构、统计人员应当依法履行职责，如实搜集、报送统计资料，不得伪造、篡改统计资料，不得以任何方式要求任何单位和个人提供不真实的统计资料，不得有其他违反本法规定的行为。

统计人员应当坚持实事求是，恪守职业道德，对其负责搜集、审核、录入的统计资料与统计调查对象报送的统计资料的一致性负责。

第三十条 统计人员进行统计调查时，有权就与统计有关的问题询问有关人员，要求其如实提供有关情况、资料并改正不真实、不准确的资料。

统计人员进行统计调查时，应当出示县级以上人民政府统计机构或者有关部门颁发的工作证件；未出示的，统计调查对象有权拒绝调查。

第三十一条 国家实行统计专业技术职务资格考试、评聘制度，提高统计人员的专业素质，保障统计队伍的稳定性。

统计人员应当具备与其从事的统计工作相适应的专业知识和业务能力。

县级以上人民政府统计机构和有关部门应当加强对统计人员的专业培训和职业道德教育。

第五章 监督检查

第三十二条 县级以上人民政府及其监察机关对下级人民政府、本级人民政府统计机构和有关部门执行本法的情况，实施监督。

第三十三条 国家统计局组织管理全国统计工作的监督检查，查处重大统计违法行为。

县级以上地方人民政府统计机构依法查处本行政区域内发生的统计违法行为。但是，国家统计局派出的调查机构组织实施的统计调查活动中发生的统计违法行为，由组织实施该项统计调查的调查机构负责查处。

法律、行政法规对有关部门查处统计违法行为另有规定的，从其规定。

第三十四条 县级以上人民政府有关部门应当积极协助本级人民政府统计机构查处统计违法行为，及时向本级人民政府统计机构移送有关统计违法案件材料。

第三十五条 县级以上人民政府统计机构在调查统计违法行为或者核查统计数据时，有权采取下列措施：

（一）发出统计检查查询书，向检查对象查询有关事项；

（二）要求检查对象提供有关原始记录和凭证、统计台账、统计调查表、会计资料及其他相关证明和资料；

（三）就与检查有关的事项询问有关人员；

（四）进入检查对象的业务场所和统计数据处理信息系统进行检查、核对；

（五）经本机构负责人批准，登记保存检查对象的有关原始记录和凭证、统计台账、统计调查表、会计资料及其他相关证明和资料；

（六）对与检查事项有关的情况和资料进行记录、录音、录像、照相和复制。

县级以上人民政府统计机构进行监督检查时，监督检查人员不得少于二人，并应当出示执法证件；未出示的，有关单位和个人有权拒绝检查。

第三十六条 县级以上人民政府统计机构履行监督检查职责时，有关单位和个人应当如实反映情况，提供相关证明和资料，不得拒绝、阻碍检查，不得转移、隐匿、篡改、毁弃原始记录和凭证、统计台账、统计调查表、会计资料及其他相关证明和资料。

第六章 法律责任

第三十七条 地方人民政府、政府统计机构或者有关部门、单位的负责人有下列行为之一的，由任免机关或者监察机关依法给予处分，并由县级以上人民政府统计机构予以通报。

（一）自行修改统计资料、编造虚假统计数据的；

（二）要求统计机构、统计人员或者其他机构、人员伪造、篡改统计资料的；

（三）对依法履行职责或者拒绝、抵制统计违法行为的统计人员打击报复的；

（四）对本地方、本部门、本单位发生的严重统计违法行为失察的。

第三十八条 县级以上人民政府统计机构或者有关部门在组织实施统计调查活动中有下列行为之一的，由本级人民政府、上级人民政府统计机构或者本级人民政府统计机构责令改正，予以通报；对直接负责的主管人员和其他直接责任人员，由任免机关或者监察机关依法给予处分：

（一）未经批准擅自组织实施统计调查的；

（二）未经批准擅自变更统计调查制度的内容的；

（三）伪造、篡改统计资料的；

（四）要求统计调查对象或者其他机构、人员提供不真实的统计资料的；

（五）未按照统计调查制度的规定报送有关资料的。

统计人员有前款第三项至第五项所列行为之一的，责令改正，依法给予处分。

第三十九条 县级以上人民政府统计机构或者有关部门有下列行为之一的，对直接负责的主管人员和其他直接责任人员由任免机关或者监察机关依法给予处分：

（一）违法公布统计资料的；

（二）泄露统计调查对象的商业秘密、个人信息或者提供、泄露在统计调查中获得的能够识别或者推断单个统计调查对象身份的资料的；

（三）违反国家有关规定，造成统计资料毁损、灭失的。

统计人员有前款所列行为之一的，依法给予处分。

第四十条 统计机构、统计人员泄露国家秘密的，依法追究法律责任。

第四十一条 作为统计调查对象的国家机关、企业事业单位或者其他组织有下列行为之一的，由县级以上人民政府统计机构责令改正，给予警告，可以予以通报；其直接负责的主管人员和其他直接责任人员属于国家工作人员的，由任免机关或者监察机关依法给予处分：

（一）拒绝提供统计资料或者经催报后仍未按时提供统计资料的；

（二）提供不真实或者不完整的统计资料的；

（三）拒绝答复或者不如实答复统计检查查询书的；

（四）拒绝、阻碍统计调查、统计检查的；

（五）转移、隐匿、篡改、毁弃或者拒绝提供原始记录和凭证、统计台账、统计调查表及其他相关证明和资料的。

企业事业单位或者其他组织有前款所列行为之一的，可以并处五万元以下的罚款；情节严重的，并处五万元以上二十万元以下的罚款。

个体工商户有本条第一款所列行为之一的，由县级以上人民政府统计机构责令改正，给予警告，可以并处一万元以下的罚款。

第四十二条 作为统计调查对象的国家机关、企业事业单位或者其他组织迟报统计资料，或者未按照国家有关规定设置原始记录、统计台账的，由县级以上人民政府统计机构责令改正，给予警告。

企业事业单位或者其他组织有前款所列行为之一的，可以并处一万元以下的罚款。

个体工商户迟报统计资料的，由县级以上人民政府统计机构责令改正，给予警告，可以并处一千元以下的罚款。

第四十三条 县级以上人民政府统计机构查处统计违法行为时，认为对有关国家工作人员依法应当给予处分的，应当提出给予处分的建议；该国家工作人员的任免机关或者监察机关应当依法及时作出决定，并将结果书面通知县级以上人民政府统计机构。

第四十四条 作为统计调查对象的个人在重大国情国力普查活动中拒绝、阻碍统计调查，或者提供不真实或者不完整的普查资料的，由县级以上人民政府统计机构责令改正，予以批评教育。

第四十五条 违反本法规定，利用虚假统计资料骗取荣誉称号、物质利益或者职务晋升的，除对其编造虚假统计资料或者要求他人编造虚假统计资料的行为依法追究法律责任外，由作出有关决定的单位或者其上级单位、监察机关取消其荣誉称号，追缴获得的物质利益，撤销晋升的职务。

第四十六条 当事人对县级以上人民政府统计机构作出的行政处罚决定不服的，可以依法申请行政复议或者提起行政诉讼。其中，对国家统计局在省、自治区、直辖市派出的调查机构作出的行政处罚决定不服的，向国家统计局申请行政复议；对国家统计局派出的其他调查机构作出的行政处罚决定不服的，向国家统计局在该派出机构所在的省、自治区、直辖市派出的调查机构申请行政复议。

第四十七条 违反本法规定，构成犯罪的，依法追究刑事责任。

第七章 附则

第四十八条 本法所称县级以上人民政府统计机构，是指国家统计局及其派出的调查机构、县级以上地方人民政府统计机构。

第四十九条 民间统计调查活动的管理办法，由国务院制定。

中华人民共和国境外的组织、个人需要在中华人民共和国境内进行统计调查活动的，应当按照国务院的规定报请审批。

利用统计调查危害国家安全、损害社会公共利益或者进行欺诈活动的，依法追究法律责任。

第五十条 本法自 2010 年 1 月 1 日起施行。

国务院关于修改《中华人民共和国统计法实施细则》的决定

国务院决定对《中华人民共和国统计法实施细则》作如下修改：

一、将第六条修改为："国家统计局及其派出的调查队、县级以上地方各级人民政府统计机构是国家执行统计法规和统计制度的机关，负责监督检查统计法规和统计制度的实施，维护统计机构和统计人员的职权，依法查处违反统计法规和统计制度的行为。"

增加一款作为第二款，规定："县级以上地方各级人民政府统计机构依法查处本行政区域内发生的统计违法行为；在国家统计局派出的调查队组织实施的统计调查中发生的统计违法行为，由组织实施该项统计调查的调查队负责查处。"

二、将第二十一条修改为："国家建立健全统计数据质量监控和评估的制度，加强对各省、自治区、直辖市重要统计数据的监控和评估。"

三、将第二十二条第一款中的第三项修改为："在国务院领导下，会同有关部门组织重大的国情国力普查，组织、协调全国社会经济抽样调查；"第七项修改为："统一领导和管理国家统计局派出的调查队；"

增加一款作为第二款，规定："国家统计局派出的调查队承担国家统计局布置的各项调查任务，依法独立开展统计调查，独立上报统计资料。"

四、删除第二十三条第一款中的第六项。

五、将第二十六条第一款中的第二项修改为："按照国家有关规定，报送和提供统计资料，对本单位计划的执行情况和经营管理的效益，进行统计分析和统计监督；"

六、将第三十三条第一款修改为："企业事业组织有《统计法》第二十七条第一款所列违法行为之一的，由县级以上人民政府统计机构或者国家统计局派出的调查队予以警告，并可以处5万元以下的罚款。"第二款修改为："个体工商户有《统计法》第二十七条第一款所列违法行为之一的，由县级以上人民政府统计机构或者国家统计局派出的调查队予以警告，并可以处1万元以下的罚款。"

本决定自2006年2月1日起施行。

《中华人民共和国统计法实施细则》根据本决定作相应的修改，重新公布。

二〇〇五年十二月十六日

中华人民共和国统计法实施细则

（1987年1月19日国务院批准 1987年2月15日国家统计局发布 2000年6月2日国务院批准修订 2000年6月15日国家统计局发布 根据2005年12月16日《国务院关于修改〈中华人民共和国统计法实施细则〉的决定》修订）

第一章 总则

第一条 根据《中华人民共和国统计法》（以下简称《统计法》）的规定，制定本细则。

第二条 《统计法》所指的统计，是指运用各种统计方法对国民经济和社会发展情况进行统计调查、统计分析，提供统计资料和统计咨询意见，实行统计监督等活动的总称。

国民经济和社会发展的统计项目分类，由国家统计局规定、调整。

第三条 国家有计划地用现代信息技术装备各级人民政府统计机构，建立健全国家统计信息自动化系统。国务院各部门根据工作需要，有计划地用现代信息技术装备本部门及其管辖系统的统计机构。

县级以上各级人民政府应当将国家统计信息工程建设列入发展计划。国家统计信息工程建设，由国家统计局统一领导，县级以上地方各级人民政府统计机构分级负责。

第四条 统计机构和统计人员实行工作责任制，实行考核和奖惩制度，不断提高工作质量和工作效率。

统计机构和统计人员依法独立行使下列职权：

（一）统计调查权——调查、搜集有关资料，召开有关调查会议，检查与统计资料有关的原始记录和凭证。统计调查对象应当依照《统计法》和国家有关规定，如实提供统计资料和情况，不得虚报、瞒报、拒报、迟报，不得伪造、篡改。

（二）统计报告权——将统计调查取得的统计资料和情况加以整理、分析，向上级领导机关和有关部门提出统计报告。任何单位或者个人不得阻挠和扣压统计报告，不得篡改统计资料。

（三）统计监督权——根据统计调查和统计分析，对国民经济和社会发展情况进行统计监督，检查国家政策和计划的实施，考核经济效益、社会效益和工作成绩，检查和揭露存在的问题，检查虚报、瞒报、伪造、篡改统计资料的行为，提出改进工作的建议。有关部门和单位对统计机构、统计人员反映、揭露的问题和提出的建议，应当及时处理，作出答复。

第五条 县级以上地方各级人民政府、各部门、各企业事业组织，应当根据国家统计任务和本地区、本部门、本单位的需要，在下列方面加强对统计工作的领导和监督：

（一）领导和支持统计机构、统计人员和其他有关人员执行统计法规和统计制度，准确、及时地完成统计工作任务，加强统计工作现代化建设；

（二）吸收和组织统计人员参加讨论有关政策

和计划、研究经济和社会发展问题的会议，发挥统计的服务和监督作用；

（三）根据国家统一部署，组织实施重大的国情国力普查；

（四）按照规定审批统计调查计划，切实解决经批准的统计调查需要的人员和经费。

第六条　国家统计局及其派出的调查队、县级以上地方各级人民政府统计机构是国家执行统计法规和统计制度的机关，负责监督检查统计法规和统计制度的实施，维护统计机构和统计人员的职权，依法查处违反统计法规和统计制度的行为。

县级以上地方各级人民政府统计机构依法查处本行政区域内发生的统计违法行为；在国家统计局派出的调查队组织实施的统计调查中发生的统计违法行为，由组织实施该项统计调查的调查队负责查处。

第二章　统计调查计划和统计制度

第七条　县级以上各级人民政府统计机构和有关部门按照下列三类情况，分别建立统计制度，编制统计调查计划，按照规定经审查机关批准后实施：

（一）国家统计调查，是指全国性基本情况的统计调查，包括国家统计局单独拟订的和国家统计局与国务院有关部门共同拟订的统计调查项目。国家统计调查计划中新的、重大的统计调查项目，由国家统计局报国务院审批；经常性的、一般性的统计调查项目，由国家统计局审批。

各地方、各部门、各单位必须严格按照国家统计调查方案实施国家统计调查。

（二）部门统计调查，是指各部门的专业性统计调查。部门统计调查计划和统计调查方案，由该部门的统计机构组织本部门各有关职能机构编制。其中，统计调查对象属于本部门管辖系统内的，由本部门领导人审批，报国家统计局或者本级地方人民政府统计机构备案；统计调查对象超出本部门管辖系统的，报国家统计局或者本级地方人民政府统计机构审批，其中重要的，报国务院或者本级地方人民政府审批。各部门统计调查管辖系统的划分办法，由国家统计局会同国务院有关部门提出，报国务院批准后实施。

（三）地方统计调查，是指地方人民政府需要的地方性的统计调查。地方统计调查计划和统计调查方案的报批办法，由省、自治区直辖市人民政府统计机构规定，报国家统计局备案。

第八条　部门统计调查和地方统计调查不得与国家统计调查重复、矛盾。

国家统计调查与部门统计调查、地方统计调查的分工，由国家统计局会同国务院有关部门和省、自治区、直辖市人民政府统计机构具体商定。

第九条　县级以上各级人民政府的综合协调部门需要的统计资料，应当从本级人民政府统计机构和有关部门搜集；确实需要直接进行统计调查的，应当编制统计调查计划和统计调查方案，依照《统计法》和本细则的有关规定，经批准后实施。

县级以上各级人民政府有关部门组织实施的部门统计调查，应当及时向本级人民政府统计机构报送基本统计资料或者综合统计资料。

国家统计局和县级以上地方各级人民政府统计机构，应当定期、无偿地向本级人民政府部门提供有关综合统计资料。

第十条　统计调查计划按照统计调查项目编制。统计调查项目，是指一定时期内为实现特定统计调查目的而组织实施的统计调查。统计调查项目的计划应当列明：项目名称、调查机关、调查目的、调查范围、调查对象、调查方式、调查时间、调查的主要内容。

编制统计调查计划，必须同时编制统计调查方案。统计调查方案应当包括下列内容：

（一）供统计调查对象填报用的统计调查表和说明书；

（二）供整理上报用的统计综合表和说明书；

（三）统计调查需要的人员和经费及其来源。

第十一条　县级以上各级人民政府统计机构、各部门统计机构对送审的统计调查计划和统计调查方案的必要性、可行性、科学性应当进行严格审查；对不符合本细则规定的，应当退回修改或者不予批准。编制和审查统计调查方案，应当遵循下列原则：

（一）在已经批准实施的各种统计调查中能够搜集到资料的，不得重复调查；

（二）抽样调查、重点调查或者行政记录可以满足需要的，不得制发全面统计调查表；一次性统计调查可以满足需要的，不得进行经常性统计调查；按年统计调查可以满足需要的，不得按季统计调查；按季统计调查可以满足需要的，不得按月统计调查；月以下的进度统计调查必须从严控制；

（三）编制新的统计调查方案，必须事先试点或者征求有关地方、部门和基层单位的意见，进行可行性论证，保证切实可行，注重调查效益；

（四）统计调查需要的人员和经费应当有保证。

第十二条　国家建立周期性的普查制度。周期性普查由国务院和地方各级人民政府统一领导，组织统计机构和有关部门共同实施，所需要的经费由中央和地方财政共同负担。

进行经常性抽样调查，应当通过基本统计单位普查和行政记录的方式，查明基本统计单位及其分布情况，建立科学的抽样框，按照随机原则在调查总体中选取足以代表总体的样本单位，减少抽样误差。

第十三条　按照规定程序批准的统计调查表，必须在右上角标明表号、制表机关、批准或者备案机关、批准或者备案文号、有效期限。

对未标明前款所列内容或者超过有效期限的统计调查表，有关统计调查对象有权拒绝填报，统计机构有权废止。

第十四条　统计调查方案所规定的指标涵义、调查范围、计算方法、分类目录、调查表式、统计编码等，未经批准该统计调查方案的机关同意，任何单位或者个人不得修改。

第三章　统计资料的管理和公布

第十五条　各地方、各部门、各单位应当健全统计资料的审核制度，保障统计资料的准确性和及时性。

各部门、各企业事业组织提供的统计资料，由本部门、本单位领导人或者统计负责人审核、签署或者盖章后上报。有关财务统计资料由财务会计机构或者会计人员提供，并经财务会计负责人审核、签署或者盖章。县级以上各级人民政府统计机构和乡、镇统计员提供的统计资料，由本级人民政府统计机构负责人或者乡、镇统计员审核、签署或者盖章后上报。

第十六条　各级领导机关制定政策、计划，检查政策、计划执行情况，考核经济效益、社会效益和工作成绩，进行奖励和惩罚等，需要使用统计资料的，必须依照《统计法》第十三条的规定，以统计机构或者统计负责人签署或者盖章的统计资料为准。

第十七条 县级以上各级人民政府统计机构必须做好统计信息咨询服务工作，充分利用可以公开的社会经济信息为社会公众服务。

符合国家有关规定，在《统计法》和统计制度规定之外提供统计信息咨询，实行有偿服务。具体办法由国家统计局会同国务院价格主管部门制定。

第十八条 各地方、各部门、各单位必须执行国家有关统计资料保密管理的规定，加强对统计资料的保密管理。

第十九条 各地方、各部门、各单位必须建立统计资料档案制度。统计资料档案的保管、调用和移交，应当遵守国家有关档案管理的规定。

第二十条 国家建立健全统计资料定期公布制度。

国家统计局统计调查取得的统计数据，由国家统计局公布。国务院有关部门统计调查取得的统计数据，由国务院有关部门公布；其中，与国家统计局统计调查取得的统计数据有重复、交叉的，应当在同国家统计局协商后，由国务院有关部门公布。国务院有关部门公布统计数据，应当自公布之日起10日内报国家统计局备案。

县级以上地方各级人民政府统计机构和有关部门公布其统计调查取得的地方统计数据，比照前款规定执行。

第二十一条 国家建立健全统计数据质量监控和评估的制度，加强对各省、自治区、直辖市重要统计数据的监控和评估。

第四章 统计机构和统计人员

第二十二条 国家统计局履行下列职责：

（一）根据有关法律、行政法规和国家有关政策和计划，制定统计工作规章，制订统计工作现代化规划和国家统计调查计划，组织领导和协调全国统计工作，监督检查统计法规和统计制度的实施；

（二）健全国民经济核算制度和统计指标体系，制定全国统一的基本统计报表制度；制定或者与有关部门共同制定国家统计标准，审定部门统计标准；

（三）在国务院领导下，会同有关部门组织重大的国情国力普查，组织、协调全国社会经济抽样调查；

（四）根据国家制定政策、计划和进行管理的需要，搜集、整理、提供全国性的基本统计资料，对国民经济和社会发展情况进行统计分析、统计预测和统计监督；

（五）审查国务院各部门编制的统计调查计划和统计调查方案，管理国务院各部门制发的统计调查表；

（六）检查、审定、管理、公布、出版全国性的基本统计资料，定期发布全国国民经济和社会发展情况的统计公报；

（七）统一领导和管理国家统计局派出的调查队；

（八）组织指导全国统计科学研究、统计教育、统计干部培训和统计书刊出版工作；

（九）开展统计工作和统计科学的国际交流。

国家统计局派出的调查队承担国家统计局布置的各项调查任务，依法独立开展统计调查，独立上报统计资料。

第二十三条 县级以上地方各级人民政府统计机构履行下列职责：

（一）完成国家统计调查任务，执行国家统计标准，执行全国统一的基本统计报表制度；

（二）制订本行政区域内的统计工作现代化规划、统计调查计划和统计调查方案，统一领导和协调本行政区域内包括中央和地方单位的统计工作，监督检查统计法规和统计制度的实施；

（三）根据本行政区域内制定计划和进行管理的需要，搜集、整理、提供基本统计资料，对本行政区域内国民经济和社会发展情况进行统计分析、统计预测和统计监督；

（四）审查本行政区域内各部门的统计调查计划和统计调查方案，管理本行政区域内各部门制发的统计调查表；

（五）按照国家有关规定，检查、审定、管理、公布、出版本行政区域内的基本统计资料；省、自治区、直辖市人民政府统计机构定期发布本行政区域内国民经济和社会发展情况的统计公报；自治州、县、自治县、市、市辖区人民政府统计机构按照本级人民政府的决定，发布本行政区域内国民经济和社会发展情况的统计公报；

（六）组织指导本行政区域内各部门、各单位加强统计基础工作建设，加强统计教育、统计干部培训和统计科学研究工作；对本行政区域内人民政府统计机构干部和乡、镇统计员进行考核和奖励。

县级以上地方各级人民政府统计机构受本级人民政府和上级人民政府统计机构的双重领导，在统计业务上以上级人民政府统计机构的领导为主。

第二十四条 乡、镇统计员执行乡、镇综合统计的职能，履行下列职责：

（一）完成国家统计调查和地方统计调查任务，执行国家统计标准，执行全国统一的基本统计报表制度，执行统计法规和统计制度，监督检查统计法规和统计制度的实施；

（二）按照国家有关规定，搜集、整理、分析、提供和管理本乡、镇的基本统计资料；

（三）组织指导本乡、镇各有关单位、人员加强农村统计基础工作建设，健全本乡、镇的统计台账制度和统计档案制度，组织乡、镇以下的统计业务工作。

乡、镇人民政府应当根据《统计法》等有关规定和统计工作的需要，设置专职的或者兼职的统计员，建立健全乡、镇统计信息网络。乡、镇统计员和乡、镇统计信息网络在统计业务上受县级人民政府统计机构的领导。

村的统计工作，由村民委员会指定专人负责，其在统计业务上受乡、镇统计员的领导。

第二十五条 县级以上各级人民政府有关部门的统计机构或者统计负责人执行本部门综合统计的职能，履行下列职责：

（一）组织指导、综合协调本部门各职能机构（包括生产、供销、基建、劳动人事、财务会计等机构）的统计工作，共同完成国家统计调查、部门统计调查和地方统计调查任务，执行统计法规和统计制度，监督检查统计法规和统计制度的实施；

（二）制订本部门的统计工作现代化规划、统计调查计划和统计调查方案，组织指导本部门及其管辖系统内企业事业组织的统计工作，加强统计队伍和统计基础工作建设；

（三）按照国家有关规定，向上级领导机关和本级人民政府统计机构报送和提供本部门的基本统计资料，会同计划和其他有关职能机构对本部门执行政策、计划和经营管理效益的情况，进行统计分析、统计预测和统计监督；

（四）管理本部门制发的统计调查表和基本统计资料；

（五）会同本部门的人事教育机构，组织指导本部门的统计教育和统计干部培训；对本部门统计人员进行考核和奖励；加强本部门统计科学研究工作。

县级以上各级人民政府有关部门统计机构的设置，应当根据实际需要，本着精简、效能的原则，依照《统计法》规定执行。

第二十六条 企业事业组织的统计机构或者统计负责人执行本单位综合统计的职能，履行下列职责：

（一）组织指导、综合协调本单位各职能机构和下属机构的统计工作，共同完成国家统计调查、部门统计调查和地方统计调查任务，制订、实施本单位的统计工作计划和统计制度，执行统计法规和统计制度，监督检查统计法规和统计制度的实施；

（二）按照国家有关规定，报送和提供统计资料，对本单位计划的执行情况和经营管理的效益，进行统计分析和统计监督；

（三）管理本单位的统计调查表和基本统计资料；

（四）会同本单位有关职能机构完善计量、检测制度，建立健全原始记录、统计台账和核算制度。

企业事业组织的统计机构或者统计负责人在统计业务上，受所在地人民政府统计机构或者乡、镇统计员的指导。

中小型企业事业组织不单设统计人员的，可以指定人员专门负责统计工作。

第二十七条 统计负责人，是指代表本部门或者本单位履行《统计法》规定职责的主要责任人员。不设统计机构的，一般应当由具备相当统计专业技术职务条件的人员担任统计负责人。

第二十八条 各地方、各部门、各单位应当根据国家有关规定和工作需要，设置统计专业技术职务。

第二十九条 具有统计专业技术职务的人员的调动，应当分别征求本地区、本部门、本单位统计机构或者统计负责人的意见；其中，具有中级以上统计专业技术职务的人员的调动，应当征得上级统计机构的同意。

县级以上地方各级人民政府统计机构主要负责人的调动，应当征得上一级人民政府统计机构的同意。乡、镇统计员的调动，应当征得县级人民政府统计机构的同意。

各部门和企业事业组织统计负责人的调动，应当征求上级主管部门和所在地人民政府统计机构的意见。

第三十条 国家统计局和县级以上地方各级人民政府统计机构，应当有计划地对统计人员进行培训，加强对统计人员的职业道德教育，提高统计人员的业务素质。

国家统计局和县级以上地方各级人民政府统计机构增加和补充统计人员，应当从具备统计专业知识的人员中选调。

第五章　奖励和惩罚

第三十一条 县级以上各级人民政府统计机构、各部门、各企业事业组织，应当依照国家或者企业事业组织的规定，对有下列表现之一的统计人员或者集体，定期评比，给予奖励：

（一）在改革和完善统计制度、统计方法等方面，做出重要贡献的；

（二）在完成规定的统计调查任务，保障统计资料的准确性、及时性方面，做出显著成绩的；

（三）在进行统计分析、统计预测和统计监督方面，有所创新，取得重要成绩的；

（四）在运用和推广现代信息技术方面，取得显著效果的；

（五）在改进统计教育和统计专业培训，进行统计科学研究，提高统计科学水平方面，做出重要贡献的；

（六）坚持实事求是，依法办事，同违反统计法规和统计制度的行为作斗争，表现突出的；

（七）揭发、检举统计违法行为有功的。

奖励分为：通令嘉奖、记功、记大功、晋级、升职、授予荣誉称号，并可以发给奖品、奖金。奖金按照国家或者企业事业组织的规定在有关经费中开支。

第三十二条 下列行为，属于《统计法》第二十七条第一款所称情节较重的违法行为：

（一）虚报、瞒报、伪造、篡改统计资料数额较大或者占应报数额的份额较多的；

（二）虚报、瞒报、伪造、篡改或者拒报统计资料，二年内再次发生的；

（三）虚报、瞒报、伪造、篡改、拒报或者屡次迟报统计资料，被责令改正而拒不改正的；

（四）虚报、瞒报、伪造、篡改、拒报或者屡次迟报统计资料，造成严重后果或者恶劣影响的；

（五）在接受统计检查时，拒绝提供情况、提供虚假情况或者转移、隐匿、毁弃原始统计记录、统计台账、统计报表以及与统计有关的其他资料的；

（六）使用暴力或者威胁的方法阻挠、抗拒统计检查的；

（七）国家统计局依法认定的其他行为。

第三十三条 企业事业组织有《统计法》第二十七条第一款所列违法行为之一的，由县级以上人民政府统计机构或者国家统计局派出的调查队予以警告，并可以处5万元以下的罚款。

个体工商户有《统计法》第二十七条第一款所列违法行为之一的，由县级以上人民政府统计机构或者国家统计局派出的调查队予以警告，并可以处1万元以下的罚款。

第三十四条 任何单位或者个人有《统计法》第二十九条第二款所列违法行为的，由县级以上人民政府统计机构责令改正，没收违法所得，并可以处违法所得1倍以上3倍以下的罚款；没有违法所得的，可以处3万元以下的罚款。

第六章 附则

第三十五条 中华人民共和国境外的组织、个人需要在中华人民共和国境内进行统计调查活动的，应当委托中华人民共和国境内具有涉外统计调查资格的机构进行。

统计调查范围限于省、自治区、直辖市行政区域内的，应当持有关证明文件和统计调查方案，向省、自治区、直辖市人民政府统计机构提出申请，由省、自治区、直辖市人民政府统计机构审批；统计调查范围跨省、自治区、直辖市行政区域的，应当持有关证明文件和统计调查方案，向国家统计局提出申请，由国家统计局审批。

第三十六条 本细则自发布之日起施行。

统计违法违纪行为处分规定

（监察部2009年2月9日第一次部长办公会议　人力资源社会保障部2008年12月30日第十六次部务会议　国家统计局2008年11月6日第十八次局务会议审议通过　2009年3月25日中华人民共和国监察部、中华人民共和国人力资源和社会保障部、国家统计局令第18号公布　自2009年5月1日起施行）

第一条　为了加强统计工作，提高统计数据的准确性和及时性，惩处和预防统计违法违纪行为，促进统计法律法规的贯彻实施，根据《中华人民共和国统计法》、《中华人民共和国行政监察法》、《中华人民共和国公务员法》、《行政机关公务员处分条例》及其他有关法律、行政法规，制定本规定。

第二条　有统计违法违纪行为的单位中负有责任的领导人员和直接责任人员，以及有统计违法违纪行为的个人，应当承担纪律责任。属于下列人员的（以下统称有关责任人员），由任免机关或者监察机关按照管理权限依法给予处分：

（一）行政机关公务员；

（二）法律、法规授权的具有公共事务管理职能的事业单位中经批准参照《中华人民共和国公务员法》管理的工作人员；

（三）行政机关依法委托的组织中除工勤人员以外的工作人员；

（四）企业、事业单位、社会团体中由行政机关任命的人员。

法律、行政法规、国务院决定和国务院监察机关、国务院人力资源社会保障部门制定的处分规章对统计违法违纪行为的处分另有规定的，从其规定。

第三条　地方、部门以及企业、事业单位、社会团体的领导人员有下列行为之一的，给予记过或者记大过处分；情节较重的，给予降级或者撤职处分；情节严重的，给予开除处分：

（一）自行修改统计资料、编造虚假数据的；

（二）强令、授意本地区、本部门、本单位统计机构、统计人员或者其他有关机构、人员拒报、虚报、瞒报或者篡改统计资料、编造虚假数据的；

（三）对拒绝、抵制篡改统计资料或者对拒绝、抵制编造虚假数据的人员进行打击报复的；

（四）对揭发、检举统计违法违纪行为的人员进行打击报复的。

有前款第（三）项、第（四）项规定行为的，应当从重处分。

第四条　地方、部门以及企业、事业单位、社会团体的领导人员，对本地区、本部门、本单位严重失实的统计数据，应当发现而未发现或者发现后不予纠正，造成不良后果的，给予警告或者记过处分；造成严重后果的，给予记大过或者降级处分；造成特别严重后果的，给予撤职或者开除处分。

第五条　各级人民政府统计机构、有关部门及其工作人员在实施统计调查活动中，有下列行为之一的，对有关责任人员，给予记过或者记大过处分；情节较重的，给予降级或者撤职处分；情节严重的，给予开除处分：

（一）强令、授意统计调查对象虚报、瞒报或者伪造、篡改统计资料的；

（二）参与篡改统计资料、编造虚假数据的。

第六条 各级人民政府统计机构、有关部门及其工作人员在实施统计调查活动中，有下列行为之一的，对有关责任人员，给予警告、记过或者记大过处分；情节较重的，给予降级处分；情节严重的，给予撤职处分：

（一）故意拖延或者拒报统计资料的；

（二）明知统计数据不实，不履行职责调查核实，造成不良后果的。

第七条 统计调查对象中的单位有下列行为之一，情节较重的，对有关责任人员，给予警告、记过或者记大过处分；情节严重的，给予降级或者撤职处分；情节特别严重的，给予开除处分：

（一）虚报、瞒报统计资料的；

（二）伪造、篡改统计资料的；

（三）拒报或者屡次迟报统计资料的；

（四）拒绝提供情况、提供虚假情况或者转移、隐匿、毁弃原始统计记录、统计台账、统计报表以及与统计有关的其他资料的。

第八条 违反国家规定的权限和程序公布统计资料，造成不良后果的，对有关责任人员，给予警告或者记过处分；情节较重的，给予记大过或者降级处分；情节严重的，给予撤职处分。

第九条 有下列行为之一，造成不良后果的，对有关责任人员，给予警告、记过或者记大过处分；情节较重的，给予降级或者撤职处分；情节严重的，给予开除处分：

（一）泄露属于国家秘密的统计资料的；

（二）未经本人同意，泄露统计调查对象个人、家庭资料的；

（三）泄露统计调查中知悉的统计调查对象商业秘密的。

第十条 包庇、纵容统计违法违纪行为的，对有关责任人员，给予记过或者记大过处分；情节较重的，给予降级或者撤职处分；情节严重的，给予开除处分。

第十一条 受到处分的人员对处分决定不服的，依照《中华人民共和国行政监察法》、《中华人民共和国公务员法》、《行政机关公务员处分条例》等有关规定，可以申请复核或者申诉。

第十二条 任免机关、监察机关和人民政府统计机构建立案件移送制度。

任免机关、监察机关查处统计违法违纪案件，认为应当由人民政府统计机构给予行政处罚的，应当将有关案件材料移送人民政府统计机构。人民政府统计机构应当依法及时查处，并将处理结果书面告知任免机关、监察机关。

人民政府统计机构查处统计行政违法案件，认为应当由任免机关或者监察机关给予处分的，应当及时将有关案件材料移送任免机关或者监察机关。任免机关或者监察机关应当依法及时查处，并将处理结果书面告知人民政府统计机构。

第十三条 有统计违法违纪行为，应当给予党纪处分的，移送党的纪律检查机关处理。涉嫌犯罪的，移送司法机关依法追究刑事责任。

第十四条 本规定由监察部、人力资源社会保障部、国家统计局负责解释。

第十五条 本规定自 2009 年 5 月 1 日起施行。

浙江省人民代表大会常务委员会
公　告

第45号

《浙江省人民代表大会常务委员会关于修改〈浙江省统计工作监督管理条例〉的决定》已于2009年12月30日经浙江省第十一届人民代表大会常务委员会第十五次会议通过，现予公布，自公布之日起施行。

浙江省人民代表大会常务委员会

2009年12月30日

浙江省人民代表大会常务委员会关于修改《浙江省统计工作监督管理条例》的决定

（2009年12月30日浙江省第十一届人民代表大会常务委员会第十五次会议通过）

浙江省第十一届人民代表大会常务委员会第十五次会议决定对《浙江省统计工作监督管理条例》作如下修改：

一、第一条修改为："为了加强对统计工作的监督管理，保障《中华人民共和国统计法》和其他有关法律、行政法规的有效实施，制定本条例。"

二、第六条第二款修改为："县级以上人民政府统计机构可以委托统计执法检查机构实施行政处罚。"

三、删去第十四条、第十五条、第十六条和第十七条。

四、增加一条，作为第十四条："违反本条例规定的行为，法律、行政法规已有法律责任规定的，从其规定。"

此外，根据本决定对条文顺序作相应调整。

本决定自公布之日起施行。

浙江省统计工作监督管理条例

（1990年5月12日浙江省第七届人民代表大会常务委员会第十六次会议通过　根据1994年12月19日浙江省第八届人民代表大会常务委员会第十五次会议《关于修改〈浙江省统计工作监督管理条例〉的决定》第一次修正　根据2001年11月2日浙江省第九届人民代表大会常务委员会第二十九次会议《关于修改〈浙江省统计工作监督管理条例〉的决定》第二次修正　根据2009年12月30日浙江省第十一届人民代表大会常务委员会第十五次会议《关于修改〈浙江省统计工作监督管理条例〉的决定》第三次修正）

第一条　为了加强对统计工作的监督管理，保障《中华人民共和国统计法》和其他有关法律、行政法规的有效实施，制定本条例。

第二条　本省行政区域内的所有单位和个人，均有遵守统计法律、法规的义务，并有权检举、控告统计违法行为。

第三条　统计工作必须坚持实事求是的原则，运用科学的方法，保障统计资料的准确性和及时性，为指导国民经济和社会发展提供服务。

第四条　县级以上人民政府应当加强对统计工作的领导，支持统计机构和统计人员依法独立行使职权，并为开展统计工作监督管理提供必要的保障。

县级以上人民政府应当依法设立统计机构。

第五条　县级以上人民政府统计机构统一监督管理本行政区域内的统计工作。

县级以上人民政府各部门在同级人民政府统计机构的指导下，负责监督管理本部门、本系统的统计工作。

乡、镇统计站或统计员执行乡、镇综合统计的职能，监督检查统计法律、法规和统计制度的实施。

第六条　县级以上人民政府统计机构应当加强统计执法队伍建设，依法行使统计检查监督权，查处统计违法行为。

县级以上人民政府统计机构可以委托统计执法检查机构实施行政处罚。

第七条　县级以上人民政府统计机构和各部门监督管理统计工作的职责是：

（一）检查统计法律、法规实施情况；

（二）制止统计违法行为；

（三）支持统计机构和统计人员依法行使职权，维护统计人员正当权益；

（四）表彰模范执行、遵守统计法律、法规的单位和个人。

统计违法行为由县级以上人民政府统计机构依法查处。

第八条　统计工作监督管理的范围是：

（一）填报统计资料是否准确、及时、全面；

（二）制发统计调查表是否依法定程序经过审查、批准或备案；

（三）统计资料是否依法定权限统一管理；

（四）公布统计资料是否依法定程序经过核定和批准；

（五）管理、使用、公布统计资料是否符合保密规定；

（六）调动统计人员是否按国家规定征求统计机构和统计负责人意见或征得同意；

（七）统计机构和统计人员依法行使统计调查、统计报告和统计监督等职权是否受到妨碍；

（八）其他执行统计法律、法规的情况。

第九条 本省行政区域内的国家机关、企业事业组织、社会团体和其他组织等基本统计单位，应当在依法设立或变更后三十日内，到当地县级以上人民政府统计机构办理统计登记或变更登记手续。

工商、民政、编制管理等部门核准设立、注销基本统计单位时，应当及时向本级人民政府统计机构抄送有关资料。

第十条 县级以上人民政府统计机构应当加强对统计人员的培训，提高其业务素质。统计人员应当按规定取得《统计证》持证上岗。

第十一条 统计机构和统计人员必须依法如实提供统计资料。对统计机构和统计人员提供的统计资料，任何地方、部门、单位的领导人不得自行修改，不得强令或授意统计机构、统计人员篡改。任何单位和个人不得编造或强令、授意他人编造虚假数据。

统计机构、统计人员不得泄露在统计调查中知悉的国家秘密、统计调查对象的商业秘密。对属于私人、家庭的单项调查资料，未经本人同意，不得泄露。

第十二条 县级以上人民政府统计机构应当建立统计工作检查制度，定期对本行政区域内的统计工作进行检查，并可以根据实际情况，组织专项检查。

县级以上人民政府各部门有权对本部门、本系统的企业事业组织统计工作进行检查。

县级以上人民政府统计机构和各部门在行使统计检查监督权时，有权检查与统计资料有关的各种原始记录和凭证，被检查的部门、单位应当提供，不得拒绝。

统计检查人员在行使统计检查监督权时，应当出示统计检查证件。

第十三条 县级以上人民政府统计机构根据统计工作监督管理需要，可以向本行政区域内的有关单位发出《统计检查查询书》、《统计调查表催报单》，有关单位应当按照规定的期限和要求，如实答复或报送统计资料。

县级以上人民政府各部门根据统计工作监督管理需要，可以向本部门、本系统的企业事业组织发出《统计检查查询书》、《统计调查表催报单》。

第十四条 违反本条例规定的行为，法律、行政法规已有法律责任规定的，从其规定。

第十五条 统计人员因依法履行职责而受到地方、部门、单位领导人打击报复的，有关地方、部门、单位应当及时纠正，并恢复其名誉。

对同违反统计法律、法规和统计制度的行为作斗争，表现突出或揭发、检举统计违法行为有功的，应当依法予以奖励。

第十六条 对违反统计法律、法规，应当予以行政处分的人员，县级以上人民政府统计机构可以向有关部门、单位提出《行政处分建议书》；有关部门、单位应当依法及时处理。

第十七条 本条例自 1990 年 7 月 1 日起施行。

浙江省人民政府
关于进一步加强统计工作的意见

浙政发〔2005〕11号

（二〇〇五年二月五日）

统计工作是实行科学决策和管理的重要基础，是认识国情、省情，制定政策、规划的重要依据，是宏观调控和监测体系的重要组成部分。近年来，我省各级政府认真贯彻执行《中华人民共和国统计法》（以下简称《统计法》），不断推进统计改革和发展进程，大力加强统计能力建设，统计工作取得了显著成绩，促进了全省经济社会的平稳较快健康发展。但是一些地方还存在着统计机构不健全、统计改革滞后、统计数据弄虚作假、统计工作环境有待改善等问题。为了确保统计数据质量，提高统计服务水平，保障统计工作的正常开展，充分发挥统计部门的信息、咨询和监督职能，现就进一步加强统计工作提出如下意见，请各地、各部门结合实际，认真贯彻执行。

一、深化改革，逐步建立符合科学发展观要求的统计制度方法

（一）完善国民经济核算体系。认真贯彻落实《国务院办公厅转发国家统计局关于改进地区GDP核算工作意见的通知》（国办发〔2004〕82号），规范地区GDP核算方法，建立地区GDP数据联审制度，逐步创造条件，建立地区GDP核算下管一级和下算一级的制度，规范地区GDP数据的发布时间和发布方式。改革和完善统计指标体系，逐步建立反映社会进步、可持续发展和人的全面发展内容的统计制度和方法，建立和完善固定资产投资、现代服务业、商贸流通业、现代物流业、常住人口等方面的统计制度。加强对经济增长过程中能源、重要原材料、水资源消耗和土地使用、环境影响等方面的统计监测，探索开展绿色国民经济核算工作。

（二）创新统计服务方式。在为党政领导决策服务的同时，重视强化统计为社会公众服务的职能，加强统计信息网站建设，建立和完善统计发布制度，发挥统计信息在引导企业投资行为和居民消费行为中的作用，进一步提高统计服务水平。

二、依法统计，切实提高统计执法水平

（一）开展统计普法教育。结合“四五”普法教育和经济普查等工作，扎实开展统计普法教育活动，进一步增强全社会的统计法制意识，营造良好的统计法制建设氛围，促使统计调查对象自觉接受统计调查，及时、如实提供和上报统计资料，制止虚报、瞒报、拒报、迟报统计资料的行为。

（二）加大统计执法力度。强化统计执法监督机制，全面实施统计稽查制度，持之以恒地抓好统计执法工作。突出重点，集中力量，组织开展统计执法专项检查，加大对典型统计违法案件的曝光和查处力度。进一步健全统计执法队伍，规范执法程序，严格执法管理。各级统计、法制、监察、司法等有关部门要密切配合，发挥各自力量和优势，共同做好统计执法工作。

（三）加强统计数据质量管理。切实强化质量意识，严格执行岗位责任制，建立健全统计数据质量审核、评估、巡查和检查等管理制度，着力加强GDP、工业增加值、固定资产投资总额、社会消费品零售总额、城乡居民收入、价格指数等国民经济主要统计数据质量的审核评估工作，确保国民经济和社会主要统计数据真实、可信。

（四）切实维护统计的权威性和严肃性。各级领导干部要带头认真学习和贯彻执行《统计法》、《浙江省统计工作监督管理条例》、《浙江省统计违法行为行政处分规定》。各级政府要支持和保障统计部门独立行使统计调查、报告、监督的职权，对干扰统计工作，默许、暗示、授意、胁迫下属在统计上弄虚作假的领导干部，必须坚决予以查处，依法追究责任。

三、固本强基，大力加强统计能力建设

（一）健全统计机构、组织。严格按照《统计法》有关规定，认真落实《中共浙江省委办公厅、浙江省人民政府办公厅关于印发〈浙江省深化完善市县政府机构改革实施意见〉的通知》（浙委办〔2004〕53号）精神，做好县级统计机构单独设置工作。进一步健全市、县两级城市、农村、企业调查队。建立省、市两级社情民意调查网络。积极培育和发展统计中介机构和民间统计组织。搞好统计信息咨询服务行业的发展规划和综合协调工作，规范发展统计信息咨询服务市场。

（二）重视和加强基层统计基础建设。各乡镇、街道要有承担综合统计工作的机构和人员，建立健全统计工作网络。各行政村要根据社会经济发展和统计工作需要，确定专人负责统计工作。各统计调查单位要保证有一定力量完成上级部门布置的统计任务，着力健全统计台账和原始记录。

（三）加强和规范部门统计。明确政府综合统计与部门统计的职责分工，加强相互间的沟通协作，形成“整体、协力、互补、共享”局面。完善部门统计信息报送机制，畅通各部门、各行业协会依法向当地政府统计部门报送本部门、本行业统计、会计、业务资料的渠道。各级统计、工商、税务、质量技监、民政、编制等部门要加强协调和配合，尽快建立统一的基本单位名录库，为开展统计调查和行政管理提供基础资料。规范部门统计调查行为，调查对象超出本部门管辖系统的统计调查项目，需报同级政府统计部门审批，调查对象属于本部门管辖系统内的，报同级政府统计部门备案。

（四）推进统计信息化建设。根据信息技术发展趋势和政府管理要求，进一步完善统计信息工程建设规划，并将其列入信息化建设总体规划，明确建设目标、任务和进度。加强乡镇联网、企业统计直报网络、统计数据在线处理和统计综合数据库建设，争取用较短的时间，在全省建成一个以县级以上政府统计部门为主干，以信息丰富、结构合理、高效安全、充分共享为特征，覆盖政府相关部门、乡镇和大中型企业的统计信息网络和统计数据中心。各级统计部门要加强对基层单位和部门统计信息化建设相关业务的规划、指导和协调。各乡镇及大中型企业要将统计信息化建设作为统计基础工作的一项重要内容，为统计岗位配备计算机，实现与统计部门的网络互联。

（五）建设一支高素质的统计队伍。将真正热爱统计事业，敢于坚持原则报真数、说实话作为配备统计部门领导干部的一条重要标准。对各级统计部门领导班子成员进行职务调整时，应根据中组部和国家统计局关于统计系统干部管理的有关规定，

事先征求上级统计部门意见。为进一步加强统计调查和统计改革的综合协调工作，各地应根据工作需要在统计部门配备总统计师。各级统计、人事、教育等部门要把统计队伍建设尤其是高素质统计人才的培养、引进、使用作为一项重要工作来抓，保证统计机构、统计人员在稳定中不断加强。要通过多种途径搞好在职统计人员的教育和培训，完善统计从业人员资格认证制度。统计系统要进一步加强机关效能建设，广泛深入开展职业道德教育，大力表彰先进人物与事迹，进一步唱响“用数字说话、为发展服务”的主旋律。

（六）为统计部门创造良好工作环境。统计部门承担着对国民经济和社会发展情况进行统计调查、统计分析，提供统计资料和咨询意见，实行统计监督的职能各级政府要进一步提高对统计部门重要地位的认识，及时帮助统计部门解决实际问题，努力改善统计部门的工作和生活条件，使统计工作条件与工作任务相适应。统计部门开展统计业务、大型普查、抽样调查和重点专项调查所需经费，由各级财政予以必要的保障。

印发《关于在全省范围内倡导统计职业道德新风尚的决议》的通知

浙统办〔1997〕45号

各市（地）、县统计局，省级有关业务主管部门：

《关于在全省范围内倡导统计职业道德新风尚的决议》（以下简称《决议》）是在今年全省统计工作会议上形成的。根据会议的决议，我们在深入征求了全省各市、地统计局意见的基础上，进一步作了修改，现将《决议》印发给你们，请各地、各部门结合本单位实际，认真组织学习和讨论，深入开展统计职业道德教育，并以统计职业道德教育为中心，认真抓好全省统计干部队伍的精神文明建设工作。

浙江省统计局

一九九七年五月四日

全省统计工作会议关于在全省范围内倡导统计职业道德新风尚的决议

（1997年1月25日　全省统计工作会议通过）

全省统计工作会议全体代表热烈响应全省统计系统先进集体和先进工作者代表发出的关于“加强统计职业道德建设，形成良好的统计职业道德风尚”的倡议，认真讨论并审议了“浙江省统计职业道德规范”（见附件）。

会议认为，统计职业道德是统计工作者世界观、人生观、价值观的集中体现，是统计工作和活动中的行为规范，是统计系统社会主义精神文明建设的重要内容。统计职业道德的核心是实事求是、求真务实。基本要求是：依法统计，准确及时；科学严谨，优质服务；改革开拓，艰苦创业；甘当公仆，勤政廉洁。

会议指出，统计系统职业道德状况总体是好的，实事求是、客观公正、勤政廉洁的统计形象为社会所认可。但是，我们应当看到，在社会主义市场经济建设过程中，统计工作的新情况、新问题和新矛盾不断出现，统计调查与被调查者的关系日趋复杂，统计信息运行中的人为干扰因素逐渐增多，社会上一些不良风气在统计队伍中也有所蔓延和影响。因此，当前加强统计职业道德建设不仅十分必要，而且具有重要的现实意义。

会议要求，统计系统的各级领导要率先垂范，模范遵守统计职业道德。要把职业道德教育列入重要的日程，把职业道德教育与表彰先进、弘扬正气、学习身边的模范先进人物结合起来；与严格规章制度，强化监督机制加强统计法制建设结合起来；与强化优质服务全面发挥统计的信息、咨询与监督功能结合起来。

会议号召，全省各级统计部门和广大统计人员，在省委、省政府和国家统计局的正确领导下，认清形势，把握大局，抓住机遇，振奋精神，扎实工作，把我省统计职业道德建设提高到一个新水平，全面完成统计改革和建设的各项工作任务，为促进我省国民经济的持续、快速、健康发展和社会全面进步作出新贡献。

附：

浙江省统计职业道德规范

一、依法统计，准确及时

准确、及时、全面、方便是统计工作的基本要求，统计数据的准确性是统计工作的生命。依法统计是有效地、科学地组织统计工作的根本保证。统计工作者要敢于和善于运用统计法律、法规来处理统计工作中的各种关系和矛盾，做到有法必依，执法必严，违法必究。坚持实事求是，加强调查研究，讲真话、报实情，发扬“数不准确誓不休”的精神，千方百计搞准统计数据，不得弄虚作假。

二、科学严谨，优质服务

统计是国家综合管理工作的重要组成部分。统计的目的在于为党和国家制定政策和宏观调控提供重要依据，为各级党政领导及社会公众提快优质可信的统计与信息资料。统计工作者要以高度负责的精神，科学求实的态度，严谨细致的作风，严格按照统一的方法制度，运用现代新科学、新技术和新方法做好统计工作。并努力做好优质服务。

三、改革开拓，艰苦创业

改革是发展统计事业的动力。在建立社会主义市场经济体制过程中，统计工作者必须解放思想，更新观念，勇于改革，勤于实践，努力探索与建设适应社会主义市场经济要求的统计新体制。要继承和发扬艰苦奋斗的优良传统，做到敬业奉献，扎实苦干，艰苦创业，创造性地开展工作，以适应新时期统计事业发展的需要。

四、甘当公补，勤政廉洁

全心全意为人民服务是我党的宗旨。各级统计工作者都是人民的公仆，要发扬勤勤恳恳，兢兢业业，任劳任怨，不计名利，无私奉献的精神；要自觉抵制拜金主义，享乐主义，个人主义的影响，树立行业新风；要坚持廉洁自律，提倡勤俭作风，自觉遵守财经纪律和财务制度，模范遵守国家有关法律法规，严守国家机密和职业秘密。

宁波市人民政府关于进一步加强和改进统计工作的意见

甬政发〔2013〕53号

（二〇一三年四月二十八日）

各县（市）区人民政府，市直及部省属驻甬各单位：

为切实贯彻落实全省统计工作电视电话会议和《浙江省人民政府关于进一步加强和改进统计工作的意见》（浙政发〔2012〕7号）精神，进一步提高全市统计工作水平，确保统计数据质量，促进统计事业健康发展，现就加强和改进全市统计工作提出如下意见：

一、指导思想和总体要求

（一）指导思想。以邓小平理论、“三个代表”重要思想、科学发展观为指导，深入贯彻党的十八大精神，紧紧围绕市委、市政府重大决策部署，积极推进统计改革创新，着力提高统计能力、统计数据质量和政府统计公信力，不断提升统计工作科学化、现代化、规范化和法制化水平，为我市实现“两个基本”、建设“四好示范区”提供良好的统计保障。

（二）总体要求。按照“依法、全面、客观、及时、高效”的要求，进一步加强对统计工作的领导，加强统计基层基础、统计法制和统计干部队伍建设，积极推进统计方法制度创新，不断加大统计保障力度，优化统计工作环境，提高统计为科学发展服务的能力和水平，为全市各级党委、政府和社会公众提供优质高效的统计服务。

二、认真履行统计职能，积极推进方法制度创新

（一）充分发挥统计职能。要积极关注宏观经济政策变化和国内外重大事件等对经济运行的影响，认真分析本地区经济运行态势，及时反映经济运行中的积极变化和亮点，准确把握经济运行中出现的新情况、新问题和新动向。加强经济运行监测和分析预警，要根据形势发展变化情况建立健全统计监测和分析制度，特别要加强对新兴行业和新型业态的研究，建立并完善反映社会发展和社会管理情况的统计调查制度，努力做到统计制度的全覆盖。不断完善监测评价指标体系，提高分析判断能力，特别要关注并及时跟踪重要部门、行业和新兴产业等主要数据资料的变化情况，及时反映经济运行中苗头性、趋势性问题，以真实的数据如实反映区域经济社会发展状况，为党委、政府科学决策提供重要依据。

（二）积极推进统计调查方式方法创新。各地、各有关部门要采取多种方式着力推进基本单位名录库、企业一套表制度实施、数据采集处理软件系统和联网直报系统等“四大工程”建设。要根据形势发展变化适时调整统计监测制度，重点要健全面向发展方式转变、产业集聚、新兴产业、海洋经济、生态文明、文化产业、各类新型业态等的统计监测制度，并组织相关审核、评价工作。

（三）加强基本单位名录库管理。各级政府要统筹协调工商、国土资源、税务、房产管理、统计等部门，研究制定将规模较大的个体户转为企业、将无照个体户转为有照个体户的政策措施，切实解决民营企业和个体工商户可能存在的统计数据瞒报漏报等问题。各级工商、税务、质监、民政、编制等部门要在定期向同级政府综合统计部门提供本部门管理的单位名录变更信息基础上，加快推进部门间信息联网共享，及时动态维护统计基本单位名录库。

三、加强组织机构建设，不断健全统计网络

（一）不断完善统计机构。为认真落实省政府关于“县级以上开发区（工业园区）应设置统计职能部门或同级统计局派出机构，配备一定数量的专职统计人员”和“鼓励各地根据实际情况创新县级以下统计机构管理模式，建立健全小城市培育试点镇的统计机构”的要求，各重点开发区管委会和卫星城市试点镇（省级中心镇）要严格落实统计职责，健全统计工作网络，强化统计力量配备，可在综合设置的相关机构中增挂统计机构牌子，明确分管领导并配备相应的专（兼）职统计人员。同时，根据经济社会发展的新需要，各县（市）区要切实加强社会、文化、科技、环境、劳动、人口和就业等专业统计调查工作，充实必要的工作力量；要建立健全社情民意调查中心，相应增加社情民意调查人员力量。

（二）着力加强部门（行业）统计工作。进一步加强部门（行业）统计工作规范化建设，建立和完善“资源互补、信息共享”的统计工作机制。市级有关部门要高度重视统计工作，明确分管领导和统计负责人，配置统计机构及专职统计人员，并进一步完善统计工作网络，加强对县（市）区对口部门业务统计工作的指导和管理，健全落实全行业统计制度。市、县两级政府综合统计部门要依法加强对部门（行业）统计工作的管理、服务、指导和协调，明确职责分工，整合统计资源，完善工作机制，不断提高统计工作效率和服务水平。

（三）全面落实县域统计片区化管理运作体制机制，切实加强基层统计网络建设。县域统计片区化管理是夯实统计基层基础提高源头数据质量，实现我市经济社会发展成果应统尽统的重要抓手。各县（市）区政府要高度重视县域统计片区化管理运作体制机制的规范落实，切实解决片区工作站建设及运作过程中出现的困难和问题。要将片区工作站的日常运作经费纳入县级财政预算，抓紧配备与承担任务和实际需要相适应的工作站负责人和专（兼）职统计力量，确保片区工作站有效运作。乡、镇（街道）应根据实际工作需要配置相应的专（兼）职统计人员，确保统计工作有效开展。

四、坚持依法统计，切实优化统计工作环境

（一）强化依法统计意识。各级政府和部门领导干部要带头贯彻执行《统计法》，支持统计机构、统计从业人员独立行使统计调查、统计报告、统计监督职权，不得以任何方式干预统计工作。各级政府要将《统计法》列入干部教育学习和法律知识考试内容，提高各级干部尤其是领导干部的依法统计意识。政府综合统计部门要结合普法教育和各类普查、大型调查工作，采取多种形式扎实开展统计法制宣传教育活动，进一步增强广大统计调查对象和统计从业人员遵法守法意识。统计弄虚作假行为要发现一起查处一起，典型的违法案件应予以通报、曝光，要将统计守法情况纳入社会信用体系。

（二）加大统计执法力度。加强市、县两级统计执法检查队伍建设，县级以上统计部门内设机构中增挂统计稽查机构牌子，配备必要的执法力量。抓好统计执法工作常态化管理，实施统计巡查、统计执法大检查、统计稽查和统计执法专项检查相结合的多形化执法制度。进一步健全完善统计监督机制，规范执法程序严格执法管理。各级监察、法制等部门要积极配合统计执法检查工作，发挥各自力量和优势，共同做好统计执法工作。

（三）加强统计工作监督管理。加强统计分类标准管理，确保国家制定的统计分类标准执行到位，避免出现“数出多门”或“一门多数”情况。加强统计制度管理，各单位开展地方性统计调查必须依法向当地政府综合统计部门申报审批，防止产生重复调查与交叉调查现象。未经政府综合统计部门审批擅自开展统计调查的，被调查单位有权拒绝填报，政府综合统计部门要依法查处。未依法建立统计调查制度的指标，原则上不得纳入各级政府的规划或计划目标。加强涉外社会统计调查管理，确保统计调查合法性。加强统计调查数据发布管理，由政府综合统计部门统一对外发布重要的国民经济与社会发展统计数据，有关部门确需对外发布重要数据的要及时依法报送同级政府综合统计部门备案。

五、加强组织领导，切实加强对统计工作的保障力度

（一）高度重视统计工作。各级、各部门尤其是各级政府领导要从全面贯彻落实科学发展观的大局出发，充分认识统计工作的重要性，切实加强对统计工作的领导，自觉将统计工作纳入重要议事日程。要关心支持统计改革、建设和发展，定期就统计工作的重大事项开展调研，在人力、物力和财力等方面给予必要的投入和保障，努力为统计工作的顺利开展解决实际困难、创造必要条件。要切实组织好经济、农业、人口等大型国情国力普查工作和重大社会民生调查，确保普查和各项统计调查工作圆满完成。

（二）加强县级统计领导班子建设。当前，统计工作面广量大且专业性强，任务艰巨复杂。各地要高度重视县级统计部门领导班子建设，尤其要重视“一把手”的配备，注重骨干力量培养，在调整配备统计部门领导班子成员时，将懂经济、熟悉统计、有较强组织协调能力的干部充实到统计部门。根据中组部和国家统计局关于统计系统干部管理的有关规定，各地调整配备统计部门领导班子成员时应事先征求上级统计部门的意见。为适应当前统计工作任务日益繁重的需要，县级统计局可以参照省、市做法，配备总统计师，并按照机构编制管理规定程序报批。

（三）切实提高队伍素质。各级统计机构要不断加强对统计人员的教育培训，不断提高统计人员的业务能力和综合素质。要面向社会公开招考或招聘高素质专业人才；重视高素质、复合型人才的培养与使用，努力改善统计队伍人才结构。不断完善统计人员从业资格认定制度，深入开展统计职业道德教育，努力营造实事求是、严谨务实的工作氛围。

（四）建立统计工作经费保障长效机制。各级政府要加大对统计工作的投入力度，统计部门组织的周期性普查、大型调查、抽样调查和重点专项调查等相关工作经费和普（调）查员的补助费，各级财政要予以保障。要重视统计工作信息化建设并不断加大投入，在进一步完善各级统计机构信息网络、计算机房等基础设施建设的同时，不断向基层延伸，为企业联网直报和数据处理提供良好的物理环境。市、县级政府统计部门要加强对部门和基层单位信息化建设相关业务的指导，提高统计信息化整体水平。

（五）加强督查考评工作。各级政府要加强对区域统计工作的组织领导和管理，认真制定区域统计工作发展规划，分解落实工作任务。要将重点部门（行业）的统计工作开展和任务完成情况纳入政府目标管理考核内容并进行通报。要加强政府统计专项督查工作，定期对各级政府、各重点开发区域管委会、有关部门的统计工作及各地各部门统计力量配备落实情况进行督查通报。

宁波市人民政府关于进一步加强统计调查工作的实施意见

甬政发〔2015〕128 号

（二〇一五年十一月十三日）

各县（市）区人民政府，市直及部省属驻甬各单位：

为强化新形势下的统计调查能力建设，提高统计调查数据质量，推动统计调查事业发展，使统计调查工作更好服务我市经济社会发展大局，现就进一步加强统计调查工作提出如下意见：

一、充分认识统计调查工作的重要性

（一）统计调查是政府统计的重要内容。国家统计局各级调查队（以下简称国家调查队）是国家统计局设立的派出调查机构，是政府统计的重要组成部分，承担国家统计局布置的统计调查等任务（以下简称国家的统计调查任务），也承担为满足地方分级管理需要所开展的同类统计调查项目（以下简称地方的统计调查任务），同时，还承接地方委托的一些统计调查任务。

（二）统计调查数据是政府管理的重要信息基础。统计调查数据，既包括农业生产、小微企业及个体生产、价格变动、居民收支情况等一系列常规性调查数据，还包括定期的重大国情国力调查数据以及即时性的专题、专项调查等数据。这些统计调查数据不仅为国家宏观决策和管理提供了大量的基础性信息，也为地方各级党委、政府制定经济社会发展政策，以及改善民生提供了及时准确的参考依据。

二、依法统计调查，规范组织实施

（三）严格执行国家统计制度和方法。国家统计局统一的制度方法是统计调查工作的行为准则，具有设计的科学性、执行的严肃性、程序的统一性和行为的法定性，必须严格执行，不断提高制度方法的执行力。

（四）统一规范统计调查工作。国家调查队和地方政府统计机构要根据职能分工，各负其责、互相配合，实行信息共享，避免重复调查。在设立国家调查队的县（市）区，原则上由国家调查队组织完成国家和地方的统计调查任务。在未设立国家调查队的县（市）区，由地方政府统计机构组织完成地方和国家的统计调查任务。

（五）独立组织实施统计调查。要支持国家调查队和地方政府统计机构独立组织实施和完成所承担的各项统计调查任务，任何单位和个人不得以任何形式干扰统计调查工作，确保统计调查数据真实、准确。

（六）广泛开展统计法制宣传。要支持国家调查队和地方政府统计机构依法承担统计调查义务和行使统计调查职权。重视统计法制宣传，增强全社会特别是统计调查对象的法制意识和接受统计调查、提供调查资料的自觉性和责任感。

（七）加大统计执法工作力度。要抓好统计执法工作常态化、制度化管理，对在组织实施统计调查活动中发生的违法违纪行为，要坚决予以查处。

各地、各有关部门要积极配合统计执法检查，发挥各自力量和优势，共同做好统计执法工作。

三、加强基层基础建设，充实统计调查力量

（八）支持和加强统计调查队伍建设。要高度重视统计调查队伍建设，把国家调查队干部培训纳入地方培训计划。要对承担统计调查任务的地方政府统计机构，配备必要的人员力量。

（九）充实县级以下统计调查工作力量。要进一步充实和加强县级以下统计调查工作力量，有国家和地方统计调查任务的乡镇（街道），要明确统计调查工作岗位职责，配备相应的专兼职工作人员，落实完成有关统计调查任务。有国家和地方统计调查任务的行政村（社区）要积极承接、大力协助开展有关统计调查工作。

（十）加强统计调查网点基础建设。要支持国家调查队和地方政府统计机构按统计调查任务需要，建立各级调查网点，落实各类调查对象。重视加强统计调查宣传，做好对各类调查对象的走访慰问工作，不断提高调查对象的配合度，确保调查样本的代表性及数据质量。

（十一）加强辅助调查员队伍建设。要根据统计调查工作量大面广的实际，支持国家调查队和地方政府统计机构按需配齐、配强有关调查网点的辅助调查员，确保完成各项统计调查任务。

（十二）加强统计调查信息化建设。要重视和支持统计调查的信息化建设，提高技术装备水平和智能化应用水平。支持建立健全联网直报系统、办公自动化系统和数据智能化采集系统，促进统计调查网络信息应用技术的提升。

四、加强组织保障，不断提高数据质量和服务水平

（十三）加强统计调查工作的组织领导。各地、各有关部门要把统计调查工作作为政府统计的重要组成部分，加强工作指导和日常管理，明确分管领导，定期听取工作汇报，及时研究解决统计调查工作中的突出问题，落实统计调查改革的各项措施。

（十四）大力支持统计调查工作。各地要保证国家调查队承担和布置地方政府统计调查任务所需的必要经费，地方政府在经费保障上给予大力支持。

（十五）不断提高统计调查数据质量。要高度重视统计调查数据质量，支持国家调查队和地方政府统计机构加强对统计调查对象的确立、原始数据的采集、数据台账的建立和管理。加强样本管理、数据审核，确保统计调查数据的准确性，不断提高统计调查数据的科学性。

（十六）不断提升统计调查服务水平。要根据新常态下发展的新需要，充分利用统计调查数据，加强对本地经济社会发展规律的研判。要支持国家调查队和地方政府统计机构深入基层开展调查研究，不断优化统计调查措施，加强调查数据分析和咨询服务，创新调查服务的方式方法，增强调查数据多样性、便捷性，提高调查分析的及时性、规范性，提升专题分析的针对性和有效性。要重点围绕经济社会发展、宏观决策调控、经济结构调整、民生保障改善等一系列重大问题开展研究，及时提出意见建议，更好服务经济社会发展大局。

重要文件目录

民国以来宁波地区（市）重要文件一览表

表 90

文件名称	颁布时间
一、民国时期	
《浙江省县（市）政府统计室组织规程》	民国 31 年 5 月 25 日·浙江省政府
《浙江省各厅处等机关统计室组织及办事通则》	民国 34 年 9 月·浙江省政府令发
《浙江省政务公务统计方案实施办法》	民国 35 年 1 月 5 日国府主计处·浙江省政府
《浙江省政府公务统计方案实施办法》	民国 35 年 1 月 5 日国府主计处·浙江省政府
二、中华人民共和国	
1. 中共中央、国务院文件	
《政务院财政经济委员会关于全国各公营、公私合营及工业生产合作社的工矿企业进行统一的全国普查的训令》	1950 年 3 月
《政务院为准备普选进行全国人口登记的指示》	1953 年 1 月 8 日
《中共中央关于坚决制止滥发统计报表的指示》	1953 年 7 月 22 日
《中共中央关于坚决制止滥发统计报表的第二次指示》	1953 年 8 月 12 日
《政务院关于清理现行调查统计表格及禁止乱发统计表格的指示》	1953 年 9 月 5 日
《国务院关于城乡划分标准的规定》	1955 年 11 月 7 日
《中共中央、国务院关于进行第二次全国人口普查工作的指示》	1964 年 2 月 11 日
《国务院关于"必须煞住滥发报表之风"》	1965 年 4 月 13 日
《国务院批转祁阳县贯彻执行关于精简农村报表的通知的总结》	1965 年 9 月 13 日
《中共中央·国务院人口普查领导小组关于第三次全国人口普查工作安排意见的报告》	1980 年 6 月 2 日
《国务院批准国家统计局关于对外提供和公开发表社会经济统计资料的请示报告》	1980 年 10 月 18 日
《国务院批转人口普查领导小组、公安部关于在全国第三次人口普查前认真进行整顿户口工作的报告》	1980 年 10 月 31 日
《国务院批转国家统计局关于加强统计报表管理和统计报表管理的暂行规定一》	1980 年 11 月 17 日
《国务院批转国家统计局关于加强和改革统计工作的报告的通知》	1981 年 9 月 15 日
《国务院关于发布第三次全国人口普查办法的通知》	1982 年 2 月 19 日
《中共中央、国务院关于认真做好第三次全国人口普查工作的指示》	1982 年 3 月 3 日

续表 90

文件名称	颁布时间
《国务院批转国家计委、农牧渔业部、商业部、国家统计局关于开展农产量抽样调查工作报告的通知》	1982 年 5 月 19 日
《国务院关于认真做好第三次全国人口普查后期工作的通知》	1982 年 10 月 26 日
《国务院批转国家计委、财政部、中国人民银行、国家统计局关于编制综合财政信贷计划的报告的通知》	1983 年 4 月 6 日
《国务院关于认真做好第二次全国工业普查准备工作的通知》	1983 年 11 月 30 日
《国务院批转农牧渔业部、国家计委、林业部、城乡建设环境保护部、国家统计局关于进一步开展土地资源调查工作的报告》	1984 年 5 月 16 日
《国务院批转国家统计局关于计算农业社会总产值和把村（队）办工业从农业划归工业的请示报告的通知》	1984 年 12 月 27 日
《国务院关于进一步推动横向经济联合若干问题的规定》	1986 年 3 月 13 日
《国务院印发关于控制固定资产投资规模的若干规定》	1986 年 7 月 9 日
国务院批准国民经济核算领导小组《〈全国工农业产品（商品、物资）分类与代码〉作为国家标准（试行）》	1987 年 5 月 5 日
国务院批准国家经委、国家计委、国家统计局、财政部、劳动人事部《关于发布〈大中小型工业企业划分标准〉的通知》	1988 年 4 月 3 日
《国务院批转同意国家统计局关于对公布进出口统计数字的意见》	1989 年 3 月 18 日
《国务院关于进行第四次全国人口普查的通知》	1989 年 5 月 9 日
《国务院批准国家统计局关于工资总额组成的规定》	1989 年 9 月 30 日
《国务院批转人口普查领导小组、公安部关于在第四次全国人口普查前进行户口整顿工作的报告的通知》	1989 年 12 月 8 日
《国务院同意海关总署、经贸部、国家统计局关于对外提供和发表海关统计数据问题的通知》	1990 年 6 月 25 日
《国务院关于开展全国第三产业普查工作的通知》	1993 年 6 月 27 日
《国务院关于开展第一次全国农业普查的通知》	1994 年 10 月 29 日
《国务院关于进行第三次全国工业普查的通知》	1995 年 1 月 1 日
《国务院关于开展第一次全国基本单位普查的通知》	1996 年 1 月 29 日
《国务院关于进行第五次全国人口普查的通知》	1998 年 6 月 17 日
《国务院办公厅关于认真做好第二次全国基本单位普查的通知》	2001 年 9 月 1 日
《中华人民共和国国务院令　第 415 号　全国经济普查条例》	2004 年 9 月 5 日
《国务院办公厅转发国家统计局关于改进地区 GDP 核算工作意见的通知》	2004 年 11 月 17 日
《国务院办公厅关于印发国家统计局直属调查队管理体制改革方案的通知》	2005 年 3 月 16 日
《国务院关于开展第二次全国农业普查的通知》	2005 年 4 月 29 日
中华人民共和国国务院令　第 453 号　国务院关于修改《中华人民共和国统计法实施细则》的决定	2005 年 12 月 16 日
《中华人民共和国国务院令　第 473 号　全国农业普查条例》	2006 年 8 月 23 日
《国务院关于开展第二次全国经济普查的通知》	2007 年 11 月 17 日
《统计违法违纪行为处分规定》的施行通知	2009 年 3 月 25 日

续表 90

文件名称	颁布时间
《国务院关于开展第六次全国人口普查的通知》	2009 年 5 月 4 日
《中华人民共和国国务院令　第 576 号　全国人口普查条例》	2010 年 5 月 24 日
《国务院办公厅关于成立第三次全国经济普查领导小组的通知》	2013 年 4 月 29 日
《国务院办公厅转发国家统计局关于加强和完善部门统计工作意见的通知》	2014 年 12 月 3 日
《国务院关于开展第三次全国农业普查的通知》	2015 年 6 月 11 日
《国务院关于开展第四次全国经济普查的通知》	2017 年 12 月 4 日
2. 国家统计局文件	
《中华人民共和国国家统计局关于工资总额组成的暂行规定》	1955 年 9 月
《中华人民共和国国家统计局关于社会商品销售公私比重计算的补充规定》	1956 年 2 月 6 日
关于颁发《中华人民共和国统计检查证》的通知	1988 年 10 月 30 日
关于颁发《统计法规检查暂行规定》的通知	1988 年 11 月 21 日
关于建立《统计违法案件通告制度》的通知	1988 年 11 月 24 日
关于颁发《统计检查特派员委派办法》的通知	1988 年 11 月 24 日
印发《关于贯彻〈国务院关于当前产业政策要点的决定〉的实施办法》的通知	1990 年 3 月 9 日
《关于国家统计局统计报表实行新的统一编号办法的通知》	1992 年 8 月 19 日
《关于印发实行增值税后有关指标统计处理暂行规定的通知》	1994 年 2 月 3 日
《关于建立国家统计系统重要社会经济信息快报制度的通知》	1994 年 4 月 4 日
《国家统计局关于表彰全国统计系统先进个人的决定》	1996 年 5 月 30 日
关于认真贯彻实施《中华人民共和国统计法》的通知	1996 年 6 月 4 日
关于印发《国家统计局关于统计信息咨询服务暂行规定》的通知	1996 年 6 月 6 日
国家统计局关于印发《国家统计局省及省以下城市、农村、企业调查队职能配置、内设机构和人员编制方案》的通知	1997 年 7 月 16 日
国家统计局关于印发《关于调查队管理体制改革的实施意见》的通知	1997 年 12 月 8 日
国家统计局关于认真贯彻落实《中共中央办公厅、国务院办公厅关于坚决反对和制止在统计上弄虚作假的通知》的通知	1998 年 3 月 19 日
《关于国家统计局公文类型及适用范围有关规定的通知》	1998 年 8 月 31 日
关于印发《国家统计局保密工作规定》的通知	1999 年 4 月 8 日
《国家统计局关于加强县级统计工作的意见》	1999 年 7 月 16 日
《国家统计局关于进一步加强对直属三支调查队管理的通知》	2000 年 1 月 13 日
《国家统计局关于进一步加强地方农村统计工作的通知》	2001 年 2 月 7 日
《国家统计局关于做好统计执法检查证管理工作的通知》	2001 年 11 月 9 日
《国家统计局关于开展统计职业道德规范教育活动的通知》	2002 年 7 月 22 日
《国家统计局关于表彰全国统计执法十大标兵的决定》	2003 年 11 月 28 日
《中华人民共和国国家统计局令　第 7 号　涉外调查管理办法》	2004 年 8 月 13 日
《中华人民共和国国家统计局令　第 8 号　统计从业资格认定办法》	2005 年 5 月 16 日
《国家统计局关于加强对地方统计调查项目管理的通知》	2006 年 2 月 13 日

续表 90

文件名称	颁布时间
《中华人民共和国国家统计局令　第 9 号　统计执法检查规定》	2006 年 7 月 17 日
《国家统计局关于进一步加强价格统计调查工作的通知》	2007 年 8 月 6 日
《中华人民共和国国家统计局令　第 11 号　统计调查证管理办法》	2007 年 8 月 27 日
《国家统计局关于开展主要畜禽监测调查的通知》	2008 年 3 月 16 日
《国家统计局关于进一步推进工资统计制度改革工作的意见》	2009 年 10 月 19 日
《国家统计局关于进一步加强统计行风建设的意见》	2010 年 6 月 29 日
《国家统计局关于实施企业一套表统计改革的通知》	2011 年 10 月 19 日
《国家统计局关于坚决落实和维护企业独立真实报告权　确保企业联网直报数据质量的通知》	2012 年 2 月 13 日
《国家统计局关于印发城乡住户调查一体化改革总体方案的通知》	2012 年 3 月 20 日
国家统计局关于印发《乡镇统计工作规范（试行）》的通知	2013 年 2 月 17 日
《国家统计局关于坚决制止和严肃查处编造统计数据等弄虚作假行为的紧急通知》	2013 年 3 月 1 日
《国家统计局关于印发全面深化统计改革总体方案的通知》	2014 年 1 月 16 日
《国家统计局关于印发加强和规范统计上弄虚作假案件查处工作的若干规定的通知》	2014 年 3 月 5 日
《国家统计局关于加强国家统计执法骨干人才库建设的通知》	2015 年 10 月 10 日
《国家统计局关于加强和改进“三新”统计工作的通知》	2016 年 1 月 22 日
《国家统计局关于加强统计法治工作的通知》	2016 年 3 月 31 日
《国家统计局关于加强统计领域信用建设的若干意见》	2017 年 6 月 26 日
国家统计局关于印发《企业统计信用管理办法（试行）》的通知	2017 年 6 月 26 日
《国家统计局关于印发统计执法检查规范（试行）的通知》	2017 年 6 月 30 日
3. 中共浙江省委、省人民政府文件	
《浙江省人民政府关于报表之报送及颁发报表之处理，并区统计员之任务等问题之指示的通知》	1953 年 6 月
《浙江省人民委员会同意浙江省统计局关于执行全国职工调查方案的报告》	1955 年 9 月 20 日
《浙江省人民委员会批准浙江省农业厅、省统计局关于目前专署、县农业统计工作情况的报告的通知》	1955 年 9 月 27 日
《浙江省人民委员会转发浙江省统计局等 4 个部门关于全省私营商业及饮食业普查工作会议的报告》	1955 年 10 月 7 日
《浙江省人民委员会转发浙江省统计局、省工业厅、省手工业管理局关于本省 1955 年私营工业及个体手工业重点行业调查情况的报告的通知》	1955 年 10 月 15 日
《浙江省人民委员会转发浙江省统计局关于积极做好一九五五年统计工作的报告的通知》	1956 年 1 月 13 日
《浙江省人民委员会同意浙江省统计局关于本省省级部门索取及供应统计资料的规定（试行）》	1956 年 1 月 23 日
《浙江省人民委员会关于贯彻执行资本主义工商业、饮食业、服务业历年盈余分配及工业生产、劳动工资、财务成本历史资料调查估算的通知》	1956 年 3 月 13 日
《浙江省人民委员会同意浙江省统计局关于制订及审批统计报表细则的报告》	1956 年 8 月 30 日
《浙江省人民委员会关于进行全省工资调查的通知》	1956 年 9 月 18 日
《浙江省人民委员会关于加强报表审批工作克服乱发报表的通知》	1956 年 9 月 27 日
《浙江省人民委员会发出关于开展先进统计工作者运动调动一切积极因素改进统计工作的通知》	1956 年

续表 90

文件名称	颁布时间
《中共浙江省委批转中共浙江省统计局党组关于进一步调查 1956 年粮食产量和农民收入的意见》	1957 年 2 月 5 日
《浙江省人民委员会批转浙江省统计局关于改进农民家计调查和职工家计调查工作的报告》	1957 年 3 月 6 日
《浙江省人民委员会关于做好农作物产量调查工作的通知》	1957 年 4 月 30 日
《浙江省人民委员会批转浙江省统计局关于进一步精简清理统计报表和加强报表管理工作意见的报告》	1957 年 5 月 6 日
《浙江省人民委员会批转浙江省统计局关于使用乡的统计资料登记簿的报告》	1957 年 6 月 21 日
《浙江省人民委员会为颁发 1957 年上半年度人口统计表的通知》	1957 年 6 月 22 日
《浙江省人民委员会批复同意浙江省统计局关于增产节约运动的方案》	1957 年 7 月 1 日
《浙江省人民委员会关于做好夏、秋季作物产量调查工作的通知》	1957 年 8 月 3 日
《浙江省人民委员会为组织计算本省社会购买力及整理社会零售商品历史资料工作的通知》	1957 年 8 月 9 日
《浙江省人民委员会关于加强区乡统计工作的通知》	1957 年 8 月 23 日
《浙江省人民委员会同意省统计局关于物资普查工作的批示》	1957 年 11 月 1 日
《中共浙江省委批转中共浙江省统计局党组关于 1957 年农业收益分配工作的报告》	1957 年 11 月 11 日
《浙江省人民委员会关于认真做好 1957 年农业统计年报的通知》	1957 年 12 月 10 日
《浙江省人民委员会关于认真做好劳动工资与劳保福利调查工作的通知》	1957 年 12 月 31 日
《浙江省人民委员会关于认真贯彻国务院〈关于加强 1957 年统计年报的通知〉的通知》	1958 年 2 月 5 日
《浙江省人民委员会关于认真编制一九五八年国民经济各部门统计年报的通知》	1958 年 12 月 15 日
《中共浙江省委批准浙江省统计局关于进一步改革统计工作的报告》	1961 年 1 月 1 日
《浙江省人民委员会批转浙江省统计局关于加强统计业务建设提高统计工作水平的报告》	1962 年 1 月 15 日
《浙江省人民委员会批转浙江省农业厅·省统计局关于加强基层农业统计工作的意见》	1962 年 10 月 26 日
《浙江省人民委员会转发浙江省统计局关于当前统计工作中存在的几个主要问题和今后意见的报告》	1963 年 1 月 21 日
《浙江省人民委员会批转浙江省统计局关于部分单位瞒报、虚报统计数字情况的报告》	1963 年 4 月 1 日
《浙江省人民委员会关于各专署、市、县统计机构设置的通知》	1963 年 5 月 13 日
《浙江省人民委员会转发吴兴县人民委员会批转县计委关于农村调查统计报表泛滥成灾的报告》	1963 年 7 月 22 日
《浙江省人民委员会批转浙江省统计局关于清理精简统计报表情况与今后意见的报告》	1963 年 11 月 22 日
《浙江省人民委员会批准浙江省统计局关于制止乱发报表和以搜集统计数字为主的汇报提纲的报告》	1964 年 12 月 23 日
《浙江省人民委员会转发国务院“必须坚决刹住滥发报表之风”的材料》	1965 年 4 月 22 日
《浙江省人民委员会批转浙江省统计局、全国农产量调查总队浙江分队关于本省一九六五年早稻产量抽样调查工作计划的报告》	1965 年 5 月 29 日
《浙江省人民委员会批转浙江省统计局、全国农产量调查总队浙江分队关于一九六五年本省秋收粮食产量调查工作安排意见的报告》	1965 年 9 月 25 日
《浙江省人民委员会印发国务院批转祁阳县贯彻执行关于精简农村报表的通知的总结》	1965 年 10 月 25 日
《浙江省人民委员会批转浙江省统计局关于宁波市大昌布厂单纯追求产值忽视产品质量等问题的报告》	1965 年 11 月 4 日
《浙江省人民政府关于公布粮食统计数字和加强统计工作的通知》	1980 年 5 月 2 日

续表 90

文件名称	颁布时间
《浙江省人民政府批转浙江省统计局、省劳动局、省商业厅、省农业厅、省总工会、省供销社、省人民银行关于恢复职工和农民家庭生活的调查报告》	1980 年 7 月 2 日
《浙江省人民政府批转浙江省统计局关于全省统计局长座谈会的情况报告的通知》	1981 年 12 月 5 日
《浙江省人民政府批准省人口普查领导小组关于当前人口普查工作情况和今后意见的报告》	1981 年 12 月 19 日
《浙江省人民政府办公厅转发省统计局〈关于对外提供和公开发表社会经济统计数字管理的办法〉的通知》(附“管理办法”)	1982 年 1 月 10 日
《浙江省人民政府办公厅转发省统计局关于开展农村抽样调查、搞准农业统计数字的报告》	1982 年 3 月 5 日
《中共浙江省委、浙江省人民政府关于贯彻执行中共中央、国务院关于认真做好第三次人口普查工作的指示的通知》	1982 年 3 月 20 日
《浙江省人民政府办公厅转发省统计局关于加强统计工作报告的通知》	1983 年 12 月 8 日
《浙江省人民政府关于举办杭州中等专科业余学校的批复》	1984 年 5 月 9 日
《浙江省人民政府办公厅关于认真做好第二次工业普查准备工作的通知》	1984 年 6 月 23 日
《浙江省人民政府办公厅转发浙江省统计局关于做好职工生活费用价格指数编制工作的补充意见》	1984 年 12 月 20 日
《浙江省人民政府办公厅关于残疾人抽样调查的通知》	1986 年 6 月 10 日
《中共浙江省委办公厅、浙江省人民政府办公厅关于重新核定全省区、乡、镇党政机关人员编制的通知》	1987 年 2 月 21 日
《浙江省人民政府办公厅关于开展全省投入产出调查的通知》	1987 年 8 月 15 日
《浙江省人民政府办公厅转发省统计局关于建立社会产品流转统计的意见的通知》	1987 年 11 月 26 日
《浙江省人民政府为贯彻执行国务院关于进行第四次全国人口普查通知的通知》	1989 年 8 月 9 日
《浙江省人民政府关于开展全省第三产业普查工作的通知》	1993 年 8 月 18 日
《浙江省人民政府关于进行 1% 人口抽样调查的通知》	1995 年 2 月 8 日
《浙江省人民政府办公厅转发省统计局关于建立向政府统计部门报送年度、季度会计报表制度意见的通知》	1995 年 2 月 25 日
《浙江省人民政府办公厅关于进行第三次全国工业普查的通知》	1995 年 3 月 13 日
《浙江省人民政府关于开展全省第一次农业普查的通知》	1995 年 11 月 15 日
《浙江省人民政府办公厅印发浙江省统计局职能配置、内设机构和人员编制方案的通知》	1995 年 12 月 27 日
《浙江省人民政府关于进一步加强和改进统计工作的意见》	2012 年 9 月 6 日
4. 浙江省统计局文件	
《浙江省国营、合作社商业宁波地区定期统计报表暂行办法》	1956 年 2 月
《浙江省统计局关于商业综合报表的几项补充规定》	1957 年 3 月 16 日
《浙江省统计局关于工作报告制度的规定》	1963 年 8 月 8 日
《浙江省统计局关于粮食产量统计范围若干问题的规定》	1964 年 9 月 22 日
《国民收入统计报表制度(生产额)》	1986 年 12 月
《关于印发〈提供 GDP 核算有关资料及开展 GDP 数据质量评估制度〉的通知》	1995 年 3 月 1 日
《关于印发〈浙江省“二五”统计普法总结验收办法〉的通知》	1995 年 4 月 12 日
《省统计局关于加强统计新闻工作的几点意见》	1996 年 3 月 12 日

续表 90

文件名称	颁布时间
《浙江省统计系统统计政务信息工作暂行办法》	1996 年 12 月 27 日
《省统计局关于加强统计科研工作的决定》	1997 年 5 月 7 日
《关于印发〈浙江省贸易企业统计基础工作规则〉的通知》	1997 年 6 月 4 日
《关于印发〈浙江省工业企业统计基础工作规则〉的通知》	1997 年 12 月 30 日
《关于印发〈浙江省统计局公文处理实施细则〉的通知》	1998 年 1 月 19 日
《关于印发并实施〈涉外社会调查活动管理暂行办法〉的通知》	1999 年 9 月 27 日
《关于实施旅馆业抽样调查的具体规定》	2000 年 8 月 7 日
《关于印发浙江省加强第三产业统计工作实施意见的通知》	2000 年 9 月 19 日
《关于表彰全省“三五”统计普法先进单位和先进个人的决定》	2001 年 3 月 16 日
《浙江省统计局转发〈国家统计局关于表彰全国统计“三五”法制宣传教育先进单位和先进个人的决定〉的通知》	2001 年 9 月 6 日
《浙江省统计局关于贯彻实施〈统计执法检查规定〉的通知》	2001 年 7 月 17 日
《浙江省统计局关于贯彻实施新〈浙江省统计工作监督管理条例〉的通知》	2001 年 11 月 9 日
《浙江省统计局关于修改〈浙江省统计违法案件查处工作规定〉的通知》	2002 年 4 月 23 日
《浙江省统计局关于印发〈浙江省统计执法检查证件管理办法〉的通知》	2002 年 12 月 23 日
《浙江省统计局关于建立宁波市农村社会经济调查队和调整鄞州区、宁海县农调队编制的通知》	2003 年 1 月 24 日
《浙江省统计局关于印发修订后的〈浙江省统计违法案件查处工作规定〉的通知》	2004 年 10 月 9 日
《浙江省统计局办公室关于印发〈浙江省限额以下批发和零售业、住宿和餐饮业抽样调查实施方案〉的通知》	2005 年 11 月 28 日
《浙江省统计局　国家统计局浙江调查总队关于印发 2009 年全省统计制度方法改革要点的通知》	2009 年 3 月 12 日
《浙江省统计局关于贯彻实施新〈浙江省统计工作监督管理条例〉的通知》	2010 年 2 月 1 日
《浙江省统计局关于印发〈浙江省统计局实施行政处罚裁量标准（暂行）〉的通知》	2010 年 7 月 19 日
《浙江省统计局关于印发〈浙江省固定资产重点项目投资构成调查方案〉的通知》	2010 年 11 月 4 日
《浙江省统计局　国家统计局浙江调查总队关于印发〈2011 年全省统计制度方法改革要点〉的通知》	2011 年 3 月 11 日
《浙江统计局关于宁波市统计局〈关于要求审批卫星城市试点镇 2011 年统计报表制度的请示〉的批复》	2011 年 3 月 24 日
《浙江省统计局转发〈国家统计局关于印发统计单位划分及具体处理办法的通知〉的通知》	2011 年 11 月 18 日
《浙江省统计局办公室　国家统计局浙江调查总队办公室关于印发〈农村统计调查数据质量控制办法（试行）新增和修订部分内容〉的通知》	2012 年 1 月 29 日
《浙江省统计局办公室关于印发〈“企业一套表”技术支持工作制度〉的通知》	2012 年 2 月 7 日
《国家统计局浙江调查总队办公室关于印发〈县级调查队考核实施方案〉的通知》	2012 年 12 月 5 日
《国家统计局浙江调查总队办公室关于印发 2013 年浙江流通消费价格调查工作考核办法的通知》	2013 年 1 月 5 日
《浙江省统计局关于印发〈浙江省县级统计局考核实施方案〉的通知》	2013 年 1 月 24 日
《浙江省统计局关于印发〈浙江省乡镇（街道）统计工作考核办法〉的通知》	2013 年 6 月 7 日
《浙江省统计局关于印发〈2012 年个体经营户人才重点调查实施方案〉的通知》	2013 年 6 月 8 日

续表 90

文件名称	颁布时间
《浙江省统计局关于印发〈浙江省统计局强基层强基础建设学习型服务型统计专项行动总体方案〉的通知》	2013 年 6 月 13 日
《浙江省统计局办公室关于印发〈浙江省劳动力调查质量控制工作细则〉的通知》	2013 年 9 月 4 日
《浙江省统计局关于印发〈浙江省统计局统计工作约谈制度〉的通知》	2014 年 6 月 3 日
《中共浙江省统计局党组关于印发〈浙江省统计局领导联系基层统计局制度〉的通知》	2014 年 8 月 13 日
《浙江省统计局关于印发“服务企业、服务基层”行动方案的通知》	2014 年 9 月 16 日
5. 中共宁波市委、市人民政府文件	
《宁波市人民政府办公厅关于印发宁波市统计局职能配置、内设机构和人员编制规定的通知》	2002 年 1 月 18 日
《宁波市人民政府办公厅转发市统计局关于建立宁波市民情民意调查网络的若干意见的通知》	2002 年 6 月 11 日
《宁波市人民政府关于同意建立宁波市农村社会经济调查队的函》	2002 年 7 月 12 日
《宁波市人民政府办公厅关于建立市民情民意调查领导小组的通知》	2002 年 7 月 12 日
《宁波市人民政府关于进一步加强统计工作的意见》	2003 年 6 月 12 日
宁波市人民政府令第 123 号正式发布《宁波市统计管理办法》	2004 年 7 月 21 日
《宁波市人民政府办公厅转发市统计局关于建立宁波市服务业统计调查制度实施意见的通知》	2006 年 5 月 10 日
《宁波市人民政府关于进一步加强统计工作的意见》	2006 年 11 月 6 日
《宁波市人民政府办公厅转发市统计局关于开展城镇住户基本情况抽样调查健全社情民意调查制度实施方案的通知》	2007 年 8 月 7 日
《关于在全市开展第二次经济普查的通知》	2008 年 3 月 31 日
《宁波市人民政府办公厅关于印发宁波市服务业统计工作实施方案的通知》	2009 年 5 月 14 日
《关于在全市开展第六次人口普查的通知》	2009 年 10 月 30 日
《关于建立宁波市低收入家庭收入核定工作联席会议制度的通知》	2010 年 9 月 30 日
《宁波市人民政府办公厅关于做好全市城乡住户调查一体化改革工作的通知》	2012 年 9 月 4 日

编后记

Postscript

2018年3月，宁波市人民政府地方志办公室印发《关于全面启动市级部门（行业）志编纂工作的通知》（甬志办〔2018〕2号），决定在2017年启动首批32家市级部门（行业）志基础上，全面启动宁波市第二轮各部门（行业）志编纂工作。《宁波统计志》的编修工作正式启动。

宁波市人民政府地方志办公室布置第一轮修志工作是在二十世纪八十年代中期。1983年7月，地、市合并，原市统计局与宁波地区统计局合并，成立宁波市统计局，各项工作尚处于磨合期，因此，未能安排第一轮《宁波统计志》修编工作。

此次编修的《宁波统计志》上溯统计发端，下至2017年，部分内容延伸至2020年。内容涵盖统计机构职能与人员、统计标准与国民经济核算、普查、专业统计调查、统计服务、统计信息化建设、统计法治与基础建设、统计教育与科研等，旨在客观、真实地记述宁波市统计工作各历史阶段，特别是改革开放后争先创优的发展历程，全面展示宁波统计为全市经济发展和社会进步所作出的主要贡献。整个编修工作分五个阶段。

一、准备工作阶段

2018年7月26日，成立《宁波统计志》编纂委员会和编辑部及编辑部办公室，宁波市统计局、国家统计局宁波市调查队主要领导分别任编委会正、副主任。

《宁波统计志》编辑部办公室（以下简称“编志办”）同志先后两次赴省统计局《浙江省统计志》编辑部办公室学习取经，拟订《宁波统计志》资料收集与编纂分工方案（编纂大纲和篇目），经三次修改定稿。拟订《宁波统计志》编纂工作手册，内容包括“宁波地方志书质量规定”“宁波市地方志行文暂行规定”“宁波统计志编写参考”等。同时，建立了《宁波统计志》联络员队伍及联络员例会制度。

2019年5月17日，召开宁波市统计局、国家统计局宁波调查队全体干部参加的编志工作动员和业务培训会议。宁波市统计局局长、党组书记杨馥源作动员讲话，宁波市委党史研究室方志处处长张世清就做好“修志”工作进行业务辅导培训。《浙江省统计志》编辑部陈锦福、省统计局数管中心主任褚英国、浙江省调查总队住户处处长张荣轩、浙江省地方统计调查局一产处处长胡永芳等人分别介绍了“修志”工作的经验和体会。《宁波统计志》编纂工作自此全面展开。

二、档案查阅和资料搜集阶段

2019年6月至9月，编志办组织人员用相对集中的时间，查阅局队的文书、业务档案，并搜集有关资料。先后查阅2001—2017年尚在市统计局档案室保存的统计文书、统计业务档案计10669件；2014—2017年国家统计局宁波调查队立卷归档的统计文书、统计业务档案211卷；1950—2000年已分三批移交市档案馆管理的统计文书、统计业务档案共2664卷（全宗编号72，第一批为1950—1985年档案资料共929卷，1—36目录汇总；第二批为1986—1995年档案资料共1199卷，37—47目录汇总；第三批为1996—2000年档案资料共536卷，48—52目录汇总）。查阅和搜集到的有关资料均按编志的要求，形成资料长篇。其间，宁波市档案馆给予大力支持，为我们提供了进馆保管的统计文书、统计业务档案的电子版。

这一时段，编志办查阅的主要史料有《宋元四明六志》、《清代宁波府志》、《宁波市志》、《中国统计史》、《新中国统计》、《中华人民共和国统计大事记（1949—2009）》、《浙江省统计志》（2007 年 10 月版）、《宁波市志 · 大事记》。走访的主要单位有浙江省统计局、国家统计局浙江调查总队、《浙江省统计志》编辑部办公室、宁波市人民政府地方志办公室、宁波天一阁、宁波市博物馆、宁波市海关。拜访了宁波市修志界老前辈俞福海先生。

三、《宁波统计志》编纂阶段

2019 年 9 月底，集中查阅档案、搜集资料结束后即进入志稿编纂阶段。根据统计工作特点，志稿的编纂工作采用“统分结合”的组织方式，在编志办统一组织协调和指导下，将编写大纲中篇、目的相关内容分解到局、队各处（室）、社会经济调查队、数管中心，未能分解的任务，章、节、目的相关内容由编志办承担，各部门根据承担的任务，指定编写人员，并将人员名单报编志办。据此，编志办再次修订完善编纂大纲和篇目，将章、节、目的相关内容落实到人。初稿编纂阶段，充分利用联络员例会制度，汇报交流编写进度，反映编写中遇到的问题，对下一步工作提出明确要求。先后召开联络员例会 14 次。

此阶段编志办完成的主要任务有：召开全市统计中介机构负责人会议，布置任务，要求各统计中介机构（主要是统计事务所）上报各自成立的时间、人员结构、业务经营范围等书面材料，由编志办整理编写完成“统计中介机构”篇目；联系宁波市文物保护管理所、宁波市生态环境局、宁波市自然资源和规划局三家单位，布置、指导、落实“文物普查”、“污染源普查”及“国土资源普查”三项普查资料的整理、编写任务；完成“荣誉榜”章节的设置，搜集整理历年获得表彰、奖励的资料；根据有关资料，整理编写“统计核算与会计核算相结合夯实国民收入和国民生产总值核算的基础”“宁海县统计局探索创新农产量统计方法”两篇专记；初稿编写中，每一稿先由局、队各处（室）、中心负责人审核把关并送局、队分管领导，提出修改、补充意见，分别签字后报编志办，编志办修改或提出意见后反馈各单位。几经易稿，至 2021 年 8 月，90 万余字的《宁波统计志》初稿基本完成，耗时近三年。

四、初稿内部审核阶段

2021 年 9 月至 2021 年 12 月，对《宁波统计志》初稿进行内部审核。内部审核分三个层面：局、队领导在全稿统审基础上重点审核主管及分管的相关内容，提出修改补充意见；各处（室）主要负责人重点审核各自专业的相关内容，提出修改补充意见；特请局、队已退休的 8 位老处长，重点审核在职时从事过的有关专业及相应的业务内容，提出修改补充意见。对以上三方面提出的修改补充意见，编志办认真研究、反复推敲、修改酌定。2021 年 12 月 31 日，《宁波统计志》初步定稿。

其间，编志办完成了“附录”和校核工作。

五、专家评审和出版阶段

宁波市统计局、国家统计局宁波调查队、宁波市人民政府地方志办公室联合组织的《宁波统计志》专家评审组于 2022 年 4 月 29 日对《宁波统计志》初稿进行了评审，提出若干修改补充意见。编志办根据意见，作了认真修改补充并进一步完善。专家评审组由统计专业方面的专家和史志修编方面的专家两部分人员组成，参加初审的专家有王蓓、王美福、方建新、孙伍琴、任川、成维庆、张祖民、陈燕芬、唐伟昌。

经宁波市人民政府地方志办公室同意，于2022年6月17日至7月15日由《宁波统计志》编纂委员会全体编委对《宁波统计志》作最后终审并于2022年7月31日前定稿。报宁波市人民政府地方志办公室，同时交方志出版社出版，按地方志书质量规定严格把关，以确保志书质量。

《宁波统计志》是新中国成立以来宁波市统计调查战线最大的系统文化工程。它全面、系统地记述了宁波市统计事业发展的基本面貌。编志办在与时俱进、探索部门志编写规律、处理传统与创新的关系；在体现时代特色、以改革开放为志书的主旋律；在追求思想性、科学性和资料性的统一；在纲目创新、突出地方特色和专业特点等方面均作了一些尝试。在体例完备、资料翔实的基础上力求文字严谨、朴实、简洁、流畅，图表设计规范。

《宁波统计志》是在《宁波统计志》编纂委员会强有力的领导下，“众手成志”，是全体编纂人员的集体成果。全体人员搜集资料不畏艰辛，核实资料不避繁难，编写志稿不惧寒暑，修改志稿不厌其烦。在编纂过程中编志办始终把编修佳志作为第一工作目标，牢固树立精品意识。由于宁波市历史资料很少记述统计事务，加之“文化大革命”时期资料残缺不全，为编修工作带来不少困难，但全体参编人员默默奉献、反复查证。在此，对参与编纂工作的全体同志及撰稿人员致以崇高的敬意。

《宁波统计志》的编修，得到浙江省统计局、国家统计局浙江调查总队、《浙江省统计志》编辑部办公室的大力支持、精心指导；得到了宁波市档案馆、宁波市人民政府地方志办公室等多家单位的关心和支持；得到了各区（县、市）统计局、调查队的密切配合。在此一并表示衷心的感谢。

《宁波统计志》脱稿付梓之际，愈感修志之难，唯恐收录之未博、考选之未精、记述之未妥、校核之未严。借此，恳请广大读者不吝赐教。

《宁波统计志》编辑部办公室

2022年7月